E-Book inside.

Mit folgendem persönlichen Code können Sie die E-Book-Ausgabe dieses Buches downloaden.

```
3r65p-6y390-
18500-wv1fd
```

Registrieren Sie sich unter
www.hanser-fachbuch.de/ebookinside
und nutzen Sie das E-Book
auf Ihrem Rechner*, Tablet-PC
und E-Book-Reader.

Der Download dieses Buches als E-Book unterliegt gesetzlichen Bestimmungen bzw. steuerrechtlichen Regelungen, die Sie unter www.hanser-fachbuch.de/ebookinside nachlesen können.
* Systemvoraussetzungen: Internet-Verbindung und Adobe® Reader®

Schwichtenberg

Windows PowerShell 5 und PowerShell Core 6

Bleiben Sie auf dem Laufenden!

Unser **Computerbuch-Newsletter** informiert Sie monatlich über neue Bücher und Termine. Profitieren Sie auch von Gewinnspielen und exklusiven Leseproben. Gleich anmelden unter

www.hanser-fachbuch.de/newsletter

Hanser Update ist der IT-Blog des Hanser Verlags mit Beiträgen und Praxistipps von unseren Autoren rund um die Themen Online Marketing, Webentwicklung, Programmierung, Softwareentwicklung sowie IT- und Projektmanagement. Lesen Sie mit und abonnieren Sie unsere News unter

www.hanser-fachbuch.de/update

Holger Schwichtenberg

Windows PowerShell 5 und PowerShell Core 6

Das Praxisbuch

HANSER

Der Autor:
Dr. Holger Schwichtenberg, Essen
www.IT-Visions.de

Alle in diesem Buch enthaltenen Informationen, Verfahren und Darstellungen wurden nach bestem Wissen zusammengestellt und mit Sorgfalt getestet. Dennoch sind Fehler nicht ganz auszuschließen. Aus diesem Grund sind die im vorliegenden Buch enthaltenen Informationen mit keiner Verpflichtung oder Garantie irgendeiner Art verbunden. Autor und Verlag übernehmen infolgedessen keine juristische Verantwortung und werden keine daraus folgende oder sonstige Haftung übernehmen, die auf irgendeine Art aus der Benutzung dieser Informationen – oder Teilen davon – entsteht.

Ebenso übernehmen Autor und Verlag keine Gewähr dafür, dass beschriebene Verfahren usw. frei von Schutzrechten Dritter sind. Die Wiedergabe von Gebrauchsnamen, Handelsnamen, Warenbezeichnungen usw. in diesem Buch berechtigt deshalb auch ohne besondere Kennzeichnung nicht zu der Annahme, dass solche Namen im Sinne der Warenzeichen- und Markenschutz-Gesetzgebung als frei zu betrachten wären und daher von jedermann benutzt werden dürften.

Bibliografische Information der Deutschen Nationalbibliothek:
Die Deutsche Nationalbibliothek verzeichnet diese Publikation in der Deutschen Nationalbibliografie; detaillierte bibliografische Daten sind im Internet über http://dnb.d-nb.de abrufbar.

Dieses Werk ist urheberrechtlich geschützt.
Alle Rechte, auch die der Übersetzung, des Nachdruckes und der Vervielfältigung des Buches, oder Teilen daraus, vorbehalten. Kein Teil des Werkes darf ohne schriftliche Genehmigung des Verlages in irgendeiner Form (Fotokopie, Mikrofilm oder ein anderes Verfahren) – auch nicht für Zwecke der Unterrichtsgestaltung – reproduziert oder unter Verwendung elektronischer Systeme verarbeitet, vervielfältigt oder verbreitet werden.

© 2017 Carl Hanser Verlag München, www.hanser-fachbuch.de
Lektorat: Sylvia Hasselbach
Copy editing: Sandra Gottmann, Nienberge
Umschlagdesign: Marc Müller-Bremer, www.rebranding.de, München
Umschlagrealisation: Stephan Rönigk
Gesamtherstellung: Kösel, Krugzell
Ausstattung patentrechtlich geschützt. Kösel FD 351, Patent-Nr. 0748702
Printed in Germany

Print-ISBN: 978-3-446-45331-9
E-Book-ISBN: 978-3-446-45397-5

Inhalt

Vorwort zur sechsten Auflage		XXIII
Über den Autor Dr. Holger Schwichtenberg		XXIX
Teil A: PowerShell-Basiswissen		**1**
1	**Erste Schritte mit der PowerShell**	**3**
1.1	Was ist die PowerShell?	3
1.2	Windows PowerShell versus PowerShell Core	4
1.3	Geschichte der PowerShell	4
1.4	Motivation zur PowerShell	6
1.5	Betriebssysteme mit vorinstallierter PowerShell	9
1.6	Windows PowerShell herunterladen und auf anderen Windows-Betriebssystemen installieren	10
1.7	Die Windows PowerShell testen	14
1.8	PowerShell Core installieren und testen	23
1.9	Woher kommen die Commandlets?	26
1.10	PowerShell Community Extensions (PSCX) herunterladen und installieren	27
1.11	Den Windows PowerShell-Editor „ISE" verwenden	29
2	**Architektur der PowerShell**	**33**
3	**Einzelbefehle der PowerShell**	**37**
3.1	Commandlets	37
3.2	Aliase	50
3.3	Ausdrücke	58
3.4	Externe Befehle	59
3.5	Dateinamen	60

4 Hilfefunktionen ... 63
4.1 Auflisten der verfügbaren Befehle ... 63
4.2 Volltextsuche ... 65
4.3 Erläuterungen zu den Befehlen ... 66
4.4 Hilfe zu Parametern ... 67
4.5 Hilfe mit Show-Command ... 69
4.6 Hilfefenster ... 70
4.7 Allgemeine Hilfetexte ... 72
4.8 Aktualisieren der Hilfedateien ... 73
4.9 Online-Hilfe ... 75
4.10 Fehlende Hilfetexte ... 76
4.11 Dokumentation der .NET-Klassen ... 77

5 Objektorientiertes Pipelining ... 81
5.1 Pipeline-Operator ... 81
5.2 .NET-Objekte in der Pipeline ... 82
5.3 Pipeline Processor ... 84
5.4 Pipelining von Parametern ... 85
5.5 Pipelining von klassischen Befehlen ... 88
5.6 Anzahl der Objekte in der Pipeline ... 89
5.7 Zeilenumbrüche in Pipelines ... 90
5.8 Zugriff auf einzelne Objekte aus einer Menge ... 90
5.9 Zugriff auf einzelne Werte in einem Objekt ... 92
5.10 Methoden ausführen ... 93
5.11 Analyse des Pipeline-Inhalts ... 95
5.12 Filtern ... 107
5.13 Zusammenfassung von Pipeline-Inhalten ... 110
5.14 „Kastrierung" von Objekten in der Pipeline ... 111
5.15 Sortieren ... 112
5.16 Duplikate entfernen ... 113
5.17 Gruppierung ... 114
5.18 Berechnungen ... 116
5.19 Zwischenschritte in der Pipeline mit Variablen ... 116
5.20 Verzweigungen in der Pipeline ... 117
5.21 Vergleiche zwischen Objekten ... 119
5.22 Zusammenfassung ... 120
5.23 Praxisbeispiele ... 121

6 PowerShell-Skripte ... 123
6.1 Skriptdateien ... 123

6.2	Start eines Skripts.	125
6.3	Aliase für Skripte verwenden	126
6.4	Parameter für Skripte	127
6.5	Skripte dauerhaft einbinden (Dot Sourcing)	128
6.6	Das aktuelle Skriptverzeichnis	129
6.7	Sicherheitsfunktionen für PowerShell-Skripte	129
6.8	Anforderungsdefinitionen von Skripten	132
6.9	Skripte anhalten	132
6.10	Versionierung und Versionsverwaltung von Skripten	133

7 PowerShell-Skriptsprache 135

7.1	Hilfe zur PowerShell-Skriptsprache	135
7.2	Befehlstrennung	136
7.3	Kommentare	136
7.4	Variablen	137
7.5	Variablenbedingungen	147
7.6	Zahlen	148
7.7	Zeichenketten (Strings)	150
7.8	Reguläre Ausdrücke	159
7.9	Datum und Uhrzeit	166
7.10	Arrays	167
7.11	ArrayList	170
7.12	Assoziative Arrays (Hash-Tabellen)	171
7.13	Operatoren	172
7.14	Überblick über die Kontrollkonstrukte	177
7.15	Schleifen	177
7.16	Bedingungen	182
7.17	Unterroutinen (Prozedur/Funktionen)	184
7.18	Eingebaute Funktionen	191
7.19	Fehlerbehandlung	191
7.20	Objektorientiertes Programmieren mit Klassen	199

8 Ausgaben 203

8.1	Ausgabe-Commandlets	203
8.2	Benutzerdefinierte Tabellenformatierung	206
8.3	Benutzerdefinierte Listenausgabe	208
8.4	Mehrspaltige Ausgabe	208
8.5	Out-GridView	209
8.6	Standardausgabe	211
8.7	Einschränkung der Ausgabe	213

8.8	Seitenweise Ausgabe	213
8.9	Ausgabe einzelner Werte	214
8.10	Details zum Ausgabeoperator	216
8.11	Ausgabe von Methodenergebnissen und Unterobjekten in Pipelines	220
8.12	Ausgabe von Methodenergebnissen und Unterobjekten in Zeichenketten	220
8.13	Unterdrückung der Ausgabe	221
8.14	Ausgaben an Drucker	222
8.15	Ausgaben in Dateien	222
8.16	Umleitungen (Redirection)	223
8.17	Fortschrittsanzeige	223
8.18	Sprachausgabe	224

9 Das PowerShell-Navigationsmodell 227

9.1	Einführungsbeispiel: Navigation in der Registrierungsdatenbank	227
9.2	Provider und Laufwerke	228
9.3	Navigationsbefehle	231
9.4	Pfadangaben	231
9.5	Beispiel	233
9.6	Eigene Laufwerke definieren	234

10 Fernausführung (Remoting) 235

10.1	RPC-Fernabfrage ohne WS-Management	236
10.2	Anforderungen an PowerShell Remoting	237
10.3	Rechte für PowerShell-Remoting	238
10.4	Einrichten von PowerShell Remoting	239
10.5	Überblick über die Fernausführungs-Commandlets	241
10.6	Interaktive Fernverbindungen im Telnet-Stil	242
10.7	Fernausführung von Befehlen	243
10.8	Parameterübergabe an die Fernausführung	247
10.9	Fernausführung von Skripten	248
10.10	Ausführung auf mehreren Computern	249
10.11	Sitzungen	250
10.12	Implizites Remoting	255
10.13	Zugriff auf entfernte Computer außerhalb der eigenen Domäne	256
10.14	Verwaltung des WS-Management-Dienstes	259
10.15	PowerShell Direct für Hyper-V	261
10.16	Praxisbeispiel zu PowerShell Direct	263

11 PowerShell-Werkzeuge 267

11.1	PowerShell-Standardkonsole	267

11.2	PowerShell Integrated Scripting Environment (ISE)	276
11.3	PowerShell Script Analyzer	286
11.4	PowerShell Analyzer	292
11.5	PowerShell Tools for Visual Studio	293
11.6	PowerShell Pro Tools for Visual Studio	294
11.7	NuGet Package Manager	295
11.8	PowerShell-Erweiterung für Visual Studio Code	295
11.9	PowerShell Web Access (PSWA)	298
11.10	Azure Cloud Shell	304
11.11	ISE Steroids	304
11.12	PowerShellPlus	305
11.13	PoshConsole	308
11.14	PowerGUI	309
11.15	PrimalScript	310
11.16	PowerShell Help	312
11.17	CIM Explorer for PowerShell ISE	312
11.18	PowerShell Help Reader	313
11.19	PowerShell Remoting	314

12 Windows PowerShell Core 5.1 in Windows Nano Server 315

13 PowerShell Core 6.x für Windows, Linux und MacOS 317

13.1	Funktionsumfang der PowerShell Core	318
13.2	PowerShell Core-Konsole	324
13.3	VSCode-PowerShell	325
13.4	Verwendung auf Linux und MacOS	326
13.5	PowerShell-Remoting via SSH	330

Teil B: PowerShell-Aufbauwissen 333

14 Verwendung von .NET-Klassen 335

14.1	Microsoft Developer Network (MSDN)	335
14.2	Erzeugen von Instanzen	336
14.3	Parameterbehaftete Konstruktoren	338
14.4	Initialisierung von Objekten	339
14.5	Nutzung von Attributen und Methoden	340
14.6	Statische Mitglieder in .NET-Klassen und statische .NET-Klassen	342
14.7	Generische Klassen nutzen	346
14.8	Zugriff auf bestehende Objekte	347
14.9	Laden von Assemblies	347
14.10	Objektanalyse	350

14.11 Auflistungen (Enumerationen) 350
14.12 Verknüpfen von Aufzählungswerten 351

15   Verwendung von COM-Klassen............................. 353
15.1   Erzeugen von COM-Instanzen 353
15.2   Nutzung von Attributen und Methoden 354
15.3   Liste aller COM-Klassen 355
15.4   Holen bestehender COM-Instanzen 356
15.5   Distributed COM (DCOM) 356

16   Zugriff auf die Windows Management Instrumentation (WMI)... 357
16.1   Einführung in WMI 357
16.2   WMI in der PowerShell 384
16.3   Open Management Infrastructure (OMI) 386
16.4   Abruf von WMI-Objektmengen 386
16.5   Fernzugriffe 387
16.6   Filtern und Abfragen 387
16.7   Liste aller WMI-Klassen 391
16.8   Hintergrundwissen: WMI-Klassenprojektion mit dem PowerShell-WMI-Objektadapter 392
16.9   Beschränkung der Ausgabeliste bei WMI-Objekten 396
16.10 Zugriff auf einzelne Mitglieder von WMI-Klassen 398
16.11 Werte setzen in WMI-Objekten 398
16.12 Umgang mit WMI-Datumsangaben 400
16.13 Methodenaufrufe 401
16.14 Neue WMI-Instanzen erzeugen 402
16.15 Instanzen entfernen 403
16.16 Commandlet Definition XML-Datei (CDXML) 404

17   Dynamische Objekte 407
17.1   Erweitern bestehender Objekte 407
17.2   Komplett dynamische Objekte 409

18   Einbinden von C# und Visual Basic .NET 411

19   Win32-API-Aufrufe 413

20   Benutzereingaben 417
20.1   Read-Host 417
20.2   Benutzerauswahl 418
20.3   Grafischer Eingabedialog 419
20.4   Dialogfenster 420

20.5	Authentifizierungsdialog	420
20.6	Zwischenablage (Clipboard)	422

21 Fehlersuche ... 425
21.1	Detailinformationen	425
21.2	Einzelschrittmodus	426
21.3	Zeitmessung	427
21.4	Ablaufverfolgung (Tracing)	428
21.5	Erweiterte Protokollierung aktivieren	429
21.6	Script-Debugging in der ISE	431
21.7	Kommandozeilenbasiertes Script-Debugging	431

22 Transaktionen ... 433
22.1	Commandlets für Transaktionen	433
22.2	Start und Ende einer Transaktion	434
22.3	Zurücksetzen der Transaktion	435
22.4	Mehrere Transaktionen	436

23 Standardeinstellungen ändern mit Profilskripten ... 437
23.1	Profilpfade	437
23.2	Ausführungsreihenfolge	439
23.3	Beispiel für eine Profildatei	439
23.4	Starten der PowerShell ohne Profilskripte	440

24 Digitale Signaturen für PowerShell-Skripte ... 441
24.1	Zertifikat erstellen	441
24.2	Skripte signieren	443
24.3	Verwenden signierter Skripte	444
24.4	Mögliche Fehlerquellen	445

25 Hintergrundaufträge („Jobs") ... 447
25.1	Voraussetzungen	447
25.2	Architektur	448
25.3	Starten eines Hintergrundauftrags	448
25.4	Hintergrundaufträge abfragen	449
25.5	Warten auf einen Hintergrundauftrag	450
25.6	Abbrechen und Löschen von Aufträgen	450
25.7	Analyse von Fehlermeldungen	451
25.8	Fernausführung von Hintergrundaufträgen	451
25.9	Praxisbeispiel	452

26 Geplante Aufgaben und zeitgesteuerte Jobs ... 455
26.1 Geplante Aufgaben (Scheduled Tasks) ... 455
26.2 Zeitgesteuerte Jobs ... 459

27 PowerShell-Workflows ... 465
27.1 Ein erstes Beispiel ... 465
27.2 Unterschiede zu einer Function bzw. einem Skript ... 470
27.3 Einschränkungen bei Workflows ... 470
27.4 Workflows in der Praxis ... 472
27.5 Workflows in Visual Studio erstellen ... 479

28 Ereignissystem ... 497
28.1 WMI-Ereignisse ... 497
28.2 WMI-Ereignisabfragen ... 497
28.3 WMI-Ereignisse seit PowerShell 1.0 ... 499
28.4 Registrieren von WMI-Ereignisquellen seit PowerShell 2.0 ... 500
28.5 Auslesen der Ereignisliste ... 501
28.6 Reagieren auf Ereignisse ... 503
28.7 WMI-Ereignisse ab PowerShell-Version 3.0 ... 505
28.8 Registrieren von .NET-Ereignissen ... 505
28.9 Erzeugen von Ereignissen ... 506

29 Datenbereiche und Datendateien ... 509
29.1 Datenbereiche ... 509
29.2 Datendateien ... 511
29.3 Mehrsprachigkeit/Lokalisierung ... 512

30 Desired State Configuration (DSC) ... 515
30.1 Grundprinzipien ... 516
30.2 DSC für Linux ... 516
30.3 Ressourcen ... 517
30.4 Verfügbare DSC-Ressourcen ... 517
30.5 Eigenschaften einer Ressource ... 520
30.6 Aufbau eines DSC-Dokuments ... 520
30.7 Commandlets für die Arbeit mit DSC ... 521
30.8 Ein erstes DSC-Beispiel ... 521
30.9 Kompilieren und Anwendung eines DSC-Dokuments ... 522
30.10 Variablen in DSC-Dateien ... 524
30.11 Parameter für DSC-Dateien ... 525
30.12 Konfigurationsdaten ... 526
30.13 Entfernen einer DSC-Konfiguration ... 529

30.14	DSC Pull Server	532
30.15	DSC-Praxisbeispiel 1: IIS installieren	540
30.16	DSC-Praxisbeispiel 2: Software installieren	541
30.17	DSC-Praxisbeispiel 3: Software deinstallieren	543
30.18	Realisierung einer DSC-Ressource	544
30.19	Weitere Möglichkeiten	545

31 PowerShell-Snap-Ins — 547

31.1	Einbinden von Snap-Ins	547
31.2	Liste der Commandlets	551

32 PowerShell-Module — 553

32.1	Überblick über die Commandlets	553
32.2	Modularchitektur	554
32.3	Module aus dem Netz herunterladen und installieren mit PowerShellGet	555
32.4	Module manuell installieren	562
32.5	Doppeldeutige Namen	562
32.6	Auflisten der verfügbaren Module	563
32.7	Importieren von Modulen	565
32.8	Entfernen von Modulen	568

33 Ausgewählte PowerShell-Erweiterungen — 569

33.1	PowerShell-Module in Windows 7 und Windows Server 2008 R2	570
33.2	PowerShell-Module in Windows 8.0 und Windows Server 2012	571
33.3	PowerShell-Module in Windows 8.1 und Windows Server 2012 R2	573
33.4	PowerShell-Module in Windows 10 und Windows Server 2016	576
33.5	PowerShell Community Extensions (PSCX)	580
33.6	PowerShellPack	584
33.7	www.IT-Visions.de: PowerShell Extensions	585
33.8	Quest Management Shell for Active Directory	586
33.9	Microsoft Exchange Server	587
33.10	System Center Virtual Machine Manager	588
33.11	PowerShell Management Library for Hyper-V (pshyperv)	589
33.12	Powershell Outlook Account Manager	590
33.13	PowerShell Configurator (PSConfig)	591
33.14	Weitere Erweiterungen	592

34 Delegierte Administration/Just Enough Administration (JEA) — 593

34.1	JEA-Konzept	593
34.2	PowerShell-Sitzungskonfiguration erstellen	593
34.3	Sitzungskonfiguration nutzen	597
34.4	Delegierte Administration per Webseite	598

35 Tipps und Tricks zur PowerShell 599
35.1 Alle Anzeigen löschen 599
35.2 Befehlsgeschichte 599
35.3 System- und Hostinformationen 600
35.4 Anpassen der Eingabeaufforderung (Prompt) 601
35.5 PowerShell-Befehle aus anderen Anwendungen heraus starten 602
35.6 ISE erweitern 603
35.7 PowerShell für Gruppenrichtlinienskripte 604
35.8 Einblicke in die Interna der Pipeline-Verarbeitung 606

Teil C: PowerShell im Praxiseinsatz 609

36 Dateisystem 611
36.1 Laufwerke 612
36.2 Ordnerinhalte 617
36.3 Dateieigenschaften verändern 619
36.4 Eigenschaften ausführbarer Dateien 620
36.5 Kurznamen 622
36.6 Lange Pfade 622
36.7 Dateisystemoperationen 623
36.8 Praxisbeispiel: Zufällige Dateisystemstruktur erzeugen 624
36.9 Praxisbeispiel: Leere Ordner löschen 625
36.10 Einsatz von Robocopy 626
36.11 Dateisystemkataloge 629
36.12 Papierkorb leeren 630
36.13 Dateieigenschaften lesen 630
36.14 Praxisbeispiel: Fotos nach Aufnahmedatum sortieren 631
36.15 Datei-Hash 632
36.16 Finden von Duplikaten 633
36.17 Verknüpfungen im Dateisystem 635
36.18 Komprimierung 640
36.19 Dateisystemfreigaben 642
36.20 Überwachung des Dateisystems 653
36.21 Dateiversionsverlauf 654
36.22 Windows Explorer öffnen 655
36.23 Windows Server Backup 655

37 Festplattenverschlüsselung mit BitLocker 659
37.1 Übersicht über das BitLocker-Modul 660
37.2 Verschlüsseln eines Laufwerks 661

38 Dokumente 663
38.1 Textdateien 663
38.2 CSV-Dateien 664
38.3 Analysieren von Textdateien 667
38.4 INI-Dateien 670
38.5 XML-Dateien 671
38.6 HTML-Dateien 679
38.7 Binärdateien 679

39 Datenbanken 681
39.1 ADO.NET-Grundlagen 681
39.2 Beispieldatenbank 687
39.3 Datenzugriff mit den Bordmitteln der PowerShell 688
39.4 Datenzugriff mit den PowerShell-Erweiterungen 699
39.5 Datenbankzugriff mit SQLPS 702
39.6 Datenbankzugriff mit SQLPSX 702

40 Microsoft-SQL-Server-Administration 703
40.1 PowerShell-Integration im SQL Server Management Studio 704
40.2 SQL-Server-Laufwerk „SQLSERVER:" 705
40.3 Die SQLPS-Commandlets 708
40.4 Die SQL Server Management Objects (SMO) 710
40.5 SQLPSX 713
40.6 Microsoft-SQL-Server-Administration mit der PowerShell in der Praxis 721

41 ODBC-Datenquellen 727
41.1 ODBC-Treiber und -Datenquellen auflisten 728
41.2 Anlegen einer ODBC-Datenquelle 729
41.3 Zugriff auf eine ODBC-Datenquelle 730

42 Registrierungsdatenbank (Registry) 733
42.1 Schlüssel auslesen 733
42.2 Schlüssel anlegen und löschen 734
42.3 Laufwerke definieren 734
42.4 Werte anlegen und löschen 735
42.5 Werte auslesen 736
42.6 Praxisbeispiel: Windows-Explorer-Einstellungen 736
42.7 Praxisbeispiel: Massenanlegen von Registry-Schlüsseln 737

43 Computer- und Betriebssystemverwaltung 739
43.1 Computerinformationen 739

43.2	Versionsnummer des Betriebssystems	741
43.3	Zeitdauer seit dem letzten Start des Betriebssystems	741
43.4	BIOS- und Startinformationen	742
43.5	Windows-Produktaktivierung	742
43.6	Umgebungsvariablen	742
43.7	Schriftarten	745
43.8	Computername und Domäne	746
43.9	Herunterfahren und Neustarten	746
43.10	Windows Updates installieren	747
43.11	Wiederherstellungspunkte verwalten	751

44 Windows Defender ... 753

45 Hardwareverwaltung ... 755

45.1	Hardwarebausteine	755
45.2	Plug-and-Play-Geräte	757
45.3	Druckerverwaltung (ältere Betriebssysteme)	757
45.4	Druckerverwaltung (seit Windows 8 und Windows Server 2012)	758

46 Softwareverwaltung ... 761

46.1	Softwareinventarisierung	761
46.2	Installation von Anwendungen	764
46.3	Deinstallation von Anwendungen	765
46.4	Praxisbeispiel: Installationstest	765
46.5	Installationen mit PowerShell Package Management („OneGet")	766
46.6	Versionsnummer ermitteln	769
46.7	Servermanager	770
46.8	Softwareeinschränkungen mit dem PowerShell-Modul „AppLocker"	781

47 Prozessverwaltung ... 787

47.1	Prozesse auflisten	787
47.2	Prozesse starten	788
47.3	Prozesse mit vollen Administratorrechten starten	789
47.4	Prozesse unter einem anderen Benutzerkonto starten	790
47.5	Prozesse beenden	791
47.6	Warten auf das Beenden einer Anwendung	792

48 Systemdienste ... 793

48.1	Dienste auflisten	793
48.2	Dienstzustand ändern	795
48.3	Diensteigenschaften ändern	796

49 Netzwerk ... 797
- 49.1 Netzwerkkonfiguration (ältere Betriebssysteme) ... 797
- 49.2 Netzwerkkonfiguration (ab Windows 8 und Windows Server 2012) ... 799
- 49.3 DNS-Client-Konfiguration ... 802
- 49.4 DNS-Namensauflösung ... 805
- 49.5 Erreichbarkeit prüfen (Ping) ... 807
- 49.6 Windows Firewall ... 808
- 49.7 Remote Desktop (RDP) einrichten ... 814
- 49.8 E-Mails senden (SMTP) ... 815
- 49.9 Auseinandernehmen von E-Mail-Adressen ... 817
- 49.10 Abruf von Daten von einem HTTP-Server ... 817
- 49.11 Praxisbeispiel: Linkprüfer für eine Website ... 819
- 49.12 Aufrufe von SOAP-Webdiensten ... 822
- 49.13 Aufruf von REST-Diensten ... 824
- 49.14 Aufrufe von OData-Diensten ... 826
- 49.15 Hintergrunddatentransfer mit BITS ... 827

50 Ereignisprotokolle (Event Log) ... 831

51 Leistungsdaten (Performance Counter) ... 835
- 51.1 Zugriff auf Leistungsindikatoren über WMI ... 835
- 51.2 Get-Counter ... 836

52 Sicherheitseinstellungen ... 839
- 52.1 Aktueller Benutzer ... 839
- 52.2 Grundlagen ... 840
- 52.3 Zugriffsrechtelisten auslesen ... 845
- 52.4 Einzelne Rechteeinträge auslesen ... 846
- 52.5 Besitzer auslesen ... 848
- 52.6 Benutzer und SID ... 848
- 52.7 Hinzufügen eines Rechteeintrags zu einer Zugriffsrechteliste ... 851
- 52.8 Entfernen eines Rechteeintrags aus einer Zugriffsrechteliste ... 854
- 52.9 Zugriffsrechteliste übertragen ... 855
- 52.10 Zugriffsrechteliste über SDDL setzen ... 856
- 52.11 Zertifikate verwalten ... 857

53 Optimierungen und Problemlösungen ... 861
- 53.1 PowerShell-Modul „TroubleshootingPack" ... 861
- 53.2 PowerShell-Modul „Best Practices" ... 865

54 Active Directory ... 867

- 54.1 Benutzer- und Gruppenverwaltung mit WMI ... 868
- 54.2 Einführung in System.DirectoryServices ... 869
- 54.3 Basiseigenschaften ... 880
- 54.4 Benutzer- und Gruppenverwaltung im Active Directory ... 882
- 54.5 Verwaltung der Organisationseinheiten ... 890
- 54.6 Suche im Active Directory ... 891
- 54.7 Navigation im Active Directory mit den PowerShell Extensions ... 898
- 54.8 Verwendung der Active-Directory-Erweiterungen von www.IT-Visions.de ... 899
- 54.9 PowerShell-Modul „Active Directory" (ADPowerShell) ... 901
- 54.10 PowerShell-Modul „ADDSDeployment" ... 924
- 54.11 Informationen über die Active-Directory-Struktur ... 926

55 Gruppenrichtlinien ... 929

- 55.1 Verwaltung der Gruppenrichtlinien ... 930
- 55.2 Verknüpfung der Gruppenrichtlinien ... 931
- 55.3 Gruppenrichtlinienberichte ... 933
- 55.4 Gruppenrichtlinienvererbung ... 934
- 55.5 Weitere Möglichkeiten ... 935

56 Lokale Benutzer und Gruppen ... 937

- 56.1 Modul „Microsoft.PowerShell.LocalAccounts" ... 937
- 56.2 Lokale Benutzerverwaltung in älteren PowerShell-Versionen ... 939

57 Microsoft Exchange Server ... 941

- 57.1 Daten abrufen ... 941
- 57.2 Postfächer verwalten ... 942
- 57.3 Öffentliche Ordner verwalten ... 943

58 Internet Information Server (IIS) ... 945

- 58.1 Überblick ... 945
- 58.2 Navigationsprovider ... 947
- 58.3 Anlegen von Websites ... 949
- 58.4 Praxisbeispiel: Massenanlegen von Websites ... 950
- 58.5 Ändern von Website-Eigenschaften ... 953
- 58.6 Anwendungspool anlegen ... 953
- 58.7 Virtuelle Verzeichnisse und IIS-Anwendungen ... 954
- 58.8 Website-Zustand ändern ... 955
- 58.9 Anwendungspools starten und stoppen ... 955
- 58.10 Löschen von Websites ... 956

59 Virtuelle Systeme mit Hyper-V 957
- 59.1 Das Hyper-V-Modul von Microsoft 958
- 59.2 Die ersten Schritte mit dem Hyper-V-Modul 960
- 59.3 Virtuelle Maschinen anlegen 964
- 59.4 Umgang mit virtuellen Festplatten 970
- 59.5 Konfiguration virtueller Maschinen 973
- 59.6 Dateien kopieren in virtuelle Systeme 977
- 59.7 PowerShell Management Library for Hyper-V (für ältere Betriebssysteme) 979

60 Windows Nano Server 983
- 60.1 Das Konzept von Nano Server 983
- 60.2 Einschränkungen von Nano Server 985
- 60.3 Varianten des Nano Servers 987
- 60.4 Installation eines Nano Servers 987
- 60.5 Docker-Image 989
- 60.6 Fernverwaltung mit PowerShell 989
- 60.7 Windows Update auf einem Nano Server 992
- 60.8 Nachträgliche Paketinstallation 992
- 60.9 Abgespeckter IIS unter Nano Server 994
- 60.10 Nano-Serververwaltung aus der Cloud heraus 995

61 Docker-Container 997
- 61.1 Docker-Varianten für Windows 998
- 61.2 Docker-Installation auf Windows 10 999
- 61.3 Docker-Installation auf Windows Server 2016 1001
- 61.4 Installation von „Docker for Windows" 1002
- 61.5 Docker-Registries 1004
- 61.6 Docker-Images laden 1004
- 61.7 Container starten 1005
- 61.8 Container-Identifikation 1006
- 61.9 Container mit Visual Studio 1007
- 61.10 Befehle in einem Container ausführen 1009
- 61.11 Ressourcenbeschränkungen für Container 1011
- 61.12 Dateien zwischen Container und Host kopieren 1011
- 61.13 Dockerfile 1011
- 61.14 Docker-Netzwerke 1012
- 61.15 Container anlegen, ohne sie zu starten 1013
- 61.16 Container starten und stoppen 1013
- 61.17 Container beenden und löschen 1013
- 61.18 Images löschen 1014

61.19 Images aus Containern erstellen 1014
61.20 .NET Core-Container. 1014
61.21 Images verbreiten 1017
61.22 Azure Container Service (ACS) 1019

62 Grafische Benutzeroberflächen (GUI) 1021
62.1 Einfache Nachfragedialoge 1021
62.2 Einfache Eingabe mit Inputbox 1023
62.3 Komplexere Eingabemasken 1024
62.4 Universelle Objektdarstellung 1026
62.5 WPF PowerShell Kit (WPK) 1027
62.6 Direkte Verwendung von WPF 1035

Teil D: Profiwissen – Erweitern der PowerShell 1037

63 Entwicklung von Commandlets in der PowerShell-Skriptsprache 1039
63.1 Aufbau eines skriptbasierten Commandlets 1039
63.2 Verwendung per Dot Sourcing 1041
63.3 Parameterfestlegung 1042
63.4 Fortgeschrittene Funktion (Advanced Function) 1048
63.5 Mehrere Parameter und Parametersätze 1050
63.6 Unterstützung für Sicherheitsabfragen (-whatif und -confirm) 1052
63.7 Kaufmännisches Beispiel: Test-CustomerID 1054
63.8 Erweitern bestehender Commandlets durch Proxy-Commandlets 1057
63.9 Dokumentation 1063

64 Entwicklung eigener Commandlets mit C# 1067
64.1 Technische Voraussetzungen 1068
64.2 Grundkonzept der .NET-basierten Commandlets 1069
64.3 Schrittweise Erstellung eines minimalen Commandlets 1071
64.4 Erstellung eines Commandlets mit einem Rückgabeobjekt 1079
64.5 Erstellung eines Commandlets mit mehreren Rückgabeobjekten 1081
64.6 Erstellen eines Commandlets mit Parametern 1085
64.7 Verarbeiten von Pipeline-Eingaben 1087
64.8 Verkettung von Commandlets 1090
64.9 Fehlersuche in Commandlets 1094
64.10 Statusinformationen 1097
64.11 Unterstützung für Sicherheitsabfragen (-whatif und -confirm) 1102
64.12 Festlegung der Hilfeinformationen 1104
64.13 Erstellung von Commandlets für den Zugriff auf eine Geschäftsanwendung ... 1108

64.14 Konventionen für Commandlets 1109
64.15 Weitere Möglichkeiten 1111

65 PowerShell-Module erstellen 1113
65.1   Erstellen eines Skriptmoduls 1113
65.2   Praxisbeispiel: Umwandlung einer Skriptdatei in ein Modul 1115
65.3   Erstellen eines Moduls mit Binärdateien 1115
65.4   Erstellen eines Moduls mit Manifest 1116
65.5   Erstellung eines Manifest-Moduls mit Visual Studio 1123

66 Hosting der PowerShell 1125
66.1   Voraussetzungen für das Hosting 1126
66.2   Hosting mit PSHost 1127
66.3   Vereinfachtes Hosting seit PowerShell 2.0 1130

Anhang A: Crashkurs „Objektorientierung" 1133

Anhang B: Crashkurs .NET 1141
B.1   Was ist das .NET Framework? 1143
B.2   Was ist .NET Core? 1144
B.3   Eigenschaften von .NET 1145
B.4   .NET-Klassen 1146
B.5   Namensgebung von .NET-Klassen (Namensräume) 1146
B.6   Namensräume und Softwarekomponenten 1148
B.7   Bestandteile einer .NET-Klasse 1149
B.8   Vererbung 1150
B.9   Schnittstellen 1151

Anhang C: Literatur 1152

Anhang D: Weitere Informationen im Internet 1155

Anhang E: Abkürzungsverzeichnis 1157

Stichwortverzeichnis 1183

Vorwort zur sechsten Auflage

Liebe Leserin, lieber Leser,

willkommen zur fünften Auflage dieses PowerShell-Buchs! Das vor Ihnen liegende Buch behandelt die Windows PowerShell in der Version 5.1 sowie die PowerShell Core in der Version 6.0 (zum Redaktionsschluss dieses Buchs noch Beta-Version) von Microsoft sowie ergänzende Werkzeuge von Microsoft und Drittanbietern (z.B. PowerShell Community Extensions). Das Buch ist aber auch geeignet, wenn Sie noch PowerShell 2.0, 3.0, 4.0 oder 5.0 einsetzen. Welche Funktionen neu hinzugekommen sind, wird jeweils erwähnt.

■ Wer bin ich?

Mein Name ist Holger Schwichtenberg, ich bin derzeit 44 Jahre alt und habe im Fachgebiet Wirtschaftsinformatik promoviert. Ich lebe (in Essen, im Herzen des Ruhrgebiets) davon, dass mein Team und ich im Rahmen unserer Firma *www.IT-Visions.de* anderen Unternehmen bei der Entwicklung von .NET-, Web- und PowerShell-Anwendungen beratend und schulend zur Seite stehen. Zudem entwickeln wir im Rahmen der 5Minds IT-Solutions GmbH & Co. KG Software (*www.5Minds.de*) im Auftrag von Kunden in zahlreichen Branchen.

Es ist mein Hobby und Nebenberuf, IT-Fachbücher zu schreiben. Dieses Buch ist, unter Mitzählung aller nennenswerten Neuauflagen, das 67. Buch, das ich allein oder mit Co-Autoren geschrieben habe. Meine weiteren Hobbys sind Mountain Biking, Lauf-Sport, Fotografie und Reisen.

Natürlich verstehe ich das Bücherschreiben auch als Werbung für die Arbeit unserer Unternehmen und wir hoffen, dass der ein oder andere von Ihnen uns beauftragen wird, Ihre Organisation durch Beratung, Schulung und Auftragsentwicklung zu unterstützen.

■ Wer sind Sie?

Damit Sie den optimalen Nutzen aus diesem Buch ziehen können, möchte ich – so genau es mir möglich ist – beschreiben, an wen sich dieses Buch richtet. Hierzu habe ich einen Fragebogen ausgearbeitet, mit dem Sie schnell erkennen können, ob das Buch für Sie geeignet ist.

Sind Sie Systemadministrator in einem Windows-Netzwerk?	○ Ja	○ Nein
Laufen die für Sie relevanten Computer mit den von PowerShell 3.0, 4.0, 5.x oder 6.x unterstützten Betriebssystemen? (Windows 7/8/8.1/10, Windows Server 2008/2008 R2/2012/2012 R2/2016) Hinweis: Die PowerShell 6.0 für Linux und MacOS wird nur als Randthema kurz in diesem Buch behandelt, da es hier bislang kaum Befehle für die PowerShell gibt!	○ Ja	○ Nein
Sie besitzen zumindest rudimentäre Grundkenntnisse im Bereich des (objektorientierten) Programmierens?	○ Ja	○ Nein
Wünschen Sie einen kompakten Überblick über die Architektur, Konzepte und Anwendungsfälle der PowerShell?	○ Ja	○ Nein
Sie können auf Schritt-für-Schritt-Anleitungen verzichten?	○ Ja	○ Nein
Sie können auf formale Syntaxbeschreibungen verzichten und lernen lieber an aussagekräftigen Beispielen?	○ Ja	○ Nein
Sie erwarten nicht, dass in diesem Buch **alle** Möglichkeiten der PowerShell detailliert beschrieben werden?	○ Ja	○ Nein
Sind Sie, nachdem Sie ein Grundverständnis durch dieses Buch gewonnen haben, bereit, Detailfragen in der Dokumentation der PowerShell, von .NET und WMI nachzuschlagen, da das Buch auf 1200 Seiten nicht alle Details erläutern kann?	○ Ja	○ Nein

Wenn Sie alle obigen Fragen mit „Ja" beantwortet haben, ist das Buch richtig für Sie. In anderen Fällen sollten Sie sich erst mit einführender Literatur beschäftigen.

■ Was ist neu in diesem Buch?

Gegenüber der vorherigen Auflage zur PowerShell 5.0 wurde das Buch um die neuen Funktionen in Windows PowerShell 5.1 sowie PowerShell Core 6.0 erweitert und inhaltlich optimiert. Praxiseinsatzkapitel wurden ergänzt zu Windows Update, Windows Nano Server und Docker-Containern. Zudem wurden die bestehenden Inhalte des Buchs an vielen Stellen erweitert und didaktisch optimiert.

■ Sind in diesem Buch alle Features der PowerShell beschrieben?

Die PowerShell umfasst mittlerweile über 1500 Commandlets mit jeweils zahlreichen Optionen. Zudem gibt es unzählige Erweiterungen mit vielen hundert weiteren Commandlets. Zudem existieren zahlreiche Zusatzwerkzeuge. Es ist allein schon aufgrund der Vorgaben des Verlags für den Umfang des Buchs nicht möglich, alle Commandlets und Parameter hier auch nur zu erwähnen. Zudem habe ich – obwohl ich selbst fast jede Woche mit der PowerShell in der Praxis arbeite – immer noch nicht alle Commandlets und alle Parameter jemals eingesetzt. Ich beschreibe in diesem Buch, was ich selbst in der Praxis, in meinen Schulungen und bei Kundeneinsätzen verwende. Es macht auch keinen Sinn, jedes Detail der PowerShell hier zu dokumentieren. Stattdessen gebe ich Ihnen **Hilfe zur Selbsthilfe**, damit Sie die Konzepte gut verstehen und sich dann Sonderfälle selbst erarbeiten können.

■ Wie aktuell ist dieses Buch?

Die Informationstechnik hat sich immer schon schnell verändert. Seit aber auch Microsoft das Themen „Agilität" und „Open Source" für sich entdeckt hat, ist die Entwicklung nicht mehr schnell, sondern zum Teil rasant:

- Es erscheinen in kurzer Abfolge immer neue Produkte.
- Produkte erscheinen schon in frühen Produktstadien als „Preview" mit Versionsnummern wie 0.1.
- Produkte ändern sich häufig. Aufwärts- und Abwärtskompatibilität ist kein Ziel mehr. Es wird erwartet, dass Sie Ihre Lösungen ständig den neuen Gegebenheiten anpassen.
- Produkte werden nicht mehr so ausführlich dokumentiert wie früher. Teilweise erscheint Dokumentation erst deutlich nach dem Erscheinen der Software.
- Produkte werden schnell auch wieder abgekündigt, wenn sie sich aus der Sicht der Hersteller bzw. aufgrund des Nutzerfeedbacks nicht bewährt haben.

Unter diesen neuen Einflussströmen steht natürlich auch dieses etablierte Buch. Leider kann man ein gedrucktes Buch nicht so schnell ändern wie Software. Verlage definieren erhebliche Mindestauflagen, die abverkauft werden müssen, bevor neu gedruckt werden darf. Das E-Book ist keine Alternative. Die Verkaufszahlen zeigen, dass nur eine verschwindend kleine Menge von Lesern technischer Literatur ein E-Book statt eines gedruckten Buchs kauft. Das E-Book wird offenbar nur gerne als Ergänzung genommen. Das kann ich gut verstehen, denn ich selbst lese auch lieber gedruckte Bücher und nutze E-Books nur für eine Volltextsuche.

Daher kann es passieren, dass – auch schon kurz nach dem Erscheinen dieses Buchs – einzelne Informationen in diesem Buch nicht mehr zu neueren Versionen passen. Wenn Sie so einen Fall feststellen, schreiben Sie bitte eine Nachricht an mich im Leser-Portal (siehe unten). Ich werde dies dann in Neuauflagen des Buchs berücksichtigen.

■ Wem ist zu danken?

Folgenden Personen möchte ich meinen Dank für ihre Mitwirkung an diesem Buch aussprechen:

- meinem Kollegen und Freund Peter Monadjemi, der rund 100 Seiten mit Beispielen zu der Vor-Vor-Vor-Auflage dieses Buchs beigetragen hat (Themen: Workflows, Bitlocker, ODBC, Hyper-V, DNS-Client, Firewall und SQL-Server-Administration),
- Frau Sylvia Hasselbach, die mich schon seit 20 Jahren als Lektorin begleitet und die dieses Buchprojekt beim Carl Hanser Verlag koordiniert und vermarktet,
- Frau Sandra Gottmann, die meine Tippfehler gefunden und sprachliche Ungenauigkeiten eliminiert hat,
- meiner Frau und meinen Kindern dafür, dass sie mir das Umfeld geben, um neben meinem Hauptberuf an Büchern wie diesem zu arbeiten.

■ Woher bekommen Sie die Beispiele aus diesem Buch?

Unter *http://www.powershell-doktor.de/leser* biete ich ein **ehrenamtlich betriebenes** Webportal für Leser meiner Bücher an. In diesem Portal können Sie

- die Codebeispiele aus diesem Buch in einem Archiv herunterladen,
- eine PowerShell-Kurzreferenz „Cheat Sheet" (zwei DIN-A4-Seiten als Hilfe für die tägliche Arbeit) kostenlos herunterladen,
- Feedback zu diesem Buch geben (Bewertung abgeben und Fehler melden) und
- technische Fragen in einem Webforum stellen.

Alle registrierten Leser erhalten auch Einladungen zu kostenlosen Community-Veranstaltungen sowie Vergünstigungen bei unseren öffentlichen Seminaren zu .NET und zur PowerShell. Bei der Registrierung müssen Sie das Kennwort **Rogue One** angeben.

■ Wie sind die Programmcodebeispiele organisiert?

Die Beispiele sind im Archiv organisiert nach den Buchteilen und innerhalb der Buchteile nach Kapitelnamen (verkürzt). In diesem Buch wird für den Zugriff auf die Beispieldateien das X:-Laufwerk verwendet. Dies müssen Sie auf Ihre Situation anpassen!

```
PS T:\> dir x:\

    Verzeichnis: x:\

Mode                LastWriteTime     Length Name
----                -------------     ------ ----
d-r---        29.06.2017    23:56           1_Basiswissen
d-r---        28.06.2017    17:09           2_Aufbauwissen
d-r---        02.06.2017    10:38           3_Einsatzgebiete
d-r---        30.06.2017    17:22           4_Profiwissen

PS T:\> dir x:\1_Basiswissen\

    Verzeichnis: x:\1_Basiswissen

Mode                LastWriteTime     Length Name
----                -------------     ------ ----
d-----        29.06.2017    23:56            Aliase
d-r---        24.04.2017    09:52            Ausgaben
d-----        30.05.2017    00:28            Commandlets
d-----        26.06.2017    10:40            ErsteSchritte
d-----        29.06.2017    23:34            Hilfe
d-r---        30.05.2017    20:59            Module
d-r---        26.03.2014    12:49            Navigation
d-----        04.06.2017    11:21            Pipelining
d-----        30.05.2017    21:15            PowerShellLanguage
d-----        29.05.2017    23:57            PowerShellOOP
d-r---        30.06.2017    18:47            PSCore
d-r---        30.05.2017    20:46            Scripting
d-r---        26.03.2014    12:49            TippsAndTricks
d-r---        26.03.2014    12:49            Werkzeuge
d-r---        26.03.2014    12:49            WPS versus VBS
d-----        03.05.2016    14:12            Zeichenkettenbearbeitung
```

■ Wo können Sie sich schulen oder beraten lassen?

Unter der E-Mail-Adresse *kundenteam@IT-Visions.de* stehen mein Team und ich für Anfragen bezüglich Schulung, Beratung und Entwicklungstätigkeiten zur Verfügung – nicht nur zum Thema PowerShell und .NET, sondern zu fast allen modernen Techniken der Entwicklung und des Betriebs von Software. Wir besuchen Sie gerne in Ihrem Unternehmen an einem beliebigen Standart.

■ Zum Schluss des Vorworts ...

... wünsche ich Ihnen viel Spaß und Erfolg mit der PowerShell!

Dr. Holger Schwichtenberg

Essen, im Juni 2017

Über den Autor
Dr. Holger Schwichtenberg

- Studienabschluss Diplom-Wirtschaftsinformatik an der Universität Essen
- Promotion an der Universität Essen im Gebiet komponentenbasierter Softwareentwicklung
- Seit 1996 selbstständig als unabhängiger Berater, Dozent, Softwarearchitekt und Fachjournalist
- Leiter des Berater- und Dozententeams bei *www.IT-Visions.de*

- Leitung der Softwareentwicklung im Bereich Microsoft/.NET bei der 5Minds IT-Solutions GmbH & Co. KG (*www.5minds.de*)

- Über 65 Fachbücher beim Carl Hanser Verlag, bei O'Reilly, Microsoft Press und Addison-Wesley sowie mehr als 950 Beiträge in Fachzeitschriften
- Gutachter in den Wettbewerbsverfahren der EU gegen Microsoft (2006–2009)
- Ständiger Mitarbeiter der Zeitschriften iX (seit 1999), dotnetpro (seit 2000) und Windows Developer (seit 2010) sowie beim Online-Portal *heise.de* (seit 2008)
- Regelmäßiger Sprecher auf nationalen und internationalen Fachkonferenzen (z. B. Microsoft TechEd, Microsoft Summit, Microsoft IT Forum, BASTA, BASTA-on-Tour, .NET Architecture Camp, Advanced Developers Conference, Developer Week, OOP, DOTNET Cologne, MD DevDays, Community in Motion, DOTNET-Konferenz, VS One, NRW.Conf, Net.Object Days, Windows Forum)Zertifikate und Auszeichnungen von Microsoft:
    - Bereits 14 mal ausgezeichnet als Microsoft Most Valuable Professional (MVP)
    - Zertifiziert als Microsoft Certified Solution Developer (MCSD)
- Thematische Schwerpunkte:
    - Softwarearchitektur, mehrschichtige Softwareentwicklung, Softwarekomponenten, SOA

- Microsoft .NET Framework, Visual Studio, C#, Visual Basic
- .NET-Architektur/Auswahl von .NET-Technologien
- Einführung von .NET Framework und Visual Studio/Migration auf .NET
- Webanwendungsentwicklung und Cross-Plattform-Anwendungen mit HTML, ASP.NET, JavaScript/TypeScript und Webframeworks wie Angular
- Enterprise .NET, verteilte Systeme/Webservices mit .NET insbes. Windows Communication Foundation und WebAPI
- Relationale Datenbanken, XML, Datenzugriffsstrategien
- Objektrelationales Mapping (ORM), insbesondere ADO.NET Entity Framework und EF Core
- Windows PowerShell, PowerShell Core und Windows Management Instrumentation (WMI)
- Ehrenamtliche Community-Tätigkeiten:
  - Vortragender für die International .NET Association (INETA)
  - Betrieb diverser Community-Websites: *www.dotnetframework.de*, *www.entwickler-lexikon.de*, *www.windows-scripting.de*, *www.aspnetdev.de* u. a.
- Firmenwebsites: *http://www.IT-Visions.de* und *http://www.5minds.de*
- Weblog: *http://www.dotnet-doktor.de*
- Kontakt: *kundenteam@IT-Visions.de* sowie *Telefon 02 01-64 95 90-0*

Teil A: PowerShell-Basiswissen

Dieser Buchteil informiert über die Basiskonzepte der PowerShell, insbesondere Commandlets, Pipelines, Navigation und Skripte. Außerdem werden am Ende dieses Teils Werkzeuge vorgestellt.

1 Erste Schritte mit der PowerShell

Das DOS-ähnliche Kommandozeilenfenster hat viele Windows-Versionen in beinahe unveränderter Form überlebt. Mit der Windows PowerShell (WPS) besitzt Microsoft seit dem Jahr 2006 einen Nachfolger, der es mit den Unix-Shells aufnehmen kann und diese in Hinblick auf Eleganz und Robustheit in einigen Punkten auch überbieten kann. Die PowerShell ist eine Adaption des Konzepts von Unix-Shells auf Windows unter Verwendung des .NET Frameworks und mit Anbindung an die Windows Management Instrumentation (WMI). Seit dem Jahr 2017 gibt es die PowerShell auch für Linux und MacOS als „PowerShell Core".

■ 1.1 Was ist die PowerShell?

In einem Satz: Die Windows PowerShell (WPS) ist eine .NET-basierte Umgebung für interaktive Systemadministration und Skripting auf der Windows-Plattform. PowerShell Core (PS Core) ist eine .NET Core-basierte Umgebung für interaktive Systemadministration und Skripting auf Windows, Linux und MacOS.

Die Kernfunktionen der PowerShell sind:

- Zahlreiche eingebaute Befehle, die „Commandlets" genannt werden
- Zugang zu allen Systemobjekten, die durch COM-Bibliotheken, das .NET Framework und die Windows Management Instrumentation (WMI) bereitgestellt werden
- Robuster Datenaustausch zwischen Commandlets durch Pipelines basierend auf typisierten Objekten
- Ein einheitliches Navigationsparadigma für verschiedene Speicher (z. B. Dateisystem, Registrierungsdatenbank, Zertifikatsspeicher, Active Directory und Umgebungsvariablen)
- Eine einfach zu erlernende, aber mächtige Skriptsprache mit wahlweise schwacher oder starker Typisierung
- Ein Sicherheitsmodell, das die Ausführung unerwünschter Skripte unterbindet
- Integrierte Funktionen für Ablaufverfolgung und Debugging
- Die PowerShell kann um eigene Befehle erweitert werden.
- Die PowerShell kann in eigene Anwendungen integriert werden (Hosting).

1.2 Windows PowerShell versus PowerShell Core

Die Windows PowerShell 5.1 ist weit mächtiger als die PowerShell Core 6.0, weil die PowerShell Core einen Neustart des PowerShell-Entwicklungsprojekts in Hinblick auf Plattformunabhängigkeit darstellt. In PowerShell Core fehlen viele Commandlets der Grundausstattung der Windows PowerShell und viele der verfügbaren PowerShell-Erweiterungsmodule laufen bisher nicht in der PowerShell Core.

Details zu den Funktionseinschränkungen der PowerShell Core lesen Sie im Kapitel 13 „PowerShell Core 6.x für Windows, Linux und MacOS".

Wenn Sie unter Windows arbeiten, sollten Sie daher die Windows PowerShell (nach Möglichkeit in der aktuellen Version 5.1) verwenden.

Unter Linux und MacOS gibt es keine Windows PowerShell. Hier können Sie die PowerShell Core 6.0 verwenden. Der Wert der PowerShell Core unter Linux und MacOS liegt in den mächtigen Pipelining- sowie Ein- und Ausgabe-Commandlets. Für konkrete Zugriffe auf das Betriebssystem gibt es hingegen für die PowerShell Core unter MacOS und Linux noch fast keine Commandlets. Man wird also hier immer klassische Linux- und MacOS-Kommandozeilenbefehle mit zeichenkettenbasierter Verarbeitung in die PowerShell einbinden. Wie dies geht, wird im Kapitel 13 „PowerShell Core 6.x für Windows, Linux und MacOS" erklärt.

1.3 Geschichte der PowerShell

Das Active Scripting ist einigen Administratoren zu komplex, weil es viel Wissen über objektorientiertes Programmieren und das Component Object Model (COM) voraussetzt. Die vielen Ausnahmen und Ungereimtheiten im Active Scripting erschweren das Erlernen von Windows Script Host (WSH) und der zugehörigen Komponentenbibliotheken.

Schon im Zuge der Entwicklung des Windows Server 2003 gab Microsoft zu, dass man Unix-Administratoren zum Interview über ihr tägliches Handwerkszeug gebeten hatte. Das kurzfristige Ergebnis war eine große Menge zusätzlicher Kommandozeilenwerkzeuge. Langfristig setzt Microsoft jedoch auf eine Ablösung des DOS-ähnlichen Konsolenfensters durch eine neue Skripting-Umgebung.

Mit dem Erscheinen des .NET Frameworks im Jahre 2002 wurde lange über einen WSH.NET spekuliert. Microsoft stellte jedoch die Neuentwicklung des WSH für das .NET Framework ein, als abzusehen war, dass die Verwendung von .NET-basierten Programmiersprachen wie C# und Visual Basic .NET dem Administrator nur noch mehr Kenntnisse über objektorientierte Softwareentwicklung abverlangen würde.

Microsoft beobachtete in der Unix-Welt eine hohe Zufriedenheit mit den dortigen Kommandozeilen-Shells und entschloss sich daher, das Konzept der Unix-Shells, insbesondere das Pipelining, mit dem .NET Framework zusammenzubringen und daraus eine .NET-basierte Windows Shell zu entwickeln. Diese ist so einfach wie eine Unix-Shell, aber kann so mächtig wie das .NET Framework sein.

In einer ersten Beta-Version wurde die neue Shell schon unter dem Codenamen „Monad" auf der Professional Developer Conference (PDC) im Oktober 2003 in Los Angeles vorgestellt. Nach den Zwischenstufen „Microsoft Shell (MSH)" und „Microsoft Command Shell" trägt die neue Skriptumgebung seit Mai 2006 den Namen „Windows PowerShell".

Die PowerShell 1.0 erschien am 6.11.2006 zeitgleich mit Windows Vista, war aber dort nicht enthalten, sondern musste heruntergeladen und nachinstalliert werden.

Die PowerShell 2.0 ist zusammen mit Windows 7/Windows Server 2008 R2 erschienen am 22.7.2009.

Die PowerShell 3.0 ist zusammen mit Windows 8/Windows Server 2012 erschienen am 15.8.2012.

Die PowerShell 4.0 ist zusammen mit Windows 8.1/Windows Server 2012 R2 am 9.9.2013 erschienen.

Die PowerShell 5.0 ist als Teil von Windows 10 erschienen am 29.7.2015. Abweichend von den bisherigen Gepflogenheiten ist die PowerShell 5.0 als Erweiterung für Windows Server 2008 R2 (mit Service Pack 1) und Windows Server 2012/2012 R2 erst deutlich später am 16.12.2015 erschienen. Für Windows 7 und Windows 8.1 sollte es erst gar keine Version mehr geben. Doch am 18.12.2015 hatte Microsoft ein Einsehen mit den Kunden und lieferte die PowerShell 5.0 auch für diese Betriebssysteme nach. Kurioserweise musste Microsoft den Download dann am 23.12. wegen eines gravierenden Fehlers vor einigen Wochen vom Netz nehmen.

Der Windows Server 2016 (erschienen am 26.9.2016) enthält PowerShell 5.1. und Windows 10 und wurde mit dem Windows 10 Anniversary Update (Version 1607, Codename „Redstone 1") am 2.8.2016 aktualisiert. PowerShell 5.1 ist erst seit 19.1.2017 als Add-on für Windows 7, Windows 8.1, Windows Server 2008 R2, Windows 2012 und Windows 2012 R2 verfügbar.

HINWEIS: Mit Windows 10 hat Microsoft das Auslieferungsverfahren auf „Windows as a Service" umgestellt. Dies bedeutet, dass Microsoft über Windows Update im Sinne der neuen „agilen" Strategie nun auch ständig neue Funktionen ausliefert. Dies betrifft ebenso die Windows PowerShell, die dann zukünftig auch auf diesem Wege häufigere Aktualisierungen erfahren kann. Wie häufig dies sein wird, ist zum Reaktionsschluss dieses Buchs noch offen.

Microsoft hat sich seit dem Jahr 2015 für andere Betriebssysteme und die Entwicklung als „Open Source Software" (OSS) geöffnet. Dies betrifft nun auch die PowerShell: Die PowerShell Core 6.0 für Windows, MacOS und Linux ist zum Redaktionsschluss dieses Buchs in der Beta-Phase.

■ 1.4 Motivation zur PowerShell

Falls Sie eine Motivation brauchen, sich mit der PowerShell zu beschäftigen, wird dieses Kapitel sie Ihnen liefern. Es stellt die Lösung für eine typische Scripting-Aufgabe sowohl im „alten" Windows Script Host (WSH) als auch in der „neuen" PowerShell vor.

Zur Motivation, sich mit der PowerShell zu beschäftigen, soll folgendes Beispiel aus der Praxis dienen. Es soll ein Inventarisierungsskript für Software erstellt werden, das die installierten MSI-Pakete mit Hilfe der Windows Management Instrumentation (WMI) von mehreren Computern ausliest und die Ergebnisse in einer CSV-Datei *(softwareinventar.csv)* zusammenfasst. Die Namen (oder IP-Adressen) der abzufragenden Computer sollen in einer Textdatei *(computernamen.txt)* stehen.

Die Lösung mit dem WSH benötigt 90 Codezeilen (inklusive Kommentare und Parametrisierungen). In der PowerShell lässt sich das Gleiche in nur 13 Zeilen ausdrücken. Wenn man auf die Kommentare und die Parametrisierung verzichtet, dann reicht sogar genau eine Zeile. Das PowerShell-Skript läuft in der Windows PowerShell und auch in der PowerShell Core unter Windows, aber nicht unter Linux und MacOS, da es dort noch keine Implementierung des für den Zugriff auf die installierte Software notwendigen Web Based Enterprise Management (WBEM) und des Common Information Model (CIM) für die PowerShell gibt.

Listing 1.1 Softwareinventarisierung – Lösung 1 mit dem WSH
[3_Einsatzgebiete/Software/Software_Inventory.vbs]

```
' ------------------------------------------
' Skriptname: Software_inventar.vbs
' Autor: Dr. Holger Schwichtenberg
' ------------------------------------------
' Dieses Skript erstellt eine Liste
' der installierten Software
' ------------------------------------------
Option Explicit

' --- Einstellungen
Const Trennzeichen = ";" ' Trennzeichen für Spalten in der Ausgabedatei
Const Eingabedateiname = "computernamen.txt"
Const Ausgabedateiname = "softwareinventar.csv"
Const Bedingung = "SELECT * FROM Win32_Product where not Vendor like '%Microsoft%'"

Dim objFSO ' Dateisystem-Objekt
Dim objTX  ' Textdatei-Objekt für die Liste der zu durchsuchenden computer
Dim i ' Zähler für Computer
Dim computer ' Name des aktuellen computers
Dim Eingabedatei' Name und Pfad der Eingabedatei
Dim Ausgabedatei' Name und Pfad der Ausgabedatei

' --- Startmeldung
WScript.Echo "Softwareinventar.vbs"
WScript.Echo "(C) Dr. Holger Schwichtenberg, http://www.Windows-Scripting.de"

' --- Global benötigtes Objekt
Set objFSO = CreateObject("Scripting.FileSystemObject")

' --- Ermittlung der Pfade
```

```
Eingabedatei = GetCurrentPfad & "\" & Eingabedateiname
Ausgabedatei = GetCurrentPfad & "\" & Ausgabedateiname

' --- Auslesen der computerliste
Set objTX = objFSO.OpenTextFile(Eingabedatei)

' --- Meldungen
WScript.Echo "Eingabedatei: " & Eingabedatei
WScript.Echo "Ausgabedatei: " & Ausgabedatei

' --- Überschriften einfügen
Ausgabe _
"computer" & Trennzeichen & _
"Name" & Trennzeichen & _
    "Beschreibung" & Trennzeichen & _
    "Identifikationsnummer" & Trennzeichen & _
    "Installationsdatum" & Trennzeichen & _
    "Installationsverzeichnis" & Trennzeichen & _
    "Zustand der Installation" & Trennzeichen & _
    "Paketzwischenspeicher" & Trennzeichen & _
    "SKU Nummer" & Trennzeichen & _
    "Hersteller" & Trennzeichen & _
    "Version"

' --- Schleife über alle Computer
Do While Not objTX.AtEndOfStream
    computer = objTX.ReadLine
    i = i + 1
    WScript.Echo "=== Computer #" & i & ": " & computer

GetInventar computer

Loop

' --- Eingabedatei schließen
objTX.Close
' --- Abschlußmeldung
WScript.echo "Softwareinventarisierung beendet!"

' === Softwareliste für einen computer erstellen
Sub GetInventar(computer)

Dim objProduktMenge
Dim objProdukt
Dim objWMIDienst

' --- Zugriff auf WMI
Set objWMIDienst = GetObject("winmgmts:" &_
    "{impersonationLevel=impersonate}!\\" & computer &_
    "\root\cimv2")
' --- Liste anfordern
Set objProduktMenge = objWMIDienst.ExecQuery _
    (Bedingung)
' --- Liste ausgeben
WScript.echo "Auf " & computer & " sind " & _
objProduktMenge.Count & " Produkte installiert."
For Each objProdukt In objProduktMenge
    Ausgabe _
```

```
            computer & Trennzeichen & _
            objProdukt.Name & Trennzeichen & _
            objProdukt.Description & Trennzeichen & _
            objProdukt.IdentifyingNumber & Trennzeichen & _
            objProdukt.InstallDate & Trennzeichen & _
            objProdukt.InstallLocation & Trennzeichen & _
            objProdukt.InstallState & Trennzeichen & _
            objProdukt.PackageCache & Trennzeichen & _
            objProdukt.SKUNumber & Trennzeichen & _
            objProdukt.Vendor & Trennzeichen & _
            objProdukt.Version
   WScript.Echo      objProdukt.Name
   Next
   End Sub

   ' === Ausgabe
   Sub Ausgabe(s)
   Dim objTextFile
   ' Ausgabedatei öffnen
   Set objTextFile = objFSO.OpenTextFile(Ausgabedatei, 8, True)
   objTextFile.WriteLine s
   objTextFile.Close
   'WScript.Echo s
   End Sub


   ' === Pfad ermitteln. in dem das Skript liegt
   Function GetCurrentPfad
   GetCurrentPfad = objFSO.GetFile (WScript.ScriptFullName).ParentFolder
   End Function
```

Listing 1.2 Softwareinventarisierung – Lösung 2 als PowerShell-Skript [3_Einsatzgebiete/Software/SoftwareInventory_WMI_Script.ps1]

```
# Einstellungen
$InputFileName = "computernamen.txt"
$OutputFileName = "softwareinventar.csv"
$Query = "SELECT * FROM Win32_Product where not Vendor like '%Microsoft%'"

# Einbabedatei auslesen
$Computers = Get-Content $InputFileName

# Schleife über alle Computer
$Software = $Computers | foreach { Get-CimInstance -query $Query -computername $_ }
# Ausgabe in CSV
$Software | select Name, Description, IdentifyingNumber, InstallDate,
InstallLocation, InstallState, SKUNumber, Vendor, Version | export-csv
$OutputFileName -notypeinformation
```

Listing 1.3 Softwareinventarisierung – Lösung 3 als PowerShell-Pipeline-Befehl [3_Einsatzgebiete/Software/SoftwareInventory_WMI_Pipeline.ps1]

```
Get-Content "computers.txt" | foreach {Get-CimInstance -computername $_ -query
"SELECT * FROM Win32_Product where not Vendor like '%Microsoft%'" } | export-csv
"Softwareinventory.csv" -notypeinformation
```

1.5 Betriebssysteme mit vorinstallierter PowerShell

Die folgende Tabelle zeigt, in welchen Betriebssystemen welche Version der PowerShell mitgeliefert wird bzw. wo sie nachträglich installierbar ist.

Tabelle 1.1 Verfügbarkeit der PowerShell auf verschiedenen Betriebssystemen

Betriebssystem	Mitgelieferte PowerShell	Nachträglich installierbare PowerShell
Windows 2000, Windows 9x, Windows ME, Windows NT 4.0	PowerShell nicht enthalten	Nachträgliche Installation nicht von Microsoft unterstützt
Windows XP	PowerShell nicht enthalten	PowerShell 1.0 und PowerShell 2.0
Windows Server 2003	PowerShell nicht enthalten	PowerShell 1.0 und PowerShell 2.0
Windows Server 2003 R2	PowerShell nicht enthalten	PowerShell 1.0 und PowerShell 2.0
Windows Vista	PowerShell nicht enthalten	PowerShell 1.0 und PowerShell 2.0
Windows Vista	PowerShell 1.0 enthalten	PowerShell 2.0
Windows Server 2008	PowerShell 1.0 enthalten als optionales Features	PowerShell 2.0, PowerShell 3.0
Windows Server 2008	PowerShell 1.0 enthalten	PowerShell 2.0, PowerShell 3.0
Windows 7	PowerShell 2.0 enthalten	PowerShell 3.0, PowerShell 4.0, PowerShell 5.0, PowerShell 5.1, PowerShell Core 6.x
Windows Server 2008 R2	PowerShell 2.0 enthalten	PowerShell 3.0, PowerShell 4.0, PowerShell 5.0, PowerShell 5.1, PowerShell Core 6.x
Windows Server 2008 Core	PowerShell nicht enthalten	PowerShell 3.0
Windows Server 2008 R2 Core	PowerShell 2.0 enthalten als optionales Feature	
Windows 8.0	PowerShell 3.0 enthalten	Achtung: PowerShell 4.0 und 5.0/5.1 können nur durch ein (vorheriges) Update auf Windows 8.1 nachgerüstet werden.
Windows Server 2012 inkl. Core	PowerShell 3.0 enthalten	PowerShell 4.0, PowerShell 5.0, PowerShell 5.1, PowerShell Core 6.x

(Fortsetzung auf nächster Seite)

Tabelle 1.1 Verfügbarkeit der PowerShell auf verschiedenen Betriebssystemen *(Fortsetzung)*

Betriebssystem	Mitgelieferte PowerShell	Nachträglich installierbare PowerShell
Windows 8.1	PowerShell 4.0 enthalten	PowerShell 5.0, PowerShell 5.1, PowerShell Core 6.x
Windows Server 2012 R2 inkl. Core	PowerShell 4.0 enthalten	PowerShell 5.0, PowerShell 5.1, PowerShell Core 6.x
Windows 10	PowerShell 5.0 enthalten	PowerShell Core 6.x
Windows 10 Creators Update (Redstone 2, Version 1703, April 2017)	PowerShell 5.1 enthalten	PowerShell Core 6.x
Windows Server 2016	PowerShell 5.1 enthalten	PowerShell Core 6.x
Windows Nano Server 2016	Reduzierte PowerShell Core 5.1 enthalten	
Suse-Linux ab Version 42.1	–	PowerShell Core 6.x
Ubuntu-Linux ab Version 14.04	–	PowerShell Core 6.x
MacOS/X ab Version 10.12.	–	PowerShell Core 6.x

1.6 Windows PowerShell herunterladen und auf anderen Windows-Betriebssystemen installieren

Die Windows PowerShell 5.1 ist in Windows 10 (ab Anniversary Update) und Windows Server 2016 bereits im Standard installiert.

Wenn Sie nicht Windows 10 oder Windows Server 2016 benutzen, müssen Sie die PowerShell 5.1 erst installieren.

Die nachträgliche Installation der Windows PowerShell 5.1 ist auf folgenden Betriebssystemen möglich:

- Windows Server 2012 R2
- Windows Server 2012
- Windows 2008 R2
- Windows 8.1
- Windows 7

Die Windows PowerShell 5.1 wird auf diesen Betriebssystemen als Teil des Windows Management Framework 5.1 (WMF) installiert – *https://www.microsoft.com/en-us/download/details.aspx?id=54616*.

Bei der Installation ist zu beachten, dass jeweils das .NET Framework 4.5.2 oder höher vorhanden sein muss. Auch mit .NET Framework 4.6.x und 4.7 funktioniert die PowerShell 5.1.

Das WMF-5.1-Installationspaket betrachtet sich als Update für Windows (KB3191566 für Windows 7 und Windows Server 2008 R2 bzw. KB3191564 für Windows 8.1 und Windows Server 2012 R2 sowie KB3191565 für Server 2012).

✔ W2K12-KB3191565-x64.msu	20.6 MB
✔ Win7AndW2K8R2-KB3191566-x64.zip	64.9 MB
✔ Win7-KB3191566-x86.zip	42.7 MB
✔ Win8.1AndW2K12R2-KB3191564-x64.msu	19.0 MB
✔ Win8.1-KB3191564-x86.msu	14.5 MB

Bild 1.1 Installationspaket für PowerShell 5.1 als Erweiterung

Installationsordner

Die Windows PowerShell installiert sich in folgendes Verzeichnis: *%systemroot%\system32\WindowsPowerShell\V1.0* (für 32-Bit-Systeme).

ACHTUNG: Dabei ist das „V1.0" im Pfad tatsächlich richtig: Microsoft hat dies seit Version 1.0 nicht verändert. Geplant war wohl eine „Side-by-Side"-Installationsoption wie beim .NET Framework. Doch später hat sich Microsoft dann entschieden, dass eine neue PowerShell immer die alte überschreibt.

Auf 64-Bit-Systemen gibt es die PowerShell zweimal, einmal als 64-Bit-Version in *%systemroot%\system32\WindowsPowerShell\V1.0* und einmal als 32-Bit-Version. Letztere findet man unter *%systemroot%\Syswow64\WindowsPowerShell\V1.0*. Die 32-Bit-Version braucht man, wenn man eine Bibliothek nutzen will, für die es keine 64–Bit-Version gibt, z. B. den Zugriff auf Microsoft-Access-Datenbanken.

Es handelt sich auch dabei nicht um einen Tippfehler: Die 64-Bit-Version befindet sich in einem Verzeichnis, das „32" im Namen trägt, und die 32-Bit-Version in einem Verzeichnis mit „64" im Namen!

Die 32-Bit-Version der PowerShell und die 64-Bit-Version der PowerShell sieht man im Startmenü: Die 32-Bit-Version hat den Zusatz „(x86)". Die 64-Bit-Version hat keinen Zusatz. Auch den Editor „ISE" gibt es in einer 32- und einer 64-Bit-Version.

1 Erste Schritte mit der PowerShell

Bild 1.2
PowerShell-Einträge im Windows-10-Startmenü

 TIPP: Unter Windows 8.x empfiehlt sich der Einsatz der Erweiterung *http://www.classicshell.net*, die das klassische Startmenü in Windows 8.x zurückbringt. Der Rückgriff auf ein Startmenü hat nicht nur mit Nostalgie zu tun, sondern auch ganz handfeste praktische Gründe: Der kachelbasierte Startbildschirm von Windows 8.x findet leider zum Suchbegriff „PowerShell" weder die PowerShell ISE noch die 32-Bit-Variante der PowerShell.

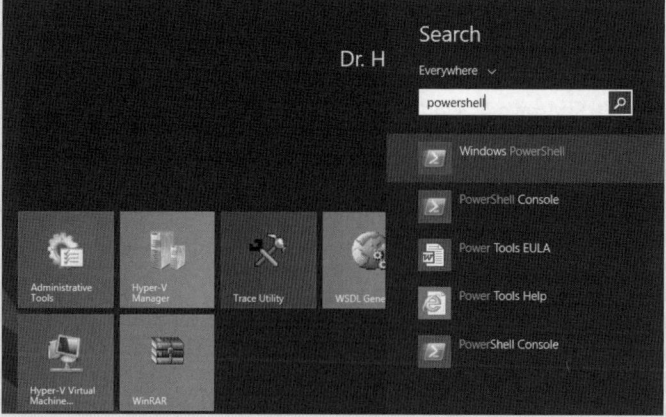

Bild 1.3 Versagen auf ganzer Linie: Der kachelbasierte Startbildschirm von Windows 8.1 findet leider zum Suchbegriff „PowerShell" weder die ISE noch die 32-Bit-Variante der PowerShell.

1.6 Windows PowerShell herunterladen und auf anderen Windows-Betriebssystemen installieren

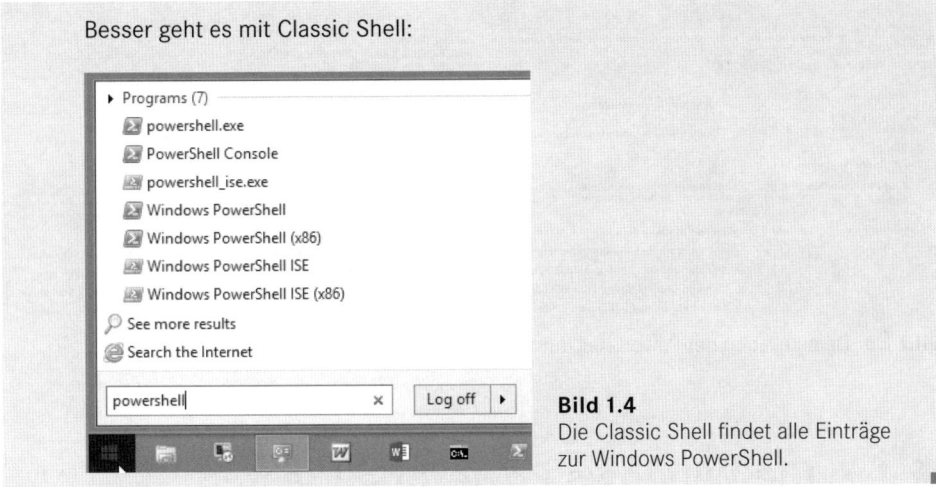

Bild 1.4
Die Classic Shell findet alle Einträge zur Windows PowerShell.

Ereignisprotokoll „PowerShell"

Durch die Installation der PowerShell wird in Windows auch ein neues Ereignisprotokoll „PowerShell" angelegt, in dem die PowerShell wichtige Zustandsänderungen der PowerShell protokolliert.

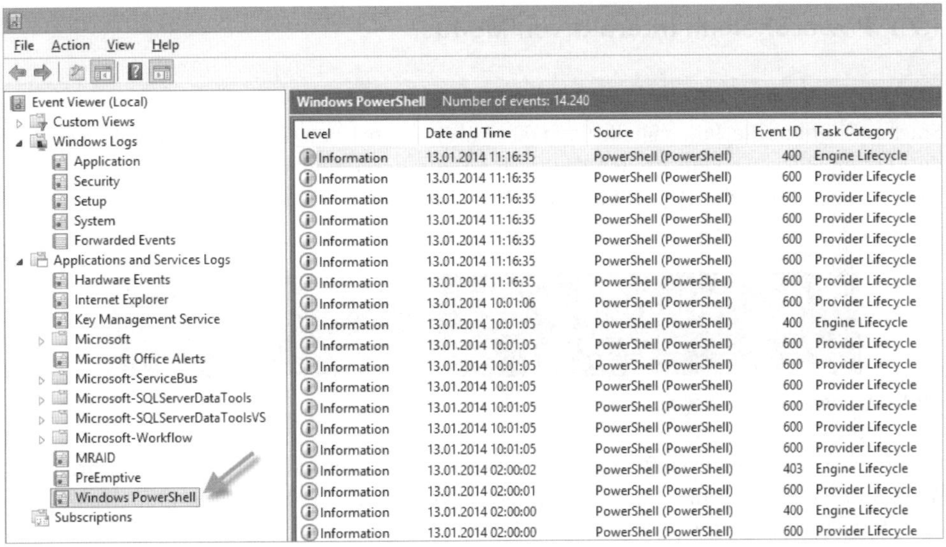

Bild 1.5 Ereignisprotokoll „Windows PowerShell"

Deinstallation

Falls man die PowerShell deinstallieren möchte, muss man dies in der Systemsteuerung unter „Programme und Funktionen/Installierte Updates anzeigen" tun und dort das „Microsoft Windows Management Framework" deinstallieren.

Bild 1.6 Deinstallation der PowerShell durch Deinstallation des WMF

■ 1.7 Die Windows PowerShell testen

Dieses Kapitel stellt einige Befehle vor, mit denen Sie die PowerShell-Funktionalität ausprobieren können. Die PowerShell verfügt über zwei Modi (interaktiver Modus und Skriptmodus), die hier getrennt behandelt werden.

1.7.1 PowerShell im interaktiven Modus

Der erste Test verwendet die PowerShell im interaktiven Modus.

Starten Sie bitte die PowerShell. Es erscheint ein leeres PowerShell-Konsolenfenster. Auf den ersten Blick ist kein großer Unterschied zur herkömmlichen Konsole zu erkennen. Allerdings steckt in der PowerShell mehr Kraft im wahrsten Sinne des Wortes.

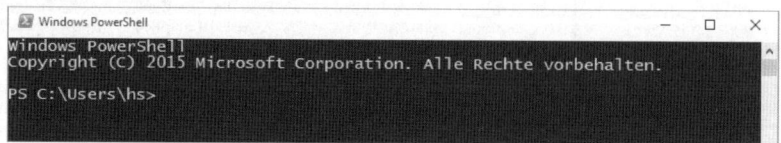

Bild 1.7 Leeres PowerShell-Konsolenfenster

Geben Sie an der Eingabeaufforderung „Get-Process" ein (wobei die Groß-/Kleinschreibung irrelevant ist. Das gilt nicht nur für Windows, sondern auch MacOS und Linux!) und drücken Sie dann die Enter-Taste. Es erscheint eine Liste aller Prozesse, die auf dem lokalen Computer laufen. Dies war Ihre erste Verwendung eines einfachen PowerShell-Commandlets.

 HINWEIS: Beachten Sie bitte, dass die Groß-/Kleinschreibung keine Rolle spielt, da PowerShell keine Unterschiede zwischen groß- und kleingeschriebenen Commandlet-Namen macht.

1.7 Die Windows PowerShell testen

Geben Sie an der Eingabeaufforderung „Get-Service i*" ein. Jetzt erscheint eine Liste aller installierten Dienste auf Ihrem Computer, deren Namen mit dem Buchstaben „i" beginnen. Hier haben Sie ein Commandlet mit Parametern verwendet.

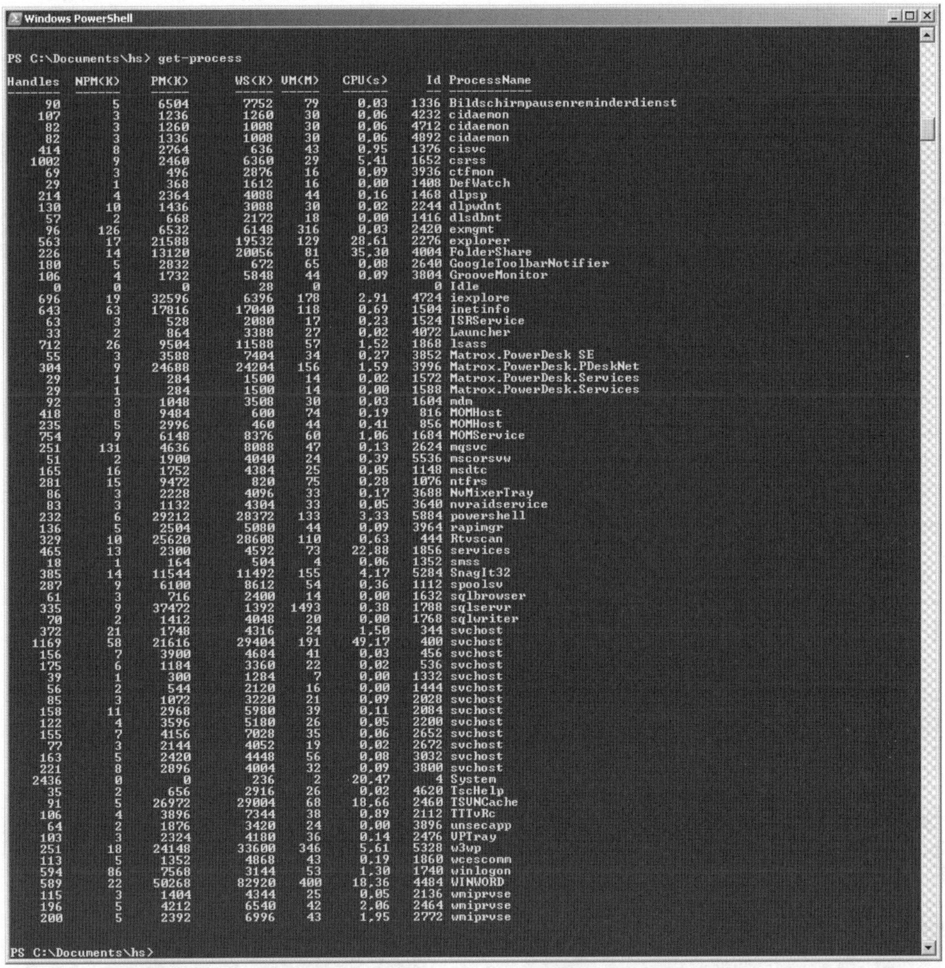

Bild 1.8 Die Liste der Prozesse ist das Ergebnis nach Ausführung des Commandlets „Get-Process".

Bild 1.9 Eine gefilterte Liste der Windows-Dienste

Geben Sie „Get-" ein und drücken Sie dann mehrmals die **Tab**-Taste. Die PowerShell zeigt nacheinander alle Commandlets an, die mit dem Verb „get" beginnen. Microsoft bezeichnet diese Funktionalität als „Tabulatorvervollständigung". Halten Sie bei „Get-Eventlog" an. Wenn Sie **Enter** drücken, fordert die PowerShell einen Parameter namens „LogName" an. Bei „LogName" handelt es sich um einen erforderlichen Parameter (Pflichtparameter). Nachdem Sie „Application" eingetippt und die **Enter**-Taste gedrückt haben, erscheint eine lange Liste der aktuellen Einträge in Ihrem Anwendungsereignisprotokoll.

Bild 1.10 PowerShell fragt einen erforderlichen Parameter ab.

Der letzte Test bezieht sich auf die Pipeline-Funktionalität der PowerShell. Auch geht es darum, die Listeneinträge aus dem Windows-Ereignisprotokoll aufzulisten, doch dieses Mal sind nur bestimmte Einträge interessant. Die Aufgabe besteht darin, die letzten zehn Ereignisse abzurufen, die sich auf das Drucken beziehen. Geben Sie den folgenden Befehl ein, der aus drei Commandlets besteht, die über Pipes miteinander verbunden sind:

```
Get-EventLog system | Where-Object { $_.source -eq "print" } | Select-Object -first 10
```

Die PowerShell scheint einige Sekunden zu hängen, nachdem die ersten zehn Einträge ausgegeben wurden. Dieses Verhalten ist korrekt, da das erste Commandlet (`Get-EventLog`) alle Einträge empfängt. Dieses Filtern geschieht durch aufeinanderfolgende Commandlets (`Where-Object` und `Select-Object`). Leider besitzt `Get-EventLog` keinen integrierten Filtermechanismus.

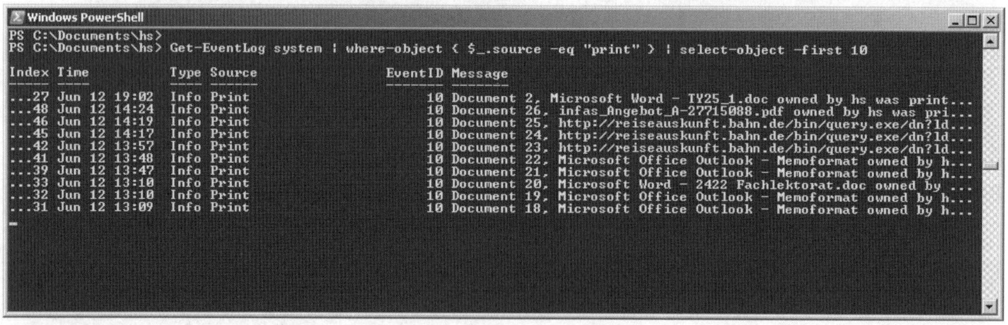

Bild 1.11 Die Einträge des Ereignisprotokolls filtern

1.7.2 Installierte Version ermitteln

Die Windows PowerShell gibt bei ihrem Start ihre Versionsnummer nicht direkt preis. Nur die Jahreszahl im Copyright-Vermerk deutet indirekt auf die Versionsnummer hin. 2015 steht hier für die PowerShell 5.0, 2016 für die PowerShell 5.1. Die PowerShell Core meldet sich (zumindest bei dem zum Redaktionsschluss vorliegenden Beta-Stadium) ohne Jahreszahl.

Die präzisere Versionsinformation ermittelt man durch den Abruf der eingebauten Variablen $PSVersionTable. Neben der PowerShell-Version erhält man auch Informationen über die Frameworks und Protokolle, auf denen die PowerShell aufsetzt.

Die „CLRVersion" steht dabei für die Version der „Common Language Runtime" (CLR), die Laufzeitumgebung des Microsoft .NET Framework. Es fehlt in der Versionstabelle leider die Information, dass die PowerShell 5.1 zwar mit der CLR-Version 4.0 zufrieden ist, aber die .NET-Klassenbibliothek in der Version 4.5.2 oder höher braucht, was eine Installation des .NET Frameworks 4.5.2 oder höher voraussetzt.

PowerShell Core 6.0 erfordert .NET Core 2.0.

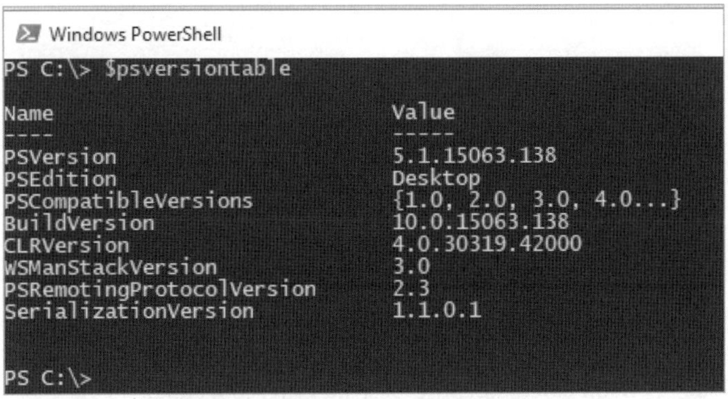

Bild 1.12 Abruf der Versionsinformationen zur PowerShell 5.1 (hier unter Windows 10, Update-Stand 21.04.2017)

1.7.3 PowerShell im Skriptmodus

Bei einem PowerShell-Skript handelt es sich um eine Textdatei, die Commandlets und/oder Elemente der PowerShell-Skriptsprache (PSL) umfasst. Das zu erstellende Skript legt ein neues Benutzerkonto auf Ihrem lokalen Computer an.

1.7.4 Skript eingeben

Öffnen Sie den Windows-Editor „Notepad" (oder einen anderen Texteditor) und geben Sie die folgenden Skriptcodezeilen ein, die aus Kommentaren, Variablendeklarationen, COM-Bibliotheksaufrufen und Shell-Ausgabe bestehen:

Listing 1.4 Ein Benutzerkonto erstellen
[1_Basiswissen/ErsteSchritte/LocalUser_Create.ps1]

```
### PowerShell-Script
### Lokales Benutzerkonto anlegen
### (C) Holger Schwichtenberg

# Eingabewerte
$Name = "Dr. Holger Schwichtenberg"
$Accountname = "HolgerSchwichtenberg"
$Description = "Autor dieses Buchs / Website: www.powershell-doktor.de"
$Password = "secret+123"
$Computer = "localhost"

"Anlegen des Benutzerskonto $Name auf $Computer"

# Zugriff auf Container mit der COM-Bibliothek "Active Directory Service Interface"
$Container = [ADSI] "WinNT://$Computer"

# Benutzer anlegen
$objUser = $Container.Create("user", $Accountname)
$objUser.Put("Fullname", $Name)
$objUser.Put("Description", $Description)
# Kennwort setzen
$objUser.SetPassword($Password)
# Änderungen speichern
$objUser.SetInfo()

"Benutzer angelegt: $Name auf $Computer"
```

Speichern Sie die Textdatei unter dem Namen „createuser.ps1" in einem Ordner auf der Festplatte, z. B. *c:\temp*. Beachten Sie, dass die Dateinamenserweiterung „.ps1" lauten muss.

HINWEIS: Im Kapitel 56 „Lokale Benutzer und Gruppen" werden Sie lernen, dass es ab PowerShell 5.1 auch einen eleganteren Weg zum Anlegen lokaler Benutzer per Commandlet `New-LocalUser` gibt.

1.7.5 Skript starten

Starten Sie die PowerShell-Konsole. Versuchen Sie dort nun, das Skript zu starten. Geben Sie dazu

```
c:\temp\createuser.ps1
```

ein. Für die Ordner- und Dateinamen können Sie die Tabulatorvervollständigung verwenden! Der Versuch scheitert zunächst wahrscheinlich, da die Skriptausführung auf den meisten Windows-Betriebssystemversionen standardmäßig in der PowerShell nicht zulässig ist. Dies ist kein Fehler, sondern eine Sicherheitsfunktionalität. Denken Sie an den „Love Letter"-Wurm für den Windows Script Host!

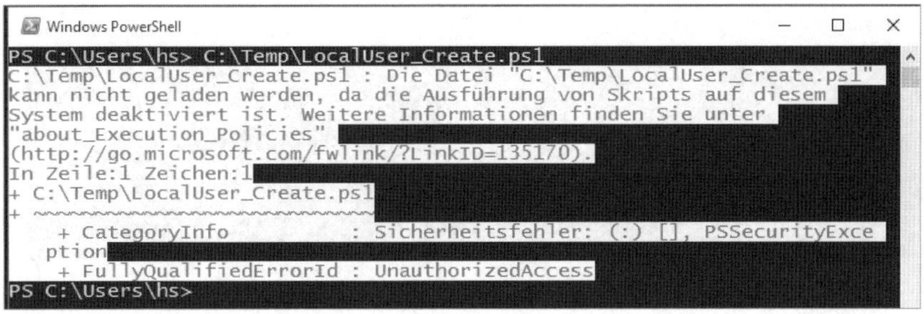

Bild 1.13 Die Skriptausführung ist standardmäßig verboten.

HINWEIS: Bisher war die PowerShell-Skriptausführung auf allen Betriebssystemen im Standard verboten. Erstmals in Windows Server 2012 R2 hat Microsoft sie im Standard erlaubt, sofern das Skript auf der lokalen Festplatte liegt. Entfernte Skripte können nur mit digitaler Signatur gestartet werden. Diese Einstellung nennt sich „RemoteSigned". In anderen Betriebssystemen gibt es aber keine Änderung des Standards, der „Restricted" lautet.

1.7.6 Skriptausführungsrichtlinie ändern

Um ein PowerShell-Skript auf Betriebssystemen wie Windows 7, Windows 8.x und Windows 10, wo dies im Standard nicht erlaubt ist, überhaupt starten zu können, müssen Sie die Skript-Ausführungsrichtlinie ändern. Später in diesem Buch lernen Sie, welche Optionen es dafür gibt. Für den ersten Test wird die Sicherheit ein wenig abgeschwächt, aber wirklich nur ein wenig. Mit dem folgenden Befehl lässt man die Ausführung von Skripten zu, die sich auf dem lokalen System befinden, verbietet aber Skripten von Netzwerkressourcen (das Internet eingeschlossen) die Ausführung, wenn diese keine digitale Signatur besitzen.

```
Set-ExecutionPolicy RemoteSigned
```

Später in diesem Buch lernen Sie, wie Sie PowerShell-Skripte digital signieren. Außerdem erfahren Sie, wie Sie Ihr System auf Skripte beschränken, die Sie oder Ihre Kollegen signiert haben.

Überprüfen Sie die vorgenommenen Änderungen mit dem Commandlet `Get-ExecutionPolicy`.

Es kann nun sein, dass Sie `Set-ExecutionPolicy` gar nicht ausführen können und eine Fehlermeldung wie die nachstehende sehen, dass die Änderung in der Registrierungsdatenbank mangels Rechten nicht ausgeführt werden konnte.

Bild 1.14 Die Benutzerkontensteuerung verbietet die Änderung der Skriptausführungsrichtlinie

Dies ist die Benutzerkontensteuerung, die Microsoft seit Windows Vista in Windows mitliefert. Benutzerkontensteuerung (User Account Control, UAC) bedeutet, dass alle Anwendungen seit Windows Vista immer unter normalen Benutzerrechten laufen, auch wenn ein Administrator angemeldet ist. Wenn eine Anwendung höhere Rechte benötigt (z. B. administrative Aktionen, die zu Veränderungen am System führen), fragt Windows explizit in Form eines sogenannten Consent Interface beim Benutzer nach, ob der Anwendung diese Rechte gewährt werden sollen.

> Nur mit Windows Server ab Version 2012 startet der eingebaute Administrator (Konto „Administrator") alle Skripte, die Konsole und andere .exe-Anwendungen unter vollen Rechten. Alle anderen Administratoren unterliegen der Benutzerkontensteuerung.

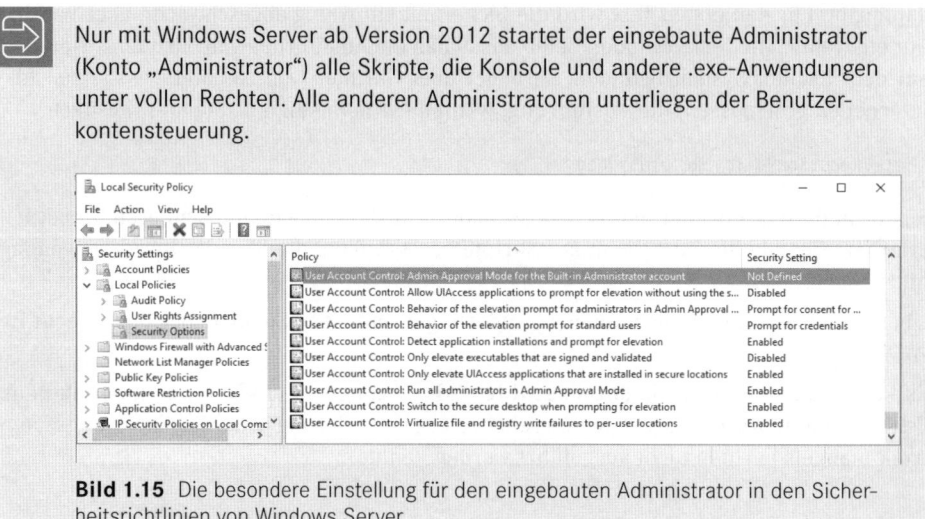

Bild 1.15 Die besondere Einstellung für den eingebauten Administrator in den Sicherheitsrichtlinien von Windows Server

Um die PowerShell mit vollen Rechten zu starten, wählen Sie aus dem Startmenü (oder einer Verknüpfung z. B. in der Taskleiste) die PowerShell mit der rechten Maustaste aus und klicken auf „Als Administrator ausführen".

Bild 1.16
PowerShell „Als Administrator ausführen"

Dass die PowerShell als Administrator gestartet ist, sehen Sie an dem Zusatz „Administrator:" in der Fenstertitelzeile der Konsole.

Geben Sie in diesem Fenster erneut ein:

```
Set-ExecutionPolicy RemoteSigned
```

Dies sollte nun funktionieren wie in der nachstehenden Bildschirmabbildung gezeigt.

Starten Sie nun das Skript erneut mit:

```
c:\temp\createuser.ps1
```

Jetzt sollte die Nachricht erscheinen, dass das Benutzerkonto erstellt worden ist.

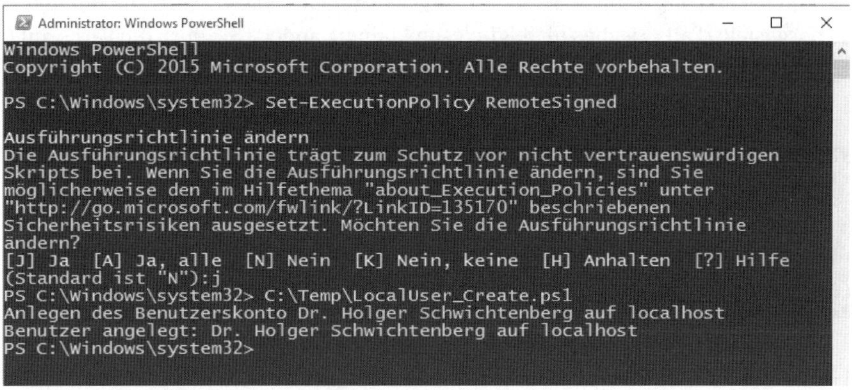

Bild 1.17 Erfolgreiches Ändern der Skriptausführungsrichtlinien und Start des Skripts „LocalUser_Create.ps1"

Bild 1.18
Das neu erstellte lokale Benutzerkonto

1.7.7 Farben ändern

Die PowerShell verwendet leider einige Farben mit wenig Kontrast. So werden Zeichenketten in einfachen oder doppelten Anführungszeichen in „DarkCyan" auf dunkelblauem Grund dargestellt. Falls Sie dies nicht gut lesen können, ändern Sie doch die Farbe auf Cyan:

```
Set-PSReadlineOption -TokenKind String -ForegroundColor Cyan
```

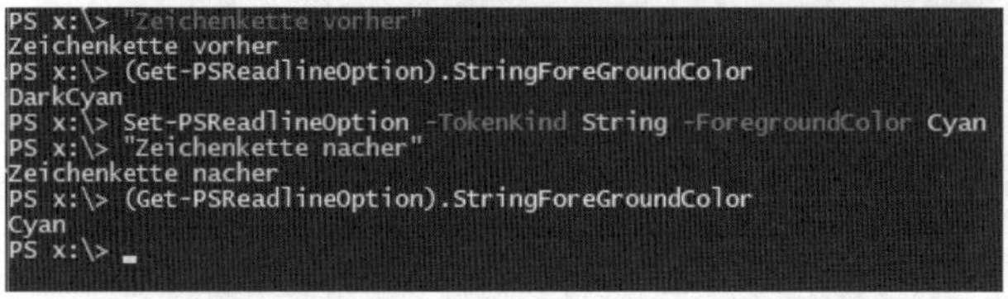

Bild 1.19
Auswirkung der Farbänderung

Falls Sie beim Eingeben schon einen Fehler gemacht haben, haben Sie rote Schrift auf blauem Untergrund gesehen. Wenn Sie das nicht gut lesen können, geben Sie bitte ein:

```
(Get-Host).PrivateData.ErrorBackgroundColor = "white"
```

Damit stellen Sie um auf rote Schrift auf weißem Grund für Fehlerausgaben.

So einen Befehl legt man in der PowerShell-Profilskriptdatei ab, damit er immer beim Start der PowerShell automatisch ausgeführt wird, siehe Buchteil B, Kapitel „Tipps und Tricks zur PowerShell".

1.8 PowerShell Core installieren und testen

Dieses Unterkapitel beschäftigt sich mit der plattformneutralen PowerShell Core 6.0, die zum Redaktionsschluss dieses Buchs als Beta-Version vorliegt. Sie können dieses Unterkapitel überspringen, wenn Sie nur die klassische Windows PowerShell einsetzen wollen. Details zur PowerShell Core lesen Sie im Kapitel 13 „PowerShell Core 6.x für Windows, Linux und MacOS".

1.8.1 Installation und Test auf Windows

Für Windows wird die PowerShell Core 6.0 (zumindest in der aktuellen Beta-Version) sowohl als Installationsprogramm (MSI) als auch als ZIP-Archiv ausgeliefert *[https://github.com/ PowerShell/PowerShell/releases]*. Man entpackt das Archiv und startet dann dort einfach powershell.exe (vom Windows Explorer oder von der klassischen Kommandozeile oder der klassischen PowerShell aus). Das Archiv enthält auch die benötigten Dateien von .NET Core 2.0.

Dies hat den Vorteil, dass man PowerShell Core 6.0 parallel zu den bisherigen PowerShell-Installationen auf einem Rechner betreiben kann. Mit allen bisherigen PowerShell-Aktualisierungen war so ein Parallelbetrieb nicht möglich.

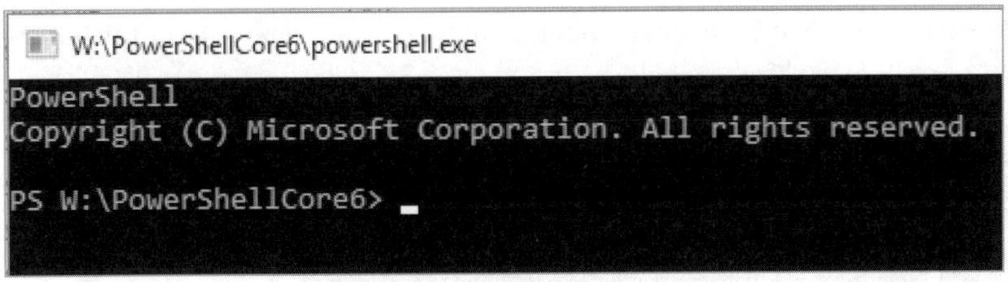

Bild 1.20 So meldet sich die PowerShell Core 6.0 auf Windows.

1.8.2 Installation und Test auf Ubuntu Linux

PowerShell Core 6.0 wird für Linux als .deb-Datei ausgeliefert *[https://github.com/ PowerShell/PowerShell/releases]*, die sich über das „Ubuntu Software Center" (Ubuntu 14.04) bzw. „Utuntu Software" (Ubuntu 16.04) installieren lässt. Alternativ geht dies per Kommandozeile:

```
sudo apt install ./powershell_6.0.0-beta.6-1ubuntu1.16.04.1_amd64.deb
```

Für Debian gibt es ebenfalls eine .deb-Datei. Red Hat Enterprise Linux, OpenSUSE und CentOS werden durch .rpm-Dateien unterstützt. Für andere Linux-Distributionen gibt es eine .appimage-Datei.

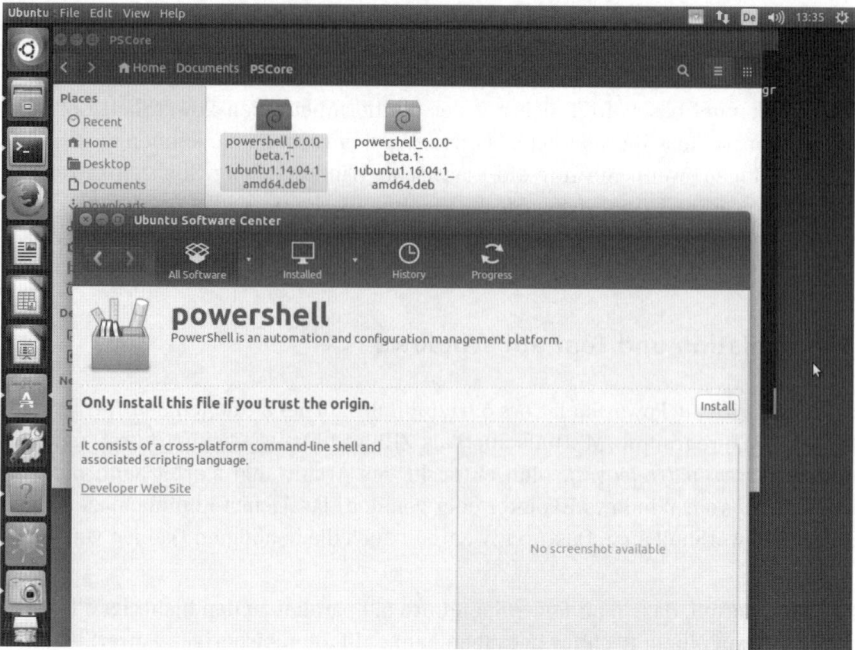

Bild 1.21 Installation der PowerShell Core 6.0 Beta 1 auf Ubuntu Linux

Zum Start der PowerShell Core gibt man im Terminal-Fenster powershell (nicht powershell.exe!) ein.

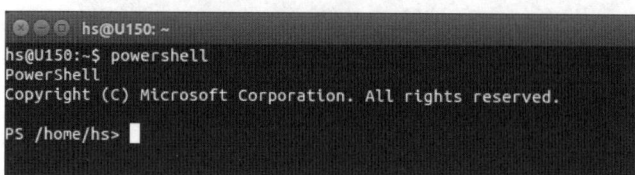

Bild 1.22
Start der PowerShell Core
6.0 auf Ubuntu-Linux

1.8.3 Installation und Test auf MacOS

Für die Installation auf MacOS stellt Microsoft unter *[https://github.com/PowerShell/PowerShell/releases]* eine .pkg-Datei (Apple Software Package) bereit. Das Paket braucht auf dem aktuellen Stand rund 140 MB Festplattenplatz.

 HINWEIS: Der Autor dieses Buchs besitzt kein eigenes MacOS-System. Alle Tests wurden auf einem in der Cloud gemieteten MacOS-System des Anbieters „macincloud" *(www.macincloud.com)* durchgeführt. Zu beachten ist, dass macincloud Root-Rechte und eine Installation von Beta-Software nur zu den teuren „Dedicated Server"-Tarifen und nicht zu den günstigen „Managed Server"-Tarifen anbietet.

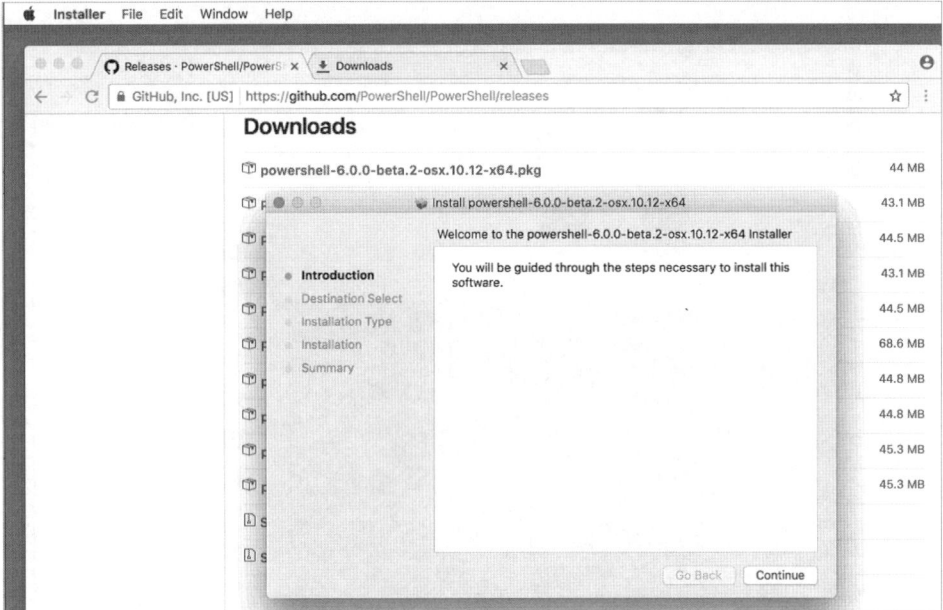

Bild 1.23 Download und Start der .pgk-Datei

Zum Start der PowerShell Core auf OS/X gibt man im bash-basierten Terminal-Fenster powershell (nicht powershell.exe!) ein.

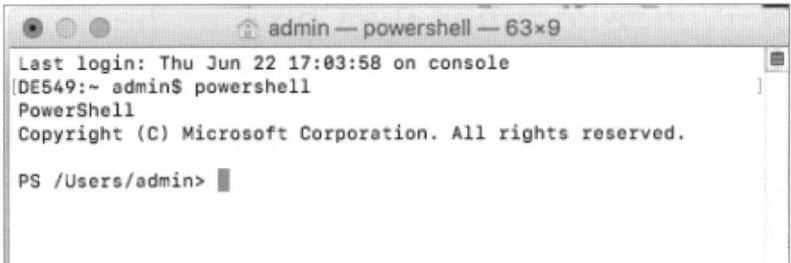

Bild 1.24 Start der PowerShell Core 6.0 auf Ubuntu-Linux

 TIPP: Microsoft verwendet auch unter MacOS verschiedene Farben an der Konsole, die aber in einigen Fällen (z. B. Commandlet-Namen und Klassenmitgliedernamen) hell sind und auf einem weißen Hintergrund nicht genug Kontrast bieten. Stellen Sie daher für das MacOS-Terminal-Fenster ein Farbschema mit einem dunkleren Hintergrund ein. Gut eignet sich das Farbschema „Ocean". Sie ändern das Farbschema in dem Terminal-Fenster im Menü „Shell/Show Inspector" unter „Settings".

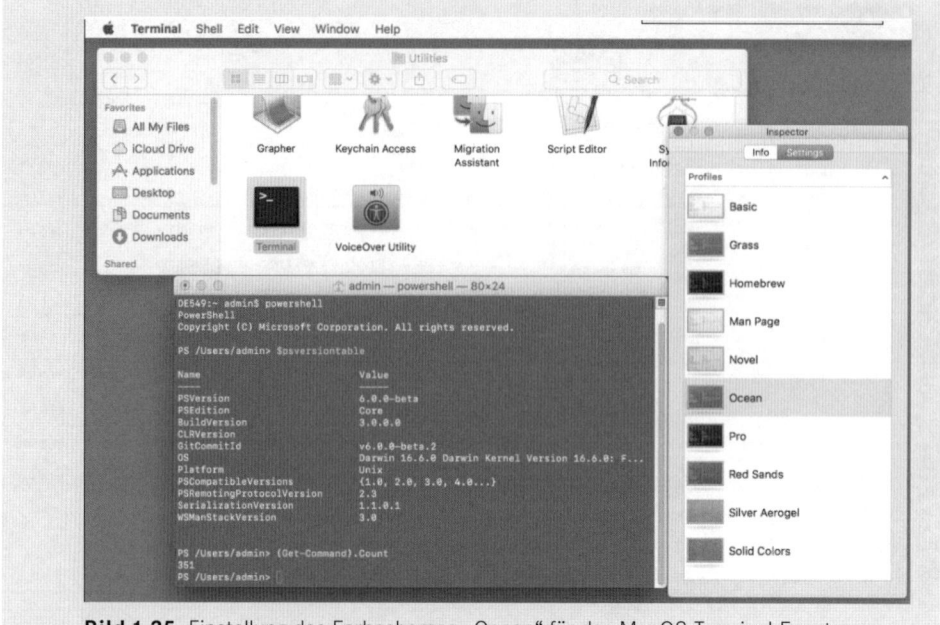

Bild 1.25 Einstellung des Farbschemas „Ocean" für das MacOS-Terminal-Fenster

■ 1.9 Woher kommen die Commandlets?

Die Windows PowerShell umfasste in der Version 1.0 nur 129 Commandlets (und Funktionen). In PowerShell 2.0 waren es 236, in PowerShell 3.0 waren es 322 und in PowerShell 4.0 sind es auch immer noch „nur" 328 und in PowerShell 5.0 unter Windows 10 sind es 340, in Windows 10 Creators Update (Redstone 2, Version 1703 vom April 2017) mit PowerShell 5.1 sind es 370. Als Kern der PowerShell werden hier alle Commandlets und Funktionen bezeichnet, die sich in einem der PowerShell-Module befinden, die mit Windows ausgeliefert werden bzw. mit dem WMF-Add-on installiert werden und die auf allen unterstützten Betriebssystemen verfügbar sind (und daher das Wort „PowerShell" im Modulnamen tragen und in der Dokumentation „Core Modules" genannt werden).

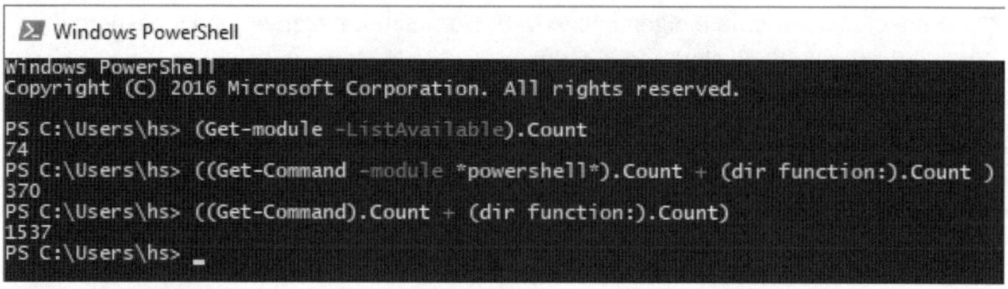

Bild 1.26 Zählen der Commandlets und Funktionen unter Windows 10 (Stand Creators Update, Versionsnummer 1703, Redstone 2)

Es gibt noch viel mehr Commandlets als die oben genannten, diese gehören aber nicht zur Windows PowerShell im engeren Sinne, sondern zu optionalen Erweiterungen oder der jeweiligen Windows-Betriebssystemversion.

Schon kurz nach Version 1.0 der Windows PowerShell gab es erste Erweiterungen wie zum Beispiel die PowerShell Community Extensions (siehe nächstes Kapitel).

Mit Windows 7 bzw. Windows Server 2008 R2 hat Microsoft begonnen, Zusatzmodule direkt mit dem Betriebssystem auszuliefern. Diese Zusatzmodule bringen in Windows 8.1 die Anzahl der Commandlets auf über 1000. In Windows 10 (Stand Creators Update, Versionsnummer 1703) sind es dann 1537.

ACHTUNG: Anders als die Erweiterungsmodule, die es oft für mehrere (auch ältere) PowerShell-Versionen gibt, kann man die zum Betriebssystem gehörenden Module nicht in einem älteren Betriebssystem verwenden. In dem zum Redaktionsschluss dieses Buchs vorliegenden Beta-Stand der PowerShell 6.0 kann man die zum Windows-Betriebssystem gehörenden PowerShell-Module noch nicht in PowerShell Core unter Windows verwenden.

■ 1.10 PowerShell Community Extensions (PSCX) herunterladen und installieren

Bei „PowerShell Community Extensions" (kurz PSCX) handelt es sich um ein Open Source-Projekt, das zusätzliche Funktionalität mit Commandlets für die Windows PowerShell realisiert, wie zum Beispiel `Get-DHCPServer`, `Get-DomainController`, `Get-MountPoint`, `Get-TerminalSession`, `Ping-Host`, `Write-GZip` und viele weitere. Das Projekt steht unter Führung von Microsoft, aber jeder .NET-Softwareentwickler ist eingeladen, daran mitzuwirken. In regelmäßigen Abständen werden neue Versionen veröffentlicht. Die aktuelle Version zum Reaktionsschluss ist die Version 3.2 für PowerShell (ab Version 3.0). Leider gibt es seit dem 24. 10. 2014 kein Update mehr.

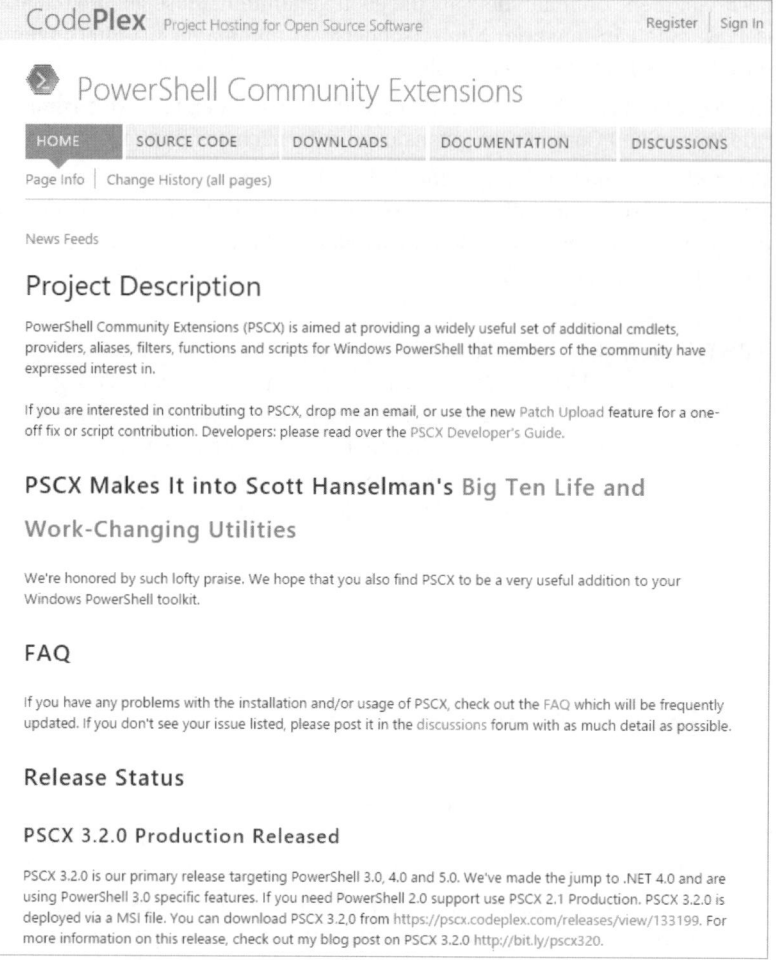

Bild 1.27 Website für die PowerShell Community Extensions (Stand 17. 01. 2016)

 HINWEIS WWW: Die PowerShell Community Extensions finden Sie unter *http://pscx.codeplex.com/*.

Die PowerShell Community Extensions werden als Setup-Routine bereitgestellt, die Sie installieren sollten, nachdem Sie die Windows PowerShell erfolgreich installiert haben.

Starten Sie die PowerShell und geben Sie `Get-DomainController` ein (wenn Ihr Computer Mitglied eines Active Directory ist) oder testen Sie die PSCX mit dem Befehl `Ping-Host`, der auf jedem Computer im Netzwerk funktioniert. Wie Sie in der Bildschirmabbildung am Beispiel `Ping-Host` lesen können: Für einige der dort mitgelieferten Commandlets gibt es mittlerweile in der PowerShell eigene festeingebaute Commandlets (hier: `Test-Connection`). Als die PSCX zu Zeiten von PowerShell 1.0 begonnen wurden, gab es `Test-Connection` noch nicht!

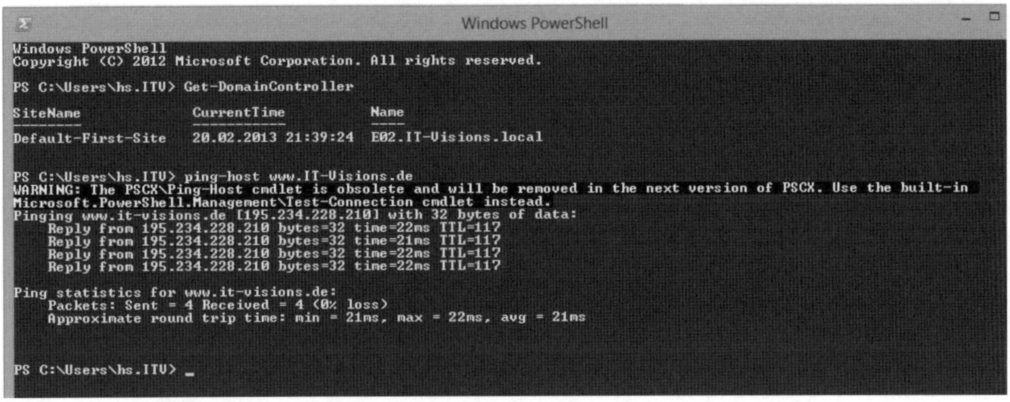

Bild 1.28 PSCX-Befehle Get-DomainController und Ping-Host testen

■ 1.11 Den Windows PowerShell-Editor „ISE" verwenden

Integrated Scripting Environment (ISE) ist der Name des Skripteditors, den Microsoft seit der Windows PowerShell 2.0 mitliefert und der in Windows PowerShell 3.0 nochmals erheblich verbessert wurde. Die ISE startet man mit dem Symbol „PowerShell ISE" oder indem man in der PowerShell den Befehl „ise" ausführt.

Die ISE verfügt über zwei Fenster: ein Skriptfenster (im Standard oben, alternativ über „View"-Menü einstellbar rechts) und ein interaktives Befehlseingabefenster (unten bzw. links). Optional kann man ein drittes Fenster einblenden, das „Command Add-On", in dem man Befehle suchen kann und eine Eingabehilfe für Befehlsparameter erhält.

Geben Sie unten im interaktiven Befehlseingabefenster in der ISE ein:

```
Get-Process
```

Nachdem Sie mindestens einen Buchstaben eingegeben haben, können Sie die Eingabe mit der Tabulatortaste vervollständigen. Alternativ können Sie **STRG+Leertaste** drücken für eine Eingabehilfe mit Auswahlfenster (IntelliSense). Die Ausgaben des interaktiven Bereichs erscheinen dann direkt unter den Befehlen, wie bei der PowerShell-Konsole. Einen dedizierten Ausgabebereich wie in der ISE in PowerShell 2.0 gibt es nicht mehr.

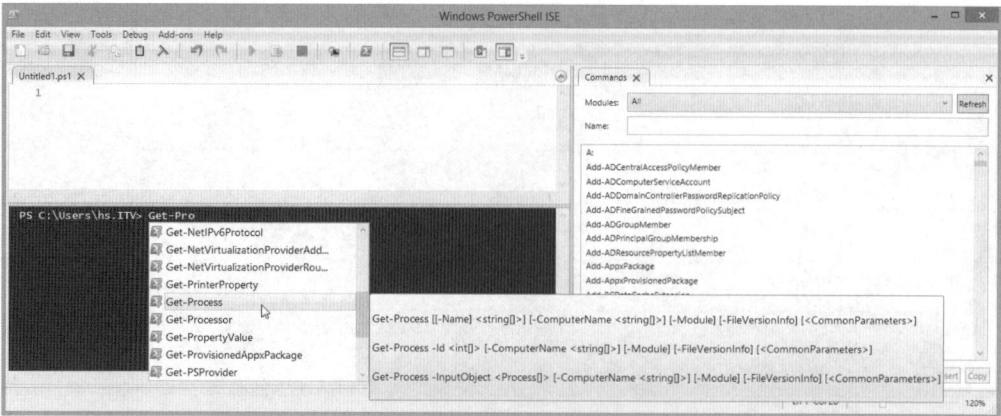

Bild 1.29 IntelliSense-Eingabehilfe

Um die ISE im Skriptmodus zu verwenden, erstellen Sie eine neue Skriptdatei (Menü „File/New") oder öffnen Sie eine vorhandene *.ps1*-Datei (Menü „File/Open"). Öffnen Sie als Beispiel die Skriptdatei *CreateUser.ps1*, die Sie zuvor erstellt haben. Es sind Zeilennummern zu sehen. Die verschiedenen Bestandteile des Skripts sind in unterschiedlichen Farben dargestellt. Auch hier funktioniert die Eingabeunterstützung mit der Tabulartaste und IntelliSense.

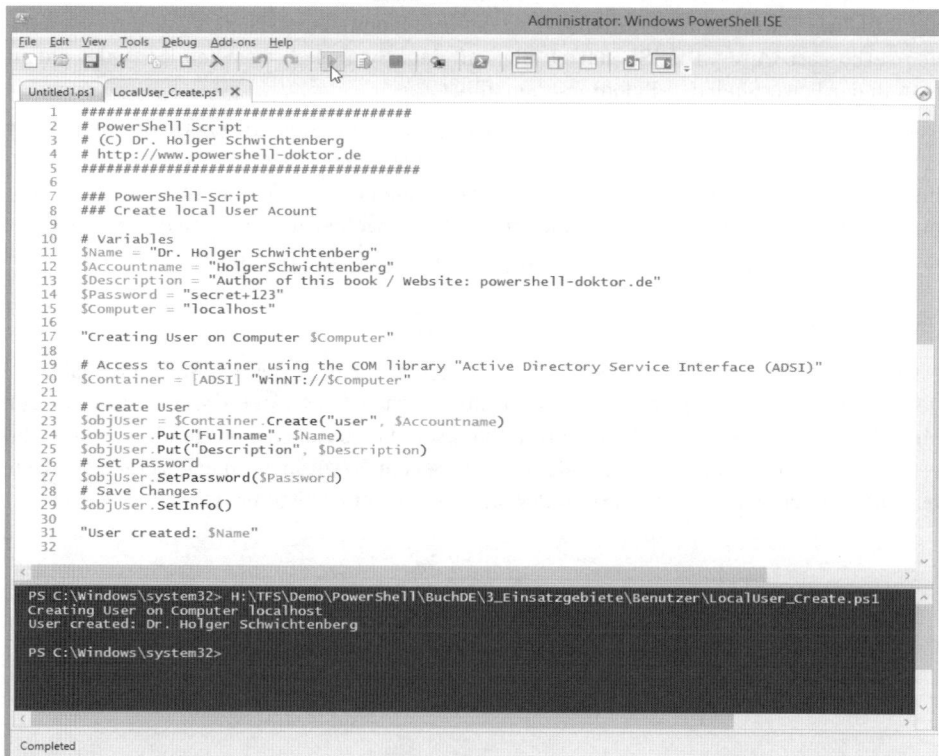

Bild 1.30 Die ISE im Skriptmodus

1.11 Den Windows PowerShell-Editor „ISE" verwenden

Um das Skript auszuführen, klicken Sie auf das Start-Symbol in der Symbolleiste (siehe die Screenshots) oder drücken Sie **F5**. Auch hier wird das Ergebnis im interaktiven Bereich angezeigt.

TIPP: Stellen Sie sicher, dass Sie die ISE als Administrator ausführen und dass das Benutzerkonto noch nicht existiert, bevor Sie das Skript ausführen.

Ein interessantes Feature ist das Debugging, mit dem Sie ein Skript Zeile für Zeile durchlaufen und währenddessen den Zustand der Variablen betrachten können.

Setzen Sie dazu den Cursor auf eine beliebige Zeile in Ihrem Skript und tippen Sie dann auf **F9** (oder wählen Sie „Toogle Breakpoint" im Kontextmenü oder im Menü „Debug"). Daraufhin erscheint die Zeile in Rot – ein sogenannter „Haltepunkt".

Starten Sie das Skript nun mit **F5**. Die ISE stoppt in der Zeile mit dem Haltepunkt und diese wird orange. Mit der Taste **F10** springen Sie zum nächsten Befehl. Diese wird dann gelb und die Zeile mit dem Haltepunkt wird wieder rot.

HINWEIS: Die gelbe Zeile ist immer die nächste Zeile, die ausgeführt wird.

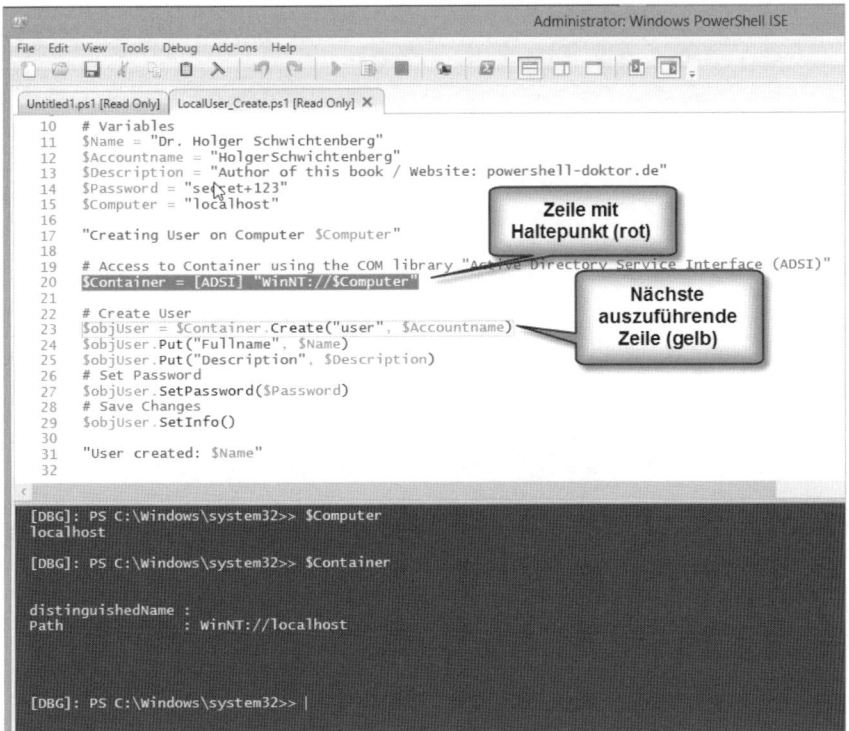

Bild 1.31 Skript-Debugging mit der ISE

Im interaktiven Bereich können Sie im Haltemodus den aktuellen Zustand der Variablen abfragen, indem Sie dort z. B. eingeben

```
$Computer
```

oder

```
$Container
```

Man kann auch Werte interaktiv ändern. Um das Skript fortzusetzen, drücken Sie wieder F5. Über das Menü „Debug" sind weitere Steuerbefehle möglich.

 HINWEIS: Sie müssen den Debugger beenden (Menüpunkt „Debug/Stop Debugger"), wenn Sie das Skript ändern möchten.

2 Architektur der PowerShell

Die Windows PowerShell ist eine Symbiose aus:

- dem DOS-Kommandozeilenfenster,
- den bekannten Skript- und Shell-Sprachen wie Perl, Ruby, ksh und bash,
- dem .NET Framework und
- der Windows Management Instrumentation (WMI).

Die PowerShell ist implementiert auf dem .NET Framework. Sie ist jedoch kein .NET Runtime Host mit der Möglichkeit, Befehle der Common Intermediate Language (CIL) auf der Common Language Runtime (CLR) auszuführen.

Die PowerShell verwendet ein völlig anderes Host-Konzept mit Commandlets, Objekt-Pipelines und einer neuen Sprache, die von Microsoft als PowerShell Language (PSL) bezeichnet wird. Sie ist Perl, Ruby, C# und einigen Unix-Shell-Sprachen sehr ähnlich, aber mit keiner Unix-Shell kompatibel. Nutzer der WMI Command Shell *(wmic.exe)*, die mit Windows XP eingeführt wurde, werden sich in der PowerShell schnell zurechtfinden.

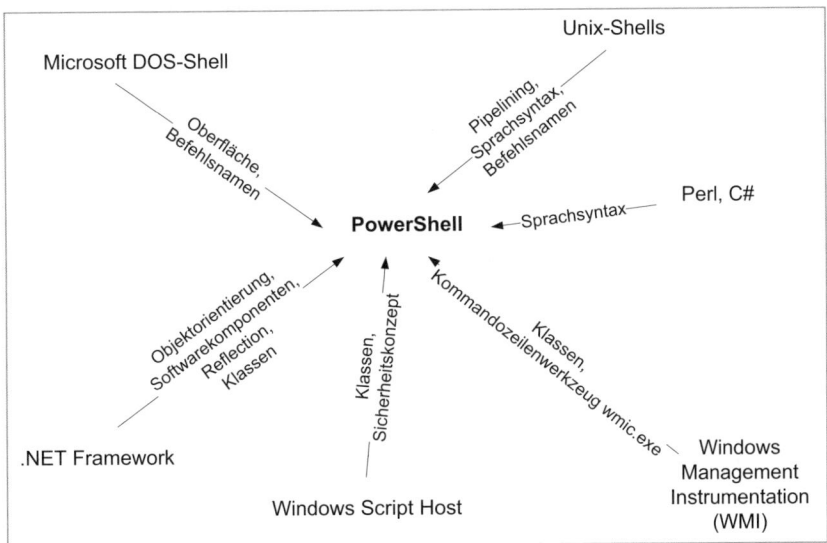

Bild 2.1 Einflussfaktoren auf die Architektur und die Umsetzung der PowerShell

ACHTUNG: Die PowerShell ist angetreten, vom Administrator weniger Kenntnisse in Objektorientierung und über Softwarekomponenten zu verlangen, als dies der Vorgänger Windows Script Host (WSH) tat. Tatsächlich kann man in der PowerShell viel erreichen, ohne sich mit dem zu Grunde liegenden .NET Framework zu beschäftigen. Dennoch: Wer alle Möglichkeiten der PowerShell nutzen will, braucht dann aber doch etwas Verständnis für objektorientiertes Programmieren und Erfahrung mit dem .NET Framework.

Wenn Sie sich hier noch nicht auskennen, lesen Sie bitte zuerst in diesem Buch Anhang A *Crashkurs „Objektorientierung"* und Anhang B *Crashkurs „.NET Framework".*

Anbindung an Klassenbibliotheken

Die Version 1.0 der PowerShell enthielt sehr viele Commandlets für die Pipelining-Infrastruktur, aber nur sehr wenige Befehle, die tatsächlich Bausteine des Betriebssystems in die Pipeline werfen. Prozesse, Systemdienste, Dateien, Zertifikate und Registrierungsdatenbankeinträge sind die magere Ausbeute beim ersten Blick in die Commandlet-Liste. Drei Commandlets eröffnen der PowerShell aber neue Dimensionen: `New-Object` (für .NET- und COM-Objekte) und `Get-WmiObject` bzw. `Get-CimInstance` (für WMI-Objekte). Seit Version 2.0 gibt es – zumindest in Verbindung mit neueren Betriebssystemen – mehr PowerShell-Befehle, die tatsächlich auf das Betriebssystem zugreifen.

HINWEIS: Die Option, nicht nur alle WMI-Klassen, sondern auch alle .NET-Klassen direkt benutzen zu können, ist Segen und Fluch zugleich. Ein Segen, weil dem Skriptentwickler damit mehr Möglichkeiten als jemals zuvor zur Verfügung stehen. Ein Fluch, weil nur der Skriptentwickler die PowerShell-Entwicklung richtig beherrschen kann, der auch das .NET Framework kennt. Um die Ausmaße von .NET zu beschreiben, sei die Menge der Klassen genannt. In .NET 2.0 waren es 6358, in .NET 3.5 sind es 10 758, in .NET 4.7 sind es 13 526.

PowerShell versus WSH

Administratoren fragen sich oft, wie sich die PowerShell im Vergleich zum Windows Script Host (WSH) positioniert, womit man neue Skripting-Projekte beginnen sollte und ob der WSH bald aus Windows verschwinden wird. Die folgende Tabelle trägt Fakten zusammen und bewertet auch die beiden Skripting-Plattformen.

Tabelle 2.1 Vergleich WSH und Windows PowerShell bzw. PowerShell Core

	Windows Script Host (WSH)	Windows PowerShell (WPS)	PowerShell Core (PS Core)
Erstmals erschienen	1998	2006	2017
Aktueller Versionsstand	5.8	5.1	6.0
Betriebssystem(e)	Alle Windows-Betriebssysteme ab Windows 95/NT 4.0	Version 1.0 ab Windows XP, Version 5.1 ab Windows 7 und Windows Server 2008 R2; Windows PowerShell Core 5.1 auf Windows Nano Server 2016	Windows ab Version 7, Windows Server ab Version 2008 R2, diverse Linux-Distributionen, MacOS
Basis-Programmierframework	Component Object Model (COM)	.NET Framework bzw. .NET Core für PowerShell Core unter Windows Nano Server 2016	.NET Core
Derzeitiger Funktionsumfang	Sehr umfangreich	Funktionsumfang in Form von Commandlets abhängig vom Betriebssystem: • nur wenige Commandlets vor Windows 7, • bessere Unterstützung ab Windows 7, • sehr umfangreich erst ab Windows 8 bzw. Windows Server 2012. Wichtig: Auch ohne Commandlets steht auf den älteren Betriebssystemen aber ein hoher Funktionsumfang zur Verfügung, wenn man COM- oder .NET-Komponenten nutzt, was aber mehr Wissen voraussetzt.	Teilmenge von Windows PowerShell 5.1 und wenige zusätzliche neue Funktionen
Weiterentwicklung der Laufzeitumgebung	Nein, nicht mehr geplant	Ja	Ja
Weiterentwicklung der Bibliotheken	Ja, umfangreich (COM wird auch in Zukunft noch eine wichtige Rolle spielen)	Ja, zahlreiche Commandlet-Erweiterungen erscheinen immer wieder mit Microsoft-Produkten.	Ja, Microsoft wird hier in den kommenden Jahren viel investieren
Weiterentwicklung der Werkzeuge	Nein	Ja	Ja
Basissyntax	Mächtig	Sehr mächtig	Sehr mächtig
Direkte Skripting-Möglichkeiten	Alle COM-Komponenten mit IDispatch-Schnittstelle einschließlich WMI	Alle .NET-Komponenten, alle COM-Komponenten, alle WMI-Klassen	Alle .NET Standard-Komponenten. COM und WMI nur unter Windows

(Fortsetzung nächste Seite)

Tabelle 2.1 Vergleich WSH und Windows PowerShell bzw. PowerShell Core *(Fortsetzung)*

	Windows Script Host (WSH)	Windows PowerShell (WPS)	PowerShell Core (PS Core)
Skripting-Möglichkeiten über Wrapper	Alle Betriebssystemfunktionen	Alle Betriebssystemfunktionen	Viele Betriebssystemfunktionen
Werkzeuge von Microsoft	Scriptgeneratoren, Debugger, aber kein Editor	Integrated Scripting Environment (ISE), PowerShell Tools für Visual Studio, PowerShell-Erweiterung für VSCode	PowerShell-Erweiterung für VSCode, unter Windows auch ISE und PowerShell Tools für Visual Studio
Werkzeuge von Drittanbietern	Editoren, Debugger, Scriptgeneratoren	Editoren, Debugger, Scriptgeneratoren	Bisher nur für Windows, siehe „Windows PowerShell"
Einarbeitungsaufwand	Hoch	Mittel bis hoch (je nach Art der PowerShell-Nutzung)	Mittel bis hoch (je nach Art der PowerShell-Nutzung)
Informationsverfügbarkeit	Hoch	Mittlerweile auch sehr hoch	Für die Nutzung unter Windows sehr hoch, für die anderen Betriebssysteme noch sehr gering

 HINWEIS: Hinweise zur Umstellung von WSH/VBScript auf die PowerShell finden Sie unter [TNET03].

3 Einzelbefehle der PowerShell

Die PowerShell kennt folgende Arten von Einzelbefehlen:
- Commandlets (inkl. Funktionen)
- Aliase
- Ausdrücke
- Externe Befehle
- Dateinamen

3.1 Commandlets

Ein „normaler" PowerShell-Befehl heißt *Commandlet* (kurz: *Cmdlet*) oder *Funktion (Function)*. Eine Funktion ist eine Möglichkeit, in der PowerShell selbst wieder einen Befehl zu erstellen, der funktioniert wie ein Commandlet. Da die Unterscheidung zwischen Commandlets und Funktionen aus Nutzersicht zum Teil akademischer Art ist, erfolgt hier zunächst keine Differenzierung: Das Kapitel spricht allgemein von Commandlets und meint damit auch Funktionen.

3.1.1 Aufbau eines Commandlets

Ein Commandlet besteht typischerweise aus drei Teilen:
- einem Verb,
- einem Substantiv und
- einer (optionalen) Parameterliste.

Verb und Substantiv werden durch einen Bindestrich „-" voneinander getrennt, die optionalen Parameter durch Leerzeichen. Daraus ergibt sich der folgende Aufbau:

```
Verb-Substantiv [-Parameterliste]
```

Die Groß- und Kleinschreibung ist bei den Commandlet-Namen nicht relevant.

3.1.2 Aufruf von Commandlets

Ein einfaches Beispiel ohne Parameter lautet:

```
Get-Process
```

Dieser Befehl liefert eine Liste aller laufenden Prozesse im System.

Ein zweites Beispiel ist:

```
Get-ChildItem
```

Dieser Befehl liefert Unterelemente des aktuellen Standorts. Meist ist der aktuelle Standort ein Dateisystempfad. In der PowerShell kann der aktuelle Standort aber auch in der Registrierungsdatenbank, dem Active Directory und vielen anderen (persistenten) Speichern liegen.

Ein drittes Beispiel ist:

```
Get-Service
```

Dieser Befehl liefert alle Windows-Systemdienste.

Das waren alles Commandlets, die Informationen liefern. Commandlets, die Aktionen ausführen (z.B. Prozesse beenden, Dateien löschen, Dienste anhalten), kommen in der Regel nicht ohne Parameter aus, da sie sonst ja global alle Dateien löschen würden. Das ist absichtlich nicht implementiert. Solche Befehle kommen daher erst im nächsten Unterkapitel vor.

TIPP: Die Tabulatorvervollständigung in der PowerShell-Konsole funktioniert bei Commandlets, wenn man das Verb und den Strich bereits eingegeben hat, z.B. Export-Tab. Auch Platzhalter kann man dabei verwenden. Die Eingabe Get-?e* Tab liefert Get-Help Tab Get-Member Tab Get-Service. Andere Editoren wie das ISE bieten auch IntelliSense-Eingabeunterstützung für Commandlet-Namen an.

TIPP: Commandlets, die mit dem Wort Get- beginnen, kann man abkürzen, indem man das Get- weglässt; also z.B. einfach Service statt Get-Service schreibt. Ob man dies so erlauben möchte, sollte das Unternehmen als Richtlinie festlegen.

3.1.3 Commandlet-Parameter

Durch Angabe eines Parameters können die Commandlets Informationen für die Befehlsausführung erhalten, z.B. ist bei Get-Process ein Filtern über den Prozessnamen möglich.
Durch

```
Get-Process i*
```

werden nur diejenigen Prozesse angezeigt, deren Name auf das angegebene Muster (Name beginnt mit dem Buchstaben „i") zutrifft:

Ein weiteres Beispiel für einen Befehl mit Parameter ist:

```
Get-ChildItem c:\daten
```

`Get-ChildItem` listet alle Unterobjekte des angegebenen Dateisystempfads *(c:\daten)* auf, also alle Dateien und Ordner unterhalb dieses Dateiordners.

Ein drittes Beispiel ist:

```
Stop-Service BITS
```

Dieser Befehl führt eine Aktion aus: Der Windows-Hintergrundübertragungsdienst (Background Intelligent Transfer Service – BITS) wird angehalten.

Ein viertes Beispiel ist:

```
Remove-Item c:\temp\*.log
```

Dieser Befehl löscht alle Dateien mit der Dateinamenserweiterung „log" aus dem Ordner c:\temp.

Parameter werden als Zeichenkette aufgefasst – auch wenn sie nicht explizit in Anführungszeichen stehen. Die Anführungszeichen sind optional. Man muss Anführungszeichen um den Parameterwert nur dann verwenden, wenn Leerzeichen vorkommen, denn das Leerzeichen dient als Trennzeichen zwischen Parametern:

```
Get-ChildItem "C:\Program Files"
```

Einige Commandlets erlauben für einen Parameter nicht nur einen einzelnen Wert, sondern auch eine Menge von Werten. Die Einzelwerte sind dann durch ein Komma zu trennen.

Beispiel: Prozesse, die mit dem Buchstaben a beginnen oder enden oder mit x beginnen oder enden

```
Get-Process  "a*","*a","x*","*x"
```

```
PS T:\> Get-Process "a*","*a","x*","*x"

Handles  NPM(K)    PM(K)     WS(K)     CPU(s)      Id  SI ProcessName
-------  ------    -----     -----     ------      --  -- -----------
    629      29    21672     26484       1,27    1200   4 ApplicationFrameHost
    140       9     1420      1928       0,05    4276   0 armsvc
    137       8     1484      1976       0,11    3192   0 atiesrxx
   1259      68    75644     11056   32.389,55    4356   0 AVKProxy
    896      38   155380    155808    4.404,88    3096   0 AVKWCtlx64
    993      90   210684    244996      40,86   13128   4 firefox
```

Bild 3.1 Get-Process mit einer Liste von Namen

Commandlets haben aber in der Regel nicht nur einen, sondern zahlreiche Parameter, die durch Position oder einen Parameternamen voneinander unterschieden werden. Ohne die Verwendung von Parameternamen werden vordefinierte Standardattribute belegt, d. h., die Reihenfolge ist entscheidend.

Beispiel: Auflisten von Dateien in einem Dateisystempfad, die eine bestimmte Datennamenserweiterung besitzen. Dies erfüllt der Befehl:

```
Get-ChildItem C:\temp *.doc
```

Wenn ein Commandlet mehrere Parameter besitzt, ist die Reihenfolge der Parameter entscheidend oder der Nutzer muss die Namen der Parameter mit angeben. Bei der Angabe von Parameternamen kann man die Reihenfolge der Parameter ändern:

```
Get-ChildItem -Filter *.doc -Path C:\temp
```

Alle folgenden Befehle sind daher gleichbedeutend:

```
Get-ChildItem C:\temp *.doc
Get-ChildItem -Path C:\temp -Filter *.doc
Get-ChildItem -Filter *.doc -Path C:\temp
```

Hingegen ist Folgendes falsch und funktioniert nicht wie gewünscht, weil die Parameter nicht benannt sind und die Reihenfolge falsch ist:

```
Get-ChildItem *.doc C:\temp
```

Diesen Versuch beantwortet die PowerShell mit einer Fehlermeldung („Das zweite Pfadfragment darf kein Laufwerk oder UNC-Name sein.") in roter Schrift (siehe Bild 3.1).

```
Administrator: Windows PowerShell
PS T:\> Get-ChildItem *.doc c:\temp
Get-ChildItem : Das zweite Pfadfragment darf kein Laufwerk oder UNC-Name sein.
Parametername: path2
In Zeile:1 Zeichen:1
+ Get-ChildItem *.doc c:\temp
+ ~~~~~~~~~~~~~~~~~~~~~~~~~~~
    + CategoryInfo          : InvalidArgument: (T:\:String) [Get-ChildItem], ArgumentException
    + FullyQualifiedErrorId : DirArgumentError,Microsoft.PowerShell.Commands.GetChildItemCommand
PS T:\>
```

Bild 3.2 Fehlermeldung bei falscher Parameterreihenfolge

Schalter-Parameter (engl. Switch) sind Parameter, die keinen Wert haben. Durch die Verwendung des Parameternamens wird die Funktion aktiviert, z. B. das rekursive Durchlaufen durch einen Dateisystembaum mit -recurse:

```
Get-ChildItem x:\demo\powershell -recurse
```

> **TIPP:** Wenn man einen Schalter deaktivieren möchte, weil er im Standard aktiv ist oder weil man sehr explizit darauf hinweisen möchte, dass er nicht aktiv sein soll, kann man $false mit Doppelpunkt getrennt angeben, z. B.
>
> ```
> Get-ChildItem x:\demo\powershell -recurse:$false
> ```

Parameter können berechnet, d. h. aus Teilzeichenketten zusammengesetzt sein, die mit einem Pluszeichen verbunden werden. (Dies macht insbesondere Sinn in Zusammenhang mit Variablen, die aber erst später in diesem Buch eingeführt werden.)

Der folgende Ausdruck führt jedoch nicht zum gewünschten Ergebnis, da auch hier das Trennzeichen vor und nach dem + ein Parametertrenner ist.

```
Get-ChildItem "c:\" + "Windows" *.dll -Recurse
```

Auch ohne die beiden Leerzeichen vor und nach dem + geht es nicht. In diesem Fall muss man durch eine runde Klammer dafür sorgen, dass die Berechnung erst ausgeführt wird:

```
Get-ChildItem ("c:\" + "Windows") *.dll -Recurse
```

Es folgt dazu noch ein Beispiel, bei dem Zahlen berechnet werden. Der folgende Befehl liefert den Prozess mit der ID 2900:

```
Get-Process -id (2800+100)
Get-Service -exclude "[k-z]*"
```

zeigt nur diejenigen Systemdienste an, deren Name nicht mit den Buchstaben „k" bis „z" beginnt.

Auch mehrere Parameter können der Einschränkung dienen. Der folgende Befehl liefert nur die Benutzereinträge aus einem bestimmten Active-Directory-Pfad. (Das Beispiel setzt die Installation der PSCX voraus.)

```
Get-ADObject -dis "LDAP://D142/ou=agents,DC=FBI,DC=net" -class user
```

TIPP: Tabulatorvervollständigung klappt auch bei Parametern. Versuchen Sie einmal folgende Eingabe an der PowerShell-Konsole: `Get-ChildItem -Tab`

3.1.4 Platzhalter bei den Parameterwerten

An vielen Stellen sind Platzhalter bei den Parameterwerten erlaubt.

Ein Stern steht für beliebig viele Zeichen. Eine Liste aller Prozesse, die mit einem „i" anfangen, erhält man so:

```
Get-Process i*
```

Eine Liste aller Prozesse, die mit einem „i" anfangen und auf „ore" enden, erhält man so:

```
Get-Process i*ore
```

Ein Fragezeichen steht für genau ein beliebiges Zeichen. Eine Liste aller Prozesse, die mit einem „v" anfangen, gefolgt von einem einzigen beliebigen Zeichen und auf „mms" enden, erhält man so:

```
Get-Process v?mms
```

Eine eckige Klammer steht für genau ein Zeichen aus einer Auswahl. Alle Prozesse, die mit s oder t anfangen, erhält man so:

```
Get-Process [st]*
```

Alle Prozesse, die mit s oder t anfangen und bei denen dann ein v oder f folgt, erhält man so:

```
Get-Process [st][vf]*
```

```
PS C:\> get-process [st][vf]*
Handles  NPM(K)    PM(K)    WS(K) VM(M)   CPU(s)     Id ProcessName
-------  ------    -----    ----- -----   ------     -- -----------
   1439     162    29196    44776   581             484 svchost
    284      14     5448     5772   308             568 svchost
   2958     107   315244    66196   608             576 svchost
    417      16     5728    10464    53             892 svchost
    748      19    14500    17492    65             948 svchost
    747      45    23100    27612   152            1028 svchost
    819      35    42244    40380   123            1084 svchost
   1403      77    83400    82220  1788            1324 svchost
    462      68    36844    32792   399            1508 svchost
    155      13     5144     5536    74            2224 svchost
    261      14     6056     5832    50            2356 svchost
    152      12     2560     8480    48            3340 svchost
    177      16     7560     8372    54            3648 svchost
    101       8     1656     2068    23            5196 svchost
    468      28     7308    11324    87            5628 svchost
    614      45    42160    27224   397     2,73   7428 TfsCommandRunnerSvr
    608      32    26312    25776   232    82,68   1496 TfsComProviderSvr
    530      30    22540    21616   218     1,14  10700 TfsComProviderSvr
```

Bild 3.3 Beispiele für das Ergebnis des obigen Befehls mit Platzhaltern

3.1.5 Abkürzungen für Parameter

Parameternamen dürfen abgekürzt werden, solange sie noch eindeutig sind.
Statt

```
Get-ChildItem -Filter *.txt -Path C:\temp
```

darf man schreiben

```
Get-ChildItem -Fi *.txt -Pa C:\temp
```

Nicht möglich ist in diesem Fall die Reduzierung auf einen Buchstaben:

```
Get-ChildItem -F *.txt -P C:\temp
```

Darauf reagiert die PowerShell mit der Fehlermeldung

```
Der Parameter kann nicht verarbeitet werden, da der Parametername "F" nicht eindeutig
ist. Mögliche Übereinstimmungen:   -Filter -Force
```

und

```
Der Parameter kann nicht verarbeitet werden, da der Parametername "P" nicht eindeutig
ist. Mögliche Übereinstimmungen:   -Path -PipelineVariable
```

ACHTUNG: Bitte beachten Sie aber, dass abgekürzte Parameter auch eine Gefahr bedeuten: Was heute eine eindeutige Abkürzung ist, könnte in einer zukünftigen Version doppeldeutig sein, wenn Microsoft weitere Parameter zu einem Commandlet ergänzt. Tatsächlich gab es in der Vergangenheit auch schon kuriose Fälle, dass die Abkürzungen in verschiedenen Windows-Installationen verschieden interpretiert wurden, wie die nachstehenden Bildschirmabbildungen beweisen. Zudem sind abgekürzte Parameter nicht so „sprechend" wie die Langparameter. Für abgekürzte Parameter spricht aber, dass Befehle dadurch kürzer und übersichtlicher werden.

Trotz allem werden Sie auch abgekürzte Parameter in diesem Buch finden, da der Autor dieses Buchs eben auch ein Mensch ist, der sich im Alltag manche Tipparbeit gerne erspart.

Bild 3.4 Verhalten auf Windows Server 2008 R2 und Windows 8 mit PowerShell 3.0

Bild 3.5 Verhalten auf Windows 7 und Windows 8.1 mit PowerShell 4.0

Bild 3.6 Verhalten auf allen Windows 10 und Windows Server 2012 R2 mit PowerShell 5.x

3.1.6 Allgemeine Parameter (Common Parameters)

Es gibt einige Parameter, die in vielen (aber nicht allen) Commandlets vorkommen. Es folgt eine vollständige Liste dieser Parameter. Eine genauere Beschreibung folgt aber aus didaktischen Gründen an geeigneter Stelle im Buch, da viele allgemeine Parameter mit dem Pipelining und der Fehlerbehandlung zu tun haben, die erst in späteren Kapiteln besprochen wird.

- `-Force`: Eine Aktion wird erzwungen, z. B. eine Datei wird mit `Remove-Item` gelöscht, obwohl die Datei einen Schreibschutz gesetzt hat. Ein weiteres Beispiel: `Remove-SmbShare` fragt immer vor dem Löschen nach, wenn `-force` nicht gesetzt ist.

- -Whatif („Was wäre wenn"): Die Aktion wird nicht ausgeführt, es wird nur ausgegeben, was passieren würde, wenn man die Aktion ausführt. Das ist z. B. in einem Befehl mit Platzhaltern wie dem Folgenden sinnvoll, damit man weiß, welche Dienste nun gestoppt würden:

```
Get-Service | Where {$_.servicename -like "A*"}
| Foreach { stop-service $_.servicename -whatif}
```

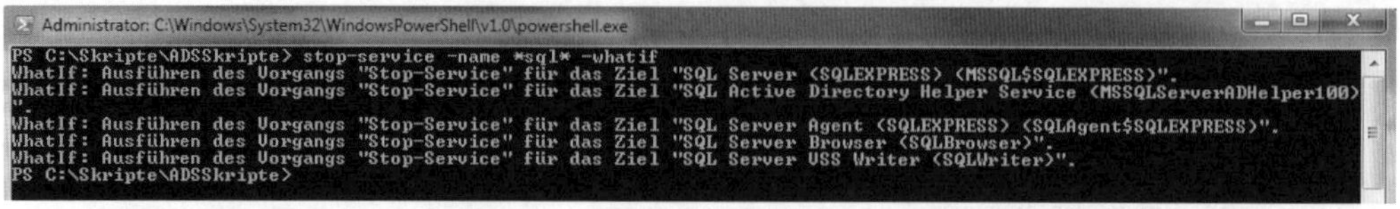

Bild 3.7 Operationen mit Platzhaltern können schlimme Konsequenzen haben – whatif zeigt, welche Dienste betroffen wären.

- -Confirm: Der Benutzer erhält eine Nachfrage für jede Änderungsaktion (siehe Bildschirmabbildung), z. B.

```
get-service | where {$_.servicename -like "A*"}
| foreach { stop-service $_.servicename –confirm }.
```

Innerhalb der Nachfrage kann der Benutzer in einen Suspend-Modus gehen, in dem er andere Befehle eingeben kann, z. B. um zu prüfen, ob er nun ja oder nein antworten will. Der Suspend-Modus wird mit drei Pfeilen >>> angezeigt und ist durch exit zu verlassen (siehe Bildschirmabbildung).

Bild 3.8 Confirm und Suspend

- -ErrorAction (abgekürzt -ea) und -WarningAction (-wa): Festlegung, wie ein Skript sich verhalten soll, wenn es auf einen Fehler trifft. Dieser Parameter wird im Abschnitt 7.19 „Fehlerbehandlung" näher erklärt.
- -Verbose: Das Commandlet liefert eine detaillierte Bildschirmausgabe.
- -Debug: Das Commandlet liefert eine sehr detaillierte Bildschirmausgabe.
- -OutVariable: Das Commandlet liefert alle Objekte nicht nur in die Pipeline, sondern legt sie zusätzlich auch in einer Variablen ab.
- -PipelineVariable: Das Commandlet liefert das aktuelle Objekt nicht nur in die Pipeline, sondern legt es zusätzlich auch in einer Variablen ab.

- `-ErrorAction`: Festlegung, wie sich das Commandlet bei Fehlern verhält
- `-ErrorVariable`: speichert eine Fehlermeldung des Commandlets zusätzlich in einer Variablen
- `-WarningAction`: Festlegung, wie sich das Commandlet bei Warnungen verhält. Der Standard ist „continue", was bedeutet, dass die Meldung ausgegeben wird. Mit „silentlycontinue" kann die Ausgabe unterdrückt werden. Mit „stop" wird ein Befehl nach der Warnung abgebrochen. Mit „inquire" fragt die PowerShell nach, wie fortzufahren ist.
- `-WarningVariable`: speichert eine Warnung des Commandlets zusätzlich in einer Variablen
- `-OutBuffer`: stellt ein, dass die angegebene Anzahl von Objekten in der Pipeline gepuffert werden sollen, bevor sie in der Pipeline weitergegeben werden. Normalerweise werden alle Objekte sofort in der Pipeline weitergegeben.

ACHTUNG: Leider beachten nicht alle Commandlets alle allgemeinen Parameter. Erschwerend kommt hinzu, dass sie keine Fehlermeldung liefern, sondern den Parameter einfach ignorieren. Ein Beispiel ist `New-SmbShare` zum Anlegen einer Dateisystemfreigabe. Die folgenden Befehle werden trotz `-whatif` bzw. `-confirm` sofort und ohne Nachfrage ausgeführt.

```
New-SmbShare -Name Temp -Path c:\temp -WhatIf
New-SmbShare -Name Temp -Path c:\temp -confirm
```

Sie werden sich fragen, warum dies so ist. Das Fehlverhalten liegt hier bei dem Entwickler des Commandlets. Jeder Commandlet-Entwickler muss daran denken, die allgemeinen Parameter zu behandeln. Denkt er nicht daran, sind die Nutzer seines Commandlets die Leidtragenden. Es wäre natürlich besser, wenn Microsoft mit seiner Programmierschnittstelle für Commandlets die Commandlet-Entwickler zwingen würde, die Parameter zu behandeln oder zumindest eine Fehlermeldung zu liefern, wenn man die Parameter einsetzt. Leider hat Microsoft diesen Vorschlag bisher nicht aufgegriffen – auch wenn Microsoft ja sehr offensichtlich nicht mal seine eigenen Commandlet-Entwickler im Griff hat.

ACHTUNG: Leider gibt es bei den PowerShell-Commandlets, die gravierende Aktionen ausführen, einige Unterschiede im Grundverhalten und in der Verwendung der obigen Commandlets. Einige Commandlets führen im Standard die Aktion aus (z. B. `Remove-Item`). Andere Commandlets (z. B. `Remove-ADUser` und `Remove-SmbShare`) fragen immer nach vor dem Löschen. Das ist bei automatisierten Skripten natürlich unsinnig und daher gibt es auch eine Möglichkeit, diesen Commandlets das abzugewöhnen. Diese sieht jedoch oftmals verschieden aus. Bei `Remove-ADUser` muss man `-confirm :$false` als Parameter angeben; bei `Remove-SmbShare` ist es hingegen ein `-force`. Schade, dass Microsoft hier nicht einheitlich sein konnte.

Standardvorgaben für allgemeine Parameter

In den eingebauten Variablen $WhatIfPreference, $VerbosePreference, $DebugPreference, $ConfirmPreference und $ErrorActionPreference ist festgelegt, wie sich die PowerShell im Standard in Bezug auf -WhatIf, -Verbose, -Debug, -Confirm und -ErrorAction verhält. Dort ist hinterlegt:

- WhatIfPreference: False
- VerbosePreference: SilentlyContinue
- DebugPreference: SilentlyContinue
- ErrorActionPreference: Continue
- ConfirmPreference: High

Variablen werden erst später in diesem Buch (Kapitel 7 „PowerShell-Skriptsprache") behandelt. An dieser Stelle soll aber schon mit einem Beispiel gezeigt werden, wie man $WhatIfPreference auf $true setzt und damit erreicht, dass alle Commandlets, die -whatif unterstützen, nun nur noch sagen, was sie machen würden – zumindest solange man nicht explizit -whatif:$false als Parameter angibt.

Ausgabe der aktuellen Einstellung von $WhatIfPreference. Sollte $false sein

```
Write-host "WhatIfPreference = $WhatIfPreference" -ForegroundColor Yellow
```

Neustart des Dienstes wird tatsächlich ausgeführt

```
Restart-Service BITS -WhatIf -Verbose
```

Nun $WhatIfPreference aktivieren

```
$WhatIfPreference = $true
```

Ausgabe der aktuellen Einstellung von $WhatIfPreference. Sollte $true sein

```
Write-host "WhatIfPreference = $WhatIfPreference" -ForegroundColor Yellow
```

Neustart des Dienstes wird NICHT ausgeführt

```
Restart-Service BITS -Verbose
```

Neustart des Dienstes wird tatsächlich ausgeführt

```
Restart-Service BITS -WhatIf:$false -Verbose
```

Nun $WhatIfPreference zurücksetzen

```
$WhatIfPreference = $false
```

3.1.7 Dynamische Parameter

Einige Commandlets besitzen die Fähigkeit, verschiedene Parameter abhängig von bereits eingegebenen Parametern anzubieten.

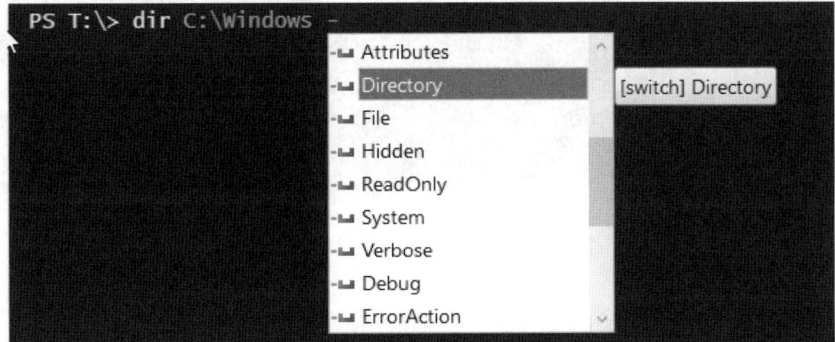

Bild 3.9 Get-ChildItem (alias dir) in Verbindung mit einem Dateisystempfad

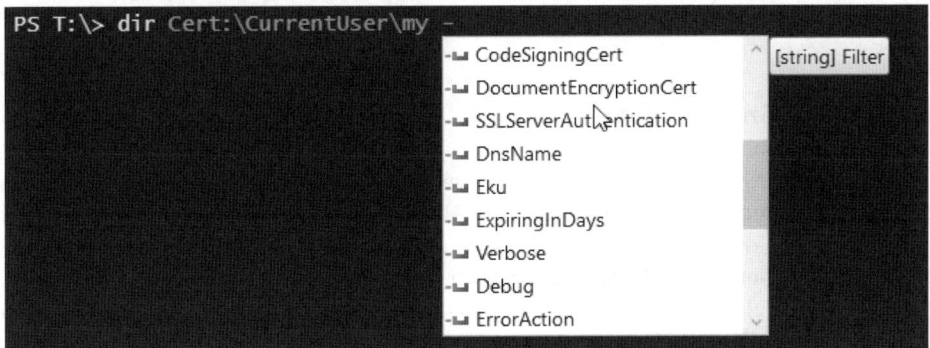

Bild 3.10 Get-ChildItem (alias dir) in Verbindung mit einem Pfad im Zertifikatsspeicher

3.1.8 Zeilenumbrüche

Wenn man die **Eingabe**-Taste drückt, wird ein PowerShell direkt ausgeführt. Möchte man einen Befehl über mehrere Zeilen erstrecken, muss man die unvollständige Zeile mit dem Gravis (Accent Grave) [`] beenden.

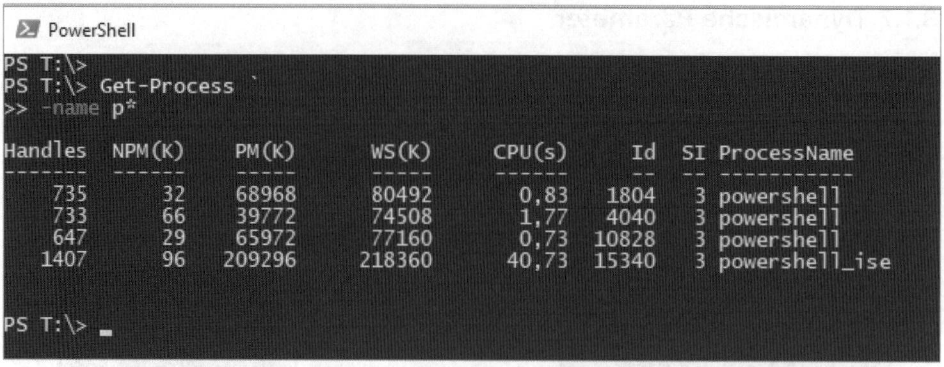

```
PowerShell
PS T:\>
PS T:\> Get-Process `
>> -name p*

Handles  NPM(K)    PM(K)      WS(K)     CPU(s)      Id  SI ProcessName
-------  ------    -----      -----     ------      --  -- -----------
    735      32    68968      80492       0,83    1804   3 powershell
    733      66    39772      74508       1,77    4040   3 powershell
    647      29    65972      77160       0,73   10828   3 powershell
   1407      96   209296     218360      40,73   15340   3 powershell_ise

PS T:\> _
```

Bild 3.11 Einsatz des Gravis für Zeilenumbrüche im Befehl

TIPP: In der PowerShell-Konsole kann man **SHIFT + EINGABE** drücken. Auch dann zeigt die Standardkonsole mit >>> an, dass weitere Eingaben erwartet werden. Allerdings wird dann ein eigenständiger Befehl erwartet und nicht der vorherige fortgesetzt!

3.1.9 PowerShell-Module

Schon seit PowerShell 2.0 sind die Commandlets und Funktionen in Modulen organisiert. Während der Benutzer in PowerShell 2.0 ein Modul noch explizit mit `Import-Module` aktivieren musste, bevor man die Befehle aus dem Modul nutzen konnte, erledigt dies die PowerShell seit Version 3.0 bei Bedarf automatisch (Module Auto-Loading). Sowohl Konsole als auch ISE zeigen alle verfügbaren Commandlets und Funktionen aller vorhandenen Module in der Vorschlagsliste und beim Aufruf von `Get-Command` bereits an. Der eigentliche Import des Moduls erfolgt dann beim ersten Aufruf eines Befehls aus einem Modul.

In der PowerShell sind auch alle Kernbefehle der PowerShell in Modulen organisiert, diese zeigt die folgende Tabelle.

Tabelle 3.1 Die vier wichtigsten Module der PowerShell mit Beispielen für Commandlets in diesem Modul

Modul	Beispiele für Commandlets in diesem Modul
Microsoft.PowerShell.Diagnostics	Get-WinEvent, Get-Counter, Import-Counter, Export-Counter ...
Microsoft.PowerShell.Management	Add-Content, Clear-Content, Clear-ItemProperty, Join-Path, Get-Process, Get-Service ...
Microsoft.PowerShell.Security	Get-Acl, Set-Acl, Get-PfxCertificate, Get-Credential ...
Microsoft.PowerShell.Utility	Format-List, Format-Custom, Format-Table, Format-Wide, Where-Object ...

3.1.10 Prozessmodell

Die PowerShell erzeugt beim Start einen einzigen Prozess. In diesem Prozess laufen alle ausgeführten Commandlets. Dies ist ein Unterschied zum DOS-ähnlichen Windows-Kommandozeilenfenster, bei dem die ausführbaren Dateien (*.exe*) in eigenen Prozessen laufen. Es ist in der PowerShell aber auch möglich, Hintergrundaufgaben auszuführen (siehe Kapitel 25 „Hintergrundaufträge").

TIPP: Mit **STRG+C** kann man einen laufenden Befehl in der PowerShell abbrechen.

3.1.11 Aufruf von Commandlets aus anderen Prozessen heraus

PowerShell-Commandlets kann man aus einem beliebigen Prozess heraus aufrufen, indem man powershell.exe aufruft und das Commandlet als Parameter übergibt.

Beispiel: `powershell.exe "get-service a*"`

Damit die Parameter des Commandlets dem Commandlet und nicht powershell.exe zugeordnet werden, muss man das Commandlet und seine Parameter in Anführungszeichen setzen. Falls der PowerShell-Commandlet-Parameter seinerseits Anführungszeichen erfordert, muss man dafür einfache Anführungszeichen verwenden:

```
powershell.exe "get-service 'a*'"
```

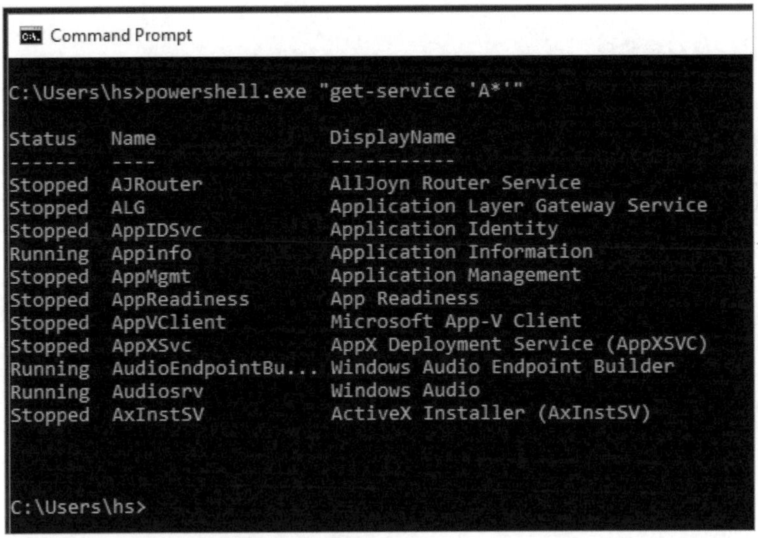

Bild 3.12 Aufruf eines PowerShell-Commandlets aus einer klassischen Windows-Konsole (CMD) heraus mit powershell.exe (im Bild in Windows 10)

3.1.12 Namenskonventionen

Man beachte, dass bei den Commandlets das Substantiv im Singular steht, auch wenn eine Menge von Objekten abgerufen wird. Das Ergebnis muss nicht immer eine Objektmenge sein. Beispielsweise liefert

```
Get-Location
```

nur ein Objekt mit dem aktuellen Pfad.

Mit

```
Set-Location c:\windows
```

wechselt man den aktuellen Pfad. Diese Operation liefert gar kein Ergebnis.

HINWEIS: Die Groß- und Kleinschreibung der Commandlet-Namen und der Parameternamen ist irrelevant.

Gemäß der PowerShell-Konventionen soll es nur eine begrenzte Menge wiederkehrender Verben geben: `Get`, `Set`, `Add`, `New`, `Remove`, `Clear`, `Push`, `Pop`, `Write`, `Export`, `Select`, `Sort`, `Update`, `Start`, `Stop`, `Invoke` usw. Außer diesen Basisoperationen gibt es auch Ausgabekommandos mit Verben wie `Out` und `Format`. Auch Bedingungen werden durch diese Syntax abgebildet (`Where-Object`).

■ 3.2 Aliase

Durch sogenannte Aliase kann die Eingabe von Commandlets verkürzt werden. So ist ps als Alias für `Get-Process` oder `help` für `Get-Help` vordefiniert. Statt `Get-Process i*` kann also auch geschrieben werden: `ps i*`.

HINWEIS: Manche PowerShell-Experten betrachten den Einsatz von Aliasen als schlechten Stil, der die Lesbarkeit von PowerShell-Skripten erschwert. Auf der anderen Seite ersparen Aliase eben Tipparbeit. Ob man vordefinierte und ggf. auch selbst definierte PowerShell-Aliase erlauben möchte, sollte man im Unternehmen als Richtlinie festlegen.

3.2.1 Aliase auflisten

Durch `Get-Alias` (oder den entsprechenden Alias `aliases`) erhält man eine Liste aller vordefinierten Abkürzungen in Form von Instanzen der Klasse `System.Management.Automation.AliasInfo`.

Durch Angabe eines Namens bei `Get-Alias` erhält man die Bedeutung eines Alias:

```
Get-Alias pgs
```

Möchte man zu einem Commandlet alle Aliase wissen, muss man allerdings schreiben:

```
Get-Alias | Where-Object { $_.definition -eq "Get-Process" }
```

Dies erfordert schon den Einsatz einer Pipeline, die erst im nächsten Kapitel besprochen wird.

Tabelle 3.2 Vordefinierte Aliase in der PowerShell 5.1

Alias	Commandlet
%	ForEach-Object
?	Where-Object
ac	Add-Content
asnp	Add-PSSnapIn
cat	Get-Content
cd	Set-Location
chdir	Set-Location
clc	Clear-Content
clear	Clear-Host
clhy	Clear-History
cli	Clear-Item
clp	Clear-ItemProperty
cls	Clear-Host
clv	Clear-Variable
cnsn	Connect-PSSession
compare	Compare-Object
copy	Copy-Item
cp	Copy-Item
cpi	Copy-Item
cpp	Copy-ItemProperty
cvpa	Convert-Path
dbp	Disable-PSBreakpoint
del	Remove-Item

(Fortsetzung nächste Seite)

Tabelle 3.2 Vordefinierte Aliase in der PowerShell 5.1 *(Fortsetzung)*

Alias	Commandlet
diff	Compare-Object
dir	Get-ChildItem
dnsn	Disconnect-PSSession
ebp	Enable-PSBreakpoint
echo	Write-Output
epal	Export-Alias
epcsv	Export-Csv
epsn	Export-PSSession
erase	Remove-Item
etsn	Enter-PSSession
exsn	Exit-PSSession
fc	Format-Custom
fl	Format-List
foreach	ForEach-Object
ft	Format-Table
fw	Format-Wide
gal	Get-Alias
gbp	Get-PSBreakpoint
gc	Get-Content
gci	Get-ChildItem
gcm	Get-Command
gcs	Get-PSCallStack
gdr	Get-PSDrive
ghy	Get-History
gi	Get-Item
gjb	Get-Job
gl	Get-Location
gm	Get-Member
gmo	Get-Module
gp	Get-ItemProperty
gps	Get-Process
group	Group-Object
gsn	Get-PSSession
gsnp	Get-PSSnapIn
gsv	Get-Service
gu	Get-Unique
gv	Get-Variable

Alias	Commandlet
gwmi	Get-WmiObject
h	Get-History
history	Get-History
icm	Invoke-Command
iex	Invoke-Expression
ihy	Invoke-History
ii	Invoke-Item
ipal	Import-Alias
ipcsv	Import-Csv
ipmo	Import-Module
ipsn	Import-PSSession
irm	Invoke-RestMethod
ise	powershell_ise.exe
iwmi	Invoke-WMIMethod
iwr	Invoke-WebRequest
kill	Stop-Process
lp	Out-Printer
ls	Get-ChildItem
man	help
md	mkdir
measure	Measure-Object
mi	Move-Item
mount	New-PSDrive
move	Move-Item
mp	Move-ItemProperty
mv	Move-Item
nal	New-Alias
ndr	New-PSDrive
ni	New-Item
nmo	New-Module
npssc	New-PSSessionConfigurationFile
nsn	New-PSSession
nv	New-Variable
ogv	Out-GridView
oh	Out-Host
popd	Pop-Location
ps	Get-Process

(Fortsetzung nächste Seite)

Tabelle 3.2 Vordefinierte Aliase in der PowerShell 5.1 *(Fortsetzung)*

Alias	Commandlet
pushd	Push-Location
pwd	Get-Location
r	Invoke-History
rbp	Remove-PSBreakpoint
rcjb	Receive-Job
rcsn	Receive-PSSession
rd	Remove-Item
rdr	Remove-PSDrive
ren	Rename-Item
ri	Remove-Item
rjb	Remove-Job
rm	Remove-Item
rmdir	Remove-Item
rmo	Remove-Module
rni	Rename-Item
rnp	Rename-ItemProperty
rp	Remove-ItemProperty
rsn	Remove-PSSession
rsnp	Remove-PSSnapin
rujb	Resume-Job
rv	Remove-Variable
rvpa	Resolve-Path
rwmi	Remove-WMIObject
sajb	Start-Job
sal	Set-Alias
saps	Start-Process
sasv	Start-Service
sbp	Set-PSBreakpoint
sc	Set-Content
select	Select-Object
set	Set-Variable
shcm	Show-Command
si	Set-Item
sl	Set-Location
sleep	Start-Sleep
sls	Select-String
sort	Sort-Object

Alias	Commandlet
sp	Set-ItemProperty
spjb	Stop-Job
spps	Stop-Process
spsv	Stop-Service
start	Start-Process
sujb	Suspend-Job
sv	Set-Variable
swmi	Set-WMIInstance
tee	Tee-Object
trcm	Trace-Command
type	Get-Content
where	Where-Object
wjb	Wait-Job
write	Write-Output

3.2.2 Neue Aliase anlegen

Einen neuen Alias definiert der Nutzer mit `Set-Alias` oder `New-Alias`, z. B.:

```
Set-Alias procs Get-Process
New-Alias procs Get-Process
```

Der Unterschied zwischen `Set-Alias` und `New-Alias` ist marginal: `New-Alias` erstellt einen neuen Alias und liefert einen Fehler, wenn der zu vergebende Alias schon existiert. `Set-Alias` erstellt einen neuen Alias oder überschreibt einen Alias, wenn der zu vergebende Alias schon existiert. Mit dem Parameter `-description` kann man jeweils auch einen Beschreibungstext setzen.

Man kann einen Alias nicht nur für Commandlets, sondern auch für klassische Anwendungen vergeben, z. B.:

```
Set-Alias np notepad.exe
```

 ACHTUNG: Beim Anlegen eines Alias wird nicht geprüft, ob das zugehörige Commandlet bzw. die Anwendung überhaupt existiert. Der Fehler würde erst beim Aufruf des Alias auftreten.

Beim Anlegen eines Alias muss man zudem aufpassen, dass man keine bestehenden Namen überschreibt, denn Aliase haben Priorität. Wenn man `Set-Alias notepad dir` eingibt, führt ab dann die Eingabe von `notepad` nicht mehr zu `notepad.exe`, sondern zum Commandlet `Get-ChildItem` (für das `dir` ein Alias ist). `notepad` ist dann also ein Alias für einen Alias.

Man kann in Aliasdefinitionen keinen Parameter mit Werten vorbelegen. Möchten Sie zum Beispiel definieren, dass die Eingabe von „Temp" die Aktion „Get-ChildItem c:\Temp" ausführt, brauchen Sie dafür eine Funktion. Mit einem Alias geht das nicht.

```
Function Temp { Get-ChildItem c:\temp }
```

Funktionen werden später (siehe Kapitel 6 „*PowerShell-Skripte*") noch ausführlich besprochen. Die PowerShell enthält zahlreiche vordefinierte Funktionen, z.B. c:, d:, e: sowie mkdir und help.

Die neu definierten Aliase gelten jeweils nur für die aktuelle Instanz der PowerShell-Konsole. Man kann die eigenen Alias-Definitionen exportieren mit Export-Alias und später wieder importieren mit Import-Alias. Als Speicherformate stehen das CSV-Format und das PowerShell-Skriptdateiformat (*.ps1* – siehe spätere Kapitel) zur Verfügung. Bei dem ps1-Format ist zum späteren Reimport der Datei das Skript mit dem Punktoperator (engl. „Dot Sourcing") aufzurufen.

	Dateiformat CSV	Dateiformat .ps1
Speichern	Export-Alias c:\meinealias.csv	Export-Alias c:\meinealias.ps1 -as script
Laden	Import-Alias c:\meinealias.csv	. c:\meinealias.ps1

Die Anzahl der Aliase ist im Standard auf 4096 beschränkt. Dies kann durch die Variable $MaximumAliasCount geändert werden.

3.2.3 Aliase für Eigenschaften

Aliase sind auch auf Ebene von Eigenschaften definiert. So kann man statt

```
Get-Process processname, workingset
```

auch schreiben:

```
Get-Process  name, ws
```

Diese Aliase der Attribute sind definiert in der Datei *types.ps1xml* im Installationsordner der PowerShell.

```xml
<Type>
    <Name>System.Diagnostics.Process</Name>
    <Members>
        <MemberSet>
            <Name>PSStandardMembers</Name>
            <Members>
                <NoteProperty>
                    <Name>SerializationDepth</Name>
                    <Value>1</Value>
                </NoteProperty>
                <PropertySet>
                    <Name>DefaultDisplayPropertySet</Name>
                    <ReferencedProperties>
                        <Name>Id</Name>
                        <Name>Handles</Name>
                        <Name>CPU</Name>
                        <Name>Name</Name>
                    </ReferencedProperties>
                </PropertySet>
            </Members>
        </MemberSet>
        <PropertySet>
            <Name>PSConfiguration</Name>
            <ReferencedProperties>
                <Name>Name</Name>
                <Name>Id</Name>
                <Name>PriorityClass</Name>
                <Name>FileVersion</Name>
            </ReferencedProperties>
        </PropertySet>
        <PropertySet>
            <Name>PSResources</Name>
            <ReferencedProperties>
                <Name>Name</Name>
                <Name>Id</Name>
                <Name>Handlecount</Name>
                <Name>WorkingSet</Name>
                <Name>NonPagedMemorySize</Name>
                <Name>PagedMemorySize</Name>
                <Name>PrivateMemorySize</Name>
                <Name>VirtualMemorySize</Name>
                <Name>Threads.Count</Name>
                <Name>TotalProcessorTime</Name>
            </ReferencedProperties>
        </PropertySet>
        <AliasProperty>
            <Name>Name</Name>
            <ReferencedMemberName>ProcessName</ReferencedMemberName>
        </AliasProperty>
        <AliasProperty>
            <Name>Handles</Name>
            <ReferencedMemberName>Handlecount</ReferencedMemberName>
        </AliasProperty>
        <AliasProperty>
            <Name>VM</Name>
            <ReferencedMemberName>VirtualMemorySize</ReferencedMemberName>
        </AliasProperty>
        <AliasProperty>
            <Name>WS</Name>
            <ReferencedMemberName>WorkingSet</ReferencedMemberName>
        </AliasProperty>
        <AliasProperty>
            <Name>PM</Name>
            <ReferencedMemberName>PagedMemorySize</ReferencedMemberName>
        </AliasProperty>
        <AliasProperty>
            <Name>NPM</Name>
            <ReferencedMemberName>NonpagedSystemMemorySize</ReferencedMemberName>
        </AliasProperty>
        <ScriptProperty>
            <Name>Path</Name>
            <GetScriptBlock>$this.Mainmodule.FileName</GetScriptBlock>
```

Bild 3.13 types.ps1xml

ACHTUNG: Die types.ps1xml-Datei wird ab PowerShell 5.1 nicht mehr von der PowerShell verwendet, da das Einlesen der Datei die Startgeschwindigkeit der PowerShell-Konsolen negativ beeinflusst hat. Die Informationen liegen nun im C#-Code der Commandlets vor. Die types.ps1xml ist noch für den PowerShell 2.0-Kompatibilitätsmodus vorhanden.

3.3 Ausdrücke

Ebenfalls als Befehl direkt in die PowerShell eingeben kann man Ausdrücke, z. B. mathematische Ausdrücke wie

```
10* (8 + 6)
```

oder Zeichenkettenausdrücke wie

```
"Hello "+ " " + "World"
```

Microsoft spricht hier vom Expression Mode der PowerShell im Kontrast zum Command Mode, der verwendet wird, wenn man

```
Write-Output 10* (8 + 6)
```

aufruft.

Die PowerShell kennt zwei Verarbeitungsmodi für Befehle: einen Befehlsmodus (Command Mode) und einen Ausdrucksmodus (Expression Mode). Im Befehlsmodus werden alle Eingaben als Zeichenketten behandelt. Im Ausdrucksmodus werden Zahlen und Operationen verarbeitet. Als Faustregel gilt: Wenn eine Zeile mit einem Buchstaben oder den Sonderzeichen kaufmännisches Und [&], Punkt [.] oder Schrägstrich [\] beginnt, dann ist die Zeile im Befehlsmodus. Wenn die Zeile mit einer Zahl, einem Anführungszeichen (["] oder [']), einer runden Klammer [(] oder dem [@]-Zeichen („Klammeraffe") beginnt, dann ist die Zeile im Ausdrucksmodus.

Befehls- und Ausdrucksmodus können gemischt werden. Dabei muss man in der Regel runde Klammern zur Abgrenzung verwenden. In einen Befehl kann ein Ausdruck durch Klammern eingebaut werden. Außerdem kann eine Pipeline mit einem Ausdruck beginnen. Die folgende Tabelle zeigt verschiedene Beispiele zur Erläuterung. Echo ist der Alias für Write-Output.

Tabelle 3.3 Ausdrücke in der PowerShell

Beispiel	Bedeutung
2+3	Ein Ausdruck – die PowerShell führt die Berechnung aus und liefert 5.
echo 2+3	Ein reiner Befehl. „2+3" wird als Zeichenkette angesehen und ohne Auswertung auf dem Bildschirm ausgegeben.
echo (2+3)	Ein Befehl mit integriertem Ausdruck. Auf dem Bildschirm erscheint 5.
2+3 | echo	Eine Pipeline, die mit einem Ausdruck beginnt. Auf dem Bildschirm erscheint 5.
echo 2+3 | 7+6	Eine unerlaubte Eingabe. Ausdrücke dürfen in der Pipeline nur als erstes Element auftauchen.
$a = Get-Process	Ein Ausdruck mit integriertem Befehl. Das Ergebnis wird einer Variablen zugewiesen.

Beispiel	Bedeutung
`$a	Get-Process`	Eine Pipeline, die mit einem Ausdruck beginnt. Der Inhalt von `$a` wird als Parameter an `Get-Process` übergeben.
`Get-Process	$a`	Eine unerlaubte Eingabe. Ausdrücke dürfen in der Pipeline nur als erstes Element auftauchen.
„Anzahl der laufenden Prozesse: (Get-Process).Count"	Es ist wohl nicht das, was gewünscht ist, denn die Ausgabe ist: Anzahl der laufenden Prozesse: `(Get-Process).Count`
„Anzahl der laufenden Prozesse: $((Get-Process).Count)"	Jetzt ist die Ausgabe „Anzahl der laufenden Prozesse: 95", weil `$( ... )` einen Unterausdruck (Subexpression) einleitet und dafür sorgt, dass `Get-Process` ausgeführt wird.

3.4 Externe Befehle

Alle Eingaben, die nicht als Commandlets oder mathematische Formeln erkannt werden, werden als externe Anwendungen behandelt. Es können sowohl klassische Kommandozeilenbefehle (wie *ping.exe*, *ipconfig.exe* und *netstat.exe*) als auch Windows-Anwendungen ausgeführt werden.

Die Eingabe `c:\Windows\Notepad.exe` ist daher möglich, um den „beliebten" Windows-Editor zu starten. Auf gleiche Weise können auch WSH-Skripte aus der PowerShell heraus gestartet werden.

Die folgende Bildschirmabbildung zeigt den Aufruf von *netstat.exe*. Zuerst wird die Ausgabe nicht gefiltert. Im zweiten Beispiel kommt zusätzlich das Commandlet `Select-String` zum Einsatz, das nur die Zeilen ausgibt, die das Wort „LDAP" enthalten.

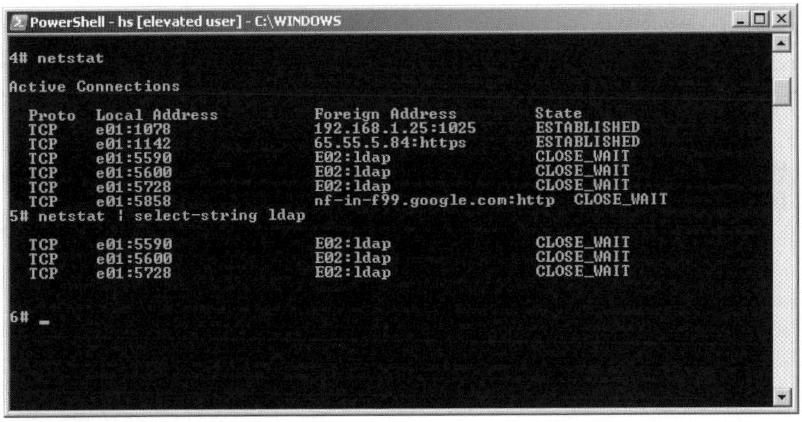

Bild 3.14 Ausführung von netstat

Wenn ein Leerzeichen im Pfad zu einer .exe-Datei vorkommt, dann kann man die Datei so nicht aufrufen (hier wird nach einem Befehl „T:\data\software\Windows" gesucht):

```
T:\data\software\Windows Tools\ImageEditor.exe
```

Auch die naheliegende Lösung der Verwendung von Anführungszeichen funktioniert nicht (hier wird die Zeichenkette ausgegeben):

```
"T:\data\software\Windows Tools\ImageEditor.exe"
```

Korrekt ist die Verwendung des kaufmännischen Und (&), das dafür sorgt, dass der Inhalt der Zeichenkette als Befehl betrachtet und ausgeführt wird:

```
& "T:\data\software\Windows Tools\ImageEditor.exe"
```

ACHTUNG: Grundsätzlich könnte es passieren, dass ein interner Befehl der PowerShell (Commandlet, Alias oder Function) genauso heißt wie ein externer Befehl. Die PowerShell warnt in einem solchen Fall nicht vor der Doppeldeutigkeit, sondern die Ausführung erfolgt nach folgender Präferenzliste:

- Aliase
- Funktionen
- Commandlets
- Externe Befehle

■ 3.5 Dateinamen

Beim direkten Aufruf von Datendateien (z. B. .doc-Dateien) wird entsprechend den Windows-Einstellungen in der Registrierungsdatenbank die Standardanwendung gestartet und damit das Dokument geladen.

HINWEIS: Dateinamen und Ordnerpfade müssen nur in Anführungszeichen (einfache oder doppelte) gesetzt werden, wenn sie Leerzeichen enthalten.

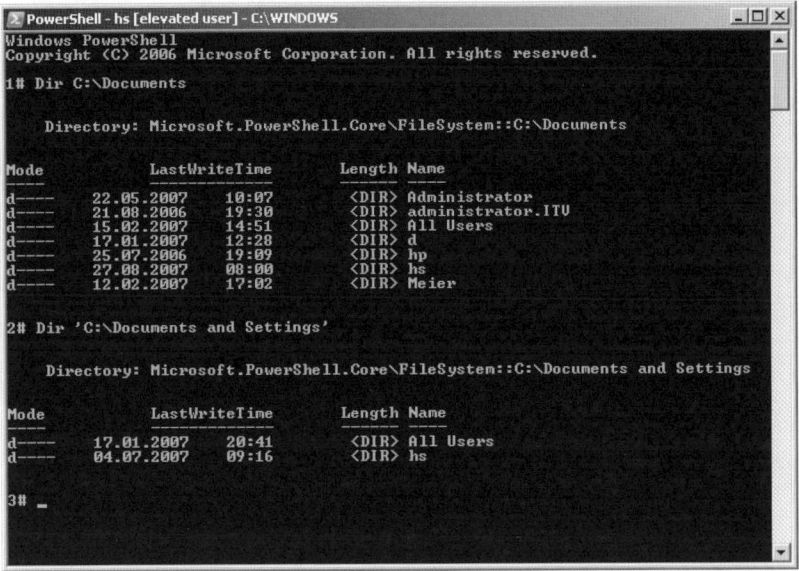

Bild 3.15 Anführungszeichen bei Pfadangaben

4 Hilfefunktionen

Dieses Kapitel beschreibt die Hilfefunktionen der PowerShell.

■ 4.1 Auflisten der verfügbaren Befehle

Die Liste aller verfügbaren Befehle (PowerShell-Commandlets, PowerShell-Funktionen, Aliase und klassische ausführbare Dateien) erhält man in der PowerShell auch durch

```
Get-Command
```

Dabei sind auch Muster erlaubt.

- `Get-Command Get-*` liefert alle Befehle, die mit „get" anfangen.
- `Get-Command [gs]et-*` liefert alle Befehle, die mit „get" oder „set" anfangen.
- `Get-Command *-Service` liefert alle Befehle, die das Substantiv „Service" besitzen.
- `Get-Command -noun Service` liefert ebenfalls alle Befehle, die das Substantiv „Service" besitzen.
- `Get-Command *wmi*` liefert alle Befehle, die die Buchstabenfolge „wmi" enthalten (und mutmaßlich mit der Windows Management Instrumentation zu tun haben).
- `Get-Command | Where-Object { $_.name -like "*cim*" -or $_.name -like "*wmi*" }` liefert alle Befehle, die die Buchstabenfolge „wmi" oder „cmi" enthalten. Ohne ein weiteres Commandlet `Where-Object`, das erst im nächsten Kapitel näher erläutert wird, ist diese Abfrage nicht machbar.

Das Commandlet `Get-Command` kann auch verwendet werden, um die Information zu erhalten, was die PowerShell unter einem Befehl versteht. `Get-Command` sucht nach angegebenen Namen in Commandlets, Aliasen, Funktionen, Skriptdateien und ausführbaren Dateien (siehe Bild 4.1).

Gibt man nach `Get-Command` den Namen einer *.exe*-Datei an, zeigt die PowerShell, in welchem Pfad die ausführbare Datei gefunden werden kann. Gesucht wird dabei nur in den Pfaden gemäß der Umgebungsvariablen %Path%.

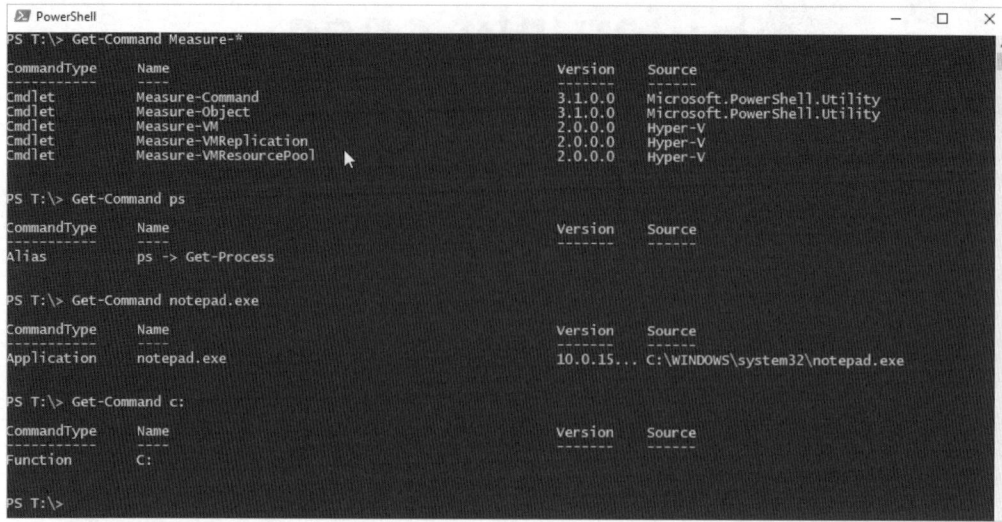

Bild 4.1 Beispiele zum Einsatz von Get-Command

```
Get-Command *.exe
```

zeigt eine Liste aller direkt aufrufbaren ausführbaren Dateien.

Windows 10 (Stand Creators Update, alias Redstone 2, Versionsnummer 1703) mit Power Shell 5.1 bietet 1537 Commandlets. Die rasante Fortentwicklung der Funktionalität der PowerShell, aber auch die gravierende Abhängigkeit ihrer Mächtigkeit von dem installierten Betriebssystem, zeigt die folgende Tabelle.

Tabelle 4.1 Wachstum der Mächtigkeit der Windows PowerShell

PowerShell-Version	Betriebssystem	Anzahl der Commandlets und Funktionen
PowerShell 5.1	Windows 10 (Redstone 2, „Creators Update" vom 05.04.2017)	1537
PowerShell 5.0	Windows 10 (Threshold 1, Ursprungsversion vom 29.05.2016)	1404
PowerShell 4.0	Windows Server 2012 R2	1376
PowerShell 4.0	Windows 8.1	1132
PowerShell 4.0	Windows 7	573
PowerShell 3.0	Windows 8	945
PowerShell 3.0	Windows 7	561
PowerShell 2.0	Windows 7	273
PowerShell 1.0	Alle	163

Ermitteln kann man diese Zahlen mit:

```
(Get-Command) | group commandtype
```

`Get-Command` liefert unter PowerShell seit 2.0 sowohl Commandlets als auch eingebaute Funktionen (deren Handhabung oft der von Commandlets entspricht, nur die Art der Implementierung ist anders). Unter PowerShell 1.0 musste man die Funktionen separat zählen mit:

```
(dir function:).count
```

Wenn Sie wissen möchten,

- welche Commandlets zwischen zwei Versionen hinzugekommen sind oder
- hinsichtlich welcher Commandlets sich zwei Systeme unterscheiden,

können Sie dies wie folgt ermitteln:

Auf dem einen System exportieren Sie eine Liste der Commandlets in eine Textdatei.

Auf einem System mit PowerShell 3.0 führen Sie folgende Befehle aus, um Commandlets und Funktionen zu exportieren:

```
Get-Command | ft name -hide | out-file h:\wps3_commandlets.txt
dir function: | ft Name -hide | out-file h:\wps3_commandlets.txt -Append
```

Auf einem System mit PowerShell ab Version 4.0 brauchen Sie nur einen Befehl (dieser exportiert Commandlets und Funktionen):

```
Get-Command | ft name -hide | out-file h:\wps\wps4_commandlets.txt
```

Dann führt man beide Textdateien auf einem System zusammen und führt dort aus:

```
$wps1 = Get-content H:\wps3_Commandlets.txt | sort
$wps2 = Get-content H:\wps4_Commandlets.txt | sort
compare-object $wps2 $wps4  -syncwindow 2000 | foreach {
[string]$_.Inputobject).Trim() } | out-file h:\wps4_Commandlets_neu.txt
```

■ 4.2 Volltextsuche

Get-Command sucht nur in den Commandletnamen. Mit Get-Help kann man unter Angabe einer beliebigen Zeichenkette in den Hilfedateien suchen.

Beispiel: Get-Help „Local user account"

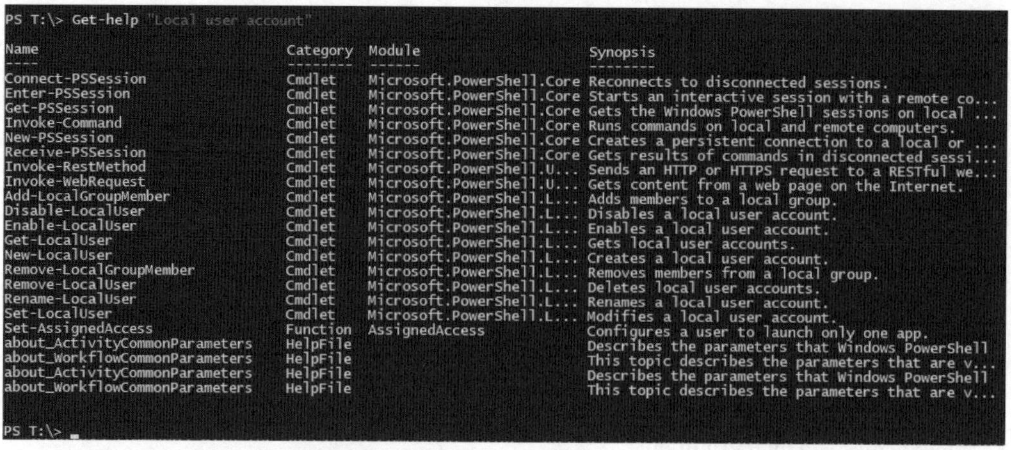

```
PS T:\> Get-help "Local user account"

Name                            Category    Module                       Synopsis
----                            --------    ------                       --------
Connect-PSSession               Cmdlet      Microsoft.PowerShell.Core    Reconnects to disconnected sessions.
Enter-PSSession                 Cmdlet      Microsoft.PowerShell.Core    Starts an interactive session with a remote co...
Get-PSSession                   Cmdlet      Microsoft.PowerShell.Core    Gets the Windows PowerShell sessions on local ...
Invoke-Command                  Cmdlet      Microsoft.PowerShell.Core    Runs commands on local and remote computers.
New-PSSession                   Cmdlet      Microsoft.PowerShell.Core    Creates a persistent connection to a local or ...
Receive-PSSession               Cmdlet      Microsoft.PowerShell.Core    Gets results of commands in disconnected sessi...
Invoke-RestMethod               Cmdlet      Microsoft.PowerShell.U...    Sends an HTTP or HTTPS request to a RESTful we...
Invoke-WebRequest               Cmdlet      Microsoft.PowerShell.U...    Gets content from a web page on the Internet.
Add-LocalGroupMember            Cmdlet      Microsoft.PowerShell.L...    Adds members to a local group.
Disable-LocalUser               Cmdlet      Microsoft.PowerShell.L...    Disables a local user account.
Enable-LocalUser                Cmdlet      Microsoft.PowerShell.L...    Enables a local user account.
Get-LocalUser                   Cmdlet      Microsoft.PowerShell.L...    Gets local user accounts.
New-LocalUser                   Cmdlet      Microsoft.PowerShell.L...    Creates a local user account.
Remove-LocalGroupMember         Cmdlet      Microsoft.PowerShell.L...    Removes members from a local group.
Remove-LocalUser                Cmdlet      Microsoft.PowerShell.L...    Deletes local user accounts.
Rename-LocalUser                Cmdlet      Microsoft.PowerShell.L...    Renames a local user account.
Set-LocalUser                   Cmdlet      Microsoft.PowerShell.L...    Modifies a local user account.
Set-AssignedAccess              Function    AssignedAccess               Configures a user to launch only one app.
about_ActivityCommonParameters  HelpFile                                 Describes the parameters that Windows PowerShell
about_WorkflowCommonParameters  HelpFile                                 This topic describes the parameters that are v...
about_ActivityCommonParameters  HelpFile                                 Describes the parameters that Windows PowerShell
about_WorkflowCommonParameters  HelpFile                                 This topic describes the parameters that are v...

PS T:\>
```

Bild 4.2 Volltextsuche mit Get-Help

■ 4.3 Erläuterungen zu den Befehlen

Einen Hilfetext zu einem Commandlet bekommt man über `Get-Help commandletname`, z. B.:

```
Get-Help Get-Process
```

Dabei kann man durch die Parameter `-detailed`, `-example` und `-full` mehr Hilfe erhalten.

Die Hilfe erscheint abhängig von der installierten Sprachversion der PowerShell. Der Autor dieses Buchs verwendet jedoch primär englische Betriebssysteme und Anwendungen.

4.4 Hilfe zu Parametern

```
PowerShell                                                          —  □  X
PS T:\> Get-Help Get-Process -full
NAME
    Get-Process

ÜBERSICHT
    Gets the processes that are running on the local computer or a remote computer.

SYNTAX
    Get-Process [[-Name] <String[]>] [-ComputerName <String[]>] [-FileVersionInfo] [-Module] [<CommonParameters>]

    Get-Process [-ComputerName <String[]>] [-FileVersionInfo] -Id <Int32[]> [-Module] [<CommonParameters>]

    Get-Process [-ComputerName <String[]>] [-FileVersionInfo] -InputObject <Process[]> [-Module] [<CommonParameters>]

    Get-Process -Id <Int32[]> -IncludeUserName [<CommonParameters>]

    Get-Process [[-Name] <String[]>] -IncludeUserName [<CommonParameters>]

    Get-Process -IncludeUserName -InputObject <Process[]> [<CommonParameters>]

BESCHREIBUNG
    The Get-Process cmdlet gets the processes on a local or remote computer.

    Without parameters, this cmdlet gets all of the processes on the local computer. You can also specify a particular
    process by process name or process ID (PID) or pass a process object through the pipeline to this cmdlet.

    By default, this cmdlet returns a process object that has detailed information about the process and supports
    methods that let you start and stop the process. You can also use the parameters of the Get-Process cmdlet to get
    file version information for the program that runs in the process and to get the modules that the process loaded.

PARAMETER
    -ComputerName <String[]>
        Specifies the computers for which this cmdlet gets active processes. The default is the local computer.

        Type the NetBIOS name, an IP address, or a fully qualified domain name (FQDN) of one or more computers. To
        specify the local computer, type the computer name, a dot (.), or localhost.

        This parameter does not rely on Windows PowerShell remoting. You can use the ComputerName parameter of this
        cmdlet even if your computer is not configured to run remote commands.

        Erforderlich?                false
        Position?                    named
        Standardwert                 None
        Pipelineeingaben akzeptieren?True (ByPropertyName)
        Platzhalterzeichen akzeptieren?false
```

Bild 4.3 Ausschnitt aus dem Hilfetext zum Commandlet Get-Process

TIPP: Alternativ zum Aufruf von Get-Help kann man auch den allgemeinen Parameter -? an das Commandlet anhängen, z. B. Get-Process -?. Dann erhält man die Kurzversion der Hilfe, hat aber keine Option für die ausführlicheren Versionen.

■ 4.4 Hilfe zu Parametern

Um zu sehen, welche Parameter ein Befehl bietet, kann man Get-Help mit dem Parameter -Parameter verwenden:

```
Get-Help Get-Process -parameter "*" | ft name, type
```

Einige Commandlets (z. B. New-Button aus dem WPK (Windows Presentation Foundation (WPF) PowerShell Kit), siehe Kapitel 62 „Grafische Benutzeroberflächen") haben sehr viele Parameter (in diesem Fall 180!). Hier kann man auch filtern:

```
Get-Help New-Button -parameter "on_*" | ft name, type
```

Genauere Hilfe zu einem einzelnen Parameter erhält man, wenn man nach -parameter den Namen angibt und die weitere Formatierung weglässt. Die folgende Bildschirmabbildung zeigt, wie man Hilfe zu dem Parameter -Foregroundcolor im Commandlet Write-Host erhält. Neben den möglichen Farbwerten sagt die Hilfe auch, dass

- die Angabe einer Farbe nicht erforderlich ist
- die Farbangabe nicht über die Position des Parameters gebunden wird, d. h., dass immer der Parametername anzugeben ist
- der Farbwert auch nicht aus der Pipeline eingelesen werden kann
- im Farbwert keine Platzhalter erlaubt sind

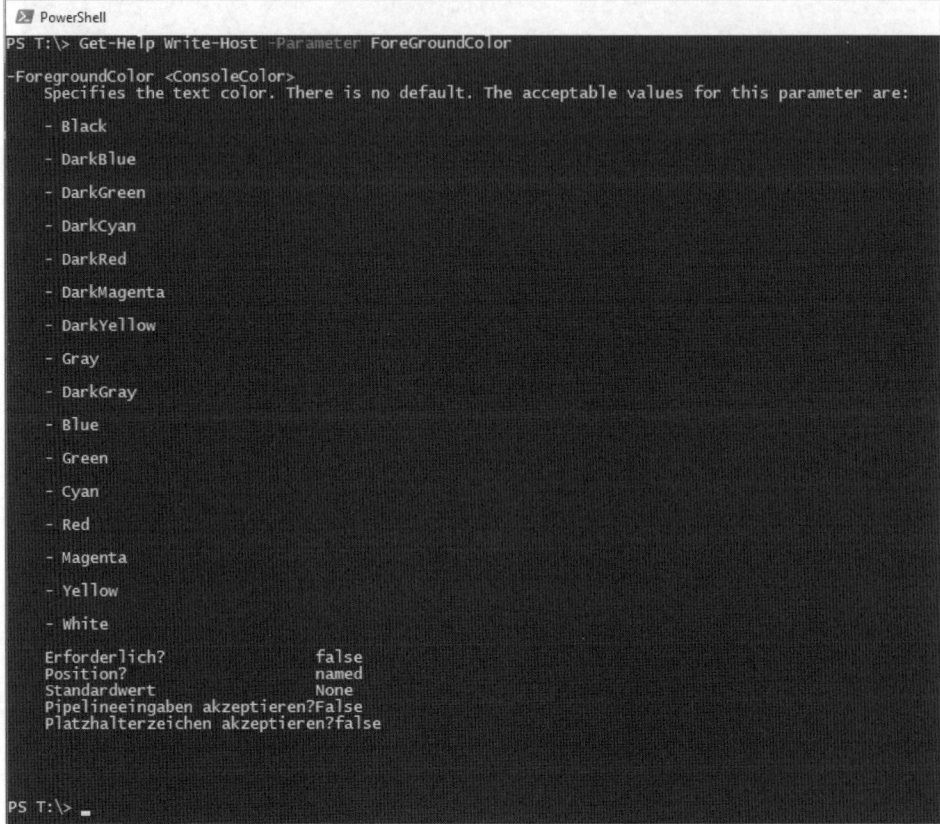

Bild 4.4 Hilfe zu dem Parameter -ForeGroundColor beim Commandlet Write-Host

Schaut man sich hingegen die Hilfe zum Parameter -Name beim Commandlet Get-Service an, sieht man zwar weniger Text, aber mehr Möglichkeiten:

- Es kann nicht nur eine feste Menge von Zeichenketten, sondern eine beliebige Zeichenkette übergeben werden. Dies zeigt der Typ <string> an.
- Genau genommen steht da <string[]>. Die eckigen Klammern bedeuten „Menge", es kann also nicht nur eine Zeichenkette, sondern auch eine Menge von Zeichenketten über-

geben werden (Beispiel: Dienste, die mit dem Buchstaben a beginnen oder enden oder mit x beginnen oder enden: `Get-Service -name "a*","*a","x*","*x"`).

- Der Wert kann über seine Position (0 bedeutet: an erster Stelle) übergeben werden. Daher kann man -name weglassen, sofern man den Wert für den Parameter an erster Stelle übergibt: `Get-Service "a*","*a","x*","*x"`
- Der Werte (oder die Werte) für den Parameter -name kann auch als Wert aus der Pipeline gelesen werden. Möglich ist also `"a*" | Get-Service` oder `"a*","*a","x*","*x" | Get-Service`

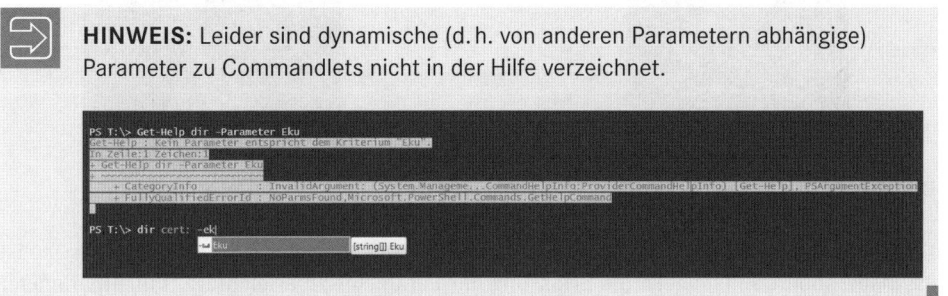

Bild 4.5 Hilfe zu dem Parameter -Name beim Commandlet Get-Service

> **HINWEIS:** Leider sind dynamische (d. h. von anderen Parametern abhängige) Parameter zu Commandlets nicht in der Hilfe verzeichnet.

4.5 Hilfe mit Show-Command

Die PowerShell ist kommandozeilenorientiert. Vor der PowerShell 3.0 gab es in der PowerShell nur zwei Befehle, die eine grafische Benutzeroberfläche zeigten: `Out-GridView` (zur Ausgabe von Objekten in einer filter- und sortierbaren Tabelle) und `Get-Credential` (zur Abfrage von Benutzername und Kennwort). Seit PowerShell 3.0 kann sich der PowerShell-Nutzer mit dem Commandlet `Show-Command` für jedes PowerShell-Commandlet und jede Function eine grafische Eingabemaske zeigen lassen.

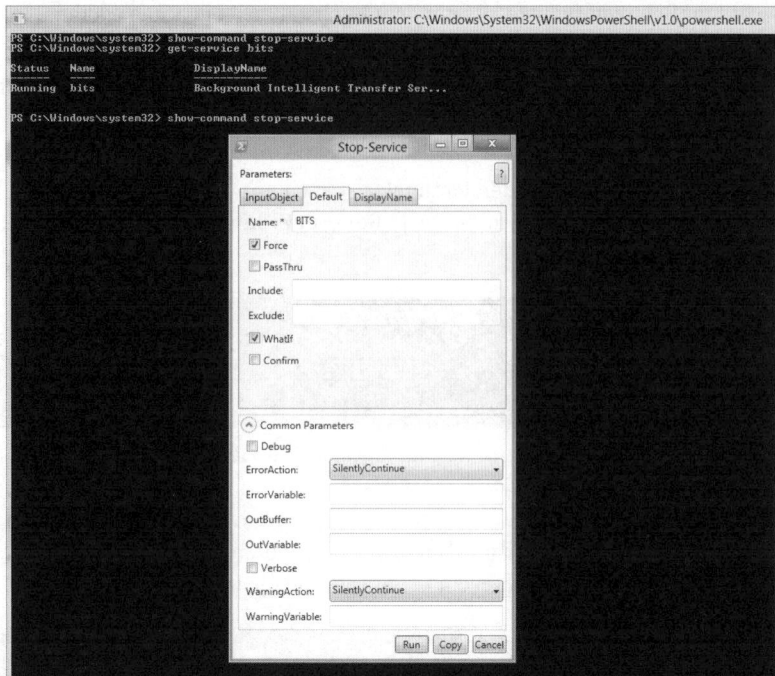

Bild 4.6 Show-Command bietet Eingabehilfen für Einsteiger.

Das vorherige Bild zeigt dies für das Commandlet Stop-Service. Ziel von Show-Command ist es, insbesondere Einsteigern die Erfassung der Parameter zu erleichtern. Pflichtparameter sind mit einem Stern gekennzeichnet. Ein Klick auf die „Copy"-Schaltfläche legt den erzeugten Befehl in die Zwischenablage, ohne ihn auszuführen.

 TIPP: Das Fenster „Befehls-Add-On" in dem ISE ist eine modifizierte Version von Show-Command.

4.6 Hilfefenster

Seit PowerShell 3.0 kann man auch aus der PowerShell-Konsole heraus ein eigenständiges Hilfefenster starten, indem man bei Get-Help den Parameter -ShowWindow verwendet.

```
Get-Help "Set-PrintConfiguration" -ShowWindow
```

Das Hilfefenster nutzt zur Hervorhebung fette Schrift, bietet eine Zoomfunktion und eine Volltextsuche an (vgl. Bild 4.7).

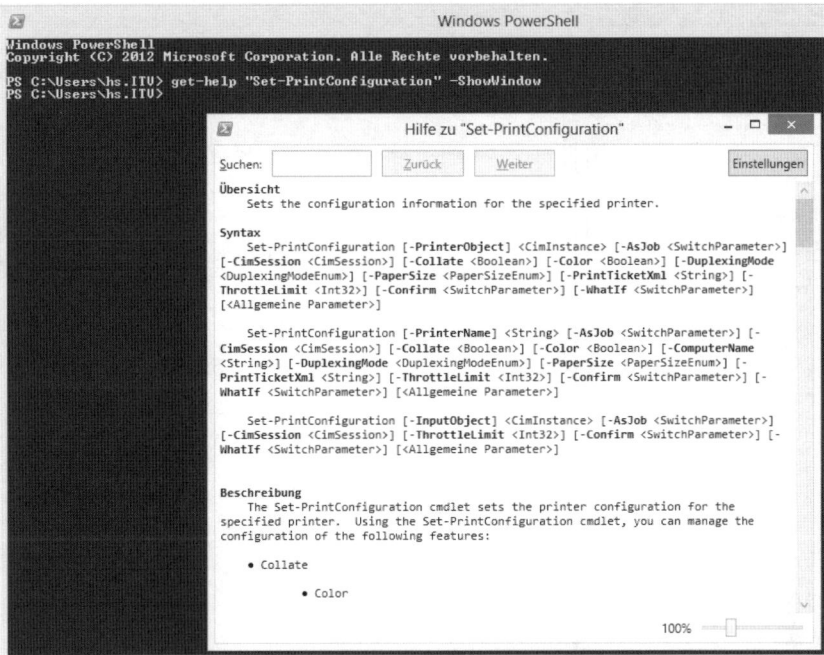

Bild 4.7 Hilfefenster, das Get-Help durch den Parameter –ShowWindow startet

Eine grafische Hilfedatei im *.chm*-Dateiformat zur PowerShell gab es nur für die PowerShell 1.0 und 2.0 als Zusatz.

Die PowerShell-1.0-Hilfedatei [MS01] ist für einige Nutzer weiterhin relevant, denn sie enthält im Gegensatz zu ihrem Nachfolger auch Hinweise zur manuellen Übersetzung von VBScript in Windows PowerShell.

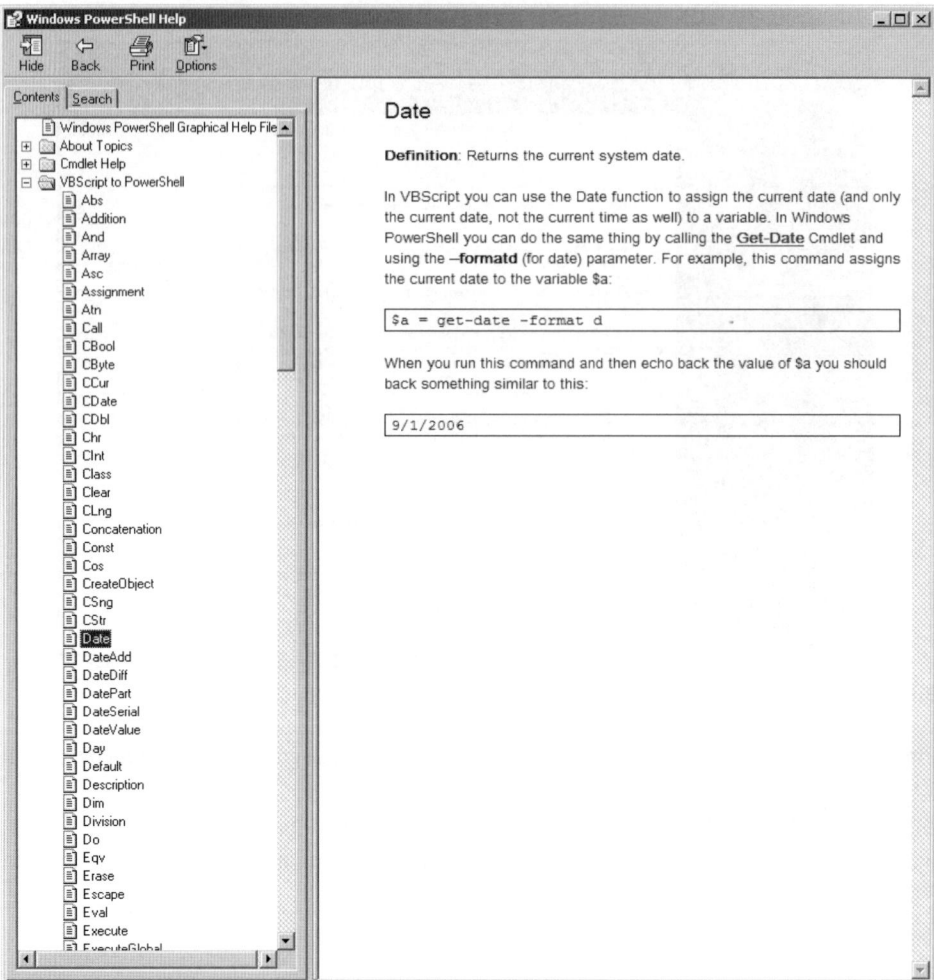

Bild 4.8 Hilfe zum Transfer von VBScript nach PowerShell

■ 4.7 Allgemeine Hilfetexte

Die PowerShell enthält auch einige allgemeine Hilfetexte. Diese Dokumente beginnen mit „about". Man findet sie mit `Get-Help about_`. Ein konkretes Dokument ruft man dann unter Angabe des kompletten Dokumentennamen ab: z. B. `Get-Help about_arrays`.

```
PS T:\> Get-help about_

Name                              Category  Module                    Synopsis
----                              --------  ------                    --------
about_ActivityCommonParameters    HelpFile                            Describes the parameters that Windows PowerShell
about_Aliases                     HelpFile                            Describes how to use alternate names for cmdle...
about_Arithmetic_Operators        HelpFile                            Describes the operators that perform arithmeti...
about_Arrays                      HelpFile                            Describes arrays, which are data structures de...
about_Assignment_Operators        HelpFile                            Describes how to use operators to assign value...
about_Automatic_Variables         HelpFile                            Describes variables that store state informati...
about_Break                       HelpFile                            Describes a statement you can use to immediate...
about_Checkpoint-Workflow         HelpFile                            Describes the Checkpoint-Workflow activity, which
about_CimSession                  HelpFile                            Describes a CimSession object and the differen...
about_Classes                     HelpFile                            Describes how you can use classes to develop i...
about_Command_Precedence          HelpFile                            Describes how Windows PowerShell determines wh...
about_Command_Syntax              HelpFile                            Describes the syntax diagrams that are used in...
about_Comment_Based_Help          HelpFile                            Describes how to write comment-based help topi...
about_CommonParameters            HelpFile                            Describes the parameters that can be used with...
about_Comparison_Operators        HelpFile                            Describes the operators that compare values in...
about_Continue                    HelpFile                            Describes how the Continue statement immediate...
about_Core_Commands               HelpFile                            Lists the cmdlets that are designed for use wi...
about_Data_Sections               HelpFile                            Explains Data sections, which isolate text str...
about_Debuggers                   HelpFile                            Describes the Windows PowerShell debugger.
about_DesiredStateConfiguration   HelpFile                            Provides a brief introduction to the Windows
about_Do                          HelpFile                            Runs a statement list one or more times, subje...
about_Environment_Variables       HelpFile                            Describes how to access Windows environment va...
about_Escape_Characters           HelpFile                            Introduces the escape character in Windows Pow...
about_Eventlogs                   HelpFile                            Windows PowerShell creates a Windows event log...
about_Execution_Policies          HelpFile                            Describes the Windows PowerShell execution pol...
about_For                         HelpFile                            Describes a language command you can use to ru...
about_ForEach-Parallel            HelpFile                            Describes the ForEach -Parallel language const...
about_Foreach                     HelpFile                            Describes a language command you can use to tr...
about_Format.ps1xml               HelpFile                            The Format.ps1xml files in Windows PowerShell ...
about_Functions                   HelpFile                            Describes how to create and use functions in W...
about_Functions_Advanced          HelpFile                            Introduces advanced functions that act similar...
about_Functions_Advanced_Methods  HelpFile                            Describes how functions that specify the Cmdle...
about_Functions_Advanced_Param... HelpFile                            Explains how to add parameters to advanced fun...
about_Functions_CmdletBindingA... HelpFile                            Describes the attribute that makes a function ...
about_Functions_OutputTypeAttr... HelpFile                            Describes an attribute that reports the type o...
```

Bild 4.9 Ausschnitt aus der Liste der „About"-Dokumente

4.8 Aktualisieren der Hilfedateien

Die Hilfeinformationen, die durch `Get-Help` ausgelesen werden können, sind in XML-Dateien gespeichert. Das verwendete XML-Format heißt Microsoft Assistance Markup Language (MAML). Die Hilfe-Dateien sind den einzelnen Modulen zugeordnet.

```
Microsoft.PowerShe...ement.dll-help.xml*
    <command:syntaxItem>
      <maml:name>Get-Process</maml:name>
      <command:parameter required="false" variableLength="true" globbing="true" pipelineInput="true (ByPropertyName)"
position="1" aliases="">
        <maml:name>Name</maml:name>
        <maml:description>
          <maml:para>Specifies one or more processes by process name. You can type multiple process names (separated by commas)
and use wildcard characters. The parameter name ("Name") is optional.</maml:para>
        </maml:description>
        <command:parameterValue required="true" variableLength="true">String[]</command:parameterValue>
      </command:parameter>
      <command:parameter required="false" variableLength="true" globbing="false" pipelineInput="true (ByPropertyName)"
position="named" aliases="">
        <maml:name>ComputerName</maml:name>
        <maml:description>
          <maml:para>Gets the processes running on the specified computers. The default is the local computer.</maml:para>
          <maml:para>Type the NetBIOS name, an IP address, or a fully qualified domain name of one or more computers. To specify
 the local computer, type the computer name, a dot (.), or "localhost".</maml:para>
          <maml:para>This parameter does not rely on Windows PowerShell remoting. You can use the ComputerName parameter of Get-
Process even if your computer is not configured to run remote commands.</maml:para>
        </maml:description>
        <command:parameterValue required="true" variableLength="true">String[]</command:parameterValue>
      </command:parameter>
      <command:parameter required="false" variableLength="false" globbing="false" pipelineInput="false" position="named"
aliases="">
        <maml:name>FileVersionInfo</maml:name>
        <maml:description>
          <maml:para>Gets the file version information for the program that runs in the process. </maml:para>
          <maml:para>On Windows Vista and later versions of Windows, you must open Windows PowerShell with the "Run as
administrator" option to use this parameter on processes that you do not own. </maml:para>
          <maml:para>You cannot use the FileVersionInfo and ComputerName parameters of the Get-Process cmdlet in the same
command. To get file version information for a process on a remote computer, use the Invoke-Command cmdlet.</maml:para>
```

Bild 4.10 Ausschnitt aus der Hilfedatei Microsoft.PowerShell.Commands.Management.dll-help.xml

Mit PowerShell 3.0 hatte Microsoft die Möglichkeit eingeführt, die Hilfe-Dateien aus der laufenden PowerShell heraus zu aktualisieren („Updatable Help System"). Die Ausführung des Commandlets `Update-Help` kontaktiert den Microsoft-Downloadserver (download.microsoft.com) und aktualisiert im laufenden Betrieb die Hilfedateien. Auch wenn es sich um relativ kleine Dateien handelt (aktuell insgesamt nur rund 10 MB), dauert der Download über eine 50-MBit-Leitung zwei bis drei Minuten. Der Download besteht für jedes PowerShell-Modul aus einer sogenannten Help-Info-Datei, die als wesentliche Information die Sprache und die Versionsnummer enthält, sowie einer komprimierten Datei (ZIP-Format, Dateinamenserweiterung ist aber CAB), die nur heruntergeladen wird, wenn die lokalen Hilfeinformationen nicht auf dem aktuellen Stand sind.

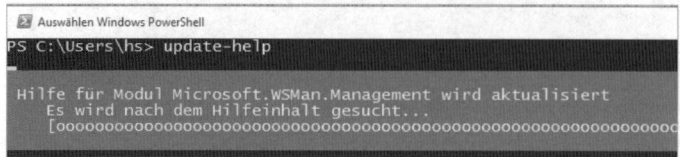

Bild 4.11
Aktualisieren der Hilfe mit Update-Help

HINWEIS: Die Aktualisierung der Hilfedateien für alle Standardmodule, die sich im c:\Windows\System32\WindowsPowerShell-Verzeichnis befinden, ist nur mit administrativen Rechten möglich.

Listing 4.1 Beispiel für eine Help-Info-Datei

```
<?xml version="1.0" encoding="utf-8"?>
<HelpInfo xmlns="http://schemas.microsoft.com/powershell/help/2010/05">
<HelpContentURI>http://go.microsoft.com/fwlink/?linkid=210601</HelpContentURI>
  <SupportedUICultures>
    <UICulture>
      <UICultureName>en-US</UICultureName>
      <UICultureVersion>3.1.0.0</UICultureVersion>
    </UICulture>
  </SupportedUICultures>
</HelpInfo>
```

`Update-Help` kann durch Angabe eines Modulnamens im Parameter `-Module` die Hilfe für ein einzelnes Modul aktualisieren.

`Update-Help` kann durch Angabe eines Pfads im Parameter `-SourcePath` die Hilfedateien von einem lokalen Dateisystempfad oder Netzwerkpfad laden. Zu diesem Zweck kann man mit `Save-Help` die Help-Info-Dateien und die CAB-Dateien herunterladen. Größere Unternehmen können so die Hilfedateien zentral für alle Nutzer im Unternehmensnetzwerk bereitstellen.

TIPP: Die Aktualisierung der Hilfedateien kann auch im Editor „ISE" im Menü „Hilfe" ausgelöst werden.

4.9 Online-Hilfe

Die Dokumentation der PowerShell findet man hier:

http://technet.microsoft.com/en-us/library/bb978526.aspx

Die zusätzlichen betriebssystemabhängigen PowerShell-Module sind hier dokumentiert:

https://technet.microsoft.com/library/dn249523.aspx

Sie werden aber feststellen, dass dort jedes Commandlet einzeln beschrieben ist. Es gibt aber leider keine Dokumente, die das komplexere Zusammenspiel von Commandlets erklären oder die Vorgehensweise anhand von Praxisgebieten beschreiben wie in diesem Buch.

HINWEIS: Neu seit PowerShell 3.0 ist der Parameter `-Online` beim Commandlet `Get-Help`, der für ein Commandlet direkt die passende Seite in der Online-Hilfe öffnet.

Eine Online-Hilfe des Buchautors ist die Website *www.dotnet-lexikon.de*, wo Sie zu vielen Begriffen rund um PowerShell und .NET Erklärungstexte sowie ein Abkürzungsverzeichnis finden.

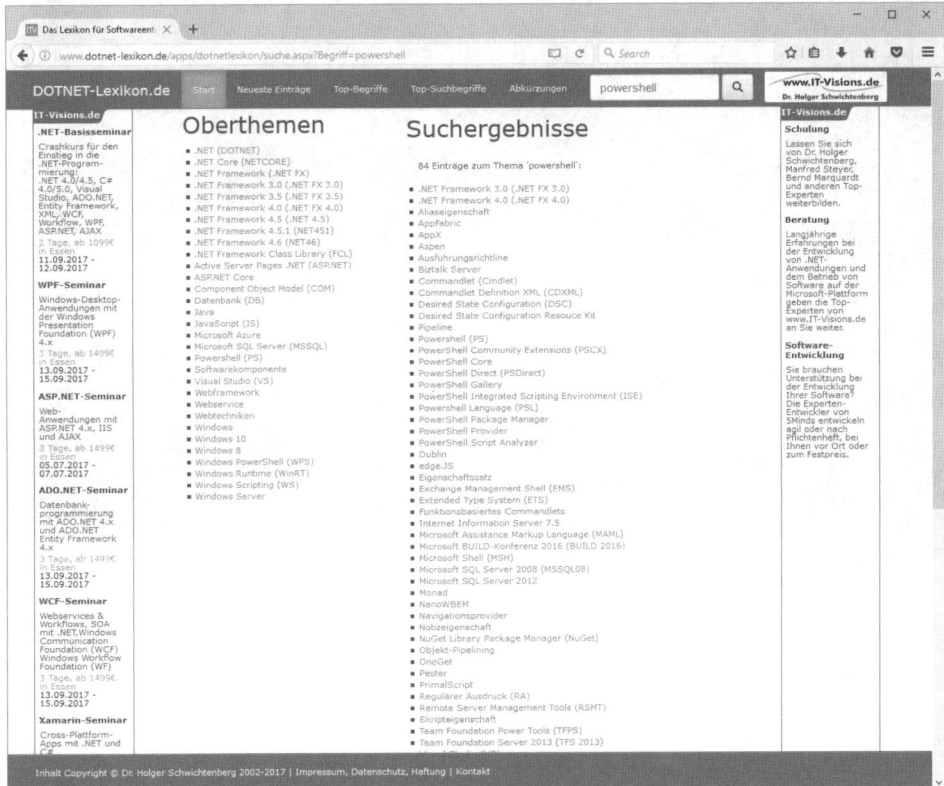

Bild 4.12 Hilfe zu den Fachbegriffen und Abkürzungen auf der Website *www.dotnet-lexikon.de*

■ 4.10 Fehlende Hilfetexte

Leider gibt es nicht zu allen Commandlets eine Hilfe. Microsoft wird in seinem Softwareentwicklungsprozess immer agiler und vernachlässigt dabei leider die Dokumentation. So gibt es zum Beispiel zu einigen in PowerShell 5.1 eingeführten Commandlets wie `Test-FileCatalog` zum Redaktionsschluss dieses Buchs immer noch keine adäquaten Hilfetexte, auch wenn PowerShell 5.1 schon vor einigen Monaten erschienen ist. So zeigt `Get-Help` hier genau wie die Webseite nur die im Commandlet automatisch verfügbaren Metadaten über die Parameter, aber keinerlei Erläuterungstexte und keine Beispiele.

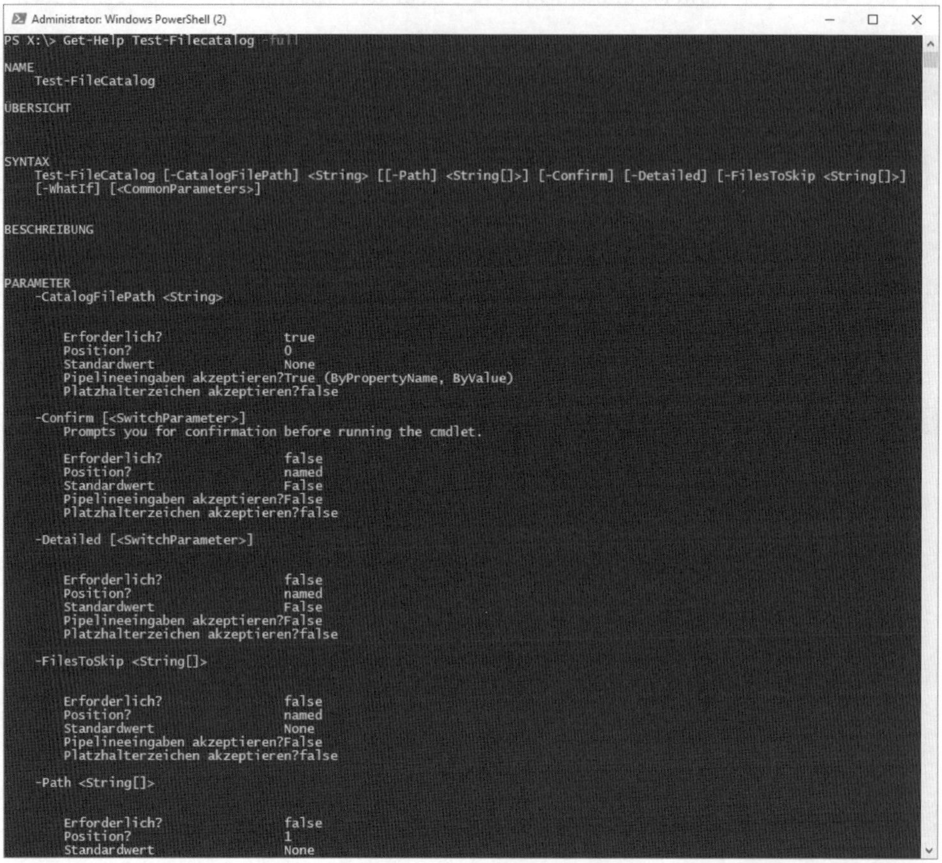

Bild 4.13 Keine Hilfetexte zum Commandlet und zu den Parametern bei Test-Filecatalog

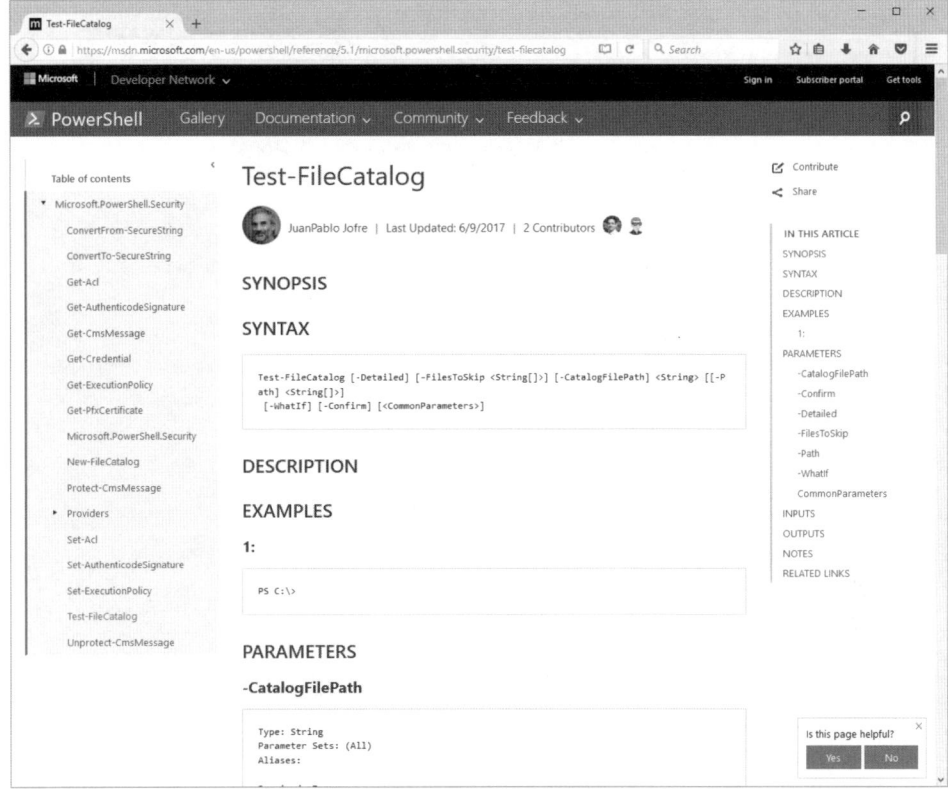

Bild 4.14 Auch auf der Website *[https://msdn.microsoft.com/en-us/powershell/reference/5.1/ microsoft.powershell.security/test-filecatalog]* gibt es keine Hilfetexte zum Commandlet und zu den Parametern bei Test-Filecatalog.

4.11 Dokumentation der .NET-Klassen

Informationen zu den .NET-Klassen, mit denen die PowerShell arbeitet, finden Sie an folgenden Stellen:

- PowerShell-Dokumentation für den Namensraum `System.Management.Automation`
- Dokumentation der .NET-Framework-Klassenbibliothek in der Microsoft Developer Network Library (MSDN Library). Diese gibt es offline in Verbindung mit Microsoft Visual Studio oder online un*ter http://msdn.microsoft.com/en-us/library/gg145045*.aspx.
- Produktspezifische Dokumentationen, z. B. Exchange-Server-Dokumentation oder System-Center-Dokumentation

Die Dokumentation zeigt die verfügbaren Klassenmitglieder (Attribut, Methoden, Ereignisse, Konstruktoren) (siehe Bild 4.8).

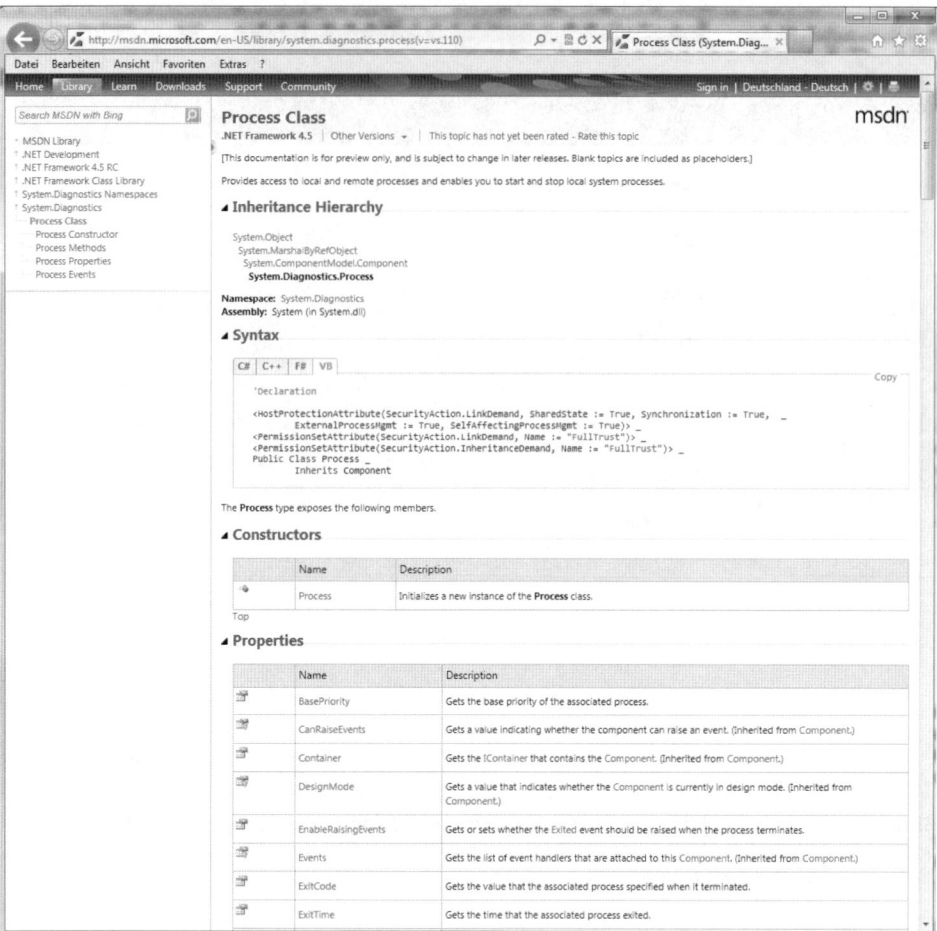

Bild 4.15 Ausschnitt aus der Dokumentation der .NET-Klasse System.Diagnostics.Process (hier in der Online-Variante)

Das folgende Bild zeigt die Dokumentation der Klasse Process im Namensraum System.Diagnostics. In dem Baum links erkennt man die verschiedenen Arten von Mitgliedern: *Methoden* (Methods), *Eigenschaften* (Properties) und *Ereignisse* (Events).

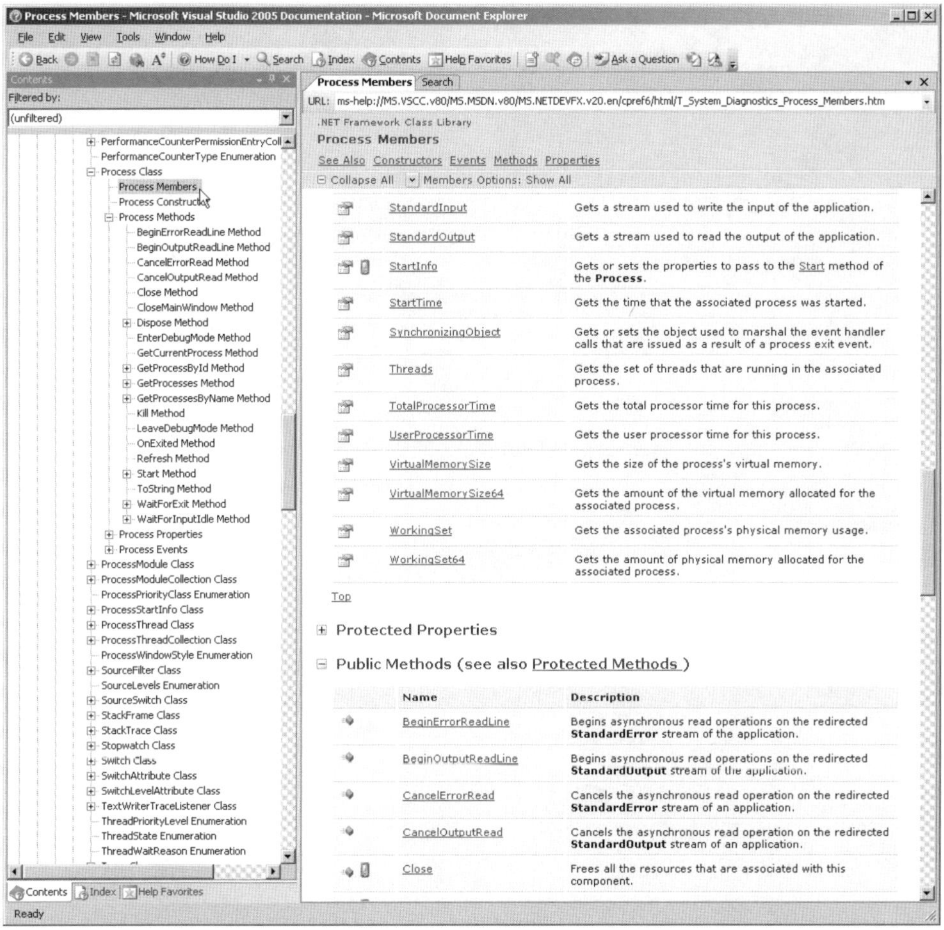

4.11 Dokumentation der .NET-Klassen

Bild 4.16 Ausschnitt aus der Dokumentation der .NET-Klasse System.Diagnostics.Process (hier in der Offline-Variante, die mit Visual Studio mitgeliefert wird)

HINWEIS: Da die Dokumentation der .NET-Klassen für Softwareentwickler geschrieben wurde, ist sie häufig zu detailliert für PowerShell-Anwender. Leider ist derzeit noch keine für die Bedürfnisse von Administratoren angepasste Version absehbar.

TIPP: Die englische Dokumentation ist der deutschen vorzuziehen, weil es in den deutschen Übersetzungen viele Übersetzungsfehler gibt, die das Verständnis erschweren.

5 Objektorientiertes Pipelining

Ihre Mächtigkeit entfaltet die PowerShell erst durch das objektorientierte Pipelining, also durch die Weitergabe von strukturierten Daten von einem Commandlet zum anderen.

 HINWEIS: Dieses Kapitel setzt ein Grundverständnis des Konzepts der Objektorientierung voraus. Wenn Sie diese Grundkenntnisse nicht besitzen, lesen Sie bitte zuvor im Anhang den Crashkurs „Objektorientierung" sowie den Crashkurs „.NET Framework" oder vertiefende Literatur.

■ 5.1 Pipeline-Operator

Für eine Pipeline wird – wie auch in Unix-Shells üblich und in der normalen Windows-Konsole möglich – der vertikale Strich „|" (genannt „Pipe" oder „Pipeline Operator") verwendet.

```
Get-Process | Format-List
```

bedeutet, dass das Ergebnis des `Get-Process`-Commandlets an `Format-List` weitergegeben werden soll. Die Standardausgabeform von `Get-Process` ist eine Tabelle. Durch `Format-List` werden die einzelnen Attribute der aufzulistenden Prozesse untereinander statt in Spalten ausgegeben.

Die Pipeline kann beliebig lang sein, d. h., die Anzahl der Commandlets in einer einzigen Pipeline ist nicht begrenzt. Man muss aber jedes Mal den Pipeline-Operator nutzen, um die Commandlets zu trennen.

Ein Beispiel für eine komplexere Pipeline lautet:

```
Get-ChildItem h:\daten -r -filter *.doc
 | Where-Object { $_.Length -gt 40000 }
 | Select-Object Name, Length
 | Sort-Object Length
 | Format-List
```

`Get-ChildItem` ermittelt alle Microsoft-Word-Dateien im Ordner *h:\Daten* und in seinen Unterordnern. Durch das zweite Commandlet (`Where-Object`) wird die Ergebnismenge auf diejenigen Objekte beschränkt, bei denen das Attribut `Length` größer ist als 40 000. `Select-Object` beschneidet alle Attribute aus `Name` und `Length`. Durch das vierte Commandlet in der Pipeline wird die Ausgabe nach dem Attribut `Length` sortiert. Das letzte Commandlet schließlich erzwingt eine Listendarstellung.

Nicht alle Aneinanderreihungen von Commandlets ergeben einen Sinn. Einige Aneinanderreihungen sind auch gar nicht erlaubt. Die Reihenfolge der einzelnen Befehle in der Pipeline ist nicht beliebig. Keineswegs kann man im obigen Befehl die Sortierung hinter die Formatierung setzen, weil nach dem Formatieren zwar noch ein Objekt existiert, dieses aber einen Textstrom repräsentiert. `Where-Object` und `Sort-Object` könnte man vertauschen; aus Gründen des Ressourcenverbrauchs sollte man aber erst einschränken und dann die verringerte Liste sortieren. Ein Commandlet kann aus vorgenannten Gründen erwarten, dass es bestimmte Arten von Eingabeobjekten gibt. Am besten sind aber Commandlets, die jede Art von Eingabeobjekt verarbeiten können.

Eine automatische Optimierung der Befehlsfolge wie in der Datenbankabfrage SQL gibt es bei PowerShell nicht.

Seit PowerShell-Version 3.0 hat Microsoft für den Zugriff auf das aktuelle Objekt der Pipeline zusätzlich zum Ausdruck `$_` den Ausdruck `$PSItem` eingeführt. `$_` und `$PSItem` sind synonym. Microsoft hat `$PSItem` eingeführt, weil einige Benutzer das Feedback gaben, dass `$_` zu (Zitat) „magisch" sei.

 ACHTUNG: Die PowerShell erlaubt beliebig lange Pipelines und es gibt auch Menschen, die sich einen Spaß daraus machen, möglichst viel durch eine einzige Befehlsfolge mit sehr vielen Pipes auszudrücken. Solche umfangreichen Befehlsfolgen sind aber meist für andere Menschen extrem schlecht lesbar. Bitte befolgen Sie daher den folgenden Ratschlag: Schreiben Sie nicht alles in eine einzige Befehlsfolge, nur weil es geht. Teilen Sie besser die Befehlsfolgen nach jeweils drei bis vier Pipe-Symbolen durch den Einsatz von Variablen auf (wird in diesem Kapitel auch beschrieben!) und lassen Sie diese geteilten Befehlsfolgen dann besser als PowerShell-Skripte ablaufen (siehe nächstes Kapitel).

5.2 .NET-Objekte in der Pipeline

Objektorientierung ist die herausragende Eigenschaft der PowerShell: Commandlets können durch Pipelines mit anderen Commandlets verbunden werden. Anders als Pipelines in Unix-Shells tauschen die Commandlets der PowerShell keine Zeichenketten, sondern typisierte .NET-Objekte aus. Das objektorientierte Pipelining ist im Gegensatz zum in den Unix-Shells und in der normalen Windows-Shell *(cmd.exe)* verwendeten zeichenkettenbasierten Pipelining nicht abhängig von der Position der Informationen in der Pipeline.

Ein Commandlet kann auf alle Attribute und Methoden der .NET-Objekte, die das vorhergehende Commandlet in die Pipeline gelegt hat, zugreifen. Die Mitglieder der Objekte können entweder durch Parameter der Commandlets (z. B. in `Sort-Object Length`) oder durch den expliziten Verweis auf das aktuelle Pipeline-Objekt (`$_`) in einer Schleife oder Bedingung (z. B. `Where-Object { $_.Length -gt 40000 }`) genutzt werden.

In einer Pipeline wie

```
Get-Process | Where-Object {$_.name -eq "iexplore"} | Format-Table ProcessName,
WorkingSet64
```

ist das dritte Commandlet daher nicht auf eine bestimmte Anordnung und Formatierung der Ausgabe von vorherigen Commandlets angewiesen, sondern es greift über den sogenannten Reflection-Mechanismus (den eingebauten Komponentenerforschungsmechanismus des .NET Frameworks) direkt auf die Eigenschaften der Objekte in der Pipeline zu.

HINWEIS: Genau genommen bezeichnet Microsoft das Verfahren als „Extended Reflection" bzw. „Extended Type System (ETS)", weil die PowerShell in der Lage ist, Objekte um zusätzliche Eigenschaften anzureichern, die in der Klassendefinition gar nicht existieren.

Im obigen Beispiel legt `Get-Process` ein .NET-Objekt der Klasse `System.Diagnostics.Process` für jeden laufenden Prozess in die Pipeline. `System.Diagnostics.Process` ist eine Klasse aus der .NET-Klassenbibliothek. Commandlets können aber jedes beliebige .NET-Objekt in die Pipeline legen, also auch einfache Zahlen oder Zeichenketten, da es in .NET keine Unterscheidung zwischen elementaren Datentypen und Klassen gibt. Eine Zeichenkette in die Pipeline zu legen, wird aber in der PowerShell die Ausnahme bleiben, denn der typisierte Zugriff auf Objekte ist wesentlich robuster gegenüber möglichen Änderungen als die Zeichenkettenauswertung mit regulären Ausdrücken.

Deutlicher wird der objektorientierte Ansatz, wenn man als Attribut keine Zeichenkette heranzieht, sondern eine Zahl. `WorkingSet64` ist ein 64 Bit langer Zahlenwert, der den aktuellen Speicherverbrauch eines Prozesses repräsentiert. Der folgende Befehl liefert alle Prozesse, die aktuell mehr als 20 Megabyte verbrauchen:

```
Get-Process | Where-Object {$_.WorkingSet64 -gt 20*1024*1024 }
```

Anstelle von 20*1024*1024 hätte man auch das Kürzel „20MB" einsetzen können. Außerdem kann man `Where-Object` mit einem Fragezeichen abkürzen. Die kurze Variante des Befehls wäre dann also:

```
ps | ? {$_.ws -gt 20MB }
```

Wenn nur ein einziges Commandlet angegeben ist, dann wird das Ergebnis auf dem Bildschirm ausgegeben. Auch wenn mehrere Commandlets in einer Pipeline zusammengeschaltet sind, wird das Ergebnis des letzten Commandlets auf dem Bildschirm ausgegeben. Wenn das letzte Commandlet keine Daten in die Pipeline wirft, erfolgt keine Ausgabe.

■ 5.3 Pipeline Processor

Für die Übergabe der .NET-Objekte zwischen den Commandlets sorgt der *PowerShell Pipeline Processor* (siehe folgende Grafik). Die Commandlets selbst müssen sich weder um die Objektweitergabe noch um die Parameterauswertung kümmern.

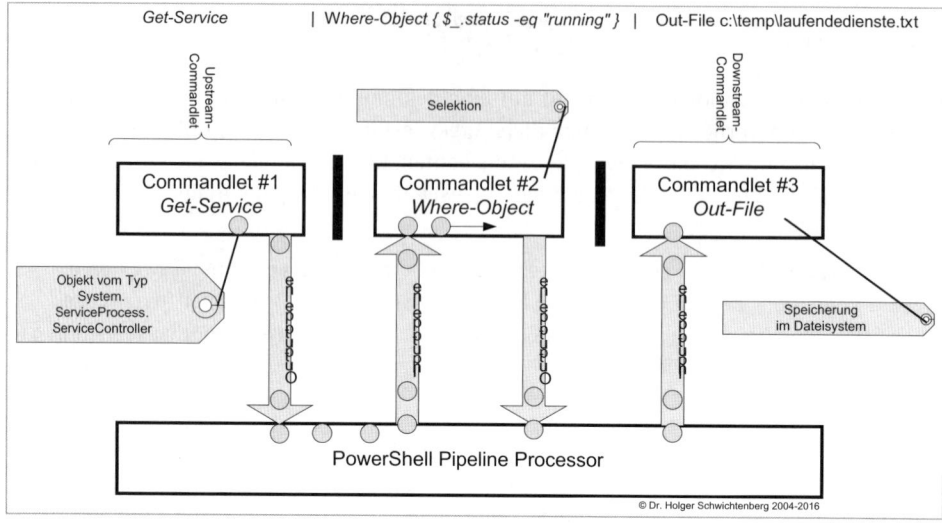

Bild 5.1 Der Pipeline Processor befördert die Objekte vom Downstream-Commandlet zum Upstream-Commandlet. Die Verarbeitung ist in der Regel asynchron.

Wie das obige Bild schon zeigt, beginnt ein nachfolgendes Commandlet mit seiner Arbeit, sobald es ein erstes Objekt aus der Pipeline erhält. Es kann also sein, dass das erste Commandlet noch gar nicht alle Objekte erzeugt hat, bevor die folgenden Commandlets schon die ersten Objekte asynchron weiterverarbeiten. Ein Commandlet wird sofort aufgerufen, sobald das erste Objekt bereitsteht. Man nennt dies „Streaming-Verarbeitung". Streaming-Verarbeitung ist viel schneller als die klassische sequentielle Verarbeitung, weil die folgenden Commandlets in der Pipeline nicht auf vorhergehende warten müssen.

Aber nicht alle Commandlets beherrschen die asynchrone Streaming-Verarbeitung. Commandlets, die alle Objekte naturgemäß erst mal kennen müssen, bevor sie überhaupt ihren Zweck erfüllen können (z. B. `Sort-Object` zum Sortieren und `Group -Object` zum Gruppieren), blockieren die asynchrone Verarbeitung.

 HINWEIS: Es gibt auch einige Commandlets, die zwar asynchron arbeiten könnten, aber leider nicht so programmiert wurden, um dies zu unterstützen.

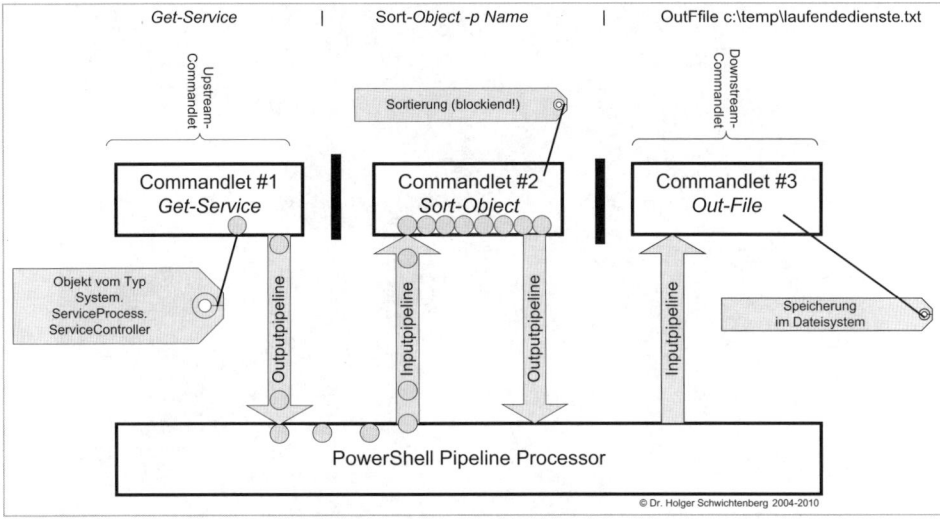

Bild 5.2 Sort-Object blockiert die direkte Weitergabe. Erst wenn alle Objekte angekommen sind, kann das Commandlet sortieren.

5.4 Pipelining von Parametern

Die Pipeline kann jegliche Art von Information befördern, auch einzelne elementare Daten. Einige Commandlets unterstützen es, dass auch die Parameter aus der Pipeline ausgelesen werden. Der folgende Pipeline-Befehl führt zu einer Auflistung aller Windows-Systemdienste, die mit dem Buchstaben „I" beginnen.

```
"i*" | Get-Service
```

Die folgende Bildschirmabbildung zeigt einige Parameter des Commandlets `Get-Service`. Diese Liste erhält man durch den Befehl `Get-Help Get-Service -Parameter *`.

Interessant sind die mit gelbem Pfeil markierten Stellen. Nach „Accept pipeline Input" kann man jeweils nachlesen, ob der Parameter des Commandlets aus den vorhergehenden Objekten in der Pipeline „befüttert" werden kann.

Bei „-Name" steht ByValue und ByPropertyName. Dies bedeutet, dass der Name sowohl das ganze Objekt in der Pipeline sein darf als auch Teil eines Objekts.

Im Fall von

```
"BITS" | Get-Service
```

ist der Pipeline-Inhalt eine Zeichenkette (ein Objekt vom Typ String), die als Ganzes auf Name abgebildet werden kann.

```
-Include <string[]>
    Retrieves only the specified services. The value of this parameter qualifie
    s the Name parameter. Enter a name element or pattern, such as "s*". Wildca
    rds are permitted.

    Required?                    false
    Position?                    named
    Default value
    Accept pipeline input?       false
    Accept wildcard characters?  false

-InputObject <ServiceController[]>
    Specifies ServiceController objects representing the services to be retriev
    ed. Enter a variable that contains the objects, or type a command or expres
    sion that gets the objects. You can also pipe a service object to Get-Servi
    ce.

    Required?                    false
    Position?                    named
    Default value
    Accept pipeline input?       true (ByValue)
    Accept wildcard characters?  false

-Name <string[]>
    Specifies the service names of services to be retrieved. Wildcards are perm
    itted. By default, Get-Service gets all of the services on the computer.

    Required?                    false
    Position?                    1
    Default value
    Accept pipeline input?       true (ByValue, ByPropertyName)
    Accept wildcard characters?  true

-RequiredServices [<SwitchParameter>]
    Gets only the services that this service requires.

    This parameter gets the value of the ServicesDependedOn property of the ser
    vice. By default, Get-Service gets all services.

    Required?                    false
    Position?                    named
    Default value                False
    Accept pipeline input?       false
    Accept wildcard characters?  false
```

Bild 5.3 Hilfe zu den Parametern des Commandlets Get-Service

Es funktioniert aber auch folgender Befehl, der alle Dienste ermittelt, deren Name genauso lautet wie der Name eines laufenden Prozesses:

```
Get-Process | Get-Service -ea silentlycontinue | ft name
```

Dies funktioniert über die zweite Option (ByPropertyName), denn `Get-Process` liefert Objekte des Typs `Process`, die ein Attribut namens `Name` haben. Der Parameter `Name` von `Get-Service` wird auf dieses `Name`-Attribut abgebildet.

Beim Parameter -InputObject ist hingegen nur „ByValue" angegeben. Hier erwartet `Get-Service` gerne Instanzen der Klasse `ServiceController`. Es gibt aber keine Objekte, die ein Attribut namens `InputObject` haben, in dem dann `ServiceController`-Objekte stecken.

Zahlreiche Commandlets besitzen einen Parameter -InputObject, insbesondere die allgemeinen Verarbeitungs-Commandlets wie `Where-Object`, `Select-Object` und `Measure-Object`, die Sie im nächsten Kapitel kennenlernen werden. Der Name -InputObject ist eine Konvention.

```
PS P:\> Get-Help Where-Object -Parameter *

-FilterScript <scriptblock>
    Specifies the script block that is used to filter the objects. Enclose the
    script block in braces ( {} ).

    Required?                    true
    Position?                    1
    Default value
    Accept pipeline input?       false
    Accept wildcard characters?  false

-InputObject <psobject>
    Specifies the objects to be filtered. You can also pipe the objects to Wher
    e-Object.

    Required?                    false
    Position?                    named
    Default value
    Accept pipeline input?       true (ByValue)
    Accept wildcard characters?  false

PS P:\> _
```

Bild 5.4 Parameter des Commandlets Where-Object

Leider geht es nicht bei allen Commandlets so einfach mit der Parameterübergabe. Man nehme zum Beispiel das Commandlet Test-Connection, dass prüft, ob ein Computer per Ping erreichbar ist.

Der normale Aufruf mit Parameter ist:

```
Test-Connection  -computername Server123
```

oder ohne benannten Parameter

```
Test-Connection Server123
```

Nun könnte man auf die Idee kommen, hier den Computernamen genau so zu übergeben, wie den Namen bei Get-Service. Allerdings liefert `"Server123" | Test-Connection` den Fehler: „*The input object cannot be bound to any parameters for the command either because the command does not take pipeline input or the input and its properties do not match any of the parameters that take pipeline input.*".

Warum das nicht geht, kann man in der Hilfe zum Parameter ComputerName des Commandlets Test-Connection erkennen. Dort steht, dass ComputerName nur als „ByPropertyName" akzeptiert wird und nicht wie beim Parameter Name beim Commandlet Get-Service auch „ByValue". Das bedeutet also, dass man erst ein Objekt mit der Eigenschaft ComputerName konstruieren und dann übergeben muss:

```
New-Object psobject -Property @{Computername="Server123"} | Test-Connection
```

Das funktioniert zwar, ist aber hässlich und umständlich. Warum Test-Connection und einige andere Commandlets die Eingaben nicht „ByValue" unterstützen, wusste übrigens das PowerShell-Entwicklungsteam auf Nachfrage auch nicht zu beantworten. Die Schuld liegt hier vermutlich bei dem einzelnen Entwickler bei Microsoft, der die Commandlets implementiert hat.

```
-ComputerName <string[]>
    Required?                    true
    Position?                    0
    Accept pipeline input?       true (ByPropertyName)
    Parameter set name           (All)
    Aliases                      CN, IPAddress, __SERVER, Server, Destination
    Dynamic?                     false
```

Bild 5.5 Hilfe zum Parameter ComputerName des Commandlets Test-Connection

■ 5.5 Pipelining von klassischen Befehlen

Grundsätzlich dürfen auch klassische Kommandozeilenanwendungen in der PowerShell verwendet werden. Wenn man einen Befehl wie *netstat.exe* oder *ping.exe* ausführt, dann legen diese eine Menge von Zeichenketten in die Pipeline: Jede Ausgabezeile ist eine Zeichenkette.

Diese Zeichenketten kann man sehr gut mit dem Commandlet `Select-String` auswerten. `Select-String` lässt nur diejenigen Zeilen die Pipeline passieren, die auf den angegebenen regulären Ausdruck zutreffen.

In dem folgenden Beispiel werden nur diejenigen Zeilen der Ausgabe von *netstat.exe* gefiltert, die ein großes „E" gefolgt von zwei Ziffern enthalten.

 TIPP: Die Syntax der regulären Ausdrücke in .NET wird in Kapitel 7 *„PowerShell-Skriptsprache"* noch etwas näher beschrieben werden.

```
17# netstat

Active Connections

  Proto  Local Address          Foreign Address          State
  TCP    e01:1078               192.168.1.25:1025        ESTABLISHED
  TCP    e01:1142               65.55.5.84:https         ESTABLISHED
  TCP    e01:5590               E02:ldap                 CLOSE_WAIT
  TCP    e01:5600               E02:ldap                 CLOSE_WAIT
  TCP    e01:5858               nf-in-f99.google.com:http CLOSE_WAIT
  TCP    e01:6233               E02:ldap                 ESTABLISHED
  TCP    e01:6266               E04:1789                 TIME_WAIT
18# netstat | select-string "E\d\d" -case
  TCP    e01:5590               E02:ldap                 CLOSE_WAIT
  TCP    e01:5600               E02:ldap                 CLOSE_WAIT
  TCP    e01:6233               E02:ldap                 ESTABLISHED
  TCP    e01:6295               E04:opsmgr               TIME_WAIT

19#
```

Bild 5.6 Einsatz von Select-String zur Filterung von Ausgaben klassischer Kommandozeilenwerkzeuge

Ein weiteres Beispiel ist das Filtern der Ausgaben von `ipconfig.exe`. Der nachfolgende Befehl liefert nur die Zeilen zum Thema IPV4:

```
ipconfig.exe /all | select-string IPV4
```

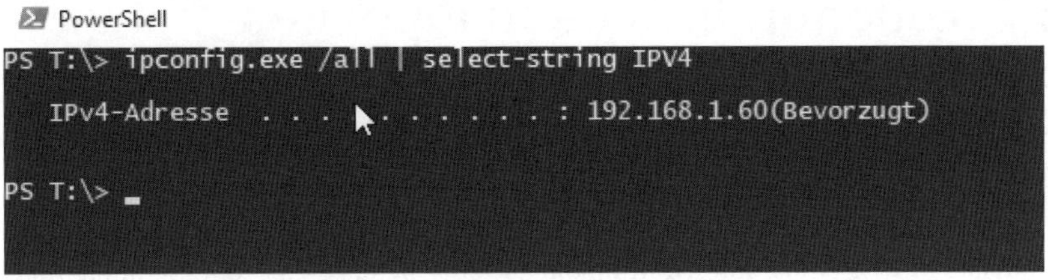

```
PS T:\> ipconfig.exe /all | select-string IPV4
   IPv4-Adresse . . . . . . . . . . : 192.168.1.60(Bevorzugt)

PS T:\>
```

Bild 5.7 Ausführung des obigen Befehls

5.6 Anzahl der Objekte in der Pipeline

Die meisten Commandlets legen ganze Mengen von Objekten in die Pipeline (z. B. `Get-Process` eine Liste der Prozesse und `Get-Service` eine Liste der Dienste). Einige Commandlets legen aber nur einzelne Objekte in die Pipeline. Ein Beispiel dafür ist `Get-Date`, das ein einziges Objekt des Typs `System.DateTime` in die Pipeline legt. Es kann aber auch sein, dass ein Commandlet, das normalerweise eine Liste von Objekten liefert, im konkreten Fall nur ein einzelnes Objekt liefert (z. B. `Get-Process idle`). In diesem Fall liefert die PowerShell dem Benutzer nicht eine Liste mit einem Objekt, sondern direkt das ausgepackte Objekt.

Bis Version 2.0 war es so, dass man eine Liste durch Zugriff auf `Count` oder `Length` nach der Anzahl der Elemente fragen konnte, nicht aber ein einzelnes Objekt.

Das war also erlaubt:

```
(Get-Process).count
```

Das führte aber zu keinem Ergebnis:

```
(Get-Process idle).count
(Get-Date).count
```

Seit PowerShell-Version 3.0 ist dieser Unterschied aufgehoben, man kann immer `Count` und `Length` abfragen und die PowerShell liefert dann eben bei Einzelobjekten eine „1" zurück. Allerdings schlägt die Eingabehilfe der PowerShell-Konsole und der PowerShell ISE weiterhin weder `Count` noch `Length` als Möglichkeit vor!

Praxisbeispiel: Wie viele Prozesse gibt es, die mehr als 20 MB Speicher verbrauchen?

```
(Get-Process | where-object { $_.WorkingSet64 -gt 20mb }).Count
```

```
PS C:\Windows\System32> (get-process | where-object { $_.WorkingSet64 -gt 20mb }).Count
21
PS C:\Windows\System32>
```

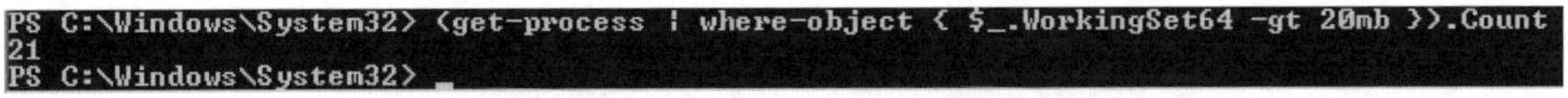

Bild 5.8 Aufruf von Count für eine Pipeline

5.7 Zeilenumbrüche in Pipelines

Wenn sich ein Pipeline-Befehl über mehrere Zeilen erstrecken soll, kann man dies auf mehrere Weisen bewerkstelligen:

- Man beendet die Zeile mit einem Pipe-Symbol [|] und drückt **EINGABE**. PowerShell-Standardkonsole und PowerShell-ISE-Konsole erkennen, dass der Befehl noch nicht abgeschlossen ist, und erwarten weitere Eingaben. Die Standardkonsole zeigt dies auch mit >>> an.
- Man kann am Ende einer Zeile mit einem Gravis [`], ASCI-Code 96, bewirken, dass die nächste Zeile mit zum Befehl hinzugerechnet wird (Zeilenumbruch in einem Befehl). Das funktioniert in allen PowerShell-Hosts und auch in PowerShell-Skripten.

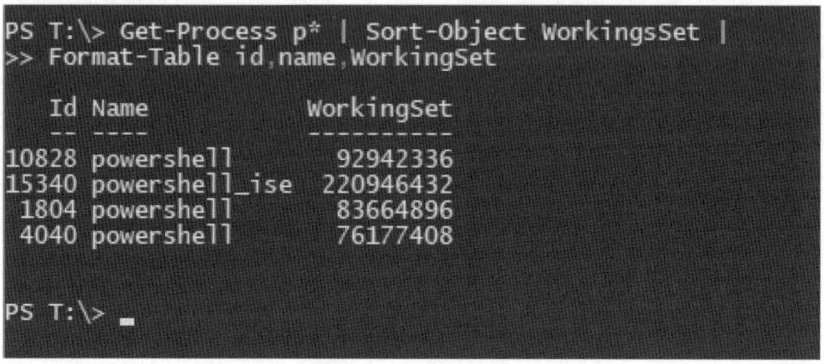

```
PS T:\> Get-Process p* | Sort-Object WorkingsSet |
>> Format-Table id,name,WorkingSet

   Id Name           WorkingSet
   -- ----           ----------
10828 powershell       92942336
15340 powershell_ise  220946432
 1804 powershell       83664896
 4040 powershell       76177408


PS T:\>
```

Bild 5.9 Zeilenumbruch nach Pipeline-Symbol

5.8 Zugriff auf einzelne Objekte aus einer Menge

Ruft man ein Commandlet auf, das ein einzelnes Objekt liefert, hat man direkt dieses Objekt in Händen. Ruft man z. B. `Get-Date` ohne Weiteres auf, werden das aktuelle Datum und die aktuelle Zeit ausgegeben.

Bei einer Objektmenge kann man, wie oben bereits gezeigt, mit `Where-Object` filtern. Es ist aber auch möglich, gezielt einzelne Objekte über ihre Position (Index) in der Pipeline anzusprechen. Die Positionsangabe ist in eckige Klammern zu setzen und die Zählung beginnt bei 0. Der Pipeline-Ausdruck ist in runde Klammern zu setzen.

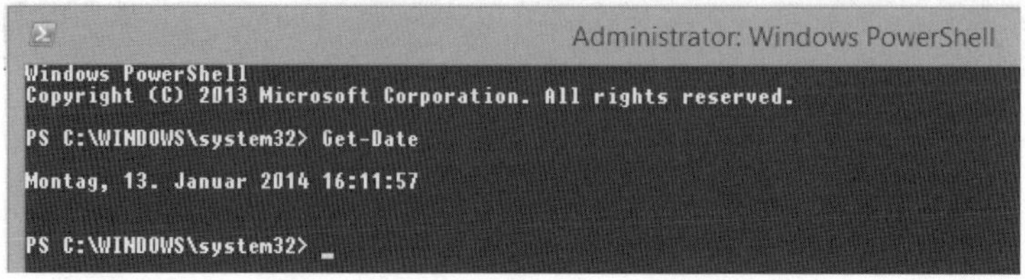

```
Administrator: Windows PowerShell
Windows PowerShell
Copyright (C) 2013 Microsoft Corporation. All rights reserved.

PS C:\WINDOWS\system32> Get-Date

Montag, 13. Januar 2014 16:11:57

PS C:\WINDOWS\system32>
```

Bild 5.10
Das aktuelle Datum mit Zeit

5.8 Zugriff auf einzelne Objekte aus einer Menge

Beispiele:

Der erste Prozess:

```
(Get-Process)[0]
```

Der dreizehnte Prozess:

```
(Get-Process)[12]
```

Alternativ kann man dies auch mit Select-Object unter Verwendung der Parameter -First und -Skip ausdrücken:

```
(Get-Process i* | Select-Object -first 1).name
(Get-Process i* | Select-Object -skip 12 -first 1).name
```

HINWEIS: Während (Get-Date)[0] in PowerShell vor Version 3.0 zu einem Fehler führt („Unable to index into an object of type System.DateTime."), weil Get-Date keine Menge liefert, ist der Befehl seit PowerShell-Version 3.0 in Ordnung und liefert das gleiche Ergebnis wie Get-Date, da die PowerShell seit Version 3.0 ja aus Benutzersicht ein einzelnes Objekt und eine Menge von Objekten gleich behandelt. (Get-Date)[1] liefert dann natürlich kein Ergebnis, weil es kein zweites Objekt in der Pipeline gibt.

Die Positionsangaben kann man natürlich kombinieren mit Bedingungen. So liefert dieser Befehl den dreizehnten Prozess in der Liste der Prozesse, die mehr als 20 MB Hauptspeicher brauchen:

```
(Get-Process | where-object { $_.WorkingSet64 -gt 20mb } )[12]
```

```
PS C:\Windows\System32> (get-process)[0]

Handles  NPM(K)    PM(K)    WS(K) UM(M)   CPU(s)     Id ProcessName
-------  ------    -----    ----- -----   ------     -- -----------
    20        2     1968     2664    17     0,03   2784 cmd

PS C:\Windows\System32> (get-process)[12]

Handles  NPM(K)    PM(K)    WS(K) UM(M)   CPU(s)     Id ProcessName
-------  ------    -----    ----- -----   ------     -- -----------
    69        9     1484     4196    41     0,03   2100 dlpwdnt

PS C:\Windows\System32> (get-process | where-object { $_.WorkingSet64 -gt 20mb } )[12]

Handles  NPM(K)    PM(K)    WS(K) UM(M)   CPU(s)     Id ProcessName
-------  ------    -----    ----- -----   ------     -- -----------
   685       29    53924    59544   291    34,39   4984 powershell

PS C:\Windows\System32>
```

Bild 5.11 Zugriff auf einzelne Prozessobjekte

■ 5.9 Zugriff auf einzelne Werte in einem Objekt

Manchmal möchte man nicht ein komplettes Objekt bzw. eine komplette Objektmenge verarbeiten, sondern nur eine einzelne Eigenschaft.

Oben wurde bereits gezeigt, wie man mit `Format-Table` auf einzelne Eigenschaften zugreifen kann:

```
Get-Process | Format-Table ProcessName, WorkingSet64
```

Hat man nur ein einzelnes Objekt in Händen, geht das ebenfalls:

```
(Get-Process)[0] | Format-Table ProcessName, WorkingSet64
```

`Format-Table` liefert aber immer eine bestimmte Ausgabe, eben in Tabellenform mit Kopfzeile. Wenn man wirklich nur einen bestimmten Inhalt einer Eigenschaft eines Objekts haben möchte, so verwendet man die in objektorientierten Sprachen übliche Punktnotation, d. h., man trennt das Objekt und die abzurufende Eigenschaft durch einen Punkt (Punktnotation).

Beispiele:

```
(Get-Process)[0].Processname
```

Die Ausgabe ist eine einzelne Zeichenkette mit dem Namen des Prozesses.

```
(Get-Process)[0].WorkingSet64
```

Die Ausgabe ist eine einzelne Zahl mit der Speichernutzung des Prozesses.

Mit den Einzelwerten kann man weiterrechnen, z. B. errechnet man so die Speichernutzung in Megabyte:

```
(Get-Process)[0].WorkingSet64 / 1MB
```

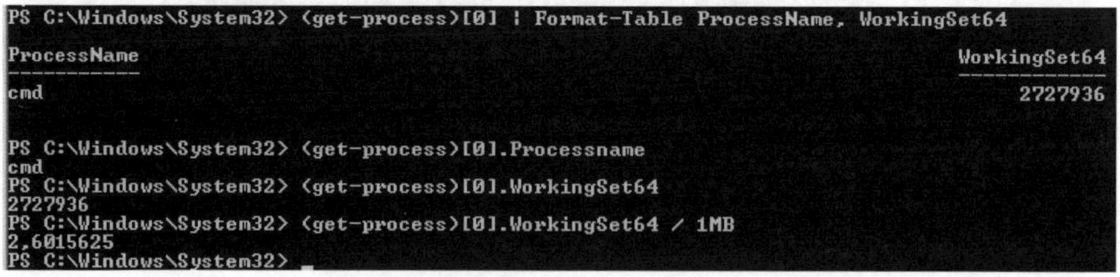

Bild 5.12 Ausgabe zu den obigen Beispielen

Weitere Anwendungsfälle seien am Beispiel `Get-Date` gezeigt. `Year`, `Day`, `Month`, `Hour` und `Minute` sind einige der zahlreichen Eigenschaften der Klasse `DateTime`, die `Get-Date` liefert.

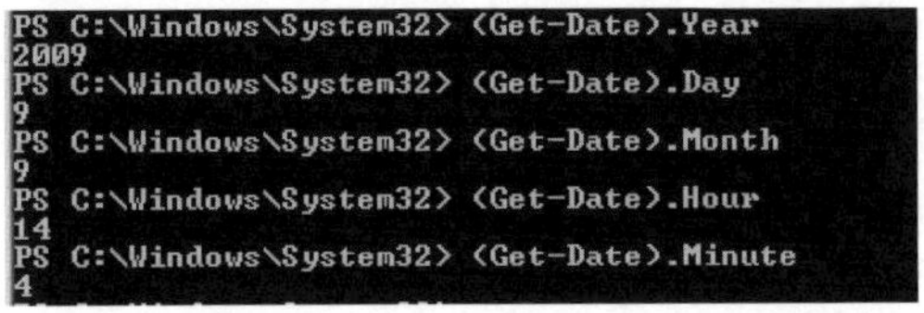

Bild 5.13
Zugriff auf einzelne Werte aus dem aktuellen Datum/der aktuellen Zeit

Einzelne Werte aus allen Objekten einer Objektmenge

Wenn man einen einzelnen Wert aus allen Objekten aus einer Objektmenge ausgeben wollte, so konnte man das bis PowerShell 2.0 nur über ein nachgeschaltetes `Foreach-Object` lösen, wobei innerhalb von `Foreach-Object` mit `$_` auf das aktuelle Objekt der Pipeline zu verweisen war:

```
Get-Process | foreach-object {$_.Name }
```

Das geht seit PowerShell-Version 3.0 wesentlich prägnanter und eleganter:

```
(Get-Process).Name
```

Oder

```
(Get-Process).WorkingSet
```

Weiterhin `Foreach-Object` anwenden muss man für eine kombinierte Ausgabe:

```
Get-Process | foreach-object {$_.Name + ": " + $_.Workingset }
```

Mancher könnte denken, dass

```
(Get-Process).Name + ":" + (Get-Process).WorkingSet
```

auch als Schreibweise möglich wäre. Das liefert aber weder optisch noch inhaltlich ein korrektes Ergebnis, denn die Prozessliste wird zweimal abgerufen und könnte sich in der Zwischenzeit geändert haben!

5.10 Methoden ausführen

Der folgende PowerShell-Pipeline-Befehl beendet alle Instanzen des Internet Explorers auf dem lokalen System, indem das Commandlet `Stop-Process` die Instanzen des betreffenden Prozesses von `Get-Process` empfängt.

```
Get-Process iexplore | Stop-Process
```

Die Objekt-Pipeline der PowerShell hat noch weitere Möglichkeiten: Gemäß dem objektorientierten Paradigma haben .NET-Objekte nicht nur Attribute, sondern auch Methoden. In einer Pipeline kann der Administrator daher auch die Methoden der Objekte aufrufen.

Objekte des Typs `System.Diagnostics.Process` besitzen zum Beispiel eine Methode `Kill()`. Der Aufruf dieser Methode ist in der PowerShell gekapselt in der Methode `Stop-Process`.

Wer sich mit dem .NET Framework gut auskennt, könnte die `Kill()`-Methode auch direkt aufrufen. Dann ist aber eine explizite `ForEach`-Schleife notwendig. Die Commandlets iterieren automatisch über alle Objekte der Pipeline, die Methodenaufrufe aber nicht.

```
Get-Process iexplore | Foreach-Object { $_.Kill() }
```

Durch den Einsatz von Aliasen geht das auch kürzer:

```
ps | ? { $_.name -eq "iexplore" } | % { $_.Kill() }
```

Und seit PowerShell-Version 3.0 kann man auf das `Foreach-Object` bzw. `%` verzichten, also

```
(Get-Process iexplore).Kill()
```

oder

```
(ps iexplore).Kill()
```

schreiben.

Der Einsatz der Methode `Kill()` diente hier nur zur Demonstration, dass die Pipeline tatsächlich Objekte befördert. Eigentlich ist die gleiche Aufgabe besser mit dem eingebauten Commandlet `Stop-Process` zu lösen.

> **ACHTUNG:** Vergessen Sie beim Aufruf von Methoden nicht die runden Klammern, auch wenn die Methoden keine Parameter besitzen. Ohne die Klammern erhalten Sie Informationen über die Methode, es erfolgt aber kein Aufruf.

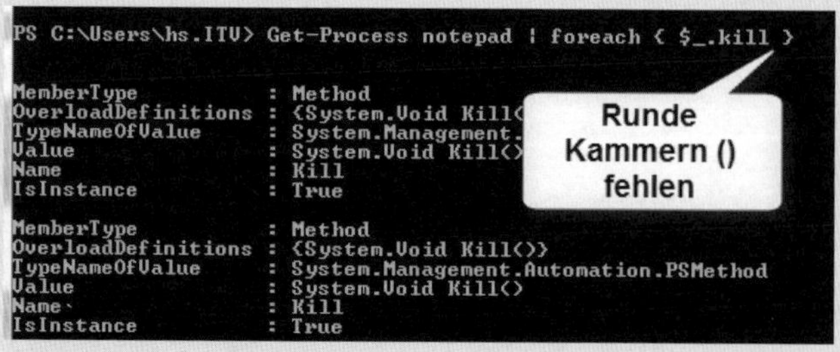

Bild 5.14 Folgen des vergessenen Klammernpaars

Dies funktioniert aber nur dann gut, wenn es auch Instanzen des Internet Explorers gibt. Wenn alle beendet sind, meldet `Get-Process` einen Fehler. Dies kann das gewünschte Verhalten sein. Mit einer etwas anderen Pipeline wird dieser Fehler jedoch unterbunden:

```
Get-Process | Where-Object { $_.Name -eq "iexplore" } |
Stop-Process
```

Die zweite Pipeline unterscheidet sich von der ersten dadurch, dass das Filtern der Prozesse aus der Prozessliste nun nicht mehr von `Get-Process` erledigt wird, sondern durch ein eigenes Commandlet mit Namen `Where-Object` in der Pipeline selbst durchgeführt wird. `Where-Object` ist toleranter als `Get-Process` in Hinblick auf die Möglichkeit, dass es kein passendes Objekt gibt.

`ps` ist ein Alias für `Get-Process`, `Kill` für `Stop-Process`. Außerdem hat `Get-Process` eine eingebaute Filterfunktion. Um alle Instanzen des Internet Explorers zu beenden, kann man also statt

```
Get-Process | Where-Object { $_.Name -eq "iexplore" } | Stop-Process
```

auch schreiben:

```
ps -name "iexplore" | kill
```

Weitere Beispiele für die Aufrufe von Methoden seien am Beispiel von `Get-Date` gezeigt, das ja nur ein Objekt der Klasse `DateTime` liefert. Die Klasse `DateTime` bietet zahlreiche Methoden an, um Datum und Zeit auf bestimmte Weise darzustellen, z. B. `GetShortDateString()`, `GetLongDateString()`, `GetShortTimeString()` und `GetLongTimeString()`. Die Ausgaben zeigt die Bildschirmabbildung.

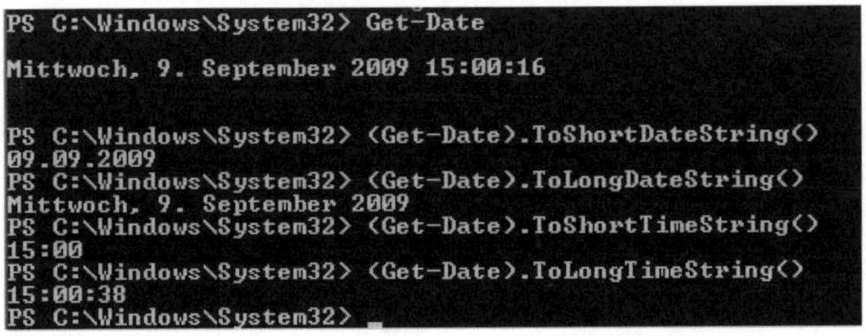

```
PS C:\Windows\System32> Get-Date
Mittwoch, 9. September 2009 15:00:16
PS C:\Windows\System32> (Get-Date).ToShortDateString()
09.09.2009
PS C:\Windows\System32> (Get-Date).ToLongDateString()
Mittwoch, 9. September 2009
PS C:\Windows\System32> (Get-Date).ToShortTimeString()
15:00
PS C:\Windows\System32> (Get-Date).ToLongTimeString()
15:00:38
PS C:\Windows\System32>
```

Bild 5.15
Ausgaben der Methoden der Klasse DateTime

■ 5.11 Analyse des Pipeline-Inhalts

Zwei der größten Fragestellungen bei der praktischen Arbeit mit der PowerShell sind:
- Welchen Typ haben die Objekte, die ein Commandlet in die Pipeline legt?
- Welche Attribute und Methoden haben diese Objekte?

Die Hilfe der Commandlets ist hier nicht immer hilfreich. Bei `Get-Service` kann man lesen:

```
OUTPUTS
    System.ServiceProcess.ServiceController
```

Bei anderen Commandlets aber heißt es nur wenig hilfreich:

```
OUTPUTS
    Object
```

In keinem Fall sind in der PowerShell-Benutzerdokumentation ([MS01] und [MS02]) die Attribute und die Methoden der resultierenden Objekte genannt. Diese findet man nur in der MSDN-Dokumentation des .NET Frameworks.

Im Folgenden werden zwei hilfreiche Commandlets sowie zwei Methoden aus dem .NET Framework vorgestellt, die im Alltag helfen, zu erforschen, was man in der Pipeline hat:

- ToString()
- GetType()
- Get-PipelineInfo
- Get-Member

Methode ToString()

Jedes .NET-Objekt bietet die Methode ToString(), weil diese Methode von der Basisklasse aller .NET-Klassen System.Object an alle Klassen vererbt wird. Das Standardverhalten von ToString() ist, dass der Name der Klasse geliefert wird, zu der das Objekt gehört. Das heißt, dass die Ausgabe für alle Instanzen der Klasse gleich ist. Nur wenige Klassen überschreiben die Implementierung und liefern eine Zeichenkette, die tatsächlich den Inhalt des Objekts wiedergibt.

Listing 5.1 Basiswissen\Pipelining\ToString.ps1

```
(Get-Service).ToString() # System.Object[]
(Get-Service w*)[0].ToString() # W32Time
(Get-Process w*)[0].ToString() # System.Diagnostics.Process (wininit)
(Get-Host)[0].ToString() # System.Management.Automation.Internal.Host.InternalHost
(Get-Date).ToString() # liefert aktuelles Datum
```

Methode GetType()

Da jede PowerShell-Variable eine Instanz einer .NET-Klasse ist, besitzt jedes Objekt in der Pipeline die Methode GetType(), die es von der Mutter aller .NET-Klassen (System.Object) erbt. GetType() liefert ein System.Type-Objekt mit zahlreichen Informationen. Meistens interessiert man sich nur für den Klassennamen, den man aus Fullname (mit Namensraum) oder Name (ohne Namensraum) auslesen kann. GetType() ist eine Methode und daher muss der Pipeline-Inhalt in runden Klammern stehen.

Beispiele zeigt die folgende Bildschirmabbildung.

```
PS C:\Users\HS> (Get-Date).GetType()

IsPublic IsSerial Name                                     BaseType
-------- -------- ----                                     --------
True     True     DateTime                                 System.ValueType


PS C:\Users\HS> (Get-Process).GetType()

IsPublic IsSerial Name                                     BaseType
-------- -------- ----                                     --------
True     True     Object[]                                 System.Array


PS C:\Users\HS> (Get-Process)[0].GetType()

IsPublic IsSerial Name                                     BaseType
-------- -------- ----                                     --------
True     False    Process                                  System.ComponentModel.Component


PS C:\Users\HS> (Get-Process)[0].GetType().Fullname
System.Diagnostics.Process
PS C:\Users\HS> _
```

Bild 5.16 Einsatz von GetType()

Erläuterung: „Name" ist der Name der Klasse, zu der die Objekte in der Pipeline gehören. „BaseType" ist der Name der Oberklasse. .NET unterstützt Vererbung, d. h., eine Klasse kann von einer anderen erben (höchstens von einer anderen Klasse; Mehrfachvererbung gibt es nicht!). Dies ist für die PowerShell meist aber irrelevant und Sie können diese Information ignorieren.

Bei `Get-Date()` ist ein `DateTime`-Objekt in der Pipeline. Der zweite Aufruf liefert nur die Information, dass eine Menge von Objekten in der Pipeline ist. Bei der Anwendung von `GetType()` auf eine Objektmenge in der Pipeline kann man leider noch nicht den Typ erkennen. Hintergrund ist, dass in einer Pipeline Objekte verschiedener Klassen sein können. Der dritte Aufruf, bei dem gezielt ein Objekt (das erste) herausgenommen wird, zeigt dann wieder an, dass es sich um `Process`-Objekte handelt. Den ganzen Klassennamen inklusive des Namensraums bekommt man nur, wenn man explizit die Eigenschaft `FullName` abfragt.

Get-PipelineInfo

Das Commandlet `Get-PipelineInfo` aus den PowerShell Extensions von *www.IT-Visions.de* liefert drei wichtige Informationen über die Pipeline-Inhalte:

- Anzahl der Objekte in der Pipeline (die Objekte werden durchnummeriert)
- Typ der Objekte in der Pipeline (ganzer Name der .NET-Klasse)
- Zeichenkettenrepräsentation der Objekte in der Pipeline

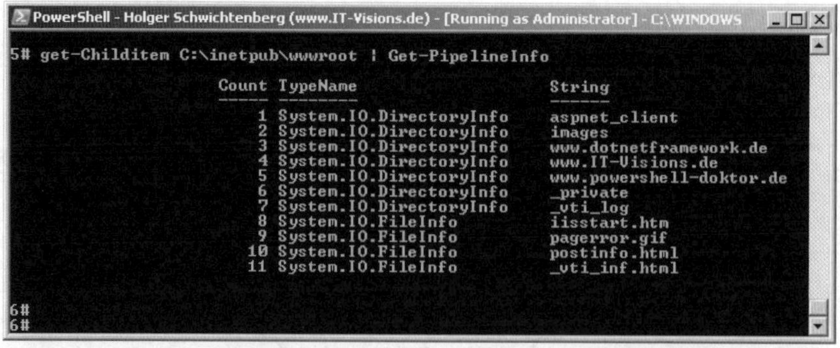

Bild 5.17 Get-PipelineInfo liefert Informationen, dass sich in dem Dateisystemordner elf Objekte befinden. Davon sind sieben Unterordner (Klasse DirectoryInfo) und vier Dateien (Klasse FileInfo).

Das Stichwort Zeichenkettenrepräsentation (Spalte „String" in der Bildschirmabbildung) ist erklärungsbedürftig: Jedes .NET-Objekt besitzt eine Methode `ToString()`, die das Objekt in eine Zeichenkette umwandelt, denn `ToString()` ist in der „Mutter aller .NET-Klassen" `System.Object` implementiert und wird an alle .NET-Klassen und somit auch deren Instanzen weitergegeben. Ob `ToString()` eine sinnvolle Ausgabe liefert, hängt von der jeweiligen Klasse ab. Im Fall von `System.Diagnostics.Process` werden der Klassenname und der Prozessname ausgegeben. Dies kann man leicht mit `gps | foreach { $_.ToString () }` ermitteln (siehe das nächste Bild). Bei der Klasse `System.ServiceProcess.ServiceController`, deren Instanzen von `Get-Service` geliefert werden, ist die Konvertierung hingegen nicht so gut, denn die Zeichenkette enthält nur den Klassennamen, so dass die einzelnen Instanzen gar nicht unterschieden werden können.

HINWEIS: Die Konvertierung in den Klassennamen ist das Standardverhalten, das von `System.Object` geerbt wird, und dieses Standardverhalten ist leider auch üblich, da sich die Entwickler der meisten .NET-Klassen bei Microsoft nicht die „Mühe" gemacht haben, eine sinnvolle Zeichenkettenrepräsentanz zu definieren.

`ToString()` ist üblicherweise keine Serialisierung des kompletten Objektinhalts, sondern im besten Fall nur der „Primärschlüssel" des Objekts. Theoretisch kann eine .NET-Klasse bei `ToString()` alle Werte liefern. Das macht aber keine Klasse im .NET Framework. Bei vielen .NET-Klassen liefert `ToString()` nur den Klassennamen.

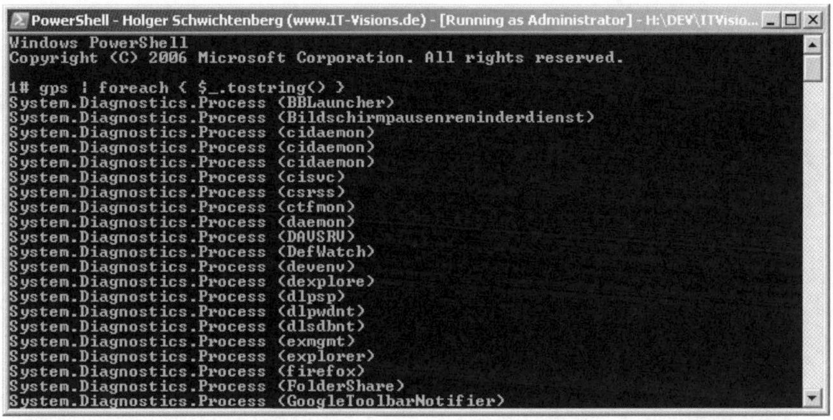

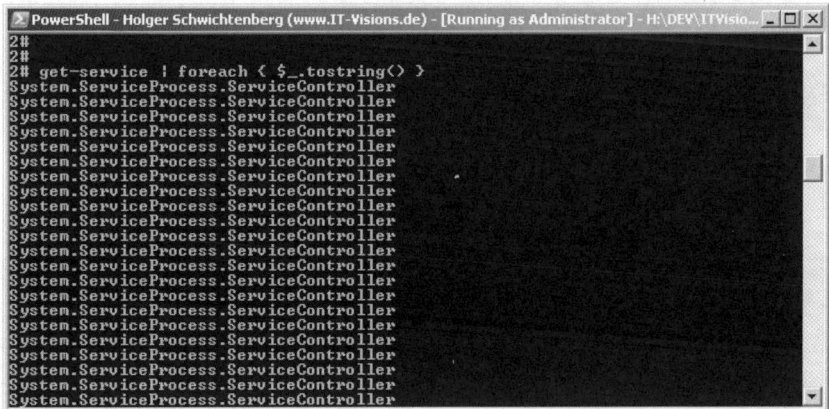

Bild 5.18 Anwendung von ToString() auf Instanzen der Klasse System.Diagnostics.Process

Bild 5.19 Anwendung von ToString() auf Instanzen der Klasse System.ServiceProcess. ServiceController

Get-Member

Das eingebaute Commandlet `Get-Member` (Alias: gm) ist sehr hilfreich: Es zeigt den .NET-Klassennamen für die Objekte in der Pipeline sowie die Attribute und Methoden dieser Klasse. Für `Get-Process | Get-Member` ist die Ausgabe so lang, dass man dazu zwei Bildschirmabbildungen braucht.

 HINWEIS: Wenn sich mehrere verschiedene Objekttypen in der Pipeline befinden, werden die Mitglieder aller Typen ausgegeben, gruppiert durch die Kopfsektion, die mit „TypeName:" beginnt.

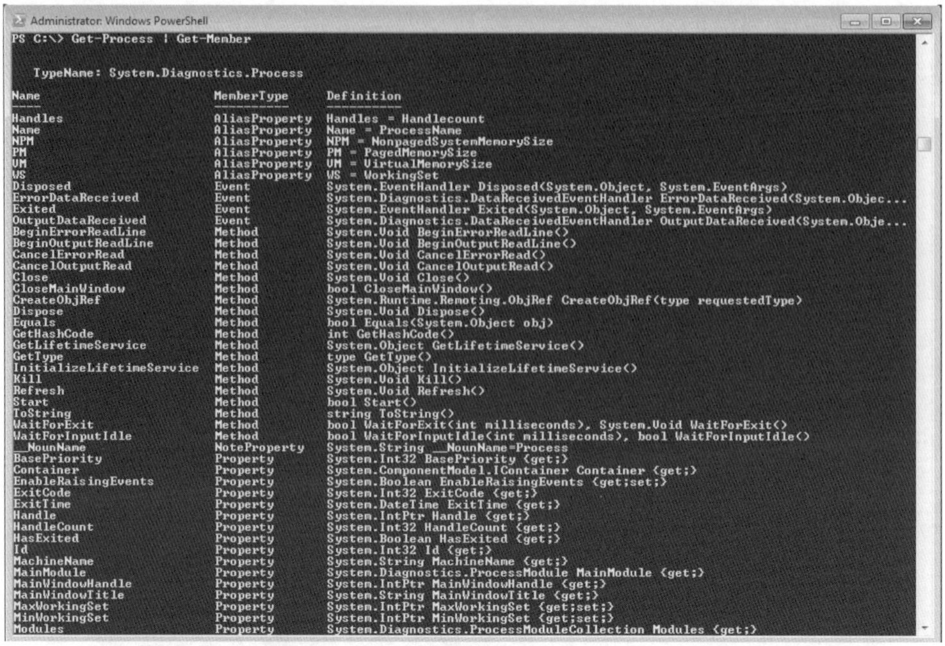

```
Administrator: Windows PowerShell
PS C:\> Get-Process | Get-Member


   TypeName: System.Diagnostics.Process

Name                       MemberType     Definition
----                       ----------     ----------
Handles                    AliasProperty  Handles = Handlecount
Name                       AliasProperty  Name = ProcessName
NPM                        AliasProperty  NPM = NonpagedSystemMemorySize
PM                         AliasProperty  PM = PagedMemorySize
VM                         AliasProperty  VM = VirtualMemorySize
WS                         AliasProperty  WS = WorkingSet
Disposed                   Event          System.EventHandler Disposed(System.Object, System.EventArgs)
ErrorDataReceived          Event          System.Diagnostics.DataReceivedEventHandler ErrorDataReceived(System.Objec...
Exited                     Event          System.EventHandler Exited(System.Object, System.EventArgs)
OutputDataReceived         Event          System.Diagnostics.DataReceivedEventHandler OutputDataReceived(System.Obje...
BeginErrorReadLine         Method         System.Void BeginErrorReadLine()
BeginOutputReadLine        Method         System.Void BeginOutputReadLine()
CancelErrorRead            Method         System.Void CancelErrorRead()
CancelOutputRead           Method         System.Void CancelOutputRead()
Close                      Method         System.Void Close()
CloseMainWindow            Method         bool CloseMainWindow()
CreateObjRef               Method         System.Runtime.Remoting.ObjRef CreateObjRef(type requestedType)
Dispose                    Method         System.Void Dispose()
Equals                     Method         bool Equals(System.Object obj)
GetHashCode                Method         int GetHashCode()
GetLifetimeService         Method         System.Object GetLifetimeService()
GetType                    Method         type GetType()
InitializeLifetimeService  Method         System.Object InitializeLifetimeService()
Kill                       Method         System.Void Kill()
Refresh                    Method         System.Void Refresh()
Start                      Method         bool Start()
ToString                   Method         string ToString()
WaitForExit                Method         bool WaitForExit(int milliseconds), System.Void WaitForExit()
WaitForInputIdle           Method         bool WaitForInputIdle(int milliseconds), bool WaitForInputIdle()
__NounName                 NoteProperty   System.String __NounName=Process
BasePriority               Property       System.Int32 BasePriority {get;}
Container                  Property       System.ComponentModel.IContainer Container {get;}
EnableRaisingEvents        Property       System.Boolean EnableRaisingEvents {get;set;}
ExitCode                   Property       System.Int32 ExitCode {get;}
ExitTime                   Property       System.DateTime ExitTime {get;}
Handle                     Property       System.IntPtr Handle {get;}
HandleCount                Property       System.Int32 HandleCount {get;}
HasExited                  Property       System.Boolean HasExited {get;}
Id                         Property       System.Int32 Id {get;}
MachineName                Property       System.String MachineName {get;}
MainModule                 Property       System.Diagnostics.ProcessModule MainModule {get;}
MainWindowHandle           Property       System.IntPtr MainWindowHandle {get;}
MainWindowTitle            Property       System.String MainWindowTitle {get;}
MaxWorkingSet              Property       System.IntPtr MaxWorkingSet {get;set;}
MinWorkingSet              Property       System.IntPtr MinWorkingSet {get;set;}
Modules                    Property       System.Diagnostics.ProcessModuleCollection Modules {get;}
```

Bild 5.20 Teil 1 der Ausgabe von Get-Process | Get-Member

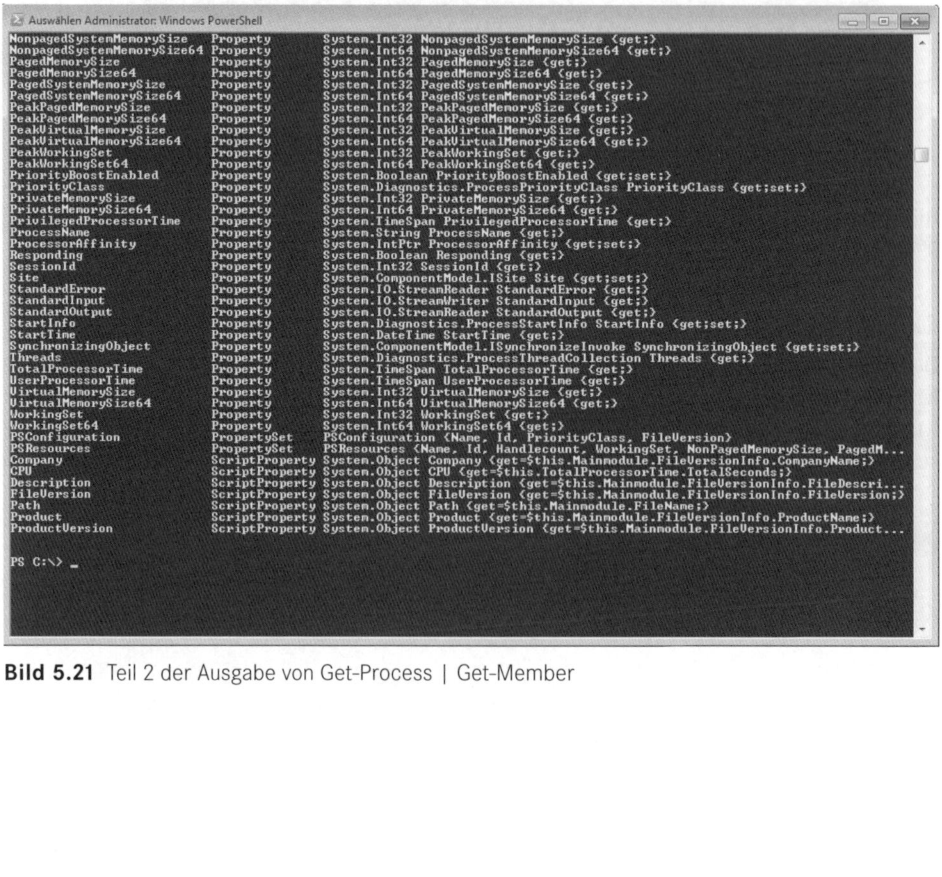

```
Auswählen Administrator: Windows PowerShell
NonpagedSystemMemorySize   Property       System.Int32 NonpagedSystemMemorySize {get;}
NonpagedSystemMemorySize64 Property       System.Int64 NonpagedSystemMemorySize64 {get;}
PagedMemorySize            Property       System.Int32 PagedMemorySize {get;}
PagedMemorySize64          Property       System.Int64 PagedMemorySize64 {get;}
PagedSystemMemorySize      Property       System.Int32 PagedSystemMemorySize {get;}
PagedSystemMemorySize64    Property       System.Int64 PagedSystemMemorySize64 {get;}
PeakPagedMemorySize        Property       System.Int32 PeakPagedMemorySize {get;}
PeakPagedMemorySize64      Property       System.Int64 PeakPagedMemorySize64 {get;}
PeakVirtualMemorySize      Property       System.Int32 PeakVirtualMemorySize {get;}
PeakVirtualMemorySize64    Property       System.Int64 PeakVirtualMemorySize64 {get;}
PeakWorkingSet             Property       System.Int32 PeakWorkingSet {get;}
PeakWorkingSet64           Property       System.Int64 PeakWorkingSet64 {get;}
PriorityBoostEnabled       Property       System.Boolean PriorityBoostEnabled {get;set;}
PriorityClass              Property       System.Diagnostics.ProcessPriorityClass PriorityClass {get;set;}
PrivateMemorySize          Property       System.Int32 PrivateMemorySize {get;}
PrivateMemorySize64        Property       System.Int64 PrivateMemorySize64 {get;}
PrivilegedProcessorTime    Property       System.TimeSpan PrivilegedProcessorTime {get;}
ProcessName                Property       System.String ProcessName {get;}
ProcessorAffinity          Property       System.IntPtr ProcessorAffinity {get;set;}
Responding                 Property       System.Boolean Responding {get;}
SessionId                  Property       System.Int32 SessionId {get;}
Site                       Property       System.ComponentModel.ISite Site {get;set;}
StandardError              Property       System.IO.StreamReader StandardError {get;}
StandardInput              Property       System.IO.StreamWriter StandardInput {get;}
StandardOutput             Property       System.IO.StreamReader StandardOutput {get;}
StartInfo                  Property       System.Diagnostics.ProcessStartInfo StartInfo {get;set;}
StartTime                  Property       System.DateTime StartTime {get;}
SynchronizingObject        Property       System.ComponentModel.ISynchronizeInvoke SynchronizingObject {get;set;}
Threads                    Property       System.Diagnostics.ProcessThreadCollection Threads {get;}
TotalProcessorTime         Property       System.TimeSpan TotalProcessorTime {get;}
UserProcessorTime          Property       System.TimeSpan UserProcessorTime {get;}
VirtualMemorySize          Property       System.Int32 VirtualMemorySize {get;}
VirtualMemorySize64        Property       System.Int64 VirtualMemorySize64 {get;}
WorkingSet                 Property       System.Int32 WorkingSet {get;}
WorkingSet64               Property       System.Int64 WorkingSet64 {get;}
PSConfiguration            PropertySet    PSConfiguration {Name, Id, PriorityClass, FileVersion}
PSResources                PropertySet    PSResources {Name, Id, Handlecount, WorkingSet, NonPagedMemorySize, PagedM...
Company                    ScriptProperty System.Object Company {get=$this.Mainmodule.FileVersionInfo.CompanyName;}
CPU                        ScriptProperty System.Object CPU {get=$this.TotalProcessorTime.TotalSeconds;}
Description                ScriptProperty System.Object Description {get=$this.Mainmodule.FileVersionInfo.FileDescri...
FileVersion                ScriptProperty System.Object FileVersion {get=$this.Mainmodule.FileVersionInfo.FileVersion;}
Path                       ScriptProperty System.Object Path {get=$this.Mainmodule.FileName;}
Product                    ScriptProperty System.Object Product {get=$this.Mainmodule.FileVersionInfo.ProductName;}
ProductVersion             ScriptProperty System.Object ProductVersion {get=$this.Mainmodule.FileVersionInfo.Product...


PS C:\> _
```

Bild 5.21 Teil 2 der Ausgabe von Get-Process | Get-Member

Die Ausgabe zeigt, dass aus der Sicht der PowerShell eine .NET-Klasse sieben Arten von Mitgliedern hat:

1. Method (Methode)
2. Property (Eigenschaft)
3. PropertySet (Eigenschaftssatz)
4. NoteProperty (Notizeigenschaft)
5. ScriptProperty (Skripteigenschaft)
6. CodeProperty (Codeeigenschaft)
7. AliasProperty (Aliaseigenschaft)

HINWEIS: Von den oben genannten Mitgliedsarten sind nur „Method" und „Property" tatsächliche Mitglieder der .NET-Klasse. Alle anderen Mitgliedsarten sind Zusätze, welche die PowerShell mittels des bereits erwähnten Extended Type System (ETS) dem .NET-Objekt hinzugefügt hat.

Die Ausgabe von `Get-Member` kann man verkürzen, indem man nur eine bestimmte Art von Mitgliedern ausgeben lässt. Diese erreicht man über den Parameter -Membertype (kurz: -m). Der folgende Befehl listet nur die Properties auf:

```
Get-Process | Get-Member -Membertype Properties
```

Außerdem ist eine Filterung beim Namen möglich:

```
Get-Process | Get-Member *set*
```

Der obige Befehl listet nur solche Mitglieder der Klasse Process auf, deren Name das Wort „set" enthält.

Methoden (Mitgliedsart Method)

Methoden (Mitgliedsart Method) sind Operationen, die man auf dem Objekt aufrufen kann und die eine Aktion auslösen, z. B. beendet `Kill()` den Prozess. Methoden können aber auch Daten liefern oder Daten in dem Objekt verändern.

ACHTUNG: Beim Aufruf von Methoden sind immer runde Klammern anzugeben, auch wenn es keine Parameter gibt. Ohne die runden Klammern erhält man Informationen über die Methode, man ruft aber nicht die Methode selbst auf.

Eigenschaften (Mitgliedsart Property)

Eigenschaften (Mitgliedsart Property) sind Datenelemente, die Informationen aus dem Objekt enthalten oder mit denen man Informationen an das Objekt übergeben kann, z. B. `MaxWorkingSet`.

ACHTUNG: In PowerShell 1.0 sah die Aussage von `Get-Member` noch etwas anders aus (siehe nächste Bildschirmabbildung). Man sieht dort, dass es zu jedem Property zwei Methoden gibt, z. B. `get_MaxWorkingSet()` und `set_MaxWorkingSet()`. Die Ursache dafür liegt in den Interna des .NET Frameworks: Dort werden Properties (nicht aber sogenannte Fields, eine andere Art von Eigenschaften) durch ein Methodenpaar abgebildet: eine Methode zum Auslesen der Daten (genannt „Get-Methode" oder „Getter"), eine andere Methode zum Setzen der Daten (genannt „Set-Methode" oder „Setter"). Einige Anfänger störte die „Aufblähung" der Liste durch diese Optionen. Seit PowerShell 2.0 zeigte `Get-Member` die Getter-Methoden (`get_`) und Setter-Methoden (`set_`) nur noch an, wenn man den Parameter `-force` verwendet.

Bild 5.22 Anzeige der Getter und Setter in PowerShell 1.0

Fortgeschrittene Benutzer bevorzugen die Auflistung der Getter und Setter. Man kann erkennen, welche Aktionen auf einem Property möglich sind. Fehlt der Setter, kann die Eigenschaft nicht verändert werden (z. B. `StartTime` bei der Klasse `Process`). Fehlt der Getter, kann man die Eigenschaft nur setzen. Dafür gibt es kein Beispiel in der Klasse `Process`. Dieser Fall kommt auch viel seltener vor, wird aber z. B. bei Kennwörtern eingesetzt, die man nicht wiedergewinnen kann, weil sie nicht im Klartext, sondern nur als Hash-Wert abgespeichert werden.

Für den PowerShell-Nutzer bedeutet die Existenz von Gettern und Settern, dass er zwei Möglichkeiten hat, Daten abzurufen. Über die Eigenschaft (`Property`):

```
Get-Process | Where-Object { $_.name -eq "iexplore" } | Foreach-Object
{ $_.PriorityClass }
```

oder die entsprechende "Get"-Methode:

```
Get-Process | Where-Object { $_.name -eq "iexplore" } | Foreach-Object
{ $_.get_PriorityClass() }
```

Analog gibt es für das Schreiben die Option über die Eigenschaft:

```
Get-Process | Where-Object { $_.name -eq "iexplore" } | Foreach-Object
{ $_.PriorityClass = "High" }
```

oder die entsprechende "Set"-Methode:

```
Get-Process | Where-Object { $_.name -eq "iexplore" } | Foreach-Object
{ $_.set_PriorityClass("High") }
```

TIPP: Auch hier kann man wieder grundsätzlich die verkürzte Schreibweise seit PowerShell-Version 3.0 anwenden, also:

```
(Get-Process | Where-Object { $_.name -eq "iexplore" }).PriorityClass
(Get-Process | Where-Object { $_.name -eq "iexplore" }).get_PriorityClass()
(Get-Process | Where-Object { $_.name -eq "iexplore" }).set_PriorityClass("High")
```

Syntaktisch nicht erlaubt ist aber:

```
(Get-Process | Where-Object { $_.name -eq "iexplore" }).PriorityClass = "High"
```

Hier geht nur die o. g. Schreibweise mit `Foreach-Object`.

Eigenschaftssätze (PropertySet)

Eigenschaftssätze (PropertySet) sind eine Zusammenfassung einer Menge von Eigenschaften unter einem gemeinsamen Dach. Beispielsweise umfasst der Eigenschaftssatz psResources alle Eigenschaften, die sich auf den Ressourcenverbrauch eines Prozesses beziehen. Dies ermöglicht es, dass man nicht alle diesbezüglichen Eigenschaften einzeln nennen muss, sondern schreiben kann:

```
Get-Process | Select-Object psResources | Format-Table
```

Die Eigenschaftssätze gibt es nicht im .NET Framework; sie sind eine Eigenart der PowerShell und definiert in der Datei *types.ps1xml* im Installationsordner der PowerShell.

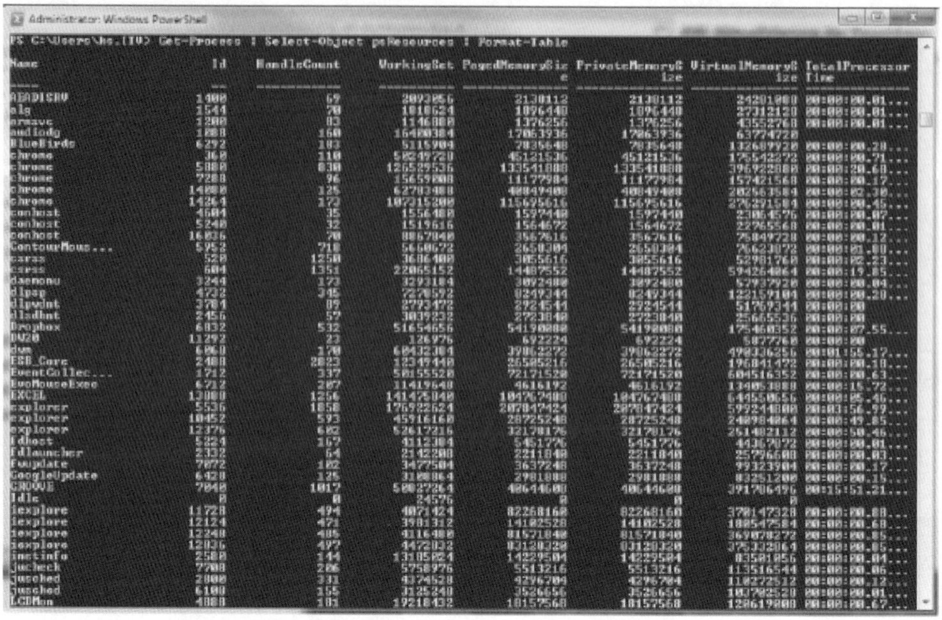

Bild 5.23 Verwendung des Eigenschaftssatzes „psRessources"

```
<PropertySet>
    <Name>PSConfiguration</Name>
    <ReferencedProperties>
        <Name>Name</Name>
        <Name>Id</Name>
        <Name>PriorityClass</Name>
        <Name>FileVersion</Name>
    </ReferencedProperties>
</PropertySet>
<PropertySet>
    <Name>PSResources</Name>
    <ReferencedProperties>
        <Name>Name</Name>
        <Name>Id</Name>
        <Name>Handlecount</Name>
        <Name>WorkingSet</Name>
        <Name>NonPagedMemorySize</Name>
        <Name>PagedMemorySize</Name>
        <Name>PrivateMemorySize</Name>
        <Name>VirtualMemorySize</Name>
        <Name>Threads.Count</Name>
        <Name>TotalProcessorTime</Name>
    </ReferencedProperties>
</PropertySet>
```

Bild 5.24
Definition der Eigenschaftssätze für die Klasse System.Diagnostics.Process in types.ps1ml

Notizeigenschaften (NoteProperty)

Notizeigenschaften (NoteProperties) sind zusätzliche Datenelemente, die nicht dem .NET-Objekt entstammen, sondern welche die PowerShell-Infrastruktur hinzugefügt hat. Im Beispiel der Ergebnismenge des Commandlets `Get-Process` ist dies __NounName, der einen Kurznamen der Klasse liefert. Andere Klassen haben zahlreiche Notizeigenschaften. Notizeigenschaften gibt es nicht im .NET Framework; sie sind eine Eigenart der PowerShell.

HINWEIS: Man kann einem Objekt zur Laufzeit eine Notizeigenschaft hinzufügen, siehe Kapitel 17 *„Dynamische Objekte"*.

Skripteigenschaften (ScriptProperty)

Eine **Skripteigenschaft (ScriptProperty)** ist eine berechnete Eigenschaft, also eine Information, die nicht im .NET-Objekt selbst gespeichert ist. Dabei muss die Berechnung nicht notwendigerweise eine mathematische Berechnung sein; es kann sich auch um den Zugriff auf die Eigenschaften eines untergeordneten Objekts handeln. Der Befehl

```
Get-Process | Select-Object name, product
```

listet alle Prozesse mit den Produkten auf, zu denen der Prozess gehört (siehe folgende Bildschirmabbildung). Dies ist gut zu wissen, wenn man auf seinem System einen Prozess sieht, den man nicht kennt und von dem man befürchtet, dass es sich um einen Schädling handeln könnte.

Bild 5.25 Auflistung der berechneten Eigenschaft „Product"

Die Information über das Produkt steht nicht in dem Prozess (Windows listet diese Information im Taskmanager ja auch nicht auf), aber in der Datei, die den Programmcode für den Prozess enthält. Das .NET Framework bietet über die `MainModule.FileversionInfo.ProductName` einen Zugang zu dieser Information. Anstelle des Befehls

```
Get-Process | Select-Object name, Mainmodule.FileVersionInfo.ProductName
```

bietet Microsoft durch die Skripteigenschaft eine Abkürzung an. Diese Abkürzung ist definiert in der Datei *types.ps1xml* im Installationsordner der PowerShell.

```
<ScriptProperty>
    <Name>Product</Name>
    <GetScriptBlock>$this.Mainmodule.FileVersionInfo.ProductName</GetScriptBlock>
</ScriptProperty>
```

Bild 5.26 Definition einer Skripteigenschaft in der types.ps1xml

Skripteigenschaften gibt es nicht im .NET Framework; sie sind eine Eigenart der PowerShell.

Man kann einem Objekt zur Laufzeit eine Skripteigenschaft hinzufügen, siehe Kapitel 17 *„Dynamische Objekte"*.

Codeeigenschaften (Code Property)

Eine **Codeeigenschaft (CodeProperty)** entspricht einer Script Property, allerdings ist der Programmcode nicht als Skript in der PowerShell-Sprache, sondern als .NET-Programmcode hinterlegt.

Aliaseigenschaft (AliasProperty)

Eine **Aliaseigenschaft (AliasProperty)** ist eine verkürzte Schreibweise für ein Property. Dahinter steckt keine Berechnung, sondern nur eine Verkürzung des Namens. Beispielsweise ist WS eine Abkürzung für WorkingSet. Auch die Aliaseigenschaften sind in der Datei *types.ps1xml* im Installationsordner der PowerShell definiert. Aliaseigenschaften sind ebenfalls eine PowerShell-Eigenart.

Hintergrundwissen: Extended Type System (ETS)

Wie bereits dargestellt, zeigt die PowerShell für viele .NET-Objekte mehr Mitglieder an, als eigentlich in der .NET-Klasse definiert sind. In einigen Fällen werden aber auch Mitglieder ausgeblendet. In beiden Fällen kommt das Extended Type System (ETS) zum Einsatz.

Die Ergänzung von Mitgliedern per ETS wird verwendet, um bei einigen .NET-Klassen, die Metaklassen für die eigentlichen Daten sind (z. B. ManagementObject für WMI-Objekte, ManagementClass für WMI-Klassen, DirectoryEntry für Einträge in Verzeichnisdiensten und DataRow für Datenbankzeilen), die Daten direkt ohne Umweg dem PowerShell-Nutzer zur Verfügung zu stellen.

Mitglieder werden ausgeblendet, wenn sie in der PowerShell nicht nutzbar sind oder es bessere Alternativen durch die Ergänzungen gibt.

In der Dokumentation nimmt das PowerShell-Entwicklungsteam dazu wie folgt Stellung: „Some .NET Object members are inconsistently named, provide an insufficient set of public members, or provide insufficient capability. ETS resolves this issue by introducing the ability to extend the .NET object with additional members." [MSDN54] Dies heißt im Klartext, dass das PowerShell-Team mit der Arbeit des Entwicklungsteams der .NET-Klassenbibliothek nicht ganz zufrieden ist.

Das Extended Type System (ETS) verpackt grundsätzlich jedes Objekt, das von einem Commandlet in die Pipeline gelegt wird, in ein PowerShell-Objekt des Typs PSObject. Die Implementierung der Klasse `PSObject` entscheidet dann, was für die folgenden Commandlets und Befehle sichtbar ist.

Diese Entscheidung wird beeinflusst durch verschiedene Instrumente:

- PowerShell-Objektadapter, die für bestimmte Typen wie `ManagementObject`, `ManagementClass`, `DirectoryEntry` und `DataRow` implementiert wurden,
- die Deklarationen in der *types.ps1xml*-Datei,
- in den Commandlets hinzugefügte Mitglieder,
- mit dem Commandlet `Add-Member` hinzugefügte Mitglieder.

■ 5.12 Filtern

Nicht immer will man alle Objekte weiterverarbeiten, die ein Commandlet liefert. Einschränkungskriterien sind Bedingungen (z. B. nur Prozesse, bei denen der Speicherbedarf größer ist als 10 000 000 Byte) oder die Position (z. B. nur die fünf Prozesse mit dem größten Speicherbedarf). Zur wertabhängigen Einschränkung verwendet man das Commandlet `Where-Object` (Alias `where`).

```
Get-Process | Where-Object {$_.ws -gt 10000000 }
```

Einschränkungen über die Position definiert man mit dem `Select-Object` (in dem nachfolgenden Befehl für das oben genannte Beispiel ist zusätzlich noch eine Sortierung eingebaut, damit die Ausgabe einen Sinn ergibt):

```
Get-Process | Sort-Object ws -desc | Select-Object -first 5
```

Analog dazu sind die kleinsten Speicherfresser zu ermitteln mit:

```
Get-Process | Sort-Object ws -desc | Select-Object -last 5
```

Etwas gewöhnungsbedürftig ist die Schreibweise der Vergleichsoperatoren: Statt >= schreibt man `-ge` (siehe Tabelle 5.1). Die Nutzung regulärer Ausdrücke ist möglich mit dem Operator `-Match`.

Dazu zwei **Beispiele:**

1. Der folgende Ausdruck listet alle Systemdienste, deren Beschreibung aus zwei durch ein Leerzeichen getrennten Wörtern besteht.

```
Get-Service | Where-Object { $_.DisplayName -match "^\w+ \w+$" }
```

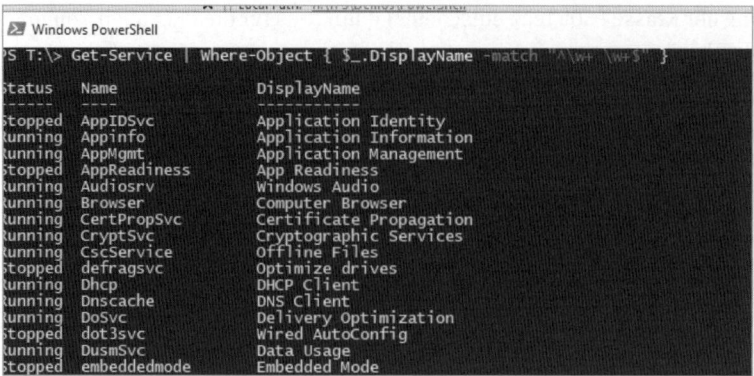

Bild 5.27 Ausgabe zu obigem Beispiel

2. Der folgende Ausdruck listet alle Prozesse, deren Namen mit einem "i" starten und danach aus drei Buchstaben bestehen.

```
Get-Process | Where-Object { $_.ProcessName -match "^i\w{3}$" }
```

Bild 5.28 Ausgabe zu obigem Beispiel

Tabelle 5.1 Vergleichsoperatoren der PowerShell

Vergleich unter Ignorierung der Groß-/Kleinschreibung	Vergleich unter Berücksichtigung der Groß-/Kleinschreibung	Bedeutung
-lt / -ilt	-clt	Kleiner
-le / -ile	-cle	Kleiner oder gleich
-gt / -igt	-cgt	Größer
-ge / -ige	-cge	Größer oder gleich
-eq / -ieq	-ceq	Gleich
-ne / -ine	-cne	Nicht gleich
-like / -ilike	-clike	Ähnlichkeit zwischen Zeichenketten, Einsatz von Platzhaltern (* und ?) möglich
-notlike / -inotlike	-cnotlike	Keine Ähnlichkeit zwischen Zeichenketten, Einsatz von Platzhaltern (* und ?) möglich
-match / -imatch	-cmatch	Vergleich mit regulärem Ausdruck
-notmatch / -inotmatch	-cnotmatch	Stimmt nicht mit regulärem Ausdruck überein

Vergleich unter Ignorierung der Groß-/Kleinschreibung	Vergleich unter Berücksichtigung der Groß-/Kleinschreibung	Bedeutung
`-is`		Typvergleich, z. B. (Get-Date) -is [DateTime]
`-in` `-contains`		Ist enthalten in Menge
`-notin` `-notcontains`		Ist nicht enthalten in Menge

Tabelle 5.2 Logische Operatoren in der PowerShell-Sprache

Logischer Operator	Bedeutung
`-not` oder `!`	Nicht
`-and`	Und
`-or`	Oder

Vereinfachte Schreibweise von Bedingungen seit PowerShell-Version 3.0

Microsoft hat versucht, die Schreibweise von Bedingungen nach `Where-Object` seit PowerShell-Version 3.0 zu vereinfachen.

Die Bedingung

```
Get-Service | where-object { $_.status -eq "running" }
```

kann der Nutzer seitdem vereinfacht schreiben als

```
Get-Service | where-object status -eq "running".
```

Dass auch

```
Get-Service | where-object -eq status "running"
```

und

```
Get-Service | where-object status "running" -eq
```

zum gleichen Ergebnis führen, wirkt befremdlich.

Allerdings funktioniert die neue Syntaxform nur in den einfachsten Fällen. Bei der Verwendung von `-and` und `-or` ist die Verkürzung nicht möglich.

So sind folgende Befehle **nicht** erlaubt:

```
Get-Process | Where-Object Name -eq "iexplore" -or name -eq "Chrome" -or name -eq
"Firefox"  | Stop-Process

Get-Service | where-object status -eq running -and name -like "a*"
```

Korrekt muss es heißen:

```
Get-Process | Where-Object { $_.Name -eq "iexplore" -or $_.name -eq "Chrome" -or
$_.name -eq "Firefox" } | Stop-Process

Get-Service | where-object { $_.status -eq "running" -and $_.name -like "a*" }
```

Grund für das Versagen bei komplexeren Ausdrücken ist, dass Microsoft die Syntaxvereinfachung über die Parameter abgebildet hat. So wird in der einfachsten Form -eq als Parameter von where-object betrachtet. Microsoft hätte da lieber den Parser grundsätzlich überarbeiten sollen.

■ 5.13 Zusammenfassung von Pipeline-Inhalten

Die Menge der Objekte in der Pipeline kann heterogen sein, d. h. verschiedenen .NET-Klassen angehören. Dies ist zum Beispiel automatisch der Fall, wenn man Get-ChildItem im Dateisystem ausführt: Die Ergebnismenge enthält sowohl FileInfo- als auch DirectoryInfo-Objekte.

Man kann auch zwei Befehle, die beide Objekte in die Pipeline senden, zusammenfassen, so dass der Inhalt in einer Pipeline wie folgt aussieht:

```
$( Get-Process ; Get-Service )
```

Dies ist aber nur sinnvoll, wenn die nachfolgenden Befehle in der Pipeline korrekt mit heterogenen Pipeline-Inhalten umgehen können. Die Standardausgabe der PowerShell kann dies. In anderen Fällen bedingt der Typ des ersten Objekts in der Pipeline die Art der Weiterverarbeitung (z. B. bei Export-Csv).

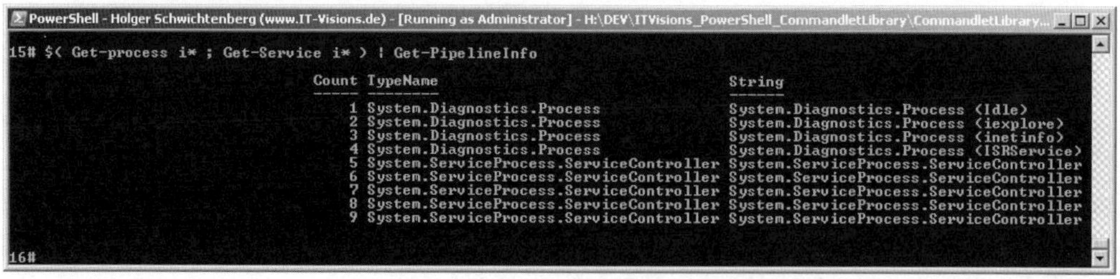

Bild 5.29 Anwendung von Get-PipelineInfo auf eine heterogene Pipeline

5.14 „Kastrierung“ von Objekten in der Pipeline

Die Analyse des Pipeline-Inhalts zeigt, dass es oftmals sehr viele Mitglieder in den Objekten in der Pipeline gibt. In der Regel braucht man aber nur wenige. Nicht nur aus Gründen der Leistung und Speicherschonung, sondern auch in Bezug auf die Übersichtlichkeit lohnt es sich, die Objekte in der Pipeline hinsichtlich ihrer Datenmenge zu beschränken.

Mit dem Befehl `Select-Object` (Alias: `Select`) kann ein Objekt in der Pipeline „kastriert“ werden, d. h., (fast) alle Mitglieder des Objekts werden aus der Pipeline entfernt, mit Ausnahme der hinter `Select-Object` genannten Mitglieder.

Beispiel:

```
Get-Process | Select-Object processname, get_minworkingset, ws | Get-Member
```

lässt von den `Process`-Objekten in der Pipeline nur die Mitglieder `processname` (Eigenschaft), `get_minworkingset` (Methode) und `workingset` (Alias) übrig (siehe folgende Bildschirmabbildung). Wie das Bild zeigt, ist das „Kastrieren“ mit drei Wermutstropfen verbunden:

- `Get-Member` zeigt nicht mehr den tatsächlichen Klassennamen an, sondern `PSCustom Object`, eine universelle Klasse der PowerShell.
- Alle Mitglieder sind zu Notizeigenschaften degradiert.

```
PS C:\Windows\System32\WindowsPowerShell\v1.0> Get-Process | select-object processname, get_winworkingset, ws | get-memb
er

   TypeName: Selected.System.Diagnostics.Process

Name              MemberType   Definition
----              ----------   ----------
Equals            Method       bool Equals(System.Object obj)
GetHashCode       Method       int GetHashCode()
GetType           Method       type GetType()
ToString          Method       string ToString()
get_winworkingset NoteProperty  get_winworkingset=null
ProcessName       NoteProperty System.String ProcessName=AEADISRV
WS                NoteProperty System.Int32 WS=4030464

PS C:\Windows\System32\WindowsPowerShell\v1.0>
```

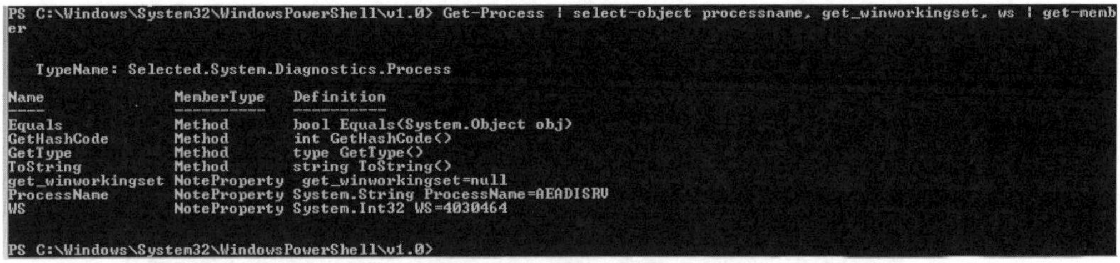

Bild 5.30 Wirkung der Anwendung von Select-Object

> **TIPP:** Mit dem Parameter `-exclude` kann man in `Select-Object` auch Mitglieder einzeln ausschließen.

Dass es neben den drei gewünschten Mitgliedern noch vier weitere in der Liste gibt, ist auch einfach erklärbar: Jedes, wirklich jedes .NET-Objekt hat diese vier Methoden, weil diese von der Basisklasse `System.Object` an jede .NET-Klasse vererbt und damit an jedes .NET-Objekt weitergegeben werden.

5.15 Sortieren

Mit Sort-Object (Alias Sort) sortiert man die Objekte in der Pipeline nach den anzugebenden Eigenschaften. Die Standardsortierrichtung ist aufsteigend. Mit dem Parameter -descending (kurz: -desc) legt man die absteigende Sortierung fest.

Der folgende Befehl sortiert die Prozesse absteigend nach ihrem Speicherverbrauch:

```
Get-Process | Sort-Object workingset64 -desc
```

Mit Komma getrennt kann man mehrere Eigenschaften aufführen, nach denen sortiert werden soll. In folgendem Beispiel werden die Systemdienste erst nach Status und innerhalb eines Status dann nach Displayname sortiert.

```
Get-Service | Sort-Object Status, Displayname
```

Auch Listen elementarer Datentypen lassen sich sortieren. Hier muss man keine Eigenschaft angeben, nach der man sortieren will:

```
21, 32, 16, 34, 9, 10 | Sort-Object
```

Möchte man diese Zahlen nicht numerisch, sondern alphabetisch sortieren, dann gibt man als Parameter einen Ausdruck an, der eine Typkonvertierung mit einem Typbezeichner (Details zu Typkonvertierungen erfahren Sie im Kapitel 7 „*PowerShell-Skriptsprache*") enthält:

```
21, 32, 16, 34, 9, 10 | Sort-Object { [string]$_ }
```

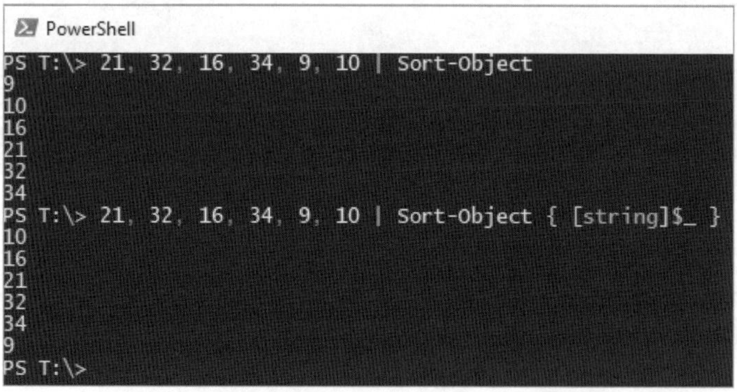

Bild 5.31 Numerische versus alphabetische Sortierung von sechs Zahlen

5.16 Duplikate entfernen

`Get-Unique` entfernt Duplikate aus einer Liste.

Achtung: Die Liste muss vorher sortiert sein!

Richtig ist daher:

```
1,5,7,8,5,7 | Sort-Object | Get-Unique
```

Falsch wäre:

```
1,5,7,8,5,7 | Get-Unique
```

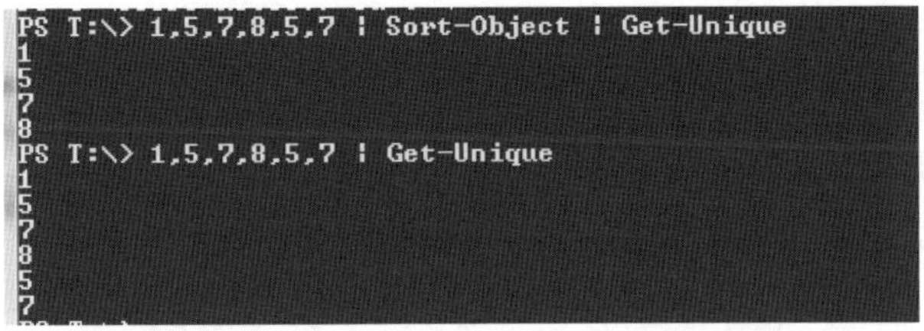

Bild 5.32
Richtiger und falscher Einsatz von Get-Unique

TIPP: `Get-Unique` arbeitet nicht nur auf elementaren Datentypen wie Zahlen und Zeichenketten, sondern auch auf komplexen Objekten, z. B. `Get-Process | Sort-Object | Get-Unique`.

Praxisbeispiel: Microsoft-Office-Wörterbücher zusammenfassen

Wer auf mehreren Rechnern arbeitet und kein Roaming-Profile nutzen kann oder will, kennt das Problem: Auf jedem PC gibt es ein eigenes benutzerdefiniertes Wörterbuch für Microsoft Word, Outlook etc. (.dic-Datei mit Namen benutzer.dic bzw. custom.dic). .Dic-Dateien sind einfache ASCII-Dateien und man kann natürlich mit jedem beliebigen Texteditor oder einem Merge-Werkzeug die Wörterbücher zusammenführen. Ganz elegant ist die Zusammenführung aber mit einem PowerShell-Einzeiler möglich. Der Befehl geht davon aus, dass sich im Ordner d:\Woerterbuecher mehrere .dic-Dateien befinden. Die Ausgabe ist ein konsolidiertes Wörterbuch MeinWoerterbuch.dic. Doppelte Einträge werden natürlich mit `Get-Unique` eliminiert.

```
Dir "T:\Woerterbuecher" -Filter *.dic | Get-Content | Sort-Object | Get-Unique |
Set-Content "T:\Woerterbuecher\MeinWoerterbuch.dic"
```

5.17 Gruppierung

Mit Group-Object (Alias: Group) kann man Objekte in der Pipeline nach Eigenschaften gruppieren.

Mit dem folgenden Befehl ermittelt man, wie viele Systemdienste laufen und wie viele gestoppt sind:

```
Get-Service | Group-Object status
```

Dabei liefert das Commandlet drei Spalten (siehe nächste Bildschirmabbildung): Count, Name und Group (mit den Elementen in der Gruppe). Über die Eigenschaft Group kann man dann die Gruppenmitglieder abrufen, z.B. die Mitglieder der ersten Gruppe (Zählung beginnt bei 0, runde Klammern nicht vergessen):

```
(Get-Service | Group-Object status)[0].Group
```

Braucht man die Gruppenmitglieder nicht, verwendet man als Zusatz -NoElement (das spart etwas Speicherplatz, was aber nur bei großen Ergebnismengen relevant ist):

```
Get-Service | Group-Object status -NoElement
```

Ein weiteres Beispiel gruppiert die Dateien im *System32*-Verzeichnis nach Dateierweiterung und sortiert die Gruppierung dann absteigend nach Anzahl der Dateien in jeder Gruppe.

```
Get-ChildItem c:\windows\system32 | Group-Object extension |
Sort-Object count -desc
```

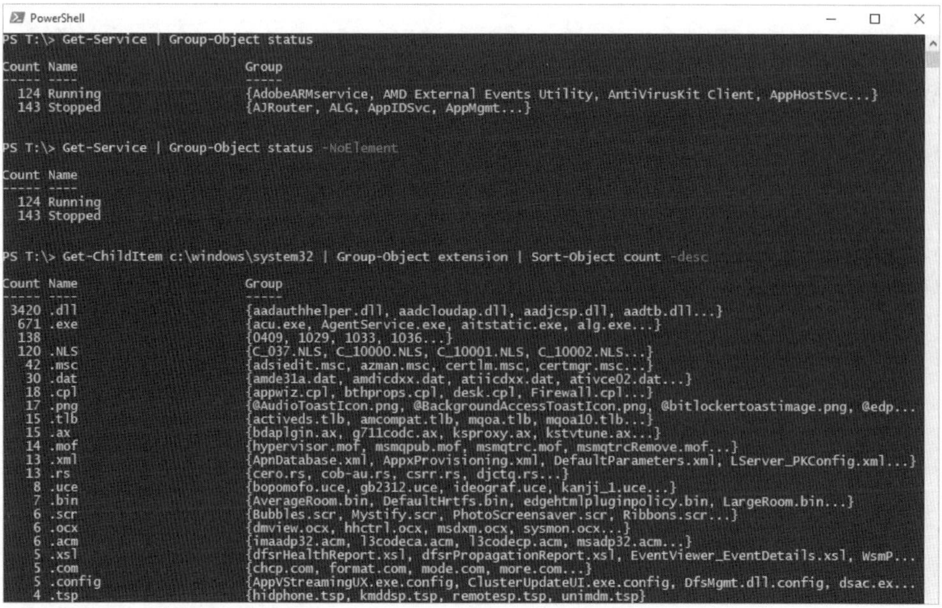

Bild 5.33 Einsatz von Group-Object

TIPP: Wenn es nur darum geht, die Gruppen zu ermitteln und nicht die Häufigkeit der Gruppenelemente, dann kann man auch Select-Object mit dem Parameter -unique zum Gruppieren einsetzen:

Get-ChildItem | Select-Object extension -Unique

TIPP: Man kann bei Group-Object auch einen Ausdruck angeben, der wahr oder falsch liefert, und dadurch zwei Gruppen bilden.

BEISPIEL:

Get-ChildItem c:\Windows | Where { !$_.PsIsContainer } |
Group-Object { $_.Length -gt 1MB}

teilt alle Dateien im aktuellen Verzeichnis in zwei Gruppen ein: solche, die größer als 1 MByte sind, und solche, die es nicht sind (Verzeichnisse werden bereits vorher ausgeschlossen, auch wenn dies nicht erforderlich wäre, da sie die Größe 0 besitzen).

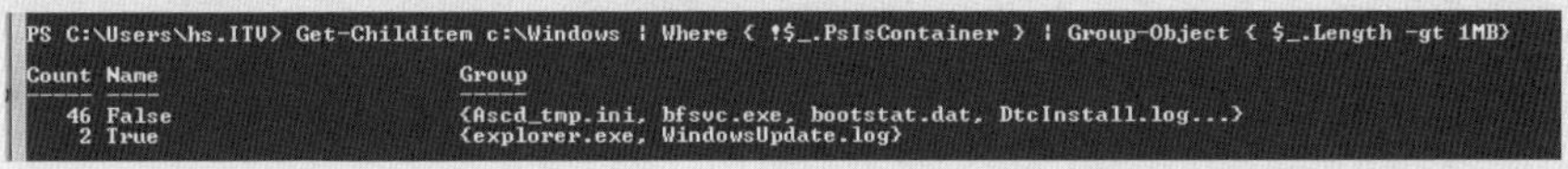

Bild 5.34 Ergebnis des obigen Befehls (Zahlen können in Abhängigkeit vom Betriebssystem abweichen)

Praxisbeispiel

Wenn man sich die Elemente der einzelnen Gruppen liefern lässt, so kann man diese weiterverwenden, indem man über die Eigenschaft group mit Foreach-Object iteriert.

Beispiel: Ermittle aus dem Verzeichnis System32 alle Dateien, die mit dem Buchstaben „b" beginnen. Beschränke die Menge auf diejenigen Dateien, die größer als 40 000 Byte sind, und gruppiere die Ergebnismenge nach Dateierweiterungen. Sortiere die Gruppen nach der Anzahl der Einträge absteigend und beschränke die Menge auf das oberste Element. Gib für alle Mitglieder dieser Gruppe die Attribute Name und Length aus und passe die Spaltenbreite automatisch an.

```
Get-ChildItem c:\windows\system32 -filter b*.* | Where-Object {$_.Length -gt 40000} |
Group-Object Extension | Sort-Object count -desc | Select-Object -first 1 | Select-
Object group | foreach {$_.group} | Select-Object name,length | Format-Table -
autosize
```

■ 5.18 Berechnungen

Measure-Object (Alias: measure) führt verschiedene Berechnungen (Anzahl, Durchschnitt, Summe, Minimum, Maximum) für Objekte in der Pipeline aus. Dabei sollte man die Eigenschaft nennen, über welche die Berechnung ausgeführt werden soll. Sonst wird die erste Eigenschaft verwendet, die aber häufig ein Text ist, den man nicht mathematisch verarbeiten kann.

Measure-Object liefert im Standard nur die Anzahl. Mit den Parametern -sum, -min, -max und -average muss man weitere Berechnungen explizit anstoßen.

Beispiel: Informationen über die Dateien in *c:\Windows*

```
Get-ChildItem c:\windows | Measure-Object -Property length -min -max -average -sum
```

```
PS C:\Windows\System32\WindowsPowerShell\v1.0> Get-Childitem c:\Windows\system32 | measure-object -Property length -min
-max -average -sum

Count    : 2590
Average  : 465515,188030888
Sum      : 1205684337
Maximum  : 26575296
Minimum  : 35
Property : length


PS C:\Windows\System32\WindowsPowerShell\v1.0>
```

Bild 5.35 Beispiel für den Einsatz von Measure-Object

■ 5.19 Zwischenschritte in der Pipeline mit Variablen

Ein Befehl mit Pipeline kann beliebig lang und damit auch beliebig komplex werden. Wenn der Befehl unübersichtlich wird oder man Zwischenschritte genauer betrachten möchte, bietet es sich an, den Inhalt der Pipeline zwischenzuspeichern. Die PowerShell ermöglicht es, den Inhalt der Pipeline in Variablen abzulegen. Variablen werden durch ein vorangestelltes Dollarzeichen [$] gekennzeichnet. Anstelle von

```
Get-Process  | Where-Object {$_.name -eq "iexplore"} | Foreach-Object { $_.ws }
```

kann man die folgenden Befehle nacheinander in getrennte Zeilen eingeben:

```
$x = Get-Process
$y = $x | Where-Object {$_.name -eq "iexplore"}
$y | Foreach-Object { $_.ws }
```

Das Ergebnis ist in beiden Fällen gleich.

Der Zugriff auf Variablen, die keinen Inhalt haben, führt so lange nicht zum Fehler, wie man später in der Pipeline keine Commandlets verwendet, die unbedingt Objekte in der Pipeline erwarten.

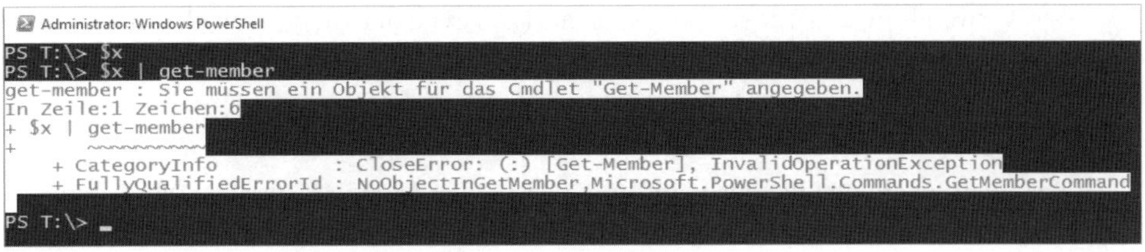

Bild 5.36 Zugriff auf Variablen ohne Inhalt

> **ACHTUNG:** Wenn ein Pipeline-Befehl keinen Inhalt liefert, dann erhält die Variable den Wert $null 1, der für „kein Wert" steht.
>
> **Beispiel:**
>
> $x = Get-Service x*
>
> Die Ausgabe für $null ist nichts.

■ 5.20 Verzweigungen in der Pipeline

Manchmal möchte man innerhalb einer Pipeline das Ergebnis nicht nur in der Pipeline weiterreichen, sondern auch in einer Variablen oder im Dateisystem zwischenspeichern. PowerShell bietet dafür verschiedene Möglichkeiten.

>
>
> **TIPP:** Verzweigungen in der Pipeline lassen sich ganz einfach abbilden, indem man die Zwischenschritte in verschiedenen Variablen ablegt, auf die man später wieder zugreifen kann. Die in diesem Unterkapitel gezeigten Techniken sind für Leute gedacht, die unbedingt möglichst viel in einem einzigen Pipeline-Befehl unterbringen wollen.

Tee-Object

Der Verzweigung innerhalb der Pipeline dient das Commandlet Tee-Object, wobei hier das „Tee" für „verzweigen" steht. Tee-Object reicht den Inhalt der Pipeline unverändert zum nächsten Commandlet weiter, bietet aber an, den Inhalt der Pipeline wahlweise zusätzlich in einer Variablen oder im Dateisystem abzulegen.

Der folgende Pipeline-Befehl verwendet Tee-Object gleich zweimal für beide Anwendungsfälle:

```
Get-Service | Tee-Object -var a | Where-Object { $_.Status -eq "Running" } | select
name | Tee-Object -filepath t:\dienste.txt | ft name
```

Die erste Verwendung von Tee-Object speichert die Liste der Dienste-Objekte in der Variablen $a und gibt die Objekte aber gleichzeitig weiter in die Pipeline.

Die zweite Verwendung speichert die Liste der laufenden Dienste in der Textdatei g:\dienste.txt und gibt sie zusätzlich an die Standardausgabe aus.

Nach der Ausführung des Befehls steht in der Variablen $a eine Liste aller Dienste und in der Textdatei *dienste.txt* eine Liste der laufenden Dienste.

ACHTUNG: Bitte beachten Sie, dass man bei Tee-Object beim Parameter -variable den Namen der Variablen ohne den üblichen Variablenkennzeichner "$" angeben muss.

Parameter -OutVariable

Alternativ zum Commandlet Tee-Object kann man den allgemeinen Parameter -OutVariable (kurz: -ov) einsetzen, der das Ergebnis eines Commandlets in einer Variable ablegt und dennoch das Ergebnis in der Pipeline weiterreicht. Das Beispiel aus dem vorherigen Unterkapitel kann man so umformulieren:

```
Get-Service -OutVariable a | Where-Object { $_.Status -eq "Running" } | select name |
Set-Content t:\dienste.txt -PassThru | ft name
```

Anders als Tee-Object kann -OutVariable nichts direkt in einer Datei speichern. Zum Speichern kommt daher hier Set-Content zum Einsatz mit -PassThru, was ein zusätzliches Durchleiten der Ergebnisse bewirkt.

ACHTUNG: Nach -OutVariable ist von der Variablen nur der Name anzugeben. Das Dollarzeichen muss weggelassen werden.

Parameter -PipelineVariable

Der mit PowerShell-Version 4.0 eingeführte allgemeine Parameter -PipelineVariable (kurz: -pv) sorgt dafür, dass das jeweils aktuelle Objekt nicht nur in der Pipeline weitergereicht wird, sondern zusätzlich auch in einer Variablen abgelegt wird. Dies ist immer dann sinnvoll, wenn die Pipeline ein Objekt in seiner Struktur verändert (z.B. SelectObject), man aber später noch auf den früheren Zustand zugreifen will. Nach -PipelineVariable ist von der Variablen nur der Name anzugeben. Das Dollarzeichen muss weggelassen werden.

Beispiel 1

Das folgende Beispiel setzt dies ein, um am Ende eine Liste von Ausgaben aus zwei verschiedenen Objekten zu liefern: den Namen und das Workingset eines Prozesses von Get-Process und den Namen und den zugehörigen Security Identifier des Benutzers, unter dem der Prozess läuft. Die Pipeline beginnt mit dem Holen der laufenden Prozesse unter Einbeziehung der Benutzeridentität, die in der Form „Domäne\Benutzername" geliefert wird. Dabei wird das aktuelle Process-Objekt mit -pv auch in der Variablen $p abgelegt. Im zweiten Schritt wird für den Benutzernamen das zugehörige WMI-Objekt Win32_User geholt. Im dritten Pipeline-Schritt werden dann zuerst die zwei Informationen aus dem Process-Objekt ausgegeben (das sich in $p befindet) sowie die Informationen aus dem Win32_UserAccount-Objekt, die sich nun in der Pipeline befinden ($_).

```
Get-Process -IncludeUserName -pv p | % { Get-WmiObject Win32_UserAccount -filter
"name='$(($_.username -split "\\")[1])'" } | % { $p.name + ":" + $p.ws + ":" +
$_.Name + ";" + $_.SID }
```

 ACHTUNG: Der Parameter -PipelineVariable funktioniert nicht wie gewünscht, wenn Commandlets in der Pipeline sind, die die Ergebnisse puffern (z. B. Sort-Object, Group-Object), da der Parameter -PipelineVariable sich ja immer nur auf das aktuelle Objekt bezieht, was in diesen Fällen also immer das letzte Objekt ist.

Beispiel 2

Der folgende Einzeiler listet alle 64516-IP-Adressen zwischen 192.168.0.0 und 192.168.254.254 auf.

```
1..254 | Foreach-Object -PipelineVariable x { $_ } | Foreach-Object { 1..254 } |
foreach-Object { "192.168.$x.$_" }
```

■ 5.21 Vergleiche zwischen Objekten

Mit Compare-Object kann man den Inhalt von zwei Pipelines vergleichen. Mit der folgenden Befehlsfolge werden alle zwischenzeitlich neu gestarteten Prozesse ausgegeben:

```
$ProzesseVorher = Get-Process
# Hier einen Prozess starten
$ProzesseNacher = Get-Process
Compare-Object $ProzesseVorher $ProzesseNacher
```

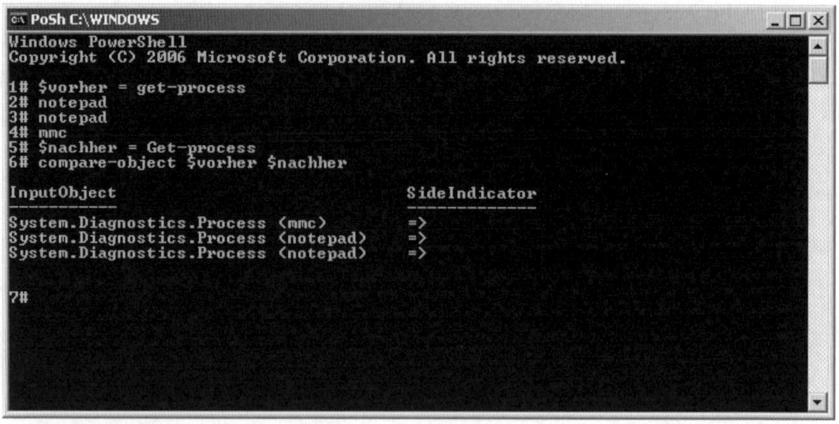

```
PoSh C:\WINDOWS
Windows PowerShell
Copyright (C) 2006 Microsoft Corporation. All rights reserved.

1# $vorher = get-process
2# notepad
3# notepad
4# mmc
5# $nachher = Get-process
6# compare-object $vorher $nachher

InputObject                            SideIndicator
System.Diagnostics.Process (mmc)       =>
System.Diagnostics.Process (notepad)   =>
System.Diagnostics.Process (notepad)   =>

7#
```

Bild 5.37 Vergleich von zwei Pipelines

5.22 Zusammenfassung

Die folgende Tabelle zeigt eine Übersicht der wichtigsten Pipelining-Commandlets.

Tabelle 5.3 Übersicht über die wichtigsten Pipelining-Commandlets

Commandlet (mit Aliasen)	Bedeutung
Where-Object (where, ?)	Filtern mit Bedingungen
Select-Object (select)	Abschneiden der Ergebnismenge vorne/hinten bzw. Reduktion der Attribute der Objekte
Sort-Object (sort)	Sortieren der Objekte
Group-Object (group)	Gruppieren der Objekte
Start-Process/Stop-Process	Prozess starten/beenden
Foreach-Object { $_... } (%)	Schleife über alle Objekte
Get-Member (gm)	Ausgabe der Metadaten (Reflection)
Measure-Object (measure)	Berechnung: -min -max -sum -average
Compare-Object (compare, diff)	Vergleichen von zwei Objektmengen

5.23 Praxisbeispiele

Dieses Kapitel enthält einige Beispiele für die Anwendung von Pipelining und Ausgabebefehlen:

- Beende durch Aufruf der Methode Kill() alle Prozesse, die „chrome" heißen, wobei die Groß-/Kleinschreibung des Prozessnamens irrelevant ist.

  ```
  Get-Process | Where { $_.processname -ieq "chrome" } | foreach { $_.Kill() }
  ```

  oder synonym und kürzer:

  ```
  (Get-Process "chrome").Kill()
  ```

- Sortiere die Prozesse, die das Wort „chrome" im Namen tragen, gemäß ihrer CPU-Nutzung und beende den Prozess, der in der aufsteigenden Liste der CPU-Nutzung am weitesten unten steht (also am meisten Rechenleistung verbraucht).

  ```
  Get-Process | Where { $_.processname -ilike "*chrome*" } | Sort-Object -property cpu | Select-Object -last 1 | foreach { $_.Kill() }
  ```

- Gib die Summe der Speichernutzung aller Prozesse aus.

  ```
  ps | Measure-Object workingset
  ```

- Gruppiere die Einträge im System-Ereignisprotokoll nach Benutzernamen.

  ```
  Get-EventLog -logname system | Group-Object username
  ```

- Zeige die letzten zehn Einträge im System-Ereignisprotokoll.

  ```
  Get-EventLog -logname system | Select-Object -last 10
  ```

- Zeige für die letzten zehn Einträge im System-Ereignisprotokoll die Quelle an.

  ```
  Get-EventLog -logname system | Select-Object -first 10 | Select-Object source
  ```

- Importiere die Textdatei test.txt, wobei die Textdatei als eine CSV-Datei mit dem Semikolon als Trennzeichen zu interpretieren ist und die erste Zeile die Spaltennamen enthalten muss. Zeige daraus die Spalten *ID* und *Url*.

  ```
  Import-Csv d:\_work\test.txt -delimiter ";" | Select-Object ID,Url
  ```

- Ermittle aus dem Verzeichnis System32 alle Dateien, die mit dem Buchstaben „a" beginnen. Beschränke die Menge auf diejenigen Dateien, die größer als 40 000 Byte sind, und gruppiere die Ergebnismenge nach Dateinamenerweiterungen. Sortiere die gruppierte Menge nach dem Namen der Dateierweiterung.

  ```
  Get-ChildItem c:\windows\system32 -filter a*.* | Where-Object {$_.Length -gt 40000} | Group-Object Extension | Sort-Object name | Format-Table
  ```

- Ermittle aus dem Verzeichnis `System32` alle Dateien, die mit dem Buchstaben „b" beginnen. Beschränke die Menge auf diejenigen Dateien, die größer als 40 000 Byte sind, und gruppiere die Ergebnismenge nach Dateierweiterungen. Sortiere die Gruppen nach der Anzahl der Einträge absteigend und beschränke die Menge auf das oberste Element. Gib für alle Mitglieder dieser Gruppe die Attribute `Name` und `Length` aus und passe die Spaltenbreite automatisch an.

```
Get-ChildItem c:\windows\system32 -filter b*.* | Where-Object {$_.Length -gt 40000}
| Group-Object Extension | Sort-Object count -desc | Select-Object -first 1 |
Select-Object group | foreach {$_.group} | Select-Object name,length | Format-Table
–autosize
```

6 PowerShell-Skripte

Dieses Kapitel behandelt die Erstellung von PowerShell-Skripten aus Commandlets und der PowerShell-Skriptsprache. Beide Formen können in einem Skript beliebig gemischt werden. Zunächst werden der allgemeine Aufbau und der Start der Skripte erläutert. Die Befehle der Skriptsprache folgen im nächsten Kapitel.

ACHTUNG: Bereits im Kapitel 1 *„Erste Schritte mit der PowerShell"* haben Sie gelernt, dass die PowerShell im Standard gar keine Skriptausführung erlaubt. Wenn Sie den dort genannten Befehl Set-ExecutionPolicy remotesigned noch nicht ausgeführt haben, führen Sie ihn jetzt aus, um die Skriptausführung auf Ihrem System zu erlauben. Details dazu erfahren Sie in 6.7 *Sicherheitsfunktionen für PowerShell-Skripte*

■ 6.1 Skriptdateien

Befehlsabfolgen (Commandlets und/oder Elemente der Skriptsprache) können als PowerShell-Skripte im Dateisystem abgelegt und später (unbeaufsichtigt) ausgeführt werden. Diese Skripte sind reine Textdateien und haben die Dateinamenerweiterung *.ps1*. Die Zahl 1 steht dabei ursprünglich für die Version 1.0 der PowerShell. Microsoft hat in Hinblick auf die Langlebigkeit vieler Skripte vorgesehen, dass verschiedene Versionen der PowerShell auf einem System koexistieren können.

ACHTUNG: ps1 gilt auch noch für PowerShell 5.x und PowerShell Core 6.x. Man kann .ps1 nun also als „erste Version des PowerShell-Dateiformats" verstehen.

Beispiel

Das folgende Listing zeigt ein Skript, das verschiedene Informationen über den Computer ausgibt. Die Informationen werden aus den Commandlets Get-Date, Get-Service und Get-

Process ermittelt. Dabei werden nur jeweils einzelne Werte durch den Aufruf von Methoden ToShortDateString() bzw. ToLongTimeString() sowie das Property Count extrahiert. Zudem gibt es statische Ausgaben (Zeichenkettenliterale), die durch das Pluszeichen (+) mit den Ergebnissen der Commandlets verbunden werden. Die Raute (#) leitet Kommentare ein, die nicht ausgegeben werden.

Die einzelnen Befehle sind jeweils durch Zeilenumbrüche getrennt. Alternative Möglichkeiten der Befehlstrennung lernen Sie im Kapitel 7 „PowerShell-Skriptsprache" kennen.

```
# Mein erstes Skript
"Informationen über diesen Computer:"
"Datum:" + (Get-Date).ToShortDateString()
"Zeit:" + (Get-Date).ToLongTimeString()
"Anzahl laufender Prozesse: " + (Get-Process).Count
"Anzahl gestarteter Dienste: " + (Get-Service | where { $_.Status
-eq "running" } ).Count
```

Das Skript können Sie in einem beliebigen Texteditor (z. B. Notepad, Textpad) oder einem speziellen PowerShell-Editor (z. B. ISE, PowerShellPlus, PowerGUI) erfassen und im Dateisystem speichern. Details über die Editoren erfahren Sie im Kapitel 11 „PowerShell-Werkzeuge".

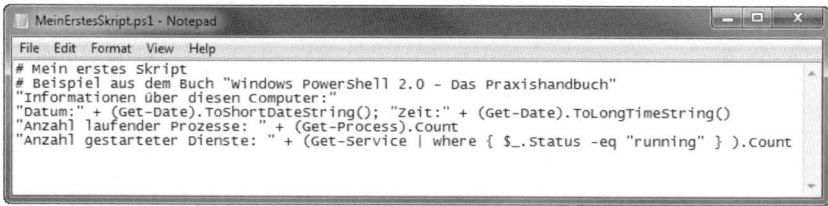

Bild 6.1 Das Skript im Notepad

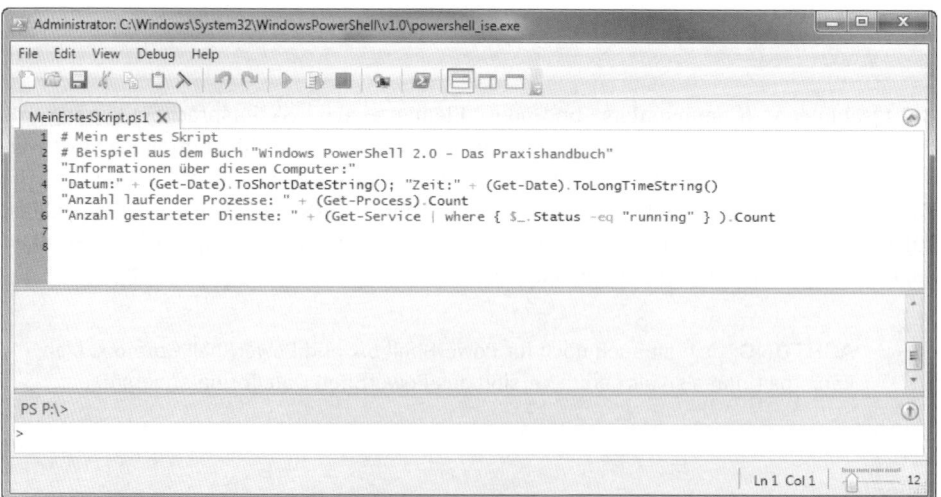

Bild 6.2 Das Skript im „Integrated Scripting Environment" (ISE), das Microsoft bei der Windows PowerShell mitliefert

6.2 Start eines Skripts

Jeffrey Snover, der maßgebliche Architekt der Windows PowerShell, nannte einst als „Top-Sicherheitsfunktion" der Windows PowerShell die Tatsache, dass man ein PowerShell-Skript nicht durch Doppelklick auf das Symbol in Windows starten kann. Grundsätzlich könnte man diese Startart definieren, sie ist aber nicht im Standardumfang der PowerShell-Installation enthalten. Ein PowerShell-Skript wird gestartet durch Eingabe des Namens mit oder ohne Dateierweiterung bzw. mit oder ohne ein vorangestelltes Commandlet in der Power Shell-Konsole.

```
.\MeinErstesSkript.ps1
```

oder

```
&.\MeinErstesSkript.ps1
```

oder

```
Invoke-Expression .\MeinErstesSkript.ps1
```

HINWEIS: Wichtig ist, dass ein Skript immer eine Pfadangabe braucht, selbst wenn es nur ein „.\" für den lokalen Pfad ist. Das „.ps1" ist jeweils optional.

Wenn der Skriptpfad ein Leerzeichen enthält, muss man folgende Syntax wählen: & „c:\Skripte\Skriptname mit Leerzeichen.ps1".

Wenn in dem eingebundenen Skript „freie" Befehle enthalten sind, also Befehle, die nicht Teil einer Funktion sind, dann werden diese Befehle sofort ausgeführt.

Damit in einem Skript enthaltene Funktionen auch noch nach der Skriptausführung zur Verfügung stehen, muss man das „Dot Sourcing" anwenden (siehe Kapitel 6.5).

Die folgende Bildschirmabbildung zeigt den Start des Skripts an der PowerShell-Konsole mit absolutem Pfad („P:\...") und relativem Pfad (".\").

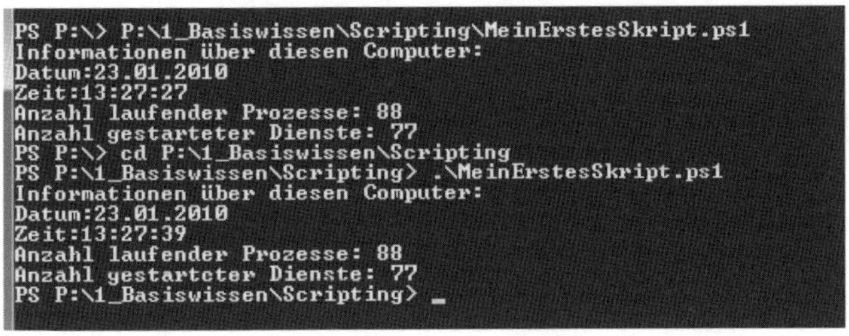

Bild 6.3
Start des Skripts an der PowerShell-Konsole mit absolutem Pfad und relativem Pfad

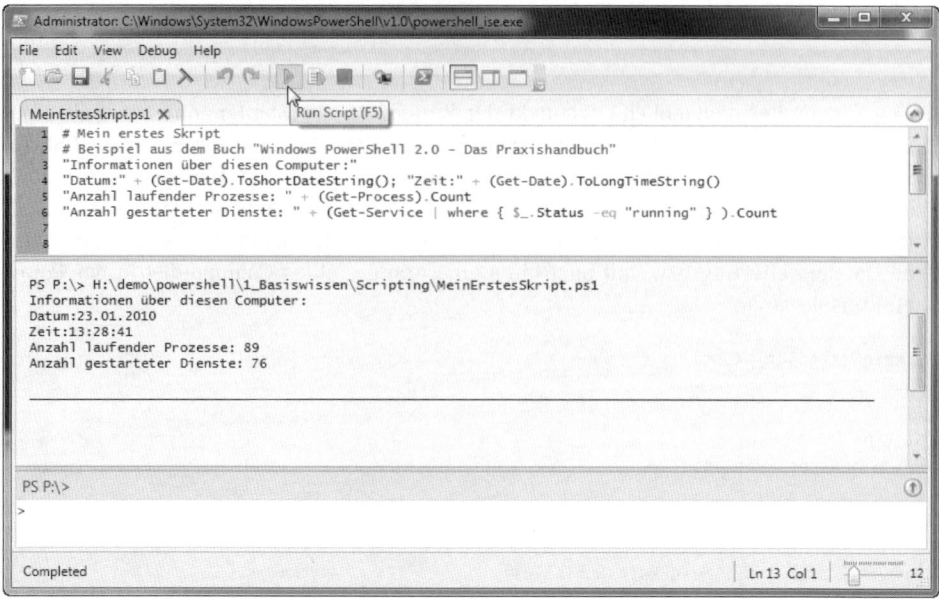

Bild 6.4 Start des Skripts in der ISE mit dem Symbolleistenbefehl „Run Script" oder der Taste **F5**

Alternativ kann man ein PowerShell-Skript aus dem normalen Windows-Kommandozeilenfenster (cmd.exe) durch eine Verknüpfung aus dem Windows-Desktop oder als Anmeldeskript starten, indem man powershell.exe voranstellt:

```
powershell.exe p:\Skripte\MeinErstesSkript.ps1
```

 ACHTUNG: Für PowerShell-Skripte gelten seit Windows Vista hinsichtlich der Benutzerkontensteuerung (User Account Control – UAC) die gleichen Einschränkungen und Lösungen wie für WSH-Skripte, d. h. Sie müssen die PowerShell-Konsole explizit mit dem Kontextmenüeintrag „Run as Administrator" ausführen, um volle administrative Rechte zu erhalten.

■ 6.3 Aliase für Skripte verwenden

Man kann Aliase auch für Skriptdateien inklusive Pfadangabe vergeben, z. B.

```
Set-Alias Get-ComputerInfo P:\1_Basiswissen\Scripting\MeinErstesSkript.ps1
```

Danach kann man dieses Skript über Get-ComputerInfo aufrufen, als wäre es ein Commandlet.

```
PS P:\> Set-Alias Get-ComputerInfo P:\1_Basiswissen\Scripting\MeinErstesSkript.ps1
PS P:\> Get-ComputerInfo
Informationen über diesen Computer:
Datum:23.01.2010
Zeit:13:32:31
Anzahl laufender Prozesse: 89
Anzahl gestarteter Dienste: 77
PS P:\>
```

Bild 6.5 Setzen eines Alias für ein Skript

6.4 Parameter für Skripte

Das oben gezeigte „MeinErstesSkript" fragt immer die Dienste und Prozesse des lokalen Systems ab. Schön wäre es, wenn man auch entfernte Computersysteme abfragen könnte. Sowohl `Get-Process` als auch `Get-Service` bieten dazu einen Parameter `-ComputerName`, bei dem man ein entferntes System angeben kann. Details zur Fernausführung (Remoting) erfahren Sie in Teil B *„PowerShell-Aufbauwissen"*. An dieser Stelle soll der Computername ein Parameter des Skripts werden.

Beim Aufruf eines Skripts kann man Parameter genauso übergeben wie beim Aufruf von Commandlets, d. h. ohne Klammern und getrennt durch Leerzeichen:

```
.\Skriptname.ps1 Parameter1 Parameter2 Parameter3
```

Ein Skript kann Parameter auf zwei Weisen verarbeiten:

- Über die Variable $args, die ein Array (Liste) der Parameter enthält. Die Zählung beginnt bei 0. Der erste Parameter steht in $args[0], der zweite in $args[1], der dritte in $args[2] usw.
- Durch eine explizite Deklaration einer Parameterliste mit Zuweisung von Variablennamen und optional Datentypen. Die Parameterliste definiert man am Beginn des Skripts mit param($name1, $name2, $name3, usw.) oder param([Typ] $name1,[Typ] $name2,[Typ] $name3, usw.). Im Skript kann man dann über $name1 etc. Bezug auf die Werte nehmen.

Die folgenden Listings zeigen beide Varianten am Beispiel von `Get-ComputerInfo.ps1`, einer modifizierten Form von `MeinErstesSkript.ps1`. Der Aufruf erfolgt mit:

```
.\Get-ComputerInfo.ps1 Server123
```

ACHTUNG: Wenn Sie den Computernamen vergessen sollten, beschwert sich das Skript selbst nicht. Es findet keinen Parameter und setzt den Wert $null. $nul1 (nicht zu verwechseln mit der Zahl 0!) steht für „kein Wert". Das ist in Ordnung für das Skript, aber die Commandlets Get-Process und Get-Service mögen es nicht, wenn man als -ComputerName $null übergibt, und beschweren sich: „The argument is null or empty.".

Listing 6.1 Get-ComputerInfo.ps1 Variante 1 unter Verwendung von args[x]

```
# Get-ComputerInfo
# Skript mit Parametern
"Informationen über den Computer: " + $args[0]
"Datum:" + (Get-Date).ToShortDateString(); "Zeit:" + (Get-Date).ToLongTimeString()
"Anzahl laufender Prozesse: " + (Get-Process -computername $args[0]).Count
"Anzahl gestarteter Dienste: " + (Get-Service -computername $args[0]| where
{ $_.Status -eq "running" } ).Count
```

Listing 6.2 Get-ComputerInfo.ps1 Variante 2 unter Verwendung von param[$x]

```
# Get-ComputerInfo
# Skript mit Parametern
param([string] $Computer)
"Informationen über den Computer: " + $Computer
"Datum:" + (Get-Date).ToShortDateString(); "Zeit:" + (Get-Date).ToLongTimeString()
"Anzahl laufender Prozesse: " + (Get-Process -computername $Computer).Count
"Anzahl gestarteter Dienste: " + (Get-Service -computername $Computer| where
{ $_.Status -eq "running" } ).Count
```

■ 6.5 Skripte dauerhaft einbinden (Dot Sourcing)

Als „Dot Sourcing" wird eine Möglichkeit bezeichnet, eine Skriptdatei aufzurufen und permanent in die aktuelle Instanz der PowerShell einzubinden. Der Unterschied zu den oben genannten Möglichkeiten ist, dass nach dem „Dot Sourcing" alle in dem Skript deklarierten Variablen und alle dort enthaltenen Funktionen der PowerShell-Konsole allen nachfolgend aufgerufenen Skripten zur Verfügung stehen. „Dot Sourcing" ist also eine Möglichkeit, die Funktionalität der PowerShell zu erweitern.

„Dot Sourcing" wird durch einen vorangestellten Punkt mit Leerzeichen aktiviert:

```
. Softwareinventar.ps1
```

Es kann ein relativer oder ein absoluter Pfad angegeben werden.

 ACHTUNG: Wenn in dem eingebundenen Skript „freie" Befehle enthalten sind, also Befehle, die nicht Teil einer Funktion sind, dann werden diese Befehle sofort ausgeführt. Deklarierte Funktionen werden nicht ausgeführt, stehen aber dem einbindenden Skript und den folgenden eingebundenen Skripten zur Verfügung.

Man kann mit „Dot Sourcing" auch Skripte in andere einbinden. Die Einbindung erfolgt auch hier mit dem Punktoperator (.).

Listing 6.3 Beispiel für ein PowerShell-Skript, das nur besteht, um andere Skripte einzubinden und aufzurufen [3_Einsatzgebiete/Benutzer/Run Demos.ps1]

```
# Demo User Management

. ("X:\demo\PowerShell\Benutzer\Localuser_Create.ps1")
. ("X:\demo\PowerShell\Benutzer\LocalGroup.ps1")
. ("X:\demo\PowerShell\Benutzer\Localuser_Delete.ps1")
```

■ 6.6 Das aktuelle Skriptverzeichnis

Häufig muss man wissen, in welchem Verzeichnis das aktuelle Skript liegt, weil man andere Dateien (Daten- und Konfigurationsdateien) laden will, die relativ dazu im Dateisystem liegen. Den aktuellen Pfad liefert die Variable $PSScriptRoot. Das ist möglich seit PowerShell 3.0. In älteren Versionen der PowerShell muss man split-path -parent $MyInvocation.MyCommand.Definition benutzen.

Beispiel: Aufruf eines Skriptes im selben Verzeichnis mit Dot Sourcing

```
. "$PSScriptRoot\weiteresSkript.ps1"
```

■ 6.7 Sicherheitsfunktionen für PowerShell-Skripte

Die bisherige Active-Scripting-Architektur im Internet Explorer, in Outlook und im Windows Script Host (WSH) hatte mit Sicherheitsproblemen zu kämpfen. Laut der Dokumentation ist die PowerShell „in der Grundeinstellung eine sichere Umgebung" [MS02]. Dass nicht jedes beliebige Skript zur Ausführung gebracht werden kann, zeigt sich, wenn man versucht, die PowerShell-Konsole nicht nur interaktiv, sondern zum Start eines Skripts zu verwenden. Die Standardausführungsrichtlinie (Execution Policy) lässt überhaupt keine Skripte zu. Man ändert die Ausführungsrichtlinie mit dem Commandlet Set-ExecutionPolicy.

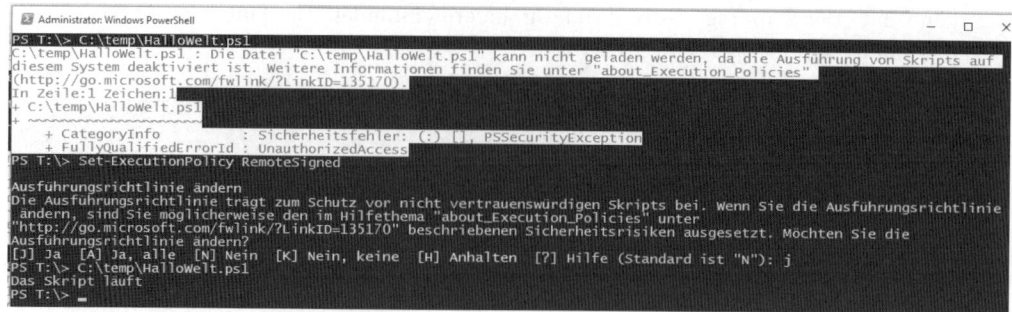

Bild 6.6 Die Skriptausführung muss man in der PowerShell erst explizit aktivieren.

Mögliche Sicherheitsrichtlinien

Ein Benutzer kann die Shell zunächst nur interaktiv verwenden, bis er die Ausführungsrichtlinie mit dem Commandlet `Set-ExecutionPolicy` auf eine niedrigere Sicherheitsstufe herabsetzt:

- Modus „Restricted": Es werden keine Konfigurationsdateien geladen und keine Skripts ausgeführt. „Restricted" ist der Standardwert.
- Modus „AllSigned": Nur signierte Skripte starten und signierte Skripte von nichtvertrauten Quellen starten auf Nachfrage.
- Modus „RemoteSigned": Eine vertraute Signatur ist nur für Skripte aus dem Internet (via Browser, Outlook, Messenger) erforderlich; lokale Skripte starten auch ohne Signatur.
- Modus „Unrestricted": Alle Skripte laufen, nur bei unsignierten Skripten aus dem Internet gibt es eine Nachfrage.
- Modus „Bypass": Gar keine Sicherheit (d. h. keine Blockierung, keine Warnungen, keine Nachfragen).
- Modus „Undefined": Entfernt die gerade zugewiesene Ausführungsrichtlinie aus dem aktuellen Bereich. Mit diesem Parameter wird aber keine Ausführungsrichtlinie entfernt, die in einer Gruppenrichtlinie festgelegt wurde.

Neu seit der PowerShell-Version 2 ist die Möglichkeit, einen Gültigkeitsbereich für die Ausführungsrichtlinie festzulegen. Der Standardwert ist „LocalMachine".

Gültige Werte sind:

- „Process": Die Ausführungsrichtlinie wirkt sich nur auf den aktuellen PowerShell-Prozess aus.
- „CurrentUser": Die Ausführungsrichtlinie wirkt sich nur auf den aktuellen Benutzer aus.
- „LocalMachine": Die Ausführungsrichtlinie wirkt sich auf alle Benutzer des Computers aus.

Zum Entfernen einer Ausführungsrichtlinie aus einem bestimmten Bereich legen Sie die Ausführungsrichtlinie für diesen Bereich auf „Undefined" fest.

ACHTUNG: „Unrestricted" sollte man nicht wählen, weil dies „bösen" Skripten, die z. B. als E-Mail-Anhänge übermittelt werden, die Tür öffnen würde. Wenn man sich nicht die Arbeit mit digitalen Signaturen machen will, ist die Option „Remote-Signed" ein Kompromiss. Noch vor dem endgültigen Erscheinen der PowerShell gab es die ersten angeblichen PowerShell-Viren. Diese waren aber nur eine Bedrohung, wenn man sie explizit gestartet hat (siehe [MSSec01]).

Im Abschnitt 24.2 „Skripte signieren" erfahren Sie, wie man selbst erstellte oder fremde Skripte digital signiert.

Hintergründe

Die Sicherheitsrichtlinie wird in der Registrierungsdatenbank auf System- oder Benutzerebene abgespeichert im Schlüssel: *HKEY_CURRENT_USER\Software\Microsoft\PowerShell\ 1\ShellIds\Microsoft.PowerShell\ExecutionPolicy* bzw. *HKEY_LOCAL_MACHINE\SOFTWARE\ Microsoft\PowerShell\1\ShellIds\Microsoft.PowerShell\ExceutionPolicy*.

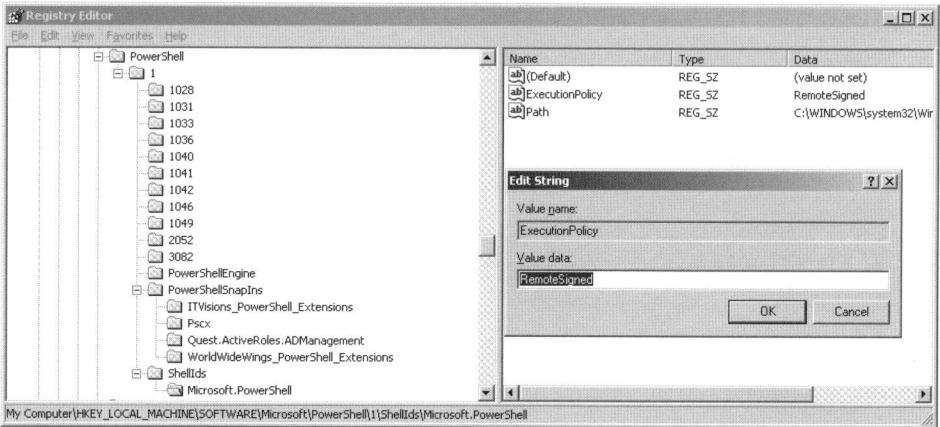

Bild 6.7 Persistierung der Sicherheitsrichtlinien in der Registrierungsdatenbank

 ACHTUNG: Bitte beachten Sie, dass durch die Speicherung in der Registrierungsdatenbank die Sicherheitsrichtlinie bei aktivierter Windows-Benutzerkontensteuerung (User Account Control) nur geändert werden kann, wenn die PowerShell-Konsole unter vollen Rechten („Elevated") läuft.

Bitte beachten Sie, dass die Ausführungsrichtlinie für die 64- und die 32-Bit-PowerShell getrennt gesetzt werden muss.

6.8 Anforderungsdefinitionen von Skripten

Skripte können in einer speziellen Kommentarsyntax mit `#Requires` deklarieren, dass sie bestimmte Anforderungen haben, um laufen zu können. Das Skript startet dann nicht, wenn die Anforderungen nicht erfüllt sind.

Das folgende Skript startet nur, wenn

1. mindestens PowerShell Version 3.0 verwendet wird
2. das Skript mit vollen Administratorrechten („Elevated") läuft
3. die genannten Module verfügbar sind

Listing 6.4 [1_Basiswissen\Scripting\SkriptMitAnforderungen.ps1]

```
# siehe https://msdn.microsoft.com/en-us/powershell/reference/5.1/microsoft.
powershell.core/about/about_requires

#Requires -Version 3
#Requires -RunAsAdministrator
#Requires -Modules PSCX,ITVisions_PowerShell_Extensions

"Skript mit Anforderungen!"
Get-Computername | Set-Clipboard
Get-Clipboard
```

6.9 Skripte anhalten

Ein PowerShell-Skript kann man eine Zeitlang anhalten. Die Zeit bemisst sich in Millisekunden oder Sekunden.

So wartet das Skript zehn Millisekunden:

```
Start-Sleep -m 10
```

So wartet das Skript zehn Sekunden:

```
Start-Sleep -s 10
```

6.10 Versionierung und Versionsverwaltung von Skripten

Versionierung und Versionsverwaltung sind Begriffe der professionellen Softwareentwicklung, die aber auch im Umfeld der PowerShell immer mehr Bedeutung erhalten. Die Begriffe bezeichnen eigentlich zwei verschiedene Aspekte, manche Menschen trennen dies aber nicht so scharf.

6.10.1 Versionierung

Versionierung ist die Vergabe einer Versionsnummer für ein Programm, Skript oder eine Softwarekomponente. Jedes Mal, wenn eine geänderte Version ausgeliefert wird, sollte die Versionsnummer sich ändern, um die Veränderung der Software direkt erkennen zu können. Etabliert hat sich das Verfahren der semantischen Versionierung (vgl. *http://semver.org/*):

- Eine Versionsnummer besteht aus mindestens drei Teilen: MAJOR.MINOR.PATCH, zum Beispiel 1.10.24.
- Eine Änderung der PATCH-Versionszahl bedeutet eine Fehlerkorrektur, die voll kompatibel zu früheren Versionen ist. Hier hat sich also nur intern etwas geändert.
- Eine Änderung der MINOR-Versionszahl bedeutet eine Erweiterung der Funktionen ohne Beeinträchtigung der Kompatibilität zu früheren Versionen. Es gibt neue Funktionen, die alten Funktionen funktionieren aber wie bisher.
- Eine Änderung der MAJOR-Versionszahl bedeutet, dass es Änderungen an der Art und Weise gibt, wie Programm, Skript oder Softwarekomponente zu verwenden sind (zum Beispiel Änderungen der Eingabeparameter).
- PowerShell-Skripte haben – anders als in .exe-Dateien gespeicherte Anwendungen oder in .dll-Dateien gespeicherte Softwarekomponenten – keinen eingebauten Mechanismus zur Versionsnummernvergabe und -speicherung. Bewährt hat sich, die Versionsnummer als Kommentar zu Skriptbeginn abzulegen.

```
#######################################
# Das PowerShell-Script inventarisiert die installierte Software
# eines Herstellers auf n Computersystemen
# (C) Dr. Holger Schwichtenberg
# Version 1.10.24 vom 30.05.2017
#######################################
```

Möglich ist natürlich auch, hier im Kopf-Kommentar eines Skripts die gesamte Versionsgeschichte abzulegen.

- Die Versionsnummer im Dateinamen abzulegen (z. B. SoftwareInventar_v1.10.24.ps1) ist oft nicht günstig, weil die Nutzer des Skriptes dann immer wieder mit anderen Dateinamen zu tun haben. Es kann aber ein geeignetes Instrument sein, wenn die Nutzer des Skriptes mehrere Versionen eines Skripts im Parallelbetrieb haben müssen.

HINWEIS: Sie sollten in Ihrem Unternehmen Richtlinien für die Versionierung von Skripten erlassen! Es ist sehr wichtig, dass Sie erkennen können, welche Version eines Skripts im Einsatz ist.

6.10.2 Versionsverwaltung (Versionskontrolle)

Als Versionsverwaltung (alias: Versionskontrolle) bezeichnet man die Erfassung aller Änderungen an (Programmcodequelltext-)Dateien, die es ermöglicht, eine vollständige Änderungshistorie zu erhalten und zu alten Ständen der Datei zurückzukehren. Eine Version in der Versionsverwaltung sollte es zu jeder im Rahmen der Versionierung vergebenen Version geben. Aber es kann in der Versionsverwaltung darüber hinaus weitere Versionsstände geben, die nicht zu einer ausgelieferten Version gehören.

Für die Versionsverwaltung gibt es zahlreiche verschiedene Versionsverwaltungsprogramme (alias Versionskontrollsysteme), z. B.:

Beispiele für kostenfreie Versionsverwaltungsprogramme	Beispiele für kommerzielle Versionsverwaltungsprogramme
<ul><li>CVS</li><li>Subversion</li><li>Mercurial</li><li>Git</li><li>Visual Studio Team Services (VSTS) (nur für bis zu fünf Benutzer kostenfrei)</li></ul>	<ul><li>ClearCase Perforce</li><li>Team Foundation Server (TFS)</li><li>Visual Studio Team Services (VSTS) (bei mehr als fünf Benutzern)</li></ul>

TIPP: Der Autor dieses Buchs verwendet Team Foundation Server (TFS), genauer gesagt den zugehörigen Cloud-Dienst Visual Studio Team Services (VSTS). VSTS ist für Projekte mit bis zu fünf Benutzern kostenfrei.

Zu TFS und VSTS gibt es eigene Bücher. Die Behandlung in diesem Buch würde dessen Rahmen sprengen.

7 PowerShell-Skriptsprache

Neben der Commandlet-Infrastruktur bietet die PowerShell auch eine eigene Skriptsprache zur Erstellung von Befehlsabfolgen im klassischen imperativen Programmierstil. Die PowerShell Language (PSL) kennt nicht nur Variablen, sondern auch übliche Programmkonstrukte wie Schleifen und Bedingungen. In der PSL kann man komplexe Befehlsabfolgen definieren und diese zu Skripten zusammenfassen.

Microsoft greift dabei nicht auf eine bestehende Skriptsprache zurück, sondern hat sich für die Neuschöpfung nach eigenen Worten „inspirieren lassen" von Unix-Shell-Sprachen, PERL, PHP, Python und C#. Folglich verwendet die Sprache auch geschweifte Klammern; Semikola braucht man jedoch als Befehlstrenner nicht.

■ 7.1 Hilfe zur PowerShell-Skriptsprache

Die Sprachkonstrukte der PowerShell sind genauso wie die PowerShell-Commandlets in einfachen, rein textbasierten Hilfedokumenten erklärt, die mit der PowerShell installiert werden. Die Hilfedokumente zu den Sprachkonstrukten beginnen mit dem Wort „About", z. B. liefert der Befehl

```
Get-Help About_for
```

Hilfe zur for-Schleife.

Der Befehl

```
Get-Help About
```

zeigt eine Liste aller „About"-Dokumente.

7.2 Befehlstrennung

Jede Zeile ist ein Befehl. Ein Befehl kann aus mehreren Commandlets bestehen, die durch das „Pipe-Symbol" [|] getrennt sind. Man kann mehrere Befehle durch ein Semikolon [;] getrennt in eine Zeile setzen. Man kann Semikola auch wie in C++ und C# am Ende jeder Zeile verwenden – man muss es aber nicht.

```
Get-Process ; Get-Service
```

TIPP: Genau wie in einzeiligen Befehlen kann man in Skripten auch einen Zeilenumbruch nach dem Pipeline-Symbol [|]oder mit einem Gravis [`], ASCI-Code 96, bewirken.

7.3 Kommentare

Grundsätzlich sollte man bei der Programmierung dem eigentlichen Programmcode zusätzliche Kommentare hinzufügen, um das Programm für sich selbst und andere verständlich zu machen. Ein gutes Skript zeichnet sich dadurch aus, dass es gut lesbar ist, dass der Code also entsprechend kommentiert wurde. Zwar kann man anhand des Programmcodes oft schon sehen, was innerhalb eines Skripts geschieht, allerdings wird diese Lesbarkeit durch Kommentare wesentlich verbessert.

Kommentare werden in der PowerShell-Skriptsprache durch eine Raute # gekennzeichnet. Kommentare werden von der PowerShell komplett ignoriert. Hier kann jeder beliebige Text stehen.

```
# Ein beliebiger Kommentar
```

HINWEIS: Die Raute gilt immer nur für den Rest der Zeile. Man kann nach einem Befehl einen Kommentar schreiben, z. B.

```
$s = Get-Service | where { $_.Status -eq "running" } # holt die gestarteten Dienste
```

Aber man kann nicht in die gleiche Zeile nach der Raute noch einen Befehl schreiben, der ausgeführt werden soll.

```
$s = Get-Service # holt die gestarten Dienste Get-Process
```

Hier wird „Get-Process" ignoriert.

Seit der PowerShell 2.0 gibt es auch mehrzeilige Kommentare. Hier ist alles, was zwischen <# und #> steht, ein Kommentar, auch wenn es Zeilenumbrüche gibt.

Listing 7.1 Ein- und mehrzeilige Kommentare im Einsatz

```
<#
------------------------------------
PowerShell Script
HTTP-Download und Ausgabe am Bildschirm
(C) Dr. Holger Schwichtenberg
http://www.powershell-doktor.de
------------------------------------
#>

# Instanz erzeugen
$wc = new-object System.Net.WebClient # Es werden keine Parameter benötigt
# HTML herunterladen und ausgeben
$wc.DownloadString("http://www.powershell-doktor.de")
# Zusätzliche Ausgaben
"Zusätzliche Header-Informationen:"
$wc.ResponseHeaders.ToString() # Liefert eine Liste aller HTTP-Header
```

■ 7.4 Variablen

Variablen sind Speicher für einzelne Datenwerte, für ganze Objekte oder für Objektmengen.

7.4.1 Variablen in der PowerShell

PowerShell-Variablen beginnen mit dem Variablenkennzeichner $. Ein Variablenbezeichner (der Name der Variable) kann aus Buchstaben und Zahlen sowie einem Unterstrich bestehen. Nicht erlaubt sind Namen, die bereits vordefinierten Variablen zugewiesen wurden, insbesondere nicht der Name $_, den die PowerShell für den aktuellen Inhalt der Pipeline verwendet.

Die Zuweisung des Inhalts an Variablen erfolgt mit dem Gleichheitszeichen:

```
$x = 5 # Zuweisung der Zahl 5 an die Variable $x
```

Bei der Verwendung (Auslesen des Inhalts) ist nichts weiter zu beachten:

```
"Die Zahl ist " + $x # Verwendung der Variablen
```

Man kann einer Variablen den Inhalt einer Pipeline zuweisen:

```
$laufendeDienste = Get-Service | Where-Object { $_.Status -eq "running" }
```

Und dann später darauf zugreifen, z. B.:

```
"Anzahl der laufenden Dienste: " + $laufendeDienste.Count
"Liste der Dienste: "
$laufendeDienste | Format-Table Name, Status
```

HINWEIS: Die Zuweisung an Variablen und das Auslesen kann alternativ mit den Commandlets Set-Variable bzw. Get-Variable erfolgen. Dabei ist jeweils zu beachten, dass in diesem Fall der Variablenname **ohne** „$" anzugeben ist. Ebenso ist bei der Zuweisung kein Gleichheitszeichen zu verwenden. Die Verwendung dieser Commandlets ist jedoch umständlicher als der direkte Zugriff, da zusätzliche Klammerungen notwendig sind, um Set-Variable bzw. Get-Variable in Ausdrücken zu verwenden. Ebenso muss man bei Get-Variable immer noch auf .Value zugreifen, da Get-Variable nicht den Wert liefert, sondern ein Objekt vom Typ PSVariable, das den Wert verpackt.

```
Set-Variable x 5
"Die Zahl ist " + (Get-Variable x).Value # Verwendung der Variablen
Set-Variable laufendeDienste $(Get-Service | where { $_.Status -eq
"running" })
"Anzahl der laufenden Dienste: " + (Get-Variable laufendeDienste).Value.
Count
"Liste der Dienste: "
(Get-Variable laufendeDienste).Value | ft Name, Status
```

7.4.2 Typisierung

Variablen sind entweder untypisiert

```
$a = 5
```

oder typisiert auf einen PowerShell-Datentyp oder eine beliebige .NET-Klasse

```
[int] $a = 5
[System.DateTime] $a = "1.8.1972"
```

TIPP: Das Voranstellen des Typnamens zur Variablentypisierung

```
[int] $a = 5
```

bewirkt, dass die Variable nur Daten dieses Typs aufnehmen kann, und entspricht damit der klassischen Typisierung in Hochsprachen wie C++, Java und C#. Danach folgende Versuche, der typisierten Variablen einen inkompatiblen Wert zuzuweisen, z. B. $a = "Hallo", führen zum Laufzeitfehler „Cannot convert value". Eine Zeichenkette, die eine Zahl erhält, darf aber im konkreten Fall zugewiesen werden, weil PowerShell die Zeichenkette automatisch konvertiert:
$b = "123"

> Es ist nicht möglich, eine Variablentypisierung ohne Wertinitialisierung durchzuführen. Der Ausdruck
>
> [int] $a
>
> typisiert nicht die Variable, sondern ruft den Wert ab und konvertiert ihn in eine Ganzzahlvariable.

Anders als in vielen anderen Programmiersprachen ist es in der PowerShell-Skriptsprache erlaubt, eine Variable in einem Gültigkeitsbereich (Scope) mehrfach zu deklarieren, auch mit verschiedenen Typen.

 TIPP: Die Mehrfachdeklaration ist kein guter Programmierstil und sollte vermieden werden.

```
[int] $a = 5
$a # Ausgabe: 5
[System.DateTime] $a = "1.8.1972"
$a # Ausgabe: Samstag, 8. Januar 1972 00:00:00
[bool] $a = $true
$a # Ausgabe true
```

7.4.3 Datentypen/Typbezeichner in PowerShell

Als Typbezeichner (alias Typname oder Typkennzeichner) können alle .NET-Klassennamen verwendet werden sowie einige vordefinierte Typbezeichner (sogenannte „Typadapter" oder auch „Type Accelerators") der PowerShell. Beispielsweise sind [int], [System.Int32] und [int32] völlig gleichbedeutend. [int] ist der eingebaute PowerShell-Typbezeichner für Ganzzahlen mit 32 Bit Länge. Dieser Typ wird abgebildet auf die .NET-Klassen [System.Int32]. Dieser Name kann wiederum mit [int32] abgekürzt werden. Wie viel man tippen möchte, ist also Geschmackssache. Typadapter gibt es auch für komplexere Klassen, z.B. [ADSI] und [WMI] (siehe Tabelle).

Die folgende Tabelle zeigt die wichtigsten Datentypen.

Tabelle 7.1 Die wichtigsten Datentypen der PowerShell

PowerShell-Typ (Typadapter/ Accelerator)	Äquivalente .NET-Klasse	Bedeutung
[byte]	[System.Byte]	Ganzzahl mit Länge 8 Bit, nur positive Werte (0 bis 255)
[byte[]]	[System.Byte[]]	Liste von Ganzzahlen mit Länge 8 Bit, nur negative Werte (0 bis 255)
[int]	[System.Int32]	Ganzzahl mit Länge 32 Bit, negative und positive Werte
[int[]]	[System.Int32[]]	Liste von Ganzzahlen mit Länge 32 Bit, negative und positive Werte
[long]	[System.Int64]	Ganzzahl mit Länge 64 Bit, negative und positive Werte
[long[]]	[System.Int64[]	Liste von Ganzzahlen mit Länge 64 Bit, negative und positive Werte
[string]	[System.String]	Zeichenkette, beliebige Länge
[string[]]	[System.String[]]	Liste beliebiger Länge von Zeichenketten beliebiger Länge
[char]	[System.Char]	Ein einzelnes Zeichen
[char[]]	[System.Char[]]	Eine Liste von Zeichen
[bool]	[System.Boolean]	Ja-Nein-Wert ($true oder $false)
[bool[]]	[System.Boolean[]]	Liste von Ja-Nein-Werten
[float] und [single]	[System.Single]	Zahl mit Nachkommastellen, Länge 32 Bit
[double]	[System.Double]	Zahl mit Nachkommastellen, Länge 64 Bit
[double[]]	[System.Double[]]	Liste von Double-Werten
[decimal]	[System.Decimal]	Zahl mit Nachkommastellen, Länge 86 Bit
[decimal[]]	[System.Decimal[]]	Liste von Decimal-Werten
[regex]	[System.Text.RegularExpression.Regex]	Regulärer Ausdruck
[array]	[System.Array]	Array von beliebigen Objekten
[xml]	[System.Xml.XmlDocument]	XML-Dokument
[scriptblock]	[System.Management.Automation.ScriptBlock]	PowerShell-Skriptblock
[hashtable]	[System.Collections.Hashtable]	Hash-Tabelle (Name-Wert-Paare) von beliebigen Objekten

PowerShell-Typ (Typadapter/ Accelerator)	Äquivalente .NET-Klasse	Bedeutung
[psobject]	[System.Management.Automation.PSObject]	PowerShell-Objekt. Ein PowerShell ist ein .NET-Objekt mit Erweiterungen wie NoteProperties, ScriptProperties etc.
[type]	[System.Type]	Metadaten zu einer Klasse
[type[]]	[System.Type[]]	Liste von Metadaten zu Klassen
[wmi]	[System.Mangement.ManagementObject]	WMI-Objekt
[wmiclass]	[System.Management.ManagementClass]	WMI-Klasse
[wmisearcher]	[System.Management.ManagementObjectSearcher]	WMI-Suchabfrage
[adsi]	[System.DirectoryService.DirectoryEntry]	Verzeichnisdienstobjekt
[adsisearcher]	[System.DirectoryServices.DirectorySearcher]	LDAP-Suchanfrage in einem Verzeichnisdienst
[ipaddress]	[System.Net.IPAddress]	IP-Adresse

7.4.4 Typisierungszwang

Variablen müssen nicht explizit deklariert werden, d. h., ein Zugriff auf eine bisher deklarierte oder nicht befüllte Variable führt nicht zu einem Fehler (außer bei Verwendung der Variablen-Commandlets wie `Get-Variable`: Dort ist ein solcher Zugriff ein Fehler!). Somit besteht bei Schreibfehlern die Gefahr, dass es unerwünschte Effekte gibt.

Mit der Anweisung `Set-PSDebug -Strict` können Sie erreichen, dass die PowerShell einen Fehler meldet, wenn man eine Variable ausliest, der man zuvor keinen Wert zugewiesen hat. Seit PowerShell 2.0 gibt es zusätzlich `Set-StrictMode`. Im Gegensatz zu `Set-PSDebug` wirkt sich `Set-StrictMode` nur auf den aktuellen Gültigkeitsbereich einschließlich der untergeordneten Bereiche aus und kann deshalb in einem Skript oder in einer Funktion verwendet werden, ohne globalen Einfluss zu haben.

`Set-StrictMode` hat einen Pflichtparameter `-Version`, der sich auf die PowerShell-Version bezieht und unterschiedliche Regeln mit sich bringt.

Wert für Version	Bedeutung
1.0	Verhindert Verweise auf nicht initialisierte Variablen, mit Ausnahme nicht initialisierter Variablen in Zeichenfolgen
2.0 oder 3.0 oder 4.0	Verhindert Verweise auf nicht initialisierte Variablen (einschließlich nicht initialisierter Variablen in Zeichenfolgen)
	Verhindert Verweise auf nicht vorhandene Eigenschaften eines Objekts
	Verhindert Funktionsaufrufe mit der Syntax für aufrufende Methoden
	Verhindert eine Variable ohne Namen (${})

Die Angabe des Parameters `-Latest` bewirkt, dass der jeweils aktuelle Regelsatz verwendet wird.

7.4.5 Typkonvertierung (Typumwandlung)

Als Typkonvertierung (engl. Type Cast) bezeichnet man die Umwandlung einer Information, die in einem Datentyp vorliegt, in einen anderen Datentyp. Die PowerShell-Skriptsprache ist bei der Typumwandlung sehr viel toleranter als viele andere .NET-basierte Programmiersprachen und nimmt viele Typkonvertierungen automatisch vor.

Das folgende Listing zeigt, dass die PowerShell die gebrochene Zahl 5.1 automatisch in eine Ganzzahl wandelt, nämlich wenn

- sie in einer Zeichenkette steht
- man die Konvertierung explizit mit vorangestelltem `[Typbezeichner]` deklarieren kann
- man die Konvertierung auch mit nachgestelltem `-as [Typbezeichner]` deklarieren kann
- die PowerShell `$true` in die Zahl 1 wandelt
- die PowerShell `$false` in die Zahl 0 wandelt
- die PowerShell eine Zeichenkette, die aus Buchstaben und Zahlen besteht, nicht umwandeln kann. Im Standard kommt es zum Fehler.
- bei der Umwandlung einer Zeichenkette mit Buchstaben und Zahlen mithilfe des Operators `-as` das Ergebnis 0 ist

Listing 7.2 [1_Basiswissen\PowerShellLanguage\Variablen.ps1]

```powershell
[int] $x = 1.23
$x # Ausgabe: 1

$x = "2.34"
$x # 2

$x = [Int] "3.45"
$x # 3

$x = 4.56 -as [Int]
$x # 4

$a = $false
$x = $a -as [Int]
$x # 0, weil $true = 1, während $false = 0

$a = $true
$x = $a -as [Int]
$x # 1, weil $true = 1, während $false = 0

$x = "Nummer 1"  # Fehler: Der Wert "Nummer 1" kann nicht in den Typ "System.Int32"
konvertiert werden.
$x # immer noch: 1

$x = [Int] "Nummer 1" #Fehler: Der Wert "Nummer 1" kann nicht in den Typ "System.Int32" konvertiert werden.
```

```
$x # immer noch: 1

$x = "Nummer 1" -as [Int] # Kein Fehler, liefert 0
$x # 0
```

7.4.6 Gültigkeitsbereiche (Scope)

Eine Variable wird durch eine Zuweisung auch direkt deklariert und gilt dann innerhalb des entsprechenden Gültigkeitsraums (engl. Scope), in dem sie deklariert wurde (z.B. einem Block, einer Unterroutine oder dem ganzen Skript).

Mit $script kann man eine Variablendeklaration einleiten, die über den aktuellen Skriptblock im ganzen aktuellen Skript hinaus gültig ist.

Mit $global kann man eine Variablendeklaration einleiten, die global, d.h. nicht nur außerhalb eines Skriptblocks, sondern sogar außerhalb des aktuellen Skripts, gültig sind.

Beispiel: In dem folgenden Skript ist $x2 nur in dem Skriptblock gültig. Alle anderen Variablen sind auch außerhalb des Skriptblocks gültig. $x4 ist auch gültig außerhalb des Skripts, d.h., der Wert ist nach Ende des Skripts noch vorhanden. Wenn die aktuelle PowerShell-Instanz (Konsole oder ISE) aber geschlossen wird, ist der Wert dann auch weg.

Listing 7.3 [1_Basiswissen\PowerShell Language\VariablenGueltigkeit.ps1]

```
Remove-Variable x*
"Test für Gültigkeitsbereiche"
$x1 = "Wert"

# Scriptblock
$cmd = {
"Skriptblock"
$x2 = "Wert"
$script:x3 = "Wert"
}

& $cmd

$global:x4 = "Wert"

"x1=$x1"
"x2=$x2" # ist leer!
"x3=$x3"
"x4=$x4"
"Skriptende!"
```

Die folgende Bildschirmabbildung zeigt die Ausführung des obigen Skripts. Zunächst wird das Skript normal (ohne „Dot Sourcing") aufgerufen. Nach Skriptende ist nur die Variable $x4 noch verfügbar, die mit $global deklariert wurde.

Wenn man das Skript hingegen mit Dot Sourcing startet, sind die Variablen $x1, $x3 und $x4 verfügbar.

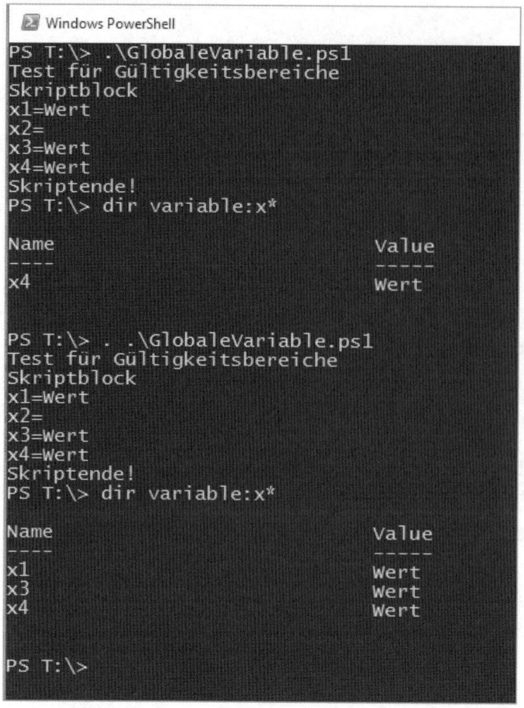

```
 Windows PowerShell
PS T:\> .\GlobaleVariable.ps1
Test für Gültigkeitsbereiche
Skriptblock
x1=Wert
x2=
x3=Wert
x4=Wert
Skriptende!
PS T:\> dir variable:x*

Name                           Value
----                           -----
x4                             Wert

PS T:\> . .\GlobaleVariable.ps1
Test für Gültigkeitsbereiche
Skriptblock
x1=Wert
x2=
x3=Wert
x4=Wert
Skriptende!
PS T:\> dir variable:x*

Name                           Value
----                           -----
x1                             Wert
x3                             Wert
x4                             Wert

PS T:\>
```

Bild 7.1
Beispiel zur Variablengültigkeit

7.4.7 Variablen leeren oder löschen

Eine befüllte Variable kann man wieder leeren mit dem Commandlet `Clear-Variable`. Dabei ist aber der Name der Variablen ohne $ anzugeben, z. B.:

```
Get-Variable x
```

Mit `Remove-Variable` kann man eine Variablendeklaration wieder aufheben (was in vielen anderen Sprachen nicht möglich ist).

```
$name = "Holger Schwichtenberg"
$name
Get-Variable name
Clear-Variable name
Get-Variable name # ist noch da, aber leer
$name
Remove-Variable name
Get-Variable name # Fehler
$name # kein Fehler, sofern nicht Set-PSDebug -Strict
```

 TIPP: Der folgende Befehl löscht alle Variablen, deren Name mit x beginnt:

```
Remove-Variable x*
```

7.4.8 Variablentyp ermitteln

Unabhängig davon, ob eine Variable typisiert wurde oder nicht, kann man den Datentyp jederzeit ermitteln. Bei untypisierten Variablen hat die Variable automatisch den Datentyp des zuletzt zugewiesenen Typs.

Den Datentyp liefert die Methode `GetType()` in Form eines .NET-Objekts vom Typ `System.Type`. Da jede PowerShell-Variable eine Instanz einer .NET-Klasse ist, besitzt jede PowerShell-Variable die Methode `GetType()`, die jedes .NET-Objekt von der Mutter aller .NET-Klassen (`System.Object`) erbt. Meistens interessiert man sich nur für den Klassennamen, den man aus `Fullname` (mit Namensraum) oder `Name` (ohne Namensraum) auslesen kann.

```
$b = [System.DateTime] "1.8.1972"
"$b hat den Typ: " + $b.GetType().Fullname
```

7.4.9 Vordefinierte Variablen

Die PowerShell kennt zahlreiche vordefinierte Variablen (alias eingebaute Variablen alias interne Variablen). Die nachstehende Tabelle zeigt nur eine Auswahl dieser Variablen.

Tabelle 7.2 Vordefinierte PowerShell-Variablen (Auswahl)

Variable	Bedeutung
$true	Wert „wahr"
$false	Wert „falsch"
$OFS	Trennzeichen für die Ausgabe von Objektmengen
$Home	Heimatordner des angemeldeten Benutzers
$PSHome	Installationsordner des PowerShell-Hosts
$Args	Parameter (zur Verwendung in Funktionen)
$Input	Aktueller Inhalt der Pipeline (zur Verwendung in Funktionen)
$_	Aktuelles Objekt der Pipeline (zur Verwendung in Schleifen)
$StackTrace	Aktuelle Aufrufreihenfolge
$Host	Informationen über den PowerShell-Host und Einstellmöglichkeiten, z. B. Farbe
$LastExitCode	Rückgabewert der zuletzt ausgeführten externen Windows- oder Konsolenanwendung
$Error	Komplette Liste aller aufgetretenen Fehler seit Start der PowerShell (die maximal gespeicherte Anzahl ist durch $MaximumErrorCount festgelegt)
$PSModuleAutoLoadingPreference	Steuerung des Ladeverhaltens von Modulen

(Fortsetzung nächste Seite)

Tabelle 7.2 Vordefinierte PowerShell-Variablen (Auswahl) *(Fortsetzung)*

Variable	Bedeutung
$ErrorActionPreference	Steuerungen des Verhaltens im Fehlerfall. Standard ist „Continue" (d. h. Ausgabe des Fehlers und dann Fortsetzen des Skripts). Weitere Optionen: SilentlyContinue, Stop, Inquire, Ignore, Suspend
$VerbosePreference	Festlegung, ob im Standard Ausgaben erfolgen, die als „verbose" deklariert sind. Standard ist SilentlyContinue (d. h. keine Ausgaben). Weitere Optionen sind: Stop, Continue, Inquire, Ignore, Suspend
$WhatIfPreference	Festlegung, ob im Standard alle Befehle, die -whatif unterstützen, diesen Modus nutzen. Der Standard ist $false, d. h., der Befehl wird tatsächlich ausgeführt.

Mit $Host kann man die Farben der PowerShell-Konsole für die ganze aktuelle Sitzung verändern, z. B.:

```
$Host.UI.RawUI.BackgroundColor = "darkgreen"
```

Das Trennzeichen für Objektmengen kann man mit $OFS verändern:

Der Befehl

```
$OFS="/" ; [string] ("a","b","c")
```

liefert die Ausgabe:

```
a/b/c
```

TIPP: Alle deklarierten Variablen, sowohl die eingebauten als auch die selbst definierten, erhält man durch den Befehl Get-ChildItem Variable: alias Dir Variable:.

Dir Variable:p* listet alle Variablen auf, die mit „p" oder „P" beginnen. Get-Variable p* hat den gleichen Effekt.

Einige der eingebauten Variablen können nicht geändert werden. Für eigene Variablen kann man diesen Zustand erreichen mit:

```
Set-Variable variablenname -Option readonly
```

ACHTUNG: Dabei ist der Variablenname ohne das Dollarzeichen zu verwenden!

7.5 Variablenbedingungen

Seit PowerShell 3.0 erlaubt es Microsoft, zu einer Variablen Bedingungen abzulegen, die diese erfüllen muss. Die Bedingung wird bei jeder Zuweisung geprüft. Fehlerhafte Zuweisungen werden mit Fehlerausgaben von der PowerShell quittiert; die PowerShell bricht in der Standardeinstellung das Skript aber nicht ab.

Achtung: Wichtig ist, dass schon bei der Initialisierung Werte gesetzt werden, da sonst die Variable nicht korrekt typisiert wird und auch die Annotationen nicht wirken.

Mögliche Bedingungen sind:

- die Länge einer Zeichenkette: [ValidateLength (1,5)],
- der Aufbau einer Zeichenkette, beschrieben durch einen regulären Ausdruck: [ValidatePattern ("[0-9A-F]*")],
- ein Ausdruck, der wahr sein muss: [ValidateScript ({$_.Starts With("A")})],
- dass ein Zahlenwert aus einem Wertebereich stammen muss: [ValidateRange (0,100)],
- dass ein Parameter ein Wert einer vordefinierten Liste sein muss: [ValidateSet ("A","B","C")].

> **HINWEIS:** In .NET heißen die Ausdrücke in eckigen Klammern „Attribute", wobei dies kein guter Begriff ist, weil Attribute in anderen objektorientierten Programmiersprachen/-frameworks die Eigenschaften eines Objekts sind. Besser wäre „Annotation" (vgl. Java). Die genannten Annotationen wurden schon mit PowerShell 2.0 eingeführt, konnten dort aber zunächst nur auf Parameter einer Funktion angewendet werden. Neu seit PowerShell-Version 3.0 ist die Anwendung auf jede beliebige Variable.

In dem folgenden Beispiel werden zunächst gültige Werte zugewiesen, dann aber ungültige.

```
"gültige Zuweisungen bei Initialisierung"
[ValidateRange(0,1000)] [int] $BenuterAnzahl = 0
[ValidateLength(1,15)] [string] $benutzername = "HSchwichtenberg"
[ValidateScript({$_.StartsWith("I")})] [string] $Domain = "ITV"
[ValidatePattern("(\w[-._\w]*\w@\w[-._\w]*\w\.\w{2,3})")] [string] $BenutzerEMail = "buero@it-visions.de"

"weitere gültige Zuweisungen"
$benutzername = "HolgerS"
$BenutzerAnzahl = 1
$BenutzerEMail = "Kundenteam@IT-Visions.de"
$Domain = "ITV-Schulungen"

"ungültige Zuweisungen"
$benutzername = "HolgerSchwichtenberg"
$BenutzerAnzahl = -1
$BenutzerEMail = "Unsinn"
$Domain = "unsinn"
```

■ 7.6 Zahlen

Zahlenliterale können in der PowerShell angegeben werden entweder als

- Dezimal-Ganzzahlen, z. B. 123
- gebrochene Dezimalzahlen mit Nachkommastellen (mit Punkt als Trennzeichen zu den Nachkommastellen. Ein Komma als Trennzeichen ist nicht erlaubt!), z. B. 123.456
- Hexadezimalzahlen durch ein vorangestelltes 0x, z. B. 0Xff für den Wert 255. Sie lassen sich verwenden wie Dezimalzahlen, z. B. 0Xff+1 ergibt 256.
- oder als Wertebereich, z. B. 1..5 ist die Menge aller Zahlen von 1 bis 5

 TIPP: Mit den Kürzeln KB, MB, GB, TB und PB können die Maßeinheiten Kilobyte, Megabyte, Gigabyte, Terabyte und Petabyte komfortabel verwendet werden, z. B. steht die Eingabe 5MB für die Zahl 5242880 (5 * 1024 * 1024).

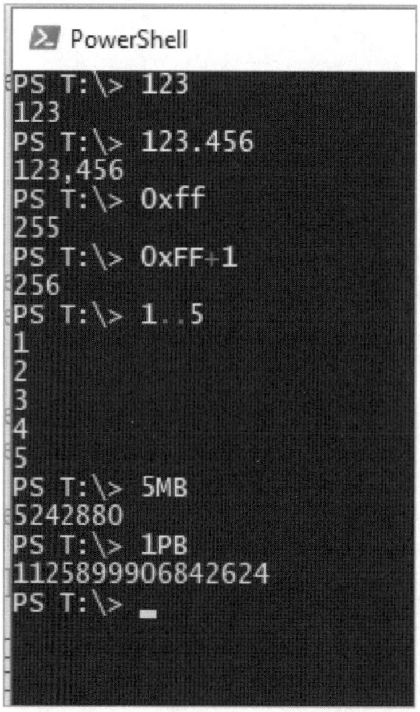

Bild 7.2
Zahlen in der PowerShell

Bei der Zuweisung eines Zahlenliterals zu einer untypisierten Variablen erzeugt die PowerShell im Standard eine Instanz des Typs System.Int32. Reicht der Wertebereich von Int32 nicht aus, werden Int64 oder Decimal erzeugt. Wenn das Zahlenliteral eine gebrochene Zahl ist (mit einem Punkt zur Trennung der Nachkommastellen), dann erzeugt die PowerShell Double oder Decimal.

Möchte man Kontrolle über den Datentyp der Variablen, muss man die Variable explizit typisieren, z. B. mit [Byte] oder [Decimal]. Für Decimal gibt es eine weitere Möglichkeit, indem man ein „d" an das Literal anhängt (z. B. 5.1d).

```powershell
# Implicit Integer
$i = 5
$i.GetType().Name

# Implicit Long
$i = 5368888888888888
$i.GetType().Name

# Implicit Decimal
$i = 53688888888888888888888888888888
$i.GetType().Name

# Explicit Long
[Int64] $l = 5
$l.GetType().Name

# Explicit Byte
[Byte] $b = 5
$b.GetType().Name

# Implicit Double
$d = 5.1
$d.GetType().Name

# Implicit Decimal
$d = 5.1d
$d.GetType().Name

# Explicit Decimal
[Decimal] $d = 5.1
$d.GetType().Name
```

Zufallszahlen

Eine Zufallszahl kann man mit dem Commandlet Get-Random (seit PowerShell 2.0) oder in PowerShell 1.0 in den PowerShell Community Extensions [CODEPLEX01] erzeugen. Get-Random liefert eine Zahl zwischen 0 und 1. Mit den Parametern -Min und -Max kann man den Wertebereich beeinflussen (siehe Bildschirmabbildung).

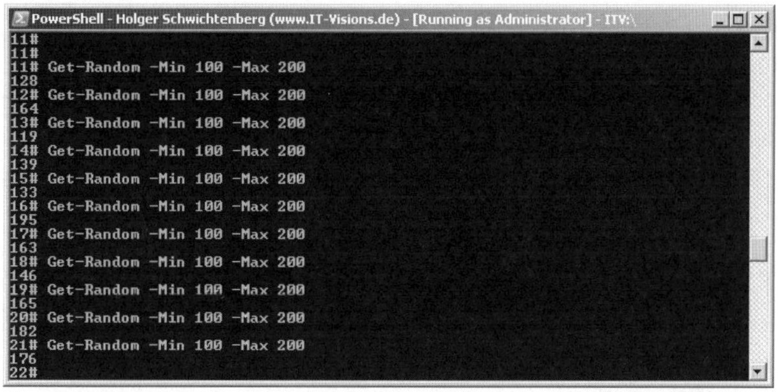

Bild 7.3 Einsatz von Get-Random zur Erzeugung von Zufallszahlen zwischen 100 und 200

Alternativ kann man Zufallszahlen mit der .NET-Klasse `System.Random` erzeugen.

Listing 7.4 Zufallszahlen erzeugen mit der .NET-Klasse System.Random

```
$rnd = New-Object System.Random
$zufallszahl = $rnd.next(100)+100
$zufallszahl
```

■ 7.7 Zeichenketten (Strings)

Zeichenketten sind Ansammlungen von Buchstaben, Zahlen und Sonderzeichen. Zeichenketten können leer sein.

7.7.1 Zeichenkettenliterale

Zeichenketten sind in der PowerShell Instanzen der .NET-Klasse `System.String`. Sie werden begrenzt durch einfache ['] oder doppelte Anführungszeichen ["] oder ['@] (@']. Die letzte Variante, die auch Zeilenumbrüche in der Zeichenkette erlaubt, nennt Microsoft „Here-String".

Listing 7.5 Beispiel für einen Here-String
[1_Basiswissen/PowerShell Language/strings.ps1]

```
#Here-String
@'
Eine lange Zeile
kann in spezielle
Begrenzer
verpackt werden
'@
```

 ACHTUNG: Bei der Parameterübergabe an Commandlets sind Zeichenketten nur in Anführungszeichen zu schreiben, wenn die Parameterabgrenzung sonst nicht mehr klar wäre, also wenn ein Leerzeichen darin vorkommt.

Beispiel:

```
Dir c:\Windows
Dir "C:\Program Files"
```

Es wäre hier sehr falsch, die Anführungszeichen wegzulassen, denn dann würden C:\Program und Files jeweils als eigener Parameter interpretiert werden.

7.7.2 Zeichenketten zusammensetzen

Zwei oder mehrere Zeichenketten kann man in der PowerShell durch das Pluszeichen verbinden.

```
$vorname = "Holger"
$name = "Schwichtenberg"
$ganzername = "Dr. " + $vorname + " " + $name
Write-Host $ganzername -ForegroundColor Yellow
```

 Achtung bei der Zeichenkettenzusammensetzung in Parametern!

In den beiden nachstehenden Befehlen erkennt die PowerShell die Grenzen der Parameter nicht richtig:

```
Write-Host "Dr. " + $vorname + " " + $name -ForegroundColor Yellow
Write-Host "Dr. "+$vorname+" "+$name -ForegroundColor Yellow
```

Hier ist eine Klammerung notwendig:

```
Write-Host ("Dr. " + $vorname + " " + $name) -ForegroundColor Yellow
```

7.7.3 Variablenauflösung in Zeichenketten

Alternativ zu der Zeichenkettenzusammensetzung mit dem Pluszeichen kann man die Variablenauflösung in Zeichenketten verwenden.

PowerShell-Variablen werden nicht nur in Ausdrücken, sondern auch innerhalb von Zeichenketten aufgelöst, wenn die Zeichenkette mit einem doppelten Anführungszeichen begrenzt ist.

Wenn Folgendes deklariert ist

```
[int] $count = 1
[string] $Computer = "SERVER01"
```

dann kann man statt

```
$count.ToString() + ". Zugriff auf Computer " + $Computer
```

auch einfacher schreiben:

```
"$count. Zugriff auf Computer $Computer"
```

In beiden Fällen ist das Ergebnis gleich:

```
"1. Zugriff auf Computer SERVER01"
```

Oder das Beispiel aus dem vorherigen Kapitel

```
$vorname = "Holger"
$name = "Schwichtenberg"
$ganzername = "Dr. $vorname $name"
Write-Host $ganzername -ForegroundColor Yellow
```

Die Variablenauflösung funktioniert ebenso in Parametern von Commandlets. Auch die beiden folgenden Befehle sind gleichbedeutend, d. h., in beiden Fällen wird der Verzeichnispfad WinNT://SERVER01 angesprochen:

```
Get-DirectoryEntry ("WinNT://" + $Computer)
Get-DirectoryEntry "WinNT://$Computer"
```

Die Variablenauflösung ist genau genommen keine Variablenauflösung, sondern eine Ausdruckauflösung. Das **Dollarzeichen** kann auch einen beliebigen Ausdruck einleiten.

Dafür drei **Beispiele:**

```
"1+3=$(1+3)"

"Aktuelle Uhrzeit: $((Get-Date).ToShortTimeString())"

"Anzahl der laufenden Prozesse: $((Get-Process).Count)"
```

```
PS C:\> „1+3=$(1+3)"
1+3=4

PS C:\> "Aktuelle Uhrzeit: $((Get-Date).ToShortTimeString())"
Aktuelle Uhrzeit: 13:17

PS C:\> "Anzahl der laufenden Pro¬zesse: $((Get-Process).Count)"
Anzahl der laufenden Pro¬zesse: 92

PS C:\> |
```

Bild 7.4
Ausgabe der obigen Beispiele

ACHTUNG: Eine Variablenauflösung findet nicht statt, wenn die Zeichenkette in einfachen Anführungszeichen ['] steht:

'$count. Zugriff auf Computer $Computer'.

Diesen Umstand kann man trickreich nutzen, siehe Kapitel 23 „Standardeinstellungen ändern mit Profilskripten".

Ein Unterstrich ist in Variablennamen erlaubt. Wenn man einen Unterstrich in einer Zeichenkette mit einer Variablen verbinden will, so geht dies nicht so:

```
[string] $Computer = "Server113"
$VhdPath = "t:\VMs\$computer_VHD.vhdx"
```

In diesem Fall sucht die PowerShell eine Variable mit Namen $computer_VHD, die es aber nicht gibt. Die Variable $vhdpath enthält dann nur *t:\VMs\.vhdx*.

Richtig ist der Einsatz des Gravis [`], der das Ende des Variablennamens einleiten muss:

```
$VhdPath = "t:\VMs\$computer`_VHD.vhdx"
```

Danach ist das Ergebnis richtig: t:\VMs\Server113_VHD.vhdx

7.7.4 Wiederholte Zeichenketten

Um eine Zeichenkette mehrfach auszugeben, muss man diese nicht mehrfach eintippen und auch nicht wie in anderen Programmiersprachen eine Schleife erzeugen. In der PowerShell-Skriptsprache kann man Zeichenketten multiplizieren.

```
"*" * 20
"ACHTUNG! " * 5
Write-warning ("ACHTUNG! " * 5)
```

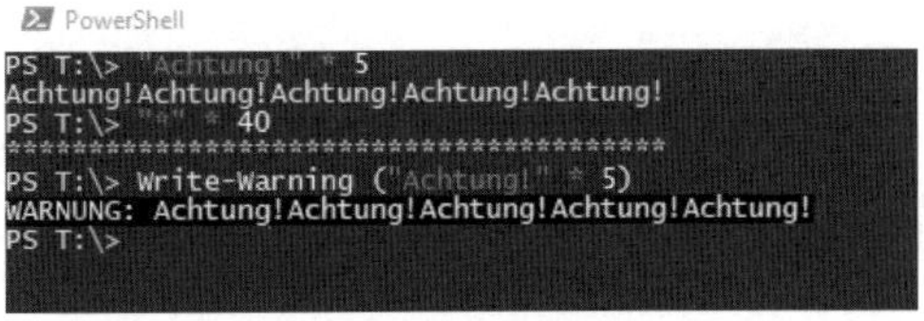

Bild 7.5
Multiplizieren von Zeichenketten

7.7.5 Leere Zeichenketten

Zeichenketten haben die Besonderheit, dass es für den Zustand „leer" zwei Werte gibt:

1. die leere Zeichenkette mit doppelten "" oder einfachen Anführungszeichen ''
2. den Wert $null

Wie das folgende Listing zeigt, gibt es auf dem Bildschirm in beiden Fällen eine Leerzeile. Relevant wird der Unterschied aber bei Vergleichen, denn dabei ist eine leere Zeichenkette nicht das gleiche wie $null. Man muss also immer auf "" und $null vergleichen: $name -eq "" -or $name -eq $null. Hier kann man alternativ eine statische Methode aus der Klasse System.String anwenden: [String]::IsNullOrEmpty($name).

 Im Rahmen von If-Bedingungen kann man einfach if ($name) bzw. if (-not $name) verwenden! Dies prüft sowohl auf Leerzeile als auch auf $null.

Listing 7.6 [1_Basiswissen\PowerShellLanguage\Variablen.ps1]

```
$name = "Holger Schwichtenberg"
$name # Ausgabe: Holger Schwichtenberg
$name = "" # leere Zeichenkette
$name # Ausgabe: Leerzeile
$name -eq "" # true
```

```
$name -eq $null # false
$name = $null # Zeichenkette ist null, d.h. nicht vorhanden
$name # Ausgabe: Leerzeile
$name -eq "" # false
$name -eq $null # true
[String]::IsNullOrEmpty($name) #true
if ( $name) { "Name ist nicht leer!" }
if (-not $name) { "Name ist leer!" }
```

7.7.6 Sonderzeichen in Zeichenketten

Sonderzeichen in Zeichenketten werden in PowerShell mit dem Gravis [`] eingeleitet. Wichtige Sonderzeichen sind:

[`a]	Tonausgabe (Beep)
[`b]	Backspace
[`f]	Form Feed (für Drucker)
[`n]	New Line
[`r]	Carriage Return
[`r`n]	Carriage Return und New Line
[`t]	Tabulator

Ein Beispiel für den Einsatz zeigt das folgende Skript.

Listing 7.7 Nutzung von New Line und Tabulator

```
$Name = "Holger Schwichtenberg"
$Status1 = "OK"
$Status2 = "3 Fehler in den letzten 24 Stundnen"
$Begruessung = "Guten Tag, Herr $Name,`nder aktuelle Systemstatus ist:
`nServer1`t`t$Status1`nServer2`t`t$Status2."
Write-Host $Begruessung  -ForegroundColor Yellow
```

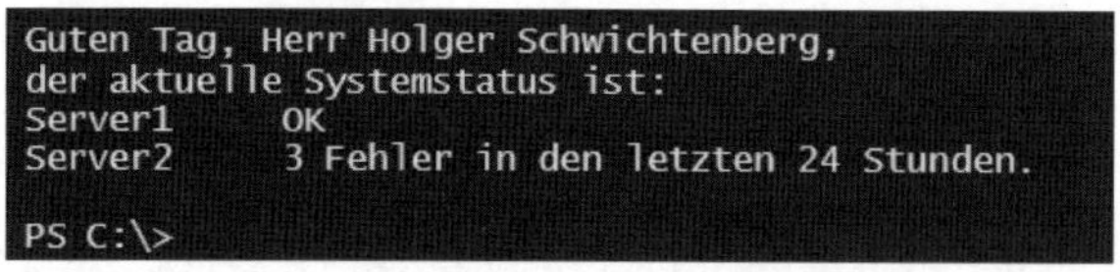

```
Guten Tag, Herr Holger Schwichtenberg,
der aktuelle Systemstatus ist:
Server1    OK
Server2    3 Fehler in den letzten 24 Stunden.
PS C:\>
```

Bild 7.6
Ausgabe des obigen Listings

 ACHTUNG: Sonderzeichen werden nicht ausgewertet, wenn die Zeichenkette in einfachen Anführungszeichen steht!

7.7.7 Bearbeitungsmöglichkeiten für Zeichenketten

Für Zeichenketten in der PowerShell stehen alle Bearbeitungsmöglichkeiten der Klasse System.String in der PowerShell zur Verfügung.

Folgende Methoden stehen zur Verfügung:

- Clone()
- CompareTo()
- Contains()
- CopyTo()
- EndsWith()
- Equals()
- IndexOf()
- IndexOfAny()
- Insert()
- LastIndexOf()
- LastIndexOfAny()
- Length()
- PadLeft()
- PadRight()
- Remove()
- Replace(), ähnlich dem PowerShell-Operator -replace
- Split(), ähnlich dem PowerShell-Operator -split
- StartsWith()
- Substring()
- ToCharArray()
- ToLower()
- ToLowerInvariant()
- ToString()
- ToUpper()
- ToUpperInvariant()
- Trim()
- TrimEnd()
- TrimStart()

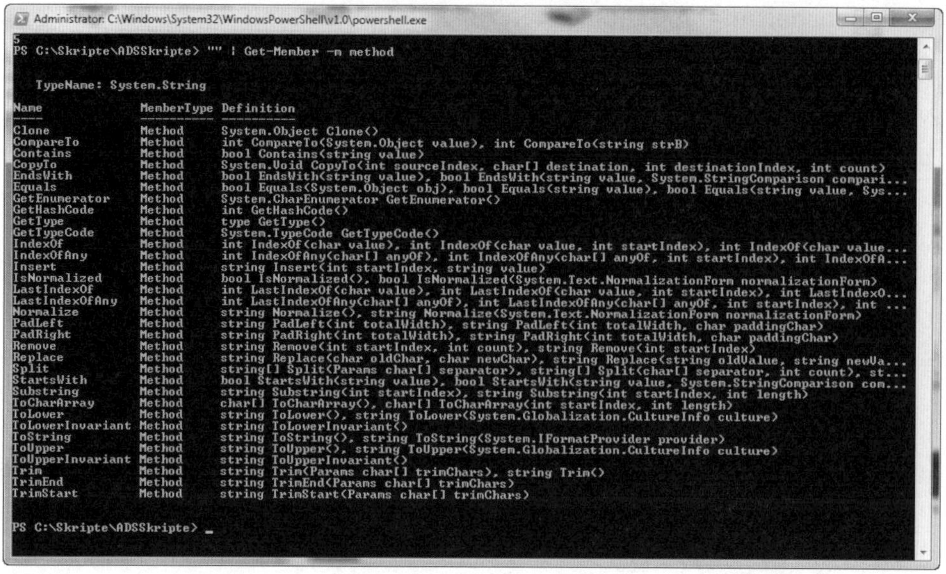

Bild 7.7 Methoden der Klasse System.String

Beispiel

Das nächste Beispiel zeigt folgende Zeichenkettenoperationen:

- Umwandlung in Großbuchstaben,
- Einfügen eines Textes,
- Extrahieren eines Textteils als einzelne Zeichen.

Listing 7.8 Beispiel für die Veränderung von Zeichenketten
[1_Basiswissen/PowerShell Language/strings.ps1]

```
# Umwandlung in Großbuchstaben
$a = "Dr. Schwichtenberg"
$a.ToUpper()

# Einfügen eines Textes
$a = $a.Insert(4, "Holger ")
$a

# Extrahieren eines Textteils
$c = $a[4..9]
$c
```

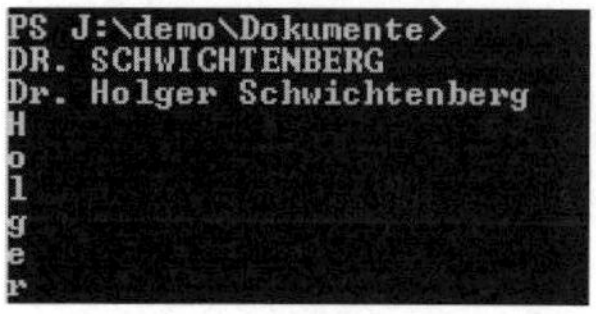

Bild 7.8
Ausgabe des obigen Skripts

TIPP: Neben der Möglichkeit, Zeichenketten mit ToUpper() bzw. ToLower() komplett in Groß- bzw. Kleinbuchstaben zu versetzen, bietet die .NET-Klassenbibliothek in der Klasse System.Globalization.TextInfo noch die Methode ToTitleCase() an, die die angegebene Zeichenfolge in große Anfangsbuchstaben verwandelt., d.h., jedes neue Wort wird in Großbuchstaben geschrieben. Bestehende Großbuchstaben bleiben unangetastet. Zu beachten ist, dass man TextInfo nicht direkt nutzen kann, sondern von dem Commandlet Get-Culture bekommt.

```
(Get-Culture).TextInfo.ToTitleCase("DR. holger schwichtenberg") #Ergebnis:
DR. Holger Schwichtenberg
```

7.7.8 Zeichenketten ersetzen

Zum Ersetzen von Teilen von Zeichenketten gibt es in PowerShell zwei Möglichkeiten:
3. Aufruf der Methode Replace() auf einem String-Objekt
4. Verwendung des PowerShell-Operators -replace

Replace() und -replace sind nicht exakt übereinstimmend in ihrer Funktion:
- Während die Übersetzung bei -replace nicht case-sensitive ist, ist bei Replace() die Groß-/Kleinschreibung relevant.
- Während -replace auch reguläre Ausdrück akzeptiert, ist dies bei Replace() nicht möglich.

Das folgende Listing zeigt ein Beispiel mit den unterschiedlichen Ergebnissen.

Listing 7.9 Replace() versus -replace
[1_Basiswissen\PowerShellLanguage\Strings.ps1]

```
"Thomas Müller" -replace "ü","ue" #Ergebnis: Thomas Mueller
"Thomas Müller".replace("ü","ue") #Ergebnis: Thomas Mueller

"Thomas Özil" -replace "ö","oe" #Ergebnis: Thomas oezil (-replace ist nicht case
sensitive)
"Thomas Özil".replace("ö","oe") #Ergebnis: Thomas Özil (replace() ist case sensitive)

"Thomas Özil" -replace "\bö","oe" #Ergebnis: Thomas oezil (-replace akzeptiert RA)
"Thomas Özil".replace("\bö","oe") #Ergebnis: Thomas Özil (replace() akzeptiert nicht
RA)
```

7.7.9 Zeichenketten trennen und verbinden

Manchmal muss man eine Zeichenkette trennen, z. B.:

```
"Holger;Schwichtenberg;Essen;Germany;www.IT-Visions.de"
```

Das .NET Framework stellt dazu die Methode `Split()` in der Klasse `System.String` bereit.

Listing 7.10 Einsatz der Methode Split() [1_Basiswissen/PowerShell Language/Strings.ps1]

```
[String] $CSVString = "Holger;Schwichtenberg;Essen;Germany;www.IT-Visions.de"
$CSVArray = $CSVString.Split(";")
$Surname = $CSVArray[1]
$Surname
```

Alternativ kann man seit PowerShell 2.0 den eingebauten Operator `-Split` verwenden. Das macht es ein wenig kürzer:

Listing 7.11 Einsatz des Operators -Split [1_Basiswissen/PowerShell Language/Strings.ps1]

```
[String] $CSVString = "Holger;Schwichtenberg;Essen;Germany;www.IT-Visions.de"
$CSVArray = $CSVString -Split ";"
$Surname = $CSVArray[1]
$Surname
```

Zeichenketten verbinden

Das Gegenstück zum Verbinden von Zeichenketten sind die Methoden `Join()` und der Operator `-Join`. Bei `Join()` ist zu beachten, dass dies eine statische Methode der Klasse `System.String` ist.

Listing 7.12 Einsatz der statischen Methode Join()
[1_Basiswissen/PowerShell Language/Strings.ps1]

```
$Array = "Holger", "Schwichtenberg", "Essen", "Germany", "www.IT-Visions.de"
$CSVString = [System.String]::Join(";", $Array)
$CSVString
```

Listing 7.13 Einsatz des Operators -Join [1_Basiswissen/PowerShell Language/Strings.ps1]

```
$Array = "Holger", "Schwichtenberg", "Essen", "Germany", "www.IT-Visions.de"
$CSVString = $Array -Join ";"
$CSVString
```

Weiteres Beispiel

Es folgt ein weiteres Beispiel zum Einsatz von `-Split` und `-Join`.

Listing 7.14 Beispiele zum Einsatz der Operatoren -split und -join

```
$CSV = "www.powershell-doktor.de;Dr. Holger Schwichtenberg;Essen"

$Einzelwerte = $CSV -split ";"
$Name = $Einzelwerte[1]
```

```
$Name # liefert "Dr. Holger Schwichtenberg"

$Einzelwerte = $Einzelwerte | Sort-Object
$AlleWerteGetrenntDurchKomma = $Einzelwerte -join ","
$AlleWerteGetrenntDurchKomma # liefert "Dr. Holger Schwichtenberg,Essen,
www.powershell-doktor.de"
```

7.8 Reguläre Ausdrücke

Das Microsoft .NET Framework (inklusive .NET Core) und die PowerShell enthalten eine gute Unterstützung für Mustererkennung in Texten durch reguläre Ausdrücke. Reguläre Ausdrücke sind eine komplexe Sprache, die nicht originär der PowerShell entstammt und die hier nicht vollständig beschrieben werden kann. Dazu gibt es komplette Bücher. Sie finden eine gute Dokumentation dazu auch im WWW unter [MSDN58].

Ein regulärer Ausdruck ist eine Zeichenkette, die mit Platzhaltern ein Muster beschreibt. Man kann nach dieser Musterdefinition eine Zeichenkette mit dem Muster vergleichen und erhält als Ergebnis, ob die Zeichenkette auf das Muster passt. Dabei kann das Muster auch auf einen Teil der Zeichenkette zutreffen. Mit regulären Ausdrücken kann man auch Teile von Zeichenketten durch andere Zeichenketten ersetzen (Austauschfunktion).

7.8.1 Mustervergleichsoperatoren

In der PowerShell prüft man mit folgenden Operatoren auf ein Muster:

- Mustervergleich ohne Unterscheidung zwischen Groß- und Kleinschrift: -match und -imatch
- Mustervergleich mit Unterscheidung zwischen Groß- und Kleinschrift: -cmatch
- Prüfung, ob ein Muster NICHT enthalten ist, ohne Unterscheidung zwischen Groß- und Kleinschrift: -notmatch und -inotmatch
- Prüfung, ob ein Muster NICHT enthalten ist, mit Unterscheidung zwischen Groß- und Kleinschrift: -cnotmatch

Die Anwendung sieht so aus:

```
$Ergebnis = $Zeichenkette -match $Muster
```

Das Ergebnis ist $true oder $false.

Beispiel: Prüfung einer E-Mail-Adresse

Ein erstes Beispiel dient der Verdeutlichung. Geprüft werden soll, ob die eingegebenen Zeichenketten den Aufbau einer E-Mail-Adresse haben. Die Zeichenketten werden in diesem Fall im Quellcode des Skripts hinterlegt. Die Entgegennahme der Eingabe mit Read-Host wird im Kapitel 20 „Benutzereingaben" später behandelt.

Listing 7.15 RegEx.ps1

```
"Bitte geben Sie eine E-Mail-Adresse ein:"
$Muster = "^[A-Z0-9._%+-]+@[A-Z0-9.-]+\.[A-Z]{2,4}$"
#$Muster = "[a-z0-9!#$%&'*+/=?^_`{|}~-]+(?:\.[a-z0-9!#$%&'*+/=?^_`{|}~-]+)
*@(?:[a-z0-9](?:[a-z0-9-]*[a-z0-9])?\.)+[a-z0-9](?:[a-z0-9-]*[a-z0-9])?"
$Eingabe1 = "buero@IT-Visions.de"
$Eingabe2 = "buero@IT-Visionsde"

$Ergebnis1 = $Eingabe1 -match $Muster
$Ergebnis2 = $Eingabe2 -match $Muster
"Auswertung: {0} ist eine E-Mail-Adresse: {1}" -f $Eingabe1, $Ergebnis1
"Auswertung: {0} ist eine E-Mail-Adresse: {1}" -f $Eingabe2, $Ergebnis2
```

Die Ausgabe sieht so aus:

```
Auswertung: buero@IT-Visions.de ist eine E-Mail-Adresse: True
Auswertung: hsIT-Visionsde ist eine E-Mail-Adresse: False
```

Die Interpretation von „^[A-Z0-9._%+-]+@[A-Z0-9.-]+\.[A-Z]{2,6}$" sieht so aus:

- ^ steht für den Anfang und $ für das Ende der Zeichenkette.
- Eine eckige Klammer beschreibt eine Menge von Zeichen, wobei Platzhalter erlaubt sind, also A-Z steht für A, B, C, D usw. bis Z. [A-Z0-9._%+-] umfasst alle Buchstaben, alle Zahlen sowie die Sonderzeichen Punkt, Unterstrich, Prozentzeichen, Plus und Minus. Wichtig ist, dass eine eckige Klammer nicht für eine Zeichenfolge steht, sondern nur für ein einzelnes Zeichen. Es darf also nur ein Zeichen aus der Liste vorkommen.
- Ein „+" außerhalb von eckigen Klammern steht für „ein- oder mehrmalige Wiederholung" und bezieht sich auf die eckige Klammer davor.
- „@" ist ein Literal. Es steht tatsächlich für den „Klammeraffen".
- [A-Z0-9.-]+ beschreibt die Second-Level-Domäne und bedeutet dann also mindestens einmaliges Vorkommen eines der Zeichen aus der Liste in eckigen Klammern.
- \. steht für einen Punkt, der vorkommen muss. „\" ist das „Escape"-Zeichen. Ein Punkt in regulären Ausdrücken steht eigentlich für „beliebiges Zeichen". In diesem Fall geht es aber darum, dass wirklich nur ein Punkt vorkommen darf, daher \.
- [A-Z]{2,6} beschreibt die Top-Level-Domäne. Diese besteht nur aus Buchstaben (daher: [A-Z]) und ist immer mindestens zwei Zeichen lang. Es gibt aber auch längere Top-Level-Domänen (z.B. „museum"). Hier wird erlaubt, dass die Top-Level-Domäne zwischen zwei und sechs Zeichen lang ist.

HINWEIS: Der oben genannte reguläre Ausdruck ist noch nicht perfekt, denn er trifft auch auf Fälle zu, in denen die E-Mail-Adresse unsinnig ist, z.B. abc@abc. unsinn. Es gibt hier zahlreiche Möglichkeiten, genauer zu prüfen, z.B.
^[a-z0-9!#$%&,*+/=?^_`{|}~-]+(?:\.[a-z0-9!#$%&'*+/=?^_`{|}~-]+)*@(?:[a-z0-9](?:[a-z0-9-]*[a-z0-9])?\.)+(?:[A-Z]{2}|com| org|net|gov|mil|biz|info|mobi| name|aero|jobs|museum)$.

Dieser Ausdruck ist aber schwerer verständlich.

7.8.2 Allgemeiner Aufbau von regulären Ausdrücken

Reguläre Ausdrücke sind Zeichenketten, in denen sowohl übliche Buchstaben als auch viele Sonderzeichen zur Musterbeschreibung eingesetzt werden. Allgemein besteht ein regulärer Ausdruck aus fünf Arten von Musterelementen:

- Zeichenklasse: zum Beispiel Buchstaben oder Zahlen
- Quantifizierer (alias Quantoren): beschreibt, wie oft sich eine Zeichenklasse wiederholen muss oder darf, z.B. dreimal oder beliebig oft oder zwischen zwei- und sechsmal
- Ankerelemente (Positionselemente): z.B. Anfang und Ende einer Zeichenkette
- Runde Klammern: dienen der Gruppierung von Elementen
- Das Escape-Zeichen „\", das einem Sonderzeichen wieder zu seiner ursprünglichen Bedeutung verhilft, z.B. „\." oder „\$"

Die Elemente der Sprache für reguläre Ausdrücke

Die folgenden Tabellen geben die wichtigsten Sprachelemente für reguläre Ausdrücke wieder.

Tabelle 7.3 Zeichenklassen. Diese Tabelle ist aus der MSDN-Entwicklerbibliothek entnommen. (Quelle: *http://msdn.microsoft.com/de-de/library/3206d374.aspx*)

Zeichenklasse	Erläuterung
[character_group]	(Positive Zeichengruppe) Entspricht einem beliebigen Zeichen in der angegebenen Zeichengruppe.
	Die Zeichengruppe besteht aus einem oder mehreren Literalzeichen, Escapezeichen, Zeichenbereichen oder Zeichenklassen, die miteinander verkettet sind.
	Zur Angabe aller Vokale verwenden Sie z.B. `[aeiou]`. Wenn Sie die gesamte Interpunktion und alle Dezimalziffern angeben möchten, codieren Sie `[\p{P}\d]`.
[^character_group]	(Negative Zeichengruppe) Entspricht einem beliebigen Zeichen, das sich nicht in der angegebenen Zeichengruppe befindet.
	Die Zeichengruppe besteht aus einem oder mehreren Literalzeichen, Escapezeichen, Zeichenbereichen oder Zeichenklassen, die miteinander verkettet sind. Das führende Zirkumflexzeichen (^) ist obligatorisch und gibt an, dass es sich bei der Zeichengruppe um eine negative und nicht um eine positive Zeichengruppe handelt.
	Zur Angabe aller Zeichen mit Ausnahme von Vokalen verwenden Sie z.B. `[^aeiou]`. Wenn Sie alle Zeichen außer Interpunktion und Dezimalziffern angeben möchten, verwenden Sie `[^\p{P}\d]`.

(Fortsetzung nächste Seite)

Tabelle 7.3 Zeichenklassen. Diese Tabelle ist aus der MSDN-Entwicklerbibliothek entnommen *(Fortsetzung)*

Zeichenklasse	Erläuterung
[firstCharacter-lastCharacter]	(Zeichenbereich) Entspricht einem beliebigen Zeichen in einem Zeichenbereich. Ein Zeichenbereich ist eine Folge zusammenhängender Zeichen, die definiert wird, indem das erste Zeichen in der Folge, ein Bindestrich (-) und das letzte Zeichen in der Folge angegeben werden. Zwei Zeichen sind zusammenhängend, wenn sie benachbarte Unicode-Codepunkte haben. Es können zwei oder mehr Zeichenbereiche miteinander verkettet werden. Wenn Sie beispielsweise den Bereich der Dezimalziffern von '0' bis '9', den Bereich der Kleinbuchstaben von 'a' bis 'f' und den Bereich der Großbuchstaben von 'A' bis 'F' angeben möchten, verwenden Sie `[0-9a-fA-F]`.
.	(Punkt) Entspricht allen Zeichen mit Ausnahme von `\n`. Bei Modifikation durch die Singleline-Option entspricht ein Punkt einem beliebigen Zeichen. Beachten Sie, dass ein Punkt in einer positiven oder negativen Zeichengruppe (Punkt in eckigen Klammern) als Literalzeichen und nicht als Zeichenklasse behandelt wird.
\p{name}	Entspricht einem beliebigen Zeichen in der allgemeinen Unicode-Kategorie oder einem durch **name** angegebenen benannten Block (z. B. Ll, Nd, Z, IsGreek und IsBoxDrawing).
\P{name}	Entspricht einem beliebigen Zeichen, das sich nicht in der allgemeinen Unicode-Kategorie oder einem in **name** angegebenen benannten Block befindet.
\w	Entspricht einem beliebigen Wortzeichen. Entspricht den allgemeinen Unicode-Kategorien `[\p{Ll}\p{Lu}\p{Lt}\p{Lo}\p{Nd}\p{Pc}\p{Lm}]`. Wenn mit der ECMAScript-Option ECMAScript-konformes Verhalten angegeben wurde, ist `\w` gleichbedeutend mit `[a-zA-Z_0-9]`.
\W	Entspricht einem beliebigen Nichtwortzeichen. Entspricht den allgemeinen Unicode-Kategorien `[^\p{Ll}\p{Lu}\p{Lt}\p{Lo}\p{Nd}\p{Pc}\p{Lm}]`. Wenn mit der ECMAScript-Option ECMAScript-konformes Verhalten angegeben wurde, ist `\W` gleichbedeutend mit `[^a-zA-Z_0-9]`.
\s	Entspricht einem beliebigen Leerraumzeichen. Entspricht den Escapesequenzen und den allgemeinen Unicode-Kategorien `[\f\n\r\t\v\x85\p{Z}]`. Wenn mit der ECMAScript-Option ECMAScript-konformes Verhalten angegeben wurde, ist `\s` gleichbedeutend mit `[ \f\n\r\t\v]`.
\S	Entspricht einem beliebigen Nicht-Leerraumzeichen. Entspricht den Escapesequenzen und den allgemeinen Unicode-Kategorien `[^\f\n\r\t\v\x85\p{Z}]`. Wenn mit der ECMAScript-Option ECMAScript-konformes Verhalten angegeben wurde, ist `\S` gleichbedeutend mit `[^ \f\n\r\t\v]`.
\d	Entspricht einer beliebigen Dezimalziffer. Entspricht `\p{Nd}` für Unicode und `[0-9]` für Nicht-Unicode mit ECMAScript-Verhalten.
\D	Entspricht einer beliebigen Nichtziffer. Entspricht `\P{Nd}` für Unicode und `[^0-9]` für Nicht-Unicode mit ECMAScript-Verhalten.

Tabelle 7.4 Quantifizierer. Diese Tabelle ist aus der MSDN-Entwicklerbibliothek entnommen. (Quelle: *http://msdn.microsoft.com/de-de/library/3206d374.aspx*)

Quantifizierer	Erläuterung
*	Stimmt mit dem vorangehenden Element nicht oder mehrmals überein. Ist äquivalent zu {0,}. * ist ein gieriger Quantifizierer, dessen nicht gieriges Äquivalent *? ist.
	Der reguläre Ausdruck \b91*9*\b sucht beispielsweise nach Entsprechungen der Ziffer 9, die auf eine Wortgrenze folgen. Auf die 9 können keine oder mehrere Instanzen der Ziffer 1 folgen, auf die ihrerseits keine oder mehrere Instanzen der Ziffer 9 folgen können. Im folgenden Beispiel wird dieser reguläre Ausdruck veranschaulicht. Von den neun Ziffern in der Eingabezeichenfolge stimmen fünf mit dem Muster überein und vier nicht (95, 929, 9129 und 9919).
+	Stimmt mit dem vorangehenden Element mindestens einmal überein. Ist äquivalent zu {1,}. + ist ein gieriger Quantifizierer, dessen nicht gieriges Äquivalent +? ist.
	Der reguläre Ausdruck \ba(n)+\w*?\b sucht beispielsweise nach ganzen Wörtern, die mit dem Buchstaben a beginnen, auf den mindestens eine Instanz des Buchstabens n folgt. Im folgenden Beispiel wird dieser reguläre Ausdruck veranschaulicht. Der reguläre Ausdruck liefert die Wörter an, annual, announcement und antique als Ergebnis und erkennt erwartungsgemäß keine Übereinstimmung bei den Wörtern autumn und all.
?	Stimmt mit dem vorangehenden Element nicht oder einmal überein. Ist äquivalent zu {0,1}. ? ist ein gieriger Quantifizierer, dessen nicht gieriges Äquivalent ?? ist.
	Der reguläre Ausdruck \ban?\b sucht beispielsweise nach ganzen Wörtern, die mit dem Buchstaben a beginnen, auf den keine oder eine Instanz des Buchstabens n folgt. Er sucht also nach den Wörtern a und an. Im folgenden Beispiel wird dieser reguläre Ausdruck veranschaulicht.
{*n*}	Stimmt mit dem vorangehenden Element genau *n*-mal überein. {n} ist ein gieriger Quantifizierer, dessen nicht gieriges Äquivalent {n}? ist.
	Der reguläre Ausdruck \b\d+\,\d{3}\b sucht beispielsweise nach Übereinstimmungen einer Wortgrenze, auf die mindestens eine Dezimalziffer, drei Dezimalziffern und eine weitere Wortgrenze folgen. Im folgenden Beispiel wird dieser reguläre Ausdruck veranschaulicht.
{*n*,}	Stimmt mit dem vorangehenden Element mindestens *n*-mal überein. {n,} ist ein gieriger Quantifizierer, dessen nicht gieriges Äquivalent {n}? ist.
	Der reguläre Ausdruck \b\d{2,}\b\D+ sucht beispielsweise nach Übereinstimmungen einer Wortgrenze, auf die mindestens zwei Ziffern, eine Wortgrenze und ein weiteres Zeichen folgen, bei dem es sich nicht um eine Ziffer handelt. Im folgenden Beispiel wird dieser reguläre Ausdruck veranschaulicht. Der reguläre Ausdruck liefert kein Ergebnis für den Ausdruck 7 days, da dieser nur eine Dezimalziffer enthält, er erkennt jedoch erfolgreich Übereinstimmungen mit den Ausdrücken 10 weeks und 300 years.

(Fortsetzung nächste Seite)

Tabelle 7.4 Quantifizierer. Diese Tabelle ist aus der MSDN-Entwicklerbibliothek entnommen *(Fortsetzung)*

Quantifizierer	Erläuterung
{n,m}	Stimmt mit dem vorangehenden Element mindestens *n*-mal, jedoch nicht mehr als *m*-mal überein. {n,m} ist ein gieriger Quantifizierer, dessen nicht gieriges Äquivalent {n,m}? ist.
	Der reguläre Ausdruck (00\s){2,4} sucht beispielsweise nach zwei bis vier Vorkommen zweier 0-Ziffern, auf die ein Leerzeichen folgt. Im folgenden Beispiel wird dieser reguläre Ausdruck veranschaulicht. Beachten Sie, dass der letzte Abschnitt der Eingabezeichenfolge dieses Muster fünf Mal und nicht maximal vier Mal enthält. Der Anfangsabschnitt dieser Teilzeichenfolge (bis zum Leerzeichen und dem fünften Nullenpaar) stimmt mit dem regulären Ausdrucksmuster jedoch überein.
*?	Stimmt mit dem vorangehenden Element nicht oder mehrmals, jedoch so wenige Male wie möglich überein. Dies ist ein träger Quantifizierer, der das Gegenstück zum gierigen Quantifizierer * darstellt.
	Der reguläre Ausdruck \b\w*?oo\w*?\b sucht beispielsweise alle Wörter, die die Zeichenfolge oo enthalten. Im folgenden Beispiel wird dieser reguläre Ausdruck veranschaulicht.
+?	Stimmt mit dem vorangehenden Element einmal oder mehrmals, jedoch so wenige Male wie möglich überein. Dies ist ein träger Quantifizierer, der das Gegenstück zum gierigen Quantifizierer + darstellt.
	Der reguläre Ausdruck \b\w+?\b sucht beispielsweise ein oder mehrere durch Wortgrenzen getrennte Zeichen. Im folgenden Beispiel wird dieser reguläre Ausdruck veranschaulicht.
??	Stimmt mit dem vorangehenden Element nicht oder mehrmals, jedoch so wenige Male wie möglich überein. Dies ist ein träger Quantifizierer, der das Gegenstück zum gierigen Quantifizierer ? darstellt.
	Beispielsweise sucht der reguläre Ausdruck ^(\s)*(System.)??Console.Write(Line)??\(?? nach Übereinstimmungen mit den Zeichenfolgen `Console.Write` oder `Console.WriteLine`. Die Zeichenfolge kann auch `System.` vor `Console` enthalten und eine öffnende Klammer kann auf sie folgen. Die Zeichenfolge muss am Anfang einer Zeile stehen, ihr kann jedoch ein Leerzeichen vorangehen. Im folgenden Beispiel wird dieser reguläre Ausdruck veranschaulicht.
{n}?	Stimmt genau *n*-mal mit dem vorangehenden Element überein. Dies ist ein träger Quantifizierer, der das Gegenstück zum gierigen Quantifizierer {n}+ darstellt.
	Der reguläre Ausdruck \b(\w{3,}?\.).{2}?\w{3,}?\b sucht beispielsweise nach genau zwei Sätzen von Zeichen, auf die ein Punkt an einer Wortgrenze folgt. Auf diesen folgen dann ein weiterer Satz von Zeichen und eine Wortgrenze. Dieser reguläre Ausdruck soll eine Website-Adresse identifizieren. Im folgenden Beispiel wird der reguläre Ausdruck veranschaulicht. Beachten Sie, dass Übereinstimmungen mit *www.microsoft.com* und `mdsn.microsoft.com` erkannt werden, jedoch nicht mit `mywebsite` oder `mycompany.com`.

Quantifizierer	Erläuterung
{n,}?	Stimmt mit dem vorangehenden Element mindestens *n*-mal, jedoch so wenige Male wie möglich überein. Dies ist ein träger Quantifizierer, der das Gegenstück zum gierigen Quantifizierer {n,} darstellt.
	Beachten Sie zur Veranschaulichung das Beispiel für den {n}?-Quantifizierer. Der reguläre Ausdruck in diesem Beispiel verwendet den {n,}-Quantifizierer, um nach einer Zeichenfolge zu suchen, die mindestens drei Zeichen enthält, auf die ein Punkt folgt.
{n,m}?	Stimmt mit dem vorangehenden Element *n*-mal bis *m*-mal, jedoch so wenige Male wie möglich, überein. Dies ist ein träger Quantifizierer, der das Gegenstück zum gierigen Quantifizierer {n,m} darstellt.
	Der reguläre Ausdruck \b[A-Z](\w*?\s*?){1,10}[.!?] sucht beispielsweise nach Sätzen, die zwischen einem und zehn Wörtern enthalten. Er sucht nach einer Wortgrenze gefolgt von einem Großbuchstaben, auf den ein bis zehn Wiederholungen von keinen oder mehreren Wortzeichen und optional ein Leerzeichen folgen. Die Übereinstimmung wird dann von einem Punkt, einem Ausrufezeichen oder einem Fragezeichen beendet. Im folgenden Beispiel wird dieser reguläre Ausdruck veranschaulicht. Er liefert alle Sätze der Eingabezeichenfolge als Ergebnis mit Ausnahme eines einzigen Satzes, der 18 Wörter enthält.

Tabelle 7.5 Wichtige Ankerelemente für reguläre Ausdrücke

Sonstige Zeichen	Erläuterung
^	Anfang der Zeichenfolge
$	Ende der Zeichenfolge
\b	Ende eines Worts
\Z	Satzende

Beispiele

Die folgende Tabelle nennt noch weitere Beispiele für reguläre Ausdrücke.

Beispiel	Bedeutung
\{[0-9a-fA-F]{8}-[0-9a-fA-F]{4}-[0-9a-fA-F]{4}-[0-9a-fA-F]{4}-[0-9｜a-f｜A-F]{12}\}	GUID (Global Unique Identifier)
(25[0-5]｜2[0-4][0-9]｜[01]?[0-9][0-9]?)\.(25[0-5]｜2[0-4][0-9]｜[01]?[0-9][0-9]?)\.(25[0-5]｜2[0-4][0-9]｜[01]?[0-9][0-9]?)\.(25[0-5]｜2[0-4][0-9]｜[01]?[0-9][0-9]?)	IP-Adresse
href\s*=\s*(?:"(?<1>[^"]*)"｜(?<1>\S+))	HREF=-Parameter in HTML-Seiten

Es gibt im Internet Websites, die reguläre Ausdrücke zur Wiederverwendung sammeln, z. B. *www.regexlib.com/* und *www.regular-expressions.info/*.

7.9 Datum und Uhrzeit

Das Commandlet Get-Date liefert eine Instanz der .NET-Klasse System.DateTime, die das aktuelle Datum und die aktuelle Uhrzeit enthält.

```
Get-Date
```

Die Anzeige reduziert man wie folgt auf das Datum:

```
Get-Date -displayhint date
```

Die Anzeige reduziert man so auf die Zeit:

```
Get-Date -displayhint time
```

Get-Date kann auch dazu genutzt werden, ein spezielles Datum zu erzeugen und dieses in einer Variablen zu speichern:

```
$a = Get-Date "8/1/1972 12:11:10"
```

Die Differenz zwischen dem aktuellen Datum und einem in einer Variablen gespeicherten Datum errechnet man durch den Aufruf der Methode Subtract():

```
(Get-Date).Subtract((Get-Date "8/1/1972 12:11:10"))
```

oder durch die einfache Verwendung des Minuszeichens:

```
(Get-Date) - (Get-Date "8/1/1972 12:11:10")
```

Dies führt zu folgender Ausgabe:

```
Days              : 12662
Hours             : 11
Minutes           : 56
Seconds           : 57
Milliseconds      : 927
Ticks             : 10940398179276185
TotalDays         : 12662,4978926808
TotalHours        : 303899,949424338
TotalMinutes      : 18233996,9654603
TotalSeconds      : 1094039817,92762
TotalMilliseconds : 1094039817927,62
```

Timespan

Intern verarbeitet die PowerShell Zeiträume als Instanzen der Klasse System.TimeSpan. Man kann auch selbst Zeiträume mit dem Commandlet New-TimeSpan anlegen und mit diesen rechnen, z.B.:

```
$Dauer = New-TimeSpan -Days 10 -hours 4 -minutes 3 -seconds 50
$jetzt = Get-Date
$zukunft = $jetzt + $Dauer
```

HINWEIS: Bei New-TimeSpan kann man die Dauer nur in Tagen, Stunden, Minuten und Sekunden angeben. Eine Angabe in Monaten oder Jahren ist nicht möglich.

Uhrzeit setzen
Die aktuelle lokale Systemzeit kann man mit Set-Date setzen.

Entfernte Zeit
Die Zeit von einem entfernten System kann man nicht mit dem Commandlet Get-Date abfragen, sondern nur unter Zuhilfenahme der WMI-Klasse Win32_Currenttime.

```
Get-CimInstance Win32_Currenttime -computername D142
```

Das Ergebnis der Operation ist dann aber kein .NET-Objekt vom Typ System.DateTime, sondern ein .NET-Objekt vom Typ System.Management.ManagementObject, das ein WMI-Objekt vom Typ root\cimv2\Win32_LocalTime enthält.

■ 7.10 Arrays

Arrays sind Mengen von Variablen, die eine frei wählbare Anzahl von Werten aufnehmen können.

7.10.1 Deklaration

Ein Array deklariert man durch die Zuweisung einer durch Kommata getrennten Wertemenge:

```
$a = 01,08,72,13,04,76
```

Das Array kann auch explizit mit [array] deklariert werden:

```
[array] $b
$b = 01,08,72,13,04,76
```

 TIPP: Eine Zahlenreihe kann man auch mit zwei Punkten abkürzen: $b = 1..10 ist gleichbedeutend mit $b = 1,2,3,4,5,7,8,9,10.

7.10.2 Arrayoperationen

Um auf die Elemente zuzugreifen, hat man drei Möglichkeiten:

- Zugriff auf ein einzelnes Element mit dem Index in eckigen Klammern (bei 0 beginnend), z. B. ist $b[3] das vierte Element.
- Zugriff auf mehrere Elemente, hier wird der Index durch ein Komma getrennt, z. B. bedeutet $b[1,3,5] das zweite, vierte und sechste Element.
- Zugriff auf einen Indexbereich. Der Indexbereich ist durch zwei Punkte zu trennen, z. B. $a[1..5]. Dies bedeutet das zweite bis sechste Element.
- Zugriff auf das letzte Element erhält man mit $a[-1].

Der Operator += ergänzt ein Element am Ende eines Arrays (siehe folgende Bildschirmabbildung). Das Entfernen von Elementen ist nicht möglich (nur das Umkopieren in ein anderes Array).

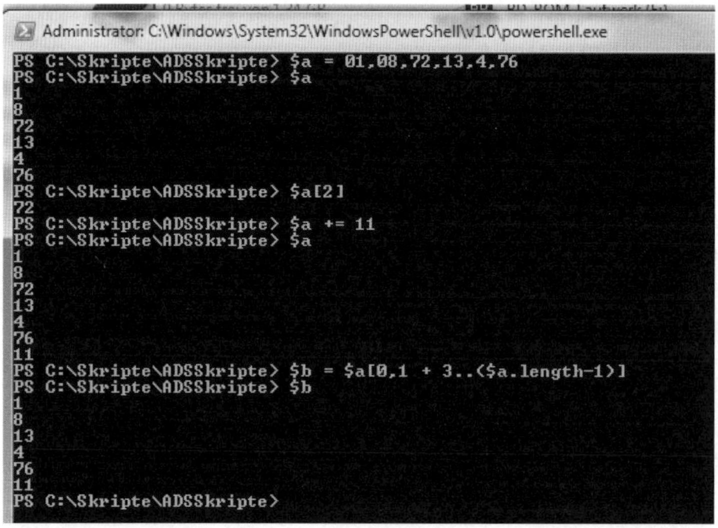

Bild 7.9
Arbeit mit Arrays

Ein leeres Array definiert man mit dem Ausdruck @( ). Zwischen den Klammern ist kein Leerzeichen notwendig; dies ist hier nur zur besseren Lesbarkeit abgedruckt.

```
# leeres Array ohne Elemente
$a = @()
# Elemente hinzufügen
$a += 45
$a += 14
$a += 9
# Anzahl
$a.Count
```

Möchte man ein Array mit nur einem Element definieren, muss man die Liste mit einem Komma beginnen oder das Array explizit deklarieren:

```
$a = ,"Nur ein Element"
[Array] $a = "Nur ein Element"
```

Ein leeres Array oder ein Array mit nur einem Element kann man auch definieren, indem man den Typadapter (Type Accelerator) [Array] verwendet.

```
# leeres Array ohne Elemente
[Array] $aLeer
$aLeer.Count

# leeres Array mit einem Element
[Array] $aEins = "eins"
$aEins.Count
```

> **TIPP:** Die Tatsache, dass der Operator += sowohl für Zeichenketten und Zahlen als auch Arrays implementiert ist, führt leicht zu Fehlern. In dem folgenden Beispiel ist nur $a als Array deklariert und daher nimmt es die drei Zahlen als einzelne Objekte in die Pipeline auf. $b ist nicht explizit deklariert; die PowerShelll addiert die Zahlen. Im Fall von $c werden die Zahlen zu einer einzigen Zeichenkette zusammengefügt.
>
> $a = @()
>
> $a += 45
>
> $a += 25
>
> $a += 7
>
> $a # Ergebnis: 45,25,7
>
> $b += 45
>
> $b += 25
>
> $b += 7
>
> $b # Ergebnis: 444
>
> $c += „45"
>
> $c += „25"
>
> $c += „7"
>
> $c # Ergebnis: 45257

7.10.3 Array auflisten

Zum Auflisten eines Arrays ist Foreach-Object nicht zwingend notwendig. Wenn ein Array am Ende der Pipeline steht, wird das Array ausgegeben (siehe Bildschirmabbildung 7.8). Das Attribut Count liefert die Anzahl der Elemente im Array.

```
[array] $b
$b = 1,2,3
$b.Count
```

7.10.4 Arrays verbinden

Zwei Arrays kann man durch den Plus-Operator verbinden:

```
$DomainControllers = "D141", "D142", "D143"
$MemberServers = "D144", "D145", "D146"
$AllServers = $DomainControllers + $MemberServers
$AllServers.Count # Ergebnis: 6 !
```

7.10.5 Mehrdimensionale Arrays

Mehrdimensionale Arrays sind möglich, indem man die Elemente mit runden Klammern zusammenfasst. In dem folgenden Beispiel entsteht ein zweidimensionales Array. Die Elemente der ersten Dimension enthalten jeweils Arrays mit drei Elementen. Auch hier kann man mit dem Plus-Operator die Menge ergänzen.

```
$DomainControllers = ("D141", "192.168.1.10", "Building 1"), ("D142", "192.168.1.20",
"Building 2"), ("D143", "192.168.1.30", "Building 3")
"Number of Computers: " + $DomainControllers.Count
"IP Address of Computer 2: " + $DomainControllers[1][1] # 192.168.1.20
"Building of Computer 2: " + $DomainControllers[1][2] # Building 3
$DomainControllers += ("D144", "192.168.1.40", "Building 4")
"Building of Computer 4: " + $DomainControllers[3][2] # Building 4
```

■ 7.11 ArrayList

In der .NET-Klassenbibliothek gibt es eine Klasse ArrayList, die ähnliche Funktionen wie ein PowerShell-Array für eindimensionale Arrays bietet (siehe Listing).

Listing 7.16 [1_Basiswissen\PowerShellLanguage\Arrays.ps1]

```
$lottozahlen = [System.Collections.ArrayList]::new()
$lottozahlen.add(10)
$lottozahlen.add(21)
$lottozahlen.add(3)
$lottozahlen.add(35)
$lottozahlen.add(9)
$lottozahlen.add(19)

$lottozahlen # Alle Elemente
$lottozahlen.Count # Anzahl der Elemente: 6
$lottozahlen[0] #erstes Element
$lottozahlen[5] #sechstes Element
$lottozahlen.sort() #sortieren
$lottozahlen # Ausgabe der sortierten Elemente
$lottozahlen.Remove(19) #Entfernen des Wertes 19
$lottozahlen.RemoveAt(0) #Entfernen des ersten Elements
$lottozahlen.Count # Anzahl der Elemente: 4
```

Der Vorteil von `ArrayList` ist, dass es bei vielen Elementen wesentlich schneller arbeitet als das PowerShell-Array! Das folgende Listing vergleicht die Ausführungsdauer für das Hinzufügen von 10 000 Elementen zu PowerShell-Array und `ArrayList`. Beim PowerShell-Array dauert dies drei Sekunden, bei `ArrayList` nur etwas mehr als eine halbe Sekunde.

Listing 7.17 [1_Basiswissen\PowerShellLanguage\Arrays.ps1]

```
"Array:"
(Measure-Command {

[array] $l1 = @()
1..$count | % { $l1 += $_ }
"Elemente in Array: " + $l1.Count
}).TotalSeconds # ca. 3 Sekunden

"ArrayList:"
(Measure-Command {
$l2 = [System.Collections.ArrayList]::new()
1..$count | % { $l2.Add($_) | out-null }
"Elemente in Arraylist: " + $l2.Count
}).TotalSeconds # ca. 0.6 Sekunden
```

■ 7.12 Assoziative Arrays (Hash-Tabellen)

Neben den Arrays unterstützt die PowerShell auch benannte (assoziative) Elementmengen in Form sogenannter Hash-Tabellen. In einer Hash-Tabelle werden die Elemente nicht durch die Position, sondern durch einen eindeutigen Bezeichner identifiziert. Dieses Konzept existiert auch in anderen Sprachen und wird dort oft „assoziatives Array" genannt. Das zu Grunde liegende Basiskonzept ist die .NET-Klasse `System.Collections.Hashtable`.

Bei der Definition einer Hash-Tabelle ist das @-Zeichen zu verwenden, gefolgt von der Elementmenge in geschweiften Klammern. Die einzelnen Elemente sind durch Semikola zu trennen. Jedes Element besteht aus einem Elementnamen und einem Elementwert, wobei Elementname und Elementwert durch ein Gleichheitszeichen zu trennen sind. Der Elementname darf nicht in Anführungszeichen stehen. Möchte man den Datentyp explizit angeben, ist `[Hashtable]` zu verwenden.

```
# Implicit Hashtable
$Computers = @{ D141 = "192.168.1.10"; D142 = "192.168.1.20"; D143 = "192.168.1.30"; }

# Explicit Hashtable
[Hashtable] $Computers = @{ D141 = "192.168.1.10"; D142 = "192.168.1.20"; D143 = "192.168.1.30"; }
```

Auf eine solche Hash-Tabelle kann man nicht nur wie bei den einfachen Arrays über die Notation mit eckigen Klammern zugreifen, sondern auch direkt über den Punkt-Operator. Dies macht die Arbeit mit Hash-Tabellen sehr elegant:

```
# Get IP Address of Computer D142
$Computers["D142"]
$Computers.D142
```

Man kann die Elemente auch direkt beschreiben.

```
# Change on Element
$Computers.D142 = "192.168.1.21"
```

Sehr komfortabel ist, dass beim Beschreiben eines bisher nicht existierenden Elements das Element neu angelegt wird. Auf diese Weise kann man auch eine Hash-Tabelle schrittweise anlegen, d.h. mit einer leeren Liste starten. Eine leere Hash-Tabelle wird ausgedrückt durch @{ }.

```
# Add a new Element
$Computers.D144 = "192.168.1.40"

# Start with an empty list
$MoreComputers = @{ }
$MoreComputers.D145 = "192.168.1.50"
$MoreComputers.D146 = "192.168.1.60"
$MoreComputers.Count # Result = 2
```

Zwei Hash-Tabellen kann man verbinden wie zwei Arrays. Dies funktioniert aber nur, wenn in beiden Listen zusammen jeder Elementname nur einmal vorkommt. Falls es Duplikate gibt, wird ein Fehler erzeugt und das Ergebnis ist eine leere Menge.

```
# Add two Hashtables
$AllComputers = $Computers + $MoreComputers
$AllComputers.Count # Result = 6
```

Hash-Tabellen kann man nicht nur für echte Listen, sondern auch zur einfachen Definition eigener Datenstrukturen verwenden, z.B. um Informationen über eine Person zu speichern.

```
# Use a Hashtable as a custom data structure
$Author = @{ Name="Dr.Holger Schwichtenberg"; Age=40; Country="Germany" }
$Author.Name
$Author.Age
$Author.Country
```

■ 7.13 Operatoren

Dieses Kapitel liefert einen Überblick über die Operatoren in PowerShell.

7.13.1 Vergleichsoperatoren

Die Vergleichsoperatoren wurden bereits im Abschnitt 5.12 „Filtern" vorgestellt.

7.13.2 Arithmetische Operatoren

Die PowerShell unterstützt die elementaren arithmetischen Operatoren +, -, *, / und % (Modulo-Operation alias Divisionsrest). Das Pluszeichen verwendet man sowohl zur Addition von Zahlen als auch zur Verkettung von Zeichenketten. Sogar Mengen (Arrays und Hash-Tabellen) kann man verbinden. Auch der Stern [*] für die Multiplikation hat noch andere Bedeutung: Sowohl eine Zeichenkette als auch ein Array kann man damit multiplizieren. Dadurch werden die Zeichen bzw. Elemente so oft wiederholt wie angegeben. In der Natur einer Hash-Tabelle liegt es, dass man die Elemente nicht vervielfachen kann, da dies zu doppelten Elementnamen führen würde, was nicht erlaubt ist.

```
# Multiply a string
$String = "abcdefghijklmnopqrstuvwxyz"
$LongString = $String * 20
"Count: " + $LongString.Length # = 520

# Multiply an Array
$a = 1,2,3,4,5
$b = $a * 10
"Count: " + $b.Count # = 50
```

7.13.3 Zuweisungsoperator

Als Zuweisungsoperator wird das Gleichheitszeichen verwendet. Eine Zuweisung kann zwischen einer Variablen und einer Konstanten oder zwischen zwei Variablen erfolgen.

```
$PC1 = "PC123"
$PC2 = $PC1
```

Wertkopie versus Referenzkopie

Allerdings wird mit dem Zuweisungsoperator zwischen zwei Variablen nicht zwingend der Wert der Variablen kopiert. Es hängt von der Klasse ab. Wenn die Klasse System.String ist oder laut Dokumentation in Microsoft Developer Network (MSDN) eine „Struktur" oder von System.ValueType erbt, dann wird der Wert kopiert.

Im folgenden Beispiel wird wie erwartet durch die Veränderung der Variablen $PC1 der Inhalt von $PC2 nicht beeinflusst.

```
"---- Wertkopie"
$PC1 = "PC123"
$PC2 = $PC1 # Wertkopie!
"Vorher"
```

```
$PC1
$PC2

"Änderung an PC1:"
$PC1 = "PC124"

"Nachher"
$PC1 # Ergebnis: PC124
$PC2 # Ergebnis: PC123
```

Wenn die Klasse der Variablen aber nicht die o. g. Bedingungen erfüllt, dann wird eine Referenzkopie erstellt. Im folgenden Beispiel wird unerwartet durch die Veränderung der Variablen $P1 der Inhalt von $P2 auch beeinflusst. Hier hat der Zuweisungsoperator nicht das Objekt selbst kopiert, sondern nur den Verweis darauf!

```
"---- Referenzkopie"
$p1 = (Get-Process)[0]
$p2 = $p1 # Referenzkopie

"Vorher"
$p1.Name + ": " + $p1.PriorityBoostEnabled
$p2.Name + ": " + $p2.PriorityBoostEnabled

"Änderung an p1:"
$p1.PriorityBoostEnabled = -not $p1.PriorityBoostEnabled

"Nachher"
$p1.Name + ": " + $p1.PriorityBoostEnabled
$p2.Name + ": " + $p2.PriorityBoostEnabled
```

```
PS T:\> X:\1_Basiswissen\PowerShellLanguage\Objektkopie_vs_Referenzkopie.ps1
---- Wertkopie
Vorher
PC123
PC123
Änderung an PC1:
Nachhre
PC124
PC123
---- Referenzkopie
Vorher
ApplicationFrameHost: False
ApplicationFrameHost: False
Änderung an p1:
Nachher
ApplicationFrameHost: True
ApplicationFrameHost: True
```

Bild 7.10 Ein Beispiel für Wertkopie versus Referenzkopie

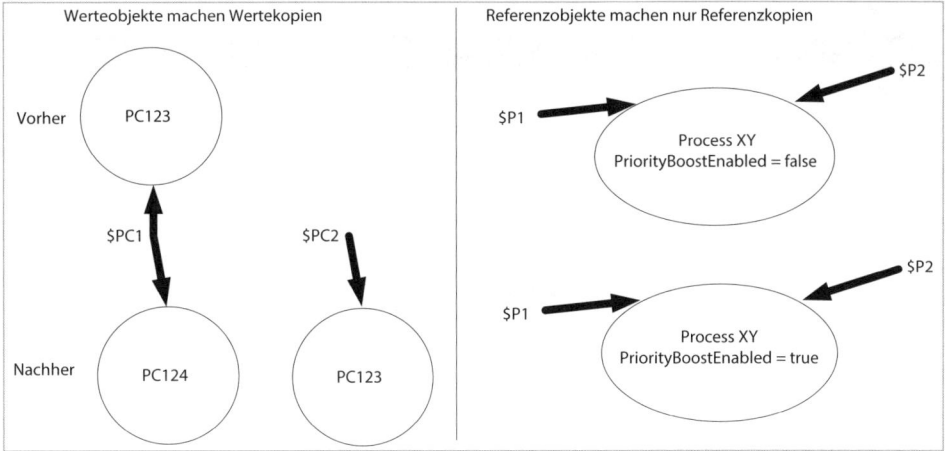

Bild 7.11 Wertkopie (links) versus Referenzkopie (rechts)

Kreuzzuweisungen

Interessant sind Kreuzzuweisungen, mit denen auf elegante Weise die Inhalte zweier Variablen vertauscht werden können. Normalerweise braucht man dafür eine Zwischenvariable. In der PowerShell kann man aber einfach schreiben: $x, $y = $y, $x (siehe folgende Bildschirmabbildung).

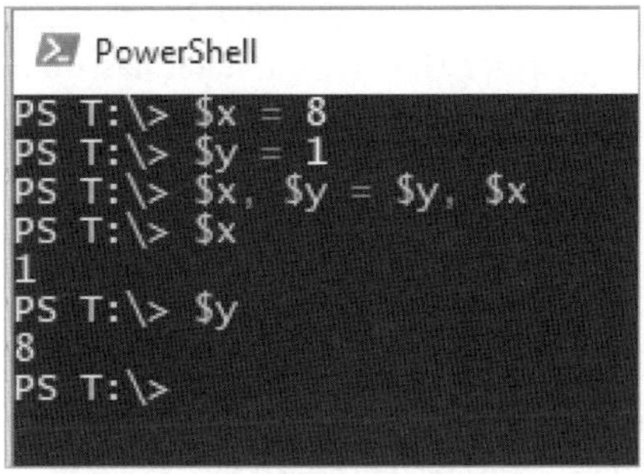

```
PS T:\> $x = 8
PS T:\> $y = 1
PS T:\> $x, $y = $y, $x
PS T:\> $x
1
PS T:\> $y
8
PS T:\>
```

Bild 7.12 Kreuzzuweisung zur Variableninhaltsvertauschung in der PowerShell

7.13.4 Bit-Operatoren

Bit-Operatoren werden insbesondere für Zahlen benötigt, in denen einzelne Bits eine bestimmte Bedeutung haben. Dies ist ein sehr klassisches Vorgehen aus Zeiten, wo Speicherplatz noch rar war. In neueren Programmierschnittstellen findet man dies nicht mehr.

Tabelle 7.6 Bit-Operatoren in PowerShell

Operator	Beschreibung	Beispiel	Ergebnis
-band	Bitweises UND (es bleiben nur die Bits auf 1 stehen, die in beiden Operanden 1 sind)	10 -band 3	2
-bor	Bitweises ODER (inklusiv)	10 -bor 3	11
-bxor	Bitweises ODER (exklusiv)	10 -bxor 3	9
-bnot	Bitweises NOT	-bNot 10	-11
-shl	Bitweise Verschiebung nach links	100 -shl 2	400
-shr	Bitweise Verschiebung nach rechts	100 -shr 1	50

7.13.5 Aufrufoperator

Ein interessanter Operator ist auch das kaufmännische Und [&]. Damit kann man eine Zeichenkette als einen Befehl ausführen. Dies ist eine Möglichkeit, dynamischen und selbst modifizierenden Programmcode zu schreiben. Dazu ein Beispiel:

```
$What = "Process"
& ("Get-"+$What)
```

Die obige Befehlsabfolge führt zur Ausführung des Commandlets "Get-Process". Nun könnte man den Inhalt der Variablen $What auch aus einer anderen Quelle, z.B. einer Benutzereingabe, bekommen. Alternativ kann man statt des Operators & auch das Commandlet Invoke-Expression verwenden:

```
$What = "Process"
invoke-expression("Get-"+$What)
```

 ACHTUNG: Unbedingt zu beachten ist, dass dynamische Codeausführung ein Sicherheitsrisiko birgt, wenn man Benutzereingaben direkt in den Befehlen verarbeitet. Man könnte meinen, dass in dem obigen Beispiel das Risiko beschränkt ist, weil immer der „Get"-Befehl ausgeführt wird.

```
$What = "Process; Get-Service"
invoke-expression("Get-"+$What)
```

7.14 Überblick über die Kontrollkonstrukte

Als Kontrollstrukturen kennt die PowerShell-Skriptsprache die folgenden Konstrukte:
- `if (Bedingung) {…} else {…}`
- `switch ($var) {Wert {…} Wert {…} default {..} } }`
- `for(Initialisierung;Bedingung;Schrittweite) { … }`
- `while (Bedingung) { … }`
- `do { … } while (Bedingung)`
- `do { … } until (Bedingung)`
- `foreach ($var in $menge) {…}`
- `function name {…}`
- `break`
- `continue`
- `return`
- `exit`
- `trap Fehlerklasse { … } else { … }`
- `throw "Fehlertext "`
- `throw Fehlerklasse`

HINWEIS: Details zu den Befehlen finden Sie in der Hilfe zur PowerShell. Hier wird zu Gunsten anderer Inhalte auf eine detaillierte Darstellung dieser Grundkonstrukte verzichtet – zumal ihre Funktionsweise anderen Programmiersprachen sehr ähnlich ist. Throw und Trap werden im Abschnitt 7.19 *„Fehlerbehandlung"* separat behandelt.

7.15 Schleifen

Bei Schleifen handelt es sich um Konstrukte zur wiederholten Verarbeitung eines oder mehrerer Befehle. Wenn ein bestimmter Befehl beispielsweise fünfmal aufgerufen werden soll, so könnte man natürlich rein theoretisch den Befehl fünfmal nacheinander in das Skript schreiben. Der PowerShell ist das egal (sie macht brav, was ihr befohlen wird), aber guter Stil wäre das nicht und bei einer großen Anzahl von Wiederholungen wäre das sehr aufwendig. Und diese Vorgehensweise versagt natürlich dann, wenn die Anzahl der Wiederholungen nicht konstant ist, sondern sich aus dem Programmablauf variabel ergibt. Eine Schleife dagegen kann an eine bestimmte Bedingung gebunden werden. Im Fall einer konstanten Menge von Schleifendurchläufen setzt man den Befehl in eine Schleife und lässt diese alle Werte zwischen einem unteren Wert (z. B. 1) und einem oberen Wert (z. B. 5) durchlaufen.

Dadurch wird der gewünschte Befehl fünfmal aufgerufen. Allerdings sind Schleifen noch viel flexibler und es existieren unterschiedliche Formen für verschiedene Ansprüche.

Die PowerShell kennt folgende Formen von Schleifen:

- zählergesteuerte Schleifen,
- bedingungsgesteuerte Schleifen.

Im einfachen Fall der zählergesteuerten Schleifen gibt es eine genau definierte Anzahl von Durchläufen und somit wird der enthaltene Code entsprechend oft ausgeführt. Diese Form von Schleifen ist relativ einfach zu handhaben. Man definiert einen Start- und einen Endwert. Alle Werte einschließlich der beiden angegebenen Werte werden durchlaufen. Zusätzlich ist es möglich, eine bestimmte Schrittweite anzugeben, z. B. eine Schrittweite von zwei. Dadurch wird nur jeder zweite Wert der Schleife durchlaufen.

Im Gegensatz dazu gibt es Schleifen, deren Fortsetzung bzw. Abbruch von einer ganz bestimmten Bedingung abhängig ist. Eine genaue Anzahl von Durchläufen ist deshalb nicht von vornherein steuerbar. Eine solche Bedingung könnte beispielsweise eine bestimmte Zahl innerhalb einer Variablen sein, z. B. „Die Schleife wird so lange durchlaufen, bis der Inhalt der Variablen eingegebeneZahl kleiner als 100 ist". Somit kann beispielsweise eine Benutzereingabe so lange wiederholt werden, bis der Benutzer einen korrekten Wert eingegeben hat.

Die For-Schleife

Diese Schleife beginnt bei einem bestimmten Startwert und endet bei einem Endwert. Bei jedem Durchlaufen der Schleife wird der Zähler um einen bestimmten Wert hochgezählt, bis die gewünschte Obergrenze erreicht ist. In der Regel wird der Zähler bei jedem Durchlauf um eins erhöht. Allerdings ist es auch möglich, jede andere ganzzahlige Schrittweite zu verwenden.

```
for(Initialisierung;Bedingung;Schrittweite) { … }
```

Die Konfiguration der Schleife steht in runden Klammern, die pro Durchlauf auszuführenden Anweisungen stehen in geschweiften Klammern. Im Konfigurationsteil „Initialisierung" belegt man die Laufvariable mit einem Anfangswert. Die Bedingung vergleicht die Laufvariable mit einem Endwert. Im Teil „Schrittweite" wird die Laufvariable hochgezählt (oder heruntergezählt). Jeweils eine Zahl vor oder zurück kommt man mit $i++ bzw. $i--. Andere Schrittweiten kann man anstelle des zweiten Operators angeben. So zählt $i+=5 um jeweils fünf hoch und $i-=5 um fünf herunter.

Das erste Beispiel gibt die Zahlen von 1 bis 5 aus, unter Verwendung der Laufvariablen i und einer Schrittweite von 1:

```
# Schleife von 1 bis 5
for ($i = 1; $i -lt 6; $i++) { $i }
```

```
PS C:\Users\hs.ITU> . 'H:\Demo\PowerShell\1_Basiswissen\PowerShell Language\Loops_For.ps1'
1
2
3
4
5
```

Bild 7.13 Ausgabe der ersten For-Schleife

Das folgende Beispiel fragt eine Zahl ab und berechnet daraus deren Fakultät. Dies geschieht durch eine Schleife, die von eins bis zur eingegebenen Zahl durchlaufen wird und alle auftretenden Werte dieser Schleife multipliziert.

Listing 7.18 Fakultätsberechnung mit einer For-Schleife

```
"Bitte eine Zahl eingeben:"
$Fakultaet = Read-Host
$FakultaetErgebnis = 1
for ($i = 1; $i -le $Fakultaet; $i++)
{
$FakultaetErgebnis = $FakultaetErgebnis * $i
}
"Die Fakultät von " + $Fakultaet + " ist " + $FakultaetErgebnis
```

Eine For-Schleife kann man mit der Anweisung `continue` vorzeitig fortsetzen und mit `break` vorzeitig verlassen. Das folgende Beispiel zeigt, wie man „zu aufwendige" Berechnungen (die hier mehr als 32-Bit-Zahlen benötigen) unterbinden kann.

Listing 7.19 Fakultätsberechnung mit einer For-Schleife und vorzeitiger Abbruchbedingung

```
"Bitte eine Zahl eingeben:"
$Fakultaet = Read-Host
$FakultaetErgebnis = 1
$Abbruch = $false
for ($i = 1; $i -lesystemdienste, deren $Fakultaet; $i++)
{
$FakultaetErgebnis = $FakultaetErgebnis * $i
if ($FakultaetErgebnis -gt [System.Int32]::MaxValue) { $Abbruch = $true; break; }
}
if ($Abbruch) { "Werteüberlauf!" }
else { "Die Fakultät von " + $Fakultaet + " ist " + $FakultaetErgebnis }
```

Die Do/While/Until-Schleifenfamilie

Rund um die Schlüsselwörter `Do/While/Until` gibt es drei Arten von Schleifen, die jeweils über Bedingungen gesteuert werden. In Abhängigkeit davon, ob die Bedingung erfüllt ist oder nicht, wird die Schleife abgebrochen oder fortgesetzt.

Die Bedingung kann entweder vor dem ersten Durchlauf der Befehle zum ersten Mal ausgeführt werden (eine sogenannte kopfgesteuerte Schleife) oder nach dem ersten Durchlauf (eine sogenannte fußgeprüfte Schleife).

> **HINWEIS:** Im Vergleich zur For-Schleife hat man bei der Do/While/Until-Schleifenfamilie mehr Flexibilität.

Eine kopfgeprüfte Schleife beginnt man mit `While`. Die Bedingung steht hier vor dem Anweisungsblock, man prüft also eine Bedingung vor dem ersten Durchlaufen ab. Die Bedingung steht in runden Klammern, der Anweisungsblock in geschweiften Klammern. Die Initialisierung erfolgt vor der Schleife. Die Schrittweite steht im Anweisungsblock.

Listing 7.20 Einfaches Zählen bis fünf mit der While-Schleife

```
"While:"
$i = 0 # Initialisierung
while($i -lt 5) # Bedingung
{
$i++ # Schrittweite
$i # Aktion
}
```

Bei der fußgeprüften Schleife steht die Bedingung erst am Ende. Das hat zur Folge, dass die Schleife mindestens einmal durchlaufen wird, bevor die Bedingung überprüft wird.

Die PowerShell-Skriptsprache kennt hier zwei Varianten, die äquivalent zueinander verwendet werden können.

- Die Do...While-Schleife: Tue etwas, solange etwas gilt.
- Die Do...Until-Schleife: Tue etwas, bis etwas gilt.

Das folgende Listing zeigt das Zählen von 1 bis 5 mit beiden Schleifenformen. Zu beachten ist der Unterschied bei der Bedingung. Würde man auch bei Do…Until statt $i -eq 5 die Bedingung $i -lt 5 schreiben, würde die Schleife schon bei der Zahl 1 enden.

Listing 7.21 Einfaches Zählen bis fünf mit der Do ...-Schleife

```
"Do While:"
$i = 0
do
{ $i++
$i
}while($i -lt 5)

"Do Until:"
$i = 0
do
{ $i++
$i
}until($i -eq 5)
```

Die ForEach-Schleife

Die ForEach-Schleife ähnelt zwar der For-Schleife, allerdings werden bei dieser kein Start- und Endwert benötigt. Diese Schleife verwendet man zum Durchlaufen von Objektmengen. Für jedes Element in einer bestimmten Menge wird die Schleife einmal durchlaufen. Bei einer solchen Menge kann es sich beispielsweise um alle Dateien eines bestimmten Verzeichnisses handeln. Grundsätzlich kann man jede Menge in der PowerShell mit ForEach durchlaufen.

Die ForEach-Schleife ist kaum geeignet, um damit zu zählen, denn man muss die zu durchlaufenden Zahlen zunächst in einem Array ablegen.

Listing 7.22 Einfaches Zählen bis fünf mit der ForEach ...-Schleife

```
# Schleife von 1 bis 5
"Foreach:"
```

```
$menge = 1,2,3,4,5
foreach ($i in $menge)
{ $i }
```

 HINWEIS: Das obige Skript könnte man noch etwas optimieren, indem man $menge = 1,2,3,4,5 mit $menge = 1...5 abkürzt.

Wirklich interessant ist die ForEach-Schleife, wenn man die Anzahl der zu durchlaufenden Objekte zur Entwicklungszeit noch nicht kennt. Jede PowerShell-Pipeline kann mit ForEach durchlaufen werden.

Listing 7.23 Durchlaufen des Pipeline-Ergebnisses mit ForEach-Schleife

```
$dienste = Get-Service –ComputerName F111
foreach ($dienst in $dienste)
{
"{0,-20}: {1}" -f $dienst.Name , $dienst.Status
}
```

 HINWEIS: Es stellt sich die Frage, wie sich das Commandlet Foreach-Object und die ForEach-Schleife voneinander unterscheiden. Zunächst einmal kann man mit beiden eine jede Objektmenge durchlaufen. Die ForEach-Schleife orientiert sich syntaktisch an den Konzepten der prozeduralen Programmierung, während sich das Commandlet Foreach-Object in das Pipeline-Konzept einreiht. Unter der Haube gibt es einen wesentlichen Unterschied, den man bei größeren Objektmengen auch bemerkt. Die Pipelines arbeiten asynchron, d. h., Foreach-Object beginnt schon mit der Arbeit, sobald das erste Objekt vorliegt. Die ForEach-Schleife beginnt hingegen erst, wenn alle Objekte vorliegen.

Wenn man den Pipeline-basierten Befehl

```
Get-ChildItem c:\Windows -Recurse -Filter "*.txt" |
ForEach-Object { "{0,-20}: {1}" -f $_.Name , $_.length }
```

mit der skriptbasierten Befehlsfolge

```
$Dateien = Get-ChildItem c:\Windows -Recurse -Filter "*.txt"
foreach ($datei in $Dateien)
{
"{0,-20}: {1}" -f $datei.Name , $dienst.length
}
```

vergleicht, wird man zwei Konsequenzen feststellen:

Der Pipeline-Befehl beginnt sofort mit der Ausgabe der Dateiliste. Die skriptbasierte Lösung braucht einige Zeit vor der ersten Ausgabe.

Der Pipeline-Befehl meldet zwischen den Ausgaben Fehler über Pfade, für die es kein Zutrittsrecht gibt. Die skriptbasierte Lösung zeigt erst alle Fehlermeldungen, die ja von Get-ChildItem kommen, und dann erst die Dateiausgabe, die aus der ForEach-Schleife stammt.

ACHTUNG: Ein Kuriosum bei der ForEach-Schleife war in PowerShell 1.0 und 2.0 zu beachten: Wenn an Stelle der zu durchlaufenden Objektmenge $null steht, wird die Schleife dennoch einmal durchlaufen.

```
"Foreach über $null"
foreach ($x in $null) { "Versuch 1: $x" }
"Foreach über eine leere Menge"
$dienste = (Get-Service x*)
foreach ($x in $dienste) { "Versuch 2: $x" }
foreach ($x in (Get-Service x*)) { "Versuch 3: $x" }
```

In den obigen Beispielen wird die Schleife in Versuch 1 und 2 jeweils einmal durchlaufen. Get-Service x* liefert auf den meisten Systemen kein Ergebnis, weshalb die Variable $null erhält. Daher sind Versuch 1 und 2 aus Sicht der Schleife gleichbedeutend. In Versuch 3 wird die Schleife aber keinmal durchlaufen, denn Get-Service x* liefert eine leere Menge und die behandelt ForEach tatsächlich so, wie man es auch von $null erwarten würde.

Als Verbesserung seit PowerShell-Version 3.0 wird eine Schleife nicht mehr durchlaufen, wenn die Menge $null ist. Dies kann aber zu überraschenden Verhaltensänderungen führen, wenn man ein PowerShell-2.0-Skript, das diesen Seiteneffekt genutzt hat, nun in einer neueren PowerShell laufen lässt.

Kein Problem für die ForEach-Schleife und das Foreach-Object-Commandlet ist übrigens die Frage, ob die Pipeline ein einzelnes Objekt oder eine Menge enthält. Auch im Fall des einzelnen Objekts wird die Schleife genau einmal durchlaufen.

■ 7.16 Bedingungen

Die PowerShell-Skriptsprache beherrscht, wie fast alle anderen Programmiersprachen auch, die bedingte Programmausführung. Von einer bedingten Programmausführung spricht man, wenn in Abhängigkeit von bestimmten Bedingungen nicht alle Befehle in einem Skript ausgeführt, sondern ein oder mehrere Befehle übersprungen werden. Genau genommen heißt dies für das Skript, dass abhängig davon, ob eine bestimmte Bedingung erfüllt ist oder nicht, ein bestimmter Codeabschnitt verarbeitet bzw. nicht verarbeitet wird.

Innerhalb der PowerShell-Skriptsprache gibt es zwei grundsätzliche Formen für die bedingte Programmausführung. Durch eine Fallunterscheidung wird es ermöglicht, den Programmablauf abhängig von bestimmten Bedingungen zu steuern:

- if (Bedingung) {...} else {...}
- switch ($var) {Wert {...} Wert {...} default {..} } }

If ... Else-Bedingung

Das Basiskonstrukt für eine Bedingung ist If...Else. Die Bedingung steht in runden Klammern, der Anweisungsblock in geschweiften Klammern. Eine „Else"-Anweisung ist optional.

ACHTUNG: Man darf weder die geschweiften noch die runden Klammern weglassen.

Das erste Beispiel zeigt drei einfache If-Anweisungen ohne Else.

Listing 7.24 Drei Bedingungen unter Einsatz von If

```
"Bitte geben Sie eine Zahl ein"
$Wert1 = Read-Host
"Bitte geben Sie noch eine Zahl ein"
$Wert2 = Read-Host

if ($Wert1 -gt $Wert2) { "Der erste Wert ist größer als der zweite." }
if ($Wert1 -lt $Wert2) { "Der erste Wert ist kleiner als der zweite." }
if ($Wert1 -eq $Wert2) { "Beide Werte sind gleich groß." }
```

Diese Bedingungen könnte man alternativ mit Else schreiben, um dann zwei If-Bedingungen zu verschachteln.

Listing 7.25 Drei Bedingungen unter Einsatz von If und Else

```
if ($Wert1 -gt $Wert2)
{ "Der erste Wert ist größer als der zweite." }
else
{
if ($Wert1 -lt $Wert2) { "Der erste Wert ist kleiner als der zweite." }
else { "Beide Werte sind gleich groß." }
}
```

Noch etwas prägnanter geht es mit ElseIf. Hinter ElseIf kann man eine weitere Bedingung angeben.

Listing 7.26 Drei Bedingungen unter Einsatz von If, ElseIf und Else

```
if ($Wert1 -gt $Wert2)
{ "Der erste Wert ist größer als der zweite." }
elseif ($Wert1 -lt $Wert2)
  { "Der erste Wert ist kleiner als der zweite." }
else { "Beide Werte sind gleich groß." }
```

TIPP: Statt für eine Aktion (bisher immer: eine Ausgabe) kann man If ... Else auch für Wertzuweisungen nutzen. In dem folgenden Beispiel erhält $Anzeige abhängig von der Bedingung einen anderen Wert:

```
[DateTime]::Now.Second
$Bedingung = [DateTime]::Now.Second % 2 -eq 0
$Bedingung
$Anzeige = if ($Bedingung) { "gerade" } else { "ungerade" }
$Anzeige
```

Switch-Bedingung

Mit einer Switch-Bedingung kann man auf elegante Weise viele Fälle unterscheiden, weil man übersichtlich Bedingungen und Anweisungsblöcke aneinanderreihen kann.

Listing 7.27 Drei Bedingungen unter Einsatz von Switch

```
switch ()
{
 {$Wert1 -gt $Wert2} { "Der erste Wert ist größer als der zweite." }
 {$Wert1 -lt $Wert2} { "Der erste Wert ist kleiner als der zweite." }
 default { "Beide Werte sind gleich groß." }
}
```

Das runde Klammernpaar hinter Switch deutet schon an, dass hier noch mehr Potenzial ist. Man kann auch eine Variable mit einer festen Wertemenge vergleichen.

Listing 7.28 Viele Bedingungen mit Switch

```
"Welche Note geben Sie diesem Buch?"
$note = Read-Host
switch ($note)
{
    1 {"sehr gut"}
    2 {"gut"}
    3 {"befriedigend"}
    4 {"ausreichend"}
    5 {"ungenügend"}
    default { "Ungültige Note" }
}
```

7.17 Unterroutinen (Prozedur/Funktionen)

Um die Übersichtlichkeit eines Skripts zu verbessern und Wiederholungen von Programmcode an mehreren Stellen im Skript zu vermeiden, besteht die Möglichkeit, wiederkehrende Programmzeilen in sogenannte Unterroutinen zu kapseln und anstelle der wiederkehrenden Befehle nur noch die Unterroutinen aufzurufen. Dadurch erhöht sich einerseits die Lesbarkeit; es werden nicht mehr alle Befehle, sondern nur noch eine Funktion aufgerufen. Des Weiteren schlägt sich eine Änderung an der Funktion sofort im gesamten Skript nieder.

7.17.1 Prozedur versus Funktion

Eine Unterroutine, die keinen Wert als Ergebnis ihrer Ausführung zurückliefert, wird oft auch als „Prozedur" bezeichnet. Im Kontrast dazu heißen Unterroutinen mit Rückgabewert „Funktion".

Die PowerShell macht keinen großen Unterschied. In beiden Fällen wird die Unterroutine definiert durch:

```
function Name { Anweisungsblock }
```

Es gibt in der PowerShell-Skriptsprache, wie in vielen anderen Sprachen, das Schlüsselwort return, um eine Unterroutine vorzeitig zu verlassen. Dabei kann man einen Wert übergeben, der dem Aufruf zurückgesendet werden soll.

```
function Name { Anweisungsblock … return xy }
```

ACHTUNG: Anders als in vielen anderen Programmiersprachen ist return aber nicht die einzige Möglichkeit, einen Rückgabewert zu liefern. Vielmehr wird alles zum Rückgabewert, was nicht explizit mit Write-Host, Write-Debug oder Write-Warning (sowie direkt über die Standardausgabe, z. B. von klassischen Konsolenanwendungen) ausgegeben wird.

7.17.2 Prozeduren

Das erste Beispiel zeigt eine Prozedur. Die Prozedur macht zwei Ausgaben und eine Berechnung. Die Rückgabe an den Aufrufer ist $null (repräsentiert „Kein Wert").

Listing 7.29 Dies ist eine echte Prozedur.

```
function Get-AltersProzedur()
{
Write-Host "Dieser Funktion wurde übergeben: $($args[0]) und $($args[1])"
$Tage = [int] ([System.DateTime]::now - [DateTime]$Args[1]).TotalDays
Write-Host "$($args[0]) ist $Tage Tage alt!"
}
```

Der Aufruf würde so aussehen:

```
# Normaler Aufruf
Get-AltersProzedur "Max Müller" 08.09.1970
# Test, ob wirklich $null zurückkommt --> Erfüllt!
if ((Get-AltersProzedur "Max Müller" 08.09.1970) -eq $null) { "$null!" }
```

HINWEIS: Beim Aufruf einer PowerShell-Funktion verwendet man keine runden Klammern und kein Komma zur Parametertrennung. Hier ist ein Unterschied zum Aufruf von Methoden in Objekten (siehe Anhang A *„Crashkurs, Objektorientierung"*). Der Einsatz von runden Klammern und Kommata Get-AltersProzedur ("Max Mammern "08.09.1970") würde dazu führen, dass die Prozedur nur einen Parameterwert bekommt, der ein Array mit zwei Elementen ist.

Der Aufruf von Funktionen unterscheidet sich nicht vom Aufruf von Commandlets. Dies ist auch das Ziel: Man will Commandlets und Funktionen äquivalent benutzen können. Tatsächlich sind einige Commandlets in Form von Funktionen implementiert. Es ist durchaus guter Stil, Funktionen nach denselben Namenskonventionen wie Commandlets (Verb-Substantiv) aufzubauen.

7.17.3 Funktionen (mit Rückgabewerten)

Bei der nachstehenden PowerShell-Unterroutine könnte man auf den ersten Blick geneigt sein zu sagen, dass es sich auch um eine Prozedur ohne Rückgabewert handelt.

Listing 7.30 Dies ist eine Funktion mit zwei Rückgabewerten.

```
function Get-AltersFunktion1()
{
"Dieser Funktion wurde übergeben: $($args[0]) und $($args[1])"
$Tage = [int] ([System.DateTime]::now - [DateTime]$Args[1]).TotalDays
"$($args[0]) ist $Tage Tage alt!"
}
```

Das ist aber nicht korrekt, denn

```
if ((Get-Altersfunktion1 "Max Müller" 08.09.1970) -eq $null) { "null!" } else
{ "nicht null!"}
```

liefert „nicht null!". Die obige Unterroutine ist eine Funktion, die zwei Zeichenketten zurückliefert. Im Kapitel 8 *„Ausgaben"* steht zwar, dass „lose" Literale und Variablen ausgegeben werden, aber wenn solch ein „loser" Ausdruck in einer Unterroutine steht, dann wird der Wert des Ausdrucks **zusätzlich** zum Rückgabewert der Methode. Die Ausgabe wird unterdrückt, wenn der Aufrufer den Rückgabewert weiterverarbeitet. Die Ausgabe findet nur statt, wenn der Aufrufer den Rückgabewert ignoriert. Gleiches gilt für Pipelines.

Eine Testfunktion hilft dem Verständnis. Diese Routine erzeugt zwei Ausgaben direkt mit Write-Host zu Beginn und zum Ende der Verarbeitung. Dazwischen gibt es vier Zeilen, die eine Ausgabe erzeugen, die zum Rückgabewert wird.

Listing 7.31 Testfunktion für die folgende Tabelle

```
function TestFunktion()
{
Write-Host "Beginn der Funktion..."
Get-Service d*
```

```
Get-Date | foreach { $_.ToShortDateString() }
2+2
$name="Holger"
$name
Write-Host "Ende der Funktion!"
}
```

Tabelle 7.7 Verschiedene Aufrufformen und deren Ausgabe

Art des Aufrufs	Ausgabe
TestFunktion	```
Beginn der Funktion...
Status   Name   DisplayName
------   ----   -----------
Running   DcomLaunch   DCOM Server Process Launcher
Stopped   defragsvc   Disk Defragmenter
Running   Dhcp   DHCP Client
Running   Dnscache   DNS Client
Stopped   dot3svc   Wired AutoConfig
Running   DPS   Diagnostic Policy Service
22.01.2010
4
Holger
Ende der Funktion!
```
Erläuterung: Der Aufrufer verwendet die Rückgabewerte nicht. Daher gibt die Funktion sie direkt aus, was man daran erkennt, dass die Werte zwischen „Beginn" und „Ende" stehen. |
| $x = TestFunktion | ```
Beginn der Funktion...
Ende der Funktion!
```
Erläuterung: Der Aufrufer verwendet die Rückgabewerte, indem er sie in einer Variablen speichert. Daher gibt die Funktion nichts aus. |
| TestFunktion \| foreach { $_.GetType() } | ```
Beginn der Funktion...
IsPublic IsSerial Name
-------- -------- ----
True   False   ServiceController
True   False   ServiceController
True   False   ServiceController
True   False   ServiceController
True   False   ServiceController
True   False   ServiceController
True   True   String
True   True   Int32
True   True   String
Ende der Funktion!
```
Erläuterung: Der Aufrufer sendet die Objekte über die Pipeline an **Foreach-Object**. Nun mag überraschen, dass die Ausgaben zwischen „Beginn" und „Ende" stehen, was darauf hindeuten würde, dass die Funktion die Ausgaben macht. Das ist aber nicht so, weil der Aufrufer das Ergebnis ja verarbeitet. Der Grund dafür, dass die Werte zwischen „Beginn" und „Ende" stehen, liegt an der asynchronen Verarbeitung der Pipeline. **Foreach-Object** verarbeitet die von der Unterroutine gelieferten Objekte schon, bevor diese überhaupt fertig ist. An der Ausgabe sieht man genau, dass die Unterroutine eine heterogene Menge von Werten liefert. |

*(Fortsetzung nächste Seite)*
```

Tabelle 7.7 Verschiedene Aufrufformen und deren Ausgabe *(Fortsetzung)*

Art des Aufrufs	Ausgabe
| TestFunktion \| sort \| foreach { $_.GetType() } | ```
Beginn der Funktion...
Ende der Funktion!

IsPublic IsSerial Name
True     False    ServiceController
True     False    ServiceController
True     False    ServiceController
True     False    ServiceController
True     False    ServiceController
True     False    ServiceController
False    False    FormatStartData
False    False    GroupStartData
False    False    FormatEntryData
False    False    GroupEndData
False    False    FormatEndData
True     True     Int32
True     True     String
```<br>Erläuterung: Nun steht die Ausgabe nach dem „Ende", denn das `Sort-Object` verhindert die asynchrone Verarbeitung. |
| $x = TestFunktion<br><br>$x \| foreach { $_.GetType() } | ```
Beginn der Funktion...
Ende der Funktion!

IsPublic IsSerial Name
True     True     String
True     True     Int32
True     True     String
True     False    ServiceController
True     False    ServiceController
True     False    ServiceController
True     False    ServiceController
True     False    ServiceController
True     False    ServiceController
```<br>Erläuterung: Die Ausgabe steht nach dem „Ende", weil der Aufrufer die Werte erst in einer Variablen speichert und dann an die Pipeline sendet. Zwischen zwei Zeilen findet keine asynchrone Verarbeitung statt. |

HINWEIS: return xy ist äquivalent zu xy; return.

Funktionen können auch mit den Schlüsselwörtern break und continue vorzeitig verlassen werden. Dann gibt es keinen Rückgabewert der Funktion, aber die „losen" Konstanten und Variablen werden ausgegeben. Das Skript wird zudem beendet.

7.17.4 Art der Rückgabewerte

Bei der PowerShell sind alle Datentypen als Rückgabewerte erlaubt. Anders als in anderen Programmiersprachen ist eine beliebige Anzahl von Rückgabewerten erlaubt, die in eine Liste (vom Typ Array von Object, in der PowerShell-Notation: Object[]) geliefert werden. Eine Unterscheidung gibt es noch, ob ein oder mehrere Werte zurückgegeben werden. Wenn nur ein Wert zurückgegeben wird, dann ist der Rückgabewert keine Liste mit einem Element, sondern genau dieser eine Wert. Dies beweist das folgende Skript. Zu bedenken ist, dass Count kein Ergebnis liefert, wenn $x keine Liste ist.

```
function Get-ReturnValues([int] $Anz) # Anz legt die Anzahl der Rückgabewerte fest
{
for([int] $i=0;$i -lt $Anz;$i++) { $i }
}

$x = (Get-ReturnValues 1)
"Get-ReturnValues 1 --> Typ: {0}, Anzahl {1}" -f $x.GetType(), $x.Count
$x = (Get-ReturnValues 2)
"Get-ReturnValues 2 --> Typ: {0}, Anzahl {1}" -f $x.GetType(), $x.Count
$x = (Get-ReturnValues 1000000)
"Get-ReturnValues 1000000 --> Typ: {0}, Anzahl {1}" -f $x.GetType(), $x.Count

Testskript zum Prüfen der Art der Rückgabewerte
```

```
PS P:\> . 'h:\demo\powershell\1_basiswissen\powershell language\functions_returnvalues.ps1'
Get-ReturnValues 1 --> Typ: System.Int32, Anzahl
Get-ReturnValues 2 --> Typ: System.Object[], Anzahl 2
Get-ReturnValues 1000000 --> Typ: System.Object[], Anzahl 1000000
```

Bild 7.14 Ausgabe des obigen Skripts

7.17.5 Parameterübergabe

Zwischen Funktion und Prozedur gibt es also in der PowerShell nur einen marginalen Unterschied. Ein interessanterer Unterschied sind die verschiedenen Formen der Parameterübergabe. Im Beispiel Get-AltersFunktion1() waren die Parameter weder explizit benannt noch typisiert. Dies hat den Vorteil, dass man leicht beliebig viele Parameter in beliebiger Form übergeben kann. Der Nachteil ist jedoch, dass die PowerShell nicht prüfen kann, ob Anzahl und Art der Parameter stimmen. Folgender Aufruf führt zu einem Abbruch in dem Moment, wo eine Rechenoperation mit dem Datum stattfinden soll:

```
Get-Altersfunktion1 "Max Müller" "unsinn"
```

Es gibt drei andere Formen der Parameterübergabe (siehe auch Listing 7.27):

- Benannte Parameter: `Get-Altersfunktion2($Name, $Geb) { ... }`
- Benannte und typisierte Parameter im Funktionskopf: `Get-Altersfunktion3([string] $Name, [DateTime] $Geb) { ... }`
- Benannte und typisierte Parameter im Funktionsrumpf: `Get-Altersfunktion4{ param([string] $Name, [DateTime] $Geb) ... }`

Listing 7.32 Vergleich der verschiedenen Parameterformen

```
# Parameter unbenannt
function Get-Altersfunktion1()
{
"Dieser Funktion wurde übergeben: $($args[0]) und $($args[1])"
$Tage = [int] ([System.DateTime]::now - [DateTime]$Args[1]).TotalDays
return "$($args[0]) ist $Tage Tage alt!"
}

# Parameter benannt
function Get-Altersfunktion2($Name, $Geb)
```

```
{
"Dieser Funktion wurde übergeben: $name und $geb"
$Tage = [int] ([System.DateTime]::now - [DateTime]$Geb).TotalDays
return  "$Name ist $Tage Tage alt!"
}

# Parameter benannt und typisiert
function Get-Altersfunktion3([string] $Name, [DateTime] $Geb)
{
"Dieser Funktion wurde übergeben: $name und $geb"
$Tage = [int] ([System.DateTime]::now - $Geb).TotalDays
return  "$Name ist $Tage Tage alt!"
}

# Parameter benannt und typisiert - andere Syntaxform
function Get-Altersfunktion4
{
param([string] $Name, [DateTime] $Geb)
"Dieser Funktion wurde übergeben: $name und $geb"
$Tage = [int] ([System.DateTime]::now - $Geb).TotalDays
return  "$Name ist $Tage Tage alt!"
}
```

Der Aufruf ist in allen vier Fällen gleich. Der Unterschied ist nur, dass im Fall der typisierten Parameter der Fehler schon beim Aufruf der Unterroutine auffällt (cannot process argument transformation on parameter 'Geb'. Cannot convert value "unsinn" to type "System.DateTime"), so dass die Routine gar nicht erst gestartet wird.

ACHTUNG: Eine falsche Anzahl von Parametern moniert die PowerShell in keinem Fall. $args[x] kann man immer zum Zugriff auf die übergebenen Parameter verwenden.

Dies bedeutet auch, dass es in der PowerShell keine Überladung von Unterroutinen geben kann. Überladung bedeutet in anderen Sprachen, dass es mehrere gleichnamige Unterroutinen geben darf, die sich nur hinsichtlich der Parameterzahl oder Parameterart unterscheiden. Beim Aufruf wird anhand der übergebenen Parameter entschieden, welche Unterroutine aufgerufen wird.
In der PowerShell hingegen wird – falls es mehrere gleichnamige gibt – immer die erste verfügbare Unterroutine mit allen Parametern aufgerufen.

Es gibt aber Überladungen in der .NET-Klassenbibliothek und bei Aufrufen von Methoden in .NET-Klassen berücksichtigt die PowerShell dies und ruft die passende Methode auf.

7.18 Eingebaute Funktionen

Wie schon erwähnt, sind einige Commandlets als PowerShell-Funktion realisiert (z. B. `Clear-Host`). Die Ausführung des Befehls `dir function:` listet alle Funktionen auf und zeigt, dass auch einige als Kompatibilität zur klassischen Windows-Konsole erhalten gebliebene Anweisungen wie C: und `more` als eingebaute Funktionen der PowerShell realisiert sind.

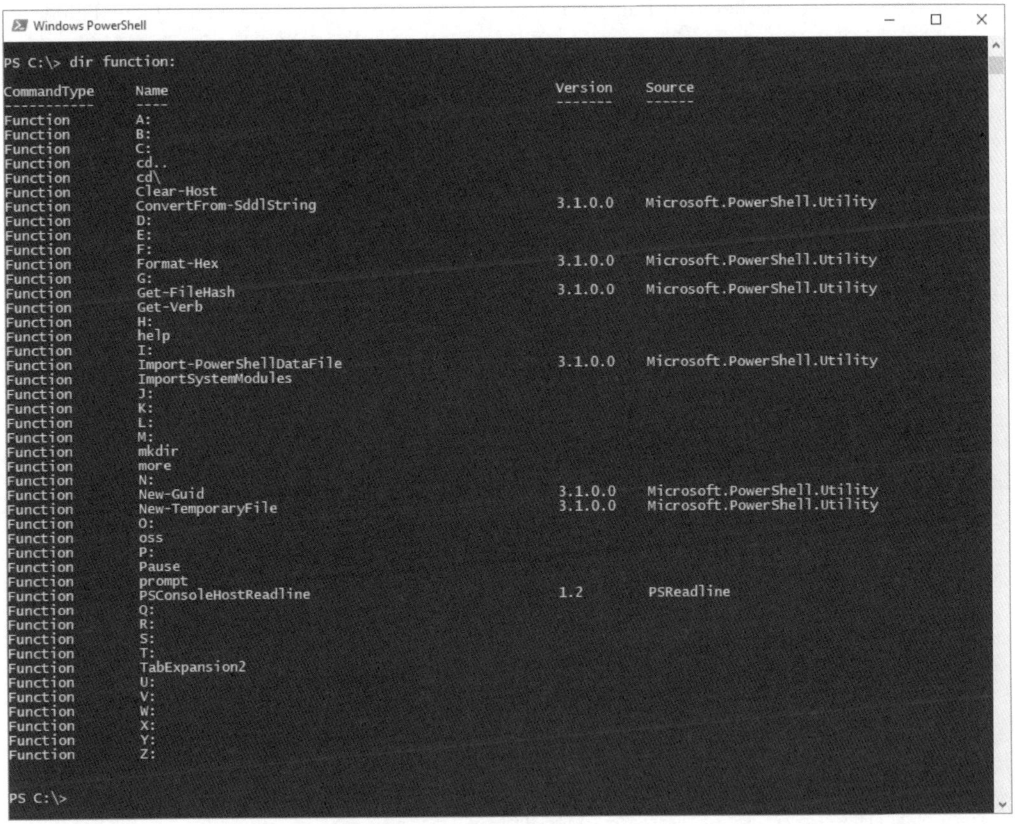

```
Windows PowerShell

PS C:\> dir function:

CommandType     Name                                               Version    Source
-----------     ----                                               -------    ------
Function        A:
Function        B:
Function        C:
Function        cd..
Function        cd\
Function        Clear-Host
Function        ConvertFrom-SddlString                             3.1.0.0    Microsoft.PowerShell.Utility
Function        D:
Function        E:
Function        F:
Function        Format-Hex                                         3.1.0.0    Microsoft.PowerShell.Utility
Function        G:
Function        Get-FileHash                                       3.1.0.0    Microsoft.PowerShell.Utility
Function        Get-Verb
Function        H:
Function        help
Function        I:
Function        Import-PowerShellDataFile                          3.1.0.0    Microsoft.PowerShell.Utility
Function        ImportSystemModules
Function        J:
Function        K:
Function        L:
Function        M:
Function        mkdir
Function        more
Function        N:
Function        New-Guid                                           3.1.0.0    Microsoft.PowerShell.Utility
Function        New-TemporaryFile                                  3.1.0.0    Microsoft.PowerShell.Utility
Function        O:
Function        oss
Function        P:
Function        Pause
Function        prompt
Function        PSConsoleHostReadline                              1.2        PSReadline
Function        Q:
Function        R:
Function        S:
Function        T:
Function        TabExpansion2
Function        U:
Function        V:
Function        W:
Function        X:
Function        Y:
Function        Z:

PS C:\>
```

Bild 7.15 Eingebaute Funktionen der PowerShell

7.19 Fehlerbehandlung

Die PowerShell bietet zwei Arten der Fehlerbehandlung im Skriptcode:

- `Trap` (seit PowerShell 1.0)
- `Try-Catch-Finally` (seit PowerShell 2.0)

Fehlerbehandlung mit Trap

Die PowerShell unterscheidet zwischen Fehlern, die unbedingt ein Ende der Ausführung des Befehls/des Skripts erfordern (Terminating Error), und Fehlern, die es erlauben, dass die Ausführung beim nächsten Befehl fortgesetzt wird (Non-Terminating Error). Abbrechende Fehler können durch Trap-Anweisungen abgefangen werden. Nichtabbrechende Fehler können zu abbrechenden Fehlern gemacht werden.

Trap fängt aufgetretene abbrechende Fehler ab und führt den angegebenen Code aus. `$_` enthält dann Informationen zu dem Fehler in Form einer Instanz von `System.Management.Automation.ErrorRecord`. Das Unterobjekt `$_.Exception` ist der eigentliche Fehler in Form einer Instanz einer Klasse, die von `System.Exception` erbt. Über `$_.Exception.GetType().FullName` erhält man den Fehlertyp, durch `$_.Exception.Message` den Fehlertext.

`Break` oder `Continue` entscheiden, ob das Skript nach dem Fehler fortgesetzt wird. Das Standardverhalten ist `Continue`. Mit `Exit` kann ein definitives sofortiges Skriptende herbeigeführt werden.

Mit dem folgenden Beispiel können Sie selbst das Fehlerverhalten der PowerShell testen und mit den verschiedenen Reaktionsmöglichkeiten experimentieren. Der Fehler wird aufgelöst durch den Aufruf `Copy-Item` mit falschem Pfad (ein nichtabbrechender Fehler) und „Get-Dir" (das Commandlet gibt es nicht, ein abbrechender Fehler).

Listing 7.33 Trap5_Copy.ps1
[1_Basiswissen/PowerShell Language/TrapDemo_Copy.ps1]

```
# Beispiel zum Testen von Fehlerabfangen
trap {
Write-Host ("### ABGEFANGENER FEHLER: " + $_.Exception.Message)
#Write-Error ("Fehler: " + $_.Exception.Message)
#continue
#break
#exit
#throw "test"
}

"Beispiel zum Testen von Fehlerabfangen"
"Erst geht alles gut..."
copy g:\daten\lieferanten c:\temo\Daten
"Dann läuft es nicht mehr so gut (falscher Pfad)"
copy g:\daten\lieferanten k:\daten\lieferanten
"Und dann folgt Unsinn (falsches Commandlet)"
Get-Dir k:\daten\lieferanten
"Ende des Scripts"
```

Tabelle 7.8 Verhalten der PowerShell im Fehlerfall bei der Verwendung von Trap

Trap	Reaktion
Nicht vorhanden	PowerShell zeigt Fehlermeldungen für `Copy-Item` („drive does not exists") und `Get-Dir` („not recognized as a cmdlet, function, program oder script file") und setzt die Ausführung bis zum Ende fort.
Vorhanden, nur mit Write-Host	Es erscheint für den abbrechenden Fehler zusätzlich zu der PowerShell-Fehlermeldung auch der eigene Fehlertext aus dem Trap-Block.
Vorhanden, mit continue	Es erscheint für den abbrechenden Fehler nur der eigene Fehlertext aus dem Trap-Block.
Vorhanden, mit break	Nach dem abbrechenden Fehler erscheinen der eigene Fehlertext und dann die Fehlermeldung der PowerShell. Danach bricht das Skript ab (d. h., die Ausgabe „Ende des Skripts" wird nicht mehr erzeugt).

(Fortsetzung nächste Seite)

Tabelle 7.8 Verhalten der PowerShell im Fehlerfall bei der Verwendung von Trap *(Fortsetzung)*

Trap	Reaktion
Vorhanden, mit exit	Nach dem abbrechenden Fehler erscheint der eigene Fehlertext. Dann bricht die Ausführung sofort ab.

![PowerShell Screenshot]

Konfiguration des Fehlerverhaltens

Die Möglichkeiten werden noch vielfältiger, weil jedes einzelne Commandlet über die Parameter -ErrorAction (kurz -ea) und -WarningAction (-wa) zudem bestimmen kann, wie mit Fehlern (oder Warnungen) umgegangen werden soll:

- Stop: Der Fehler wird ausgegeben und die Ausführung bricht ab. (Alle Non-Terminating-Fehler werden damit zu Terminating-Fehlern.)
- Continue: Der Fehler wird ausgegeben und die Ausführung wird fortgesetzt.
- SilentlyContinue: Der Fehler wird nicht ausgegeben und die Ausführung wird fortgesetzt.
- Inquire: Der Benutzer wird gefragt, ob er die Ausführung trotz des Fehlers fortsetzen möchte.

Alle möglichen Kombinationen von -ErrorAction und Trap durchzuspielen, würde den Rahmen dieses Buchs sprengen. Daher werden im Folgenden nur einige ausgewählte Fälle beschrieben.

HINWEIS: Die Anwendung von -ErrorAction hat nur Auswirkung auf existierende Commandlets. Das in dem Beispiel verwendete, nicht vorhandene Commandlet "Get-Dir" kann darauf nicht reagieren.

Tabelle 7.9 Verhalten der PowerShell im Fehlerfall bei der Verwendung von Trap und -ErrorAction

Trap	-ErrorAction	Reaktion
Nicht vorhanden	silently-continue	Es erscheint keine Fehlermeldung mehr für den Pfadfehler bei `Copy-Item`. Weiterhin wird das Problem mit `Get-Dir` gemeldet.
Vorhanden, mit continue	silently-continue	Es erscheinen überhaupt keine Standardfehlermeldungen der Power-Shell mehr, sondern nur noch die benutzerdefinierte Meldung aus dem Trap-Block für das nicht existierende Commandlet.
Nicht vorhanden	stop	Die Ausführung bricht mit einer PowerShell-Fehlermeldung nach dem ersten nicht ausführbaren Copy-Befehl ab.
Vorhanden, mit continue	stop	Für beide Fehler erscheint nur der eigene Fehlertext aus dem Trap-Block.

Fehler speichern mit ErrorVariable

Unabhängig von der Einstellung beim Parameter -ErrorAction für ein Commandlet kann man die Fehlerinformation durch Angabe des Parameters -ErrorVariable (kurz: -ev) in einer beliebigen Variablen ablegen.

 TIPP: Dabei ist nach -ErrorVariable der Variablenname **ohne** das führende Dollarzeichen anzugeben.

Beispiel:

```
Get-Localuser unsinn -ErrorVariable letzterfehler -ErrorAction SilentlyContinue
```

Die Variable $letzterfehler enthält nun den Fehler in einem Objekt des Typs System.Management.Automation.ErrorRecord.

So kann man nur den Fehlertext selbst ausgeben:

```
$letzterfehler.Exception.Message
```

```
Windows PowerShell                                                    —   □   ×
PS T:\> Get-Localuser unsinn -ErrorVariable letzterfehler -ErrorAction SilentlyContinue
PS T:\> $letzterfehler.Exception.Message
Der Benutzer unsinn wurde nicht gefunden.
PS T:\>
```

Bild 7.16 Beispiel für den Einsatz von -ErrorVariable

$ErrorActionPreference

Über die globale eingebaute Variable $ErrorActionPreference kann man das Standardverhalten für -ErrorAction für alle Commandlets setzen. Der Wert muss als Zeichenkette übergeben werden. Die Standardeinstellung ist „Continue".

Es folgt ein Beispiel, in dem mehrfach eine Division durch die Zahl 0 ausgeführt wird, um einen Fehler zu erzeugen. Dabei wird jeweils die $ErrorActionPreference geändert.

Listing 7.34 Beispiel für den Einsatz von $ErrorActionPreference

```
"Regulärer Programmstart"

"Aktueller Fehlerbehandlungsstandard: $ErrorActionPreference"

"1. Versuch"
# Fehler machen
write-host (1 / $null)

"2. Versuch"
$ErrorActionPreference = "silentlycontinue"
# Fehler machen
write-host (1 / $null)

"3. Versuch"
# Fehler machen
```

```
$ErrorActionPreference = "stop"
write-host (1 / $null)

"Reguläres Programmende"
```

Das Beispiel führt zu folgender Ausgabe. Man beachte, dass das Programm beim ersten Versuch mit Fehlermeldung fortgesetzt wird, beim zweiten keine Fehlermeldung erfolgt und beim dritten Versuch das Programm mit Fehlermeldung abbricht.

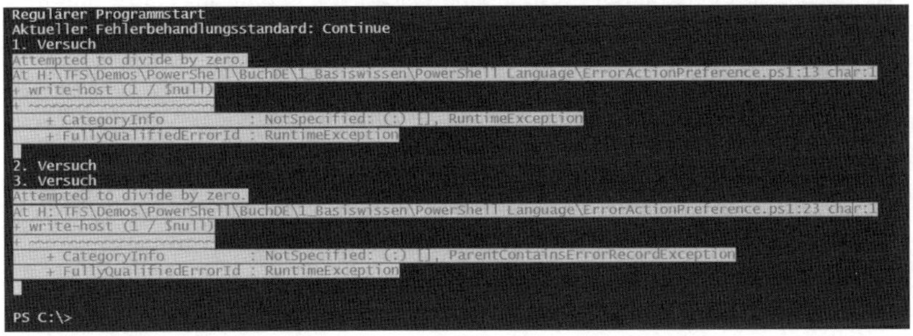

Bild 7.17 Ausgabe des obigen Beispiels

Weitere Möglichkeiten

Das war aber immer noch nicht alles, was die PowerShell in Sachen Fehlerbehandlung zu bieten hat:

- $Error enthält die gesamte Geschichte der aufgetretenen Fehler in Form von Objekten, die zu Fehlerklassen gehören, z. B. System.Management.Automation.CommandNotFound Exception.
- Trap-Blöcke können durch Angabe eines Fehlertyps in eckigen Klammern (Fehlerklasse) auf bestimmte Fehlerarten beschränkt werden. Daher kann es mehrere Trap-Blöcke in einem Skript geben.
- Mit Throw kann man innerhalb und außerhalb von Trap-Blöcken beliebige eigene Fehler erzeugen. Throw erzeugt einen abbrechenden Fehler der Klasse System.Management.Automation.RuntimeException. Man kann aber auch eine andere Fehlerklasse in eckigen Klammern angeben. Die angegebene Klasse muss von System.Exception abgeleitet sein.

```
throw "Fehlertext"
throw [System.ApplicationException] "Fehlertext"
```

Fehlerbehandlung mit Try-Catch-Finally

Die Trap-Anweisung fängt alle Fehler im aktuellen Gültigkeitsbereich ab. Eine Trap-Anweisung in einer Funktion gilt für den ganzen Programmcode in der Funktion. Eine Trap-Anweisung in globalem Programmcode gilt für den ganzen globalen Code. Es ist unerheblich, wo die Trap-Anweisung steht (am Anfang, in der Mitte, am Ende), sie gilt immer für den gesamten Gültigkeitsbereich.

Seit PowerShell 2.0 hat Microsoft das aus den .NET-Sprachen bekannte `Try-Catch-Finally` als zweite Alternative der Fehlerbehandlung mit `Trap` eingeführt. `Try` enthält den Codeblock, der fehlschlagen könnte. `Catch` behandelt auftretende Fehler, wobei der erste abbrechende Fehler die Kontrolle in den `Catch`-Block verlagert. `Finally` (als optionaler Block) wird in jedem Fall am Ende ausgeführt.

> **HINWEIS:** Während man mit einer `Trap`-Anweisung alle Fehler in dem aktuellen Gültigkeitsbereich abfängt, bezieht sich `Try-Catch` immer nur auf Fehler im `Try`-Block. Die Frage, ob man `Trap` oder `Try-Catch` bevorzugt, ist eine Geschmackssache.

Listing 7.35 Beispiel für den Einsatz von Try-Catch-Finally

```
#######################################
# PowerShell-Skript
# (C) Dr. Holger Schwichtenberg
#######################################

# Beispiel zum Testen von Fehlerabfangen

try
{
"Beispiel zum Testen von Fehlerabfangen"
"Erst geht alles gut ..."
copy c:\data\projects c:\temp\Projects -Force
"Dann laeuft es nicht mehr so gut (falscher Pfad) (aber wir machen weiter: continue)"
copy c:\data\customers c:\temp\customers -ea continue
Und dann folgt Unsinn: falsches Commandlet (da wird -continue ignoriert!)"

Get-Dir c:\temp\customers -ea continue
"Kopiervorgang abgeschlossen!"
}

catch
{
$fehler = $_
Write-Host ("### ABGEFANGENER FEHLER: " + $_.Exception.Message) -ForegroundColor yellow

}
finally
{
"Ende des Skripts"
}
```

Innerhalb des Catch-Blocks ist `$_` eine Instanz der Klasse `System.Management.Automation.ErrorRecord`, wobei über das Attribut `Exception` zu der aus dem .NET Framework bekannten Instanz eine .NET-Fehlerklasse kommt. Details über den Umfang der bereitgestellten Fehlerinformationen zeigt die nachstehende Bildschirmabbildung.

fehler	Cannot find path 'C:\data\customers' because it does not exist.
⊟ CategoryInfo	ObjectNotFound: (C:\data\customers:String) [Copy-Item], ItemNotFoundException
Activity	Copy-Item
⊞ Category	ObjectNotFound
Reason	ItemNotFoundException
TargetName	C:\data\customers
TargetType	String
ErrorDetails	
⊟ Exception	ItemNotFoundException: Cannot find path 'C:\data\customers' because it does not ex
⊞ Data	ListDictionaryInternal
⊟ ErrorRecord	Cannot find path 'C:\data\customers' because it does not exist.
⊞ CategoryInfo	ObjectNotFound: (C:\data\customers:String) [], ParentContainsErrorRecordException
ErrorDetails	
⊞ Exception	ParentContainsErrorRecordException: Cannot find path 'C:\data\customers' because i
FullyQualifiedErrorId	PathNotFound
InvocationInfo	
⊞ PipelineIterationInfo	Qt9DU9xSEKNyp39Rje2.84eLJ0xjodErCFWZnwA
TargetObject	C:\data\customers
HelpLink	
InnerException	
ItemName	C:\data\customers
Message	Cannot find path 'C:\data\customers' because it does not exist.
⊞ SessionStateCategory	Drive
Source	System.Management.Automation
StackTrace	at System.Management.Automation.LocationGlobber.ExpandMshGlobPath(String pa
⊞ TargetSite	System.Collections.ObjectModel.Collection`1[System.String] ExpandMshGlobPath(Sys
WasThrownFromThrowStatement	False
FullyQualifiedErrorId	PathNotFound,Microsoft.PowerShell.Commands.CopyItemCommand
⊟ InvocationInfo	InvocationInfo
⊞ BoundParameters	System.Collections.Generic.Dictionary`2[System.String,System.Object]
⊞ CommandOrigin	Internal
ExpectingInput	False
HistoryId	76
InvocationName	copy
Line	copy c:\data\customers c:\temp\customers -ea stop
⊞ MyCommand	Copy-Item
OffsetInLine	5
PipelineLength	1
PipelinePosition	1
PositionMessage	At C:\WPS\WPS2_trycatch.ps1:14 char:5+ copy <<<< c:\data\customers c:\temp\c
ScriptLineNumber	14
ScriptName	C:\WPS\WPS2_trycatch.ps1
⊞ UnboundArguments	Qt9DU9xSEKNyp39Rje2.84eLJ0xjodErCFWZnwA

Bild 7.18 Inhalt eines ErrorRecord-Objekts

7.20 Objektorientiertes Programmieren mit Klassen

Viele PowerShell-Nutzer, insbesondere solche, die auch als Entwickler mit objektorientierten Sprachen arbeiten, vermissten in der Windows PowerShell in den Versionen 1.0 bis 4.0 die Möglichkeit, eigene Klassen direkt in der PowerShell-Skriptsprachensyntax zu definieren. Bisher musste man dafür auf die Syntax von C# oder Visual Basic .NET zurückgreifen, die man in PowerShell-Skripte einbetten kann.

Seit Windows PowerShell 5.0 und auch in PowerShell Core gibt es nun die vermissten Sprachfeatures. Das nächste Listing zeigt den Einsatz des neuen Schlüsselworts `class`. Eine

PowerShell-Klasse kann Attribute und Methoden sowie Konstruktoren enthalten – Letztere beide können auch überladen werden. Statische Mitglieder sind mit dem Schlüsselwort static möglich. Auch Vererbung und die Implementierung von Schnittstellen unterstützt die Skriptsprache mit einem Doppelpunkt hinter dem Klassennamen.

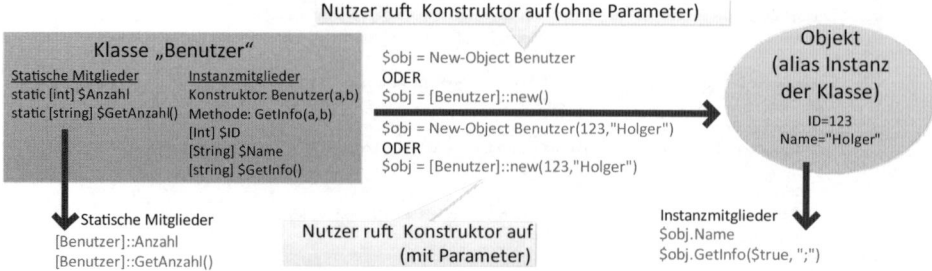

Bild 7.19 Möglichkeiten und Nutzung von PowerShell-Klassen

Das folgende Listing zeigt die Implementierung und Verwendung der im obigen Schaubild dargestellten selbst definierten PowerShell-Klasse „Benutzer".

Listing 7.36 Klassen und Vererbung in PowerShell (seit Version 5.0)
[1_Basiswissen/PowerShellOOP/WPS5_Klassen_Benutzer.ps1]

```
# Definition einer Klasse
class Benutzer
{
# Statische Mitglieder
static [Int64] $Anzahl
# Instanzmitglieder
[string] $Name
[int32] $ID
[DateTime] $Datum
hidden [string] $Rechte = "eingeschränkte Rechte"

# Interne Methode
hidden [void] Init([int32] $neueid)
{
  $this.id = $neueid
  "Neuer Benutzer erzeugt!"
}

# Konstruktor 1: parameterlos
Benutzer()
{
  [Benutzer]::Anzahl = [Benutzer]::Anzahl + 1
  $this.Init([Benutzer]::Anzahl)
}

# Konstruktor 2: mit Parameter
Benutzer($neueid)
{
  $this.Init($neueid)
}
```

```
# öffentliche Methode
[string] GetInfo([bool] $mitDatum)
 {
   if ($mitDatum) {
        return "$($this.ID): $($this.Name) wurde am $($this.Datum.
ToShortDateString()) als Benutzer angelegt."
      }
      else
      {
         return "$($this.ID): $($this.Name)"
      }
   }
}

# Erbende Klasse
class Admin : Benutzer
{
# Konstruktor mit Parameter
Admin($neueid) : base($neueid)
 {
 $this.Rechte = "volle Rechte"
 }

}

# Objektinstanziierung
$b = [Admin]::new(123)

# Befüllen des Objekts
$b.Name = "Holger Schwichtenberg"
$b.Datum = Get-Date "22.12.2015"

# Ausgaben
$b.GetInfo($true)
"$($b.Name) hat $($b.Rechte)"
```

Allerdings sind alle Klassenmitglieder in PowerShell-Klassen öffentlich („public"). Die aus anderen objektorientierten Programmiersprachen wie C++, C# und Java bekannten Sichtbarkeiten „private" und „protected" sind nicht vorgesehen. Das Schlüsselwort hidden versteckt ein Klassenmitglied nur bei der IntelliSense-Eingabeunterstützung. Ein Aufruf ist aber weiterhin möglich, wie obiges Listing anhand des Attributs $Rechte beweist. Verglichen mit anderen .NET-Sprachen fehlt der PowerShell auch weiterhin die Möglichkeit, Namensräume zu definieren, Ereignisse in Klassen zu implementieren und eigene Schnittstellen zu deklarieren.

HINWEIS: Zu beachten ist, dass Microsoft das Verhalten von Methoden in PowerShell-Klassen an das Verhalten von Methoden in anderen objektorientierten Sprachen angepasst hat und damit von dem Verhalten von Funktionen in PowerShell abrückt (weil laut PowerShell-Chefarchitekt Jeffrey Snoover das besondere Verhalten der PowerShell-Funktionen im Nachhinein als „günstig" angesehen wird, man dies aber heute aus Kompatibilitätsgründen nicht mehr ändern kann).

- Eine Methode in einer PowerShell-Klasse wird mit runden Klammern aufgerufen und die Parameterwerte werden durch Kommata getrennt. Dies ist für Funktionen nicht möglich. Dort dürfen keine Klammern genutzt werden und die Parameter werden durch Leerzeichen getrennt.
- Es gibt nur einen einzigen Rückgabewert einer Methode in einer PowerShell-Klasse, nämlich genau den Wert, der nach Return steht. PowerShell-Funktionen liefern hingegen auch alle „losen", nicht für eine Variablenzuweisung oder explizite Ausgabe verwendeten Ausdrücke zurück. Es kann daher bei PowerShell-Funktionen beliebig viele Rückgabewerte geben.

8 Ausgaben

Dieses Kapitel behandelt die verschiedenen Möglichkeiten zur Erzeugung bzw. Beeinflussung von Bildschirm- und Sprachausgaben in der PowerShell.

Tabelle 8.1 Wichtige Ausgabe-Commandlets

Format-Table (ft)	Tabellenausgabe
Format-List (fl)	detaillierte Liste
Format-Wide (fw)	mehrspaltige Liste
Format-Hex	Verwandelt eine Zeichenkette in eine Folge von Hexadezimalzahlen
Out-Host (oh)	Ausgabe an Konsolen mit Optionen zur Farbe und seitenweisen Ausgabe
Out-GridView (ogv)	Grafische Tabelle mit Filter- und Sortieroptionen
Out-File	Speichern in Datei
Out-Printer (lp)	Ausgabe an Drucker
Out-Speech	Sprachausgabe (in der PowerShell-Erweiterung PSCX)
Out-Null	Die Objekte der Pipeline werden nicht weitergegeben

■ 8.1 Ausgabe-Commandlets

Ein normales Commandlet sollte keine eigene Bildschirmausgabe erzeugen, sondern allenfalls eine Menge von Objekten in die Pipeline legen. Es ist bestimmten Commandlets vorbehalten, eine Ausgabe zu erzeugen. Beispiele für diese Commandlets sind:

- `Write-Host`: Ist das Standardausgabecommandlet, das immer verwendet wird, wenn man ein Literal oder eine Variable einfach verwendet. Also `"Hallo Welt!"` ist das Gleiche wie `Write-Host "Hallo Welt!"`
- `Out-Default`: Standardausgabe gemäß der PowerShell-Konfiguration *(DotNetTypes.Format.ps1xml)*, siehe folgendes Kapitel
- `Out-Host` (kurz: oh): wie `Out-Default` mit zusätzlicher Option zur seitenweisen Ausgabe

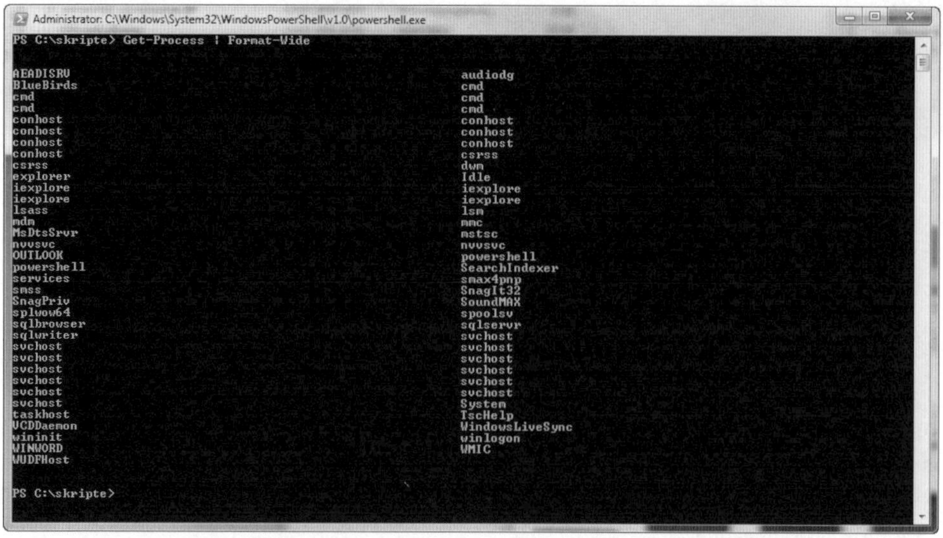

Bild 8.1 Ausgabe mit Format-Wide

- Out-Null: Die Objekte der Pipeline werden nicht weitergegeben. Der Einsatz von Out-Null ist sinnvoll, wenn ein Commandlet ein Rückgabeobjekt liefert, das man nicht benötigt und das auch nicht auf dem Bildschirm ausgegeben werden soll.
- Out-GridView (kurz: ogv): Ausgabe in grafischer Tabelle mit Such- und Filterfunktionen (vorhanden seit PowerShell 2.0)
- Format-Wide (kurz: fw): ein- oder mehrspaltige Liste
- Format-List (kurz: fl): detaillierte Liste
- Format-Table (kurz: ft): Tabellenausgabe

Bild 8.2 Ausgabe mit Format-List

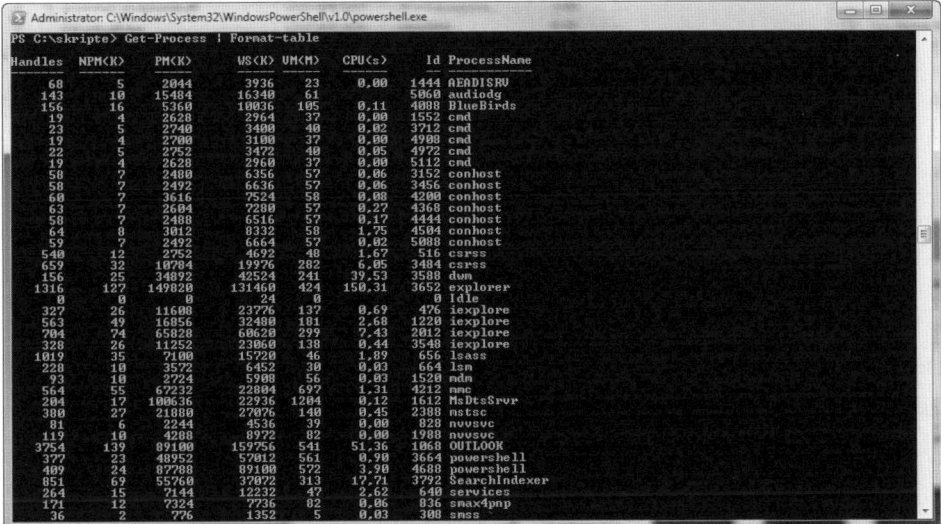

Bild 8.3 Ausgabe mit Format-Table

HINWEIS: Bei den Ausgabe-Commandlets können Sie jeweils die auszugebenden Attribute mit dem Parameter -Property (kurz -p) festlegen. Dieser Parameter ist immer der erste erwartete Parameter und daher entfällt der Name in der Regel.

Beispiele:

```
Get-Service | Format-Table Name, Status
Get-Service | Format-List Name, Status
```

Bei Format-Wide kann man nur ein Attribut nennen:

```
Get-Service | Format-Wide -Property Name
```

TIPP: In vielen Fällen geben Ausgabe-Commandlets nicht alle Attribute eines Objekts aus. Dies liegt an der Standardausgabe (siehe gleichnamiges Kapitel). Sie können alle Attribute sehen, wenn Sie statt des Parameters -Property einen Stern (*) angeben.

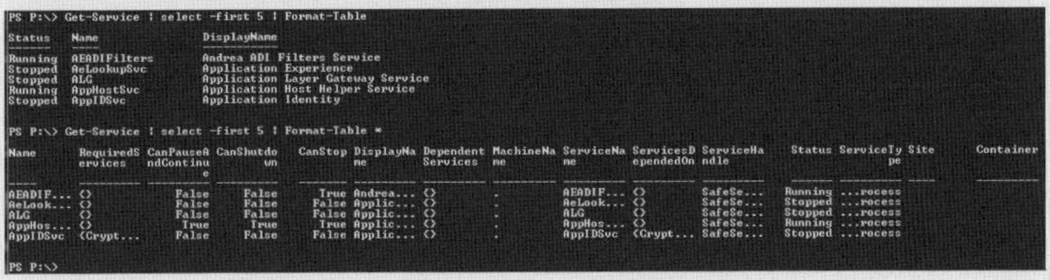

Bild 8.4 Format-Table für Get-Service ohne und mit Stern

8.2 Benutzerdefinierte Tabellenformatierung

Bei `Format-Table` kann man mit Hash-Tabellen angeben, wie die Spalten formatiert werden sollen. Für jede Spalte kann man eine Hash-Tabelle mit folgenden Angaben anlegen:

- `Label`: Spaltenüberschrift
- `Expression`: beliebiger PowerShell-Ausdruck, der die Werte liefert, auch Berechnung
- `Width`: Spaltenbreite
- `Format`: Formatierungsbefehl

Praxisbeispiel 1: Laufende Prozesse

Es folgt ein Beispiel einer Tabelle mit drei Spalten:

- fünf Zeichen für die Prozessnummer in der ersten Spalte
- 20 Zeichen für den Prozessnamen
- elf Zeichen für die Speichernutzung, wobei die Angabe in Megabyte erfolgt und mit maximal einer Nachkommastelle

```
Get-Process | Sort-Object workingset64 -desc | ft @{Label="Nr"; Expression={$_.ID};
Width=5}, @{Label="Name"; Expression={$_.Processname}; Width=20 }, @{Label="Speicher
MB"; Expression={$_.WorkingSet64 / 1MB}; Width=11; Format="{0:00000.0}" }
```

```
PS P:\> . 'H:\Demo\PowerShell\1_Basiswissen\Pipelining\CustomFormatTable.ps1'

  Nr Name                 Speicher MB
  -- ----                 -----------
 888 explorer                 00477,8
 984 svchost                  00179,7
6332 WINWORD                  00142,1
2868 OUTLOOK                  00133,3
1724 powershell               00086,3
3976 SearchIndexer            00078,1
7072 powershell               00073,4
1548 sqlservr                 00066,3
4696 iexplore                 00056,7
6776 PowerShellPlus           00049,9
2664 dwm                      00047,3
1664 mstsc                    00027,5
4168 WindowsLiveSync          00024,2
4244 SnagIt32                 00020,3
1012 svchost                  00019,9
4352 iexplore                 00019,7
 600 csrss                    00019,4
8172 audiodg                  00015,8
5468 iexplore                 00015,6
1100 iexplore                 00013,7
5964 WINWORD                  00013,6
```

Bild 8.5 Ausgabe des obigen Befehls

Praxisbeispiel 2: Verfügbare PowerShell-Module

Ein zweites Beispiel ist die Ausgabe einer Tabelle der verfügbaren PowerShell-Module, die in fünf Spalten den Modulnamen und den Modultyp zeigt sowie die Anzahl der Befehle insgesamt und getrennt nach Commandlets und Funktionen.

8.2 Benutzerdefinierte Tabellenformatierung

```
Get-Module -ListAvailable  | ft @{expression={ $_.name }; label="Name"; width=40},
moduletype, `
@{expression={ $_.exportedcommands.count }; label="Gesamtanzahl Befehle"; width=10}, `
@{expression={ $_.exportedcmdlets.count }; label="Anzahl Commandlets"; width=10}, `
@{expression={ $_.exportedfunctions.count }; label="Anzahl Functions"; width=10}
```

Name	ModuleType	Gesamtanzahl Befehle	Anzahl Commandlets	Anzahl Functions
BIS	Manifest	10	10	0
Docker	Script	34	24	0
DotNet	Script	3	0	3
FileSystem	Script	9	0	9
IsePack	Script	40	0	40
ISESteroids	Binary	33	33	0
ISESteroids	Binary	34	34	0
ITVisions_PowerShell_Extensions	Manifest	35	35	0
ModuleBrowser	Script	2	0	0
PowerShellPack	Script	132	0	132
PSCodeGen	Script	3	0	3
PSImageTools	Script	10	0	10
PSRSS	Script	6	0	6
PSScriptAnalyzer	Binary	2	2	0
PSScriptAnalyzer	Binary	2	2	0
PSSystemTools	Script	13	0	13
PSUserTools	Script	4	0	4
TaskScheduler	Script	10	0	10
WPK	Script	716	0	716
DockerMsftProvider	Script	0	0	0
Microsoft.PowerShell.Operation.Valida...	Script	2	0	2
NanoServerPackage	Script	3	0	3
PackageManagement	Binary	13	13	0
Pester	Script	23	0	23
PowerShellGet	Script	29	0	25
Pscx	Script	151	84	38
Pscx	Script	134	83	39
PSReadline	Script	6	5	1
SqlServer	Manifest	92	92	0
ActiveDirectory	Manifest	147	147	0
AppBackgroundTask	Manifest	9	3	3
AppLocker	Manifest	5	5	0
AppvClient	Manifest	33	31	2
Appx	Manifest	15	13	2
AssignedAccess	Script	3	0	3
BestPractices	Manifest	4	4	0
BitLocker	Manifest	14	0	14
BitsTransfer	Manifest	8	8	0
BranchCache	Manifest	32	0	32
CimCmdlets	Manifest	26	14	0
ClusterAwareUpdating	Binary	17	17	0
ConfigCI	Manifest	16	16	0
Defender	Manifest	12	0	12
DeliveryOptimization	Manifest	2	2	0
DFSN	Manifest	23	0	23
DFSR	Binary	45	45	0
DhcpServer	Manifest	121	0	120
DirectAccessClientComponents	Manifest	11	0	11
Dism	Script	43	39	0
DnsClient	Manifest	17	1	16
DnsServer	Manifest	134	0	131
EventTracingManagement	Manifest	19	0	19
FailoverClusters	Manifest	110	80	22
GroupPolicy	Manifest	29	27	0
HgsClient	Manifest	13	1	12
HgsDiagnostics	Manifest	4	4	0
HostComputeService	Binary	2	2	0
Hyper-V	Binary	246	235	0
Hyper-V	Binary	184	178	0
IISAdministration	Script	31	31	0
International	Manifest	18	18	0
IpamServer	Manifest	76	0	76
iSCSI	Manifest	13	0	13
IscsiTarget	Manifest	28	25	2
ISE	Script	3	0	3
Kds	Manifest	6	6	0
Microsoft.PowerShell.Archive	Manifest	2	0	2
Microsoft.PowerShell.Diagnostics	Manifest	5	5	0
Microsoft.PowerShell.Host	Manifest	2	2	0
Microsoft.PowerShell.LocalAccounts	Manifest	30	15	0
Microsoft.PowerShell.Management	Manifest	94	89	0
Microsoft.PowerShell.ODataUtils	Script	1	0	1

Bild 8.6 Angepasste Ausgabe der Modulliste. Diese Bildschirmabbildung zeigt nur einen Teil der Ausgabe.

8.3 Benutzerdefinierte Listenausgabe

Auch über die Ausgabe von Format-List (alias fl) kann man Hash-Tabellen steuern. Allerdings gibt es dafür eine Angabe Width. Wenn man diese verwendet, meldet die PowerShell den Fehler „Der Schlüssel "Width" ist ungültig.".

Beispiel: Benutzerdefinierte und sortierte Listenausgabe der laufenden Prozesse

```
Get-Process | sort workingset64 -desc | fl @{Label="Nr"; Expression={$_.ID}; Width=5},
@{Label="Name"; Expression={$_.Processname} }, @{Label="Speicher MB"; Expression={$_.
WorkingSet64 / 1MB}; Format="{0:00000.0}" }
```

8.4 Mehrspaltige Ausgabe

Eine mehrspaltige Ausgabe realisiert man mit Format-Wide unter Angabe der Spaltenanzahl im Parameter -Column.

Beispiel: Sortierte Ausgabe der laufenden Dienste in vier Spalten

```
Get-Service | Where status -eq running | Sort-Object | Format-Wide -Property Name
-column 4
```

Eine Ausgabe von Zeichenketten will so aber nicht gelingen. Die folgende Ausgabe ist nur einspaltig:

```
"a","b","c","d",1,2,3,4 | Format-Wide -column 2 # nur einspaltig ☹
```

In diesem Fall muss man etwas tricksen mit einem speziellen Ausdruck bei -Property, der dafür sorgt, dass das aktuelle Objekt als Ganzes ausgegeben wird, und alle internen Verarbeitungsschritte mit -force ausschalten.

```
"a","b","c","d",1,2,3,4 | Format-Wide -Property @{Expression={$_}} -column 2 -Force
```

Das ist zum Beispiel wichtig, wenn man eine Objektmenge in der Pipeline zuvor auf Zeichenketten reduziert hat:

```
Get-Service | where status -eq running | sort-object | foreach { $_.name } | Format-
Wide -Property Name -column 4 # nur einspaltig :-(
Get-Service | where status -eq running | sort-object | foreach { $_.name } | Format-
Wide -Property @{Expression={$_}} -column 4 -Force # richtig = vierspaltig!
```

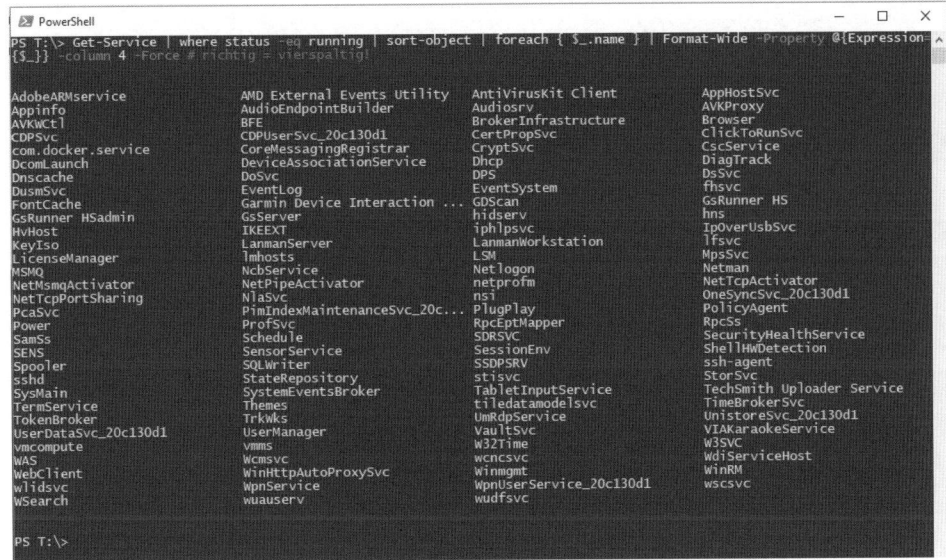

Bild 8.7 Vierspaltige Ausgabe der laufenden Dienste mit Format-Wide

8.5 Out-GridView

Das Commandlet Out-GridView gab es schon einmal in der Beta-Version der PowerShell 1.0, es schaffte es dann aber nicht in das endgültige Produkt. In PowerShell 2.0 kehrte es dann zurück. Out-GridView zeigt den aktuellen Inhalt der Pipeline in einem separaten Fenster in einer grafischen Tabelle an und bietet dort Filtermöglichkeiten.

Beispiel: Get-Process | Out-GridView

Suchen

Eine Eingabe im Text „Filter" führt eine Volltextsuche über alle Spalten aus. Über die Funktion „Kriterien hinzufügen" kann man grundsätzlich auch komplexere Abfragen über einzelne Spalten definieren. Aus dem darüber erreichbaren Drop-down-Feld können Sie eine Auswahl aus allen Eigenschaften treffen. In der daraus resultierenden Zeile können die Bedingungen definiert werden.

 ACHTUNG: Leider gibt es aber nur Filterkriterien für Zeichenketten, nicht aber Vergleichsoperationen wie größer und kleiner für Zahlen (siehe Bildschirmabbildung: für den Zahlenwert „WorkingSet" (WS) wird kein größer oder kleiner angeboten).

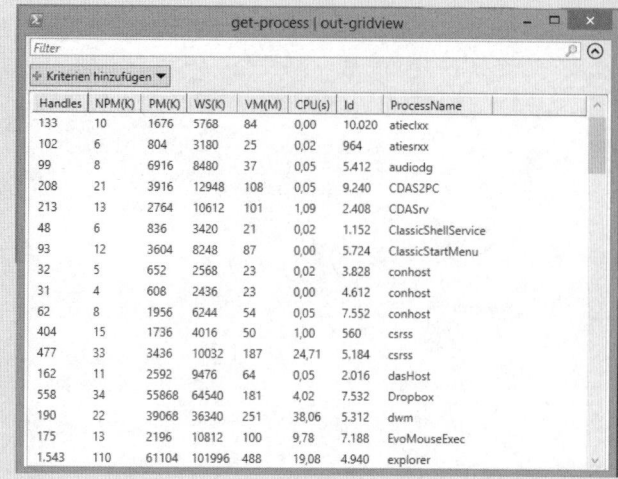

Bild 8.8 Anzeige der Prozessliste mit Out-GridView

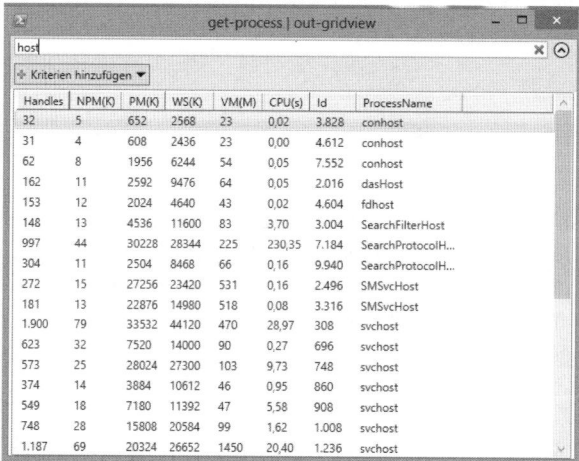

Bild 8.9
Volltextsuche in der Prozessliste mit Out-GridView

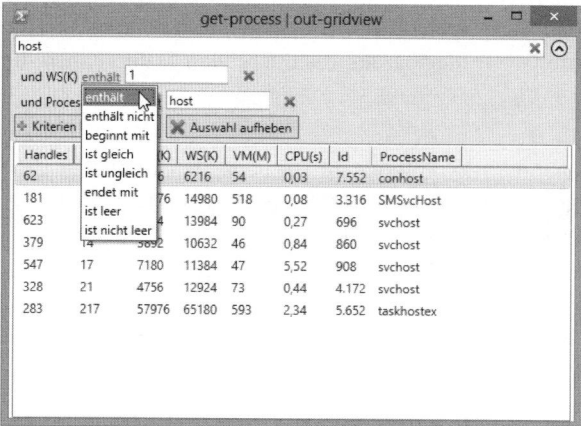

Bild 8.10
Definition einer Abfrage im Out-GridView-Fenster

8.6 Standardausgabe

Wenn am Ende einer Pipeline keine Ausgabefunktion genannt ist, verwendet die PowerShell automatisch das Commandlet `Out-Default`. `Out-Default` bedient sich bei der Ausgabe einer Standardvorgabe („View"), die in der Datei *DotNetTypes.Format.ps1xml* im Installationsordner der PowerShell abgelegt ist. Dort kann man beispielsweise für den Typ `System.Diagnostics.Process` nachlesen, dass die Ausgabe in einer achtspaltigen Tabelle erfolgen soll (siehe folgende Bildschirmabbildung).

Wenn dort keine Standardvorgabe existiert, verwendet die PowerShell folgende Regeln:

- Alle Attribute (inkl. Noteproperties) werden ausgegeben.
- Die Ausgabe erfolgt mit `Format-Table`, solange es wenig Spalten sind.
- Bei mehr Spalten wird `Format-List` verwendet.

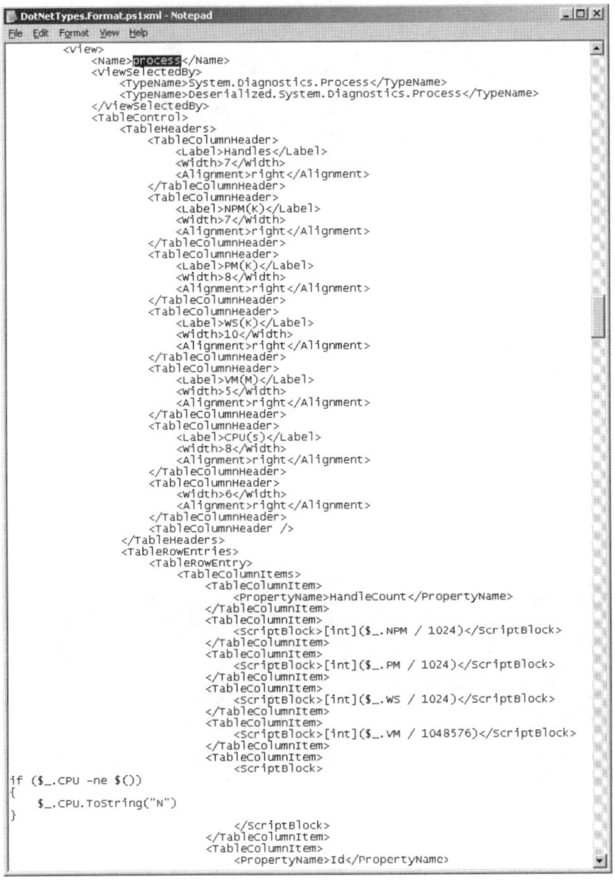


```
        <View>
            <Name>process</Name>
            <ViewSelectedBy>
                <TypeName>System.Diagnostics.Process</TypeName>
                <TypeName>Deserialized.System.Diagnostics.Process</TypeName>
            </ViewSelectedBy>
            <TableControl>
                <TableHeaders>
                    <TableColumnHeader>
                        <Label>Handles</Label>
                        <Width>7</Width>
                        <Alignment>right</Alignment>
                    </TableColumnHeader>
                    <TableColumnHeader>
                        <Label>NPM(K)</Label>
                        <Width>7</Width>
                        <Alignment>right</Alignment>
                    </TableColumnHeader>
                    <TableColumnHeader>
                        <Label>PM(K)</Label>
                        <Width>8</Width>
                        <Alignment>right</Alignment>
                    </TableColumnHeader>
                    <TableColumnHeader>
                        <Label>WS(K)</Label>
                        <Width>10</Width>
                        <Alignment>right</Alignment>
                    </TableColumnHeader>
                    <TableColumnHeader>
                        <Label>VM(M)</Label>
                        <Width>5</Width>
                        <Alignment>right</Alignment>
                    </TableColumnHeader>
                    <TableColumnHeader>
                        <Label>CPU(s)</Label>
                        <Width>8</Width>
                        <Alignment>right</Alignment>
                    </TableColumnHeader>
                    <TableColumnHeader>
                        <Width>6</Width>
                        <Alignment>right</Alignment>
                    </TableColumnHeader>
                    <TableColumnHeader />
                </TableHeaders>
                <TableRowEntries>
                    <TableRowEntry>
                        <TableColumnItems>
                            <TableColumnItem>
                                <PropertyName>HandleCount</PropertyName>
                            </TableColumnItem>
                            <TableColumnItem>
                                <ScriptBlock>[int]($_.NPM / 1024)</ScriptBlock>
                            </TableColumnItem>
                            <TableColumnItem>
                                <ScriptBlock>[int]($_.PM / 1024)</ScriptBlock>
                            </TableColumnItem>
                            <TableColumnItem>
                                <ScriptBlock>[int]($_.WS / 1024)</ScriptBlock>
                            </TableColumnItem>
                            <TableColumnItem>
                                <ScriptBlock>[int]($_.VM / 1048576)</ScriptBlock>
                            </TableColumnItem>
                            <TableColumnItem>
                                <ScriptBlock>
if ($_.CPU -ne $())
{
    $_.CPU.ToString("N")
}
                                </ScriptBlock>
                            </TableColumnItem>
                            <TableColumnItem>
                                <PropertyName>Id</PropertyName>
```

Bild 8.11 Ausschnitt aus der Beschreibung der Standardausgabe für den Typ System.Diagnostics.Process in DotNetTypes.Format.ps1xml

Die in `DotNetTypes.Format.ps1xml` abgelegten Views kann man mit dem Commandlet `Get-ViewDefinition` aus den PSCX ausgeben. Dabei ist zu beachten, dass die Views für .NET-Klassen und WMI-Klassen definiert sind, nicht für Commandlets. Anstelle von `Get-Process` muss man also den Rückgabetyp `System.Diagnostics.Process` angeben.

Beispiel:

```
Get-ViewDefinition.ps1 System.Diagnostics.Process
```

Bei der Ausführung werden Sie feststellen, dass es Views für diese Klasse gibt: „process", „starttime" und „priority" für die Tabellenausgabe und „process" für das Ausgabeformat „wide". In den Ausgabe-Commandlets wie `Format-Table` kann man die verschiedenen Views aufrufen. `Get-Process | Format-Table -view priority` liefert eine nach Prioritäten gruppierte Prozessliste.

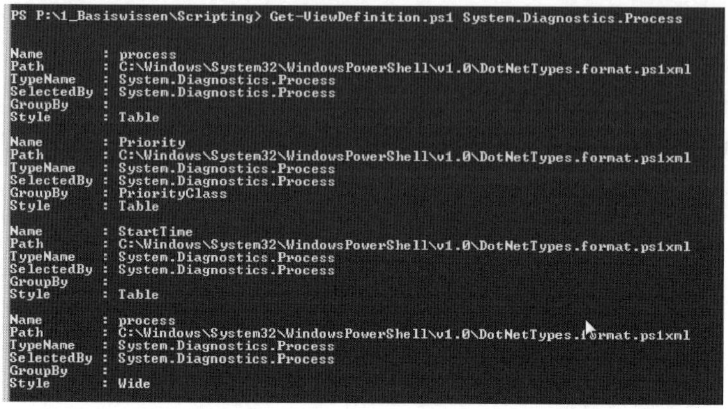

Bild 8.12 Views für die Klasse „Process"

ACHTUNG: Die PowerShell gerät in einigen Situationen in Schwierigkeiten, wenn die verschiedenen Ausgabeformen miteinander kombiniert werden. Die folgende Befehlsfolge in einem Skript

```
Get-Service d*
Get-Process d* | ft
```

führt zum Fehler (siehe Bildschirmabbildung).

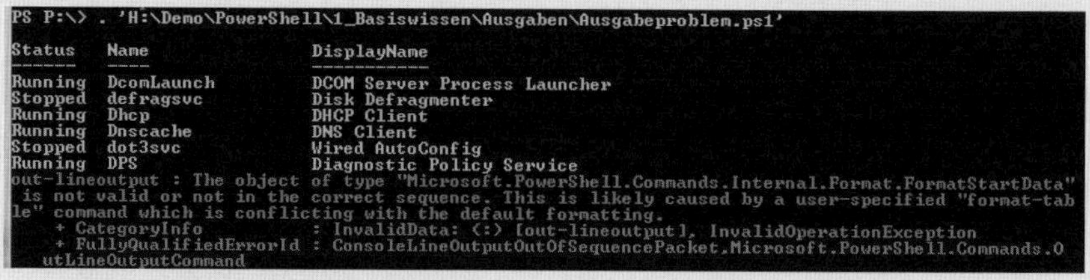

Bild 8.13 Ausgabeproblem

Die Lösung besteht in diesem Fall darin, `Format-Table` (ft) beide Male explizit zu nennen.

```
Get-Service d* | ft
Get-Process d* | ft
```

8.7 Einschränkung der Ausgabe

Die Ausgabebefehle erlauben die Spezifikation der Objektattribute, die ausgegeben werden sollen, z. B.:

```
Get-Process | Format-Table -property id,processname,workingset
```

erzeugt eine Tabelle der Prozesse mit Prozess-ID, Name des Prozesses und Speichernutzung. Attributnamen können dabei auch durch den Platzhalter * abgekürzt werden. Der Alias für Format-Table ist ft. Den Parameternamen -Property kann man auch als -prop abkürzen:

```
Get-Process | FT -prop id,processn*,working*
```

Warnung: Eine Abkürzung auf nur einen Buchstaben (-p) funktioniert kurioserweise nicht auf einigen älteren PowerShell-Installationen. Auf einigen Systemen wird eine Doppeldeutigkeit mit dem Parameter -PipelineVariable gemeldet (siehe dazu Abschnitt 3.1.5 „Abkürzungen für Parameter").

HINWEIS: Die gleiche Ausgabe können Sie auch erzielen, wenn Sie Select-Object einsetzen:

Get-Process | Select-Object id, processname, workingset

Technisch gesehen ist dies aber etwas anderes: Select-Object reduziert die Objekte in der Pipeline auf die drei genannten Eigenschaften. Danach wirkt die Standardausgabe für Prozessobjekte mit Format-Table, auch ohne dass dies hier angegeben ist. Nach Select-Object könnte man die Objekte aber auch noch anders weiterverarbeiten. Nach einem Format-Table sind die Objekte in Zeichenketten umgewandelt und nicht mehr elegant weiterverarbeitbar.

8.8 Seitenweise Ausgabe

Viele Ausgaben sind zu lang, um sie auf einer Bildschirmseite darstellen zu können. Manche Ausgaben sind sogar länger als der Puffer des PowerShell-Fensters (z. B. Get-Command Get-Help). Die seitenweise Ausgabe erzwingt man mit dem Parameter -paging (kurz -p) im Out-Host-Commandlet, was aber nur in der PowerShell-Konsole, nicht aber in der ISE funktioniert. Die ISE meldet bei der Nutzung dieses Parameters „The method or operation is not implemented.".

Beispiel:

```
Get-Service | Out-Host -p
```

HINWEIS: Es gibt alternativ auch eine Funktion more, die die gleiche Aufgabe zu erfüllen scheint. Allerdings ist die Nutzung im Einzelfall nicht so schön. more basiert nämlich auf dem alten more.com-Befehl und ist blockierend, d. h., Sie sehen die erste Ausgabeseite erst, wenn das letzte Objekt angekommen ist. Out-Host -p arbeitet hingegen asynchron. Versuchen Sie mal:

```
Get-ChildItem c:\ -Recurse | Out-Host -p
```

im Vergleich zu:

```
Get-ChildItem c:\ -Recurse | more
```

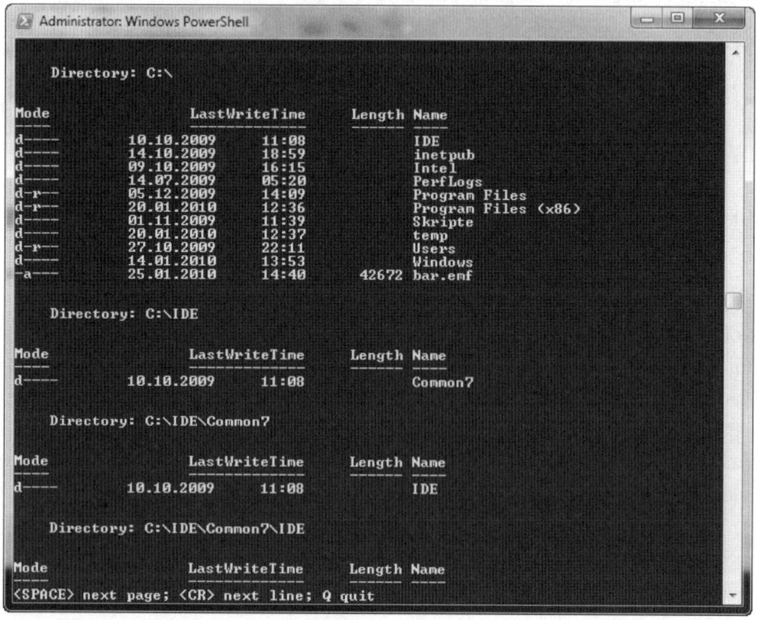

Bild 8.14 Seitenweise Ausgabe mit Out-Host

■ 8.9 Ausgabe einzelner Werte

Um ein bestimmtes Literal oder den Inhalt einer Variablen auszugeben, muss man diesen nur an der Konsole eingeben (siehe folgende Bildschirmabbildung). Auch alle Literale und Variablen, die „lose" in einem Skript stehen, zum Beispiel in der zweiten Zeile dieser Befehlsfolge:

```
$name = "Holger"
$name
```

Alternativ kann man für eine Ausgabe von Literalen und Variablen explizit die Commandlets Write-Host, Write-Warning und Write-Error verwenden. Write-Warning und Write-Error erzeugen die Ausgabe hervorgehoben (im Standard gelb und rot).

Bild 8.15 Ausgabe von Konstanten und Variablen

Bei Write-Host kann man die Farben genau angeben:

```
Write-Host "Hallo Holger" -foregroundcolor red -backgroundcolor white
```

  TIPP: Um die möglichen Farben zu erfahren, geben Sie ein

```
Get-Help Write-Host -Parameter ForeGroundColor
```

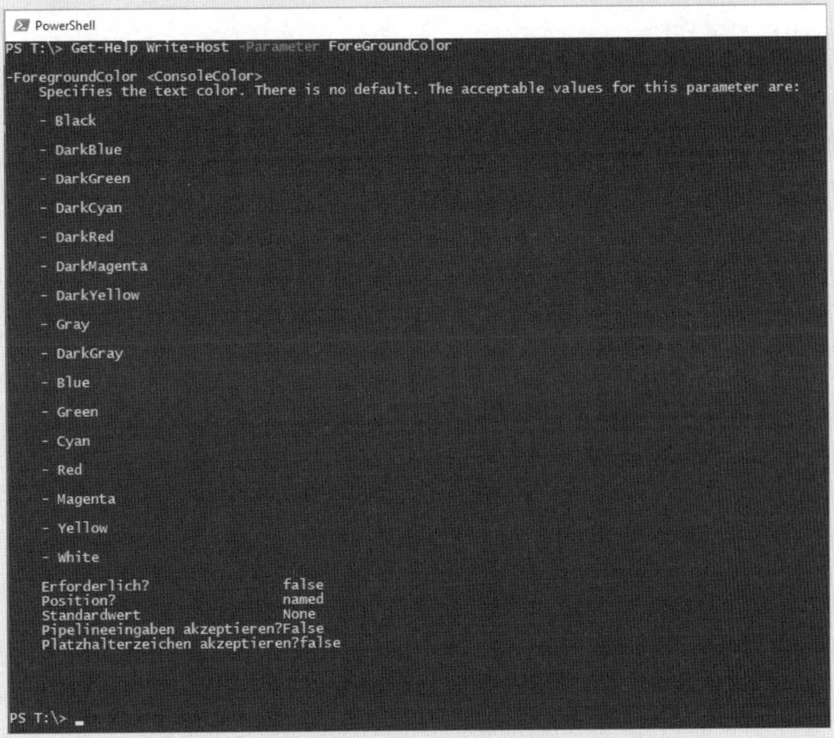

Um in einer Ausgabe Literale und Variablen zu mischen, muss man diese entweder mit + verknüpfen:

```
$a + " ist erreichbar unter " + $b + ". Diese Information hat den Stand: " + $c + "."
```

oder aber die Variablen direkt in die Zeichenkette einbetten. Im Gegensatz zu anderen Sprachen wertet die PowerShell die Zeichenkette aus und sucht dort nach dem Zeichen $ (Variablenauflösung):

```
"$a ist erreichbar unter $b. Diese Information hat den Stand: $c."
```

Zur Zusammensetzung von Zeichenketten kann man in der PowerShell auch die in .NET gebräuchlichen Platzhalter und Formatkennzeichner (z. B. d = Datum in Langform) verwenden. Dafür ist nach der Zeichenkette der Ausgabeoperator -f zu benutzen. Diese Ausgabeoption ist aufgrund der Formatierungsmöglichkeiten die mächtigste:

```
"{0} ist erreichbar unter {1}. Diese Information hat den Stand: {2:d}." -f $a, $b, $c
```

Das folgende Listing fasst die drei äquivalenten Möglichkeiten zusammen.

Listing 8.1 Formatierte Ausgabe [Ausgabe.ps1]

```
$a = "Holger Schwichtenberg"
$b = "buero@IT-Visions.de"
$c = Get-Date

# Möglichkeit 1
$a + " ist erreichbar unter " + $b + ". Diese Information hat den Stand: " + $c + "."

# Möglichkeit 2
"$a ist erreichbar unter $b. Diese Information hat den Stand: $c."

# Möglichkeit 3
"{0} ist erreichbar unter {1}. Diese Information hat den Stand: {2:D}." -f $a, $b, $c
```

Das obige Skript gibt Folgendes aus:

```
Holger Schwichtenberg ist erreichbar unter buero@IT-Visions.de. Diese Information hat
den Stand: 14.09.2013 16:53:13.
Holger Schwichtenberg ist erreichbar unter buero@IT-Visions.de. Diese Information hat
den Stand: 14.09.2013 16:53:13.
Holger Schwichtenberg ist erreichbar unter buero@IT-Visions.de. Diese Information hat
den Stand: Donnerstag, 14. September 2013.
```

■ 8.10 Details zum Ausgabeoperator

Der Ausgabeoperator -f ist die mächtigste Form der Zusammensetzung von Zeichenketten aus verschiedenen Werten. Innerhalb der Zeichenkette legt man in geschweiften Klammern Platzhalter fest, wobei die Zählung mit 0 beginnt. Nach dem Operator -f führt man dann die einzelnen Werte auf.

8.10 Details zum Ausgabeoperator

Beispiel: „Sehr geehrter Herr {0}, wir freuen uns, Sie in {1} zu begrüßen!" -f $Name, $Ort

Platzhalter dürfen sich wiederholen. Dies bedeutet, dass aus

```
$Name = "Müller"
$Ort = "Essen"
"Sehr geehrter Herr {0}, wir freuen uns, Sie in {1} zu begrüßen! Herr {0}, Sie werden
in {1} vieles erleben!" -f $Name, $Ort
```

folgender Text entsteht:

```
Sehr geehrter Herr Müller, wir freuen uns, Sie in Essen zu begrüßen! Herr Müller, Sie
werden in Essen vieles erleben!
```

Im Platzhalter kann man Formatierungen festlegen.

Der folgende Ausdruck würde eigentlich dies ausgeben:

Ausdruck	Ausgabe
$Name = "Müller" $Geb = [DateTime] "8.9.1970" "Herr {0}, geboren am {1}, ist {2} Tage alt!" -f $Name, $Geb, [INT] ([DateTime]::Now-$Geb).TotalDays	Herr Müller, geboren am 09.08.1970 00:00:00, ist 14 411 Tage alt!

Eine andere Formatierung könnte so aussehen:

Ausdruck	Ausgabe
$Name = "Müller" $Geb = [DateTime] "8.9.1970" "Herr {0,-10}, geboren am {1:d}, ist {2:0,000} Tage alt!" -f $Name, $Geb, [INT] ([DateTime]::Now-$Geb).TotalDays	Herr Müller, geboren am 09.08.1970, ist 14.411 Tage alt!

Zur Erläuterung: „:-10" sorgt für eine linksbündige Ausgabe mit einem Platz von mindestens 10 Zeichen (positive Zahlen sorgen für rechtsbündige Ausgaben), „:d" reduziert die Anzeige auf das Datum und „:0,000" erzeugt das Tausendertrennzeichen.

Ein weiteres Beispiel für die Ausgabe der Prozessliste mit `Foreach-Object` (alias %):

```
Get-Process | % { "{0,-40} | {1:0,000.00}MB" -f $_.Name, ($_.ws/1MB)}
```

 ACHTUNG: Bitte beachten Sie: Der Einsatz von Komma und Punkten in den Formatbeschreibungen ist hier kein Fehler. Die Syntax orientiert sich an amerikanischen Standards. Dort ist der Punkt das Nachkommastellentrennzeichen und das Komma das Tausendertrennzeichen.

Die daraus resultierende Ausgabe orientiert sich aber immer an der aktuellen Systemeinstellung bzw. anderslautenden Vorgaben innerhalb der PowerShell.

Tabelle 8.2 Vordefinierte Formatierungen

Symbol	Beschreibung	Beispiel	Ergebnis
C	Währung	"{0:c}" -f 1000000	1.000.000,00
D	Dezimalzahl	"{0:d}" -f 1000000	1000000
E	Wissenschaftlich	"{0:e}" -f 1000000	1,000000e+006
F	Festkommazahl	"{0:f}" -f 1000000	1000000,00
G	Generisch	"{0:g}" -f 1000000	1000000
N	Tausendertrennzeichen	"{0:n}" -f 1000000	1.000.000,00
X	Hexadezimal	"{0:x4}" -f 1000000	f4240
D	Kurzes Datumsformat	"{0:d}" -f [DateTime] "1.22.2010 00:44:15"	22.01.2010
D	Langes Datumsformat	"{0:D}" -f [DateTime] "1.22.2010 00:44:15"	Freitag, 22. Januar 2010
T	Kurzes Zeitformat	"{0:t}" -f [DateTime] "1.22.2010 00:44:15"	00:44
T	Langes Zeitformat	"{0:T}" -f [DateTime] "1.22.2010 00:44:15"	00:44:15
F	Datum und Uhrzeit komplett (kurz)	"{0:f}" -f [DateTime] "1.22.2010 00:44:15"	Freitag, 22. Januar 2010 00:44
F	Datum und Uhrzeit komplett (lang)	"{0:F}" -f [DateTime] "1.22.2010 00:44:15"	Freitag, 22. Januar 2010 00:44:15
G	Standarddatum (kurz)	"{0:g}" -f [DateTime] "1.22.2010 00:44:15"	22.01.2010 00:44
G	Standarddatum (lang)	"{0:G}" -f [DateTime] "1.22.2010 00:44:15"	22.01.2010 00:44:15
M	Tag des Monats	"{0:M}" -f [DateTime] "1.22.2010 00:44:15"	22 Januar
Y	Monat und Jahr	"{0:Y}" -f [DateTime] "1.22.2010 00:44:15"	Januar 2010
R	Datumsformat nach RFC1123	"{0:r}" -f [DateTime] "1.22.2010 00:44:15"	Fri, 22 Jan 2010 00:44:15 GMT
S	Sortierbares Datumsformat	"{0:s}" -f [DateTime] "1.22.2010 00:44:15"	2010-01-22T00:44:15
U	Universell sortierbares Datumsformat	"{0:u}" -f [DateTime] "1.22.2010 00:44:15"	2010-01-22 00:44:15Z
U	Universell sortierbares GMT-Datumsformat	"{0:U}" -f [DateTime] "1.22.2010 00:44:15"	Donnerstag, 21. Januar 2010 23:44:15

Tabelle 8.3 Individualformatierungen

Symbol	Beschreibung	Aufruf	Ergebnis
0	0-Platzhalter	"{0:00.0000}" -f 1000000	1000000,0000
#	Zahl-Platzhalter	"{0:(#).##}" -f 1000000	(1000000)
.	Nachkommastellentrennzeichen	"{0:0.0}" -f 1000000	1000000,0
,	Tausendertrennzeichen	"{0:0,0}" -f 1000000	1.000.000
,.	Ganzzahliges Vielfaches von 1000	"{0:0,.}" -f 1000000	1000
%	Prozentwert	"{0:0%}" -f 1000000	100000000%
e	Exponenten-Platzhalter	"{0:00e+0}" -f 1000000	10e+5
dd	Tag	"{0:dd}" -f [DateTime] "1.22.2010 00:44:15"	22
ddd	Wochentagname (kurz)	"{0:ddd}" -f [DateTime] "1.22.2010 00:44:15"	Fr
dddd	Wochentagname (lang)	"{0:dddd}" -f [DateTime] "1.22.2010 00:44:15"	Freitag
gg	Zeitalter	"{0:gg}" -f [DateTime] "1.22.2010 00:44:15"	n. Chr.
hh	Stunde zweistellig	"{0:hh}" -f [DateTime] "1.22.2010 00:44:15"	12
HH	Stunde zweistellig (24 Stunden)	"{0:HH}" -f [DateTime] "1.22.2010 00:44:15"	00
mm	Minute	"{0:mm}" -f [DateTime] "1.22.2010 00:44:15"	44
MM	Monat	"{0:MM}" -f [DateTime] "1.22.2010 00:44:15"	01
MMM	Monatsname (Kürzel)	"{0:MMM}" -f [DateTime] "1.22.2010 00:44:15"	Jan
MMMM	Monatsname (ausgeschrieben)	"{0:MMMM}" -f [DateTime] "1.22.2010 00:44:15"	Januar
ss	Sekunde	"{0:ss}" -f [DateTime] "1.22.2010 00:44:15"	15
yy	Jahr zweistellig	"{0:yy}" -f [DateTime] "1.22.2010 00:44:15"	10
yyyy	Jahr vierstellig	"{0:YY}" -f [DateTime] "1.22.2010 00:44:15"	2010
zz	Zeitzone (kurz)	"{0:zz}" -f [DateTime] "1.22.2010 00:44:15"	+01
zzz	Zeitzone (lang)	"{0:zzz}" -f [DateTime] "1.22.2010 00:44:15"	+01:00

8.11 Ausgabe von Methodenergebnissen und Unterobjekten in Pipelines

Manchmal bekommt man Daten nicht aus direkten Eigenschaften (Attributen), sondern aus Methoden eines Objekts oder aus Attributen eines Unterobjekts. Ein häufiger Fall ist `GetType()`, das Typinformationen über die .NET-Klasse in Form eines `System.Type`-Objekts liefert. Nun kann man in den Ausgabe-Commandlets aber eigentlich nur Attribute angeben.

Die folgende Syntax ist nicht erlaubt:

```
Get-ChildItem c:\windows\w* | ft Name, GetType()
```

Stattdessen muss man etwas umständlicher den Aufruf von `GetType()` in einen Ausdruckblock verpacken und schreiben:

```
Get-ChildItem c:\windows\w* | ft Name, { $_.GetType() }
```

```
<ScriptProperty>
    <Name>Product</Name>
    <GetScriptBlock>$this.Mainmodule.FileVersionInfo.ProductName</GetScriptBlock>
</ScriptProperty>
```

Bild 8.16 Aufruf von GetType() innerhalb von Format-Table (ft)

Ein weiteres Beispiel ist der Zugriff auf die Stundenzahl (Attribut `Hours`) im Attribut `TotalProcessorTime` der `Process`-Klasse. `TotalProcessorTime` ist ein Unterobjekt, das selbst wieder Eigenschaften besitzt.

Falsch:

```
Get-Process | ft ProcessName, .TotalProcessorTime.Hours
```

Richtig:

```
Get-Process | ft ProcessName, { $_.TotalProcessorTime.Hours }
```

8.12 Ausgabe von Methodenergebnissen und Unterobjekten in Zeichenketten

Wenn man eine Zeichenkette konstruieren möchte, dann ist die Syntax bei der Ausgabe von Unterobjekten und Methodenergebnissen etwas anders. Man muss den Ausdruck in $(...) einbetten.

Gegeben sei folgendes Beispiel:

Listing 8.2 Anwendung von $(...)

```
# Der Prozess, der am meisten Speicher braucht
$p = Get-Process | Sort-Object -Property WorkingSet64 -Descending | Select-Object
-First 1
# Ausgabe Versuch 1: falsch
"Der Prozess $p.name braucht am meisten Speicher, nämlich [INT] ($p.WorkingSet64 /
1MB) !"
# Ausgabe Versuch 2: falsch
"Der Prozess {$p.name} braucht am meisten Speicher, nämlich {[INT] ($p.WorkingSet64 /
1MB)} !"
# Ausgabe Versuch 3: richtig
"Der Prozess $($p.name) braucht am meisten Speicher, nämlich $([INT]
($p.WorkingSet64 / 1MB)) MB !"
```

Hier liefert nur der dritte Versuch das gewünschte Ergebnis. Bei Versuch 1 und 2 wird der Ausdruck ausgegeben statt ausgewertet.

HINWEIS: Die abweichende Schreibweise zwischen Pipelines (siehe vorheriges Unterkapitel) und Zeichenketten ist notwendig, da {..} in Zeichenketten schon Platzhalter für den Formatoperator darstellt. In folgendem Fall (Einsatz von -f) ist $(...) nicht notwendig:

```
# Ausgabe Versuch 4
"Der Prozess {0} braucht am meisten Speicher, nämlich {1} MB !" -f
$p.name, [INT] ($p.WorkingSet64 / 1MB)
```

■ 8.13 Unterdrückung der Ausgabe

Die Existenz der Standardausgabe sorgt dafür, dass alle Rückgabewerte von Commandlet-Pipelines auch ausgegeben werden. Dies ist nicht immer erwünscht.

Es gibt vier Alternativen, die Ausgabe der PowerShell zu unterdrücken:

- Am Ende der Pipeline wird `Out-Null` verwendet:

```
Commandlet | Commandlet | Out-Null
```

- Das Ergebnis der Pipeline wird einer Variablen zugewiesen:

```
$a = Commandlet | Commandlet
```

- Das Ergebnis der Pipeline wird auf den Typ [void] konvertiert:

```
[void] (Commandlet | Commandlet)
```

- Das Ergebnis der Pipeline wird an $null zugewiesen:

```
$null = Commandlet | Commandlet
```

8.14 Ausgaben an Drucker

Ausgaben zum Drucker sendet man mit dem Commandlet Out-Printer. Bei -Name muss der vollständige Druckername des Druckers, der zur Ausgabe verwendet werden soll, angegeben werden. Ohne diesen Parameter erfolgt die Ausgabe auf dem Standarddrucker.

Beispiele:

- Ausgabe der Prozessliste auf den Standarddrucker:

    ```
    Get-Process | Out-Printer
    ```

- Ausgabe der Prozessliste auf einen bestimmten Drucker:

    ```
    Get-Process | Out-Printer "HP LaserJet on PC142"
    ```

- Ausgabe der Liste der angehaltenen Windows-Systemdienste auf einen bestimmten Drucker (PDF-Generator):

    ```
    Get-Service | Where-Object status -eq stopped | Out-Printer -Name "PDF redirect v2"
    ```

HINWEIS: In PowerShell 1 und 2 würde die letzte Befehlszeile nicht laufen, weil hier die verkürzte Schreibweise für einfache Bedingungen bei Where-Object zum Einsatz kommt, die Microsoft erst mit PowerShell 3 eingeführt hat.

8.15 Ausgaben in Dateien

Mit Out-File schreibt man den Inhalt in eine Datei. Alternativ kann man Ausgaben an Dateien durch Umleitung senden (siehe nächster Abschnitt).

Beispiele:

- Ausgabe der Prozessliste in eine Textdatei (mit Überschreiben des bisherigen Inhalts):

    ```
    Get-Process | Out-File "c:\temp\prozessliste.txt"
    ```

- Ausgabe der Prozessliste in eine Textdatei (Anhängen an bisherigen Inhalt):

    ```
    Get-Process | Out-File "c:\temp\prozessliste.txt" -Append
    ```

8.16 Umleitungen (Redirection)

Zusätzlich zu den Ausgabe-Commandlets besitzt die PowerShell (wie andere Shell-Sprachen) die Möglichkeit, Ausgaben umzuleiten. Der Umleitungsoperator ist > (Ersetzen) bzw. >> (Anhängen) und kann in verschiedenen Varianten verwendet werden:

>	Umleitung der Pipeline-Ausgabe
2>	Umleiten der Ausgabe von Fehlern
3>	Umleiten der Ausgabe von Warnungen (seit PowerShell-Version 3.0!)
4>	Umleiten der Ausgabe von Verbose-Texten (seit PowerShell-Version 3.0!)
5>	Umleiten der Ausgabe von Debug-Texten (seit PowerShell-Version 3.0!)
*>	Umleiten aller Ausgaben (seit PowerShell-Version 3.0!)

TIPP: Die nach > gezeichnete Datei wird von dem neuen Inhalt überschrieben. Wenn Sie den Inhalt anhängen wollen, so verwenden Sie >>.

Die Dateiliste von u:\Daten wird als Tabelle formatiert in eine Datei ausgegeben. Eventuell auftretende Fehler (z.B. Verzeichnis nicht vorhanden) werden an eine andere Datei angehängt.

```
dir u:\Daten 2>> t:\fehler.txt | Format-Table >T:\prozessliste.txt
```

TIPP: Man kann auch einen Ausgabestrom auf einen anderen Strom umleiten. Dies erfolgt mit der Syntax x>&y, wobei x die Nummer des sendenden Streams und y die Nummer des empfangenen Streams ist.

Beispiel: Alle Fehlerausgaben werden in die Pipe-Ausgabe umgeleitet und landen daher mit in Prozessliste.txt:

```
dir u:\Daten 2>&1 | Format-Table >T:\prozessliste.txt
```

8.17 Fortschrittsanzeige

Das Commandlet Write-Progress bietet eine Fortschrittsanzeige. Die Fortschrittsanzeige ist in der Standardkonsole textbasiert und in der ISE grafisch. Der Fortschritt kann dabei in -Status rein textbasiert angegeben werden; dann gibt es keinen Fortschrittsbalken. Für den Fortschrittsbalken muss man -PercentComplete (eine Zahl zwischen 0 und 100) angeben.

Listing 8.3 Einsatz von Write-Progress beim Kopieren von Dateien auf mehrere Computer
[1_Basiswissen\Ausgaben\Fortschritt.ps1]

```
$quelle = "t:\projekte"
$liste = "PC12","PC23","PC34","PC56","PC67"
$count = 0
foreach($pc in $liste)
{
$count++
$prozent = ($count / $liste.Count)*100
Write-Progress -Activity $pc -Status "Kopiere Dateien" -PercentComplete $prozent
Copy-Item $quelle "\\$pc\Projekte"
}
```

Bild 8.17 Textbasierte Fortschrittsanzeige in der Standardkonsole

Bild 8.18 Grafische Fortschrittsanzeige in der ISE

■ 8.18 Sprachausgabe

Windows bietet Sprachausgabe und dies kann auch über die PowerShell angesteuert werden. Die PSCX bieten dafür das Commandlet Out-Speech:

```
"An error has occurred" | Out-Speech
```

Wer mehr Kontrolle über die Sprachausgabe will, muss die Klasse System.Speech.Synthesis.SpeechSynthesizer aus der .NET-Klassenbibliothek oder die COM-Klasse SAPI.SPVoice verwenden. Das folgende PowerShell-Skript spricht einen Text in allen verfügbaren Stimmen für das amerikanische Englisch (Sprachkürzel „en-us") aus.

 HINWEIS: Das folgende Listing ist ein Vorgriff auf Inhalte, die später im Kapitel 14 „Verwendung von .NET-Klassen" noch genauer erörtert werden.

Listing 8.4 Sprachausgabe
[1_Basiswissen\Ausgaben\Sprachausgabe.ps1]

```powershell
# Mehr Kontrolle über die Sprachausgabe via .NET FCL
Add-Type -Assembly System.Speech -ErrorAction Stop

$text = "Es ist ein Fehler passiert am " + (Get-Date)
$synth = New-Object -TypeName 'System.Speech.Synthesis.SpeechSynthesizer'
 -ErrorAction Stop

$sprache = [System.Globalization.CultureInfo]::new("de-de")
$voices = $synth.GetInstalledVoices($sprache)
foreach($voice in $voices)
{
"Geschlecht: " + $voice.voiceinfo.Gender
$synth = New-Object -TypeName 'System.Speech.Synthesis.SpeechSynthesizer'
 -ErrorAction Stop
$synth.SelectVoiceByHints($voice.voiceinfo.Gender)
$synth.Speak($text) | Out-Null
}
```

9 Das PowerShell-Navigationsmodell

Neben dem Objekt-Pipelining wartet die PowerShell noch mit einem interessanten Administrationskonzept auf: dem einheitlichen Navigationsparadigma für alle Arten von Datenmengen. Beim Aufruf des Befehls `Get-PSDrive` zeigen sich nicht nur die erwarteten Laufwerke, sondern auch Umgebungsvariablen (env), die Registrierungsdatenbank (HKCU, HKLM), der Windows-Zertifikatsspeicher (cert), die PowerShell-Aliase (Alias), PowerShell-Variablen (Variable) und PowerShell-Funktionen (Function). Die PowerShell fasst auch diese Daten als Laufwerke auf. Konsequenterweise muss man beim Aufruf auch einen Doppelpunkt verwenden: `Get-ChildItem Alias:` listet genau wie `Get-Alias` alle definierten Aliase auf.

■ 9.1 Einführungsbeispiel: Navigation in der Registrierungsdatenbank

In der Registrierungsdatenbank kann der Administrator somit mit den gleichen Befehlen wie im Dateisystem arbeiten. Beispiele für gültige Registrierungsdatenbankbefehle sind:

- Navigation zu *HKEY_LOCAL_MACHINE/Software*:

    ```
    cd hklm:\software
    ```

    Kurzform für:

    ```
    Set-Location hklm:\software
    ```

- Auflisten der Unterschlüssel des aktuellen Schlüssels:

    ```
    Dir
    ```

    Kurzform für:

    ```
    Get-ChildItem
    ```

- Erzeugen eines Unterschlüssels mit Namen „IT-Visions":

    ```
    md IT-Visions
    ```

- Erzeugen eines Unterschlüssels mit einem Standardwert:

```
New-Item -Name "Website" -Value "www.IT-Visions.de" -type String
```

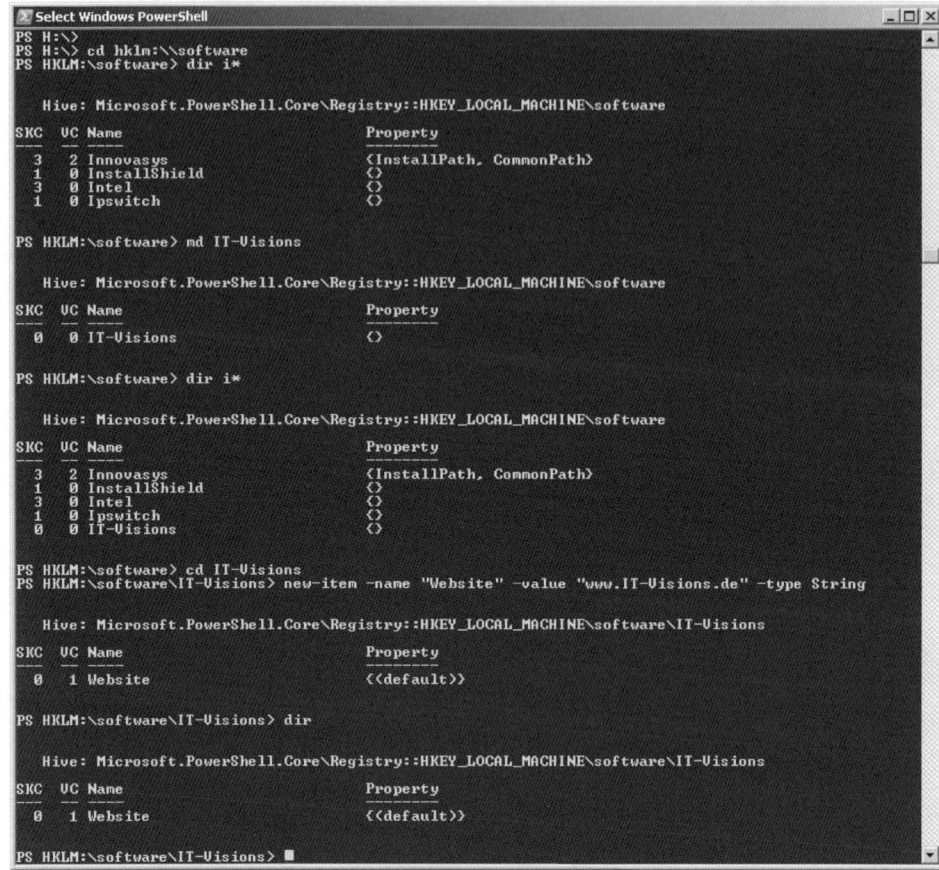

Bild 9.1 Navigation in und Manipulation der Registrierungsdatenbank

■ 9.2 Provider und Laufwerke

`Get-PSDrive` zeigt an, dass es verschiedene „Laufwerk"-Provider gibt. Die Festplatten gehören zum Provider „FileSystem" (FS). Microsoft nennt die Provider „Navigation Provider" oder „Commandlet Provider" und will alle Datenmengen, egal ob flach oder hierarchisch, mit den gleichen Basisverben (`Get`, `Set`, `New`, `Remove` etc.) behandeln. Sowohl die Menge der Provider als auch die Menge der Laufwerke sind erweiterbar.

In der Windows PowerShell 5.x und PowerShell Core 6.x für Windows sind folgende Laufwerke im Standard enthalten:

9.2 Provider und Laufwerke

- Windows-Dateisystem (A:, B:, C:, D:, E: etc.)
- Windows-Registrierungsdatenbank (HKCU:, HKLM:)
- Windows-Umgebungsvariablen (env:)
- Windows-Zertifikatsspeicher (cert:)
- Funktionen der PowerShell (function:)
- Variablen der PowerShell (variable:)
- Aliase der PowerShell (alias:)
- WSMan-Konfiguration für den WS-Management-Dienst (wsman:)

Optional durch Zusatzmodule gibt es zum Beispiel folgende Laufwerke:

- Active Directory (ad:) – wenn das Active-Directory-PowerShell-Modul aktiv ist (siehe dazu Kapitel 54 „*Active Directory*" in Buchteil III)
- IIS-Webserver (iis:) – wenn das Modul „WebAdministration" aktiv ist (siehe dazu Kapitel 58 „*Internet Information Server (IIS)*" in Buchteil III)
- Microsoft SQL Server (sqlserver:) – wenn das Modul „SQLPS" aktiv ist (siehe dazu Kapitel 40 „*Microsoft SQL Server-Administration*" in Buchteil III)

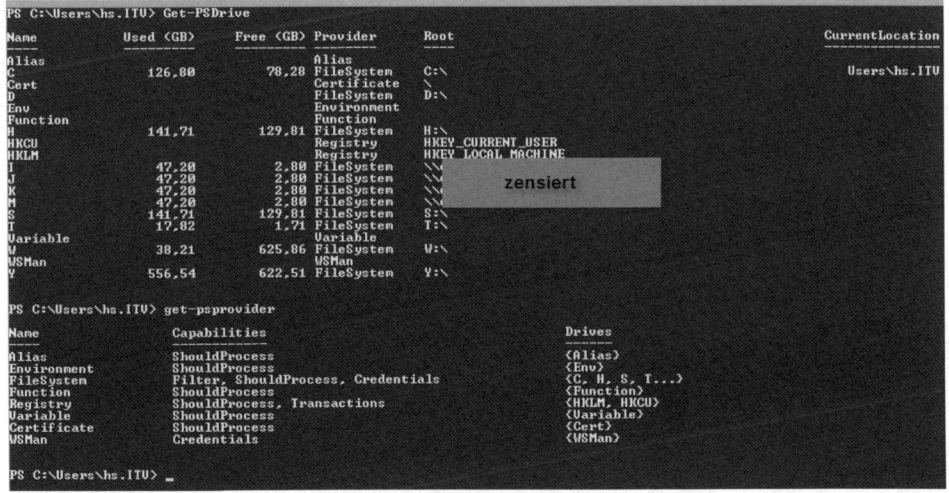

Bild 9.2 Sicht der PowerShell sind Laufwerke auch die Umgebungsvariablen, die Aliase und die Registrierungsdatenbankeinträge.

Auch das Active Directory kann man diesem Navigationsparadigma unterwerfen. In den frühen Beta-Versionen der PowerShell war ein Provider dafür auch enthalten; er hat es aber nicht in die endgültige Version geschafft. Der Active-Directory-Provider ist jetzt aber als Modul über die Remote Server Administration Tools (RSAT) bzw. als Bestandteil der Serverrolle Active Directory Directory Services (AD DS) enthalten bzw. für das alte PowerShell 1.0 als Teil der PowerShell Community Extensions (PCSX) erhältlich.

 TIPP: Die installierten Provider sieht man mit Get-PSProvider.

Tabelle 9.1 Verfügbare PowerShell-Provider

Provider	Quelle	Laufwerke	Verfügbar in PowerShell Core
Alias	PowerShell seit 1.0	Alias	Ja
Environment	PowerShell seit 1.0	Env	Ja
Filesystem	PowerShell seit 1.0	A, B, C, D etc.	Ja (/ unter Linux und MacOS)
Function	PowerShell seit 1.0	Function	Ja
Registry	PowerShell seit 1.0	HKLM, HKCU	Nur unter Windows
Variable	PowerShell seit 1.0	Variable	Ja
Certificate	PowerShell seit 1.0	cert	Nur unter Windows
RSS-Feedstore	PCSX [CODEPLEX01]	Feed	Nein
Assemblycache	PCSX [CODEPLEX01]	Gac	Nein
Directoryservices	PCSX [CODEPLEX01]	(NT-4.0-kompatbiler Name der Domäne)	Nein
Active Directory	Active-Directory-PowerShell-Modul in Windows Server seit Version 2008 bzw. im Microsoft Remote Server Administration Tools (RSAT) seit Windows 7	AD:	Nein
WebAdministration (Internet Information Server)	Active-Directory-PowerShell-Modul in Windows Server seit Version 2008 R2 bzw. im Microsoft Remote Server Administration Tools (RSAT) seit Windows 7	IIS:	Nein
SQLPS (Microsoft SQL Server)	Microsoft SQL Server seit Version 2008, Modul SQLPS	SQLSERVER:	Nein
SharePoint (Windows SharePoint Services oder SharePoint Portal Server)	PowerShell SharePoint Provider [CODEPLEX02].	(Beliebiger Name)	Nein

9.3 Navigationsbefehle

Zur Navigation stehen folgende Befehle zur Verfügung:

Tabelle 9.2 Navigationsbefehle

Commandlet (mit Aliase(n))	Funktion
Get-Location (pwd)	Abrufen des aktuellen Standorts
Set-Location (cd)	Festlegung des aktuellen Standorts
Get-Item (gi)	Holt ein Element
Get-ChildItem (dir, ls, gpi)	Auflisten der Unterelemente
Get-Content (type, cat, gc)	Abruf eines Elementinhalts
Set-Content (sc)	Elementinhalt festlegen
Add-Content (ac)	Elementinhalt ergänzen
New-Item (ni, mkdir)	Erstellen eines Elements (Ast oder Blatt)
Get-ItemProperty (gp)	Attribut abrufen
Set-ItemProperty (sp)	Attribut eines Elements festlegen bzw. anlegen, wenn nicht vorhanden
Remove-Item (del, ri, rmdir, rm, erase)	Element löschen
Move-Item (move, mv)	Element verschieben
Copy-Item (copy, cp, cpi)	Element kopieren
Rename-Item (rni, ren)	Element umbenennen

9.4 Pfadangaben

Pfadangaben in der PowerShell unterstützen verschiedene Platzhalter, insbesondere:

- Ein Punkt (.) steht für den aktuellen Ordner.
- Zwei Punkte (..) stehen für den übergeordneten Ordner.
- Die Tilde (~) steht für das Profilverzeichnis des aktuellen Benutzers (siehe folgende Bildschirmabbildung 10.3).
- Eine eckige Klammer steht für eines der Zeichen in der Klammer.

Beispiel: Der folgende Befehl listet alle Dateien aus dem Windows-Verzeichnis auf, die mit a, b, c oder w beginnen: `Get-ChildItem c:\windows\[abcw]*.*`.

Alternativ kann man dies auch schreiben: `Get-ChildItem c:\windows\[a-cw]*.*`.

Es gibt mehrere Commandlets, die Unterstützung bei der Navigation in PowerShell-Laufwerken bieten.

`Test-Path` prüft, ob es einen Pfad gibt. Das Ergebnis ist `True` oder `False` (`System.Boolean`).

```
Test-Path c:\temp
Test-Path HKLM:\software\IT-Visions
```

Resolve-Path löst Platzhalter in Pfadangaben auf und gibt den resultierenden Pfad als ein Objekt vom Typ System.Management.Automation.PathInfo zurück.

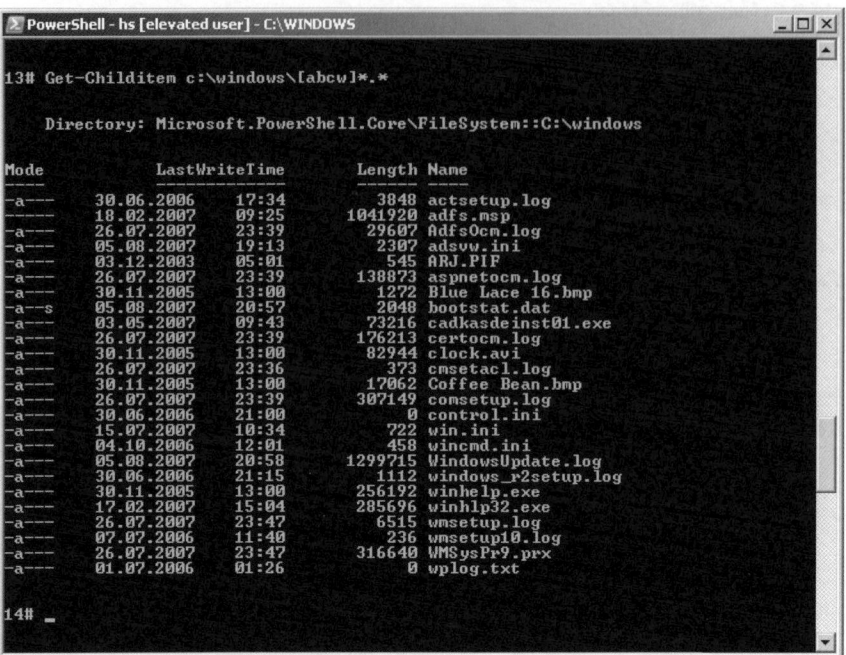

Bild 9.3 Einsatz von Platzhaltern

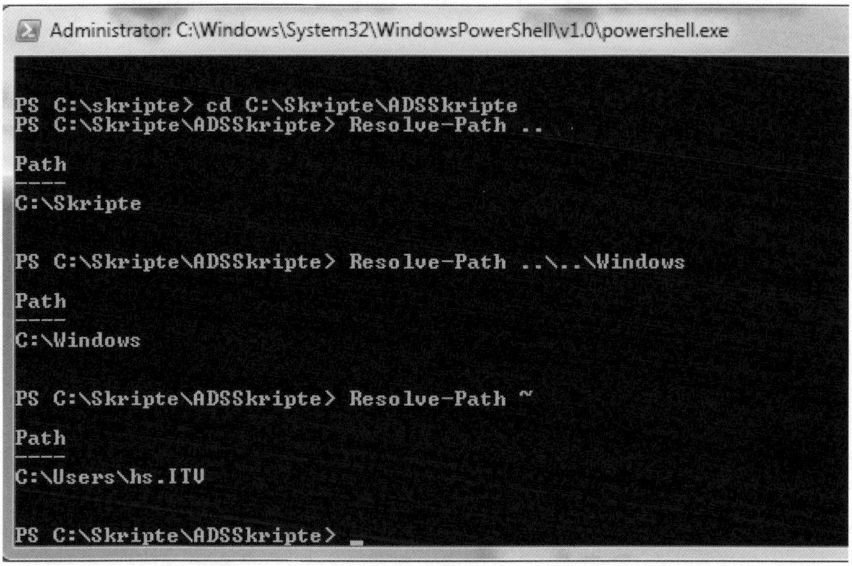

Bild 9.4 Einsatz von Resolve-Path

Viele Commandlets geben Pfadangaben des Typs `System.Management.Automation.PathInfo` aus. Um dies in eine einfache Zeichenkette (die allerdings dann providerspezifisch ist) umzusetzen, steht das Commandlet `Convert-Path` zur Verfügung.

9.5 Beispiel

Das nachstehende Listing zeigt ein Skript, das eine Hierarchie von Schlüsseln in der Registrierungsdatenbank ablegt. Dabei wird absichtlich die einfache Addition von Zahlen in eine Unterroutine gekapselt, um die Rückgabe von Werten an den Aufrufer mit der `return`-Anweisung zu zeigen. Literale und Ausdrücke, die ohne Commandlet im Skript enthalten sind, werden an der Konsole ausgegeben.

Listing 9.1 Ein PowerShell-Skript zur Manipulation der Registrierungsdatenbank [3_Einsatzgebiete/Registry/Registry_Commandlets.ps1]

```
#########################################
# PowerShell-Skript
# Das Skript legt eine Schlüsselhierarchie in der Registrierungsdatenbank an.
# (C) Dr. Holger Schwichtenberg
#########################################

# === Unterroutine, die eine Addition ausführt
function Addition
{
return $args[0] + $args[1]
}

# === Unterroutine, die einen Schlüssel in der Registrierungsdatenbank anlegt
function CreateEntry
{
"Eintrag anlegen..."

New-Item -Name ("Eintrag #{0}" -f $args[0]) -value $args[1] -type String

}

# === Hauptroutine
"PowerShell-Registrierungsdatenbank-Skript (C) Dr. Holger Schwichtenberg 2006"

# Navigation in die Registrierungsdatenbank
cd hklm:\software

# Prüfe, ob Eintrag \software\IT-Visions vorhanden
$b = Get-Item IT-Visions
if ($b.childName -eq "IT-Visions")
{ # Lösche vorhandenen Eintrag mit allen Unterschlüsseln
"Schluessel existiert bereits, loesche..."
cd hklm:\software
del IT-Visions -force -recurse
}
# Erzeuge neuen Eintrag "IT-Visions"
```

```
"Erzeuge IT-Visions..."
md IT-Visions
cd IT-Visions

# Lege Unterschlüssel an
for($a=1;$a -lt 5;$a++)
{
$ergebnis =  Addition $a $a
CreateEntry $a $ergebnis
}
```

9.6 Eigene Laufwerke definieren

Das Navigationsmodell der PowerShell erlaubt die Definition eigener Laufwerke, die dann als Abkürzung verwendet werden können.

Der folgende Befehl definiert ein neues Laufwerk „Skripte:" als Alias für einen Dateisystempfad:

```
New-PSDrive -Name Skripte -PSProvider FileSystem -Root "h:\Skripte\ps\"
```

Danach kann man mit

```
Dir Skripte:
```

auf den Pfad zugreifen.

ACHTUNG: Das neu definierte Laufwerk funktioniert nur innerhalb der PowerShell und ist nicht in sonstigen Windows-Anwendungen verfügbar. Genau genommen funktioniert das neue Laufwerk sogar nur innerhalb der aktuellen Instanz der PowerShell. Zwei PowerShell-Fenster teilen sich nicht solche Deklarationen!

Auch für die Registrierungsdatenbank kann man solche Abkürzungen definieren:

```
New-PSDrive -Name Software -PSProvider Registry -Root HKLM:\SOFTWARE\Microsoft\
Windows\CurrentVersion\Uninstall
```

Die Anzahl der Laufwerke ist im Standard auf 4096 beschränkt. Dies kann durch die Variable $MaximumDriveCount geändert werden.

10 Fernausführung (Remoting)

Eine der schmerzlich vermissten Funktionen in der ersten Windows PowerShell (Version 1.0) war die generelle Unterstützung für Fernzugriffe auf andere Systeme bzw. Fernverwaltung von entfernten Systemen. Mit den Bordmitteln der PowerShell 1.0 konnte man im Wesentlichen nur über WMI via Distributed COM (DCOM) Daten von anderen Systemen abrufen. Eine generelle Möglichkeit zur Fernausführung von Commandlets und Skripten gab es nicht. Hier hat Microsoft nun in der Version 2.0 deutlich nachgebessert.

Seit PowerShell 2.0 gibt es über das Protokoll WS-Management (kurz: WS-Man) die Fernausführungsmöglichkeit („PowerShell Remoting") für einzelne Commandlets und ganze Skripte.

WS-Management ist ein Netzwerkprotokoll auf Basis von XML-Webservices unter Verwendung des Simple Object Access Protocol (SOAP). WS-Management dient dem Austausch von Verwaltungsinformationen zwischen (heterogenen) Computersystemen. WS-Management ist ein Standard der Desktop Management Task Force (DMTF), der im Jahr 2006 verabschiedet wurde.

WS-Management bietet eine enge Verbindung zum Web Based Enterprise Management (WBEM) alias Windows Management Instrumentation (WMI).

Microsoft bietet eine Implementierung von WS-Management unter dem Namen „Windows Remote Management" (WinRM) seit Windows XP und Windows Server 2003.

In Vista und Windows Server 2008 ist die Version 1.1 der Implementierung enthalten. Windows 7 und Windows Server 2008 R2 enthalten Version 2.0. Für Windows XP, Windows Vista sowie Windows Server 2003 (inkl. R2) und Windows Server 2008 gibt es ein Add-on für WinRM v2 mit Namen „Windows Management Framework". Seit Windows 8.x und Windows Server 2012 (inkl. R2) gibt es WinRM 3.0, das es auch als Add-on für Windows 7 und Windows Server 2008/2008 R2 gibt: *http://www.microsoft.com/en-us/download/details.aspx?id=34595*

Für einen Fernaufruf müssen sowohl der lokale (der Aufrufer, der Client) als auch der entfernte Computer (der Aufgerufene, der Server) Windows Remote Management (WinRM) ab Version 2.0 unterstützen. Außerdem muss die PowerShell (ab Version 2.0) auf beiden Systemen installiert sein. WinRM benutzt im Standard die Ports 5985 (HTTP) und 5986 (HTTPS). Die Authentifizierung erfolgt im Normalfall über Kerberos, alternativ sind auch Basisauthentifizierung, Digest und NTLM möglich.

Die Verbindung zwischen Client und Server kann permanent oder temporär sein.

Mit PowerShell Remoting ist nicht nur ein Fernaufruf eines Computers, sondern auch gleichzeitig mehrerer Computer möglich. So kann man z. B. ein Skript gleichzeitig auf mehreren entfernten Systemen starten.

HINWEIS: Das Remoting in PowerShell Core wird im Kapitel 13 *„PowerShell Core 6.x für Windows, Linux und MacOS"* besprochen.

■ 10.1 RPC-Fernabfrage ohne WS-Management

Einige Commandlets in der PowerShell besitzen eingebaute Fernabfragemöglichkeiten abseits von WS-Management. Diese Commandlets haben einen Parameter „-Computername" und die Fernaufrufmöglichkeiten des Betriebssystems, die auf einem Remote Procedure Call (RPC) basieren.

Folgende Commandlets besitzen den Parameter „-Computername" und arbeiten mit DCOM:
- `Clear-EventLog`
- `Limit-EventLog`
- `Get-Counter`
- `New-EventLog`
- `Get-EventLog`
- `Remove-EventLog`
- `Get-HotFix`
- `Restart-Computer`
- `Get-Process`
- `Show-EventLog`
- `Get-Service`
- `Show-Service`
- `Get-WinEvent`
- `Stop-Computer`
- `Get-WmiObject` (schon in PowerShell 1.0 vorhanden)
- `Write-EventLog`

Der Fernaufruf mit vorgenannten Commandlets funktioniert auch, wenn WS-Management nicht installiert und konfiguriert ist.

TIPP: Derartige Commandlets findet man mit:
```
Get-Command | where { $_.parameters.keys -contains "ComputerName" -and
$_.parameters.keys -notcontains "Session"}
```

Der folgende Befehl ermittelt vom Computer „F170" alle Dienste, die mit dem Buchstaben „i" beginnen.

```
Get-Service -ComputerName F170 i*
```

Die Abfrage mehrerer Computer ist nur nacheinander durch Übergabe in der Pipeline möglich, da man bei diesen Commandlets bei `Computername` kein Array als solchen übergeben kann.

Falsch:

```
Get-Service -ComputerName F173, F170 i*
```

Richtig:

```
"F171", "F172", "F173" | % { Get-Service i* -ComputerName $_ }| ft Name, status,
-machinename
```

Über das Attribut `MachineName` kann man jeweils sehen, welcher der abgefragten Computer das Ergebnis geliefert hat.

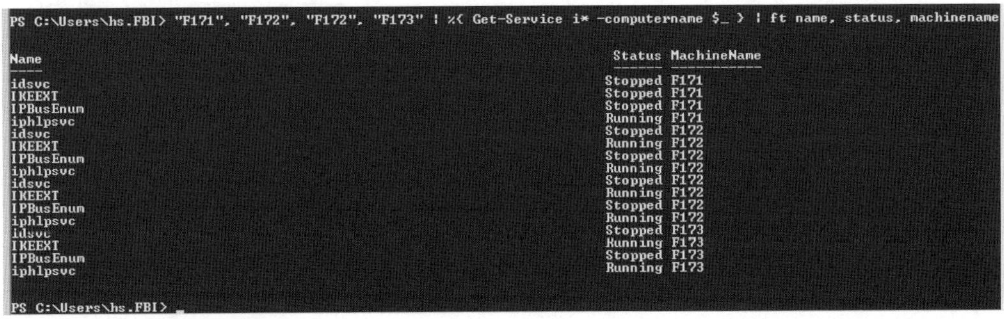

Bild 10.1 Abfrage der Dienste auf zwei Computern

■ 10.2 Anforderungen an PowerShell Remoting

Für einen Fernaufruf via PowerShell Remoting müssen sowohl der lokale (der Aufrufer, der Client) als auch der entfernte Computer (der Aufgerufene, der Server) folgende Voraussetzungen erfüllen:

- Microsoft .NET Framework 2.0 oder höher
- Windows PowerShell 2.0 oder höher
- Windows Remote Management (WinRM) 2.0 oder höher

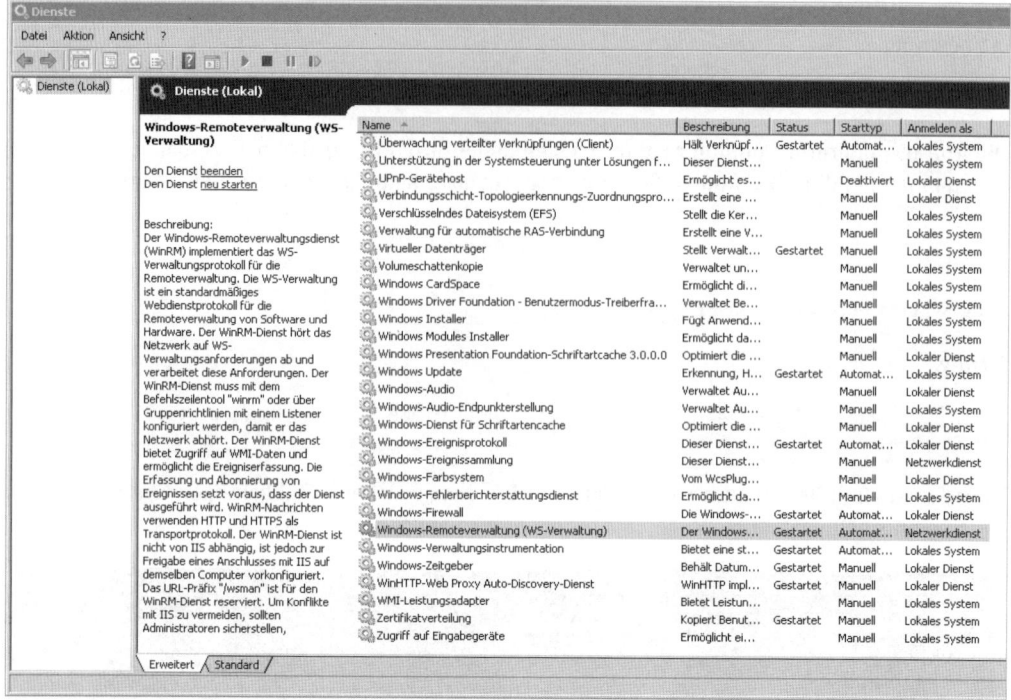

Bild 10.2 Der WinRM-Dienst in der Diensteliste

■ 10.3 Rechte für PowerShell-Remoting

Fernaufrufe sind sowohl domänenintern als auch domänenübergreifend (durch Vertrauensstellungen oder gleiche Benutzername-Kennwort-Kombination) möglich, im zweiten Fall allerdings nur unter expliziter Angabe von Benutzernamen und Kennwort, selbst wenn auf dem Zielsystem eine zu dem aufrufenden System identische Benutzername-Kennwort-Kombination existiert. Fernaufrufe können nur Benutzer ausführen, die auf dem Zielsystem zur Administratorengruppe gehören. Man kann das Recht zum Fernaufruf durch Änderung der sogenannten Sitzungskonfigurationen steuern.

Auch auf dem lokalen Computer werden Administratorrechte für einige Aktionen im Zusammenhang mit dem Fernaufruf benötigt. Dies sind insbesondere die Einrichtung von WS-Management und die Konfiguration von PowerShell-Sitzungen. Auch ein Fernaufruf gegen den eigenen Computer („Loopback-Aufruf") erfordert Administratorrechte.

10.4 Einrichten von PowerShell Remoting

Im Auslieferungszustand der PowerShell sind PowerShell-Fernaufrufe deaktiviert. Mit Enable-PSRemoting konfiguriert man einen Computer zum Empfang von Fernaufrufen von anderen Rechnern. Dieser Befehl startet den WinRM-Systemdienst (Listener), konfiguriert die Windows PowerShell und trägt das Protokoll WS-Management als Ausnahme in der Windows Firewall ein. Enable-PSRemoting ist nicht notwendig auf Computern, die nur (!) PowerShell-Befehle an andere Rechner senden wollen. Zum Ausführen von Enable-PSRemoting muss man auf dem System Administrator sein.

```
PS C:\Users\Administrator> Enable-PSRemoting

WinRM Quick Configuration
Running command "Set-WSManQuickConfig" to enable remote management of this computer by using the Windows Remote
Management (WinRM) service.
 This includes:
    1. Starting or restarting (if already started) the WinRM service
    2. Setting the WinRM service startup type to Automatic
    3. Creating a listener to accept requests on any IP address
    4. Enabling Windows Firewall inbound rule exceptions for WS-Management traffic (for http only).

Do you want to continue?
[Y] Yes  [A] Yes to All  [N] No  [L] No to All  [S] Suspend  [?] Help (default is "Y"): y
WinRM is already set up to receive requests on this computer.
WinRM is already set up for remote management on this computer.

Confirm
Are you sure you want to perform this action?
Performing the operation "Set-PSSessionConfiguration" on target "Name: microsoft.powershell SDDL:
O:NSG:BAD:P(A;;GA;;;BA)(A;;GA;;;RM)S:P(AU;FA;GA;;;WD)(AU;SA;GXGW;;;WD)". This lets selected users remotely run Windows
PowerShell commands on this computer.".
[Y] Yes  [A] Yes to All  [N] No  [L] No to All  [S] Suspend  [?] Help (default is "Y"): y

Confirm
Are you sure you want to perform this action?
Performing the operation "Set-PSSessionConfiguration" on target "Name: microsoft.powershell.workflow SDDL:
O:NSG:BAD:P(A;;GA;;;BA)(A;;GA;;;RM)S:P(AU;FA;GA;;;WD)(AU;SA;GXGW;;;WD)". This lets selected users remotely run Windows
PowerShell commands on this computer.".
[Y] Yes  [A] Yes to All  [N] No  [L] No to All  [S] Suspend  [?] Help (default is "Y"): y

Confirm
Are you sure you want to perform this action?
Performing the operation "Set-PSSessionConfiguration" on target "Name: microsoft.powershell32 SDDL:
O:NSG:BAD:P(A;;GA;;;BA)(A;;GA;;;RM)S:P(AU;FA;GA;;;WD)(AU;SA;GXGW;;;WD)". This lets selected users remotely run Windows
PowerShell commands on this computer.".
[Y] Yes  [A] Yes to All  [N] No  [L] No to All  [S] Suspend  [?] Help (default is "Y"): y

Confirm
Are you sure you want to perform this action?
Performing the operation "Set-PSSessionConfiguration" on target "Name: microsoft.windows.servermanagerworkflows SDDL:
O:NSG:BAD:P(A;;GA;;;BA)(A;;GA;;;IU)S:P(AU;FA;GA;;;WD)(AU;SA;GXGW;;;WD)". This lets selected users remotely run Windows
PowerShell commands on this computer.".
[Y] Yes  [A] Yes to All  [N] No  [L] No to All  [S] Suspend  [?] Help (default is "Y"): y
PS C:\Users\Administrator>
```

Bild 10.3 Erstkonfiguration von PowerShell Remoting mit Enable-PSRemoting

 TIPP: Zum Unterdrücken der Nachfragen geben Sie ein:

Enable-PSRemoting -force

Zum Testen der Einrichtung geben Sie ein:

New-PSSession

Dann sollte das nachstehende Ergebnis erscheinen.

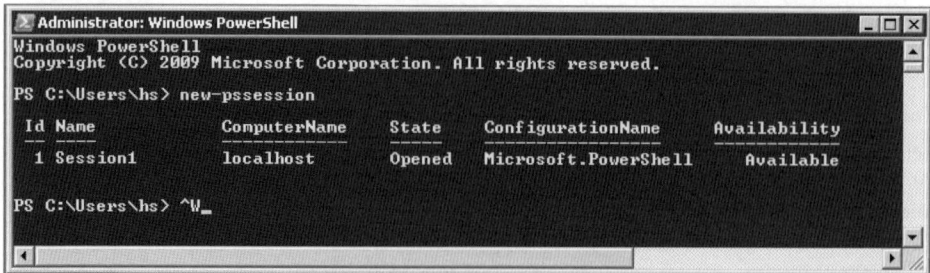

Bild 10.4 Testen der Fernverbindungskonfiguration mit New-PSSession

 HINWEIS: In Domänen kann WinRM über die Gruppenrichtlinie „Computer Configuration\Administrative Templates\Windows Components\Windows Remote Management (WinRM)\WinRM service" konfiguriert werden.

Ein Problem bei der Einrichtung könnte sein, dass diese mit der Fehlermeldung „Set-WSManQuickConfig : WinRM firewall exception will not work since one of the network connection types on this machine is set to Public. Change the network connection type to either Domain or Private and try again." abbricht. Ein Blick in das Netzwerkcenter von Windows wird dann zeigen, dass es tatsächlich ein „Public"-Netzwerk gibt (siehe Beispiel im Bild).

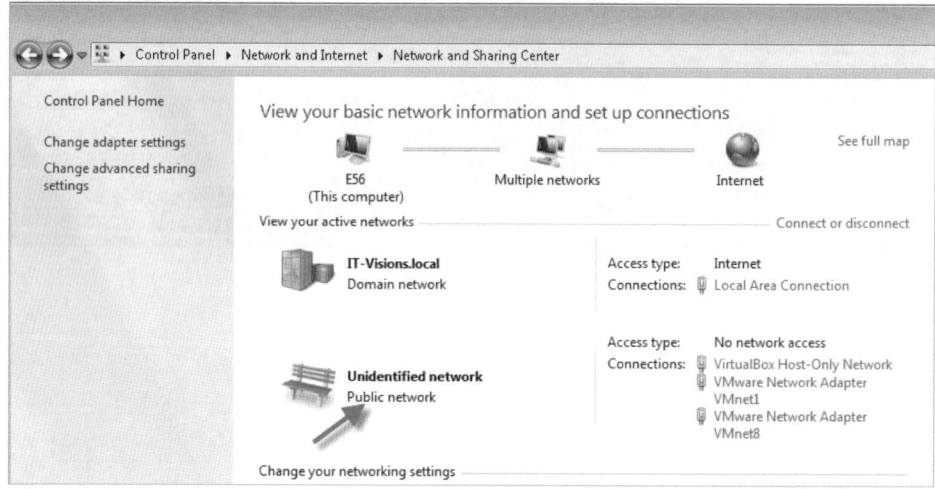

Bild 10.5 „Public Network" verhindert die Einrichtung des PowerShell Remoting.

Lösen kann man dies über secpol.msc (siehe Bild 10.6).

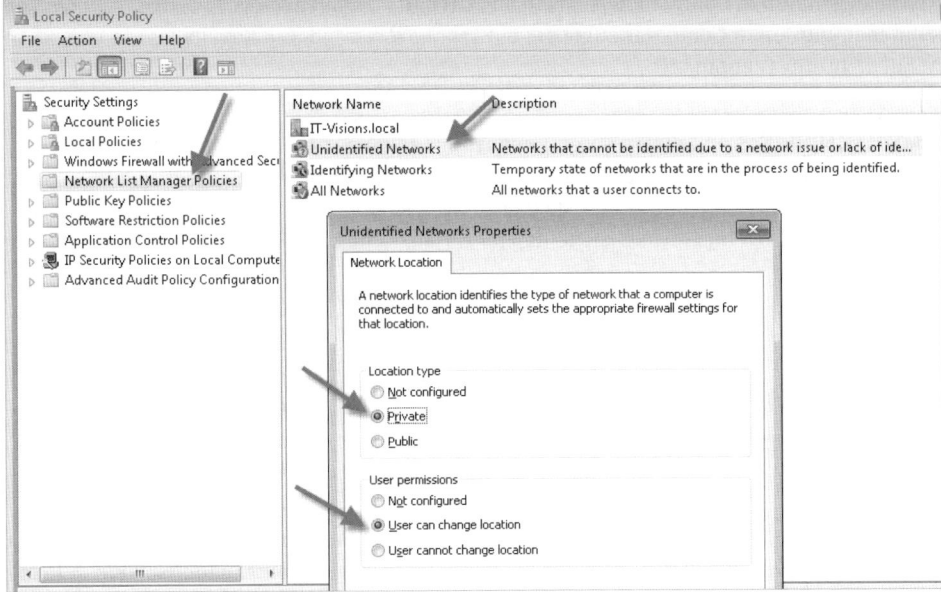

Bild 10.6 Lösung des „Public Network"-Problems

 TIPP: Seit PowerShell Version 4.0 kann man alternativ beim `Enable-PSRemoting`-Commandlet auch den Parameter `SkipNetworkProfileCheck` angeben, wodurch die Prüfung auf das Netzwerkprofil entfällt.

Zum Deaktivieren des PowerShell Remoting gibt es das Commandlet:

```
Disable-PSRemoting
```

Durch `Disable-PSRemoting` wird der WinRM-Dienst aber nicht beendet.

10.5 Überblick über die Fernausführungs-Commandlets

Die wichtigsten Commandlets für PowerShell Remoting sind:

- `Enter-PSSession`: Starten einer Fernausführungssitzung im Telnet-Stil
- `Invoke-Command`: Fernausführung eines einzelnen PowerShell-Commandlets oder eines Skripts
- `New-PSSession`: Erstellen einer permanenten Verbindung für die Fernausführung

Alle oben genannten Commandlets bieten ein Attribut -Computername. Bei Enter-PSSession kann man nur einen Computer angeben, bei Invoke-Command und New-PSSession auch ein Array mehrerer Computer.

HINWEIS: Im Standard vorgesehen ist die Angabe von Computernamen. IP-Adressen können alternativ verwendet werden, erfordern aber ein anderes Authentifizierungsverfahren, da das im Standard verwendete Kerberos keine IP-Adressen unterstützt (siehe Kapitel zur Sicherheit bei PowerShell Remoting).

■ 10.6 Interaktive Fernverbindungen im Telnet-Stil

Mit dem Commandlet Enter-PSSession eröffnet man eine interaktive Sitzung zu einem entfernten System im Stil des Telnet-Protokolls. Anzugeben ist der Computername, z. B.

```
Enter-PSSession -Computername F170
```

Nach erfolgreicher Ausführung des Befehls wird der Computername vor der PowerShell-Eingabeaufforderung angezeigt. Alle eingegebenen Befehle werden nun auf dem entfernten System ausgeführt. Alle Ausgaben landen auf dem lokalen System.

Testen kann man zum Beispiel, indem man mit [System.Environment]::MachineName den Computernamen abruft.

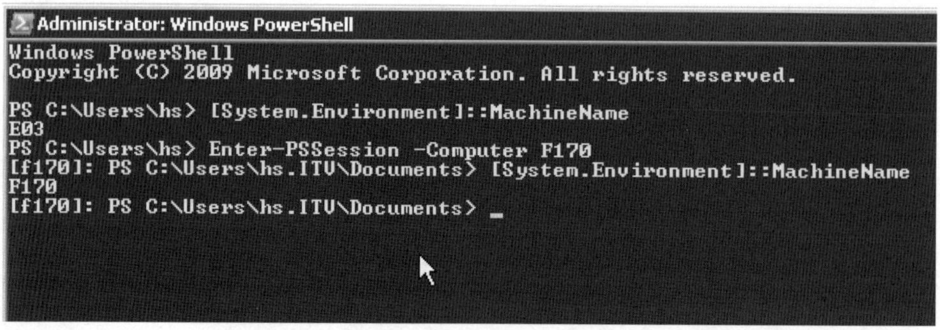

```
Administrator: Windows PowerShell
Windows PowerShell
Copyright (C) 2009 Microsoft Corporation. All rights reserved.

PS C:\Users\hs> [System.Environment]::MachineName
E03
PS C:\Users\hs> Enter-PSSession -Computer F170
[f170]: PS C:\Users\hs.ITV\Documents> [System.Environment]::MachineName
F170
[f170]: PS C:\Users\hs.ITV\Documents> _
```

Bild 10.7 Aufbau einer interaktiven Fernsitzung

HINWEIS: Man kann sich in einer interaktiven Sitzung immer nur mit genau einem entfernten System verbinden. Man kann aber auf einem System mehrere PowerShell-Fenster öffnen und sich darin mit jeweils einem anderen entfernten System verbinden.

Möglichkeiten einer Fernsitzung

In einer Fernsitzung kann jegliche Form von Änderungen durchgeführt werden, sowohl durch Ausführung von Commandlets, z. B.

```
(Get-service BITS) | start-service
```

als auch durch den Aufruf von Methoden

```
(Get-service BITS).Start()
```

Man kann auch Windows-Prozesse starten. Zu beachten ist jedoch, dass man auf dem entfernten System Benutzeroberflächen von diesen Prozessen nicht sehen kann, selbst wenn man dort lokal angemeldet ist.

Zum Verlassen der Fernsitzung gibt man ein:

```
Exit-PSSession
```

10.7 Fernausführung von Befehlen

Um einen einzelnen Befehl auf einem entfernten System auszuführen, kann man auch das Commandlet Invoke-Command mit dem Parameter -Computername verwenden. Beim Parameter -ScriptBlock kann man einen oder mehrere (durch Zeilenumbruch oder Semikolon getrennte) Befehle angeben und auch Pipelines nutzen. Nicht nur Commandlets, auch klassische Kommandozeilenbefehle sind möglich.

Listing 10.1 [1_Basiswissen\Remoting\WPS2_Remoting_Script.ps1]

```
Invoke-Command -ComputerName F170 -scriptblock { Get-Service b* }
Invoke-Command -ComputerName F170 -scriptblock { Get-Service | sort status | ft name, status }
Invoke-Command -computer F170 -Scriptblock { "Computername: " + [System.Environment]::MachineName ; "Zeit: " + [DateTime]::Now ; "Sprache: " + (Get-Culture) }
Invoke-Command -computer F170 -Scriptblock { ping www.it-visions.de }
```

Natürlich kann man den Skriptblock vorher auch in einer Variablen speichern.

Listing 10.2 [1_Basiswissen\Remoting\WPS2_Remoting_Script.ps1]

```
$cmd = {
"Rechnername: $([System.Environment]::MachineName)"
"Benutzername: $([System.Environment]::UserDomainname + "\" + [System.Environment]::Username)"
 }
Invoke-Command PC199 -ScriptBlock $cmd
```

Ein Sonderfall ist gegeben, wenn der Skriptblock unterschiedlich für verschiedene Rechner sein soll. Dann muss der Skriptblock mit [scriptblock]::Create() erzeugt werden.

Listing 10.3 [1_Basiswissen\Remoting\Remoting_DynamicScriptBlock.ps1]

```
$pcListe = "D140","D141"
foreach($pc in $pcListe)
{
"Abfrage bei $pc"

$scriptblock = [scriptblock]::Create( `
'"PC ' + $pc + ' nennt sich "' + `
'+ [System.Environment]::MachineName')

"Erzeugtes Skript..."
$scriptblock
"Skript wird gesendet..."
$ergebnis = Invoke-Command -ScriptBlock $scriptblock -ComputerName $pc
$ergebnis
}
```

HINWEIS: Alle Commandlets oder Anwendungen, die in dem Skriptblock gestartet werden, müssen auf dem Zielsystem verfügbar sein.

Auch hier wird das Ergebnis auf dem lokalen System angezeigt, oft mit der zusätzlichen Spalte „PSComputerName", die den Namen des aufgerufenen Computers enthält.

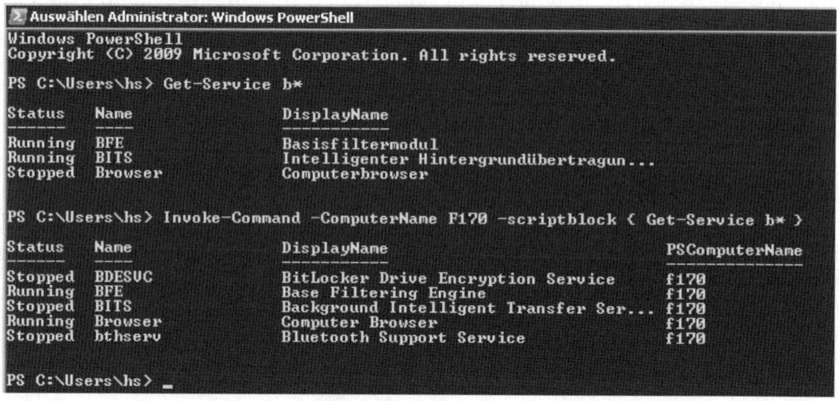

Bild 10.8 Lokaler Aufruf versus entfernter Aufruf

Allerdings muss man beachten, dass die Ergebnismenge keineswegs die gleiche Struktur wie bei einem lokalen Aufruf hat. Die Objekte in der Pipeline sind nicht vom Typ `System.ServiceProcess.ServiceController`, sondern `Deserialized.System.ServiceProcess.ServiceController`. Zwischen den Rechnergrenzen hat, für den Transport über das Netzwerk, eine Serialisierung/Deserialisierung der Objekte stattgefunden. Dabei sind die Methoden der Objekte „verloren" gegangen. Methodenaufrufe wie

```
(Invoke-Command -ComputerName F170 -scriptblock { Get-Service bits }).Start()
```

sind also nicht möglich!

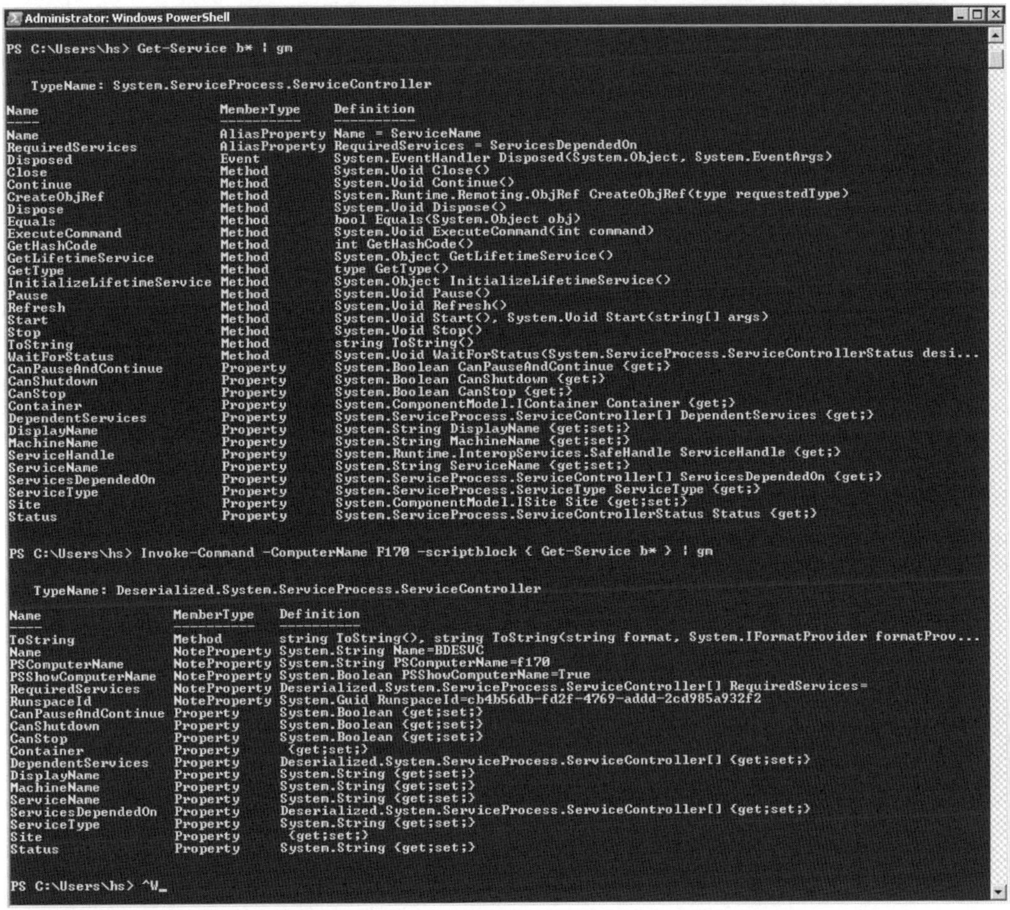

10.7 Fernausführung von Befehlen

![Screenshot Windows PowerShell mit Get-Member Ausgaben für lokalen und entfernten Aufruf von Get-Service]

Bild 10.9 Get-Member nach einem lokalen und einem entfernten Aufruf von Get-Service

ACHTUNG: Beim Pipelining kann man in eine sehr tiefe Falle tappen. Ein Benutzer, der merkt, dass

`(Invoke-Command -ComputerName F170 -scriptblock { Get-Service Bits }).Start()`

nicht funktioniert, würde wohl auf

`(Invoke-Command -ComputerName F170 -scriptblock { Get-Service Bits Start-Service`

ausweichen wollen.

Dieser Befehl würde ohne Fehlermeldung abgeschlossen – er hätte aber nicht getan, was gewünscht war. In diesem Fall würde der „BITS"-Dienst auf dem lokalen System, nicht auf dem entfernten System gestartet. Der Grund liegt darin, dass Start-Service das PSComputerName-Attribut ignoriert und nur den Namen des Dienstes berücksichtigt. Die folgende Bildschirmabbildung liefert den Beweis.

```
PS C:\Users\hs> Invoke-Command -Session $s -ScriptBlock { Get-Service BITS }
Status   Name               DisplayName                                PSComputerName
------   ----               -----------                                --------------
Stopped  BITS               Background Intelligent Transfer Ser...     f170

PS C:\Users\hs> Get-Service BITS
Status   Name               DisplayName
------   ----               -----------
Stopped  BITS               Intelligenter Hintergrundübertragun...

PS C:\Users\hs> Invoke-Command -Session $s -ScriptBlock { Get-Service BITS } | Start-Service
PS C:\Users\hs> Invoke-Command -Session $s -ScriptBlock { Get-Service BITS }
Status   Name               DisplayName                                PSComputerName
------   ----               -----------                                --------------
Stopped  BITS               Background Intelligent Transfer Ser...     f170

PS C:\Users\hs> Get-Service BITS
Status   Name               DisplayName
------   ----               -----------
Running  BITS               Intelligenter Hintergrundübertragun...
```

Bild 10.10 Unerwartetes Verhalten beim Fernaufruf

Viele Commandlets funktionieren so, auch weitreichende wie `Remove-Item`. Der folgende Befehl löscht also nicht Textdateien auf dem entfernten, sondern gleichnamige Dateien auf dem lokalen System!

```
Invoke-Command -ComputerName F170 -scriptblock { Get-Item d:\Daten\*.txt } | remove-Item
```

Richtig ist hier, den Befehl `Remove-Item` mit in den Skriptblock zu nehmen:

```
Invoke-Command -ComputerName F170 -scriptblock { Get-Item d:\Daten\*.txt | remove-Item }
```

Grund für diese Falle ist, dass die von `Get-Item` gelieferten Dateiobjekte zwar von der PowerShell um den Parameter `PSComputername` angereichert wurden, aber das Commandlet `Remove-Item` diese Zusatzinformation leider ignoriert.

 HINWEIS: Einige Commandlets in der PowerShell, darunter `Get-Process` und `Get-Service`, bieten auch noch einen kürzeren Weg für die Fernabfrage an. Bei diesen Commandlets kann man ein einzelnes entferntes System über den Parameter `-Computer` angeben, z. B. `Get-Process -Computer F111` (Details siehe Abschnitt 10.1, *RPC-Fernabfrage ohne WS-Management*).

Vorteil dieser Methode ist, dass man dafür nicht WS-Management benötigt, also auch ältere Betriebssysteme abfragen kann, für die es kein WS-Management gibt. Nachteil ist, dass sich die Fernabfrage immer nur auf den einzelnen Befehl bezieht. Man kann weder Befehlsfolgen noch Skripte angeben. Außerdem kann man immer nur ein einzelnes entferntes System ansprechen.

Noch ein Tipp: Sie können auch einen Skriptblock mit Zeilenumbrüchen an der Konsole erfassen. Dazu müssen Sie aber innerhalb des Skriptblocks **SHIFT + EINGABE** drücken. Erst wenn Sie den Skriptblock mit der schließenden geschweiften Klammer beendet haben, drücken Sie nur noch **EINGABE**. Wenn Sie vorzeitig nur auf **EINGABE** drücken, wird der Befehl sofort ausgeführt.

```
PS T:\> invoke-command -computer D142 -ScriptBlock {
>>> if (-not (test-path c:\temp)) { md c:\temp; "Temp angelegt!" }
>>> dir c:\
>>> }

    Verzeichnis: C:\

Mode                LastWriteTime     Length Name                              PSComputerName
----                -------------     ------ ----                              --------------
d-----        19.01.2016     17:16            temp                              D142
Temp angelegt!
d-----        22.08.2013     17:52            PerfLogs                          D142
d-r---        22.12.2015     22:00            Program Files                     D142
d-----        19.01.2016     16:45            Program Files (x86)               D142
d-----        19.01.2016     17:16            temp                              D142
d-r---        06.12.2015     19:53            Users                             D142
d-----        22.12.2015     21:20            Windows                           D142

PS T:\> _
```

Bild 10.11 Eingabe eines Skriptblocks mit Umbrüchen an der Konsole

■ 10.8 Parameterübergabe an die Fernausführung

Oft braucht der auf dem entfernten System auszuführende Skriptblock Werte, die der aufrufende Computer besitzt. Das erste Beispiel zeigt, wie es falsch ist. $VM und $Path sind leer bei der Ausführung auf Server79.

```
$VM = "D140"
$Path = "\\D123\backup"

Invoke-Command -ComputerName Server79 -ScriptBlock {
# falsch. $VM ist leer !!!
"Sichern der VM $vm nach $Path..."
}
```

Richtig ist, den Inhalt von $VM und $Path per Parameter -Argumentlist an Invoke-Command zu übergeben und dann in dem fernauszuführenden Skriptblock darauf mit $args[0] und $args [1] zuzugreifen.

```
$VM = "D140"
$Path = "\\D123\backup"
#richtig!
Invoke-Command -ComputerName Server79 -ArgumentList $vm,$Path  -ScriptBlock {
$VM = $args[0]
$Path = $args[1]
"Sichern der VM $vm nach $Path..."
}
```

10.9 Fernausführung von Skripten

Mit Invoke-Command kann man natürlich ein auf dem entfernten System vorhandenes Skript starten, z. B.:

```
Invoke-Command -computer F170 -scriptblock { d:\Skripte\WPS2_Computername.ps1 }
```

Voraussetzung ist natürlich, dass auf dem entfernten System die Skriptausführung erlaubt ist und alle für das Skript benötigten Dateien dort sind.

```
PS T:\> invoke-command -computer d140 -ScriptBlock { c:\skripte\Benutzeranlegen.ps1 }
File C:\skripte\Benutzeranlegen.ps1 cannot be loaded because running scripts is disabled on this system. For more
information, see about_Execution_Policies at http://go.microsoft.com/fwlink/?LinkID=135170.
    + CategoryInfo          : Sicherheitsfehler: (:) [], PSSecurityException
    + FullyQualifiedErrorId : UnauthorizedAccess
    + PSComputerName        : d140
PS T:\>
```

Bild 10.12 Fehlermeldung, wenn das Starten des Skripts auf einem entfernten System nicht erlaubt ist

Mit folgendem Befehl kann man die Skriptausführung auf einem entfernten System aktivieren:

```
Invoke-Command -computer F170 -scriptblock { Set-executionpolicy unrestricted }
```

Das folgende Listing zeigt ein Beispiel, bei dem man die Skriptausführung aktiviert, ein Skript kopiert, dann ausführt und anschließend das Skript löscht und die Skriptausführung wieder deaktiviert.

Listing 10.4 Entfernte Skriptausführung durch Skriptkopieren
[1_Basiswissen/Remoting/WPS2_Remoting_Script.ps1]

```
$computer = "PC170"
$lokalesSkript = "X:\ 1_Basiswissen\Remoting\WPS2_Computername.ps1"
"Start Session..."
$s = New-PSSession -ComputerName $computer

"Enable Script Execution on remote System..."
Invoke-Command -Session $s -scriptblock { Set-executionpolicy unrestricted }

"Copy Script..."
Copy-Item $lokalesSkript "\\$computer\c$\temp\wps2_Computername.ps1"

"Start Script..."
Invoke-Command -Session $s -scriptblock { c:\temp\WPS2_Computername.ps1 }

"Delete Script..."
Remove-Item "\\$computer\c$\temp\wps2_Computername.ps1"

"Disable Script Execution on remote System..."
Invoke-Command -Session $s -scriptblock { Set-executionpolicy default }

"End Session!"
Remove-PSSession $s
```

Das gleiche Ergebnis kann man aber auch viel einfacher haben, denn das Commandlet Invoke-Command bietet auch die Möglichkeit, ein lokales Skript auf den entfernten Computer zu übertragen und dort zu starten:

```
Invoke-Command -computer PC170 -FilePath H:\WPS2_Computername.ps1
```

10.10 Ausführung auf mehreren Computern

Das Commandlet Invoke-Command bietet auch die Möglichkeit, mehrere Computer in Form eines Arrays (eine durch Komma getrennte Liste) anzugeben.

Beispiel 1: Setzen von Datum und Uhrzeit auf mehreren Computern:

```
Invoke-Command -computer F170, F171, F172, F173 -Script { Set-date -date }
```

```
PS C:\> Invoke-Command -computer F170, F171, F172, F173  -Script { set-date -date "24.6.2009 15:10:00"
-cred $cred
Mittwoch, 24. Juni 2009 15:10:00
Mittwoch, 24. Juni 2009 15:10:00
Mittwoch, 24. Juni 2009 15:10:00
Mittwoch, 24. Juni 2009 15:10:00
```

Bild 10.13 Ausführen von Set-Date auf mehreren Computern

Beispiel 2: Auslesen von c:\Temp auf mehreren Computern

```
$computer = F170, F171, F172, F173, F174
Invoke-Command -computer $computer { Get-childitem c:\temp }
```

TIPP: Für den lokalen Computer kann man „localhost" oder „." verwenden.

Das Ergebnis ist eine Gesamtliste der Ergebnisse von allen genannten Computern. Die Objekte in der Menge besitzen ein zusätzliches Attribut (NoteProperty) PSComputerName, das den Namen des Computers zeigt, der das Objekt geliefert hat. Dadurch ist ein Filtern/Sortieren/Gruppieren auf dem aufrufenden Computer möglich.

HINWEIS: Die PowerShell fragt bei den einzelnen Computern in der Reihenfolge an, wie sie im Array angegeben sind. Die Reihenfolge der Ergebnisse ist jedoch abhängig davon, wann die Ergebnisse eintreffen.

Die Anzahl der gleichzeitigen Verbindungen ist in PowerShell im Standard auf 32 begrenzt. Er kann mit dem Parameter -ThrottleLimit bei Invoke-Command verändert werden.

```
PS C:\Users\HS> invoke-command -computer F171,F172,F173 -scriptblock { get-service i* } | ft name, status, PSComputer*

Name                             Status              PSComputerName
----                             ------              --------------
idsvc                            Stopped             f173
IKEEXT                           Running             f173
IPBusEnum                        Stopped             f173
iphlpsvc                         Running             f173
idsvc                            Stopped             f171
IKEEXT                           Stopped             f171
IPBusEnum                        Stopped             f171
iphlpsvc                         Running             f171
idsvc                            Stopped             f172
IKEEXT                           Running             f172
IPBusEnum                        Stopped             f172
iphlpsvc                         Running             f172

PS C:\Users\HS>
```

Bild 10.14 Ergebnismenge eines Abrufs von Dienst-Objekten von drei Computern

 TIPP: Bei der Ausgabe von einigen Klassen (z. B. auch bei ServiceController) wird PSComputerName automatisch ausgegeben. Dies kann man durch -Hide-Computername unterdrücken.

```
Invoke-Command -Computer F170, F171 -ScriptBlock { Get-Service I* }
-HideComputername
```

Abbrechen eines Fernbefehls

Zum Abbrechen eines entfernt ausgeführten Befehls kann man wie bei lokalen Befehlen die Tastenkombination **STRG** + **C** verwenden.

■ 10.11 Sitzungen

Invoke-Command erzeugt im Standard eine temporäre Verbindung. Alle Definitionen (Variablen und Funktionen), die im Rahmen der Ausführung von Invoke-Command auf einem entfernten System erzeugt wurden, sind nach Ende des Befehls wieder ungültig.

Die Alternative ist eine permanente Verbindung (Sitzung). Eine Sitzung (engl. Session, alias „PSSession") ist Host für die PowerShell, in der die PowerShell Befehle ausführt. Aus der Sicht von Windows ist eine Session ein Prozess.

Eine Sitzung gestaltet man durch das Laden von Snap-ins und Modulen sowie durch die Definition von Variablen, Funktionen und Aliasen. Alle diese Einstellungen leben so lange, wie die Sitzung dauert.

Beim Start der PowerShell durch powershell.exe wird automatisch eine Sitzung erzeugt (Default Session). Durch Commandlets kann man weitere Sitzungen auf dem lokalen Computer oder entfernten Computern erzeugen.

HINWEIS: Alle Fernaufrufe der PowerShell erfolgen im Rahmen einer Sitzung. Die PowerShell unterscheidet temporäre Sitzungen (mit Invoke-Command unter Angabe eines Computernamens) und permanente Sitzungen (mit Invoke-Command unter Angabe eines Sitzungsobjekts, das vorher mit New-PSSession erzeugt wurde).

10.11.1 Commandlets zur Sitzungsverwaltung

Es folgt ein Überblick über die Commandlets zur Sitzungsverwaltung:

- `New-PSSession`: Erzeugen einer neuen Sitzung auf dem lokalen oder einem entfernten Computer
- `Get-PSSession`: Liste aller Sitzungen, die aus der aktuellen Sitzung heraus gestartet wurden (zeigt aber nicht Sitzungen, die andere Computer auf dem lokalen Computer geöffnet haben)
- `Remove-PSSession`: entfernt eine Session oder alle Sessions (`Remove-PSSession *`)
- `Enter-PSSession`: Start einer interaktiven Sitzung auf dem lokalen oder einem entfernten Computer
- `Exit-PSSession`: Ende einer interaktiven Sitzung
- `Disable-PSSessionConfiguration`: Sperren einer/aller Sitzungskonfigurationen
- `Enable-PSSessionConfiguration`: Entsperren einer/aller Sitzungskonfigurationen
- `Get-PSSessionConfiguration`: Auflisten der Sitzungskonfigurationen
- `Register-PSSessionConfiguration`: permanente Registrierung einer Sitzungskonfiguration
- `Set-PSSessionConfiguration`: Setzen von Eigenschaften einer Sitzungskonfiguration
- `Unregister-PSSessionConfiguration`: Löschen einer Sitzungskonfiguration

10.11.2 Sitzungen erstellen

Eine Sitzung erzeugt man über `New-PSSession`:

```
$s = New-PSSession  -computername F171
```

Auf diese offene Sitzung muss man im Commandlet `Invoke-Command` Bezug nehmen. Ein Computername ist dann nicht mehr erforderlich.

```
Invoke-Command -session $s -scriptblock {$p = Get-Process }
```

Man kann auch permanente Sitzungen zu mehreren Computern aufbauen, indem man bei `New-PSSession` mehrere Computer angibt:

```
$s = New-PSSession  -computername F173, D144, D145
Invoke-Command -session $s -scriptblock {Get-culture}
```

Alternativ kann man auch mehrere einzelne Sitzungen erstellen und diese bei Invoke-Command angeben.

```
"Sitzungen erstellen..."
$s1 = New-PSSession   -ComputerName F173
$s2 = New-PSSession   -ComputerName D144
$s3 = New-PSSession   -ComputerName D145

"Fernzugriff auf alle drei Rechner..."
Invoke-Command -Session $s1, $s2, $s3 -ScriptBlock { Get-Service spooler }
```

Die PowerShell-Profilskripte werden weder in temporären noch in permanenten Verbindungen automatisch auf dem entfernten System geladen. Bei Bedarf müssen sie explizit gestartet werden, z. B.:

```
Invoke-Command -session $s {. "$home\Documents\WindowsPowerShell\Microsoft.
PowerShell_profile.ps1"}
```

 TIPP: Innerhalb einer Fernsitzung kann man keine weitere Sitzung zu einem anderen System aufbauen. Es kommt der Fehler „*Sie befinden sich derzeit in einer Windows PowerShell-PSSession und können mit dem Enter-PSSession-Cmdlet keine andere PSSession öffnen.*"

10.11.3 Kopieren von Dateien in Sitzungen

Das Commandlet `Copy-Item` bietet mit dem Parameter `-ToSession` eine Möglichkeit, Dateien von dem aktuellen Host via einer geöffneten Sitzung auf ein Fernsystem zu kopieren:

```
Copy-Item -Path $setupSkript -Destination c:\temp\ -ToSession $s
```

10.11.4 Schließen von Sitzungen

Sitzungen werden automatisch geschlossen, wenn die Sitzung (Elternsitzung) beendet wird, aus der heraus die Sitzung (Kindsitzung) gestartet wurde. Entfernte Sitzungen enden zudem automatisch, wenn entfernte Computer für vier Minuten lang nicht mehr erreichbar sind. Manuell kann man eine Sitzung mit `Remove-PSSession` schließen.

10.11.5 Sitzungskonfigurationen

Eine Sitzungskonfiguration legt durch zahlreiche Einstellungen fest, wer eine Sitzung aufbauen darf und welche Befehle in der Sitzung zur Verfügung stehen. Typische Einstellungen sind:

- Benutzer, die sich mit dem Computer entfernt verbinden dürfen
- Größe der Objekte, die die entfernten Benutzer übertragen dürfen
- Festlegung der verfügbaren Commandlets und Funktionen

Die Standardkonfiguration trägt den Namen „Microsoft.PowerShell". Auf 64-Bit-Computern gibt es zusätzlich „Microsoft.PowerShell32". Seit Windows Server 2008 R2 gibt es außerdem „Microsoft.ServerManager".

Die verfügbaren Konfigurationen mit zahlreichen Details zeigt:

```
Get-PSSessionConfiguration | fl
```

oder alternativ

```
dir wsman:localhost/plugin
```

Im Kapitel 34 *„Delegierte Administration"* wird behandelt, wie man eigene, eingeschränkte Sitzungskonfigurationen erstellen kann.

10.11.6 Zugriffsrechte für Fernaufrufe

Im Standard können nur Administratoren Fernaufrufe ausführen. Man kann aber die Zugriffsrechteliste (Access Control List – ACL) der Sitzungskonfiguration ändern.

```
Set-PSSessionConfiguration Microsoft.PowerShell -ShowSecurityDescriptorUI
```

Etwas kurios für eine kommandozeilenbasierte Shell ist, dass sich dadurch ein Windows-Fenster öffnet, wie man es von den Zugriffsrechtelisten von Windows Explorer und der Windows-Registrierungsdatenbank kennt. Rein kommandozeilenbasiert kann man arbeiten, indem man im Parameter `SecurityDescriptorSDDL` eine SDDL-Zeichenkette (SDDL = Security Descriptor Definition Language) übergibt.

> **HINWEIS:** Das Commandlet `Disable-PSSessionConfiguration` verändert die Zugriffsrechtelisten für eine oder alle vorhandenen Sitzungskonfigurationen so, dass kein Benutzer mehr Rechte für den Fernaufruf hat.
>
> ```
> Disable-PSSessionConfiguration -name Microsoft.PowerShell
> ```
>
> Die Blockade kann man rückgängig machen mit `Enable-PSSessionConfiguration`.

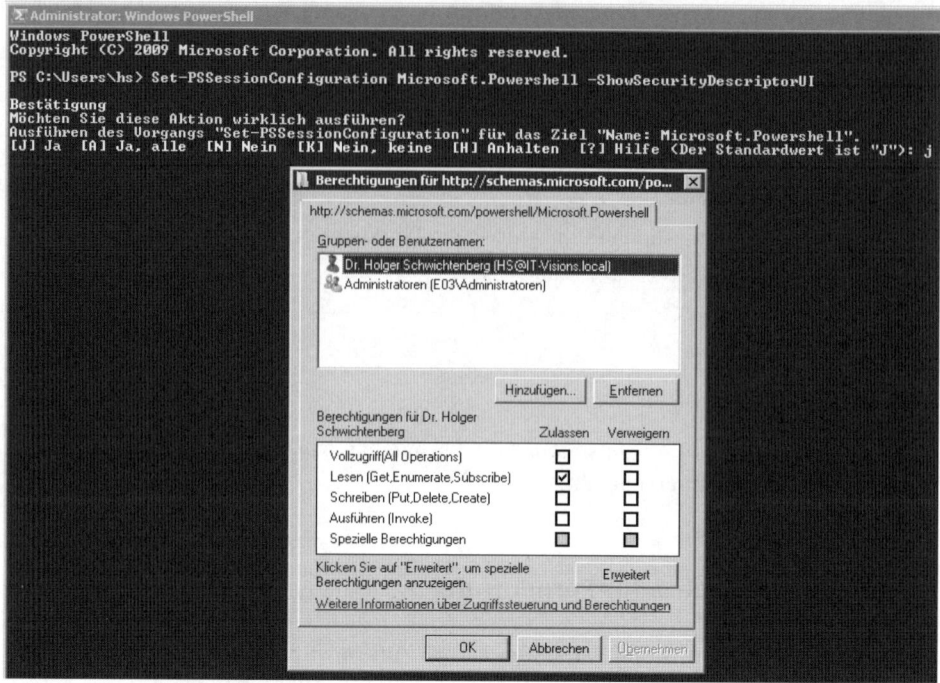

Bild 10.15 Ändern der ACL für die PowerShell-Sitzungskonfiguration

Mit `Register-PSSessionConfiguration` kann man eine neue Konfiguration erzeugen. Diese wird permanent auf dem Computer gespeichert. Der erforderliche Neustart des WS-Management-Dienstes wird auf Nachfrage ausgeführt.

Der folgende Befehl legt eine neue Konfiguration unter dem Namen „FBIConfig" an mit einer Erhöhung der Datenmenge auf 200 MB (Standard sind 50 MB) und einem Skript, das beim Starten der Sitzung ausgeführt werden soll. Das Skript muss lokal auf dem System vorhanden sein.

```
Register-PSSessionConfiguration -name FBIConfig
-MaximumReceivedDataSizePerCommandMB 200
-StartupScript h:\Skripte\WPS2_Remoting_SessionStartSkript.ps1
```

Anschließend kann man eine Sitzung mit Bezug auf diese Konfiguration starten:

```
$s = New-PSSession  -ConfigurationName FBIConfig
```

Auch `Invoke-Command` hat den Parameter -ConfigurationName:

```
Invoke-Command -ConfigurationName "FBIConfig" -scriptblock { Start-Service BITS }
-computer F173
```

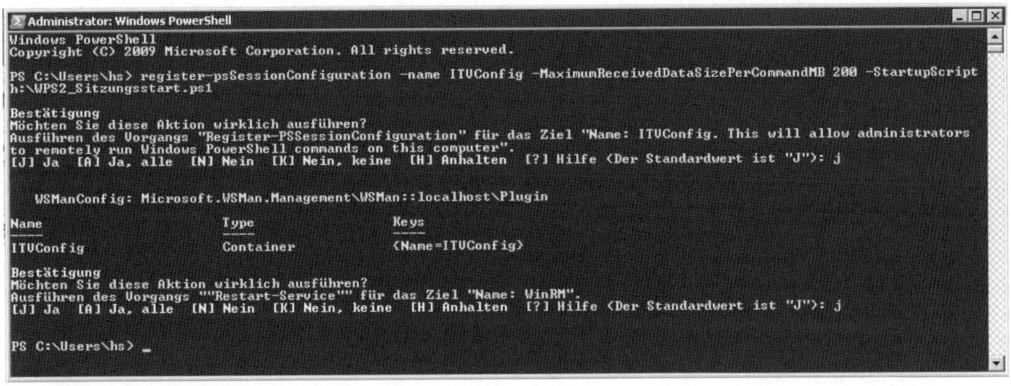

Bild 10.16 Ablauf der Registrierung einer Sitzungskonfiguration

In `$PSSessionConfigurationName` ist der Name der Konfiguration abgelegt, die verwendet wird, wenn man den Parameter `-ConfigurationName` nicht angibt. Den Inhalt dieser Variablen kann man ändern.

Zum Löschen einer Konfiguration verwendet man:

```
Unregister-PSSessionConfiguration -name FBIConfig
```

10.12 Implizites Remoting

Implizites Remoting ist eine weitere Form des PowerShell Remoting, bei der für eine entfernt auszuführende PowerShell-Funktion ein Commandlet auf dem Client als Alias verwendet wird.

> **HINWEIS:** Technisch gesehen wird dabei ein Proxy-Commandlet verwendet. Wie man dies manuell erstellen kann, beschreibt Abschnitt 63.8 „*Erweitern bestehender Commandlets durch Proxy-Commandlets*".

Man erstellt eine PowerShell-Remoting-Session:

```
$session = New-PSSession PC123
```

Man sendet dann in der Sitzung eine Funktion zu dem entfernten System. Ausgeführt wird dadurch dort nichts.

```
Invoke-Command $session -scriptblock { function Get-ComputerName { [System.Environment]::MachineName }}
```

Nun kann man diese Funktion auf dem entfernten System im Rahmen der Sitzung aufrufen:

```
Invoke-Command $session {Get-ComputerName}
```

Alternativ kann man – via `Import-PSSession` – das implizite Remoting einrichten. Dadurch entsteht ein lokales Alias-Commandlet, das aber nicht lokal ausgeführt wird, sondern im Rahmen der Sitzung zum Fernsystem gesendet wird:

```
Import-PSSession -Session $session -CommandName Get-ComputerName
```

Die oben gesendete Funktion auf dem fernen System kann nun so gestartet werden, ohne Angabe der Sitzung oder des Namens des Fernsystems:

```
Get-ComputerName
```

ACHTUNG: Der Einsatz von implizitem PowerShell Remoting kann nicht zu den empfehlenswerten Vorgehensweisen („Best Practies") zählen, weil man dem Commandlet nicht ansehen kann, wo es ausgeführt wird. Das kann zu Unklarheiten führen und zu langsamen Ausführungszeiten, die nicht direkt erkennbar sind.

■ 10.13 Zugriff auf entfernte Computer außerhalb der eigenen Domäne

Der Zugriff auf entfernte Computer außerhalb der eigenen bzw. einer vertrauenden Domäne ist möglich.

Grundsätzlich gibt es zwei Möglichkeiten für den domänenübergreifenden Zugriff:

- Expliziter Eintrag des Zielsystems in die Liste vertrauter Systeme
- Einrichten von Secure Socket Layer (SSL) für die HTTP-Kommunikation alias HTTPS

Herleitung des Problems

Wenn man einen domänenübergreifenden Aufruf versucht (z. B. `Enter-PSSession F171`), wird man auf folgende Fehler stoßen:

„Die Anforderung kann von WinRM nicht verarbeitet werden. Bei Verwendung der Kerberos-Authentifizierung ist der folgende Fehler aufgetreten: Der Netzwerkpfad wurde nicht gefunden. Mögliche Ursachen:

Der angegebene Benutzername oder das angegebene Kennwort ist ungültig. – Kerberos wird verwendet, wenn keine Authentifizierungsmethode und kein Benutzername angegeben werden.

Kerberos akzeptiert Domänenbenutzernamen, aber keine lokalen Benutzernamen.

Der Dienstprinzipalname (Service Principal Name, SPN) für den Remotecomputernamen und -port ist nicht vorhanden.

Der Clientcomputer und der Remotecomputer befinden sich in unterschiedlichen Domänen, zwischen denen keine Vertrauensbeziehung besteht.

Wenn Sie die oben genannten Ursachen überprüft haben, probieren Sie folgende Aktionen aus: – Suchen Sie in der Ereignisanzeige nach Ereignissen im Zusammenhang mit der Authentifizierung.

Ändern Sie die Authentifizierungsmethode; fügen Sie den Zielcomputer der Konfigurationseinstellung ‚TrustedHosts' für WinRM hinzu, oder verwenden Sie den HTTPS-Transport. Beachten Sie, dass Computer in der TrustedHosts-Liste möglicherweise nicht authentifiziert sind."

Dieser ausführliche Fehlertext liefert schon recht genaue Hinweise auf das Problem: Die Authentifizierungsmethode Kerberos funktioniert nur in Domänen. Es ist also eine andere Authentifizierungsmethode zu wählen.

Verfügbare Standardauthentifizierungsmethoden sind Default (= Kerberos), Basic, Negotiate (= Aushandlung zwischen Client und Server mit dem Simple and Protected GSSAPI Negotiation Mechanism – SPNEGA), NegotiateWithImplicitCredential, Credssp, Digest, Kerberos.

Ein neuer Versuch könnte dann also Digest oder Basic sein, also:

```
Enter-PSSession F171 -Authentication Digest
```

oder

```
Enter-PSSession F171 -Authentication Basic
```

Nun lautet der Fehlertext in beiden Fällen:

„Der WinRM-Client kann die Anforderung nicht verarbeiten. Wenn der Basic- oder Digest-Authentifizierungsmechanismus verwendet wird, müssen Anforderungen den Benutzernamen und das Kennwort enthalten. Fügen Sie den Benutzernamen oder das Kennwort hinzu, oder ändern Sie den Authentifizierungsmechanismus, und wiederholen Sie die Anforderung."

Dies bedeutet also, dass die Daten des am lokalen System angemeldeten Benutzers nicht automatisch übermittelt werden (selbst wenn es auf dem Zielsystem eine gleiche Kombination aus Benutzername und Kennwort gibt).

Nun ein dritter Versuch, wobei man Client und Server die Authentifizierung aushandeln lässt:

```
Enter-PSSession F171 -Authentication Negotiate -credential F171\hs
```

Die PowerShell zeigt den Authentifizierungsdialog …

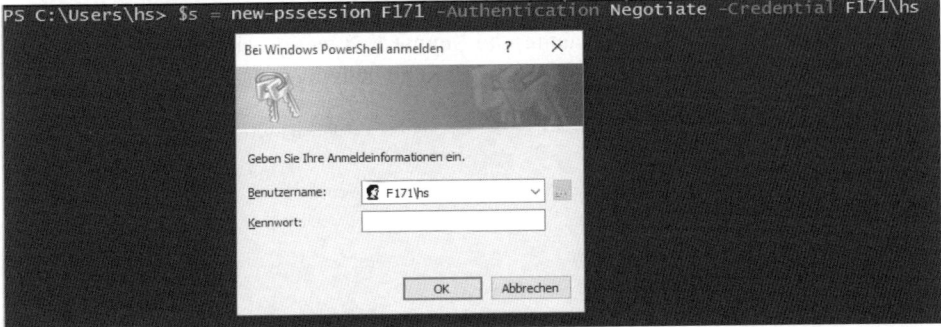

Bild 10.17 Authentifizierungsdialog

und dann wieder einen Fehler:

Der WinRM-Client kann die Anforderung nicht verarbeiten. Wenn das Authentifizierungsschema nicht Kerberos ist oder der Clientcomputer nicht Mitglied einer Domäne ist, muss der HTTPS-Datentransport verwendet werden, oder der Zielcomputer muss der TrustedHosts-Konfigurationseinstellung hinzugefügt werden. Verwenden Sie winrm.cmd, um TrustedHosts zu konfigurieren. Beachten Sie, dass Computer in der TrustedHosts-Liste möglicherweise nicht authentifiziert sind.

Auch hier ist die Anweisung klar: Entweder ist HTTPS zu verwenden oder aber ein Eintrag in TrustedHosts vorzunehmen. Letzteres ist einfacher.

Eintrag in die Liste vertrauter Systeme

Diesen Eintrag kann man über den WSMan-Navigationsprovider der PowerShell recht elegant auf dem Client vornehmen:

```
cd WSMan:\localhost\Client
Set-Item trustedhosts "F170, F171, F172, F173, F174, F175" -force
Restart-Service winrm
```

Alternativ können auch IP-Adressen statt Rechnernamen angegeben und bestehende Werte ergänzt werden:

Listing 10.5 Basiswissen\Remoting\WPS2_WSRM_TrustedHosts.ps1

```
$IP = "192.168.1.197"
cd WSMan:\localhost\Client
$alt = Get-Item trustedhosts
"Alt: " + $alt.Value
Set-Item trustedhosts $ip -force -Concatenate
Restart-Service winrm
$neu = Get-Item trustedhosts
"Neu: " + $neu.Value
```

Die Veränderungen der Eigenschaft „TrustedHost" erfordern eigentlich eine Rückbestätigung, daher das -force. TrustedHost ist eine Liste der zu vertrauenden Rechner (Rechnername oder IP-Adresse). Das Skript muss mit Administratorrechten gestartet werden.

Ausführen von Befehlen auf entfernten Computern außerhalb der eigenen Domäne

Danach kann man dann mit einem Befehl wie folgt einen Fernzugriff ausführen, wobei die PowerShell explizit nach Benutzername und Kennwort fragen wird, selbst wenn auf dem Zielsystem die gleiche Benutzername-Kennwort-Kombination existiert.

```
Invoke-Command F171 { Get-ChildItem c:\ } -authentication negotiate -credential F171\hs
```

Bild 10.18 Nachfrage der PowerShell beim Zugriff auf Computer, die nicht zur (vertrauten) Domäne gehören

Man kann auch eine dauerhafte Sitzung zu einem entfernten Computer, der nicht zur Domäne gehört, erstellen:

```
$s = New-PSSession F171 -authentication negotiate -credential F171\hs
```

TIPP: Die Anmeldedaten immer wieder eingeben zu müssen, kann man vermeiden, indem man sich die Anmeldedaten in einer Variablen merkt:

```
$cred = Get-Credential
```

Hinweis: Man muss die Anmeldedaten nicht pro Computer eingeben. Sofern Benutzername und Kennwort auf allen Systemen gleich sind, kann man auch Folgendes schreiben:

Listing 10.6 Setzen des Datums mit Set-Date auf mehreren Nicht-Domänencomputern, die die gleiche Benutzername-Kennwort-Kombination haben [WPS2_Remoting_MultiComputer_SetDate.ps1]

```
$cred = Get-Credential
$s = New-PSSession -auth negotiate -cred $cred -computer F170, F171, F171, F173, F174
Invoke-Command -Script { Set-date -date "24.6.2009 15:20:00" } -session
```

10.14 Verwaltung des WS-Management-Dienstes

In PowerShell ist der WS-Management-Dienst (WS-Man) über einen PowerShell-Provider (mit Namen „WSMan") administrierbar. Im Standard erscheint in der Liste das Laufwerk „WSMan".

```
PS C:\Users\hs> get-psdrive
Name           Used (GB)     Free (GB) Provider       Root                                    CurrentLocation
----           ---------     --------- --------       ----                                    ---------------
A                                      FileSystem     A:\
Alias                                  Alias
C                 10,90          86,65 FileSystem     C:\                                     Users\hs
cert                                   Certificate    \
Env                                    Environment
Function                               Function
G                                      FileSystem     G:\
H                   ,09          97,57 FileSystem     H:\
HKCU                                   Registry       HKEY_CURRENT_USER
HKLM                                   Registry       HKEY_LOCAL_MACHINE
S                  5,24         227,65 FileSystem     S:\
T                   ,09          37,48 FileSystem     T:\
Variable                               Variable
WSMan                                  WSMan
```

Bild 10.19 Liste der PowerShell-Provider in PowerShell

In diesem Laufwerk kann man wie bei anderen Providern mit den Standard-Navigations-Commandlets wie Get-ChildItem (dir) und Get-Item/Set-Item arbeiten.

```
PS C:\Users\hs>
PS C:\Users\hs> cd wsman:\localhost
PS WSMan:\localhost> dir

   WSManConfig: Microsoft.WSMan.Management\WSMan::localhost

Name                      Value                                                  Type
----                      -----                                                  ----
MaxEnvelopeSizekb         150                                                    System.String
MaxTimeoutms              60000                                                  System.String
MaxBatchItems             32000                                                  System.String
MaxProviderRequests       4294967295                                             System.String
Client                                                                           Container
Service                                                                          Container
Shell                                                                            Container
Listener                                                                         Container
Plugin                                                                           Container
ClientCertificate                                                                Container
```

Bild 10.20 Auflisten von WSMan:/localhost

Im Standard erscheint unterhalb der Laufwerkswurzel WSMan: nur „localhost". Durch das Commandlet Connect-WSMan unter Angabe eines Computernamens kann man hier aber weitere Computer integrieren und im Folgenden ansteuern.

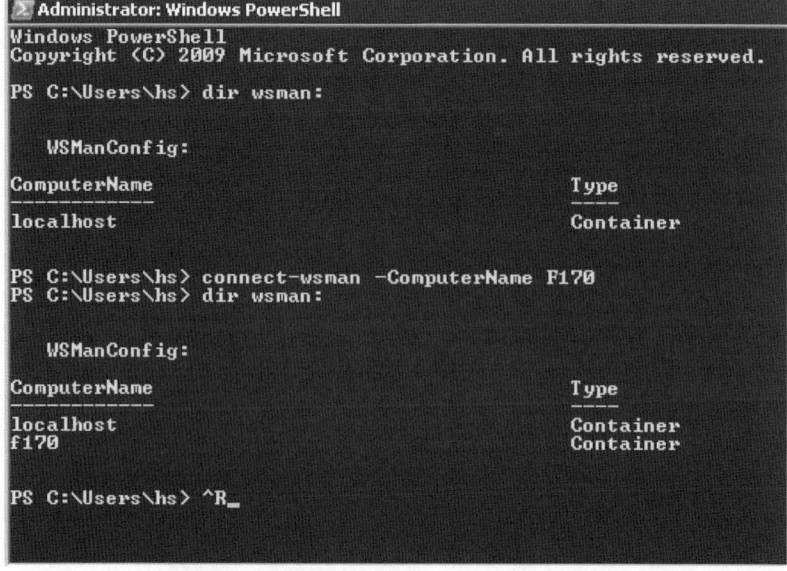

Bild 10.21 Einsatz von Connect-WSMan

Die folgende Befehlsfolge zeigt das Setzen der vertrauenswürdigen Computer, zu denen eine Authentifizierung mit Basisauthentifizierung oder Digest toleriert werden soll.

```
cd WSMan:\localhost\Client
Set-Item trustedhosts "F170, F171, F172, F173, F174, F175" -force
Restart-Service winrm
```

Über das WSMan:-Laufwerk kann man auch den verwendeten Port ändern. Den aktuell verwendeten Port listet man auf mit:

```
Dir wsman:\localhost\listener\*\Port
```

Auf dem Zielsystem ändert man den Port mit (hier wird geändert auf Port 80):

```
set-item wsman:\localhost\listener\*\Port -value 80 -Force
```

Auf dem Client kann man dann den Port auf Aufruf angeben:

```
Enter-PSSession PC199 -Port 80
```

■ 10.15 PowerShell Direct für Hyper-V

Ein virtuelles System können Sie grundsätzlich genauso wie ein physikalisches System fernverwalten über RPC oder PowerShell-Remoting. Für PowerShell-Remoting muss dies auf dem Zielsystem aktiviert sein.

Ab Windows 10 und Windows Server 2016 bietet Microsoft für in Hyper-V gehostete virtuelle Maschinen eine Vereinfachung unter dem Namen „PowerShell Direct" an. Hier ist eine PowerShell-Remoting-Verbindung nicht mehr notwendig. Auch die Firewall muss nicht geöffnet sein. Die PowerShell redet direkt über den VMBus von Hyper-V.

Voraussetzungen sind:
- Der Hyper-V-Host ist Windows 10 oder Windows Server 2016 oder höher.
- Der Hyper-V-Gast ist Windows 10 oder Windows Server 2016 oder höher.
- Das Gastbetriebssystem muss laufen.
- In dem Gastbetriebssystem muss der „Hyper-V VM Session Service" (vmicvmsession) laufen.
- Der Aufrufer muss Hyper-V-Administrator sein.
- Die PowerShell-Konsole muss mit Administratorrechten laufen.
- Der Aufrufer braucht ein Benutzerkonto auf dem Gastbetriebssystem. Dieses Konto muss aber keine Administratorrechte haben!

Die Commandlets `New-PSSession` und `Invoke-Command` haben dafür die neuen Parameter `-VMName` und `-VMGUID` erhalten. Auf eine der beiden Weisen identifiziert der Nutzer die anzusprechende virtuelle Maschine.

Bild 10.22 Initiieren einer Sitzung mit PowerShell Direct

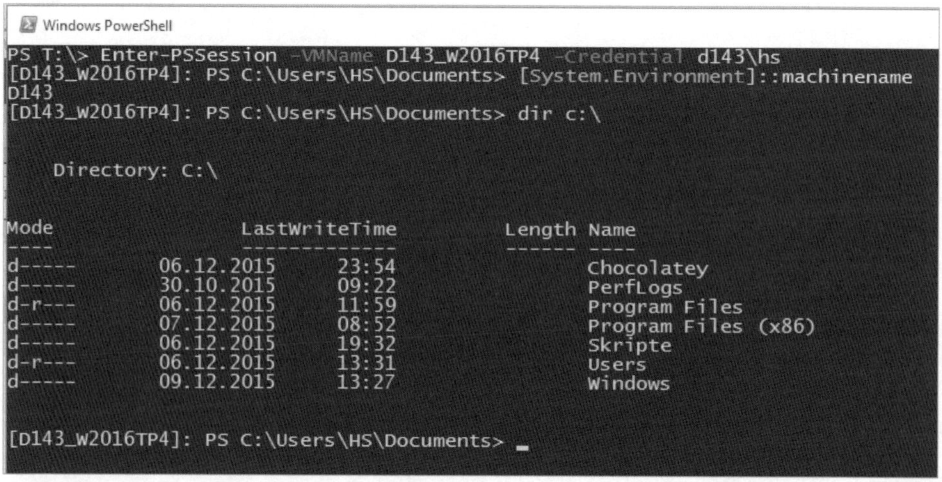

Bild 10.23 Nutzen einer PowerShell-Direct-Sitzung

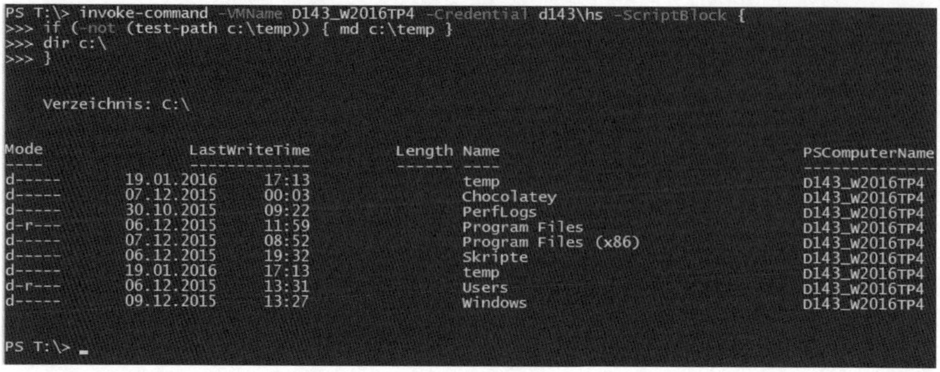

Bild 10.24 Ausführung eines Skriptblocks via PowerShell Direct

HINWEIS: Die Befehle, die PowerShell Direct verwenden, müssen direkt auf dem Hyper-V-Host ausgeführt werden. Es ist nicht möglich, sich mit PowerShell Remoting mit dem Hyper-V-Host zu verbinden und diesem dann den Auftrag zu einer PowerShell-Direct-Verbindung zu geben. Diesen Versuch quittiert die PowerShell mit „Specified method is not supported."

TIPP: Auch bei PowerShell Direct ist es möglich, das Kennwort für das Gastbetriebssystem im Quellcode eines Skripts zu verankern – wenn man sich der Risiken bewusst ist.

```
$VMName = "VM130"
$cred = new-object System.Management.Automation.PSCredential -ArgumentList
"VM130\hs", (ConvertTo-SecureString "geheim123" -AsPlainText -force)
Enter-PSSession -vmname D130 -Credential $cred
```

10.16 Praxisbeispiel zu PowerShell Direct

Das folgende Praxisskript zeigt, wie man eine frisch installierte virtuelle Maschine vom Hyper-V-Host aus konfiguriert:

- Festlegen einer statischen IP-Adresse
- Setzen des DNS-Servers
- Umbenennen des Computers
- Beitritt zu einer Domäne
- Neustart
- Alle PowerShell-Skripte erlauben
- PowerShell Remoting aktivieren
- Zugriff per RDP aktivieren

Danach ist dann eine Fernadministration des Rechners als neues Domänenmitglied per RDP und PowerShell Remoting möglich!

Listing 10.7 [1_Basiswissen\Remoting\WPS5_PowerShell_Direct_PCKonfig.ps1]

```
# Konfiguration einer Windows-VM in HyperV
# (C) Holger Schwichtenberg, www.IT-Visions.de, 2013-2016
# Die folgenden Eingabedaten müssen vor dem Start angepasst werden!

# Zugang zur VM
$VMName = "F131"
# Kennwörter hier nur zu Testzwecken im Skript. Müssen ggf. interaktiv abgefragt werden!
$cred = new-object System.Management.Automation.PSCredential -ArgumentList "$VMName\
administrator", (ConvertTo-SecureString "fbi+123" -AsPlainText -force)
```

```
$credDomain = new-object System.Management.Automation.PSCredential -ArgumentList
"fbi\administrator", (ConvertTo-SecureString "fbi+123" -AsPlainText -force)


# Daten für neue Konfiguration
$ip = "192.168.1.131"
$DNSServer = "192.168.1.111"
$Gateway = "192.168.1.253"
$Domainname = "fbi.local"

# Skript-Einstellungen
$ErrorActionPreference = "stop"


#######################

# Hilfsfunktion, die auf Verbindung zum Gastbetriebssystem wartet
function WaitFor-PSDirect([string]$VMName, $cred){
   Write-Output "Warte auf PowerShell Direct-Verbindung zu $VMName mit Benutzer
$($cred.username)"
   while ((invoke-command -VMName $VMName -Credential $cred {"Test"} -ea
SilentlyContinue) -ne "Test") {Sleep -Seconds 1}
   "$VMName ist verfügbar via PowerShell Direct!"
   }


####################### Block 1:
# Festlegen einer statischen IP-Adresse
# Setzen des DNS-Servers
# Umbenennen des Computers
# Beitritt zu einer Domäne
# Neustart

$scriptblock1 = {
param($Name,$IP,$credDomain,$Gateway,$DNSServer,$Domainname)

$InterfaceName = (Get-netadapter | select-object -first 1).name
"Bisheriger Name $([System.Environment]::machinename) mit Netzadapter $netzadapter"
Get-NetIPAddress
"Neuer Name: $Name mit IP $ip Gateway $Gateway DNSServer $DNSServer"
Set-NetIPInterface -InterfaceAlias $InterfaceName -Dhcp Disabled
New-NetIPAddress -InterfaceAlias $InterfaceName -IPAddress  $IP -DefaultGateway
$Gateway -PrefixLength 24 | out-null
Set-DnsClientServerAddress -InterfaceAlias $InterfaceName -ServerAddresses $DNSServer
ping $ip
"Rename Computer und Domain Join..."
Add-Computer -NewName $Name -Verbose -DomainName $Domainname -Credential $credDomain
"PowerShell-Direkt-Skript #1 ist fertig!"
}

# Block 1 ausführen
"Konfiguriere VM $vmname - Schritt 1"
Invoke-Command -VMName $VMName -Credential $cred -ScriptBlock $scriptblock1
-ArgumentList $vmname,$ip,$credDomain,$Gateway,$DNSServer,$Domainname
"Reboot"

# Neustart und dann warten, bis Betriebssystem wieder zugreifbar!
Restart-VM $VMName -Force
WaitFor-PSDirect $VMName $cred
```

```
#########################
# Alle PowerShell-Skripte erlauben
# PowerShell Remoting aktivieren
# Zugriff per RDP aktivieren

$scriptblock2 = {
param()
"PowerShell-Skripte erlauben..."
Set-ExecutionPolicy Unrestricted
"PowerShell-Remoting erlauben..."
Enable-psremoting -force -SkipNetworkProfileCheck
"RDP erlauben..."
set-ItemProperty -Path ‚HKLM:\System\CurrentControlSet\Control\Terminal Server'-name
"fDenyTSConnections" -Value 0
Enable-NetFirewallRule -DisplayGroup "Remote Desktop"
set-ItemProperty -Path ‚HKLM:\System\CurrentControlSet\Control\Terminal Server\
WinStations\RDP-Tcp' -name "UserAuthentication" -Value 1

"PowerShell-Direkt-Skript #2 ist fertig!"
}

# Block 2 ausführen
"Konfiguriere VM $vmname - Schritt 2"
Invoke-Command -VMName $VMName -Credential $cred -ScriptBlock $scriptblock2
"FERTIG: Fernadministration des Rechners $vmname als neues Domänenmitglied per RDP
und PowerShell Remoting nun möglich!"
```

11 PowerShell-Werkzeuge

Dieses Kapitel bespricht die von Microsoft gelieferte PowerShell-Standardkonsole, das Integrated Scripting Environment (ISE) sowie weitere nützliche Werkzeuge von Microsoft und anderen Anbietern.

 HINWEIS: Die über die Standardkonsole hinausgehenden Werkzeuge betreffen fast nur Windows. Einziges PowerShell-Werkzeug für MacOS und Linux ist zum Redaktionsschluss dieses Buchs „Visual Studio Code".

■ 11.1 PowerShell-Standardkonsole

Die PowerShell-Standardkonsole basiert auf der normalen Windows-Konsole („Eingabeaufforderung"). Sie bietet etwas mehr Eingabeunterstützung als das Kommandozeilenfenster, vom Komfort des ISE ist die PowerShell-Konsole aber weit entfernt.

11.1.1 Funktionsumfang der Standardkonsole

Die PowerShell-Konsole bietet folgende Funktionen:
- Größe und Aussehen des Fensters können über die Eigenschaften gesteuert werden (siehe folgende Bildschirmabbildung 11.1).
- Kopieren und Einfügen (ab Windows 10 und Windows Server 2016 auch mit Tastenkombinationen **STRG+C/V**). In älteren Betriebssystemen geht das aber umständlich wie seit jeher nur über das Fenstermenü (siehe folgende Bildschirmabbildung 11.2) bzw. den sogenannten „Quick Edit Mode".
- Befehls- und Pfadeingaben sowie Objektattribute können mit der **Tab**-Taste vervollständigt werden.

- Ein Rücksprung zu den letzten Befehlen (Anzahl änderbar) ist möglich mit den Pfeiltasten (hoch/runter).
- Die letzten Befehle werden durch die Taste **F7** angezeigt.
- Aufruf des letzten Befehls durch die Taste **F3** bzw. zeichenweise durch **F1**.
- Der Abbruch eines laufenden Befehls ist mit **STRG+C** möglich.

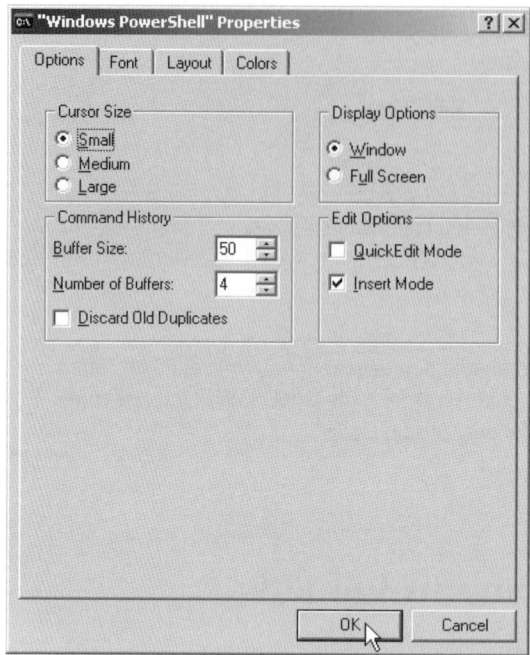

Bild 11.1
Fenstereigenschaften für das PowerShell-Konsolenfenster

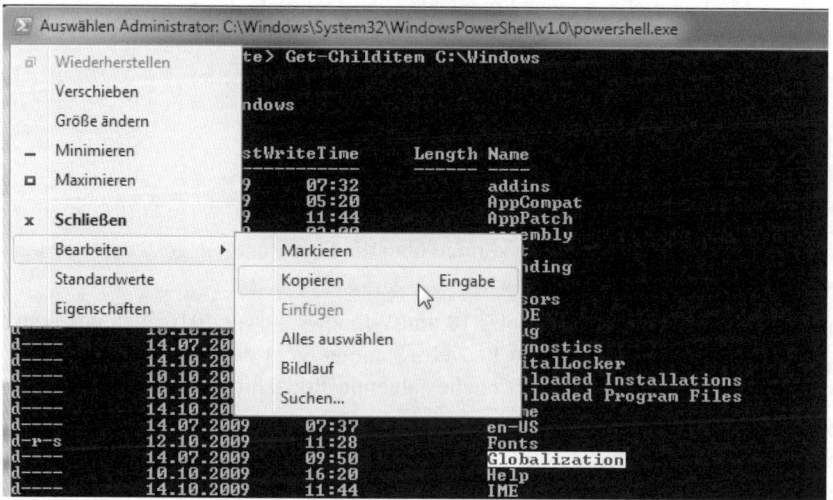

Bild 11.2 Nutzung der Zwischenablage im PowerShell-Konsolenfenster vor Windows 10 und Windows Server 2016

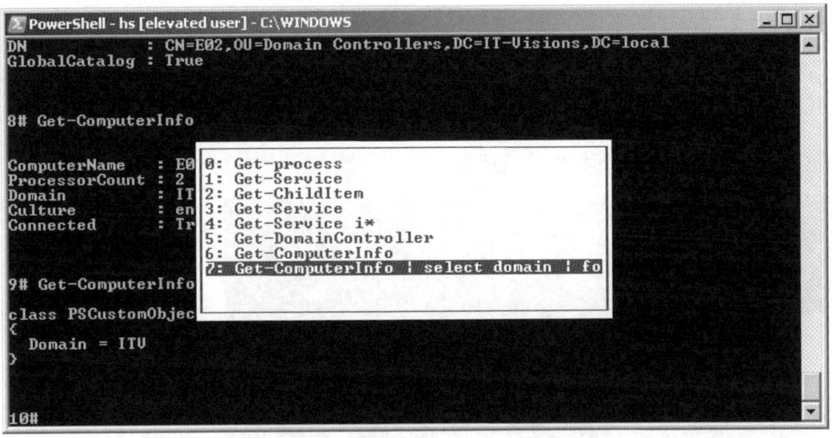

Bild 11.3 Anzeige der Befehlsgeschichte mit F7

11.1.2 Kopieren und Einfügen (Copy/Paste)

Darauf haben Windows-Nutzer jahrzehntelang gewartet: Die Windows-Eingabeaufforderung kann in Windows 10 und Windows Server 2016 nun endlich die Zwischenablagefunktionen Kopieren und Einfügen mit den Tastenkombinationen **STRG+C** und **STRG+V** ausführen. Microsoft hat die conhost.exe erweitert, die sowohl die Basis für die klassische Eingabeaufforderung (cmd.exe) als auch die Windows PowerShell (powershell.exe) ist. Weiterhin gibt es aber kein Ausschneiden (**STRG+X**) und auch Kopieren und Einfügen ist nicht über Kontextmenüs möglich, wie man es aus anderen Windows-Anwendungen kennt. Das alte Verfahren zum Kopieren und Einfügen über Markieren und **EINGABE**-Taste (Kopieren) bzw. rechter Mausklick (Einfügen) geht weiterhin auch in Windows 10 und Windows Server 2016. Auch kann man in den Fenstereigenschaften die Konsole in den alten „Legacy"-Modus schalten, wenn es Probleme mit Kommandozeilenanwendungen gibt, die diese Tastenkombinationen anders verwenden.

Leider hängt diese neue Eingabekomfortfunktion am Betriebssystem, d. h., die Installation der PowerShell 5.x auf älteren Betriebssystemen bringt hier keine Neuerungen. Allenfalls könnte man abseits der Lizenzbedingungen versuchen, die benötigten Dateien vom aktuellsten Windows auf eine ältere Version zu kopieren. Ein Versuch, die conhost.exe neben der conhostv1.dll und der conhostv2.dll zu kopieren, bringt aber nicht den gewünschten Erfolg, denn die conhost.exe braucht aktuelle APIs aus dem WinSXS-Verzeichnis. Hiermit zu experimentieren, kann große Probleme nach sich ziehen und daher erscheint ein Betriebssystemupgrade der einfachere Weg, wenn man die neue Konsole nutzen will.

11.1.3 Tabulatorvervollständigung

Die PowerShell kennt eine bereits im klassischen Kommandozeilenfenster verfügbare tabulatortastenbasierte Eingabehilfe auch für Commandlets, Parameter und Objektattribute. Im DOS-Kommandozeilenfenster kann man nach Eingabe eines oder mehrerer Buchstaben die erreichbaren Dateien und Unterverzeichnisse mit der Tabulatortaste Tab durchlaufen (in der Entwicklersprache „Tab Completion" genannt). In der PowerShell funktioniert das auch bei den Commandlets, deren Parametern und den Attributen von Objekten in der Pipeline (siehe folgende Bildschirmabbildungen).

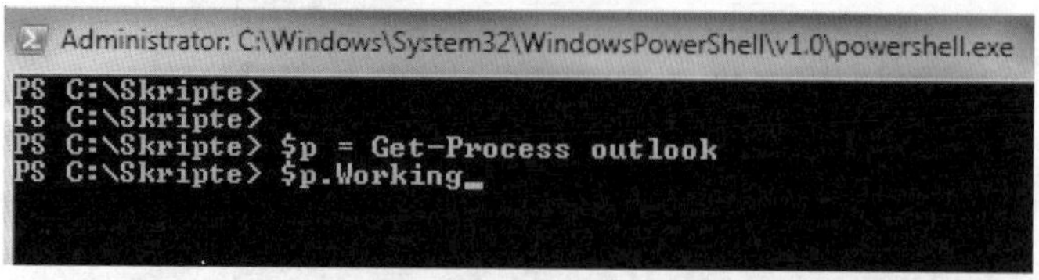

Bild 11.4
Eingabe des Wortanfangs

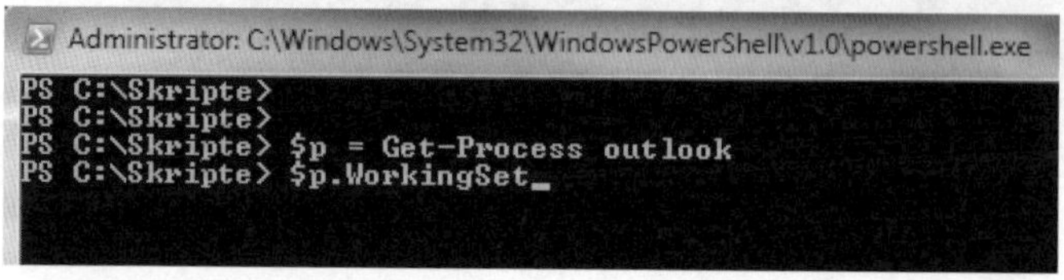

Bild 11.5
Nach dem Drücken der Tabulatortaste erscheint die erste Alternative.

Bild 11.6
Nach nochmaligem Drücken erscheint die zweite Alternative.

11.1.4 Farbe in der Konsole ab Windows 10/Windows Server 2016 mit PSReadline

Beim Start der PowerShell 5.x unter Windows 10 und Windows Server 2016 fällt sofort auf, dass Commandlets und auch klassische Windows-Befehle nun in Gelb von der ansonsten weißen Schriftfarbe abgehoben werden. Unter anderen Windows-Versionen fehlt diese Funktion aber. Das liegt daran, dass Microsoft in Windows 10 und Windows Server 2016 die PowerShell-Erweiterung „PSReadline" (*https://github.com/lzybkr/PSReadLine*) mitliefert. Unter älteren Betriebssystemen muss man diese erst noch mit Install-Module PSReadline herunterladen. Eine PowerShell 5.x ist dabei nicht erforderlich; es reicht Version 3.0. Neben der Syntaxfarbhervorhebung bietet PSReadline auch Undo und Redo mit STRG+Z und STRG+Y sowie eine Befehlshervorhebung im Stil von bash.

11.1.5 Form der Eingabeunterstützung

PSReadline bietet zwei Eingabemodi an:
- Windows-Modus: Der Benutzer erhält nach einer Eingabe von „Get-H" und dem Drücken der Tabulatortaste den Vorschlag für das erste passende Commandlet (Get-Help) und bei

jedem weiteren Drücken der Tabulatortaste für die folgenden Commandlets (Get-History und Get-Host).

- Emacs-Modus: Dabei blättert man beim Drücken der Tabulatortaste nicht durch die Optionen, sondern der Benutzer erhält eine Liste aller infrage kommenden Befehle auf dem Bildschirm (siehe folgendes Bild). Der Benutzer bekommt die Ausgabe einer Liste der passenden Commandlets nach dem ersten Drücken der Tabulatortaste. Die Eingabeaufforderung zeigt wieder den eingegebenen Text. Erst wenn die Eingabe eindeutig ist (hier z. B. bei „Get-Ho"), wird der Befehl vervollständigt. Ebenso funktioniert die Eingabeunterstützung für andere Konstrukte wie Parameter.

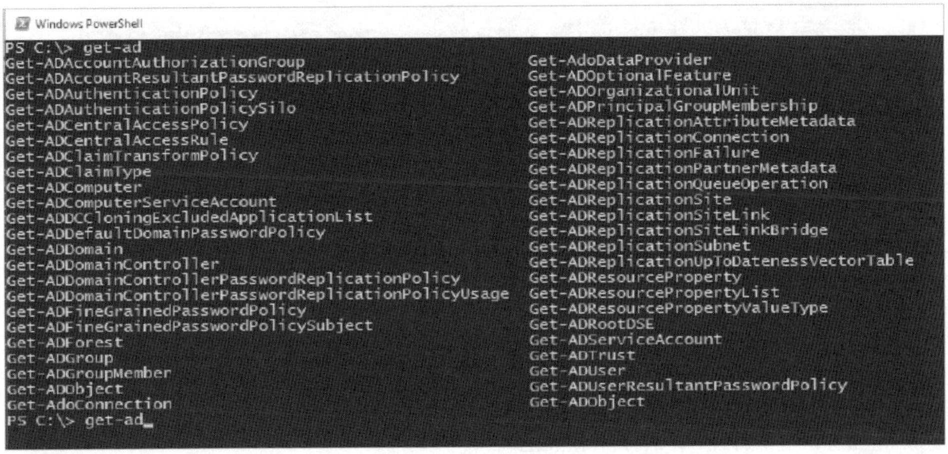

Bild 11.7 Befehlsvorschläge im Stil von bash in der PowerShell mit PSReadline

Bei PSReadline erfolgt das Umschalten der Modi mit

```
Set-PSReadlineOption -EditMode Emacs
```

und

```
Set-PSReadlineOption -EditMode Windows
```

11.1.6 Kommandomodus versus Interpretermodus

Normalerweise führt die Konsole alle Befehle nach dem Drücken der Enter-Taste sofort aus. Wenn man allerdings einen unvollständigen Befehl eingibt (z. B. einen Befehl, der auf das Pipeline-Symbol | endet), dann geht die Konsole in den sogenannten Interpretermodus, bei dem die Befehle nicht mehr sofort ausgeführt werden. Der Interpretermodus wird durch die Eingabeaufforderung [>>] (siehe folgende Bildschirmabbildung) angezeigt. Der Interpretermodus gilt so lange, bis man eine leere Eingabe macht. Dann wird der Befehl ausgeführt.

```
PowerShell - hs [elevated user] - C:\WINDOWS
Windows PowerShell
Copyright (C) 2006 Microsoft Corporation. All rights reserved.

1# Get-Process |
>> Select-Object ID, Name, Workingset64 |
>> _
```

Bild 11.8 Die Konsole ist im Interpretermodus.

```
PowerShell - hs [elevated user] - C:\WINDOWS
Windows PowerShell
Copyright (C) 2006 Microsoft Corporation. All rights reserved.

1# Get-Process |
>> Select-Object ID, Name, Workingset64 |
>> Format-Table
>>

        Id Name                                   WorkingSet64
        -- ----                                   ------------
      1056 BBLauncher                                  4333568
      5752 BBReminder                                  4268032
      1148 Bildschirmpausenreminde...                 16384000
```

Bild 11.9 Der Interpretermodus wurde durch eine leere Eingabe wieder verlassen.

11.1.7 Zeilenumbrüche in Befehlen

Wenn sich ein Befehl über mehrere Zeilen erstrecken soll, kann man dies in der Standardkonsole auf drei Weisen bewerkstelligen:

- Man beendet die Zeile mit einem Pipe-Symbol und drückt **EINGABE**. Die Konsole erkennt, dass der Befehl noch nicht abgeschlossen ist, und erwartet weitere Eingaben. Die Standardkonsole zeigt dies auch mit >>> an.
- Man kann am Ende einer Zeile mit einem Gravis [`], ASCII-Code 96, bewirken, dass die nächste Zeile mit zum Befehl hinzugerechnet wird.
- Man kann **SHIFT + EINGABE** drücken. Auch dann zeigt die Standardkonsole mit >>> an, dass weitere Eingaben erwartet werden. Wenn der Befehl vollständig ist, drückt man nur noch **EINGABE**.

```
PS T:\> Get-Process |
>>> Sort-object workingset `
>>> | Format-table `
>>> id, name, workingset

    Id Name                        WorkingSet
    -- ----                        ----------
     0 Idle                              4096
   464 smss                           1085440
```

Bild 11.10 Verschiedene Varianten für Zeilenumbrüche in der Standardkonsole

11.1.8 Benutzerkontensteuerung/Administratorrechte

Die Windows PowerShell unterliegt wie alle anderen Anwendungen auch der Benutzerkontensteuerung in den neueren Windows-Versionen und wird daher unter eingeschränkten Rechten gestartet. Das heißt: Selbst wenn Sie mit einem Administratorkonto am System angemeldet sind, kann die PowerShell nicht alle administrativen Aufgaben ausführen.

Wie die Einschränkung wirkt und wie man sie wieder aufhebt, hängt dabei stark von dem verwendeten Betriebssystem ab.

HINWEIS: Man kann die Benutzerkontensteuerung komplett ausschalten, damit die PowerShell immer unter vollen Rechten läuft. Man muss sich aber bewusst sein, dass man damit ein wesentliches Sicherheitsfeature von Windows abschaltet.

ACHTUNG: Unter Windows Server ab Version 2012 läuft die PowerShell-Konsole immer als Administrator, wenn Sie das eingebaute Konto „Administrator" verwenden und die zugehörigen Sicherheitsrichtlinien nicht geändert haben. Dies gilt aber wirklich nur für das Konto namens „Administrator". Andere Administratorenkonten starten die PowerShell nicht automatisch mit vollen Rechten. Hier darf man das Konto „Administrator" nicht mit der Administratorfunktion und dem Befehl „Als Administrator starten" verwechseln!

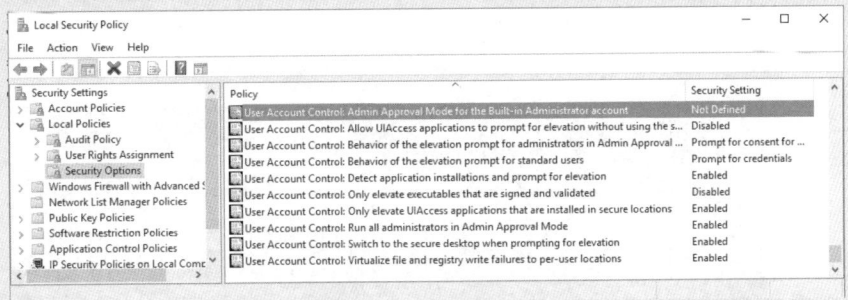

Bild 11.11 Diese Sicherheitsrichtlinie startet die PowerShell mit vollen Rechten, wenn das Konto „Administrator" im Einsatz ist.

11.1.9 Feststellen, unter welchen Rechten die PowerShell wirklich läuft

Seit Windows 7 und Windows Server 2008 R2 sehen Sie in der Titelleiste der PowerShell durch den Zusatz „Administrator", ob die PowerShell unter kompletten administrativen Rechten läuft oder nicht.

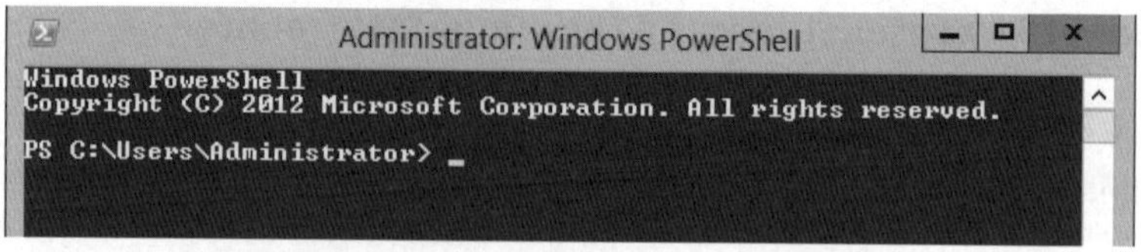

Bild 11.12 Eine PowerShell-Konsole mit kompletten Administratorrechten

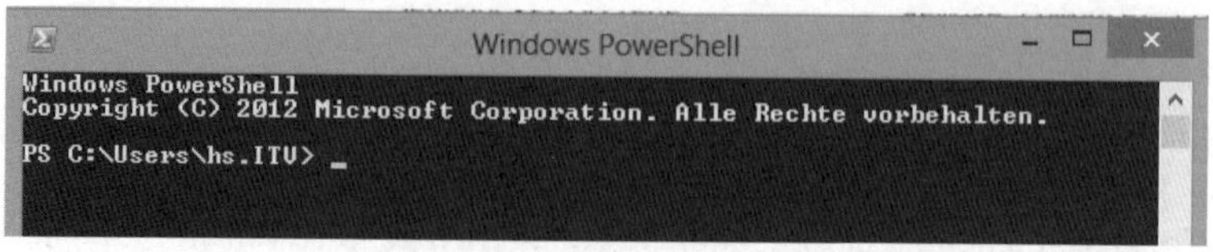

Bild 11.13 Eine PowerShell-Konsole mit eingeschränkten Rechten (obwohl der angemeldete Benutzer Administrator ist)

ACHTUNG: Unter Windows Vista und Windows Server 2008 zeigt die PowerShell-Konsole leider nicht „Administrator:" an. Um in der Titelleiste der PowerShell-Konsole den Rechtestatus anzuzeigen und gegebenenfalls weitere Anpassungen der Anzeige vorzunehmen, wie man dies in der folgenden Bildschirmabbildung sieht, kann man sich ein PowerShell-Profilskript schreiben. Die Erstellung eines solchen Skripts und das Skript zur Anzeige des Rechtestatus in der Titelleiste finden Sie im Abschnitt „Profileinstellungen für die PowerShell-Konsole".

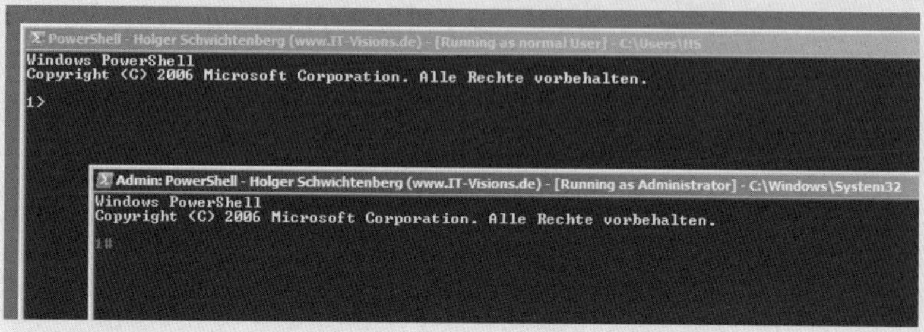

Bild 11.14 Zwei PowerShell-Instanzen mit verschiedenen Rechten

TIPP: Um bei einer laufenden Konsole ohne Titelanzeige festzustellen, welche Rechte diese besitzt, können Sie das in Windows mitgelieferte Kommandozeilenwerkzeug *whoami.exe* mit der Option /all verwenden. Im Fall der vollen Administratorrechte sieht man dort eine Liste von ca. 20 Berechtigungen. Bei eingeschränkten Rechten sieht man nur fünf:

SeShutdownPrivilege

SeChangeNotifyPrivilege

SeUndockPrivilege

> SeIncreaseWorkingSetPrivilege
>
> SeTimeZonePrivilege
>
> Im Kapitel 52 „*Sicherheitseinstellungen*" lesen Sie, wie man die Frage, ob Administratorrechte vorliegen oder nicht, auch über eine .NET-Klasse beantworten kann.

11.1.10 Starten als „Administrator"

Wenn Sie nicht das eingebaute Administratorkonto auf einem Windows Server (ab Version 2012) verwenden oder die Benutzerkontensteuerung ausgeschaltet haben, müssen Sie für einige Aufgaben die PowerShell mithilfe des Kontextmenüeintrags **Als Administrator ausführen** starten.

Bild 11.15
Starten der PowerShell-Konsole als „Administrator"

Je nach Einstellung der Benutzerkontensteuerung (siehe Systemsteuerung) kommt danach eine Nachfrage.

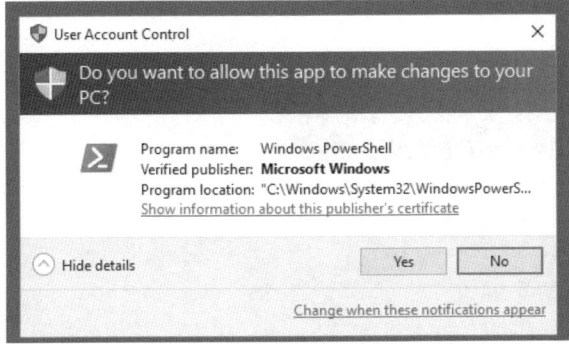

Bild 11.16
Zustimmung zur Rechteerhöhung der PowerShell (hier in Windows Server 2016)

■ 11.2 PowerShell Integrated Scripting Environment (ISE)

Die PowerShell 1.0 bot damals als einziges Werkzeug zum Eingeben und Ausführen von PowerShell-Befehlen und -Skripten die PowerShell-Standardkonsole. Ein komfortabler Editor fehlte und rief Drittanbieter auf den Plan, z.B. PowerShellPlus und PowerGUI. Das **PowerShell Integrated Scripting Environment** (ISE), in den ersten Alpha-Versionen der PowerShell 2.0 noch „Graphical PowerShell" genannt, ist eine WPF-basierte Windows-Anwendung, die einen Editor und eine Ausführungsumgebung für die PowerShell-Einzelbefehle und -Skripte bereitstellt.

Seit der PowerShell-Version 3.0 ist dieser Editor wesentlich besser geworden und den Drittanbieterprodukten in vielen Punkten ebenbürtig. Windows PowerShell ISE ist eine modernere Anwendung mit Eingabeunterstützung in Vorschlagslisten (IntelliSense).

 ACHTUNG: Windows PowerShell ISE ist naturgemäß nicht verfügbar auf Windows Server Core und Nano Server, wo es keine grafische Benutzeroberfläche gibt. Dort gibt es nur die normale PowerShell-Konsole.

11.2.1 Start der ISE

Zum Start der ISE ruft man entweder das Symbol im Startmenü, die ausführbare Datei *PowerShell_ise.exe* oder in der PowerShell den Alias „ise" auf.

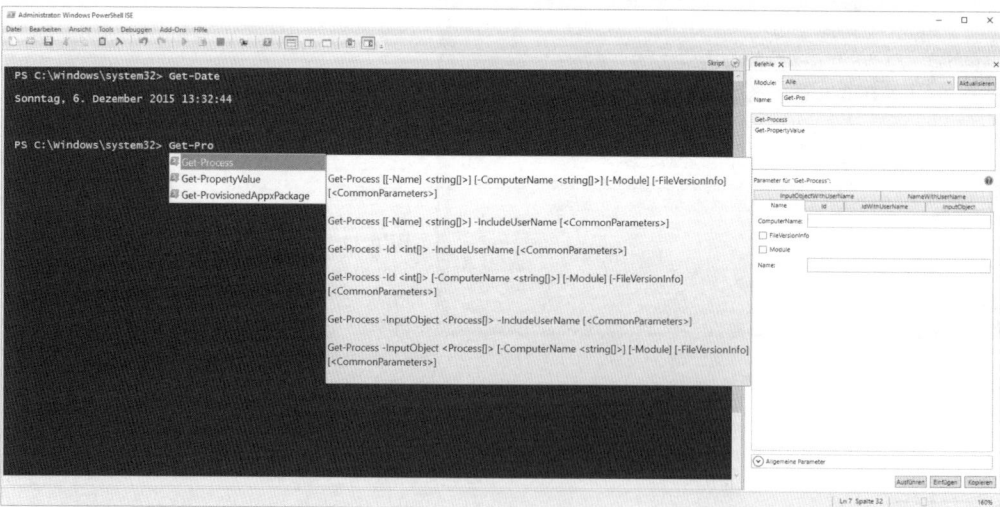

Bild 11.17 Befehlsvorschläge in der ISE-Konsole

11.2 PowerShell Integrated Scripting Environment (ISE)

HINWEIS: Auch die ISE gibt es (genau wie die Standardkonsole) in einer 32- und einer 64-Bit-Version. Die 32-Bit-Version (siehe *%systemroot%\SysWOW64\ WindowsPowerShell\V1.0*) ist notwendig, wenn man auf 32-Bit-Komponenten wie den Microsoft-Access-32-Bit-Datenbanktreiber zugreifen will.

TIPP: Man kann nach `powershell_ise.exe` auch einen Pfad (oder durch Semikolon getrennt mehrere Pfade) angeben zu Skriptdateien, die geöffnet werden sollen, z. B. `ise x:\skripte\skript1.ps1;x:\skripte\skript2.ps1`.

11.2.2 Konsolenbereich

Die PowerShell-ISE-Konsole bietet wie die normale PowerShell-Konsole einen interaktiven Eingabebereich für Befehle. Anders als bei der normalen PowerShell-Standardkonsole gibt es hier aber Vorschlagslisten (Eingabeunterstützung) in Form von Drop-down-Menüs (IntelliSense-Eingabeunterstützung) sowohl für Commandlets und deren Parameter als auch für .NET-Klassen und Klassenmitglieder sowie für Dateisystempfade.

In der PowerShell ISE gibt es zudem rechts einen „Befehls-Add-on" genannten Bereich, in dem man nach den Namen von PowerShell-Commandlets suchen kann und die Parameter dieser Befehle als Eingabemaske erhält. Zudem bietet die PowerShell-ISE weitere nützliche Befehle:

- Über eine „Remote PowerShell-Registerkarte" (siehe „Datei"-Menü) kann man Befehle auf einem entfernten System ausführen (sofern dort PowerShell installiert und die Fernausführung mit dem Befehl `Enable-PSRemoting` zugelassen ist).
- Die Schriftgröße kann man nahtlos zoomen (siehe Regler am unteren rechten Rand, alternativ auch mit **Strg**+Mausrad möglich).
- In den Einstellungen (**Tools/Optionen**) kann man sehr genau die Farben und Schriftarten für verschiedene Ausgabearten einstellen.
- Direkte Unterstützung für Copy/Paste und Cut/Paste mit Tastatur (**Strg+X/C/V**) und Kontextmenüeinträgen.
- Die PowerShell ISE erlaubt die Entwicklung und Nutzung von Add-ons (z. B. Rechtschreibprüfung), vgl. *http://social.technet.microsoft.com/wiki/contents/articles/2969.windows-powershell-ise-add-on-tools-en-us.a*spx.

11.2.3 Skriptbereich

Über das Menü **Ansicht/Skriptbereich** kann man den ISE-Skripteditor einblenden, der sich über den Konsolenbereich legt.

Ein Skript zu Bearbeitung öffnen kann man auf folgenden Wegen:
- „Bearbeiten" im Kontextmenü einer .ps1-Datei im Windows Explorer

- Menü **Datei/Öffnen** in der ISE
- Eingabe von psedit mit Dateipfad dem Konsolenbereich der ISE

 HINWEIS: PSEdit ist eine eingebaute Funktion der PowerShell ISE im Modul „IsePack". PSEdit kann nicht in der normalen PowerShell-Konsole gestartet werden. Die Fehlermeldung ist dabei nicht aussagekräftig: „Es ist nicht möglich, eine Methode für einen Ausdruck aufzurufen, der den Wert NULL hat."

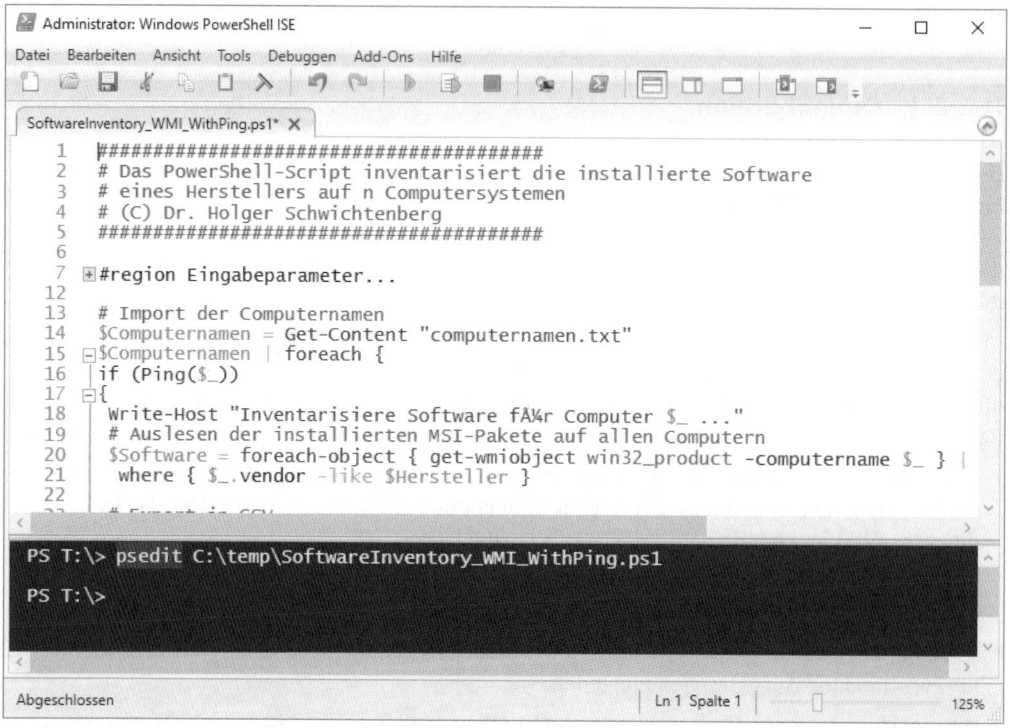

Bild 11.18 Ein Skript öffnen via psedit

In diesem Skripteditor lassen sich Skripte mit Eingabeunterstützung für Commandlets, Funktionen, Variablen, Parameter und Klassenmitglieder erfassen, Skripte starten und Skripte im Debugger schrittweise durchlaufen. Die Ausgaben der Skripte landen in dem darunterliegenden Konsolenbereich. Einen dedizierten Ausgabebereich wie in der PowerShell 2.0 ISE gibt es seit PowerShell 3.0 ISE nicht mehr.

Ebenso gibt es im ISE-Skripteditor vorgefertigte Codeausschnitte („Snippets") (siehe Menü **Edit/Ausschnitt starten** bzw. **START SNIPPET** bzw. Taste **STRG+J**). Darüber hinaus bietet die neue ISE auch viele andere Komfortfunktionen, die man von anderen Codeeditoren kennt, zum Beispiel:

- Fehlerhervorhebung während der Eingabe (error indication),
- Klammerpaarhervorhebung (brace matching),

11.2 PowerShell Integrated Scripting Environment (ISE)

- Übernahme der Codefarben in die Zwischenablage (rich text copy and paste),
- Einklappen von Bereichen (Outlining),
- kontextsensitive Hilfe (mit Taste **F1**, zum Beispiel auf dem Namen eines Commandlets),
- eine Liste der zuletzt verwendeten Dateien.

TIPP: Die PowerShell ISE ruft das Show-Command-Fenster für ein Commandlet auf, wenn man das Commandlet im Editor oder Konsolenbereich markiert und dann **Strg+F1** aufruft.

TIPP: Über das Menü **Anzeigen** kann man Skriptbereich und Konsolenbereich alternativ auch vertikal anordnen.

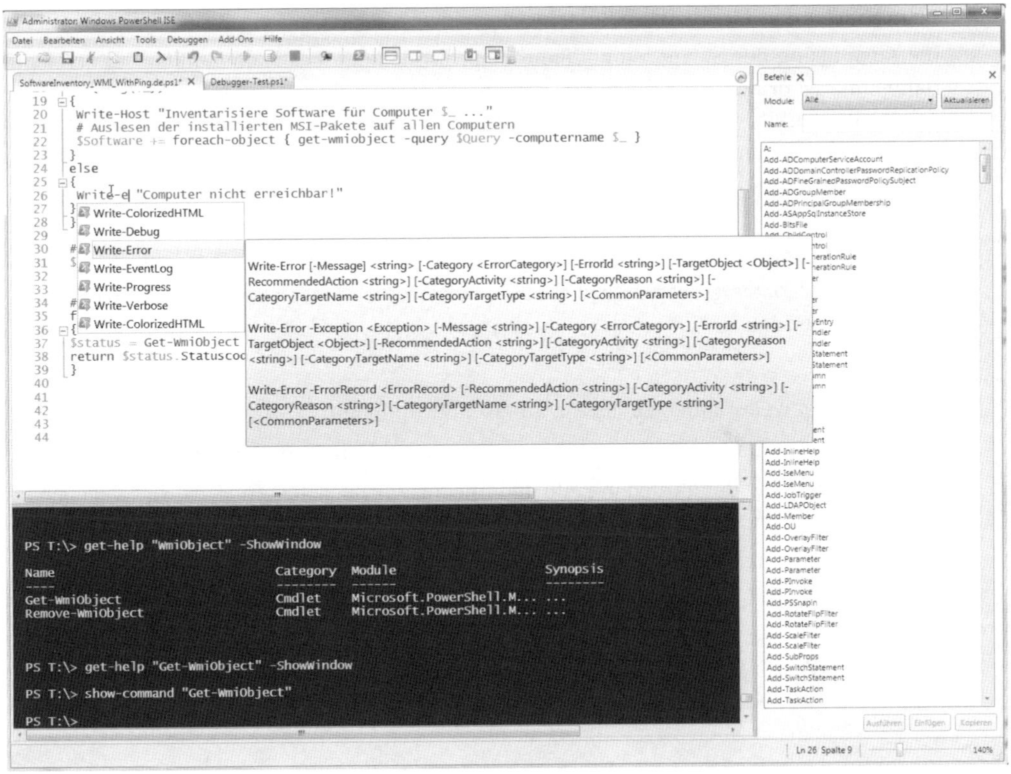

Bild 11.19 PowerShell ISE mit Skriptbereich (oben) und Konsolenbereich (unten)

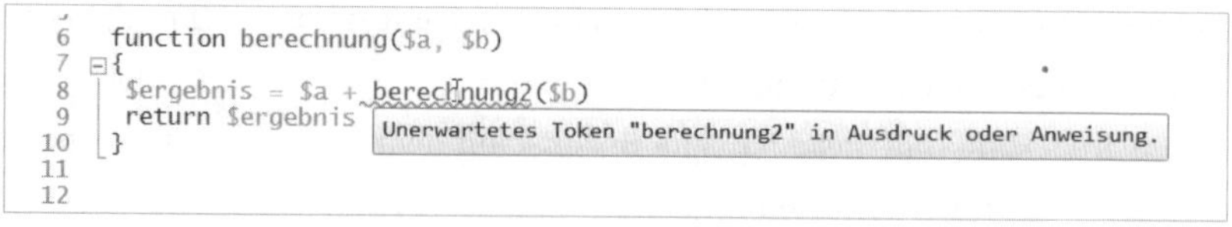

```
 6    function berechnung($a, $b)
 7   □{
 8        $ergebnis = $a + berechnung2($b)
 9        return $ergebnis       Unerwartetes Token "berechnung2" in Ausdruck oder Anweisung.
10    }
11
12
```

Bild 11.20 Hervorhebung von Fehlern schon bei der Eingabe

11.2.4 ISE-Skriptdebugger

Der ISE-Debugger erlaubt es, ein Skript bei der Ausführung anzuhalten, um Variableninhalte zu betrachten oder das Skript in Einzelschritten weiterlaufen zu lassen.

Um das Skript während der Ausführung anzuhalten, setzt man in der Skriptzeile einen Haltepunkt mit der Taste **F9**. Die Zeile wird dadurch rot hinterlegt. Es kann in einem Skript mehrere Haltepunkte geben. Das Skript startet man innerhalb der ISE ganz normal über die Taste **F5** oder den Pfeil in der Symbolleiste.

Die Ausführung des Skripts stoppt dann beim Erreichen eines Haltepunkts. Der erreichte Haltepunkt ist orange hinterlegt und im Konsolenbereich findet man eine Meldung „Treffer Zeilenhaltepunkt". Nun kann man im Konsolenbereich die aktuellen Variableninhalte betrachten, indem man die Variablen abruft (siehe folgendes Bild). Dass man sich im Debugger befindet, zeigt der Konsolenbereich mit „[DBG]" an.

HINWEIS: Die aktuell gelb markierte Zeile ist noch nicht ausgeführt. Wenn darin eine Variable gesetzt wird, steht der neue Wert im Konsolenbereich noch nicht zur Verfügung.

Um das Skript weiterlaufen zu lassen, gibt es drei Optionen:

- **F5**: Das Skript läuft normal weiter bis zum nächsten Haltepunkt oder Programmende.
- **F11**: Ausführung der aktuellen Zeile und Sprung zur nächsten Zeile; es wird gegebenenfalls in eine Unterroutine gesprungen.
- **F10**: Ausführung der aktuellen Zeile und Sprung zur nächsten Zeile; Unterroutinenaufrufe werden „in einem Rutsch", also nicht schrittweise, ausgeführt.

HINWEIS: Bitte beachten Sie, dass Sie den Debugger mit **Umschalt+F5** beenden müssen, bevor Sie eine Skriptdatei bearbeiten oder das Skript neu starten können.

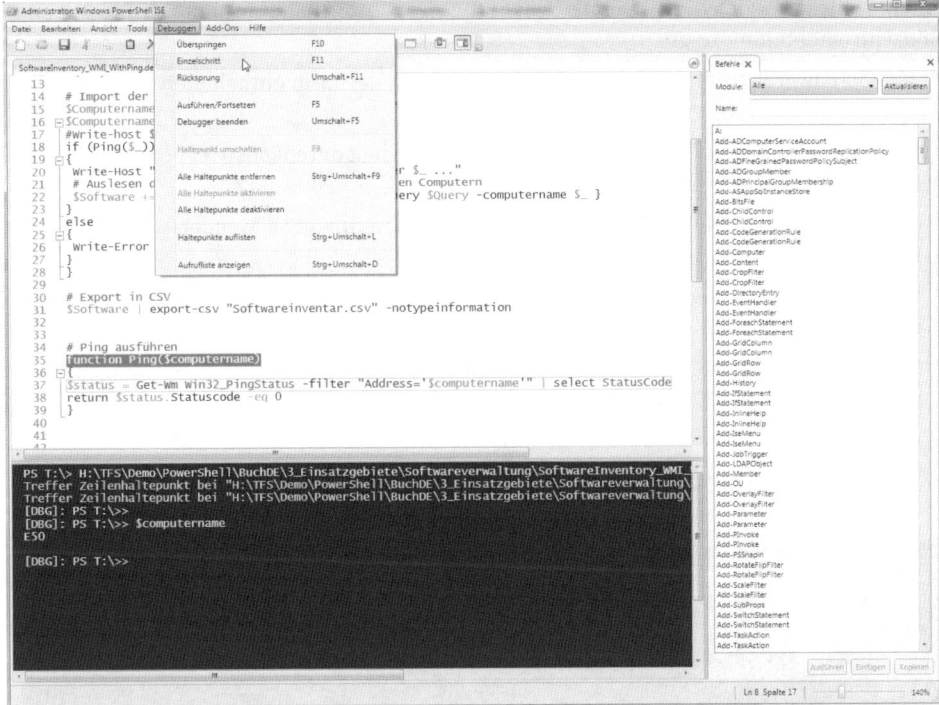

Bild 11.21 PowerShell ISE beim Debugging mit Haltepunkt in Zeile 35 und der aktuellen Ausführung in Zeile 37

11.2.5 Unterschiede zur normalen PowerShell-Konsole

Es gibt ein paar beachtenswerte Unterschiede zwischen ISE und der normalen PowerShell-Konsole.

Klassische Konsolenanwendungen mit interaktiver Benutzereingabe

Klassische Konsolenanwendungen mit interaktiver Benutzereingabe wie *wmic.exe*, *diskpart.exe* und *ftp.exe* werden durch die ISE nicht unterstützt. Kein Problem gibt es dagegen mit interaktiven PowerShell-Commandlets und -Skripten.

Wenn man eine dieser interaktiven Konsolenanwendungen in der ISE startet, sind drei Reaktionen möglich:

- Die ISE weist darauf hin, dass es nicht möglich ist, und startet die Anwendung nicht.
- Die ISE startet die Anwendung, es passiert aber nichts. Mit **STRG+C** kann man die Anwendung abbrechen.
- Die ISE startet die Anwendung und stürzt ab.

Es stellt sich die Frage, wieso die ISE einige Anwendungen als problematisch erkennt, andere aber nicht. Die ISE verwaltet dafür eine Liste von Anwendungsnamen in der Variablen `$psUnsupportedConsoleApplications` und eine Liste von Zeichenketten und macht einen Volltext-Vergleich (aber ohne Beachtung der Groß-/Kleinschreibung). Die folgende Bildschirmabbildung zeigt:

- wie die PowerShell reagiert, wenn man eine der in der Liste enthaltenen Anwendungen aufruft.
- dass nur sehr wenige Namen im Standard in $psUnsupportedConsoleApplications enthalten sind.
- dass die PowerShell keine Ausgabe macht, wenn man ftp.exe verwendet, was nicht in der Liste enthalten ist.
- wie man einen Eintrag zu der Liste hinzufügen kann. (Achtung: Dies gilt nur für die aktuelle Instanz der ISE!)
- dass man eine Anwendung in der Liste sowohl mit .exe als auch ohne eintragen muss, damit es funktioniert, egal, ob der Benutzer ftp.exe oder ftp eingibt.

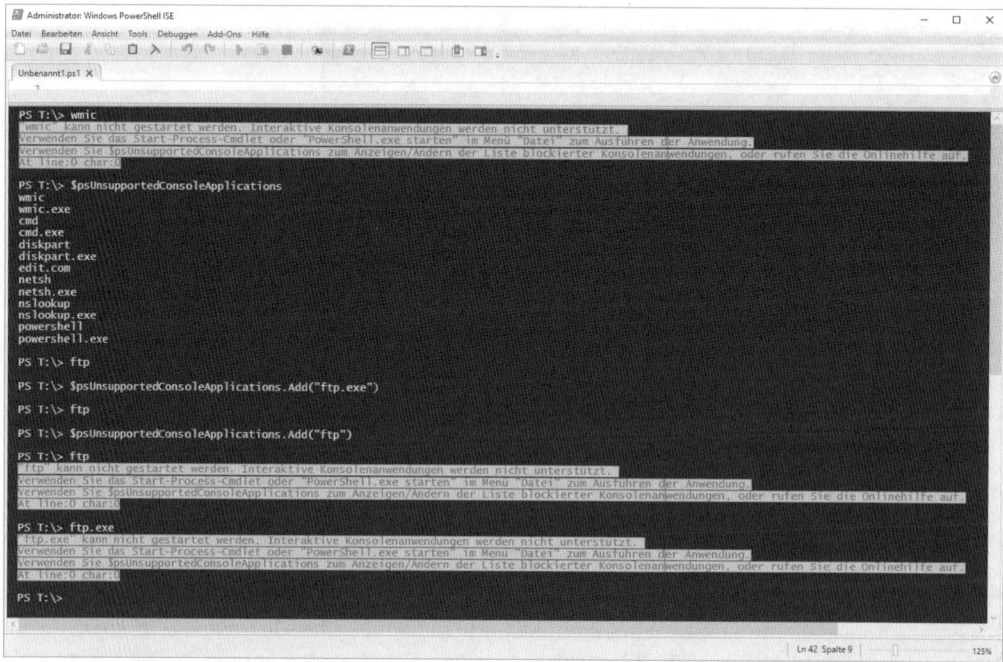

Bild 11.22 Interaktive Konsolenanwendungen in der ISE

Blättern in der ISE

Das Blättern in Ausgaben mit der Funktion more und dem Commandlet Out-Host -Paging funktioniert nicht in der ISE.

Farben und Titelleiste

Man kann die Farbe der ISE-Konsole nicht über die .NET-Klasse [System.Console] setzen. Nicht möglich ist also:

```
[console]::BackgroundColor = 'red'
```

Richtig ist stattdessen die Verwendung des Objektmodells der ISE, das man über $psISE erreicht:

```
$psISE.Options.ConsolePaneBackgroundColor = "red"
```

Alternativ:

```
$host.ui.RawUI.BackgroundColor = "red"
```

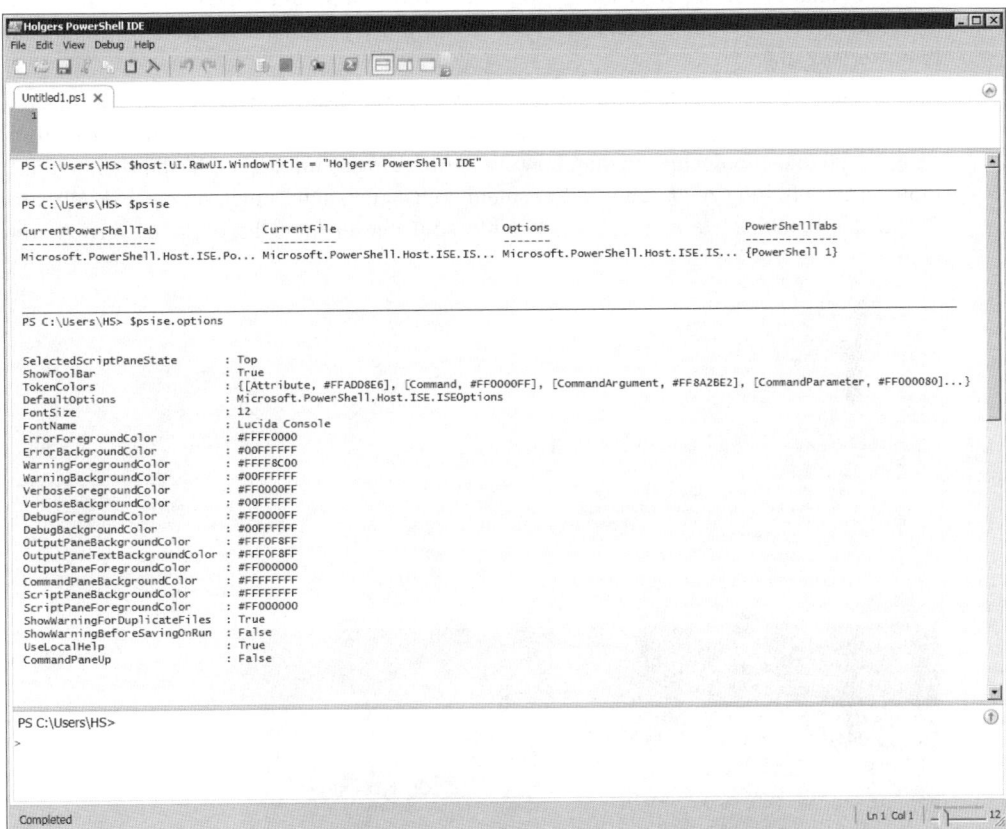

Bild 11.23 Inhalt der eingebauten Variablen $psISE

Für den Skriptbereich kann man aber nur $psISE verwenden:

```
$psISE.Options.ScriptPaneBackgroundColor = "red";
```

Auch der Zugang über $host.UI.RawUI ist eingeschränkt. Möglich ist hierüber aber z. B. die Veränderung des Titels:

```
$host.UI.RawUI.WindowTitle = "Holgers PowerShell IDE"
```

11.2.6 Remote PowerShell mit der PowerShell ISE

Die PowerShell ISE kann einzelne Befehle und ganze Skripte auf einem entfernten System ausführen. Dies basiert auf PowerShell Remoting und hat daher die im Kapitel 10 „Fernausführung" geschilderten Voraussetzungen.

Für eine Fernverbindung ruft man das Menü „File/New Remote PowerShell Tab" auf. In dem dann folgenden Dialog gibt man den Namen oder die IP-Adresse des entfernten Systems ein sowie optional einen Benutzernamen, wenn die Verbindung mit einem anderen Benutzer erfolgen soll. Wenn ein Benutzername eingegeben wurde, erscheint ein weiterer Dialog zur Kennworteingabe.

Die folgende Bildschirmabbildung zeigt die PowerShell ISE mit vier Registerkarten: Die erste Registerkarte repräsentiert den lokalen Rechner. Die anderen drei sind Fernverbindungen, die man am Rechnernamen bzw. an der IP-Adresse im Registerkartentitel erkennt. Eine Fernverbindung zeigt dann im Konsolenbereich auch den Namen bzw. die IP-Adresse. Die in der Befehlsleiste angezeigten Befehle sind die auf dem Fernsystem verfügbaren Befehle.

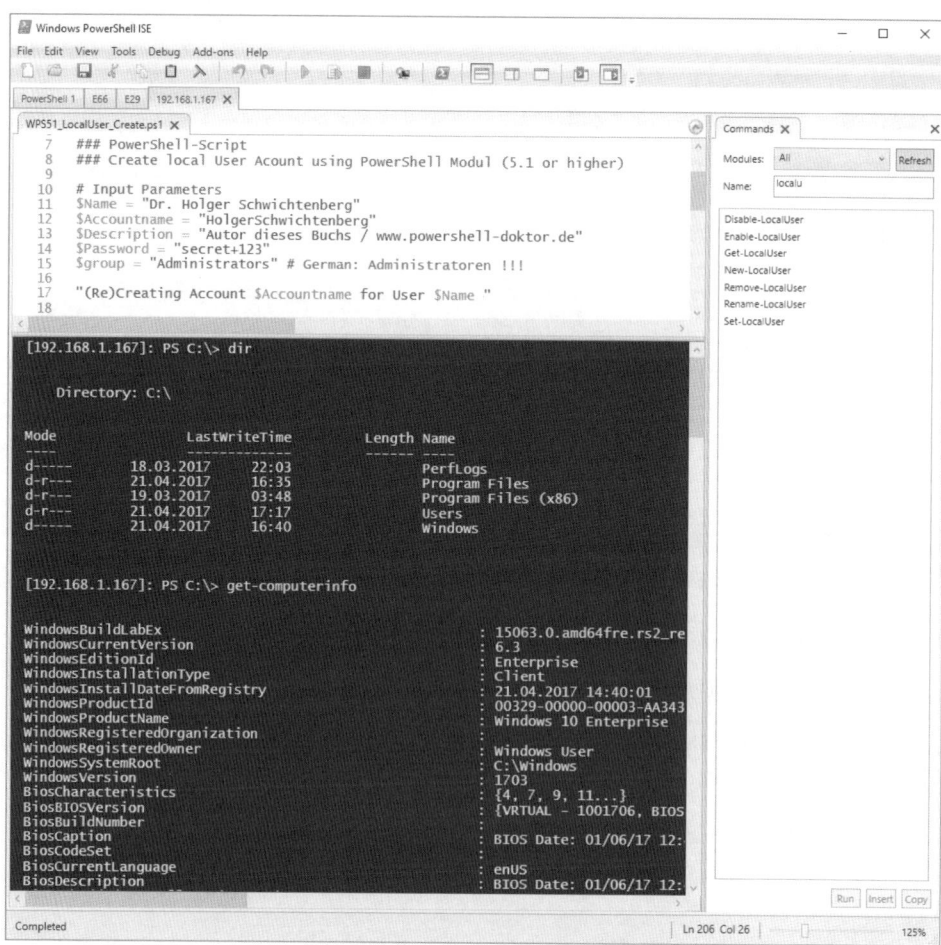

Bild 11.24 PowerShell mit einer lokalen Registerkarte und drei Fernverbindungen

HINWEIS: Die Dateien, die man über das File-Menü lädt und speichert, kommen aber immer vom lokalen System (außer, wenn man auch eine Dateisystemverbindung zu dem entfernten System aufbaut). Ausgeführt werden Skripte aber dann auf dem Fernsystem!

11.2.7 Fernbearbeitung von Dateien mit psedit

Aus einer interaktiven Sitzung innerhalb der ISE heraus kann man mit dem Befehl `psedit` eine Datei auf dem entfernten System bearbeiten.

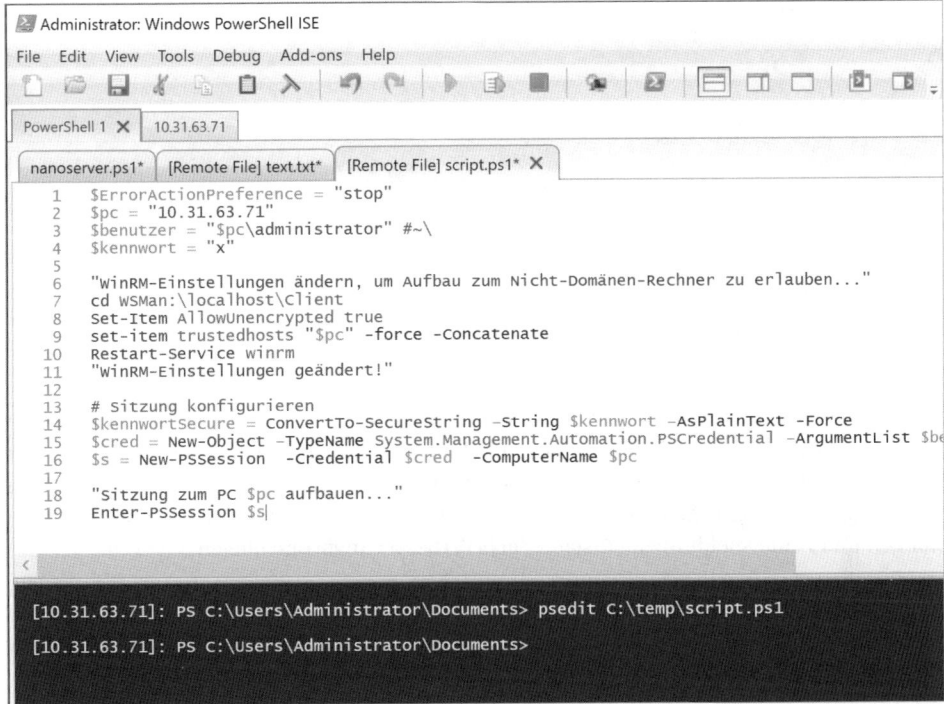

Bild 11.25 Fernbearbeitung einer Datei mit psedit

11.2.8 ISE Praxistipp: Zuklappbare Bereiche und Regionen

Zur Verbesserung der Übersicht in einem Skriptcode kann man in der PowerShell ISE im Skripteditor Bereiche wie Funktionsrümpfe, Bedingungsblöcke und Schleifen zusammenklappen (siehe Abbildung). Darüber hinaus kann der Skriptersteller beliebige zuklappbare Bereiche mit den Schlüsselwörtern `#region` und `#endregion` definieren (siehe folgende Abbildung).

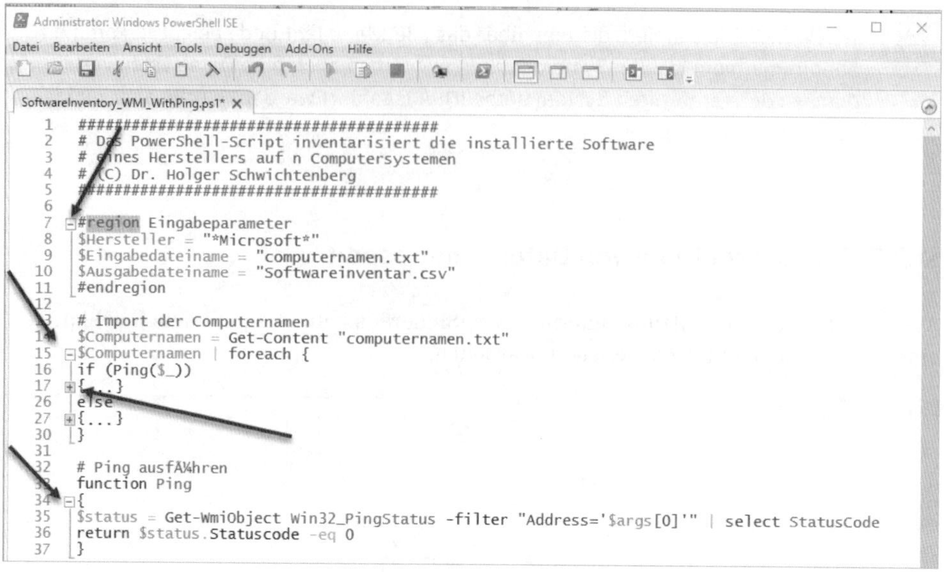

Bild 11.26 Zuklappbare Bereiche in der ISE

11.3 PowerShell Script Analyzer

Der PowerShell Script Analyzer ist ein Werkzeug, das eine statische Programmcodeanalyse für PowerShell-Skripte und ganze PowerShell-Module durchführt. Der PowerShell Script Analyzer enthält eine Reihe von Regeln, die geprüft werden mit dem Ziel, die Einhaltung von Programmierrichtlinien von Microsoft zu überprüfen. Ergebnis der Prüfung sind Warnungen und Fehlermeldungen einschließlich Verbesserungsvorschlägen.

Der PowerShell Script Analyzer ist selbst ein PowerShell-Modul; es kann über die PowerShell-Gallery (*https://www.powershellgallery.com/packages/PSScriptAnalyzer/*) oder direkt über das Github-Repository bezogen werden, in dem Microsoft es entwickelt (*https://github.com/PowerShell/PSScriptAnalyzer*).

NuGet Package Manager	
Hersteller:	Microsoft
Preis:	Kostenlos
URL:	*https://www.powershellgallery.com/packages/PSScriptAnalyzer/*

Regeln des Script Analyzers

Die folgende Tabelle zeigt die derzeit im Script Analyzer realisierten Regeln.

Tabelle 11.1 Diese Tabelle ist das Ergebnis der Ausführung des Befehls `Get-ScriptAnalyzerRule`

RuleName	CommonName	Severity	Description
PSAvoidUsing-CmdletAliases	Avoid Using Cmdlet Aliases	Warning	An alias is an alternate name or nickname for a cmdlet or for a command element, such as a function, script, file, or executable file. But when writing scripts that will potentially need to be maintained over time, either by the original author or another Windows PowerShell scripter, please consider using full cmdlet name instead of alias. Aliases can introduce these problems, readability, understandability and availability.
PSAvoidDefaultValueSwitchParameter	Switch Parameters Should Not Default To True	Warning	Switch parameter should not default to true.
PSAvoidUsingEmptyCatchBlock	Avoid Using Empty Catch Block	Warning	Empty catch blocks are considered poor design decisions because if an error occurs in the try block, this error is simply swallowed and not acted upon. While this does not inherently lead to bad things. It can and this should be avoided if possible. To fix a violation of this rule, using Write-Error or throw statements in catch blocks.
PSAvoidGlobalVars	No Global Variables	Warning	Checks that global variables are not used. Global variables are strongly discouraged as they can cause errors across different systems.
PSAvoidInvokingEmptyMembers	Avoid Invoking Empty Members	Warning	Invoking non-constant members would cause potential bugs. Please double check the syntax to make sure members invoked are non-constant.
PSAvoidUsingPositionalParameters	Avoid Using Positional Parameters	Warning	Readability and clarity should be the goal of any script we expect to maintain over time. When calling a command that takes parameters, where possible consider using name parameters as opposed to positional parameters. To fix a violation of this rule, please use named parameters instead of positional parameters when calling a command.
PSReservedCmdletChar	Reserved Cmdlet Chars	Warning	Checks for reserved characters in cmdlet names. These characters usually cause a parsing error. Otherwise they will generally cause runtime errors.
PSReservedParams	Reserved Parameters	Warning	Checks for reserved parameters in function definitions. If these parameters are defined by the user, an error generally occurs.

(Fortsetzung nächste Seite)

Tabelle 11.1 Diese Tabelle ist das Ergebnis der Ausführung des Befehls `Get-ScriptAnalyzerRule` *(Fortsetzung)*

RuleName	Common-Name	Severity	Description
PSAvoidShouldContinueWithoutForce	Avoid Using ShouldContinue Without Boolean Force Parameter	Warning	Functions that use ShouldContinue should have a boolean force parameter to allow user to bypass it.
PSAvoidUsingDeprecatedManifestFields	Avoid Using Deprecated Manifest Fields	Warning	„ModuleToProcess" is obsolete in the latest PowerShell version. Please update with the latest field „RootModule" in manifest files to avoid PowerShell version inconsistency.
PSProvideDefaultParameterValue	Default Parameter Values	Warning	Parameters must have a default value. To fix a violation of this rule, please specify a default value for all parameters
PSAvoidUninitializedVariable	Initializing non-global variables	Warning	Non-global variables must be initialized. To fix a violation of this rule, please initialize non-global variables.
PSAvoidUsingUserNameAndPassWordParams	Avoid Using Username and Password Parameters	Error	Functions should only take in a credential parameter of type PSCredential instead of username and password parameters.
PSAvoidUsingComputerNameHardcoded	Avoid Using ComputerName Hardcoded	Error	The ComputerName parameter of a cmdlet should not be hardcoded as this will expose sensitive information about the system.
PSAvoidUsingConvertToSecureStringWithPlainText	Avoid Using SecureString With Plain Text	Error	Using ConvertTo-SecureString with plain text will expose secure information.
PSAvoidUsingInternalURLs	Avoid Using Internal URLs	Information	Using Internal URLs in the scripts may cause security problems.
PSAvoidUsingInvokeExpression	Avoid Using Invoke-Expression	Warning	The Invoke-Expression cmdlet evaluates or runs a specified string as a command and returns the results of the expression or command. It can be extraordinarily powerful so it is not that you want to never use it but you need to be very careful about using it. In particular, you are probably on safe ground if the data only comes from the program itself. If you include any data provided from the user - you need to protect yourself from Code Injection. To fix a violation of this rule, please remove Invoke-Expression from script and find other options instead.

RuleName	CommonName	Severity	Description
PSAvoidUsingPlainTextForPassword	Avoid Using Plain Text For Password Parameter	Warning	Password parameters that take in plaintext will expose passwords and compromise the security of your system.
PSAvoidUsingWMICmdlet	Avoid Using Get-WMIObject, Remove-WMIObject, Invoke-WmiMethod, Register-WmiEvent, Set-WmiInstance	Warning	Depricated. Starting in Windows PowerShell 3.0, these cmdlets have been superseded by CIM cmdlets.
PSAvoidUsing-WriteHost	Avoid Using Write-Host	Warning	Write-Host or Console.Write should not be used because it may not work in some hosts or there may even be no hosts at all. Use Write-Output instead.
PSUseOutputTypeCorrectly	Use Output Type Correctly	Information	The return types of a cmdlet should be declared using the OutputType attribute.
PSMissingModuleManifestField	Module Manifest Fields	Warning	Some fields of the module manifest (such as ModuleVersion) are required.
PSPossibleIncorrectComparisonWithNull	Null Comparison	Warning	Checks that $null is on the left side of any equaltiy comparisons (eq, ne, ceq, cne, ieq, ine). When there is an array on the left side of a null equality comparison, PowerShell will check for a $null IN the array rather than if the array is null. If the two sides of the comaprision are switched this is fixed. Therefore, $null should always be on the left side of equality comparisons just in case.
PSProvideCommentHelp	Basic Comment Help	Information	Checks that all cmdlets have a help comment. This rule only checks existence. It does not check the content of the comment.
PSUseApprovedVerbs	Cmdlet Verbs	Warning	Checks that all defined cmdlets use approved verbs. This is in line with PowerShell's best practices.
PSUseCmdletCorrectly	Use Cmdlet Correctly	Warning	Cmdlet should be called with the mandatory parameters.
PSUseDeclaredVarsMoreThanAssigments	Extra Variables	Warning	Checks that variables are used in more than just their assignment. Generally this is a red flag that a variable is not needed. This rule does not check if the assignment and usage are in the same function.

(Fortsetzung nächste Seite)

Tabelle 11.1 Diese Tabelle ist das Ergebnis der Ausführung des Befehls `Get-ScriptAnalyzerRule` (Fortsetzung)

RuleName	CommonName	Severity	Description
PSUsePSCredentialType	PSCredential	Warning	Checks that cmdlets that have a Credential parameter accept PSCredential. This comes from the PowerShell teams best practices.
PSShouldProcess	Should Process	Warning	Checks that if the SupportsShouldProcess is present, the function calls ShouldProcess/ShouldContinue and vice versa. Scripts with one or the other but not both will generally run into an error or unexpected behavior.
PSUseShouldProcessForStateChangingFunctions	Use Should Process For State Changing Functions	Warning	Functions that have verbs like New, Start, Stop, Set, Reset, Restart that change system state should support 'ShouldProcess'.
PSUseSingularNouns	Cmdlet Singular Noun	Warning	Cmdlet should use singular instead of plural nouns.
PSDSCDscTestsPresent	Dsc tests are present	Information	Every DSC resource module should contain folder „Tests" with tests for every resource. Test scripts should have resource name they are testing in the file name.
PSDSCDscExamplesPresent	DSC examples are present	Information	Every DSC resource module should contain folder „Examples" with sample configurations for every resource. Sample configurations should have resource name they are demonstrating in the title.
PSDSCUseVerboseMessageInDSCResource	Use verbose message in DSC resource	Information	It is a best practice to emit informative, verbose messages in DSC resource functions. This helps in debugging issues when a DSC configuration is executed.
PSDSCUseIdenticalMandatoryParametersForDSC	Use identical mandatory parameters for DSC Get/Test/Set Target Resource functions	Error	The Get/Test/Set TargetResource functions of DSC resource must have the same mandatory parameters.
PSDSCUseIdenticalParametersForDSC	Use Identical Parameters For DSC Test and Set Functions	Error	The Test and Set-TargetResource functions of DSC Resource must have the same parameters.
PSDSCStandardDSCFunctionsInResource	Use Standard Get/Set/Test TargetResource functions in DSC Resource	Error	DSC Resource must implement Get, Set and Test-TargetResource functions. DSC Class must implement Get, Set and Test functions.

RuleName	Common-Name	Severity	Description
PSDSCReturn-CorrectTypes-ForDSCFunctions	Return Correct Types For DSC Functions	Information	Set function in DSC class and Set-Target Resource in DSC resource must not return anything. Get function in DSC class must return an instance of the DSC class and Get-TargetResource function in DSC resource must return a hashtable. Test function in DSC class and Get-TargetResource function in DSC resource must return a boolean.

Commandlets des Script Analyzers

Das PSScriptAnalyzer-Modul stellt zwei Commandlets bereit:

- `Get-ScriptAnalyzerRule [-CustomizedRulePath <string[]>] [-Name <string[]>] [<CommonParameters>] [-Severity <string[]>]`: Auflisten der Regeln
- `Invoke-ScriptAnalyzer [-Path] <string> [-CustomizedRulePath <string[]>] [-ExcludeRule <string[]>] [-IncludeRule <string[]>] [-Severity <string[]>] [-Recurse] [<CommonParameters>]`: Ausführen der Prüfung unter Ein- bzw. Ausschluss von Regeln

Einsatzbeispiele

Es folgen vier Einsatzbeispiele:

- Anzeige aller PowerShell-Analyzer-Regeln in einer grafischen Tabelle:

  `Get-ScriptAnalyzerRule | out-gridview`

- Speichern aller PowerShell-Analyzer-Regeln in einer von Excel lesbaren CSV-Datei:

  `Get-ScriptAnalyzerRule | export-csv c:\temp\rules.csv -Delimiter ";"`

- Ausführen der Analyse für ein Skript:

  `Invoke-ScriptAnalyzer T:\meinskript.ps1`

- Ausführen der Analyse für ein Modul:

  `Invoke-ScriptAnalyzer T:\meineModule\pscx`

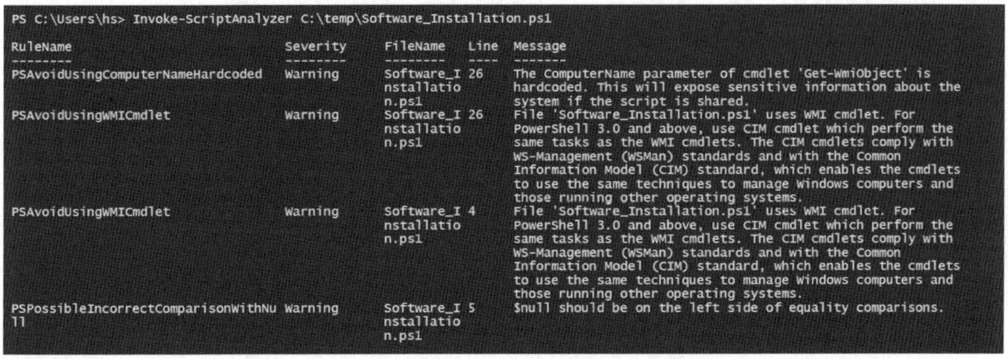

Bild 11.27 Beispielhafte Auswertung des Script Analyzers für das Skript „Software_Installation.ps1"

■ 11.4 PowerShell Analyzer

Der PowerShell Analyzer von Karl Prosser (nicht zu verwechseln mit dem PowerShell Script Analyzer von Microsoft!) bietet gegenüber PowerShellPlus noch zwei zusätzliche Funktionen:

- Mehrere getrennte Ablaufumgebungen (sogenannte Runspaces)
- Visualisierung der Objekte in der Pipeline in einer Tabelle (siehe Bild 11.28) oder einem Diagramm

Allerdings fehlen auch zwei wichtige Funktionen: IntelliSense für Klassen und Klassenmitglieder sowie ein Debugger.

PowerShell Analyzer	
Hersteller:	Shell Tools, LLC
Preis:	Kostenfrei
URL:	http://www.powershellanalyzer.com

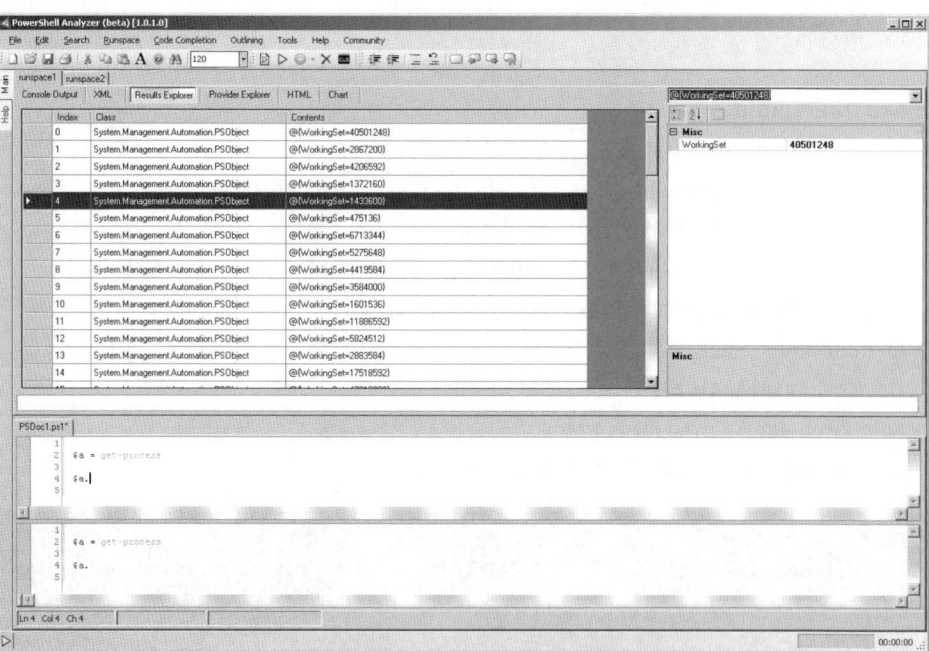

Bild 11.28 PowerShell Analyzer

11.5 PowerShell Tools for Visual Studio

Die PowerShell Tools for Visual Studio sind eine Erweiterung für Visual Studio ab Version 2012. Ab Visual Studio 2015 werden sie bereits als optionale Installationskomponente mit dem Visual-Studio-Setup mitgeliefert. In Visual Studio 2017 sind sie ein im Setup zu installierender „Workload".

Mit dieser Erweiterung kann man PowerShell-Skriptdateien in Visual Studio komfortabel bearbeiten (mit Farbhervorhebung, IntelliSense-Eingabeunterstützung und einklappbaren Regionen) und ausführen. Mehrere Skriptdateien können zu einem PowerShell-Projekt zusammengefasst werden (Projektvorlage „PowerShell Script Project", Dateityp .psproj). Die Skriptausgaben laden im Output-Fenster von Visual Studio. Das Debugging wird unterstützt. Auch PowerShell-Module kann man per Vorlage anlegen.

PowerShell Tools for Visual Studio	
Hersteller:	Adam R. Driscoll (https://poshtools.com)
Preis:	Kostenlos
URL:	Ab Visual Studio 2017 werden die PowerShell Tools bereits mitgeliefert. Für Visual Studio 2012, 2013 und 2015 gibt es die PowerShell Tools als getrennten Download: • PowerShell Tools for Visual Studio 2012: *https://marketplace.visualstudio.com/items?itemName=AdamRDriscoll.PowerShellToolsforVisualStudio2012* • PowerShell Tools for Visual Studio 2013: *https://marketplace.visualstudio.com/items?itemName=AdamRDriscoll.PowerShellToolsforVisualStudio2013* • PowerShell Tools for Visual Studio 2015: *https://marketplace.visualstudio.com/items?itemName=AdamRDriscoll.PowerShellToolsforVisualStudio2015*

TIPP: Für das ältere Visual Studio 2010 gibt es als Alternative das weniger mächtige PowerStudio *(http://visualstudiogallery.msdn.microsoft.com/9b3272d4-6d13-4c1c-93bc-3ec74614508e8)*.

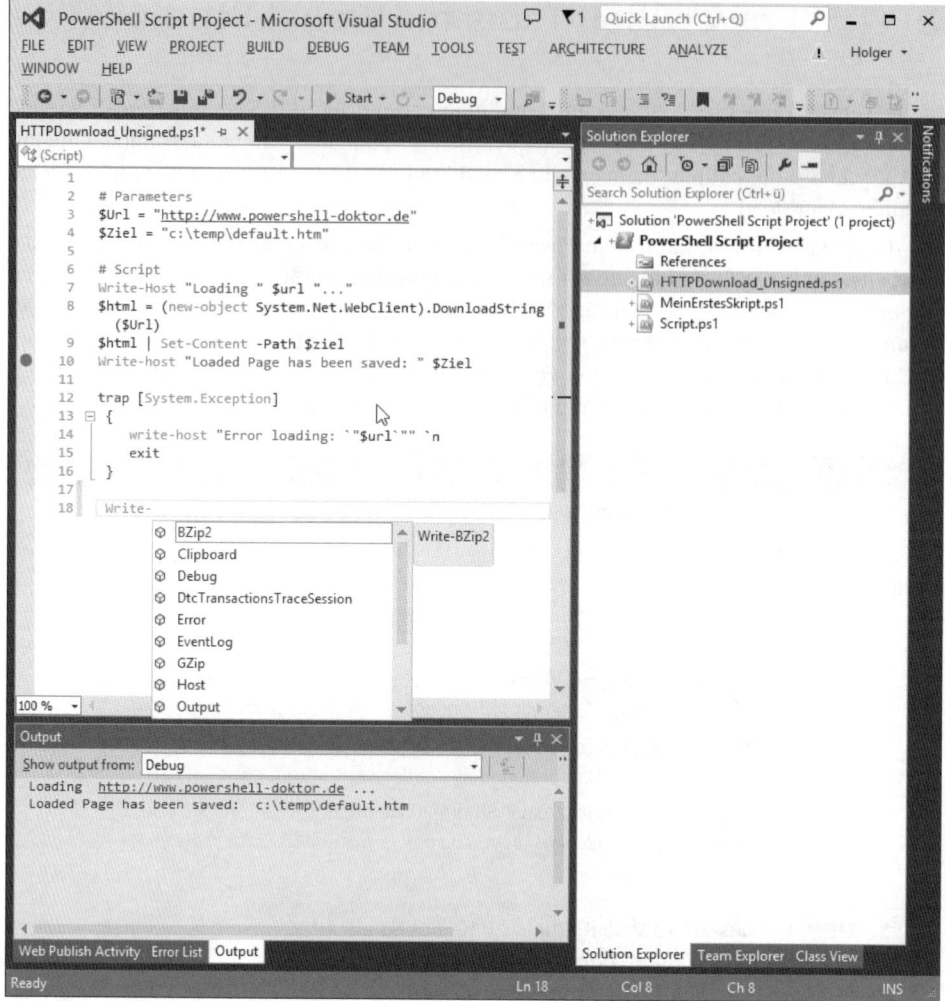

Bild 11.29 Bearbeiten einer PowerShell-Skript-Datei in einem PowerShell-Projekt in Visual Studio

■ 11.6 PowerShell Pro Tools for Visual Studio

Die PowerShell Pro Tools for Visual Studio (nicht zu verwechseln mit den kostenfreien „PowerShell Tools for Visual Studio" des gleichen Autors) bieten drei weitere Funktionen innerhalb von Visual Studio ab Version 2015:

- Unterstützung für die Erstellung grafischer Windows Forms-Benutzeroberflächen
- Unterstützung für die Erstellung grafischer WPF-Benutzeroberflächen
- Verpacken von Skripten in ausführbare Dateien (.EXE)

PowerShell Tools for Visual Studio	
Hersteller:	Adam R. Driscoll *(https://poshtools.com)*
Preis:	25 Dollar
URL:	*https://poshtools.com*

■ 11.7 NuGet Package Manager

Der NuGet Package Manager ist ein Teil von Visual Studio seit Version 2012 (bzw. eine kostenfreie Erweiterung für Visual Studio 2010) zum Verwalten von Erweiterungspaketen. Der NuGet Package Manager basiert auf der PowerShell und unterstützt alle PowerShell-Befehle, nicht nur diejenigen für die Paketverwaltung.

TIPP: In älteren Visual-Studio-Versionen kann man die VS Command Shell verwenden, die ebenfalls PowerShell-Befehle zulässt.

HINWEIS: Diese Add-ins laufen nur in den kommerziellen Versionen von Visual Studio, nicht in den Express-Varianten, da diese keine Erweiterungen unterstützen.

NuGet Package Manager	
Hersteller:	Microsoft
Preis:	Kostenlos
URL:	*http://visualstudiogallery.msdn.microsoft.com/27077b70-9dad-4c64-adcf-c7cf6bc9970c*

VS Command Shell	
Hersteller:	Microsoft/Open-Source-Community-Projekt
Preis:	Kostenlos
URL:	*http://www.codeplex.com/VSCmdShell*

■ 11.8 PowerShell-Erweiterung für Visual Studio Code

PowerShell-Skripte kann man auch mit dem von Microsoft-Plattformen unabhängigen und kostenfreien Editor Visual Studio Code (VSCode) entwickeln. Dafür ist dort die Erweiterung „VSCode-PowerShell" *[https://github.com/PowerShell/vscode-powershell]* zu installieren (siehe Bild). Die Version 1.0 dieser Erweiterung ist am 10.5.2017 erschienen. Aktuell zum Redaktionsschluss dieser Buchauflage gibt es bereits Updates dazu. Die Weiterentwicklung der Erweiterung wird vermutlich ähnlich rasant erfolgen wie die Weiterentwicklung des Editors selbst.

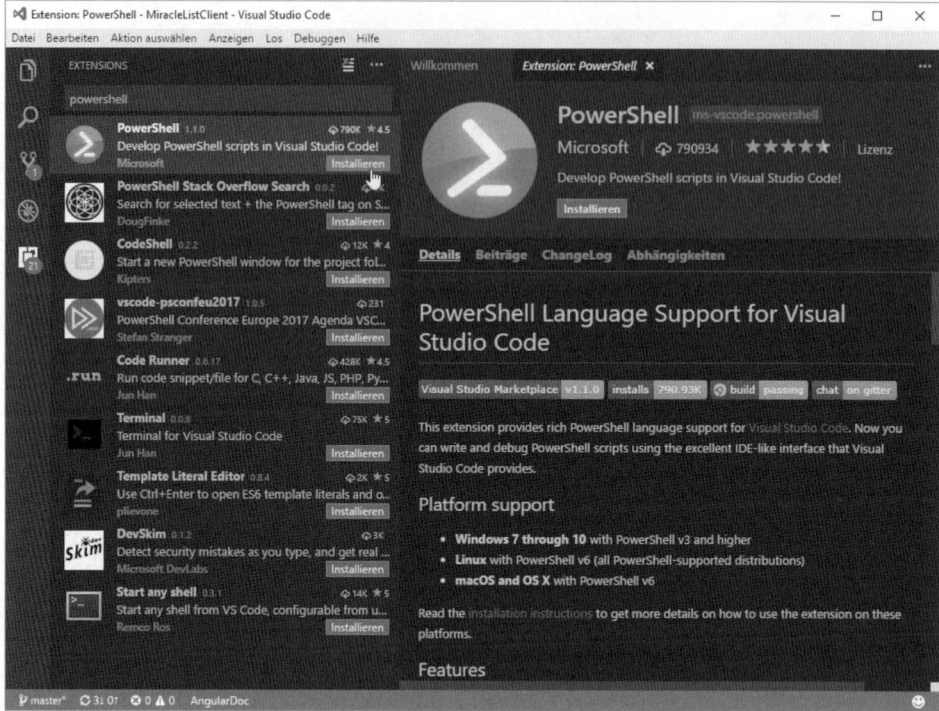

Bild 11.30 Installation der PowerShell-Erweiterungen in Visual Studio Code

VSCode läuft nicht nur unter Windows, sondern auch unter MacOS und Linux. VSCode ist keine Portierung des großen Visual Studio, sondern ein eigenständiges Produkt. Die Unterstützung für VSCode ist die logische Folge daraus, dass Microsoft PowerShell nun auch auf anderen Betriebssystemen anbietet.

VSCode bietet mit PowerShell-Erweiterung u. a. folgende Funktionen:

- Syntaxfarbhervorhebung
- Codeausschnitte
- Eingabeunterstützung für Commandlets, Funktionen, Variablen, Parameter und Klassenmitglieder
- Vorschläge zur Verbesserung von Skripten durch PowerShell Script Analyzer
- Go to Definition/Find References für Commandlets und Variablen
- Starten von Skripten (Taste **F5**) oder Skriptteilen (Taste **F8**)
- Aufruf der Hilfe mit **STRG+F1**
- Lokales Skriptdebugging

11.8 PowerShell-Erweiterung für Visual Studio Code

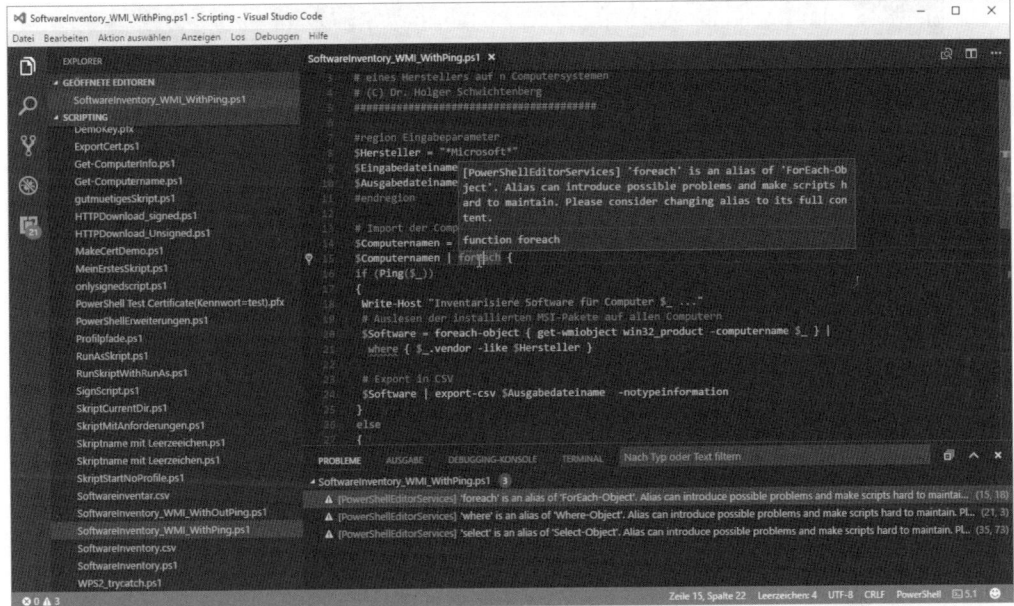

Bild 11.31 In Visual Studio Code gibt es stilistische Verbesserungsvorschläge für PowerShell-Skripte (z. B. Verzicht auf Verwendungen von Aliasen) mit dem PowerShell Script Analyzer.

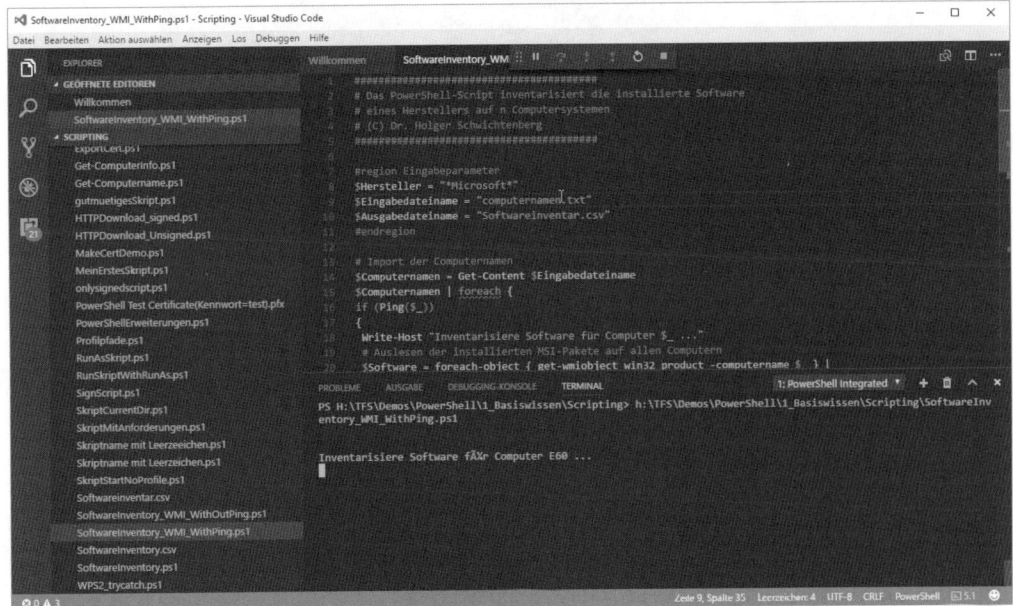

Bild 11.32 Ausführen eines PowerShell-Skripts in VSCode

PowerShell Extension for Visual Studio Code (VSCode)	
Hersteller:	Microsoft
Preis:	kostenfrei
URL:	https://marketplace.visualstudio.com/items?itemName=ms-vscode.PowerShell

11.9 PowerShell Web Access (PSWA)

Seit Windows Server 2012 gibt es neben der Standard-PowerShell-Konsole und der ISE eine webbasierte Konsole für die PowerShell unter dem Namen „Windows PowerShell Web Access" (PSWA). Administratoren können hier auf einer zugangsgeschützten Website PowerShell-Befehle eingeben und das Ergebnis wie in der lokalen Konsole betrachten. Da die Website nicht auf Silverlight, sondern auf HTML basiert, kann sie auch von Smartphones genutzt werden. Ein Administrator muss also nun auch im Urlaub am Strand befürchten, dass sein Chef ihn anruft und bittet, „mal eben" etwas umzukonfigurieren.

 TIPP: Mit PSWA kann man nicht nur den Server verwalten auf dem PSWA läuft, sondern jeden Rechner mit aktiviertem PowerShell-Remoting im Netzwerk.

Installation von PSWA

Für die Nutzung der PSWA ist diese zuerst zu installieren, da sie nicht zum Standardinstallationsumfang von Windows Server 2012 gehört.

Schritt 1: Installation der Rollen und Features

Im Server Manager sind folgende optionalen Bausteine des Windows Server 2012 zu aktivieren:

- Rolle „Web Server (IIS)"
- Feature „Windows PowerShell/Windows PowerShell Web Access"

11.9 PowerShell Web Access (PSWA) 299

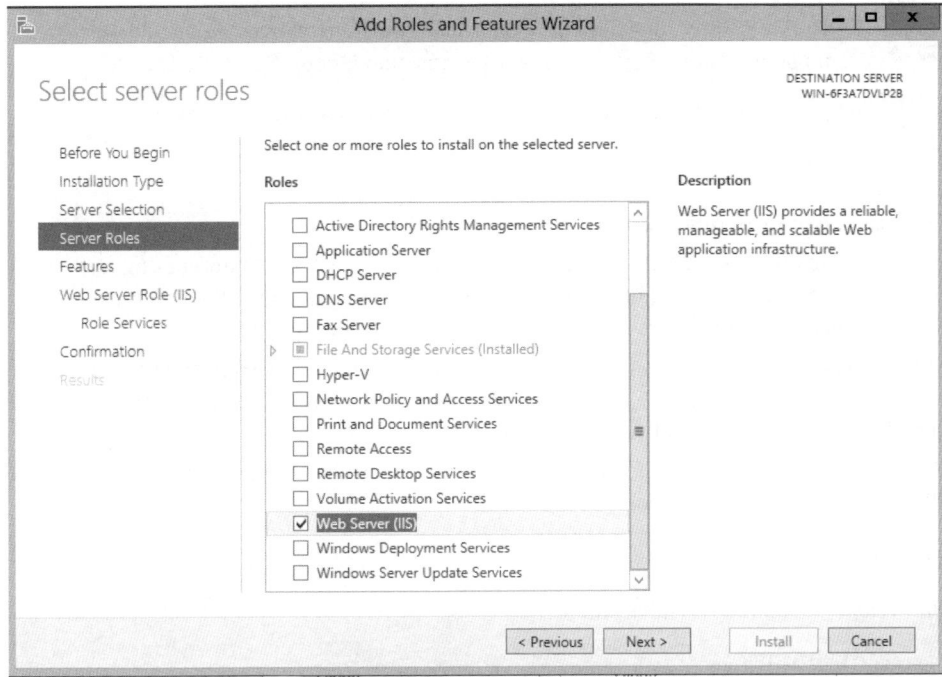

Bild 11.33 Hinzufügen der Rolle „Web Server (IIS)"

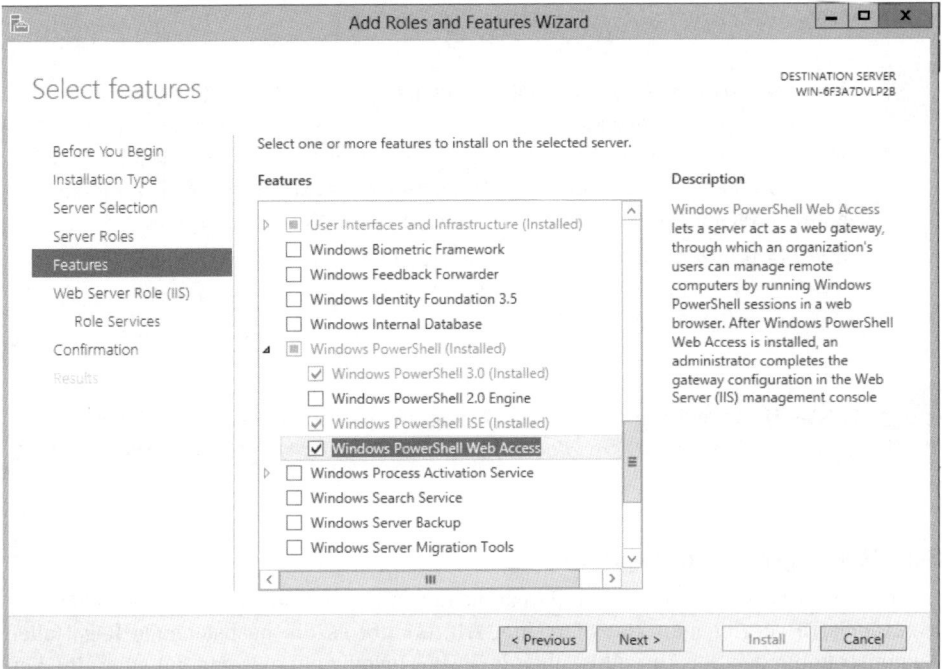

Bild 11.34 Einfügen des Features „Windows PowerShell/Windows PowerShell Web Access"

> **TIPP:** PSWA kann auch über die PowerShell selbst installiert werden mit dem Commandlet `Install-WindowsFeature` aus dem Modul „ServerManager":
>
> ```
> Install-WindowsFeature -name web-server, windowspowershellwebaccess
> ```

Schritt 2: Anlegen der Webanwendung im IIS

Durch die Installation der Rollen und Features wurde die PSWA-Webanwendung noch nicht im IIS angelegt, wohl aber gibt es nun ein PowerShell-Modul „PowerShellWebAccess" mit dem Commandlet `Install-PswaWebApplication`, das dies ermöglicht.

Mit dem Parameter `-WebSiteName` kann man eine bestehende IIS-Website angeben, in der PSWA installiert werden soll. Dabei lässt sich dann mit `-WebApplicationName` der Name der IIS-Anwendung innerhalb dieser Website festlegen.

Wünscht man eine Standardeinrichtung in der Standardwebsite unter dem Standardnamen „PSWA", kann man einfach Folgendes ausführen:

```
Install-PswaWebApplication -UseTestCertificate
```

Die Website ist dann erreichbar unter

```
https://localhot/pswa
```

Die Verwendung von `UseTestCertificate` sorgt dafür, dass die Website mit einem selbst erstellten SSL-Zertifikat ausgestattet wird. Dies kann man später durch ein offizielles Zertifikat ersetzen.

> **TIPP:** Die Verwendung von SSL ist dringend empfohlen, da sonst Benutzername und Kennwort sowie alle Befehle unverschlüsselt übertragen würden. Wenn PSWA mit SSL installiert würde, kommt es beim Versuch des Aufrufs über http ohne SSL zur Fehlermeldung: „This website uses the Secure Sockets Layer (SSL) protocol, and requires an HTTPS address. Please update the URL in your browser."
>
> Wenn ein Testzertifikat verwendet wurde, warnt der Browser beim Aufruf mit HTTPS: „The security certificate presented by this website was not issued by a trusted certificate authority".

> **HINWEIS:** Falls Sie den IIS manuell konfigurieren möchten, sei hier auf das Dokument *http://technet.microsoft.com/en-us/library/hh831611.aspx* verwiesen.

Schritt 3: Zugriffsrechte vergeben

Im Standard darf sich niemand bei PSWA anmelden. Mit dem Commandlet `Add-PswaAuthorizationRule` vergibt man Zugriffsrechte, z. B. erlaubt es die nachstehende Regel allen Administratoren der Domäne „FBI", über die PSWA-Instanz auf diesem Computer eine Verbindung zu allen Computern mit allen PowerShell-Konfigurationen aufzunehmen.

```
Add-PswaAuthorizationRule -usergroupname FBI\administrators -ComputerName *
-ConfigurationName *
```

Mit -UserName kann man Rechte für einzelne Benutzer vergeben. Mit -ComputerGroupName lassen sich die Zugriffsrechte auf Basis von Active-Directory-Computergruppen vergeben. Mit Test-PswaAuthorizationRule kann man prüfen, ob ein Benutzer Zugang zu einem bestimmten Computer über PSWA haben wird.

Mit dem Commandlet Get-PswaAuthorizationRule listet man die vergebenen Rechte auf. Mit Remove-PswaAuthorizationRule lassen sich Rechte wieder löschen.

HINWEIS: Neu seit Windows Server 2012 R2 ist, dass man die Zugriffsrechte unter Angabe des -Credential-Parameters auch von einem entfernten System aus verwalten kann.

Schritt 4: Konfigurationsänderungen (optional)

Im Standard dürfen sich nur drei Benutzer gleichzeitig an PSWA anmelden. Diese Einstellung muss man in der Datei *C:\Windows\Web\PowerShellWebAccess\wwwroot\web.config* vornehmen. Dort gibt es den Eintrag:

```
<appSettings>
<add key="maxSessionsAllowedPerUser" value="3"/>
</appSettings>
```

Die PSWA hat zudem eine Timeout-Zeit von 20 Minuten. Diese Einstellung ändert man über:

```
<sessionState timeout="20"     />
```

Anmelden an PSWA

Die folgende Bildschirmabbildung zeigt die PSWA-Anmeldeseite.

ACHTUNG: Die Angabe eines Computernamens des zu verwaltenden Computers ist Pflicht. Die PSWA eröffnet dann eine PowerShell-Session auf dem genannten Computer.

Die Angabe „localhost" ist erlaubt, um den Computer zu verwalten, auf dem PSWA gehostet wird.

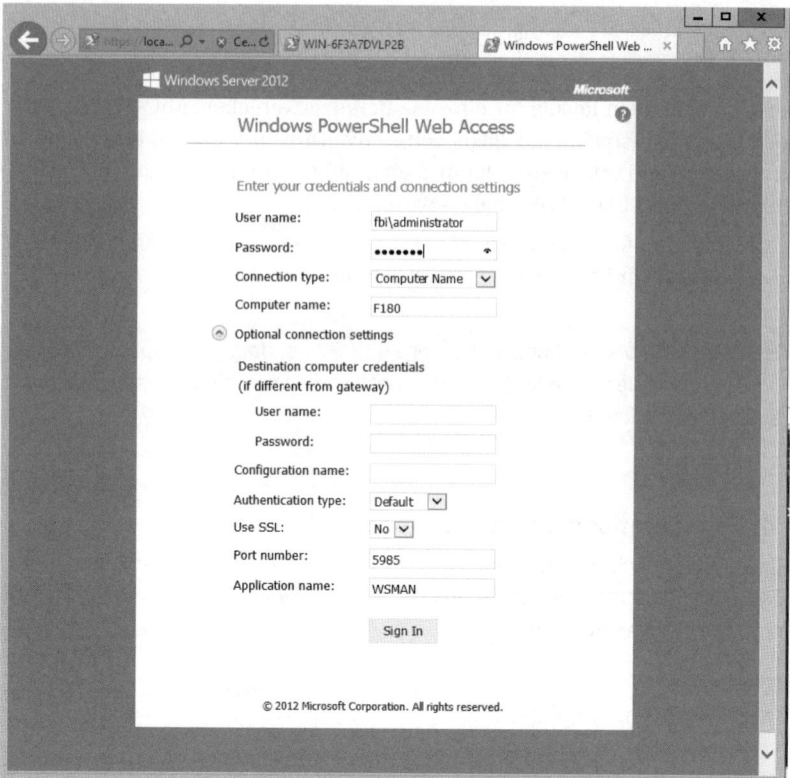

Bild 11.35 Anmeldung bei PSWA

Verwenden der PSWA

Die PSWA-Webseite zeigt sich nach der Anmeldung im gewohnten Blau mit weißer Schrift. In Gelb erscheinen die eingegebenen Befehle. Die Befehlseingabe erfolgt nicht direkt nach dem Prompt (>) wie bei der Standardkonsole, sondern in einer eigenen Zeile darunter.

 ACHTUNG: Mehrzeilige Befehle erzeugt man in der PSWA durch Drücken von **Shift+Enter**, während dies ja in der Standardkonsole durch **Enter** erfolgt, wenn der Befehl noch nicht abgeschlossen ist. In der PSWA löst **Enter** allein immer die Befehlsausführung aus!

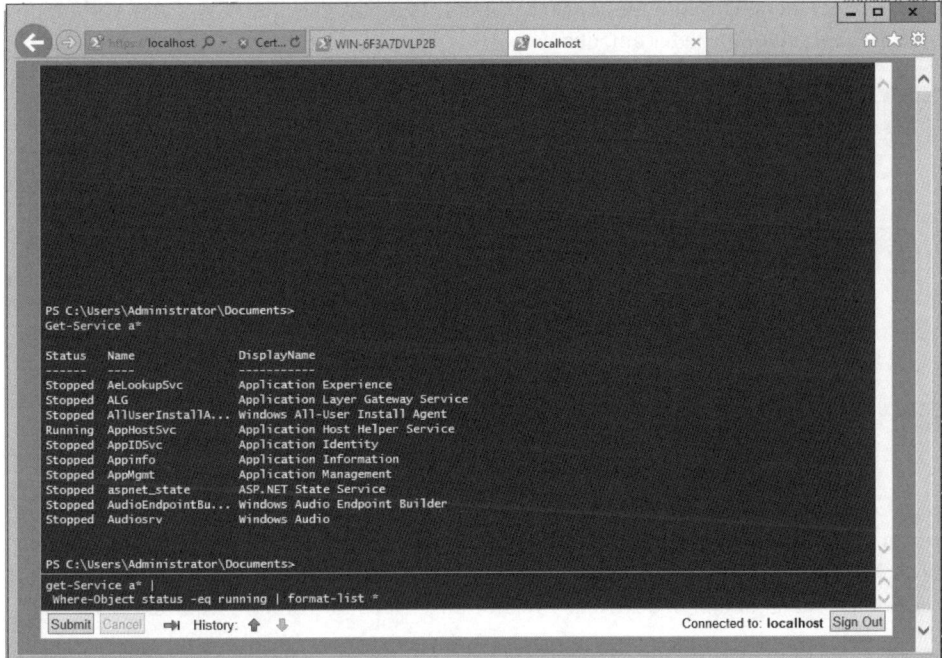

Bild 11.36 Mehrzeilige Befehlseingabe in der PSWA-Konsole

 TIPP: Die Farben der PSWA kann man wie in der Standardkonsole bei Write-Host setzen, z.B. Write-Host "Hallo Holger" -foregroundcolor red -backgroundcolor white.

Auch die Veränderung der Farben für die ganze aktuelle Sitzung ist möglich über eine eingebaute Variable $host:

$host.UI.RawUI.BackgroundColor = "darkgreen"

Die $host-Variable enthält wie bei den anderen Konsolen auch eine Instanz von ServerRemoteHost. Die Instanz nennt sich „ServerRemoteHost", Version 1.0.0.0.

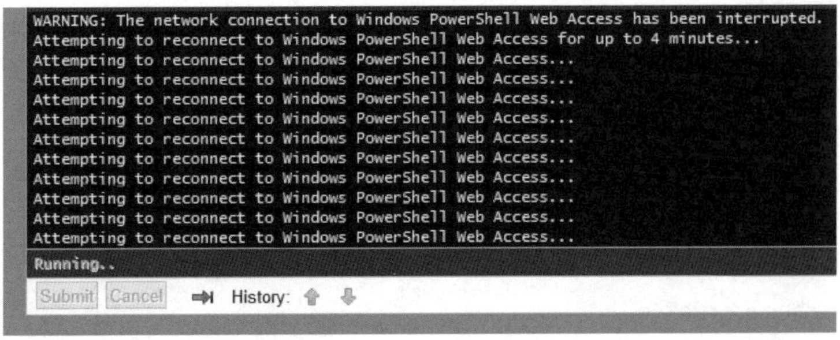

Bild 11.37 Verbindungsabbruch in der PSWA

Falls es zu einem Verbindungsabbruch kommt, bemüht sich die PSWA, die Verbindung ohne Neuanmeldung wieder aufzubauen.

> **HINWEIS:** Neu seit Windows Server 2012 R2 sind folgende Funktionen:
>
> Man kann mehrere PSWA-Sitzungen in verschiedenen Registerkarten eines Browsers öffnen. Vorher musste man mehrere Browserinstanzen dafür starten.
>
> Man kann den Zustand einer PSWA-Sitzung abspeichern (Schaltfläche **Save** rechts unten im Bildschirm) und sich später wieder verbinden.

■ 11.10 Azure Cloud Shell

Das Azure-Web-Portal zum Verwalten der Microsoft-Cloud-Dienste bietet eine in den Browser integrierte PowerShell-Konsole, die die Verwaltung über die Kommandozeile ermöglicht. Nutzer können in der Cloud Shell zwischen PowerShell und der Bash Shell wählen. Die Shell ist auch in den neuen Azure-Verwaltungs-Apps für iOS und Android verfügbar.

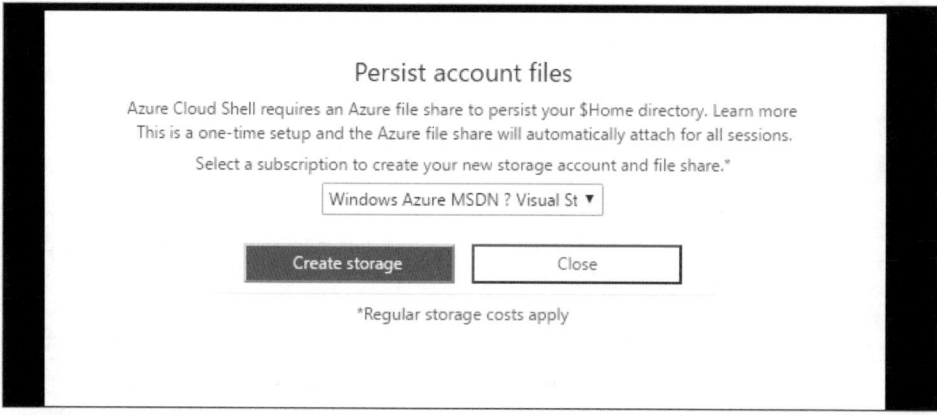

Bild 11.38 Einrichten der Azure Cloud Shell

■ 11.11 ISE Steroids

Die ISE Steroids sind ein Erweiterungspaket für die PowerShell ISE, die zahlreiche Komfortfunktionen ergänzt, z. B.:

- Konsole kann als eigenständiges Fenster aus der ISE herausgelöst werden,
- automatisches Einrücken,
- Liste aktueller Variablenwerte,

- Liste der Funktionen in einer Skriptdatei zum direkten Anspringen der Funktion,
- Vorschläge für Skriptverbesserungen,
- Umbenennen von Funktionen und Variablen,
- erweiterte Suchfunktion,
- Signieren von Skripten,
- Prüfen der Kompatibilität zu früheren PowerShell-Versionen,
- Anlegen von eigenen Code-Snippets,
- Integrieren von WPF-Oberflächen in PowerShell-Skripte,
- kontextsensitive Hilfe,
- Verpacken eines PowerShell-Skripts in eine EXE-Datei.

ISE Steroids	
Hersteller:	Dr. Tobias Weltner
Preis:	Ab 99 Dollar
URL:	http://www.powertheshell.com/isesteroids/

ISE Steroids kann man per PowerShellGet installieren und auch aktualisieren:

```
Install-Module -Name isesteroids -Scope CurrentUser -force
```

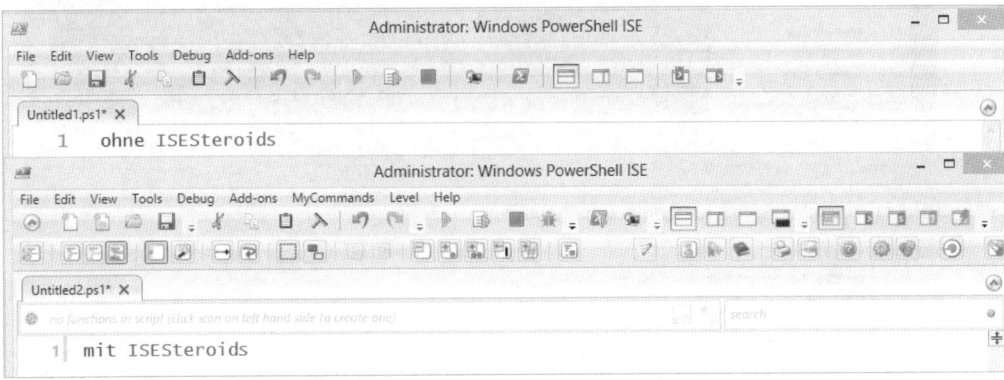

Bild 11.39 Durch die ISE Steroids wird die Symbolleiste der ISE stark erweitert.

11.12 PowerShellPlus

PowerShellPlus besteht aus einer verbesserten PowerShell-Konsole (PowerShellPlus Host), die IntelliSense unterstützt, und einem damit verbundenen Editor (PowerShellPlus Editor). PowerShellPlus war der erste Editor und die erste PowerShell-Konsole mit IntelliSense. Inzwischen ist aber die PowerShell ISE von Microsoft fast ebenbürtig.

PowerShellPlus war ein kommerzielles Produkt, ist aber seit 2012 kostenfrei.

PowerShellPlus	
Hersteller:	Idera
Preis:	Kostenfrei
URL:	http://www.idera.com/Products/PowerShell/

Bemerkenswerte Funktionen im Vergleich zur ISE sind:

- Die Konsole ist eine Weiterentwicklung der normalen Windows-Konsole und versteht daher alle Befehle, welche die von Microsoft gelieferte PowerShell-Konsole auch versteht, also auch interaktive klassische Befehle wie *ftp.exe*.
- Mitschneiden von Eingaben in der Konsole, die über Tastenkürzel wieder aufgerufen werden können
- Anzeige aller aktuellen Variablen und Details zu ihren Inhalten
- Transparente Darstellung des Konsolenfensters möglich
- Direkter Zugriff auf PowerShell-Profilskripte

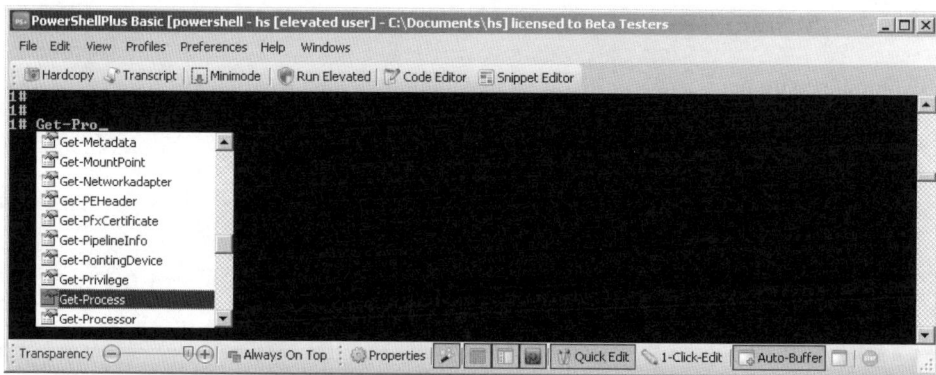

Bild 11.40 IntelliSense für Commandlet-Namen

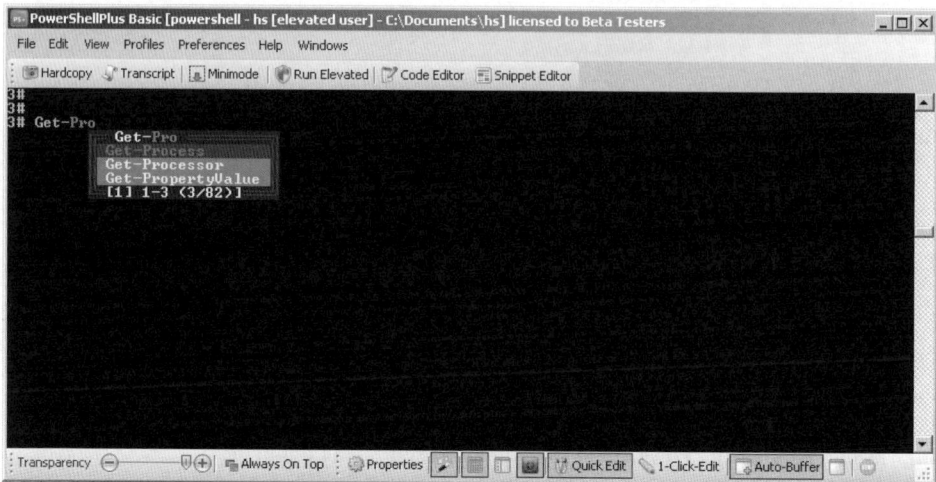

Bild 11.41 Eine Variante von IntelliSense für Commandlet-Namen

11.12 PowerShellPlus

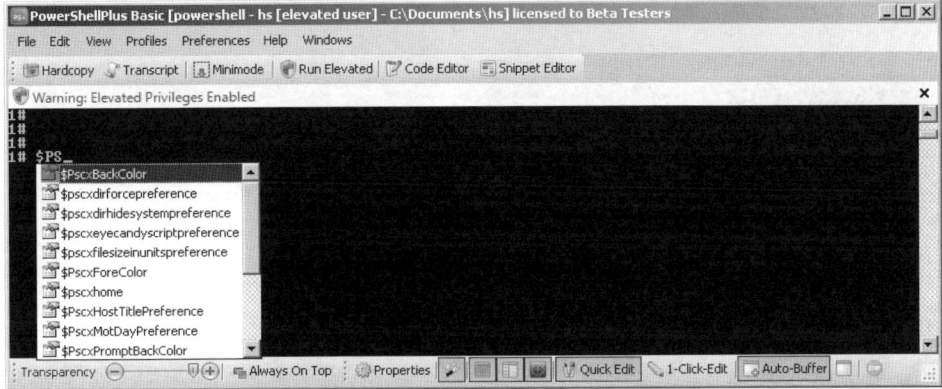

Bild 11.42 IntelliSense für Variablennamen

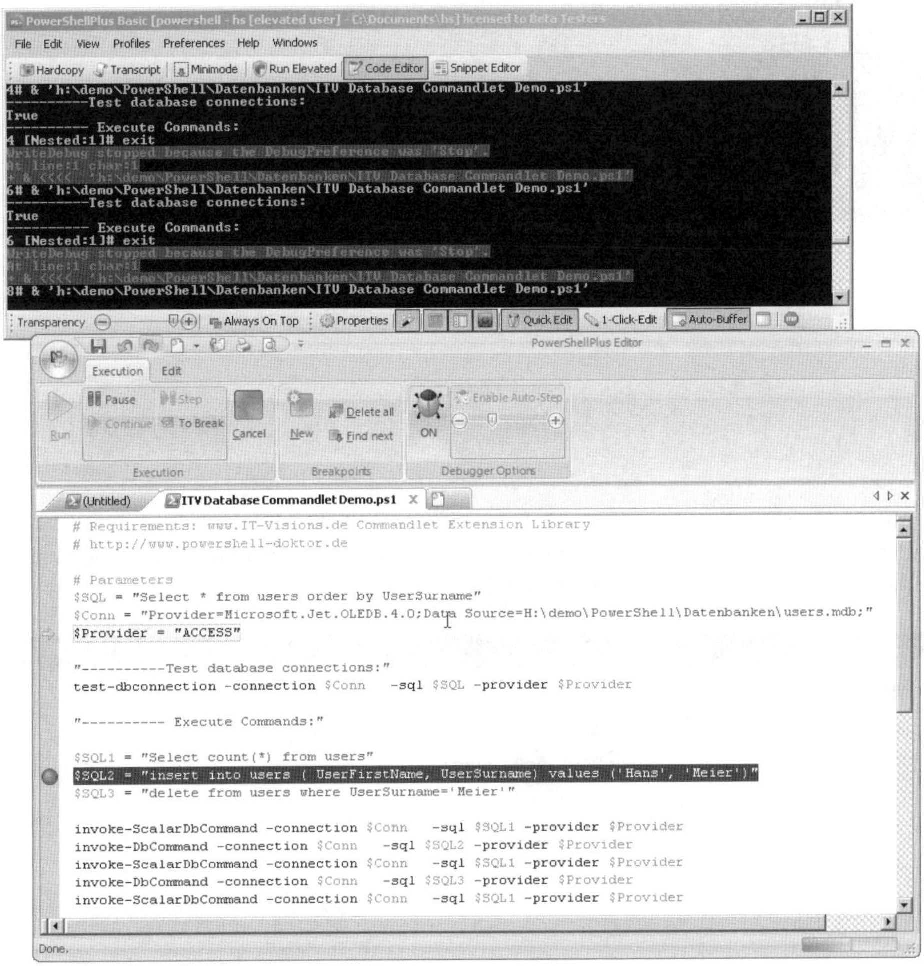

Bild 11.43 Debugging mit Einzelschrittmodus

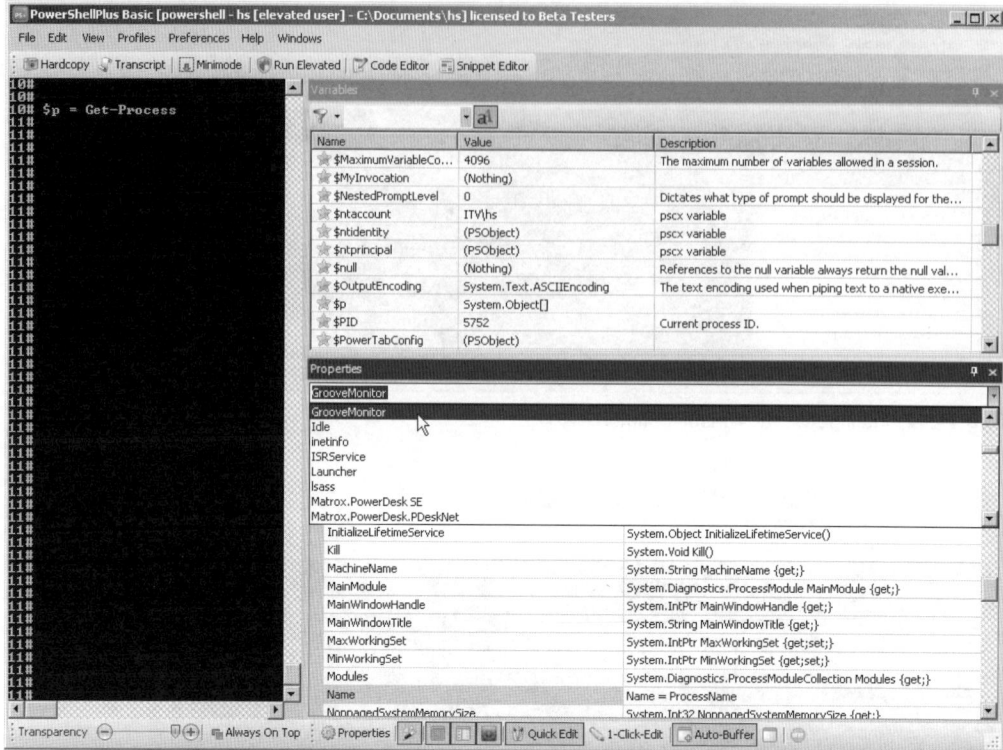

Bild 11.44 Anzeige aller aktuellen Variablen und Details zu ihren Inhalten

11.13 PoshConsole

PoshConsole ist eine grafische Konsole für die PowerShell, die mithilfe der neuen .NET-GUI-Technik „Windows Presentation Foundation" geschrieben ist. In der PoshConsole kann man direkt Grafiken ausgeben (siehe Bild 11.45).

PoshConsole	
Hersteller:	Joel Bennett
Preis:	Kostenfrei
URL:	*http://poshconsole.codeplex.com/*

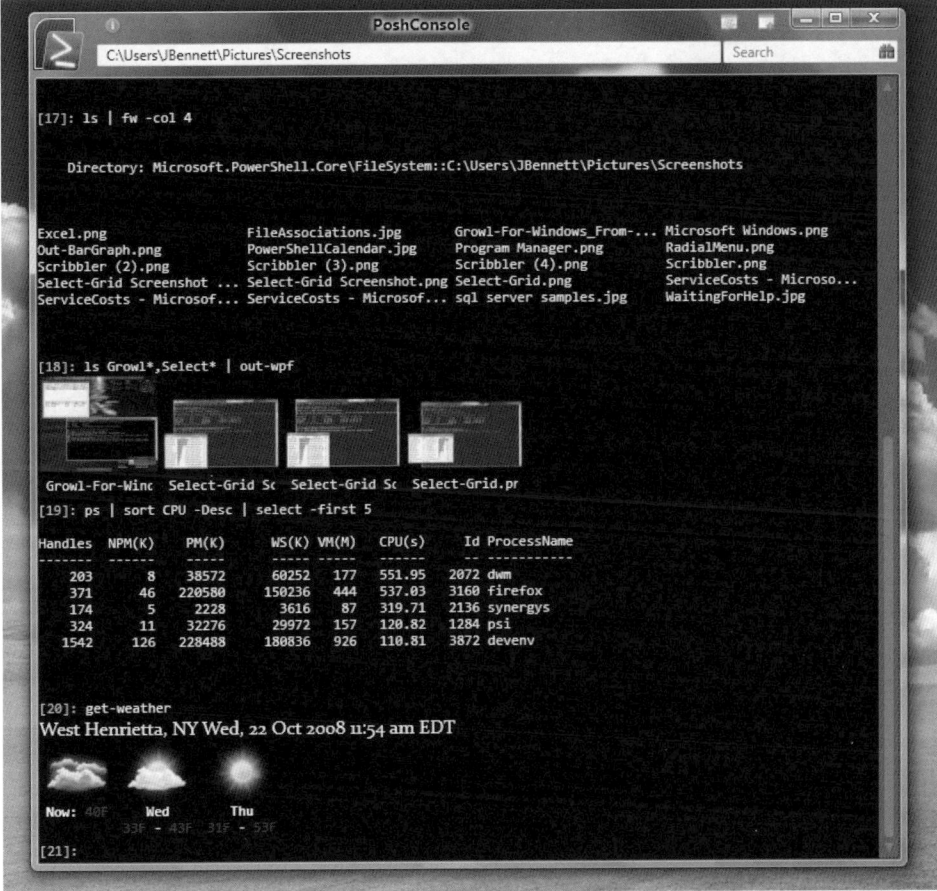

Bild 11.45 Grafische Möglichkeiten der PoshConsole (Quelle: *http://poshconsole.codeplex.com/*)

11.14 PowerGUI

PowerGUI ist neben PowerShellPlus und dem ISE der dritte bedeutende Editor für PowerShell.

PowerGUI	
Hersteller:	Quest Software
Preis:	Kostenfrei
URL:	*http://www.powergui.org*

11.15 PrimalScript

Der Universaleditor PrimalScript enthält seit Version 4.1 Unterstützung für die Erfassung von PowerShell-Skripten.

PrimalScript	
Hersteller:	Sapien
Preis:	389 Dollar
URL:	*http://www.primalscript.com*

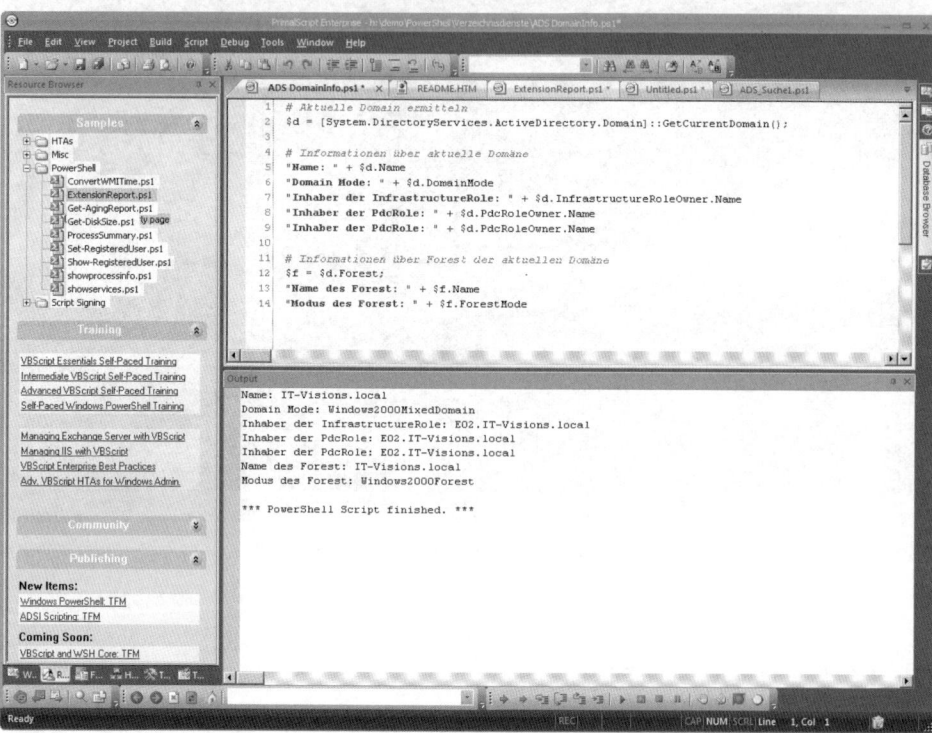

Bild 11.46 Ausgabe eines PowerShell-Skripts in PrimalScript

11.15 PrimalScript

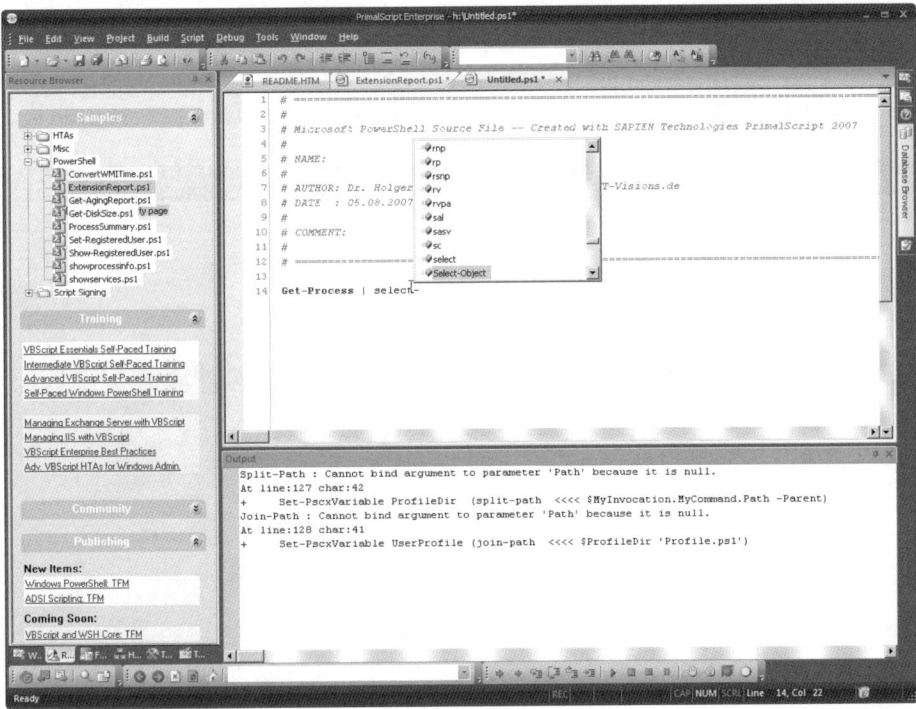

Bild 11.47 IntelliSense für Commandlets

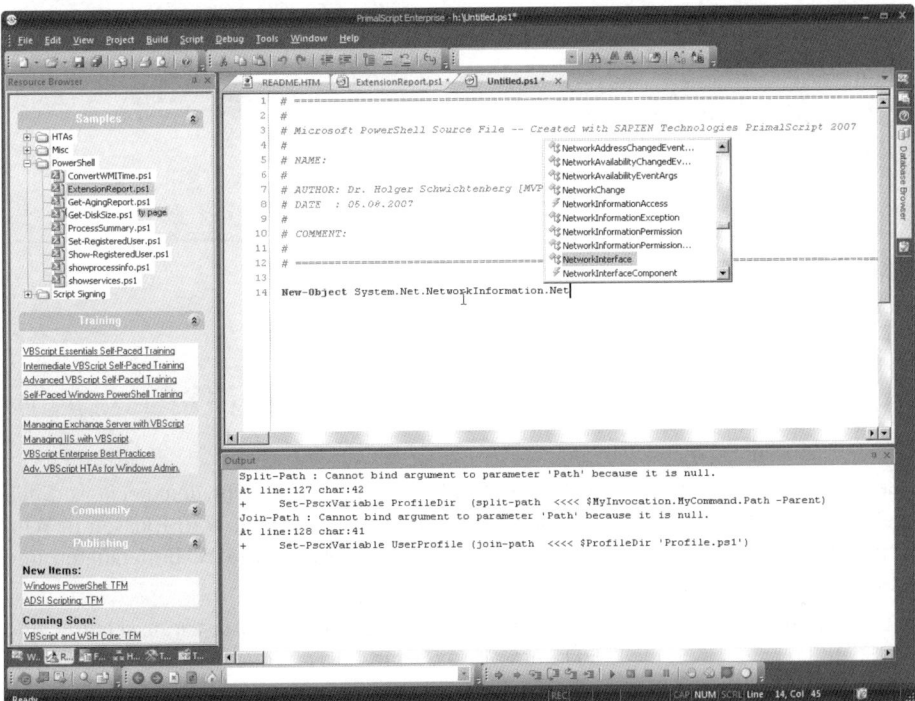

Bild 11.48 IntelliSense für Klassennamen

11.16 PowerShell Help

PowerShell Help ist ein einfaches Werkzeug zur Anzeige von Hilfetexten zu Commandlets.

PowerShell Help	
Hersteller:	Sapien
Preis:	Kostenlos
URL:	http://www.primaltools.com/downloads/communitytools/

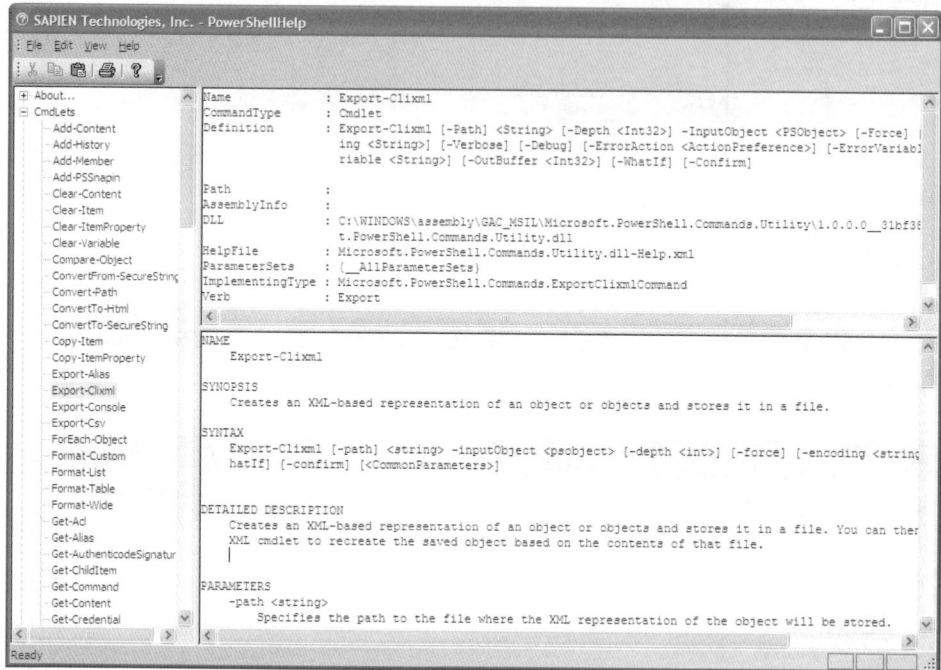

Bild 11.49 PowerShell Help

11.17 CIM Explorer for PowerShell ISE

Mit dem CIM Explorer for PowerShell Integrated Scripting Environment, dem bei PowerShell mitgelieferten Editor, können PowerShell-Nutzer die vielen Tausend WMI-Klassen in Windows erforschen und einfache PowerShell-Skripte zum Abrufen von WMI-Metadaten und WMI-Instanzen erzeugen lassen.

Den CIM Explorer gibt es kostenfrei in der Microsoft TechNet Gallery. Voraussetzung sind PowerShell 3.0 oder 4.0 und .NET Framework 4.5 oder 4.5.1. In der Vergangenheit konnte man diese Klassen mit den WMI Administrative Tools erforschen. Allerdings laufen diese als ActiveX-Steuerelementen für den Internet Explorer entwickelten Werkzeuge nicht mehr einwandfrei seit Windows 8.x.

CIM Explorer for PowerShell ISE	
Hersteller:	Microsoft
Preis:	Kostenfrei
URL:	http://gallery.technet.microsoft.com/PoweShell-ISE-Addon-CIM-5c9af37a/

Das folgende Bild zeigt die Generierung eines PowerShell-Skripts im CIM Explorer, nachdem man WMI-Namensraum und WMI-Klasse gewählt hat.

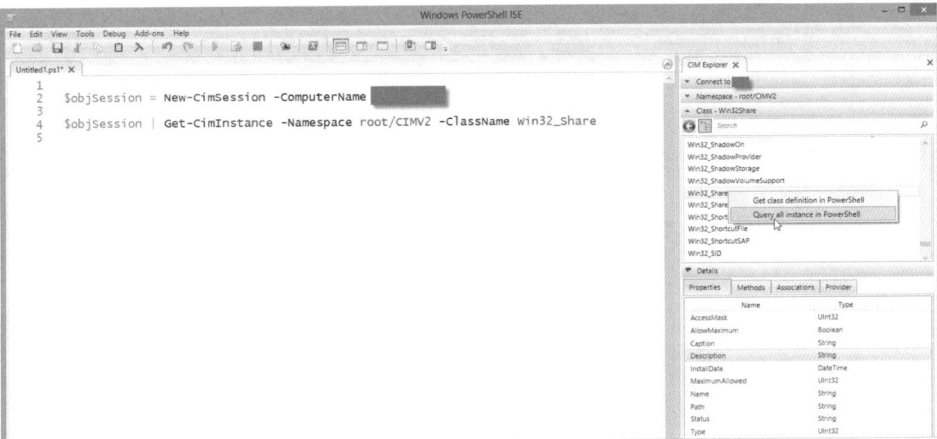

Bild 11.50 CIM Explorer

■ 11.18 PowerShell Help Reader

PowerShell Help Reader ist ein weiteres Werkzeug zur Anzeige von Hilfetexten zu Commandlets.

PowerShell Help Reader	
Hersteller:	PowerShellTools
Preis:	29,47 $
URL:	http://powershelltools.com

11.19 PowerShell Remoting

PowerShell Remoting erlaubt die Verbindung mit einer entfernten Instanz der alten PowerShell 1.0 (d. h. einer Instanz auf einem anderen Computer), um dort Skripte auszuführen. Damit wird eine Begrenzung der PowerShell 1.0 überwunden, die Commandlets und Skripte nur lokal ausführen kann. Fernausführung ist in der PowerShell 1.0 sonst nur über WMI möglich.

 HINWEIS: Seit PowerShell 2.0 ist diese Erweiterung nicht mehr notwendig, da Fernausführung zum Standardumfang der PowerShell gehört.

PowerShell Remoting	
Hersteller:	Microsoft/Open-Source-Community-Projekt
Preis:	Kostenlos
URL:	*http://www.codeplex.com/powershellremoting*

12 Windows PowerShell Core 5.1 in Windows Nano Server

In Windows Nano Server steht nicht die vollständige Windows PowerShell 5.1, sondern nur eine abgespeckte Variante zur Verfügung, die sich Windows PowerShell Core 5.1 nennt.

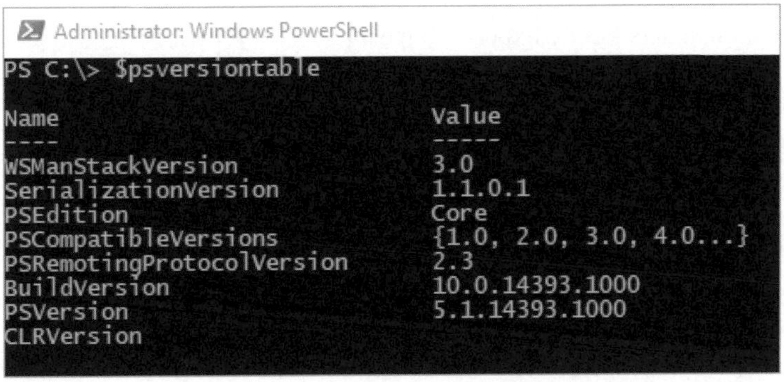

Bild 12.1 Beim Abruf der Variablen $psversiontable meldet sich die PowerShell auf Nano Server genauso wie bei den anderen Server 2016-Varianten mit der Versionsnummer 5.1. Die „PSEdition" zeigt aber „Core" an.

Installation
PowerShell Core 5.1 ist in Windows Nano Server 2016 enthalten und kann nicht getrennt installiert werden.

PowerShell-Skriptsprache
Die Skriptsprache steht komplett zur Verfügung.

Werkzeuge
Da Nano Server selbst keine Oberfläche besitzt, ist nur eine Fernverwaltung mit PowerShell oder anderen Werkzeugen möglich.

Fehlende Funktionen
In PowerShell Core 5.1 folgende Commandlets und Features (Quelle: *[https://docs.microsoft.com/de-de/windows-server/get-started/powershell-on-nano-server]*):

- Typadapter [ADSI] und [WMI]
- Enable-PSRemoting, Disable-PSRemoting (PowerShell-Remoting ist in Nano Server immer aktiviert).

- Alle WMI-Commandlets der ersten Generation: Get-WmiObject, Invoke-WmiMethod, Register-WmiEvent, Remove-WmiObject, Set-WmiInstance (verfügbar sind aber die neuen WMI-Commandlets mit „CIM" im Namen, z. B. Get-CimInstance, Invoke-CimMethod, Get-CimClass usw.)
- Geplante Aufträge und das PSScheduledJob-Modul
- Computer-Commandlets für den Beitritt zu einer Domäne { Add | Remove }
- Reset-ComputerMachinePassword, Test-ComputerSecureChannel
- Profilskripte (man kann ein Startskript für eingehende Remoteverbindungen mit Set-PSSessionConfiguration hinzufügen)
- Clipboard-Command
- EventLog-Commandlets { Clear | Get | Limit | New | Remove | Show | Write } (verfügbar sind New-WinEvent and Get-WinEvent)
- Get-PfxCertificate
- TraceSource-Commandlets { Get | Set }
- Counter-Commandlets { Get | Export | Import }
- Einige webbezogene Commandlets { New-WebServiceProxy, Send-MailMessage, ConvertTo-Html }
- Protokollierung und Ablaufverfolgung mit dem PSDiagnostics-Modul
- Get-HotFix
- Commandlets für implizites Remoting { Export-PSSession | Import-PSSession }
- New-PSTransportOption
- PowerShell-Transaktionen und Transaktions-Commandlets { Complete | Get | Start | Undo | Use }
- PowerShell-Workflows
- Out-Printer
- Update-List

13 PowerShell Core 6.x für Windows, Linux und MacOS

Eine Entwicklergruppe außerhalb von Microsoft hatte 2008 mit einer Linux-Implementierung der PowerShell unter dem Namen „PASH" begonnen (siehe *https://github.com/Pash-Project/Pash*). Dieses Projekt hatte aber nie eine große Bedeutung in der Praxis.

Am 18. August 2016 hat Microsoft angekündigt, die PowerShell nun plattformunabhängig zu entwickeln. Die PowerShell ist seitdem auch ein Open-Source-Projekt, das Microsoft auf Github.com vor den Augen der Öffentlichkeit entwickelt [*https://github.com/PowerShell/PowerShell*].

Microsoft bietet auch die Möglichkeit, mit PowerShell Desired State Configuration (DSC) auch Linux-Systeme von Windows aus zu konfigurieren [*https://github.com/Microsoft/PowerShell-DSC-for-Linux*].

> **HINWEIS:** Die Version 6.0 der PowerShell trägt den Namen „PowerShell Core 6.0". Microsoft drückt damit aus, dass diese Version auf .NET Core, dem plattformunabhängigen .NET Framework, basiert, und zugleich auch, dass PowerShell Core genau wie .NET ein Neustart der Entwicklung ist, die nicht den Anspruch hat, kompatibel zum Vorgänger zu sein. Bei .NET hat sich Microsoft daher auch dazu entschlossen, die Versionszählung wieder bei 1.0 zu beginnen.
>
> Zum Redaktionsschluss dieser Buchauflage gibt es eine erste Beta-Version von PowerShell 6.0, die auf einer Vorabversion von .NET Core 2.0 basiert.
>
> Es ist nicht ausgeschlossen, dass Microsoft die Versionszählung bei PowerShell Core an die von .NET Core noch angleichen wird.
>
> PowerShell Core 6.x darf nicht verwechselt werden mit Windows PowerShell Core 5.1 für Windows Nano Server. PowerShell Core 5.1 basiert auch auf .NET Core, ist aber nicht plattformunabhängig, sondern eine reduzierte Variante der Windows PowerShell 5.1. ∎

■ 13.1 Funktionsumfang der PowerShell Core

PowerShell Core 6.0 bietet weniger Funktionen als die Windows PowerShell 5.1. Zudem sind die Linux- und die MacOS-Version von PowerShell Core 6.0 auch gegenüber der Windows-Variante von PowerShell Core 6.0 in den Funktionen reduziert. Erst mit PowerShell Core Version 6.1 ist eine Parität der Funktionen von PowerShell Core über alle drei Betriebssysteme geplant.

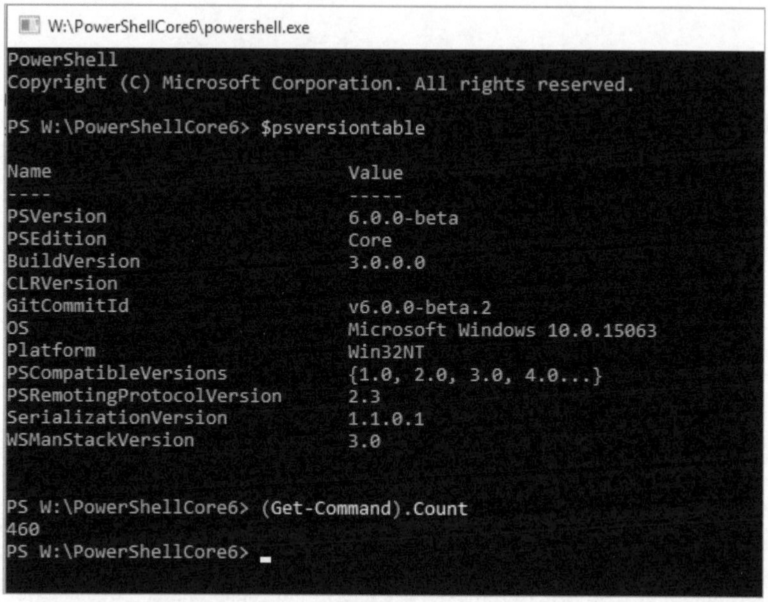

```
W:\PowerShellCore6\powershell.exe
PowerShell
Copyright (C) Microsoft Corporation. All rights reserved.

PS W:\PowerShellCore6> $psversiontable

Name                           Value
----                           -----
PSVersion                      6.0.0-beta
PSEdition                      Core
BuildVersion                   3.0.0.0
CLRVersion
GitCommitId                    v6.0.0-beta.2
OS                             Microsoft Windows 10.0.15063
Platform                       Win32NT
PSCompatibleVersions           {1.0, 2.0, 3.0, 4.0...}
PSRemotingProtocolVersion      2.3
SerializationVersion           1.1.0.1
WSManStackVersion              3.0


PS W:\PowerShellCore6> (Get-Command).Count
460
PS W:\PowerShellCore6>
```

Bild 13.1 Ausgabe der Versionstabelle und der Anzahl der Befehle von PowerShell Core 6.0 Beta 2 auf Windows

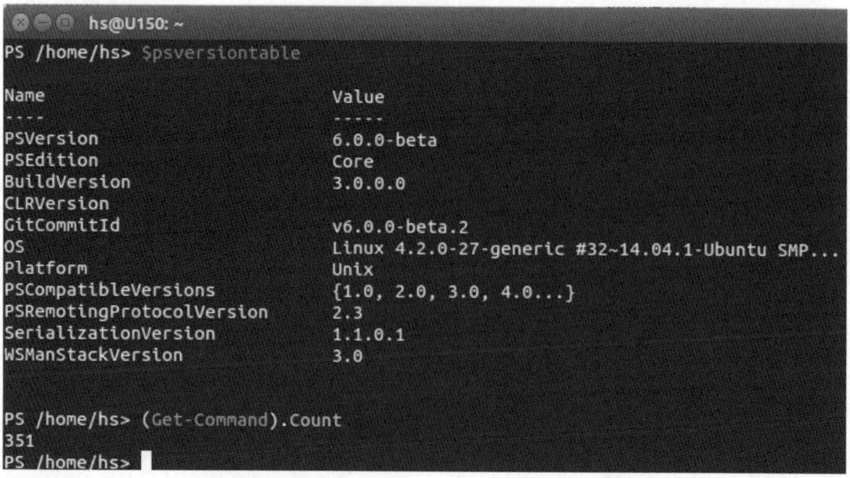

```
hs@U150: ~
PS /home/hs> $psversiontable

Name                           Value
----                           -----
PSVersion                      6.0.0-beta
PSEdition                      Core
BuildVersion                   3.0.0.0
CLRVersion
GitCommitId                    v6.0.0-beta.2
OS                             Linux 4.2.0-27-generic #32~14.04.1-Ubuntu SMP...
Platform                       Unix
PSCompatibleVersions           {1.0, 2.0, 3.0, 4.0...}
PSRemotingProtocolVersion      2.3
SerializationVersion           1.1.0.1
WSManStackVersion              3.0


PS /home/hs> (Get-Command).Count
351
PS /home/hs>
```

Bild 13.2 Ausgabe der Versionstabelle und der Anzahl der Befehle von PowerShell Core 6.0 Beta 2 auf Ubuntu-Linux

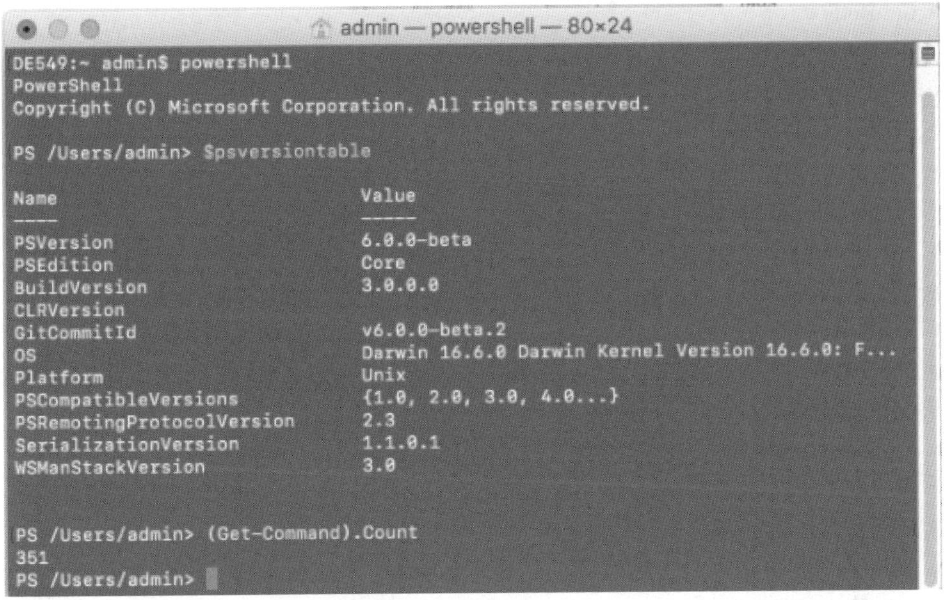

```
DE549:~ admin$ powershell
PowerShell
Copyright (C) Microsoft Corporation. All rights reserved.

PS /Users/admin> $psversiontable

Name                                Value
----                                -----
PSVersion                           6.0.0-beta
PSEdition                           Core
BuildVersion                        3.0.0.0
CLRVersion
GitCommitId                         v6.0.0-beta.2
OS                                  Darwin 16.6.0 Darwin Kernel Version 16.6.0: F...
Platform                            Unix
PSCompatibleVersions                {1.0, 2.0, 3.0, 4.0...}
PSRemotingProtocolVersion           2.3
SerializationVersion                1.1.0.1
WSManStackVersion                   3.0


PS /Users/admin> (Get-Command).Count
351
PS /Users/admin>
```

Bild 13.3 Ausgabe der Versionstabelle und der Anzahl der Befehle von PowerShell Core 6.0 Beta 2 auf MacOS/X

13.1.1 PowerShell-Kern-Befehle, die in PowerShell Core fehlen

Einige der bisher unter PowerShell 5.1 verfügbaren PowerShell-Kern-Commandlets gibt es also noch nicht unter PowerShell Core, auch nicht unter PowerShell Core auf Windows. Hier sind nur Commandlets aus Kern-Modulen, die mit „Microsoft.PowerShell" beginnen, genannt.

- Add-Computer
- Checkpoint-Computer
- Clear-EventLog
- Clear-RecycleBin
- Complete-Transaction
- ConvertFrom-String
- Convert-String
- Disable-ComputerRestore
- Enable-ComputerRestore
- Export-ODataEndpointProxy
- Get-Clipboard
- Get-ComputerRestorePoint
- Get-ControlPanelItem
- Get-EventLog

- Get-HotFix
- Get-OperationValidation
- Get-Transaction
- Get-WmiObject
- Invoke-OperationValidation
- Invoke-WmiMethod
- Limit-EventLog
- New-EventLog
- New-WebServiceProxy
- Out-GridView
- Out-Printer
- Register-WmiEvent
- Remove-Computer
- Remove-EventLog
- Remove-WmiObject
- Reset-ComputerMachinePassword
- Restore-Computer
- Send-MailMessage
- Set-Clipboard
- Set-WmiInstance
- Show-Command
- Show-ControlPanelItem
- Show-EventLog
- Start-Transaction
- Test-ComputerSecureChannel
- Undo-Transaction
- Update-List
- Use-Transaction
- Write-EventLog

13.1.2 Befehle, die zusätzlich unter Linux und MacOS fehlen

Zu den Commandlets, die es unter PowerShell Core auf Windows, aber bisher nicht auf Linux und MacOS gibt, gehören u. a.:

- Rename-Computer
- Remove-LocalUser, Get-LocalGroup, Enable-LocalUser u. a. Commandlets für lokale Benutzer und Gruppen
- Alle Commandlets für Dienste wie Get-Service, Start-Service, Stop-Service etc.

- Alle CIM-Commandlets wie Get-CimInstance, Remove-CimInstance etc.
- Nutzung von COM-Objekten mit dem Parameter -com im Commandlet New-Object
- Alle File-Catalog-Commandlets wie New-FileCatalog und Test-FileCatalog
- Alle Commandlets für Performance-Counter wie Get-Counter und Export-Counter
- Commandlets für Zugriffsrechtelisten: Get-Acl und Set-Acl
- Connect-WSMan
- Disable-PSTrace
- Disable-PSWSManCombinedTrace
- Disable-WSManCredSSP
- Disable-WSManTrace
- Disconnect-WSMan
- Enable-PSTrace
- Enable-PSWSManCombinedTrace
- Enable-WSManCredSSP
- Enable-WSManTrace
- Export-BinaryMiLog
- Get-AuthenticodeSignature
- Get-CmsMessage
- Get-ComputerInfo
- Get-LogProperties
- Get-TimeZone
- Get-WinEvent
- Get-WSManCredSSP
- Get-WSManInstance
- Import-BinaryMiLog
- Invoke-WSManAction
- New-WinEvent
- Restart-Computer
- Set-AuthenticodeSignature
- Set-LogProperties
- Set-TimeZone
- Set-WSManInstance
- Set-WSManQuickConfig
- Start-Trace
- Stop-Computer
- Stop-Trace
- Test-Connection
- Test-WSMan

- Unblock-File
- Unprotect-CmsMessage

13.1.3 Erweiterungsmodule

Auch in der Liste der verfügbaren Module (`Get-Module -ListAvailable`) sieht man, dass

1. die PowerShell Core 6.0 unter Windows weniger kann als die Windows PowerShell 5.1
2. die PowerShell Core 6.0-Implementierungen für Linux und MacOS noch weniger können als die PowerShell Core 6.0 unter Windows

![Bild 13.4]

Bild 13.4 Liste der mitgelieferten Module in PowerShell Core 6.0 unter Windows

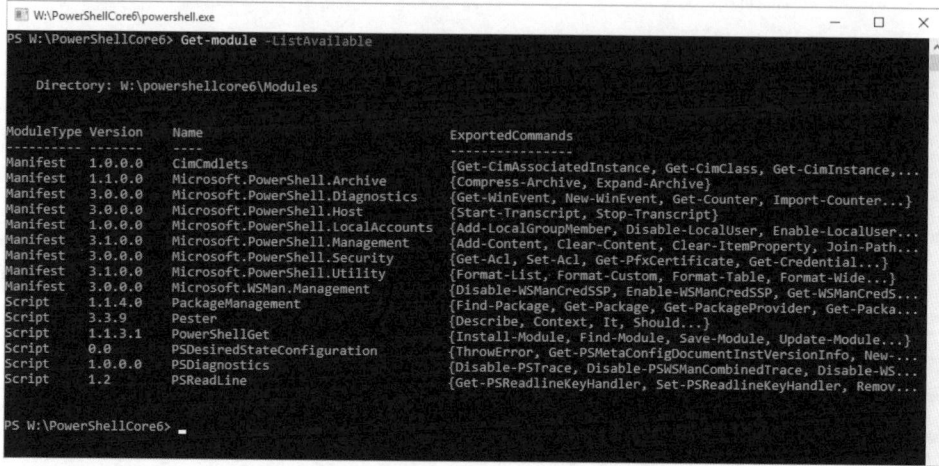

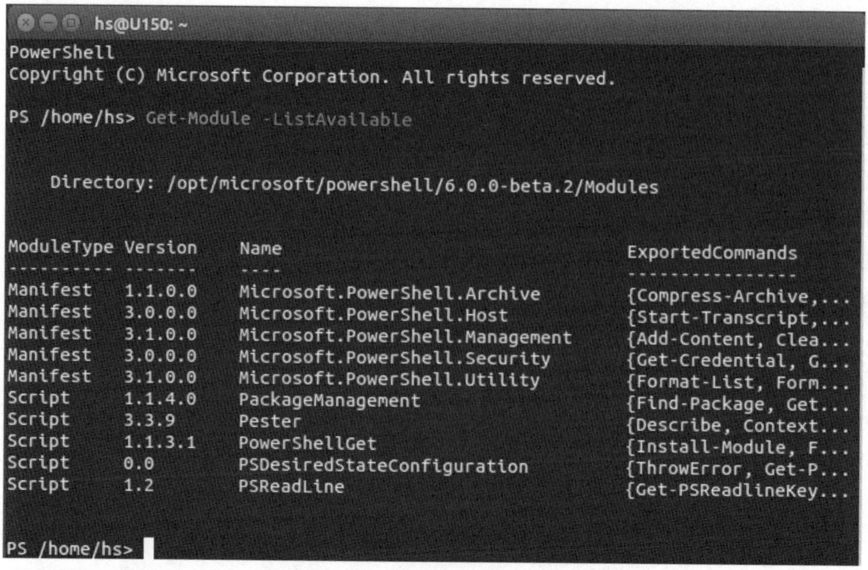

Bild 13.5 Liste der mitgelieferten Module in PowerShell Core 6.0 unter Linux und MacOS

Die zahlreichen Erweiterungsmodule für die PowerShell, die das Windows-Betriebssystem enthält (z. B. ActiveDirectory, BitLocker, DNSClient, NetAdapter, WindowsUpdate, WebAdministration), sind in PowerShell Core unter Windows sichtbar. Ab Beta 4-Version der PowerShell Core zeigt `Get-Module -ListAvailable` sie dort auch an, weil Microsoft ab dieser Version die Standardmodulverzeichnisse der Windows PowerShell auch in die PowerShell Core eingebunden hat. Die Sichtbarkeit bedeutet aber keineswegs, dass die Module auch korrekt funktionieren.

Viele dieser Module verwenden Klassen, die es im .NET Framework, aber nicht in .NET Standard 2.0 und damit nicht in .NET Core 2.0 gibt. Beispielsweise führt der Versuch, das Commandlet `Get-ADUser` aus dem Modul ActiveDirectory in der PowerShell Core auszuführen, zum Fehler: „The 'get-aduser' command was found in the module 'ActiveDirectory', but the module could not be loaded. For more information, run 'Import-Module ActiveDirectory'". Und Import-Modul ActiveDirectory führt zum Fehler „import-module: Could not load type 'System.Management.Automation.PSSnapIn' from assembly 'System.Management.Automation, Version=6.0.0.0, Culture=neutral, PublicKeyToken=31bf3856ad364e35'". Microsoft will in Zukunft weitere Module so (um)programmieren, dass sie auf .NET Core laufen.

Auf MacOS und Linux sind diese Erweiterungsmodule sowieso nicht verfügbar, weil sie ja zum Windows-Betriebssystem gehören. Ob und wann Microsoft solche Module portieren wird auf PowerShell Core und auf Linux und MacOS, ist offen (zumal ja einige diese Module sehr Windows-spezifisch sind in ihrer Funktionalität).

Unter MacOS und Linux fehlen gegenüber PowerShell Core auf Windows zusätzlich folgende Module:

- CimCommandlets
- Microsoft.PowerShell.Diagnostics
- Microsoft.PowerShell.LocalAccounts
- Microsoft.WSMan.Management
- PSDiagnostics

13.1.4 Änderungen der Parameter von PowerShell.exe

In PowerShell Core ist der Parameter `-Command` nicht mehr der Standardparameter von PowerShell.exe, sondern Microsoft verwendet nun `-File`. Dies bedeutet, dass in der klassischen Windows-Konsole oder der PowerShell-Konsole ausgeführte Befehl

```
powershell.exe $psversiontable
```

mit PowerShell Core nicht mehr funktioniert, weil ein Dateiname statt eines Befehls erwartet wird. Es erscheint der Fehler: „The argument '$psversiontable' to the -File parameter does not exist. Provide the path to an existing '.ps1' file as an argument to the -File parameter."

Hier muss man schreiben:

```
powershell.exe -command $psversiontable
```

Manche IT-Experten werden nun sagen: Es war nie eine gute Idee, unbenannte Parameter zu verwenden.

13.1.5 Neue Funktionen der PowerShell Core

Die PowerShell Core bietet vier neue eingebaute/vordefinierte Variablen, die mit Boolean-Variablen das Betriebssystem anzeigen (IsLinux, IsWindows, IsOSX) und definieren, ob .NET Core (IsCoreCLR) als Basis verwendet wird.

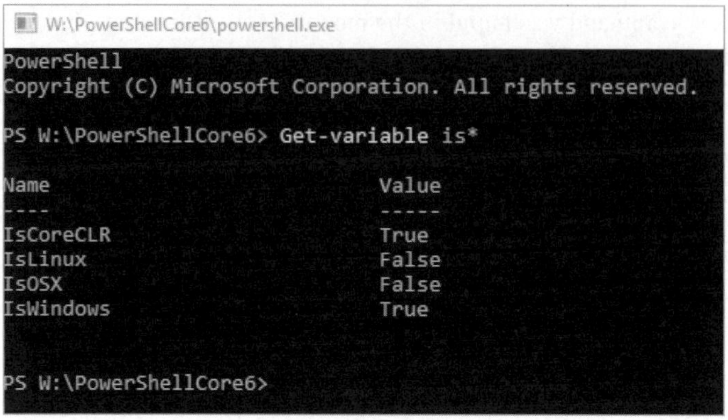

Bild 13.6
Die neuen Is-Variablen in PowerShell Core 6.0

13.2 PowerShell Core-Konsole

Das Modul PSReadline für die Eingabeunterstützung wird in PowerShell Core 6.0 mitgeliefert. Während aber die PowerShell Core unter Windows im Standard den Eingabemodus „Windows" verwendet, ist unter MacOS und Linux „Emacs" eingestellt.

Daher verhält sich die Konsole etwas anders: Während der Benutzer unter Windows nach einer Eingabe von „Get-H" und dem Drücken der Tabulatortaste den Vorschlag für das erste passende Commandlet (Get-Help) und bei jedem weiteren Drücken der Tabulatortaste für die folgenden Commandlets (Get-History und Get-Host) erhält, bekommt der Benutzer unter MacOS und Linux die Ausgabe einer Liste der passenden Commandlets nach dem ersten Drücken der Tabulatortaste. Die Eingabeaufforderung zeigt wieder den eingegebenen Text. Erst wenn die Eingabe eindeutig ist (hier z. B. bei „Get-Ho"), wird der Befehl vervollständigt. Ebenso funktioniert die Eingabeunterstützung für andere Konstrukte wie Parameter.

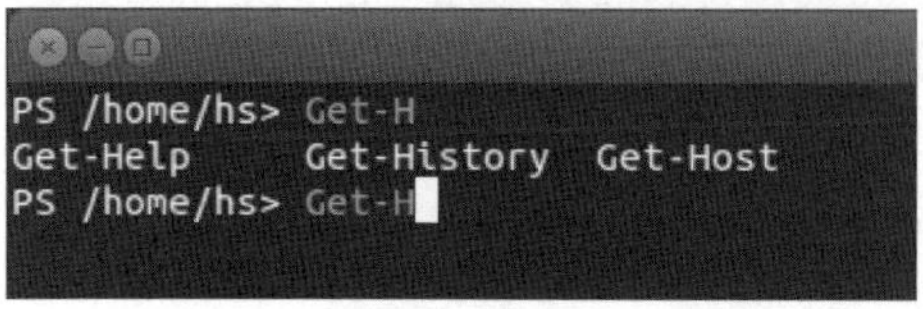

Bild 13.7
Eingabeunterstützung unter Linux im Emacs-Modus

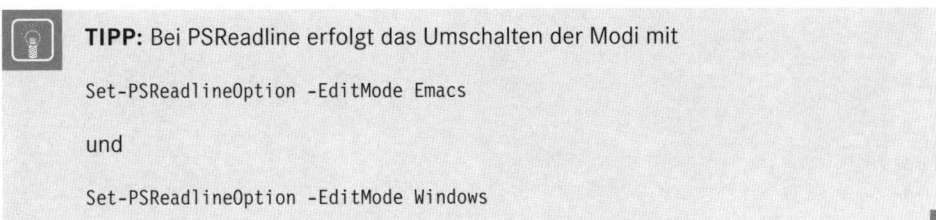

TIPP: Bei PSReadline erfolgt das Umschalten der Modi mit

```
Set-PSReadlineOption -EditMode Emacs
```

und

```
Set-PSReadlineOption -EditMode Windows
```

13.3 VSCode-PowerShell

Zur Bearbeitung von PowerShell-Skripten gibt es auf Linux und MacOS kein PowerShell Integrated Scripting Environment (ISE), sondern nur Visual Studio Code und dafür die Erweiterung „VSCode-PowerShell" [*https://github.com/PowerShell/vscode-powershell*].

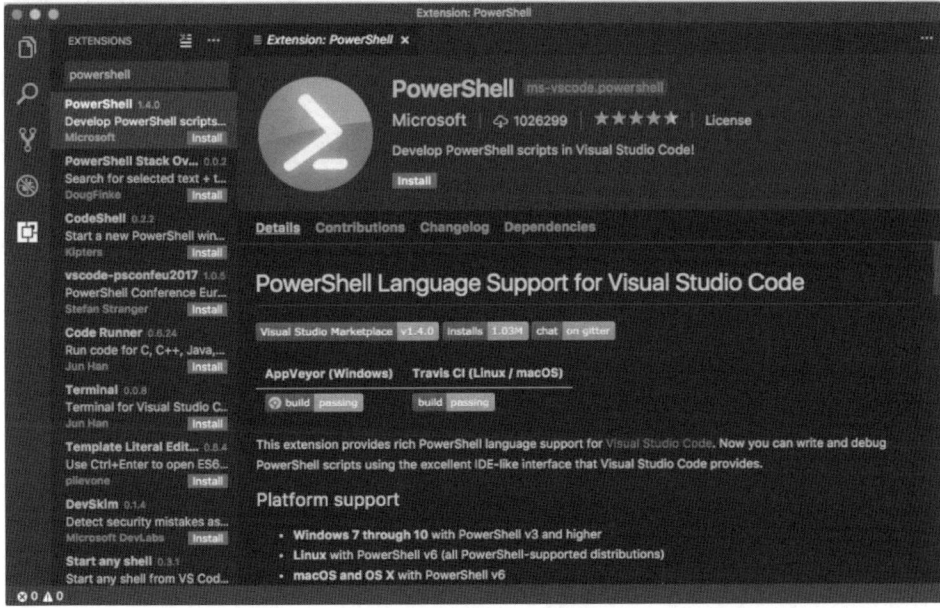

Bild 13.8 Installation der PowerShell-Erweiterung in Visual Studio Code auf MacOS

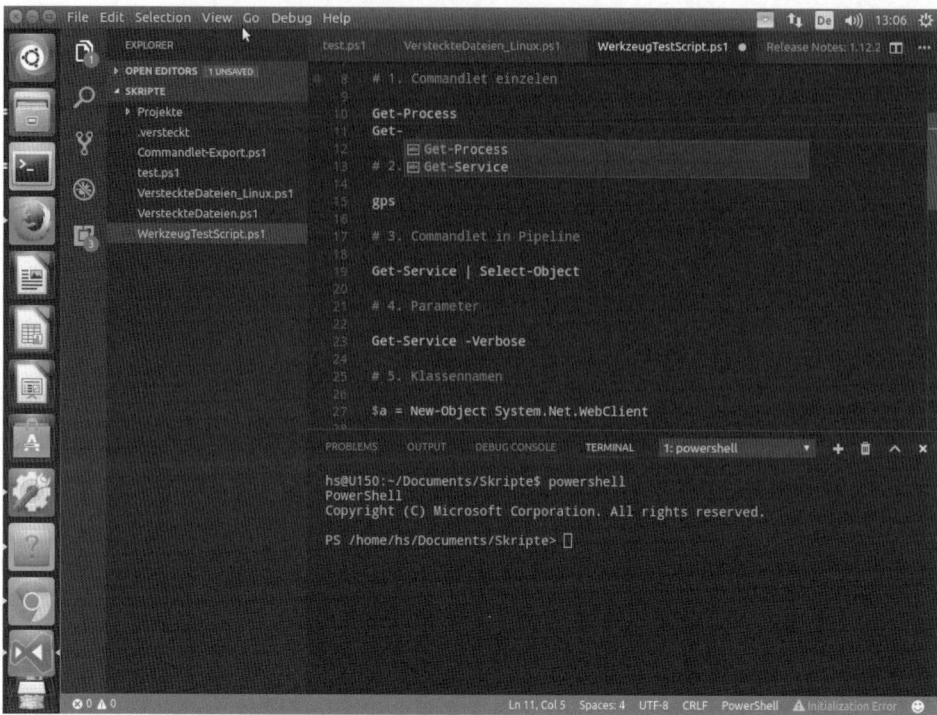

Bild 13.9 Visual Studio Code mit PowerShell-Erweiterung auf Ubuntu-Linux

13.4 Verwendung auf Linux und MacOS

Folgende Punkte sind zu beachten bei der PowerShell Core auf Linux und MacOS:

- Genau wie in der klassischen Windows PowerShell, sind auch in der PowerShell Core die Namen für Commandlets, Funktionen und Variablen **nicht** case-sensitive, d. h. also, Get-Process und get-process, $home und $HOME, dir env: und DIR ENV: sind gleichbedeutend.
- Gleichwohl sind betriebssystemspezifische Namen case-sensitive, z. B. Umgebungsvariablen. Während also in Windows PowerShell und PowerShell Core unter Windows die Befehle dir env: Path, dir env:PATH und dir env:path (sowie andere Varianten der Groß- und Kleinschreibung) gleichbedeutend möglich sind, ist unter Linux und MacOS nur dir env:PATH erlaubt.
- Die Commandlets liefern auch unter Linux und MacOS Instanzen von .NET-Klassen, z. B. Get-Process liefert Instanzen der Klasse System.Diagnostics.Process.
- Die in der Windows PowerShell definierten Aliase wie dir (für Get-ChildItem) und cd (für Set-Location), die klassische Windows-Kommandozeilenbefehle nachbilden, stehen auch unter Linux und MacOS zur Verfügung.

- Unter Windows ist ps ein Alias für Get-Process und liefert Instanzen der .NET-Klasse System.Diagnostics.Process. Unter Linux und MacOS ist ps ein eingebauter bash-Befehl für die Prozessliste, die eine Zeichenkette (System.String) liefert. Gleiches gilt für ls, cat, man u. a.
- Während unter Windows in Pfadnamen beide Schrägstricharten erlaubt sind (dir c:/users/hs und dir c:\users\hs), ist unter Linux und MacOS nur der nach vorne gerichtete Schrägstrich erlaubt (dir /home /hs bzw. dir /users /hs).
- Als eingebaute Laufwerke bieten Linux und MacOS nur das Dateisystem (/) und Umgebungsvariablen sowie die PowerShell-Konstrukte Variablen, Funktionen und Aliase (siehe Bild).
- Unix-basierte Dateisysteme kennen keine Dateiattribute und daher kann man dort auch Parameter wie -Attributes bei Get-ChildItem nicht einsetzen. Unter Linux und MacOS versteckt man Dateien und Ordner, indem der Name mit einem Punkt beginnt. Wie unter Windows nimmt man versteckte Dateien und Ordner mit dem Parameter -force bei Get-ChildItem (alias dir) in die Ausgabemenge auf.

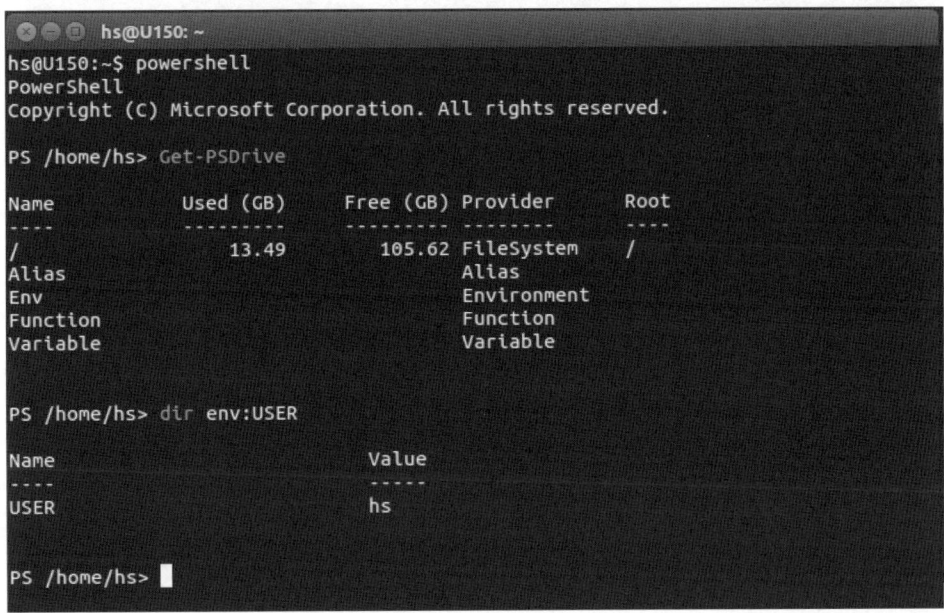

Bild 13.10 Get-PSDrive und dir env:User unter Linux

```
● ● ●                    ⌂ HS — powershell — 80×24
DE549:~ HS$ powershell
PowerShell
Copyright (C) Microsoft Corporation. All rights reserved.

PS /Users/HS> Get-PSDrive

Name              Used (GB)      Free (GB) Provider        Root
----              ---------      --------- --------        ----
/                     11.68          34.52 FileSystem      /
Alias                                      Alias
Env                                        Environment
Function                                   Function
Variable                                   Variable


PS /Users/HS> dir env:USER

Name                           Value
----                           -----
USER                           HS


PS /Users/HS>
```

Bild 13.11 Get-PSDrive und dir env:User unter MacOS

13.4.1 Praxisbeispiel: einen klassischen Linux-Befehl in der PowerShell-Pipeline verwenden

Der Wert der PowerShell Core unter Linux und MacOS liegt in den mächtigen Pipelining- sowie Ein- und Ausgabe-Commandlets. Für konkrete Zugriffe auf das Betriebssystem gibt es hingegen für die PowerShell Core unter MacOS und Linux außer für das Dateisystem und die Prozessverwaltung noch fast keine Commandlets. Man wird also hier immer klassische Linux- und MacOS-Kommandozeilenbefehle mit zeichenkettenbasierter Verarbeitung in die PowerShell einbinden. Wie dies geht, soll hier an folgendem Beispiel erläutert werden: Die Liste der Linux-Benutzerkonten soll ausgewertet werden. Dies erledigt man unter Linux mit der Ausgabe der Datei */etc/passwd*. Der Linux-Kommandozeilenbefehl `cat` liefert eine Zeichenkette mit Zeilenumbrüchen, wobei die einzelnen Werte durch einen Doppelpunkt getrennt sind, z. B.

hplip:x:114:7:HPLIP system user,,,:/var/run/hplip:/bin/false

hs:x:1000:1000:HS,,,:/home/hs:/bin/bash

Aus der Sicht der PowerShell ist dies eine Liste der .NET-Klasse `System.String`. Um diese als Objekte weiterzuverarbeiten, kann das Commandlet `ConvertFrom-CSV` zum Einsatz kommen.

```
cat /etc/passwd | ConvertFrom-CSV -Delimiter ':' -Header Name,Passwd,UID,GID,Descript
ion,Home,Shell | Where-Object name -like "H*" | Sort-Object Name | Format-Table
```

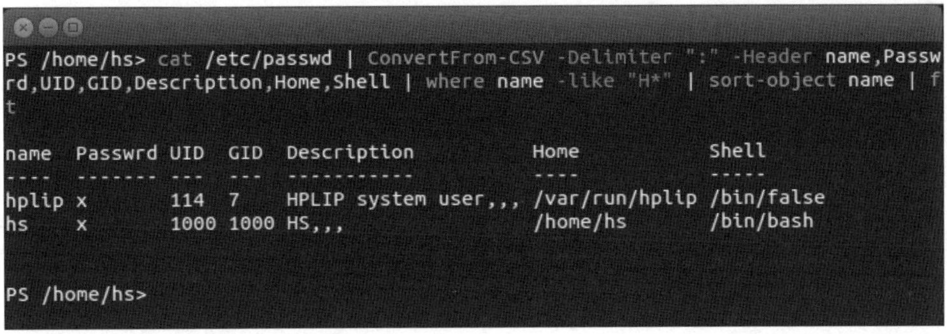

```
PS /home/hs> cat /etc/passwd | ConvertFrom-CSV -Delimiter ":" -Header name,Passw
rd,UID,GID,Description,Home,Shell | where name -like "H*" | sort-object name | f
t

name  Passwrd UID  GID  Description            Home            Shell
----  ------- ---  ---  -----------            ----            -----
hplip x       114  7    HPLIP system user,,,   /var/run/hplip  /bin/false
hs    x       1000 1000 HS,,,                  /home/hs        /bin/bash


PS /home/hs>
```

Bild 13.12 Ausgabe des obigen Befehls

13.4.2 Praxisbeispiel: Dateien unter Linux und MacOS verstecken und versteckte Dateien auflisten

Im folgenden Skript wird ein Ordner mit drei Dateien und einem Unterordner angelegt. Eine Datei und der Unterordner werden versteckt, indem der Name nun mit einem Punkt beginnt. Der Befehl dir ohne -force findet dann nur noch zwei Dateien. Mit -force sind es vier Elemente: dir $pfad ".*" -force

Listing 13.1 PSCore\Linux\VersteckteDateien_Linux.ps1

```
$pfad = "/home/hs/Documents/Skripte/Projekte"
if (test-path $pfad) { remove-item $pfad -force}

# Ordner mit drei Dateien anlegen
md $pfad
"irgendein Inhalt" | Set-Content "$pfad/datei1.txt"
"irgendein Inhalt" | Set-Content "$pfad/datei2.txt"
"irgendein Inhalt" | Set-Content "$pfad/datei3.txt"
md "$pfad/ordner"

# Ermitteln der Elementanzahl
(dir $pfad).count # 4

# Verstecken einer Datei
rename-item "$pfad/datei3.txt" "$pfad/.datei3.txt"
# Verstecken des Ordners
rename-item "$pfad/ordner" "$pfad/.ordner"

(dir $pfad).count # 2
(dir $pfad -Force).count # 4
(dir $pfad ".*" -force).Count # 2
```

13.5 PowerShell-Remoting via SSH

PowerShell Remoting via PowerShell Remoting Protocol (PSRP) ist in PowerShell Core über WSMan (bei installierter Open Management Infrastructure (OMI) auf Linux/MacOS *[https://github.com/PowerShell/psl-omi-provider]* oder über SSH (Secure Shell) möglich. Für die Verwendung von SSH besitzen die Commandlets Enter-PSSession, New-PSSession und Invoke-Command die neuen Parameter -SSHTransport, -Hostname und -KeyFilePath.

Die PowerShell muss mit dem Kommandozeilenparameter -sshs in die SSH-Server eingebunden sein (vgl. *[https://github.com/PowerShell/PowerShell/tree/master/demos/SSHRemoting]*).

Beispiel: PowerShell Remoting von Linux zu einem Windows-System, sofern dort SSH (z. B. Win32 OpenSSH *[https://github.com/PowerShell/Win32-OpenSSH]*) installiert und konfiguriert ist.

```
Enter-PSSession -hostname PC123 -sshtransport -username hs
```

Wie in der klassischen PowerShell fragt auch PowerShell Core das Kennwort interaktiv ab. Die Angabe von -KeyFilePath unter Angabe der Private-Key-Datei ist nur notwendig, wenn SSH mit Key Authentication verwendet werden soll.

HINWEIS: Bei der Verbindung zu Linux-Systemen ist die Groß- und Kleinschreibung des Benutzernamens zu beachten!

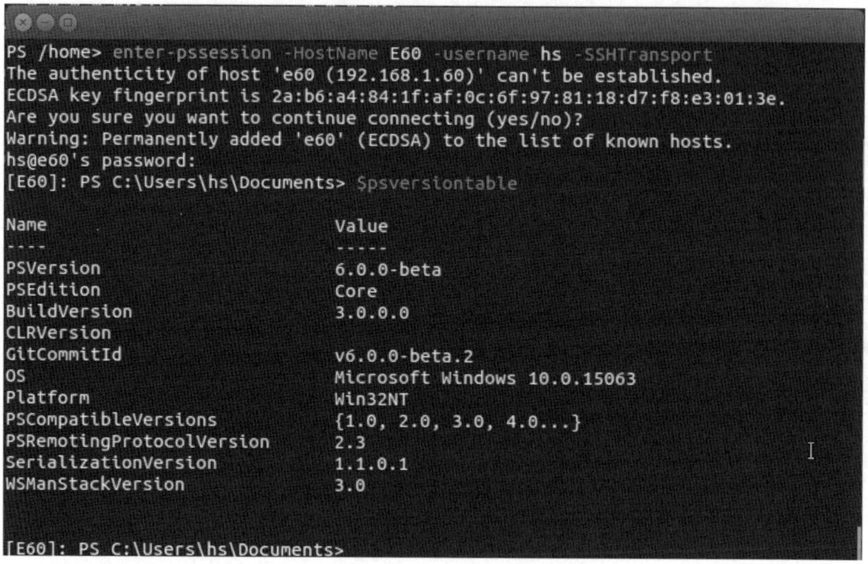

Bild 13.13 PowerShell Remoting via SSH (Linux zu Windows)

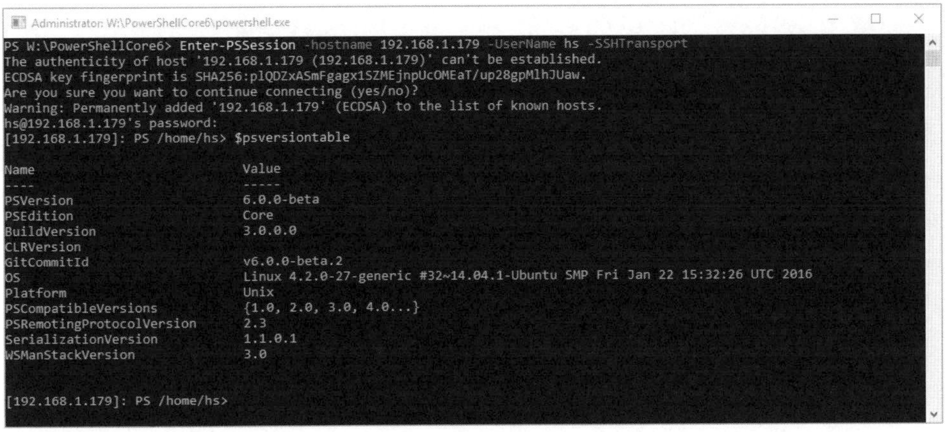

13.5 PowerShell-Remoting via SSH

Bild 13.14 PowerShell Remoting via SSH (Windows zu Linux)

Innerhalb einer Fernsitzung kann man keine weitere Sitzung zu einem anderen System aufbauen (siehe folgendes Bild).

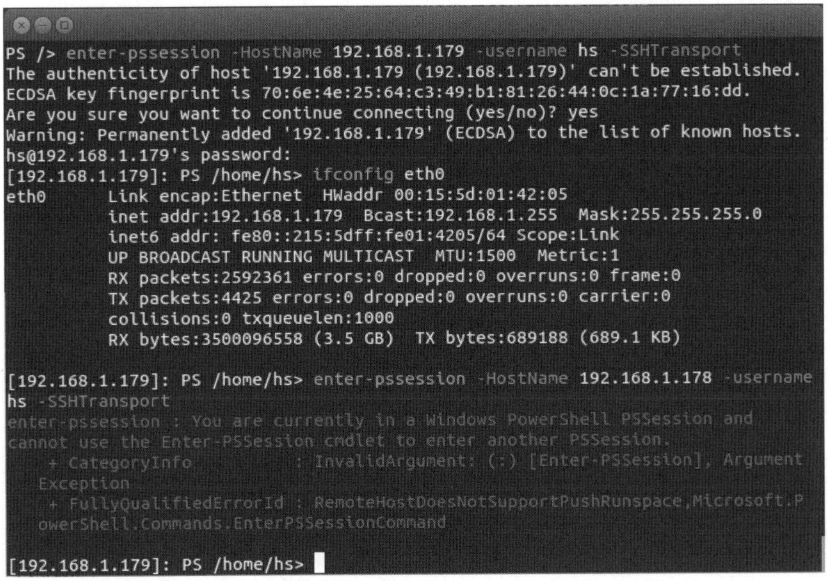

Bild 13.15 PowerShell Remoting via SSH (Linux zu Linux)

 HINWEIS: Die in den Bildschirmabbildungen in der Nachfrage der PowerShell erwähnte „Known Hosts"-Liste findet man unter Linux unter */home/benutzer/.ssh/known_hosts* und unter Windows unter *C:/Users/benutzer/.ssh/known_hosts*.

Teil B: PowerShell-Aufbauwissen

Inhalte dieses Buchteils sind die erweiterten Möglichkeiten der PowerShell, insbesondere der Zugriff auf Klassenbibliotheken (.NET, COM und WMI) sowie die Einbindung von Commandlet-Erweiterungen (PowerShell Snap-Ins).

14 Verwendung von .NET-Klassen

Mit der Windows PowerShell kann man jede .NET-Klasse (also jeden Typ) aus der .NET-Framework-Klassenbibliothek (alias „Framework Class Library" – kurz: FCL) oder aus anderen .NET-Bibliotheken von Microsoft oder Drittanbietern verwenden. Die PowerShell Core kann alle zu .NET Core 2.0-kompatiblen .NET-Bibliotheken nutzen. Um diese Kompatibilität formal zu definieren, gibt es den .NET Standard 2.0.

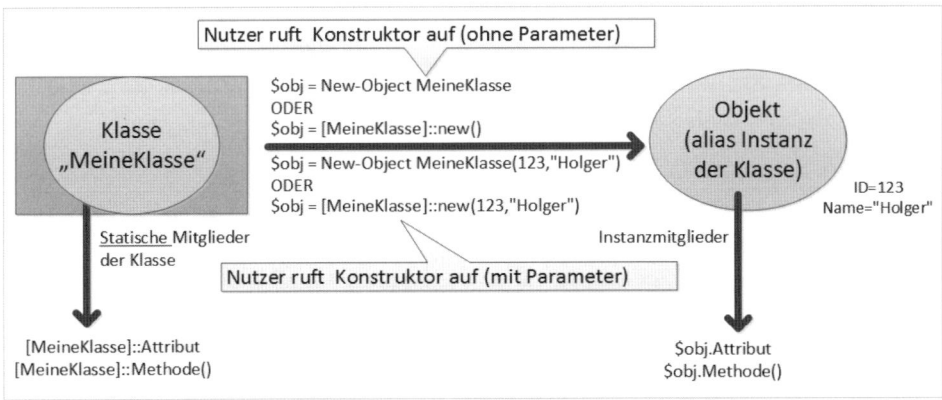

Bild 14.1 Grafischer Überblick über die Verwendung von .NET-Klassen in PowerShell

■ 14.1 Microsoft Developer Network (MSDN)

Extrem wichtig bei der Verwendung von .NET-Klassen ist, dass Sie die Dokumentation der .NET-Klassen in der Microsoft Developer Network Library (MSDN Library) nutzen. Die Dokumentation der .NET-Klassen findet man aktuell unter folgender URL (wobei sich diese URL in der Vergangenheit leider schon häufiger geändert hat, aber eine Google-Suche nach „.net class library" hilft meistens): *http://msdn.microsoft.com/en-us/library/gg145045*.aspx.

Die Dokumentation richtet sich zwar an Softwareentwickler und bietet daher nur Beispiele für die Verwendung der .NET-Klassen in C#, F#, C++ und Visual Basic .NET, aber ist dennoch unerlässlich für das Verständnis, was Sie als PowerShell-Nutzer mit einer bestimmten .NET-Klasse machen können und wie sie diese zu verwenden haben.

Die folgende Bildschirmabbildung zeigt die Startseite der Dokumentation, die einen Überblick über die Namensräume gibt. Die rund 13 500 .NET-Klassen (Stand .NET 4.7) sind in Namensräume gruppiert. Innerhalb dieses Kapitels finden Sie immer wieder Bildschirmabbildungen aus der MSDN-Dokumentation, die Ihnen helfen, die im Buch besprochenen Konstrukte/Fälle in der Dokumentation zu erkennen.

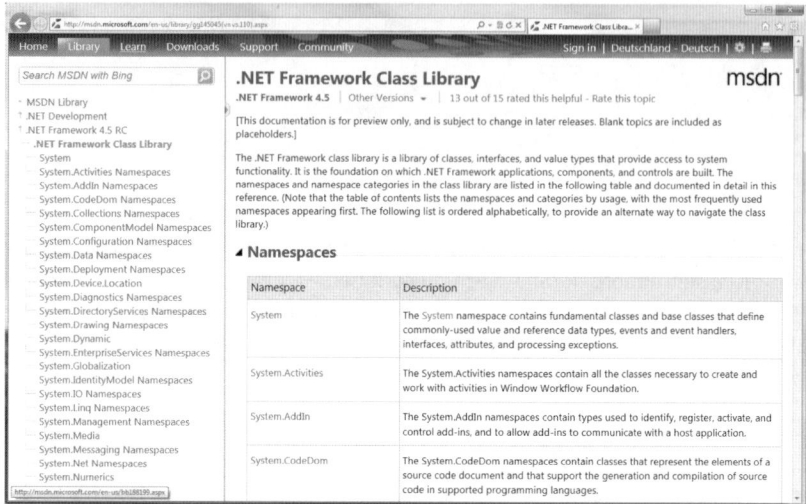

Bild 14.2 Startseite der MSDN-Dokumentation der .NET-Klassenbibliothek

■ 14.2 Erzeugen von Instanzen

Mit dem Commandlet `New-Object` kann der PowerShell-Nutzer jede beliebige .NET-Klasse (oder eine COM-Klasse, siehe nächstes Kapitel) instanziieren und so eine Instanz der Klasse (also ein Objekt) erhalten.

Beispiel 1:

```
$w = New-Object System.Net.WebClient
```

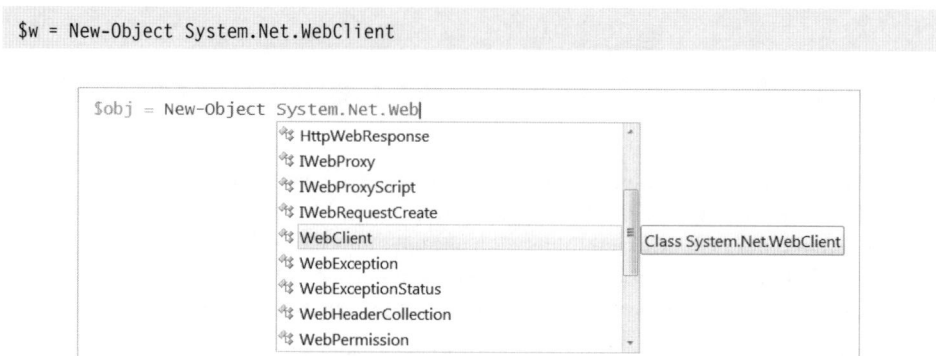

Bild 14.3 Die PowerShell-ISE bietet Eingabeunterstützung für .NET-Klassennamen nach New-Object.

14.2 Erzeugen von Instanzen

Beispiel 2:

```
$zufallszahlgenerator = New-Object System.Random
```

Beispiel 3 (wobei es hierfür seit PowerShell 5.0 auch das Commandlet New-Guid gibt).

```
$guid = New-Object System.Guid
```

 TIPP: Die PowerShell bietet eine besondere Behandlung für WMI (System.Management), ADSI (System.DirectoryServices) und ADO.NET (System.Data). Objekte aus diesen Bibliotheken werden über Objektadapter dem Nutzer vereinfacht dargestellt. Dies wird später im Buch besprochen.

Konstruktorfunktion new() seit PowerShell 5.0

Seit PowerShell 5.0 gibt es eine alternative Syntaxform für die Instanziierung von .NET-Klassen unter Angabe des Klassennamens in eckigen Klammern gefolgt von zwei Doppelpunkten und Konstruktorfunktion new():

Muster:

```
[KLASSENAME]::new()
```

Beispiel 1:

```
$r = [System.Random]::new()
```

Die Konstruktorfunktion new() ist etwas schneller als das Commandlet New-Object. Allerdings wirkt sich dieser Geschwindigkeitsvorteil in der Praxis eher selten aus. Der folgende Geschwindigkeitstest liefert bei 10 000 Instanziierungen für New-Object eine Dauer von 1,003 Sekunden und für ::new() 0,258 Sekunden.

Listing 14.1 Geschwindigkeitstest: New-Object versus new()

```
$durchläufe = 10000
"Geschwindigkeitstest: $durchläufe Instanziierungen"
"$durchläufex New-Object`t" + (Measure-Command { 1..$durchläufe | foreach { New-Object System.Random } }).TotalMilliseconds + "ms"
"$durchläufex new()`t`t" + (Measure-Command { 1..$durchläufe | foreach { [System.Random]::new() } }).TotalMilliseconds + "ms"
```

```
Geschwindigkeitstest: 10000 Instanziierungen
New-Object  1003.6399ms
new()        258.6238ms
```

Bild 14.4 Ausgabe des obigen Geschwindigkeitstests

Praxisbeispiel

Das folgende Praxisbeispiel verwendet die .NET-Klasse System.Random, um eine PowerShell-Funktion zu realisieren, die ein beliebig langes Kennwort generiert.

Listing 14.2 [New-Password.ps1]

```
Function New-Password([int] $Anzahl)
{
$kennwort = ""
$zufallszahlgenerator = New-Object System.Random
for($i=0;$i -lt $Anzahl;$i++) { $kennwort = $kennwort +[char]$zufallszahlgenerator.
next(33,127) }
return $kennwort
}

New-Password 12
```

Als Ergebnis erhält man z. B.

```
New-Password 10
```

6BLoL!EGLi

```
New-Password 20
```

$`cE!"8_dhXWN,<u?`u<

14.3 Parameterbehaftete Konstruktoren

Ein Konstruktor ist der Programmcode, der in der Klasse beim Instanziieren der Klasse aufgerufen wird. .NET-Klassen können in den Konstruktoren Parameter erwarten. Diese kann man mit oder ohne runde Klammern nach dem Klassennamen beim Instanziieren angeben.

Beispiele:

```
$o = New-Object System.Directoryservices.DirectoryEntry("LDAP://ServerF112")
```

oder

```
$o = New-Object System.Directoryservices.DirectoryEntry "LDAP://ServerF112"
```

Auch die Konstruktorfunktion kann man einsetzen:

```
$o = [System.Directoryservices.DirectoryEntry]::new("LDAP://ServerF112")
```

Ganz ausführlich kann man den Befehl auch so schreiben:

```
$o = New-Object -typename System.Directoryservices.DirectoryEntry -ArgumentList
"LDAP://ServerF112"
```

ACHTUNG: Einige Klassen erlauben den Aufruf ohne Konstruktorparameter (z. B. System.Net.WebClient). Man sagt, dass sie einen „parameterlosen Konstruktor" haben. Andere Klassen (z. B. System.Directoryservices. DirectoryEntry) erfordern aber zwingend die Angaben von einem oder mehreren Parametern. Es gibt auch Klassen, die sowohl einen parameterlosen Konstruktor haben als auch einen Konstruktor mit Parameter, z. B. System. Random oder System.DateTime.

Ein Beispiel anhand der Klasse System.Random:

```
# Ohne Konstruktorparameter
$zufallszahlgenerator = New-Object System.Random
# Mit Konstruktorparameter (Ausgangszahl für die "Berechnung" der Zufallszahl)
$zufallszahlgenerator = New-Object System.Random(100)
# Mit Konstruktorfunktion und Konstruktorparameter (Ausgangszahl für die "Berechnung"
der Zufallszahl)
$zufallszahlgenerator = [System.Random]::New(100)
$zufallszahlgenerator.Next(50,100)
```

Ein weiteres Beispiel anhand der Klasse System.DateTime:

```
# Montag, 1. Januar 0001 00:00:00
$obj = new-Object System.DateTime
# Montag, 13. August 2012 20:10:59
$obj = new-Object System.DateTime(2012,8,13, 20,10,59)
# Montag, 13. August 2016 20:10:59
$obj = [System.DateTime]::new(2016,8,13, 20,10,59)
```

Ein weiteres Beispiel mit der Konstruktorfunktion new() seit PowerShell 5.0:

```
[KLASSENAME]::new() möglich.
$b = [System.Directoryservices.DirectoryEntry]::new("WinNT://Server113/HS")
$b.FullName
$b.Description = "Autor dieses Buchs"
$b.SetInfo()
```

14.4 Initialisierung von Objekten

Neu seit PowerShell-Version 3.0 ist die Möglichkeit, Objektinstanzen schon bei der Erzeugung mit Werten aus einer Hash-Tabelle zu initialisieren

```
@ { Name1=Wert; Name2=Wert; usw. }
```

auch wenn diese keinen Konstruktor oder keinen geeigneten Konstruktor besitzen. Dass ein entsprechender Konstruktor fehlt, kommt bei .NET-Klassen nur selten vor. Mit etwas Suchen findet man dann doch eine Klasse wie System.Data.SqlClient.SqlConnection. Diese besitzt im Konstruktor nur die Übergabemöglichkeit einer Verbindungszeichenfolge. Das

Einschalten der Verbindungsstatistik muss man nachher erledigen. Das folgende Listing zeigt die zwei bisher möglichen Varianten (ohne Konstruktorparameter und mit Konstruktorparameter) sowie die neue Variante mit einer Initialisierung durch eine Hashtable. Es schont die Fingerkuppen, ist aber meist weniger übersichtlich.

Listing 14.3 Initialisierungsoptionen für die Klasse SqlClient [dotnet.ps1]

```
# Bisher: ohne Konstruktorparameter
$dbconnection = New-Object System.Data.Sqlclient.SqlConnection
$dbconnection.ConnectionString = "Data Source=.\SQLEXPRESS;Initial catalog=wwwings6;
Integrated Security=True;"
$dbconnection.StatisticsEnabled   = $true
$dbconnection.open()
$dbconnection.State

# Bisher: mit Konstruktorparameter
$dbconnection = New-Object System.Data.Sqlclient.SqlConnection("Data Source=.\
SQLEXPRESS;Initial catalog=wwwings6;Integrated Security=True;")
$dbconnection.StatisticsEnabled   = $true
$dbconnection.open()
$dbconnection.State

# Seit PowerShell-Version 3.0: mit Objektinitialisierung
$dbconnection = [System.Data.Sqlclient.SqlConnection] @{
ConnectionString = "Data Source=.\SQLEXPRESS;Initial catalog=wwwings6;Integrated
Security=True;";
StatisticsEnabled   = $true }
$dbconnection.open()
$dbconnection.State
```

14.5 Nutzung von Attributen und Methoden

Attribute und Methoden eines mit `New-Object` erzeugten .NET-Objekts nutzt man genauso wie Attribute und Methoden eines .NET-Objekts, das von einem Commandlet über die Punktnotation erzeugt wurde (Trennung von Objekt und Mitglied durch einen Punkt „."").

Das Beispiel zeigt das Herunterladen einer HTML-Seite von einer HTTP-Adresse mit Hilfe der Methode `DownloadString()` und der Eigenschaft `ResponseHeaders` in der Klasse `System.Net.WebClient`.

Listing 14.4 Herunterladen einer HTML-Seite von einer HTTP-Adresse

```
$wc = (new-object System.Net.WebClient)
$wc.DownloadString("http://www.powershell-doktor.de")
"Zusätzliche Header-Informationen:"
$wc.ResponseHeaders.ToString()
```

Ein weiteres Beispiel sei gegeben anhand einer Instanz der Klasse `System.DateTime`, wo zu einem Datum eine Eigenschaft ausgegeben wird und dann eine Konvertierungsroutine aufgerufen wird:

```
$obj = new-Object System.DateTime(2012,1,26)
$obj.Day
$obj.ToLongDateString()
```

Ob der Konstruktor einen Parameter erwartet oder nicht, macht nur bei `New-Object` einen Unterschied. Die weitere Verwendung über die Punktnotation ist gleich.

	DownloadFile(Uri, String)	Downloads the resource with the specified URI to a local file.
◆	DownloadFileAsync(Uri, String)	Downloads, to a local file, the resource with the specified URI. This method does not block the calling thread.
◆	DownloadFileAsync(Uri, String, Object)	Downloads, to a local file, the resource with the specified URI. This method does not block the calling thread.
◆	DownloadFileTaskAsync(String, String)	
◆	DownloadFileTaskAsync(Uri, String)	
◆	DownloadString(String)	Downloads the requested resource as a String. The resource to download is specified as a String containing the URI.
◆	DownloadString(Uri)	Downloads the requested resource as a String. The resource to download is specified as a Uri.
◆	DownloadStringAsync(Uri)	Downloads the resource specified as a Uri. This method does not block the calling thread.
◆	DownloadStringAsync(Uri, Object)	Downloads the specified string to the specified resource. This method does not block the calling thread.
◆	DownloadStringTaskAsync(String)	

Bild 14.5 Informationen über die verfügbaren Attribute und Methoden eines Objekts (inkl. deren Parameter) liefert die MSDN-Dokumentation, hier am Beispiel der Klasse System.Net.Webclient.

Listing 14.5 Informationen von einem Active-Directory-Domänencontroller

```
$o = New-Object System.Directoryservices.DirectoryEntry("LDAP://ServerF112")
"Beschreibungstext: " + $o.description
"Ganzer Name: " + $o.distinguishedName
```

Das obige Skript liefert zum Beispiel folgende Ausgabe:

```
Beschreibungstext: FBI Windows Network
Ganzer Name: DC=FBI,DC=de
```

Eigenschaften kann man auch setzen. Das folgende Beispiel zeigt, wie man die Bezeichnung eines Laufwerks ändert, indem man einfach einen neuen Wert in die Eigenschaft `Volume-Label` schreibt.

```
$drive = New-Object System.IO.DriveInfo("c:\")
"Bezeichnung des Laufwerks C: vorher: " + $drive.VolumeLabel
$drive.VolumeLabel = "Systemlaufwerk"
"Bezeichnung des Laufwerks C: nachher: " + $drive.VolumeLabel
```

In manchen Fällen reicht das Beschreiben der Eigenschaft nicht und man muss zur Bestätigung noch eine Methode aufrufen. Dies zeigt das folgende Beispiel, indem man den Beschreibungstext einer Active-Directory-Domäne setzt. In diesem Fall ist zur tatsächlichen physikalischen Speicherung der Aufruf `CommitChanges()` notwendig. Ob ein Methodenaufruf notwendig ist oder nicht, sagt die MSDN-Dokumentation typischerweise im Beschreibungstext der Klasse.

```
$o = New-Object System.Directoryservices.DirectoryEntry("LDAP:// ServerF112")
$o.description = "Windows Domäne des FBI"
$o.CommitChanges()
```

Bei der Klasse SoundPlayer muss man zum Abspielen einer Tonfolge (.wav-Datei) ebenfalls eine Eigenschaft setzen und dann eine Methode aufrufen. Alternativ kann man den Standort der Audiodatei auch schon im Konstruktor übergeben.

```
"Sound abspielen:"
$sound = new-Object System.Media.SoundPlayer
$sound.SoundLocation="c:\WINDOWS\Media\notify.wav";
$sound.Play();

"Sound abspielen:"
$sound = new-Object System.Media.SoundPlayer("c:\WINDOWS\Media\notify.wav")
$sound.Play();
```

■ 14.6 Statische Mitglieder in .NET-Klassen und statische .NET-Klassen

.NET-Klassen besitzen das Konzept der statischen Mitglieder (Klassenmitglieder). Diese Mitglieder gehören zu der Klasse selbst; man kann und muss sie aufrufen, ohne eine Instanz zu erzeugen.

Für den Fall der statischen Mitglieder gibt es in der PowerShell ein anderes Konstrukt, bei dem man den .NET-Klassennamen in eckige Klammern setzt und dann den Namen des Mitglieds mit zwei Doppelpunkten abtrennt.

Beispiel:

GetDrives() ist ein statisches Mitglied der Klasse System.IO.DriveInfo:

```
[System.IO.DriveInfo]::GetDrives()
```

14.6 Statische Mitglieder in .NET-Klassen und statische .NET-Klassen

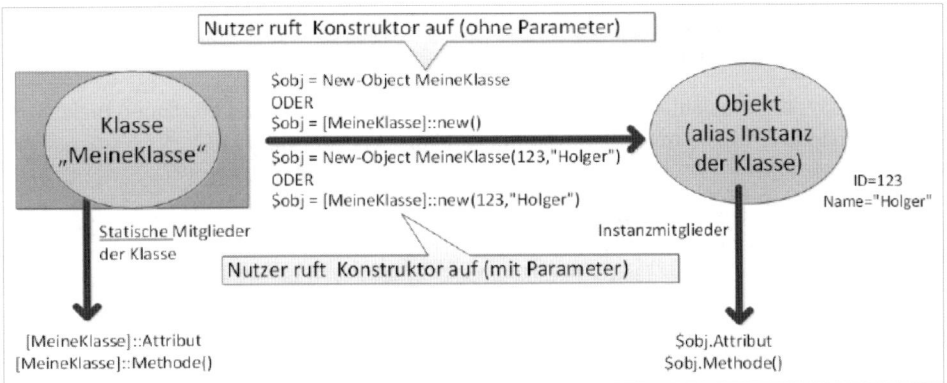

Bild 14.6 Aufruf von Attributen und Methoden: statische Mitglieder versus Instanzmitglieder

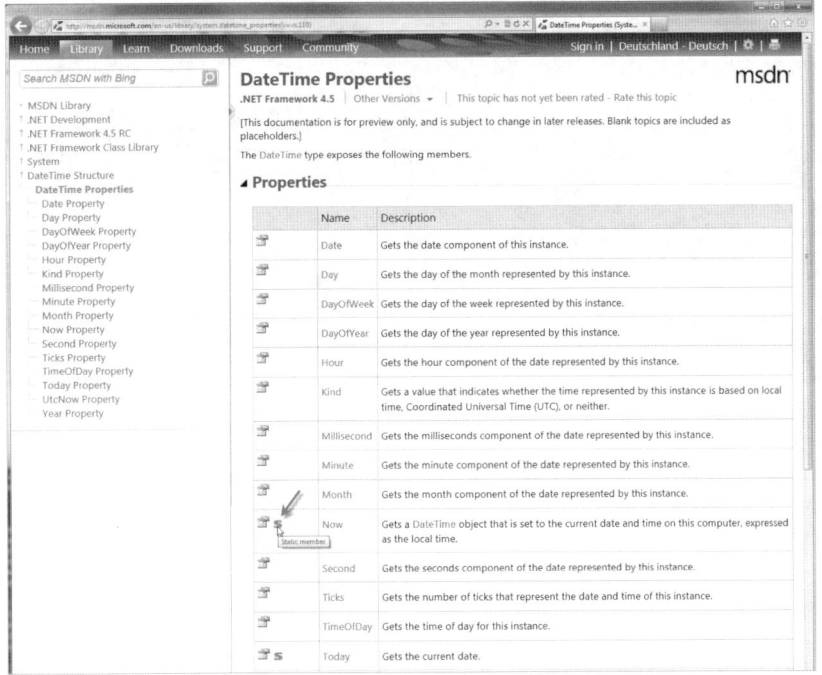

Bild 14.7 Statische Klassemitglieder sind in der MSDN-Dokumentation mit einem „s" gekennzeichnet.

Auch die Klasse `System.DateTime` besitzt ein statisches Mitglied, das Property Now, das das aktuelle Datum und die aktuelle Zeit liefert:

```
[System.DateTime]::Now
```

Anstelle der Notation mit eckigen Klammern kann man auch den eingebauten PowerShell-Typ [Type] verwenden, der auf Basis einer Zeichenkette ein .NET-Typobjekt erzeugt. Damit kann man das obige Beispiel auch so schreiben:

```
([Type] "System.IO.DriveInfo")::GetDrives()
([Type] "System.DateTime")::Now
```

Die Klasse System.Math bietet zahlreiche statische Eigenschaften und Methoden (bei denen die Parameter wie üblich in runden Klammern übergeben werden), z. B.

```
[System.Math]::PI # Wert von PI 3,14159265358979
[System.Math]::Cos(90) # Kosinus -0,44807361612917
[System.Math]::Log(16,2)   # Logarithmus 4
[System.Math]::Truncate(12.34) # Abschneiden der Nachkommastellen 12
```

Eine Liste aller statischen Eigenschaften und Methoden einer Klasse erhält man mit dem Parameter -static bei Get-Member.

Beispiel: [System.Math] | Get-Member -static

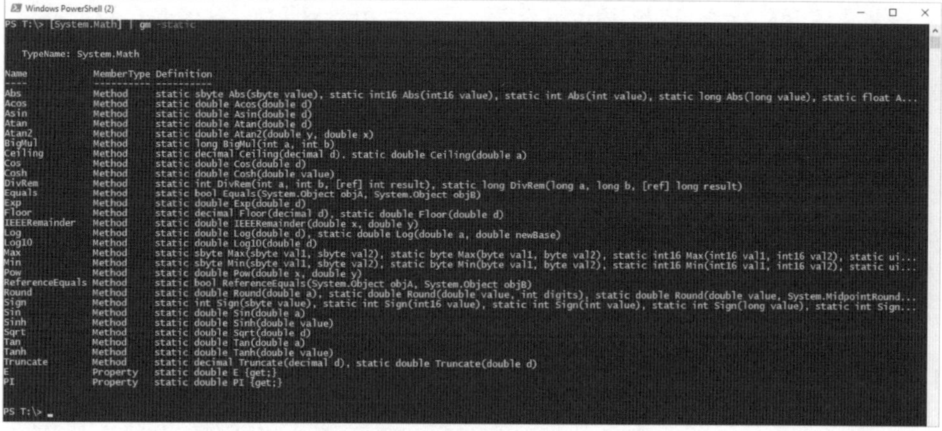

Bild 14.8 Ausgabe der statischen Mitglieder der Klasse System.Math

Eine **statische Klasse** ist eine Klasse, die nur statische Mitglieder besitzt. Beispiele dafür sind System.Environment. Hier kann man sich sehr gut merken, dass es keinen Sinn macht, mehrere „Umgebungen" zu haben. Es gibt genau eine Umgebung. Solche Klassen besitzen keinen Konstruktor.

Beispiele:

```
[System.Environment]::UserName
[System.Environment]::MachineName
[System.Environment]::OSVersion
```

Der folgende Befehl nutzt die statische Methode Beep() in der statischen Klasse System.Console zur Ausgabe eines Tons:

```
[System.Console]::Beep(800, 500)
```

Von statischen Klassen kann man keine Instanzen erzeugen, sondern nur die statischen Mitglieder nutzen. Folglich kann man das Commandlet New-Object auf statische Klassen nicht anwenden.

```
# Das geht nicht:
#(New-Object System.Console).Beep(800,500)
```

Hier kommt es zur Fehlermeldung „A constructor was not found". Diese Meldung heißt im Umkehrschluss aber nicht zwingend, dass es sich um eine statische Klasse handelt. Die Meldung heißt nur, dass es keinen Konstruktor mit der angegebenen Anzahl der Parameter gibt. So kommt es zur gleichen Fehlermeldung bei der Ausführung von

```
$d = New-Object System.IO.DriveInfo
```

auch wenn die `System.IO.DriveInfo` keine statische Klasse ist. Aber es ist eine Klasse, die verpflichtend einen Parameter im Konstruktor erwartet, z.B.

```
$d = New-Object System.IO.DriveInfo("C")
```

oder

```
$d = New-Object System.IO.DriveInfo("C:")
```

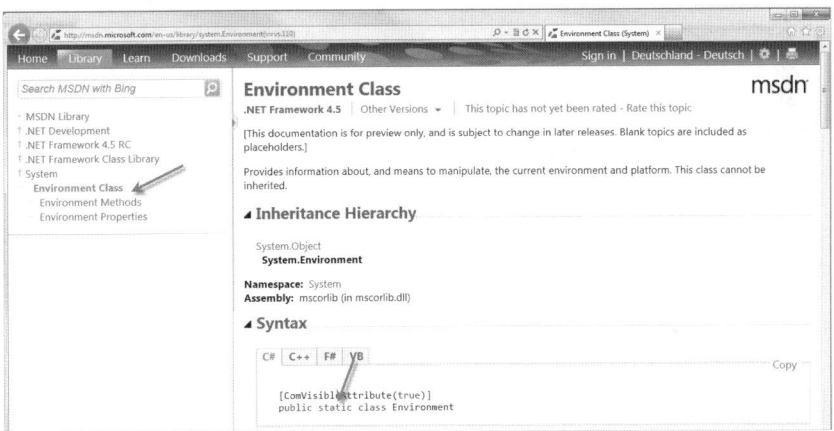

Bild 14.9 In der MSDN-Dokumentation erkennt man eine statische Klasse an dem fehlenden Ast „Constructors" und an dem Eintrag „static" bei C#.

Auch auf statische Mitglieder einer Klasse kann man über Variablen zugreifen. Dabei wird der Variablen nicht mit `New-Object` eine Instanz der Klasse zugewiesen, sondern die Klasse selbst über die Schreibweise in eckigen Klammern.

```
PS C:\Users\HS> $e = [System.Environment]
PS C:\Users\HS> $e
IsPublic IsSerial Name                     BaseType
-------- -------- ----                     --------
True     False    Environment              System.Object


PS C:\Users\HS> $e::MachineName
PC123
```

14.7 Generische Klassen nutzen

Seit PowerShell 2.0 wird auch die Instanziierung generischer .NET-Klassen auf einfache Weise unterstützt. Eine generische Klasse hat einen oder mehrere Typparameter, die den Inhalt oder Zwecke näher beschreiben. Ein oder mehrere Typparameter werden in eckigen Klammern nach dem Klassennamen genannt.

WICHTIG: Wenn es mehr als einen Typparameter gibt, muss der ganze Klassenname inklusive der Typparameterangaben in Anführungszeichen stehen!

Listing 14.6 [2_Aufbauwissen\DOTNET\GenerischeKlassen.ps1]

```
#Beispiel für eine generische Klasse mit einem Typparameter:
$l = New-Object System.Collections.Generic.List[string]
$l.Count
$l.Add(1)
$l.Add(10)
$l.Add("Holger")
$l.Count
$l

# Beispiel für eine generische Klasse mit zwei Typparametern
# In diesem Fall muss der ganze Klassenname in Anführungszeichen stehen
$dic = New-Object "System.Collections.Generic.SortedDictionary[int,string]"
$dic.Add(45257,"Essen")
$dic.Add(80538,"Schwabing")
$dic.Add(10789,"Berlin")
$dic.Count
"Nur die Schlüssel:"
$dic.Keys
"Nur die Werte:"
$dic.Values
"Schlüssel und Wert"
$dic
```

Vorteil generischer Listenklassen gegenüber den normalen PowerShell-Arrays ist, dass man den Datentyp für den Inhalt einschränken kann auf einen bestimmten Datentyp. In der folgenden Liste dürfen nur Zahlen sein!

ACHTUNG: Bei Verwendung von [string] als Typparameter kann man bei Add() alles anfügen, weil PowerShell immer ToString() aufruft.

Listing 14.7 [2_Aufbauwissen\DOTNET\GenerischeKlassen.ps1]

```
$l = New-Object System.Collections.Generic.List[int]
$l.Count
$l.Add(1)
$l.Add(10)
$l.Add("Holger") # FEHLER: Cannot convert value "Holger" to type "System.Int32
$l.Count
$l
```

14.8 Zugriff auf bestehende Objekte

Während es bei WMI (siehe Kapitel zu WMI) den Gedanken gibt, dass Instanzen bereits für Ressourcen im System (z. B. Benutzer) existieren und man diese bestehenden Instanzen mit `Get-WmiObject` abrufen kann, geht man bei .NET in der Regel davon aus, dass man Objekte neu erzeugt, gegebenenfalls für vorhandene Ressourcen. Eine allgemeine Möglichkeit zum Abruf bestehender Instanzen gibt es daher nicht.

Einige Klassen bieten aber statische Mitglieder, die Instanzen liefern, z. B. `GetDrives()` in der Klasse `System.IO.DriveInfo`.

Der folgende Befehl listet alle CD/DVD-Laufwerke auf.

```
[System.IO.DriveInfo]::GetDrives()   | where { $_.DriveType -eq
[System.IO.DriveType]::CDRom} | fl Name, DriveType, IsReady
```

14.9 Laden von Assemblies

.NET besteht aus vielen DLLs (dort „Assembly" genannt). Nicht alle diese Assemblies werden automatisch in die PowerShell geladen. .NET-Klassen können über `New-Object` oder die Notation in eckigen Klammern nur genutzt werden, wenn die Softwarekomponente (Assembly), in der sich die jeweilige .NET-Klasse befindet, auch in die aktuelle PowerShell-Instanz geladen ist.

Die PowerShell lädt einige Assemblies des .NET Frameworks automatisch, aber bei weitem nicht alle. In solchen Fällen muss man das Laden der Assembly über die Klasse `System.Reflection.Assembly` erst anstoßen.

Beispiel 1

Um ein Dialogfenster auszugeben, muss man erst die Assembly *System.Windows.Forms.dll* laden. Da sich diese Assembly im sogenannten Global Assembly Cache (GAC) im Pfad *c:\Windows\Assembly* von .NET befindet, muss man keinen Pfad dahin angeben.

```
[System.Reflection.Assembly]::LoadWithPartialName("System.Windows.Forms")
[System.Windows.Forms.MessageBox]::Show("Text","Ueberschrift", [System.Windows.Forms.
MessageBoxButtons]::OK)
```

Ohne das Laden der Assembly würde der Befehl in der zweiten Zeile auf einen Fehler laufen: „Der Typ [System.Windows.Forms.MessageBox] wurde nicht gefunden: Vergewissern Sie sich, dass die Assembly, die diesen Typ enthält, geladen ist."

Die Methode `LoadWithPartialName()` lädt eine Assembly nur aus dem Global Assembly Cache (GAC). Um eine Assembly aus einem beliebigen Pfad zu laden, kann man `LoadFrom()` verwenden:

```
[Reflection.Assembly]::LoadFrom("C:\Windows\Microsoft.NET\Framework64\v4.0.30319\
System.windows.forms.dll")
```

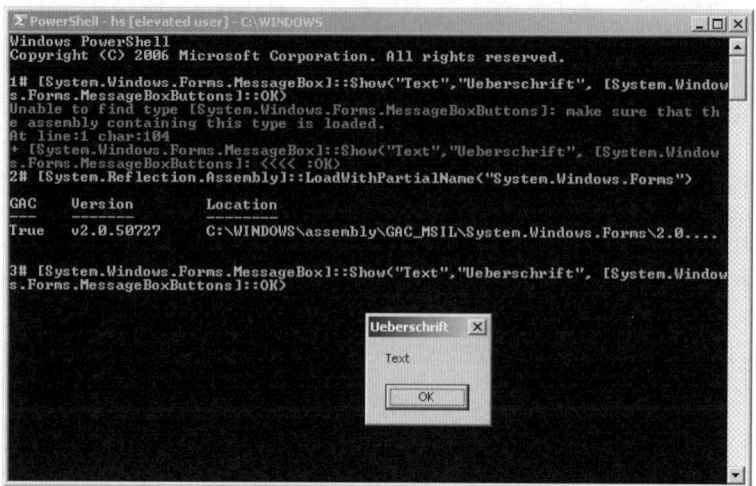

Bild 14.10 Die Nutzung der Klasse MessageBox ist erst erfolgreich, wenn die zugehörige Assembly geladen wurde.

TIPP: Das Laden einer Assembly gilt nur bis zum Beenden der Instanz des aktuellen PowerShell-Hosts. Der Befehl ist daher ein guter Kandidat für die *profile.ps 1*-Datei (siehe Kapitel 35 *„Tipps & Tricks zur PowerShell"*).

TIPP: Eine Vereinfachung ist möglich über das Commandlet Add-Type mit Parameter -AssemblyName, das eine Assembly aus dem Global Assembly Cache (GAC) lädt:

```
Add-Type -assembly "System.windows.forms"
System.Windows.Forms.MessageBox]::Show("Text","Ueberschrift",
System.Windows.Forms.MessageBoxButtons]::OK)
```

Falls eine Assembly nicht im GAC liegt, kann man sie über Add-Type mit Parameter -Path von einem beliebigen Standort laden.

Eine weitere Option zum Laden von Assemblies ist das Commandlet Resolve-Assembly aus den PSCX:

```
Resolve-Assembly system.windows.forms -import
```

Beispiel 2:

Ein weiteres Beispiel ist die Anzeige einer Inputbox, die man in der Assembly *Microsoft.VisualBasic.dll* findet:

```
[System.Reflection.Assembly]::LoadWithPartialName("Microsoft.VisualBasic")
$eingabe = [Microsoft.VisualBasic.Interaction]::InputBox("Frage","Titel")
```

Alternativ kann man eine Assembly mit Add-Type laden:

```
Add-Type -AssemblyName Microsoft.VisualBasic
$eingabe = [Microsoft.VisualBasic.Interaction]::InputBox("Frage","Titel")
```

Laden bereits geladener Assemblies

Es führt nicht zum Fehler, wenn man eine bereits geladene Assembly erneut lädt. Microsoft ändert auch den Satz der im Standard geladenen Assemblies immer mal wieder. So lädt die PowerShell inzwischen die *System.Windows.Forms.dll* automatisch.

> **HINWEIS:** Um nicht von dem Standardlageverhalten der PowerShell abhängig zu sein, sollte man immer in einem Skript die benötigten Assemblies explizit laden!

Liste der geladenen Assemblies

Sie können sich ausgeben lassen, welche Assemblies in einem PowerShell-Host gerade geladen sind.

```
[System.AppDomain]::CurrentDomain.GetAssemblies()
```

> **HINWEIS:** Das Ergebnis ist stark abhängig von dem PowerShell-Host, in dem sie den Befehl ausführen. Wenn man den Befehl z. B. in der PowerShell ISE ausführt, sind dort auch Assemblies für die Windows Presentation Foundation (WPF) geladen, die die normale Standardkonsole nicht braucht.

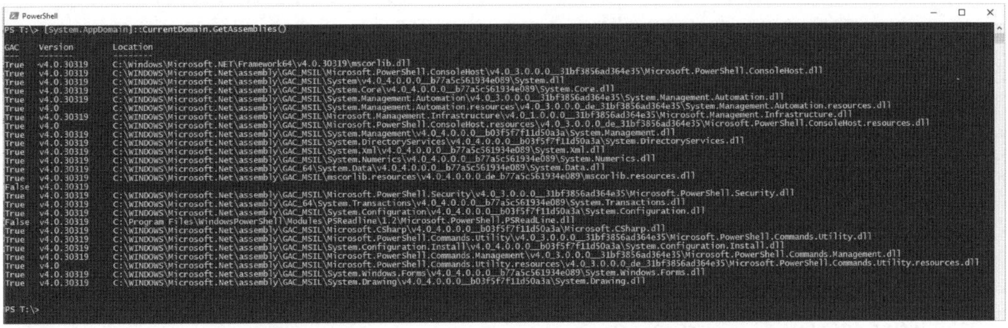

Bild 14.11 Liste der im Standard geladenen Assemblies in der Standardkonsole der Windows PowerShell 5.1 auf Windows 10

14.10 Objektanalyse

Mit Hilfe des Commandlets `Get-Member`, das im ersten Teil des Buchs schon zur Analyse von Pipeline-Inhalten verwendet wurde, kann man übrigens auch den Inhalt einer Variablen analysieren, die eine Objektinstanz erhält. Zu beachten ist dabei nur, dass das Objekt entweder über die Pipeline an `Get-Member` zu schicken ist (also `$Variable | Get-Member`) oder aber der Parametername `-InputObject` zu verwenden ist (`Get-Member -InputObject $Variable`). Nicht nur `Get-Member`, sondern den meisten Commandlets ist es egal, ob sich in der Pipeline eine Objektmenge oder ein einzelnes Objekt befindet.

TIPP: Die statischen Mitglieder einer Klasse kann man ganz allgemein erforschen mit `Get-Member`. Dazu sendet man den Klassennamen in eckigen Klammern an `Get-Member` mit dem Zusatz `-static`: `[System.Net.WebClient] | gm -static`

Das Innenleben einer .NET-Klassenbibliothek in einer .NET-Assembly kann man mit dem kostenfreien OpenSource-Tool *ILSpy* (Download unter *http://www.ilspy.net*) erforschen, das das „Innenleben" einer Assembly anzeigt (und damit auch alle in der Assembly enthaltenen Klassen) und eine Suchfunktion bietet, über die sich z. B. einzelne Klassen auffinden lassen.

14.11 Auflistungen (Enumerationen)

Eine Auflistung (Enumeration) ist eine .NET-Klasse, die eine Menge statischer Werte enthält, die andere Klassen nutzen. Zum Beispiel hat die Klasse `System.IO.DriveInfo` ein Attribut mit Namen `DriveType`, das den Datentyp `System.IO.DriveType` besitzt.

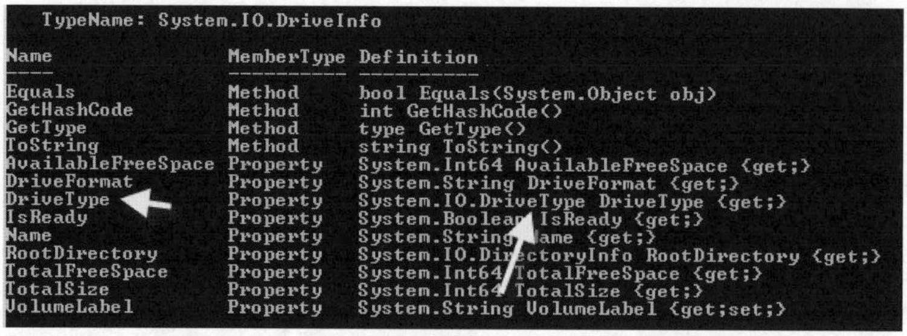

```
   TypeName: System.IO.DriveInfo

Name               MemberType Definition
----               ---------- ----------
Equals             Method     bool Equals(System.Object obj)
GetHashCode        Method     int GetHashCode()
GetType            Method     type GetType()
ToString           Method     string ToString()
AvailableFreeSpace Property   System.Int64 AvailableFreeSpace {get;}
DriveFormat        Property   System.String DriveFormat {get;}
DriveType          Property   System.IO.DriveType DriveType {get;}
IsReady            Property   System.Boolean IsReady {get;}
Name               Property   System.String Name {get;}
RootDirectory      Property   System.IO.DirectoryInfo RootDirectory {get;}
TotalFreeSpace     Property   System.Int64 TotalFreeSpace {get;}
TotalSize          Property   System.Int64 TotalSize {get;}
VolumeLabel        Property   System.String VolumeLabel {get;set;}
```

Bild 14.12 Mitglieder der Klasse System.IO.DriveInfo

`System.IO.DriveInfo` ist eine Aufzählung (Enumerationsklasse), die folgende Werte als möglich definiert:

- Unknown
- NoRootDirectory
- Removable

- Fixed
- Network
- CDRom
- Ram

Intern sind diesen Werten Zahlen zugeordnet, aber im Programmcode und in der PowerShell kann man diese Werte als sprechenden Namen verwenden.

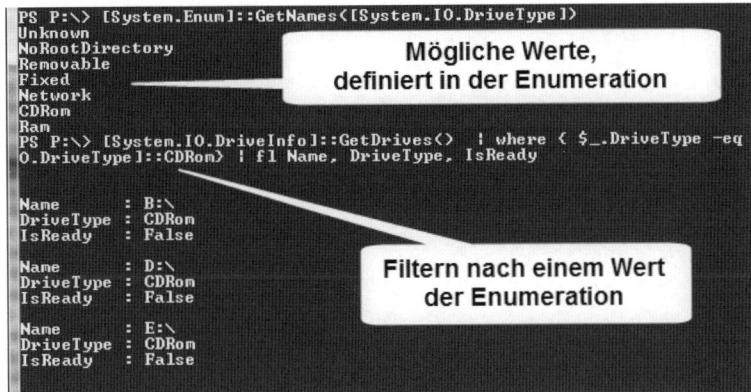

Bild 14.13 Arbeit mit Enumerationen

Der folgende Befehl filtert also alle CD-ROM-Laufwerke:

```
[System.IO.DriveInfo]::GetDrives() | Where-Object { $_.DriveType -eq
[System.IO.DriveType]::CDRom} | Format-List Name, DriveType, IsReady
```

 TIPP: Die Liste der möglichen Werte erhält man über die statische Methode Get-Names() der Klasse System.Enum, der man den Namen einer Enumerationsklasse übergeben kann, z. B. [System.Enum]::GetNames([System.IO.DriveType]).

14.12 Verknüpfen von Aufzählungswerten

Bei der Benutzung einiger .NET-Klassen, z. B. FileSystemRights für Rechte im Dateisystem, muss man verschiedene Flags durch ein binäres Oder miteinander verknüpfen. Wenn man bei jedem Flag den Namen der Aufzählung, in der das Flag definiert ist, wiederholen müsste, würden die Fingerkuppen strapaziert.

Die PowerShell ist in der Lage, aus einer Zeichenkette mit Kommatrennung die entsprechenden Flagwerte in der Enumeration zu suchen und miteinander durch ein binäres Oder zu verknüpfen. Anstelle von

```
$Rights= [System.Security.AccessControl.FileSystemRights]::Read `
-bor [System.Security.AccessControl.FileSystemRights]::ReadExtendedAttributes `
-bor [System.Security.AccessControl.FileSystemRights]::ReadAttributes `
-bor [System.Security.AccessControl.FileSystemRights]::ReadPermissions
```

kann man also verkürzt schreiben:

```
$Rights = [System.Security.AccessControl.FileSystemRights] "ReadData, -ReadExtended
Attributes, ReadAttributes, ReadPermissions"
```

15 Verwendung von COM-Klassen

Die Windows PowerShell basiert auf dem Microsoft .NET Framework und PowerShell Core basiert auf .NET Core. Dennoch kann die PowerShell nicht nur .NET-Klassen, sondern auch Klassen aus dem Vorgänger von .NET, dem Component Object Model (COM), verwenden. .NET sollte eigentlich COM komplett ablösen, aber Microsoft hat viele Funktionen in seinem Betriebssystem und die Anwendungen (z. B. Microsoft Office) wurden niemals in .NET, sondern nur über COM bereitgestellt. Seit Windows 8 hat COM sogar eine Renaissance erfahren, weil das neue Betriebssystem API „Windows Runtime" auf COM basiert.

Die Handhabung von COM-Objekten unterscheidet sich in folgenden Punkten von der von .NET-Objekten:

- Es gibt keine Konstruktoren mit Parametern.
- Es gibt keine statischen Klassenmitglieder.
- Die Meta-Informationen, die `Get-Member` liefert, sind nicht so vollständig und so akkurat wie bei .NET.

HINWEIS: Die in diesem Kapitel erläuterten Techniken sind nicht verfügbar für PowerShell Core unter Linux und MacOS, weil es dort keine COM-Objekte gibt! Unter Windows Nano Server gibt es zwar COM-Objekte und die in diesem Kapitel vorgestellten Techniken sind auch in Windows PowerShell Core 5.1 anwendbar, allerdings gibt es dort nur sehr wenige COM-Klassen.

■ 15.1 Erzeugen von COM-Instanzen

Bei der Instanziierung von COM-Klassen kommt ebenfalls das Commandlet `New-Object` zum Einsatz. Dem Namen der COM-Klasse ist aber der Parameter `-comobject` (kurz: `-com`) voranzustellen. Als Name ist der Programmatic Identifier (ProgID) der COM-Klasse anzugeben. Die COM-Klasse muss auf dem lokalen System in der Registrierungsdatenbank verzeichnet sein. `New-Object` entspricht `CreateObject()` in Visual Basic/VBScript. Die Konstruktorfunktion `new()` kann für COM-Klassen nicht eingesetzt werden!

```
PS C:\Skripte\ADSSkripte> New-Object -com scripting.filesystemobject | get-member

   TypeName: System.__ComObject#{2a0b9d10-4b87-11d3-a97a-00104b365c9f}

Name                 MemberType Definition
----                 ---------- ----------
BuildPath            Method     string BuildPath (string, string)
CopyFile             Method     void CopyFile (string, string, bool)
CopyFolder           Method     void CopyFolder (string, string, bool)
CreateFolder         Method     IFolder CreateFolder (string)
CreateTextFile       Method     ITextStream CreateTextFile (string, bool, bool)
DeleteFile           Method     void DeleteFile (string, bool)
DeleteFolder         Method     void DeleteFolder (string, bool)
DriveExists          Method     bool DriveExists (string)
FileExists           Method     bool FileExists (string)
FolderExists         Method     bool FolderExists (string)
GetAbsolutePathName  Method     string GetAbsolutePathName (string)
GetBaseName          Method     string GetBaseName (string)
GetDrive             Method     IDrive GetDrive (string)
GetDriveName         Method     string GetDriveName (string)
GetExtensionName     Method     string GetExtensionName (string)
GetFile              Method     IFile GetFile (string)
GetFileName          Method     string GetFileName (string)
GetFileVersion       Method     string GetFileVersion (string)
GetFolder            Method     IFolder GetFolder (string)
GetParentFolderName  Method     string GetParentFolderName (string)
GetSpecialFolder     Method     IFolder GetSpecialFolder (SpecialFolderConst)
GetStandardStream    Method     ITextStream GetStandardStream (StandardStreamTypes, bool)
GetTempName          Method     string GetTempName ()
MoveFile             Method     void MoveFile (string, string)
MoveFolder           Method     void MoveFolder (string, string)
OpenTextFile         Method     ITextStream OpenTextFile (string, IOMode, bool, Tristate)
Drives               Property   IDriveCollection Drives () {get}

PS C:\Skripte\ADSSkripte> _
```

Bild 15.1 Instanziierung des COM-Objekts „Scripting.FileSystemObject" in der PowerShell

■ 15.2 Nutzung von Attributen und Methoden

Die Nutzung von Attributen und Methoden erfolgt wie bei .NET-Klassen über die Punktnotation. Fälle, in denen zwei Doppelpunkte (":") zu verwenden wären, gibt es hier bei COM-Objekten aber nicht.

Das folgende Beispiel zeigt den Aufruf der Methode GetTempName() aus der COM-Klasse Scripting.FileSystemObject. Diese Methode liefert einen Namen für eine temporäre Datei.

Listing 15.1 [COM CreateObject.ps1]

```
$fso = New-Object -com "Scripting.Filesystemobject"
$fso.GetTempName()
```

Mit dem zweiten auf einer COM-Komponente basierenden Skript öffnet man den Internet Explorer mit einer bestimmten Seite mit Hilfe der COM-Klasse InternetExplorer.Application.

Listing 15.2 [COM CreateObject.ps1]

```
$ie = New-Object -com "InternetExplorer.Application"
$ie.Navigate("http://www.powershell-doktor.de")
$ie.visible = $true
```

Das dritte Skript verwendet die COM-Klasse „Shell.Application", um den Papierkorb des angemeldeten Benutzers zu leeren.

Listing 15.3 [COM Papierkorb leeren.ps1]

```
# COM-Objekt für Shell erzeugen
$objShell = New-Object -ComObject "Shell.Application"

# Zugriff auf Papierkorb
$ssfBITBUCKET = 0x0a # Konstante für den Papierkorb
$objFolder = $objShell.Namespace($ssfBITBUCKET)

# Liste der Elemente in dem Ordner, rekursiv löschen
$objFolder.items() | %{ remove-item $_.path -Recurse -Confirm:$false -verbose }
```

Das vierte Beispiel ermöglicht eine Sprachausgabe mit der COM-Klasse SAPI.SPVoice.

```
$SAPI = New-Object -ComObject SAPI.SPVoice
$SAPI.speak("Guten Tag, es ist " + (Get-Date)) | out-null
```

15.3 Liste aller COM-Klassen

Die verfügbaren COM-Klassen sind in der Registrierungsdatenbank von Windows verzeichnet und können dort aus dem Schlüssel *HKEY_CLASSES_ROOT\CLSID* ausgelesen werden.

```
dir -Path REGISTRY::HKEY_CLASSES_ROOT\CLSID -Include ProgID -Recurse | foreach {
$_.GetValue("") } | Sort-Object | Format-Wide -Property @{Expression={$_}} -column 3
-Force
```

Bild 15.2 Liste aller unter Windows Nano Server 2016 verfügbaren COM-Klassen. In einem großen Windows würde diese Liste über viele Bildschirmseiten gehen.

15.4 Holen bestehender COM-Instanzen

In der COM-Welt gibt es darüber hinaus eine globale Liste, in der sich laufende Instanzen bzw. im Dateisystem existierende Objekte verzeichnen können. Diese Running Objects Table spricht man in vielen Programmiersprachen über GetObject() an. Ein direktes Äquivalent für das GetObject() gibt es in der PowerShell nicht. Hier gibt es nur die Möglichkeit, die Assembly für Visual Basic .NET zu laden und die dortige Methode GetObject() zu nutzen.

Das folgende Beispiel zeigt ein Word-Dokument (.doc) in Microsoft Word auf dem Bildschirm an und schreibt einen Text in das Dokument.

Listing 15.4 [COM GetObject.ps1]

```
Add-Type -assemblyname microsoft.visualbasic
$doc = [microsoft.visualbasic.interaction]::GetObject("w:\daten\text.doc")
$doc.application.visible = $true
$doc.application.selection.typetext("Erfolgreicher Start von Word!")
```

15.5 Distributed COM (DCOM)

Auch Fernaufrufe von COM-Objekten sind möglich mit der PowerShell über das alte Distributed Component Object Model (DCOM)-Protokoll. Dazu verwendet man am einfachsten die statische Methode CreateObject(), die die Klasse Microsoft.VisualBasic.Interaction in der *Microsoft.VisualBasic.dll* bereitstellt.

Das folgende Skript nutzt via DCOM das COM-Objekt Microsoft.Update.Session, mit dem man eine Liste der anstehenden Windows-Updates bekommt, wenn man zunächst CreateUpdateSearcher() und dann darauf Search() aufruft.

Listing 15.5 [\2_Aufbauwissen\COM\DCOM_WindowsUpdate.ps1]

```
function Get-Updates([string]$computer=$env:computername){

[void][Reflection.Assembly]::LoadWithPartialName("Microsoft.VisualBasic")
 $session=[Microsoft.VisualBasic.Interaction]::CreateObject("Microsoft.Update.
Session",$computer)
 $searcher=$session.CreateUpdateSearcher()
$searcher.Search("IsInstalled=0 and Type='Software' and IsHidden=0")
}

$updateinfo = Get-Updates E60
$updateinfo.updates | ft title, LastDeploymentChangeTime
```

```
PS T:\> H:\TFS\Demos\PowerShell\2_Aufbauwissen\COM\DCOM_WindowsUpdate.ps1

Title                              LastDeploymentChangeTime
-----                              ------------------------
Update for Office 2003 (KB907417)  05.04.2012 00:00:00
Microsoft Silverlight (KB4017094)  11.04.2017 00:00:00
```

Bild 15.3 Liste der ausstehenden Updates auf einem System

16 Zugriff auf die Windows Management Instrumentation (WMI)

Mehrere Commandlets (z. B. Get-WmiObject, Get-CimInstance, Get-CimClass) sowie die eingebauten PowerShell-Typen [WMI], [WMIClass] und [WMISEARCHER] eröffnen die Welt der Windows Management Instrumentation (WMI), die in den modernen Windows-Betriebssystemen mit mehreren tausend Klassen fast jeden Baustein des Betriebssystems objektorientiert anbietet. Auch einige Anwendungen können über WMI verwaltet werden.

HINWEIS: Die in diesem Kapitel vorgestellten Techniken und Commandlets sind komplett nur unter Windows PowerShell 5.1 verfügbar. Windows PowerShell Core 5.1 und PowerShell Core 6.0 unter Windows beinhalten nur einen Teil davon. PowerShell Core 6.0 unter Linux und MacOS können WMI bzw. eine plattformneutrale Version davon wie die Open Management Infrastructure (OMI) (alias „NanoWbem") noch gar nicht nutzen!

■ 16.1 Einführung in WMI

Dieses Unterkapitel bietet eine Einführung in WMI für Leser, die bisher nicht mit WMI vertraut sind. Wenn Sie WMI schon aus dem Windows Script Host (WSH) oder anderen Programmierumgebungen kennen, können Sie dieses Unterkapitel übergehen.

Was ist WMI?

Die *Windows Management Instrumentation (WMI)* ist ein Windows-Systembaustein zum Zugriff auf System- und Netzwerkinformationen. Mit WMI kann man:

- Systeminformationen über einzelne Systembausteine oder ganze Mengen von Systembausteinen auslesen,
- Systeminformationen verändern,
- Aktionen ausführen,
- sich über Veränderungen im System informieren lassen.

WMI ist die Microsoft-Implementierung des *Web Based Enterprise Management (WBEM)*. WBEM ist ein Standard der Desktop Management Task Force (DMTF) für das Netz- und Systemmanagement, also zur Verwaltung von Netzwerk- und Systemressourcen (z. B. Hardware, Software, Benutzer). WBEM wurde ursprünglich von BMC Software, Cisco Systems, Compaq, Intel und Microsoft entwickelt und später an die DMTF übergeben. Aus historischen Gründen findet man in WMI-Werkzeugen häufig noch die Bezeichnung WBEM.

Kern von WBEM ist das *Common Information Model (CIM)*, das die durch WBEM zu verwaltenden Ressourcen durch objektorientierte Methoden modelliert. CIM ist ein Framework zur Beschreibung sowohl physischer als auch logischer Objekte (alias Managed Objects). Die DMTF versteht CIM als eine Vereinigung bestehender Managementarchitekturen wie dem OSI Management Framework X.700 (Common Management Information Protocol – CMIP) und dem Simple Network Management Protocol (zu CMIP und SNMP siehe [STA93]).

Ein Managed Object (MO) ist eine von WMI/WBEM verwaltete und im CIM beschriebene Ressource in einem System oder einem Netzwerk.

ACHTUNG: Der Name *Web Based Enterprise Management* ist irreführend, weil er nahelegt, dass es sich bei WBEM um eine grafische Benutzerschnittstelle auf Webbasis für das Management von Systeminformationen handelt. WBEM ist jedoch lediglich eine Architektur mit Programmierschnittstelle, also weder Werkzeug noch Anwendung.

Versionszählung

WMI ist fester Bestandteil von Windows schon seit Windows ME. Bisher orientierte sich die Versionszählung an der internen Betriebssystemversionsnummer. In Windows Vista trägt WMI die Versionsnummer 6.0, in Windows 7 WMI 6.1 und in Windows 8.x ist WMI 6.2 enthalten. Zwischen Windows 2000 und Windows XP hatte Microsoft einen Versionssprung von 1.5 auf 5.1 gemacht.

Im Zuge von Windows 8/Windows Server 2012 entwickelte Microsoft auch eine neue Implementierung von WMI. Microsoft nennt diese Version „WMI 2". Damit bezieht Microsoft sich aber auf die grundlegende WMI-Infrastruktur, während die Versionszählung 6.x sich an den Inhalten im WMI-Repository orientiert. Microsoft knüpft für die WMI-Infrastruktur an die alte Versionszählung (1.5) bei Windows 2000 an.

WMI 2 ist für alle Betriebssysteme verfügbar, auf denen auch PowerShell ab Version 3.0 verfügbar ist (also ab Windows 7 und Windows Server 2008), und wird zusammen mit PowerShell als Teil des „Windows Management Framework" installiert.

In Windows 10 und Windows Server 2016 hat WMI die Versionsnummer 10.0. Der Versionssprung ist aber nur als Angleichung an die Betriebssystemnummer zu verstehen. Funktionale Unterschiede zu WMI 6.2 gibt es nicht, außer, dass es noch einige WMI-Klassen mehr gibt.

WMI-Funktionsumfang

Die Informationsfülle, die WMI auf modernen Betriebssystemen liefert, ist riesig. Windows 10, mit installierten Internet Information Services (IIS) und Hyper-V sowie Microsoft-Office-2013-Installation, bietet 8375 WMI-Klassen.

 ACHTUNG: Ältere Windows-Versionen besitzen deutlich weniger WMI-Klassen. Ein Nachrüsten von mit dem Betriebssystem mitgelieferten WMI-Klassen auf älteren Betriebssystemen ist grundsätzlich von Microsoft nicht vorgesehen.

Beispiele für Bereiche, aus denen WMI Informationen liefert, zeigt die folgende Tabelle.

Tabelle 16.1 Überblick über WMI-Informationen

Grundkonfiguration	- BIOS - Boot-Konfiguration - Installiertes Betriebssystem (z. B. Betriebssystemname, Build-Version, Installationsdatum, Datum und Uhrzeit des letzten Boot-Vorgangs) - Umgebungsvariablen - Performance-Monitor-Daten - SNMP-Daten - Eingerichtete Zeitzonen - Drucker und Druckerwarteschlangen - Auslagerungsdateien - Datum und Uhrzeit - Clustering
Hard- und Software	- Installierte Software - Installierte Updates und Hotfixes - Installierte Hardware (z. B. Netzwerkkarten, Grafikkarten) einschließlich Treiber und deren Zuordnung zu LoadOrderGroups, belegter Ressourcen (IRQ, Port, DMA), Konfiguration (z. B. Druckereinstellungen) - Installierte COM-Komponenten einschließlich Zuordnung zu Komponentenkategorien und DCOM-Einstellungen - Laufende Prozesse - Geplante Vorgänge (Zeitplandienst) - Programmgruppen im Startmenü - Windows-Systemdienste
Sicherheit	- Benutzerkonten (inklusive deren Gruppenzuordnung, Desktop-Einstellungen und Ereignisprotokolleinträge) - Security Configuration Editor (SCE)

(Fortsetzung nächste Seite)

Tabelle 16.1 Überblick über WMI-Informationen *(Fortsetzung)*

Dateisystem und Datenspeicher	- Ordner und Dateien des Dateisystems - Netzlaufwerksverbindungen - Dateisicherheit, Freigabesicherheit - Registrierungsdatenbank - Ereignisprotokoll - ODBC-Einstellungen - Disk Quotas - Ausführung von CHKDSK - Distributed File System (DFS)
Netzwerk	- IP-Routing - Ausführung eines Ping - Netzwerkverbindungen und Sitzungen - Terminal Services - Active Directory - DNS-Server - Network Load Balancing (NLB) - Microsoft Exchange Server - Internet Information Server (IIS) - ASP.NET - Windows Communication Foundation (WCF)

ACHTUNG: Einige Schwierigkeiten mit WMI resultieren daraus, dass WMI mit jeder Windows-Version (stark) erweitert wurde, die erweiterten WMI-Klassen und -Funktionen aber nicht als Add-on für ältere Windows-Versionen bereitgestellt werden. Viele Skripte laufen daher nur auf den jeweils neuesten Windows-Versionen, auf älteren Plattformen erhält man nichtssagende Fehlermeldungen wie „Automatisierungsfehler".

WMI-Klassen und WMI-Objekte

WMI ist ein objektorientiertes Konzept, bei dem alle Informationen in Form von strukturierten Objekten bereitgestellt werden, die Instanzen von Klassen sind. Eine Klasse beschreibt eine Informationsart (z. B. Datei), ein Objekt enthält die Informationen eines konkreten Vorkommens dieser Informationsart (z. B. *c:\Daten\Computerliste.txt*).

WMI-Klassen besitzen Informationen in Attributen und erlauben die Ausführung von Aktionen durch Methoden. Klassen können von anderen Klassen erben.

Die WMI-Klassen sind – aus Gründen der Übersichtlichkeit – in sogenannte Namensräume gegliedert.

Durch die Installation von Zusatzdiensten (z. B. Internet Information Services) und von Zusatzprodukten (z. B. Microsoft Office) kommen Dutzende weiterer Klassen hinzu, da heute viele Produkte einen WMI-Provider mitliefern.

Arten von WMI-Klassen

WMI-Klassen beginnen meistens mit der Vorsilbe „Win32" oder „CIM". Spezielle Systemklassen beginnen mit einem doppelten Unterstrich „__".

CIM-Klassen sind eine sehr allgemeine, betriebssystemunabhängige Beschreibung von Ressourcen. *Win32-Klassen* sind eine konkrete, in der Windows-Umgebung implementierte Repräsentation von Ressourcen. Die meisten Win32-Klassen sind von CIM-Klassen abgeleitet und erweitern den Standard. Einige Ressourcen in einem Windows-System können auch direkt durch CIM-Klassen abgebildet werden.

Es gibt drei Arten von Klassen in WMI:

- Abstrakte Klassen, von denen es keine Instanzen geben kann und die nur der Vererbung dienen
- Statische Klassen: Instanzen dieser Klassen werden im WMI-Repository gespeichert.
- Dynamische Klassen: Instanzen dieser Klassen werden dynamisch von einem WMI-Provider geliefert.

Tabelle 16.2 Beispiele für WMI-Klassen

WMI-Klassennamen	Bedeutung
`Win32_OperatingSystem`	Klasse für das installierte Betriebssystem
`Win32_CDRomDrive`	CD-ROM-Laufwerk
`Win32_Networkadapter`	Netzwerkadapter
`Win32_LogicalDisk`	Laufwerk
`Win32_VideoController`	Grafikkarte
`CIM_DataFile`	Datei
`CIM_Directory` und `Win32_Directory`	Verzeichnis/Ordner
`Win32_Product`	Installierte Software
`Win32_Process`	Laufender Prozess
`Win32_WordDocument`	Ein Dokument für Microsoft Word
`Win32_NTLogEvent`	Ereignisprotokolleintrag
`Win32_UserAccount`	Benutzerkonto (lokales Konto oder Domänenkonto)
`Win32_Share`	Verzeichnisfreigabe im Netzwerk
`Win32_PingStatus`	Klasse zur Ausführung eines Pings

WMI definiert eine Reihe von Systemklassen, die der Verwaltung von WMI selbst und insbesondere dem Ereignissystem dienen. Die Systemklassen sind in jedem Provider implementiert; sie sind daran erkennbar, dass der Name mit einem doppelten Unterstrich beginnt. Beispiele für Systemklassen zeigt die nachstehende Tabelle.

Tabelle 16.3 Beispiele für WMI-Systemklassen

WMI-Klassennamen	Bedeutung
__Namespace	WMI-Namensraum
__Event	Basisklasse für WMI-Ereignisse
__InstanceDeletionEvent	Konkretes Ereignis, das ausgelöst wird, wenn ein WMI-Objekt gelöscht wurde
__EventConsumer	Konsument eines WMI-Ereignisses

Besondere Klassenformen

Es gibt in WMI auch Singleton-Klassen. Eine Singleton-Klasse ist in der objektorientierten Programmierung eine Klasse, von der es nur eine Instanz geben kann. In WMI wird eine Singleton-Klasse mit dem Qualifier `Singleton = True` gekennzeichnet.

Es gibt auch abstrakte Klassen in WMI, von denen keine Instanzen erzeugt werden können. Hierfür heißt der Qualifier `abstract`.

Klassenmitglieder

Wie in anderen objektorientierten Konzepten auch, bestehen WMI-Klassen aus Attributen (Eigenschaften, Daten) und Methoden (Operationen, Aktionen, Programmcode). WMI-Klassen besitzen jedoch keine Ereignisse. Ereignisse sind in WMI selbst wieder Klassen.

WMI-Klassen können sogenannte statische Methoden implementieren, die direkt auf einer Klasse ausgeführt werden können, ohne dass eine Instanz der Klasse benötigt würde. Statische Methoden sind z.B. Konstruktormethoden wie die Methode `Create()` auf der Klasse `Win32_Process`.

Schlüsselattribute

Schlüsselattribute *(Keys)* sind besondere Attribute, die der eindeutigen Identifizierung einer Instanz innerhalb einer Klasse dienen. Ein Key entspricht dem Primärschlüssel einer Tabelle in einer relationalen Datenbank. Ebenso wie ein Primärschlüssel aus mehreren Spalten einer Datenbanktabelle bestehen kann, kann sich auch ein Key in WMI aus mehreren Attributen zusammensetzen. Einen Schlüsselwert darf es innerhalb aller Instanzen einer Klasse nur einmal geben. Wenn der Key aus mehreren Attributen besteht, müssen nur alle Attributwerte zusammen eindeutig sein. Welche Attribute Schlüsselattribute sind, wird in der Klassendefinition festgelegt, damit alle Instanzen einer Klasse die gleichen Schlüsselattribute besitzen.

Singleton-Klassen besitzen keine Schlüsselattribute (z.B. */root/default:__cimomidentification* und */root/cimv2:NetDiagnostics*).

An Stelle eines Paars aus Schlüsselattributname und Schlüsselwert wird zur Identifizierung des einen Objekts das Zeichen @ verwendet.

Systemattribute

Alle WMI-Klassen und damit auch alle Instanzen dieser Klassen besitzen eine Reihe von Systemattributen. Die Namen dieser Systemattribute beginnen mit einem doppelten Unterstrich „__".

Tabelle 16.4 WMI-Systemeigenschaften

Attribut	Erläuterung
__Class	Name der Klasse, zu der das WMI-Objekt gehört
__Derivation	Eine Zeichenkettenliste, welche die Vererbungshierarchie wiedergibt. Der erste Eintrag ist die direkte Oberklasse.
__Dynasty	Name der obersten Klasse der Vererbungshierarchie. Bei der obersten Klasse steht hier keine leere Zeichenkette, sondern der gleiche String wie bei __Class.
__Genus	1 = Eintrag ist eine Klasse. 2 = Eintrag ist ein WMI-Objekt, d.h. die Instanz einer WMI-Klasse.
__Namespace	WMI-Namensraum, in dem die Klasse registriert ist
__Path	Vollständiger WMI-Pfad einschließlich Server und WMI-Namensraum
__Property_Count	Anzahl der Attribute der Klasse. Dabei werden diese Systemattribute nicht mitgezählt.
__Relpath	WMI-Pfad ohne Server und WMI-Namensraum
__Server	Name des Servers
__Superclass	Name der direkten Oberklasse

Datentypen

WMI definiert sechzehn Standarddatentypen für Zahlen, Zeichenketten, Datumsangaben, Ja/Nein und Verweise auf Objekte (siehe Tabelle).

Tabelle 16.5 CIM-Standarddatentypen

Datentyp	Bedeutung
wbemCimtypeSint8	Ganzzahl mit Vorzeichen, 8 Bit
wbemCimtypeUint8	Ganzzahl ohne Vorzeichen, 8 Bit
wbemCimtypeSint16	Ganzzahl mit Vorzeichen, 16 Bit
wbemCimtypeUint16	Ganzzahl ohne Vorzeichen, 16 Bit
wbemCimtypeSint32	Ganzzahl mit Vorzeichen, 32 Bit
wbemCimtypeUint32	Ganzzahl ohne Vorzeichen, 32 Bit
wbemCimtypeSint64	Ganzzahl mit Vorzeichen, 64 Bit
wbemCimtypeUint64	Ganzzahl ohne Vorzeichen, 64 Bit
wbemCimtypeReal32	Zahl mit Nachkommastellen, 32 Bit
wbemCimtypeReal64	Zahl mit Nachkommastellen, 64 Bit

(Fortsetzung nächste Seite)

Tabelle 16.5 CIM-Standarddatentypen *(Fortsetzung)*

Datentyp	Bedeutung
wbemCimtypeBoolean	Ja/Nein
wbemCimtypeString	Zeichenkette
wbemCimtypeDatetime	Zeitpunkt
wbemCimtypeReference	Verweis auf Objekt
wbemCimtypeChar16	Einzelnes Zeichen
wbemCimtypeObject	Unterobjekt

Datum und Uhrzeit werden als Zeichenkette der Form yyyy mmddHHMMSS.mmmmmmsUUU gespeichert, wobei neben dem selbst erklärenden Kürzel anzumerken ist, dass mmmmmm die Anzahl der Millisekunden ist und UUU die Anzahl der Minuten, um welche die lokale Zeit von der Universal Coordinated Time (UTC) abweicht. Das s ist das Vorzeichen. In Deutschland steht daher für UUU der Wert *+060*.

WMI kennt auch ein eigenes Format für Zeitintervalle: dddddddd HHMMSS.mmmmmm:000. Auch ein Zeitintervall wird als Zeichenkette abgelegt. Dabei repräsentiert dddddddd die Anzahl der Tage. Die Zeichenkette endet immer auf :000.

Metadaten mit Qualifizierer (Qualifier)

Qualifizierer (engl. Qualifier) sind Zusatzinformationen, die in WMI eine Klasse, ein Objekt, ein Attribut, eine Methode oder einen Parameter näher beschreiben. Qualifier dienen im derzeitigen WMI nur der Informationsversorgung des Nutzers. Sie ermöglichen keine verbindlichen Einstellungen für die WMI-Provider. (Beispiel: Ein Attribut, das einen Qualifier read-only besitzt, muss nicht notwendigerweise wirklich schreibgeschützt sein.) Durch den Qualifier Key wird festgelegt, ob ein Attribut ein Schlüsselattribut ist.

An einem Qualifier erkennt man auch die Art einer Klasse: Die Existenz der Qualifier abstract und dynamic weist auf die entsprechenden Typen hin. Ist keiner dieser Qualifier vorhanden, ist die Klasse statisch. Eine Assoziationsklasse hat einen association-Qualifier.

Weitere interessante Qualifier sind:

- Provider zeigt für eine Klasse den Namen des WMI-Providers an, der die Klasse bereitstellt.
- EnumPrivileges legt eine Liste von Privilegien fest, die gesetzt sein müssen, um diese Klasse zu nutzen.
- Singleton kennzeichnet eine WMI-Klasse, von der es nur eine Instanz geben kann.

Objektassoziationen

WMI-Objekte können durch Assoziationen miteinander verbunden sein (z. B. ein Verzeichnis enthält eine Datei). Eine Objektassoziation ist selbst eine Instanz einer WMI-Klasse. Ein Beispiel für eine Assoziation ist CIM_DirectoryContainsFile. Diese Klasse stellt eine Assoziation zwischen CIM_Directory und CIM_DataFile dar.

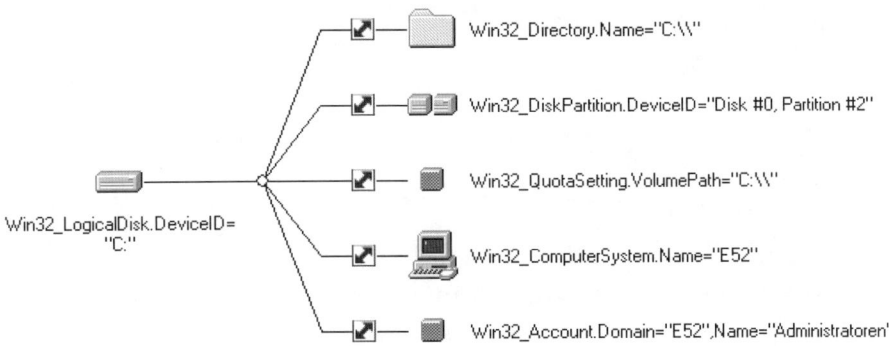

Bild 16.1 Assoziationshierarchie (Objektbaum) für die Instanz „C:" der Klasse Win32_LogicalDisk

Durch die Assoziationen entsteht eine Assoziationshierarchie (Objektbaum), die man mit geeigneten WMI-Werkzeugen auch visualisieren kann.

WMI-Namensräume (Namespaces)

Ein WMI-Namensraum ist ein Instrument zur Gruppierung von WMI-Klassen und deren Instanzen in logische Einheiten. Ein Namensraum ist der Startpunkt sowohl für eine Vererbungshierarchie von WMI-Klassen als auch für eine Assoziationshierarchie von WMI-Objekten. Jeder Namensraum hat also sein eigenes Schema. Klassennamen in zwei Namensräumen dürfen theoretisch gleich sein, sollten es aber nicht, da in zukünftigen WMI-Versionen geplant ist, namensraumübergreifende Operationen zu ermöglichen. Es sind keine Objektassoziationen zwischen verschiedenen Namensräumen möglich. Um gleiche Klassennamen zu vermeiden, gibt es die Konvention, dass dem Klassennamen stets der Namensraumname vorangestellt werden soll. Ein Namensraum ist selbst eine Klasse, die direkt oder indirekt von der Systemklasse __Namespace geerbt hat.

Namensräume können hierarchisch angeordnet werden, so dass eine Namensraumhierarchie entsteht. Diese Hierarchie dient aber nur der Übersichtlichkeit; sie impliziert keine Vererbung von Klassen. Ein bestimmter Namensraum wird über einen hierarchischen Pfad der Form *Wurzelnamensraum\Namensraum1\Namensraum2*... usw. angesprochen.

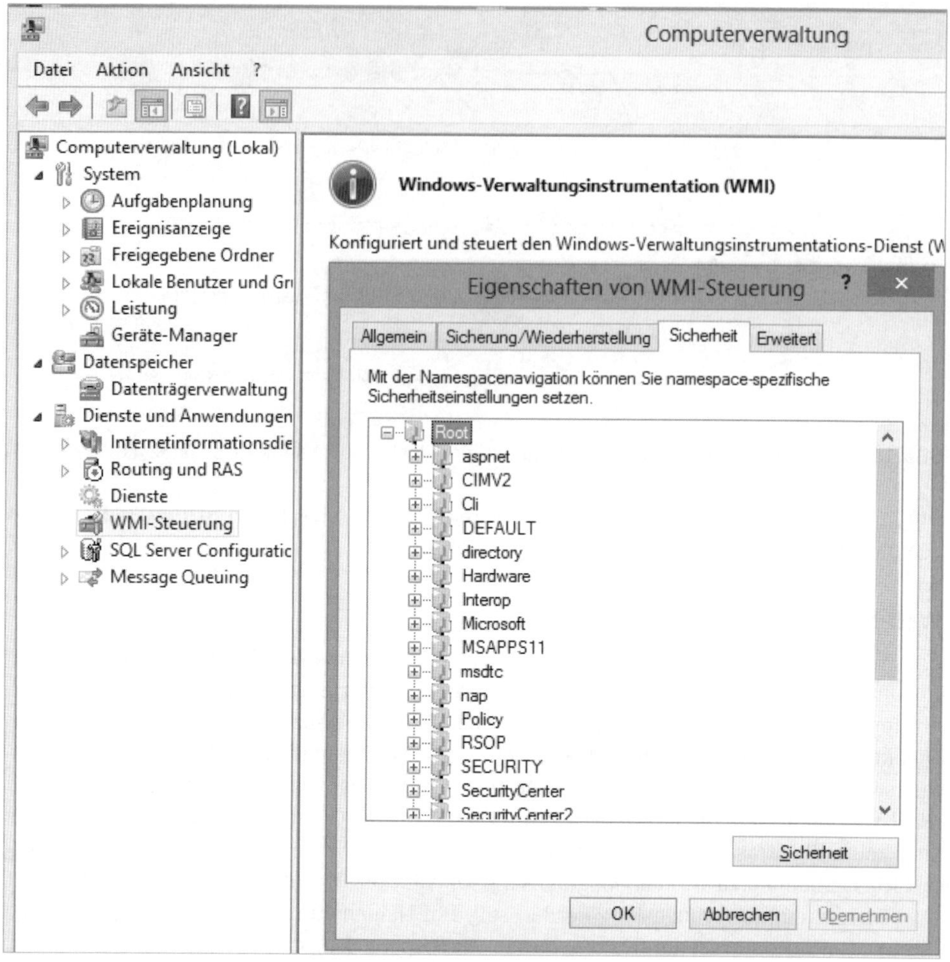

![Screenshot Computerverwaltung mit WMI-Steuerung]

Bild 16.2 WMI-Namensräume in Windows 8 Enterprise mit Office-2016-Installation

 HINWEIS: Namensräume sind nicht gleichzusetzen mit Providern. Ein Provider kann mehrere Namensräume realisieren, ebenso wie ein Namensraum Klassen aus mehreren Providern enthalten kann.

Lokalisierung

WMI erlaubt die Lokalisierung (d. h. landesspezifische Anpassung) von Schemainformationen und die Speicherung mehrerer lokalisierter Versionen eines Namensraums innerhalb des WMI-Repository. WMI speichert dazu die sprachneutralen Teile der Klassendefinition getrennt von den landesspezifischen Teilen. Landesspezifische Informationen sind insbesondere die Hilfeinformationen zu den Klassen und Eigenschaften.

Die landesspezifischen Informationen werden in Unter-Namensräumen gespeichert. Jedes Land hat eine *LocaleID*.

- *ms_407* steht für Deutsch.
- *ms_409* steht für amerikanisches Englisch.

Der Namensraum \root\CIMV2\ms_407 ist also der \root\CIMV2-Namensraum mit deutschen Hilfeinformationen, root\CIMV2\ms_409 der gleiche mit englischen Texten.

Beim Zugriff auf den übergeordneten Namensraum root\CIMV2\ ist die Sprache abhängig von Ihren Computereinstellungen.

In einigen Werkzeugen werden diese Unter-Namensräume durch eine Weltkugel angezeigt, in anderen Werkzeugen gibt es keinen Unterschied zu den normalen Namensräumen.

WMI-Pfade

Sowohl einzelne WMI-Objekte als auch WMI-Klassen werden durch WMI-Pfade adressiert.

Ein WMI-Pfad ist folgendermaßen aufgebaut:

- Aufbau eines WMI-Pfads für eine WMI-Klasse

```
\\Computer\Namensraum:Klasse
```

- Aufbau eines WMI-Pfads für ein WMI-Objekt

```
\\Computer\Namensraum:Klasse.Schluessel='wert'
```

Dabei bedeuten die Elemente Folgendes:

- `Computer` steht für den Namen des anzusprechenden Computers. Ein Punkt in Anführungszeichen (`"."`) steht dabei für den lokalen Computer, auf dem das Skript läuft.
- `Namensraum` ist der Namensraum, in dem die anzusprechende Klasse registriert wurde. Diese Angabe ist optional, wenn der Standardnamensraum angesprochen werden soll.
- `Klasse` ist der Name der Klasse, die angesprochen werden soll.
- Mit `Schluessel='wert'` wird optional festgelegt, welche Instanz der Klasse angesprochen werden soll. Dabei ist `Schluessel` der Name des Schlüsselattributs der Klasse und `Wert` der Wert dieses Schlüsselattributs in der gesuchten Instanz.

 HINWEIS: Es gibt WMI-Klassen, die einen Schlüssel besitzen, der aus mehreren Attributen besteht. In diesem Fall sind die Schlüsselattribute durch ein Komma zu trennen, z. B.:

```
\\F111\root\cimv2:Win32_UserAccount.Domain="FBI",Name="hs"
```

Die folgende Tabelle zeigt Beispiele für den Zugriff auf WMI-Objekte am Beispiel der Klassen `Win32_LogicalDisk`, die ein Laufwerk repräsentiert, und `Win32_UserAccount`, die ein Benutzerkonto repräsentiert. Beide Klassen liegen im Namensraum \root\cimv2.

Wie Sie der Tabelle entnehmen können, sind viele Bestandteile der Pfadangabe optional.

Tabelle 16.6 Beispiele für WMI-Zugriffe

WMI-Pfad	Beschreibung
`\\.\root\cimv2:Win32_LogicalDisk.DeviceID='D:'`	Die Instanz der Klasse `Win32_LogicalDisk` aus dem Namensraum `\root\cimv2:` mit dem Namen „D:" auf dem lokalen Computer
`\\ServerF112\root\cimv2:Win32_LogicalDisk.DeviceID='D:'`	Die Instanz der Klasse `Win32_LogicalDisk` aus dem Namensraum `\root\cimv2:` mit dem Namen „D:" auf dem Computer *Server_ServerF112*
`Win32_LogicalDisk.DeviceID='D:'`	Die Instanz der Klasse `Win32_LogicalDisk` aus dem Standardnamensraum mit dem Namen „D:" auf dem lokalen Computer
`\\ServerF112\root\cimv2:Win32_LogicalDisk`	Alle Instanzen der Klasse `Win32_LogicalDisk` auf dem Computer *Server_ServerF112*
`\\ServerF112\root\cimv2:Win32_UserAccount.Domain="FBI",Name="hs"`	Das Benutzerkonto „FBI\hs" auf dem Rechner *Server_ServerF112*

TIPP: Der sogenannte Standardnamensraum, wo die Klasse gesucht wird, wenn kein Namensraum explizit genannt wurde, ist in der Registrierungsdatenbank festgelegt (*HKEY_LOCAL_MACHINE\Software\Microsoft\WBEM\Scripting\Default Namespace*). Die Standardeinstellung ist `\root\cimv2` und kann über die MMC-Konsole „WMI-Steuerung" geändert werden. Man sollte diese Einstellung aber nicht ändern.

WMI-Schema

Das WMI-Schema (alias CIM-Schema) definiert die Klassen mit ihren Attributen und Methoden, die Vererbungshierarchie und die Objektassoziationen. Zur Laufzeit existieren von diesen Klassen Instanzen (WMI-Objekte). Managed Objects können durch Assoziationen miteinander verbunden sein, so dass eine Assoziationshierarchie entsteht. WMI-Klassen erlauben Vererbung (Einfachvererbung), so dass die Klassen auch in einer Vererbungshierarchie zueinander stehen können.

Genau genommen besitzt WMI mehrere Schemata, da jeder WMI-Namensraum ein eigenes Schema hat. Ein WMI-Schema ist oft sehr umfangreich und enthält auch Hilfeinformationen, wahlweise in verschiedenen Sprachen. Das Schema für Windows heißt „Win32 Schema Version 2" und ist eine Microsoft-Erweiterung des CIM-Schemas Version 2.

HINWEIS: Auch der Aufbau des Schemas ist Teil des Schemas. Dieser Teil des Schemas wird als *Metamodell* bezeichnet.

WMI-Repository

Das WMI-Repository (alias CIM-Repository) ist der Datenspeicher/die Datenbank von WMI. Im Repository werden das Schema und auch Daten über die Instanzen gespeichert. WMI erzeugt einige Instanzen ad hoc, wenn diese angefragt werden, weil es keinen Sinn machen würde, diese zwischenzuspeichern (z. B. Daten über die laufenden Prozesse). Andere Daten werden im Repository abgelegt, weil diese sich selten oder nie ändern (z. B. Hardwaredaten).

Das WMI-Repository liegt in einem gleichnamigen Verzeichnis unterhalb von *%System-Root%\System32\WBEM\Repository*. Mit der MMC-Konsole „WMI-Steuerung" kann man diese Datenbank sichern und wiederherstellen.

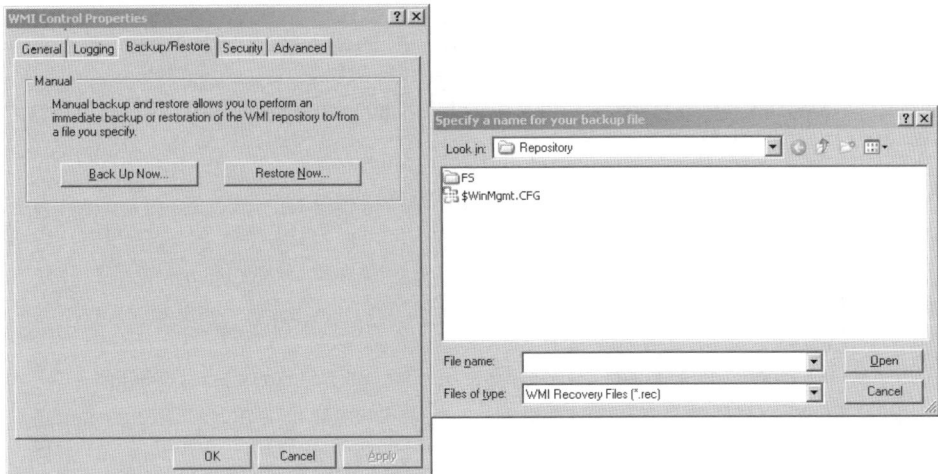

Bild 16.3 Sichern und Wiederherstellen des WMI-Repository in der Computerverwaltung von Windows

WMI-Systemdienst

Das WMI-Repository wird durch die ausführbare Datei *WinMgmt.exe* betrieben. *WinMgmt.exe* läuft unter allen NT-basierten Windows-Systemen als Systemdienst unter dem Namen „WinMgmt (Windows-Verwaltungsinstrumentation)". Auf Windows 9x/Windows ME wird *WinMgmt.exe* beim ersten WMI-Aufruf als normaler Prozess gestartet, wenn ein Aufruf erfolgt.

WMI-Netzwerkprotokoll

WMI kann Fernzugriffe auf andere Computer realisieren, wenn auf dem anderen Computer auch WMI installiert ist, der WMI-Dienst dort läuft und der Zugang zu dem anderen Computer über DCOM-Protokoll möglich ist. Seit Windows Server 2003 Release 2 ist alternativ auch eine Kommunikation über HTTP/SOAP möglich. Das Protokoll nennt sich im Standard WS-Management (WS-Man). Windows Remote Management (WinRM) ist die Microsoft-Implementierung von WS-Man als Aufsatz auf WMI.

WMI 2 ist nicht mehr von dem Distributed Component Objekt Model (DCOM) abhängig, sondern erlaubt den Fernzugriff direkt über das Webservice-basierte Windows Remote Management (WinRM) ohne den Aufsatz WinRM.

WMI-Provider

WinMgmt.exe stellt nur das Repository bereit, nicht aber die WMI-Klassen und WMI-Objekte. Diese sind in getrennten DLLs realisiert. WMI ist nicht in einer einzigen DLL realisiert. Für unterschiedliche Systembausteine gibt es unterschiedliche sogenannte WMI-Provider. Für jeden WMI-Provider existiert eine DLL.

Tabelle 16.7 Ausgewählte WMI-Provider

WMI-Provider	Erläuterung
Directory Services Provider	Zugriff auf die ADSI-Informationen aus Verzeichnisdiensten
Event Log Provider	Zugriff auf die Windows-Ereignisprotokolle (nur NT-Produktfamilie)
Exchange Queue Provider, Exchange Routing TableProvider, Exchange-ClusterProvider	Zugriff auf Microsoft Exchange Server ab Version 2000
Microsoft Windows Installer Provider	Zugriff auf Software, die durch den Windows Installer (MSI) installiert wurde
Performance Counters Provider	Zugriff auf rohe Leistungsindikatordaten
Performance Monitor Provider	Zugriff auf Leistungsdaten, wie sie der Windows-Leistungsmonitor sieht
Power Management Event Provider	Ereignisse aus dem Bereich Power Management
Registry Event Provider	Ereignisse bei Änderungen in der Registrierungsdatenbank
Registry Provider	Zugriff auf die Registrierungsdatenbank
Security Provider	Zugriff auf Sicherheitsinformationen im NTFS-Dateisystem
SMS Provider	Zugriff auf Microsoft System Management Server
SNA Provider	Zugriff auf Microsoft SNA Server
SNMP Provider	Zugriff auf SNMP-Daten
View Provider	Dient der Erzeugung neuer Klassen
Windows Installer Provider	Softwareinstallation/-deinstallation
WDM Provider	Zugriff auf Gerätetreiber via Windows Driver Model (WDM)
Win32 Provider	Zugriff auf das Win32-Subsystem

HINWEIS: Nicht alle WMI-Provider werden automatisch registriert und im CIM Repository eingetragen. In der MSDN-Entwicklerbibliothek finden Sie die Informationen darüber, wie die einzelnen Provider registriert werden.

Managed Object Format (MOF)

Das *Managed Object Format (MOF)* ist eine Sprache zur Definition von Managed Objects für WMI. MOF basiert auf der Interface Definition Language (IDL) und ist ein Textformat. MOF-Dateien können mit Hilfe des MOF-Compilers *(mofcomp.exe)* in das CIM-Repository übernommen werden.

Das nachfolgende Listing zeigt Ausschnitte aus der Datei *msioff9.mof*, welche die MOF-Beschreibung für Informationen über Microsoft Office liefert. Die dort definierten Klassen entsprechen den im „MSInfo" anzeigbaren Daten. Das MOF-File definiert zunächst einen neuen Namensraum *MSAPPS* und dann über eine CLSID den Provider, der die Funktionalität der im Folgenden definierten Klassen implementiert.

Listing 16.1 Ein kleiner Ausschnitt aus dem MOF-File MSIOff9.mof

```
//*****************************************************************
//* File: MSIOff9.mof - Office Extension MOF File for MSInfo 5.0
//*****************************************************************
//***Creates namespace for MSAPPS
#pragma namespace ("\\\\.\\Root")
instance of __Namespace
{
    Name = "MSAPPS";
};
//* Declare an instance of the __Win32Provider so as to "register" the
//* Office provider.
instance of __Win32Provider as $P
{
    Name = "OffProv";
    ClsId = "{D2BD7935-05FC-11D2-9059-00C04FD7A1BD}";
};

//* Class: Win32_WordDocument
//* Derived from:
[dynamic: ToInstance, provider("OffProv")]
class Win32_WordDocument
{
    [key, read: ToInstance ToSubClass] string Name;
    [read: ToInstance ToSubClass] string Path;
    [read: ToInstance ToSubClass] real32 Size;
    [read: ToInstance ToSubClass] datetime CreateDate;
};
//* Class: Win32_AccessDatabase
//* Derived from:
[dynamic: ToInstance, provider("OffProv"), Singleton: DisableOverride ToInstance ToSubClass]
class Win32_AccessDatabase
{
    [read: ToInstance ToSubClass] string Name;
    [read: ToInstance ToSubClass] string Path;
    [read: ToInstance ToSubClass] real32 Size;
    [read: ToInstance ToSubClass] datetime CreateDate;
    [read: ToInstance ToSubClass] string User;
    [read: ToInstance ToSubClass] string JetVersion;
};
```

TIPP: Einige Provider werden nicht automatisch in das WMI-Repository eingebunden. In diesen Fällen muss man die zugehörige MOF-Datei erst „kompilieren" mit dem Befehl:

mofcomp.exe Dateiname.mof

Auch Instanzen können in MOF beschrieben werden, dabei werden die Attribute mit ihren Werten angeführt. Nachstehend sieht man die MOF-Repräsentation einer Instanz der Klasse `Win32_ComputerSystem`.

```
instance of Win32_ComputerSystem
{
    AdminPasswordStatus = 3;
    AutomaticResetBootOption = TRUE;
    AutomaticResetCapability = TRUE;
    BootROMSupported = TRUE;
    BootupState = "Normal boot";
    Caption = "F108";
    ChassisBootupState = 3;
    CreationClassName = "Win32_ComputerSystem";
    CurrentTimeZone = 120;
    DaylightInEffect = TRUE;
    Description = "AT/AT COMPATIBLE";
    Domain = "FBI.net";
    DomainRole = 1;
    EnableDaylightSavingsTime = TRUE;
    FrontPanelResetStatus = 3;
    InfraredSupported = FALSE;
    KeyboardPasswordStatus = 3;
    Manufacturer = "System Manufacturer";
    Model = "System Name";
    Name = "BYFANG";
    NetworkServerModeEnabled = TRUE;
    NumberOfProcessors = 1;
    OEMStringArray = {"0", "0"};
    PartOfDomain = TRUE;
    PauseAfterReset = "-1";
    PowerOnPasswordStatus = 3;
    PowerState = 0;
    PowerSupplyState = 3;
    PrimaryOwnerName = "www.IT-Visions.de";
    ResetCapability = 1;
    ResetCount = -1;
    ResetLimit = -1;
    Roles = {"LM_Workstation", "LM_Server", "Print", "NT", "Potential_Browser"};
    Status = "OK";
    SystemStartupDelay = 30;
    SystemStartupOptions = {"\"Microsoft Windows XP Professional\"
        /fastdetect"};
    SystemStartupSetting = 0;
    SystemType = "X86-based PC";
    ThermalState = 3;
    TotalPhysicalMemory = "536309760";
    UserName = "FBI\\hs";
    WakeUpType = 6;
};
```

WMI-Sicherheit

WMI basiert auf COM und verwendet die COM-Sicherheitsfunktionen und die entsprechend verfügbaren Security Provider. Sicherheitseinstellungen können auf der Ebene eines jeden WMI-Namensraums festgelegt werden. Diese Einstellung erfolgt im WMI-Snap-In in der

MMC. Ein COM-Client, der auf ein WMI-Objekt zugreifen will, wird zunächst gegen die Sicherheitseinstellung des Namensraums geprüft, zu dem das Objekt gehört. Die Vergabe von Zugriffsrechten auf Objekt- oder Klassenebene unterstützt WMI bislang nicht.

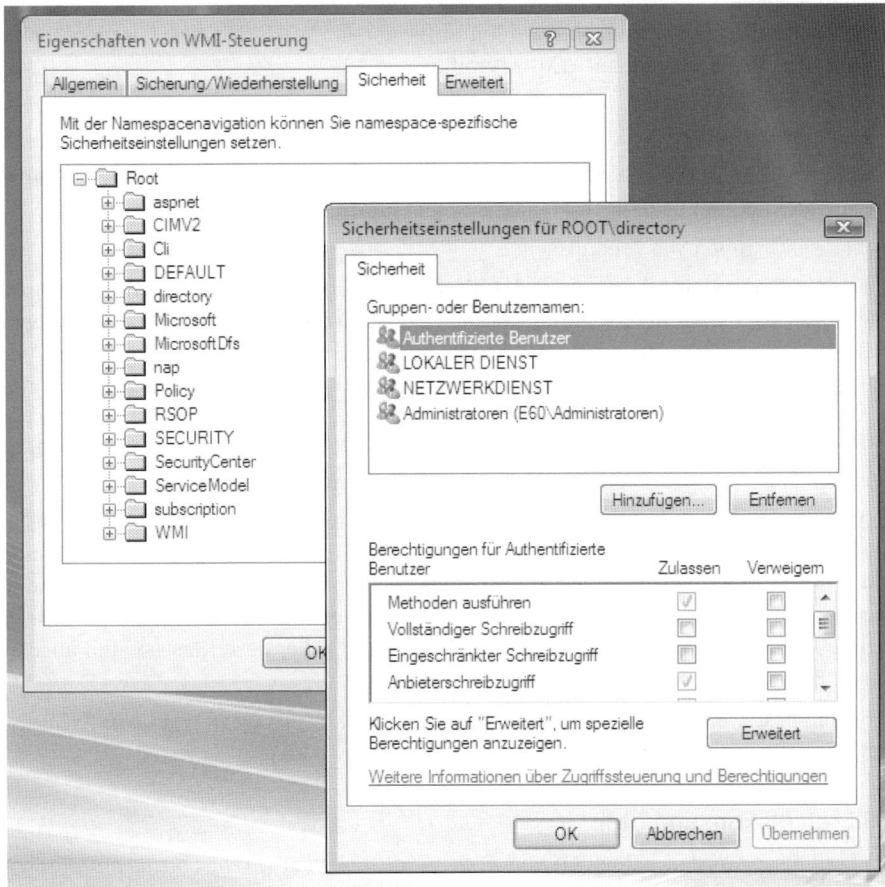

Bild 16.4 Einstellen der Zugriffsberechtigungen in der MMC „WMI-Steuerung"

WMI unterstützt Impersonifizierung für den Zugriff auf entfernte Rechner. Es ist also möglich, beim Aufruf von WMI-Objekten auf einem entfernten Rechnersystem den Benutzerkontext zu wechseln und als ein anderer Benutzer aufzutreten als der, unter dem der COM-Client läuft. Dies ist allerdings beim Zugriff auf das lokale WMI nicht möglich. Ein Versuch, den Benutzerkontext vor dem Zugriff auf lokale WMI-Objekte zu wechseln, wird von WMI mit dem Fehler 80041064 quittiert: „Benutzeranmeldeinformationen können für lokale Verbindungen nicht verwendet werden."

Im Gegensatz zu anderen Komponenten erlaubt WMI Vorgaben für die COM-Sicherheit durch den Client. Sowohl Impersonifizierungs- als auch Authentifizierungsmodus können beim Verbindungsaufbau eingestellt werden. Der Client kann ab Windows 2000 auch den Security Service Provider (SSPI) zwischen der NT-4.0-LAN-Manager-(NTLM-) und der Kerberos-Authentifizierung wählen. Wird kein SSPI explizit angegeben, verhandelt WMI den

SSPI beim Verbindungsaufbau. Es wird zunächst versucht, Kerberos zu verwenden. Kerberos kann allerdings nie für lokale Aufrufe verwendet werden.

Privilegien sind Zusatzrechte, die bei Nutzung einiger WMI-Klassen benötigt werden und bei der Instanziierung gesetzt werden müssen. Ohne diese Zusatzangaben ist die Klasse nicht nutzbar. Die Zusatzangaben werden entweder im WMI-Pfad gesetzt oder über das Objektmodell, mit dem man auf WMI zugreift.

WMI-Ereignissystem

WMI bietet ein komplexes System für Ereignisse, durch die sich ein WMI-Nutzer über Veränderungen in einem beliebigen Managed Object informieren lassen kann.

Es gibt zwei Gruppen von Ereignissen:

- **Intrinsic Events** sind Ereignisse, die direkt Klassen oder Objekte im WMI-Repository verändern oder betreffen, z.B. das Löschen einer Instanz (`__InstanceDeletionEvent`), das Verändern einer Instanz (`__InstanceModificationEvent`) oder der Aufruf einer Methode (`__MethodInvocationEvent`). Zu den Intrinsic Events gehören auch Zeitgeberereignisse (Timer Events), z.B. `__AbsoluteTimerInstruction` und `__IntervallTimerInstruction`. Der Name dieser Ereignisse beginnt mit einem doppelten Unterstrich. Alle Klassen sind direkt oder indirekt abgeleitet von `__Event`.

- **Extrinsic Events** sind speziellere Ereignisse, die von irgendeinem Teil des Systems ausgelöst werden, aber nicht direkt auf das CIM-Repository wirken müssen, z.B. Ändern eines Schlüssels in der Registrierungsdatenbank (`RegistryValueChangeEvent`), Ändern der Systemkonfiguration (`Win32_SystemConfigurationChangeEvent`) und Herunterfahren des Computers (`Win32_ComputerShutdownEvent`). Alle diese Klassen sind abgeleitet von `__ExtrinsicEvent`.

WMI-Ereignisse werden ausgelöst von *Ereignisprovidern (Event Provider)*, die im WMI-Repository einmalig registriert werden müssen.

WMI-Ereigniskonsumenten

WMI-Ereignisse werden behandelt von *Ereigniskonsumenten (Event Consumers)*. Ereigniskonsumenten registrieren sich bei WMI für bestimmte Ereignisse. Der Ereigniskonsument führt beim Eintritt eines Ereignisses eine bestimmte Aktion aus.

WMI unterscheidet zwei Arten von Ereigniskonsumenten: *temporäre Event Consumer* und *permanente Event Consumer*. Der Unterschied zwischen den beiden Typen ist, dass ein temporärer Event Consumer nur Ereignisbenachrichtigungen erhält, wenn er aktiv ist. Ein temporärer Event Consumer wird durch ein Skript oder ein Programm implementiert. Nach Beendigung des Skripts/Programms ist der Konsument nicht mehr vorhanden. Dagegen ist ein permanenter Konsument in Form eines Managed Objects im Repository gespeichert und kann zu jedem Zeitpunkt Ereignisbenachrichtigungen empfangen, da WMI den Konsumer bei Bedarf selbst startet und dann das Ereignis übermittelt.

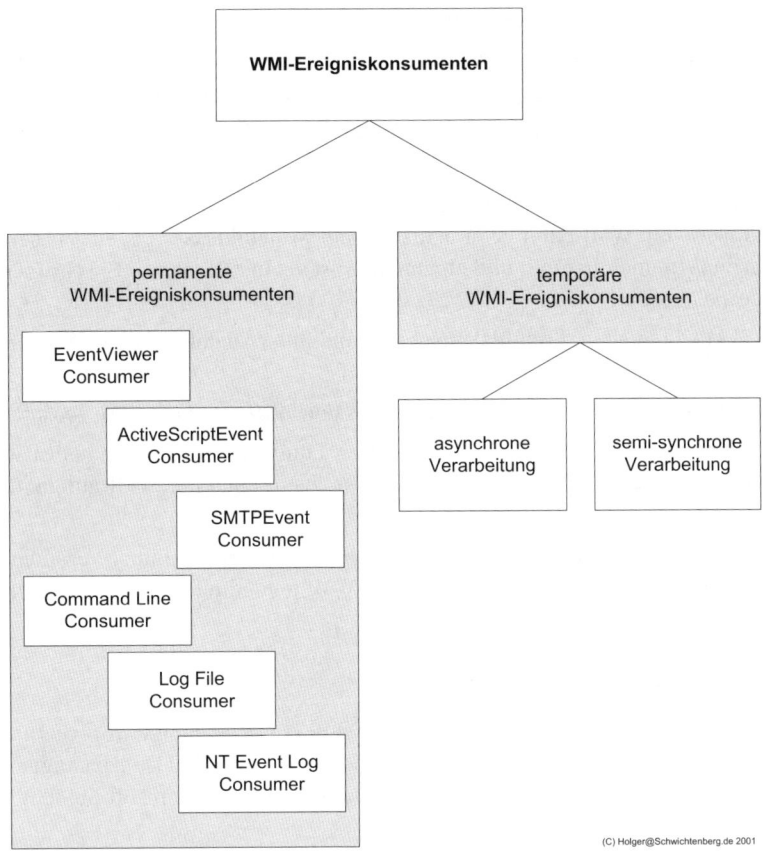

Bild 16.5 Überblick über die Ereigniskonsumenten

Permanente Ereigniskonsumenten sind z. B.:

- Der `EventViewerConsumer` (im Namensraum */root/cimv2*), der die aufgetretenen Ereignisse in einem Bildschirmfenster, dem WMI Event Viewer, darstellt. Der Event Viewer wird im Abschnitt „*WMI-Werkzeuge*" vorgestellt.
- Der `ActiveScriptEventConsumer` (im Namensraum */root/default*), der bei Auftreten eines Ereignisses ein Active Script ausführt
- Mit Hilfe des `SMTPEventConsumer` können bei Ereignissen E-Mails über den Microsoft SMTP-Server (der Bestandteil des Internet Information Server ab Version 4.0 ist) versendet werden. Der `SMTPEventConsumer` ist standardmäßig nicht registriert. Um ihn benutzen zu können, muss die Datei *smtpcons.mof*, die sich im Verzeichnis *%System-Root%\Winnt\wbem* befindet, mit Hilfe des MOF-Compilers *(mofcomp.exe)* kompiliert und ins WMI-Repository aufgenommen werden. Der Provider wird im Namensraum *root\default* registriert.

Seit Windows XP gibt es drei weitere permanente Ereigniskonsumenten:

- `Command Line Event Consumer`: Start einer Anwendung

- NT Event Log Event Consumer: Eintrag in das NT-Ereignisprotokoll
- Log File Event Consumer: Eintrag in eine Protokolldatei

Der Ereigniskonsument definiert sein Interesse gegenüber WMI in Form eines WMI-Filters. Ein WMI-Filter ist im Wesentlichen eine *WQL Event Query* (vgl. Unterkapitel zu WQL-Abfragen).

Ein Ereigniskonsument ist eine Instanz einer von der Systemklasse __EventConsumer erbenden Klasse. Ein WMI-Filter ist eine Instanz der Systemklasse __EventFilter. Die Bindung zwischen einem Consumer und einem Filter ist als Instanz von __FilterToConsumerBinding gespeichert.

Es gibt zwei Möglichkeiten, Ereigniskonsument und Filter zu definieren und aneinander zu binden:

- Über das Werkzeug *WMI Event Registration* aus den *WMI Administrative Tools* [MS24045]
- Über Programmcode. Dadurch, dass Consumer, Filter und Bindungen selbst wieder als WMI-Objekte gespeichert werden, können diese leicht auch per WMI automatisiert verwaltet werden.

Kern des Ereignissystems ist der *Event Provider*. Er informiert WMI über Veränderungen in der Managementumgebung oder im Repository. WMI leitet die Ereignisse an die für dieses Ereignis registrierten Konsumenten weiter.

WMI Query Language (WQL)

WMI erlaubt Suchanfragen in einer Syntax, die auf der ANSI Standard Structured Query Language (SQL) basiert. Der SQL-Dialekt ist bei der DMTF als „CIM Query Language" (CQL) standardisiert. Die etwas abgewandelte Implementierung von Microsoft heißt WMI Query Language kurz: WQL.

Bei CQL/WQL wird nur Lesezugriff mit dem SQL-Befehl SELECT unterstützt. Weder DDL (Data Definition Language) noch DML (Data Manipulation Language) werden unterstützt.

Das WQL-SELECT unterstützt neben den Standardschlüsselwörtern FROM, WHERE, GROUP BY, HAVING und WITHIN auch die nicht in ADSI-SQL definierten Schlüsselwörter ASSOCIATORS OF und REFERENCES OF.

Unterstützte Operatoren sind =, <, >, <=, >=, != (alternativ: <>) sowie IS NULL, IS NOT NULL und ISA. Der ISA-Operator ermöglicht die Abfrage nach Unterklassen einer bestimmten Klasse. Wenn Großstadt eine Unterklasse von Stadt ist, dann erfüllt ein Objekt München vom Typ Großstadt auch die Bedingung ISA Stadt. Der like-Operator für den Zeichenketten-Mustervergleich wird erst ab Windows XP unterstützt.

Typen von WQL-Anfragen

WMI unterstützt drei Typen von WQL-Anfragen:

- Anfragen nach Instanzen *(Data Queries)*
- Anfragen nach Schemainformationen *(Schema Queries)*
- Definitionen von Ereignisfiltern *(Event Queries)*, die nach Änderungen von Klassen und Instanzen fragen

Datenabfragen (Data Queries)

Eine Datenabfrage hat die allgemeine Form:

```
SELECT attributliste FROM class WHERE bedingung
```

Dabei ist `Class` ein beliebiger WMI-Klassenname. Die Ergebnismenge lässt sich durch die Angabe von Attributnamen und die Verwendung einer FROM-Klausel hinsichtlich der Breite und Länge einschränken. Andere Schlüsselwörter werden nicht unterstützt.

Beispiele für Datenabfragen zeigt die folgende Tabelle.

Tabelle 16.8 Beispiele für WQL-Datenabfragen

WQL	Erläuterung
`SELECT * FROM Win32_Service WHERE state='running' and startmode='manual'`	Alle Windows-Dienste, die laufen, aber manuell gestartet wurden
`SELECT Name, CategoryId FROM Win32_ComponentCategory`	Name und CATID aller Komponentenkategorien
`SELECT IPAddress FROM Win32_NetworkAdapterConfiguration WHERE IPEnabled=TRUE`	Das mehrwertige Attribut `IPAddress` einer Netzwerkkarte, die für das IP-Protokoll zugelassen ist
`SELECT RecordNumber, Message FROM Win32_NTLogEvent WHERE Logfile='Application'`	Eintragsnummer und Nachricht aller Einträge in das Ereignisprotokoll „Anwendung"

Schemaabfragen (Schema Queries)

Anfragen zum Schema haben die Form:

```
SELECT attributliste FROM META_CLASS WHERE bedingung
```

wobei `META_CLASS` hier ein feststehender Ausdruck ist. Andere Schlüsselwörter werden nicht unterstützt. Mit der WHERE-Klausel werden das zu beobachtende Managed Object (MO) und die in ihm zu beobachtenden Attribute definiert. Schemaabfragen können mit `WMI_PrintQuery(WQL)` ausgegeben werden.

Tabelle 16.9 Beispiele für Schemaabfragen

WQL	Erläuterung
`SELECT * FROM meta_class WHERE __Class = "Win32_LogicalDisk"`	Zugriff auf die WMI-Klasse `Win32_LogicalDisk`
`SELECT * FROM meta_class WHERE __this ISA "Win32_LogicalDisk"`	Zugriff auf alle von `Win32_LogicalDisk` abgeleiteten Klassen

Ereignisabfragen (Event Queries)

Eine Ereignisabfrage bezieht sich immer auf eine Ereignisklasse.

Mit der WHERE-Klausel werden die zu suchenden Klassen entweder direkt über ihren Namen (__Class =) oder über den Namen einer Oberklasse (__this ISA) festgelegt.

```
SELECT * FROM eventklasse WHERE bedingung
```

Alle Ereignisklassen sind Unterklassen eines Ereignistyps. Die Ereignistypen wiederum sind Unterklassen der Klasse __Event. Sie sind in der Regel an dem führenden doppelten Unterstrich und der Endung auf Event erkennbar. WMI unterscheidet vier Typen von Ereignissen (siehe Tabelle).

Tabelle 16.10 WMI-Ereignisklassen. Die Ereignistypen sind die Oberklassen zu den rechts genannten Ereignisklassen.

Ereignistyp (Oberklasse)	Ereignisklasse
__ClassOperationEvent	__ClassCreationEvent __ClassDeletionEvent __ClassModificationEvent
__ExtrinsicEvent	__SystemEvent Win32_PowerManagementEvent
__InstanceOperationEvent	__InstanceCreationEvent __InstanceDeletionEvent __InstanceModificationEvent
__NamespaceOperationEvent	__NamespaceCreationEvent __NamespaceDeletionEvent __NamespaceModificationEvent

HINWEIS: Bitte beachten Sie, dass das Ereignis __InstanceModificationEvent wirklich nur ausgeführt wird, wenn sich ein Attributwert ändert. Wenn Sie beispielsweise die Prozessorlast auf die Überschreitung der 80%-Grenze prüfen, dann bekommen Sie ein Ereignis beim Überschreiten der Grenze. Wenn danach der Wert konstant bei 100% liegt, bekommen Sie keine weiteren Ereignisse. Sie erhalten erst wieder ein Ereignis, wenn der Wert sich nochmals ändert (z.B. von 100% auf 99%).

Ereignisabfragen unterstützen als zusätzliche SQL-Schlüsselwörter WITHIN, GROUP BY und HAVING:

- Dabei gibt WITHIN 10 das Abfrageintervall in Sekunden an (wird immer gebraucht, wenn es keinen speziellen Ereignissender gibt!).
- GROUP bündelt eine Anzahl von Einzelereignissen zu einem Gesamtereignis.
- HAVING dient der Definition einer Bedingung innerhalb der Gruppierung.

Tabelle 16.11 Beispiele für Ereignisabfragen

WQL	Erläuterung
`SELECT * FROM __InstanceModification Event WITHIN 5 WHERE TargetInstance ISA "Win32_Service" AND Target Instance.State="Stopped"`	Alle fünf Sekunden wird geprüft, ob ein Dienst den Status *Stopped* bekommen hat.
`SELECT * FROM EmailEvent GROUP WITHIN 600 HAVING NumberOfEvents > 5`	Wenn innerhalb von zehn Minuten mehr als fünf E-Mail-Ereignisse auftreten, wird dieses Ereignis ausgelöst.
`SELECT * FROM __InstanceCreationEvent WHERE TargetInstance ISA "Win32_ NTLogEvent" AND TargetInstance. Logfile="Application" OR TargetInstance. Logfile="System"`	Jeder neue Eintrag in den Ereignisprotokollen *System* und *Application* löst ein Ereignis aus.

WMI-Werkzeuge

WMI kann man z. B. mit folgenden Werkzeugen verwenden:

- MMC-Konsole für WMI
- WMIC-Kommandozeilenwerkzeug (*wmic.exe*)
- Die kostenlosen Werkzeuge im Rahmen der WMI Administrative Tools [MS24045]
- PowerShell über Commandlets wie `Get-CimInstance` und `Get-WmiObject` und die eingebauten PowerShell-Typen [WMI], [WMIClass] und [WMISEARCHER]. In PowerShell Core ist ein Teil dieser Funktionen verfügbar.
- Systemmanagementwerkzeuge wie Microsoft System Center, Tivoli oder HP OpenView

Die MMC-Konsole für WMI (z. B. enthalten in der „Computerverwaltung") dient nicht dem Zugang zu WMI-Informationen, sondern nur der Sicherheitskonfiguration (wer hat Zugang zu den Informationen?) sowie der Sicherung und Wiederherstellung des WMI-Repository.

> **HINWEIS:** Daran, dass es in Windows kein mitgeliefertes grafisches Werkzeug für den Zugang zu den eigentlichen Daten in WMI gibt, sieht man schon, dass WMI als Plattform für Scripting und nicht für die GUI-basierte Administration betrachtet wird.

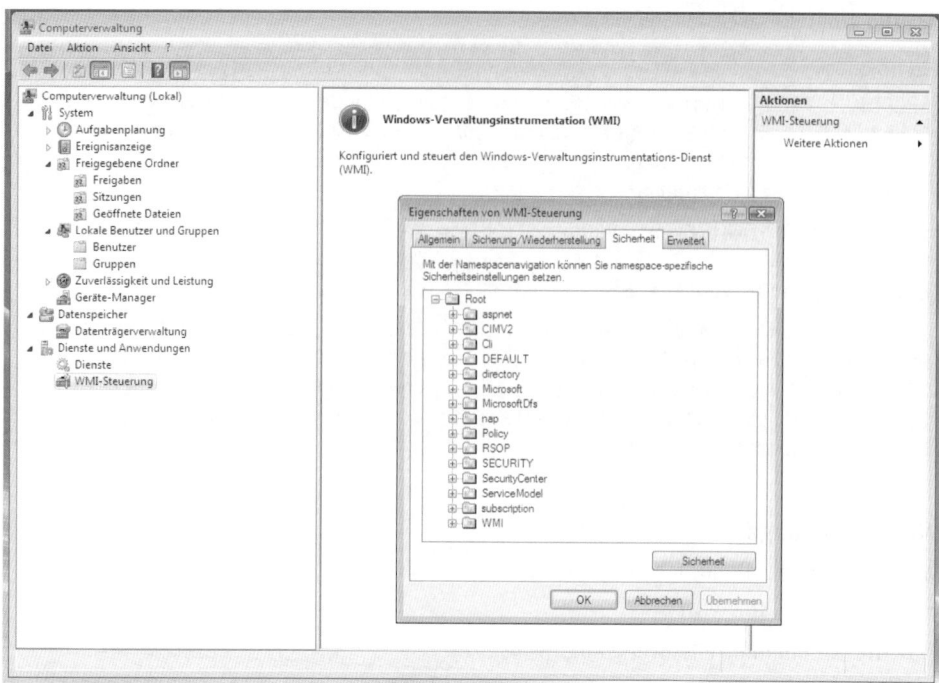

Bild 16.6 WMI-Steuerung in der MMC „Computerverwaltung"

WMI Object Browser

Der WMI Object Browser ist eines der Werkzeuge in den WMI Administrative Tools. Er ermöglicht es, die auf dem lokalen oder einem entfernten System vorhandenen WMI-Objekte zu betrachten und entlang der Hierarchie der Objekte das System zu erforschen, mit dem Ziel, Objekte und Attribute zu finden, welche die gewünschten Systeminformationen enthalten. An vielen Stellen können WMI-Objekte auch verändert werden (z. B. Name eines Laufwerks ändern) oder es ist möglich, Aktionen auf den Objekten zu initiieren (z. B. Festplatte prüfen).

> **ACHTUNG:** Das Werkzeug *WMI Object Browser* läuft als ActiveX-Komponente innerhalb des Internet Explorers. Sie müssen ActiveX zulassen, um das Werkzeug nutzen zu können. Eine deutsche Version ist nicht verfügbar. Da die Hilfetexte zu den WMI-Klassen aber im WMI-Repository stehen, sind zumindest davon viele in Deutsch verfügbar.

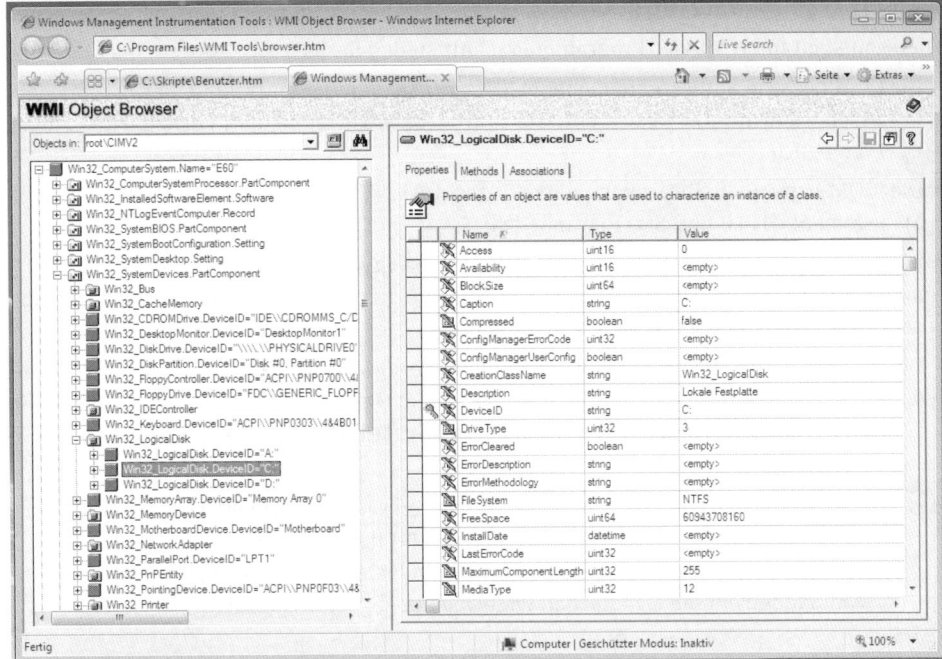

Bild 16.7 Der WMI Object Browser zeigt an, dass der Computer drei Laufwerke besitzt. Die Details zu Laufwerk „C" werden hier dargestellt.

Weitere Werkzeuge

Weitere Werkzeuge in den WMI Administrative Tools sind:

- Das WMI CIM Studio setzt im Gegensatz zum WMI Object Browser auf der Klassenebene an und stellt die Vererbungshierarchie der CIM-Klassen dar. Diese wird in der linken Fensterhälfte, dem Class Explorer, gezeigt. Die rechte Fensterhälfte (genannt Class Viewer) ähnelt der Ansicht des WMI Object Browsers: Hier werden die Attribute, Methoden und Beziehungen angezeigt.
- Das WMI Event Registration Tool ist ein GUI zur Konfiguration von Ereigniskonsumenten.
- Der WMI Event Viewer ist das einzige unter den WMI Administrative Tools, das keine HTML-Anwendung, sondern eine ausführbare Datei (wbemeventviewer.exe) ist. Der Event Viewer ist ein permanenter WMI-Ereigniskonsument, der durch eine `__EventFilter`-Instanz definierte Ereignisse auf dem Bildschirm darstellt. Der Event Viewer wird über die WMI-Klasse `Event ViewerConsumer` konfiguriert. Diese Konfiguration können Sie über das WMI Event Registration Tool oder über den Event Viewer selbst durchführen.

WMI-Programmierschnittstellen

Microsoft stellt für WMI vier Programmierschnittstellen bereit:

- Die COM-basierte Softwarekomponente *SWbemDisp.dll* mit dem WMI-COM-Objektmodell, in dessen Zentrum die Klasse `WbemScripting.SWbemObject` steht. Fernzugriff ist über DCOM möglich.
- Die COM-basierte Softwarekomponente *WsmAuto.dll*, die einen Fernzugriff über WS-Management (HTTP und SOAP) ermöglicht
- Die ältere .NET-basierte Softwarekomponente *System.Management.dll* (alias „WMI API") mit einem Objektmodell, in dessen Zentrum die Klassen `System.Management.ManagementObject` und `System.Management.` stehen.
- Die neuere .NET-basierte Softwarekomponente *System.Management.Infrastructure.dll* (alias „Management Infrastructure API") mit einem Objektmodell, in dessen Zentrum die Klassen `System.Management.CimInstance` und `System.Management.CimClass` stehen.

HINWEIS: Alle oben genannten Komponenten sind **Metaobjektmodelle**, d. h., es gibt dort nicht für jede der unzähligen WMI-Klassen eine Entsprechung, sondern es gibt einige wenige Klassen, deren Instanzen durch Angabe von WMI-Pfaden auf die eigentlichen WMI-Objekte abgebildet werden.

WMI API in der System.Management.dll

Dieses API ist die erste Generation des WMI API, die es seit der ersten WMI-Version in Windows 98 gibt. Diese alte WMI API wird heute in Windows immer noch unterstützt. Während es in der Windows PowerShell auch Commandlets für dieses alte WMI API gibt, wird es in PowerShell Core nicht mehr unterstützt.

Zentrale Klassen des Objektmodells (siehe folgende Grafik) von `System.Management` sind:

- `ManagementObject`

  Diese Klasse repräsentiert ein WMI-Objekt.

- `ManagementClass`

  Diese Klasse repräsentiert eine WMI-Klasse. `ManagementClass` ist von `ManagementObject` abgeleitet.

- `ManagementBaseObject`

  Beide Klassen sind von `ManagementBaseObject` abgeleitet. Diese Klasse ist nicht abstrakt, sondern wird an verschiedenen Stellen im Objektmodell auch verwendet.

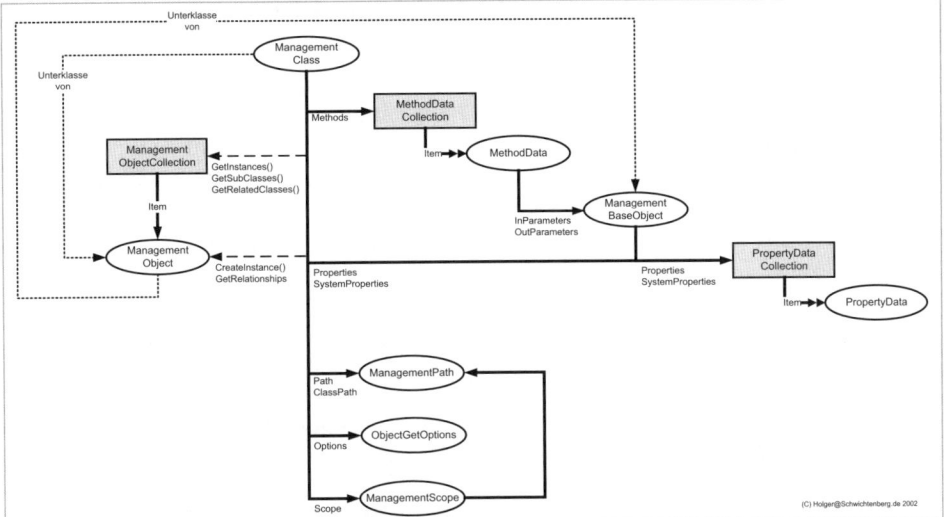

Bild 16.8 Objektmodell von System.Management

Bei *System.Management.dll* dient die Klasse `ManagementObject` als Metaklasse für alle WMI-Klassen, d. h., eine Instanz von `ManagementObject` wird bei seiner Erzeugung durch Verwendung eines WMI-Pfads an ein WMI-Objekt gebunden und bildet dieses ab. Leider ist die Abbildung nicht so leicht zu verwenden, wie man es sich wünschen würde, denn man muss alle Attribute über die `PropertyDataCollection` ansteuern (siehe obiges Bild des Objektmodells) und die Methodenaufrufe umständlich durch `InvokeMethod()` ausführen.

 HINWEIS: Im Folgenden werden Sie sehen, dass die PowerShell den Zugriff auf dieses komplexe Objektmodell stark vereinfacht.

Management Infrastructure API in der System.Management.Infrastructure.dll

Dieses API ist die zweite Generation des WMI API. Sie wurde zusammen mit WMI 2 in Windows 7 bzw. Windows Server 2008 eingeführt. Dieses API kann man in Windows PowerShell und PowerShell Core (auf Windows) verwenden.

Zentrale Klassen des Objektmodells von `System.Management.Infrastructure` sind:

- `CimInstance`

  Diese Klasse repräsentiert ein WMI-Objekt.

- `CimClass`

  Diese Klasse repräsentiert eine WMI-Klasse.

Weitere Neuerungen in WMI Version 2

Neben dem Verzicht auf DCOM schafft Microsoft in WMI 2 die Möglichkeit, aus den vielen Tausend WMI-Klassen direkt PowerShell-Commandlets zu generieren. So erklärt sich auch die plötzliche Flut von administrativen Commandlets seit Windows Client Version 8 und Windows Server Version 2012.

Microsoft geht mit WMI 2 und PowerShell so weit, dass einige Bereiche des Betriebssystems, z. B. das Server Message Block (SMB)-Protokoll 2.2, das Microsoft seit Windows 8 ausliefert, zukünftig nur noch über WMI und die PowerShell verwaltbar sind (siehe Bild). Das bisherige Network Share Management API (*http://msdn.microsoft.com/en-us/library/bb525393(VS.85).aspx*) für Entwickler und das Werkzeug net.exe für Administratoren werden nicht verschwinden, aber auf dem bisherigen Stand verharren. WMI-2-Provider kann man künftig auch mit der PowerShell schreiben.

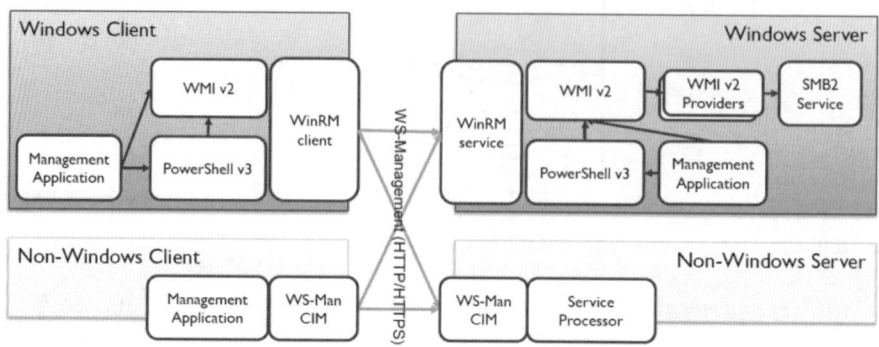

Bild 16.9 Verwaltung von Windows File Servern über WMI, WinRM und PowerShell (Quelle: *http://www.snia.org/sites/default/files2/SDC2011/presentations/wednesday/JoseBarreto_WindowsServer_8_SMB2_Management_v3.pdf*)

■ 16.2 WMI in der PowerShell

Die PowerShell bietet die Möglichkeit zum Zugriff auf das lokale WMI-Repository und auch WMI-Repositories auf entfernten Systemen.

Dafür bietet die PowerShell folgende Konzepte:

- Die Commandlets Get-WmiObject (seit PowerShell 1.0), Remove-WmiObject, Set-WmiInstance und Invoke-WmiMethod (seit PowerShell 2.0). Die als die „WMI-Commandlets der ersten Generation" bezeichneten Commandlets gibt es aber nicht in den Core-Versionen der PowerShell!

- Seit PowerShell-Version 3.0 gibt es eine neue Generation von WMI-Befehlen, die nun alle das Wort „Cim" im Namen tragen, u. a. Get-CimAssociatedInstance, Get-CimClass, Get-CimInstance, Invoke-CimMethod, New-CimInstance, Register-CimIndicationEvent, Set-CimInstance und Remove-CimInstance. Diese Commandlets gibt es auch in Windows PowerShell Core 5.1 und PowerShell Core 6.0 unter Windows, aber zum Redaktionsschluss dieses Buchs nicht unter MacOS und Linux.

- Die eingebauten PowerShell-Typen [WMI], [WMIClass] und [WMISEARCHER]. Diese gibt es nicht in den Core-Versionen der PowerShell!

- Den PowerShell-WMI-Objektadapter, der den Zugriff auf WMI-Objekte vereinfacht.

Diese Konzepte werden in den folgenden Abschnitten aufgabenorientiert erläutert.

Den Unterschied zwischen den alten und neuen WMI-Commandlets zeigt die folgende Tabelle.

Tabelle 16.12 Alte versus neue WMI-Commandlets

	Alte Commandlets mit „WMI" im Namen Erste Generation	Neue Commandlets mit „CIM" im Namen Zweite Generation
Verfügbar in PowerShell	Windows PowerShell ab 1.0, nicht in Windows PowerShell Core 5.1 und PowerShell Core 6.0	PowerShell ab 3.0, auch in Windows PowerShell Core 5.1 und PowerShell Core 6.0 für Windows
Verfügbar in Betriebssystemen	Ab Windows 98	Ab Windows 7 und Windows Server 2008
Zugriff auf WMI-Version	1 und 2	1 und 2
Protokoll für lokale Zugriffe	DCOM	DCOM
Protokoll für Fernzugriffe	DCOM	Webservices mit WS-Management (WS-Man) Optional: DCOM
Basis-API	WMI-API (System.Management.dll)	MI-API (Microsoft.Management.Infrastructure.dll)
.NET-Klasse für WMI-Instanz	System.Management.ManagementObject	Microsoft.Management.Infrastructure.CimInstance
.NET-Klasse für WMI-Klasse	System.Management.ManagementClass	Microsoft.Management.Infrastructure.CimClass
Eingabeunterstützung in PowerShell-Konsole und ISE sowie VSCode mit PowerShell-Erweiterung	Nein	Ja
Beispiele für Commandlets	Get-WmiObject, Remove-WmiObject, Set-WmiInstance, Invoke-WmiMethod	Get-CimClass, Get-CimInstance, Invoke-CimMethod, New-CimInstance, Register-CimIndicationEvent, Set-CimInstance, Remove-CimInstance

TIPP: Der wesentliche Vorteil der neueren Commandlets gegenüber den älteren (z. B. `Get-CimInstance` im Vergleich zu `Get-WmiObject`) ist, dass die PowerShell-Konsole und die ISE Eingabeunterstützung für die WMI-Klassennamen gewähren. Allerdings bezieht sich die Vorschlagsliste immer auf die auf dem lokalen System vorhandenen WMI-Klassen. Auf einem eventuell angesprochenen entfernten System zusätzliche Klassen sieht man nicht. Zudem kann es sein, dass die vorgeschlagene WMI-Klasse auf dem entfernten System nicht existiert.

```
PS W:\> Get-CimInstance Win32_log
                       Win32_LoggedOnUser
                       Win32_LogicalDisk                    root/cimv2:Win32_LogicalDisk
                       Win32_LogicalDiskRootDirectory
                       Win32_LogicalDiskToPartition
                       Win32_LogicalFileAccess
                       Win32_LogicalFileAuditing
                       Win32_LogicalFileGroup
                       Win32_LogicalFileOwner
                       Win32_LogicalFileSecuritySetting
```

Bild 16.10 Vorschlagsliste bei Get-CimInstance

■ 16.3 Open Management Infrastructure (OMI)

Um Windows für andere Betriebssysteme weiter zu öffnen, entwickelt Microsoft unter dem Namen Open Management Infrastructure (OMI), alias „NanoWBEM", auch eine WBEM-Implementierung für andere Betriebssysteme, die laut Aussage von PowerShell-Chefarchitekt Jeffrey Snoover (*http://channel9.msdn.com/Events/BUILD/BUILD2011/SAC-644T?format=auto*) um den Faktor 76 schneller sein soll als die DMTF-Referenzimplementierung „OpenPegasus" (*http://www.openpegasus.org/*). Zudem soll NanoWBEM auch auf Smartphones laufen, um diese Geräte ebenfalls überwachbar zu machen.

Die Website des Projekts ist *https://collaboration.opengroup.org/omi/?gpid=680*.

■ 16.4 Abruf von WMI-Objektmengen

Die Verwendung von Get-CimInstance oder Get-WmiObject in Verbindung mit einem WMI-Klassennamen in der Form

```
Get-CimInstance WMIKlassenname
```

liefert alle Instanzen der angegebenen WMI-Klasse (sofern es die angesprochene WMI-Klasse auf dem lokalen System gibt).

Beispiel:

```
# Name und Treiberdatei für alle Grafikkarten in diesem Computer
Get-CimInstance Win32_VideoController
```

liefert alle installierten Grafikkarten.

Dies ist eine Kurzform für

```
Get-CimInstance -ClassName Win32_VideoController
```

Sofern die Klasse nicht im Standardnamensraum "root\cimv2" liegt, muss man den Namensraum mit dem Parameter -Namespace explizit benennen:

```
Get-CimInstance -Namespace root/WebAdministration -ClassName Site
```

TIPP: Mit folgendem Befehl fragen Sie die Versionsnummer des WMI-Repository ab:

```
Get-CimInstance __cimomidentification -Namespace root/default
```

Unter Windows 10 (Stand Januar 2016) erscheint die Nummer 10.0.10240.16384.

16.5 Fernzugriffe

Man kann sowohl bei Get-CimInstance als auch Get-WmiObject mit dem Parameter -Computer auf entfernte Systeme zugreifen:

```
Get-CimInstance -class Win32_VideoController -Computer ServerF112
```

Allerdings ist zu beachten, dass Get-CimInstance dafür im Standard immer per SOAP-Webservice (WS-Management-Protokoll) redet. Wenn das entfernte System ein älteres System ohne WS-Management ist, dann muss man über eine explizite CIM-Sitzung die Kommunikation auf DCOM umschalten. Dafür verwendet man die Commandlets New-CimSessionOption und New-CimSession.

Listing 16.2 [WP3_CIMSession.ps1]
```
$so = New-CimSessionOption -Protocol DCOM
$s = New-CimSession -ComputerName ServerF112 -SessionOption $so
Get-CimClass -cimsession $s -class Win32_VideoController
```

HINWEIS: Get-WmiObject verwendet immer DCOM, so dass dieses Commandlet in Szenarien mit älteren Betriebssystemen einfacher in der Verwendung ist.

16.6 Filtern und Abfragen

Wenn man nicht alle Instanzen, sondern nur ausgewählte Instanzen ermitteln möchte, die bestimmten Kriterien entsprechen, kann man eine der folgenden alternativen Möglichkeiten nutzen:

- Verwendung des Commandlets Get-CimInstance oder Get-Wmiobject mit einem Filter
- Verwendung von WQL-Abfragen mit dem Parameter -Query in den Commandlets Get-CimInstance oder Get-WmiObject
- Auf einzelne, per WMI-Pfad identifizierte WMI-Objekte oder WMI-Klassen kann man zudem durch Verwendung der eingebauten PowerShell-Typen [WMI] und [WMIClass] zugreifen.
- Direkte Instanziierung der Klassen System.Management.ManagementObject bzw. System.Management.ManagementClass jeweils unter Angabe eines WMI-Pfads im Konstruktor
- Verwendung von WQL-Abfragen mit dem Typ [WMISEARCHER]
- Verwendung von WQL-Abfragen mit der .NET-Klasse System.Management.ManagementObjectSearcher

Filtern mit Get-WmiObject

Die Commandlets Get-CimInstance und Get-Wmiobject bieten die Möglichkeit, schon beim Abruf die Objekte zu filtern. Der Filter ist nach dem Parameter -Filter in einer Zeichenkette anzugeben.

Beispiele:

- Alle Benutzerkonten aus der Domäne „FBI":

```
Get-CimInstance Win32_account -filter "domain='FBI'"
```

- Alle Benutzerkonten aus der Domäne „FBI", deren Benutzerkontenname mit „H" beginnt:

```
Get-CimInstance Win32_account -filter "domain='FBI' and name like 'h%'"
```

HINWEIS: Wichtig ist, dass bei WMI-Filtern die Operatoren wie bei SQL (z. B. =, <>, <, >, like, and, or) anzugeben sind und nicht wie bei PowerShell-Ausdrücken (z. B. -eq, -ne, -lt, -gt, -like, -and, -or).

Zugriff auf einzelne WMI-Objekte

Um auf ein bestimmtes WMI-Objekt gezielt zuzugreifen, zeigt die nachstehende Tabelle verschiedene Möglichkeiten.

Tabelle 16.13 Beispiele für den Zugriff auf einzelne WMI-Objekte

	Get-WmiObject oder Get-CimInstance mit Filter	Eingebaute PowerShell-Typen	Direkte Instanziierung der .NET-Klasse
WMI-Objekt aus einer WMI-Klasse mit einem Schlüsselattribut	Get-CimInstance Win32_LogicalDisk -Filter „DeviceID='C:'"	[WMI] "\\.\root\cimv2:Win32_LogicalDisk.DeviceID='C:'"	New-Object System.Management.ManagementObject("\\.\root\cimv2:Win32_LogicalDisk.DeviceID='C:'")
WMI-Objekt aus einer WMI-Klasse mit zwei Schlüsselattributen	Get-CimInstance Win32_UserAccount -filter „name='hs' and domain='FBI'"	[WMI] "\\.\root\cimv2:Win32_UserAccount.Domain='FBI',Name='hs'"	New-Object System.Management.ManagementObject("\\.\root\cimv2:Win32_UserAccount.Domain='FBI',Name='hs'")
WMI-Objekt auf einem entfernten System	Get-CimInstance Win32_LogicalDisk -Filter „DeviceID='C:'" -computer „ServerF112"	WMI] "\\ServerF112\root\cimv2:Win32_UserAccount.Domain='FBI',Name='hs'"	New-Object System.Management.ManagementObject("\\ServerF112\root\cimv2:Win32_UserAccount.Domain='FBI',Name='hs'")
WMI-Klasse	Nicht möglich	[WMIClass] "\\.\root\cimv2:Win32_UserAccount"	New-Object System.Management.ManagementClass("\\SERVERF112\root\cimv2:Win32_UserAccount")

TIPP: Klassen, von denen es sowieso nur immer eine Instanz geben kann, lassen sich ohne Filter aufrufen:

```
Get-CimInstance Win32_ComputerSystem
Get-CimInstance Win32_OperatingSystem
Get-CimInstance __cimomidentification -Namespace root/default
```

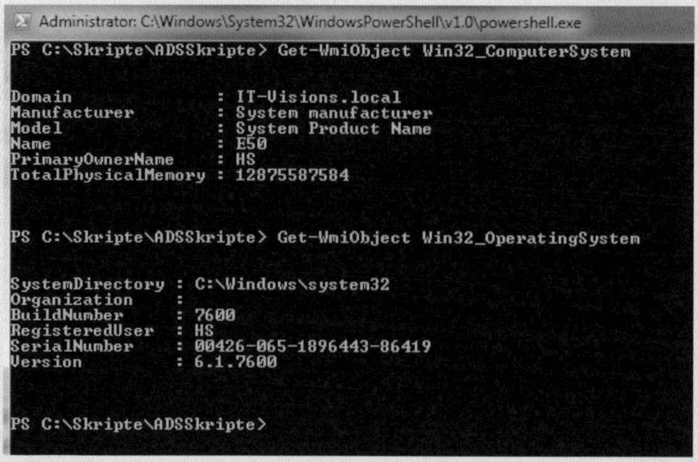

Bild 16.11 Win32_Computersystem und Win32_OperatingSystem gibt es sowieso immer nur einmal im WMI-Repository.

WQL-Abfragen

Abfragen in der Windows Management Instrumentation Query Language (WQL) kann man in der PowerShell mit dem Parameter -Query in den Commands Get-CimInstance und Get-WmiObject oder mit dem eingebauten Typ [WMISEARCHER] ausführen.

Der folgende Befehl selektiert alle Netzwerkkarten, in denen die Zahl „802" im Netzwerkkartentyp vorkommt.

```
Get-CimInstance -query "Select * from Win32_Networkadapter where adaptertype like
'%802%'" | select adaptertype,description
```

Alternativ kann man auch diese Abfrage mit dem eingebauten PowerShell-Typ [WMISEARCHER] ausführen:

```
([WMISEARCHER] "Select * from Win32_Networkadapter where adaptertype like '%802%'").
get()| select adaptertype,description
```

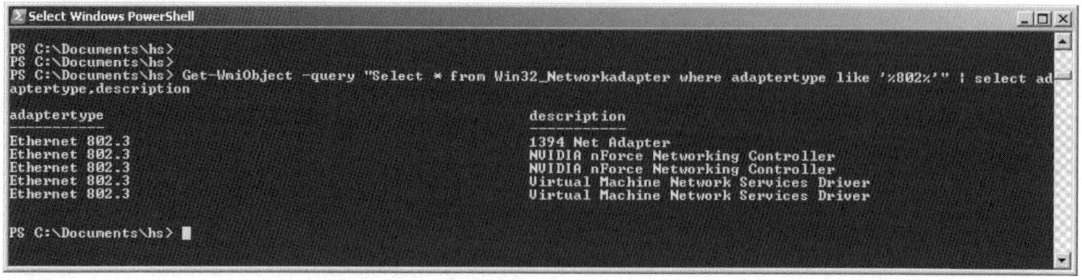

Bild 16.12 Ausführung einer WQL-Abfrage

HINWEIS: Get-CimInstance erlaubt es, mit dem Parameter -QueryDialect alternativ zu WQL auch Abfragen in CQL zu senden. Allerdings macht das nur Sinn bei der Abfrage von Nicht-Windows-Systemen. Auch aktuelle Windows-Systeme wie Windows 10 und Windows Server 2016 antworten mit „not implemented" auf das Senden einer CQL-Abfrage.

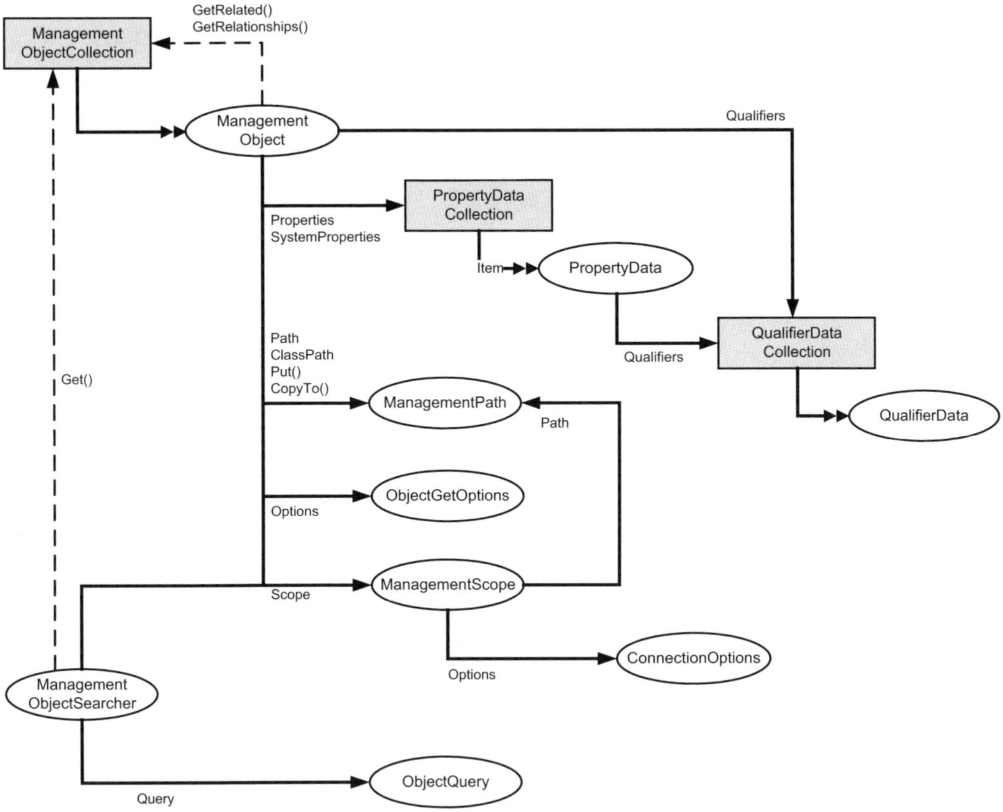

Bild 16.13 Objektmodell für Suchfunktionen über [WMISearcher] bzw. System.Management.ManagementObjectSearcher

■ 16.7 Liste aller WMI-Klassen

Eine Liste aller verfügbaren WMI-Klassen auf einem System erhält man mit Get-CimClass. Dabei sind Platzhalter möglich, z. B.

```
Get-CimClass *disk*
```

Alternativ bekommt man eine Liste von Get-WmiObject mit dem Parameter -List. Ein Filter darf dabei nicht angegeben werden.

```
Get-Wmiobject -list
```

Wenn nichts angegeben wird, wird immer der Namensraum "root\cimv2" verwendet. Ein Namensraum lässt sich auch explizit angeben:

```
Get-CimClass *ftp* -Namespace root/WebAdministration
```

Man kann ebenso auf das WMI-Repository eines bestimmten entfernten Computers zugreifen, da die Menge der Klassen vom Betriebssystem und von den installierten Anwendungen abhängig ist.

```
Get-Wmiobject -list -Computer F171
```

bzw.

```
Get-CimClass *ftp* -Namespace root/WebAdministration -ComputerName F171
```

■ 16.8 Hintergrundwissen: WMI-Klassenprojektion mit dem PowerShell-WMI-Objektadapter

Auf den ersten Blick erscheinen die von den WMI-Commandlets gelieferten Objekte ganz normale .NET-Objekte zu sein. Aber „unter der Haube" tut sich hier einiges, denn es gibt gar nicht eine .NET-Klasse für jede WMI-Klasse. Vielmehr werden die vielen WMI-Klassen in sehr wenige .NET-Metaklassen mit Hilfe eines sogenannten PowerShell-Objektadapters projiziert.

HINWEIS: Auf die Frage, wozu man als fortgeschrittener PowerShell-Nutzer diesen Mechanismus überhaupt kennen muss und wissen muss, was im Hintergrund passiert, gibt es drei Antworten:
- Damit Sie in der Lage sind, Codebeispiele, die mit dem WSH oder .NET arbeiten, auf die PowerShell zu übertragen
- Damit Sie verstehen, in welcher Dokumentation Sie suchen müssen
- Damit Sie auch verstehen, woran es liegen könnte, wenn etwas nicht funktioniert

WMI ist nicht die einzige Komponente, für welche die PowerShell einen solchen PowerShell-Objektadapter bereitstellt. Der Zugriff auf Verzeichnisdienste, Datenbanken und XML-Dokumente funktioniert ähnlich.

16.8 Hintergrundwissen: WMI-Klassenprojektion mit dem PowerShell-WMI-Objektadapter

Die wenigen .NET-Metaklassen sind insbesondere in der „alten" WMI-Welt (WMI API):
- System.Management.ManagementObjectCollection
- System.Management.ManagementObject
- System.Management.ManagementClass
- System.Management.PropertyDataCollection

Das folgende, vom Autor dieses Buchs erstellte Schaubild veranschaulicht diese Projektion (Abbildung) beim WMI-API und den alten PowerShell-WMI-Commandlets. Die Projektion würde aber eigentlich dazu führen, dass der Zugriff auf WMI-Objekte über .NET nicht gerade „geschmeidig" wäre, weil immer umständlich die PropertyDataCollection anzusprechen wäre. Hier bietet die PowerShell auf Basis des Extended Type System (ETS) eine Vereinfachung, denn die PowerShell erstellt durch den eingebauten WMI-Objektadapter dynamisch wieder Objekte, die den WMI-Klassen entsprechen. Diesen komplexen Zusammenhang veranschaulicht nachstehende Grafik ebenfalls.

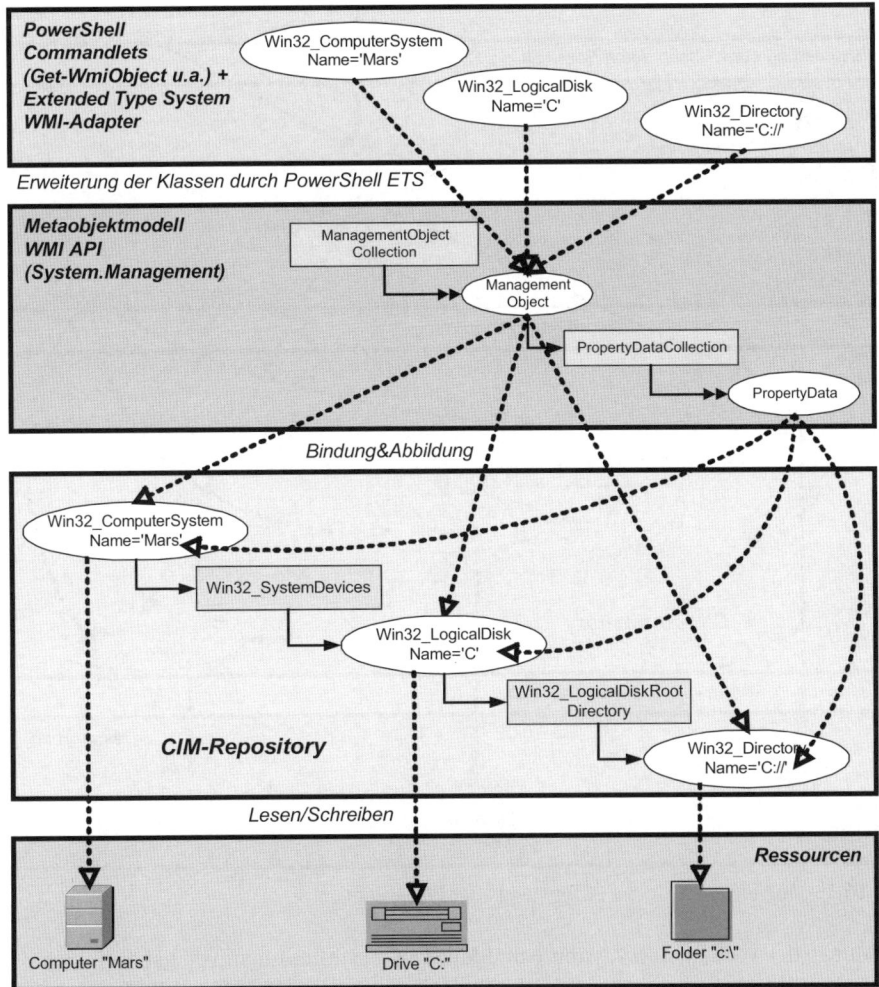

Bild 16.14 Abbildung von WMI API-Objekten in der PowerShell

In der neueren WMI-Welt ab PowerShell-Version 3.0 (Management Infrastructure API) kommen folgende Klassen zum Einsatz:

- Microsoft.Management.Infrastructure.CimInstance
- Microsoft.Management.Infrastructure.CimClass
- Microsoft.Management.Infrastructure.CimInstanceProperties
- Microsoft.Management.Infrastructure.CimClassProperties
- Microsoft.Management.Infrastructure.CimProperty

Das folgende, vom Autor dieses Buchs erstellte Schaubild veranschaulicht diese Projektion beim neuen MI-API und den neuen PowerShell-WMI-Commandlets.

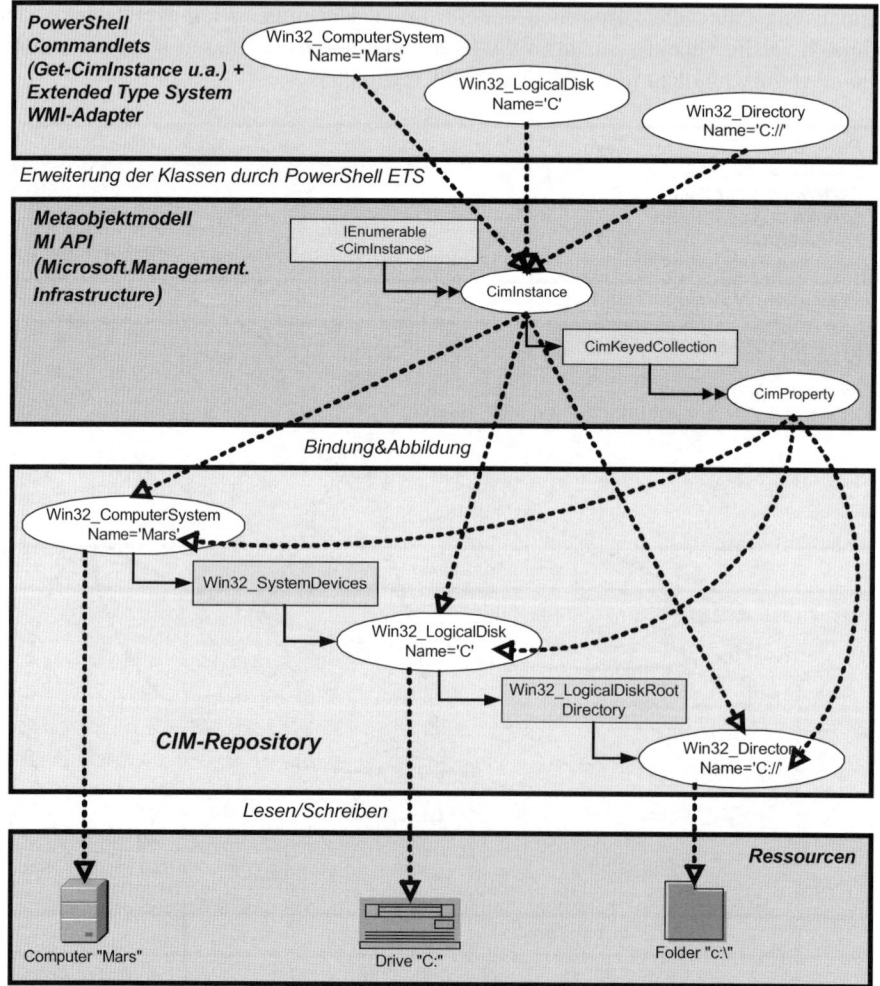

Bild 16.15 Abbildung von MI API-Objekten in der PowerShell

Die Menge der verfügbaren Attribute und Methoden ermittelt man wie bei normalen .NET-Objekten mit Get-Member. Obwohl die Mitglieder einer WMI-Klasse (z. B. Win32_Logical

Disk) nicht auch gleichzeitig Mitglieder der die WMI-Klasse verpackenden .NET-Metaklasse (`System.Management.ManagementObject` bzw. `Microsoft.Management.Infrastructure.CimInstance`) sind, listet `Get-Member` dennoch die Mitglieder aus beiden Abstraktionsebenen auf.

 ACHTUNG: Wenn Sie Hilfeinformationen zu den Objekten in der Pipeline suchen, müssen Sie also in die Dokumentation des WMI-Schemas [MSDN55] schauen, nicht in die Dokumentation von `System.Management` [MSDN56].

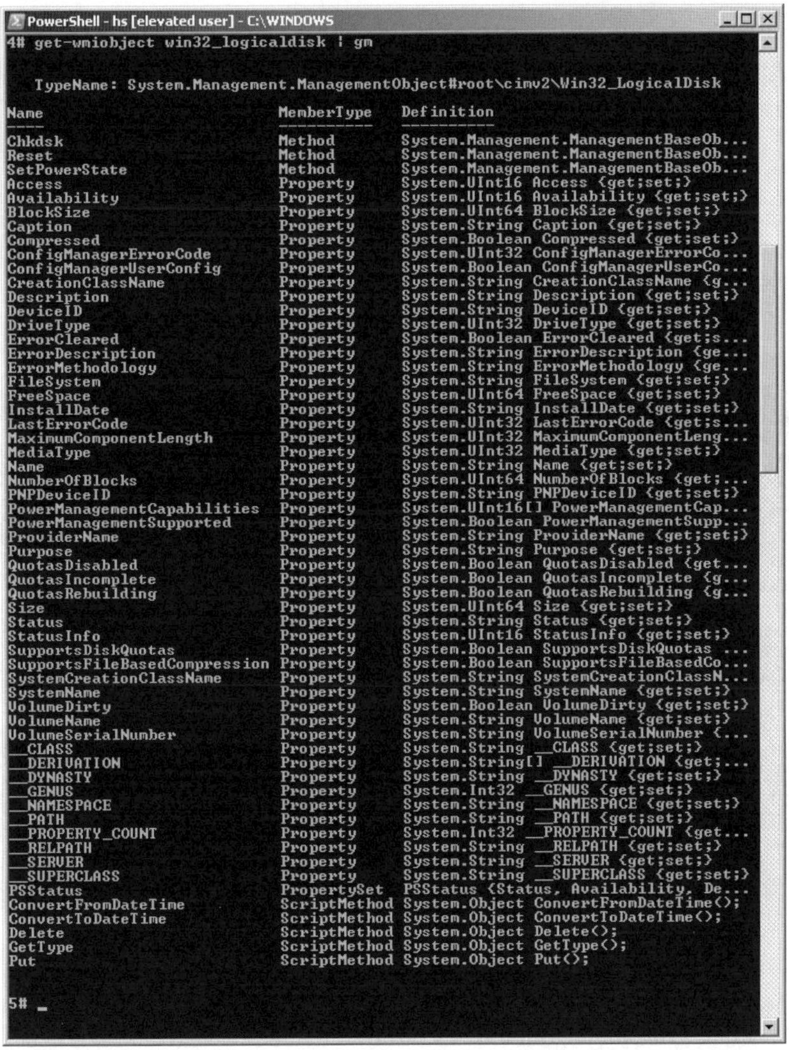

Bild 16.16 Auflisten des Pipeline-Inhalts mit Get-Member, wenn sich WMI-Objekte in der Pipeline befinden

Die PowerShell hat ihre eigene Art und Weise, die durch den WMI-Objektadapter erzeugten Klassen zu benennen. Sie verwendet den Namen der .NET-Metaklasse (System.Management.ManagementObject) und den Pfad der WMI-Klasse getrennt durch das Zeichen „#":

```
System.Management.ManagementObject#root\cimv2\Win32_LogicalDisk
```

bzw. in der neuen WMI-Welt:

```
Microsoft.Management.Infrastructure.CimInstance#root/cimv2/Win32_LogicalDisk
```

■ 16.9 Beschränkung der Ausgabeliste bei WMI-Objekten

Beim Zugriff auf einzelne Objekte sowie Objektmengen erhält man eine lange Ausgabeliste. Im Standard werden mit Format-List die zahlreichen Eigenschaften der ermittelten WMI-Objekte ausgegeben (siehe folgende Bildschirmabbildung am Beispiel Win32_VideoController).

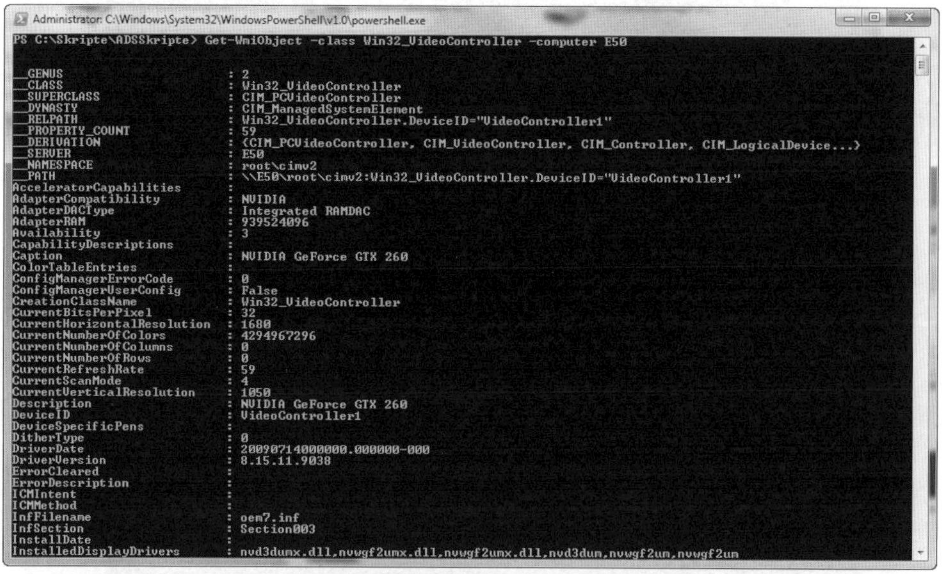

Bild 16.17 Eigenschaften der Klasse Win32_VideoController

Auch eine Ausgabe mit dem Commandlet Format-Table hilft nicht. Dies macht die Ausgabe zwar kürzer, aber viel breiter. Gut wäre es, das resultierende Objekt mit Select-Object auf die interessanten Eigenschaften zu „beschneiden":

```
Get-CimInstance Win32_VideoController |
Select-Object name,installeddisplaydrive
```

Auch für einige WMI-Klassen ist in der *types.ps1xml*-Datei festgelegt, welche Attribute ausgegeben werden. Für `Win32_VideoController` gibt es eine solche Festlegung nicht; daher werden alle Attribute ausgegeben. Die folgenden Bildschirmabbildungen zeigen aber die Wirkung der Deklarationen für `Win32_CDRomDrive`.

```
PS C:\Skripte\ADSSkripte> Get-WmiObject Win32_cdromdrive

Caption                     Drive   Manufacturer                  VolumeName
-------                     -----   ------------                  ----------
ELBY CLONEDRIVE SCSI CdRom... E:     (Standard-CD-ROM-Laufwerke)
HL-DT-ST DVDRAM GH22LS50 A... D:     (Standard-CD-ROM-Laufwerke)   AV_2422

PS C:\Skripte\ADSSkripte> _
```

Bild 16.18 Standardausgabe des Befehls Get-CimInstance Win32_CDRomDrive

```xml
<Type>
    <Name>System.Management.ManagementObject#root\cimv2\Win32_CDROMDrive</Name>
    <Members>
        <PropertySet>
            <Name>PSStatus</Name>
            <ReferencedProperties>
                <Name>Availability</Name>
                <Name>Drive</Name>
                <Name>ErrorCleared</Name>
                <Name>MediaLoaded</Name>
                <Name>NeedsCleaning</Name>
                <Name>Status</Name>
                <Name>StatusInfo</Name>
            </ReferencedProperties>
        </PropertySet>
        <MemberSet>
            <Name>PSStandardMembers</Name>
            <Members>
                <PropertySet>
                    <Name>DefaultDisplayPropertySet</Name>
                    <ReferencedProperties>
                        <Name>Caption</Name>
                        <Name>Drive</Name>
                        <Name>Manufacturer</Name>
                        <Name>VolumeName</Name>
                    </ReferencedProperties>
                </PropertySet>
            </Members>
        </MemberSet>
    </Members>
</Type>
```

Bild 16.19 Festlegung der auszugebenden Attribute für die WMI-Klasse Win32_CDRomDrive

Das folgende Listing zeigt Beispiele zum Einsatz des neueren WMI-Commandlets `Get-CimInstance` in Zusammenarbeit mit Commandlets zur Pipeline-Steuerung:

```powershell
# Name und freie Bytes auf allen Laufwerken
Get-CimInstance Win32_logicaldisk | Select-Object deviceid,freespace

# Name und Domain der Benutzerkonten, deren Kennwort niemals verfällt
Get-CimInstance Win32_account | Where-Object {$_.Kennwortexpires -eq 0 } |
Select-Object Name,Domain
```

16.10 Zugriff auf einzelne Mitglieder von WMI-Klassen

Auf die Attribute und auch auf die Methoden von WMI-Klassen kann man zugreifen wie auf die Mitglieder von .NET-Klassen. Die PowerShell abstrahiert von der Metaobjektmodellimplementierung durch den Objektadapter, so dass man die einzelnen Eigenschaften der WMI-Klasse über die Punktnotation ($Objektvariable.PropertyName) ansprechen kann.

Listing 16.3 Zugriff auf ein Instanzmitglied: Ausgabe der Laufwerksbezeichnung (VolumeLabel) mit der WMI-Klasse Win32_LogicalDisk

```
# Instanzmitglied abrufen aus Instanz
$laufwerk = [WMI] "\\F171\root\cimv2:Win32_LogicalDisk.DeviceID='C:'"
"Die aktuelle Bezeichnung von Laufwerk C ist: " + ($laufwerk.Volumename)
```

Anders als bei .NET-Objekten macht die PowerShell bei WMI keine syntaktischen Unterschiede zwischen statischen Mitgliedern (Klassenmitglied) und Instanzmitgliedern, d. h., es ist immer nur der einfache Punktoperator zu verwenden (in .NET-Objekten ist der doppelte Doppelpunkt für statische Methoden zu verwenden). Bei WMI ist nur zu beachten, dass mit dem PowerShell-Typ [WMIClass] auf den WMI-Pfad der WMI-Klasse, nicht einer konkreten Instanz verwiesen wird.

Beispiel: Abruf des Namens des aktuellen Computers

Listing 16.4 Zugriff auf ein Klassenmitglied: Ausgabe des Computernamens (PSComputerName) mit der WMI-Klasse Win32_OperatingSystem

```
# statisches Mitglied abrufen aus Klasse
$os = ([WMIClass] "Win32_OperatingSystem")
$os.PSComputerName
```

16.11 Werte setzen in WMI-Objekten

Um Werte in Objekten zu setzen, kann man schreibend auf eine Eigenschaft zugreifen. Die Werte werden aber erst gespeichert, wenn man die Methode Put() in der Metaklasse aufruft.

Beispiel:

Listing 16.5 Werte setzen in WMI-Objekten mit Put()

```
# Instanzmitglied abrufen aus Instanz
$laufwerk = [wmi]  "\\.\root\cimv2:Win32_LogicalDisk.DeviceID='C:'"
# Zugriff auf aktuellen Wert
"Die aktuelle Bezeichnung von Laufwerk C ist: " + ($laufwerk.Volumename)
# Änderung des Wertes
"Laufwerksname wird geändert"
$laufwerk.Volumename = "Sys"
```

```
$laufwerk.Put()
"Die aktuelle Bezeichnung von Laufwerk C ist nun: " + ($laufwerk.Volumename)
```

 ACHTUNG: Put() liefert leider keine sprechenden Fehlermeldungen. Man sieht als Fehlermeldung immer nur „Ausnahme beim Aufrufen von ‚Put' mit 0 Argument(en)".

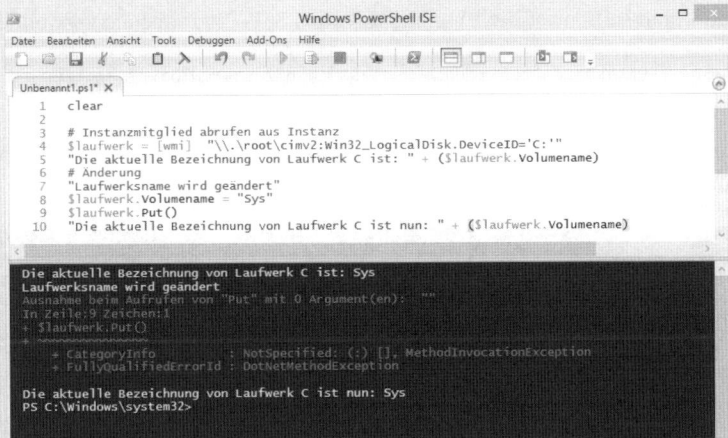

Bild 16.20 Nichtssagende Fehlermeldung bei Put()

Dies suggeriert, dass man Put() einen Parameter übergeben müsste. Aber das ist nicht so! Die Fehlermeldung kann so ziemlich alles heißen, z. B., ungültige Werte wurden gesetzt oder es gibt nicht ausreichend Rechte für die Änderung. Im konkreten Fall der Änderung der Laufwerksbezeichnung braucht man volle Administratorrechte. Dann geht es (siehe Bildschirmabbildung).

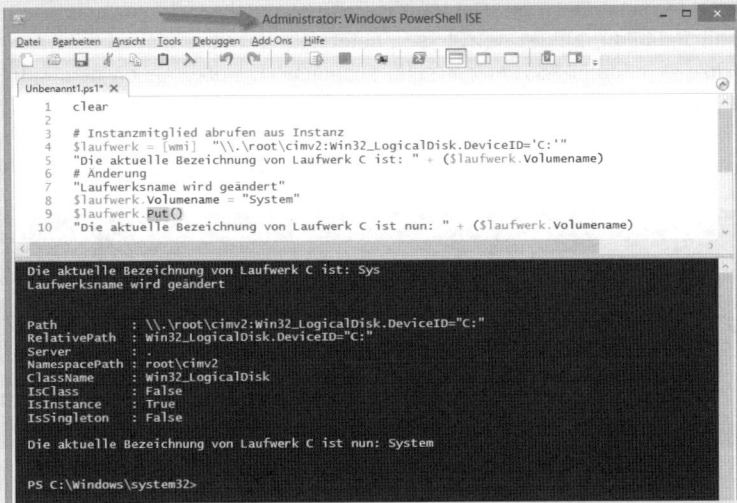

Bild 16.21 Erfolgreiche Ausführung von Put() mit vollen Administratorrechten

Alternativ kann man Werte in WMI-Objekten mit den WMI-Commandlets setzen.

Mit dem Commandlet `Set-WmiInstance` lassen sich seit PowerShell 2.0 Werte in WMI-Objekten setzen.

Beispiel: Ändern des Namens des Laufwerks C auf dem Computer „F171":

```
Set-WmiInstance -path "\\F171\root\cimv2:Win32_LogicalDisk.DeviceID='c:'" -Arguments
@{ VolumeName="System" }
```

Alternativ kann man seit PowerShell-Version 3.0 auch `Set-CimInstance` verwenden:

```
Get-CimInstance -namespace "root\cimv2" -class "Win32_LogicalDisk" -Filter
"DeviceID='c:'" | Set-CimInstance -property @{ VolumeName=„System2" }
```

Vorteil von `Set-CimInstance` ist, dass es dort sprechende Fehlermeldungen gibt (siehe Bildschirmabbildungen).

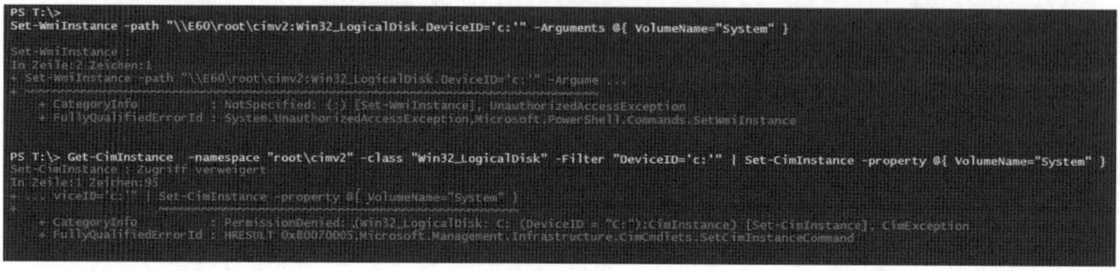

Bild 16.22 Nur Set-CimInstance liefert „Zugriff verweigert"

16.12 Umgang mit WMI-Datumsangaben

Die neuen WMI-Commandlets verarbeiten die Datumsangaben als normale .NET-Objekte (siehe Bildschirmabbildung). `Get-WMIObject` liefert die Datumsangaben aber als Zeichenkette der Form yyyymmddHHMMSS.mmmmmmsUUU gespeichert, wobei neben dem selbst erklärenden Kürzel anzumerken ist, dass mmmmmm die Anzahl der Millisekunden ist und UUU die Anzahl der Minuten, welche die lokale Zeit von der Universal Coordinated Time (UTC) abweicht. Das s ist das Vorzeichen. In Deutschland steht daher für UUU der Wert *+060*.

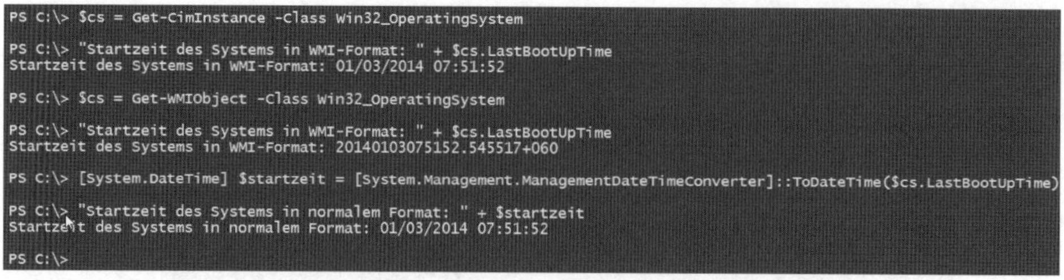

Bild 16.23 Datumsangabe mit Get-CIMInstance und Get-WMiObject

Konvertierung des WMI-Formats in normale Datumsobjekte

Zur Konvertierung eines WMI-Datumsformats in das normale Datumsformat der PowerShell (Klasse System.DateTime) steht die statische Methode ToDateTime() in der Klasse System.Management.ManagementDateTimeConverter zur Verfügung.

Listing 16.6 Umwandlung von WMI-Datumsformaten in System.DateTime [WMI_Date.PS1]

```
$cs = Get-WMIObject -Class Win32_OperatingSystem
"Startzeit des Systems in WMI-Format: " + $cs.LastBootUpTime
[System.DateTime] $startzeit =
[System.Management.ManagementDateTimeConverter]::ToDateTime
($cs.LastBootUpTime)
"Startzeit des Systems in normalem Format: " + $startzeit
```

Wenn die PowerShell Community Extensions installiert sind, verfügt die Klasse ManagementObject über eine zusätzliche Methode ConvertToDateTime(), welche die Konvertierung erledigen kann:

```
$cs = Get-CimInstance -Class Win32_OperatingSystem -property LastBootUpTime
$cs.ConvertToDateTime($cs.LastBootUpTime)
```

■ 16.13 Methodenaufrufe

Auch Methodenaufrufe sind in WMI-Klassen möglich über die Punktnotation, sowohl für Instanzmethoden als auch statische Klassenmethoden.

Listing 16.7 WMI-Methodenaufrufe

```
# Instanzmethode aufrufen
([WMI] "\\F171\root\cimv2:Win32_LogicalDisk.DeviceID='c:'").Chkdsk($false,$false,
$false,$false,$false,$false)
# Statische Klassemethode aufrufen
([WMIClass] "Win32_Product").Install("c:\install\meinSetup.msi")
```

Invoke-WmiMethod

Seit PowerShell 2.0 gibt es das Commandlet Invoke-WmiMethod, mit dem man WMI-Methoden direkt aufrufen kann.

Beispiel: Aufruf der Methode Chkdsk() in der WMI-Klasse Win32_LogicalDisk mit sechs Parametern (auf Computer F171):

```
Invoke-WmiMethod -Path "\\F171\root\cimv2:Win32_LogicalDisk.DeviceID='c:'" -Name
"Chkdsk" -ArgumentList $false,$false,$false,$false,$false
```

Weitere Beispiele

Umbenennen eines Computers mit der Methode Rename(NeuerName) aus der Klasse Win32_Computersystem:

```
Invoke-WmiMethod -Path "\\F171\root\cimv2:Win32_Computersystem.Name= F171" -Name
"Rename" -ArgumentList "F172"
```

Neustart eines Computers mit der Methode Reboot() aus der Klasse Win32_Operating System:

```
Invoke-WmiMethod -Path "\\F171\root\cimv2:Win32_OperatingSystem=@" -Name "Reboot"
```

Invoke-CimMethod

Seit PowerShell-Version 3.0 kann man alternativ Invoke-CimMethod verwenden. Hier ist zu beachten, dass die Instanz, auf der der Befehl ausgeführt werden soll, zunächst mit Get-CimInstance geholt wird und die Parameter als Hash-Tabellen mit Name-Wert-Paaren anzugeben sind.

```
Get-CimInstance  -computername F171 -namespace "root\cimv2" -class "Win32_
LogicalDisk" -Filter "DeviceID='t:'" | Invoke-CimMethod -MethodName "Chkdsk"
-Arguments @{ FixErrors=$false; VigorousIndexCheck=$false; SkipFolderCycle=$false;
ForceDismount=$false; RecoverBadSectors=$false; OKToRunAtBootUp=$false }
```

■ 16.14 Neue WMI-Instanzen erzeugen

Viele WMI-Klassen sind so gestaltet, dass zum Anlegen neuer Systemelemente (Managed Objects) eine Instanz der WMI-Klasse erzeugt werden muss. Dafür werden auf Klassenebene statische Methoden angeboten mit Namen Create( ), siehe folgende Bildschirmabbildung. Alternativ kann man seit PowerShell-Version 3.0 das Commandlet New-CimInstance verwenden.

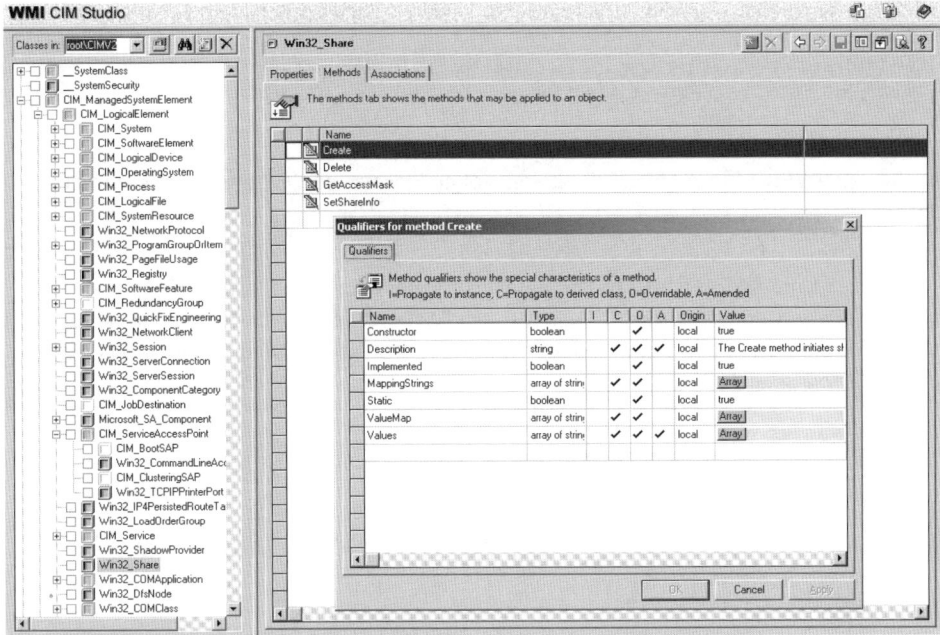

Bild 16.24 Methoden der Klasse Win32_Share

Das folgende Beispiel zeigt das Anlegen einer Freigabe mit Standardrechten. Die Vergabe von Rechten ist ein komplexeres Thema, das später noch behandelt wird.

Listing 16.8 New-Share-WithoutPermissions(WMI).ps1

```
# Create Win32_Share
$pfad = "w:\Temp"
$Sharename = "TempDateien"
$Comment = "Freigabe von w:\Temp"
$class = [WMIClass] "ROOT\CIMV2:Win32_Share"
$Access = $Null

$R = $class.Create($pfad, $Sharename, 0, 10, $Comment, "", $Access)
if ( $R.ReturnValue -ne 0) { Write-Error ("Fehler beim Anlegen: " + $R.ReturnValue);}
else {"Freigabe wurde angelegt!" }
```

■ 16.15 Instanzen entfernen

Mit `Remove-WmiObject` (seit PowerShell 2.0) kann man ein WMI-Objekt löschen, z. B. einen Dateisystemordner auf einem entfernten System:

```
Remove-WmiObject -path "\\F171\root\cimv2:Win32_Directory.Name='c:\\temp'"
```

Mit dem neuen (seit PowerShell-Version 3.0) `Remove-CimInstance` sieht es so aus:

```
Get-CimInstance -computername F171 -class "Win32_Directory" -Filter
"Name='W:\\temp'" | Remove-CimInstance
```

HINWEIS: Diese Aktion könnte man ohne Einsatz von WMI alternativ ausdrücken:

```
Invoke-Command -ComputerName F171 { Remove-Item "c:\temp" }
```

Der Unterschied ist: Der erste Befehl verwendet nur WMI-Klassen, die es auf jedem Windows-System (zumindest seit Windows 2000) gibt. Der zweite Befehl erfordert auf dem Zielsystem die PowerShell ab Version 2.0 und dort aktiviertes PowerShell-Remoting.

■ 16.16 Commandlet Definition XML-Datei (CDXML)

Die PowerShell ist schon 2006 erschienen und bot in der ersten Version zwar eine Menge Grundinfrastruktur zur Datenverarbeitung mit Import, Export, Filtern, Sortieren, Gruppieren und Zählen, aber wenig administrative Commandlets für den Zugriff auf Systembausteine. Erst mit Windows 7 und Windows Server 2008 R2 führte Microsoft mehr administrative Commandlets ein, aber weiterhin nur für einige ausgewählte Bereiche wie das Active Directory. Dann mit Windows 8 und Windows Server 2012 stieg die Anzahl der Commandlets fast explosionsartig. Während Microsoft bisher alle Commandlets explizit implementiert hatte, steckt ein Trick hinter der neuen Produktivität der Entwickler in Redmond: Die meisten der vielen neuen Commandlets sind als WMI-Klassen automatisch generiert worden.

Mit Windows 8 und Windows Server 2012 führte Microsoft eine neue WMI-Version (WMI 2.0) ein, die viele WMI-Klassen einfacher realisiert als bisher und es zudem erlaubt, aus den WMI-Metadaten ein PowerShell-Commandlet zu generieren. Dabei wird kein Programmcode erzeugt, sondern lediglich eine „Commandlet Definition XML"-Datei (CDXML), die die PowerShell verwendet, um ad hoc passende Commandlets bereitzustellen, wenn man solche CDXML-Dateien mit Import-Modulen einliest.

Listing 16.9 Ausschnitte aus der Datei SmbShare.cdxml

```xml
<?xml version="1.0" encoding="utf-8"?>
<PowerShellMetadata xmlns="http://schemas.microsoft.com/cmdlets-over-objects/2009/11">

  <Class ClassName="ROOT/Microsoft/Windows/SMB/MSFT_SMBShare">
    <Version>1.0</Version>

    <DefaultNoun>SmbShare</DefaultNoun>
    <InstanceCmdlets>
```

```xml
      <!--
      // Get-SmbShare
      -->
      <GetCmdletParameters>
        <QueryableProperties>
          <Property PropertyName="Name">
            <Type PSType="string" />
            <RegularQuery AllowGlobbing="true">
              <CmdletParameterMetadata IsMandatory="false" Position="1" ValueFromPipelineByPropertyName="true" />
            </RegularQuery>
          </Property>
          <Property PropertyName="ScopeName">
            <Type PSType="string" />
            <RegularQuery AllowGlobbing="false">
              <CmdletParameterMetadata IsMandatory="false" Position="2" ValueFromPipelineByPropertyName="true" />
            </RegularQuery>
          </Property>
...
    </Cmdlet>

  </InstanceCmdlets>
  <StaticCmdlets>
    <!--
    // New-SmbShare
    -->
    <Cmdlet>
      <CmdletMetadata Verb="New" ConfirmImpact="Medium" HelpUri="http://go.microsoft.com/fwlink/?LinkID=241957" Aliases="nsmbs"/>
      <Method MethodName="CreateShare">
        <ReturnValue>
          <Type PSType="uint32" />
          <CmdletOutputMetadata>
            <ErrorCode />
          </CmdletOutputMetadata>
        </ReturnValue>
        <Parameters>
          <Parameter ParameterName="Description">
            <Type PSType="string" />
            <CmdletParameterMetadata>
              <AllowEmptyString />
              <ValidateNotNull />
            </CmdletParameterMetadata>
          </Parameter>
          <Parameter ParameterName="ConcurrentUserLimit">
            <Type PSType="Uint32" />
            <CmdletParameterMetadata>
              <AllowEmptyString />
              <ValidateNotNull />
            </CmdletParameterMetadata>
...
```

Praxisbeispiel: WMI-Klassenstatistik

Das folgende Skript ermittelt die Anzahl der WMI-Klassen auf Ihrem System und exportiert eine CSV-Liste der Anzahl der Klassen pro Namensraum. Da der Vorgang einige Sekunden dauert, kommt Write-Progress zum Einsatz für eine Fortschrittsanzeige.

Listing 16.10 [2_Aufbauwissen\WMI\WMI_Klassenstatistik.ps1]

```
# Zählt die Anzahl der verfügbaren WMI-Klassen auf dem Rechner
# (C) Dr. Holger Schwichtenberg 2016

function Get-WMINamespaces([string] $namespace)
{
$e = Get-CimInstance __Namespace -Namespace $namespace
    foreach($n in $e)
    {
    $subnamespace = $namespace + "\" + $n.name
    $subnamespace
    Get-WMINamespaces $subnamespace
    }
}

$count = 0
$anzKlassen = 0
$namespaces = Get-WMINamespaces "root"
foreach($n in $namespaces)
{
$count++
$klassen = Get-CimClass -Namespace $n
$n + ";" + $klassen.count | Add-Content c:\temp\WMIKlassen.csv
$anzKlassen+=$klassen.count
Write-Progress -Activity "Klassenstatistik" -Status $n -PercentComplete (($count / $namespaces.Count)*100)
}

"Namensräume $($namespaces.count)"
"Klassen $anzKlassen"
```

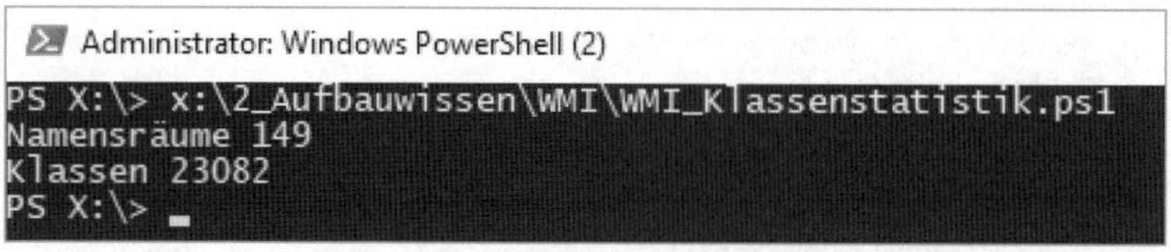

```
Administrator: Windows PowerShell (2)
PS X:\> x:\2_Aufbauwissen\WMI\WMI_Klassenstatistik.ps1
Namensräume 149
Klassen 23082
PS X:\>
```

Bild 16.25 Ergebnis unter Windows 10 (Creators Update) mit einigen installierten Programmen z. B. Microsoft Office und Visual Studio

17 Dynamische Objekte

In den meisten Programmiersprachen ist der Aufbau von Objekten durch Klassendefinitionen zur Entwicklungszeit festgelegt. Die Klasse definiert die Mitglieder (Attribute, Methoden und Ereignisse) und die Instanzen dieser Klasse erhalten genau die in der Klasse definierten Mitglieder. Einige Programmiersprachen erlauben die Erweiterungen von Objekten zur Laufzeit um neue Mitglieder. Die PowerShell gehört zu diesen Programmierumgebungen, die diese Möglichkeit besitzen.

Zentrales Instrument ist dafür das Commandlet Add-Member, mit dem man ein bestehendes Objekt um Mitglieder erweitern kann. Ein zusätzliches Attribut sind ein „NoteProperty", eine zusätzliche Methode eine „ScriptMethod" (weil man sie in der PowerShell-Skriptsprache implementiert).

Add-Member erwartet folgende Angaben:

- InputObject: das zu erweiternde Objekt
- MemberType: NoteProperty oder ScriptMethode
- Name: Bezeichner des neuen Mitglieds
- Value: bei einem NoteProperty der Wert, bei einer ScriptMethod der Skriptblock

■ 17.1 Erweitern bestehender Objekte

Eine Schwäche in der .NET-Klassenbibliothek ist sicherlich, dass die Klasse System.IO.DirectoryInfo, die Ordner im Dateisystem repräsentiert, kein Attribut besitzt, das die Größe aller Dateien in diesem Ordner wiedergibt. Es gibt lediglich für einzelne Dateien (System.IO.FileInfo) das Attribut Length. Die nachstehend dokumentierte Funktion Get-DirSize ermittelt ausgehend von einem beliebigen Ordner die Größe der Unterordner, indem rekursiv die Größe aller Dateien ermittelt wird. Die ermittelte Größe könnte man in einer separaten Datenstruktur halten. Es ist aber viel eleganter, diese Größe an die bestehenden DirectoryInfo-Objekte für die Ordner anzuheften.

Listing 17.1 Ermitteln der Ordnergrößen und Anheften der Informationen an die Klasse DirectoryInfo

```
# DirSize.ps1
# Erweitern der Klasse DirectoryInfo um Attribut Size

function Get-DirSize($Path)
{
# Zugriff auf Unterverzeichnisse des Wurzelverzeichnisses
$WurzelVerzeichnisse = Get-ChildItem $Path -Force  | where { $_.GetType().Name -eq
"DirectoryInfo" }

# Iteration über die Unterordner
foreach ($AktuellesVerzeichnis in $WurzelVerzeichnisse)
{
# Ermitteln der Größe aller Dateien in dem Ordner und seinen Unterordnern
$groesse = ($AktuellesVerzeichnis | Get-ChildItem -Recurse -ea silentlycontinue  |
-where { $_.GetType().Name -ne "DirectoryInfo" } | Measure-Object length -Sum)

# Anfügen des Mitglieds "Size" an das DirectoryInfo-Objekt
Add-Member -InputObject $AktuellesVerzeichnis -Value $groesse.Sum -Name "Size"
-MemberType "NoteProperty"
}
# Sortierte Ausgabe der Größen
$WurzelVerzeichnisse | sort Size -desc
}
```

Diese Funktion kann man beispielsweise benutzen, um die Größe der Benutzerprofile auf einem System zu ermitteln.

```
Get-DirSize c:\users | ft Name, Size
```

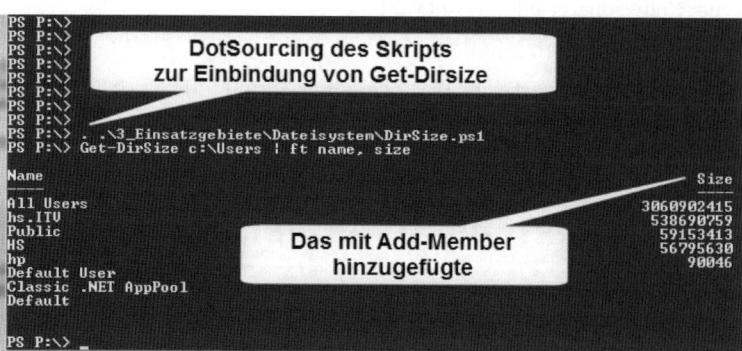

Bild 17.1 Ausgabe der Ordnergrößen von c:\users

 ACHTUNG: Bitte beachten Sie, dass der Standort der Profilordner vom Betriebssystem abhängig ist.

```
PS P:\> Get-DirSize c:\Users | gm

   TypeName: System.IO.DirectoryInfo

Name                      MemberType      Definition
----                      ----------      ----------
Mode                      CodeProperty    System.String Mode{get=Mode;}
Create                    Method          System.Void Create(System.Security....
CreateObjRef              Method          System.Runtime.Remoting.ObjRef Crea...
CreateSubdirectory        Method          System.IO.DirectoryInfo CreateSubdi...
Delete                    Method          System.Void Delete(), System.Void D...
Equals                    Method          bool Equals(System.Object obj)
GetAccessControl          Method          System.Security.AccessControl.Direc...
GetDirectories            Method          System.IO.DirectoryInfo[] GetDirect...
GetFiles                  Method          System.IO.FileInfo[] GetFiles(), Sy...
GetFileSystemInfos        Method          System.IO.FileSystemInfo[] GetFileS...
GetHashCode               Method          int GetHashCode()
GetLifetimeService        Method          System.Object GetLifetimeService()
GetObjectData             Method          System.Void GetObjectData(System.Ru...
GetType                   Method          type GetType()
InitializeLifetimeService Method          System.Object InitializeLifetimeSer...
MoveTo                    Method          System.Void MoveTo(string destDirName)
Refresh                   Method          System.Void Refresh()
SetAccessControl          Method          System.Void SetAccessControl(System...
ToString                  Method          string ToString()
PSChildName               NoteProperty    System.String PSChildName=All Users
PSDrive                   NoteProperty    System.Management.Automation.PSDriv...
PSIsContainer             NoteProperty    System.Boolean PSIsContainer=True
PSParentPath              NoteProperty    System.String PSParentPath=Microsof...
PSPath                    NoteProperty    System.String PSPath=Microsoft.Powe...
PSProvider                NoteProperty    System.Management.Automation.Provid...
Size                      NoteProperty    System.Double Size=3060902415
Attributes                Property        System.IO.FileAttributes Attributes...
CreationTime              Property        System.DateTime CreationTime {get;s...
CreationTimeUtc           Property        System.DateTime CreationTimeUtc {ge...
Exists                    Property        System.Boolean Exists {get;}
Extension                 Property        System.String Extension {get;}
FullName                  Property        System.String FullName {get;}
LastAccessTime            Property        System.DateTime LastAccessTime {get...
LastAccessTimeUtc         Property        System.DateTime LastAccessTimeUtc {...
LastWriteTime             Property        System.DateTime LastWriteTime {get;...
LastWriteTimeUtc          Property        System.DateTime LastWriteTimeUtc {g...
Name                      Property        System.String Name {get;}
Parent                    Property        System.IO.DirectoryInfo Parent {get;}
Root                      Property        System.IO.DirectoryInfo Root {get;}
BaseName                  ScriptProperty  System.Object BaseName {get=$this.N...

PS P:\>
```

Bild 17.2 Der Einsatz von Get-Member beweist, dass System.IO.DirectoryInfo tatsächlich erweitert wurde.

■ 17.2 Komplett dynamische Objekte

Man kann auch eigene Objekte komplett neu aufbauen. Immer notwendige Basis ist dabei lediglich die Klasse PSCustomObject. Die Klasse erbt direkt von System.Object. Von System.Object erhält PSCustomObject die vier öffentlichen Mitglieder, die jedes .NET-Objekt besitzt.

```
   TypeName: System.Management.Automation.PSCustomObject

Name        MemberType  Definition
----        ----------  ----------
Equals      Method      bool Equals(System.Object obj)
GetHashCode Method      int GetHashCode()
GetType     Method      type GetType()
ToString    Method      string ToString()
```

Bild 17.3
Die vier Standardmitglieder eines jeden .NET-Objekts

Beispiel

Das Beispiel zeigt die Erstellung eines Person-Objekts, das die Attribute Geschlecht, Titel, Vorname und Name besitzt, sowie eine ScriptMethod GetAnrede(), die diese beiden Zeichenketten korrekt zu einer Anrede zusammenfügt.

Listing 17.2 DynamischeObjekte.ps1

```
[PSCustomObject] $person = new-object PSCustomObject

Add-Member -InputObject $person -MemberType NoteProperty -Name Geschlecht "M"
Add-Member -InputObject $person -MemberType NoteProperty -Name Name "Schwichtenberg"
Add-Member -InputObject $person -MemberType NoteProperty -Name Vorname "Holger"
Add-Member -InputObject $person -MemberType NoteProperty -Name Titel "Dr."
Add-Member -InputObject $person -MemberType ScriptMethod -Name GetAnrede -Value {

if ($Geschlecht -eq "W") { $Anrede = "Frau"}
else { $Anrede = "Herr" }
if ($Titel -ne "") { $Anrede = $Anrede + " " + $this.Titel}
return $Anrede + " " + $this.Vorname + " " + $this.Name

}

$person.GetAnrede() # liefert: "Herr Dr. Holger Schwichtenberg"
```

HINWEIS: Innerhalb einer ScriptMethod nimmt man mit $this Bezug auf die übrigen Mitglieder des aktuellen Objekts. Dies ist wohl zu unterscheiden von $_ (alias $PSItem), mit dem man das aktuelle Objekt in der Pipeline adressiert.

Natürlich kann man innerhalb einer ScriptMethod auch Pipeline-Befehle verwenden.

Es ist eine verkürzte Schreibweise möglich, indem man die Eigenschaften des selbst definierten Objekts in einer Hashtable speichert und diese dann in ein PSCustomObject überführt:

```
$person2 = new-object psobject @{ Geschlecht="M"; Name="Schwichtenberg";
Vorname="Holger"; Titel="Dr." }
```

oder

```
$person3 = [PSCustomObject] @{ Geschlecht="M"; Name="Schwichtenberg";
Vorname="Holger"; Titel="Dr." }
```

Es ist dabei aber nicht möglich, eine ScriptMethod festzulegen. Hierzu braucht man weiterhin Add-Member.

Listing 17.3 DynamischeObjekte.ps1

```
$person3 = [PSCustomObject] @{ Geschlecht="M"; Name="Schwichtenberg";
Vorname="Holger"; Titel="Dr." }
Add-Member -InputObject $person3 -MemberType ScriptMethod -Name GetAnrede -Value {

if ($this.Geschlecht -eq "W") { $Anrede = "Frau"}
else { $Anrede = "Herr" }
if ($this.Titel -ne "") { $Anrede = $Anrede + " " + $this.Titel}
return $Anrede + " " + $this.Vorname + " " + $this.Name
}
```

18 Einbinden von C# und Visual Basic .NET

Das seit PowerShell 2.0 neu eingeführte Commandlet `Add-Type` erlaubt die dynamische Kompilierung einer .NET-Klasse. Dabei kann der Quelltext in einer externen Datei liegen oder in ein PowerShell-Skript eingebettet sein. Erlaubte Programmiersprachen sind C# („cs"), Visual Basic .NET („VisualBasic") und JScript .NET („js").

In der alten PowerShell 1.0 konnte man Programmcode aus einer der drei vorgenannten Sprachen nur verwenden, indem man den Programmcode statisch kompiliert und dann die entstandene Assembly in die PowerShell geladen hat. Mit `Add-Type` kann man nun mit den .NET-Sprachen umgehen wie mit Skriptsprachen.

Das folgende Listing zeigt am Beispiel einer „HelloWorld"-Anwendung verschiedene Möglichkeiten, C#-Programmcode in einem PowerShell-Skript aufzurufen.

Listing 18.1 Hello World in C#, eingebettet in ein PowerShell-Skript [WPS2_CSClass.ps1]

```
# CSharp-Code eingebettet in PowerShell-Skripte
$CSKlasseCode = @"
    // Statische Methode mit Parameter
    public static string Hallo1(string name)
    {
    return "Hallo " + name + "!";
    }

    // Instanz-Methode mit Parameter
        public string Hallo2(string name)
    {
    return "Hallo " + name + "!";
    }

    public string Name;

    // Instanz-Methode ohne Parameter
    public string Hallo3()
    {
    return "Hallo " + this.Name + "!";
    }

"@

# Dynamisches Kompilieren
```

```
$CSKlasse = Add-Type -MemberDefinition $CSKlasseCode -Name "Welt" -language csharp
-UsingNamespace "System.Reflection","System.Diagnostics" -PassThru

# Testen
$CSKlasse::Hallo1("Holger")
$o = New-Object $CSKlasse
$o.Hallo2("Holger")
$o.Name = "Holger"
$o.Hallo3()
```

Listing 18.2 Hello World in Visual Basic .NET, eingebettet in ein PowerShell-Skript [WPS2_VBClass.ps1]

```
$MeineKlasse= @"

' Statische Methode mit Parameter
Public Shared Function Hallo1(ByVal name As String) As String
    Return "Hallo " & name & "!"
End Function

' Instanz-Methode mit Parameter
Public Function Hallo2(ByVal name As String) As String
    Return "Hallo " & name & "!"
End Function

Public _Name As String

' Instanz-Methode ohne Parameter
Public Function Hallo3() As String
    Return "Hallo " & Me._Name & "!"
End Function
"@


$myclass = Add-Type -MemberDefinition $MeineKlasse-Name "MeineKlasse" -language
VisualBasic -UsingNamespace "System.Reflection","System.Diagnostics" -PassThru

$myclass::Hallo1("Holger")

o = New-Object $myclass
$o.Hallo2("Holger")

$o.Name = "Holger"
$o.Hallo3()
```

19 Win32-API-Aufrufe

Man kann aus der PowerShell heraus direkt auf .NET-Klassen, COM-Klassen und WMI-Klassen zugreifen. Es gibt aber keine unmittelbare Zugriffsmöglichkeit auf die Win32-API-Funktionen. Auch schon zu Zeiten von PowerShell 1.0 gab es einen Trick mit der FCL, um Win32-API-Aufrufe über den in das .NET Framework eingebauten Mechanismus „Plattform Invoke" (kurz: PInvoke) aufzurufen. Seit PowerShell 2.0 ist dies stark vereinfacht durch die Möglichkeit, C#- oder Visual Basic.NET-Code direkt in PowerShell-Skriptcode einzubetten. So kann man dort PInvoke in die Win32-API-Aufrufe kapseln.

Das Beispiel zeigt eine in ein PowerShell-Skript eingebettete C#-Klasse, die Zugriff auf die Bildschirmschonereinstellungen über die Win32-API-Methode `SystemParametersInfo` bietet.

Listing 19.1 Die in das PowerShell-Skript eingebettete Klasse „ScreenSaver" kapselt den Zugriff auf eine Win32-API-Funktion. [WPS2_Win32API._ Screensaver.ps1]

```
$CSharpKlassenDefinition = @"

        [DllImport("user32.dll", CharSet = CharSet.Auto)]
        private static extern bool SystemParametersInfo(
            int uAction, int uParam, ref bool lpvParam,
            int flags);

private const int SPI_GETSCREENSAVERACTIVE = 16;
private const int SPI_SETSCREENSAVERACTIVE = 17;
private const int SPIF_SENDWININICHANGE = 2;
private const int SPI_GETSCREENSAVERTIMEOUT = 14;
        private const int SPI_SETSCREENSAVERTIMEOUT = 15;

  public static bool GetStatus()
        {
            bool isActive = false;

            SystemParametersInfo(SPI_GETSCREENSAVERACTIVE, 0,
                ref isActive, 0);

            return isActive;
        }


        public static void TurnOn()
```

```
            {
                int nullVar = 0;

                bool result = SystemParametersInfo(SPI_SETSCREENSAVERACTIVE,
                    1, ref nullVar, SPIF_SENDWININICHANGE);

                if (!result)
                {
                    throw new
 System.ComponentModel.Win32Exception(Marshal.GetLastWin32Error());
                }
            }


            public static void TurnOff()
            {
                int nullVar = 0;

                bool result = SystemParametersInfo(SPI_SETSCREENSAVERACTIVE,
                    0, ref nullVar, SPIF_SENDWININICHANGE);

                if (!result)
                {
                    throw new
 System.ComponentModel.Win32Exception(Marshal.GetLastWin32Error());
                }
            }

      public static Int32 GetTimeout()
            {
                Int32 value = 0;

                bool res = SystemParametersInfo(SPI_GETSCREENSAVERTIMEOUT, 0,
                    ref value, 0);
                if (!res)
                {
                    throw new
 System.ComponentModel.Win32Exception(Marshal.GetLastWin32Error());
                }
                return value;
            }


            public static void SetTimeout(Int32 Value)
            {
                int nullVar = 0;

                bool res = SystemParametersInfo(SPI_SETSCREENSAVERTIMEOUT,
                    Value, ref nullVar, SPIF_SENDWININICHANGE);
                if (!res)
                {
                    throw new  System.ComponentModel.Win32Exception(Marshal.
 GetLastWin32Error());
                }

            }
  "@
```

```powershell
$Klasse = Add-Type -MemberDefinition $CSharpKlassenDefinition -Name "ScreenSaver"
 -UsingNamespace "System.Reflection","System.Diagnostics" -PassThru
$Klasse::GetStatus()
$Klasse::GetTimeout()
$Klasse::TurnOff()
$Klasse::GetStatus()
$Klasse::GetStatus()
$Klasse::SetTimeout(800)
$Klasse::GetStatus()
```

20 Benutzereingaben

Dieses Kapitel behandelt Eingabefunktionen, mit denen während des Skriptablaufs Eingaben des Benutzers entgegengenommen werden. In einigen Fällen ist ein Rückgriff auf .NET-Klassen notwendig. Die Hintergründe dazu sind im Kapitel 14 „Verwendung von .NET-Klassen" erläutert. Auch das Befüllen und Auslesen der Zwischenablage wird in diesem Kapitel behandelt.

Tabelle 20.1 Wichtige Eingabe-Commandlets

Read-Host	Eingaben von Konsole einlesen
Import-CSV/Export-CSV	CSV-Datei importieren/exportieren
Import-CliXml/Export-CliXml	XML-Datei importieren/exportieren

■ 20.1 Read-Host

Texteingaben vom Benutzer kann die PowerShell während des Skriptablaufs durch Read-Host entgegennehmen.

```
PS T:\> $name = read-host "Bitte Benutzernamen eingeben"
Bitte Benutzernamen eingeben: HS
PS T:\> $kennwort_verschluesselt = read-host -assecurestring "Bitte Kennwort eingeben"
Bitte Kennwort eingeben: ****
```

TIPP: Bei der Verwendung des Parameters -assecurestring sieht man auf dem Bildschirm nur Sternchen. Aber auch intern gibt es Unterschiede: Während man normalerweise ein Objekt vom Typ System.String bekommt, gibt es dann eine Instanz von System.Security.SecureString, in der die Zeichenkette im Hauptspeicher verschlüsselt vorliegt. Einen solchen SecureString muss man dann etwas umständlich zurückkonvertieren:

```
[String]$kennwort_unverschluesselt = [Runtime.InteropServices.Marshal]::
PtrToStringAuto([Runtime.InteropServices.Marshal]::SecureStringToBSTR
($kennwort_verschluesselt))
"Kennwort: " + $kennwort_unverschluesselt
```

Das folgende Skript führt eine interaktive Altersberechnung durch und erfragt dazu Name und Geburtsdatum vom Benutzer.

Listing 20.1 Abfrage von Namen und Geburtstag zur Altersberechnung [2_Aufbauwissen/Eingabe/NameUndAlter.ps1].

```
#Interaktive Altersberechnung

$name = read-host "Bitte geben Sie Ihren Namen ein"
[DateTime] $geb = read-host "Bitte geben Sie Ihren Geburtstag ein"
$alter = ([DateTime]::Now - $geb).days

Write-Host ("Hallo " + $name) -foregroundcolor Yellow
Write-Host ("Sie sind " + $Alter + " Tage alt!") -foregroundcolor Green
```

20.2 Benutzerauswahl

Die PowerShell fragt an vielen Stellen beim Benutzer nach, ob er eine Aktion wirklich ausführen will. Für diese Nachfrage gibt es zwar kein Commandlet, aber eine Methode PromptForChoice() in der .NET-Klasse System.Management.Automation.Internal.Host.InternalHostUserInterface. Hier wird ein Beispiel für eine Auswahl zwischen drei Optionen gezeigt. Jede der übergebenen Optionen erhält mit dem vorangestellten kaufmännischen Und (&) eine Taste zugewiesen. Intern vergibt die Methode PromptForChoice() den Optionen dann Zahlen (bei 0 beginnend), die im Ergebnis verwendet werden. Die Zahl 2 als letzter Parameter bei PromptForChoice() bedeutet, dass die dritte Option (nicht die zweite, die Zählung beginnt ja bei 0!) die Standardauswahl ist, die die PowerShell hervorhebt.

Listing 20.2 [2_Aufbauwissen\Eingabe\Nachfrage.ps1]

```
$optionen = [System.Management.Automation.Host.ChoiceDescription[]]
("&Ja","&Nein","&Wenn es sein muss")
$ergebnis = $Host.UI.PromptForChoice("Reboot-Nachfrage","Kann das System jetzt neu
gestartet werden?",$optionen,2)

"Sie haben gewählt: $ergebnis"
if ($ergebnis -eq 0) { "System wird jetzt neu gestartet..." }
if ($ergebnis -eq 1) { "System wird NICHT neu gestartet!" }
if ($ergebnis -eq 2) { "System wird nur neu gestartet, wenn es sein muss" }
```

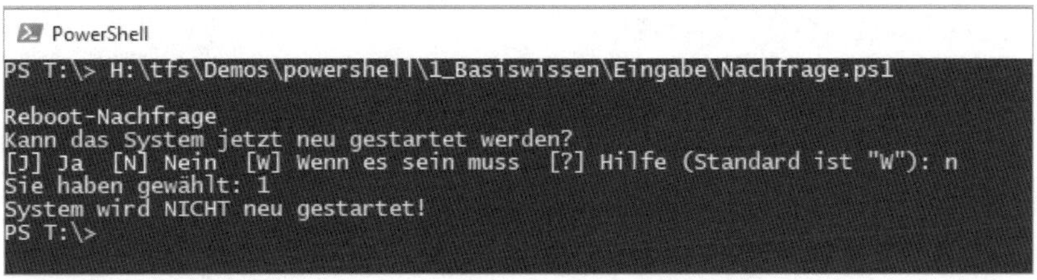
PowerShell
PS T:\> H:\tfs\Demos\powershell\1_Basiswissen\Eingabe\Nachfrage.ps1
Reboot-Nachfrage
Kann das System jetzt neu gestartet werden?
[J] Ja [N] Nein [W] Wenn es sein muss [?] Hilfe (Standard ist "W"): n
Sie haben gewählt: 1
System wird NICHT neu gestartet!
PS T:\>

Bild 20.1 Anwendung des Skripts an der PowerShell-Standardkonsole

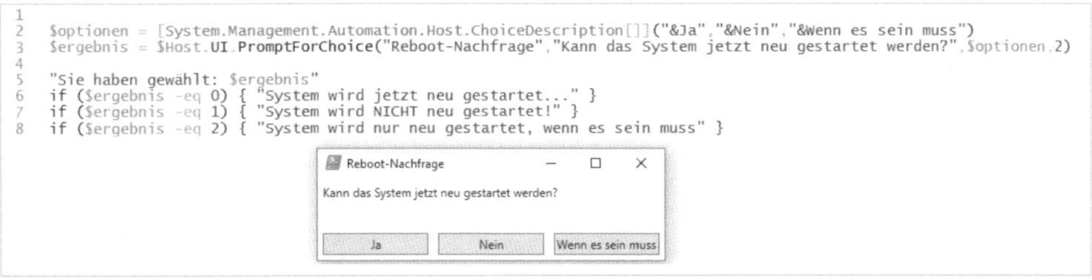
$optionen = [System.Management.Automation.Host.ChoiceDescription[]]("&Ja","&Nein","&Wenn es sein muss")
$ergebnis = $Host.UI.PromptForChoice("Reboot-Nachfrage","Kann das System jetzt neu gestartet werden?",$optionen,2)
"Sie haben gewählt: $ergebnis"
if ($ergebnis -eq 0) { "System wird jetzt neu gestartet..." }
if ($ergebnis -eq 1) { "System wird NICHT neu gestartet!" }
if ($ergebnis -eq 2) { "System wird nur neu gestartet, wenn es sein muss" }
Reboot-Nachfrage
Kann das System jetzt neu gestartet werden?
Ja
Nein
Wenn es sein muss

Bild 20.2 Anwendung des Skripts an der ISE, die hier ein Dialogfenster anzeigt

20.3 Grafischer Eingabedialog

Ein einfaches Texteingabefeld stellt die bereits aus Visual Basic/VBScript bekannte Funktion `InputBox()` dar. Diese Funktion existiert auch noch im .NET Framework in der Klasse `Microsoft.VisualBasic.Interaction`. Zur Nutzung der Funktion muss erst die Assembly *Microsoft.VisualBasic.dll* geladen werden. Weitere Möglichkeiten zu Eingabedialogen stellt das Kapitel 62 *„Grafische Benutzeroberflächen“* vor.

Listing 20.3 Einfache grafische Dateneingabe in der PowerShell [2_Aufbauwissen/DOTNET/InputBox1.ps1]

```
Add-Type -assembly Microsoft.VisualBasic
$eingabe = [Microsoft.VisualBasic.Interaction]::InputBox("Bitte geben Sie Ihren Namen
ein!", "Namenseingabe")
"Hallo $Eingabe!"
```

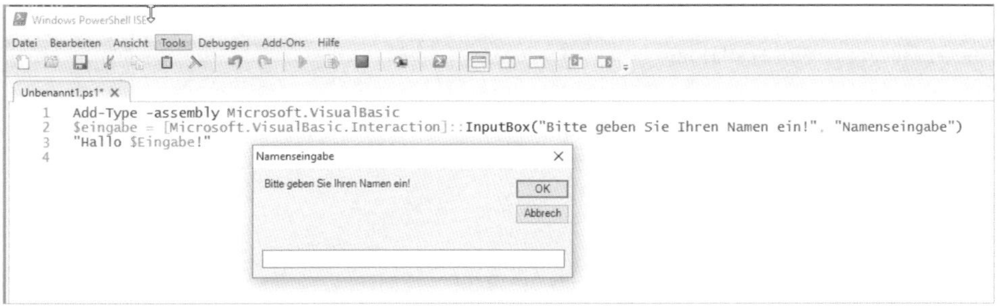
Windows PowerShell ISE
Datei Bearbeiten Ansicht Tools Debuggen Add-Ons Hilfe
Unbenannt1.ps1*
Add-Type -assembly Microsoft.VisualBasic
$eingabe = [Microsoft.VisualBasic.Interaction]::InputBox("Bitte geben Sie Ihren Namen ein!", "Namenseingabe")
"Hallo $Eingabe!"
Namenseingabe
Bitte geben Sie Ihren Namen ein!
OK
Abbrech

Bild 20.3 Start des PowerShell-Skripts aus der PowerShell ISE heraus

20.4 Dialogfenster

Für Dialogfenster kann man auf .NET-Klassen zurückgreifen. Das folgende Skript bittet den Anwender über ein Dialogfenster um eine Entscheidung (Ja/Nein). Weitere Möglichkeiten zu Dialogfenstern stellt das Kapitel 62 „*Grafische Benutzeroberflächen*" vor.

Listing 20.4 Nutzung der Klasse MessageBox in der PowerShell
[2_Aufbauwissen/DOTNET/MessageBox.ps1]

```
Add-Type -assemblyname system.windows.forms
[System.Console]::Beep(15440, 30)
[System.Windows.Forms.MessageBox]::Show("Gleich kommt eine Frage","Vorwarnung",
[System.Windows.Forms.MessageBoxButtons]::OK)

$antwort = [System.Windows.Forms.MessageBox]::Show("Nachricht","Ueberschrift",
[System.Windows.Forms.MessageBoxButtons]::YesNo)
if ($antwort -eq "Yes")
{ "Sie haben zugestimmt!" }
else
{ "Sie haben abgelehnt!" }
```

20.5 Authentifizierungsdialog

Es gibt zahlreiche Commandlets, die die Angabe eines Benutzerskontos in Form eines Objekts des Typs `System.Management.Automation.PSCredential` erwarten. Ein solches Objekt erhält man von dem Commandlet `Get-Credential` oder durch manuelle Konstruktion der Klasse.

`Get-Credential` öffnet im Standard einen GUI-basierten Authentifizierungsdialog (siehe folgende Bildschirmabbildung). Das Ergebnis ist eine Instanz von `System.Management.Automation.PSCredential` mit dem Benutzernamen im Klartext in `UserName` und dem Kennwort verschlüsselt in `Password`. Ein solches Objekt kann in einigen PowerShell-Commandlets als Parameter verwendet werden für die Authentifizierung oder Impersonifizierung.

Man kann bei `Get-Credential` den Benutzernamen auch vorgeben, sodass das Feld „Benutzername" im Dialog bereits ausgefüllt ist:

```
Get-Credential FBI\FoxMulder
```

20.5 Authentifizierungsdialog

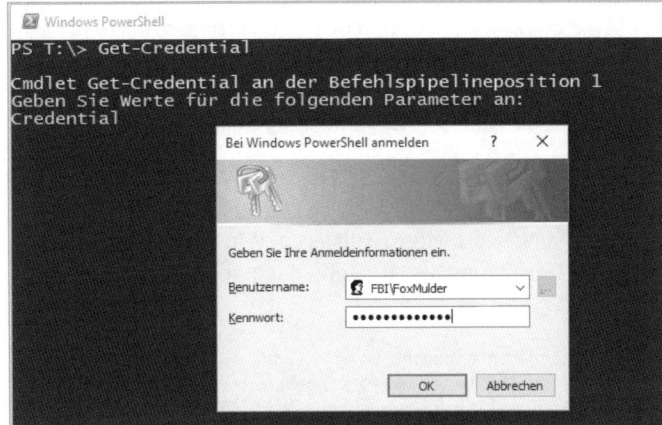

Bild 20.4
Einsatz von Get-Credential

 ACHTUNG: Sie bekommen auch dann ein PSCredential-Objekt, wenn die Eingabe falsch war. Zur konkreten Nutzung der Daten zur Authentifizierung sind andere Verfahren notwendig. Insbesondere werden Commandlets und Klassen benötigt, welche die verschlüsselten Kennwörter verarbeiten können.

Will man die Abfrage stattdessen textbasiert in der Konsole durchführen, muss man vorher einen Registrierungseintrag ändern:

```
Set-ItemProperty "HKLM:\SOFTWARE\Microsoft\PowerShell\1\ShellIds" -Name
ConsolePrompting -Value $true
$c2 = Get-Credential -Username PC123\hs -Message "Anmeldedaten für F181:"
# GUI Prompting reaktivieren
Set-ItemProperty "HKLM:\SOFTWARE\Microsoft\PowerShell\1\ShellIds" -Name
ConsolePrompting -Value $false
```

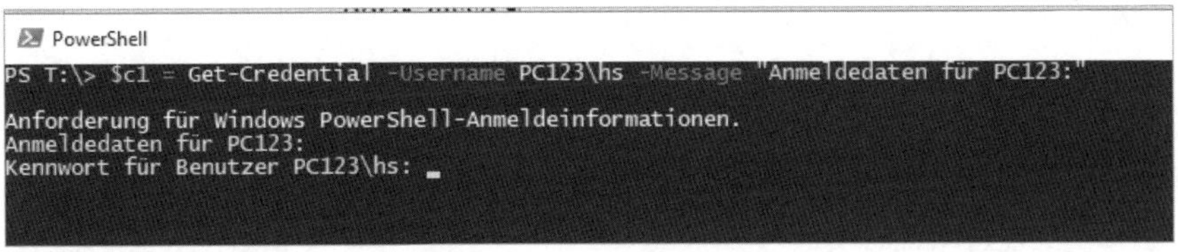

```
PowerShell
PS T:\> $c1 = Get-Credential -Username PC123\hs -Message "Anmeldedaten für PC123:"
Anforderung für Windows PowerShell-Anmeldeinformationen.
Anmeldedaten für PC123:
Kennwort für Benutzer PC123\hs: _
```

Bild 20.5 Textbasierte Kennworteingabe für ein Benutzerkonto

Wenn man das Kennwort selbst auch im Skriptcode hinterlegen will, dann geht das so:

```
$benutzer = "PC123\hs"
$kennwort = "geheim123"
$kennwortSecure = ConvertTo-SecureString –String $kennwort –AsPlainText -Force
$c3 = New-Object –TypeName System.Management.Automation.PSCredential –ArgumentList
$benutzer, $kennwortSecure
```

HINWEIS: Die Möglichkeit, Kennwörter im Skriptcode zu hinterlegen, sollte man nur in Ausnahmefällen mit großer Vorsicht nutzen. Auf keinen Fall darf man dies in einem Skript machen, dessen Quellcode ein anderer Nutzer einsehen kann. Auch im eigenen Skript besteht die Gefahr, dass eine andere Person den Skriptcode sieht!

Man kann einen Authentifizierungsdialog auch selbst realisieren. Wie dies textbasiert geht, zeigt das nachstehende Listing. Eine Umsetzung als GUI zeigt das Kapitel 62 *„Grafische Benutzeroberflächen"*.

```
$benutzer = Read-Host "Bitte Benutzernamen eingeben"
$kennwort  = Read-Host -assecurestring "Bitte Kennwort eingeben"
$kennwortSecure = ConvertTo-SecureString -String $kennwort -AsPlainText -Force
$c4 = New-Object -TypeName System.Management.Automation.PSCredential -ArgumentList
$benutzer, $kennwortSecure
```

20.6 Zwischenablage (Clipboard)

Zum Befüllen und Auslesen der Zwischenablage gibt es seit PowerShell 5.0 die Commandlets:

- Set-Clipboard
- Get-Clipboard

Unterstützt werden die Formate Text, Audio, Image und FileDropList (Ausgabe von Get-ChildItem). Diese Commandlets gibt es für ältere PowerShell-Versionen im Rahmen der PSCX.

Listing 20.5 [2_Aufbauwissen\Benutzereingaben\Zwischenablage.ps1]

```
"Text in Zwischenablage"
Set-Clipboard "www.IT-Visions.de"
$Url = Get-Clipboard
$url

"Dateiliste in Zwischenablage"
Dir c:\Windows | Set-Clipboard
$dateien = Get-Clipboard -Format FileDropList
$dateien | gm

"Das liefert nur die Namen der Dienste, leider nicht die Dienstobjekte"
Get-Service  | Set-Clipboard
$dienste = Get-Clipboard -Format Text
$dienste
```

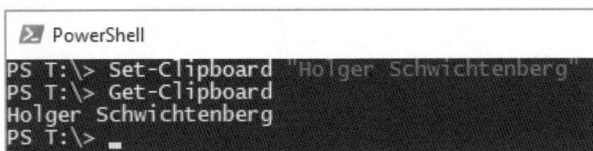

Bild 20.6
Einsatz von Get-Clipboard und Set-Clipboard

Ältere PowerShell-Versionen können die Commandlets aus den PSCX nutzen:
- Write-Clipboard
- Set-Clipboard
- Get-Clipboard

21 Fehlersuche

Dieses Kapitel zeigt verschiedene Optionen zur Fehlersuche bei Commandlets und in Skripten auf.

21.1 Detailinformationen

Detailinformationen über die Arbeit eines einzelnen Commandlets erhält man durch den Standardparameter –verbose. Das Gleiche für ganze Skripte erreicht man durch Set-PsDebug -trace 1 oder Set-PsDebug -trace 2. Die nachfolgende Bildschirmabbildung zeigt die Ausgaben bei -trace 1. Bei -trace 2 wäre die Ausgabe noch detaillierter.

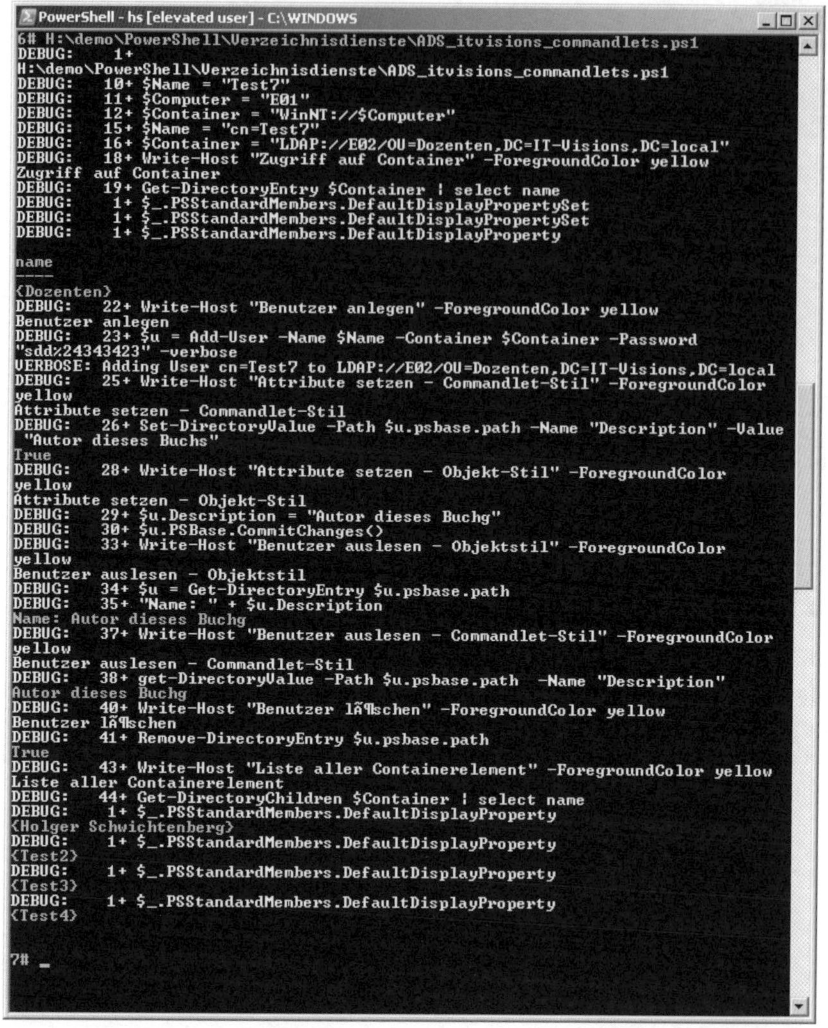

Bild 21.1 Protokollieren eines Skriptablaufs

■ 21.2 Einzelschrittmodus

Mit dem Commandlet `Set-PsDebug -step` kann man Skripte schrittweise durchlaufen, d. h., die PowerShell gibt die Schritte nicht nur aus, sondern fragt auch noch nach jedem Schritt, ob die Ausführung fortgesetzt werden soll.

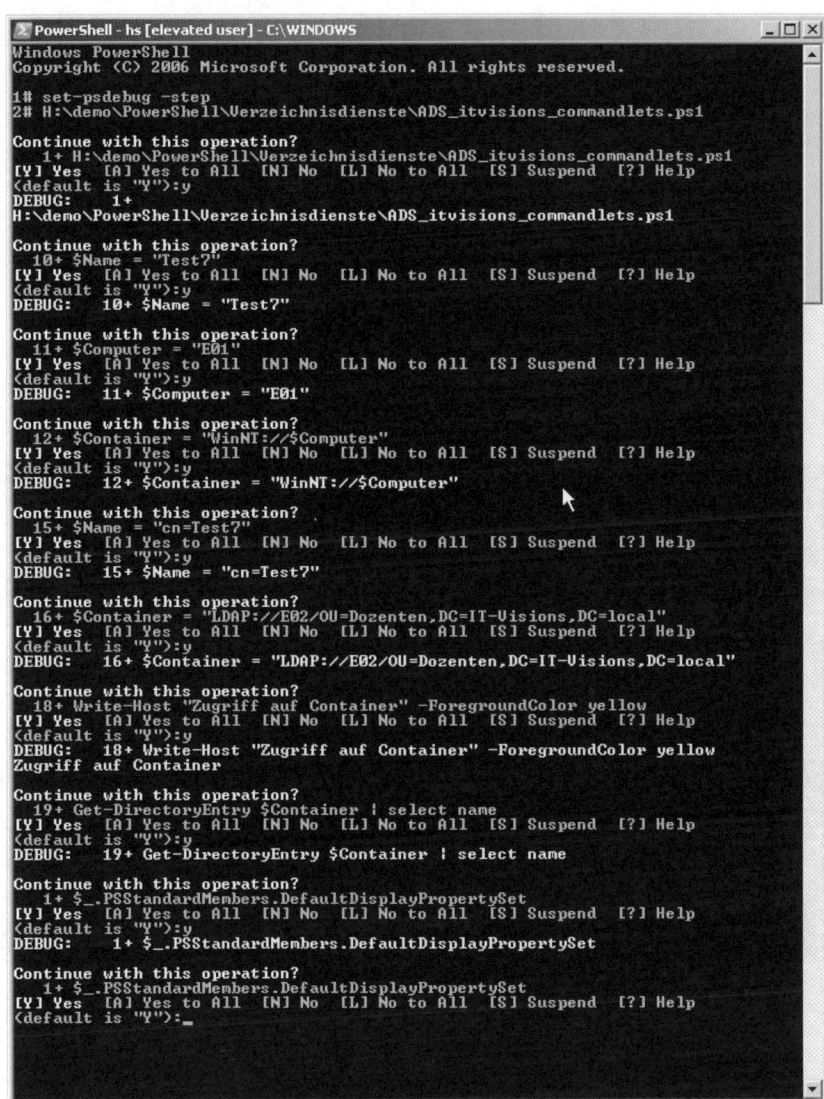

Bild 21.2 Durchlaufen eines Skripts in Einzelschritten

■ 21.3 Zeitmessung

Das Commandlet `Measure-Command` liefert die Angabe, wie lange ein Befehl zur Ausführung braucht – in Form eines `TimeSpan`-Objekts.

Beispiel:

```
Measure-Command { Get-Process | Foreach-Object { $_.ws } }
```

21.4 Ablaufverfolgung (Tracing)

Das PowerShell-Tracing liefert detaillierte Informationen über die Verarbeitung von Befehlen durch die PowerShell und kann zur Diagnose eingesetzt werden, wenn nicht der erwartete Befehl aufgerufen wird oder die Parameterübergabe nicht wie erwartet funktioniert.

21.4.1 Tracesources

Eine Tracesource ist eine Informationsquelle für die Diagnose. `Get-TraceSource` listet alle überwachbaren Protokollquellen auf. Da es zahlreiche Quellen gibt, ist hier nicht der Raum, alle zu erläutern.

```
PS T:\> Get-tracesource

Options Name                 Listeners           Description
------- ----                 ---------           -----------
None    ClientTransport      {Default}           Traces ClientTransportManager
None    CmdletProviderCla... {Default}           The namespace provider base classes tracer
None    CommandDiscovery     {Default}           Traces the discovery of cmdlets, scripts, functions, applications, etc.
None    CommandSearch        {Default}           CommandSearch
None    ConsoleControl       {Default}           Console control methods
None    ConsoleHost          {Default}           ConsoleHost subclass of S.M.A.PSHost
None    ConsoleHostRunspa... {Default}           Initialization code for ConsoleHost's Runspace
None    ConsoleHostUserIn... {Default}           Console host's subclass of S.M.A.Host.Console
None    ConsoleLineOutput    {Default}           ConsoleLineOutput
None    CRPS                 {Default}           ClientRemotePowerShellBase
None    CRSessionFSM         {Default}           CRSessionFSM
None    CRSessionImpl        {Default}           ClientRemoteSessionImpl
None    DisplayDataQuery     {Default}           DisplayDataQuery
None    ETS                  {Default}           Extended Type System
None    FileSystemProvider   {Default}           The namespace navigation provider for the file system
None    FormatFileLoading    {Default}           Loading format files
None    FormatViewBinding    {Default}           Format view binding
None    InternalDeserializer {Default}           InternalDeserializer class
None    LocationGlobber      {Default}           The location globber converts PowerShell paths with glob characters to zero...
None    MemberResolution     {Default}           Traces the resolution from member name to the member. A member can be a pro...
None    Modules              {Default}           Module loading and analysis
None    MshSnapinLoadUnload  {Default}           Loading and unloading mshsnapins
None    ParameterBinderBase  {Default}           A abstract helper class for the CommandProcessor that binds parameters to t...
None    ParameterBinderCo... {Default}           Controls the interaction between the command processor and the parameter bi...
None    ParameterBinding     {Default}           Traces the process of binding the arguments to the parameters of cmdlets, s...
None    PathResolution       {Default}           Traces the path resolution algorithm.
None    PSDriveInfo          {Default}           The namespace navigation tracer
None    PSSnapInLoadUnload   {Default}           Loading and unloading mshsnapins
None    RegistryProvider     {Default}           The namespace navigation provider for the Windows Registry
None    RunspaceInit         {Default}           Initialization code for Runspace
None    SerializedDataStream {Default}           SerializedDataStream
None    SessionState         {Default}           SessionState Class
None    Transport            {Default}           Traces BaseWSManTransportManager
None    TypeConversion       {Default}           Traces the type conversion algorithm
None    TypeMatch            {Default}           F&O TypeMatch
```

Bild 21.3 Ausgabe von Get-TraceSource

21.4.2 Verfolgung eines Einzelbefehls

Um die interne Verarbeitung eines PowerShell-Befehls zu betrachten, gibt es das Commandlet `Trace-Command`. Die folgende Abbildung zeigt die Ausgabe für den Befehl

```
Trace-Command -Name metadata,parameterbinding,cmdlet -Expression {Get-Process
explorer -computername e29 } -PSHost
```

Man sieht, dass das Commandlet `Trace-Command` genaue Informationen über die Verarbeitung der Parameter liefert.

```
PS T:\> Trace-Command -Name metadata,parameterbinding,cmdlet -Expression {Get-Process explorer -computername e29 } -PSHost
DEBUG: ParameterBinding Information: 0 : BIND NAMED cmd line args [Get-Process]
DEBUG: ParameterBinding Information: 0 :     BIND arg [e29] to parameter [ComputerName]
DEBUG: ParameterBinding Information: 0 :         COERCE arg to [System.String[]]
DEBUG: ParameterBinding Information: 0 :             Trying to convert argument value from System.String to System.String[]
DEBUG: ParameterBinding Information: 0 :             ENCODING arg into collection
DEBUG: ParameterBinding Information: 0 :             Binding collection parameter ComputerName: argument type [String], parameter
 type [System.String[]], collection type Array, element type [System.String], coerceElementType
DEBUG: ParameterBinding Information: 0 :             Creating array with element type [System.String] and 1 elements
DEBUG: ParameterBinding Information: 0 :             Argument type String is not IList, treating this as scalar
DEBUG: ParameterBinding Information: 0 :             COERCE arg to [System.String]
DEBUG: ParameterBinding Information: 0 :                 Parameter and arg types the same, no coercion is needed.
DEBUG: ParameterBinding Information: 0 :             Adding scalar element of type String to array position 0
DEBUG: ParameterBinding Information: 0 :         Executing VALIDATION metadata:
[System.Management.Automation.ValidateNotNullOrEmptyAttribute]
DEBUG: ParameterBinding Information: 0 :         BIND arg [System.String[]] to param [ComputerName] SUCCESSFUL
DEBUG: ParameterBinding Information: 0 :     BIND POSITIONAL cmd line args [Get-Process]
DEBUG: ParameterBinding Information: 0 :         BIND arg [explorer] to parameter [Name]
DEBUG: ParameterBinding Information: 0 :             Binding collection parameter Name: argument type [String], parameter type
[System.String[]], collection type Array, element type [System.String], no coerceElementType
DEBUG: ParameterBinding Information: 0 :             Creating array with element type [System.String] and 1 elements
DEBUG: ParameterBinding Information: 0 :             Argument type String is not IList, treating this as scalar
DEBUG: ParameterBinding Information: 0 :             Adding scalar element of type String to array position 0
DEBUG: ParameterBinding Information: 0 :         Executing VALIDATION metadata:
[System.Management.Automation.ValidateNotNullOrEmptyAttribute]
DEBUG: ParameterBinding Information: 0 :         BIND arg [System.String[]] to param [Name] SUCCESSFUL
DEBUG: ParameterBinding Information: 0 :     MANDATORY PARAMETER CHECK on cmdlet [Get-Process]
DEBUG: ParameterBinding Information: 0 :     CALLING BeginProcessing
DEBUG: ParameterBinding Information: 0 :     CALLING EndProcessing

Handles  NPM(K)    PM(K)     WS(K)   CPU(s)     Id  SI ProcessName
-------  ------    -----     -----   ------     --  -- -----------
   1142      94    36760     86204              8220  0 explorer
    810      59    21276     55344             12056  0 explorer

PS T:\>
```

Bild 21.4 Ausgabe von Trace-Command

Ein weiteres Tracing-Beispiel ist die Verfolgung, wo die PowerShell nach einem Befehl sucht, in diesem Fall nach dem nicht existierenden Befehl abc:

```
Trace-Command -Name commanddiscovery -Expression { abc } -PSHost
```

21.4.3 Generelle Ablaufverfolgung

Mit dem Commandlet `Set-TraceSource` kann man eine Ablaufverfolgung aktivieren, die detaillierte Informationen über jeden folgenden Verarbeitungsschritt der PowerShell liefert.

> **ACHTUNG:** Beim Experimentieren mit Set-TraceSource können Sie schnell zu einem Punkt kommen, wo Sie vor lauter Protokollausgaben die eigentlichen Aktionen nicht mehr sehen. Um die Protokollierung wieder zu deaktivieren, verwendet man Set-TraceSource mit dem Parameter -RemoveListener.

21.5 Erweiterte Protokollierung aktivieren

Die Windows PowerShell protokolliert in dem Windows-Ereignisprotokoll *(Anwendungs- und Dienstprotokolle/Microsoft/Windows/PowerShell/Operational)* z. B. den Start von Skripten und die Ausführung von Befehlen auf anderen Systemen wie PowerShell Remoting.

TIPP: Durch Änderungen der lokalen Computerrichtlinie oder der Active Directory-Gruppenrichtlinie kann man für einen Windows-PC die Protokollierung noch deutlich detaillierter gestalten. Unter „*Computer Configuration\Administrative Templates\Windows Components\Windows PowerShell\Turn on Module Logging*" kann man PowerShell-Module angeben, die detailliert protokolliert werden sollen. Dabei steht * für alle Module. Die Protokollierung kann man mit der Einstellung „*Turn on PowerShell Script Block Logging*" bis auf einzelne Skriptblöcke herunterbrechen. Dann wird das Ereignisprotokoll aber sehr schnell unübersichtlich voll!

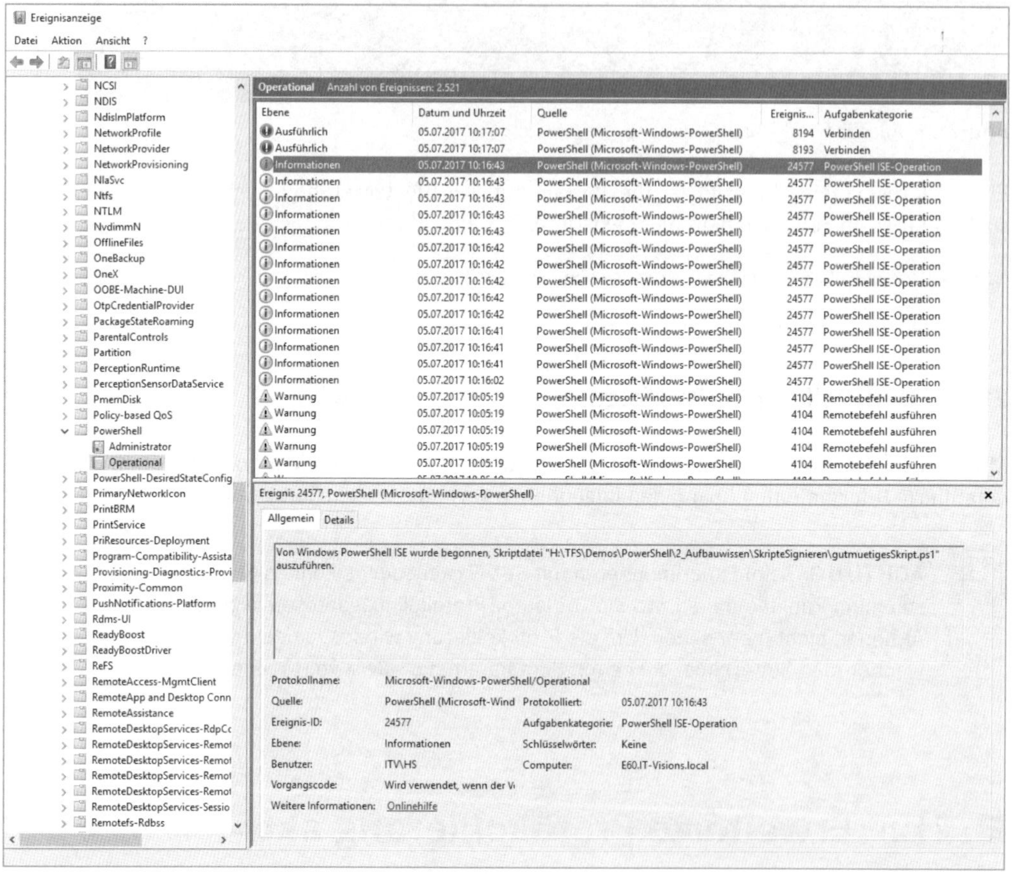

Bild 21.5 PowerShell-Einträge im Ereignisprotokoll

21.6 Script-Debugging in der ISE

Das Debugging innerhalb der ISE wurde bereits im Kapitel 11 *„PowerShell-Werkzeuge"* behandelt.

21.7 Kommandozeilenbasiertes Script-Debugging

Neben dem Script-Debugger innerhalb der ISE gibt es für Puristen und Situationen, wo die ISE nicht zur Verfügung steht, auch ein kommandozeilenbasiertes Script-Debugging. Dies initiiert man an der Kommandozeile mit `Set-PSBreakpoint` unter Angabe eines Skriptnamens und zusätzlich einer Zeilennummer (`-line`), bei der gehalten werden soll, oder eines Namens einer Variablen (`-variable`), bei deren Vorkommen gehalten werden soll. Auch die Angabe eines Befehls, bei dem abgebrochen werden soll, ist mit `-command` möglich.

Nach dem tatsächlichen Start dieses Skripts ist die PowerShell-Konsole dann im Debug-Modus (angezeigt durch den Zusatz [DBG] vor der Eingabeaufforderung). Hier stehen neben allen PowerShell-Befehlsmöglichkeiten auch zusätzliche spezielle Befehle zur Verfügung (siehe folgende Tabelle). Die Groß-/Kleinschreibweise ist dabei irrelevant.

Neu seit PowerShell-Version 4.0 ist, dass man das kommandozeilenbasierte Script-Debugging auch für fernausgeführte Skripte nutzen kann, indem man `Set-PSBreakpoint` im Rahmen einer mit `Enter-PSSession` erstellten Sitzung oder im Rahmen von `Invoke-Command` nutzt (vgl. *http://blogs.technet.com/b/heyscriptingguy/archive/2013/11/17/remote-script-debugging-in-windows-powershell.aspx*).

Tabelle 21.1 Spezielle Befehle im Rahmen des kommandozeilenbasierten Script-Debuggings

Befehl	Abkürzung	Bedeutung
stepOver	V	Nächster Befehl auf dieser Befehlsebene. Unterroutinen werden komplett ausgeführt.
stepInto	S	Nächster Befehl. Debugger springt dazu ggf. in Unterroutinen.
stepOut	O	Debugger kehrt zum nächsten Befehl auf der übergeordneten Ebene im Call Stack zurück.
continue	C	Skript läuft weiter bis zum nächsten Haltepunkt, ggf. bis zum Ende.
List	L	Zeigt das Listing des aktuellen Teils des Skripts
Get-PSCallStack	K	Zeigt den Call Stack
	H	Hilfe für die speziellen Debugger-Befehle
Quit	Q	Beenden des Debuggers. Die Skriptausführung wird dadurch abgebrochen.

TIPP: Die Eingabetaste wiederholt den letzten Befehl.

```
PS X:\> .\3_Einsatzgebiete\Benutzer\LocalUser_Create.ps1
Creating User Dr. Holger Schwichtenberg on Computer localhost
Hit Variable breakpoint on 'X:\3_Einsatzgebiete\Benutzer\LocalUser_Create.ps1:$container' (Write
access)
At X:\3_Einsatzgebiete\Benutzer\LocalUser_Create.ps1:20 char:1
+ $Container = [ADSI] "WinNT://$Computer"
+
[DBG]: PS X:\>> $container

distinguishedName :
Path              : WinNT://localhost


[DBG]: PS X:\>> l

    15:  $Computer = "localhost"
    16:
    17:  "Creating User $Name on Computer $Computer"
    18:
    19:  # Access to Container using the COM library "Active Directory Service Interface (ADSI)"
    20:* $Container = [ADSI] "WinNT://$Computer"
    21:
    22:  # Create User
    23:  $objUser = $Container.Create("user", $Accountname)
    24:  $objUser.Put("Fullname", $Name)
    25:  $objUser.Put("Description", $Description)
    26:  # Set Password
    27:  $objUser.SetPassword($Password)
    28:  # Save Changes
    29:  $objUser.SetInfo()
    30:

[DBG]: PS X:\>> v
At X:\3_Einsatzgebiete\Benutzer\LocalUser_Create.ps1:23 char:1
+ $objUser = $Container.Create("user", $Accountname)
+
[DBG]: PS X:\>>
At X:\3_Einsatzgebiete\Benutzer\LocalUser_Create.ps1:24 char:1
+ $objUser.Put("Fullname", $Name)
+
[DBG]: PS X:\>> $objuser

distinguishedName :
Path              : WinNT://IT-Visions.local/localhost/HolgerSchwichtenberg


[DBG]: PS X:\>> c
Exception calling "SetInfo" with "0" argument(s): "Access is denied.
"
At X:\3_Einsatzgebiete\Benutzer\LocalUser_Create.ps1:29 char:1
+ $objUser.SetInfo()
+
    + CategoryInfo          : NotSpecified: (:) [], MethodInvocationException
    + FullyQualifiedErrorId : CatchFromBaseAdapterMethodInvokeTI
```

Bild 21.6 Kommandozeilenbasiertes Script-Debugging

Die Bildschirmabbildung 21.6 zeigt ein Beispiel für den Einsatz des kommandozeilenbasierten Script-Debuggings mit dem Skript LocalUser_Create.ps1. Set-PSBreakpoint wird eingestellt, sodass das Skript bei Verwendung der Variablen $container hält. Nach Start des Skripts hält dieses dann auch wirklich im Debugger. Es wird der Inhalt der Variablen abgefragt und das Listing des aktuellen Programmcodebereichs ausgegeben. Die aktuelle Zeile ist mit einem Stern (*) gekennzeichnet. Mit SetOver (v) werden dann zwei Schritte übersprungen. Anschließend wird der Inhalt von $objuser ausgegeben. Zum Schluss wird das Skript fortgesetzt, es läuft aber leider auf einen Fehler.

HINWEIS: Haltepunkte bleiben aktiv, solange die PowerShell-Sitzung läuft. Alle aktiven Haltepunkte kann man mit Get-PSBreakpoint auflisten. Mit Remove-PSBreakpoint kann man einzelne Haltepunkte unter Angabe der ID löschen. Get-PSBreakpoint | Remove-PSBreakpoint löscht alle Haltepunkte.

22 Transaktionen

Die PowerShell seit Version 2.0 unterstützt Transaktionen. Dies bedeutet, dass von einer Reihe von Befehlen entweder alle oder keiner ausgeführt werden. Ein Aufruf von `Get-PSProvider` zeigt in der Spalte `Capabilities`, welche PowerShell-Provider Transaktionen unterstützen. In der Basisausstattung der PowerShell ist dies aber leider nur der Registry Provider.

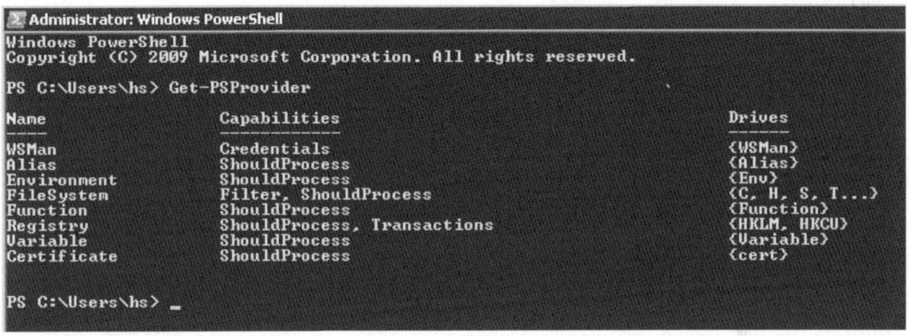

```
Administrator: Windows PowerShell
Windows PowerShell
Copyright (C) 2009 Microsoft Corporation. All rights reserved.

PS C:\Users\hs> Get-PSProvider

Name            Capabilities                    Drives
----            ------------                    ------
WSMan           Credentials                     {WSMan}
Alias           ShouldProcess                   {Alias}
Environment     ShouldProcess                   {Env}
FileSystem      Filter, ShouldProcess           {C, H, S, T...}
Function        ShouldProcess                   {Function}
Registry        ShouldProcess, Transactions     {HKLM, HKCU}
Variable        ShouldProcess                   {Variable}
Certificate     ShouldProcess                   {cert}

PS C:\Users\hs> _
```

Bild 22.1 In PowerShell unterstützt bisher nur der Registrierungsdatenbankprovider die PowerShell-Transaktionen.

■ 22.1 Commandlets für Transaktionen

Zur Transaktionssteuerung gibt es vier Commandlets:
- `Start-Transaction`: Beginn einer neuen Transaktion
- `Get-Transaction`: zeigt den Status der laufenden Transaktion
- `Complete-Transaction`: Erfolgreiches Ende der Transaktion, d. h., alle Änderungen werden wirksam.
- `Undo-Transaction`: Rücksetzen auf den Zustand vor der Transaktion

22.2 Start und Ende einer Transaktion

Eine Transaktion wird eingeleitet mit Start-Transaction und erfolgreich beendet mit Complete-Transaction. Parameter sind dabei keine notwendig.

Eine Transaktion darf beliebig viele Schritte enthalten. Alle Befehle, die Teil der Transaktion sein sollen, benötigen den Zusatzparameter -useTransaction. Man sieht nur ein Zwischenergebnis bei Lesebefehlen, die auch -useTransaction verwenden; alle Befehle ohne diesen Zusatz arbeiten auf dem Stand vor der Transaktion.

In dem folgenden Beispiel wird ein Registrierungsdatenbankschlüssel mit zwei Werten in einer Transaktion erzeugt.

Listing 22.1 Transaktionsbeispiel
[2_Aufbauwissen/Transaktionen/WPS2_Transaktion__ Registry.ps1]

```
# WPS2 / Transaktionen / Registry

$parent = "HKCU:\Software\"
$keyname = "www.IT-Visions.de"
$key = "HKCU:\Software\" + $keyname
$ErrorActionPreference = "continue"

if (Test-Path $key )
{ remove-Item $key  -Force }

"Transaktion starten..."
Start-Transaction

"Transaktionsstatus: " + (Get-Transaction).Status
Test-Path $key -usetransaction

New-Item -Path $parent -Name $keyname -UseTransaction -ItemType key

New-ItemProperty -path $key -name Name -value "www.IT-Visions.de -
Softwareentwicklung, Technologieberatung, Schulung" -useTransaction
New-ItemProperty -path $key -name Inhaber -value "Dr. Holger Schwichtenberg"
--useTransaction

# So sieht man den Schlüssel nicht
Test-Path $key
Get-Item $key #führt zu Fehler, der aber Transaktion nicht abbricht!
Get-ItemProperty $key "Inhaber" #führt zu Fehler, der aber die Transaktion nicht
abbricht!

Unsinn #führt zu Fehler, der aber Transaktion nicht abbricht!

#Get-Item "HCCU:/Unsinn" -UseTransaction #würde zu Abbruch der Transaktion führen!

# So sieht man den Schlüssel!
Test-Path $key -UseTransaction
Get-Item $key -UseTransaction
Get-ItemProperty $key "Website" -UseTransaction

"Transaktion abschließen..."
Complete-Transaction
```

```
# So sieht man den Schlüssel jetzt auch!
Test-Path $key
Get-Item $key
Get-ItemProperty $key "Inhaber"

"Transaktionsstatus: " + (Get-Transaction).Status
```

22.3 Zurücksetzen der Transaktion

Ein Zurücksetzen auf den Ursprungszustand (Rollback, Abort, Undo) findet statt, wenn Undo-Transaction aufgerufen wird, die bei Start-Transaction im Parameter -TimeOut angegebene Zeit abgelaufen ist oder eines der an der Transaktion beteiligten Commandlets einen Fehler verursacht. Mit dem Parameter -Rollbackpreference in Start-Transaction kann man das Verhalten im Fehlerfall aber ändern. Mögliche Zustände sind:

- Error: Rücksetzen der Transaktion bei jeder Art von Fehler in einem der Commandlets, die -ustransaction verwenden (Standardeinstellung),
- Terminating: Rücksetzen der Transaktion nur bei Fehlern, die zum Abbruch des Befehls führen („Terminating Errors"),
- Never: Die Transaktion wird niemals automatisch zurückgesetzt.

Wichtig: Bei der Frage, ob ein Fehler aufgetreten ist, geht es hier immer nur um die Commandlets, die -ustransaction verwenden. In dem folgenden Beispiel wird die Transaktion erfolgreich beendet, obwohl „unsinn" einen Fehler lieferte.

Listing 22.2 Beispiel für Fehler in Transaktionen
[2_Aufbauwissen/Transaktionen/WPS2_Transaktion_Fehler.ps1]

```
$key = "HKCU:\Software\ix"

$parent = "HKCU:\Software\"
$keyname = "iX"
$key = "HKCU:\Software\" + $keyname

"Transaktion starten..."
Start-Transaction
if (Test-Path $key) { remove-Item $key -UseTransaction }
New-Item -Path $parent -Name $keyname -UseTransaction -ItemType key

New-ItemProperty -path $key -name Name -value "iX - Magazin für professionelle
-Informationstechnik" -useTransaction
New-ItemProperty -path $key -name Website -value "www.ix.de" -useTransaction

Unsinn #führt zu fehler

"Transaktion abschließen..."
Complete-Transaction
```

22.4 Mehrere Transaktionen

Man kann Start-Transaction mehrfach aufrufen, dies führt aber nicht zu unabhängigen Transaktionen. Vor Ende einer Transaktion gestartete Transaktionen sind Untertransaktionen (Teiltransaktionen, eingebettete Transaktionen) der übergeordneten Transaktion.

Die Anzahl der Ebenen sieht man bei Get-Transaction in der Anzahl „SubscriberCount".

Ein Aufruf von Complete-Transaction in einer Situation mit Untertransaktion führt zum erfolgreichen Ende der Untertransaktion. Ein Aufruf von Undo-Transaction in einer Situation mit Untertransaktion führt zum Abbruch der Gesamttransaktion (siehe Bildschirmabbildung).

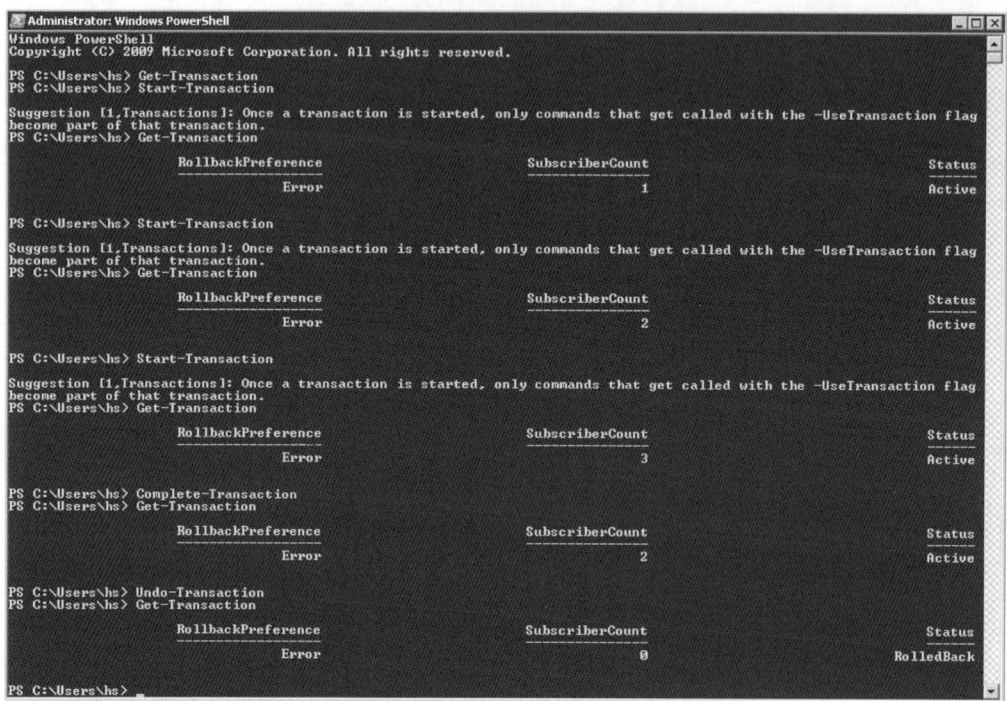

Bild 22.2 Beispiel mit mehreren Aufrufen von Start-Transaction

23 Standardeinstellungen ändern mit Profilskripten

Beim Beenden der PowerShell-Konsole vergisst diese alle Einstellungen (z. B. geladene Snap-ins, definierte Aliase, definierte Funktionen, eingebundene PowerShell-Provider und die Befehlsgeschichte). Mithilfe sogenannter Profildateien kann man der PowerShell-Konsole beim Start ihr Gedächtnis zurückgeben. Profile sind PowerShell-Skripte mit dem Namen „Profile" und der Dateinamenserweiterung *.ps1*.

Eine *Profile.ps1* kann es auf zwei Ebenen geben:

- Global für alle Benutzer im PowerShell-Installationsordner
- Benutzerbezogen im Dateisystemverzeichnis

Noch eine weitere Dimension kommt hinzu, weil es Profilskripte für einen speziellen PowerShell-Host (also Konsole und ISE) geben kann, aber auch Profilskripte, die für alle Hosts gelten.

■ 23.1 Profilpfade

Die folgende Tabelle zeigt, wie man über die eingebaute Variable $profile diese Pfade ermitteln kann.

Profiltyp	Profilpfad
Aktueller Benutzer, aktueller Host	$profile.CurrentUserCurrentHost oder $profile
Alle Benutzer, aktueller Host	$profile.AllUsersCurrentHost
Aktueller Benutzer, alle Hosts	$profile.CurrentUserAllHosts
Alle Benutzer, alle Hosts	$profile.AllUsersAllHosts

Die folgende Tabelle nennt alle sechs Profilpfade für die klassische Konsole und die ISE.

	Generic (Konsole und ISE)	Nur Konsole	Nur ISE
Für Benutzer	Benutzerprofil\Documents\PowerShell\profile.ps1	Benutzerprofil\Documents\PowerShell\Microsoft.PowerShell_profile.ps1	Benutzerprofil\Documents\Windows PowerShell\Microsoft.PowerShellISE_profile.ps1
Für alle Benutzer	c:\WINDOWS\system32\windows-powershell\v1.0\profile.ps1	c:\WINDOWS\system32\windows-powershell\v1.0\Microsoft.PowerShell_profile.ps1	C:\Windows\System32\Windows PowerShell\v1.0\Microsoft.PowerShellISE_profile.ps1

In einem konkreten PowerShell-Host werden also immer maximal vier Profilskripte ausgeführt. Diese vier Pfade kann man auch über eingebaute Variablen ermitteln. Das folgende Skript gibt in einem PowerShell-Host alle vier Pfade aus und setzt den Inhalt der Profilskripte auf einen Text, der die Art des Profilpfads und den Pfad selbst ausgibt.

TIPP: Die trickreiche Kombination aus einfachem und doppeltem Anführungszeichen sorgt hier dafür, dass der Profilpfad nicht schon beim Erstellen der Profildatei ausgewertet wird, sondern erst beim Ausführen der Profildatei. In dem nachstehenden Skript stehen die zu schreibenden Inhalte in einfachen Anführungszeichen, wo die PowerShell also keine Auswertung von Variablen durchführt. Die innere Zeichenkette, die dann in die Profildatei geschrieben wird, enthält aber doppelte Anführungszeichen. Variablen in solchen Zeichenketten wertet die PowerShell aus.

Listing 23.1 [2_Aufbauwissen\Profile\Profilpfade.ps1]

```
$profile.AllUsersCurrentHost
'"Profil ISE/Alle Benutzer:`n$($profile.AllUsersCurrentHost)"' | Set-Content
$profile.AllUsersCurrentHost
$profile.CurrentUserCurrentHost
'"Profil ISE/Aktueller Benutzer:`n$($profile.CurrentUserCurrentHost)"' | Set-Content
$profile.CurrentUserCurrentHost
$profile.AllUsersAllHosts
'"Profil Alle Hosts/Alle Benutzer:`n$($profile.AllUsersAllHosts)"' | Set-Content
$profile.AllUsersAllHosts
$profile.CurrentUserAllHosts
'"Profil Alle Hosts/Aktueller Benutzer:`n$($profile.CurrentUserAllHosts)"' | Set-Content   $profile.CurrentUserAllHosts
```

23.2 Ausführungsreihenfolge

Die Ausführungsreihenfolge ist so, dass die Profilskripte für alle Benutzer Vorrang vor den benutzerspezifischen Profilskripten haben. Zudem haben die Profilskripte für alle Power Shell-Hosts Vorrang vor den Profilskripten für den konkreten Host. Es wird aber kein Profilskript unterdrückt: Alle werden ausgeführt, wie die folgende Bildschirmabbildung beweist.

```
Windows PowerShell
Windows PowerShell
Copyright (C) 2015 Microsoft Corporation. Alle Rechte vorbehalten.

Profil Alle Hosts/Alle Benutzer:
C:\Windows\System32\WindowsPowerShell\v1.0\profile.ps1
Profil ISE/Alle Benutzer:
C:\Windows\System32\WindowsPowerShell\v1.0\Microsoft.PowerShell_profile.ps1
Profil Alle Hosts/Aktueller Benutzer:
C:\Users\hs\Documents\WindowsPowerShell\profile.ps1
Profil ISE/Aktueller Benutzer:
C:\Users\hs\Documents\WindowsPowerShell\Microsoft.PowerShell_profile.ps1
PS C:\Users\hs>
```

Bild 23.1 Ausführungsreihenfolge der Profilskriptdateien

23.3 Beispiel für eine Profildatei

Das folgende Listing zeigt die Profildatei des Autors dieses Buchs.

Listing 23.2 Beispiel für eine Profildatei [2_Aufbauwissen/Profile/Profile.ps1]

```powershell
# ---------------------------------------------------------------------------
# Profilskript von Dr. Holger Schwichtenberg
# Stand 30.06.2017
# ---------------------------------------------------------------------------

# Farbkontrast verbessern
Set-PSReadlineOption -TokenKind String -ForegroundColor Cyan
$h = (Get-Host).PrivateData
$h.ErrorBackgroundColor = "white"
$h.ErrorForegroundColor = "red"
$h.VerboseForegroundColor = "cyan"


# Titelzeile anpassen
$Wi = [System.Security.Principal.WindowsIdentity]::GetCurrent()
$wp = New-Object System.Security.Principal.WindowsPrincipal($wi)
if ($wp.IsInRole([System.Security.Principal.WindowsBuiltInRole]::Administrator))
{
 $Status = "[erhöhte Rechte]"
}
else
{
 $Status = "[normale Rechte]"
}
```

```
$host.ui.RawUI.WindowTitle  = "PowerShell für Benutzer " + [System.
Environment]::UserName   + " " + $Status

# Module laden
Import-Module ITVisions_PowerShell_Extensions # erfordert https://www.it-visions.de/
Scripting/PowerShell/powershellcommandletextensions
Import-Module ActiveDirectory

# Ausgabe
clear-host
$anz
"Hallo Holger, Deine PowerShell ist bereit."
```

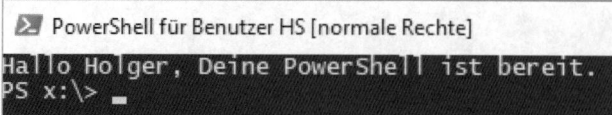

Bild 23.2
Start der PowerShell mit obigem Profilskript

TIPP: Um große Profildateien übersichtlicher zu gestalten, darf man sie auf mehrere Dateien aufteilen und die einzelnen Dateien dann mit dem Punkt-Operator über das sogenannte „Dot Sourcing" aus dem Hauptskript (das immer *Profile.ps1* heißen muss) aufrufen.

23.4 Starten der PowerShell ohne Profilskripte

Man kann die Ausführung der Profilskripte unterbinden, indem man powershell.exe mit dem Parameter -NoProfile aufruft:

```
Powershell.exe -NoProfile
```

Zum Starten der PowerShell ISE ohne Laden des Profils gibt es die gleiche Kommandozeilenoption: PowerShell_ise.exe -NoProfile.

24 Digitale Signaturen für PowerShell-Skripte

Im Unternehmenseinsatz sollte man digitale Signaturen verwenden und die Ausführungsrichtlinie für Skripte auf „AllSigned" setzen, sodass keine unsignierten Skripte ausgeführt werden können und Sie somit die volle Kontrolle haben, welche Skripte ausgeführt werden:

```
Set-ExecutionPolicy AllSigned -force
```

ACHTUNG: Dies gilt auch für Profilskripte! Wenn Sie diese Option aktivieren, müssen auch die Profilskripte signiert werden, sonst sehen Sie in nachstehender Bildschirmabbildung gezeigte Fehlermeldung.

![Screenshot PowerShell-Fehlermeldung](profile.ps1 nicht digital signiert)

■ 24.1 Zertifikat erstellen

Für das digitale Signieren von Skripten benötigt man zunächst ein digitales Zertifikat, das den Zweck „Code Signing" besitzt.

Normalweise verwenden Sie entweder ein Zertifikat der Zertifizierungsstelle Ihres Unternehmens oder Sie können ein Zertifikat einer öffentlichen Zertifizierungsstelle beantragen, die Windows bereits kennt (z. B. Deutsche Telekom, GlobalSign, Thawte, VeriSign).

TIPP: Die bekannten Zertifizierungsstellen sehen Sie in der MMC-Konsole für die Zertifikatsverwaltung unter „Lokale Computer/Vertrauenswürdige Stammzertifizierungsstellen" oder per PowerShell: `Dir Cert:\LocalMachine\Root`.

24 Digitale Signaturen für PowerShell-Skripte

Wenn Sie kein solches digitales Zertifikat zum Signieren von Programm- bzw. Skript-Code besitzen, können Sie sich selbst ein Zertifikat (z.B. mit dem Kommandozeilenwerkzeug *makecert.exe*) ausstellen. Ab Windows 8 und Windows Server 2012 gibt es dafür auch ein Commandlet: New-SelfSignedCertificate. Die ObjectID *1.3.6.1.5.5.7.3.3* legt dabei den Zweck „Code Signing" fest.

```
New-SelfSignedCertificate -CertStoreLocation 'CERT:\Currentuser\MY' -Subject
'CN=IhrName_CodeSigning' -TextExtension "2.5.29.37={text}1.3.6.1.5.5.7.3.3"
```

HINWEIS: Dies ist ein sogenanntes „selbst signiertes" Zertifikat, d.h., das Zertifikat ist gleichzeitig seine eigene Zertifizierungsstelle.

Ein selbst erstelltes Zertifikat müssen Sie selbst noch in der Zertifikatsverwaltung als „Vertrauenswürdige Stammzertifizierungsstelle" und „Vertrauenswürdige Herausgeber" eintragen. Dies erledigen Sie in der MMC „Zertifikatsverwaltung" per Drag&Drop bei gedrückter **STRG**-Taste oder mit dem nachstehenden PowerShell-Skript. Wahlweise kopieren Sie das Zertifikat in diese Ordner beim aktuellen Benutzer oder in dem lokalen Computer.

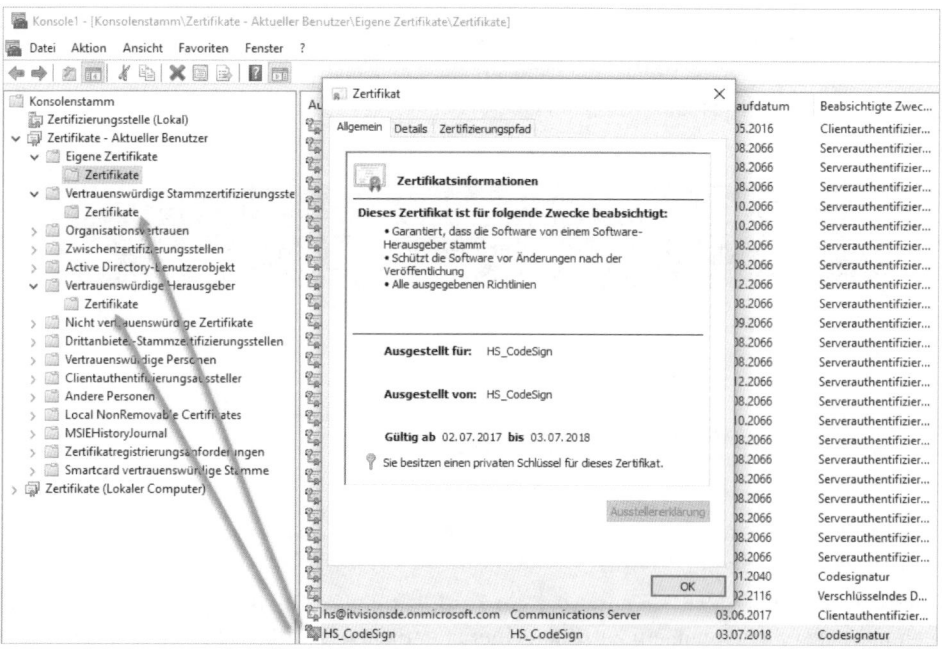

Bild 24.1 Manuelles Kopieren des Zertifikats

Listing 24.1 [3_Einsatzgebiete\Sicherheitseinstellungen\CopyCertToStore.ps1]

```
# Kopieren eines Zertifikats. Das ist leider nicht möglich per Copy-Item! "Der
Anbietervorgang wurde beendet, da der Anbieter diesen Vorgang nicht unterstützt."
function Copy-Certificate($SourceStoreScope, $SourceStorename, $certname,
$DestStoreScope, $DestStoreName)
```

```
{
"Kopiere: " +$cert.Subject + " nach " + $DestStoreScope + "/" + $DestStoreName

$SourceStore = New-Object  -TypeName System.Security.Cryptography.X509Certificates.
X509Store  -ArgumentList $SourceStorename, $SourceStoreScope
$SourceStore.Open([System.Security.Cryptography.X509Certificates.OpenFlags]::ReadOnly)

$certliste = $SourceStore.Certificates | Where-Object { $_.subject -eq $certname }

foreach($cert in $certliste)
{
$DestStore = New-Object  -TypeName System.Security.Cryptography.X509Certificates.
X509Store  -ArgumentList $DestStoreName, $DestStoreScope
$DestStore.Open([System.Security.Cryptography.X509Certificates.OpenFlags]::ReadWrite)

$DestStore.Add($cert)
"Kopiert: " +$cert.Subject + " nach " + $DestStore.Location + "/" + $DestStore.Name
}
}

$SourceStoreScope = 'CurrentUser'
$SourceStorename = 'My'
$certname = "cn=HS_CodeSign"
$DestStoreScope = 'LocalMachine'
$DestStoreName = 'root'
Copy-Certifikate $SourceStoreScope $SourceStorename $certname $DestStoreScope
$DestStoreName

$SourceStoreScope = 'CurrentUser'
$SourceStorename = 'My'
$certname = "cn=HS_CodeSign"
$DestStoreScope = 'LocalMachine'
$DestStoreName = 'Trustedpublisher'
Copy-Certifikate $SourceStoreScope $SourceStorename $certname $DestStoreScope
$DestStoreName
```

■ 24.2 Skripte signieren

Zum Signieren von PowerShell-Skripten bietet die PowerShell das Commandlet Set-AuthenticodeSignature. Um ein Skript zu signieren, müssen Sie die folgenden Schritte ausführen:

- Laden Sie das gewünschte Zertifikat (das den Zweck „Code Signing" besitzt):

  ```
  $cert = (dir "cert:/currentuser/my/") | where Subject -eq "CN=HS_CodeSigning"
  ```

- Eine weitere Variante ist es, eine Zertifikatsdatei mit Public und Private Key (.pfx) von der Festplatte zu laden:

  ```
  $cert = Get-PfxCertificate "c:\meineZertifikate\HS_CodeSigning.pfx"
  ```

24 Digitale Signaturen für PowerShell-Skripte

- Signieren Sie das Skript dann mit dem auf eine der o. g. Weisen geladenen Schlüssel:

```
Set-AuthenticodeSignature c:\Pfad\Skript.ps1 $cert
```

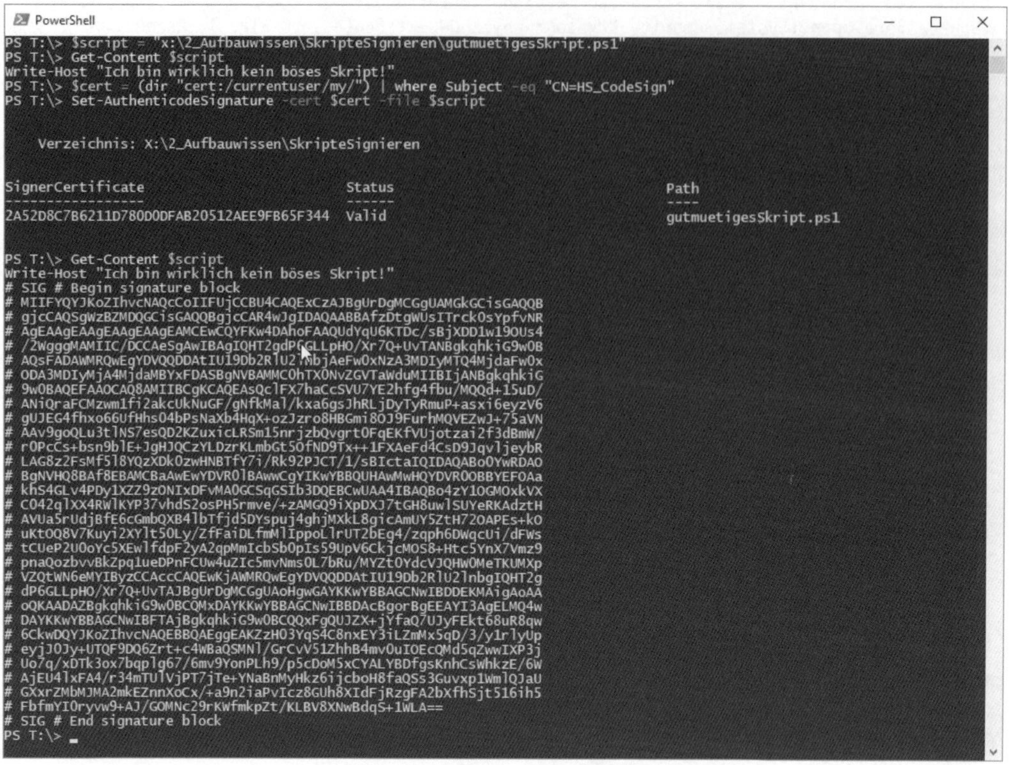

Bild 24.2 Vergrößerung der Skript-Datei durch eine digitale Signatur

> **HINWEIS:** Es kann pro Skript nur eine Signatur geben. Das sogenannte „Co-Signing" mehrerer Personen (Vier-Augen-Prinzip) wird nicht unterstützt.

■ 24.3 Verwenden signierter Skripte

Wenn Sie nun `Set-ExecutionPolicy AllSigned` eingeben, sollte das von Ihnen signierte PowerShell-Skript dennoch laufen, alle unsignierten Skripte aber nicht mehr. Mit `Get-AuthenticodeSignature` können Sie die digitale Signatur testen, ohne das Skript auszuführen.

```
PS T:\> Set-ExecutionPolicy AllSigned -force
PS T:\> X:\2_Aufbauwissen\SkripteSignieren\gutmuetigesSkript.ps1
Ich bin wirklich kein boeses Skript!
PS T:\> Get-AuthenticodeSignature X:\2_Aufbauwissen\SkripteSignieren\gutmuetigesSkript.ps1


    Verzeichnis: X:\2_Aufbauwissen\SkripteSignieren

SignerCertificate                        Status         Path
-----------------                        ------         ----
2A52D8C7B6211D780D0DFAB20512AEE9FB65F344 Valid          gutmuetigesSkript.ps1


PS T:\>
```

Bild 24.3 Testen und Ausführen von Skripten mit digitaler Signatur

24.4 Mögliche Fehlerquellen

Falls ein Skript zwar signiert ist, aber die Signatur von einer nicht vertrauten Zertifizierungsstelle kommt, erhalten Sie den Laufzeitfehler: „Die Datei kann nicht geladen werden. Eine Zertifikatkette wurde zwar verarbeitet, endete jedoch mit einem Stammzertifikat, das beim Vertrauensanbieter nicht als vertrauenswürdig gilt." Bei einem selbst signierten Zertifikat fehlt dann der oben erwähnte Zertifikatskopiervorgang.

Falls die PowerShell beim Start des Skripts noch einmal nachfragt, ob Sie das Skript wirklich laufen lassen wollen, dann bedeutet dies, dass das Skript zwar von jemandem signiert ist und Sie die Zertifizierungsstelle, die das Zertifikat ausgestellt hat, in Ihrer Stammzertifizierungsstelle kennen, aber dass Sie diesem Skriptautor noch nicht explizit vertrauen. (Bei einem selbst signierten Zertifikat fehlt dann der oben erwähnte Zertifikatskopiervorgang.) Durch die Option „Always Run" würde der Skriptautor unter die „Vertrauenswürdigen Herausgeber" in die Zertifikatsverwaltung aufgenommen werden.

```
PS T:\> x:\1_Basiswissen\Scripting\SkripteSignieren\gutmuetigesSkript.ps1
Möchten Sie Software dieses nicht vertrauenswürdigen Herausgebers ausführen?
Die Datei "X:\1_Basiswissen\Scripting\SkripteSignieren\gutmuetigesSkript.ps1" wurde von "CN=HS_CodeSign" veröffentlicht
und gilt auf Ihrem System als nicht vertrauenswürdig. Führen Sie ausschließlich Skripts vertrauenswürdiger Herausgeber
aus.
[E] Noch nie ausgeführt  [N] Nicht ausführen  [M] Einmal ausführen  [A] Immer ausführen  [?] Hilfe (Standard ist "N"):
```

Bild 24.4 Nachfrage bei fehlendem Vertrauen in den Herausgeber

Wenn Sie ein signiertes Skript modifizieren, selbst wenn es nur eine kleinste Kleinigkeit ist, müssen Sie die Signatur immer erneuern. Sonst erhalten Sie den Laufzeitfehler: „Skript kann nicht geladen werden. Der Inhalt der Datei wurde möglicherweise von einem nicht autorisierten Benutzer oder Prozess manipuliert, da der Hash der Datei nicht mit dem in der digitalen Signatur gespeicherten Hash übereinstimmt. Das Skript wird auf dem angegebenen System nicht ausgeführt."

25 Hintergrundaufträge („Jobs")

PowerShell bietet schon seit der Version 2.0 die Möglichkeit, Befehle und Skripte im Hintergrund auszuführen, ohne dass es während der Ausführungszeit eine Interaktion mit der aktuellen PowerShell-Sitzung gibt. Hintergrundaufträge blockieren die aktuelle PowerShell-Sitzung nicht, d.h., der Benutzer kann währenddessen andere Befehle eingeben. Hintergrundaufträge bieten sich also insbesondere für lang dauernde Befehle und Skripte an.

Folgende Commandlets sind für die Handhabung der Hintergrundaufträge implementiert:

- Start-Job: Start eines Hintergrundauftrags
- Get-Job: Liste aller laufenden und abgeschlossenen Hintergrundaufträge
- Receive-Job: Zugriff auf das Ergebnis eines Hintergrundauftrags
- Stop-Job: Beenden eines Hintergrundauftrags
- Wait-Job: Warten auf das Ende eines Hintergrundauftrags
- Remove-Job: Entfernen eines Hintergrundauftrags

■ 25.1 Voraussetzungen

Die PowerShell muss für die Fernausführung konfiguriert sein, auch wenn die Hintergrundaufträge auf dem gleichen Rechner laufen. Hintergrund ist, dass die Kommunikation zwischen Hauptprozess und den Hintergrundprozessen für die Hintergrundaufträge auch über WS-Management erfolgt.

Details lesen Sie bitte im Kapitel 10 *Fernausführung (Remoting)*".

25.2 Architektur

Jobs laufen grundsätzlich in einem eigenen Prozess *(powershell.exe)*. Die Kommunikation zwischen aufrufendem PowerShell-Prozess und dem ausführenden PowerShell-Prozess erfolgt über WinRM (siehe Kapitel 10 *„Fernausführung"*). Bei lokalen Hintergrundaufträgen erfolgt die Kommunikation zwischen aufrufendem PowerShell-Prozess und dem ausführenden PowerShell-Prozess durch den IPC-Kanal, im entfernten Fall über HTTP.

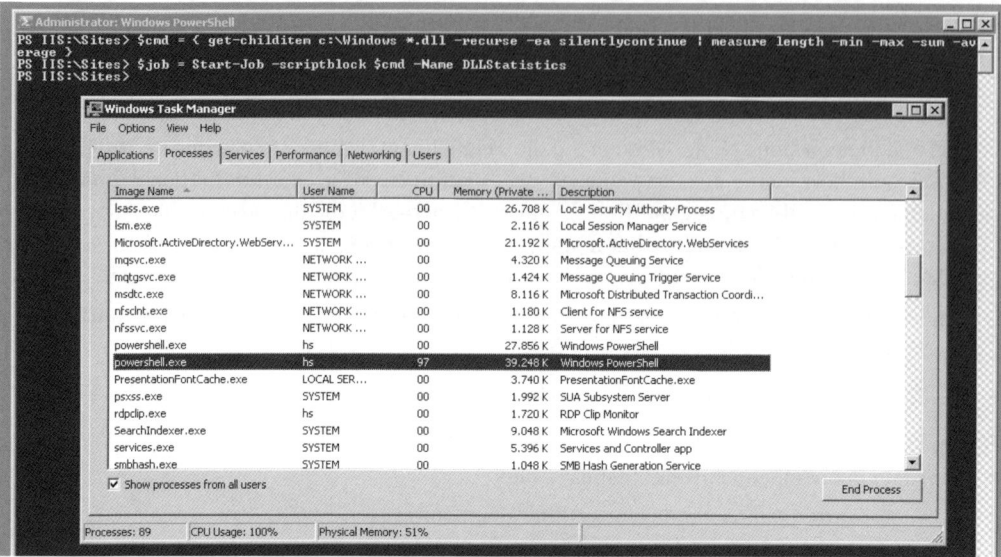

Bild 25.1 Durch den Start des Hintergrundauftrags wurde eine neue Instanz der powershell.exe gestartet.

25.3 Starten eines Hintergrundauftrags

Einen Hintergrundauftrag startet der Administrator über `Start-Job` oder `Invoke-Command -AsJob`.

```
start-job -scriptblock { Get-childitem c:\Windows -recurse}
```

Start-Job liefert als Ergebnis eine Instanz der Klasse `System.Management.Automation.PSRemotingJob`.

Beispiel:

Der folgende Befehl erstellt eine Statistik über alle DLLs im Windows-Installationsverzeichnis und dauert in der Regel mehrere Sekunden:

```
Get-childitem c:\Windows *.dll -recurse -ea silentlycontinue | measure length
-min -max -sum -average
```

Es bietet sich an, diesen Befehl als Job zu starten:

```
$cmd = { Get-childitem c:\Windows *.dll -recurse -ea silentlycontinue | measure
length -min -max -sum -average }
$job = Start-Job -scriptblock $cmd -Name DLLStatistics
```

25.4 Hintergrundaufträge abfragen

Das von `Start-Job` gelieferte `PSRemotingJob`-Objekt dient der weiteren Nutzung des Auftrags.

```
$job = Start-Job -scriptblock $cmd -Name DLLStatistics
```

Das commandlet `Get-Job` liefert den Zustand aller Hintergrundaufträge. Es gibt die Status: Running, Failed, Stopped und Completed.

Das Ergebnis des Hintergrundauftrags, also den Inhalt der Pipeline nach der Ausführung, kann man abrufen über:

```
Receive-Job $job
```

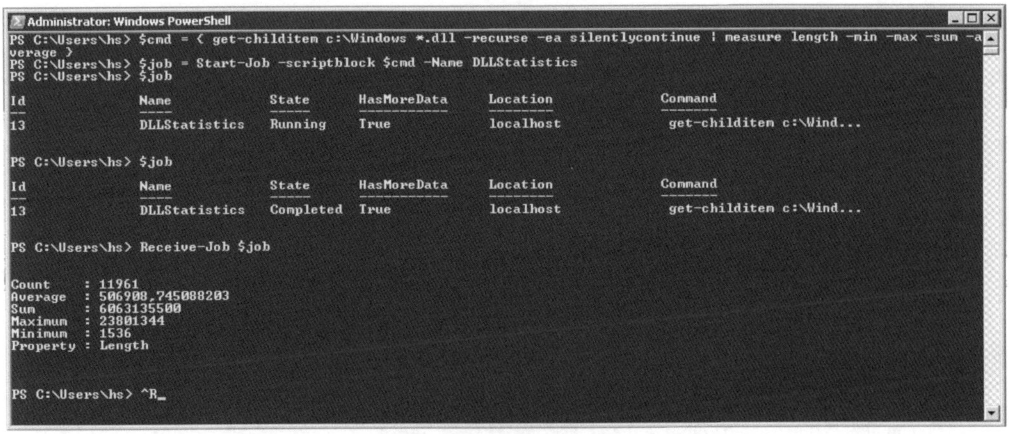

Bild 25.2 Ausführen und Auswerten eines Hintergrundauftrags

HINWEIS: Genau wie bei der Fernausführung findet auch bei Hintergrundaufträgen eine Serialisierung/Deserialisierung statt, so dass die Ergebnisobjekte keine Methoden mehr besitzen.

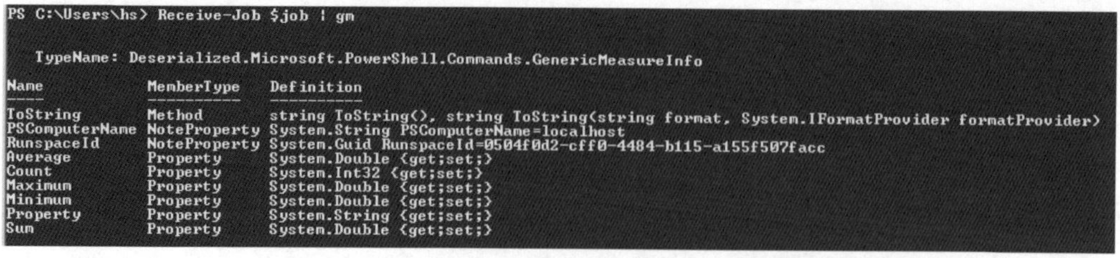

```
PS C:\Users\hs> Receive-Job $job | gm

   TypeName: Deserialized.Microsoft.PowerShell.Commands.GenericMeasureInfo

Name            MemberType    Definition
ToString        Method        string ToString(), string ToString(string format, System.IFormatProvider formatProvider)
PSComputerName  NoteProperty  System.String PSComputerName=localhost
RunspaceId      NoteProperty  System.Guid RunspaceId=0504f0d2-cff0-4484-b115-a155f507facc
Average         Property      System.Double {get;set;}
Count           Property      System.Int32 {get;set;}
Maximum         Property      System.Double {get;set;}
Minimum         Property      System.Double {get;set;}
Property        Property      System.String {get;set;}
Sum             Property      System.Double {get;set;}
```

Bild 25.3 Inhalt der Pipeline nach Receive-Job

Receive-Job kann auch ausgeführt werden, wenn der Auftrag noch läuft. Receive-Job liefert dann alle bis dahin von dem Auftrag erzeugten Ergebnisobjekte. Bei weiteren Aufrufen von Receive-Job werden dann nur noch die verbliebenen Objekte geliefert.

> **TIPP:** Mit dem Parameter -keep in Receive-Job kann man erreichen, dass bereits abgerufene Ergebnisse erneut abgerufen werden können.

25.5 Warten auf einen Hintergrundauftrag

Mit Wait-Job kann man auf die Fertigstellung eines Hintergrundauftrags warten. Dabei kann man optional angeben, wie lange man warten möchte (Timeout in Sekunden):

```
Wait-Job -ID 10 -timeout 60
```

25.6 Abbrechen und Löschen von Aufträgen

Einen Hintergrundauftrag kann man mit Stop-Job vorzeitig beenden:

```
Stop-Job -id 23 # Abbrechen des Auftrags Nummer 23
Stop-Job $job # Abbrechen anhand des Auftragsobjekts
```

Der Auftrag wird dann in der Auftragsliste als „Stopped" angezeigt.

Mit Remove-Job kann man Aufträge aus der Auftragsliste löschen:

```
Remove-Job -job 23
Remove-Job $job
```

> **HINWEIS:** Man kann Aufträge nur löschen, wenn diese im Status „Stopped" oder „Completed" sind.

25.7 Analyse von Fehlermeldungen

Die Ursache für einen fehlgeschlagenen Hintergrundauftrag kann man auslesen über:

```
$job.ChildJobs[0].JobStateInfo.Reason
```

In vielen Fällen sieht man den Fehler aber auch über `Receive-Job`.

25.8 Fernausführung von Hintergrundaufträgen

Auch Fernaufrufe kann man als Hintergrundaufträge starten. Gerade bei langsamen Verbindungen bzw. vielen abzufragenden Computern bietet sich dies an. Hier kommt Invoke-Command mit dem Parameter -AsJob (und optional -JobName) zum Einsatz.

```
Invoke-Command -computername F170 -scriptblock { Get-childitem c:\windows *.dll
-recurse } -asjob -JobName "DLL_List"
```

Wahlweise kann man hier über `-ComputerName` eine temporäre Sitzung öffnen oder über `Start-PSSession` vorher eine permanente Sitzung.

Den Status des Hintergrundauftrags kann man, wie bei lokalen Aufträgen, über `Get-Job` abfragen. Das Attribut `Location` zeigt dann den entfernten Rechnernamen. Auch die Steuerung über `Receive-Job`, `Stop-Job` und `Remove-Job` steht zur Verfügung.

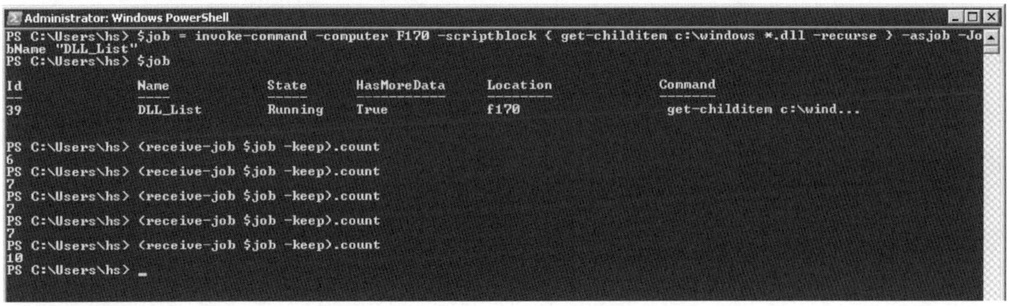

Bild 25.4 Fernausführung eines Hintergrundauftrags

■ 25.9 Praxisbeispiel

Im folgenden Praxisbeispiel wird ein Job auf insgesamt fünf Computern parallel gestartet. Die einzelnen Job-Objekte werden in einem Array für die spätere Auswertung gemerkt.

Listing 25.1 [2_Aufbauwissen\Jobs\WPS_Jobs_Remote.ps1]

```
function print($s)
{
Write-host $s -ForegroundColor green
}

$computerList = 'D141','D142','D143','D144','D145'
$meineJobs = @()

foreach($c in $computerList)
{
print "Starte Job auf $c"
$j = Invoke-Command -scriptblock { Get-childitem  c:\Windows | Measure-Object }
-ComputerName $c -AsJob

$j | ft
$meineJobs += $j
}

print "tue irgendwas anderes für 3 Sekunden..."
Start-Sleep -Seconds 3

print "Jobstatus nun:"
foreach($j in $meineJobs)
{
$j
}

foreach($j in $meineJobs)
{
print "Ergebnis von Job $($j.id) auf Computer $($j.Location)"
receive-job $j -Wait | ft
}
```

Die folgende Bildschirmabbildung zeigt den Ablauf des Skripts nur für zwei PCs, da sonst die Ausgabe zu lang würde für den Abdruck im Buch.

```
PS C:\Windows\system32> H:\TFS\Demos\PowerShell\2_Aufbauwissen\Jobs\WPS_Jobs_Remote.ps1
Starte Job auf D141

Id   Name    PSJobTypeName   State     HasMoreData   Location   Command
--   ----    -------------   -----     -----------   --------   -------
10   Job10   RemoteJob       Running   True          D141       Get-childitem  c:\Win...

Starte Job auf D142

Id   Name    PSJobTypeName   State     HasMoreData   Location   Command
--   ----    -------------   -----     -----------   --------   -------
12   Job12   RemoteJob       Running   True          D142       Get-childitem  c:\Win...

tue irgendwas anderes für 3 Sekunden...
Jobstatus nun:

Id   Name    PSJobTypeName   State       HasMoreData   Location   Command
--   ----    -------------   -----       -----------   --------   -------
10   Job10   RemoteJob       Completed   True          D141       Get-childitem  c:\Win...
12   Job12   RemoteJob       Completed   True          D142       Get-childitem  c:\Win...
Ergebnis von Job 10 auf Computer D141

PSComputerName   RunspaceId              Count  Average   Sum   Maximum
--------------   ----------              -----  -------   ---   -------
D141             eee55808-d3e2-4776...      78

Ergebnis von Job 12 auf Computer D142

PSComputerName   RunspaceId              Count  Average   Sum   Maximum
--------------   ----------              -----  -------   ---   -------
D142             2b165a8b-10c9-4224...      78
```

Bild 25.5 Ausgabe des obigen Skripts

26 Geplante Aufgaben und zeitgesteuerte Jobs

von Peter Monadjemi

Eine geplante Aufgabe ermöglicht das Ausführen von Aufgaben, wie das Durchführen eines Backups oder die Defragmentierung eines Laufwerks, zu bestimmten Zeitpunkten und/oder in festgelegten Intervallen. Geplante Aufgaben (im Original „Scheduled Tasks") sind seit Windows NT 4 eine Eigenschaft des Betriebssystems. In der Vergangenheit war das automatisierte Anlegen von geplanten Aufgaben mit Hilfe der PowerShell nur auf Umwegen möglich. Seit Windows Server 2012 und Windows 8 gibt es dafür das Modul ScheduledTasks mit dessen Commandlets der Umgang mit geplanten Aufgaben sehr einfach wird.

Ein zeitgesteuerter Job ist ein regulärer PowerShell-Job, der auf einer geplanten Aufgabe basiert und damit ebenfalls zu einem bestimmten Zeitpunkt und/oder in festgelegten Intervallen ausgeführt wird. Für den Umgang mit zeitgesteuerten Jobs gibt es seit Windows 8 und Windows Server 2012 das Modul PSScheduledJob.

Beide Module erfüllen unterschiedliche Anforderungen, wenngleich es Überschneidungen gibt. Über eine geplante Aufgabe wird eine beliebige Windows-Anwendung zeitgesteuert ausgeführt – das kann natürlich auch die PowerShell sein, die auf diese Weise ein Skript unter einem bestimmten Benutzerkonto ausführt. Über einen zeitgesteuerten Job wird ein PowerShell-Job (auf der Grundlage einer geplanten Aufgabe) zeitgesteuert ausgeführt. Das werden in der Regel Commandlets, Funktionen und andere PowerShell-Befehle sein, wobei ein Job, z. B. über das Start-Process-Commandlet, natürlich auch eine beliebige Windows-Anwendung starten kann. Geplante Aufgaben werden auf der Ebene des Betriebssystems eingesetzt, zeitgesteuerte Jobs sind zwar stets Teil eines PowerShell-Skripts, doch auch sie werden vom Betriebssystem verwaltet, da sie auf geplanten Aufgaben basieren, die eine PowerShell-Sitzung starten, um den Job ausführen zu können. Die PowerShell-Konsole muss daher nicht ausgeführt werden, damit ein zeitgesteuerter Job laufen kann.

■ 26.1 Geplante Aufgaben (Scheduled Tasks)

Eine geplante Aufgabe (engl. „Scheduled Tasks") ist eine Funktion des Windows-Betriebssystems. Bis zur PowerShell-Version 3.0 wurden geplante Aufgaben in erster Linie manuell über das Verwaltungsprogramm *Aufgabenplanung* angelegt. Als Alternativen standen in der Vergangenheit benutzerdefinierte Commandlets, die auf COM-Schnittstellen basieren, oder das Befehlszeilentool *Schtasks.exe* zur Verfügung. Seit Windows Server 2012/R2 und Windows 8.x spielen diese Varianten im Zusammenhang mit der PowerShell keine Rolle mehr, denn für den Umgang mit geplanten Aufgaben gibt es das Modul ScheduledTasks mit insgesamt 19 Commandlets.

HINWEIS: Das Modul ScheduledTasks steht erst ab Windows Server 2012/R2 und Windows 8.x zur Verfügung.

Geplante Aufgaben anlegen

Das Anlegen einer geplanten Aufgabe ist in der Regel ein mehrstufiger Prozess. Im ersten Schritt wird mit dem New-ScheduledTaskAction-Commandlet die Aktion festgelegt, die später im Rahmen der geplanten Aufgabe ausgeführt werden soll.

BEISPIEL: Der folgende Befehl legt über New-ScheduledTaskAction eine Aktion an, die die PowerShell startet, um ein vorbereitetes Skript auszuführen. Das Ergebnis wird einer Variablen zugewiesen. Damit der Befehl ausgeführt werden kann, muss der Pfad der Ps1-Datei entsprechend angepasst werden.

```
$TaskAction = New-ScheduledTaskAction -Execute powershell.exe -Argument
"-NoProfile -File C:\2013\Projekte\PowerShell\Allgemein\PsWriteFile.ps1"
```

Im zweiten Schritt wird mit dem New-ScheduledTaskTrigger-Commandlet ein Task-Trigger angelegt, der den Zeitpunkt festlegt, an dem die geplante Aufgabe ausführen soll. Das resultierende Objekt wird wieder einer Variablen zugewiesen:

```
$TaskTrigger = New-ScheduledTaskTrigger -At (Get-Date).AddMinutes(1) -Once
```

Soll die Aufgabe unter einem anderen Benutzerkonto ausführen, kann der erforderliche „Security Principal" über das New-ScheduledTaskPrincipal-Commandlet angelegt werden. Benutzername und das dazugehörige Kennwort können aber auch direkt angegeben werden.

Im dritten und letzten Schritt wird die geplante Aufgabe über das Register-Scheduled-Task-Commandlet registriert:

```
Register-ScheduledTask -TaskName PSTest -Trigger $TaskTrigger -Action $TaskAction
-User "\PsUser" -Password "Pa`$`$w0rd
```

BEISPIEL: Das folgende Skript fasst die einzelnen Schritte zum Anlegen einer geplanten Aufgabe noch einmal zusammen. Vorsorglich wird die Aufgabe „PsTest" zu Beginn über Unregister-ScheduledTask entfernt.

```
<#
.Synopsis
Anlegen einer geplanten Aufgabe
```

```
#>
# Für alle Fälle Task durch Abmelden entfernen
Unregister-ScheduledTask -TaskName PsTest -ErrorAction SilentlyContinue
 -Confirm:$False

$Ps1Path = "C:\2013\Projekte\PowerShell\Allgemein\PsWriteFile.ps1"

$TaskAction = New-ScheduledTaskAction -Execute "powershell.exe
 -Argument -NoProfile -File $Ps1Path -WorkingDirectory $(Split-Path -Path
$Ps1Path)"

$TaskTrigger = New-ScheduledTaskTrigger -At (Get-Date).AddMinutes(1) -Once

Register-ScheduledTask -TaskName PSTest -Trigger $TaskTrigger -Action
$TaskAction
```

Die neue geplante Aufgabe erscheint danach in der Aufgabenplanung. Da beim Anlegen über den TaskPath-Parameter kein Pfad angegeben wurde, erscheint sie auf der obersten Ebene unter „Aufgabenplanungsbibliothek". Da der Sicherheitskontext bei der Ausführung der geplanten Aufgaben keine Rolle spielt, hätte das Beispiel auch mit einem zeitgesteuerten Job umgesetzt werden können.

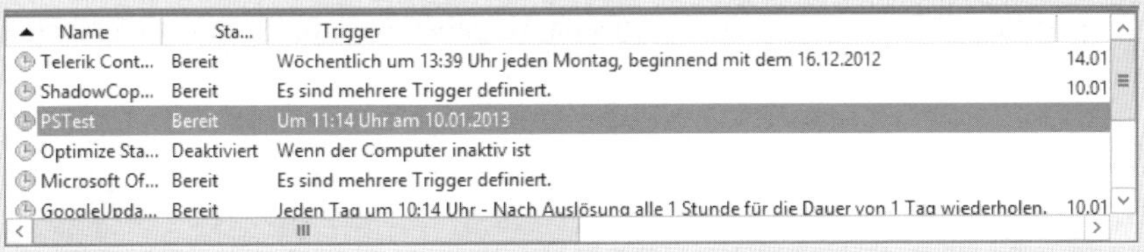

Bild 26.1 Die geplante Aufgabe wurde angelegt.

Spezielle Einstellungen festlegen

Über das Commandlet New-ScheduledTaskSettingsSet werden spezielle Einstellungen festgelegt, die die Ausführung der geplanten Aufgabe betreffen. Das resultierende Objekt wird dem Settings-Parameter von Register-ScheduledTask übergeben. Es steht eine Fülle von Einstellungen zur Auswahl, die alle ein Pendant in den Eigenschaften einer Aufgabe im Rahmen der Aufgabenplanung besitzen. Die folgende Tabelle stellt einige der Einstellungen, die über gleichnamige Parameter gesetzt werden, zusammen.

Tabelle 26.1 Einige der Einstellungen, die für eine geplante Aufgabe festgelegt werden können

Einstellung	Bedeutung
AllowStartIfOnBatteries	Die Aufgabe startet auch dann, wenn der Computer nicht am Stromnetz angeschlossen ist.
DisallowDemandStart	Die Aufgabe kann nicht explizit (z. B. im Rahmen der Aufgabenverwaltung) gestartet werden.
DisallowHardTerminate	Die Aufgabe kann nicht über den Task-Manager beendet werden.

(Fortsetzung nächste Seite)

Tabelle 26.1 Einige der Einstellungen, die für eine geplante Aufgabe festgelegt werden können *(Fortsetzung)*

Einstellung	Bedeutung
DontStopIfGoingOnBatteries	Die Aufgabe soll nicht angehalten werden, wenn der Computer nicht mehr am Stromnetz angeschlossen ist.
Hidden	Die Aufgabe wird in der Aufgabenplanung nicht angezeigt.
NetworkName	Spielt im Zusammenspiel mit dem RunOnlyIfNetworkAvailable eine Rolle und legt den Namen eines Netzwerkprofils fest, das herangezogen wird, um festzustellen, ob die Ausgabe ausführen kann.
Priority	Legt eine Prioritätsstufe von 1 (niedrig) bis 10 für die Aufgabe fest. Der Default-Wert ist 7.
RunOnlyIfNetworkAvailable	Die Aufgabe wird nur bei einer aktiven Netzwerkverbindung gestartet.

Vorhandene geplante Aufgaben verwalten

Über das `Get-ScheduledTask`-Commandlet erhält man alle geplanten Aufgaben zurück (natürlich auch jene, die außerhalb der PowerShell angelegt wurden). Da der `TaskName`-Parameter Platzhalter akzeptiert, lassen sich Aufgaben über ihren Namen einfach lokalisieren.

BEISPIEL: Der folgende Befehl listet alle Aufgaben auf, die mit der Silbe „PS" beginnen.

```
Get-ScheduledTask -TaskName PS*
```

Die Details zu einem einzelnen Task liefert das `Get-ScheduledTaskInfo`-Commandlet. Der folgende Befehl gibt Details wie die letzte Ausführungszeit einer geplanten Aufgabe zurück:

```
Get-ScheduledTaskInfo -TaskName PSTest
```

Geplante Aufgaben auf einem ausfallsicheren Rechnerverbund („fail over cluster") ausführen

Eine geplante Aufgabe kann auch auf einem ausfallsicheren Rechnerverbund („failover cluster") ausgeführt werden. Dazu wird die Aufgabe mit dem `Register-ClusteredScheduledTask`-Commandlet registriert. Der Name des Clusters wird über den `Cluster`-Parameter festgelegt. Über den `TaskType`-Parameter wird die Art des Rechnerverbunds bestimmt. Zur Auswahl stehen „ResourceSpecific", „AnyNode" und „ClusterWide".

26.2 Zeitgesteuerte Jobs

Ein zeitgesteuerter Job (engl. „Scheduled Job") unterscheidet sich von einem regulären Job dadurch, dass er zu einem festgelegten Zeitpunkt und/oder in einem festgelegten Intervall startet. Die Grundlage dafür ist (natürlich) eine geplante Aufgabe. Sie legt eine neue PowerShell-Sitzung über den Start von *Powershell.exe* an und führt über den Command-Parameter das Skript bzw. den Skriptblock aus. Zeitgesteuerte Jobs und geplante Aufgaben sind damit zwar eng verwandt, decken aber trotzdem verschiedene Anforderungsbereiche ab. Für den Umgang mit zeitgesteuerten Jobs stellt die PowerShell (ab Windows 7 und Windows Server 2008/R2) das Modul PSScheduledJob mit insgesamt 16 Commandlets zur Verfügung. Sechs davon kümmern sich um das Verwalten zeitgesteuerter Jobs (Tabelle 26.2), sieben Commandlets um den Umgang mit Job-Triggern und die restlichen drei um Optionen, die bei einem zeitgesteuerten Job zusätzlich gesetzt werden können.

Tabelle 26.2 Die Commandlets für den Umgang mit zeitgesteuerten Jobs

Commandlet	Bedeutung
Disable-ScheduledJob	Deaktiviert einen zeitgesteuerten Job.
Enable-ScheduledJob	Aktiviert einen nicht aktiven zeitgesteuerten Job.
Get-ScheduledJob	Holt alle vorhandenen zeitgesteuerten Jobs.
Register-ScheduleJob	Legt einen neuen zeitgesteuerten Job an.
Set-ScheduledJob	Ändert einzelne Einstellungen eines zeitgesteuerten Jobs.
Unregister-ScheduleJob	Entfernt einen zeitgesteuerten Job.

Die Rolle der Job-Trigger

Grundlage für einen zeitgesteuerten Job ist der sog. „Job-Trigger" (Trigger = „Schalter"). Dieser wird über das Commandlet New-JobTrigger angelegt. Ein Job-Trigger steht für einen bestimmten Zeitpunkt und/oder ein Zeitintervall und wird einem zeitgesteuerten Job beim Registrieren zugeordnet. Für den Umgang mit Job-Triggern enthält das Modul ScheduleJobs sieben Commandlets (Tabelle 26.3). Praktisch ist, dass sich ein Job-Trigger vorübergehend deaktivieren lässt. Damit kann man erreichen, dass ein Job vorübergehend nicht zu einem festgelegten Zeitpunkt gestartet wird. Um einen zeitgesteuerten Job anzulegen, legt man zuerst per New-JobTrigger-Commandlet einen oder mehrere Job-Trigger an und weist diese einem Job zu, der per Register-ScheduledJob-Commandlet angelegt wird.

Tabelle 26.3 Die Commandlets aus dem Modul ScheduledJobs für den Umgang mit Job-Trigger

Commandlet	Bedeutung
Add-JobTrigger	Fügt einem zeitgesteuerten Job einen weiteren Job-Trigger hinzu.
Disable-JobTrigger	Deaktiviert einen Job-Trigger bei einem zeitgesteuerten Job.
Enable-JobTrigger	Aktiviert einen Job-Trigger bei einem zeitgesteuerten Job.

(Fortsetzung nächste Seite)

Tabelle 26.3 Die Commandlets aus dem Modul ScheduledJobs für den Umgang mit Job-Trigger *(Fortsetzung)*

Commandlet	Bedeutung
Get-JobTrigger	Holt alle Job-Trigger, die bereits zeitgesteuerten Jobs zugeordnet wurden.
New-JobTrigger	Legt einen neuen Job-Trigger an.
Remove-JobTrigger	Entfernt einen Job-Trigger von einem zeitgesteuerten Job.
Set-JobTrigger	Ändert einzelne Einstellungen eines vorhandenen Job-Triggers.

BEISPIEL: Der folgende Befehl legt einen Job-Trigger für die Uhrzeit 15:00 an. Über den Switch-Parameter Once wird angegeben, dass der Job-Trigger nur einmal aktiv werden soll. Das resultierende Objekt (vom Typ ScheduledJobTrigger) wird einer Variablen zugewiesen, damit diese später beim Registrieren des zeitgesteuerten Jobs angegeben werden kann:

```
$Tr23Uhr = New-JobTrigger -At 23:00 -Once
```

BEISPIEL: Der folgende Befehl legt einen Job-Trigger an, der jeden Sonntag um 0 Uhr aktiv wird. Der Switch-Parameter Weekly sorgt dafür, dass der Job wöchentlich ausgeführt wird.

```
$SoNacht = New-JobTrigger -At 00:00 -DaysOfWeek Sunday -Weekly
```

Dank der Auswahllisten der PowerShell ISE (seit Version 3.0) ist die Auswahl der Parameterwerte wie z. B. die der Wochentage beim Parameter DaysOfWeek sehr einfach.

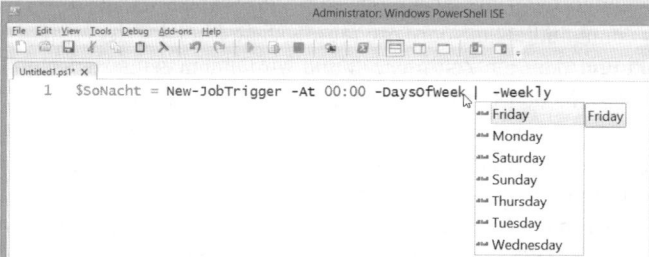

Bild 26.2 Die Auswahllisten der PowerShell ISE erleichtern die Auswahl für einen Parameterwert.

Grundsätzlich können einem zeitgesteuerten Job mehrere Job-Trigger zugewiesen werden, wenn dieser zu unterschiedlichen Zeitpunkten und/oder in unterschiedlichen Intervallen starten soll.

Das Auflisten aller Job-Trigger, die bereits einem zeitgesteuerten Job zugeordnet wurden, erledigt das Get-JobTrigger-Commandlet. Jene Job-Trigger, die einem Job zugeordnet wurden, erhält man über dessen JobTriggers-Eigenschaft.

BEISPIEL: Der folgende Befehl listet die Job-Trigger des zeitgesteuerten Jobs mit der Id 1 auf.

```
Get-ScheduledJob -Id 1 | Select-Object -ExpandProperty JobTriggers
```

Jobs sofort starten

Neu seit PowerShell-Version 4.0 ist bei den Commandlets `Register-ScheduledJob` und `Set-ScheduledJob` der Parameter `-RunNow`, der einen Job sofort startet. Ein Trigger ist optional zusätzlich möglich.

```
$SoNacht = New-JobTrigger -At 00:00 -DaysOfWeek Sunday -Weekly
$SB = { "Dieser Job läuft unter Thread-ID: $([System.Threading.
Thread]::CurrentThread.ManagedThreadId)" | Set-Content c:\temp\job.txt }
$SJob = Register-ScheduledJob -ScriptBlock $SB -Name TestJob2 -RunNow -Trigger
$SoNacht
```

Zeitgesteuerte Jobs anlegen

Ein zeitgesteuerter Job wird über das Commandlet `Register-ScheduledJob` angelegt (und entsprechend über das Commandlet `Unregister-ScheduledJob` wieder entfernt). Dabei werden ein Name, ein oder mehrere Job-Trigger und entweder der Pfad einer Skriptdatei oder ein Skriptblock als Parameterwerte übergeben. Das Ergebnis ist ein Objekt vom Typ `ScheduledJobDefinition` (im Namensraum `Microsoft.PowerShell.ScheduledJob`). Damit der Job auch dann starten kann, wenn die PowerShell-Sitzung längst beendet wurde (und sich der Computer eventuell im Ruhezustand befindet), wird eine geplante Aufgabe („Scheduled Task") angelegt, die in der Aufgabenplanung (MMC „Task Scheduler") von Windows im Pfad `\Microsoft\Windows\PowerShell\ScheduledJobs\` erscheint. Zum festgelegten Zeitpunkt wird der Job über die geplante Aufgabe gestartet und kann danach über die Job-Commandlets wie `Get-Job` oder `Receive-Job` angesprochen werden. Ausgeführt werden können alle Befehle, die keine interaktive Shell erfordern. Nicht möglich ist daher das Starten von Windows-Anwendungen (der Prozess wird gestartet, das Anwendungsfenster wird aber nicht angezeigt) oder das Anzeigen von Meldungsboxen.

HINWEIS: Beim Ausgeben von Meldungen während der Ausführung eines Jobs muss berücksichtigt werden, dass die Anzeige von Mitteilungsboxen über `[System.Windows.Forms.Messagebox]::Show()` nicht möglich ist.

BEISPIEL: Im folgenden Beispiel wird ein zeitgesteuerter Job angelegt, der eine Minute später eine Meldung (und die interne Thread-ID) ausgibt. Um die Befehlsfolge ausführen zu können, muss die PowerShell explizit als Administrator gestartet werden.

```
$TrGleich = New-JobTrigger -At ((Get-Date) + (New-TimeSpan -Minutes 1)) 
-Once
$SB = { "Thread-ID: $([System.Threading.Thread]::CurrentThread.
ManagedThreadId)" }
$SJob = Register-ScheduledJob -ScriptBlock $SB -Trigger $TrGleich -Name
Meldung
```

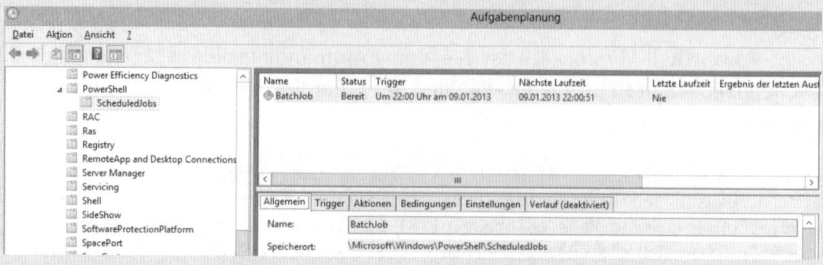

Bild 26.3 Für einen zeitgesteuerten Job wird eine geplante Aufgabe angelegt.

BEISPIEL: Im folgenden Beispiel wird ein zeitgesteuerter Job angelegt, der (jeden Sonntag um Mitternacht) ein Skript ausführt, das alle .ps1-Dateien in einem Verzeichnis in eine Netzwerkfreigabe sichert.

```
$SoNacht = New-JobTrigger -At 00:00 -DaysOfWeek Sunday -Weekly $SJob1 =
-Register-ScheduledJob -FilePath C:\Backup.ps1-Trigger $SoNacht -Name
-Ps1Backup
```

Das Skript Backup.ps1 soll, auch wenn es nicht direkt zum Thema des Kapitels passt, der Vollständigkeit halber vollständig abgedruckt werden. Damit es ausführen kann, müssen die Variablen $PS1Path, $PS1SharePath und $ShareUser-Name angepasst werden. Das Skript geht davon aus, dass die Freigabe durch ein Kennwort geschützt ist, das während der Ausführung des Skripts abgefragt wird. Außerdem muss das Skript explizit als Administrator ausgeführt werden.

```
<#
 .Synopsis
 Sichern aller Ps1-Dateien auf eine Netzwerkfreigabe
#>

$VerbosePreference = "Continue"

$PS1Path = "C:\PowerShell"
$ShareUserName = "Admin"

$PS1SharePath = "\\192.168.2.138\\PowerShellSkripte\\PS1Backup"
$PSEventSourceName = "PS1Backup"
# Wenn die Eventquelle PSBackup nicht existiert dann anlegen
if (![System.Diagnostics.Eventlog]::SourceExists($PSEventSourceName))
{
  New-EventLog -LogName Application -Source $PSEventSourceName
}
```

```
# Wenn Netzwerklaufwerk nicht existiert dann anlegen
if (-Not (Get-PSDrive -Name PS1Share -ErrorAction SilentlyContinue))
{
  New-PSDrive -Name PS1Share -Root $PS1SharePath -PSProvider FileSystem
-Credential $ShareUserName | Out-Null
}

Write-EventLog -LogName Application -Source $PSEventSourceName -EntryType
Information -EventId 100 -Message "Backup wird gestartet."
Write-Verbose -Message "Backup wird gestartet."

$CopyResult = Get-ChildItem -Path $PS1Path -File -Include *.ps1 -Recurse |
Copy-item -Destination PS1Share: -PassThru

Write-EventLog -LogName Application -Source $PSEventSourceName -EntryType
Information -EventId 100 -Message "Backup wurde abgeschlossen -
$($CopyResult.Count) Skripte wurden gesichert."
Write-Verbose -Message "Backup wurde beendet"

$VerbosePreference = "SilentlyContinue"
```

Spezielle Optionen bei zeitgesteuerten Jobs

Über das Commandlet `New-ScheduledJobOption` werden einem zeitgesteuerten Job eine Reihe von „Spezialeinstellungen" mit auf den Weg gegeben, die in Tabelle 26.4 anhand der Parameter dieses Commandlets zusammengestellt sind. Diese Parameter sind notwendig, da z. B. nicht vorausgesetzt werden kann, dass der Computer zum Zeitpunkt, wenn ein zeitgesteuerter Job starten soll, eingeschaltet ist oder eine Netzwerkverbindung zur Verfügung steht. Auch der Umstand, dass ein mobiler Computer nicht an das Stromnetz angeschlossen sein muss, wird durch einen Parameter berücksichtigt.

BEISPIEL: Der folgende Befehl startet einen Job so, dass die dem Job zugrunde liegende Aufgabe in der Aufgabenverwaltung von Windows ausgeblendet wird.

```
$TrGleich = New-JobTrigger -At ((Get-Date) + (New-TimeSpan -Minutes 1))
-Once
$SB = { Del C:\Temp }
$SesOpt = New-ScheduledJobOption -HideInTaskScheduler
$J1 = Register-ScheduledJob -ScriptBlock $SB - Name TestJob -Trigger
$TrGleich -ScheduledJobOption $SesOpt
```

Tabelle 26.4 Die wichtigsten Parameter des Commandlets New-ScheduledJobOption

Parameter	Bewirkt, dass ...
RunElevated	... der Job mit erweiterten Administratorberechtigungen ausgeführt wird. Dazu muss dem Credential-Parameter eine Administratorbenutzerkennung übergeben werden.
HideInTaskScheduler	... der Job in der Aufgabenplanung als „ausgeblendete Aufgabe" geführt wird und daher nur dann erscheint, wenn die Einstellung „Ausgeblendete Aufgaben einblenden" gesetzt ist.
RestartOnIdleResume	... der Job fortgesetzt wird, wenn die CPU in den Ruhezustand eintritt.
MultipleInstancePolicy	... eine Regel aktiv wird, die festlegt, was passiert, wenn derselbe Job ein weiteres Mal gestartet wird. Die Voreinstellung bewirkt, dass der weitere Job ignoriert wird.
RequireNetwork	... der Job nur gestartet wird, wenn eine Netzwerkverbindung zur Verfügung steht.
StopIfGoingOffIdle	... der Job angehalten wird, wenn die CPU ihren Ruhezustand verlässt.
WakeToRun	... der Computer den Ruhezustand verlässt, damit der Job gestartet werden kann.
ContinueIfGoingOnBattery	... der Job nicht angehalten wird, wenn der Computer auf Batteriebetrieb geht (was ansonsten der Fall wäre).
StartIfOnBattery	... der Job auch dann gestartet wird, wenn der Computer auf Batteriebetrieb ist (was ansonsten der Fall wäre).
IdleTimeOut	... der Job erst nach dem Ablauf einer über diesen Timespan-Parameter festgelegten Ruhezeitspanne startet, wenn der Parameter StartIfIdle gesetzt wird. Befindet sich die CPU nicht lange genug im Ruhezustand, wird der Job nicht gestartet.
IdleDuration	... der Job erst nach dem über den TimeSpan-Wert festgelegten Zeitraum der Ruhephase gestartet wird. Spielt nur eine Rolle, wenn der Parameter StartIfIdle gesetzt wird.
StartIfIdle	... der Job gestartet wird, wenn sich die CPU die über den Parameter IdleDuration festgelegte Zeitspanne im Ruhezustand befunden hat.

27 PowerShell-Workflows

von Peter Monadjemi

Ein Workflow fasst eine Folge von Arbeitsschritten, die in diesem Zusammenhang Aktivitäten genannt werden, zusammen und führt diese nacheinander aus. Damit unterscheidet sich ein Workflow zunächst nicht von einem Skript oder einer Anwendung. Das Besondere an einem Workflow ist, dass die Aktivitäten nicht programmiert werden müssen, sondern mit Hilfe eines Designers zusammengestellt werden können. Eine weitere Besonderheit ist der Umstand, dass ein Workflow nach einem Neustart des Rechners automatisch fortgesetzt wird und sich daher Abläufe abbilden lassen, die über einen längeren Zeitraum ausführen sollen. Das .NET Framework unterstützt die Ausführung solcher Workflows seit der Version 3.0, mit der Version 4.0 wurde die „Workflow-Engine" grundlegend verbessert und in Version 4.5 nochmals erweitert. Seit PowerShell-Version 3.0 lassen sich Workflows erstmals mit PowerShell-Befehlen umsetzen. Damit besteht die Möglichkeit, mit Hilfe von PowerShell-Skripten Automatisierungsszenarien abzubilden, die auf mehreren Computern im Netzwerk über einen längeren Zeitraum ausführen und nach einem Neustart eines entfernten Computers automatisch fortgesetzt werden. Der Umstand, dass einzelne Aktivitäten im Rahmen eines Workflow auf Wunsch auch parallel ausgeführt werden können, eröffnet weitere Anwendungsbereiche.

■ 27.1 Ein erstes Beispiel

Workflow klingt zunächst nach einer technisch anspruchsvollen Angelegenheit. Das ist bei der PowerShell aber zum Glück nicht der Fall. Dem Entwicklungsteam der PowerShell kam es darauf an, die Workflow-Funktionalität so einfach und (aus der Perspektive von PowerShell-Anwendern) so „natürlich" wie möglich zur Verfügung zu stellen. Die Anwender sollten beim Umgang mit Workflows keine neue Syntax lernen müssen. Ein Workflow wird durch das neue PowerShell-Befehlswort **workflow** definiert. Es folgt ein Skriptblock, der als Workflow-Aktivität ausgeführt wird. Der neue Workflow, der intern als **WorkflowInfo**-Objekt vorliegt, wird durch Eingabe seines Namens ausgeführt. Wie bei einer Funktion gibt es Parameter, denen beim Aufruf Argumente übergeben werden.

BEISPIEL: Das folgende Beispiel zeigt einen Workflow, der per WMI ein paar Eckdaten über das Betriebssystem abfragt.

```
workflow w1
{

    $WMI = Get-WmiObject -Class Win32_OperatingSystem
    $OS = New-Object -Typename PSObject -Property @{Name=$WMI.Caption;Version=$WMI.Version; SP=$WMI.CSDVersion }
    $OS
}
```

Der Workflow wird durch Eingabe des Namens „w1" in der PowerShell zur Ausführung gebracht.

Soll der Workflow auf anderen Computern ausführen, müssen die Namen der Computer auf den Parameter PSComputerName folgen:

```
w1 -PSComputerName Server1, Server2
```

Außerhalb einer Domäne ist eine Authentifizierung über den PSCredential-Parameter erforderlich. Auf dem Remote-Computer müssen lediglich das .NET Framework und nur die PowerShell ab Version 2.0 installiert sein (sofern der Workflow InlineScript-Aktivitäten umfasst, die im Rahmen einer PowerShell-Session ausgeführt werden).

Im Moment unterscheidet sich ein Workflow rein äußerlich durch nichts von einer Funktion. Es gibt aber wichtige Unterschiede, die in Kürze deutlich werden.

Ein

```
Get-Command -Name W1 | Get-Member
```

ergibt, dass hinter einem Workflow ein Objekt vom Typ WorkflowInfo steht, das eine Vielzahl von Eigenschaften besitzt, die den Workflow definieren.

HINWEIS: Die nahe Verwandtschaft eines Workflow zu einer Funktion wird durch den Umstand unterstrichen, dass sich die WorkflowInfo-Klasse, auf der ein Workflow basiert, von der FunctionInfo-Klasse ableitet, auf der eine Funktion basiert (das lässt sich über ein (Get-Command -Name w1).psobject.Typenames herausfinden, wenn „w1" der Name eines Workflow ist). Es gibt allerdings kein Workflow-Laufwerk, auf dem alle Workflows zusammengefasst werden, und damit keine Möglichkeit, einen Workflow aus der aktuellen PowerShell-Session zu entfernen.

Interessanter ist der Umstand, dass ein Workflow, genau wie ein Commandlet, automatisch einen Satz von Standardparametern besitzt:

```
Get-Command -Name W1 -Syntax

w1 [<AllgmeineWorkflowparameter>] [<CommonParameters>]
```

Die allgemeinen Workflow-Parameter sind in Tabelle 27.1 zusammengestellt.

Tabelle 27.1 Die allgemeinen Workflow-Parameter

Parameter	Bedeutung
AsJob	Bewirkt, dass das Job-Objekt für den Job, durch den der Workflow ausgeführt wird, sofort zurückgegeben wird, so dass die Ausführung des Workflow die PowerShell-Session nicht blockiert. Ohne diesen Parameter muss man auf die Beendigung des Jobs warten.
JobName	Optionaler Name für den Job, durch den der Workflow ausgeführt wird.
PSAllowRedirection	Erlaubt, dass bei der Verwendung des ConnectionURI-Parameters die Verbindung auf einen anderen Computer umgelenkt werden kann, der vom ausgewählten Endpunkt zurückgegeben wird. Die Anzahl der maximal erlaubten Umleitungen kann im Rahmen der Sessionoptionen eingestellt werden.
PSApplicationName	Legt den Namen der „Anwendung" fest, die über die ConnectionURI angesprochen wird. Die Voreinstellung ist der Wert der Variablen $PSSessionApplicationName („wsman"). Spielt nur in Ausnahmefällen eine Rolle.
PSAuthentication	Legt die Art der Authentifizierung fest, wenn ein Workflow remote ausgeführt werden soll. Die Voreinstellung ist hier Default.
PSAuthenticationLevel	Legt die Art der Authentifizierung bei der Ausführung einer WMI-Aktivität auf einem anderen Computer fest. Die Voreinstellung ist hier Default (Windows-Authentifizierung).
PSCertificateThumbprint	Legt den „Daumenabdruck" eines Zertifikats fest, mit dem sich ein lokaler Benutzer authentifizieren kann, wenn der Zugriff nicht innerhalb der Domäne erfolgt. Spielt nur selten eine Rolle.
PSComputerName	Gibt den oder die Computer an, auf denen der Workflow ausgeführt werden soll.
PSConfigurationName	Legt den Namen der Workflow-Session-Konfiguration fest. Der Standardname ist „PowerShell.Workflow". Muss ebenfalls nur in Ausnahmefällen geändert werden.
PSConnectionRetryCount	Anzahl der Versuche, die der Workflow unternehmen soll, um mit einem Remote-Computer eine Verbindung herzustellen.
PSConnectionRetryIntervalSec	Zeitspanne in Sekunden, die zwischen zwei Versuchen liegen soll, um mit einem Remote-Computer eine Verbindung herzustellen.
PSConnectionURI	Legt über eine URI im allgemeinen Format „<Transportprotokoll>://<Computername>:<Port>/<Anwendungsname>" den Endpunkt einer Remote-Verbindung fest. Die Voreinstellung ist *http://localhost:5985/wsman* und muss nur in Ausnahmefällen geändert werden.

(Fortsetzung nächste Seite)

Tabelle 27.1 Die allgemeinen Workflow-Parameter *(Fortsetzung)*

Parameter	Bedeutung
PSCredential	Führt eine Authentifizierung über Benutzername und Kennwort als SecureString durch.
PSElapsedTimeoutSec	Entspricht der PSRunningTimeoutSec-Property, nur dass hier auch die Zeit berücksichtigt wird, die der Workflow unterbrochen wird.
PSParameterCollection	Steht für eine Hashtable, die pro Computer, auf denen der Workflow ausgeführt werden soll, wiederum eine Hashtable enthält, in der die Parameterwerte für diesen speziellen Workflow untergebracht sind. Diese Hashtable besitzt den Aufbau: @{PSComputerName=„Server1";Parameter1=Wert;Parameter2=Wert},@{PSComputerName=„Server2";Parameter1=Wert;Parameter2=Wert}PSPersistLegt
PSPersist	Legt fest, ob und in welchem Umfang der Workflow seinen Zustand speichert. Der Parameter kann drei Werte annehmen: $True (der Zustand wird nach jeder Aktivität gespeichert), $False (der Zustand wird nie gespeichert) und „Undefiniert". Letzterer ist die Voreinstellung und bewirkt, dass der Workflow seinen Zustand zu Beginn und am Ende speichert.
PSPrivateMetadata	Ermöglicht es dem Workflow, direkt zusätzliche Daten für die Ausführung in Gestalt einer Hashtable zu übergeben.
PSRunningTimeoutSec	Anzahl Sekunden, die ein Workflow maximal ausführen darf, bevor die Ausführung mit einem TimeOut abbricht.
PSSessionOption	Ermöglicht eine Reihe von knapp zwei Dutzend von speziellen Einstellungen, die die Remote-Verbindung betreffen. Eine davon ist „SkipCACheck", durch die bei einem selbst ausgestellten Zertifikat auf die Überprüfung des Herausgeberzertifikats verzichtet wird.
PSUseSSL	Gibt an, dass eine HTTPS-Verbindung verwendet wird (setzt ein Serverzertifikat voraus).

Die Rolle der Aktivitäten

Ein Workflow besteht aus einzelnen Aktivitäten. Eine Aktivität steht für einen Abschnitt während der Ausführung des Workflows, der wiederum andere Aktivitäten enthalten kann. Der Umstand, dass ein Workflow „reguläre" Commandlets enthält, bedeutet aber nicht, dass diese von der PowerShell ausgeführt werden. Wie es im nächsten Abschnitt kurz erläutert wird, werden die Commandlets vor der Ausführung des Workflows in entsprechende Aktivitäten umgesetzt, die der Reihe nach abgearbeitet werden. Dies bedeutet, dass nicht jedes Commandlet und jede „Befehlskonstruktion" für einen Workflow in Frage kommt. Mehr zu den Unterschieden in einem der folgenden Abschnitte.

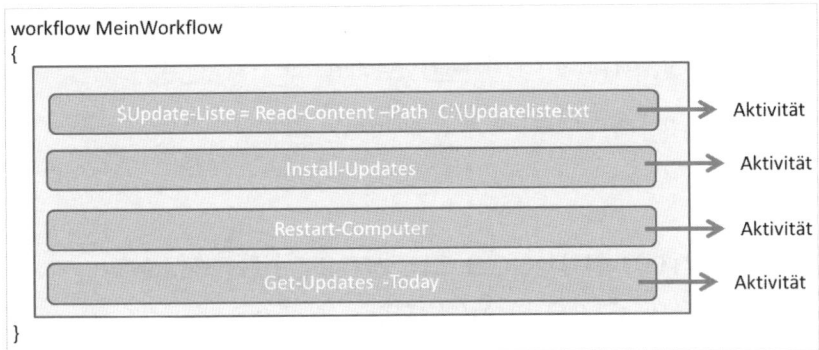

Bild 27.1 Ein Workflow besteht aus Aktivitäten.

Die PowerShell 5.x umfasst knapp 200 verschiedene Aktivitäten. Dazu gehören neben den wichtigsten Commandlets auch eine Reihe von „Spezialaktivitäten" wie z.B. Suspend-Workflow, durch das die Ausführung eines Commandlets unterbrochen wird. Tabelle 27.2 stellt diese Aktivitäten zusammen.

Tabelle 27.2 Spezielle Aktivitäten für die Ablaufsteuerung

Aktivität	Bedeutung
Suspend-Workflow	Unterbricht die Ausführung des Workflows.
Inlinescript	Bewirkt, dass der folgende Skriptblock von der PowerShell ausgeführt wird.
Checkpoint-Workflow	Bewirkt, dass der Workflow seinen aktuellen Zustand speichert.

Ein Blick hinter die Kulissen

Um die Ausführung von Workflows zu ermöglichen, hat das PowerShell-Team die PowerShell auf eine neue Grundlage gestellt. Während die Version 2.0 auf einem klassischen Interpreter basierte, bei jedem die Befehle eines Skripts der Reihe nach interpretiert und ausgeführt werden, wird ein PowerShell-Befehl intern von einem sog. Compiler in einen abstrakten Syntaxbaum (kurz AST für „Abstract Syntax Tree") umgesetzt, der anschließend „abgearbeitet" wird. Die direkte Umsetzung eines Befehls unmittelbar nach seiner Eingabe besitzt den (in der Regel) angenehmen Nebeneffekt, dass Fehler wie eine vergessene Klammer, unmittelbar nach der Eingabe in der PowerShell ISE angezeigt werden.

Vor der Ausführung eines Workflows wird dieser in eine XML-Struktur umgewandelt, die auf der Beschreibungssprache *XAML (Extensible Application Markup Language)* basiert, die von Microsoft auch in anderen Zusammenhängen, etwa als Beschreibungssprachen für Fenster und Benutzeroberflächen auf der Basis von WPF *(Windows Presentation Foundation)*, verwendet wird. Auf der Grundlage der XAML-Definition generiert die PowerShell eine Proxy-Funktion, über die der Workflow als Job zur Ausführung gebracht wird. Wird beim Aufruf des Workflows der AsJob-Parameter übergeben, wird das resultierende Job-Objekt zurückgegeben und der Anwender kann über das Receive-Job-Commandlet die vom Workflow in die Pipeline gelegten Daten abrufen. Ansonsten wartet die Proxy-Funktion darauf, dass der Workflow fertig ist, und ruft danach das Receive-Job-Commandlet auf.

Über den Befehl

```
Get-Command -Name Workflowname | Format-List ScriptBlock
```

wird der Inhalt dieser Proxy-Funktion ausgegeben.

27.2 Unterschiede zu einer Function bzw. einem Skript

Auch wenn die Beschreibung eines Workflows der einer Funktion bzw. eines Skripts sehr ähnlich ist, gibt es natürlich wichtige Unterschiede. Der wichtigste Unterschied zwischen einem Workflow und einem PowerShell-Skript ist, dass ein Workflow, der auf einem Computer im Netzwerk ausgeführt wird, einen Neustart des Computers „überlebt" und seine Arbeit nach dem Neustart an dem Punkt fortsetzt, an dem er unterbrochen wurde. Damit ergibt sich auch der typische Anwendungsbereich für Workflows: Automatisierungsszenarien, bei denen eine Folge von Schritten auf einer beliebigen Anzahl von Rechnern im Netzwerk ausgeführt werden soll, die eventuell einen Neustart erforderlich machen, und bei denen externe Parameter, wie z. B. eine explizite Bestätigung durch einen „menschlichen Operator", einbezogen werden sollen. Diese Szenarien lassen sich durch ein einfaches PowerShell-Skript nicht abbilden.

Weitere Unterschiede sind:

- Workflows werden nicht von der PowerShell, sondern von der Workflow-Laufzeit ausgeführt.
- Ein remote ausgeführter Workflow, dessen Ausführung durch einen Neustart des Computers unterbrochen wurde, wird nach dem Neustart automatisch fortgesetzt.
- Ein Workflow kann jederzeit seinen Zustand (u. a. die Werte der in dem Workflow definierten Variablen) speichern. Dieser Umstand ist immer dann von Bedeutung, wenn ein Workflow nach einem Neustart fortgesetzt werden soll. Er kann dadurch die Arbeit an dem Punkt fortsetzen, an dem er unterbrochen wurde.
- Workflow-Aktivitäten können in Visual Studio mit Hilfe eines komfortablen Designers definiert und von der PowerShell ausgeführt werden. PowerShell-Workflow-Aktivitäten können mit allgemeinen Workflow-Aktivitäten kombiniert werden.

27.3 Einschränkungen bei Workflows

Auch wenn eine Workflow-Definition einer Funktionsdefinition ähnelt, gibt es wichtige Unterschiede, was ihren Inhalt angeht. Eine Vielzahl von Commandlets und Befehlstechniken sind in einer Workflow-Definition nicht erlaubt. Zum einen, weil sie technisch nicht oder nur sehr aufwendig umgesetzt werden können. Zum anderen, weil sie keinen Sinn ergeben würden. Das klassische Beispiel ist das `Start-Transcript`-Commandlet, das die Mitprotokollierung der Ein- und Ausgaben einer PowerShell-Session startet. Da ein Workflow nicht in einer interaktiven PowerShell-Session ausgeführt wird, ergibt dieses Commandlet genauso wenig einen Sinn wie z. B. das `Read-Host`-Commandlet. Weniger einleuchtend dürfte der Umstand sein, dass die folgende Befehlsfolge innerhalb eines Workflows nicht erlaubt ist:

```
$P = Get-Process -Name Calc
$P.Kill()
```

Der Grund ist, dass der direkte Aufruf von Methoden nicht erlaubt ist (in diesem Fall wäre ein `Stop-Process` eine naheliegende Alternative). Möchte man die `Kill()`-Methode unbedingt aufrufen, muss die Befehlsfolge lediglich in eine `inlinescript`-Aktivität gesetzt werden:

```
inlinescript {
  $P = Get-Process -Name Calc
  $P.Kill()
}
```

Es ist interessant, dass der Aufruf von Methoden nicht grundsätzlich unterbunden wird. Wird eine Methode mit Argumenten aufgerufen und der Rückgabewert der Methode einer Variablen zugewiesen, hat die PowerShell nichts dagegen. Der folgende Aufruf ist innerhalb eines Workflows erlaubt:

```
$Wochentag = (Get-Date).AddDays(1)
"Morgen ist $Wochentag"
```

Der Aufruf von

```
(Get-Date).AddDays(1)
```

führt dagegen zu dem inzwischen bekannten Fehler, der innerhalb der ISE bereits unmittelbar nach der Eingabe angezeigt wird.

Natürlich sind alle Unterschiede zwischen einem Workflow und einem „regulären" PowerShell-Skriptblock dokumentiert – einige werden bereits unmittelbar nach der Eingabe innerhalb der ISE angezeigt. Zum Beispiel innerhalb des TechNet-Portals unter der folgenden Adresse:

http://technet.microsoft.com/en-us/library/jj574194%28d=printer%29.aspx

Die folgende Aufzählung, die keinen Anspruch auf Vollständigkeit erhebt, fasst die wichtigsten Unterschiede zusammen:

- Ein Workflow kann keine „interaktiven" Befehle enthalten, wie z. B. Read-Host, Write-Host oder Start-Transcript.
- Bei Commandlets sind keine Positionsparameter erlaubt. Jedem Parameterwert muss daher sein Name vorausgehen.
- Ein Workflow darf keinen Begin-, Process- und End-Bereich enthalten.
- Ein Parameter kann nicht mit dem Attributwert `ValueFromPipeline` versehen werden. Einem Workflow können daher keine Werte über die Pipeline übergeben werden.

- Direkte Methodenaufrufe (ohne Argumente) sind nicht erlaubt.
- Variablennamen müssen mit einem Buchstaben beginnen und dürfen nur Buchstaben, Ziffern und die Zeichen „-" und „_" enthalten.

Viele dieser Einschränkungen lassen sich umgehen, indem der oder die Befehle in eine inlinescript-Aktivität gesetzt werden.

27.4 Workflows in der Praxis

Auf den folgenden Seiten werden die verschiedenen grundlegenden Eigenschaften von Workflows an kleinen Beispielen vorgestellt.

Workflows mit Parametern

Einem Workflow werden auf die gleiche Weise wie bei einer Funktion Parameter übergeben.

BEISPIEL: Das folgende Beispiel definiert einen Workflow, der über einen Parameter eine Aktivität eine bestimmte Anzahl oft ausführt.

```
workflow w2
{
  param([Int]$Anzahl)
  1..$Anzahl | Foreach-Object -Process {
    "Aktivität..."
  }
}

w2 -Anzahl 10
```

Auch bei diesem einfachen Beispiel tritt wieder ein „Spezialfall" auf. Beim Foreach-Object-Commandlet muss der Process-Parameter explizit angegeben werden, da in einem Workflow keine Positionsparameter (also Parameter, die ihren Wert über die Position des Arguments erhalten) zulässig sind.

Workflow mit Rückgabewerten

Workflows werden intern als Jobs ausgeführt. Eine interaktive PowerShell steht während ihrer Ausführung nicht zur Verfügung. Direkte Ein- und Ausgaben per Read-Host und Write-Host sind daher nicht möglich. Ausgaben, die ein Workflow tätigen soll, werden, wie bei einem „regulären" Job, direkt in die Pipeline gelegt, so dass ein Workflow, genau wie eine Function, direkt einer Variablen zugewiesen werden kann. Eine Ausnahme liegt vor, wenn der Workflow mit dem AsJob-Parameter gestartet wurde. In diesem Fall werden die Rückgabewerte über das Receive-Job-Commandlet abgeholt.

BEISPIEL: Das folgende Beispiel zeigt einen Workflow, der prüft, ob ein Hotfix installiert ist, dessen ID als Parameterwert übergeben wird. Der Rückgabewert ($true oder $false) wird in die Pipeline gelegt.

```
workflow w3
{
   param([String]$HotfixID)
   (Get-Hotfix -ID $HotfixID -ErrorAction SilentlyContinue) -ne $null
}

w3 -HotfixID KB98630
```

Gültigkeitsbereich von Variablen innerhalb eines Workflows

In einem Workflow gelten andere Gesetze, was den Gültigkeitsbereich von Variablen angeht, als innerhalb einer Function. Der wichtigste Unterschied ist, dass ein Workflow, genau wie ein Job, eine abgeschlossene Einheit darstellt und daher nicht auf Variablen zugreifen kann, die außerhalb des Workflows definiert sind. Auch für eine inlineScript-Aktivität gelten andere Gesetze. Ein Befehl muss über die neuen Befehlswörter using und workflow auf eine Variable zugreifen, die außerhalb der Aktivität (aber noch innerhalb des Workflows) definiert ist.

BEISPIEL: Das folgende Beispiel zeigt einen Workflow, in dem über das sequence-Schlüsselwort eine eigene Aktivität definiert wird:

```
workflow w1
{
  $Anzahl = 1
  sequence {
   $Anzahl
  }
}
```

Für den Wert von $Anzahl wird innerhalb der Aktivität der Wert 1 ausgegeben, da die Variable in diesem Bereich sichtbar ist.

Anders sieht es aus, wenn innerhalb der sequence-Aktivität der Wert der Variablen geändert werden soll. Eine harmlose Zuweisung wie

```
$Anzahl = 2
```

führt zu einem Fehler, da die Variable $Anzahl bereits definiert wurde. Soll ihr Wert geändert werden, kommt das neue Befehlswort workflow zum Einsatz:

```
$workflow:Anzahl = 2
```

Um deutlich zu machen, dass sich diese Zuweisung auf eine bereits im Workflow definierte Variable bezieht, musste das PowerShell-Team dem Befehl workflow eine zweite Bedeutung geben. Auch wenn es nicht zu Verwechslungen kommen kann, ganz optimal ist diese Doppelbelegung natürlich nicht.

Eine weitere Variante, was den Gültigkeitsbereich von Variablen betrifft, liegt immer dann vor, wenn eine inlinescript-Aktivität im Spiel ist. In dieser Aktivität müssen Workflow-Variablen lesend über das Befehlswort using und schreibend, wie bereits gezeigt, über das Befehlswort workflow angesprochen werden.

BEISPIEL: Das folgende Beispiel ist etwas umfangreicher. Es durchsucht die ersten n Zeilen aller ps1-Dateien in einem vorgegebenen Verzeichnis auf das Kommentarzeichen „#". Am Ende wird die Anzahl der gefundenen Zeilen ausgegeben. Die Anzahl der pro Datei zu untersuchenden Zeilen wird über die Variable $AnzahlZeilen festgelegt. Damit diese Variable innerhalb des inlinescript-Bereichs angesprochen werden kann, wird das Befehlswort using verwendet.

```
workflow w1
{
  $AnzahlZeilen = 1
  $AnzahlTreffer = 0
  inlinescript {
    Get-ChildItem -Path $PsHome -Include *.ps1 -Recurse | Foreach-Object {
      Write-Verbose "Prüfe $($_.Fullname)"
      if ((Get-Content -Path $_.FullName -TotalCount $Using:AnzahlZeilen | Out-String -Stream) -like "*#")
        { $AnzahlTreffer++ }
    }
  }
  "$AnzahlTreffer Kommentarzeilen gefunden"
}
```

Wird der Workflow mit dem Verbose-Parameter aufgerufen, wird zwar deutlich, dass eine Reihe von ps1-Dateien durchsucht werden, die Variable $AnzahlTreffer besitzt am Ende aber den Wert 0, da innerhalb der Aktivität inlinescript eine neue Variable $AnzahlTreffer definiert wird, die außerhalb der Aktivität nicht mehr zur Verfügung steht. Die Lösung besteht darin, das Ergebnis der inlinescript-Aktivität der Workflow-Variablen $AnzahlTreffer zuzuweisen:

```
workflow w1
{
  $AnzahlZeilen = 2
  $AnzahlTreffer = 0
  $AnzahlTreffer = inlinescript {
    Get-ChildItem -Path $PsHome -Include *.ps1 -Recurse | Foreach-Object {
      Write-Verbose "Prüfe $($_.Fullname)"
      if ((Get-Content -Path $_.FullName -TotalCount $Using:AnzahlZeilen | Out-String -Stream) -like "*#")
        { $AnzahlTreffer++ }
    }
    $AnzahlTreffer
  }
  "$AnzahlTreffer Kommentarzeilen gefunden"
}
```

Auch wenn die Variable $AnzahlTreffer zwei Mal vorkommt, handelt es sich um zwei unterschiedliche Variablen, da sie in unterschiedlichen Gültigkeitsbereichen definiert sind.

Zugriff auf Variablen außerhalb des Workflows

Ein Workflow kann grundsätzlich nicht auf Variablen zugreifen, die außerhalb des Workflows gültig sind. Auch die Übergabe einer Variablen als Referenz an einen Workflow ist nicht möglich. Soll ein Workflow dem aufrufenden Skript Werte zurückgeben, legt er diese ganz einfach in die Pipeline. Eine Alternative ist eine gemeinsame Umgebungsvariable, die über [System.Environment]::SetEnvironmentVariable() auf Benutzer- oder Maschinenebene angelegt wird.

BEISPIEL: Das folgende Beispiel zeigt eine Workflow-Definition, der ein Parameterwert übergeben wird, den sie in eine Umgebungsvariable einträgt, die wiederum nach Beendigung des Workflows abgefragt wird.

```
workflow w4
{
  param([Int]$Wert)
  inlinescript
  {
   "Der Wert ist: $using:Wert"
   [System.Environment]::SetEnvironmentVariable("TestWert", $Wert, "User")
  }
}

[System.Environment]::SetEnvironmentVariable("TestWert", 1000, "User")

w4 -Wert 3000

[System.Environment]::GetEnvironmentVariable("TestWert","User")
```

Verschachtelte Workflows

Wie Funktionen können auch Workflows verschachtelt sein. In diesem Fall wird der „innere" Workflow als Teil des äußeren Workflows ausgeführt. Jeder Workflow bildet eine eigene Aktivität und damit auch einen eigenen Gültigkeitsbereich für Variablen und Funktionen. Eine Funktion, die im äußeren Workflow definiert ist, existiert für einen inneren Workflow daher nicht.

BEISPIEL: Das folgende Beispiel ist absichtlich sehr einfach gehalten. Es definiert innerhalb des Workflows w1 einen weiteren Workflow w2, der innerhalb von w1 aufgerufen wird.

```
workflow w1
{
  $ID = 1
  "w1 wird ausgeführt..."
  workflow w2
  {
   "w2 wird ausgeführt - der Wert (ID=$ID)"
  }
  w2
}
```

> Die Variable $ID steht innerhalb des Workflows w2 nicht zur Verfügung.
> Sie müsste als Parameter an den Workflow übergeben werden.

Ein Spezialfall liegt vor, wenn der innere Workflow im Rahmen einer weiteren Aktivität aufgerufen werden soll. Das Problem: Im Rahmen dieser Aktivität ist der Workflow nicht bekannt und kann daher nicht aufgerufen werden. Ein „Workaround" besteht darin, den Workflow einer Skriptblock-Variablen zuzuweisen und diese Variable innerhalb der Aktivität über using anzusprechen.

BEISPIEL: Das folgende Beispiel ruft innerhalb eines Workflows einen „inneren" Workflow im Rahmen einer ForEach-Object-Aktivität mehrfach auf und benutzt dazu den Umweg über eine Skriptblock-Variable, die den Workflow repräsentiert und auf die der innere Workflow dank der Verwendung von using zugreifen kann.

```
workflow w1
{
  workflow w2
  { "Worfklow w2..." }
  $SB = { w2 }
  inlinescript {
  1..3 | ForEach-Object -process { $using:SB }
  }
}
```

Parallele Aktivitäten

Einzelne Befehle innerhalb eines Workflows können auch parallel ausgeführt werden. Das bedeutet konkret, dass die einzelnen Aktivitäten auf allen vorhandenen Kernen der CPU gleichzeitig ausgeführt werden. Dazu wird innerhalb eines Workflows ein neuer Skriptblock definiert, dem das Befehlswort parallel vorausgeht.

BEISPIEL: Das folgende Beispiel definiert einen Workflow, in dem drei Aktivitäten, jeweils bestehend aus einem ForEach-Object-Commandlet, parallel ausgeführt werden. Zum „Beweis" dafür, dass die Ausführung tatsächlich gleichzeitig stattfindet, wird die Nummer der Aktivität mit ausgegeben. Bei der Ausgabe wird deutlich, dass die drei Aktivitäten durcheinander ausgeführt werden. Außerdem wird durch die Ausgabe der sog. Thread-ID deutlich, dass jede Aktivität auf ihrem eigenen „Ausführungsfaden" (engl. „thread") innerhalb des Prozesses ausführt.

```
workflow w1
{
  parallel {
    1..10 | Foreach-Object -Process {
```

```
    $ThreadID = [System.Threading.Thread]::CurrentThread.ManagedThreadId
    "Aktivität 1: Laufe auf Thread-Nr. $ThreadID"
    Start-Sleep -Milliseconds 500
    }
    1..10| Foreach-Object -Process {
    $ThreadID = [System.Threading.Thread]::CurrentThread.ManagedThreadId
    "Aktivität 2: Laufe auf Thread-Nr. $ThreadID"
    Start-Sleep -Milliseconds 500
    }
    1..10| Foreach-Object -Process {
    $ThreadID = [System.Threading.Thread]::CurrentThread.ManagedThreadId
    "Aktivität 3: Laufe auf Thread-Nr. $ThreadID"
    Start-Sleep -Milliseconds 500
    }
    }
}
```

Sollen die Befehle eines Skriptblocks innerhalb eines Workflows explizit sequenziell ausgeführt werden, muss ihnen das Befehlswort `sequential` vorausgehen. Bezogen auf das obige Beispiel würde sich die Ausgabe dahingehend unterscheiden, dass die drei Aktivitäten streng in Reihenfolge ihres Auftretens abgearbeitet werden (und dass zwei Aktivitäten auf demselben Thread ausführen können).

Spezialfall foreach-Befehl

Für den `foreach`-Befehl der PowerShell steht innerhalb eines Workflows (und leider nur dort) der Parameter `parallel` zur Verfügung. Er bewirkt, dass die Befehle des folgenden Schleifen-Skriptblocks parallel ausgeführt werden.

 BEISPIEL: Das folgende Beispiel definiert einen Workflow, der eine Reihe von Befehlen im Rahmen des `foreach`-Befehls parallel ausführt.

```
workflow w1
{
    foreach -parallel ($i in 1..10)
    {
    $ThreadID = [System.Threading.Thread]::CurrentThread.ManagedThreadId
    "Aktivität $($i): Laufe auf Thread-Nr. $ThreadID"
    Start-Sleep -Milliseconds 500
    }
}
```

Der „Beweis", dass die Befehle tatsächlich parallel ausgeführt werden, besteht auch bei diesem Beispiel darin, dass die Nummern der Aktivitäten durcheinander ausgegeben werden. Ohne den `parallel`-Parameter werden sie nacheinander ausgegeben.

Die Speicherung des Workflow-Zustands (Persistenz)

Unter dem allgemeinen Begriff „Zustand" (engl. „state") wird bei einem Workflow sein Ist-Zustand in einem bestimmten Moment während seiner Ausführung zusammengefasst. Dazu gehören u. a. die Werte der Variablen und der aktuell ausgeführte Befehl. Der Umstand, dass ein Workflow seinen Zustand, z. B. über die Aktivität `Checkpoint-Workflow`, jederzeit speichern kann, ist eine Voraussetzung dafür, dass ein Workflow nach einer Unterbrechung nahtlos fortgesetzt werden kann. Eine solche Unterbrechung ist im Allgemeinen ein Neustart des Computers, auf dem der Remote-Workflow ausgeführt wird.

Die Fähigkeit eines Workflows, seinen Zustand speichern zu können, heißt *Persistenz*.

HINWEIS: Die PowerShell speichert den Zustand eines Workflows im Dateisystem im Benutzerprofilverzeichnis. Zu den gespeicherten Informationen gehören die Workflow-Definition, die Workflow-Parameter, der Zustand des ausführenden Jobs, weitere interne Zustandsinformationen und Metadaten, die mit dem Workflow in Beziehung stehen.

Möchte man erreichen, dass der Workflow seinen Zustand nach jeder Aktivität speichert, muss beim Aufruf der `PSPersist`-Parameter mit dem Wert `$True` gesetzt werden.

Workflows unterbrechen und fortsetzen

Der wichtigste Unterschied zwischen einem Workflow und einem Skript besteht darin, dass ein Workflow über die `Suspend-Workflow`-Aktivität unterbrochen und zu einem späteren Zeitpunkt über das Commandlet `Resume-Job` fortgesetzt werden kann. Das klassische Beispiel ist ein Arbeitsablauf, in dem „mittendrin" eine E-Mail verschickt wird und die Abarbeitung des Arbeitsablaufs danach unterbrochen wird, damit sie zu einem späteren Zeitpunkt fortgesetzt werden kann. Die Fortführung des Arbeitsablaufs muss entweder durch einen „menschlichen Eingriff" oder über ein systemweites Ereignis, etwa das Starten eines bestimmten Prozesses, fortgesetzt werden.

Bezogen auf den beschriebenen Arbeitsablauf muss der Empfänger der E-Mail entscheiden, ob der Workflow fortgesetzt wird oder nicht (was natürlich ebenfalls, z. B. über eine Posteingangsregel, automatisiert werden kann). Ob der Empfänger dies nach einigen Minuten oder nach einem längeren Urlaub tut, spielt für die Ausführung des Workflows keine Rolle, da er seinen Zustand entweder implizit (nach wichtigen Operationen), über den Workflow-Parameter `PSPersist:$True` nach jeder Aktivität oder über die `Checkpoint-Workflow`-Aktivität gezielt sichert.

BEISPIEL: Das folgende Beispiel definiert einen Workflow, der nach Ausgabe einer Meldung die Ausführung anhält. Der Zustand besteht aus dem Wert der Variable `$State`. Dabei wird ein Job-Objekt angelegt, dessen Eckdaten wie üblich ausgegeben werden. Über das Resume-Job-Commandlet wird der Workflow unter Angabe seiner Job-Id fortgesetzt. Die resultierende Ausgabe muss, wie bei Jobs üblich, über das `Receive-Job`-Commandlet abgeholt werden.

```
workflow w1
{
"Workflow startet"
$State = 1000
suspend-Workflow
"Der aktuelle Zustand: $State"
}
Id   Name    PSJobTypeName    State       HasMoreData   Location    Command
--   ----    -------------    -----       -----------   --------    -------
120  Job120  PSWorkflowJob    Suspended   True          localhost   w1

Receive-Job -id 120
Der aktuelle Zustand: 1000
```

Fehlersuche in Workflows (Debugging)

Genau wie die Ausführung eines Jobs kann auch ein Workflow leider nicht debuggt, also unter der Steuerung des PowerShell-Debuggers ausgeführt, werden. Ein Haltepunkt innerhalb einer Workflow-Definition besitzt keine Wirkung.

Ein praktischer Tipp, um diese Einschränkung zu umgehen, besteht darin, die Befehle zuerst außerhalb des Workflows zu testen und sie erst danach in den Workflow einzubauen. Das Testen umfangreicherer Workflows kostet aber generell Zeit.

27.5 Workflows in Visual Studio erstellen

Ein PowerShell-Workflow kann alternativ innerhalb der Microsoft-Entwicklungsumgebung Visual Studio (ab Version 2010 Professional Edition) mit Hilfe eines Designers, auf dem die einzelnen Aktivitäten angeordnet werden, erstellt werden. Das Ergebnis ist eine Textdatei im XAML-Format *(Extensible Application Markup Language)*, die den Workflow definiert. Ausgeführt wird der Workflow durch das Import-Module-Commandlet, auf das der Pfad der XAML-Datei folgt. Dieser Typ von Workflow wird *XAML-Workflow* genannt und unterscheidet sich von einem Skript-Workflow nur durch die Art der Umsetzung, nicht aber durch seine Möglichkeiten.

Ein XAML-Workflow bietet den Vorteil, dass er von Anwendern erstellt werden kann, die nur geringe PowerShell-Kenntnisse besitzen und sich nicht mit den Details während der Eingabe eines Skript-Workflows beschäftigen möchten, wenngleich die Umsetzung ganz ohne PowerShell-Kenntnisse nicht gelingen wird und zudem gewisse Grundkenntnisse im Umgang mit .NET-Datentypen voraussetzt. Ein weiterer Vorteil ist, dass der Workflow innerhalb des Designers in einer visuellen Notation vorliegt, die ausgedruckt und/oder als Grundlage für eine Diskussion über die Aufgaben des Workflows dienen kann.

HINWEIS: Über die Eigenschaft `XamlDefinition` des `WorkflowInfo`-Objekts erhält man die XAML-Definition eines Skript-Workflows:

```
Get-Command -Name W1 | Format-List XamlDefinition
```

Die XAML-Definition eines Workflows, der (über `Write-Output`) lediglich das Literal „Hallo, Welt" in die Pipeline legt und damit ausgibt, sieht stark vereinfacht (u. a. wurden alle Namensraum-Deklarationen weggelassen) wie folgt aus:

```xml
<Activity
  x:Class="Microsoft.PowerShell.DynamicActivities.Activity_1331639546"
  xmlns=http://schemas.microsoft.com/netfx/2009/xaml/activities
>
  <Sequence>
    <ns1:WriteOutput>
      <ns1:WriteOutput.InputObject>
        <InArgument x:TypeArguments="ns4:PSObject[]">
          <ns2:PowerShellValue x:TypeArguments="ns4:PSObject[]"
Expression=""Hallo,Welt"" />
        </InArgument>
      </ns1:WriteOutput.InputObject>
    </ns1:WriteOutput>
    <Sequence.Variables>
      <Variable Name="WorkflowCommandName" x:TypeArguments="ns0:String" Default =
"w1" />
    </Sequence.Variables>
  </Sequence>
</Activity>
```

Es wird deutlich, dass der Workflow durch das `<Activity>`-Element definiert wird und aus einem `<Sequence>`-Element als Stammelement besteht. Die Ausgabe des Literals übernimmt die `WriteOut`-Aktivität, die im Namespace `Microsoft.PowerShell.Utility.Activities` und in der Assembly `Microsoft.PowerShell.Utility.Activities.dll` definiert ist. Die auszugebende Zeichenkette wird dem `InputObject`-Parameter als Array von `PSObject`-Werten übergeben.

Für die grafische Erstellung eines XAML-Workflows wird Visual Studio ab Version 2010 benötigt. Erforderlich ist mindestens die Professional Edition, die kostenlosen Express Editionen gehen nicht, da es hier keinen Workflow-Designer gibt. Dass Visual Studio als Werkzeug verwendet wird, bedeutet nicht, dass für die Umsetzung Programmierkenntnisse benötigt werden, denn bei der Umsetzung ist keine Programmierung im Spiel. Allerdings muss man sich mit dem Konzept der Datentypen und wie diese aus verschiedenen Assembly-Bibliotheken ausgewählt werden, auseinandersetzen. Dies ist z. B. Voraussetzung, um den Output eines Commandlets dem nächsten Commandlet als Input zuweisen zu können. Die Ausdrücke werden nicht in der PowerShell-Syntax, sondern in C# oder Visual Basic definiert.

Die Vorgehensweise bei der Umsetzung besteht darin, ein neues Projekt vom Typ „Konsolenanwendung für Workflows" in der Kategorie „Workflow" anzulegen, den Workflow mit Hilfe eines Designers zusammenzustellen und die daraus resultierende XAML-Datei über das `Import-Module`-Commandlet zu laden. Anschließend steht der Workflow auf die exakt gleiche Art und Weise zur Verfügung wie ein innerhalb der PowerShell definierter Skript-Workflow.

Was im letzten Absatz im Schnelldurchlauf zusammengefasst wurde, soll im Folgenden an einem kleinen Beispiel Schritt für Schritt umgesetzt werden. Das Beispiel wurde absichtlich sehr einfach eingehalten und ist damit zwangsläufig praxisfern, da bereits die Umsetzung eines aus sechs einfachen Aktivitäten bestehenden Workflows aus mehreren Dutzend Teilschritten besteht. Der Workflow schreibt die Anzahl der laufenden Prozesse in eine Textdatei, startet den Computer neu und fügt anschließend erneut die Anzahl der laufenden Prozesse in dieselbe Textdatei ein und gibt am Ende eine kurze Meldung aus. Es versteht sich von selbst, dass dafür kein Workflow benötigt wird. Die Beschreibung soll Sie in die Lage versetzen, einen Workflow für ein praxisnahes Szenario umzusetzen. Hat man die Grundregeln bei der Umsetzung verstanden, ist man in der Lage, beliebig komplexe Abläufe abzubilden.

Schritt 1

Starten Sie Visual Studio, legen Sie ein neues Projekt vom Typ „Konsolenanwendung für Workflows" an und geben Sie dem Projekt den Namen „DemoWorkflow".

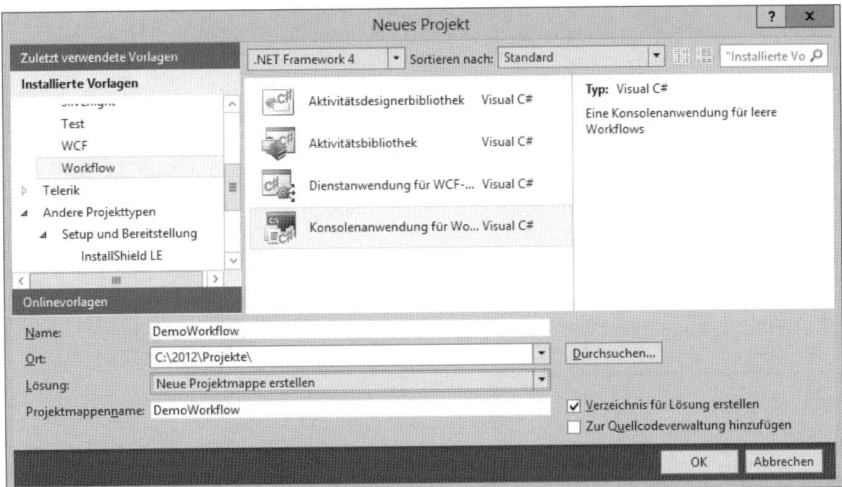

Bild 27.2 Das Workflow-Projekt wird angelegt.

Schritt 2

Eine lästige Kleinigkeit muss bei Visual Studio bei jedem neuen Projekt erledigt werden. In den Projekteigenschaften muss für das Ziel-Framework das voreinstellte „.NET Framework 4 Client Profile" gegen das „.NET Framework 4"-Profil, das die komplette Laufzeit repräsentiert, ausgetauscht werden. Wählen Sie dazu im Projekt-Menü den Eintrag „DemoWorkflow-Eigenschaften..." („DemoWorkflow" ist der Name des Projekts) und wählen Sie in der Auswahlliste „Zielframework" den Eintrag „.NET Framework 4" (oder höher). Damit die Einstellung wirksam wird, muss das Projekt danach geschlossen und erneut geöffnet werden, was automatisch geschieht.

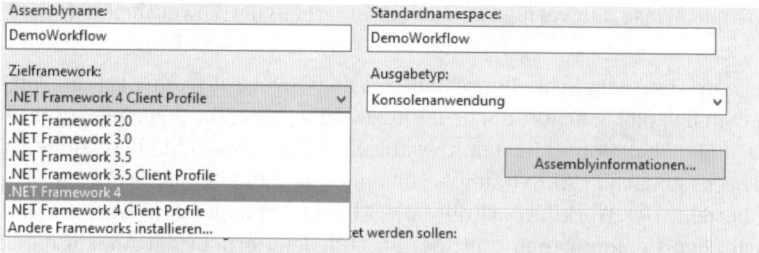

Bild 27.3 In den Projekteigenschaften muss das .NET Framework 4-Profil eingestellt werden.

Schritt 3

Zu Beginn sehen Sie eine leere Designerfläche. Hier sollen in Kürze die einzelnen Aktivitäten abgelegt werden.

Bild 27.4
Zu Beginn ist die Designerfläche noch leer.

Machen Sie über das *Ansicht*-Menü die Toolbox sichtbar. Hier werden alle zur Verfügung stehenden Aktivitäten angeboten. Am Anfang dürften in der Kategorie „Allgemein" noch keine Aktivitäten angeboten werden, sie ist daher ebenfalls noch relativ leer.

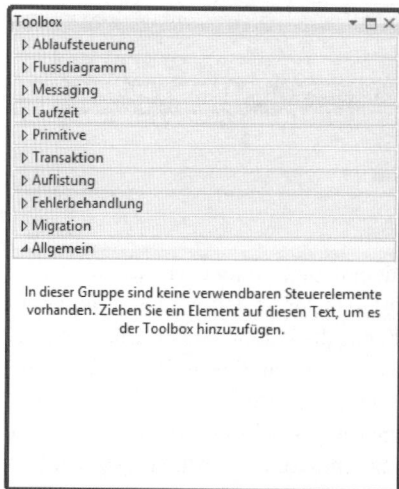

Bild 27.5
In der Toolbox werden noch keine PowerShell-Aktivitäten angezeigt.

Schritt 4

Gehen Sie wie folgt vor, um alle PowerShell-Aktivitäten hinzuzufügen.

Klicken Sie die Toolbox mit der rechten Maustaste an und wählen Sie den Eintrag „Elemente auswählen".

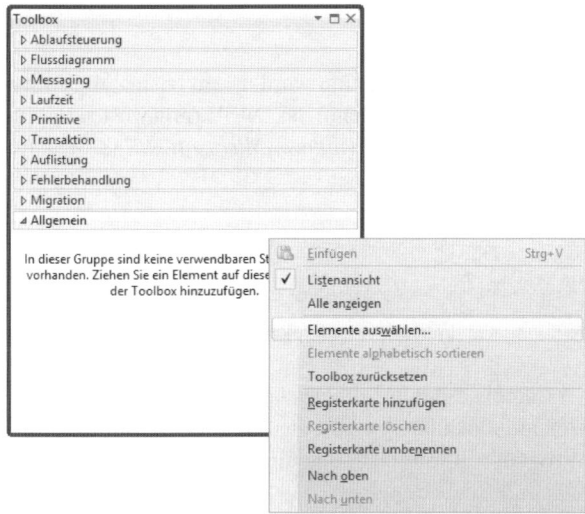

Bild 27.6
Zur Toolbox werden weitere Elemente hinzugefügt.

Wechseln Sie in das Register „System.Activities-Komponenten". Alle Aktivitäten, die noch nicht angekreuzt sind, die aber Teil der Toolbox sein sollen, müssen angekreuzt werden.

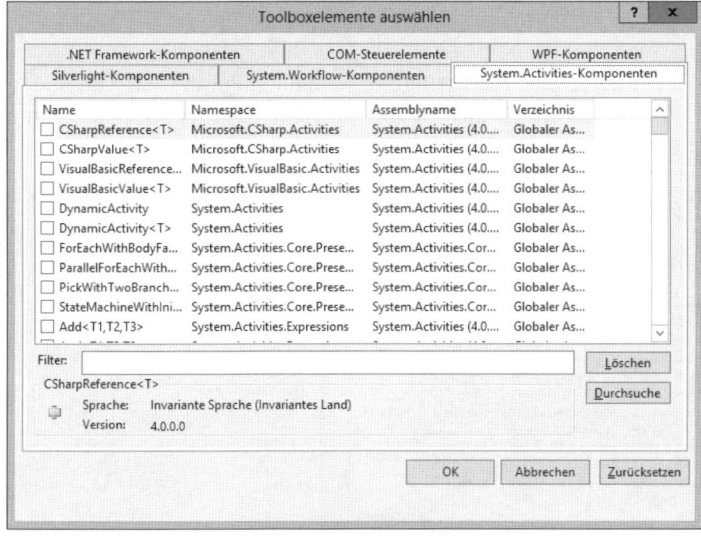

Bild 27.7
Nicht alle Aktivitäten werden am Anfang in der Toolbox angezeigt.

Am Anfang werden Sie in der Liste aber keine PowerShell-Aktivitäten finden, da noch keine hinzugefügt wurden. Das muss einmalig nachgeholt werden. Die einzelnen PowerShell-Aktivitäten sind auf die folgenden sechs Assembly-Bibliotheken verteilt:

- Microsoft.PowerShell.Activities.dll
- Microsoft.Powershell.Core.Activities.dll
- Microsoft.PowerShell.Utility.Activities.dll
- Microsoft.PowerShell.Management.Activities.dll
- Microsoft.PowerShell.Diagnostics.Activities.dll
- Microsoft.PowerShell.Security.Activities.dll

Die ersten vier Bibliotheken sollten auf alle Fälle hinzugefügt werden, am besten alle sechs. Die Dateien befinden sich im „GAC" (Global Assembly Cache) des .NET Frameworks. Dahinter steckt eine Verzeichnishierarchie im Verzeichnis *C:\Windows\Microsoft.NET\Assembly\GAC_MSIL*.

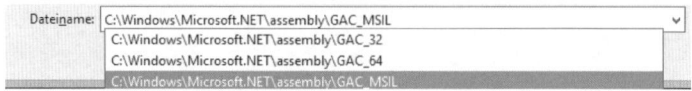

Bild 27.8 Die PowerShell-Aktivitäten befinden sich im GAC-Verzeichnis des .NET Frameworks.

Sie müssen daher für jede einzelne Assembly auf den *Durchsuchen*-Button klicken, die Dll-Datei in ihrem jeweiligen Unterverzeichnis lokalisieren und sie auswählen. Dadurch werden die in der Datei enthaltenen Aktivitäten in die Liste der für die Toolbox verfügbaren Aktivitäten aufgenommen.

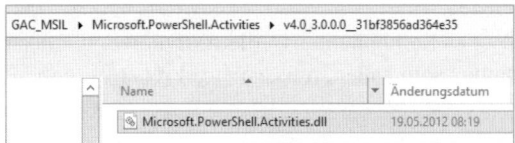

Bild 27.9
Eine Assembly mit PowerShell-Aktivitäten wird ausgewählt.

Zwar wird es durch das Hinzufügen aller zur Verfügung stehenden PowerShell-Aktivitäten in der Toolbox recht voll, doch ersparen Sie sich so eine Suche nach einer Aktivität, deren Assembly-Bibliothek nicht geladen wurde.

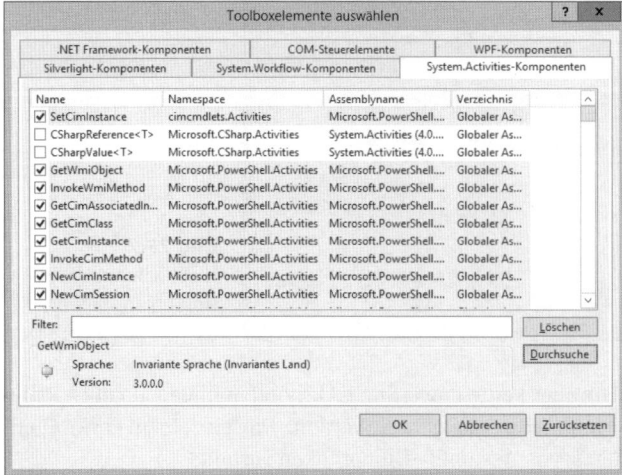

Bild 27.10
Die PowerShell-Aktivitäten werden ausgewählt ...

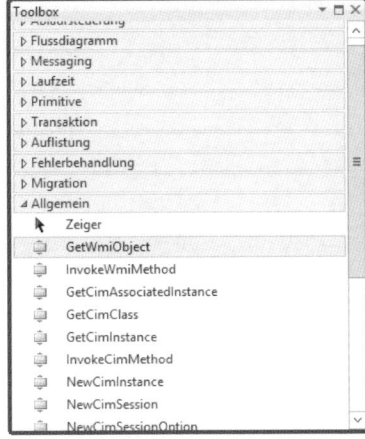 … und sind danach Teil der Toolbox.

> **TIPP:** Werden die Toolbox-Elemente alphabetisch sortiert, lassen sich einzelne Elemente leichter lokalisieren.

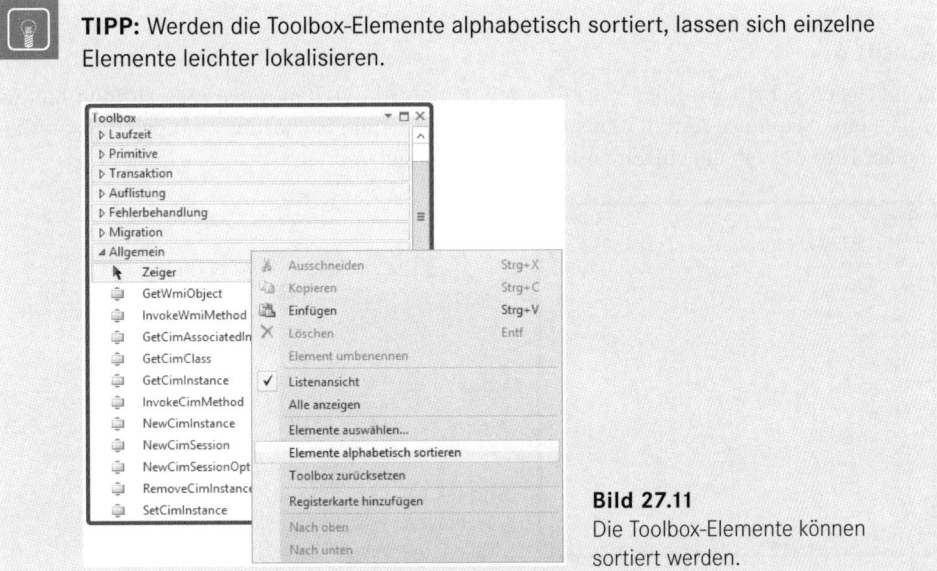

Bild 27.11
Die Toolbox-Elemente können sortiert werden.

Schritt 5

Als letzte Formalität muss in das Projekt ein Verweis auf die PowerShell-Assembly *System.Management.Automation.dll* eingefügt werden, denn sie enthält jene Datentypen, die später über die Definition einer Variablen und die Parameterübergabe benötigt werden. Klicken Sie im Projektmappen-Explorer, der über das *Ansicht*-Menü gegebenenfalls sichtbar gemacht werden muss, den Eintrag „Verweise" mit der rechten Maustaste an und wählen Sie „Verweis hinzufügen". Auch diese Datei befindet sich im GAC unter *C:\Windows\Microsoft.Net\Assemblies\GAC_MSIL* und dort im Verzeichnis *System.Management.Automation*. Wählen Sie in dem Unterverzeichnis dieses Verzeichnisses die Datei aus und bestätigen Sie die Auswahl, um den Verweis hinzuzufügen.

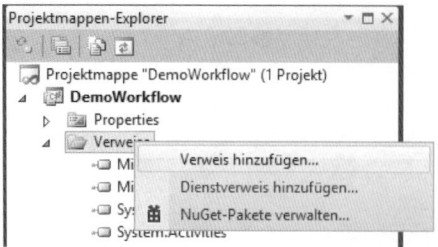

Bild 27.12
In das Projekt muss ein Verweis …

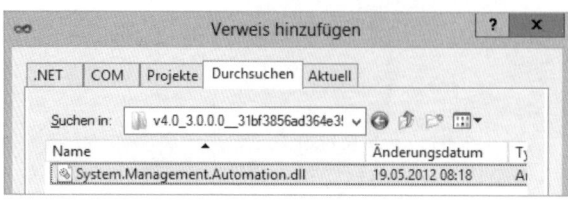

Bild 27.13
… auf die Assembly System.Management.Automation.dll hinzugefügt werden.

Schritt 6

Im nächsten Schritt wird der Workflow mit seinen Aktivitäten umgesetzt. Ordnen Sie als Erstes eine Sequence-Aktivität aus dem Abschnitt „Ablaufsteuerung" auf der Designerfläche an. Hier werden die einzelnen Aktivitäten platziert.

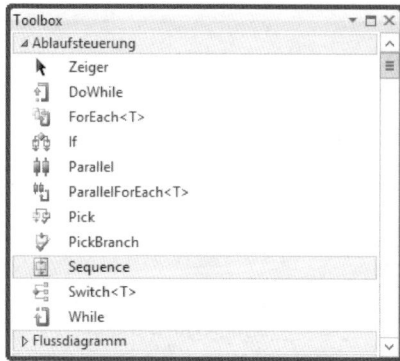

Bild 27.14
Die Sequence-Aktivität ist Teil der Kategorie „Ablaufsteuerung".

Bild 27.15
Der Workflow beginnt mit einer Sequence.

Schritt 7

Platzieren Sie in der Sequence-Aktivität die Aktivität „Get-Process", die damit als erste Aktivität in den Workflow aufgenommen wird.

Bild 27.16
In den Workflow wurde die Get-Process-Aktivität aufgenommen.

Schritt 8

Das Ergebnis von `Get-Process` soll einer Variablen zugewiesen werden. Drücken Sie **F4**, um die Eigenschaften der Aktivität anzuzeigen, und tragen Sie in der Zeile „Result" in das Eingabefeld auf der linken Seite „Prozesse" ein. Das ist der Name einer Variablen, die aktuell noch nicht definiert ist. Alternativ können Sie den Wert über den Ausdruckseditor eingeben, der durch einen Klick auf den Button mit den drei Punkten geöffnet wird.

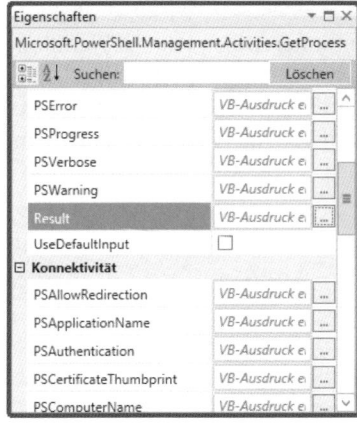

Bild 27.17
Im Eigenschaftendialog werden die Commandlet-Parameter als Eigenschaften der Aktivität angeboten.

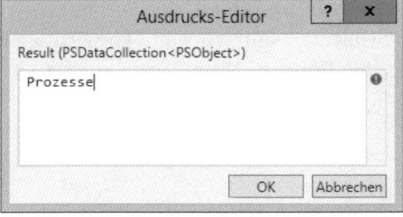

Bild 27.18
Im Ausdrucks-Editor erhält die Property Result einen Wert.

Da es die Variable `Prozesse` noch nicht gibt, ist eine Fehlermeldung die Folge, die durch ein rotes Ausrufezeichen angezeigt wird.

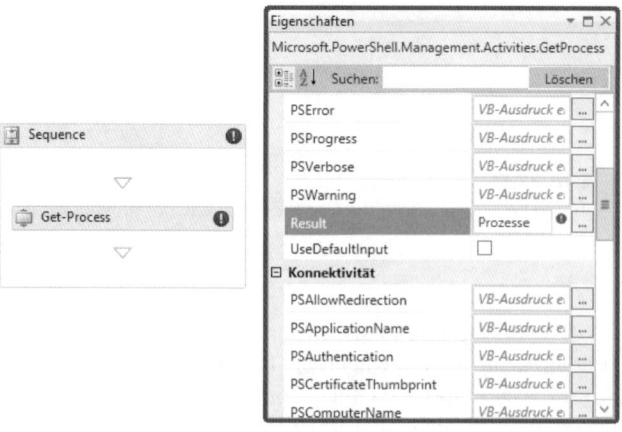

Bild 27.19
Der Workflow enthält einen Fehler.

Schritt 9

In diesem Schritt wird die Variable Prozesse definiert. Im unteren Bereich des Workflow-Designers werden die Kategorien „Variablen", „Argumente" und „Importe" angeboten. Selektieren Sie „Variablen", um den Bereich zu öffnen, in dem Workflow-Variablen angezeigt und angelegt werden können. Sollte in der Spalte „Name" keine Eingabe möglich sein, muss die Sequence-Aktivität selektiert werden.

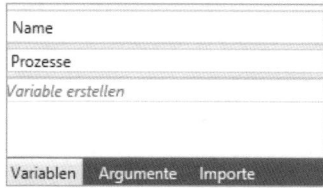

Bild 27.20
Die Variable „Prozesse" wird definiert.

Tragen Sie für den Namen „Prozesse" ein. Als Variablentyp wird „String" voreingestellt. Dies ist aber der falsche Datentyp. Damit Get-Process seine Ausgabe in die Variable ablegen kann, muss diese vom Typ „PSDataCollection<PSObject>" sein. Dieser Typ wird aber noch nicht in der Liste angeboten, er muss daher über den Eintrag „Nach Typen suchen …" hinzugefügt werden.

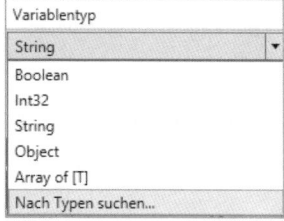

Bild 27.21
Nicht jeder Datentyp wird am Anfang in der Auswahlliste angeboten.

Nach Auswahl von „Nach Typen suchen …" erscheint ein weiterer Auswahldialog. Hier kann einer Variablen oder einem Parameter ein bestimmter Datentyp zugeordnet werden.

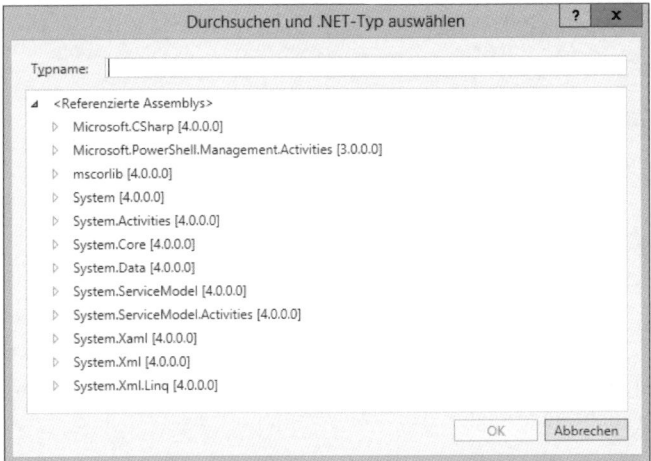

Bild 27.22
In diesem Auswahldialog werden Datentypen für eine Variable oder einen Parameter lokalisiert.

Geben Sie den Datentyp „PSDataCollection" in das Eingabefeld „Typname" ein. Sie werden feststellen, dass er kurz danach in der Liste der referenzierten Assemblies aufgeführt wird. Sollte dies nicht der Fall sein, wurde noch kein Verweis auf die Assembly *System.Management.Automation* hinzugefügt und Sie müssen Schritt 5 wiederholen.

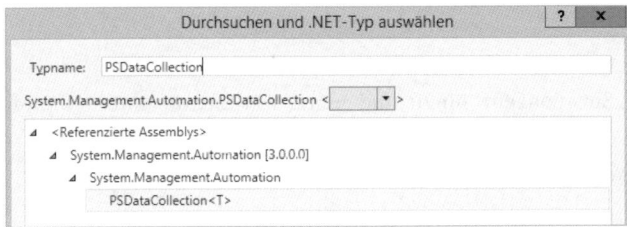

Bild 27.23
Der Datentyp PSDataCollection wurde gefunden.

Schritt 10

Das Einfügen des Datentyps geht aber noch nicht, es erscheint eine Fehlermeldung. Der Grund ist, dass auch für den Typplatzhalter T ein Typ ausgewählt werden muss. Öffnen Sie die Auswahlliste neben „System.Management.Automation.PSDataCollection" und lokalisieren Sie dieses Mal den Typ „PSObject".

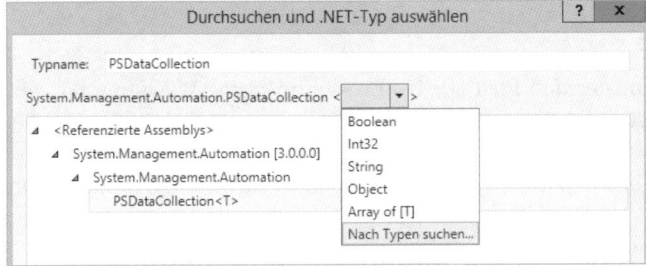

Bild 27.24
Auch der Typ „PSObject" muss zuerst lokalisiert werden.

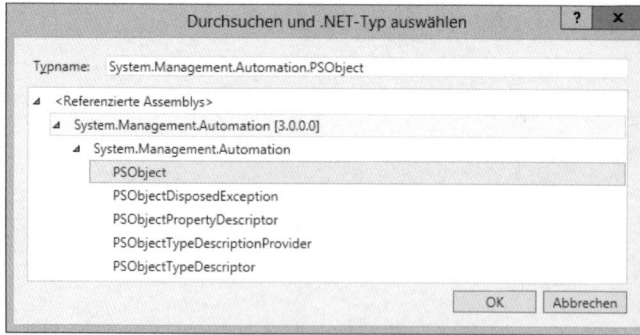

Bild 27.25
PSObject wird für den Typ-Platzhalter T ausgewählt.

Damit kann `Get-Process` seinen Output der Variablen `Prozesse` zuweisen. Im Workflow-Designer werden keine Fehler mehr angezeigt.

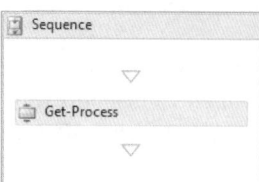

Bild 27.26
Der Workflow-Designer zeigt keine Fehler mehr an.

Schritt 11

Fügen Sie als zweite Aktivität `Set-Content` hinzu und platzieren Sie sie unterhalb von `Get-Process`.

Bild 27.27
Der Workflow umfasst eine zweite Aktivität.

Schritt 12

Tragen Sie für den `Path`-Parameter den Pfad „C:\Users\Administrator\WFOutput.txt" ein (der Pfad muss natürlich existieren – ansonsten tragen Sie einen beliebigen Pfad ein, für den der Besitzer des ausführenden PowerShell-Prozesses, in dem der Workflow gestartet wird, Schreibberechtigungen besitzt). Doch auch hier ist es im Ausdrucks-Editor mit einem simplen String nicht getan. Wie es die Parameterbeschreibung bereits vorgibt, muss hier ein `String`-Array angegeben werden, da dies der Datentyp des `Path`-Parameters ist.

Der Workflow-Designer erwartet, dass der Typ entweder als C#- oder als Visual-Basic-Ausdruck angegeben wird. Geben Sie in den Ausdrucks-Designer den folgenden Ausdruck ein:

```
New String() { "C:\Users\Administrator\WFOutput.txt" }
```

Auf diese Weise wird in Visual Basic ein String-Array mit einem String definiert.

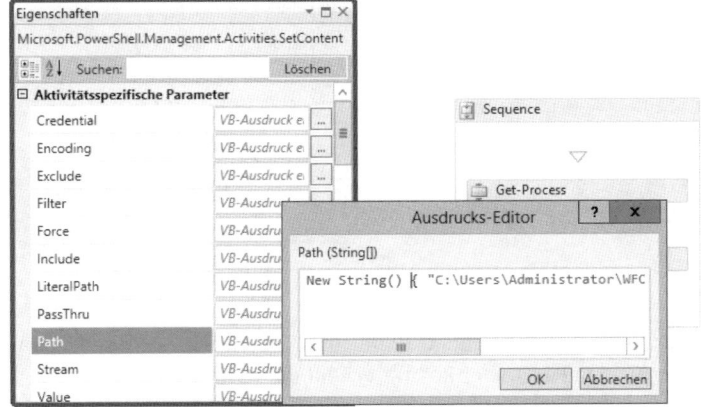

Bild 27.28
Im Ausdrucks-Designer wird der Wert für den Path-Parameter festgelegt.

Schritt 13

Das, was `Set-Content` bei der Ausführung des Workflows in die Datei schreiben soll, wird über den `Value`-Parameter festgelegt. Da eine Zeichenkette geschrieben werden soll, geben Sie in den Ausdrucks-Editor für diesen Parameter den folgenden Ausdruck ein:

```
New Object() { String.Format("Anzahl Prozesse: {0}", Prozesse.Count) }
```

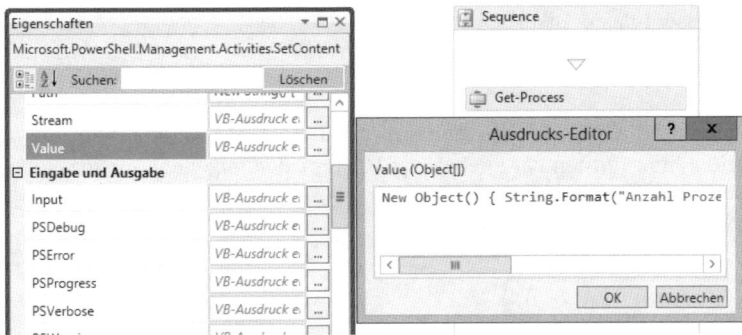

Bild 27.29 Ausdrucks-Designer wird der Wert für den Value-Parameter festgelegt.

Schritt 14

Platzieren Sie unterhalb der `Set-Content`-Aktivität die Aktivität `Restart-Computer`. Sie soll den Computer neu starten.

Schritt 15

Setzen Sie bei `Restart-Computer` sowohl den `Wait`- als auch den `Force`-Parameter auf den Wert „True".

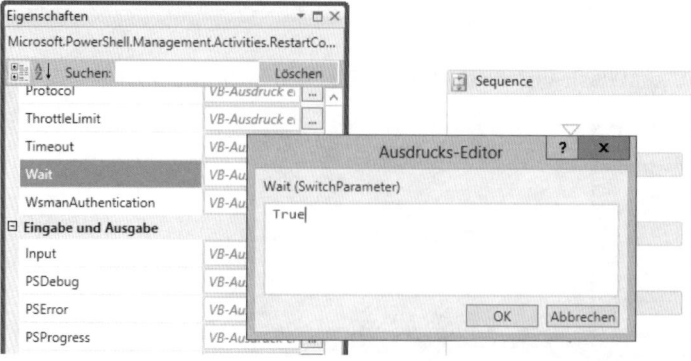

Bild 27.30
Ausdrucks-Designer wird der Wert für den Wait-Parameter festgelegt.

Schritt 16

Platzieren Sie unterhalb der `Restart-Computer`-Aktivität die Aktivität `Get-Process`. Tragen Sie im Ausdrucks-Editor für den Parameter `Result` erneut die Variable `Prozesse` ein.

Schritt 17

Platzieren Sie unterhalb der `Get-Process`-Aktivität die Aktivität `Add-Content`. Tragen Sie für den `Path`-Parameter den Pfad „C:\Users\Administrator\WFOutput.txt" ein und für den `Value`-Parameter erneut den folgenden Wert im Ausdrucks-Editor ein:

```
New Object() { String.Format("Anzahl Prozesse: {0}", Prozesse.Count) }
```

Dieser Ausdruck bewirkt, dass die Anzahl der laufenden Prozesse als Teil der Zeichenkette in die Datei geschrieben wird. Dies ist keine PowerShell-Syntax, sondern, wie bereits erwähnt, ein Visual-Basic-Ausdruck.

Schritt 18

Platzieren Sie unterhalb der `Add-Content`-Aktivität die Aktivität `Write-Output`. Tragen Sie im Ausdrucks-Editor für den Parameter `InputObject` den folgenden Ausdruck ein:

```
New PSObject() { "Fertig…" }
```

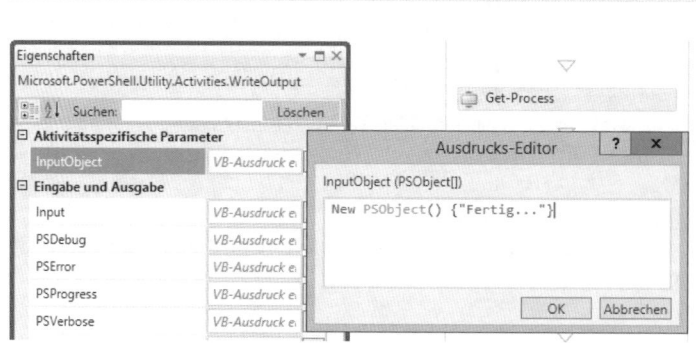

Bild 27.31
Im Ausdrucks-Editor erhält der Parameter InputObject seinen Wert.

Damit ist der Workflow fertig. Im Workflow-Designer sollten keine Fehler angezeigt werden.

27.5 Workflows in Visual Studio erstellen

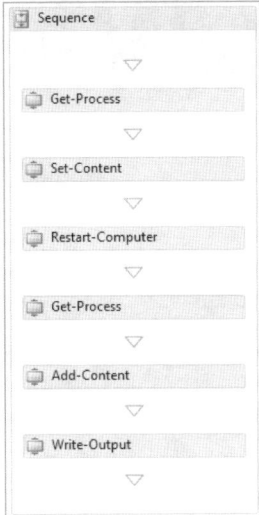

Bild 27.32
Der Workflow umfasst insgesamt sieben Aktivitäten.

Schritt 19

Ändern Sie im Projektmappen-Explorer den Namen der Datei „Workflow1.xaml" in „PSDemoWorkflow.xaml".

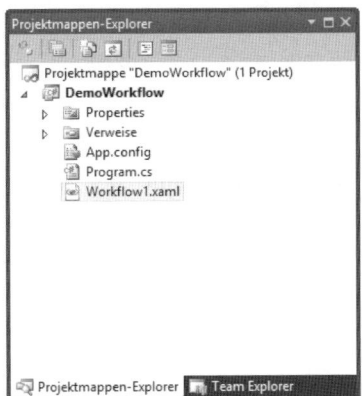
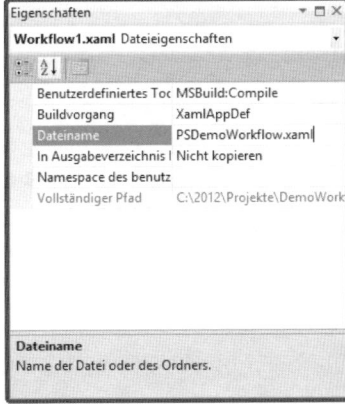

Bild 27.33
Der Name der Workflow-Datei wird geändert.

Schritt 20

Dieser Schritt ist optional. Erstellen Sie das Projekt über das Menü *Erstellen* und dort über den Eintrag „DemoWorkflow neu erstellen". Beim Erstellen wird ein Fehler resultieren. Die Fehlermeldung besagt, dass die Assembly `Microsoft.PowerShell.Workflow.ServiceCore` nicht gefunden werden kann. Fügen Sie diese Assembly-Bibliothek, wie unter Schritt 5 für `System.Management.Automation` beschrieben, dem Projekt aus dem GAC als Verweis hinzu.

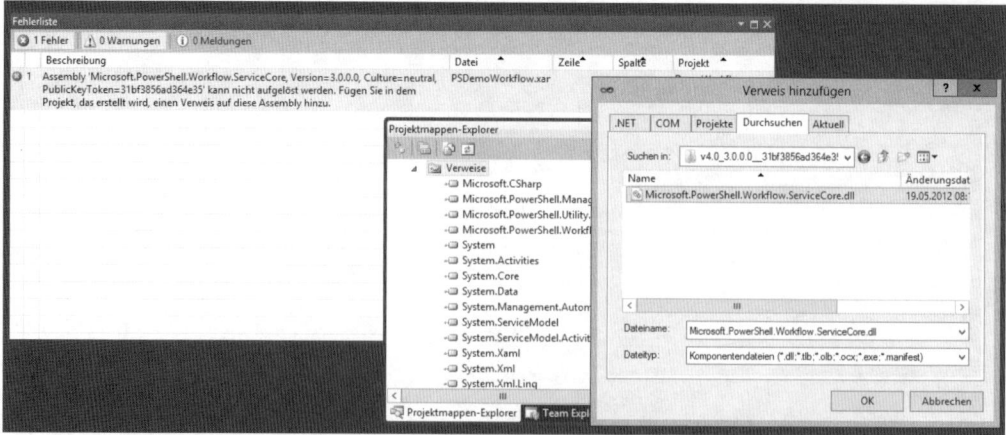

Bild 27.34 Die Assembly Microsoft.PowerShell.Workflow.ServiceCore.dll wird aus dem GAC als Verweis hinzugefügt.

Damit sollte sich das Projekt fehlerfrei erstellen lassen.

Bild 27.35
Beim Erstellen erscheinen in der Fehlerliste keine Fehler mehr.

Schritt 21

Damit ist der Workflow endlich fertig und kann in der PowerShell ausgeführt werden. Sie benötigen dazu lediglich den Pfad der XAML-Datei.

Diesen erhalten Sie z. B. aus der XAML-Definition des Workflows, die Sie sich anschauen können, indem Sie die Innenfläche des Workflow-Designers selektieren, **F7** drücken und die Abfrage mit „Ja" bestätigen.

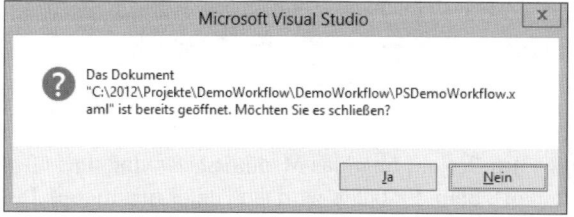

Bild 27.36
Umschalten auf den XAML-Code-Editor

In der XAML-Definition ist u. a. der Pfad der XAML-Datei enthalten.

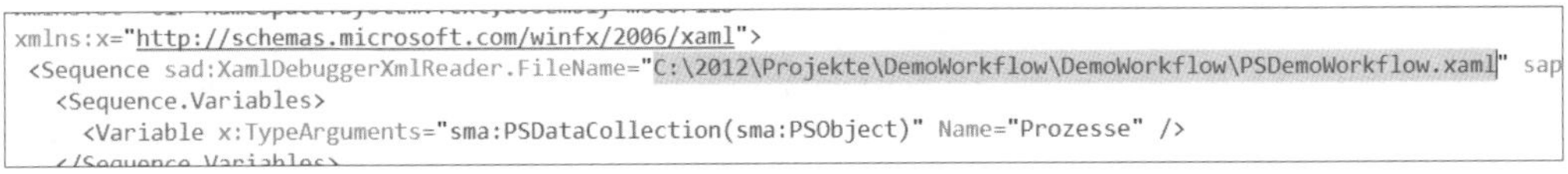

27.5 Workflows in Visual Studio erstellen

```
xmlns:x="http://schemas.microsoft.com/winfx/2006/xaml">
  <Sequence sad:XamlDebuggerXmlReader.FileName="C:\2012\Projekte\DemoWorkflow\DemoWorkflow\PSDemoWorkflow.xaml" sap
    <Sequence.Variables>
      <Variable x:TypeArguments="sma:PSDataCollection(sma:PSObject)" Name="Prozesse" />
    </Sequence.Variables>
```

Bild 27.37 Der Pfad der XAML-Datei ist Teil der XAML-Definition.

Schritt 22

Laden Sie die XAML-Definition über das `Import-Module`-Commandlet:

```
Import-Module -Name C:\2012\Projekte\DemoWorkflow\DemoWorkflow\PSDemoWorkflow.xaml
```

Schritt 23

Ein `Get-Module` zeigt an, dass das Modul und damit der Workflow mit dem Namen „PSDemoWorkflow" geladen wurden.

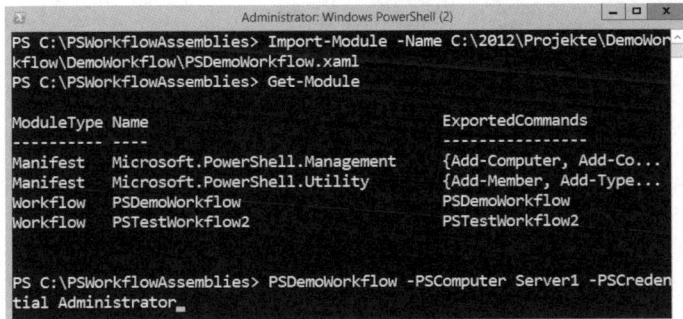

Bild 27.38 Das Modul mit dem Workflow PSDemoWorkflow wurde geladen.

Schritt 24

Führen Sie den Workflow unbedingt auf einem Remote-Computer aus, da ansonsten der aktuelle Computer heruntergefahren wird: PSDemoWorkflow -PSComputer Server1 -Credential Administrator.

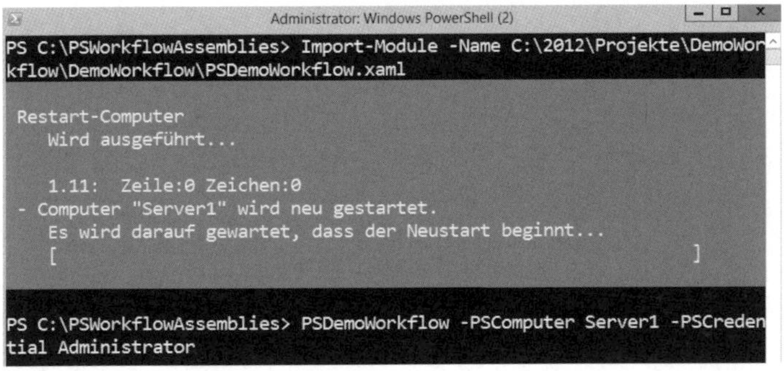

Bild 27.39 Der Workflow wird ausgeführt.

Schritt 25

Verbinden Sie sich im Rahmen einer Remote-Session mit dem Server, auf dem der Workflow ausgeführt wurde, und sehen Sie nach, ob die Datei „WFOutput.txt" angelegt wurde, was der Fall sein sollte.

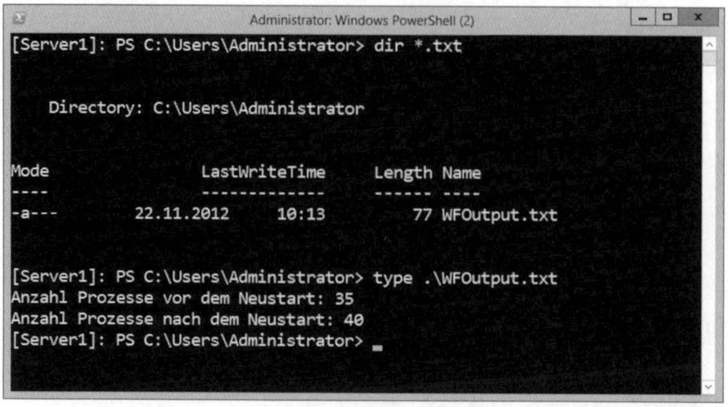

Bild 27.40
Im Rahmen des Workflows wurde auf dem Server eine Datei angelegt.

Das war sehr viel Aufwand für ein einfaches Resultat. Bei der Übung ging es in erster Linie darum, die Umsetzung eines PowerShell-Workflows mit Visual Studio zu demonstrieren. Man muss kein Entwickler sein, da keine Programmierung vorkommt. Ganz ohne jegliche Grundkenntnisse aus dem Bereich der Programmierung geht es aber nicht, da die Auswahl der Datentypen oder das Festlegen eines Parameterwerts gewisse Kenntnisse voraussetzt. Das sind aber Kenntnisse, die man sich relativ einfach aneignen kann, zumal die Art und Weise, wie ein Ausdruck im Ausdrucks-Editor zusammengestellt wird, immer dieselbe ist und die angezeigten Fehlermeldungen sehr hilfreich sind.

28 Ereignissystem

In der Windows-(Programmier-)Welt gibt es verschiedene Formen von Ereignissen. Es gibt Einträge im Windows-Ereignisprotokoll, .NET-Objekte können Ereignisse auslösen und die Windows Management Instrumentation (WMI) kann Ereignisse auslösen. Auch die PowerShell kennt eigene Ereignisse.

Das Ereignissystem in PowerShell bildet einen gemeinsamen Rahmen, in dem sich alle vier vorgenannten Ereignisarten behandeln lassen. Dabei werden die Windows-Ereignisprotokolle unter WMI-Ereignissen erfasst.

■ 28.1 WMI-Ereignisse

Die Windows Management Instrumentation (WMI) bietet eine Ereignisinfrastruktur, die den Administrator über jegliche Veränderung im WMI-Repository (z. B. Erzeugen einer neuen Instanz, Löschen einer Instanz, Ändern des Werts einer Instanz) informieren kann. Auf diese Weise kann sich ein Administrator über Änderungen informieren lassen, z. B. das Starten oder Ende eines Prozesses oder Dienstes, das Erzeugen einer neuen Datei in einem bestimmten Pfad oder das Hinzufügen eines USB-Geräts. Den Ereignisauslöser spezifiziert man dabei durch eine sogenannte WMI-Ereignisabfrage.

■ 28.2 WMI-Ereignisabfragen

WMI-Ereignisabfrage sind genau wie normale WMI-Abfragen in der WMI Query Language (WQL) verfasst, die SQL ähnlich ist, aber Unterschiede aufweist.

Eine WMI-Ereignisabfrage bezieht sich immer auf eine WMI-Ereignisklasse. Mit der WHERE-Klausel werden das zu beobachtende Managed Object (MO) und die in dem MO zu beobachtenden Attribute definiert.

```
SELECT * FROM eventklasse WHERE bedingung
```

Alle Ereignisklassen sind Unterklassen eines Ereignistyps. Die Ereignistypen wiederum sind Unterklassen der Klasse __Event. Sie sind in der Regel an dem führenden doppelten Unterstrich und der Endung auf Event erkennbar. WMI unterscheidet vier Arten von Ereignissen (siehe Tabelle).

Tabelle 28.1 WMI-Ereignisklassen. Die Ereignistypen sind die Oberklassen zu den rechts genannten Ereignisklassen.

Ereignisart (Oberklasse)	Ereignisklasse
__ClassOperationEvent	__ClassCreationEvent
	__ClassDeletionEvent
	__ClassModificationEvent
__ExtrinsicEvent	__SystemEvent
	RegistryValueChangeEvent
	Win32_ComputerShutdownEvent
	Win32_ProcessStartTrace
	Win32_SystemConfigurationChangeEvent
	Win32_PowerManagementEvent
	u. a.
__InstanceOperationEvent	__InstanceCreationEvent
	__InstanceDeletionEvent
	__InstanceModificationEvent
__NamespaceOperationEvent	__NamespaceCreationEvent
	__NamespaceDeletionEvent
	__NamespaceModificationEvent

 ACHTUNG: Bitte beachten Sie, dass das Ereignis __InstanceModification Event wirklich nur ausgeführt wird, wenn sich ein Attributwert ändert. Wenn Sie beispielsweise die Prozessorlast auf die Überschreitung der 80%-Grenze prüfen, dann bekommen Sie ein Ereignis beim Überschreiten der Grenze. Wenn danach der Wert konstant bei 100% liegt, bekommen Sie keine weiteren Ereignisse. Sie erhalten erst wieder ein Ereignis, wenn der Wert sich nochmals ändert (z. B. von 100% auf 99%).

Ereignisabfragen unterstützen als zusätzliche SQL-Schlüsselwörter WITHIN, GROUP BY und HAVING:

- Dabei gibt WITHIN 10 das Abfrageintervall in Sekunden an (wird immer gebraucht, wenn es keinen speziellen Ereignissender gibt!).
- GROUP bündelt eine Anzahl von Einzelereignissen zu einem Gesamtereignis.
- HAVING dient der Definition einer Bedingung innerhalb der Gruppierung.

Tabelle 28.2 Beispiele für WMI-Ereignisabfragen

WQL	Erläuterung
Select * From __InstanceCreationEvent within 3 Where TargetInstance ISA 'Win32_Process'	Alle drei Sekunden wird geprüft, ob ein Prozess gestartet wurde.
Select * From __InstanceDeletionEvent within 2 Where TargetInstance ISA 'Win32_Process'	Alle zwei Sekunden wird geprüft, ob ein Prozess beendet wurde.
SELECT * FROM __InstanceCreationEvent WITHIN 30 WHERE TargetInstance ISA 'Win32_Process' AND TargetInstance.Name = 'notepad.exe'	Alle dreißig Sekunden wird geprüft, ob der Editor Notepad gestartet wurde.
SELECT * FROM __InstanceModificationEvent WITHIN 5 where TargetInstance ISA 'Win32_Service'	Alle fünf Sekunden wird geprüft, ob sich etwas an einem Systemdienst geändert hat.
SELECT * FROM __InstanceModificationEvent WITHIN 5 WHERE TargetInstance ISA "Win32_Service" AND -TargetInstance.State="Stopped"	Alle fünf Sekunden wird geprüft, ob ein Systemdienst den Status *Stopped* bekommen hat.
SELECT * FROM __InstanceCreationEvent WHERE TargetInstance ISA "Win32_NTLogEvent" AND TargetInstance.Logfile="Application" OR TargetInstance.Logfile="System"	Jeder neue Eintrag in den Ereignisprotokollen *System* und *Application* löst ein Ereignis aus.
SELECT * from Win32_SystemConfigurationChangeEvent	Es wird ständig geprüft, ob sich die Systemkonfiguration ändert (z. B. Anstecken eines USB-Sticks).

28.3 WMI-Ereignisse seit PowerShell 1.0

Grundsätzlich war es schon in PowerShell 1.0 möglich, eine WMI-Ereignisabfrage über die .NET-Klasse System.Management.ManagementEventWatcher zu nutzen (siehe Listing).

Listing 28.1 Skript zum Warten auf WMI-Ereignisse
[2_Aufbauwissen/WMI/WMI_EventListener.wps]

```
$scope = New-Object System.Management.ManagementScope("\\.\root\cimV2")
$query = "SELECT * FROM __InstanceModificationEvent WITHIN 5 where TargetInstance ISA 'Win32_Service' AND TargetInstance.State='Stopped'"
$watcher = New-Object System.Management.ManagementEventWatcher($scope,$query)
do
  {
```

```
        $b = $watcher.WaitForNextEvent()
        "Ereignis: Dienst gestoppt: " + $b.TargetInstance.Name
    }
while ($true) # Endlosschleife
```

28.4 Registrieren von WMI-Ereignisquellen seit PowerShell 2.0

Seit PowerShell 2.0 ist die Unterstützung für WMI-Ereignisabfragen nun wesentlich komfortabler. Durch ein einziges Commandlet (`Register-WmiEvent`) kann der Administrator die WMI-Ereignisabfrage und die gewünschte Reaktion festlegen.

Das Commandlet `Register-WmiEvent` erzeugt ein Ereignis-Abonnement für WMI-Ereignisse. Parameter des Commandlets sind:

- query: Text der WMI-Ereignisabfrage
- computer: System, auf dem die WMI-Ereignisabfrage ausgeführt werden soll. Standard ist das lokale System.
- sourceIdentifier: Name für das Abonnement. Dieser Name muss in der aktuellen PowerShell-Sitzung eindeutig sein.
- messageData: Text, der beim Auslösen des Ereignisses in die WMI-Ereignisliste geschrieben wird
- action: auszuführende Aktion in Form eines PowerShell-Befehls

Es folgen einige Beispiele.

Beispiel 1: Beobachten, ob sich der Status eines Dienstes ändert:

```
Register-WmiEvent -query "SELECT * FROM __InstanceModificationEvent WITHIN 5 where
TargetInstance ISA 'Win32_Service'" -sourceIdentifier "Dienst:Status" -messageData
"Der Status eines Dienstes hat sich geändert!"
```

Beispiel 2: Beobachten, ob ein Prozess gestartet wird:

```
Register-WmiEvent -query "Select * From __InstanceCreationEvent within 3 Where
-TargetInstance ISA 'Win32_Process'" -sourceIdentifier "Prozessende" -MessageData
"Ein neuer Prozess wurde gestartet!"
```

Beispiel 3: Beobachten, ob ein Prozess beendet wird:

```
Register-WmiEvent -query "Select * From __InstanceDeletionEvent within 3 Where
-TargetInstance ISA 'Win32_Process'" -sourceIdentifier "Prozessstart" -messageData
"Ein Prozess wurde beendet!"
```

Es ist sehr einfach, ein entferntes System zu überwachen, sofern der Benutzer, der die Registrierung einleitet, dort Administrationsrechte hat. Da der Fernzugriff auf WMI basiert, ist PowerShell Remoting hier nicht erforderlich.

```
Register-WmiEvent -ComputerName F171 -query "Select * From __InstanceCreationEvent
within 1 Where TargetInstance ISA 'Win32_Process'" -sourceIdentifier "F171 Neuer
-Prozess" -messageData "Ein neuer Prozess wurde gestartet auf F171"
```

Zum Anzeigen aller registrierten Abonnements führt man aus:

```
Get-EventSubscriber
```

Zum Löschen eines Abonnements mit Unregister-Event muss man Bezug auf den beim Erzeugen angegebenen Namen nehmen, z. B.:

```
Unregister-Event "Dienst:Status "
```

■ 28.5 Auslesen der Ereignisliste

Das Commandlet Get-Event listet alle aufgetretenen Ereignisse auf. Filtern ist möglich mit dem Parameter -SourceIdentifier oder natürlich mit dem Commandlet Where-Object. Jedes ausgelöste Ereignis hat einen eindeutigen EventIdentifier.

Beispiel 1:

```
Get-Event -sourceIdentifier "Dienst:Status"
```

Beispiel 2:

```
Get-Event | Where-Object {$_.MessageData -like "*Prozess*"}
```

Beispiel 3:

```
Get-event -eventidentifier 15
```

Um Details über das ausgelöste Ereignis zu erfahren, muss man das Attribut SourceEventArgs und dessen Unterattribute betrachten.

Der Zugriff auf SourceEventArgs.NewEvent liefert eine Instanz einer WMI-Ereignisklasse (z. B. root/CIMV2__InstanceCreationEvent), verpackt in das .NET-Objekt Management BaseObject.

```
(Get-event -eventidentifier 15).SourceEventArgs.NewEvent
```

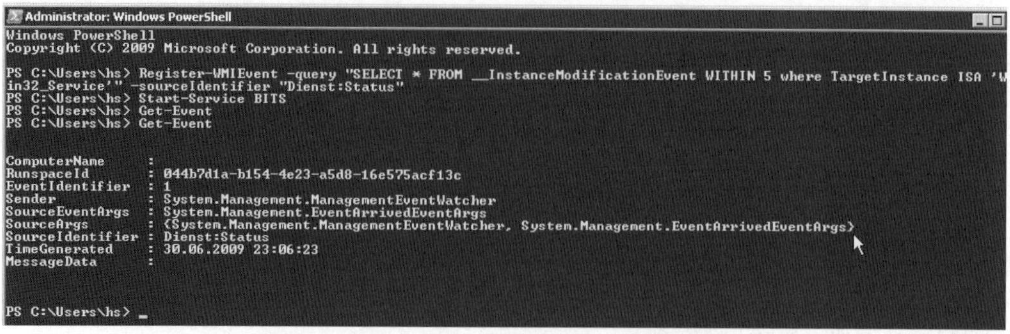

Bild 28.1 Registrieren eines Ereignisses und Auslesen der Ereignisliste

Um zu erfahren, welches WMI-Objekt das Ereignis ausgelöst hat, greift man auf Target Instance zu:

```
(Get-event -eventidentifier 1).SourceEventArgs.NewEvent.Targetinstance
```

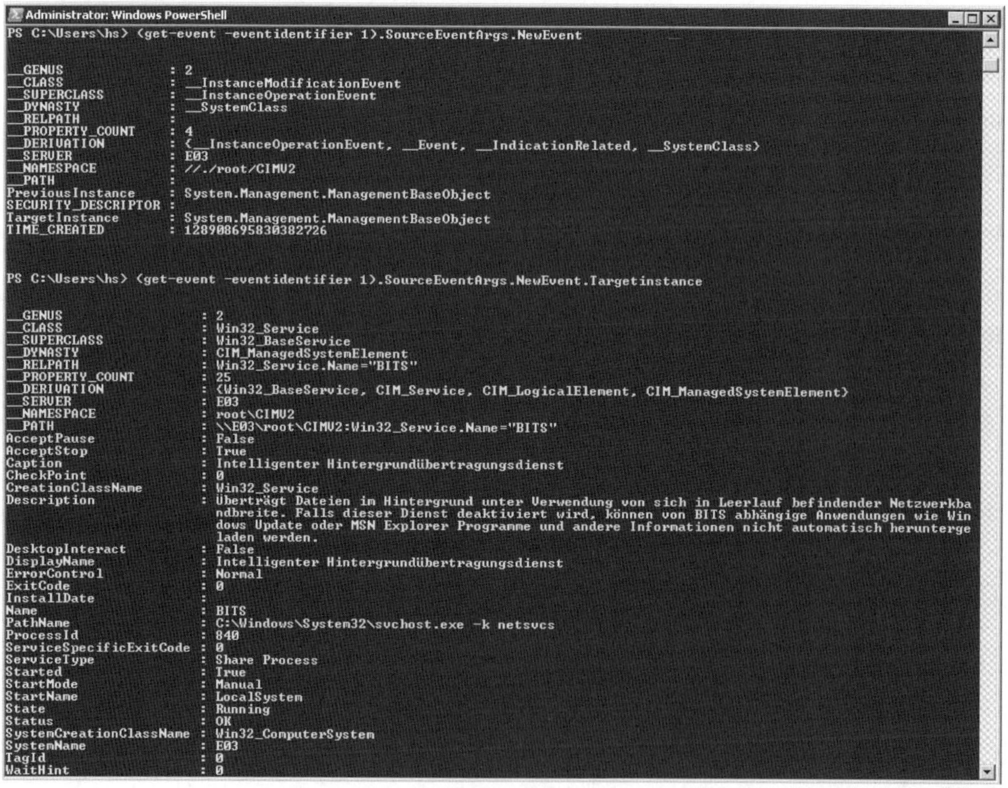

Bild 28.2 Ausgabe von Details zu einem Ereignis

HINWEIS: Sie können nur aus der aktuellen PowerShell-Sitzung auf die Ereignisliste zugreifen. Ein Zugriff von einer zweiten Instanz der Power-Shell ist nicht möglich!

Die Ereignisse verbleiben so lange in der Liste, bis sie explizit gelöscht werden oder die aktuelle PowerShell-Sitzung geschlossen wird.

Beispiel: Löschen des Ereignisses 123

```
Remove-Event -EventIdentifier 123
```

Beispiel: Löschen aller Ereignisse von der Ereignisquelle „Neuer Prozess"

```
Remove-Event -Source "Neuer Prozess"
```

 ACHTUNG: Remove-Event ohne Angabe eines Parameters löscht die gesamte Ereignisliste.

28.6 Reagieren auf Ereignisse

Mit dem Parameter -action kann man Register-Event auch eine direkte Vorgabe für eine Reaktion auf ein Ereignis in Form eines PowerShell-Skriptblocks mitgeben. In dem Skriptblock kann man über $eventArgs auf die gleichen Informationen zugreifen, die man bei Get-Event über SourceEventArgs erhält, z. B. bei einem WMI-Ereignis des Typs InstanceOperationEvent:

```
$eventArgs.NewEvent.TargetInstance.Name
```

Beispiel 1

Einfache Ausgabe, wenn ein Prozess gestartet wird:

```
Register-WmiEvent -query "Select * From __InstanceCreationEvent within 3 Where
-TargetInstance ISA 'Win32_Process'" -sourceIdentifier "Neuer Prozess mit Aktion"
--messageData "Ein neuer Prozess wurde gestartet" -action { Write-Host "Neuer
Prozess: " $eventArgs.NewEvent.TargetInstance.Name }
```

Beispiel 2

Einfache Ausgabe, wenn ein Dienst sich ändert:

```
Register-WmiEvent -query "SELECT * FROM __InstanceModificationEvent WITHIN 5 where
TargetInstance ISA 'Win32_Service'" -sourceIdentifier "Dienst:Status:Aktion" -action
{ Write-Host  "Der Status des Dienstes" $eventArgs.NewEvent.TargetInstance.Name " hat
sich geändert. Status ist jetzt: " $eventArgs.NewEvent.TargetInstance.State }
```

Beispiel 3

Einfache Ausgabe, wenn auf einem entfernten System ein Prozess startet:

```
Register-WmiEvent -ComputerName F171 -query "Select * From __InstanceCreationEvent
within 1 Where TargetInstance ISA 'Win32_Process'" -sourceIdentifier "F171 Neuer
-Prozess: Aktion" -messageData "Ein neuer Prozess wurde auf F171 gestartet " -action
{ Write-Host "Neuer Prozes auf F171: " $eventArgs.NewEvent.TargetInstance.Name }
```

Der Skriptblock kann aber auch komplexer sein.

Listing 28.2 Versuch, einen gestoppten Dienst neu zu starten
[2_Aufbauwissen/Events/WPS2_WMIEvents_Service_Restart.ps1]

```
$Aktion = {
[console]::beep(440,10)
$dienst = $eventArgs.NewEvent.TargetInstance
Write-Host  -ForegroundColor yellow
Write-Host "Dienst " $dienst.Name ": Der Status hat sich geändert. Status ist nun:
" $dienst.State  "!"  -ForegroundColor yellow
if ($dienst.State -eq "Stopped")
{
Write-Host "Neustart des Dienstes..."   -ForegroundColor yellow
Start-Service $dienst.Name
}
}
Register-WmiEvent -query "SELECT * FROM __InstanceModificationEvent WITHIN 1 where
-TargetInstance ISA 'Win32_Service'" -sourceIdentifier "Dienst:Status:Aktion" -action
$Aktion
```

Das obige Skript registriert bei Änderungen an Diensten einen Skriptblock, der prüft, ob ein Dienst nun beendet ist, und diesen dann neu startet. Wie die folgende Bildschirmabbildung zeigt, wird durch den Neustart ein weiteres Ereignis ausgelöst.

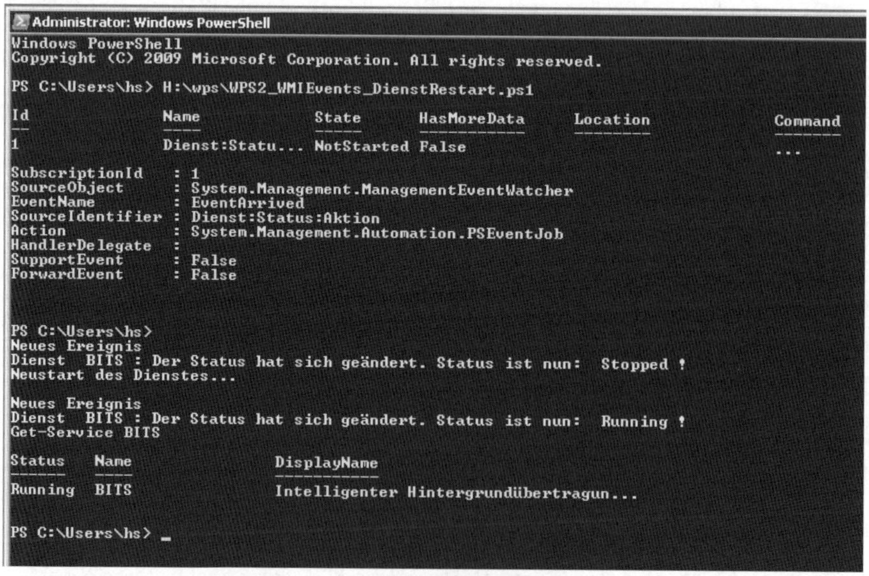

Bild 28.3 Ablauf des Skripts WPS2_WMIEvents_DienstRestart.ps1

28.7 WMI-Ereignisse ab PowerShell-Version 3.0

Seit PowerShell-Version 3.0 gibt es als Alternative zu `Register-WmiEvent` auch `Register-CimIndicationEvent` – mit den gleichen Parametern.

Listing 28.3 Ablauf des Skripts WPS3_WMIEvents_DienstRestart.ps1

```
$Aktion = {
[system.console]::beep(1540,30)
$dienst = $eventArgs.NewEvent.TargetInstance
Write-Host   -ForegroundColor yellow
Write-Host "Dienst " $dienst.Name ": Der Status hat sich geändert. Status ist nun:
" $dienst.State   "!"  -ForegroundColor yellow
if ($dienst.State -eq "Stopped")
{
Write-Host "Neustart des Dienstes..."   -ForegroundColor yellow
Start-Service $dienst.Name
}
}
Register-CimIndicationEvent -query "SELECT * FROM __InstanceModificationEvent WITHIN 1
where TargetInsta
```

28.8 Registrieren von .NET-Ereignissen

Auch viele .NET-Klassen besitzen Ereignisse, für die man sich in der PowerShell 2.0 registrieren kann. Das Beispiel zeigt die Registrierung für die Ereignisse `Created`, `Changed` und `Deleted` für die Klasse `System.IO.FileSystemWatcher`, mit der man Veränderungen im Dateisystem überwachen kann.

Listing 28.4 Warten auf Ereignisse im Dateisystem
[WPS2_DOTNETEvents_Filesystemobject.ps1]

```
$fsw = New-Object System.IO.FileSystemWatcher
$fsw.Path = "c:\temp"

$aktion = {
[console]::beep(440,10)
Write-Host "Dateisystemereignis: " $eventArgs.FullPath ": " $eventArgs.ChangeType
Write-Host
    }

Register-ObjectEvent -InputObject $fsw -EventName Created -Action $aktion
Register-ObjectEvent -InputObject $fsw -EventName Changed -Action $aktion
Register-ObjectEvent -InputObject $fsw -EventName Deleted -Action $aktion
```

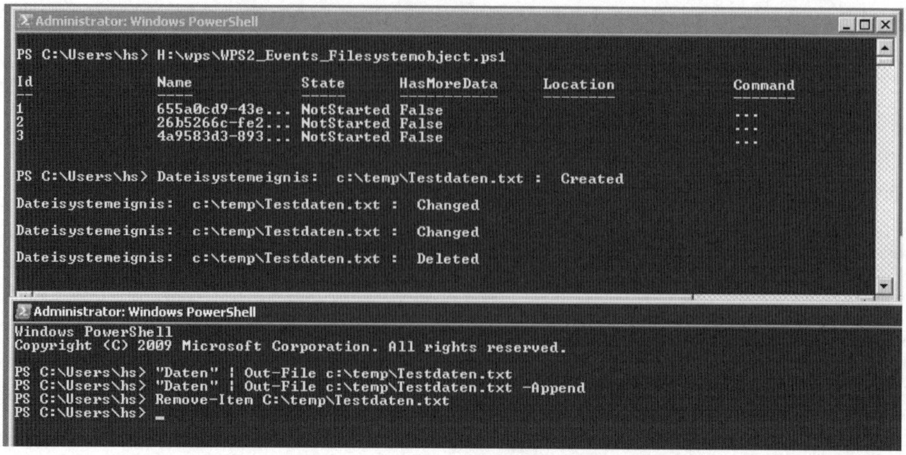

Bild 28.4 Einsatz des obigen Skripts zur Datensystemüberwachung. Das obere PowerShell-Fenster registriert die Änderungen, die das untere am Dateisystem vornimmt.

> **TIPP:** Die Ereignisbindung für mehrere Ereignisse kann man auch elegant in einer Schleife erledigen:
>
> ```
> # # Trick: Alle Ereignisse auf einmal binden
>   foreach ($o in @("Created", "Deleted", "Changed", "Renamed"))
>   {
>         Register-ObjectEvent $fsw $o -Action $aktion
>   }
> ```

■ 28.9 Erzeugen von Ereignissen

Die Ereignisinfrastruktur der PowerShell kann man auch unabhängig von WMI verwenden. Die PowerShell bietet hierfür das Commandlet New-Event zum Erzeugen eigenständiger Ereignisse.

```
New-Event -SourceIdentifier "Import beendet" -sender "Datenimportskript" -MessageData
"Der Datenimport ist beendet" -eventarguments "Anzahl: 23345", "Dauer: 12 sek"
```

Diese Ereignisse wandern auch in die Ereignisliste, die man mit Get-Event einsehen kann. Auch diese Ereignisse gelten aber nur für die aktuelle Sitzung.

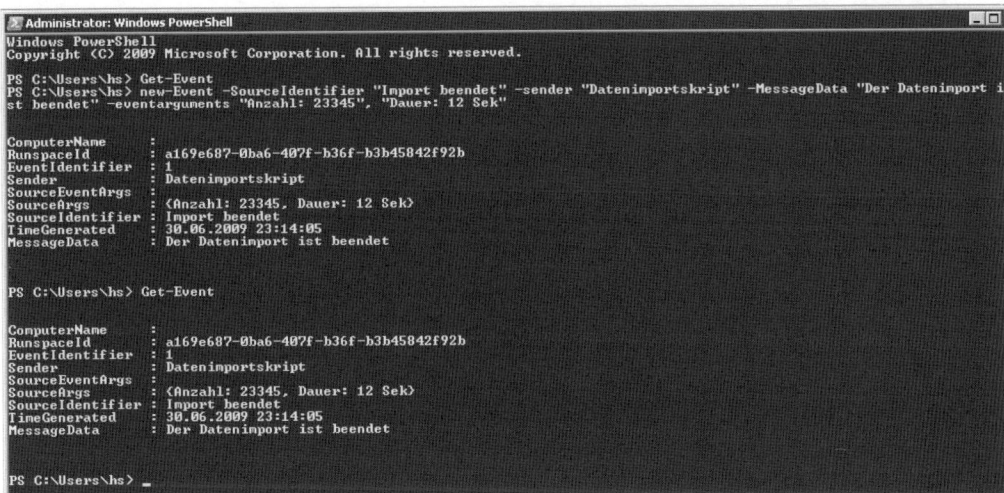

Bild 28.5 Erzeugen eigener Ereignisse

29 Datenbereiche und Datendateien

PowerShell unterstützt (schon seit Version 2.0) Datenbereiche in Skripten bzw. in externen Dateien, mit denen man Daten und Programmcode besser voneinander trennen kann. Die Daten können in mehreren Sprachen vorliegen, damit sich mehrsprachige Skripte einfacher erstellen lassen.

HINWEIS: Bei einer kompilierten Anwendung würde kein Softwareentwickler auf die Idee kommen, Daten, die sich ändern können, direkt in den Quellcode einzubetten, denn jede Änderung der Daten würde eine Neukompilierung der Anwendung nach sich ziehen. Bei Skripten, die im Quellcode ausgeliefert werden und die dann beim Start interpretiert werden, ist es aber oftmals durchaus ein adäquates Mittel, die Daten direkt in das Skript einzubetten. Die Skriptdatei kann man schnell mit jedem Texteditor ändern.

Sofern die Datenmenge nicht zu groß ist, ist der Vorteil bei der Kombination von Daten und Skript in einer Datei, dass man eine bessere Übersicht hat und es nicht passieren kann, dass die Datendatei verloren geht bzw. bei einem Kopier- oder Verschiebevorgang von dem Skript getrennt wird.

■ 29.1 Datenbereiche

Ein PowerShell-Datenbereich beginnt mit dem Befehlswort `Data`. Danach folgen in geschweiften Klammern die Daten, jeweils eine Information pro Zeile. Der Datenbereich darf Kommentare beinhalten (beginnend mit dem Zeichen „#", siehe Listing); diese müssen in eigenen Zeilen stehen. Der Datenbereich wird einer Variablen zugewiesen, deren Name in PowerShell immer mit einem Dollarzeichen beginnen muss.

Über den Variablennamen erfolgt die Nutzung der Daten. Ein Zugriff auf den Variablennamen liefert alle Daten ohne die Kommentare. Der Zugriff auf den Index `$Variable[x]` liefert die x-te Information, wobei auch hier alle Kommentare ignoriert werden. Wenn man sich den Typ der Variablen mit `Get-Member` ansieht, so erkennt man, dass PowerShell den

Datenbereich als ein `Object`-Array ablegt und darin jede einzelne Information entweder mit ihrem jeweiligen Standarddatentyp (z. B. die 1 wird als `System.Int32` abgelegt) oder gemäß des explizit angegebenen Datentyps wie im Fall [system.datetime] „1.7.2013" speichert. Ein Zugriff auf ein Element über die Obergrenze hinaus liefert keine Fehlermeldung, sondern den Null-Wert.

Listing 29.1 Definition und Nutzung eines Datenbereichs in PowerShell-Skripten

```
# ------ 1. Datenbereich
$Intro =  Data {
            # Erste Information
            "Beispiel für einen PowerShell-Datenbereich"
            # Autor
            "Dr. Holger Schwichtenberg"
            # Blog
            "www.dotnet-doktor.de"
            # Erstellungstermin
            [system.datetime] "1.7.2013"
            # Version
            1
         }

# ------ Zugriff auf alle Daten aus dem 1. Datenbereich
$intro | gm

# ------ Zugriff auf einzelne Daten aus dem 1. Datenbereich
"Skriptbeschreibung $($intro[0])"
"Autor: $($intro[1])"
"Blog: $($intro[2])"
"Version: $($intro[4])"
"Datum: $($intro[3])"
"Sonstiges: $($intro[5])"
```

Der Zugriff über die Position ist nicht sehr erquicklich, daher unterstützt die PowerShell auch Datenbereiche mit Hash-Tabellen. Auch dort ist jede Zeile ein Element, wobei die Zeile jeweils Namen und Wert enthält, getrennt durch ein Gleichheitszeichen. Die Name-Wert-Paare müssen in eine mehrzeilige Zeichenkette (im PowerShell-Jargon „Here-String") eingebettet sein (@'…'@).

Das Commandlet `ConvertFrom-StringData` sorgt für die Aufspaltung der Name-Wert-Paare. Es muss, wie das nächste Listing zeigt, in der Data-Sektion eingesetzt werden. Das Listing umfasst zwei Datenbereiche mit den Elementen Startmeldung, Endemeldung und Fehlermeldung.

Im Programmcode kann man dann über „$Datenbereichname.Elementname" (z. B. $Texte.Startmeldung) auf die Elemente zugreifen. Auch dies zeigt das nächste Listing.

Listing 29.2 Datenbereiche mit Hashtable in PowerShell-Skripten

```
# ------ 2. Datenbereich
$Texte = Data {
ConvertFrom-StringData @'
# Standardmeldungen
Startmeldung = Skript beginnt
Endemeldung = Skript beendet!
'@}
```

```
# ------ 3. Datenbereich
$Fehlertexte = Data {
ConvertFrom-StringData @'
# Besondere Meldungen
Fehlermeldung = Es ist ein Fehler aufgetreten: Arbeiten Sie nicht nach 17 Uhr!
'@}

# ------ Verwendung des 2. Datenbereichs
$Texte.Startmeldung

# ------ Verwendung des 3. Datenbereichs
if ([DateTime]::Now.Hour -ge 17) { Write-Host $Fehlertexte.Fehlermeldung }

# ------ Verwendung des 2. Datenbereichs
$Texte.Endemeldung
```

Das folgende Bild zeigt, dass der mitgelieferte Editor „PowerShell Integrated Scripting Environment" (ISE) auch in der aktuellen Version in PowerShell 5.x die Farbunterscheidung zwischen Elementen und Kommentarzeilen bei Daten in Here-Strings im Gegensatz zu einfachen Datensektionen nicht mehr leistet.

```
 1  # ------ 1. Datenbereich
 2  $Intro = Data {
 3          # Erste Information
 4          "Beispiel für einen PowerShell-Datenbereich"
 5          # Autor
 6          "Dr. Holger Schwichtenberg"
 7          # Blog
 8          "www.dotnet-doktor.de"
 9          # Erstellungstermin
10          [system.datetime] "1.7.2013"
11          # Version
12          1
13  }
14
15  # ------ 2. Datenbereich
16  $Texte = Data {
17  ConvertFrom-StringData @'
18  # Standardmeldungen
19  Startmeldung = Skript beginnt...
20  Endemeldung = Skript beendet!
21  '@}
```

Bild 29.1
Die Farbhervorhebung versagt bei Datensektionen mit Here-Strings
[2_Aufbauwissen\Datafiles\WPS2_DataSection.ps1]

■ 29.2 Datendateien

In Skripte eingebettete Daten sind aber sicherlich auch Geschmackssache. Viele Entwickler werden für eine klare Trennung zwischen Programmcode und Daten votieren. Einen PowerShell-Datenbereich kann man auch in einer eigenständigen Datei mit der Dateinamenerweiterung .psd1 speichern, siehe Listing. Die Datendateien müssen etwas anders aufgebaut sein; es darf hier keine Variablendeklaration geben.

Listing 29.3 Externe Datendatei als .psd1-Datei

```
ConvertFrom-StringData @'
# Standardmeldungen
Startmeldung = Skript beginnt
Endemeldung = Skript beendet!
# Besondere Meldungen
```

```
Fehlermeldung = Es ist ein Fehler aufgetreten: Arbeiten Sie nicht nach 17 Uhr!
'@
```

Den Inhalt dieser Datei lädt man dann mit `Import-LocalizedData` (siehe nächstes Listing) und weist ihn damit einer Variablen zu. Das Commandlet lädt automatisch eine .psd1-Datei, die im gleichen Verzeichnis liegt und den gleichen Namen besitzt (aber eine andere Dateinamenserweiterung: also Skriptdaten abc.ps1 lädt abc.psd1).

Listing 29.4 Nutzung der .psd1-Datei

```
# ------ Verwendung des 1. Datenbereichs
$Texte.Startmeldung

# ------ Verwendung des 2. Datenbereichs
if ([DateTime]::Now.Hour -ge 17) { Write-Host $Texte.Fehlermeldung }

# ------ Verwendung des 1. Datenbereichs
$Texte.Endemeldung
```

Alternativ kann man natürlich auch mit dem Parameter `-FileName` einen anderen Namen angeben. Wenn die Datendatei auch noch in einem anderen Verzeichnis liegt, darf man den Verzeichnisnamen aber nicht vor dem Dateinamen angeben, sondern muss den Parameter `-BaseDirectory` dazu bemühen, z. B.

```
$Texte = Import-LocalizedData -BaseDirectory D:\Datafiles\ -FileName WPS_DataFile.psd1
$Texte = Import-LocalizedData
```

■ 29.3 Mehrsprachigkeit/Lokalisierung

Die PowerShell unterstützt (seit Version 2.0) die Lokalisierung von Skripten durch das Anlegen von mehreren Datendateien für unterschiedliche Sprachregionen. Dabei verwendet die PowerShell ein Verfahren, das angelehnt ist an das im .NET Framework verwendete Lokalisierungsverfahren.

Sprachen unterscheidet die PowerShell wie das .NET Framework mit Sprachkürzeln, z. B. „de" für die deutsche Sprache und „en" für die englische Sprache. Man kann auch genauer nach Regionen differenzieren, z. B. „de-DE" für die deutsche Sprache in Deutschland, „de-CH" für die deutsche Sprache in der Schweiz, „en-GB" für Englisch in England und „en-US" für Englisch in den USA.

Sofern im Skript keine andere Weisung erfolgt, orientiert sich die PowerShell an der für die Windows-Benutzeroberfläche eingestellten Anzeigesprache (UI Culture), die immer aus Sprache und Region besteht. Wird die Kombination (z. B. „de-DE") nicht gefunden, wird nur nach der Sprache (z. B. „de") gesucht. Wird auch diese nicht gefunden, sucht die PowerShell nach einer Standardsprache (neutrale Sprache).

Zunächst legt man für jedes Sprachkürzel ein Unterverzeichnis relativ zum Pfad des Skripts an. Jedes Unterverzeichnis erhält eine sprachspezifische Kopie der .psd1-Datendatei, siehe Bild sowie folgende Listings.

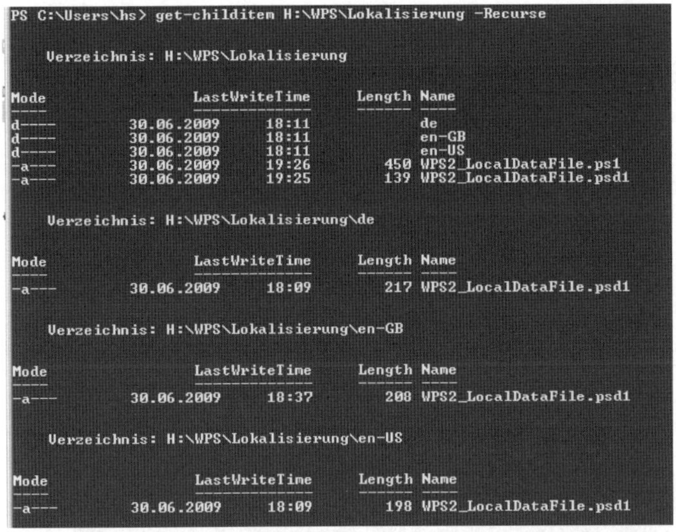

```
PS C:\Users\hs> get-childitem H:\WPS\Lokalisierung -Recurse

    Verzeichnis: H:\WPS\Lokalisierung

Mode                LastWriteTime     Length Name
----                -------------     ------ ----
d----        30.06.2009     18:11            de
d----        30.06.2009     18:11            en-GB
d----        30.06.2009     18:11            en-US
-a---        30.06.2009     19:26        450 WPS2_LocalDataFile.ps1
-a---        30.06.2009     19:25        139 WPS2_LocalDataFile.psd1

    Verzeichnis: H:\WPS\Lokalisierung\de

Mode                LastWriteTime     Length Name
----                -------------     ------ ----
-a---        30.06.2009     18:09        217 WPS2_LocalDataFile.psd1

    Verzeichnis: H:\WPS\Lokalisierung\en-GB

Mode                LastWriteTime     Length Name
----                -------------     ------ ----
-a---        30.06.2009     18:37        208 WPS2_LocalDataFile.psd1

    Verzeichnis: H:\WPS\Lokalisierung\en-US

Mode                LastWriteTime     Length Name
----                -------------     ------ ----
-a---        30.06.2009     18:09        198 WPS2_LocalDataFile.psd1
```

Bild 29.2 Verzeichnisstruktur für Lokalisierung mit Deutsch, britischem Englisch und amerikanischem Englisch sowie einer „neutralen" Sprache

Listing 29.5 Datendatei Data/en-GB/WPS2_LocalDataFile.psd1 – etwas höflicher als im Amerikanischen

```
ConvertFrom-StringData @'
# Standardmeldungen
Startmeldung = Script starts...
Endemeldung = Script finished!
# Besondere Meldungen
Fehlermeldung = An error occured: Don't work after 5 p.m.!
'@
Listing 5: Datendatei Data/en-US/WPS2_LocalDataFile.psd1
ConvertFrom-StringData @'
# Standardmeldungen
Startmeldung = Script starts...
Endemeldung = Script finished!
# Besondere Meldungen
Fehlermeldung = An error occured: Don't work after five o'clock, please!
'@
```

Bei `Import-LocalizedData` gibt man dann das Wurzelverzeichnis an. Die konkret zu ladende Datendatei richtet sich nach der aktuellen UICulture, die man mit dem Commandlet `Get-UICulture` oder der globalen Variablen `$PSUICulture` auslesen kann. `$PSUICulture` ist die eingestellte „Anzeigesprache". $PSCulture ist die „Formatsprache" für Datum, Uhrzeit und Währung.

Leider kann man auf `$PSUICulture` nicht schreibend zugreifen, um die Sprache im laufenden Programmcode zu ändern. Man kann aber, wie man es in .NET gewohnt ist, das Property `CurrentUICulture` im Objekt `[System.Threading.Thread]::CurrentThread` ändern (siehe Listing 6). Nach einem Ändern der Thread-Sprache muss man `Import–Localized-`

Data (erneut) aufrufen! Alternativ kann man bei Import-LocalizedData auch den zusätzlichen Parameter -UICulture de-de angeben.

Listing 29.6 Umschalten der Sprache im Ablauf einer Skriptdatei

```
[System.Threading.Thread]::CurrentThread.CurrentUICulture = New-Object
System.Globalization.CultureInfo("de-de")
$texte = Import-LocalizedData -BaseDirectory d:\Datafiles $Texte.Startmeldung
if ([DateTime]::Now.Hour -le 17) { Write-Host $Texte.Fehlermeldung }
$Texte.Endemeldung
```

Aber Achtung: Nach einem Umschalten mit CurrentUICulture aktualisieren sich die Werte, die Get-UICulture und $PSUICulture liefern, leider nicht, siehe Bild.

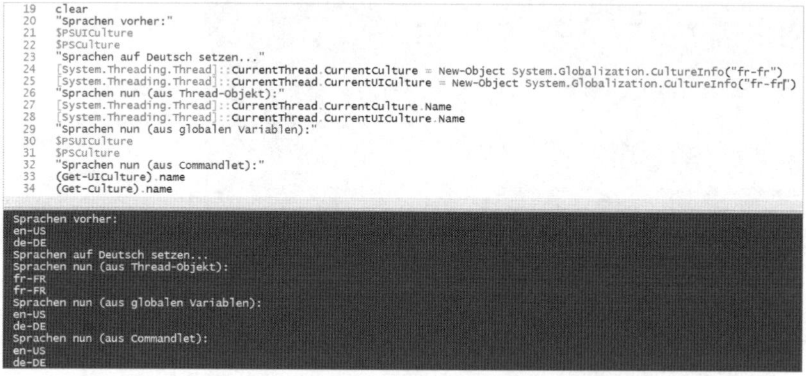

```
19   clear
20   "Sprachen vorher:"
21   $PSUICulture
22   $PSCulture
23   "Sprachen auf Deutsch setzen..."
24   [System.Threading.Thread]::CurrentThread.CurrentCulture = New-Object System.Globalization.CultureInfo("fr-fr")
25   [System.Threading.Thread]::CurrentThread.CurrentUICulture = New-Object System.Globalization.CultureInfo("fr-fr")
26   "Sprachen nun (aus Thread-Objekt):"
27   [System.Threading.Thread]::CurrentThread.CurrentCulture.Name
28   [System.Threading.Thread]::CurrentThread.CurrentUICulture.Name
29   "Sprachen nun (aus globalen Variablen):"
30   $PSUICulture
31   $PSCulture
32   "Sprachen nun (aus Commandlet):"
33   (Get-UICulture).name
34   (Get-Culture).name
```

```
Sprachen vorher:
en-US
de-DE
Sprachen auf Deutsch setzen...
Sprachen nun (aus Thread-Objekt):
fr-FR
fr-FR
Sprachen nun (aus globalen Variablen):
en-US
de-DE
Sprachen nun (aus Commandlet):
en-US
de-DE
```

Bild 29.3 Get-UICulture und $PSUICulture liefern keine aktuellen Werte.

30 Desired State Configuration (DSC)

Desired State Configuration (DSC) ist ein deklaratives Verfahren zur Systemkonfiguration, das Microsoft mit der PowerShell Version 4.0 erstmals eingeführt hatte.

HINWEIS: Während DSC zu Zeiten von PowerShell 4.0 noch einen sehr bescheidenen Funktionsumfang hatte, gibt es mittlerweile doch einige DSC-Ressourcen. Allerdings liefert Microsoft diese nicht mit der PowerShell oder Windows aus, sondern stellt sie über die PowerShell Gallery unter dem Oberbegriff „DSC Resource Kit" [siehe *http://www.powershellgallery.com/packages?q=Tags%3A% 22DSCResourceKit%22*] zum Nachladen zur Verfügung. Zum Stand 4.12.2015 gibt es dort 229 Ressourcen.

Allerdings fällt auf, dass alle diese Ressourcen mit einem „x" beginnen, wobei dieser Buchstabe für „experimentell" steht, d. h., Microsoft gibt keinerlei Support für diese Ressourcen. Sie können bei Problemen damit also nicht bei Microsoft anrufen!

Seit April 2015 ist das „DSC Resource Kit" - wie viele andere Microsoft-Produkte im Namen der neuen Offenheit des Unternehmens - im Status „Open Source". Den Quellcode, den jedermann auch nach Belieben verändern darf, finden Sie unter

https://github.com/powershell/dscresources und

https://github.com/Microsoft/PowerShell-DSC-for-Linux.

HINWEIS: Noch ein Vorwort zu DSC: Sie werden in diesem Kapitel sehen, dass DSC an einigen Stellen zu kompliziert ist und der Aufwand höher ist als mit normalen PowerShell-Commandlets und -Skripten. Dennoch soll DSC hier im Buch nicht verschwiegen werden. DSC kann durch die idempotente Ausführung auch prägnanter sein, wenn die DSC-Ressourcen mächtig genug sind.

Entscheiden Sie selbst, was Ihnen besser gefällt.

30.1 Grundprinzipien

Bei klassischer scriptbasierter Konfiguration legt der Administrator die einzelnen Schritte zur Zielkonfiguration fest. Er muss in der Regel vor Beginn eines Konfigurationsschritts prüfen, ob die Konfiguration schon vorhanden ist, bevor er sie ausführt. Auch das Rückgängigmachen einer Konfiguration muss er durch einzelne explizite Schritte realisieren und dabei insbesondere Fälle berücksichtigen, dass eine komplexere Konfiguration vielleicht nur teilweise vorhanden ist.

Bei DSC hingegen beschreibt der Administrator deklarativ nur das Ziel einer Konfiguration. DSC ist selbst in der Lage, den aktuellen Zustand zu prüfen, einen nicht notwendigen Schritt zu überspringen, eine aus (vielen) Teilen bestehende Konfiguration durchzusetzen und auch diese Schritte wieder rückgängig zu machen.

HINWEIS: Aus der Sicht von DSC ist es kein Fehler, wenn eine Konfiguration (oder Teile davon) schon vorhanden ist (idempotente Ausführung).

Alle DSC-Prozesse werden ausgeführt von einem Windows-Systembaustein namens „Local Configuration Manager" (LCM).

30.2 DSC für Linux

Microsoft liefert mittlerweile auch eine rudimentäre DSC-Implementierung zur Verwaltung von Linux-Systemen, da Microsoft mit seiner Cloud-Plattform „Azure" auch als Linux-Hoster tätig ist. Die Implementierung basiert aber auf Linux-Seite nicht auf der PowerShell, da es die PowerShell (noch) nicht für Linux gibt, sondern auf Python.

Auf dem Linux-System werden benötigt:

- Open Management Infrastructure (OMI)
- Python and Python ctypes
- libcurl
- openssl
- DSC-Implementierung für Linux

Die DSC-Implementierung liefert Microsoft für die Distributionen SUSE, Red Hat, Ubuntu, Oracle, Debian und CentOS unter *https://www.microsoft.com/en-us/download/details.aspx?id=49150*. Alternativ findet man den Quellcode unter *https://github.com/Microsoft/PowerShell-DSC-for-Linux*. Eine Installationsanleitung findet man unter *https://github.com/Microsoft/PowerShell-DSC-for-Linux*. Danach ist sowohl eine Fernkonfiguration von Windows (via PowerShell) aus als auch eine Konfiguration auf Linux selbst (via Python-Skripte) möglich.

30.3 Ressourcen

DSC kennt „Ressourcen". Für eine Ressource (z. B. Benutzer, Gruppen, Dienste, Umgebungsvariablen, Prozesse, Registry) definiert der Administrator den Zielzustand. Zu jeder konfigurierbaren Ressource gibt es in der PowerShell einen DSC-Ressourcentyp (z. B. User, Group, Service, Environment, Process, Registry).

Eine sehr universelle Ressource ist die „Script"-Ressource. Mit dieser kann man beliebige PowerShell-Skripte in einer DSC-Datei verwenden und so auch Aktionen ermöglichen, die nicht durch eine der bestehenden Ressourcen abgedeckt sind. Das Pendant unter Linux, das beliebige Shell-Sprachen unterstützt, ist die Ressource „nxScript".

TIPP: Die Ressourcentypen sind erweiterbar. Zusätzliche Ressourcen gibt es in der PowerShell Gallery: *http://www.powershellgallery.com*. Man kann auch selbst eigene Ressourcen schreiben.

30.4 Verfügbare DSC-Ressourcen

Die Tabelle zeigt die mit PowerShell 5.x ausgelieferten DSC-Ressourcen (das sind nur wenige, von denen hier alle genannt sind) sowie ausgewählte DSC-Ressourcen aus der PowerShell Gallery (das sind viele, von denen hier nur wenige genannt sind) zur Verwaltung von Windows, Microsoft Azure (Cloud) und Linux.

Tabelle 30.1 Eine kleine Auswahl der verfügbaren DSC-Ressourcentypen

Ressource	Bedeutung und wichtige Eigenschaften	Quelle
Archive	Entpacken von ZIP-Dateien. Die Quelle ist bei Path anzugeben, das Ziel bei DestinationPath.	PowerShell 5.x
Environment	Einstellen einer Umgebungsvariablen, die durch Name und Value festgelegt ist	PowerShell 5.x
File	Verwaltung von Dateien und Ordnern. Mit Type unterscheidet man File und Directory. DestinationPath legt den Zielpfad fest, Contents den Inhalt. SourcePath ist die Quelle, Recurse=$true oder $false die Rekursion.	PowerShell 5.x
Group	Erstellen von Benutzergruppen. GroupName ist der Name der Gruppe, Members legt die Mitglieder fest.	PowerShell 5.x
Log	Eintrag im Ereignisprotokoll. Einzige Eigenschaft ist Message.	PowerShell 5.x

(Fortsetzung nächste Seite)

Tabelle 30.1 Eine kleine Auswahl der verfügbaren DSC-Ressourcentypen *(Fortsetzung)*

Ressource	Bedeutung und wichtige Eigenschaften	Quelle
Package	Installationspakete (MSI oder setup.exe). **Name** ist der Paketname, **Pfad** die Herkunft. Pflichtangabe ist auch die GUID **ProductID**. Mit **Arguments** kann man Parameter übergeben. **ReturnCode** spezifiziert den erwarteten Rückgabewert.	PowerShell 5.x
WindowsProcess	Start von Prozessen. Die Herkunft wird über **Path** festgelegt, die Parameter über **Arguments**. **WorkingDirectory** ist das Arbeitsverzeichnis.	PowerShell 5.x
Registry	Erstellen von Registry-Einträgen mit **Key**, **ValueName**, **ValueType** und **ValueData**	PowerShell 5.x
WindowsFeature, WindowsOptionalFeature	Installieren von Windows-Server-Rollen (vgl. **Add-WindowsFeature**). Die zu installierende Rolle wird durch **Name** festgelegt. Dies ist nur möglich auf Windows-Server-Betriebssystemen.	PowerShell 5.x
Script	Allgemeiner Ressourcentyp, um beliebige PowerShell-Skripte auszuführen. Dabei sind drei Skripte anzugeben: **TestScript** prüft, ob die Konfiguration vorhanden ist. **SetScript** führt die Konfiguration aus, wenn **TestScript** den Rückgabewert **$false** lieferte. **GetScript** liefert eine Hashtable mit der Konfiguration.	PowerShell 5.x
Service	Zustandsänderung von Windows-Systemdiensten. **Name** ist der Dienstname, **State** der gewünschte Zustand (**Running** oder **Stopped**). Auch **StartType** und ein Konto (**BuildInAccount** oder **Credentials**) kann man angeben.	PowerShell 5.x
User	Anlegen eines lokalen Benutzers, der durch **UserName**, **Description**, **Fullname** und **Password** festgelegt wird. Außerdem kann man **PasswordChangeNotAllowed**, **PasswordChangeRequired** und **PasswordNeverExpires** jeweils auf **$true** oder **$false** setzen.	PowerShell 5.x
Computer	Benennen eines Computers und Hinzufügen zu einer Domäne oder Arbeitsgruppe. Eigenschaften sind **Name**, **Domain** und **Workgroup**.	DSC Resource Kit
xVHD	Anlegen von VHD-Dateien	DSC Resource Kit
xVMHyperV	Anlegen von virtuellen Systemen in HyperV	DSC Resource Kit
xVMSwitch	Anlegen eines virtuellen Netzwerkswitch in HyperV	DSC Resource Kit
xDNSServerAddress	Festlegen von DNS-Servern in der Netzwerkkonfiguration	DSC Resource Kit
xWebsite	Verbreiten und Konfigurieren einer Website in den Internet Information Services (**Name**, **PhysicalPath**, **State**, **Protocol**, **BindingInfo**, **ApplicationPool**)	DSC Resource Kit

Ressource	Bedeutung und wichtige Eigenschaften	Quelle
xIPAdress	Festlegen der IP-Adresse einer Netzwerkverbindung	DSC Resource Kit
xFirefox, Chrome	Installation der aktuellen Version des Firefox-Browsers und des Chrome-Browsers	DSC Resource Kit
xWinEventLog	Konfiguration der Windows-Ereignisprotokolle	DSC Resource Kit
xSmbShare	Erstellen einer Dateisystemfreigabe	DSC Resource Kit
xExch…	Diverse Ressourcen zur Microsoft-Exchange-Server-Konfiguration	DSC Resource Kit
xADUser, xADDomainTrust, xADDomainController, xADDomain, xWaitForADDomain	Active-Directory-Konfiguration	DSC Resource Kit
xAzureVM	Verwalten virtueller Machines im Cloud-Dienst „Microsoft Azure"	PowerShell Gallery
xAzureSQLDatabase	Verwalten von SQL-Datenbanken im Cloud-Dienst „Microsoft Azure"	PowerShell Gallery
nxComputer	Verwalten von Computername, Domänenname und Zeitzone auf einem Linux-System	PowerShell Desired State Configuration for Linux
nxIPAddress	IP-Adresskonfiguration auf einem Linux-System	PowerShell Desired State Configuration for Linux
nxService	Dienste auf Linux-Systemen	PowerShell Desired State Configuration for Linux
nxFile	Dateien und Ordner auf Linux-Systemen	PowerShell Desired State Configuration for Linux
nxPackage	Softwarepakete auf Linux-Systemen	PowerShell Desired State Configuration for Linux
nxUser	Lokale Benutzer auf Linux-Systemen	PowerShell Desired State Configuration for Linux
nxGroup	Lokale Gruppen auf Linux-Systemen	PowerShell Desired State Configuration for Linux
nxScript	Ausführung beliebiger Linux-Skripte, wo die Skriptsprache durch ein Shebang (z. B. #!/bin/sh oder #!/bin/bash) zu Beginn des Skripts definiert werden muss	PowerShell Desired State Configuration for Linux
nxEnvironment	Umgebungsvariablen auf Linux-Systemen	PowerShell Desired State Configuration for Linux

30.5 Eigenschaften einer Ressource

Ressourcen haben Eigenschaften, die die Arbeit der Ressource steuern und den Zielzustand festlegen. Die Eigenschaften werden gemäß der Syntax `Name="Wert"` zugewiesen.

Alle Ressourcen haben folgende gemeinsamen Eigenschaften:

- `Ensure="Present"` oder `"Absent"`: Diese Eigenschaft sorgt dafür, dass eine Konfiguration durchgesetzt (falls sie nicht vorhanden ist) oder rückgängig gemacht wird (falls sie vorhanden ist).
- `DependsOn="[Ressourcentypename]RessourceName"` ist ein Verweis auf einen Ressourcenblock in derselben DSC-Datei. Die dortige Bedingung muss erfüllt sein, bevor dieser Ressourcenblock ausgeführt werden kann. Leider kann man hier nicht mehrere Ressourcenblöcke angeben (zumindest ist bei Microsoft nicht dokumentiert, wie es gehen soll, und zahlreiche Versuche mit verschiedenen Syntaxformen haben nicht zum Ziel geführt).

Mit der Eigenschaft `PSDSCRunAsCredential`, die seit PowerShell 5.0 auf allen Ressourcen verfügbar ist, kann eine Ressourcenkonfiguration unter einem abweichenden Benutzerkonto laufen. Mit partiellen DSC-Konfigurationen kann der Benutzer eine Ressourcendeklaration auf mehrere Dateien aufteilen.

30.6 Aufbau eines DSC-Dokuments

DSC-Dokumente deklarieren Eigenschaften für bestimmte Instanzen von Ressourcen. Ein DSC-Dokument beginnt mit dem Schlüsselwort `configuration`, gefolgt von dem im Rahmen der gültigen PowerShell-Bezeichner frei wählbaren Namen der Konfiguration. In geschweiften Klammern folgt ein DSC-Knoten (engl. Node) mit einem Rechnernamen oder einer IP-Adresse. Innerhalb der DSC-Knoten gibt es einen oder mehrere DSC-Ressourcenblöcke. Jeder Ressourcenblock bezieht sich auf eine Ressourceninstanz und legt deren Eigenschaften fest. Der Ressourcenblock beginnt mit Ressourcennamen und dann einem im Rahmen der gültigen PowerShell-Bezeichner frei wählbaren Namen für den Block. Ein DSC-Knoteneintrag kann fehlen, d. h., `configuration { }` kann direkt DSC-Ressourcenblöcke enthalten. In diesem Fall bezieht sich die Konfiguration auf den lokalen Rechner.

Es darf auch mehrere DSC-Knoteneinträge in einer Datei geben. Es darf innerhalb einer Konfiguration und innerhalb eines DSC-Knoteneintrags mehrere Einträge für den gleichen Ressourcentyp, aber nicht für die gleiche Ressourceninstanz geben. Zudem muss jeder Ressourcenblock aber einen eindeutigen Namen haben, sonst kommt es zum Fehler „duplicate resource identifier".

30.7 Commandlets für die Arbeit mit DSC

Für die Nutzung von DSC gibt es einige Commandlets.

Tabelle 30.2 DSC-Commandlets

Commandlet	Beschreibung
Start-DscConfiguration	Ausführen einer Konfiguration
Get-DscConfiguration	Liest die zuletzt auf einen Computer angewendete DSC-Konfiguration aus
Get-DscResource	Liste aller lokal installierten DSC-Ressourcentypen in Form von Instanzen von DscResourceInfo. Dieses Commandlet findet auch die selbst erstellten und bereits kompilierten Konfigurationen.
Test-DscConfiguration	Prüft, ob auf einem Computer die gewünschte Konfiguration vorhanden ist
Restore-DscConfiguration	Wiederherstellen der vorherigen Konfiguration
Get-DscLocalConfigurationManager	Auslesen der Konfiguration des „Local Configuration Manager"
New-DscCheckSum	Erzeugt Prüfsummen für DSC-Dateien und DSC-Ressourcentypen
Restore-DscConfiguration	Setzt einen Computer auf einen vorherigen Zustand zurück
Set-DscLocalConfigurationManager	Ändern der Konfiguration des „Local Configuration Manager"

30.8 Ein erstes DSC-Beispiel

Das folgende Listing zeigt ein minimales Beispiel für eine DSC-Datei mit dem Konfigurationsnamen „DSCErstesBeispiel" mit einem DSC-Knoten und zwei DSC-Ressourcenblöcken mit Namen „RegEintrag1Erzeugen" und „RegEintrag2Erzeugen" für den Ressourcentyp Registry, die dafür sorgen, dass es zwei Windows-Registrierungsdatenbankeinträge „Inhaber" und „Produkte" im Schlüssel „HKEY_LOCAL_MACHINE\SOFTWARE\www.IT-Visions.de" gibt. Die Konfiguration wird auf dem lokalen System ausgeführt, was durch „node localhost" ausgedrückt wird.

Diese Datei kann man unter beliebigem Namen ablegen, gefolgt von der Dateinamenserweiterung .ps1. Es bietet sich an, die Datei wie die Konfiguration zu benennen, also DSCErstesBeispiel.ps1.

Listing 30.1 /2_Aufbauwissen/DSC/DSCErstesBeispiel.ps1

```
"Lade DSC..."
configuration DSCErstesBeispiel
{
node localhost
{
    Registry RegEintrag1Erzeugen
    {
    Ensure ="Present"
    Key ="HKEY_LOCAL_MACHINE\SOFTWARE\www.IT-Visions.de"
    ValueName="Inhaber"
    ValueData="Dr. Holger Schwichtenberg"
    }
    Registry RegEintrag2Erzeugen
    {
    Ensure ="Present"
    Key ="HKEY_LOCAL_MACHINE\SOFTWARE\www.IT-Visions.de"
    ValueName="Produkte"
    ValueData="Schulung,Beratung,Support"
    }
}
}
"DSC ist geladen!"
```

▪ 30.9 Kompilieren und Anwendung eines DSC-Dokuments

Das DSC-Dokument muss für die Ausführung in das Managed Object Format (MOF), das die Desktop Management Task Force (DMTF) im Rahmen des Common Information Model (CIM) spezifiziert hat (vgl. *https://www.dmtf.org/education/mof*), umgewandelt werden. MOF basiert auf der Interface Definition Language (IDL).

Um das DSC-Dokument anzuwenden, sind drei Schritte notwendig:

1. Das DSC-Dokument muss ausgeführt werden wie eine normale PowerShell-Skriptdatei (in der ISE oder an der Kommandozeile). Normalerweise erhält man dabei keine Ausgabe. In dem Fall des obigen ersten Beispiels erhält man eine Ausgabe, weil vor und nach dem configuration-Block noch Ausgabebefehle stehen.
2. Nun kompiliert man die Konfiguration, indem man den Namen der Konfiguration an der Konsole wie den Namen einer PowerShell-Funktion ausführt. Das Ergebnis ist eine MOF-Datei. Die PowerShell antwortet mit dem Namen der erzeugten MOF-Datei. Dies ist im obigen Fall, wo es keinen dedizierten DSC-Knoten gibt, der Name „localhost.mof". Die Datei landet in einem Unterverzeichnis, das so heißt wie die Konfiguration. Man sollte dabei aufpassen, wo man mit dem aktuellen Verzeichnis steht, denn die Datei wird relativ zum aktuellen Standort abgelegt.

3. Im letzten Schritt wird nun die kompilierte MOF-Datei ausgeführt und damit die Konfiguration angewendet. Dies erfolgt mit dem Commandlet `Start-DscConfiguration` erneut unter Angabe des Konfigurationsnamens.

```
Start-DscConfiguration DSCErstesBeispiel -Wait -Verbose
```

Normalerweise wird die Konfiguration in einem Hintergrundjob ausgeführt, sodass der Windows-Benutzer nichts davon sieht; er müsste mit `Get-Job` den Job-Status abfragen. Mit `-Wait` wird bestimmt, dass die Konfiguration interaktiv gestartet wird. `-Verbose` sorgt wie immer für eine detaillierte Ausgabe.

Die folgende Bildschirmabbildung zeigt die Ausgabe des obigen Ablaufs. Die Verbose-Ausgabe zeigt dem Nutzer hier an, dass der Schlüssel noch nicht existierte.

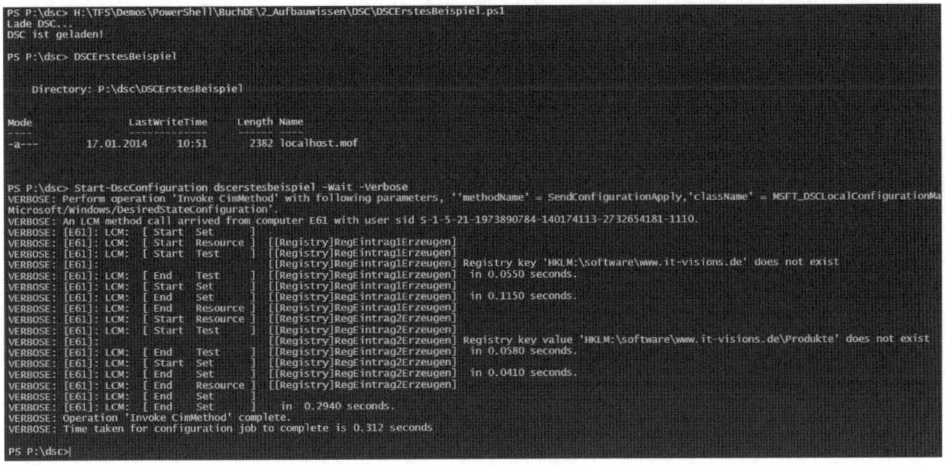

Bild 30.1 Ablauf des ersten Beispiels

Um die gleiche Konfiguration noch einmal auszuführen, muss man nur den dritten Schritt wiederholen. Wenn die Windows-Registrierungsdatenbankeinträge schon vorhanden sind, lautet die Meldung Found registry key value 'HKLM:\software\www.it-visions.de\Produkte' with type 'String' and data 'Schulung,Beratung,Support'.

Dies ist aber keine Fehlermeldung. Aus der Sicht von DSC ist es eben im Sinne einer idempotenten Ausführung kein Fehler, wenn eine Konfiguration schon vorhanden ist.

Ob die Konfiguration erfolgreich angewendet ist, kann man mit `Test-DscConfiguration` prüfen. Das Commandlet antwortet mit `true` oder `false`.

TIPP: Man kann die Ausführungsschritte 2 und 3 natürlich automatisieren, indem man sie mit in die DSC-Konfigurationsdatei packt, da dort beliebige PowerShell-Befehle vor und nach dem configuration {}-Block möglich sind.

Listing 30.2 /2_Aufbauwissen/DSC/DSCErstesBeispiel.ps1 mit automatischer Ausführung

```
"Lade DSC..."
configuration DSCErstesBeispiel
{
    Registry RegEintrag1Erzeugen
    {
    Ensure ="Present"    Key ="HKEY_LOCAL_MACHINE\SOFTWARE\www.IT-Visions.de"
    ValueName="Inhaber"
    ValueData="Dr. Holger Schwichtenberg"
    }
    Registry RegEintrag2Erzeugen
    {
    Ensure ="Present"
    Key ="HKEY_LOCAL_MACHINE\SOFTWARE\www.IT-Visions.de"
    ValueName="Produkte"
    ValueData="Schulung,Beratung,Support"
    }
}
"DSC ist geladen und wird nun kompiliert"
DSCErstesBeispiel
"DSC ist kompiliert und wird nun gestartet"
Start-DscConfiguration DSCErstesBeispiel -wait -Verbose
```

■ 30.10 Variablen in DSC-Dateien

In der nachstehenden Variante des ersten Beispiels werden drei Variablen zu Beginn der Datei definiert, die dann in der DSC-Konfiguration zum Einsatz kommen. Zudem erfolgt die Ausführung nicht mehr auf „localhost", sondern auf einem entfernten Rechner, der auch durch eine Variable festgelegt ist.

HINWEIS: Im nächsten Listing sieht man auch, dass PowerShell-Syntax innerhalb des Konfigurationsdokuments zum Einsatz kommen darf. Neben einer Variablendeklaration ist auch ein Zugriff auf PowerShell-Commandlets wie Get-Date (siehe „RegEintrag3Erzeugen") möglich. Dies ist jedoch kein K. o.-Kriterium für die Plattformunabhängigkeit, denn diese Ausdrücke werden nicht auf dem Zielsystem, sondern schon vorher beim Kompilieren des DSC-Konfigurationsdokuments ausgewertet.

Listing 30.3 [2_Aufbauwissen\DSC\DSC_ErstesBeispiel_RemoteVariablen.ps1]

```
$computer = "D130"
$Firma = "www.IT-Visions.de"
$Aufrufer = [System.Environment]::machinename
"Lade DSC..."
configuration DSCErstesBeispiel
{
node $computer
{
    Registry RegEintrag1Erzeugen
    {
    Ensure ="Present"
    Key ="HKEY_LOCAL_MACHINE\SOFTWARE\$Firma"
    ValueName="Inhaber"
    ValueData="Dr. Holger Schwichtenberg"
    }
    Registry RegEintrag2Erzeugen
    {
    Ensure ="Present"
    Key ="HKEY_LOCAL_MACHINE\SOFTWARE\$Firma"
    ValueName="Produkte"
    ValueData="Schulung,Beratung,Support"
    }
    Registry RegEintrag3Erzeugen
    {
    Ensure ="Present"
    Key ="HKEY_LOCAL_MACHINE\SOFTWARE\$Firma"
    ValueName="Computername"
    ValueData="Erstellt von $Aufrufer"
    }
     Registry RegEintrag3Erzeugen
    {
    Ensure ="Present"
    Key ="HKEY_LOCAL_MACHINE\SOFTWARE\$($ConfigurationData.Firma)"
    ValueName="Angelegt am"
    ValueData=$(Get-date)
    }

}
}
"DSC ist geladen!"
DSCErstesBeispiel
"DSC ist kompiliert"
Start-DscConfiguration DSCErstesBeispiel -verbose -wait
```

■ 30.11 Parameter für DSC-Dateien

DSC-Dateien können Parameter besitzen, die festgelegt werden wie Parameter von PowerShell-Funktionen in param()-Blöcken, siehe nächstes Listing. Die Werte für die Parameter müssen beim Kompilieren der MOF-Datei angegeben werden. Wenn Pflichtparameter fehlen, wird die PowerShell den Benutzer um interaktive Eingabe bitten.

Das folgende Listing zeigt eine Variante des ersten Beispiels nun mit vier Parametern: einen für den Rechnernamen und drei für die Windows-Registrierungsdatenbankeinträge.

Listing 30.4 /2_Aufbauwissen/DSC/DSCZweitesBeispielMitParametern.ps1

```
"Lade DSC..."
configuration DSCErstesBeispielMitParametern
{
param(
[Parameter(mandatory)][string]$Rechner,
[Parameter(mandatory)][string]$Firma,
[Parameter(mandatory)][string]$Inhaber,
[Parameter(mandatory)][string]$Produkte)

node $Rechner
{
    Registry RegEintrag1Erzeugen
    {
    Ensure ="Present"
    Key ="HKEY_LOCAL_MACHINE\SOFTWARE\$Firma"
    ValueName="Inhaber"
    ValueData=$Inhaber
    }
    Registry RegEintrag2Erzeugen
    {
    Ensure ="Present"
    Key ="HKEY_LOCAL_MACHINE\SOFTWARE\$Firma"
    ValueName="Produkte"
    ValueData=$Produkte
    }
}
}
"DSC ist geladen!"
DSCErstesBeispielMitParametern -Rechner D140 -Firma "www.IT-Visions.de" -Inhaber
"Dr. Holger Schwichtenberg" -Produkte "Schulung, Beratung, Support"
"DSC ist kompiliert"
Start-DscConfiguration DSCErstesBeispielMitParametern -verbose -wait
```

■ 30.12 Konfigurationsdaten

Anstelle der Übergabe einzelner Parameter unterstützt DSC auch die Konfigurationsdatenübergabe in einer dreifach verschachtelten Hashtable.

 ACHTUNG: Die Begrifflichkeiten, die Microsoft hier für verschiedene Dinge verwendet, liegen leider eng beieinander. Ein Konfigurationsdokument beschreibt eine Konfiguration, die zusätzliche Konfigurationsdaten beim Kompilieren erhalten kann.

Dabei ist „AllNodes" ein feststehender Ausdruck, mit dem man eine Liste von Computern (wieder als Hashtable) festlegen kann, auf die die Konfiguration anzuwenden ist. Die AllNodes-Hashtable muss dann wieder eine Hashtable sein (das ist dann die dritte Schachtelungsebene) mit einem Eintrag „NodeName" (auch dieser Name ist festgesetzt von Microsoft). Der NodeName enthält den Computernamen oder die IP-Adresse.

Darüber hinaus darf es aber auch noch weitere Einträge geben, die dann spezifisch für den Computer sind. Die Rechnernamen in „AllNodes" dürfen nicht doppelt vorkommen!

Darüber hinaus darf es auf der ersten Ebene der Konfigurations-Hashtable auch beliebige eigene Einträge geben, die dann für alle Rechner gelten.

Der folgende Listingausschnitt zeigt eine Konfigurations-Hashtable mit vier Rechnernamen bei „AllNodes" und drei benutzerdefinierten Einträgen für die Eingabedaten.

```
$Konfiguration = @{
  # Eingabedaten
    Firma = "www.IT-Visions.de";
    Inhaber = "Dr. Holger Schwichtenberg";
    Produkte = "Schulung, Beratung, Support";

  # Rechnerliste
    AllNodes = @(
        @{
          NodeName="D130";
          Aufgabe ="Arbeitsplatz 1. Etage"
        }
        @{
          NodeName="D140"
          Aufgabe ="Arbeitsplatz 2. Etage"
        }
        @{
          NodeName="Server103"
          Aufgabe ="Fileserver"
        }
        @{
          NodeName="Server108"
          Aufgabe ="DC"
        }
    )
}
```

Diese Variable mit der Hashtable ist mit dem Parameter -ConfigurationData beim Kompilieren der MOF-Datei anzugeben:

```
DSCErstesBeispielMitParametern -ConfigurationData $ Konfiguration
```

Innerhalb der Ressourcenkonfiguration gibt es drei feststehende Variablen, um die Konfigurationsdaten zu nutzen:

- `$AllNodes` ist die Liste aller Knoten. Hier ist Filtern mit `.Where{Bedingung}` möglich.
- `$Node` ist der jeweils aktuelle Knoten.
- `$ConfigurationData`: Zugriff auf die selbst definierten Einträge

Das nachstehende vollständige Listing zeigt dann auch, wie die Einträge über `$AllNodes.NodeName` und `$ConfigurationData.Name` innerhalb der Ressourcenkonfiguration genutzt werden können. Die Konfiguration filtert dabei auf solche Rechner, deren Name mit einem „D" beginnt.

Listing 30.5 [2_Aufbauwissen\DSC\DSC_ErstesBeispiel_Konfigdaten.ps1]

```
"Lade DSC..."
configuration DSCErstesBeispiel_Konfigdaten
{
node $AllNodes.NodeName.Where{$_.StartsWith('D')}
{
    Registry RegEintrag1Erzeugen
    {
    Ensure ="Present"
    Key ="HKEY_LOCAL_MACHINE\SOFTWARE\$($ConfigurationData.Firma)"
    ValueName="Inhaber"
    ValueData=$($ConfigurationData.Inhaber)
    }
    Registry RegEintrag2Erzeugen
    {
    Ensure ="Present"
    Key ="HKEY_LOCAL_MACHINE\SOFTWARE\$($ConfigurationData.Firma)"
    ValueName="Produkte"
    ValueData=$($ConfigurationData.Produkte)
    }
    Registry RegEintrag3Erzeugen
    {
    Ensure ="Present"
    Key ="HKEY_LOCAL_MACHINE\SOFTWARE\$($ConfigurationData.Firma)"
    ValueName="Angelegt am"
    ValueData=$(Get-date)
    }
    Registry RegEintrag4Erzeugen
    {
    Ensure ="Present"
    Key ="HKEY_LOCAL_MACHINE\SOFTWARE\$($ConfigurationData.Firma)"
    ValueName="Rechneraufgabe"
    ValueData=$($Node.Aufgabe)
    }
}
}

$Konfiguration = @{
  # Eingabedaten
    Firma = "www.IT-Visions.de";
    Inhaber = "Dr. Holger Schwichtenberg";
    Produkte = "Schulung, Beratung, Support";

  # Rechnerliste
    AllNodes = @(
        @{
          NodeName="D130";
          Aufgabe ="Arbeitsplatz 1. Etage"
          }
        @{
          NodeName="D140"
          Aufgabe ="Arbeitsplatz 2. Etage"
          }
        @{
```

```
            NodeName="Server103"
            Aufgabe ="Fileserver"
         }
         @{
            NodeName="Server108"
            Aufgabe ="DC"
         }
      )
}


"DSC ist geladen!"
DSCErstesBeispiel_Konfigdaten -ConfigurationData $Konfiguration

"DSC ist kompiliert"
Start-DscConfiguration DSCErstesBeispiel_Konfigdaten -wait -force
```

■ 30.13 Entfernen einer DSC-Konfiguration

Das Entfernen einer DSC-Konfiguration ist leider noch nicht so einfach, wie man es sich vorstellen würde. Ein „Undo-DscConfiguration"-Commandlet gibt es leider nicht. Das Commandlet `Restore-DscConfiguration` stellt zwar laut seiner Beschreibung die vorherige Konfiguration wieder her; das geht aber nur, wenn es vorher schon eine explizite DSC-Konfiguration gab. Wenn es auf dem Rechner noch gar keine DSC-Konfiguration gab, kann man nicht den vorherigen „nackten" Zustand wiederherstellen.

DSC speichert das jeweils aktuelle Konfigurationsdokument in der Datei C:\Windows\System32\Configuration\current.mof. Das Konfigurationsdokument der vorherigen Konfiguration liegt unter C:\Windows\System32\Configuration\previous.mof. Auch ein Administrator hat im Standard keinen Zugriff auf das Verzeichnis C:\Windows\System32\Configuration. Er kann die jeweils zuletzt angewendeten Konfigurationseinstellungen abrufen mit

```
Get-DscConfiguration | Format-Table
```

Zudem kann er die gespeicherten Konfigurationsdokumente löschen:

```
Remove-DscConfigurationDocument -Stage CurrentRemove-DscConfigurationDocument -Stage Previous
```

Wenn es vorher schon eine Konfiguration gab, sorgt `Restore-DscConfiguration` dafür, dass diese erneut ausgeführt wird. Das bedeutet aber nicht, dass die aktuelle Konfiguration rückgängig gemacht wird. Es kann aber natürlich sein, dass das vorherige Konfigurationsdokument die aktuellen Einstellungen überschreibt. Jedes Mal beim Aufruf von `Restore-DscConfiguration` tauscht DSC die Dokumente current.mof und previous.mof, sodass man zwischen den beiden letzten Konfigurationen beliebig hin- und herwechseln kann. Warum Microsoft hier nicht direkt eine beliebige Historie speichert, ist nicht nachvollziehbar.

Ein echtes Rückgängigmachen gibt es in DSC also bisher nicht. Der Administrator muss immer explizit Einstellungen wieder zurücksetzen. Das kann er in einem Konfigurationsdokument machen, indem er bei einer Ressource die Eigenschaft Ensure="Absent " festlegt.

Allerdings ist die Arbeit mit DSC nicht immer so einfach, wie sie es sein könnte. Wenn man zum Beispiel einen Registrierungsdatenbankschlüssel mit allen seinen Einträgen entfernen will, geht das so nicht:

```
Registry RegEintrag1Erzeugen
{
Ensure ="Absent"
Key ="HKEY_LOCAL_MACHINE\SOFTWARE\$Firma"
}
```

Die PowerShell beschwert sich: „Die Registry-Klasse erfordert, dass ein Wert vom Typ ‚String' für die ValueName-Eigenschaft angegeben wird." Das heißt: Man muss jeden Eintrag zu einem Schlüssel einzeln entfernen, wie das nächste Listing zeigt.

Listing 30.6 [2_Aufbauwissen\DSC\DSC_ErstesBeispiel_Absent_RegistryRessouce.ps1]

```
"Lade DSC..."
configuration DSCErstesBeispielMitParametern
{
node $AllNodes.NodeName
{
    Registry RegEintrag1Loeschen
    {
    Ensure ="Absent"
    Key ="HKEY_LOCAL_MACHINE\SOFTWARE\$Firma"
    ValueName="Inhaber"
    }
    Registry RegEintrag2Loeschen
    {
    Ensure ="Absent"
    Key ="HKEY_LOCAL_MACHINE\SOFTWARE\www.IT-Visions.de"
    ValueName="Produkte"
    }
    Registry RegEintrag3Loeschen
    {
    Ensure ="Absent"
    Key ="HKEY_LOCAL_MACHINE\SOFTWARE\www.IT-Visions.de"
    ValueName="Angelegt am"
    }
}
}

$ConfigurationData = @{
    AllNodes = @(
        @{
          NodeName="D130"
          }
        @{
          NodeName="D140"
          }
    )
}
```

```
"DSC ist geladen!"
DSCErstesBeispielMitParametern -ConfigurationData $configurationData
"DSC ist kompiliert"
Start-DscConfiguration DSCErstesBeispielMitParametern -verbose -wait -force
```

Eine etwas prägnantere Alternative ist der Einsatz der Script-Ressource. Diese besteht aus drei Codeblöcken:

- Bei der Anwendung der Konfiguration wird erst der TestScript-Codeblock aufgerufen. Nur wenn dieser $false liefert, wird die Aktion ausgeführt.
- Die Aktion, die dann ausgeführt werden soll, ist bei SetScript abzulegen.
- Der GetScript-Codeblock wird nur genutzt, wenn der PowerShell-Anwender mit Get-DSC-Configuration den Zustand der Konfiguration abfragt.

In der vorliegenden Aufgabe, der Entfernung eines Registrierungsdatenbankschlüssels mit Untereinträgen, ist die Aktion bei SetScript in einer Zeile realisiert:

```
Remove-Item "hklm:SOFTWARE\www.IT-Visions.de"
```

Das folgende Listing zeigt die ganze Lösung mit Script-Ressource.

Listing 30.7 [2_Aufbauwissen\DSC\DSC_ErstesBeispiel_Absent_ScriptRessource.ps1]

```
"Lade DSC..."
configuration DSCErstesBeispielMitParametern
{
node $AllNodes.NodeName
{
Script SchluesselLoeschen
{
    TestScript = { -not (Test-Path "hklm:SOFTWARE\www.IT-Visions.de") }
    SetScript = {
        Remove-Item "hklm:SOFTWARE\www.IT-Visions.de"
    }
    GetScript = { @{result = "Schlüssel vorhanden: " + (Test-Path
"hklm:SOFTWARE\www.IT-Visions.de")} }

}

}
}

$ConfigurationData = @{
    AllNodes = @(
        @{
            NodeName="D130"
        }
        @{
            NodeName="D140"
        }
    )
}
"DSC ist geladen!"
DSCErstesBeispielMitParametern -ConfigurationData $configurationData
"DSC ist kompiliert"
Start-DscConfiguration DSCErstesBeispielMitParametern -verbose -wait -force
```

HINWEIS: An dieser Stelle ist es angebracht, einmal deutlich Kritik an DSC zu üben. DSC ist manchmal zu umständlich, wenn man sich ansieht, dass man die Aufgabe des Löschens eines Registrierungsdatenbankschlüssels auf mehreren Rechnern **ohne DSC** mit nur einem PowerShell-Commandlet in einer Zeile lösen kann:

```
invoke-command -ComputerName d140,d130 -scriptblock { rd "hklm:SOFTWARE\www.IT-Visions.de"}
```

■ 30.14 DSC Pull Server

Bisher erfolgte in diesem Kapitel die Verbreitung der Konfigurationen im „Push-Modus", d. h., ein Rechner hat die Konfiguration an einen anderen gesendet, der zu diesem Zeitpunkt erreichbar sein musste.

Ein „DSC Pull Server" ist im Gegensatz dazu ein Webdienst, bei dem sich die Computer in regelmäßigen Abständen ihre Konfiguration durch eine HTTP-Anfrage abholen können.

Ein „Pull Server" spricht das Open Data Protocol (OData) und wird in den Internet Information Services (IIS) von Windows gehostet. Eine Implementierung für Linux ist noch nicht verfügbar, aber mit absehbarem Aufwand möglich.

Die für den Pull-Modus konfigurierten Clients rufen dann periodisch die aktuellen Konfigurationsdokumente bei dem Pull Server ab. Das Abrufintervall darf in der aktuellen Implementierung aber nicht kleiner als 30 Minuten sein.

30.14.1 Einrichten des DSC Pull Servers

Ein DSC Pull Server kann auf einem Windows Server eingerichtet werden. Folgende Windows-Komponenten müssen dort installiert sein:

- Internet Information Services (IIS) (Rolle „Web Server")
- DSC Service

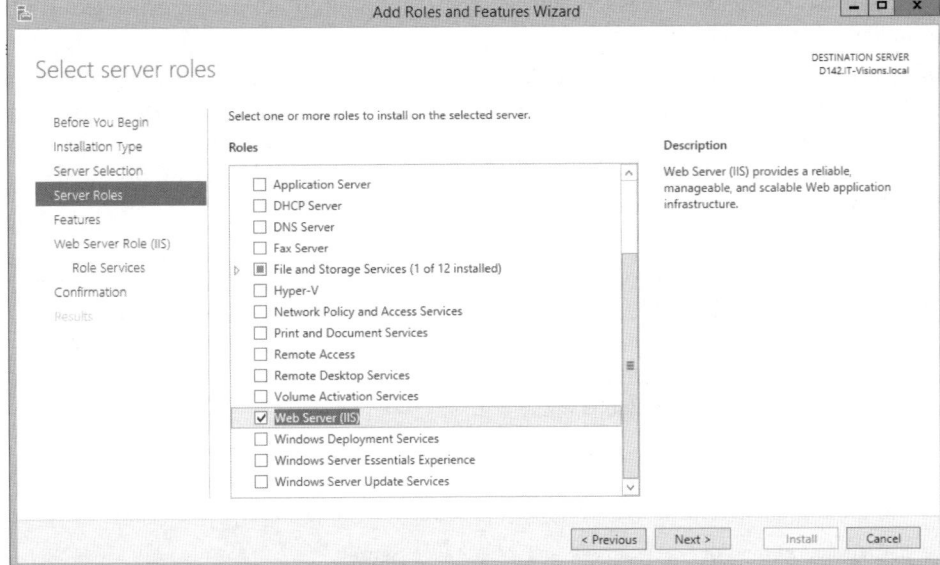

Bild 30.2 Installieren des IIS-Web Servers

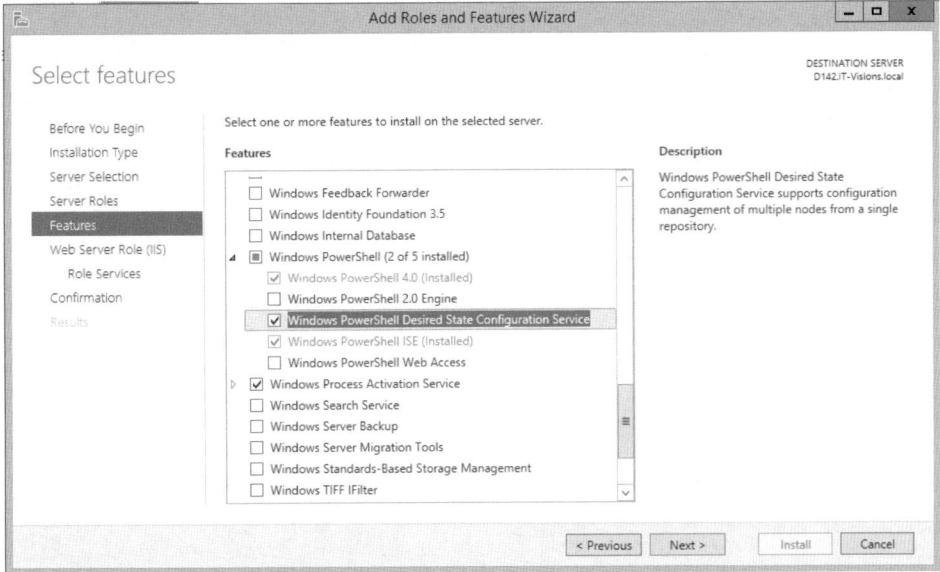

Bild 30.3 Installieren des DSC Service

Beide Installationen können auch per PowerShell-Commandlets erfolgen:

```
Install-WindowsFeature Web-Server
Install-WindowsFeature DSC-Service
```

Auch per DSC könnte man dies konfigurieren, siehe Abschnitt 30.15 „Praxisbeispiel 1: IIS installieren" in diesem Kapitel.

Danach ist der Pull Server zu konfiguieren. Dafür stellt Microsoft ein PowerShell-Modul „xPSDesiredStateConfiguration" bereit, das eine DSC-Ressource xDscWebService anbietet. Das nachstehende PowerShell-Skript mit eingebetteter DSC-Konfiguration ist eine modifizierte Variante eines Beispiels, das Microsoft beim PowerShell-Modul „xPSDesiredStateConfiguration" mitliefert.

HINWEIS: Das folgende Listing erstellt ein selbst signiertes SSL-Zertifikat für die Website des DSC Pull Servers. In der Praxis sollten Sie ein SSL-Zertifikat bei einer Zertifizierungsstelle käuflich erwerben oder selbst eine unternehmenseigene Zertifizierungsstelle gründen. Ein solches Zertifikat kann der Verlag Ihnen natürlich nicht im Rahmen des Buchs mitliefern.

Listing 30.8 [2_Aufbauwissen\DSC\DSC_PullServer_Konfigurieren.ps1]

```powershell
# DSC configuration for Pull Server and Compliance Server
# Autor: Microsoft
# Enthalten in: Modul xPSDesiredStateConfiguration im Ordner "Samples"

Install-Module xPSDesiredStateConfiguration
$ServerName = "D142"

configuration Sample_xDscWebService
{
    param
    (
        [string[]]$NodeName = $ServerName,

        [ValidateNotNullOrEmpty()]
        [string] $certificateThumbPrint
    )

    Import-DSCResource -ModuleName xPSDesiredStateConfiguration

    Node $NodeName
    {
        WindowsFeature DSCServiceFeature
        {
            Ensure = "Present"
            Name   = "DSC-Service"
        }

        xDscWebService PSDSCPullServer
        {
            Ensure                   = "Present"
            EndpointName             = "PSDSCPullServer"
            Port                     = 8080
            PhysicalPath             = "$env:SystemDrive\inetpub\PSDSCPullServer"
            CertificateThumbPrint    = $certificateThumbPrint
            ModulePath               = "$env:PROGRAMFILES\WindowsPowerShell\DscService\Modules"
```

```
                ConfigurationPath       = "$env:PROGRAMFILES\WindowsPowerShell\
DscService\Configuration"
                State                   = "Started"
                DependsOn               = "[WindowsFeature]DSCServiceFeature"
        }

        xDscWebService PSDSCComplianceServer
        {
                Ensure                  = "Present"
                EndpointName            = "PSDSCComplianceServer"
                Port                    = 9080
                PhysicalPath            = "$env:SystemDrive\inetpub\
PSDSCComplianceServer"
                CertificateThumbPrint   = "AllowUnencryptedTraffic"
                State                   = "Started"
                IsComplianceServer      = $true
                DependsOn               = @("[WindowsFeature]DSCServiceFeature",
"[xDSCWebService]PSDSCPullServer")

        }
    }
}


# Zertifikat anlegen
$cert =New-SelfSignedCertificate -DnsName $ServerName -CertStoreLocation
"cert:\LocalMachine\My"

#oder laden:  $cert = Get-ChildItem CERT:\LocalMachine\MY | Where-Object {$_.Subject
-eq 'CN=PSDSCPullServerCert'}
# MOF-Datei erstellen
Sample_xDscWebService -certificateThumbprint $cert.Thumbprint -Verbose
# MOF-Datei ausführen
Start-DscConfiguration Sample_xDscWebService -wait -force -verbose
# Zertifikat für Clients exportieren
Get-ChildItem CERT:\LocalMachine\MY | Where-Object {$_.Subject -eq 'CN=$ServerName'}
 | Export-Certificate -FilePath "c:\temp\$ServerName`_SSL.cer"
```

Dass die Konfiguration erfolgreich war, kann man wie folgt überprüfen:

- Es gibt ein Verzeichnis „c:\Program Files (x86)\WindowsPowerShell\DscService" mit zwei Unterverzeichnisen „Configuration" und „Modules".
- Es gibt im IIS zwei Websites (siehe Bildschirmabbildung 30.5).
- Aufruf der URL des DSC Pull Servers (die URL ist *https://SERVERNAME:8080/PSDSCPullServer.svc/*) in einem Browser auf einem Client. Dies zeigt XML-Daten des OData-Dienstes des DSC Pull Servers.

Bild 30.4 Verzeichnisse des Pull Servers

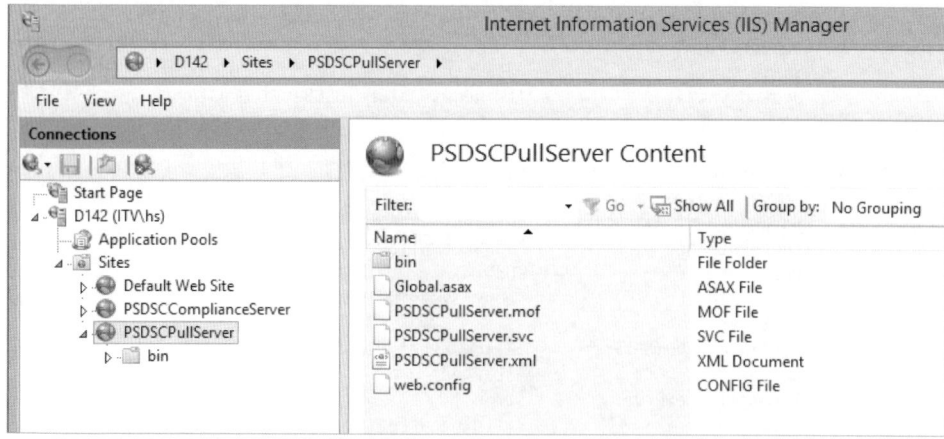

Bild 30.5 IIS-Websites des Pull Servers

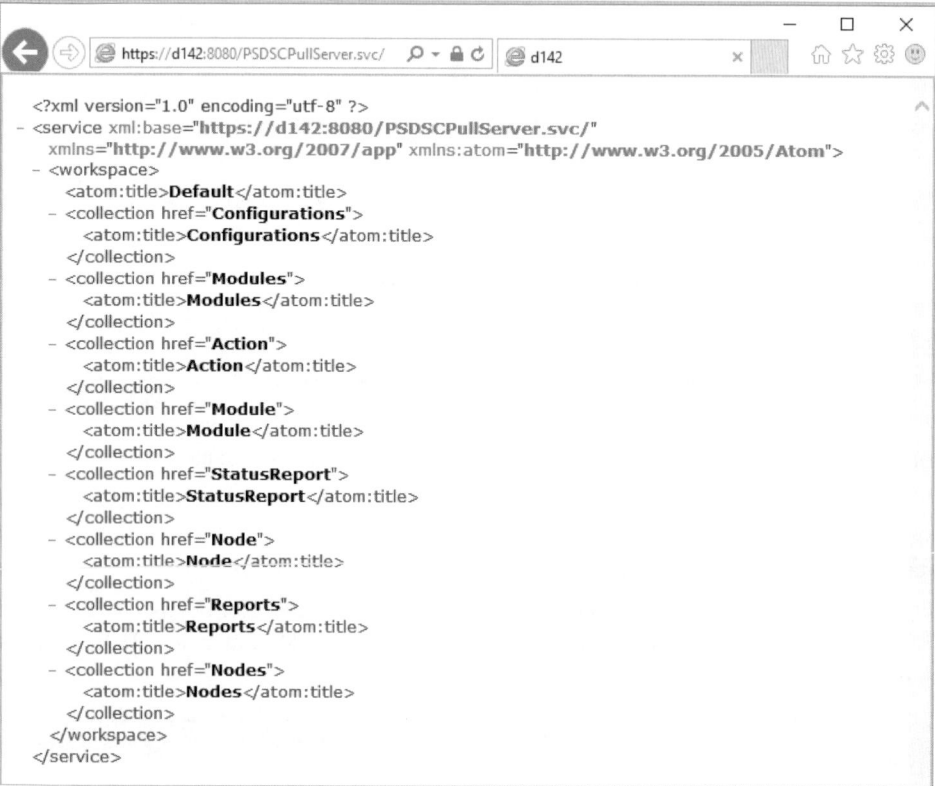

Bild 30.6 OData-Dienst des DSC Pull Servers

Alternativ prüfen kann man auch den Datenabruf auf dem Client per PowerShell-Skript:

Listing 30.9 [2_Aufbauwissen\DSC\DSC_PullServer_Client_CertImport+Check.ps1]

```
function Check-DSCPullServer ($fqdn) {
    ([xml](invoke-webrequest "https://$($fqdn):8080/psdscpullserver.svc" | %
Content)).service.workspace.collection.href

}
Check-DSCPullServer 'D142'
```

HINWEIS: Wenn Sie ein selbst signiertes Zertifikat verwenden, müssen Sie dieses Zertifikat erst auf dem Client importieren, damit der Datenabruf ohne Warnung gelingen kann. Dies können Sie über die MMC machen (Import nach Computer/Trusted Root Certification Authorities) oder per PowerShell:

```
Import-Certificate -FilePath "C:\temp\D142_ssl.Cer" -CertStoreLocation
'Cert:\LocalMachine\root' -Verbose
```

30.14.2 Einrichten der Clients

Damit der Client den DSC Pull Server tatsächlich abfragt, braucht auch er eine Konfiguration. Wichtig dabei ist, dass Sie die korrekte URL des DSC-Pull-Server-Datendienstes bei ServerURL eintragen. Die GUID bei ConfigurationID ist wichtig: Unter genau dieser GUID müssen Sie auf dem DSC Pull Server die gewünschte Konfiguration bereitstellen.

Die 30 bei RefreshFrequencyMins steht für das Abrufintervall. Leider kann man hier keine kleineren Werte eintragen. Der Versuch, dies zum Test auf eine Minute zu reduzieren, führt zum Fehler: „Property 'RefreshFrequencyMins' of Resource 'Settings' has value '1' which is not between valid range '30' and '44640'."

Listing 30.10 [2_Aufbauwissen\DSC\DSC_PullServer_Client_konfig.ps1]

```
# Konfigurieren eines Computers zur Nutzung eines DSC Pull Servers

[DSCLocalConfigurationManager()]
configuration PullClientConfigID
{
    Node localhost
    {
        Settings
        {
            RefreshMode = 'Pull'
            ConfigurationID = '1d545e3b-60c3-47a0-bf65-5afc05182fd0'
            RefreshFrequencyMins = 30
            RebootNodeIfNeeded = $true
        }
        ConfigurationRepositoryWeb PullServer
        {
            ServerURL = 'https://D142:8080/PSDSCPullServer.svc'
```

```
        }
    }
}
# MOF erstellen
PullClientConfigID
# MOF einlesen
Set-DSCLocalConfigurationManager localhost -Path .\PullClientConfigID -Verbose
```

30.14.3 Bereitstellen von DSC-Konfigurationen für Clients

Das folgende Listing zeigt nun ein DSC-Konfigurationsbeispiel für die Konfiguration mit der oben verwendeten GUID. Diese DSC-Konfiguration ist als MOF zu kompilieren und in das Verzeichnis „C:\Program Files\WindowsPowerShell\dscservice\configuration" zu legen. Zudem ist mit New-DSCChecksum eine Prüfsumme zu erstellen. Diese erscheint dann als eigenständige Datei in dem Verzeichnis (1d545e3b-60c3-47a0-bf65-5afc05182fd0.mof.checksum).

Listing 30.11 [2_Aufbauwissen\DSC\DSC_PullServer_BeispielKonfigurationFuerClient.ps1]

```
$ConfigurationIDdesClients = "1d545e3b-60c3-47a0-bf65-5afc05182fd0"
"Lade DSC..."
configuration DSCErstesBeispiel
{
node D130
{
    Registry RegEintrag1Erzeugen
    {
    Ensure ="Present"
    Key ="HKEY_LOCAL_MACHINE\SOFTWARE\www.IT-Visions.de"
    ValueName="Inhaber"
    ValueData="Dr. Holger Schwichtenberg"
    }
    Registry RegEintrag2Erzeugen
    {
    Ensure ="Present"
    Key ="HKEY_LOCAL_MACHINE\SOFTWARE\www.IT-Visions.de"
    ValueName="Produkte"
    ValueData="Schulung,Beratung,Support"
    }
    Registry RegEintrag3Erzeugen
    {
    Ensure ="Present"
    Key ="HKEY_LOCAL_MACHINE\SOFTWARE\www.IT-Visions.de"
    ValueName="Angelegt"
    ValueData="vom Pull Server D142: $(get-date)"
    }
}
}
"DSC ist geladen und wird nun kompiliert"
DSCErstesBeispiel -OutputPath c:\temp
"Kopieren der MOF-Datei in das Configuration-Verzeichnis des Pull Servers"
$ziel = "C:\Program Files (x86)\WindowsPowerShell\dscservice\configuration\
```

```
$ConfigurationIDdesClients.mof"

copy C:\temp\D130.mof $ziel
"Erstellen der Checksumme"
New-DSCChecksum $ziel
```

30.14.4 Diagnose

Zur Diagnose von Problemen kann man das PowerShell-Modul „xDscDiagnostics" einsetzen, das aber, wie „x" andeutet, auch nicht Bestandteil von Windows oder der PowerShell ist, sondern zu den „experimentellen", nicht offiziell unterstützten Modulen zählt.

Modulinstallation:

```
Install-Module -Name xDscDiagnostics
```

Abruf der Liste von Ereignisprotokolleinträgen zu DSC:

```
Get-xDscOperation -Newest 20 | FT SequenceID,Timecreated,Result,AllEvents
```

Ausgabe von Detailinformationen zu einem Eintrag:

```
Get-xDscOperation | where sequenceid -eq 8 | fl *
```

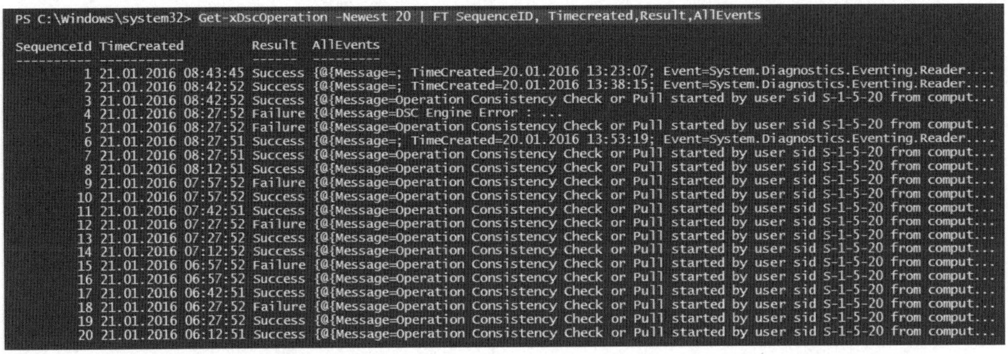

Bild 30.7 Diagnoseliste

■ 30.15 DSC-Praxisbeispiel 1: IIS installieren

In dem folgenden Beispiel wird auf dem Rechner „Server114" per DSC Folgendes erledigt:
- Installation der Internet Information Services (Windows Features „Web-Server")
- Installation des Webserver-Frameworks ASP.NET 4.5 (Windows Features „Web-Asp-Net45")
- Die Dienste WAS (Windows Activation Service) und Windows Update werden gestartet.

Listing 30.12 /2_Aufbauwissen/DSC/DSCIIS.ps1

```
"Lade DSC..."
configuration Website_wwwITVisionsde
{

    WindowsFeature IISVorhanden
    {
    Ensure ="Present"
    Name="Web-Server"
    }
    WindowsFeature IISASPNETVorhanden
    {
    Ensure ="Present"
    Name="Web-Asp-Net45"
    DependsOn="[WindowsFeature]IISVorhanden"
    }
  Service DienstWAS
    {
    Name ="WAS"
    State="Running"
    StartupType="Automatic"
    DependsOn="[WindowsFeature]IISVorhanden"
    }
  Service DienstIIS
    {
    Name ="wuauserv"
    State="Running"
    StartupType="Automatic"
    }
 }
"DSC ist geladen!"
Website_wwwITVisionsde
"DSC ist kompiliert"
Start-DscConfiguration Website_wwwITVisionsde -verbose -wait
```

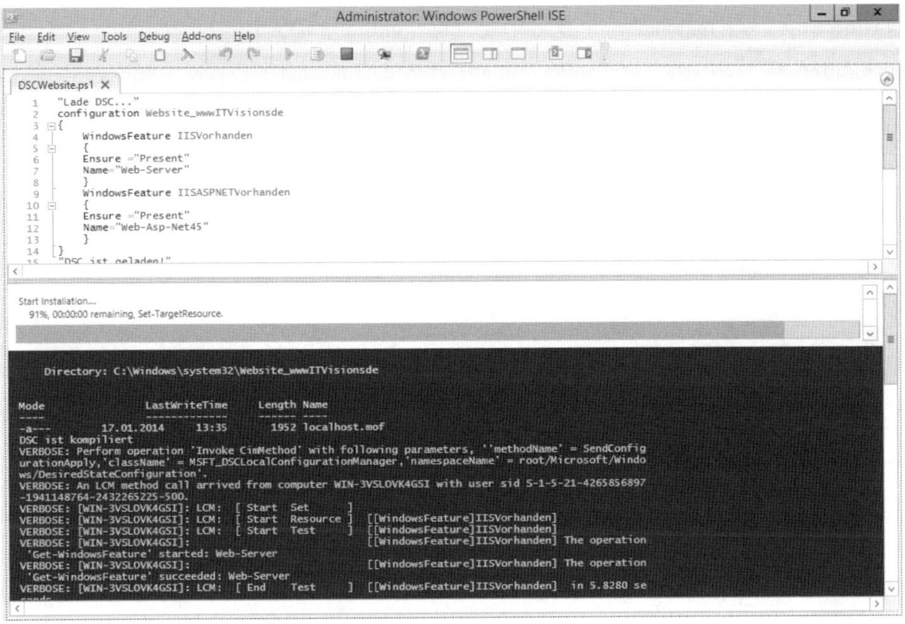

Bild 30.8 Ablauf der Installation von Windows-Features per DSC in der ISE

30.16 DSC-Praxisbeispiel 2: Software installieren

In dem folgenden Beispiel wird per DSC Folgendes erledigt:
- Kopieren der Setup-Datei von einem Netzlaufwerk ins *c:\Temp*-Verzeichnis
- Installieren einer Anwendung per MSI-Paket
- Löschen der Setup-Dateien im *c:\Temp*-Verzeichnis
- Erstellen eines Ereignisprotokolleintrags
- Erstellen von zwei Registrierungsdatenbankeinträgen

> **ACHTUNG:** Mit dem doppelten Zugriff auf den Ordner im *c:\temp*-Verzeichnis hat DSC ein Problem. DSC geht davon aus, dass man im Rahmen einer Konfiguration immer nur genau eine Aktion auf einer bestimmten Ressourceninstanz ausführen kann. In Listing 30.13 musste man daher tricksen. Der Pfad ist bei DestinationPath beim Ressourcenblock „File SetupKopieren" mit umgekehrtem Schrägstrich am Ende (C:\temp\helloworld\) und bei „File SetupLoeschen" ohne diesen angegeben. Ohne dies würde sich DSC beschweren: „The key properties combination ‚C:\temp\HelloWorld' is duplicated for keys ‚DestinationPath' of resource ‚File' in node ‚localhost'. Please make sure key properties are unique for each resource in a node." Durch die kleine Nuance der Schreibweise lässt sich DSC aber in diesem Fall austricksen.

Listing 30.13 /2_Aufbauwissen/DSC/DSCSoftwareInstallieren.ps1

```powershell
$Quellpfad = "\\e60\software\Setup_for_HelloWorld_VBNET.msi"

clear
"Lade DSC..."
configuration HelloWorldInstallieren
{
    Import-DscResource -ModuleName 'PSDesiredStateConfiguration'

    node $AllNodes.NodeName.Where{$_.StartsWith('D')}
    {
        Log Protokolleintrag1
        {
            Message = "Hello World wird installiert: $(Get-Date)"
        }

        File SetupKopieren
        {

            Ensure = "Present"
            SourcePath = $Quellpfad
            DestinationPath = "C:\temp\helloworld\"
            Recurse = $true
            Type = "File"
            DependsOn="[Log]Protokolleintrag1"
        }

        Package HelloWorldInstallieren
        {
            Ensure = "Present"
            Path  = "C:\temp\helloworld\Setup_for_HelloWorld_VBNET.msi"
            Name = "Hello World VB.NET"
            ProductId = "29E4EB91-7F2C-4B27-9FF5-DBE35A0F69AF"
            DependsOn="[File]SetupKopieren"
        }

        File SetupDirLoeschen
        {
            Ensure = "Absent"
            DestinationPath = "C:\temp\helloworld"
            Recurse = $true
            Force=$true
            Type = "Directory"
            DependsOn="[Package]HelloWorldInstallieren"
        }

        Log Protokolleintrag2
        {
            Message = "Hello World installiert!"
            DependsOn="[File]SetupDirLoeschen"
        }

        Registry RegEintrag1Erzeugen
        {
            Ensure ="Present"
            Key ="HKEY_LOCAL_MACHINE\SOFTWARE\$($ConfigurationData.Firma)"
            ValueName="Angelegt am"
```

```
            ValueData=$(Get-date)
        }

        Registry RegEintrag2Erzeugen
        {
            Ensure ="Present"
            Key ="HKEY_LOCAL_MACHINE\SOFTWARE\$($ConfigurationData.Firma)"
            ValueName="Rechneraufgabe"
            ValueData=$($Node.Aufgabe)
        }
    }
}

$Konfiguration = @{
    # Eingabedaten
    Firma = "www.IT-Visions.de";

    # Rechnerliste
    AllNodes = @(
        @{
            NodeName="D130";
            Aufgabe ="Arbeitsplatz 1. Etage"
        }
        @{
            NodeName="D140"
            Aufgabe ="Arbeitsplatz 2. Etage"
        }
        @{
            NodeName="Server103"
            Aufgabe ="Fileserver"
        }
        @{
            NodeName="Server108"
            Aufgabe ="DC"
        }
    )
}

"DSC ist geladen!"
HelloWorldInstallieren -ConfigurationData $Konfiguration
"DSC ist kompiliert"
Start-DscConfiguration HelloWorldInstallieren -verbose -wait -force
```

30.17 DSC-Praxisbeispiel 3: Software deinstallieren

Im folgenden Beispiel wird per DSC Folgendes erledigt:

- Deinstallieren eines MSI-Pakets
- Löschen der Setup-Dateien im c:\Temp-Verzeichnis
- Erstellen eines Ereignisprotokolleintrags

Listing 30.14 \2_Aufbauwissen\DSC\DSCSoftwareDeinstallieren.ps1

```
"Lade DSC..."
configuration HelloWorldDeinstallieren
{

Package SoftwareDeinstallieren
{
  Ensure = "Absent"
  Path   = "C:\temp\Setup_for_HelloWorld_VBNET.msi"
  Name   = "HelloWorld"
  ProductId = "29E4EB91-7F2C-4B27-9FF5-DBE35A0F69AF"
}

File SetupLoeschen
  {
  Ensure = "Absent"
  DestinationPath = "C:\temp\Setup_for_HelloWorld_VBNET.msi"
  Recurse = $true
  Force=$true
  Type = "File"
  DependsOn="[Package]SoftwareDeinstallieren"
 }

Log Protokolleintrag
{
  Message = "Hello World deinstalliert!"
  DependsOn="[File]SetupLoeschen"
}
}
```

■ 30.18 Realisierung einer DSC-Ressource

Eine DSC-Ressource ist in Form eines PowerShell-Moduls implementiert. Diese Module liegen im Dateisystem unter:

C:\Windows\System32\WindowsPowerShell\v1.0\Modules\PSDesiredStateConfiguration\DSCResources

In jedem Modul müssen drei Commandlets realisiert sein:

- `Test-TargetResource`: Prüft, ob die Ressource den gewünschten Zustand hat, und liefert dafür $true oder $false zurück. Das Commandlet muss sowohl die Einstellung des Zustands (Ensure="Present") als auch die Rückgängigmachung des Zustands (Ensure="Absent") abdecken.
- `Set-TargetResource`: Bringt die Ressource in den gewünschten Zustand, falls `Test-TargetResource` den Wert $false geliefert hat. Das Commandlet muss sowohl die Einstellung des Zustands (Ensure="Present") als auch die Rückgängigmachung des Zustands (Ensure="Absent") abdecken. Die Zustandsänderung darf auch einen Neustart des Computers erfordern. Dies ist durch $DSCMachineStatus.IsRestartRequired =

$true anzuzeigen. Das Commandlet muss aber selbst dafür sorgen, nach einem Reboot an der richtigen Stelle weiterzumachen.

- `Get-TargetResource`: Liefert den aktuellen Zustand der Ressource in Form einer Hashtable.

30.19 Weitere Möglichkeiten

Möglich ist es, eine Konfiguration aus mehreren Konfigurationsdokumenten aus verschiedenen Quellen zusammenzusetzen. Solche „partiellen Konfigurationen" dürfen auch das Pull- und das Push-Verfahren mischen.

Mit den Ressourcen `WaitForAll`, `WaitForAny` bzw. `WaitForSome` kann seit PowerShell 5.0 der PowerShell-Nutzer in einem Konfigurationsdokument deklarieren, dass eine Konfiguration auf die Fertigstellung einer Ressourcenkonfiguration auf einem oder mehreren entfernten Systemen warten soll.

31 PowerShell-Snap-Ins

Die PowerShell besitzt keinen festen Satz von Commandlets. Zusätzliche Commandlets können beim Start der PowerShell oder jederzeit beim Betrieb hinzugefügt werden. Zusätzliche Commandlets sind entweder als Skriptdateien implementiert, die über das „Dot Sourcing" hinzugefügt werden (vgl. Abschnitt 6.2 „Start eines Skripts") oder durch die Installation eines Snap-In (im Folgenden beschrieben) oder PowerShell-Moduls (siehe nächstes Kapitel).

> **HINWEIS:** Heutzutage verwendet Microsoft selbst fast nur noch PowerShell-Module, die in PowerShell 2.0 neu eingeführt wurden. Dieses Kapitel verbleibt aber im Buch, da es noch einzelne PowerShell-Snap-Ins von Microsoft und anderen Anbietern gibt.
>
> In PowerShell Core gibt es keine Snap-Ins mehr! Hier kann man nur noch Module verwenden!

■ 31.1 Einbinden von Snap-Ins

Commandlet-Erweiterungen, die in Form einer Snap-In-DLL vorliegen, müssen in zwei Schritten in die PowerShell eingebunden werden:

- Registrieren der DLL (alias Assembly), welche die Commandlets enthält
- Hinzufügen des Snap-In zur PowerShell-Konsole

Registrieren der DLL

Das Registrieren der DLL erfolgt mit dem Kommandozeilenwerkzeug *installutil.exe*, das mit dem .NET Framework mitgeliefert wird. Das Werkzeug finden Sie im Installationsordner des .NET Frameworks (in der Regel *c:\Windows\Microsoft.NET\Framework\v x.y*). Die Windows PowerShell hat diesen Pfad automatisch als Suchpfad eingebunden.

Bei *installutil.exe* ist der Dateiname zu der Erweiterungs-DLL anzugeben, inklusive Pfad (sofern die PowerShell-Konsole genau diesen Pfad nicht schon als aktuellen Pfad hat).

```
installutil.exe G:\PowerShell_Commandlet_Library\bin\Debug\PowerShell_Command
```

Die folgende Bildschirmabbildung zeigt, wie das Werkzeug die erfolgreiche Installation quittiert.

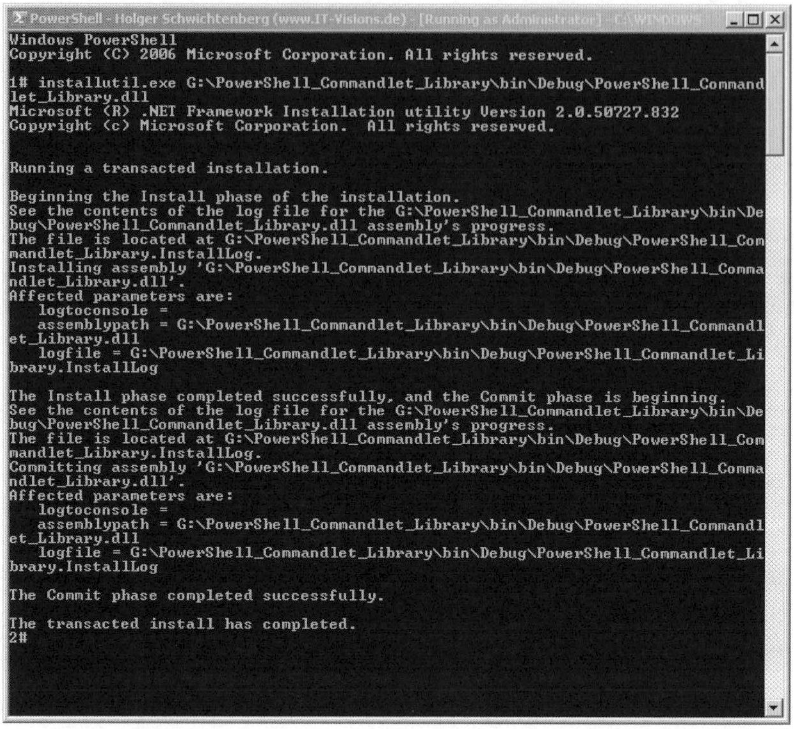

Bild 31.1 Ausgabe von InstallUtil.exe

Das Registrieren führt dazu, dass die DLL in der Registrierungsdatenbank unter *HKEY_LOCAL_MACHINE\SOFTWARE\Microsoft\PowerShell\1\PowerShellSnapIns* eingetragen wird.

Hinzufügen des Snap-In zur PowerShell-Konsole

Zum Aktivieren des Snap-In muss man in der PowerShell-Konsole das Commandlet `Add-PSSnapin` verwenden. Dieses Commandlet lädt die Erweiterung:

```
Add-PSSnapin PowerShell_Commandlet_Library
```

Laden des Snap-In

Während das Registrieren der DLL nur einmal notwendig ist, verwirft die PowerShell-Konsole bei jedem Beenden alle geladenen Snap-Ins. Wenn man möchte, dass die PowerShell immer mit bestimmten Erweiterungen geladen wird, gibt es zwei Möglichkeiten:

- Aufnehmen der entsprechenden `Add-PSSnapIn`-Anweisungen in Ihre systemweite oder benutzerspezifische Profildatei.

31.1 Einbinden von Snap-Ins

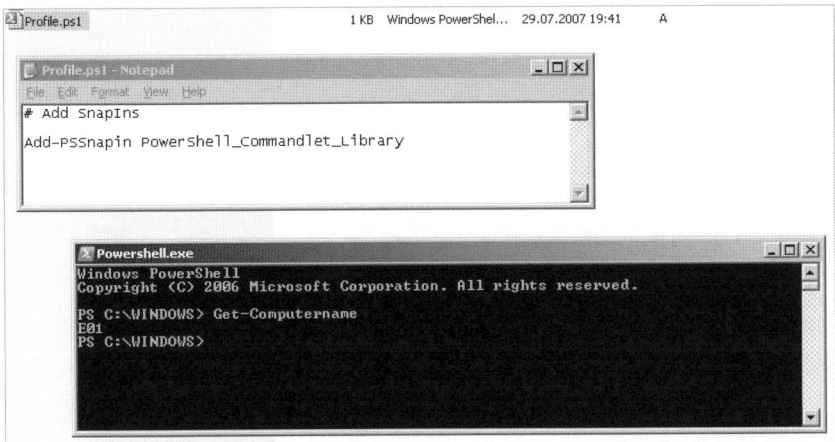

Bild 31.2 Laden eines Snap-In in der Profildatei

- Exportieren einer Konsolenkonfigurationsdatei mit `Export-Console`. Sie müssen allerdings vorher erst das Snap-In in der aktuellen Konsole hinzufügen und dann diese aktuelle Konsole exportieren. Dabei entsteht eine XML-Datei mit der Dateinamenserweiterung *.psc1*. Diese *.psc1*-Datei muss dann beim Starten der PowerShell mit dem Kommandozeilenparameter *–PSConsoleFile* übergeben werden.

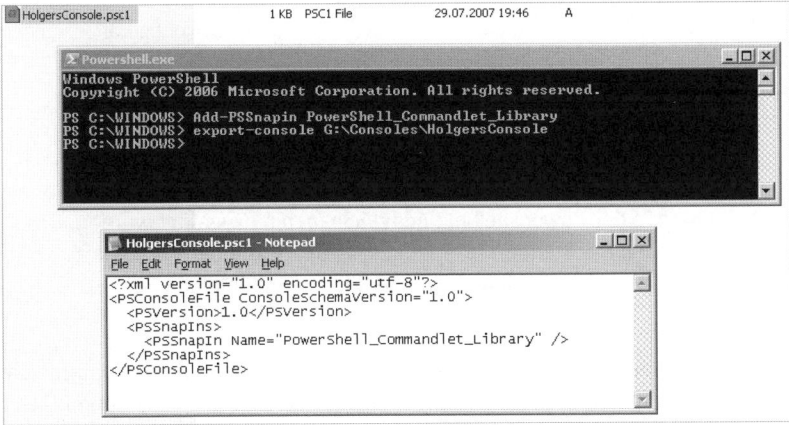

Bild 31.3 Exportieren einer Konsolenkonfigurationsdatei

Am besten legt man sich eine Verknüpfung im Dateisystem mit folgendem Ziel an:

```
%SystemRoot%\system32\WindowsPowerShell\v1.0\powershell.exe -PSConsoleFile –
"G:\Consoles\HolgersConsole.psc1"
```

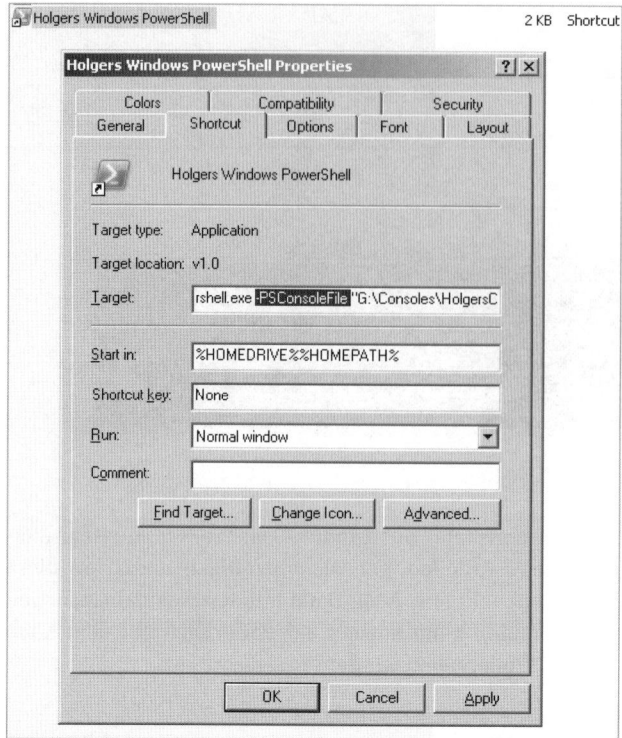

Bild 31.4
Anlegen einer Verknüpfung zur PowerShell-Konsole, die automatisch eine bestimmte Konsolenkonfigurationsdatei mitlädt

Liste der Snap-Ins

HINWEIS: Das Commandlet Get-PSSnapIn listet im Normalfall nur die Snap-Ins auf, die bereits der PowerShell mit Add-PSSnapIn hinzugefügt wurden. Darunter findet man auch die Standard-Commandlet-Pakete, die mit Microsoft. PowerShell.* beginnen (siehe folgende Bildschirmabbildung 31.5).

Mit Get-PSSnapin -registered listet man hingegen alle registrierten Snap-Ins auf, unabhängig davon, ob diese in der aktuellen Konsole aktiv sind. In der folgenden Bildschirmabbildung sieht man die WorldWideWings_PowerShell_Extensions, die nicht in der Konsole aktiv sind (siehe folgende Bildschirmabbildung 31.6).

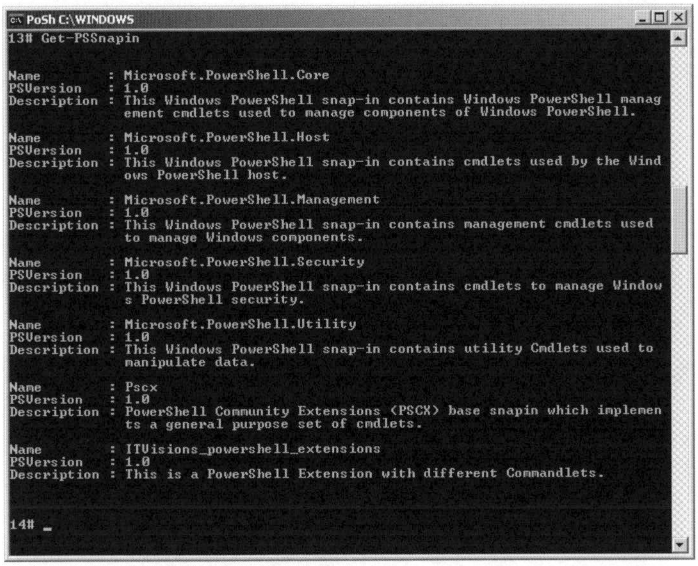

Bild 31.5
Aktive PowerShell-Snap-Ins

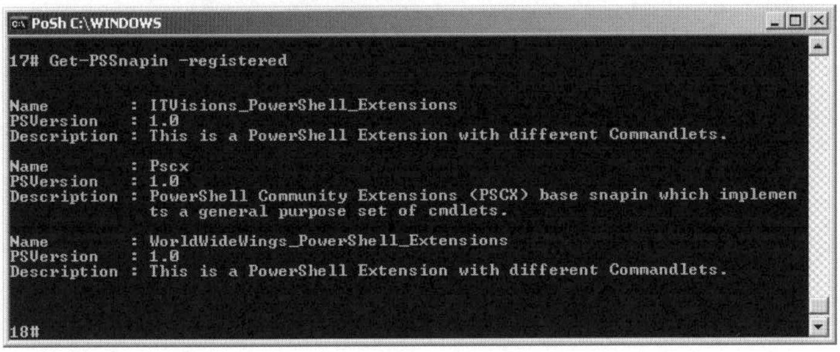

Bild 31.6
Alle auf dem System registrierten Commandlets

31.2 Liste der Commandlets

Um sich alle Commandlets einer bestimmten Erweiterung auflisten zu lassen, können Sie nach dem Attribut `PSSnapIn` in der Klasse `CmdletInfo` filtern, z. B.:

```
Get-Command | where { $_.pssnapin -like "Pscx" }
```

oder

```
Get-Command | where { $_.pssnapin -like "ITVisions_PowerShell_Extensions" }
```

oder

```
Get-Command | where { $_.pssnapin -like "quest.activeroles.admanagement" }
```

32 PowerShell-Module

PowerShell-Module sind Softwarepakete, die die PowerShell und PowerShell Core durch Funktionalität erweitern. Module können aus Navigationsprovidern, Commandlets, Funktionen, Workflows, vordefinierten Variablen und Aliasen bestehen. Auch Typformatierungsdateien (.ps1xml) und Dateidateien (z. B. Textdateien, XML-Datei, Datenbankdateien) können enthalten sein.

Durch Module können Entwickler bzw. Administratoren Funktionalität zur Wiederverwendung an andere Personen weitergeben. Der Empfänger muss das Modul importieren und kann die darin enthaltene Funktionalität dann nutzen wie die Kernfunktionalität der PowerShell.

HINWEIS: Seit Version 3.0 importiert die PowerShell lokal vorhandene Module automatisch bei Bedarf.

Seit PowerShell 5.0 kann die PowerShell auch Module automatisiert aus Internetportalen herunterladen und installieren.

Module für Windows PowerShell laufen oft nicht auf PowerShell Core. PowerShell Core erfordert spezielle Module, die sich an die Restriktionen von PowerShell Core und .NET Core halten!

Die bereits in PowerShell 1.0 eingeführten Snap-Ins sind .NET-Komponenten (Assemblies), die nur Navigationsprovider und Commandlets enthalten können. Module sind ein übergeordnetes Konzept, in dem neben kompilierten Assemblies auch PowerShell-Skripte liegen können.

32.1 Überblick über die Commandlets

Folgende Commandlets sind für PowerShell-Module wichtig:
- `Get-Module` liefert eine Liste der installierten bzw. importierten Module.
- `New-Module` erzeugt ein neues sogenanntes dynamisches Modul im Hauptspeicher.

- `Export-ModuleMember` legt innerhalb eines Moduls fest, welche Funktionen von außen verfügbar sein sollen.
- `Import-Module` lädt ein Modul in die aktuelle PowerShell-Sitzung. Nach dem Ende der Sitzung ist das Modul nicht mehr verfügbar. Das Commandlet kann im Profilskript verwendet werden.
- `Remove-Module` entfernt ein Modul aus der aktuellen Sitzung.

■ 32.2 Modularchitektur

Ein Modul ist im installierten Zustand ein Dateisystemverzeichnis, das die Moduldateien enthält. Systemmodule werden vom Betriebssystem installiert unter

\Windows\System32\WindowsPowerShell\v1.0\Modules

Für alle Benutzer werden Module installiert unter

%ProgramFiles%\WindowsPowerShell\Modules

Benutzer können Module installieren unter

%UserProfile%\Documents\WindowsPowerShell\Modules

TIPP: Die Umgebungsvariable PSModulePath liefert den Pfad zu den Benutzermodulverzeichnissen. Man kann diesen Pfad ändern oder auch weitere Pfade hinzufügen, z. B.:

```
$env:psmodulepath = $env:psmodulepath + ";h:\WPSModules"
```

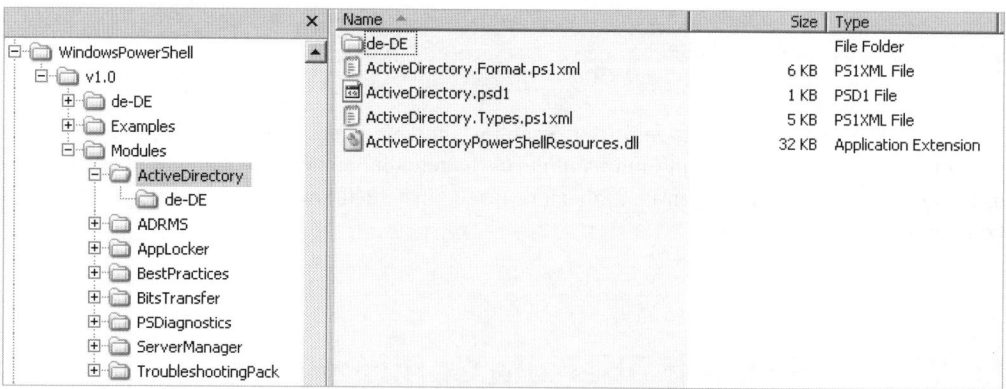

Bild 32.1 Systemmodulverzeichnis und Inhalt des Moduls „ActiveDirectory"

Ein Modul besitzt ein Modul-Manifest (.psd1-Datei), in dem die zu dem Modul gehörenden Dateien festgelegt sind.

Listing 32.1 Modul-Manifest für das Modul „ActiveDirectory"

```
@{
GUID="{43c15630-959c-49e4-a977-758c5cc93408}"
Author="Microsoft Corporation"
CompanyName="Microsoft"
ModuleVersion="1.0.0.0"
Description="Active Directory Module"
PowerShellVersion="2.0"
CLRVersion="2.0.50727"
NestedModules="Microsoft.ActiveDirectory.Management"
RequiredAssemblies="Microsoft.ActiveDirectory.Management"
TypesToProcess="ActiveDirectory.Types.ps1xml"
FormatsToProcess="ActiveDirectory.Format.ps1xml"
}
```

Mit dem Commandlet `Test-ModuleManifest` kann man prüfen, ob ein Manifest korrekt ist und alle dort genannten Dateien in dem Modulverzeichnis existieren.

Beispiel:

```
Test-ModuleManifest
C:\windows\system32\WindowsPowerShell\v1.0\Modules\ActiveDirectory\ActiveDirectory.psd1
```

Der in der PowerShell-Hilfe angegebene Link zum Artikel „Writing a Windows PowerShell Module" *(http://go.microsoft.com/fwlink? LinkId =144916)* führt (bis zum Redaktionsschluss dieses Buchs) leider nicht zum gewünschten Ziel. Unter diesem Link finden Sie aber trotzdem die notwendigen Informationen:

> http://msdn.microsoft.com/en-us/library/dd878310(VS.85).aspx.

■ 32.3 Module aus dem Netz herunterladen und installieren mit PowerShellGet

Die Online-Softwarepaketverwaltung in PowerShell besteht aus zwei Gebieten:

- **PowerShellGet**: PowerShell-Module laden aus der PowerShell Gallery und anderen Online-Repositories für PowerShell-Erweiterungen. Dies wird in diesem Kapitel besprochen.
- **Package Management** (alias: **OneGet**): die allgemeine Grundlage auch für die PowerShellGet zum Herunterladen beliebiger Softwarepakete. Dies wird aus systematischen Gründen im Buchteil C im Kapitel 46 *„Softwareverwaltung"* näher besprochen.

Installation von PowerShellGet

Die in diesem Abschnitt beschriebenen Funktionen zum Softwarepaketmanagement (automatisches Herunterladen und Installieren von PowerShell-Modulen) sind enthalten in PowerShell ab Version 5.0 in Form der Module „PackageManagement" und „PowerShellGet". Sie sind als Add-On verfügbar für PowerShell 3.0 und 4.0 mit der Erweiterung „PackageManagement PowerShell Modules" *(https://www.microsoft.com/en-us/download/*

details.aspx?id=49186). Das heißt: Auf PowerShell 3.0 und 4.0 muss man die Module „PackageManagement" und „PowerShellGet" manuell einmalig installieren, damit man dann anschließend andere PowerShell-Module automatisiert herunterladen und installieren kann.

PowerShell Gallery

Die PowerShell Gallery ist ein Online-Repository für PowerShell-Module, die die PowerShell um Commandlets, Navigationsprovider und/oder Ressourcen für PowerShell Desired State Configuration (DSC) erweitern. Die Website der PowerShell Gallery ist *https://www.powershellgallery.com/*. Auf der Website kann man eine Liste der verfügbaren Module einsehen oder nach Modulen suchen. Einen ATOM-Feed der Pakete findet man unter *https://www.powershellgallery.com/api/v2/*. PowerShell-Gallery verwendet das gleiche Format wie das .NET-Komponentenportal *www.nuget.org*.

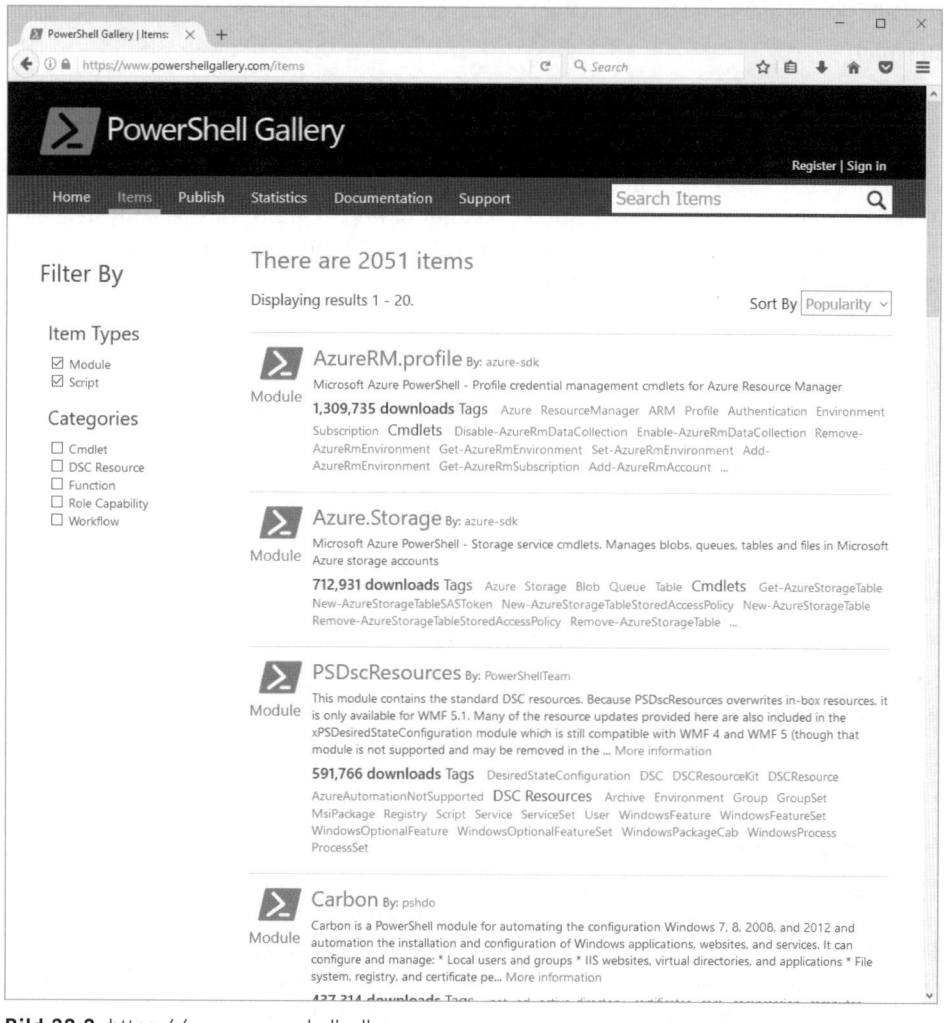

Bild 32.2 https://www.powershellgallery.com

Zum Redaktionsschluss dieses Buchs bietet die PowerShell Gallery 2051 Erweiterungsmodule an (siehe Bild 32.2). Einen Filter für „PowerShell Core" gibt es noch nicht. Eine Volltextsuche nach „PowerShell Core" ergibt aber, dass aktuell gerade einmal fünf Erweiterungen für PowerShell Core verfügbar sind.

Module in der PowerShell Gallery stellt nicht nur Microsoft bereit; jedermann kann hier Module veröffentlichen. Microsoft führt bei hochgeladenen Modulen einen einfachen Sicherheitscheck aus [PSB7815]: Es wird ein Virenscanner eingesetzt und einige Programmierrichtlinien werden mit dem PowerShell Script Analyzer abgeprüft.

  ACHTUNG: Microsoft garantiert in keinster Weise, dass ein heruntergeladenes Paket das tut, was es verspricht. Das Modul kann fehlerhaft sein oder unerwünschte Dinge tun, d. h., auch Schadsoftware enthalten!

Commandlets für die Verwendung von PowerShellGet

Zum Herunterladen oder Installieren von Modulen aus der PowerShell Gallery verwendet man die Commandlets aus dem Modul „PowerShellGet". Dies sind u. a.:

- `Find-Module Modulname`: Online-Suche nach Modulen in der PowerShell Gallery (oder anderen kompatiblen Websites)
- `Save-Module -Name Modulname -Path pfad`: Lädt das Modul aus dem Netz und speichert es in dem genannten Pfad, ohne es in einem der PowerShell-Modulverzeichnisse zu installieren. Wenn der angegebene Pfad ein PowerShell-Modulverzeichnis ist, wird das Modul dadurch aber dennoch installiert.
- `Install-Module -Name Modulname`: Lädt das Modul herunter und installiert es global in C:\Program Files\WindowsPowerShell\Modules für alle Benutzer (erfordert die Ausführung der PowerShell mit Administratorrechten)
- `Install-Module -Name Modulname -Scope CurrentUser`: Lädt das Modul herunter und installiert es lokal nur für den aktuellen Benutzer in C:\Users\<name>\Documents\WindowsPowerShell\Modules (erfordert KEINE Administratorrechte!)
- `Install-Module -Name Modulname -Scope CurrentUser -Force`: wie vorheriges Beispiel. Das -Force installiert das Modul aber auch dann, wenn es schon eine Version auf dem System gibt.

Beispiel: Herunterladen und Installieren der PowerShell Community Extension (PSCX) mit dem Modulnamen PSCX:

```
Install-Module PSCX
```

Wenn das Modul bereits in einer älteren Version vorliegt, müssen Sie -force ergänzen:

```
Install-Module PSCX -force
```

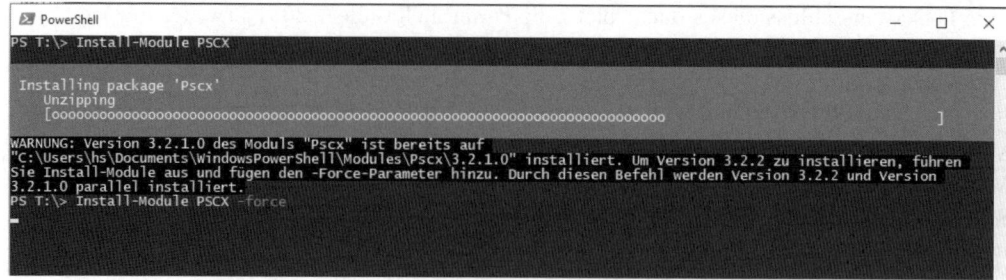

Bild 32.3 Installation des Moduls „PSCX"

Falls das Modul Commandlets mit Namen implementiert, die bereits in anderen Modulen vorhanden sind, müssen Sie -AllowClobber ergänzen. Unter anderem bei den PSCX tritt dieses Problem auf.

```
Install-Module PSCX -force -AllowClobber
```

Bild 32.4 Einsatz von -AllowClobber bei Install-Module am Beispiel der PSCX

 HINWEIS: Zur Installation von Modulen sind im Standard Administratorrechte erforderlich. Mit dem Zusatz -scope CurrentUser wird ein Modul nur in das Modulverzeichnis des angemeldeten Benutzers installiert und erfordert keine Administratorrechte!

Module Browser für die ISE

Der Module Browser [MS45885] ist ein Add-On für die PowerShell ISE auf Windows, mit der man Module in einer ISE-Seitenleiste suchen und installieren kann. Zudem zeigt der Module Browser die installierten Module übersichtlich an.

32.3 Module aus dem Netz herunterladen und installieren mit PowerShellGet

Bild 32.5 Module-Browser-Erweiterung für die PowerShell ISE

Herausforderung mit PowerShell Core

Zum Redaktionsschluss dieses Buchs ist die PowerShell Gallery noch nicht auf PowerShell Core eingerichtet. So liefert in PowerShell Core ein `Find-Module` auch Erweiterungen für die Windows PowerShell, die in PowerShell Core gar nicht laufen. `Install-Module` warnt leider nicht beim Installieren, dass das Modul nicht lauffähig ist.

Die folgende Abbildung zeigt, dass

- PowerShell Core das Modul PSCX mit `Find-Module` in der PowerShell Gallery findet
- PowerShell Core das Modul PSCX mit `Install-Module` auch herunterlädt von dort
- das in den PSCX implementierte Commandlet `Out-Speech` aber nicht funktionieren will mit dem Hinweis, das Modul könne nicht geladen werden.

- PowerShell Core gar keine Commandlets aus diesem Modul kennt
- es eine etwas klarere Fehlermeldung erst gibt, wenn man `Import-Module PSCX` manuell aufruft. Die von PSCX benötigte Assembly *System.Messaging.dll* gibt es nicht in .NET Core und damit nicht in PowerShell Core!

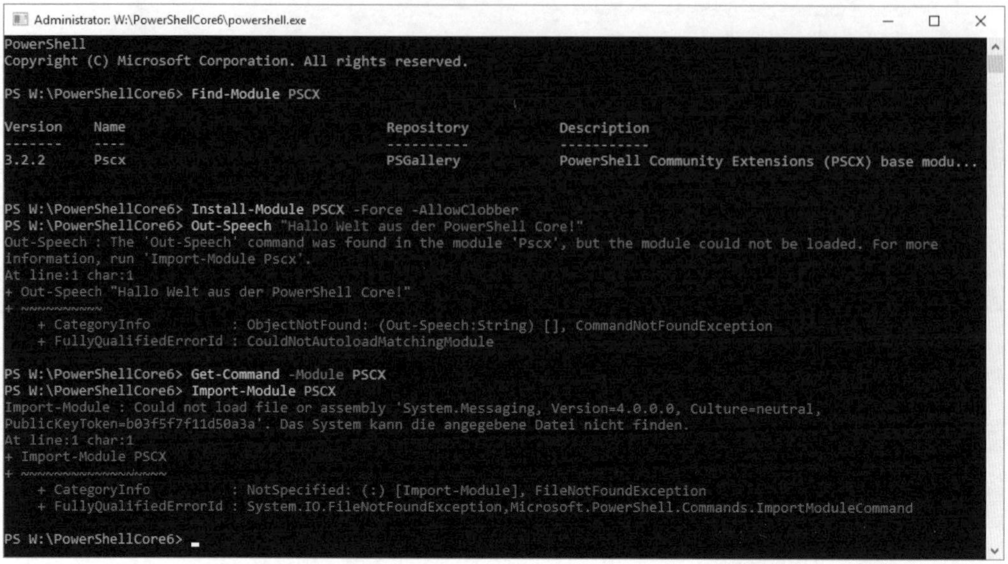

Bild 32.6 PSCX lässt sich in PowerShell Core herunterladen, aber nicht verwenden.

Andere Modulquellen

Neben der PowerShell Gallery können auch andere Websites PowerShell-Module bereitstellen. Eine solche Website ist *www.Chocolatey.org*. Um von hier Module zu laden, muss man den ATOM-Feed dieser Website zunächst registrieren:

```
Register-Packagesource -Name chocolatey -Provider PSModule -Trusted -Location http://chocolatey.org/api/v2/ -Verbose
```

Danach wird diese Website bei Find-Module automatisch berücksichtigt:

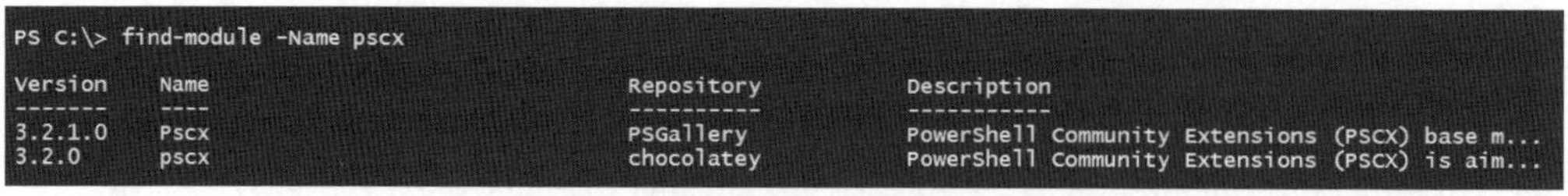

Bild 32.7 Das Modul „PSCX" wird nun in mehreren Quellen gefunden.

Wenn bei Find-Module ein Modul mehrfach gefunden wird und man Install-Module ausführt, ohne anzugeben, welche der Quellen verwendet werden soll, kommt es zum Fehler: „Unable to install, multiple modules matched".

32.3 Module aus dem Netz herunterladen und installieren mit PowerShellGet

```
PS C:\> install-module -Name pscx
WARNUNG: 'Pscx' matched module 'Pscx/3.2.1.0' from provider: 'PSModule', repository 'https://w
ww.powershellgallery.com/api/v2/'
WARNUNG: 'pscx' matched module 'pscx/3.2.0' from provider: 'PSModule', repository 'http://choc
olatey.org/api/v2/'
PackageManagement\Install-Package : Unable to install, multiple modules matched 'pscx'.
Please specify a single -Repository.
In C:\Program Files\WindowsPowerShell\Modules\PowerShellGet\PSGet.psm1:993 Zeichen:21
+ ...             $null = PackageManagement\Install-Package @PSBoundParameters
+                 ~~~~~~~~~~~~~~~~~~~~~~~~~~~~~~~~~~~~~~~~~~~~~~~~~~~~~~~~~~~
    + CategoryInfo          : InvalidArgument: (Microsoft.Power....InstallPackage:InstallPac
   kage) [Install-Package], Exception
    + FullyQualifiedErrorId : DisambiguateForInstall,Microsoft.PowerShell.PackageManagement.
   Cmdlets.InstallPackage
```

Bild 32.8 Fehler, wenn ein Modul mehrfach gefunden wird

In diesem Fall muss man das zu verwendende Repository explizit angeben:

```
Install-Module -Name pscx -Repository PSGallery
```

Die verfügbaren PowerShell-Modul-Repositories listet man auf mit:

```
Get-PSRepository
```

ACHTUNG: Bitte beachten Sie aber unbedingt die Veröffentlichungsprozesse des jeweiligen Internetportals. Bei *www.Chocolatey.org* können Sie nachlesen: „How do I know if I can trust the community feed (the packages on this site?) Until we have package moderation in place, the answer is that you can't trust the packages here." [CHOCO1].

Das heißt: Die Software, die Sie da herunterladen, kann alles möglich tun und Schadsoftware enthalten. Wenn Sie auf diesem Wege Software installieren, sind Sie nur wenige Sekunden davon entfernt, dass eine Software die Kontrolle über Ihren PC übernimmt oder den Inhalt Ihres Active Directory in die Welt verschickt.

Fans von Chocolatey argumentieren, dass viele Chocolatey-Pakete ja oft gar keine Binärdateien enthalten, sondern nur einen Download von der offiziellen Website des Herstellers anstoßen. Jedoch muss man dazu erst mal das Chocolatey-Paket herunterladen und es betrachten, ob es wirklich keine Binärdateien enthält. Und der Nutzer muss sich dann auch sicher sein, dass die Quelle auch die richtige ist. Manchmal registrieren Bösewichte Domänen, die sich von den echten nur durch einen Buchstaben unterscheiden, was leicht übersehen wird.

```
chocolateyInstall.ps1 X
 1   $packageName = 'GoogleChrome'
 2   $fileType = 'msi'
 3   $silentArgs = '/quiet'
 4   $url = 'https://dl.google.com/tag/s/appguid={8A69D345-D564-463
 5   $version = '47.0.2526.73'
 6
 7   function Find-CID {
 8       param([String]$croot, [string]$cdname, [string]$ver)
 9
10       if (Test-Path $croot) {
11           Get-ChildItem -Force -Path $croot | foreach {
12               $CurrentKey = (Get-ItemProperty -Path $_.PsPath)
13               if ($CurrentKey -match $cdname -and $CurrentKey -match $ve
14                   return $CurrentKey.PsChildName
15               }
```

Bild 32.9 Blick in ein Chololatey-Paket, das Chrome bei Google herunterlädt

32.4 Module manuell installieren

Wenn PowerShellGet nicht verfügbar ist oder sein Einsatz nicht gewünscht wird, kann der PoewrShell-Nutzer die Module auch wie bisher manuell installieren. Zum manuellen Installieren eines PowerShell-Moduls kopiert man alle Dateien des Moduls in eines der PowerShell-Modulverzeichnisse. Wichtig ist, dass die Dateien nicht direkt in dem PowerShell-Modulverzeichnis liegen, sondern in einem seiner Unterordner.

Falsch:

```
C:\windows\system32\WindowsPowerShell\v1.0\Modules\ActiveDirectory.psd1
```

Richtig:

```
C:\windows\system32\WindowsPowerShell\v1.0\Modules\ActiveDirectory\ActiveDirectory.psd1
```

TIPP: Oftmals werden PowerShell-Module durch Setup-Routinen (z. B. die Windows Server Remote Administration Tools) automatisch in die passenden Verzeichnisse installiert.

32.5 Doppeldeutige Namen

Es ist möglich, dass Sie verschiedene PowerShell-Erweiterungen aktivieren, die gleichnamige Commandlets und Funktionen definieren, denn es gibt keine zentrale Registrierungsstelle für Commandlets und Funktionen.

Die ersten Versionen der PowerShell haben dann eine Fehlermeldung geliefert beim Aufruf eines doppeldeutigen Commandlets (siehe folgende Bildschirmabbildung).

```
PowerShell - Holger Schwichtenberg (www.IT-Visions.de) - [Running as Administrator] - C:\WINDOWS
Windows PowerShell
Copyright (C) 2006 Microsoft Corporation. All rights reserved.

1# Add-PSSnapin PowerShell_Commandlet_Library
2# Get-Computername
The term 'Get-Computername' resolved to a cmdlet name that is ambiguous. Possib
le matches include: ITVisions_PowerShell_Extensions\Get-Computername PowerShell
_Commandlet_Library\Get-Computername.
At line:1 char:16
+ Get-Computername <<<<
3# ITVisions_PowerShell_Extensions\Get-Computername
E01
4# _
```

Bild 32.10 Ein Commandlet-Name ist doppelt vergeben.

Seit PowerShell 3.0 verhält sich PowerShell jedoch anders und verwendet immer das zuletzt importierte Commandlet, außer bei eingebauten Commandlets, die immer Vorrang haben (siehe Bildschirmabbildung mit dem Beispiel des Commandlets `Get-Clipboard`, das es in PowerShell seit Version 5.0 gibt und in der Erweiterung PSCX schon seit Langem).

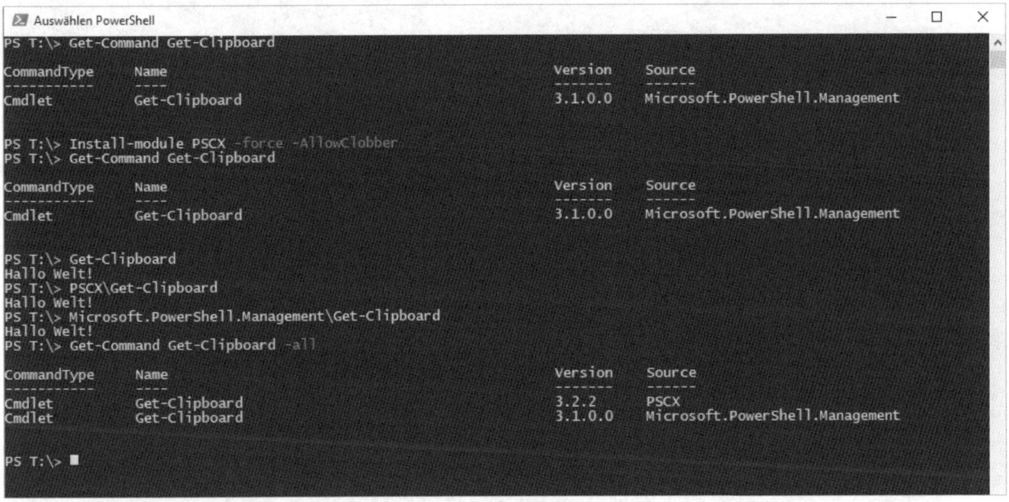

Bild 32.11 Ein doppeltes Commandlet erkennen und nutzen

Die Lösung zur Unterscheidung zwischen den beiden gleichnamigen Commandlets besteht darin, den Namen des Moduls dem Commandlet voranzustellen (getrennt durch einen Schrägstrich), z. B.:

```
PSCX\Get-Clipboard
```

und

```
Microsoft.PowerShell.Management\Get-Clipboard
```

■ 32.6 Auflisten der verfügbaren Module

Der Befehl

```
Get-Module -listAvailable
```

zeigt alle auf dem System installierten Module. Zur Verwendung eines Moduls muss dieses aber nicht nur installiert, sondern auch in der aktuellen PowerShell-Sitzung importiert sein. `Get-Module` ohne Parameter liefert eine Liste der aktuell importierten Module.

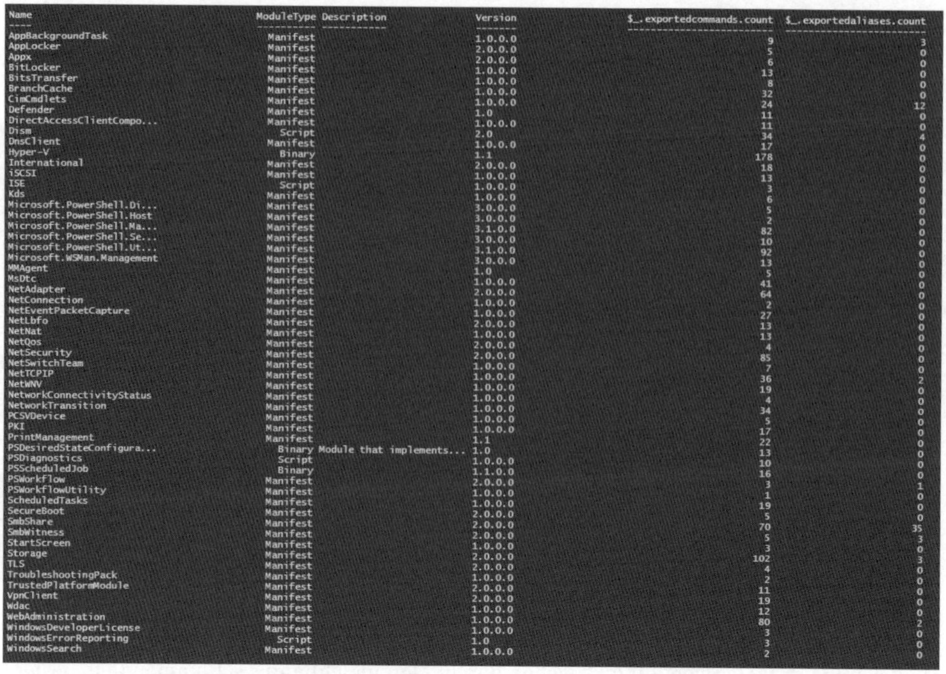

Name	ModuleType	Description	Version	$_.exportedcommands.count	$_.exportedaliases.count
AppBackgroundTask	Manifest		1.0.0.0	9	3
AppLocker	Manifest		2.0.0.0	5	0
Appx	Manifest		2.0.0.0	6	0
BitLocker	Manifest		1.0.0.0	13	0
BitsTransfer	Manifest		1.0.0.0	8	0
BranchCache	Manifest		1.0.0.0	32	0
CimCmdlets	Manifest		1.0.0.0	24	12
Defender	Manifest		1.0	11	0
DirectAccessClientCompo...	Manifest		1.0.0.0	11	0
Dism	Script		2.0	34	4
DnsClient	Manifest		1.0.0.0	17	0
Hyper-V	Binary		1.1	178	0
International	Manifest		2.0.0.0	18	0
iSCSI	Manifest		1.0.0.0	13	0
ISE	Script		1.0.0.0	3	0
Kds	Manifest		1.0.0.0	6	0
Microsoft.PowerShell.Di...	Manifest		3.0.0.0	5	0
Microsoft.PowerShell.Host	Manifest		3.0.0.0	2	0
Microsoft.PowerShell.Ma...	Manifest		3.1.0.0	82	0
Microsoft.PowerShell.Se...	Manifest		3.0.0.0	10	0
Microsoft.PowerShell.Ut...	Manifest		3.1.0.0	92	0
Microsoft.WSMan.Management	Manifest		3.0.0.0	13	0
MMAgent	Manifest		1.0	5	0
MsDtc	Manifest		1.0.0.0	41	0
NetAdapter	Manifest		2.0.0.0	64	0
NetConnection	Manifest		1.0.0.0	2	0
NetEventPacketCapture	Manifest		1.0.0.0	27	0
NetLbfo	Manifest		2.0.0.0	13	0
NetNat	Manifest		1.0.0.0	13	0
NetQos	Manifest		2.0.0.0	4	0
NetSecurity	Manifest		2.0.0.0	85	0
NetSwitchTeam	Manifest		1.0.0.0	7	0
NetTCPIP	Manifest		1.0.0.0	36	2
NetWNV	Manifest		1.0.0.0	19	0
NetworkConnectivityStatus	Manifest		1.0.0.0	4	0
NetworkTransition	Manifest		1.0.0.0	34	0
PCSVDevice	Manifest		1.0.0.0	5	0
PKI	Manifest		1.0.0.0	17	0
PrintManagement	Manifest		1.1	22	0
PSDesiredStateConfigura...	Binary	Module that implements...	1.0	13	0
PSDiagnostics	Script		1.0.0.0	10	0
PSScheduledJob	Binary		1.1.0.0	16	0
PSWorkflow	Manifest		2.0.0.0	3	1
PSWorkflowUtility	Manifest		1.0.0.0	1	0
ScheduledTasks	Manifest		1.0.0.0	19	0
SecureBoot	Manifest		2.0.0.0	5	0
SmbShare	Manifest		2.0.0.0	70	35
SmbWitness	Manifest		2.0.0.0	5	3
StartScreen	Manifest		1.0.0.0	3	0
Storage	Manifest		2.0.0.0	102	3
TLS	Manifest		2.0.0.0	4	0
TroubleshootingPack	Manifest		1.0.0.0	2	0
TrustedPlatformModule	Manifest		2.0.0.0	11	0
VpnClient	Manifest		2.0.0.0	19	0
Wdac	Manifest		1.0.0.0	12	0
WebAdministration	Manifest		1.0.0.0	80	2
WindowsDeveloperLicense	Manifest		1.0.0.0	3	0
WindowsErrorReporting	Script		1.0	3	0
WindowsSearch	Manifest		1.0.0.0	2	0

Bild 32.12 Ausschnitt aus der Liste der 69 mit Windows 10 (Grundinstallation von Windows 10 Enterprise) mitgelieferten PowerShell-Module – mit insgesamt 1404 Befehlen. In Windows 8.0 waren es 53 Module. In Windows 8.1 waren es 59 Module.

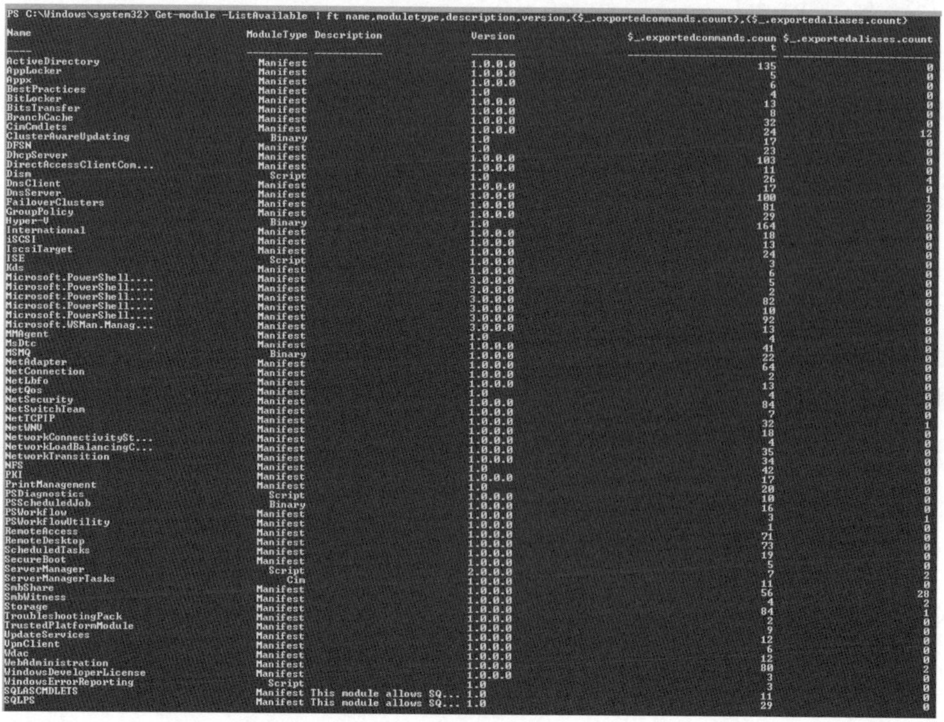

```
PS C:\Windows\system32> Get-module -ListAvailable | ft name,moduletype,description,version,{$_.exportedcommands.count},{$_.exportedaliases.count}
```

Name	ModuleType	Description	Version	$_.exportedcommands.count	$_.exportedaliases.count
ActiveDirectory	Manifest		1.0.0.0	135	0
AppLocker	Manifest		1.0.0.0	5	0
Appx	Manifest		1.0.0.0	6	0
BestPractices	Manifest		1.0	4	0
BitLocker	Manifest		1.0.0.0	13	0
BitsTransfer	Manifest		1.0.0.0	8	0
BranchCache	Manifest		1.0.0.0	32	0
CimCmdlets	Manifest		1.0.0.0	24	12
ClusterAwareUpdating	Binary		1.0	17	0
DFSN	Manifest		1.0	23	0
DhcpServer	Manifest		1.0.0.0	103	0
DirectAccessClientCom...	Manifest		1.0.0.0	11	0
Dism	Script		1.0	26	4
DnsClient	Manifest		1.0.0.0	17	0
DnsServer	Manifest		1.0.0.0	100	1
FailoverClusters	Manifest		1.0.0.0	81	2
GroupPolicy	Manifest		1.0.0.0	29	2
Hyper-V	Binary		1.0	164	0
International	Manifest		1.0.0.0	18	0
iSCSI	Manifest		1.0.0.0	13	0
IscsiTarget	Manifest		1.0.0.0	24	0
ISE	Script		1.0.0.0	3	0
Kds	Manifest		1.0.0.0	6	0
Microsoft.PowerShell....	Manifest		3.0.0.0	5	0
Microsoft.PowerShell....	Manifest		3.0.0.0	2	0
Microsoft.PowerShell....	Manifest		3.0.0.0	82	0
Microsoft.PowerShell....	Manifest		3.0.0.0	10	0
Microsoft.PowerShell....	Manifest		3.0.0.0	92	0
Microsoft.WSMan.Manag...	Manifest		3.0.0.0	13	0
MMAgent	Manifest		1.0	4	0
MsDtc	Manifest		1.0.0.0	41	0
MSMQ	Binary		1.0.0.0	22	0
NetAdapter	Manifest		1.0.0.0	64	0
NetConnection	Manifest		1.0.0.0	2	0
NetLbfo	Manifest		1.0.0.0	13	0
NetQos	Manifest		1.0	4	0
NetSecurity	Manifest		1.0.0.0	84	0
NetSwitchTeam	Manifest		1.0.0.0	7	0
NetTCPIP	Manifest		1.0.0.0	32	1
NetWNV	Manifest		1.0.0.0	18	0
NetworkConnectivitySt...	Manifest		1.0.0.0	4	0
NetworkLoadBalancingC...	Manifest		1.0.0.0	35	0
NetworkTransition	Manifest		1.0.0.0	34	0
NFS	Manifest		1.0	42	0
PKI	Manifest		1.0.0.0	17	0
PrintManagement	Manifest		1.0	20	0
PSDiagnostics	Script		1.0.0.0	10	0
PSScheduledJob	Binary		1.0.0.0	16	0
PSWorkflow	Manifest		1.0.0.0	3	1
PSWorkflowUtility	Manifest		1.0.0.0	1	0
RemoteAccess	Manifest		1.0.0.0	71	0
RemoteDesktop	Manifest		1.0.0.0	73	0
ScheduledTasks	Manifest		1.0.0.0	19	0
SecureBoot	Manifest		1.0.0.0	5	0
ServerManager	Script		2.0.0.0	7	2
ServerManagerTasks	Cim		1.0.0.0	11	0
SmbShare	Manifest		1.0.0.0	56	28
SmbWitness	Manifest		1.0.0.0	4	2
Storage	Manifest		1.0.0.0	84	1
TroubleshootingPack	Manifest		1.0.0.0	2	0
TrustedPlatformModule	Manifest		1.0.0.0	9	0
UpdateServices	Manifest		1.0.0.0	12	0
VpnClient	Manifest		1.0.0.0	6	0
Wdac	Manifest		1.0.0.0	12	0
WebAdministration	Manifest		1.0.0.0	80	2
WindowsDeveloperLicense	Manifest		1.0.0.0	3	0
WindowsErrorReporting	Script		1.0	3	0
SQLASCMDLETS	Manifest	This module allows SQ...	1.0	11	0
SQLPS	Manifest	This module allows SQ...	1.0	29	0

Bild 32.13 Durch die Installation der „Remote Server Administration Tools“ erhöht sich in Windows 10 die Zahl der PowerShell-Module.

32.7 Importieren von Modulen

In PowerShell 2.0 war es notwendig, ein Modul explizit zu importieren, bevor man einen Befehl daraus verwenden konnte. Seit PowerShell-Version 3.0 macht dies die PowerShell bei Bedarf automatisch. Die PowerShell zeigt sowohl in der ISE als auch in der Konsole alle Commandlets und Funktionen in der Vorschlagsliste und beim Aufruf von Get-Command bereits an. Der eigentliche Import des Moduls erfolgt dann beim ersten Aufruf eines Befehls aus einem Modul.

TIPP: Wenn Sie das automatische Laden von Modulen stört, können Sie dies abschalten: $PSModuleAutoLoadingPreference = "none"

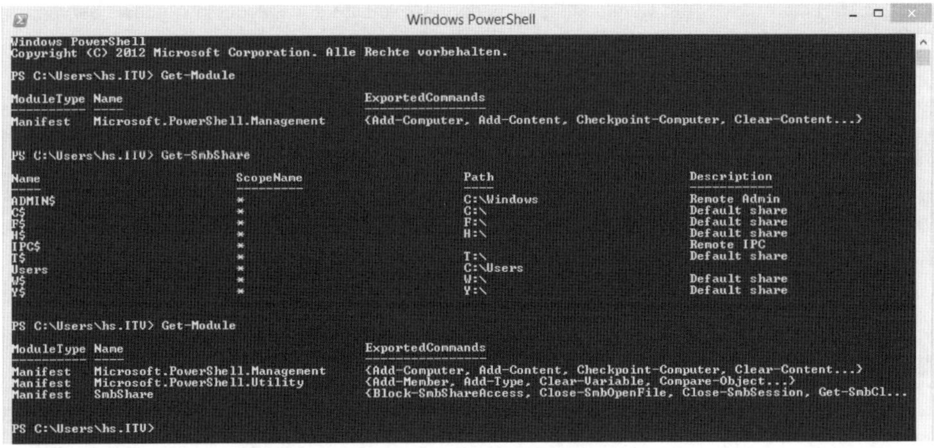

Bild 32.14 Automatischer Modulimport in PowerShell (ab Version 3.0)

Weiterhin besteht die Möglichkeit, ein Modul explizit zu importieren. Zum expliziten Importieren eines Moduls nutzt man Import-Module gefolgt von dem Modulnamen (aus der Liste der installierten Module), z. B.:

```
Import-Module ActiveDirectory
```

Eine Liste der neuen Befehle (im Fall des Active-Directory-Moduls sind dies z. B. 135) kann man auf einfache Weise erhalten, da der Typ System.Management.Automation.CmdletInfo, den Get-Command liefert, seit PowerShell 2.0 ein neues Attribut ModuleName besitzt:

```
(Get-Command) | where { $_.ModuleName -eq "ActiveDirectory" } | ft name, modulename, pssnapin
```

Get-Command hat auch ein Filterattribut für Module, so dass man alternativ schreiben kann:

```
Get-Command -module ActiveDirectory | ft name, modulename, pssnapin
```

```
PS C:\Users\hs> (get-command) | where { $_.ModuleName -eq "ActiveDirectory" } | ft name, modulename, pssnapin

Name                                        ModuleName        PSSnapIn
----                                        ----------        --------
Add-ADComputerServiceAccount                activeDirectory
Add-ADDomainControllerPasswordReplic...     activeDirectory
Add-ADFineGrainedPasswordPolicySubject      activeDirectory
Add-ADGroupMember                           activeDirectory
Add-ADPrincipalGroupMembership              activeDirectory
Clear-ADAccountExpiration                   activeDirectory
Disable-ADAccount                           activeDirectory
Disable-ADOptionalFeature                   activeDirectory
Enable-ADAccount                            activeDirectory
Enable-ADOptionalFeature                    activeDirectory
Get-ADAccountAuthorizationGroup             activeDirectory
Get-ADAccountResultantPasswordReplic...     activeDirectory
Get-ADComputer                              activeDirectory
Get-ADComputerServiceAccount                activeDirectory
Get-ADDefaultDomainPasswordPolicy           activeDirectory
Get-ADDomain                                activeDirectory
Get-ADDomainController                      activeDirectory
Get-ADDomainControllerPasswordReplic...     activeDirectory
Get-ADDomainControllerPasswordReplic...     activeDirectory
Get-ADFineGrainedPasswordPolicy             activeDirectory
Get-ADFineGrainedPasswordPolicySubject      activeDirectory
Get-ADForest                                activeDirectory
Get-ADGroup                                 activeDirectory
Get-ADGroupMember                           activeDirectory
Get-ADObject                                activeDirectory
Get-ADOptionalFeature                       activeDirectory
Get-ADOrganizationalUnit                    activeDirectory
Get-ADPrincipalGroupMembership              activeDirectory
```

Bild 32.15 Eine Auswahl der Commandlets aus dem Active-Directory-Modul in Windows Server 2012

```
PS C:\Users\hs> import-module servermanager
PS C:\Users\hs> (get-command) | where { $_.ModuleName -eq "servermanager" } | ft name, modulename, pssnapin

Name                      ModuleName        PSSnapIn
----                      ----------        --------
Add-WindowsFeature        servermanager
Get-WindowsFeature        servermanager
Remove-WindowsFeature     servermanager
```

Bild 32.16 Das Modul „ServerManager" umfasst nur drei Commandlets.

TIPP: Durch den Zusatz –verbose erhält man eine genaue Liste der Auswirkungen des Moduls.

```
PS IIS:\Sites> import-module servermanager -verbose
VERBOSE: Loading module from path
'C:\Windows\system32\WindowsPowerShell\v1.0\Modules\servermanager\servermanager.psd1'.
VERBOSE: Loading 'FormatsToProcess' from path
'C:\Windows\system32\WindowsPowerShell\v1.0\Modules\servermanager\Feature.format.ps1xml'.
VERBOSE: Importing cmdlet 'Get-WindowsFeature'.
VERBOSE: Importing cmdlet 'Add-WindowsFeature'.
VERBOSE: Importing cmdlet 'Remove-WindowsFeature'.
VERBOSE: Exporting cmdlet 'Get-WindowsFeature'.
VERBOSE: Exporting cmdlet 'Add-WindowsFeature'.
VERBOSE: Exporting cmdlet 'Remove-WindowsFeature'.
VERBOSE: Importing cmdlet 'Add-WindowsFeature'.
VERBOSE: Importing cmdlet 'Get-WindowsFeature'.
VERBOSE: Importing cmdlet 'Remove-WindowsFeature'.
PS IIS:\Sites>
```

Bild 32.17 Parameter –verbose für Import-Module

TIPP: Ein Modul, das sich nicht in einem der Standardverzeichnisse befindet, **muss** man unter Angabe des ganzen Pfads importieren, z. B.:

Import-Module x:\ITVModule\Basismodul

Einen Modulimport kann man auch beim Start der PowerShell an der Kommandozeile angeben, z. B.:

```
powershell.exe -noexit -command import-module ActiveDirectory
```

Man kann auch anordnen, alle Systemmodule zu laden:

```
powershell.exe -NoExit -ImportSystemModules
```

HINWEIS: Da die Namen für Commandlets weltweit nicht eindeutig vergeben werden, kann es doppelte Namen in zwei Modulen geben. PowerShell verwendet dann immer das zuletzt importierte Commandlet. PowerShell 1.0 gab beim Import von Snap-Ins in dieser Situation einen Fehler aus. Seit PowerShell 2.0 ist auch dieses Verhalten geändert auf die Verwendung des zuletzt importierten Commandlets.

ACHTUNG: Zu beachten ist, dass einige der von Microsoft gelieferten Module auf 64-Bit-Systemen nur im 64-Bit-Modus der PowerShell verfügbar sind. Die nachfolgende Bildschirmabbildung beweist, dass einige der Module in der 32-Bit-PowerShell nicht verfügbar sind.

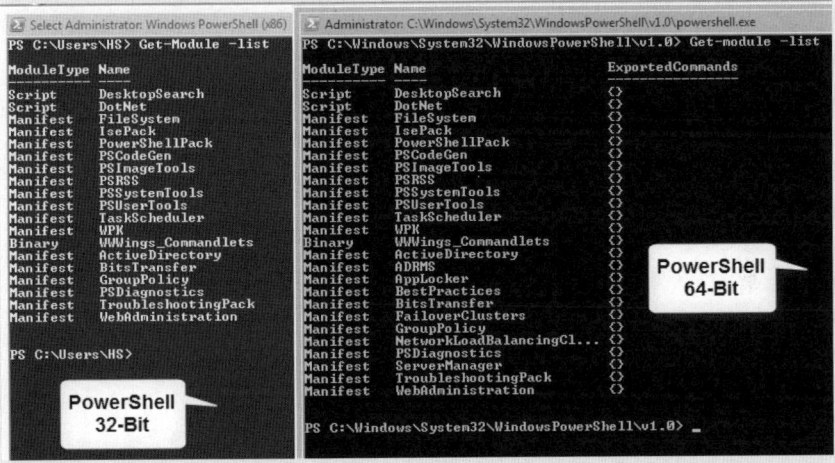

Bild 32.18 Verfügbare Module auf einem Windows Server 2008 R2 mit installiertem PowerShellPack und WWWings_Commandlets (links: 32-Bit-PowerShell, rechts: 64-Bit-PowerShell auf dem gleichen System)

32.8 Entfernen von Modulen

Zum Entfernen eines Moduls aus der aktuellen PowerShell-Sitzung kann man das Modul mit remove-module entfernen, z. B.:

```
Remoe-Module activedirectory
```

 HINWEIS: Hinweise zum Erstellen von eigenen Modulen finden Sie in Teil D „Profiwissen – Erweitern der PowerShell".

33 Ausgewählte PowerShell-Erweiterungen

Einige wichtige am Markt verfügbare kostenlose und kostenpflichtige Commandlet-Erweiterungen, die hier kurz vorgestellt werden, sind:

- PowerShell-Module in Windows 7 und Windows Server 2008 R2
- PowerShell-Module in Windows 8.x und Windows Server 2012 (inkl. R2)
- PowerShell-Module in Windows 10 und Windows Server 2016
- PowerShell Community Extensions (PSCX) von Microsoft
- PowerShell Pack von Microsoft
- PowerShell Extensions von *www.IT-Visions.de*
- Die Firma Quest bietet Commandlets zum Active Directory Scripting, die auch auf älteren Betriebssystemen laufen
- Microsoft bietet u.a. Commandlets im Rahmen von Microsoft Exchange Server und System Center Virtual Machine Manager
- Die Erweiterung „PowerShell Management Library for Hyper-V" funktioniert auch für ältere Hyper-V-Versionen
- „Powershell Outlook Account Manager" bietet Commandlets für die Verwaltung von Outlook-Konten
- PSConfig bietet eine Sammlung von Commandlets in Form eines PowerShell-Moduls für verschiedene Konfigurationsaufgaben in Windows

 HINWEIS: Zum Redaktionsschluss dieses Buchs ist leider keine der hier vorgestellten Erweiterungen auf PowerShell Core 6.0 lauffähig.

33.1 PowerShell-Module in Windows 7 und Windows Server 2008 R2

Windows 7 und Windows Server 2008 Release 2 enthalten Erweiterungsmodule für die PowerShell, die Sammlungen von Commandlets für verschiedene Funktionsbereiche darstellen (vgl. allgemeine Einführung in PowerShell-Module in diesem Buch). In Windows Server 2008 Release 2 sind die Module zum Teil erst nach dem Installieren der entsprechenden Serverrollen bzw. Serverfeatures verfügbar.

Tabelle 33.1 PowerShell-Module in Windows 7 und Windows Server 2008 R2

PowerShell-Modul	Hinweise	Windows 7	Windows Server 2008 R2	In diesem Buch beschrieben in Kapitel ...
Active Directory		Durch Installation der Microsoft Remote Server Administration Tools (RSAT)	X	Verzeichnisdienste
ADRMS	Active Directory Rights Management Services (AD RMS)		X	
AppLocker		X	X	Softwareverwaltung
BestPractices			X	Optimierungen und Problemlösungen
BitsTransfer	Hintergrunddateitransfer	X	X	
FailoverClusters			X	
GroupPolicy	Gruppenrichtlinien	Durch Installation der Microsoft Remote Server Administration Tools (RSAT)	X	Gruppenrichtlinien
NetworkLoad Balancing-Clusters			X	
PSDiagnostics		X	X	
RemoteDesktop-Services			X	
ServerManager			X	Softwareverwaltung

PowerShell-Modul	Hinweise	Windows 7	Windows Server 2008 R2	In diesem Buch beschrieben in Kapitel ...
Troubleshooting-Pack		X	X	Optimierungen und Problemlösungen
WebAdministration		X (nach Installieren des IIS 7.0 als optionales Windows-Feature)	X	Internet Information Services

33.2 PowerShell-Module in Windows 8.0 und Windows Server 2012

Die folgende Tabelle zeigt die Anzahl der in Windows 8.0 und Windows Server 2012 mitgelieferten Commandlets. Hier nicht aufgeführt sind die Standard-Commandlets der PowerShell 5.x.

Modulname	Windows 8 ohne Server-Tools	Windows 8 mit Server-Tools	Windows Server 2012 ohne Rollen	Windows Server 2012 alle Rollen
ActiveDirectory		135		135
ADDSDeployment				10
ADFS				54
ADRMS				6
ADRMSADMIN				21
AppLocker	5	5	5	5
Appx	6	6	6	6
BestPractices		4	4	4
BitLocker	13	13		13
BitsTransfer	8	8	8	8
BranchCache	32	32	32	32
CimCmdlets	24	24	24	24
ClusterAwareUpdating		17		17
DcbQos				10
DFSN		23		23
DhcpServer		103		103
DirectAccessClientComponents	11	11	11	11

(Fortsetzung nächste Seite)

Modulname	Windows 8 ohne Server-Tools	Windows 8 mit Server-Tools	Windows Server 2012 ohne Rollen	Windows Server 2012 alle Rollen
Dism	26	26	26	26
DnsClient	17	17	17	17
DnsServer		100		100
FailoverClusters		81		81
GroupPolicy		29		29
Hyper-V				164
International	18	18	18	18
IpamServer				10
iSCSI	13	13	13	13
IscsiTarget		24	24	24
ISE	3	3	3	3
Kds	6	6	6	6
Microsoft.WSMan.Management	13	13	13	13
MMAgent	4	4	4	4
MPIO				13
MsDtc	41	41	41	41
MSMQ				22
NetAdapter	64	64	64	64
NetConnection	2	2	2	2
NetLbfo	13	13	13	13
NetQos	4	4	4	4
NetSecurity	84	84	84	84
NetSwitchTeam	7	7	7	7
NetTCPIP	32	32	32	32
NetworkConnectivityStatus	4	4	4	4
NetworkLoadBalancingClusters		35		35
NetworkTransition	34	34	34	34
NFS		42	42	42
Nps				13
PKI	17	17	17	17
PrintManagement	20	20	20	20
PSDiagnostics	10	10	10	10
PSScheduledJob	16	16	16	16
PSWorkflow	3	3	3	3
PSWorkflowUtility	1	1	1	1

Modulname	Windows 8 ohne Server-Tools	Windows 8 mit Server-Tools	Windows Server 2012 ohne Rollen	Windows Server 2012 alle Rollen
RemoteAccess		71		71
RemoteDesktop		73	73	73
RemoteDesktopServices				4
ScheduledTasks	19	19	19	19
SecureBoot	5	5	5	5
ServerCore			2	2
ServerManager		7	7	7
ServerManagerTasks		11	11	11
SmbShare	56	56	56	56
SmbWitness	4	4	4	4
SMISConfig				3
Storage	84	84	84	84
TroubleshootingPack	2	2	2	2
TrustedPlatformModule	9	9	9	9
UpdateServices		12		12
UserAccessLogging			14	14
VpnClient	6	6	6	6
Wdac	12	12	12	12
WebAdministration				80
Whea			2	2
WindowsDeveloperLicense	3	3	3	3
WindowsErrorReporting	3	3	3	3
WindowsServerBackup				49

33.3 PowerShell-Module in Windows 8.1 und Windows Server 2012 R2

Die folgende Tabelle zeigt die Anzahl der in Windows 8.1 und Windows Server 2012 R2 mitgelieferten Commandlets. Nicht aufgeführt sind hier die Standard-Commandlets der PowerShell 5.x. In beiden Fällen geht es um eine Standardinstallation ohne Zusatzmodule.

Modulname	Windows 8.1	Windows Server 2012 R2
AppBackgroundTask	9	
AppLocker	5	5
Appx	6	6
AssignedAccess	3	
BestPractices		4
BitLocker	13	
BitsTransfer	8	8
BranchCache	32	32
CimCmdlets	26	26
Defender	11	
DirectAccessClientComponents	11	11
Dism	39	34
DnsClient	17	17
International	18	18
iSCSI	13	13
IscsiTarget		28
ISE	3	3
Kds	6	6
Microsoft.WSMan.Management	13	13
MMAgent	5	5
MsDtc	41	41
NetAdapter	64	64
NetConnection	2	2
NetEventPacketCapture	23	23
NetLbfo	13	13
NetNat	13	13
NetQos	4	4
NetSecurity	85	85
NetSwitchTeam	7	7
NetTCPIP	36	36
NetworkConnectivityStatus	4	4
NetworkSwitchManager	19	19
NetworkTransition	34	34
NFS		42
PackageManagement	13	13
PcsvDevice	5	5
PKI	17	17

Modulname	Windows 8.1	Windows Server 2012 R2
PrintManagement	22	22
PSDesiredStateConfiguration	27	27
PSDiagnostics	10	10
PSReadline		6
PSScheduledJob	16	16
PSWorkflow	3	3
PSWorkflowUtility	1	1
RemoteDesktop		73
ScheduledTasks	19	19
SecureBoot	5	5
ServerCore		2
ServerManager		7
ServerManagerTasks		11
SmbShare	70	70
SmbWitness	5	5
SoftwareInventoryLogging		11
StartScreen	3	3
Storage	108	102
TLS	4	4
TroubleshootingPack	2	2
TrustedPlatformModule	11	11
UserAccessLogging		14
VpnClient	19	19
Wdac	12	12
WebAdministration		80
Whea		2
WindowsDeveloperLicense	3	3
WindowsErrorReporting	3	3
WindowsSearch	2	2

33.4 PowerShell-Module in Windows 10 und Windows Server 2016

Die folgende Tabelle zeigt die Anzahl der in Windows 10 und Windows Server 2016 (jeweils Stand zum Redaktionsschluss dieses Buchs) mitgelieferten Commandlets. Nicht aufgeführt sind hier die Standard-Commandlets der PowerShell 5.x.

Modulname	Modulversion	Windows 10 Enterprise Jan 2016	Windows 10 Enterprise Jan 2016 mit RSAT	Windows Server 2016	Windows Server 2016
ActiveDirectory	1.0.0.0		147		147
ADCSAdministration	2.0.0.0				13
ADCSDeployment	1.0.0.0				12
ADDSDeployment	1.0.0.0				10
ADFS	1.0.0.0				170
ADRMS	1.0.0.0				6
ADRMSADMIN	1.0.0.0				21
AppBackgroundTask	1.0.0.0	9	9	9	9
AppLocker	2.0.0.0	5	5	5	5
Appx	2.0.0.0	14	14	14	14
AssignedAccess	1.0.0.0	3	3	3	3
BestPractices	1.0		4	4	4
BitLocker	1.0.0.0	13	13		13
BitsTransfer	2.0.0.0	8	8	8	8
BootEventCollector	1.0.0.3				82
BranchCache	1.0.0.0	32	32	32	32
CimCmdlets	1.0.0.0	26	26	26	26
CIPolicy	1.0.0.0	1	1	1	1
ClusterAwareUpdating	2.0.0.0		17		17
ConfigCI	1.0	12	12	12	12
Containers	1.0.0.0				32
DcbQos	2.0.0.0				13
Deduplication	2.0.0.0				16
Defender	1.0	12	12	12	12
DFSN	1.0		23		23
DFSR	2.0.0.0		45		45
DhcpServer	2.0.0.0		121		121

Modulname	Modul-version	Windows 10 Enterprise Jan 2016	Windows 10 Enterprise Jan 2016 mit RSAT	Windows Server 2016	Windows Server 2016
DirectAccessClient-Components	1.0.0.0	11	11	11	11
Dism	3.0	43	43	43	43
DnsClient	1.0.0.0	17	17	17	17
DnsServer	2.0.0.0		130		130
EventTracing-Management	1.0.0.0	14	14	14	14
FailoverClusters	2.0.0.0		90		90
FileServerResource-Manager	2.0.0.0				79
GroupPolicy	1.0.0.0		29		29
HgsAttestation	1.0.0.0				19
HgsClient	1.0.0.0		12		12
HgsKeyProtection	1.0.0.0				19
HgsServer	1.0.0.0				10
HostCompute-Service	1.0.0.0				2
Hyper-V	1.1				184
Hyper-V	2.0.0.0				228
IISAdministration	1.0.0.0				21
International	2.0.0.0	18	18	18	18
IpamServer	2.0.0.0		75		75
iSCSI	1.0.0.0	13	13	13	13
IscsiTarget	2.0.0.0		28	28	28
ISE	1.0.0.0	3	3	3	3
Kds	1.0.0.0	6	6	6	6
Microsoft.WSMan.Management	3.0.0.0	13	13	13	13
MMAgent	1.0	5	5	5	5
MPIO	1.0.0.0				13
MsDtc	1.0.0.0	41	41	41	41
MSMQ	1.0.0.0				22
MultiPoint	1.0				47
MultiPointVdi	1.0				7
NetAdapter	2.0.0.0	68	68	68	68
NetConnection	1.0.0.0	2	2	2	2

(Fortsetzung nächste Seite)

Modulname	Modulversion	Windows 10 Enterprise Jan 2016	Windows 10 Enterprise Jan 2016 mit RSAT	Windows Server 2016	Windows Server 2016
NetEventPacketCapture	1.0.0.0	27	27	27	27
NetLbfo	2.0.0.0	13	13	13	13
NetNat	1.0.0.0	13	13	13	13
NetQos	2.0.0.0	4	4	4	4
NetSecurity	2.0.0.0	85	85	85	85
NetSwitchTeam	1.0.0.0	7	7	7	7
NetTCPIP	1.0.0.0	36	36	36	36
NetWNV	1.0.0.0				19
NetworkConnectivityStatus	1.0.0.0	4	4	4	4
NetworkController	1.0.0.0		203		203
NetworkLoadBalancingClusters	2.0.0.0		35		35
NetworkSwitchManager	1.0.0.0	19	19	19	19
NetworkTransition	1.0.0.0	34	34	34	34
NFS	1.0		42	42	42
Nps	1.0.0.0				7
PackageManagement	1.0.0.1	13	13	13	13
PcsvDevice	1.0.0.0	9	9	9	9
Pester	3.3.5	20	20	20	20
PKI	1.0.0.0	17	17	17	17
PlatformIdentifier	1.0.0.0			1	1
PnpDevice	1.0.0.0	4	4	4	4
PrintManagement	1.1	22	22	22	22
PSDesiredStateConfiguration	1.1	27	27	27	27
PSDiagnostics	1.0.0.0	10	10	10	10
PSReadline	1.1	6	6	6	6
PSScheduledJob	1.1.0.0	16	16	16	16
PSWorkflow	2.0.0.0	3	3	3	3
PSWorkflowUtility	1.0.0.0	1	1	1	1
RemoteAccess	3.0.0.0		122		122
RemoteDesktop	2.0.0.0		78	78	78

Modulname	Modul-version	Windows 10 Enterprise Jan 2016	Windows 10 Enterprise Jan 2016 mit RSAT	Windows Server 2016	Windows Server 2016
RemoteDesktop-Services	2.0.0.0				1
ScheduledTasks	1.0.0.0	19	19	19	19
SecureBoot	2.0.0.0	5	5	5	5
ServerCore	1.0.0.0			2	2
ServerManager	2.0.0.0		7	7	7
ServerManagerTasks	1.0.0.0		11	11	11
ShieldedVMDataFile	1.0.0.0		3		
ShieldedVMTemplate	1.0.0.0		1		
SmbShare	2.0.0.0	70	70	70	70
SmbWitness	2.0.0.0	5	5	5	5
SMISConfig	1.0.0.0				3
SoftwareInventory-Logging	2.0.0.0			11	11
StartLayout	1.0.0.0	3	3	3	3
Storage	2.0.0.0	150	150	150	150
StorageQoS	1.0.0.0		8		8
StorageReplica	1.0		17		17
SyncShare	1.0.0.0				10
TLS	2.0.0.0	7	7	7	7
TroubleshootingPack	1.0.0.0	2	2	2	2
TrustedPlatformModule	2.0.0.0	11	11	11	11
UpdateServices	2.0.0.0		16		16
UserAccessLogging	1.0.0.0			14	14
VpnClient	2.0.0.0	19	19	19	19
Wdac	1.0.0.0	12	12	12	12
WDS	1.0.0.0				33
WebAdministration	1.0.0.0				80
Whea	2.0.0.0			2	2
WindowsDeveloperLicense	1.0.0.0	3	3	3	3
WindowsErrorReporting	1.0	3	3	3	3
WindowsFabric	3.1.0.0				103
WindowsSearch	1.0.0.0	2	2	2	2

(Fortsetzung nächste Seite)

Modulname	Modul-version	Windows 10 Enterprise Jan 2016	Windows 10 Enterprise Jan 2016 mit RSAT	Windows Server 2016	Windows Server 2016
WindowsServer-Backup	1.0.0.0				49
WindowsUpdate	1.0.0.0	1	1	1	1
WssCmdlets	2.0.0.0				177
WssSetupCmdlets	1.0.0.0				5

33.5 PowerShell Community Extensions (PSCX)

Die PowerShell Community Extensions (PSCX) mit zusätzlichen Commandlets und Providern gibt es schon seit PowerShell 1.0. Aktuell zum Redaktionsschluss dieses Buchs ist die Version 3.2.2 der PSCX vom 30.06.2016. Seitdem gibt es leider keine neue Version mehr.

Während die PSCX früher ein PowerShell-Snap-In waren, sind sie nun ein PowerShell-Script-Modul mit Namen „PSCX".

PowerShell Community Extensions	
Hersteller:	Microsoft/Open-Source-Community-Projekt
Preis:	Kostenlos
URL:	https://github.com/Pscx/Pscx

PSCX enthalten die in nachstehender Liste genannten Commandlets. Einige dieser Commandlets gehören mittlerweile auch zur Grundausstattung der PowerShell, sodass es zu Namensdoppelungen kommt.

 TIPP: Um bei Namensdoppelungen das Commandlet aus den PSCX zu verwenden, müssen Sie den Modulnamen PSCX voranstellen, z. B. PSCX\Get-Clipboard

- Add-PathVariable
- Clear-MSMQueue
- ConvertFrom-Base64
- ConvertTo-Base64
- ConvertTo-MacOs9LineEnding
- ConvertTo-Metric

- `ConvertTo-UnixLineEnding`
- `ConvertTo-WindowsLineEnding`
- `Convert-Xml`
- `Disconnect-TerminalSession`
- `Expand-Archive`
- `Export-Bitmap`
- `Format-Byte`
- `Format-Hex`
- `Format-Xml`
- `Get-ADObject`
- `Get-AdoConnection`
- `Get-AdoDataProvider`
- `Get-Clipboard`
- `Get-DHCPServer`
- `Get-DomainController`
- `Get-DriveInfo`
- `Get-EnvironmentBlock`
- `Get-FileTail`
- `Get-FileVersionInfo`
- `Get-ForegroundWindow`
- `Get-Hash`
- `Get-HttpResource`
- `Get-LoremIpsum`
- `Get-MountPoint`
- `Get-MSMQueue`
- `Get-OpticalDriveInfo`
- `Get-PathVariable`
- `Get-PEHeader`
- `Get-Privilege`
- `Get-PSSnapinHelp`
- `Get-ReparsePoint`
- `Get-RunningObject`
- `Get-ShortPath`
- `Get-TerminalSession`
- `Get-TypeName`
- `Get-Uptime`
- `Import-Bitmap`

- Invoke-AdoCommand
- Invoke-Apartment
- Join-String
- New-Hardlink
- New-Junction
- New-MSMQueue
- New-Shortcut
- New-Symlink
- Out-Clipboard
- Ping-Host
- Pop-EnvironmentBlock
- Push-EnvironmentBlock
- Read-Archive
- Receive-MSMQueue
- Remove-MountPoint
- Remove-ReparsePoint
- Resolve-Host
- Send-MSMQueue
- Send-SmtpMail
- Set-BitmapSize
- Set-Clipboard
- Set-FileTime
- Set-ForegroundWindow
- Set-PathVariable
- Set-Privilege
- Set-VolumeLabel
- Skip-Object
- Split-String
- Stop-TerminalSession
- Test-AlternateDataStream
- Test-Assembly
- Test-MSMQueue
- Test-Script
- Test-UserGroupMembership
- Test-Xml
- Write-BZip2
- Write-Clipboard

- Write-GZip
- Write-Tar
- Write-Zip
- Add-DirectoryLength
- Add-ShortPath
- Dismount-VHD
- Edit-File
- Edit-HostProfile
- Edit-Profile
- Enable-OpenPowerShellHere
- Get-ExecutionTime
- Get-Help
- Get-Parameter
- Get-ScreenCss
- Get-ScreenHtml
- Get-ViewDefinition
- help
- Import-VisualStudioVars
- Invoke-BatchFile
- Invoke-Elevated
- Invoke-GC
- Invoke-Method
- Invoke-NullCoalescing
- Invoke-Ternary
- less
- Mount-VHD
- New-HashObject
- Out-Speech
- QuoteList
- QuoteString
- Resolve-ErrorRecord
- Resolve-HResult
- Resolve-WindowsError
- Set-LocationEx
- Set-ReadOnly
- Set-Writable
- Show-Tree

- Start-PowerShell
- Stop-RemoteProcess

33.6 PowerShellPack

Das PowerShellPack ist eine massive Erweiterung zur Windows PowerShell, die Microsoft früher unter *http://code.msdn.microsoft.com/PowerShellPack* zum Download anbot. **Leider hat Microsoft dieses Installationspaket komplett vom Netz genommen.** Die letzte erschienene Version vom 16.10.2009 steht Lesern dieses Buchs über das Leser-Portal zur Verfügung.

Ein kleiner Teil der Funktionen aus dem PowerShellPack gehört seit PowerShell-Version 3.0 zum Standardlieferumfang der PowerShell.

PowerShellPack	
Hersteller:	Microsoft
Preis:	Kostenlos
URL:	*www.IT-Visions.de/leser*

PowerShellPack beinhaltet rund 800 neue Befehle, aufgeteilt in zehn Module.

- *Modul „WPK":* Das größte Modul im PowerShellPack ermöglicht die Erstellung von grafischen Benutzeroberflächen mit der Windows Presentation Foundation (WPF). WPK steht für WPF PowerShell Kit.
- *IsePack:* mehr als 35 Erweiterungen für die ISE, hauptsächlich Shortcuts
- *TaskScheduler:* geplante Vorgänge einrichten und löschen.
  ACHTUNG: Diese Funktionen gehören seit PowerShell-Version 3.0 in geänderter Form zum Standard des Produkts.
- *FileSystem:* Handhabung von ZIP-Dateien (z.B. New-Zip, Copy-ToZip), Laufwerken (Rename-Drive), Dateisystemüberwachung (Start-FileSystemWatcher) und Suche nach doppelten Dateien (Get-DuplicateFile)
- *DotNet:* Zugriff auf die geladenen Typen, herausfinden, welche Befehle auf die Typen angewendet werden können, sowie erarbeiten, wie PowerShell, DotNet und COM zusammenarbeiten können
- *PSImageTools:* Umwandeln, Drehen, Beschneiden bzw. Vergrößern oder Verkleinern von Bildern sowie Zugriff auf die Metadaten
- *PSRSS:* Befehle, um mit dem FeedStore für RSS-Feeds zu arbeiten
- *PSSystemTools:* Auslesen von Betriebssystem- und Hardwareinformationen
- *PSUserTools:* Zugriff auf die Benutzerkonten des lokalen Systems, Prüfung auf „elevation" und Starten von Prozessen als Administrator
- *PSCodeGen:* Erzeugen von PowerShell-Skripten sowie C#-Code und PInvoke-Aufrufe

Diese Module kann man einzeln importieren mit `Import-Module` oder man kann alle Module zusammen importieren mit `Import-Module PowerShellPack`.

Zahlreiche der PowerShellPack-Commandlets werden in Teil C „*PowerShell im Praxiseinsatz*" besprochen.

Die Module des PowerShellPack sind als Skript-Module implementiert, d.h., man kann sich die Implementierung ansehen und davon lernen. Das PowerShellPack installiert sich in das benutzerspezifische Modulverzeichnis.

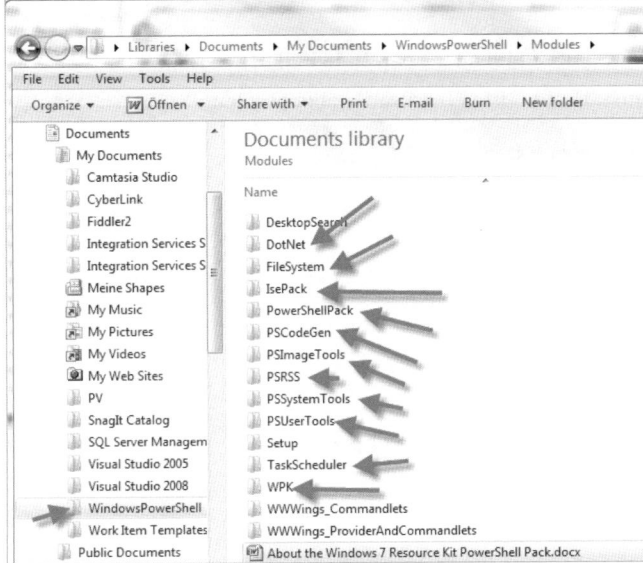

Bild 33.1
Module des PowerShellPack im benutzerspezifischen Modulverzeichnis der PowerShell

Wenn Sie beim Importieren eines PowerShellPack-Moduls oder bei einzelnen Commandlets dieser Erweiterung auf Fehlermeldungen stoßen, könnte das daran liegen, dass Sie die PowerShell Community Extensions ebenfalls geladen haben. Leider sind diese beiden Erweiterungen nicht vollkompatibel zueinander, weil sie gleichnamige Commandlets definieren.

33.7 www.IT-Visions.de: PowerShell Extensions

Die PowerShell-Erweiterungen, die von der Firma des Buchautors kostenlos bereitgestellt werden, bieten Funktionen aus den Bereichen

- Verzeichnisdienstverwaltung (`Get-DirectoryEntry`, `Get-DirectoryChildren`, `Add-DirectoryEntry`, `Remove-DirectoryEntry` ...),
- Hardwareinformationen (`Get-Processor`, `Get-Memorydevice`, `Get-NetworkAdapter`, `Get-CDRomDrive`, `Get-VideoController`, `Get-USBController` ...),

- Datenbankzugriff (Get-DBTable, Get-DBRow, Set-DBTable, Invoke-DBCommand, Get-DBConnection, ...).

www.IT-Visions.de **PowerShell Extensions**	
Hersteller:	www.IT-Visions.de
Preis:	Kostenlos
URL:	http://www.dotnetframework.de/scripting/powershell/PowerShellCommandlet Extensions.aspx

Die Erweiterung kann als PowerShell-Modul oder Snap-In installiert werden.

Für die Snap-In-Installation muss installutil.exe verwendet werden:

```
installutil.exe ITVisions_PowerShell_Extensions.dll
```

Anschließend muss die Erweiterung in die Konsole geladen werden (dies am besten in *Profil.ps1* eintragen):

```
Add-PSSnapin ITVisions_PowerShell_Extensions
```

33.8 Quest Management Shell for Active Directory

Die Firma Quest stellt Commandlets zur Active-Directory-Verwaltung sowie eine angepasste PowerShell-Konsole (Quest Management Shell for Active Directory) zur Verfügung. Der Vorteil dieser Commandlets gegenüber dem Active-Directory-Modul von Microsoft ist, dass sie auch auf älteren Betriebssystemen laufen. Das Active-Directory-Modul von Microsoft läuft erst seit Windows 7 und Windows Server 2008 R2.

Quest Management Shell for Active Directory	
Hersteller:	Quest
Preis:	Kostenlos
URL:	http://www.quest.com/activeroles-server/arms.aspx

Die Quest-Commandlets können auch unabhängig von der Quest-Management-Konsole in die normale PowerShell durch den Befehl Add-Pssnapin quest.activeroles.admanagement eingebunden werden.

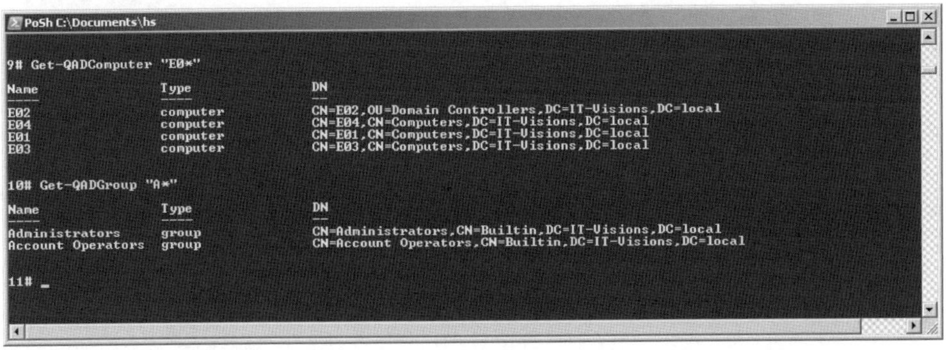

Bild 33.2 Quest Management Shell for Active Directory

Die Quest-Erweiterungen enthalten in der aktuellen Version folgende Commandlets:
- Add-QADGroupMember
- Connect-QADService
- Disconnect-QADService
- Get-QADComputer
- Get-QADGroup
- Get-QADGroupMember
- Get-QADObject
- Get-QADUser
- New-QADGroup
- New-QADObject
- New-QADUser
- Remove-QADGroupMember
- Set-QADObject
- Set-QADUser

33.9 Microsoft Exchange Server

Der Microsoft Exchange Server 2007 war das erste Microsoft-Produkt, das die PowerShell zur Administration eingesetzt hat. Die mit dem Exchange Server mitgelieferte Exchange Management Shell (eine angepasste Version der PowerShell) sowie zahlreiche zugehörige Commandlets ermöglichen es, alle administrativen Aufgaben des Exchange Servers von der Kommandozeile auszuführen.

Unter anderem folgende Commandlets werden dort bereitgestellt:
- Get-ExchangeServer
- Enable-Mailcontact

- Enable-Mailbox
- Disable-Mailbox
- Get-Mailbox
- Get-MailboxStatistics
- New-SystemMessage
- Get-Recipient
- Get-UMMailbox
- New-MailboxDatabase
- New-StorageGroup
- New-SendConnector
- Suspend-Queue
- Resume-Queue
- Set-RecipientFilterConfig
- New-JournalRule

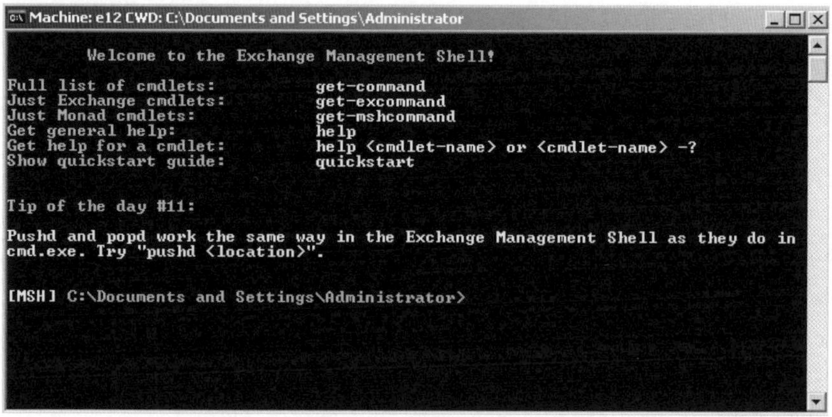

Bild 33.3 Exchange Server Management Shell

Weitere Informationen finden Sie unter [TNET01] und [TNET02].

33.10 System Center Virtual Machine Manager

System Center Virtual Machine Manager (SCVMM) ist ein Verwaltungswerkzeug für virtuelle Systeme auf Basis von Virtual Server. Auch diese Verwaltungskonsole basiert im Hintergrund komplett auf PowerShell-Commandlets, so dass alle Aktionen des SCVMM auch per Skript ausgeführt werden können.

U.a. werden dort folgende Commandlets bereitgestellt:
- New-VirtualNetworkAdapter
- New-VirtualDVDDrive
- New-HardwareProfile
- Get-VirtualHardDisk
- Add-VirtualHardDisk
- New-VM
- Get-VMHost
- Get-FloppyDrive
- Get-DVDDrive
- u.a.

■ 33.11 PowerShell Management Library for Hyper-V (pshyperv)

Diese bei Codeplex.com verfügbare Commandlets-Bibliothek bietet Commandlets zur Verwaltung von Virtuellen Maschinen (VM) im Virtualisierungsdienst Hyper-V in Windows Server 2008. Seit Windows 8 und Windows Server 2012 gibt es dafür ein Modul von Microsoft (siehe Kapitel 59 „Hyper-V")!

PowerShell Management Library for Hyper-V (pshyperv)	
Hersteller:	OpenSource-Projekt
Preis:	Kostenfrei
URL:	http://pshyperv.codeplex.com

Die folgende Liste zeigt die verfügbaren Commandlets (Quelle: *http://pshyperv.codeplex.com*).
- *Auffinden einer Virtuellen Maschine:*
  Get-VM, Choose-VM, Get-VMHost
- *Zu einer Virtuellen Maschine verbinden:*
  New-VMConnectSession
- *Verändern einer Virtuellen Maschine:*
  Get-VMState, Set-VMState, Convert-VmState,
  Ping-VM, Test-VMHeartBeat, Shutdown-VM, Start-VM, Stop-VM, Suspend-VM
  Get-VMKVP, Add-KVP, Remove-KVP, Get-VMJPEG

- *Sichern und Exportieren einer Virtuellen Maschine, Erstellen von Momentaufnahmen (Snapshots):*

    Export-VM, Import-VM, Get-VMSnapshot, Choose-VMSnapshot, Apply-VMSnapshot, New-VMSnapshot, Remove-VMSnapshot, Rename-VMSnapShot, Update-VMSnapshot, Get-VMSnapshotTree, Get-VmBackupScript

- *Virtuelle Maschine erstellen und löschen:*

    New-VM, Remove-VM, Set-VM, Get-VMCPUCount, Set-VMCPUCount, Get-VMMemory, Set-VMMemory, Set-VMSerialPort

- *Laufwerk erstellen:*

    Get-VMDiskController

    Add-VMSCSIController, Remove-VMSCSIcontroller

    Get-VMDriveByController, Add-VMDRIVE, Remove-VMdrive

    Get-VMDiskByDrive, Add-VMDISK, Set-VMDisk, Get-VMDisk

    Get-VMFloppyDisk, Add-VMFloppyDisk

    Add-VMNewHardDisk

- *Network Interface Cards erstellen:*

    Get-VMNic, List-VMNic, Choose-VMNIC, Add-VMNIC, Remove-VMNIC, Set-VMNIC Address, Set-VMNICConnection, Get-VMNicport

    Get-VMnicSwitch, Choose-VMSwitch, New-VMSwitchPort, Get-VMByMACaddress, Choose-VMExternalEthernet

    New-VMExternalSwitch, New-VMInternalSwitch, New-Vm PrivateSwitch

- *Mit VHD-Dateien arbeiten:*

    Get-VHDDefaultPath, Get-VHDInfo, New-VHD, Compact-VHD, Test-VHD, Convert-VHD, Merge-VHD, Mount-VHD, Unmount-VHD

■ 33.12 Powershell Outlook Account Manager

Diese Erweiterung bietet drei Commandlets zur Verwaltung von E-Mail-Konten in Microsoft Outlook: Get-MAPIProfile, Get-MAPIAccount, Set-MAPIAccount. Gleichzeitig ist diese Erweiterung auch eine Klassenbibliothek für .NET (OutlookAccountManager.dll), die die Account Management API als .NET-Komponenten verpackt.

Powershell Outlook Account Manager	
Hersteller:	OpenSource-Projekt
Preis:	Kostenfrei
URL:	*http://psoutlookmanager.codeplex.com/*

33.13 PowerShell Configurator (PSConfig)

PSConfig bietet eine Sammlung von Commandlets in Form eines PowerShell-Moduls für verschiedene Konfigurationsaufgaben in Windows. Die Bibliothek ist laut der Website insbesondere gedacht für die Verwaltung von Windows-Server-Core-Installationen. Die Commandlets sind aber auch nützlich auf vollständigen Windows-Server-Systemen.

- *Software, Updates und Treiber:*
  Add-Driver, Get-Driver
  Add-HotFix
  Add-InstalledProduct, Get-InstalledProduct, Remove-InstalledProduct
  Add-WindowsFeature, Get-WindowsFeature, Remove-WindowsFeature
  Add-WindowsUpdate, Get-WindowsUpdateConfig, Set-WindowsUpdateConfig
- *Windows Firewall:*
  Get-FirewallConfig, Set-FirewallConfig, Get-FirewallProfile, Get-FireWallRule
- *Netzwerkkonfiguration:*
  Get-NetworkAdapter, Get-IpConfig, New-IpConfig, Remove-IpConfig, Set-IpConfig
- *Lizenzierung/Aktivierung:*
  Get-Registration, Register-Computer
- *Auslagerungsdatei (Page File):*
  Get-ShutDownTracker, Set-ShutDownTracker
- *Remote Desktop:*
  Get-RemoteDesktopConfig, Set-RemoteDesktop
- *Sonstige:*
  Get-WinRMConfig
  Rename-Computer
  Set-iSCSIConfig
  Set-RegionalConfig
  Out-Tree
  Test-Admin
  Get-FirstAvailableDriveLetter

PowerShell Configurator (PSConfig)	
Hersteller:	Microsoft/James O'Neill
Preis:	Kostenfrei
URL:	http://psconfig.codeplex.com/

33.14 Weitere Erweiterungen

Die Tabelle listet einige weitere Commandlet-Bibliotheken auf. Mehr Erweiterungen finden Sie in der PowerShell Gallery: *https://www.powershellgallery.com*.

Tabelle 33.2 Commandlet-Erweiterungen

Name	URL
PowerShell Provider BizTalk	*http://psbiztalk.codeplex.com/*
SharePoint PowerShell Module (SPoshMod)	*http://sposhmod.codeplex.com/*
PowerShell VMWare Toolkit	*http://vmware.com/go/powershell*

34 Delegierte Administration/ Just Enough Administration (JEA)

Die Rechteverwaltung von Windows ist grobkörnig. Mit der Windows PowerShell ist es möglich, Personen eingeschränkte Administrationsrechte zu geben, die genau auf die Aufgaben beschränkt sind, die die Person tatsächlich ausführen soll („Least Privilege"). Microsoft nennt dies Just Enough Administration (JEA).

34.1 JEA-Konzept

JEA ist eng verbunden mit PowerShell Remoting. Ein Administrator richtet auf einem Computer (meistens ein Server) eine spezielle PowerShell-Sitzungskonfiguration (PowerShell Session Configuration mit einem sogenannte „Restricted Runspace") in einer Sitzungskonfigurationsdatei (.pssc) ein, die festlegt, welche Module, welche Commandlets, welche Funktionen und welche Sprachfeatures der PowerShell verwendet werden dürfen.

Zudem legt er fest, unter welchem Benutzerkonto die PowerShell-Sitzung ausgeführt werden soll und welche Benutzer diese Sitzungskonfiguration verwenden dürfen. Die berechtigten Benutzer können sich dann per PowerShell Remoting unter Verwendung der Sitzungskonfiguration mit dem Computer verbinden, unterliegen aber dort den konfigurierten Restriktionen.

34.2 PowerShell-Sitzungskonfiguration erstellen

Das folgende PowerShell-Skript erstellt eine Sitzungskonfigurationsdatei per New-PSSession ConfigurationFile und registriert diese per Register-PSSessionConfiguration.

 HINWEIS: Die Konfiguration einer Sitzung ist nur möglich, wenn die PowerShell als Administrator gestartet wurde.

Im Rahmen der Sitzung ist der Nutzer der Sitzung nur auf folgende Befehle beschränkt:

- Status der Systemdienste auflisten mit `Get-Service` und in gruppierter Form mit der benutzerdefinierten Funktion `Get-ServiceStatus`
- Systemdienste starten mit `Start-Service` und neu starten mit `Restart-Service`
- Benutzer anlegen in einer bestimmten Active Directory-Organisationseinheit
- Die benutzerdefinierte Funktion `Get-SessionInfo` liefert (zu Diagnosezwecken) den Namen des Computers und des agierenden Benutzers sowie die Zeit auf dem Computer
- Die Sitzung erlaubt keine Sprachelemente der PowerShell-Skriptsprache.

Die Sitzung konfiguriert das Konto „ADAdmin" als das Konto, unter dem der Benutzer auf dem Zielsystem interagiert. Dieses Konto ist Mitglied der Active Directory-Domänenadministratoren.

 HINWEIS: Das Kennwort für das Konto „ADAdmin" ist im Quellcode hinterlegt. Dies ist nicht Best Practices und dient hier nur der Demonstration. In der Praxis sollten Sie das Kennwort per `Get-Credential` interaktiv abfragen.

Listing 34.1 [2_Aufbauwissen\DelegierteAdministration\JEA_Einrichten.ps1]

```
#region ------------- Einstellungen
# Konfigurationsname
$name = "JEA_ServiceAdminAndNewUser"
# Speicherort der Sitzungskonfigurationsdatei
$sessionConfigFile = "x:\$name.pssc"
# RunAs-User
$benutzer = "ITV\ADAdmin"
$Kennwort = "geheim123" # hier nur im Beispiel im Skript abgelegt!
$kennwortSecure = ConvertTo-SecureString –String $Kennwort –AsPlainText -Force
$cred = New-Object –TypeName System.Management.Automation.PSCredential –ArgumentList
$benutzer, $kennwortSecure
# in der Praxis:
# $cred = Get-Credential "ITV\ADAdmin"
# Zugriffsrechte als SDDL
$Zugriffsrechte = "O:NSG:BAD:P(A;;GA;;;S-1-5-21-1973890784-140174113-2732654181-1110)
(A;;GA;;;S-1-5-21-1973890784-140174113-2732654181-1265)S:P(AU;FA;GA;;;WD)
(AU;SA;GXGW;;;WD)"
#endregion

#region -------------Funktionen für die Sitzungskonfiguration
$func1 = @{ name='Get-ServiceStatus'
ScriptBlock = { Get-Service | group status } }

$func2 = @{ name='New-User'
ScriptBlock = {
   function New-Password([int] $Anzahl)
   {
      $kennwort = ""
      $zufallszahlgenerator = New-Object System.Random
      for($i=0;$i -lt $Anzahl;$i++) { $kennwort = $kennwort
+[char]$zufallszahlgenerator.next(33,127) }
      return $kennwort
```

```powershell
    }
    function New-UserInternal($vorname,$Nachname)
    {
      $OU = "ou=TEST,dc=FBI,dc=net"
      Write-host "Creating User $vorname $Nachname in $ou..."
      $verzeichnisname = $Vorname + "_" + $Nachname
      $Anzeigename = $Vorname + " " + $Nachname
      $SamAccountName = $Vorname.Substring(0,1) + $Nachname

      $kennwort = New-Password 13
      $kennwortSecure = (ConvertTo-SecureString $Kennwort -AsPlainText -force)
      # Benutzer anlegen
      $benutzerObj = New-ADUser -GivenName $vorname -Surname $Nachname -path $OU
-Name $verzeichnisname -SamAccountName $SamAccountName -DisplayName $Anzeigename
-Enabled $true -ChangePasswordAtLogon $true -AccountPassword $kennwortSecure
-PassThru
      Add-ADGroupMember -Identity "Angestellte" -Members $SamAccountName
      return $kennwort
    }
    New-UserInternal $args[0] $args[1]
} }

$func3 = @{ name='Get-SenderInfo'
ScriptBlock = { $PSSenderInfo } }

$func4 = @{ name='Get-SessionInfo'
ScriptBlock = {
"Rechnername: $([System.Environment]::MachineName)"
"Benutzername: $([System.Environment]::UserDomainname + "\" + [System.
Environment]::Username)"
"Zeit: $(Get-Date)"
} }

#endregion

# Sitzungskonfigurationsdatei einrichten
New-PSSessionConfigurationFile -Path $sessionConfigFile -SessionType
RestrictedRemoteServer `
-LanguageMode FullLanguage `
-ExecutionPolicy Restricted `
-VisibleCmdlets Get-Service,Start-Service,Restart-Service,Get-ADUser,Write-Host `
-ModulesToImport ActiveDirectory `
-FunctionDefinitions $func1,$func2,$func3,$func4 `

# Sitzungskonfiguration registrieren
Register-PSSessionConfiguration -Name $name -Path $sessionConfigFile `
-RunAsCredential $cred -SecurityDescriptorSddl $zugriffsrechte -Force

Write-host "Sitzungskonfiguration ist eingerichtet!" -ForegroundColor Yellow
# Sitzungskonfiguration abrufen
Get-PSSessionConfiguration -Name $name
```

TIPP: Die Zugriffsrechte auf die Sitzungskonfiguration sind im Skript in Form der Security Descriptor Definition Language (SDDL) angegeben. Sie müssen die SDDL nicht manuell schreiben. Sie können den Parameter zunächst weglassen und dann Set-PSSessionConfiguration -Name JEA_ServiceAdminAndNewUser -ShowSecurityDescriptorUI ausführen. Dadurch zeigt die PowerShell einen Dialog, in dem man die Nutzer festlegen kann. Nach dem Speichern kann man die zugehörige SSDL abrufen per (Get-PSSessionConfiguration -Name JEA_ServiceAdminAndNewUser).SecurityDescriptorSddl.

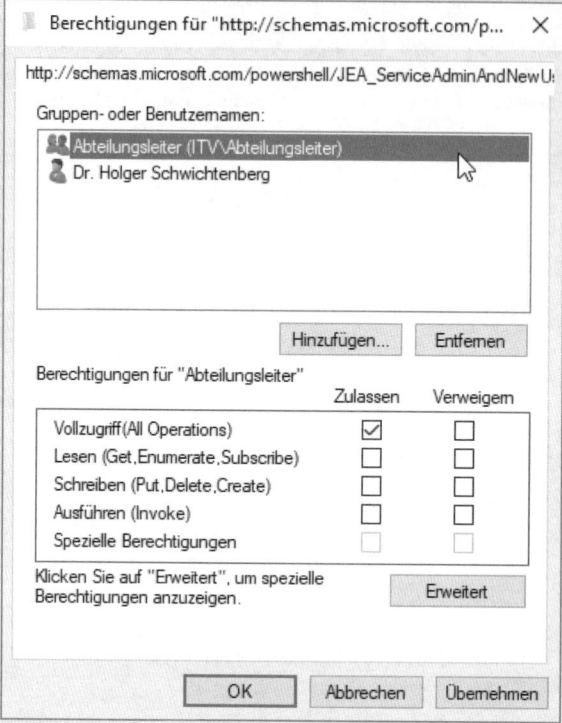

Eine Liste der registrierten Sitzungskonfigurationen liefert

```
Get-PSSessionConfiguration | ft name, guid, author
```

Mit Unregister-PSSessionConfiguration JEA* löscht man alle Sitzungskonfigurationen, die mit dem Wort „JEA" beginnen.

34.3 Sitzungskonfiguration nutzen

Eine berechtigte Person kann sich nun mit dem Rechner verbinden unter Angabe des Namens der Sitzungskonfiguration:

```
"Sitzung einrichten mit der Konfiguration:"
$s = New-PSSession -ConfigurationName JEA_ServiceAdminAndNewUser -ComputerName Server123
Enter-PSSession $s
```

In der folgenden Bildschirmabbildung läuft die PowerShell unter dem Konto „MMeier". Dieser Benutzer, der Mitglied der berechtigten Benutzergruppe „Abteilungsleiter" ist, verbindet sich mit der Sitzungskonfiguration JEA_ServiceAdminAndNewUser auf dem Computer E60. Dort agiert er unter dem Konto ITV\ADAdmin. Ihm stehen allerdings nur sehr wenige Befehle zur Verfügung: Neben den explizit konfigurierten Commandlets und Funktionen sind es nur einige unschädliche Standardbefehle wie Clear-Host, Get-Help, Select-Object, Measure-Object und Exit-PSSession. Er kann mit der Funktion New-User unter Angabe von Vor- und Nachname einen neuen Benutzer anlegen und erhält als Antwort das zufällig generierte Kennwort. Der Versuch aber, das Kennwort eines bestehenden Benutzers zu ändern, scheitert. Er kann nicht einmal das generierte Kennwort in einer Variablen ablegen, denn er darf keine PowerShell-Sprachfeatures nutzen!

Bild 34.1 Nutzung der Sitzungskonfiguration

■ 34.4 Delegierte Administration per Webseite

Die Möglichkeiten der delegierten Administration in PowerShell sind kommandozeilenbasiert. Dies ist für einige Benutzer angemessen, aber andere Benutzer (z. B. Abteilungsleiter, die ein Benutzerkonto für neue Mitarbeiter anlegen wollen) erwarten eine grafische Benutzeroberfläche.

Die Firma www.IT-Visions.de besitzt eine **webbasierte Lösung mit Namen „PowerShell Web Admin"** für delegierte Administration. Die berechtigten Benutzer können im Browser aus einer Liste von ihnen zugewiesenen Skripten auswählen und in einer vollautomatisch generierten Eingabemaske die Parameter für das gewählte Skript erfassen. Die Benutzer erhalten das Ergebnis wahlweise als Webseite oder per E-Mail.

Die Lösung basiert serverseitig auf Windows Server und Microsoft .NET Framework. Clientseitig sind alle Betriebssysteme und Gerätearten (auch SmartPhone und Tablet) unterstützt.

Die Lösung wird von www.IT-Visions.de als auf den jeweiligen Kunden angepasste Individuallösung inklusive jeweiligem Quellcode vertrieben. Bei Interesse kontaktieren Sie bitte *kundenteam@IT-Visions.de* oder *Telefon 0201 649590-0* unter Bezugnahme auf den **PowerShell Web Admin**.

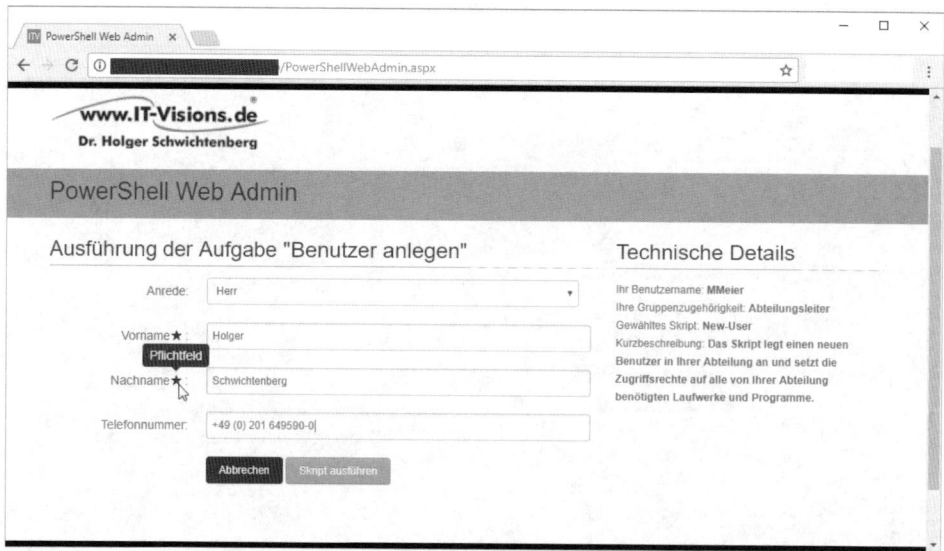

Bild 34.2 PowerShell Web Admin von www.IT-Visions.de

35 Tipps und Tricks zur PowerShell

35.1 Alle Anzeigen löschen

Clear-Host (Alias clear) löscht die Anzeige in der PowerShell-Konsole, aber nicht die Befehlsgeschichte. Alternativ dazu kann man die statische Methode [System.Console]::Clear() verwenden.

35.2 Befehlsgeschichte

Die PowerShell-Konsole speichert im Standard die letzten 64 eingegebenen Befehle in einer Befehlsgeschichte (History). Diese lassen sich mit Get-History auflisten. Alternativ kann man die Tastenkombination **STRG+R** oder die Pfeiltasten hoch/runter verwenden, um zu vorher eingegebenen Befehlen zu kommen.

Durch den Parameter Count kann man eine bestimmte Anzahl von Befehlen ansehen (jeweils die letzten n Befehle werden gezeigt).

```
Get-History -count 10
```

Einen Befehl aus der Befehlsgeschichte kann man gezielt über die Position aufrufen:

```
Invoke-History 9
```

Die Anzahl der gespeicherten Befehle kann durch die Variable $MaximumHistoryCount erhöht werden.

Die Befehlsgeschichte kann man exportieren, entweder als Skriptdatei oder als XML-Datei. Eine Skriptdatei verwendet man, wenn man die eingegebenen Befehle wieder automatisch in der Reihenfolge der Eingabe ablaufen lassen will. Das XML-Dateiformat verwendet man, wenn man die Befehlsgeschichte einer früheren Sitzung wiederherstellen will, ohne die Befehle gleichzeitig auch alle auszuführen.

	Export als Skriptdatei (.ps1)	Export als XML-Format
Exportieren	`Get-History -Count 10 | -format-table commandline -HideTableHeader | Out-file "c:\meinSkript.ps1"`	`Get-History | Export-CliXml "b:\Skripte\geschichte.xml"`
Importieren (bzw. Ausführen)	`. "c:\meinSkript.ps1"`	`Import-CliXml "b:\Skripte\geschichte.xml" | Add-History`

Mit `Clear-History` (seit PowerShell-Version 2.0) kann der Nutzer die Befehlsliste löschen.

■ 35.3 System- und Hostinformationen

Das Commandlet `Get-Host` und die eingebaute Variable `$Host` liefern Informationen über die aktuelle PowerShell-Umgebung. Sowohl das Commandlet als auch die Variable liefern die gleiche Instanz der Klasse `System.Management.Automation.Internal.Host.InternalHost`. `InternalHost` enthält Informationen und erlaubt über sein Unterobjekt `UI.RawUI` auch Modifikationen, z. B.:

- `$Host.Name`: Name des Hosts (damit ist eine Unterscheidung der Umgebung möglich, z. B. liefert hier der PowerShellPlus Host einen anderen Wert als die normale PowerShell-Konsole)
- `$Host.Version`: Versionsnummer der Ablaufumgebung
- `$Host.UI.RawUI.WindowTitle = "Titel"`: Setzen der Titelzeile des Fensters
- `$Host.UI.RawUI.ForeGroundColor = [System.ConsoleColor]::White`: Setzen der Textfarbe
- `$Host.UI.RawUI.BackgroundColor = [System.ConsoleColor]::DarkBlue`: Setzen der Texthintergrundfarbe

Das folgende Beispiel erzeugt eine Kopfzeile, in der neben dem Namen des aktuellen Benutzers auch gezeigt wird, ob dieser ein Administrator ist oder nicht. Der Code eignet sich hervorragend zur Verwendung im Profilskript.

Listing 35.1 Beispiel für ein Profilskript für eine aussagekräftige Titelzeile [2_Aufbauwissen/Profile/Profile_Title.ps1]

```
# PowerShell Profile Script
# Holger Schwichtenberg

# ------------- Window Title

$WI = [System.Security.Principal.WindowsIdentity]::GetCurrent()
$WP = New-Object System.Security.Principal.WindowsPrincipal($wi)
if ($WP.IsInRole([System.Security.Principal.WindowsBuiltInRole]::Administrator))
{
```

```
  $Status = "[elevated user]"
}
else
{
  $Status = "[normal User]"
}

$Host.UI.RawUI.WindowTitle = "PowerShell - " + [System.Environment]::UserName + " "
+ $Status
```

Get-Culture (oder $Host.CurrentCulture) und Get-UICulture (oder $Host.CurrentUI
Culture) liefern die Informationen über die aktuelle Sprache auch einzeln in Form von
Instanzen der .NET-Klasse System.Globalization.CultureInfo. Get-Culture bezieht
sich auf die Ausgaben von Datum, Uhrzeit und Währungen (vgl. regionale Einstellungen der
Windows-Systemsteuerung). Get-UICulture bezieht sich auf die Sprache der Benutzeroberfläche. In der Regel sind zwar beide Einstellungen gleich, ein Benutzer kann diese jedoch
auch abweichend festlegen.

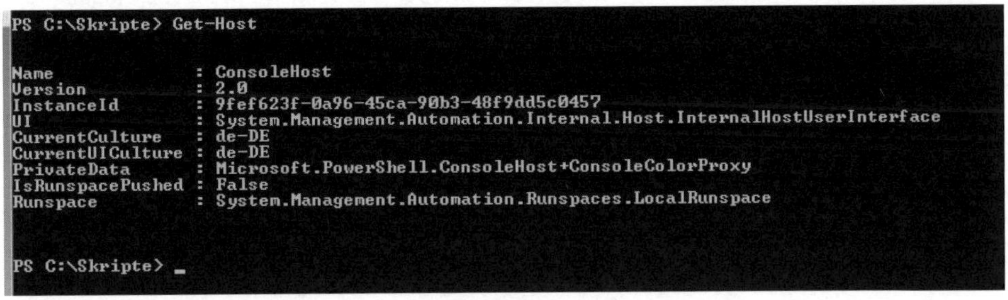

```
PS C:\Skripte> Get-Host

Name             : ConsoleHost
Version          : 2.0
InstanceId       : 9fef623f-0a96-45ca-90b3-48f9dd5c0457
UI               : System.Management.Automation.Internal.Host.InternalHostUserInterface
CurrentCulture   : de-DE
CurrentUICulture : de-DE
PrivateData      : Microsoft.PowerShell.ConsoleHost+ConsoleColorProxy
IsRunspacePushed : False
Runspace         : System.Management.Automation.Runspaces.LocalRunspace


PS C:\Skripte> _
```

Bild 35.1 Ausführung von Get-Host

■ 35.4 Anpassen der Eingabeaufforderung (Prompt)

Die Anzeige, mit der die PowerShell zur Eingabe von Befehlen auffordert, z. B. „PS C:\Users\
hs>", wird als „Prompt" bezeichnet. Der Aufbau des Prompts ist nicht in der PowerShell-
Konsole starr festgelegt, sondern wird durch die eingebaute Funktion Prompt erzeugt. Diese
Funktion kann man abändern, z. B. so, dass die aktuelle Uhrzeit als Eingabeaufforderung
erscheint.

```
Function Prompt { [System.DateTime]::Now.ToShortTimeString() +">"}
```

Die folgende Bildschirmabbildung zeigt die Standardimplementierung der Funktion Prompt
und ihre Abänderungen.

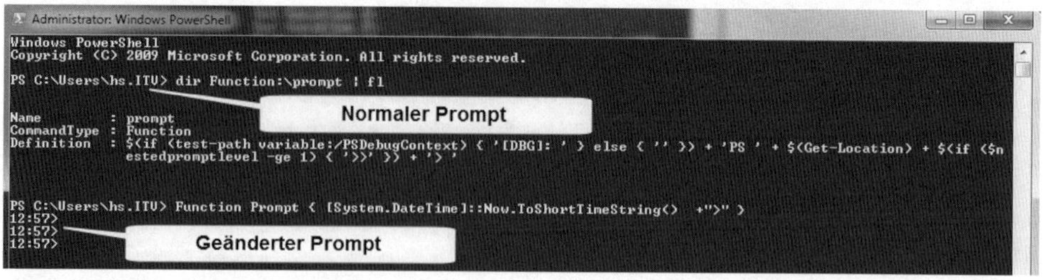

Bild 35.2 Änderung der Eingabeaufforderung

> **ACHTUNG:** Eine Funktion zum Zurücksetzen auf den alten Wert gibt es nicht. Innerhalb einer PowerShell-Sitzung bekommen Sie die normale Eingabeaufforderung nur dann wieder, wenn Sie sich die alte Implementierung in einer Variablen merken. Mit dem Ende der PowerShell-Sitzung (Schließen der Konsole) ist das Überschreiben der Prompt-Funktion aber wieder gelöscht. Wenn Sie die Eingabeaufforderung für alle PowerShell-Sitzungen ändern wollen, müssen Sie die eigene Prompt-Funktion in die Profildatei eintragen (siehe nächstes Kapitel).

■ 35.5 PowerShell-Befehle aus anderen Anwendungen heraus starten

Es ist möglich, PowerShell-Befehle aus jeder beliebigen anderen Anwendung heraus auszuführen, wenn die Anwendung erlaubt, Windows-Prozesse zu starten. Die Windows-Anwendung powershell.exe besitzt einen Parameter -Command, dem man eine Befehlsfolge als Zeichenkette oder Skriptblock übergeben kann, der direkt nach dem Start des PowerShell-Prozesses ausgeführt wird.

Listing 35.2 [2_Aufbauwissen\TippsTricks\PowerShell-Befehle aus anderen Anwendungen heraus starten.ps1]

```
# Ein einzelnes Commandlet als Zeichenkette
powershell.exe -Command "Add-Content c:\temp\log.txt -Value ('Startzeit ' + (Get-Date)) "
# Pipeline als Zeichenkette
powershell.exe -Command "'Startzeit ' + (Get-Date) | Add-Content c:\temp\log.txt"
# Ein einzelnes Commandlet als Skriptblock
powershell.exe -Command { Add-Content c:\temp\log.txt -Value ("Startzeit " + (Get-Date)) }
# Pipeline als Skriptblock
powershell.exe -Command { 'Startzeit ' + (Get-Date) | Add-Content c:\temp\log.txt }
# Mehrere Befehle als Skriptblock
powershell.exe -Command { $datum = Get-Date; $text = "Startzeit"; Add-Content c:\temp\log.txt -Value ($text + " " + $datum) ; }
```

HINWEIS: Da -Command der Standardparameter ist, kann man den Namen des Parameters auch weglassen: powershell.exe "Add-Content c:\temp\log.txt -Value ('Startzeit ' + (Get-Date))"
Falls der auszuführende Befehl Anführungszeichen erfordert, muss man dafür einfache Anführungszeichen verwenden!

Mit dem Zusatz -noexit kann man verhindern, dass der PowerShell-Prozess nach der Ausführung der Startbefehle beendet wird.

```
powershell.exe -noexit -Command { $datum = Get-Date; $text = "Startzeit"; Add-Content
c:\temp\log.txt -Value ($text + " " + $datum)    }
```

Es ist auch möglich, aus einem PowerShell-Prozess heraus eine PowerShell auszuführen. Dies kann Sinn machen, wenn man in der 64-Bit-PowerShell eine 32-Bit-PowerShell benötigt, weil man Bibliotheksbefehle (z. B. in COM-Komponenten) aufrufen will, die 64 Bit nicht unterstützen.

```
c:\Windows\syswow64\WindowsPowerShell\v1.0\powershell.exe -Command { [System.
Environment]::Is64BitProcess | Add-Content c:\temp\log.txt }
```

■ 35.6 ISE erweitern

Die PowerShell ISE bietet ein Objektmodell, um die Benutzeroberfläche zu erweitern. Administratorrechte sind dazu nicht erforderlich.

Das folgende Skript ergänzt einige Menüpunkte. Diesen Skriptcode würde man in das Profilskript der ISE eintragen, damit diese zusätzlichen Menüpunkte immer beim Start der ISE direkt angelegt werden.

Listing 35.3 [2_Aufbauwissen\ISEErweitern\ISEErweitern.ps1]

```
# Befehl ohne Shortcut
$psise.CurrentPowerShellTab.ToolsMenu.Submenus.Add('Script-Pfad',
{ $psise.CurrentFile.FullPath }, $null)


# Befehl ohne Shortcut
$psise.CurrentPowerShellTab.AddOnsMenu.Submenus.Add('Script-Pfad',
{ $psise.CurrentFile.FullPath }, $null)

# Befehl mit Shortcut ALT+T:
$psise.CurrentPowerShellTab.AddOnsMenu.Submenus.Add('Regedit', { regedit.exe }, 'ALT+T')

# Befehl mit Shortcut ALT+X:
$psise.CurrentPowerShellTab.AddOnsMenu.Submenus.Add('Alle Tabs schließen', { $psise.
CurrentPowerShellTab.Files.Clear() }, 'ALT+X')
```

```
# Untermenü mit zwei Befehlen:
$parent = $psise.CurrentPowerShellTab.AddOnsMenu.SubMenus.Add('Links', $null, $null)
$parent.Submenus.Add('www.dotnet-doktor.de', { Start-Process www.dotnet-doktor.de },
'ALT+D' )
$parent.Submenus.Add('www.powershell-schulungen.de', { Start-Process www.powershell-
schulungen.de }, 'ALT+S' )
```

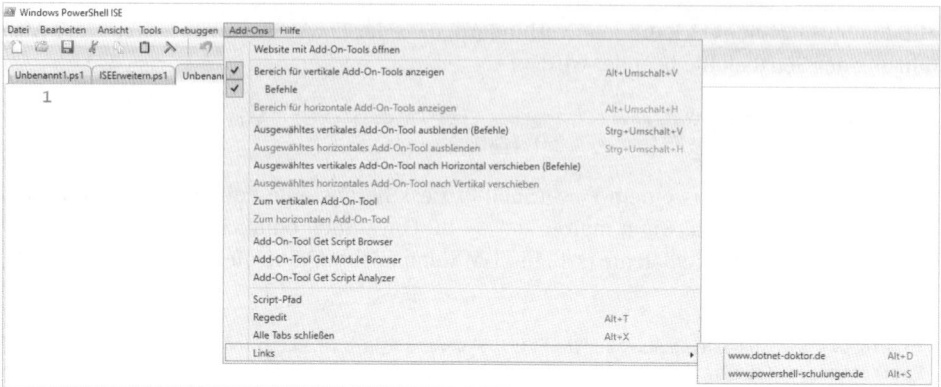

Bild 35.3 Neue Menüpunkte in der ISE

■ 35.7 PowerShell für Gruppenrichtlinienskripte

Seit Windows 7 bzw. Windows Server 2008 R2 gibt es bei den Skripten in Gruppenrichtlinien die Möglichkeit, explizit PowerShell-Skripte für folgende Fälle zu hinterlegen:

- Systemstart (Computer Configuration/Windows Settings/Scripts/Startup)
- Systemende (Computer Configuration/Windows Settings/Scripts/Shutdown)
- Benutzeranmeldung (User Configuration/Windows Settings/Scripts/Logon)
- Benutzerabmeldung (User Configuration/Windows Settings/Scripts/Logoff)

Die auszuführenden PowerShell-Skripte sind in den entsprechenden Sysvol-Ordner der Domäne zu kopieren. Den Pfad dahin findet man über die Funktion „Show Files" auf der Registerkarte „PowerShell Scripts" der o. g. Gruppenrichtlinieneinträge. Nach dem Ablegen der Skriptdateien sind diese zusätzlich über „Add" in den Dialog einzubinden. Dabei kann optional ein Parameter an das Skript übergeben werden (siehe folgendes Bild).

35.7 PowerShell für Gruppenrichtlinienskripte

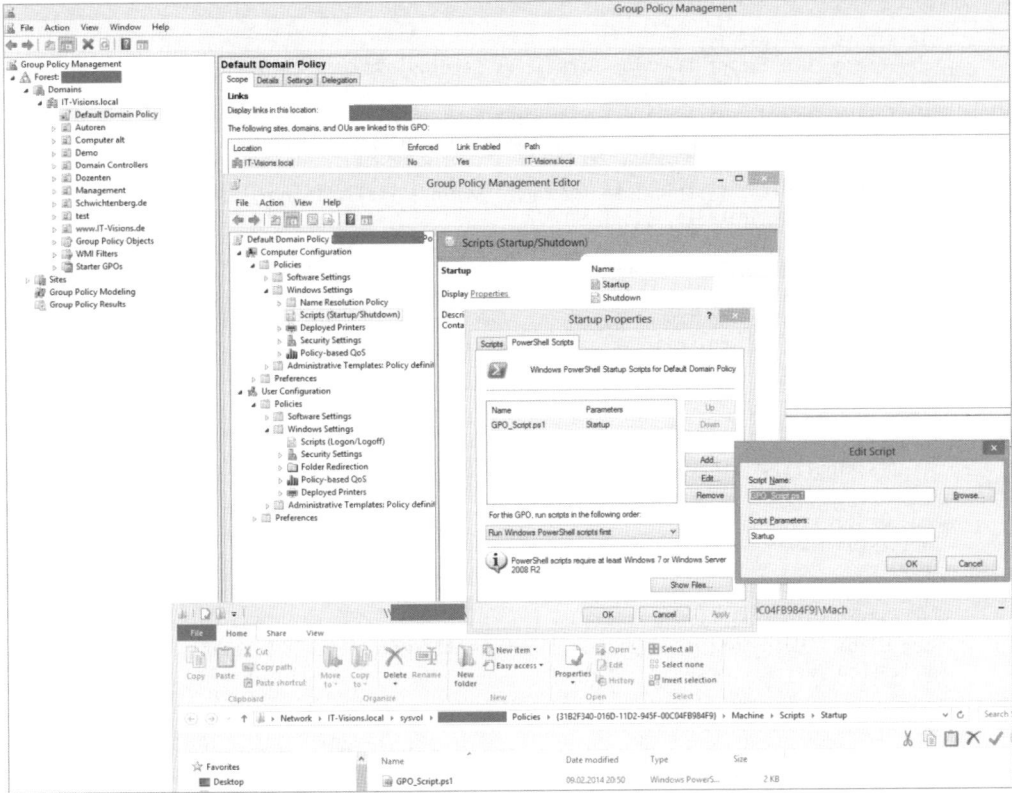

Bild 35.4 Einbinden von PowerShell-Skripten in Gruppenrichtlinien

Das folgende Listing zeigt ein universell für alle vier Fälle einsetzbares PowerShell-Skript, das bei Systemstart, Systemende, Benutzeranmeldung und Benutzerabmeldung einen Webservice informiert, der diese Information dann in einer Datenbank protokolliert. Die optionale Protokollierung in eine lokale Textdatei dient nur zur Diagnose, falls der Webservice nicht aufgerufen werden kann. Die Art des Ereignisses wird als Parameter übergeben und als $args[0] ausgelesen.

Listing 35.4 Protokollierungsskript, das im Rahmen der Gruppenrichtlinien ausgeführt wird

```
### GPO-Protokoll-Skript
### (C) Dr. Holger Schwichtenberg 2014

$Version = "1.0"
$LogToFile = $false

## Protokollieren in c:\temp zur Diagnose (optional)
function Write-Log($text)
{
if (!$LogToFile) { return; }
$text = (Get-Date).ToString() + ": " + $text
Add-Content "c:\temp\GPO-Skript.txt" $text
}
```

```
$ereignis = $args[0]
Write-Log "GPO-Skript $Version Parameter: $ereignis"
Write-Log "MachineName=$([System.Environment]::MachineName)"
Write-Log "UserName=$([System.Environment]::UserName)"

## Protokollieren über Webservice
function Log-Global([string] $Anwendung, [string] $teil, [string] $ereignis, [string]
$Text, [string] $details, [int] $grad)
{
if ($Anwendung -eq "") { $anwendung = split-path $MyInvocation.ScriptName -leaf }
$ws2 = New-WebServiceProxy https://Server113/Log.svc -UseDefaultCredential
$ws2.Write([System.Environment]::MachineName,$anwendung,$teil,$ereignis,$grad,$text,
$details,0,[System.Environment]::UserName)
}

$text = $ereignis

if ([String]::IsNullOrEmpty($ereignis)) { $ereignis = "unbekannt"; $text = "Aufruf
von GPO_Script.ps1 ohne Parameter!" }

Write-Log "Webservice-Auruf..."
try
{
# Grad: 1 = Information
Log-Global "MeineDomaene" ([System.Environment]::MachineName) $ereignis $text   "" 1
Write-Log "Webservice-Auruf: OK!"
}
catch
{
Write-log "Webservice-Auruf: Fehler: " + $error[0]
}
```

HINWEIS: PowerShell-Skripte in älteren Betriebssystemen für Startup, Shutdown, Logon und Logoff zu verwenden, ist nicht so schön: Hier können PowerShell-Skripte nicht direkt ausgeführt werden, sondern eine Batch-Datei (.bat) oder WSH-Datei (.vbs/.js) muss verwendet werden, um die PowerShell selbst und dann das Skript zu starten (vgl. *http://www.computerperformance.co.uk/powershell/powershell_logon_script.htm*).

35.8 Einblicke in die Interna der Pipeline-Verarbeitung

Wenn Sie genauer wissen wollen, wie der Pipeline Processor der PowerShell arbeitet, weil etwas nicht so funktioniert, wie Sie es erwarten, oder weil Sie einfach „wissbegierig" sind, dann können Sie Trace-Command nutzen. Bei Trace-Command können Sie nach -expression eine Pipeline angeben und dann sehen Sie sehr genau (oft viel zu genau), was passiert. Zu

35.8 Einblicke in die Interna der Pipeline-Verarbeitung

beachten sind insbesondere die Stellen, wo eine Bindung von Parametern als erfolgreich, „Successful", dokumentiert wird.

An dem folgenden Beispiel erkennt man, dass in der Pipeline

```
Get-ChildItem c:\temp -filter *.txt | select -First 1 | Get-Content
```

die Übergabe zwischen `Get-ChildItem` und `Select-First` über den Parameter „InputObject" erfolgt, während `Get-Content` sich nur für die Eigenschaft „LiteralPath" interessiert und den Rest des Objekts gar nicht erhält.

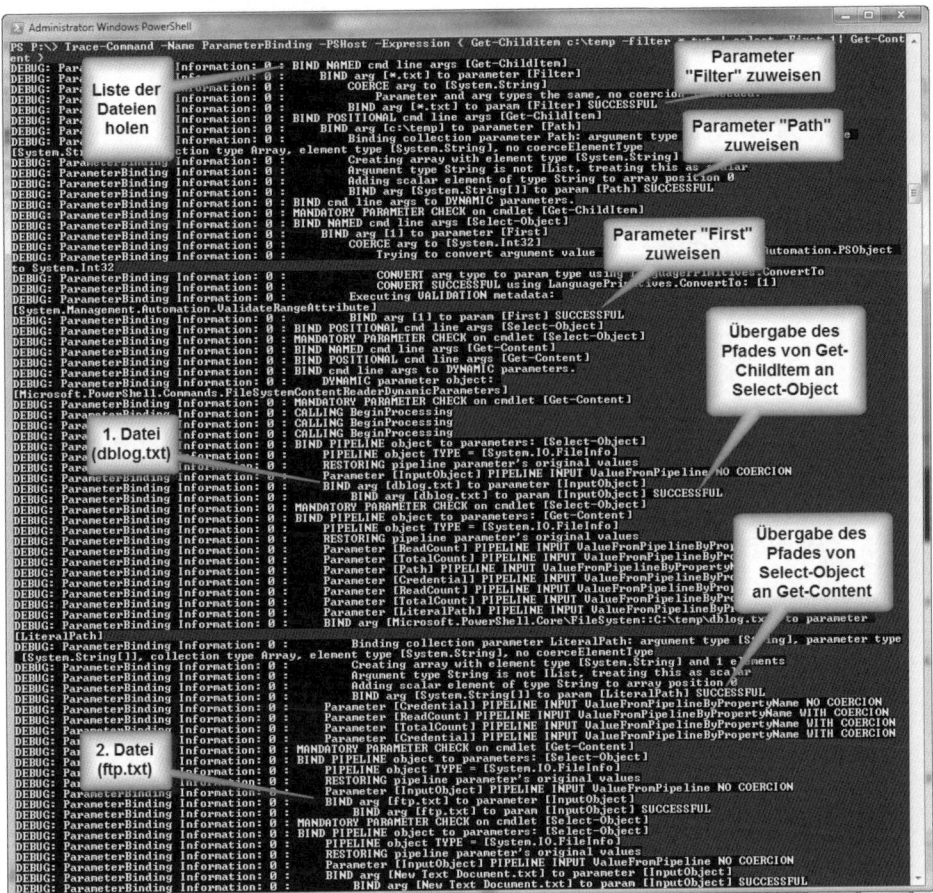

Bild 35.5 Beispiel für den Einsatz von TraceCommand

Teil C: PowerShell im Praxiseinsatz

Dieser Buchteil enthält zahlreiche praktische Anwendungsbeispiele für die PowerShell. Die Automatisierungslösungen sind gegliedert nach den verschiedenen Windows-Bausteinen bzw. Zusatzprodukten wie Microsoft SQL Server und Microsoft Exchange Server.

 HINWEIS: Bitte beachten Sie die Restriktionen der PowerShell Core (vgl. Kapitel 13 „*PowerShell Core 6.x für Windows, Linux und MacOS*"), die dazu führen, dass ein Teil der hier dargestellten Lösungen nicht auf PowerShell Core funktionieren können. Zudem sind viele Lösungen Windows-spezifisch (z. B. Bitlocker, Active Directory, Gruppenrichtlinien, IIS).

36 Dateisystem

Das Dateisystem kann über das PowerShell-Navigationsmodell mit dem Provider „Filesystem" angesprochen werden. Die folgende Tabelle zeigt wichtige Commandlets zur Arbeit mit dem Dateisystem sowie ähnliche Befehle in der klassischen Windows-Konsole und der Unix-Shell „sh".

Tabelle 36.1 Wichtige Commandlets für die Arbeit mit dem Dateisystem

PowerShell-Commandlet	PowerShell-Alias	Befehl Klassische Windows-Kommandozeile	Befehl Unix „sh"	Beschreibung
Clear-Item	Cli	–	–	Inhalt leeren
Copy-Item	Cpi, cpp, cp, copy	Copy	Cp	Kopieren von Elementen
Get-Content	Gc	Type	Cat	Holt den Inhalt
Get-Location	Gl, pwd	Pwd	Pwd	Holt das aktuelle Verzeichnis
Move-Item	Mi, move, mv, mi	Move	Mv	Bewegen von Elementen
New-Item	Ni (Funktion md)	–	–	Element anlegen
Remove-Item	Ri, rp, rm, rmdir, del, erase, rd	del, rd	rm, rmdir	Löschen von Elementen
Rename-Item	Rni, ren	Rn	Ren	Umbenennen eines Elements
Set-Content	Sc	(Umleitungen >)	(Umleitungen >)	Festlegen des Inhalts
Set-Item	Si	–	–	Inhalt festlegen
Set-Location	Sl, cd, chdir	cd, chdir	cd, chdir	Setzt das aktuelle Verzeichnis

36.1 Laufwerke

Dieses Kapitel behandelt den Umgang mit Dateisystemlaufwerken.

Auflisten der Laufwerke

Für den Zugriff auf die Dateisystemlaufwerke hat man fünf Möglichkeiten:

- Verwendung des Commandlets Get-PSDrive (Commandlet der PowerShell-Version 1.0)
- Statische Methode GetDrives() der .NET-Klasse System.IO.DriveInfo
- Ermitteln der Instanzen der WMI-Klasse Win32_LogicalDisk
- Verwendung des Commandlets Get-Disk (Commandlet von *www.IT-Visions.de*)
- Get-LogicalDiskInventory (aus dem Modul „PSSystemTools", enthalten im PowerShell-Pack). Dieses Commandlet verwendet Win32_LogicalDisk, beschränkt sich aber auf den Laufwerkstyp 3 (lokale Laufwerke).

Eine Liste der Dateisystemlaufwerke erhält man von Get-PSDrive durch Einschränkung auf den Provider „Filesystem":

```
Get-PSDrive -psprovider filesystem
```

Das Ergebnis sind Objekte des Typs System.Management.Automation.PSDriveInfo. Zu den Eigenschaften dieser Klasse gehört auch Root, welches das Wurzelverzeichnis zu jedem Laufwerk enthält.

 ACHTUNG: Die PowerShell-Klasse PSDriveInfo enthält keine Informationen über Größe und Füllstand der Laufwerke, da es sich um ein generisches Konzept für alle Arten von Mengen handelt und solche Werte für einige Laufwerke (z. B. Umgebungsvariablen) keinen Sinn machen würden.

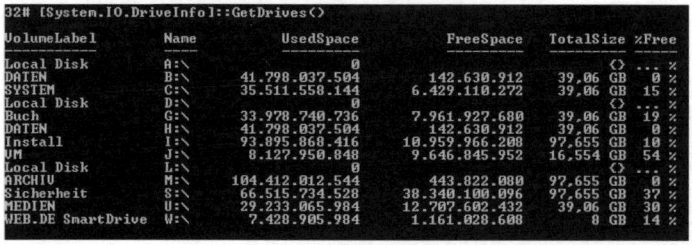

Bild 36.1
Einsatz der Methode GetDrives()

Laufwerk anlegen

Die PowerShell ermöglicht das Anlegen logischer Laufwerke im Dateisystem, die auf vorhandene Pfade abgebildet werden. Dazu kann New-PSDrive mit -PSProvider FileSystem eingesetzt werden. Der Laufwerksname darf mehr als einen Buchstaben umfassen.

Beispiel:

```
New-PSDrive -PSProvider FileSystem -name M -Root t:\data\marketing
```

```
PS C:\Users\hs.ITU> New-PSDrive -PSProvider FileSystem -name M -Root t:\data\marketing

Name           Used (GB)     Free (GB) Provider      Root
----           ---------     --------- --------      ----
M                               11.75 FileSystem    T:\data\marketing
```

Bild 36.2 Ausführung des obigen Beispiels

 ACHTUNG: Zu beachten ist, dass die logischen Laufwerke nur innerhalb der PowerShell sichtbar sind und an die PowerShell-Sitzung gebunden sind. Sie werden nach dem Beenden der PowerShell-Konsole also wieder entfernt.

Das Commandlet `Mount-SpecialFolder` erstellt logische Laufwerke für alle Windows-Sonderordner (System, Programs, MyComputer, MyMusic, Desktop etc.). Die Liste aller Sonderordner erhält man mit

```
[Enum]::GetValues([Environment+SpecialFolder]) | foreach { "$_ = " + [System.Environment]::GetFolderPath($_) }
```

```
PS C:\Users\hs.ITU>   [Enum]::GetValues([Environment+SpecialFolder]) | foreach { "$_ = " + [System.Environment]::GetFolderPath($_) }
Desktop         = C:\Users\hs.ITU\Desktop
Programs        = C:\Users\hs.ITU\AppData\Roaming\Microsoft\Windows\Start Menu\Programs
Personal        = C:\Users\hs.ITU\Documents
Personal        = C:\Users\hs.ITU\Documents
Favorites       = h:\dok\links
Startup         = C:\Users\hs.ITU\AppData\Roaming\Microsoft\Windows\Start Menu\Programs\Startup
Recent          = C:\Users\hs.ITU\AppData\Roaming\Microsoft\Windows\Recent
SendTo          = C:\Users\hs.ITU\AppData\Roaming\Microsoft\Windows\SendTo
StartMenu       = C:\Users\hs.ITU\AppData\Roaming\Microsoft\Windows\Start Menu
MyMusic         = C:\Users\hs.ITU\Music
DesktopDirectory = C:\Users\hs.ITU\Desktop
MyComputer      =
Templates       = C:\Users\hs.ITU\AppData\Roaming\Microsoft\Windows\Templates
ApplicationData = C:\Users\hs.ITU\AppData\Roaming
LocalApplicationData = C:\Users\hs.ITU\AppData\Local
InternetCache   = C:\Users\hs.ITU\AppData\Local\Microsoft\Windows\Temporary Internet Files
Cookies         = C:\Users\hs.ITU\AppData\Roaming\Microsoft\Windows\Cookies
History         = C:\Users\hs.ITU\AppData\Local\Microsoft\Windows\History
CommonApplicationData = C:\ProgramData
System          = C:\Windows\system32
ProgramFiles    = C:\Program Files
MyPictures      = C:\Users\hs.ITU\Pictures
CommonProgramFiles = C:\Program Files\Common Files
```

Bild 36.3 Liste der Sonderordner

Die nächste Bildschirmabbildung zeigt die verfügbaren Laufwerke nach der Ausführung von `Mount-SpecialFolder`.

```
PS C:\Users\hs.ITV> Mount-SpecialFolder
PS C:\Users\hs.ITV> Get-PSDrive

Name           Used (GB)     Free (GB)  Provider      Root
----           ---------     ---------  --------      ----
A                                       FileSystem    A:\
Alias                                   Alias
Applica...                   55,85      FileSystem    C:\Users\hs.ITV\AppData\Roaming
B                                       FileSystem    B:\
C              44,28         55,85      FileSystem    C:\
cert                                    Certificate   \
CommonA...                   55,85      FileSystem    C:\ProgramData
CommonP...                   55,85      FileSystem    C:\Program Files\Common Files
Cookies                      55,85      FileSystem    C:\Users\hs.ITV\AppData\Roaming\...
D                                       FileSystem    D:\
Desktop                      55,85      FileSystem    C:\Users\hs.ITV\Desktop
Desktop...                   55,85      FileSystem    C:\Users\hs.ITV\Desktop
E                                       FileSystem    E:\
Env                                     Environment
F                                       FileSystem    F:\
Favorites                    20,74      FileSystem    H:\dok\links
Function                                Function
G                ,53         1,43       FileSystem    G:\
H              28,09         20,74      FileSystem    H:\
History                      55,85      FileSystem    C:\Users\hs.ITV\AppData\Local\Mi...
HKCU                                    Registry      HKEY_CURRENT_USER
HKLM                                    Registry      HKEY_LOCAL_MACHINE
I                                       FileSystem    I:\
Interne...                   55,85      FileSystem    C:\Users\hs.ITV\AppData\Local\Mi...
J                                       FileSystem    J:\
LocalAp...                   55,85      FileSystem    C:\Users\hs.ITV\AppData\Local
MyComputer                   55,85      FileSystem    C:\Users\hs.ITV
MyMusic                      55,85      FileSystem    C:\Users\hs.ITV\Music
MyPictures                   55,85      FileSystem    C:\Users\hs.ITV\Pictures
Personal                     55,85      FileSystem    C:\Users\hs.ITV\Documents
Program...                   55,85      FileSystem    C:\Program Files
Programs                     55,85      FileSystem    C:\Users\hs.ITV\AppData\Roaming\...
Recent                       55,85      FileSystem    C:\Users\hs.ITV\AppData\Roaming\...
SendTo                       55,85      FileSystem    C:\Users\hs.ITV\AppData\Roaming\...
StartMenu                    55,85      FileSystem    C:\Users\hs.ITV\AppData\Roaming\...
Startup                      55,85      FileSystem    C:\Users\hs.ITV\AppData\Roaming\...
System                       55,85      FileSystem    C:\Windows\system32
T              7,79          11,75      FileSystem    T:\
Templates                    55,85      FileSystem    C:\Users\hs.ITV\AppData\Roaming\...
Variable                                Variable
W              74,89         3,24       FileSystem    W:\
WSMan                                   WSMan
X              1175,18       575,98     FileSystem    X:\
Y              107,87        1657,12    FileSystem    Y:\
Z              1175,18       575,98     FileSystem    Z:\
```

Bild 36.4 Mount-SpecialFolder hat zahlreiche Laufwerke für Sonderordner angelegt, z. B. Desktop: und Recent:.

Füllstand

Um den Füllstand der Dateisystemlaufwerke auszugeben, hat man vier Möglichkeiten:

- Attribut `TotalFreeSpace` in der .NET-Klasse `System.IO.DriveInfo`
- Attribut `Freespace` in der WMI-Klasse `Win32_LogicalDisk`
- Verwendung des Commandlets `Get-Disk` (Commandlet von *www.IT-Visions.de*), das intern WMI verwendet
- Verwendung des Commandlets `Get-FreeDiskSpace` aus dem Modul „FileSystem" in dem PowerShellPack. Das Commandlet verwendet intern die Leistungsindikatoren von Windows.

Listing 36.1 Auslesen des Füllstands von C unter Einsatz der .NET-Klasse System.IO.DriveInfo

```
$drive = New-Object System.IO.DriveInfo("C")
$drive.TotalFreeSpace
```

Listing 36.2 Auslesen des Füllstands von C unter Einsatz der WMI-Klasse Win32_LogicalDisk

```
Get-CimInstance Win32_Logicaldisk -Filter "DeviceID = 'c:'" | Select FreeSpace
```

Listing 36.3 Auslesen des Füllstands aller Laufwerke unter Einsatz der WMI-Klasse Win32_LogicalDisk

```
Get-CimInstance Win32_Logicaldisk | Select-Object deviceid,size,freespace
```

Das folgende Skript zeigt eine Möglichkeit, diese Daten besser formatiert auszugeben:

Listing 36.4 Ausgabe des Füllstands der Laufwerke [Freespace.ps1]

```
$Computer = "localhost"
$laufwerke = Get-CimInstance Win32_LogicalDisk -computer $computer
" Laufwerk       Groesse(MB)    Freier Platz(MB)"
ForEach ($laufwerk in $laufwerke)
{
"      {0}      {1,15:n}    {2,15:n}" -f $laufwerk.DeviceID,
   ($laufwerk.Size/1m), $($laufwerk.freespace/1m)
}
```

Der Einsatz der WMI-Klasse `Win32_LogicalDisk` bietet zwei Vorteile:

- Man kann selbst unter PowerShell-Version 1.0 entfernte Systeme abfragen (siehe Beispiel).
- Man kann auch gezielt mit Hilfe einer WQL-Abfrage filtern (siehe Beispiel).

Listing 36.5 Auslesen des Füllstands von Laufwerk C von einem entfernten Computer unter Einsatz der WMI-Klasse Win32_LogicalDisk

```
Get-CimInstance Win32_logicaldisk -Filter "DeviceID = 'c:'" -Computer PC171 | Select DeviceID, FreeSpace
```

Listing 36.6 Ermitteln der Laufwerke mit wenig freiem Speicherplatz unter Einsatz einer WQL-Abfrage über die WMI-Klasse Win32_LogicalDisk

```
([WMISearcher] "Select * from Win32_LogicalDisk where Freespace < 1000000000").Get()
| Select DeviceID, FreeSpace
```

Mit `Get-FreeDiskSpace` kann man alle Laufwerke und einzelne Laufwerke auf dem lokalen oder entfernten Computern abfragen. Eine Besonderheit ist, dass man eine periodische Abfrage einrichten kann.

```
PS C:\Users\hs.ITU> Get-FreeDiskSpace -drive c: -con -sampleinterval 30 -computername E02

Timestamp                CounterSamples
---------                --------------
19.01.2010 14:30:30      \\e02\\logicaldisk(c:)\% free space :
                         6,88758501133484

                         \\e02\\logicaldisk(c:)\free megabytes :
                         2066

19.01.2010 14:31:00      \\e02\\logicaldisk(c:)\% free space :
                         6,88758501133484

                         \\e02\\logicaldisk(c:)\free megabytes :
                         2066

19.01.2010 14:31:30      \\e02\\logicaldisk(c:)\% free space :
                         6,88758501133484

                         \\e02\\logicaldisk(c:)\free megabytes :
                         2066
```

Bild 36.5 Ausgabe von GetFreediskSpace

Listing 36.7 Periodische Abfrage (alle 30 Sekunden) des freien Speichers auf Laufwerk C auf dem System D142

```
Get-FreeDiskSpace -drive c: -con -sampleinterval 30 -computername D142
```

Laufwerksbezeichnungen

Zum Auslesen und Verändern der Laufwerksbezeichnungen kann man `VolumeLabel` aus der Klasse `DriveInfo` verwenden.

Listing 36.8 Ändern der Laufwerksbezeichnung [ChangeVolumeLabel.ps1]

```
$drive = New-Object System.IO.DriveInfo("C")
"Alte Bezeichnung:" + $drive.VolumeLabel
$drive.VolumeLabel = "SYSTEM"
"Neue Bezeichnung:" + $drive.VolumeLabel
Alternativ kann man das Commandlet Set-Volumelabel aus den PSCX einsetzen
(wobei es noch kein Gegenstück "Get-VolumeLabel" gibt).

Set-VolumeLabel c: "Systemlaufwerk"
```

Ebenfalls kann man `Rename-Drive` aus dem FileSystem-Modul des PowerShellPack einsetzen:

```
Rename-Drive t: "Systemlaufwerk"
```

Datenträger-GUID

An einigen Stellen spricht Windows bei Datenträgern in „GUID-Sprache", z. B. in Windows Server Backup bei der Fehlermeldung „A volume '\\?\Volume{9048d1dc-d96d-11df-8a68-0024e85f2e7a}\' in the list of volumes to include in the backup is missing".

Die Frage ist, welches Laufwerk hier gemeint ist. Die GUID eines Datenträgers ist die DeviceID, die man so ermittelt:

```
Get-Wmiobject -namespace root\cimv2 -class Win32_Volume | select deviceid,capacity
```

Netzlaufwerke

Informationen über die verbundenen Netzwerklaufwerke des angemeldeten Benutzers liefert die WMI-Klasse `Win32_MappedLogicalDisk`:

```
Get-CimInstance Win32_MappedLogicalDisk | select caption, providername
```

36.2 Ordnerinhalte

Den Inhalt eines Dateisystemordners listet man mit `Get-ChildItem` (Alias: `dir`) auf.

Ohne Parameter listet `Get-ChildItem` den aktuellen Pfad auf. Man kann auch einen Pfad explizit angeben:

```
Get-ChildItem t:\Scripte
```

Die Ergebnismenge besteht aus .NET-Objekten der Typen `System.IO.DirectoryInfo` (für Unterverzeichnisse) und `System.IO.FileInfo` (für Dateien).

Filtern nach Dateiname

Der Parameter `-Filter` beschränkt die Ausgabemenge auf Dateien mit einem bestimmten Namensmuster:

```
Get-ChildItem t:\skripte -filter "*.ps1"
```

Alternativ kann man `-include` zum Filtern verwenden und dabei auch mehrere Dateiextensionen angeben:

```
Get-ChildItem t:\skripte -include *.ps1,*.vbs
```

Rekursion

Das Commandlet arbeitet normalerweise nur auf der angegebenen Verzeichnisebene. Es kann auch rekursiv die Unterordner durchsuchen:

```
Get-ChildItem t:\skripte -filter "*.ps1" -recurse
```

ACHTUNG: Seit PowerShell-Version 3.0 gibt es eine Verhaltensänderung: Wenn `-recurse` angegeben ist und der Pfad nicht existiert, wird das ganze übergeordnete Verzeichnis durchsucht. Der Befehl `dir c:\Unsinn -recurse -filter *.txt` wird also sehr lange suchen, wenn es `c:\Unsinn` nicht gibt, weil dann das ganze C-Laufwerk durchsucht wird.

Filtern nach Inhaltstyp

Zum Filtern nach Art des Inhalts (nur Unterverzeichnisse oder nur Dateien) musste man bisher `Where-Object` einsetzen. Seit PowerShell-Version 3.0 gibt es dazu Parameter in `Get-ChildItem` mit Namen `-Directory` und `-File`.

```
# Nur Unterverzeichnisse
get-childitem t:\skripte | where-object { $_.psiscontainer }
# Nur Unterverzeichnisse neu seit PowerShell-Version 3.0
get-childitem t:\skripte -Directory
```

```
# Nur Dateien
get-Childitem t:\skripte | where-object { -not $_.psiscontainer }
# Nur Dateien neu seit PowerShell-Version 3.0
get-Childitem t:\skripte -File
```

Das Filtern ist auch nachträglich über den Objekttyp möglich: System.IO.DirectoryInfo (für Unterverzeichnisse) und System.IO.FileInfo (für Dateien).

Listing 36.9 \Einsatzgebiete\Dateisystem\Ordnerstatistik.ps1

```
##########################################
# Ausgabe der Anzahl der Dateien und Ordner inkl. Unterordner in einem Pfad
# (C) Dr. Holger Schwichtenberg, www.IT-Visions.de
##########################################

function Get-OrdnerStatistik($ordner)
{
if (-not (Test-Path $ordner)) { "Ordner $($ordner) nicht gefunden!"; return }
"Statistik für $($ordner):"
$alle = Dir $ordner -Recurse
$AngelegteDateien = ($alle | Where-Object { $_.GetType().FullName -like "*File*"
}).Count
$AngelegteOrdner = ($alle | Where-Object { $_.GetType().FullName -like "*Directory*"
}).Count
"Anzahl Ordner: " + $AngelegteOrdner
"Anzahl Dateien: " + $AngelegteDateien
}

Get-OrdnerStatistik c:\temp
```

Filtern nach Dateiattributen

Auch die neue Einschränkungsmöglichkeit auf Dateiattribute seit PowerShell-Version 3.0 ist sehr schön. Der folgende Befehl ermittelt alle Dateien („nicht Ordner"), die versteckt sind, die nur gelesen werden und die weder komprimiert noch verschlüsselt sind.

```
Get-ChildItem C:\Windows\ -Attributes !Directory+Hidden+Readonly+!
Compressed+!Encrypted
```

Praxistipp: Versteckte Dateien

Get-ChildItem (Alias: dir) listet im Standard keine versteckten Dateien auf! Dies erfolgt nur, wenn der Parameter -force angegeben ist.

Im folgenden Skript wird ein Ordner mit drei Dateien angelegt. Eine Datei wird versteckt. Der Befehl dir ohne -force findet dann nur noch zwei Dateien. Mit -force sind es drei Dateien. Eine Liste der versteckten Dateien erhält man mit dem Parameterwert -attributes Hidden.

Listing 36.10 Einsatzgebiete\Dateisystem\VersteckteDateien.ps1

```
# Ordner mit drei Dateien anlegen
$pfad = "T:\projekte"
md $pfad
```

```
"irgendein Inhalt" | Set-Content "$pfad/datei1.txt"
"irgendein Inhalt" | Set-Content "$pfad/datei2.txt"
"irgendein Inhalt" | Set-Content "$pfad/datei3.txt"

# Ermitteln der Dateianzahl
(dir $pfad).count # 3

# Verstecken einer Datei
Set-ItemProperty $pfad/datei1.txt -name attributes -value ([System.
IO.FileAttributes]::Hidden)
(dir $pfad).count # 2
(dir $pfad -Force).count # 3
(dir $pfad -Attributes Hidden).Count #1
```

Berechnungen

Mit `Measure-Object` kann man Berechnungen über eine Objektmenge ausführen. Der folgende Befehl zeigt die Anzahl der Dateien in c:\Windows sowie die Gesamtgröße aller Dateien, die Größe der größten und kleinsten Datei sowie die Durchschnittsgröße.

```
Get-ChildItem t:\Skripte | Measure-Object -Property length -min -max -average -sum
```

Mit dem folgenden Befehl erzeugt man eine Liste von großen Word-Dateien auf dem Laufwerk „T" und seiner Unterverzeichnisse und exportiert eine Liste der Namen und Größe sortiert nach Größe in eine CSV-Datei:

```
Get-ChildItem t:\ -filter *.doc | Where-Object { $_.Length -gt 40000 } | Select-Object Name, Length | Sort-Object Length | export-csv p:\GrosseWordDateien.csv -notype
```

Das -notype am Ende sorgt dafür, dass der Name der .NET-Klasse nicht exportiert wird. Würde man den Namen exportieren, so könnte man später mit einem `Import-CSV` die Daten wieder als Objekt-Pipeline weiterverarbeiten.

■ 36.3 Dateieigenschaften verändern

Zum Ändern von Eigenschaften von Dateisystemeinträgen kann man auf die Attribute der `FileInfo`- und `DirectoryInfo`-Objekte direkt schreibend zugreifen. Ein expliziter Speichervorgang ist nicht vorgesehen.

Das folgende Beispiel zeigt, wie man das Erzeugungsdatum eines Dateisystemordners nachträglich ändert und nachher überprüft, ob es auch wirklich geändert wurde.

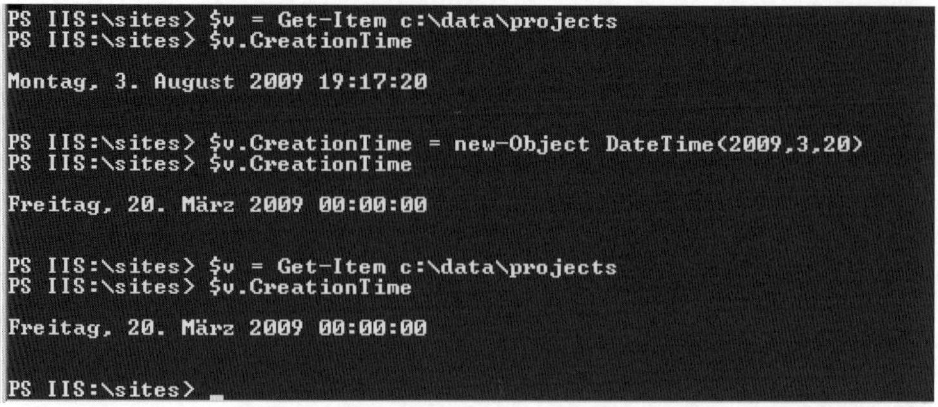

```
PS IIS:\sites> $v = Get-Item c:\data\projects
PS IIS:\sites> $v.CreationTime

Montag, 3. August 2009 19:17:20

PS IIS:\sites> $v.CreationTime = new-Object DateTime(2009,3,20)
PS IIS:\sites> $v.CreationTime

Freitag, 20. März 2009 00:00:00

PS IIS:\sites> $v = Get-Item c:\data\projects
PS IIS:\sites> $v.CreationTime

Freitag, 20. März 2009 00:00:00

PS IIS:\sites>
```

Bild 36.6 Ändern von Attributen; in Dateisystemobjekten werden die Änderungen sofort wirksam.

Eine Alternative ist die Veränderung von Eigenschaften mit Set-ItemProperty. Mit dem folgenden Befehl werden die in Attributes gespeicherten Bitflags gesetzt. Die .NET-Klassenbibliothek definiert die möglichen Flags in der Aufzählung System.IO.FileAttributes. Wichtig ist, dass die Elemente der Aufzählung wie statische Mitglieder angesprochen (also mit dem ::-Operator) und mit einem binären exklusiven Oder (-bxor) verknüpft werden.

```
Set-ItemProperty daten.txt -name attributes -value ([System.
IO.FileAttributes]::ReadOnly -bxor [System.IO.FileAttributes]::Archive)
```

Die FileInfo-Klasse bietet Informationen über das Erstellungsdatum und das Datum des letzten Zugriffs.

```
dir $dir | select name, creationtime, lastaccesstime, lastwritetime
```

Mit Set-FileTime (enthalten in den PSCX) kann man diese Daten manipulieren, z. B. wenn man nicht möchte, dass jemand sieht, wie alt eine Datei wirklich ist.

Listing 36.11 Setzen aller Zeiten aller Dateien in einem Verzeichnis auf das aktuelle Datum und die aktuelle Uhrzeit [/Dateisystem/Filetime.ps1]

```
$dir = "c:\temp"
$time = [DateTime]::Now
dir $dir | Set-FileTime -Time $time -SetCreatedTime -SetModifiedTime
dir $dir | select name, creationtime, lastaccesstime, lastwritetime
```

36.4 Eigenschaften ausführbarer Dateien

Für ausführbare Dateien bieten die PSCX einige spezielle Commandlets an:

- Test-Assembly: liefert true, wenn die Datei eine .NET-Assembly ist (nur anwendbar auf Dateien des Typs *.dll*)
- Get-FileVersionInfo: liefert Informationen über die Produkt- und Dateiversion

- Get-PEHeader: liefert die Kopfinformationen des Portable-Executable-Formats (PE) für beliebige ausführbare Dateien
- Get-ExportedType: liefert für eine .NET-Assembly die Liste der von außen instanziierbaren Klassen

Das folgende PowerShell-Skript ermittelt alle mit .NET geschriebenen ausführbaren DLLs im Windows-Verzeichnis und zeigt zu diesen DLLs die Versionsinformationen an.

Listing 36.12 Suche nach .NET-Assemblies [/Dateisystem/AssemblySearch.ps1]

```
"Suche .NET-Assemblies"

foreach ( $d in (Get-childitem c:\Windows\ -include "*.dll" -recurse))
{
$a = $d.Fullname | Test-assembly -ErrorAction SilentlyContinue
if ($a) { Get-FileVersionInfo $d.Fullname }
}
```

Das folgende Beispiel liefert die PE-Kopfinformationen über den Windows Editor:

```
Get-PEHeader  C:\windows\system32\notepad.exe
```

Bild 36.7 Ausgabe der PE-Kopfinformationen

Mit dem Commandlet `Resolve-Assembly` kann man prüfen, welche Versionen einer .NET-Softwarekomponente vorliegen bzw. ob eine bestimmte Version vorliegt.

```
# Zeige alle Versionen dieser Assembly
Resolve-Assembly System.Windows.Forms
# Prüfe, ob Version 3.0 verfügbar ist
Resolve-Assembly System.Windows.Forms -Version 3.0.0.0
```

■ 36.5 Kurznamen

Den Kurznamen einer Datei oder eines Ordners gemäß der alten 8+3-Notation kann man mit dem Commandlet `Get-ShortPath` aus den PSCX ermitteln.

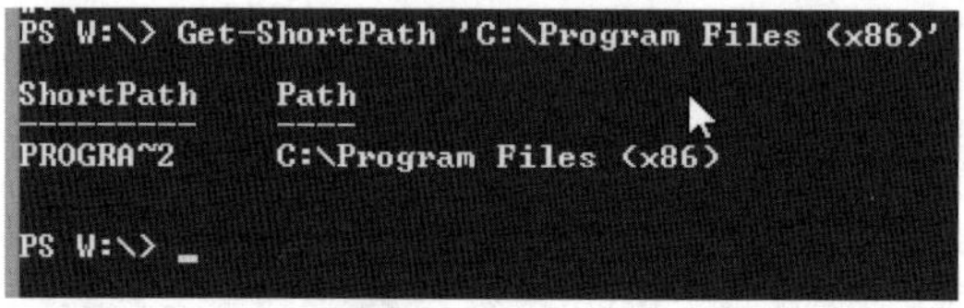

Bild 36.8
Einsatz von Get-ShortPath

■ 36.6 Lange Pfade

Die PowerShell hatte immer schon Probleme mit Dateisystempfaden, die länger als 260 Zeichen sind, weil es diese Restriktion im .NET Framework gab. Microsoft hat dies erst mit .NET Framework 4.6.2 bzw. .NET Core 2.0 aufgehoben *[https://blogs.msdn.microsoft.com/jeremykuhne/2016/07/30/net-4-6-2-and-long-paths-on-windows-10/]*. PowerShell Core 6.0 kommt nun mit Pfaden klar, die insgesamt länger sind. Ein einzelner Teil eines Pfades ist jedoch weiterhin auf 251 Zeichen begrenzt. Das folgende Skript läuft unter PowerShell Core 6.0, nicht aber unter Windows PowerShell.

Listing 36.13 [_Einsatzgebiete\Dateisystem\LangePfade.ps1"

```
# Das Beispiel legt einen Dateisystempfad an, der 777 Zeichen lang ist
$root = "t:\Pfadlängentest"
cls
cd c:\
if (Test-Path $root) { rd $root -Recurse -Force }
md $root
#$PSVersionTable
cd $root
$langerPfad = "x"*251
md $langerPfad
cd "$langerPfad"
md $langerPfad
cd "$langerPfad"
```

```
"test" | Set-Content "$langerPfad.txt"
dir | foreach { $_.fullname, $_.fullname.length }
```

Unter Windows PowerShell scheitert schon der Befehl rd mit dem Fehler „ Ein Teil des Pfades konnte nicht gefunden werden.", wenn der lange Pfad schon existiert.

■ 36.7 Dateisystemoperationen

Zum Kopieren von Dateien und Ordnern verwendet man Copy-Item (Aliase copy oder cp):

```
Copy-Item j:\demo\dokumente\profil.pdf c:\temp\profil_HSchwichtenberg.pdf
```

Zum Bewegen (Verschieben) von Dateisystemobjekten kommt Move-Item (Alias move) zum Einsatz:

```
Move-Item j:\demo\dokumente\profil.pdf c:\temp\profil_HSchwichtenberg.pdf
```

Das Commandlet Rename-Item (Alias Rename) benennt ein Dateisystemobjekt um:

```
Rename-Item profil.pdf profil_HS.pdf
```

Zum Löschen einer Datei verwendet man das Commandlet Remove-Item (Alias del):

```
Remove-Item j:\demo\profil_HSchwichtenberg.pdf
```

TIPP: Für Remove-Item ist die Simulation des Verhaltens mit –whatif eine sehr nützliche Funktion.

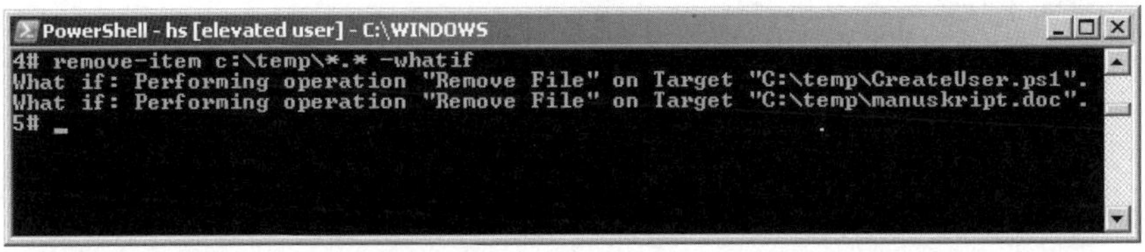

Bild 36.9 Einsatz von –whatif bei Remove-Item

Der folgende Befehl löscht alle Dateien, die älter als 30 Tage sind:

```
Get-ChildItem c:\temp -recurse | Where-Object {($now - $_.LastWriteTime).Days -gt 30}
| remove-Item
```

Der folgende Befehl verschiebt alle Dateien, die kleiner als 10 KB sind.

```
dir "t:\Daten" | where length -le 10KB | move-item -Destination "c:\temp\zukleine
Dateien\$($_.name)"
```

36.8 Praxisbeispiel: Zufällige Dateisystemstruktur erzeugen

Für Testzwecke von Dateisystemoperationen benötigt man häufig eine Dateisystemstruktur mit Ordnern, Dateien und Unterordnern über mehrere Ebenen. Nur ungerne verwendet man hier eine reale Dateisystemstruktur aus der Praxis mit echten Daten. Das folgende PowerShell-Skript erzeugt eine Dateisystemstruktur mit einem zufälligen Aufbau, wobei der Aufbau über mehrere Parameter steuerbar ist (siehe Listing). New-OrdnerStruktur ist eine rekursive Funktion. Am Ende gibt es eine Auswertung der Anzahl der angelegten Ordner und Dateien.

Listing 36.14 Einsatzgebiete\Dateisystem\Erzeuge zufällige Verzeichnisstuktur.ps1

```
##########################################
# Erzeugen einer zufälligen Dateisystemstruktur
# mit Dateien und Unterordnern auf mehreren Ebenen
# (C) Dr. Holger Schwichtenberg, www.IT-Visions.de
##########################################


$ErrorActionPreference = "stop"
$maxOrdner = 10 # Anzahl der Ordner der Startebene und maximale Anzahl pro Unterebene
$maxDateien = 20 # Maximalanzahl der Dateien pro Ordner
$maxebenen = 5 # Maximalanzahl der Ebenen
$path = "w:\projekte" # Wurzelordner

Import-Module pscx # Wird für Get-LoremIpsum benötigt

function New-OrdnerStruktur($root,$name,$ebene){
    if ($ebene -gt $maxebenen) { return; }

    $path = [System.IO.Path]::Combine($root,$name)

    #Ordner anlegen
    md $path -ErrorAction SilentlyContinue | out-null

    # Zufällige Anzahl von Dateien anlegen
    $AnzDateien = (Get-Random -Minimum 0 -Maximum $maxDateien)

    "Neuer Ordner: $path mit $AnzDateien Dateien"

    for($j = 1; $j -lt $AnzDateien; $j++)
    {
    $dateiname = "$path/Datei$j.txt"
    Get-LoremIpsum | set-content $dateiname
    }

    # Zufällige Anzahl von Ordnern anlegen
    $AnzOrdner = (Get-Random -Minimum 0 -Maximum $maxOrdner)
    for($i = 1; $i -lt $AnzOrdner; $i++)
    {
    New-OrdnerStruktur $path "$name-$i" $($ebene+1)
    }
```

```
}

# ----------------- Hauptprogramm

# Ziel erst mal bereinigen
if (test-path $path) {
remove-item "$path\*" -Recurse -force
}

# Wurzelordner anlegen
for ($i = 1; $i -le $maxordner; $i++)
{
   new-OrdnerStruktur $path "Ordner $i" 1
}

$allesAngelegte = Dir $path -Recurse

"================ Ergebnis:"
$AngelegteDateien = ($allesAngelegte | Where-Object { $_.GetType().FullName -like
"*File*" }).Count
$AngelegteOrdner = ($allesAngelegte | Where-Object { $_.GetType().FullName -like
"*Directory*" }).Count
"Angelegte Dateien: " + $AngelegteDateien
"Angelegte Ordner: " + $AngelegteOrdner
```

36.9 Praxisbeispiel: Leere Ordner löschen

Leere Ordner auf der Festplatte hat jeder. Man hat sie irgendwann einmal (versehentlich) angelegt oder den Inhalt gelöscht, ohne den Ordner zu entfernen.

Das folgende PowerShell-Skript räumt auf. Es entfernt alle leeren Dateisystemordner innerhalb des angebenen Pfads. Dabei wird der Pfad rekursiv durchsucht. Der Parameter -force wird bei Get-ChildItem (Alias: dir) eingesetzt, damit auch versteckte Dateien und Ordner erkannt und Ordner nicht gelöscht werden, wenn nur versteckte Elemente enthalten sind.

Listing 36.15 Löschen leerer Dateisystemordner
[3_Einsatzgebiete\Dateisystem\Leere Ordner löschen.ps1]

```
##########################################
# Löschen leerer Dateisystemordner in einem Pfad (rekursiv)
# (C) Dr. Holger Schwichtenberg, www.IT-Visions.de
##########################################

# Eingabedaten
$root = "t:\projekte-archiv"
$logfile = "c:\temp\Leere Ordner löschen LOG.txt"
[int] $AnzGelöschteOrdner = 0

function Remove-EmptyFolder($path)
{
$list = dir -literalpath $path -File -Force
```

```
$Dateien = $list.count
$subdirs =  dir -literalpath $path -Directory -Force

foreach($subdir in $subdirs)
{
$Dateien = $Dateien + (Remove-EmptyFolder $subdir.fullname)
}
Write-verbose "$path : $Dateien"
if ($Dateien -eq 0)
    {
    Write-host "==> Lösche leeren Ordner: $path"
    rd -literalpath $path -Recurse -Force
    $global:AnzGelöschteOrdner++
    Add-Content -Path $logfile -value $path
    }

return $Dateien
}

## Hauptprogramm
Write-Host "Suche nach leerem Ordner im Pfad $root"
$subdirs =  dir $root -Directory -Force
foreach($subdir in $subdirs)
        {
        Remove-EmptyFolder $subdir.fullname | out-null
        }
Write-Host "$AnzGelöschteOrdner Ordner gelöscht!"
```

Die gelöschten Pfade werden in einer Protokolldatei notiert. Diese könnte bei Bedarf später genutzt werden, um die Dateisystemordner wieder anzulegen. Dazu würde der folgende Einzeiler reichen.

```
Get-Content "c:\temp\Leere Ordner löschen LOG.txt" | where { $_ -ne $null } | foreach
{ md $_ -ErrorAction SilentlyContinue }
```

Der Parameter -ErrorAction wird auf SilentlyContinue gesetzt, da es sonst zu Fehlermeldungen kommt, wenn ein übergeordneter Ordner bereits existiert, weil er beim Anlegen eines Unterordners automatisch mit angelegt wurde.

■ 36.10 Einsatz von Robocopy

Auch in Zeiten der PowerShell ist das klassische Kommandozeilenwerkzeug robocopy.exe, das Microsoft früher als Teil des Windows Ressource Kits und seit Windows Vista und Windows Server 2008 als Teil des Betriebssystems im Verzeichnis C:\Windows\System32 liefert, noch ein wertvolles Instrument, da sich hiermit einige Operationen eleganter realisieren lassen als mit dem PowerShell-Commandlets Copy-Item.

ACHTUNG: Copy-Item hat die unangenehme Eigenschaft, sich beim Kopieren eines Ordners anders zu verhalten in Abhängigkeit davon, ob der Zielordner schon existiert.

```
Write-host "Zielordner nicht vorhanden" -ForegroundColor Yellow
$ziel = "t:\projekte1"
Copy-Item t:\projekte $ziel -Recurse
dir $ziel -Recurse

Write-host "Zielordner vorhanden" -ForegroundColor Yellow
$ziel = "t:\projekte2"
md $ziel
Copy-Item t:\projekte $ziel -Recurse
dir $ziel -Recurse
```

Die nachstehende Bildschirmabbildung zeigt: Wenn man /Projekte nach /Projekte2 kopiert, was schon existiert, dann landet die Kopie in /Projekte2/Projekte statt – wie man es erwarten würde – direkt in /Projekte2.

- projekte
  - alte Projekte
- projekte1
  - alte Projekte
- projekte2
  - projekte
    - alte Projekte

Robocopy besitzt zahlreiche Optionen, die man mit `robocopy /?` auflisten kann. Im Folgenden werden diese Parameter verwendet:

/E	Rekursiv für Unterverzeichnisse, auch wenn diese leer sind
/MOVE	Verschieben
/MIR	Spiegeln
/NFL	Keine Dateiliste ausgeben
/NDL	Keine Ordnerliste ausgeben
/NJH	Keinen Auftragskopf ausgeben
/NJS	Keine Statistikausgabe am Ende
/LOG	Senden der Textausgabe an eine Datei
/TEE	Zusätzliche Bildschirmausgabe neben der Textausgabe an Datei

Beispiel 1: Ordnerstruktur kopieren

Listing 36.16 Einsatzgebiete\Dateisystem\Robocopy.ps1

```
$Quellordner = "w:\projekte"
$Zielordner = "t:\projekte"
"------- Kopieren $Quellordner -> $Zielordner"
robocopy $Quellordner $Zielordner /e /NFL /NDL /NJH
Get-OrdnerStatistik $Quellordner
Get-OrdnerStatistik $Zielordner
```

Beispiel 2: Ordnerstruktur verschieben

Listing 36.17 Einsatzgebiete\Dateisystem\Robocopy.ps1

```
$Quellordner = "t:\projekte"
$Zielordner = "t:\projekte-archiv"
Remove-Item $Zielordner -Force -Recurse
"------- Verschieben $Quellordner -> $Zielordner"
robocopy $Quellordner $Zielordner /move /e /NFL /NDL /NJH
Get-OrdnerStatistik $Quellordner
Get-OrdnerStatistik $Zielordner
```

Beispiel 3: Ordnerstruktur spiegeln (hierbei werden Veränderungen in der Quelle im Ziel nachvollzogen, d.h., geänderte und neue Dateien kopiert sowie gelöschte Dateien im Ziel entfernt)

Listing 36.18 Einsatzgebiete\Dateisystem\Robocopy.ps1

```
$Quellordner = "w:\projekte"
$Zielordner = "t:\projekte-backup"
$LogFile = "c:\temp\robocopy.log"
"------- Spiegeln $Quellordner -> $Zielordner"
robocopy $Quellordner $Zielordner /mir /e /NFL /NDL /NJH /LOG:$LogFile /TEE
Get-OrdnerStatistik $Quellordner
Get-OrdnerStatistik $Zielordner
```

Robocopy liefert am Ende eine Ausgabe mit einer Statistik (siehe Bildschirmabbildung). Diese kann man auch unterdrücken, wenn man es möchte, mit /NJS.

```
               Total    Copied   Skipped  Mismatch    FAILED    Extras
    Dirs :        83        37        46         0         0         0
   Files :      1269       700       569         0         0         0
   Bytes :    1.07 m    607.7 k   493.9 k         0         0         0
   Times :   0:00:00   0:00:00                       0:00:00   0:00:00

   Speed :                2206737 Bytes/sec.
   Speed :                126.270 MegaBytes/min.
   Ended : Sunday, May 28, 2017 9:04:09 PM
```

Oftmals möchte man die Statistik anders weiterverarbeiten, zum Beispiel in einer Datenbank speichern. Das folgende Listing zeigt ein Spiegeln mit Robocopy, bei dem die Anzahl der Dateien und Ordner in Variablen gespeichert wird, um dann eine andere Ausgabe als die Standardstatistik zu erzeugen. Da Robocopy ein klassisches Kommandozeilenwerkzeug ist, liefert es kein .NET-Objekt, sondern eine Abfolge von Zeichenketten. Mit `Select-String` wird zunächst die passende Zeile ermittelt, die dann mit einem regulären Ausdruck ausgewertet wird.

Listing 36.19 Einsatzgebiete\Dateisystem\Robocopy.ps1

```
$Quellordner = "w:\projekte"
$Zielordner = "t:\projekte-backup"
$LogFile = "c:\temp\robocopy.log"
"------- Spiegeln $Quellordner -> $Zielordner"
robocopy $Quellordner $Zielordner /mir /e /NFL /NDL /NJH /LOG:$LogFile /TEE

# Auswerten der Robocopy-Statistik (basiert auf englischem Robocopy. Texte müssen
ggf. auf Deutsch angepasst werden!)
$ergebnis = Get-content $LogFile | Select-String -Pattern '(  Files : )' | select-
object -last 1
#    Total           Copied   Skipped  Mismatch    FAILED    Extras
# zum test $s = "   Files :         3         0         3         0         0         0"
$ergebnis -match "(?<Total>[0-9]+) +(?<copied>[0-9]+) +(?<Skipped>[([0-9]+)
+(?<Mismatch>[0-9]+) +(?<FAILED>[0-9]+) +(?<Extras>[0-9]+)" | out-null
$ergebnisInfo = "Copied: " + $Matches.copied + " Skipped: " + $Matches.Skipped + "
Extra Files: " + $Matches.extras    + " Failed: " + $Matches.Failed
Write-host "ROBOCOPY-Ergebnis für Dateien: $ergebnisInfo"

# Auswerten der Robocopy-Statistik (basiert auf englischem Robocopy. Texte müssen
ggf. auf Deutsch angepasst werden!)
$ergebnis = Get-content $LogFile | Select-String -Pattern '(   Dirs : )' | select-
object -last 1
#    Total           Copied   Skipped  Mismatch    FAILED    Extras
# zum test $s = "    Dirs :         3         0         3         0         0         0"
$ergebnis -match "(?<Total>[0-9]+) +(?<copied>[0-9]+) +(?<Skipped>[([0-9]+)
+(?<Mismatch>[0-9]+) +(?<FAILED>[0-9]+) +(?<Extras>[0-9]+)" | out-null
$ergebnisInfo = "Copied: " + $Matches.copied + " Skipped: " + $Matches.Skipped + "
Extra Files: " + $Matches.extras    + " Failed: " + $Matches.Failed
Write-host "ROBOCOPY-Ergebnis für Ordner: $ergebnisInfo"
```

■ 36.11 Dateisystemkataloge

Dateisystemkataloge (.cat-Dateien) sind Listen von Ordnerstrukturen und Dateien mit einem Hashwert (SHA1 in Version 1 bzw. SHA256 in Version 2). Dateisystemkataloge können verwendet werden, um zwei Ordnerstrukturen mit allen enthaltenen Dateien auf einfache Weise zu vergleichen (z. B. nach einem Backup-Vorgang).

Windows PowerShell unterstützt seit Version 5.1 die Arbeit mit Dateisystemkatalogen durch die Commandlets `New-FileCatalog` und `Test-FileCatalog`.

Listing 36.20 Nutzung der Dateisystemkataloge H:\TFS\Demos\PowerShell\
3_Einsatzgebiete\Dateisystem\Dateisystemkataloge .ps1

```
# Katalog anlegen
New-FileCatalog -Path t:\projekte -CatalogFilePath c:\temp\quelle.cat -CatalogVersion 2.0
# Vergleichen. Das sollte "Valid" liefern
Test-FileCatalog -Path t:\projekte -CatalogFilePath c:\temp\quelle.cat -Detailed
# Kopieren
robocopy t:\projekte t:\projekte-backup /e /NFL /NDL /NJH
# Kopie vergleichen. Das sollte "Valid" liefern
Test-FileCatalog -Path t:\projekte-backup -CatalogFilePath c:\temp\quelle.cat -Detailed
# Vergleichen mit anderem Pfad. Da sind nicht alle Dateien drin! "ValidationFailed"
Test-FileCatalog -Path t:\projekte-archiv -CatalogFilePath c:\temp\quelle.cat -Detailed
```

■ 36.12 Papierkorb leeren

Den Windows-Papierkorb leeren kann man durch Zugriff auf COM. Das folgende Skript verwendet die COM-Klasse „Shell.Application", um den Papierkorb des angemeldeten Benutzers zu leeren. Ab PowerShell 5.0 geht dies auch eleganter über das Commandlet `Clear-RecycleBin`.

Listing 36.21 Leeren des Papierkorbs des angemeldeten Benutzers
[\3_Einsatzgebiete\Dateisystem\COM_Papierkorb_leeren.ps1]

```
# COM-Objekt für Shell erzeugen
$objShell = New-Object -ComObject Shell.Application

# Zugriff auf Papierkorb
$ssfBITBUCKET = 0x0a # Konstante für den Papierkorb
$objFolder = $objShell.Namespace($ssfBITBUCKET)

# Liste der Elemente in dem Ordner, rekursiv löschen
$objFolder.items() | %{ remove-item $_.path -Recurse -Confirm:$false -verbose }
```

■ 36.13 Dateieigenschaften lesen

Informationen über ein Dateisystemobjekt (z. B. Name, Größe, letzte Veränderung, Attribute) erhält man mit `Get-Item`:

```
Get-Item j:\demo\profil_HSchwichtenberg.pdf
```

Für eine Datei erhält man damit eine Instanz von `System.IO.FileInfo`.

Den gleichen Effekt hat auch:

```
Get-ItemProperty j:\demo\profil_HSchwichtenberg.pdf
```

Einzelne Daten kann man so abfragen:

```
Get-ItemProperty daten.txt -name length
Get-ItemProperty daten.txt -name attributes
```

36.14 Praxisbeispiel: Fotos nach Aufnahmedatum sortieren

Heutzutage werden viele Digitalfotos gemacht. Wenn man diese von der Speicherkarte der Kamera entnimmt, liegen sie in der Regel als eine flache Liste vor. Das folgende Skript hilft, mehr Ordnung in die Fotos zu bekommen, indem es alle Fotos nach dem Aufnahmedatum in Unterordner sortiert, z. B. eine Aufnahme vom 1. 8. 2015 in den Ordner „2015 08 01". Das Skript nutzt dafür im Standard die EXIF-Dateieigenschaft „Date Taken". EXIF steht für Exchangeable Image File Format und definiert Metadaten für die Bildformate JPEG und TIFF. Zum Auslesen der EXIF-Eigenschaften verwendet das Skript die .NET-Klasse System.Drawing.Bitmap, die zuvor mit der Assembly *System.Windows.Forms.dll* geladen werden muss.

Alternativ kann das Skript für andere Bildformate auch die CreationTime-Eigenschaft der Datei verwenden, die jede Datei besitzt.

Listing 36.22 Fotos sortieren nach Aufnahmedatum
[3_Einsatzgebiete\Dateisystem\Fotos sortieren nach Aufnahmedatum.ps1]

```
##########################################
# Fotos sortiere nach Aufnahmedatum
# in Unterordner der Struktur "Jahr Monat Tag"
# (C) Dr. Holger Schwichtenberg, www.IT-Visions.de
##########################################

# Ordner mit Fotos
$dir = "t:\fotos\"
# Modus
$FileAttributMethode = $true # $true = nutzt DateTaken. Sonst CreationTime!

Add-Type -AssemblyName System.Windows.Forms # wird benötigt für Zugriff auf DateTaken

# Dateiliste holen
$files = dir $dir -File -Filter *.jpg

foreach($file in $files | sort CreationTime)
{

    if ($FileAttributMethode)
```

```
        {
        try {
            $ImgData = New-Object System.Drawing.Bitmap($file.FullName)
            [byte[]]$ImgBytes = $ImgData.GetPropertyItem(36867).Value      # 'Date Taken'
            if ($ImgBytes -eq $null) { throw "Date Taken nicht gefunden!" }
            [string]$dateString = [System.Text.Encoding]::ASCII.GetString($ImgBytes)
            [string]$datumString = [datetime]::ParseExact($dateString,"yyyy:MM:dd
HH:mm:ss`0",$Null).ToString('yyyy MM dd')
            If ($imgdata -ne $null) { $ImgData.Dispose() }
        }
        catch
        {
            Write-Warning "Fehler bei $($file.name): $($_.Exception.Message)"
            continue
        }
    }
    else
    {
        [string]$DatumString = $file.CreationTime.ToString('yyyy MM dd')
    }

    # Name des Unterordners erstellen
    $subfolder = $dir + "\" + $datumString

    # Ordner anlegen, wenn er nicht existiert
    if (-not (Test-Path $subfolder)) { md $subfolder }

    # Datei verschieben
    # Ausgabe
    "$($file.name) -> $Subfolder"
    Move-Item $file.FullName $subfolder -Force

}
```

■ 36.15 Datei-Hash

Einen Hash-Wert (alias Fingerabdruck) zur Feststellung, ob der Inhalt einer Datei verändert wurde, kann man mit dem Commandlet Get-SHA1 aus dem Modul „FileSystem" (PowerShellPack) ermitteln. Ab PowerShell-Version 4.0 gibt es dafür auch das Commandlet Get-FileHash im Kern von PowerShell. Anders als bei Get-SHA1 kann man verschiedene Hash-Algorithmen angeben (SHA1, SHA256, SHA384, SHA512, MD5, RIPEMD160, MACTripleDES). Das Ergebnis ist ein Objekt des Typs mit der Eigenschaft Microsoft.Powershell.Utility.FileHash.

```
PS C:\Users\hs.ITV> Get-SHA1 t:\data\marketing\Notes.jnt
File                                                                    SHA1
----                                                                    ----
T:\data\marketing\Notes.jnt                                             BvfndkuG+6uWOP
```

Bild 36.10 Beispiel zum Einsatz von Get-SHA1

```
PS C:\> Get-FileHash C:\temp\EFLog.csv -Algorithm SHA1 | gm

   TypeName: Microsoft.Powershell.Utility.FileHash

Name        MemberType   Definition
----        ----------   ----------
Equals      Method       bool Equals(System.Object obj)
GetHashCode Method       int GetHashCode()
GetType     Method       type GetType()
ToString    Method       string ToString()
Algorithm   NoteProperty System.String Algorithm=SHA1
Hash        NoteProperty System.String Hash=31A5FCE9F2CA0957FCE1FF00BCE4A99065A78862
Path        NoteProperty System.String Path=C:\temp\EFLog.csv


PS C:\> Get-FileHash C:\temp\EFLog.csv -Algorithm SHA1

Algorithm    Hash                                                             Path
---------    ----                                                             ----
SHA1         31A5FCE9F2CA0957FCE1FF00BCE4A99065A78862                         C:\temp\EFLog.csv
```

Bild 36.11 Beispiel zum Einsatz von Get-FileHash

■ 36.16 Finden von Duplikaten

Get-DuplicateFile setzt auf der zuvor beschriebenen Funktion Get-SHA1 auf, um Dateien gleichen Inhalts (Duplikate, Dubletten) zu finden.

Beispiel: Der folgende Befehl sucht rekursiv im Verzeichnis „t:\Data" nach Duplikaten.

```
Get-DuplicateFile t:\data -Recurse
```

```
PS C:\Users\hs.ITV> Get-DuplicateFile t:data -Recurse
Name                            Value
----                            -----
r9G+vTkja9loEnSA3o+mgE/TjSY=    {T:\data\software\Accounting\accouting.exe, T:\data\software\Sales\CRM.exe, T:\data\software\Website\TestRunner.exe,
Jue+D2KMFJUBud7d1u6c9Lr9tW8=    {T:\data\marketing\Website.doc, T:\data\projects\Website\WebsiteProjectDoc.doc}
```

Bild 36.12 Ergebnis der Duplikatsuche

Die Implementierung dieses Commandlets ist so schön kurz, dass man sie als ein gutes Anschauungsbeispiel für die Prägnanz der PowerShell hier abdrucken und erläutern sollte.

- Im Begin-Block wird eine leere Hash-Tabelle angelegt.
- Im Process-Block wird eine Liste aller Dateien mit Get-ChildItem erzeugt. Für jede Datei wird der Hash-Wert ermittelt mit Get-SHA1. Dann wird jeweils geschaut, ob der Hash-Wert bereits in der Hash-Tabelle existiert. Wenn nicht, wird er angelegt. Anschließend wird der Dateipfad in der Hash-Tabelle dem Hash-Wert zugeordnet.
- Im End-Block muss man dann nur noch prüfen, welche Einträge in der Hash-Tabelle mehr als einen Wert (also mehr als einen Pfad) besitzen.

Listing 36.23 Quellcode von Get-DuplicateFile
(Quelle: Module "FileSystem" aus dem PowerShellPack)

```
function Get-DuplicateFile {
    <#
    .Synopsis
    Finds files that have identical file contents.
```

```
.Description
The Get-DuplicateFile function detects files in a drive
or directory that have identical file content by comparing
an SHA1 cryptographic hash of the file contents.

.Outputs
Returns a System.Collections.DictionaryEntry for each
collection
of duplicate files. The key is the hash and the value is
the fully
qualified path to the duplicate files.

.Notes
To get the cryptographic hash of each file, Get-
DuplicateFile uses
the Get-SHA1 functions.

.Parameter Directory

Enter the path to a file system drive or directory, such as
"C:" or "d:\test". The default is the local directory.

You can enter only one directory with the Directory
parameter. To submit multiple directories, pipe the
directories
to the Get-DuplicateFile function.

.Parameter Recurse

Searches recursively for duplicate files in all
subdirectories
of the specified directory.

.Parameter HideProgress

Hides the progress bar that Get-DuplicateFile displays by
default.

.Example
Get-DuplicateFile

.Example
Get-DuplicateFile c:\users -recurse

.Example
get-item c:\ps-test, d:\testing | get-duplicateFile -
hideprogress

.Link
Get-SHA1
#>

param(
[Parameter(ValueFromPipelineByPropertyName=$true)]
[Alias("FullName")]
[String]
$Directory,
```

```
    [Switch]
    $Recurse,

    [Switch]
    $HideProgress
    )

    Begin {
        $duplicateFinder = @{}
    }

    Process {
        Get-ChildItem $directory -Recurse:$recurse |
            Get-SHA1 |
            ForEach-Object {
                $file = $_.File
                $sha1 = $_.SHA1
                if (-not $hideProgress) {
                    Write-Progress "Finding Duplicate Files" $file
                }
                if (-not $duplicateFinder.$sha1) {
                    $duplicateFinder.$sha1 = @()
                }
                $duplicateFinder.$sha1 += $file
            }
    }

    end {
        $duplicateFinder.GetEnumerator() |
            Where-Object {
                $_.Value.Count -gt 1
            }
    }
}
```

36.17 Verknüpfungen im Dateisystem

Auch erstmals seit PowerShell 5.0 enthalten sind Commandlets zur Verwaltung von Hardlinks, Junction und Symbolic Links. Auch dafür musste man zuvor auf die PowerShell Community Extensions (PSCX) zurückgreifen.

Microsoft hat für die Verknüpfungsverwaltung aber keine neuen Commandlets geschaffen, sondern das allgemeine Commandlet `New-Item` um neue Item-Typen (HardLink, Junction und SymbolicLink) erweitert. Zum Löschen dieser Verknüpfungen nutzt man dann analog `Remove-Item`. Leider hat `Get-ChildItem` (alias `Dir`) noch keinen Filterparameter für die neuen Item-Typen.

Explorer-Verknüpfungen

Seit Windows 95 unterstützt der Windows Explorer Verknüpfungen im Dateisystem durch *.lnk*-Dateien. *.lnk*-Dateien enthalten als Verknüpfungsziel entweder eine Datei oder ein Verzeichnis. Sie werden erstellt im Windows Explorer durch die Kontextmenüfunktionen „Verknüpfung erstellen" oder „Neu/Verknüpfung". Windows zeigt die Dateinamenserweiterung von *.lnk*-Dateien nicht an. Stattdessen sieht man im Windows Explorer das Symbol des Zielobjekts mit einem Pfeil. Ein Doppelklick leitet den Windows Explorer oder einen Dateidialog, der *.lnk*-Dateien unterstützt, zum Ziel.

Diese Explorer-Verknüpfungen erstellt man mit dem Commandlet New-Shortcut, wobei der erste Parameter der Pfad zu der zu erstellenden *.lnk*-Datei ist und der zweite Parameter der Zielpfad:

```
New-Shortcut "c:\Kundendaten" "g:\Daten\Kunden"
```

 ACHTUNG: Falls die Verknüpfung bereits existiert, wird sie ohne Vorwarnung überschrieben. New-Shortcut kann keine Verknüpfungen zu HTTP-Adressen (*.url*-Dateien) herstellen.

URL-Verknüpfungen

URL-Verknüpfungen legt Windows in .url-Dateien ab.

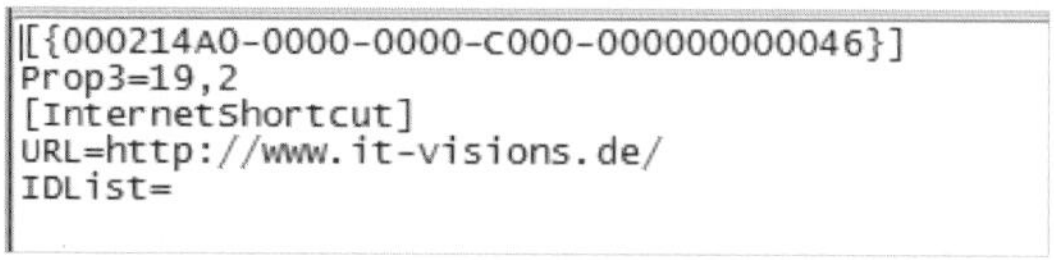

```
|[{000214A0-0000-0000-C000-000000000046}]
Prop3=19,2
[InternetShortcut]
URL=http://www.it-visions.de/
IDList=
```

Bild 36.13
Innereien einer .url-Datei

Das Commandlet Resolve-ShortcutFile (Modul „FileSystem" im PowerShellPack) extrahiert die URL aus einer solchen *.url*-Datei.

```
Resolve-ShortcutFile t:\ITVWebsite.url
```

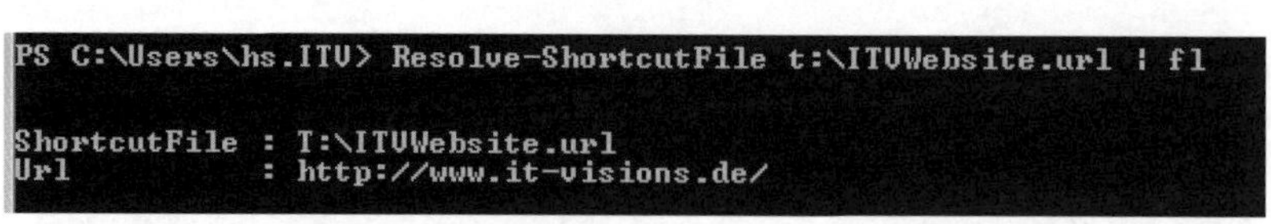

```
PS C:\Users\hs.ITV> Resolve-ShortcutFile t:\ITVWebsite.url | fl

ShortcutFile : T:\ITVWebsite.url
Url          : http://www.it-visions.de/
```

Bild 36.14 Ausgabe von Resolve-ShortcutFile

Zum Erstellen von *.url*-Dateien gibt es noch kein Commandlet. Ein Commandlet New-Url Shortcut zu erstellen, ist aber nicht schwer, denn es gibt im Windows Script Host (WSH) ein COM-Objekt „WScript.Shell", das eine Methode CreateShortcut() anbietet, die wahlweise *.url*- oder *.lnk*-Dateien erstellt.

Listing 36.24 Implementierung und Test von New-UrlShortcut

```
function New-UrlShortcut
{ param(
    [Parameter(
        ValueFromPipeline=$true,
        ValueFromPipelineByPropertyName=$true)]
    [Alias("FullName")]
    [string] $Filename,
[string] $URL)

process {
$shell = New-Object -ComObject WScript.Shell
$us = $shell.CreateShortcut($Filename)
$us.TargetPath = $URL
$us.Save()
}
}

# Zum Testen
New-UrlShortcut "t:\PowerShellWebsite.url" "http://www.powershell-doktor.de"
```

Hardlinks

Leider gibt es drei gravierende Nachteile bei auf *.lnk*-Dateien basierenden Explorer-Verknüpfungen:

- Der Windows Explorer zeigt Verknüpfungen zu Ordnern nicht in der Ordnerhierarchie (links) an, sondern sortiert sie in die Dateiliste (rechts) ein.
- Die Verknüpfungen funktionieren nicht an der Kommandozeilenebene.
- Windows verfolgt das Ziel nicht beim Umbenennen/Verschieben, sondern sucht stets erst danach, wenn das Ziel nicht mehr auffindbar ist, wobei nicht immer das richtige Ziel gefunden wird.

Nutzer von Unix kennen hingegen bessere Verknüpfungsarten in Form von Hardlinks und symbolischen Links (Symbolic Links/Symlinks). Unter Windows können Nutzer von NTFS-Dateisystemen ähnliche Konzepte nutzen. Das NTFS-Dateisystem unterstützt feste Verknüpfungen zu Dateien in Form sogenannter Hardlinks und zu Ordnern in Form von Junction Points. Leider werden beide Funktionen nicht direkt im Windows Explorer, sondern nur durch Kommandozeilen- oder Drittanbieterwerkzeuge unterstützt.

Ein Hardlink ist eine feste Verknüpfung zu einer Datei. Microsoft liefert dazu seit Windows XP und Windows Server 2003 das Kommandozeilenwerkzeug *fsutil.exe*.

Seit PowerShell 5.0 gibt es wie oben erwähnt die Möglichkeit, Hardlinks über `New-Item` anzulegen. Das folgende Listing zeigt drei Varianten des Einsatzes.

Listing 36.25 Hardlinks anlegen
[3_Einsatzgebiete\Dateisystem\WPS5_DateisystemLinks.ps1"]

```
# Hardlink zu kundenliste.csv: Variante 1
cd t:\daten
New-Item -ItemType HardLink -Name Kunden_HardLink1.txt -value
t:\Daten\kunden\kundenliste.csv
```

```
# Hardlink zu kundenliste.csv: Variante 2
New-Item -ItemType HardLink -path t:\daten\ -Name Kunden_HardLink2.txt -target t:\
Daten\kunden\kundenliste.csv
# Hardlink zu kundenliste.csv: Variante 3
New-Item -ItemType HardLink -path t:\daten\Kunden_HardLink3.txt -value
t:\Daten\kunden\kundenliste.csv
```

Danach erscheint die Datei in beiden Verzeichnissen – ohne dass ein Verknüpfungspfeil angezeigt würde. Es handelt sich dennoch nicht um eine Kopie; beide Einträge im Verzeichnisbaum weisen auf die gleiche Stelle auf der Festplatte und daher kann die Datei nun an beiden Stellen manipuliert werden. Ein Verschieben der Datei macht überhaupt keine Probleme. Der Dateiinhalt ist erst dann verloren, wenn beide Einträge im Verzeichnisbaum gelöscht wurden.

Zwei Wermutstropfen bei Hardlinks gibt es immer:

- Es können keine Ordnerverknüpfungen erstellt werden.
- Es können nur Verknüpfungen zu Dateien auf dem gleichen Laufwerk erstellt werden.

HINWEIS: Einen Hardlink löscht man, indem man die Linkdatei entfernt. Die Zieldatei bleibt dabei unangetastet:

```
Remove-Item "t:\daten\Kunden_HardLink3.txt"
```

Für ältere PowerShell-Versionen (vor PowerShell 5.0) findet man in den PowerShell Community Extensions das Commandlet `New-Hardlink`.

Die Syntax zum Erstellen eines Hardlinks lautet:

```
New-Hardlink <neuer Dateiname> <vorhandener Dateiname>
```

Beispiel:

```
New-Hardlink "t:\Daten\Kunden.txt" "t:\Daten\Kunden\Kundenliste.csv"
```

Junction Points

Junction Points sind das Äquivalent zu Hardlinks für Dateisystemordner. Im Gegensatz zu Hardlinks funktionieren Junction Points auch laufwerksübergreifend!

Listing 36.26 Junctions anlegen
[3_Einsatzgebiete\Dateisystem\WPS5_DateisystemLinks.ps1"]

```
# Variante 1: Innerhalb eines Laufwerks
New-Item -ItemType Junction -path T:\Daten\MaxMustermann_Junction -value T:\Daten\
Kunden\MaxMustermann
# Variante 2: Laufwerksübergreifend
New-Item -ItemType Junction -path t:\daten\c_temp_Junction -value c:\temp
```

Für ältere PowerShell-Versionen (vor PowerShell 5.0) kann das PSCX-Commandlet `New-Junction` zum Einsatz kommen. Bei *linkd.exe* sind im Gegensatz zu *fsutil.exe* erst die Quelle und dann das Ziel zu nennen.

36.17 Verknüpfungen im Dateisystem

Beispiel:
Die Anweisung

```
New-Junction "h:\Kunden" "g:\Daten\Kunden\"
```

erstellt folglich hier eine Verknüpfung, die das Verzeichnis *g:\Daten\Kunden* als Unterverzeichnis *Kunden* im Ordner *h:* einblendet. Junction Points funktionieren auch an der Kommandozeile. So zeigt der Befehl

```
dir h:\Kunden
```

den Inhalt von *g:\Daten\Kunden*.

Der Windows Explorer sortiert einen Junction Point wie einen Ordner in die Ordnerhierarchie auf der linken Seite ein.

Das Ziel eines Junction Point kann man mit dem Commandlet `Get-ReparsePoint` betrachten, z.B.:

```
Get-ReparsePoint c:\Kunden
```

Zum Löschen eines Junction Point verwendet man:

```
Remove-ReparsePoint "c:\Kunden"
```

ACHTUNG: Wird der eigentliche Zielordner vor dem Junction Point gelöscht, entsteht ein verwaister Junction Point. Leider bemerkt Windows das Verschieben eines Ordners nicht, so dass auch in diesem Fall der Junction Point ins Nirwana führt.

Symbolische Verknüpfungen ab Windows Vista

Die neuen symbolischen Verknüpfungen (Symbolic Links), die Microsoft mit Windows Vista eingeführt hat, kann man auch mit `New-Item` mit der PowerShell erstellen. SymLinks funktionieren mit Ordnern und Dateien (auch laufwerksübergreifend!), erfordern aber Admin-Rechte!

Listing 36.27 SymLinks zu Dateien anlegen
[3_Einsatzgebiete\Dateisystem\WPS5_DateisystemLinks.ps1"]

```
"###################### SymLinks zu Dateien: erfordert Admin-Rechte!"
# Variante 1
cd t:\daten
New-Item -ItemType SymbolicLink -Name Kunden_Symlink1.txt -value t:\Daten\kunden\kundenliste.csv
# Variante 2
New-Item -ItemType SymbolicLink -path t:\daten\ -Name Kunden_Symlink2.txt -target t:\Daten\kunden\kundenliste.csv

# Variante 3
New-Item -ItemType SymbolicLink -path t:\daten\Kunden_Symlink3.txt -value t:\Daten\kunden\kundenliste.csv
```

```
# Variante 4 (Laufwerksübergreifend)
New-Item -ItemType SymbolicLink -path t:\daten\log.txt -value "c:\temp\log.txt"
```

Listing 36.28 SymLinks zu Ordnern anlegen
[3_Einsatzgebiete\Dateisystem\WPS5_DateisystemLinks.ps1"]

```
"###################### SymLinks zu Ordnern: erfordert Admin-Rechte!"
# Variante 1
New-Item -ItemType SymbolicLink -path t:\Daten\MaxMustermann_Symlink -value T:\Daten\
Kunden\MaxMustermann
# Variante 2 (Laufwerksübergreifend)
New-Item -ItemType SymbolicLink -path t:\Daten\c_temp_Symlink -value c:\temp
```

Für ältere PowerShell-Versionen (vor PowerShell 5.0) kann das PSCX-Commandlet New-Symlink zum Einsatz kommen.

■ 36.18 Komprimierung

Kaum zu glauben, dass Microsoft die PowerShell-Versionen 1 bis 4 ohne eigene Commandlets zum Erstellen von komprimierten Archivdateien ausgeliefert hat. Bisher musste der PowerShell-Nutzer dazu auf eine .NET-Klasse oder Zusatzmodule zurückgreifen.

ZIP-Commandlets

Seit PowerShell 5.0 liefert Microsoft zwei Commandlets mit:

- Compress-Archive
- Expand-Archive

Compress-Archive kann man über den ersten Parameter (-Path) mit den Eingabedateien versorgen oder über den Inhalt der Pipeline:

```
Compress-Archive  t:\Temp\KundenDaten -DestinationPath h:\KundenDaten.zip
```

oder unter Ausnutzung der Pipeline mit Get-ChildItem (alias dir):

```
dir t:\Temp\KundenDaten | Compress-Archive  -dest t:\KundenDaten.zip
```

Expand-Archive funktioniert analog:

```
Expand-Archive  t:\KundenDaten.zip t:\Temp\KundenDaten -Force
"t:\KundenDaten.zip" | Expand-Archive -DestinationPath t:\Temp\KundenDaten -Force
```

Allerdings unterstützen diese beiden Commandlets nur ZIP-Dateien. Andere Formate werden abgelehnt mit der Fehlermeldung: „.rar is not a supported archive file format. .zip is the only supported archive file format".

Bei Compress-Archive kann man den Komprimierungsgrad mit -CompressionLevel zwischen „NoCompression", „Fastest" und „Optimal" wählen. Mit -Update kann man bestehende Archive aktualisieren (Dateien ergänzen bzw. ältere Versionen überschreiben). Bei Expand-Archive kann man mit dem Parameter -force erzwingen, dass bestehende Dateien überschrieben werden, was sonst zu einem Fehler führt.

Komprimierung in früheren Versionen und anderen Formaten

Commandlets zum Komprimieren von Dateien in Archive findet man in den PSCX und im Modul „FileSystem" im PowerShellPack.

In den PSCX gibt es Commandlets für vier verschiedene Komprimierungsformate (ZIP, GZIP, TAR und BZIP2):

- Write-Zip
- Write-GZip
- Write-Tar
- Write-BZip2

Das PowerShellPack bietet:

- New-Zip: Erstellen eines neuen ZIP-Archivs
- Copy-ToZip: Erstellen eines ZIP-Archivs oder Hinzufügen von Dateien zu einem Archiv

Im Folgenden finden Sie einige aussagekräftige Praxisbeispiele, welche die Syntax der Befehle erläutern. Alle Beispiele verwenden einheitlich das ZIP-Format. Alle anderen Formate funktionieren analog mit dem entsprechenden Commandlet aus den PSCX.

Tabelle 36.2 Anwendungsbeispiele für Write-Zip

`Write-zip Kundenliste.csv`
Komprimiert die Datei Kundenliste.csv in das Archiv Kundenliste.csv.zip
`Write-zip Kundenliste.csv Kundenliste.zip`
Komprimiert die Datei Kundenliste.csv zu Kundenliste.zip
`"Kundenliste.csv", "Preisliste.doc", "Projektrichtlinien.doc" |Write-Zip`
Komprimiert die drei angegebenen Dateien einzeln in „Kundenliste.csv.zip", „Preisliste.doc.zip" und „Projektrichtlinien.doc.zip"
`"Kundenliste.csv", "Preisliste.doc", "Projektrichtlinien.doc" |` `Write-Zip -Outputpath G:\daten\kunden.zip`
Komprimiert die drei angegebenen Dateien zusammen in Kunden.zip
`Write-Zip g:\daten\kunden -Outputpath G:\daten\kunden.zip`
Komprimiert den ganzen Inhalt des Ordners g:\daten\kunden nach kunden.zip
`dir g:\daten -Filter *.doc -Recurse	Write-zip -Output g:\Daten\docs.zip`
Sucht im Ordner g:\Daten und allen seinen Unterordnern nach Microsoft-Word-Dateien und komprimiert diese zusammen in g:\Daten\docs.zip
`Copy-ToZip g:\daten\kunden G:\daten\kunden.zip`
Komprimiert den Inhalt eines Verzeichnisses

HINWEIS: Wenn die Zieldatei bereits existiert, werden die neuen Dateien mit in das Archiv aufgenommen. Die bestehenden Dateien werden nicht gelöscht.

Die Komprimierungs-Commandlets in den PSCX besitzen noch einige interessante Optionen, von denen beispielhaft zu nennen sind:

- `RemoveOriginal`: Löschen der Originaldatei nach Aufnahme der Datei in das Archiv
- `Level`: Komprimierungsrate von 1 bis 9 (Standard ist 5)
- `FlattenPaths`: In dem Archiv werden keine Pfadinformationen gespeichert.

Komprimierung ohne Zusatzkomponenten

In älteren PowerShell-Versionen kann man ZIP-Dateien auch ganz ohne eine zusätzliche Commandlet-Bibliothek erstellen, indem man auf das COM-Objekt „Shell.Application" zurückgreift (siehe folgendes Listing).

Listing 36.29 Komprimieren mit der COM-Klasse „Shell.Application" (ZIPWithCOM.ps1)

```
$Path = "t:\markting.zip"
# Erzeuge leere ZIP-Datei
Set-Content $path ("PK" + [char]5 + [char]6 + ("$([char]0)" * 18))
# Shell-Objekt
$ShellApplication = New-Object -ComObject Shell.Application
# Zugriff auf Paket
$ZipPackage =$ShellApplication.Namespace($Path)
# Zwei Dateien kopieren
$ZipPackage.CopyHere("T:\Data\marketing\Website.doc", 0)
$ZipPackage.CopyHere("T:\Data\marketing\Notes.jnt", 0)
```

Auch mit der .NET-Klasse System.IO.Compression.ZipFile (aus der Assembly System.IO.Compression.Filesystem) ist eine ZIP-Komprimierung möglich (siehe folgendes Listing).

Listing 36.30 Komprimieren mit der .NET-Klasse „ZipFile" (ZIPWithDOTNET.ps1)

```
$quelle = "t:\Temp\Demos"
$ziel = "t:\demos.zip"
Add-Type -assembly "system.io.compression.filesystem"
[System.IO.Compression.ZipFile]::CreateFromDirectory($quelle, $ziel)
```

■ 36.19 Dateisystemfreigaben

Die scriptbasierte Verwaltung von Dateisystemfreigaben war traditionell immer eine sehr umständliche Aufgabe in Windows, insbesondere hinsichtlich des Festlegens oder Änderns von Zugriffsrechtelisten. Im Microsoft .NET Framework gibt es gar keine Klassen für das Anlegen von Dateisystemfreigaben. In COM konnte man Freigaben nur mit Standardberechtigungen anlegen. Einziger Weg war bisher WMI. Dort ist die Vorgehensweise aber sehr komplex, weil man neben der WMI-Klasse Win32_Share noch eine Reihe von weiteren Klassen (Win32_Trustee, Win32_ACE, Win32_SecurityDescriptor) instanziieren und in bestimmter Weise miteinander verbinden muss.

Erst seit Windows 8 und Windows Server 2012 hat Microsoft mit dem PowerShell-Modul „SmbShare" hier Abhilfe geschaffen. Da das Modul „SmbShare" nur ab Windows 8 und Windows Server 2012 verfügbar ist, werden in diesem Kapitel sowohl der alte als auch der neue Weg beschrieben.

WMI-Klassen

Sowohl der alte als auch der neue Weg basieren auf WMI-Klassen, wobei man beim alten Weg direkt mit den WMI-Klassen arbeitet und im neuen Weg diese komfortabler in Commandlets verpackt sind.

Der alte Weg verwendet die WMI-Klasse root/cimv2/Win32_Share.

Der neue Weg verwendet die WMI-Klasse root/Microsoft/Windows/SMB/MSFT_SmbShare.

Wichtige Mitglieder der Klasse Win32_Share sind:

- Name: Name der Freigabe
- Path: Pfad im Dateisystem, zu dem die Freigabe führt
- Description: Beschreibungstext zu der Freigabe
- MaximumAllowed: Maximalanzahl der gleichzeitigen Benutzer
- SetShareInfo(): Setzen der Eigenschaften Description, MaxiumAllowed und der Berechtigungen für die Freigabe
- GetAccessMask(): Auslesen der Berechtigungen für die Freigabe
- Create(): Create ist eine statische Methode der Klasse Win32_Share zum Anlegen neuer Freigaben.

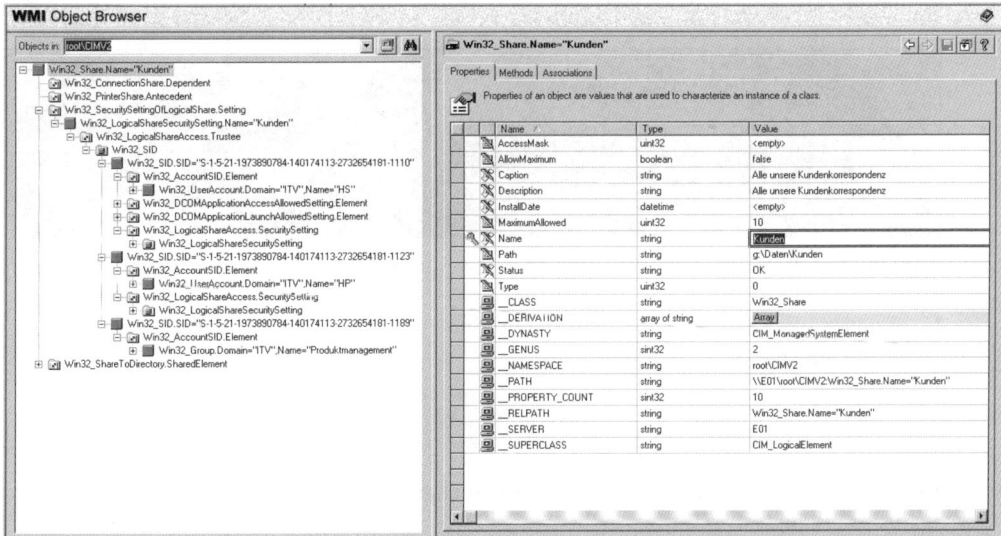

Bild 36.15 Darstellung einer Instanz der Klasse Win32_Share im WMI Object Browser

ACHTUNG: Das Attribut AccessMask ist immer leer (siehe Bild 36.15), weil es von Microsoft als „veraltet" deklariert wird. Das Setzen und Lesen der Berechtigungen erfolgt über die Methoden Create(), SetShareInfo() und GetAccessMask(). Diese Methoden legen entsprechende Assoziationen an.

Bei den Freigaben sind die Berechtigungen der komplizierteste Teil, wie schon die Assoziationen im WMI Object Browser andeuten.

- Name: Name der Freigabe
- Path: Pfad im Dateisystem, zu dem die Freigabe führt
- Description: Beschreibungstext zu der Freigabe
- ConcurrentUserLimit: Maximalanzahl der gleichzeitigen Benutzer
- CurrentUsers: Anzahl der aktuellen Benutzer
- SecurityDescriptor: Zugriffsberechtigungen für die Freigabe in Textform (Security Descriptor Definition Language (SDDL))

Freigaben auflisten

Zum Auflisten der Freigaben muss man in älteren Betriebssystemen direkt auf die Instanzen der WMI-Klasse Win32_Share zurückgreifen:

```
Get-Wmiobject Win32_Share
```

Ab Windows 8 und Windows Server 2012 kann man auch das Commandlet Get-SmbShare verwenden. Get-SmbShare liefert die Liste der Netzwerkfreigabe auch als WMI-Objekt, aber mit dem neuen Typ „Microsoft.Management.Infrastructure.CimInstance#ROOT/Microsoft/Windows/SMB\MSFT_SmbShare".

```
PS C:\Skripte> Get-Wmiobject Win32_Share
Name       Path           Description
----       ----           -----------
ADMIN$     C:\Windows     Remote Admin
C$         C:\            Default share
H$         H:\            Default share
IPC$                      Remote IPC
Q$         Q:\            Default share
Skripte    C:\Skripte

PS C:\Skripte>
```

Bild 36.16 Auflisten der freigegebenen Dateisystemverzeichnisse

Über den Namen der Freigabe kann man eine Freigabe (auch auf entfernten Systemen) gezielt ansprechen:

```
Get-CimInstance Win32_Share -Filter "Name='C$'" -computer D142 | Select Name, Path, Description, MaximumAllows | Format-List
```

Das Auflisten der vorhandenen Verzeichnisfreigaben mit Anzahl der aktuell verbundenen Benutzer erledigt:

```
Get-SmbShare | ft name, path, description, currentusers
```

Freigaben anlegen (mit WMI)

Wie schon eingangs des Hauptkapitels erwähnt, ist das scriptbasierte Anlegen einer Freigabe auf Betriebssystemen vor Windows 8 und Windows Server 2012 eine aufwendigere Angelegenheit – zumindest dann, wenn man auch die Zugriffsrechteliste setzen will. Leider kann man hier nicht auf die .NET-Klassen für die Berechtigungsvergabe zurückgreifen, sondern muss entsprechende WMI-Klassen verwenden.

Aus didaktischen Gründen folgt zunächst erst einmal ein Skript, bei dem die Berechtigungen nicht explizit gesetzt werden. Die Freigabe erhält dadurch die Standardrechte (Vollzugriff für jedermann). Zum Anlegen der Freigabe wird die statische Methode `Create()` der Klasse `Win32_Share` aufgerufen. Für `AccessMask` wird dabei `$null` übergeben. Das Skript prüft beim Start, ob es die Freigabe schon gibt, und löscht diese gegebenenfalls, damit eine Neuanlage möglich ist.

Listing 36.31 Anlegen einer Freigabe mit Standardberechtigungen [New-Share-withoutPermissions(WMI).ps1]

```
##########################################
# New-Share (without Permissions)
# (C) Dr. Holger Schwichtenberg
##########################################

# Parameters
$Computer = "."
$ShareName = "Kunden"
$Pfad = "g:\Daten\Kunden"
$Comment = "Alle unsere Kundenkorrespondenz"

"Vorher:"
Get-CimInstance Win32_Share -Filter "Name='$ShareName'"

Get-CimInstance Win32_Share -Filter "Name='$ShareName'" | foreach-Object { $_.Delete() }

# Win32_Share
$MC = [WMIClass] "ROOT\CIMV2:Win32_Share"
$Access = $Null
$R = $mc.Create($pfad, $Sharename, 0, 10, $Description, "", $Access)

if ( $R.ReturnValue -ne 0) { Write-Error "Fehler beim Anlegen: "+ $R.ReturnValue; Exit}
"Freigabe wurde angelegt!"

"Nachher:"
Get-CimInstance Win32_Share -Filter "Name='$ShareName'"
```

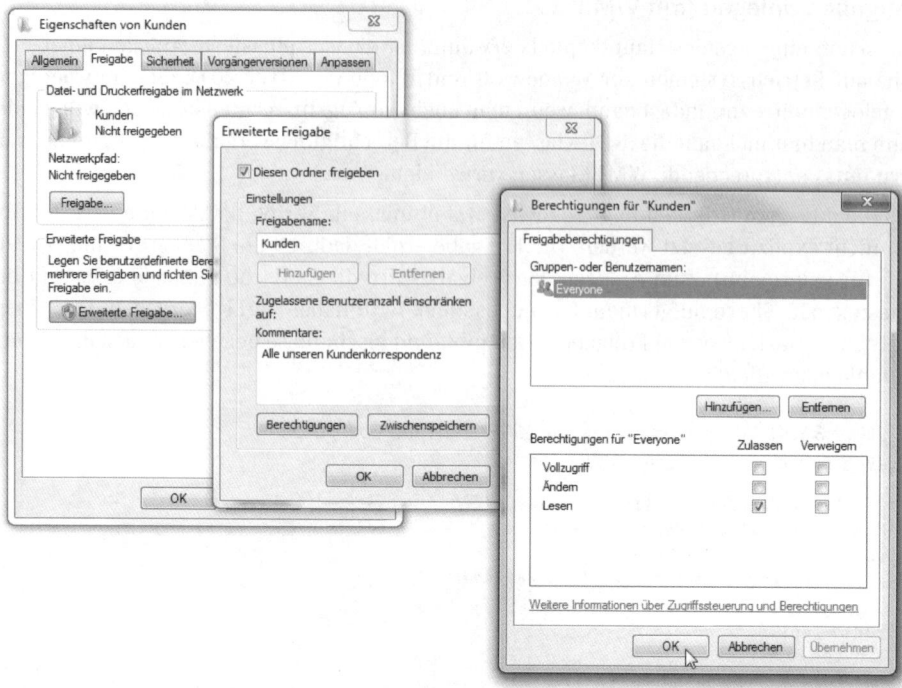

Bild 36.17 Eine mit Standardrechten angelegte Freigabe

Berechtigungen auf Freigaben setzen

Um beim Anlegen einer Dateisystemfreigabe die Zugriffsrechte zu setzen, sind folgende Schritte zusätzlich notwendig:

- Ermitteln des Security Identifier für jeden Benutzer/jede Gruppe, die Rechte erhalten soll
- Erstellen einer Instanz von Win32_Trustee für jeden Benutzer/jede Gruppe, die Rechte erhalten soll
- Instanziieren der Klasse Win32_ACE für jeden Rechteeintrag
- Befüllen von Win32_ACE mit dem Win32_Trustee-Objekt, den Rechten und den Rechteeigenschaften
- Erstellen einer Instanz von Win32_SecurityDescriptor
- Befüllen des Win32_SecurityDescriptor-Objekts mit einer Discretionary Access Control List (DACL)
- Zusammenbauen der DACL aus einzelnen Rechteeinträgen (Access Control Entries – ACE), also Instanzen von Win32_ACE

Listing 36.32 Anlegen einer Freigabe mit expliziten Rechten [New-Share-withPermission(WMI).ps]

```
#########################################
# New-Share (with Permissions)
# (C) Dr. Holger Schwichtenberg
#########################################
```

```
# Parameters
$Computer = "."
$ShareName = "Kunden"
$Pfad = "g:\Daten\Kunden"
$Comment = "Alle unsere Kundenkorrespondenz"

# Constants
$SHARE_READ = 1179817
$SHARE_CHANGE = 1245462
$SHARE_FULL = 2032127
$SHARE_NONE = 1

$ACETYPE_ACCESS_ALLOWED = 0
$ACETYPE_ACCESS_DENIED = 1
$ACETYPE_SYSTEM_AUDIT = 2

$ACEFLAG_INHERIT_ACE = 2
$ACEFLAG_NO_PROPAGATE_INHERIT_ACE = 4
$ACEFLAG_INHERIT_ONLY_ACE = 8
$ACEFLAG_INHERITED_ACE = 16
$ACEFLAG_VALID_INHERIT_FLAGS = 31
$ACEFLAG_SUCCESSFUL_ACCESS = 64
$ACEFLAG_FAILED_ACCESS = 128

# Get Trustee
function New-Trustee($Domain, $User)
{
$Account = New-Object system.security.principal.ntaccount("fbi\foxmulder")
$SID = $Account.Translate([system.security.principal.securityidentifier])
$useraccount = [ADSI] ("WinNT://" + $Domain + "/" + $User)
$mc = [WMIClass] "Win32_Trustee"
$t = $MC.CreateInstance()
$t.Domain = $Domain
$t.Name = $User
$t.SID = $useraccount.Get("ObjectSID")
return $t
}
# Create ACE
function New-ACE($Domain, $User, $Access, $Type, $Flags)
{
$mc = [WMIClass] "Win32_Ace"
$a = $MC.CreateInstance()
$a.AccessMask = $Access
$a.AceFlags = $Flags
$a.AceType = $Type
$a.Trustee = New-Trustee $Domain $User
return $a
}

# Create SD
function Get-SD
{
$mc = [WMIClass] "Win32_SecurityDescriptor"
$sd = $MC.CreateInstance()
$ACE1 = New-ACE "FBI" "FoxMulder" $SHARE_READ  $ACETYPE_ACCESS_ALLOWED $ACEFLAG_INHERIT_ACE
$ACE2 = New-ACE "FBI" "DanaScully" $SHARE_FULL $ACETYPE_ACCESS_ALLOWED $ACEFLAG_INHERIT_ACE
```

```
$ACE3 = New-ACE "FBI" "Agents" $SHARE_FULL $ACETYPE_ACCESS_ALLOWED
$ACEFLAG_INHERIT_ACE
[System.Management.ManagementObject[]] $DACL = $ACE1 , $ACE2, $ACE3

$sd.DACL = $DACL
return $sd
}

# before
"Vorher:"
Get-CimInstance Win32_Share -Filter "Name='$ShareName'"

Get-CimInstance Win32_Share -Filter "Name='$ShareName'" | foreach-Object { $_.Delete() }

# Win32_Share anlegen
$MC = [WMIClass] "ROOT\CIMV2:Win32_Share"
$Access = Get-SD
$R = $mc.Create($pfad, $Sharename, 0, 10, $Comment, "", $Access)

if ( $R.ReturnValue -ne 0) { Write-Error "Fehler beim Anlegen: "+ $R.ReturnValue;
Exit}
"Freigabe wurde angelegt!"

# after
"Nachher:"

Get-CimInstance Win32_Share -Filter "Name='$ShareName'" | foreach {
$_.GetAccessMask()  } | gm
```

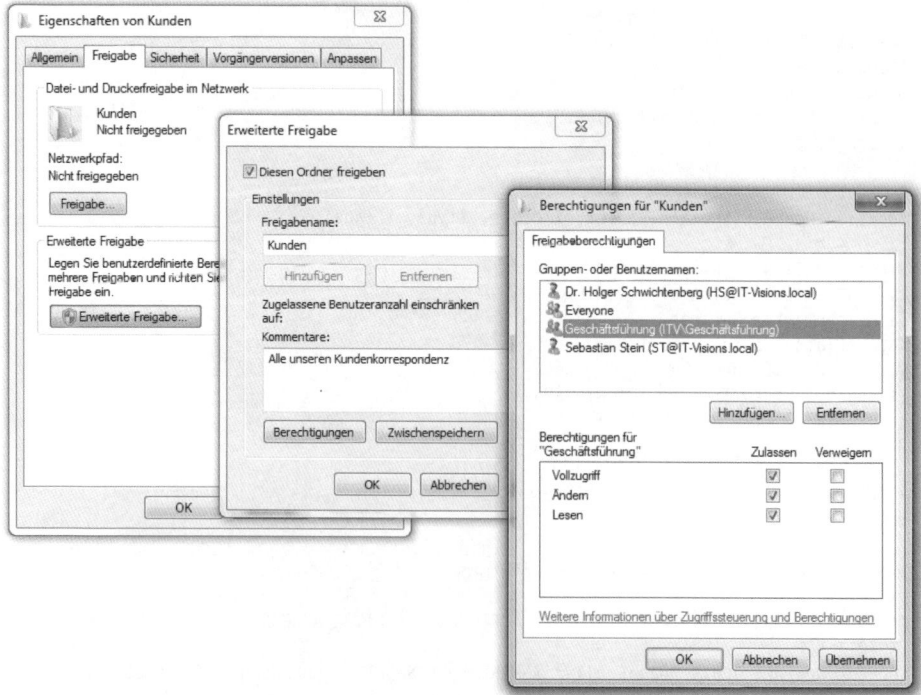

Bild 36.18 Ergebnis des obigen Skripts zum Anlegen einer Freigabe mit expliziten Rechten

HINWEIS: `Create()` besitzt einige Fehlercodes, z. B. 22 = Freigabename existiert bereits oder 21 = Falsche Parameter.

Freigaben anlegen (mit PowerShell-Commandlets)

Seit Windows 8 und Windows Server 2012 ist durch das neue PowerShell-Modul das Anlegen einer Freigabe auch mit Berechtigungen ein Kinderspiel mit dem Commandlet New-SmbShare.

Das Anlegen einer Freigabe mit Standardberechtigungen (Jeder/Lesen) erfolgt so:

```
new-smbshare -Path w:\SourceFiles -Name Quellcode -Description "Zentrale Freigabe für Quellcode" -ConcurrentUserLimit 10 -FolderEnumerationMode -AccessBased
```

HINWEIS: Voraussetzungen für die Ausführung dieses Befehls sind, dass man als Administrator angemeldet ist und die PowerShell-Konsole auch wirklich mit vollen Administratorrechten läuft. Bei aktivierter Benutzerkontensteuerung muss man also „Als Administrator ausführen" im Kontextmenü wählen.

`Get-SmbShare` liefert die Liste der Netzwerkfreigaben auch als WMI-Objekt mit dem neuen Typ „Microsoft.Management.Infrastructure.CimInstance#ROOT/Microsoft/Windows/SMB\MSFT_SmbShare".

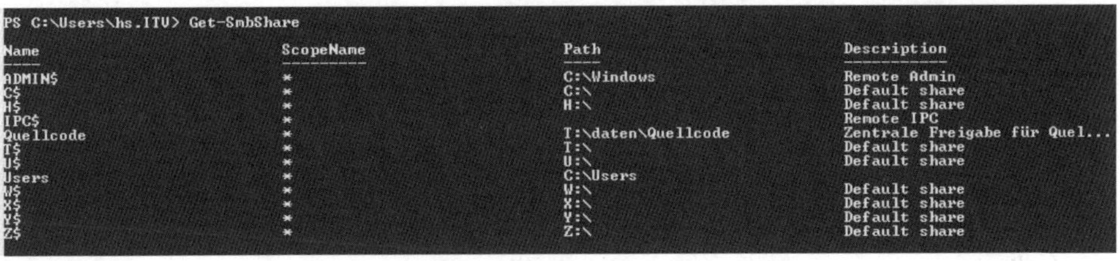

Bild 36.19 Standardausgabe von Get-SmbShare

Zum Löschen einer Freigabe kann man `Remove-SmbShare` verwenden:

```
Remove-SmbShare -Name Quellcode -Force
```

Möchte man nun noch Berechtigungen für die Freigabe setzen, bietet das Commandlet New-SmbShare dafür vier selbst erklärende Parameter:

- *FullAccess*
- *ChangeAccess*
- *ReadAccess*
- *NoAccess*

Diesen übergibt man jeweils eine Liste von Benutzeridentitäten (Gruppen oder einzelne Benutzerkonten, wahlweise lokale Konten oder Active-Directory-Konten).

Das nächste Listing zeigt Commandlets in Aktion, um eine Netzwerkfreigabe mit Rechten neu anzulegen.

Listing 36.33 Anlegen einer Netzwerkfreigabe mit Rechten. Falls eine Freigabe dieses Namens schon existiert, wird sie vorweg gelöscht [New-Share(Commandlets).ps1]

```
$share = Get-SmbShare -Name Quellcode -ea SilentlyContinue
if ($share -ne $null) { "Vorhandene Freigabe wird gelöscht..." ; Remove-SmbShare
 -Name Quellcode -Force }
"Neue Freigabe wird angelegt..."
new-smbshare -Name Quellcode -Description "Zentrale Freigabe für Quellcode"
--ConcurrentUserLimit 10 -FolderEnumerationMode AccessBased `
-Path T:\daten\Quellcode -FullAccess administrators -ChangeAccess -itv\
Softwareentwickler -ReadAccess itv\gf,itv\softwaretester -NoAccess itv\Besucher
```

Das folgende Bild zeigt das erwartete Ergebnis.

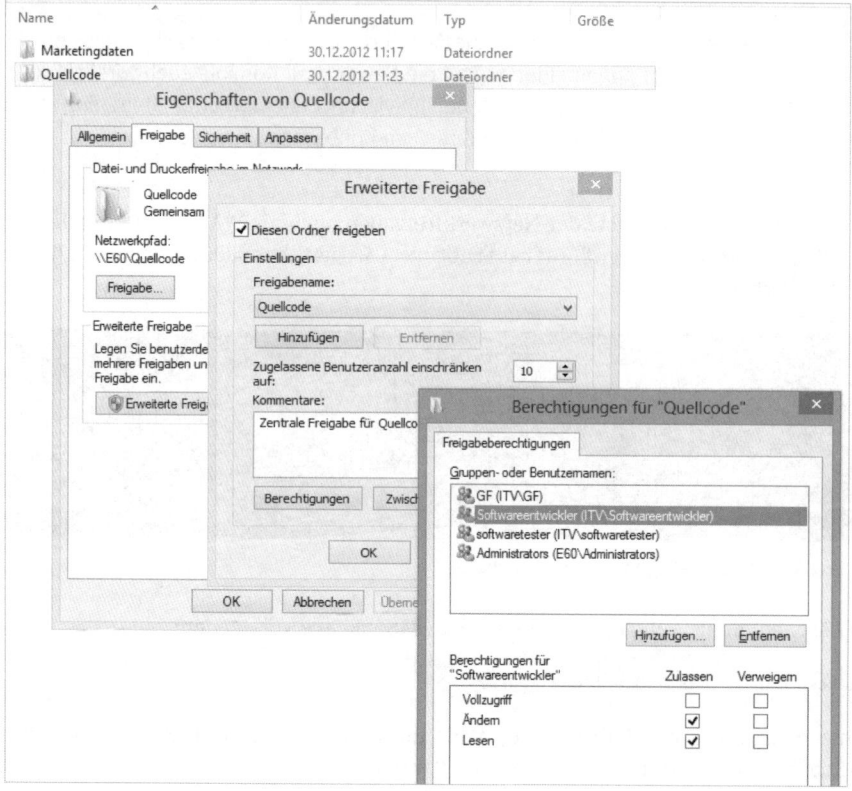

Bild 36.20 Angelegte Freigabe

Mit `Grant-SmbShareAccess` kann man nachträglich weitere Rechte vergeben. Das Entziehen von Rechten läuft über `Revoke-SmbShareAccess`. Das Commandlet `Get-SmbShareAccess` liefert eine Liste der aktuellen Rechte in Form von Instanzen der WMI-Klasse `MSFT_Smb ShareAccessControlEntry`.

Listing 36.34 Rechte auf einer Freigabe ändern und ausgeben [New-Share(Commandlets).ps1]

```
"Rechte werden nun noch erweitert..."
Grant-SmbShareAccess Quellcode -AccountName itv\softwaretester -AccessRight Change
-Force  | Out-Null
"Ausgabe der Rechte"
Get-SmbShareAccess Quellcode | ft
"Rechte werden nun wieder reduziert..."
Revoke-SmbShareAccess Quellcode -AccountName itv\softwaretester -Force   | Out-Null
"Ausgabe der Rechte"
Get-SmbShareAccess Quellcode | ft
```

Praxisbeispiel: Freigaben anlegen auf Basis einer XML-Datei

Abschließend soll eine ganze Reihe von Freigaben auf Basis der Daten einer XML-Datei erstellt werden. Die XML-Datei enthält Freigabename, Pfad, Beschreibungstext und die zu vergebenden Rechte. Sie sieht so aus:

```xml
<?xml version="1.0" encoding="utf-8"?>
<Shares>

<Share>
  <Path>t:\Daten\Kunden</Path>
  <Name>Kunden</Name>
  <Description>Kundendokumente</Description>
  <Write>itv\Geschäftsführung</Write>
  <Write>itv\Vertrieb</Write>
  <Read>itv\Produktmanagement</Read>
 </Share>

<Share>
  <Path>t:\Daten\Projekte</Path>
  <Name>Projekte</Name>
  <Description>Projektdateien</Description>
  <Write>itv\Geschäftsführung</Write>
  <Write>itv\Produktmanagement</Write>
  <Read>itv\Vertrieb</Read>
 </Share>

<Share>
  <Path>t:\Install</Path>
  <Name>Software</Name>
  <Description>Setup-Dateien</Description>
  <Write>itv\Sofwareentwickler</Write>
 </Share>

<Share>
  <Path>t:\Daten\Lieferanten</Path>
  <Name>Lieferanten</Name>
  <Description>Lieferanteninformationen</Description>
  <Write>itv\Geschäftsführung</Write>
  <Write>itv\Produktmanagement</Write>
  <Read>itv\Vertrieb</Read>
 </Share>

</Shares>
```

Das nächste Listing zeigt das Skript, dass die Freigaben auf Basis dieser XML-Datei anlegt. Eine gleichnamige Freigabe wird vor dem Anlegen gelöscht, wenn sie schon vorhanden ist. Das Zielverzeichnis wird angelegt, wenn es nicht vorhanden ist. Mit $NurLoeschen = $true kann man einstellen, dass die vorhandenen Freigaben gelöscht werden und keine neuen angelegt werden. Das PowerShell-Skript verwendet die Commandlets des PowerShell-Moduls „SmbShare".

Listing 36.35 Rechte auf einer Freigabe ändern und ausgeben
[3_Einsatzgebiete\Dateisystem\New-share-based-on-xml-with-Permissions (commandlets).ps1]

```powershell
#############################################
# Freigaben auf Basis einer XML-Datei anlegen
# (C) Dr. Holger Schwichtenberg, www.IT-Visions.de
# Verwendet: PowerShell-Modul "SmbShare"
#############################################

# Eingabedatei
$XMlFile = "W:\Skripte\Kapitel20_PowerShell\shares.xml"
# Flags
$NurLoeschen = $false

# XML-Datei einlesen
$doc = [xml] (Get-Content -Path $XMlFile)
$shares = $doc.SelectNodes("//Share")
# Schleife über alle Freigaben
foreach ($share in $shares)
{
if (-not (Test-Path $share.Path)) { md $share.Path | out-null }
$existingshare = Get-SmbShare -Name $share.Name -ea SilentlyContinue
if ($existingshare -ne $null) { "Vorhandene Freigabe '$($share.Name)' wird gelöscht..." ; Remove-SmbShare -Name $share.Name -Force | out-null  }

if ($NurLoeschen) { continue }

"Freigabe '$($share.Name)' wird angelegt..."
new-smbshare -Name $share.Name -Description $share.description -ConcurrentUserLimit 10 -FolderEnumerationMode AccessBased `
-Path $share.Path -FullAccess administrators | out-null

foreach ($write in $share.Write)
    {
    "  Schreibrechte für $write"
    Grant-SmbShareAccess $share.Name -AccountName $write -AccessRight Change -Force | Out-Null
    }

foreach ($read in $share.Read)
    {
    "  Leserechte für $read"
    Grant-SmbShareAccess $share.Name -AccountName $read -AccessRight Read -Force | Out-Null
    }

}
}
```

```
PS C:\> W:\Skripte\Kapitel20_PowerShell\New-share-based-on-xml-with-Permissions (commandlets).ps1
Freigabe 'Kunden' wird angelegt...
    Schreibrechte für itv\Geschäftsführung
    Schreibrechte für itv\Vertrieb
    Leserechte für itv\Produktmanagement
Freigabe 'Projekte' wird angelegt...
    Schreibrechte für itv\Geschäftsführung
    Schreibrechte für itv\Produktmanagement
    Leserechte für itv\Vertrieb
Freigabe 'Software' wird angelegt...
    Schreibrechte für itv\Sofwareentwickler
Freigabe 'Lieferanten' wird angelegt...
    Schreibrechte für itv\Geschäftsführung
    Schreibrechte für itv\Produktmanagement
    Leserechte für itv\Vertrieb
```

Bild 36.21 Ausgabe des obigen Skripts

■ 36.20 Überwachung des Dateisystems

Das .NET Framework stellt im Namensraum System.IO eine Klasse FileSystemWatcher bereit, die beim Eintreten von Veränderungen im Dateisystem ein Ereignis auslösen kann. Überwachbare Veränderungen sind das Anlegen, Umbenennen und Löschen von Dateien und Ordnern sowie die Änderungen von Eigenschaften an diesen Objekten.

 TIPP: Man kann sowohl lokale Ordner als auch Netzlaufwerke und UNC-Pfade überwachen. In Tests hat die Überwachung sogar mit Freigaben auf Linux-Systemen, die SAMBA verwenden, funktioniert. ■

Das folgende Listing zeigt die Instanziierung und Konfiguration des FileSystemWatcher inklusive der Ereignisbindung mit Register-ObjectEvent.

Listing 36.36 Einsatz des FileSystemWatcher zur Überwachung eines Verzeichnisses

```
"Starte Überwachung der Word-Dateien in t:\Data ..."

$fsw = New-Object System.IO.FileSystemWatcher
$fsw.Path = "t:\data"
$fsw.IncludeSubdirectories = $true
$fsw.filter = "*.doc"

$aktion = {
[console]::beep(440,10)
Write-Host
Write-Warning "Dateisystemereignis: " $eventArgs.FullPath ": " $eventArgs.ChangeType
    }

Register-ObjectEvent -InputObject $fsw -EventName Created -Action $aktion
Register-ObjectEvent -InputObject $fsw -EventName Changed -Action $aktion
Register-ObjectEvent -InputObject $fsw -EventName Deleted -Action $aktion
Register-ObjectEvent -InputObject $fsw -EventName Renamed -Action $aktion

"Überwachung läuft!"
```

Mit dem Commandlet New-FileSystemWatcher aus dem PowerShellPack (Modul „FileSystem") kann man etwas prägnanter arbeiten.

Listing 36.37 Einsatz von New-FileSystemWatcher

```
Import-Module FileSystem
"Starte Überwachung der Word-Dateien in t:\Data ..."
$aktion = {
         [console]::beep(440,10)
         Write-Host
Write-Host "Dateisystemereignis: " $eventArgs.FullPath ": " $eventArgs.ChangeType
         }
Start-FileSystemWatcher -Filter *.doc -file "t:\data" -do $aktion -recurse
"Überwachung läuft!"
```

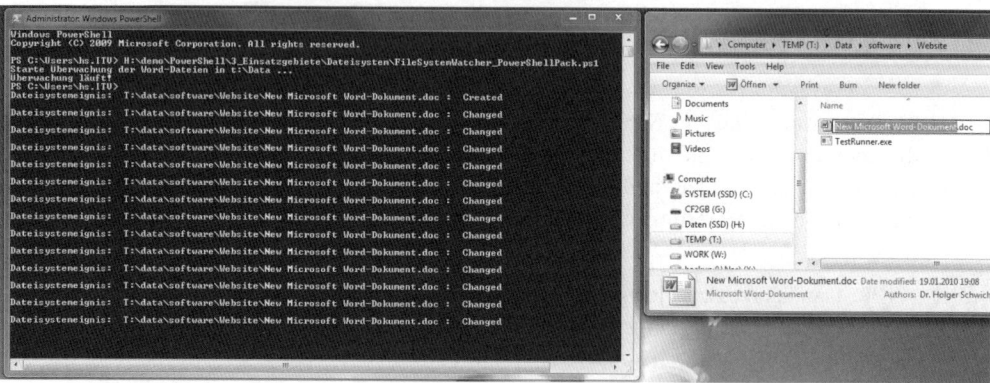

Bild 36.22 Ereignisse nach dem Anlegen einer Word-Datei im Windows Explorer

■ 36.21 Dateiversionsverlauf

Windows bietet seit Windows XP den Volume Shadow Copy Service (VSS), der frühere Versionen einer Datei speichern kann. In Windows 7 hieß der Dienst in der Systemsteuerung noch „System Protection". Seit Windows 8 ist dieser Dienst in der Systemsteuerung unter dem Begriff „File History" bzw. „Dateiversionsverlauf" konfigurierbar.

Die PowerShell kann via WMI Schattenkopien anlegen:

Listing 36.38 [3_Einsatzgebiete\Dateisystem\ShadowCopy(WMI).ps1]

```
$Args = @{Volume="h:\";Context="ClientAccessible"}
Invoke-CimMethod -ClassName Win32_ShadowCopy -MethodName Create -Arguments $Args
```

Bild 36.23
Eine angelegte Schattenkopie

36.22 Windows Explorer öffnen

Den Windows Explorer kann man öffnen durch Eingabe von explorer.exe und dabei angeben, dass eine Datei oder ein Ordner ausgewählt sein soll.

Beispiel: Explorer öffnen und Auswahl des globalen Modulverzeichnisses

```
explorer.exe /select,C:\Windows\System32\WindowsPowerShell\v1.0\Modules\
```

36.23 Windows Server Backup

Die Unterstützung für Windows Server Backup war nicht in Form eines Moduls, sondern eines Snap-In „Windows.Serverbackup" in Windows Server 2008 R2 enthalten.

Das Snap-In aktiviert man mit dem Befehl:

```
Add-Pssnapin Windows.serverbackup
```

Seit Windows Server 2012 ist es ein Modul mit Namen „WindowsServerBackup", das man nicht explizit laden muss.

HINWEIS: In den Commandlets dieses Moduls werden die Backup-Aufträge als „Policy" bezeichnet.

Backup-Dienst installieren

Falls Windows Server Backup noch nicht installiert ist, kann dies erfolgen mit:

```
Add-WindowsFeature Windows-Server-Backup
```

Backup erstellen

Das folgende Skript zeigt das Anlegen eines Backups für einen Ordner auf Laufwerk C: und das ganze Laufwerk D: sowie den Systemzustand.

Listing 36.39 [3_Einsatzgebiete\Dateisystem\serverbackup]

```
$ErrorActionPreference = "stop"
Add-WindowsFeature Windows-Server-Backup

# Backup anlegen
$policy = New-WBPolicy

# inhalt festlegen
$fileSpec = New-WBFileSpec -FileSpec C:\Daten
Add-WBFileSpec -Policy $policy -FileSpec $filespec
$volume = Get-WBVolume -VolumePath d:
Add-WBVolume -Policy $policy -Volume $volume
Add-WBSystemState $policy
Add-WBBareMetalRecovery $policy
# Ziel festlegen
$backupLocation = New-WBBackupTarget -VolumePath e:\
Add-WBBackupTarget -Policy $policy -Target $backupLocation
# Einstellungen für Backup
Set-WBVssBackupOptions -Policy $policy -VssCopyBackup
# Backup starten
Start-WBBackup -Policy $policy
```

`Get-WBPolicy` liefert die aktuellen Backup-Einstellungen.

Mit den Commandlets `Start-WBBackup` und `Stop-WBJob` kann man die Ausführung manuell starten oder anhalten. Es darf immer nur ein Backup-Auftrag zu einer Zeit laufen; daher sind bei `Stop-WBJob` keine Verweise auf ein Backup-Policy-Objekt anzugeben.

Informationen über den letzten und den kommenden Lauf des Backups erhält man mit dem Commandlet `Get-WBSummary`.

```
PS C:\Windows\system32> Get-WBSummary

NextBackupTime                 : 01.01.0001 00:00:00
NumberOfVersions               : 1
LastSuccessfulBackupTime       : 27.01.2016 00:23:08
LastSuccessfulBackupTargetPath : \\?\Volume{4c72acbc-c483-11e5-80b3-00155d013c15}
LastSuccessfulBackupTargetLabel: New Volume
LastBackupTime                 : 27.01.2016 00:23:08
LastBackupTarget               : E:
DetailedMessage                :
LastBackupResultHR             : 0
LastBackupResultDetailedHR     : 0
CurrentOperationStatus         : NoOperationInProgress
```

Bild 36.24 Status von Windows Server Backup

Wiederherstellen

Die Liste der verfügbaren Backup-Sätze liefert `Get-WBBackupSet`. Dateien wiederherstellen kann man mit `Start-WBFileRecovery`. Weitere Wiederherstellungs-Commandlets sind:

- Start-WBHyperVRecovery
- Start-WBSystemStateRecovery
- Start-WBVolumeRecovery

Das folgende Beispiel zeigt die Wiederherstellung eines Ordners an einem anderen Ort. Ohne `-TargetPath` erfolgt die Wiederherstellung am Ursprungsort.

Listing 36.40 [3_Einsatzgebiete\Dateisystem\serverbackup_recover]

```
$letztesBackup = Get-WBBackupSet | sort versionid -Descending | select -First 1
$letztesBackup
md c:\DatenRecover
Start-WBFileRecovery -BackupSet $letztesBackup -SourcePath C:\daten -Recursive -Force
-TargetPath c:\DatenRecover
```

37 Festplattenverschlüsselung mit BitLocker

von Peter Monadjemi

BitLocker ist der Name der Verschlüsselungstechnik, die bereits mit Windows Vista eingeführt und mit den Nachfolgeversionen Windows 7, 8 und 8.1 bzw. Windows Server 2012 und R2 weiter verbessert wurde. Zu den Neuerungen der aktuellen Version gehört u. a., dass *BitLocker* bereits vor der Installation von Windows im Rahmen von *WinPE* („Windows Pre Installation Environment") aktiviert werden kann und damit nicht nachträglich aktiviert werden muss. Außerdem lässt sich nur der belegte Speicherplatz auf einem Laufwerk verschlüsseln, was die Verschlüsselung beschleunigt. Eine praktische Neuerung ist ferner, dass sich ein *BitLocker*-Laufwerk auch über das (kabelgebundene) Netzwerk entsperren lässt. Falls ein Benutzer seine PIN für den Zugriff auf ein Laufwerk vergessen hat, kann das Helpdesk sein Laufwerk auf diese Weise entsperren (eine Liste aller Neuerungen gibt es bei *TechNet* unter *http://technet.microsoft.com/de-de/library/hh831412.aspx*).

War *BitLocker* in der ersten Version auf die Unterstützung der TPM-Hardware *(Trusted Platform Module)* des Computers zur Sicherung des Verschlüsselungskennworts angewiesen, funktioniert es seit Windows 7 auch ohne eine solche Hardwareunterstützung. Für die Verschlüsselung eines Laufwerks genügt ein Kennwort (das bei der PowerShell als *Secure String*-Objekt übergeben wird). Ein herausragendes Merkmal von *BitLocker* ist das, ebenfalls bereits mit Windows 7 eingeführte, „BitLocker to go", mit dessen Hilfe sich z. B. USB-Laufwerke verschlüsseln lassen. In der Vergangenheit musste die BitLocker-Funktionalität in einem Skript mit Hilfe des Befehlszeilenwerkzeugs *Manage-Bde.exe* (im Verzeichnis *System32*) angesprochen werden. Seit Windows Server 2012 und Windows 8 Professional gibt es mit dem *BitLocker*-Modul eine praktische Alternative, mit der sich *BitLocker*-Laufwerke komfortabel administrieren lassen. Damit lassen sich Laufwerke u. a. verschlüsseln, entschlüsseln und der Status eines *BitLocker*-Laufwerks ausgeben. Bei Windows Server 2012 muss *BitLocker* (z. B. über das `Add-Feature`-Commandlet) als Feature nachträglich installiert werden (danach ist ein Server-Neustart erforderlich).

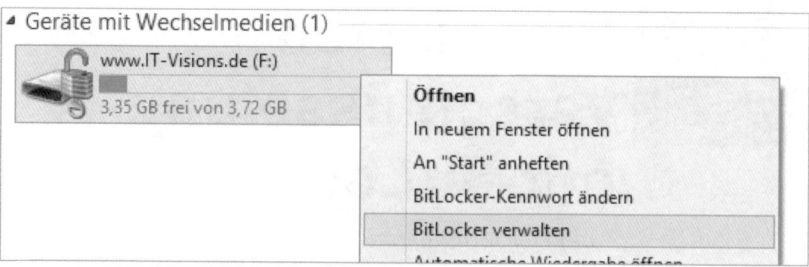

Bild 37.1 Die BitLocker-Funktionalität wird im Kontextmenü eines verschlüsselten Laufwerks angeboten.

■ 37.1 Übersicht über das BitLocker-Modul

Mit seinen 13 Funktionen ist das *BitLocker*-Modul überschaubar (Tabelle 37.1). Die (auf WMI basierende) Funktion `Get-BitLockerVolume` listet alle Laufwerke mit einer BitLocker-Verschlüsselung auf. Der Parameter `MountPoint` gibt das oder die Laufwerke an.

BEISPIEL: Der folgende Befehl listet die *BitLocker*-Informationen für das Laufwerk E: auf.

`Get-BitLockerVolume -MountPoint E:`

Zu zurückgegebenen Details gehört u. a. die Bezeichnung der verwendeten Verschlüsselungsmethode.

HINWEIS: Um die BitLocker-Funktionen ausführen zu können, muss die PowerShell als Administrator gestartet werden.

Tabelle 37.1 Die Funktionen aus dem BitLocker-Modul

Commandlet	Bedeutung
Add-BitLockerKeyProtector	Fügt zu einem BitLocker-Laufwerk einen „Schlüsselschutz" hinzu, der z. B. aus einem Secure String besteht, der über den PIN-Parameter angegeben wird.
Backup-BitLockerKeyProtector	Sichert den Schlüsselschutz für ein BitLocker-Laufwerk.
Clear-BitLockerAutoUnlock	Entfernt die Schlüssel, die für eine automatische Laufwerksentsperrung verwendet werden.
Disable-BitLocker	Deaktiviert den BitLocker-Schutz für die angegebenen Laufwerke.
Disable-BitLockerAutoUnlock	Deaktiviert die automatische Laufwerksentsperrung.

Commandlet	Bedeutung
Enable-BitLocker	Aktiviert den BitLocker-Schutz für die angegebenen Laufwerke und verschlüsselt den Inhalt. Für den für die Verschlüsselung verwendeten Schlüssel muss ein „Schutz" z. B. in Gestalt eines SecureString über den PIN-Parameter angegeben werden.
Enable-BitLockerAutoUnlock	Aktiviert die automatische Laufwerksentsperrung.
Get-BitLockerVolume	Gibt Informationen über ein BitLocker-Laufwerk aus.
Lock-BitLocker	Sperrt ein Bitlocker-Laufwerk, so dass kein Zugriff möglich ist.
Remove-BitLockerKeyProtector	Entfernt einen einzelnen Schlüsselschutz.
Resume-BitLocker	Setzt die Verschlüsselung für ein Laufwerk fort.
Suspend-BitLocker	Unterbricht die Verschlüsselung für ein Laufwerk.
Unlock-BitLocker	Entsperrt ein BitLocker-Laufwerk.

37.2 Verschlüsseln eines Laufwerks

Das Verschlüsseln eines oder mehrerer Laufwerke (in diesem Zusammenhang „Mount-Points" genannt) übernimmt die `Enable-BitLocker`-Funktion. Neben den Laufwerksbuchstaben muss ein Schlüsselschutz ausgewählt werden. Die Art des Schutzes wird über einen entsprechenden Switch-Parameter festgelegt. Möchte man den Schlüssel über ein Kennwort schützen, ist dies der `PasswordProtector`-Parameter.

BEISPIEL: Das folgende Beispiel verschlüsselt Laufwerk F: und verwendet als Schlüsselschutz ein Kennwort, das als SecureString übergeben wird. Der Parameter UsedSpaceOnly legt fest, dass nur die belegten Bereiche verschlüsselt werden.

```
$Pw = Read-Host -Prompt "Passwort?" -AsSecureString Enable-BitLocker
-MountPoint F: -EncryptionMethod Aes256 -UsedSpaceOnly -Password $Pw –
-PasswordProtector
```

Über `Enable-BitLocker` wird die Verschlüsselung lediglich gestartet. Je nach Größe und Belegung des Laufwerks kann sie eine Weile dauern. Der aktuelle Zustand wird über die Funktion `Get-BitLockerVolume` abgefragt.

Wird ein per BitLocker verschlüsseltes USB-Laufwerk angeschlossen, ist der Zugriff zunächst gesperrt. Ist die automatische Entsperrung nicht aktiv, führt ein `Get-ChildItem` zu einer Fehlermeldung, die lediglich besagt, dass das Laufwerk nicht gefunden werden kann. Über `Get-BitLockerVolume` lässt sich das Laufwerk aber abfragen. Um tatsächlich auf den Inhalt zugreifen zu können, muss die Funktion `Unlock-BitLocker` ausgeführt werden.

BEISPIEL: Der folgende Befehl entsperrt ein Laufwerk F:, dessen Schlüssel durch ein Kennwort gesichert ist.

```
Unlock-BitLocker -MountPoint F -Password (Read-Host -Prompt "Pw?" ‑
-AsSecure String)
```

38 Dokumente

Dieses Kapitel behandelt die Erstellung und Nutzung verschiedener Dokumententypen: Textdateien, Binärdateien, CSV-Dateien und XML-Dateien.

38.1 Textdateien

Zum Einlesen von Dateien stellt die PowerShell das Commandlet `Get-Content` zur Verfügung. `Get-Content` liest im Standard die gesamte Datei ein.

Das folgende Listing zeigt das Einlesen einer Textdatei und die zeilenweise Ausgabe:

Listing 38.1 Zeilenweises Einlesen einer Textdatei [Textfile_Read.ps1]

```
$datei = Get-Content j:\demo\dokumente\benutzerliste.csv
$a = 0
$datei | Foreach-Object { $a++; "Zeile" + $a + ": " + $_ }
"Gesamtzahl der Zeilen: " + $a
```

Wenn es nur darum geht, die Anzahl der Zeilen zu ermitteln, dann geht das auch kürzer:

```
Get-Content j:\demo\dokumente\benutzerliste.csv | Measure-Object
```

Das Beschreiben einer Textdatei im Dateisystem erfolgt mit `Set-Content` und `Add-Content`. `Set-Content` tauscht den Inhalt aus, `Add-Content` ergänzt Inhalte.

Listing 38.2 Erstellen und Ergänzen einer Textdatei [Textfile_Write.ps1]

```
$datei = "j:\demo\dokumente\protokoll.txt"
"Neubeginn der Protokolldatei " | Set-Content $datei

"Neuer Eintrag " | Add-Content $datei
"Neuer Eintrag " | Add-Content $datei
"Neuer Eintrag " | Add-Content $datei

"Inhalt der Datei jetzt:"

Get-Content $datei
```

`Clear-Content` löscht den Inhalt einer Datei, belässt die Datei aber leer im Dateisystem.

Eine andere Möglichkeit zum Erstellen einer Textdatei ist die Verwendung von `New-Item`:

```
New-Item . -name Daten.txt -type "file" -value "Dies ist der Inhalt!" -force
```

In diesem Fall gibt es aber nur die Option, die Datei neu anzulegen (ohne `-force`) oder eine bestehende Datei zu überschreiben (mit `-force`).

Eine dritte Möglichkeit zum Beschreiben einer Datei ist das Commandlet `Out-File`.

Das Durchsuchen von Textdateien ist möglich mit dem Commandlet `Select-String`. Die folgende Anweisung liefert Informationen dazu, in welchen Skriptdateien in einer Verzeichnishierarchie das Wort „Where" vorkommt:

```
Get-ChildItem x:\demo\powershell -Filter *.ps1 -Recurse | Select-String "Where"
```

■ 38.2 CSV-Dateien

Zum Importieren und Exportieren von Daten im CSV (Comma-Separated Values)-Format bietet die PowerShell die Commandlets `Import-CSV` und `Export-CSV`.

ACHTUNG: Im Standard verwenden diese Commandlets als Trennzeichen ein Komma [,], nicht wie in Deutschland üblich ein Semikolon. Um das Semikolon zu nutzen, müssen Sie `-Delimiter ";"` als Parameter angeben. Um deutsche Umlaute zu exportieren, müssen Sie einen entsprechenden Zeichensatz angeben, z. B. `-Encoding UTF8`.

CSV-Export

Neben der Frage des Trennzeichens ist beim CSV-Export noch zu entscheiden, ob man eine normale CSV-Datei oder eine CSV-Datei mit Metainformationen über den exportierten Typ erzeugen möchte.

Man kann mit dem Parameter `-NoTypeInformation` eine normale CSV-Datei ohne Metadaten erstellen lassen:

```
Get-Service | Where-Object {$_.status -eq "running"} | export-csv c:\temp\dienste.csv
-NoTypeInformation
```

Im Standard ohne diesen Parameter legt das Commandlet aber eine CSV-Datei an, bei der in der ersten Zeile nach „#Type" hinterlegt ist, welche Objekttypen in der Datei persistiert sind. Dies hat den Vorteil, dass man beim späteren Import wieder Objekte dieses Typs erhält. Allerdings versteht kein Werkzeug außer der PowerShell diese Syntax.

```
Get-Service | Where-Object {$_.status -eq "running"} | export-csv c:\temp\dienste.csv
```

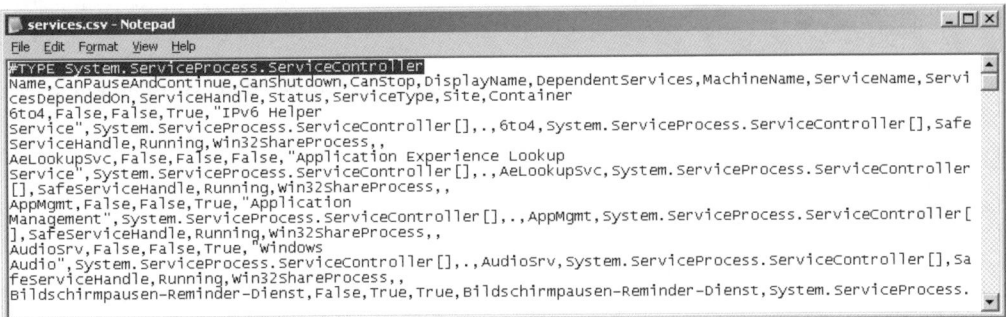

Bild 38.1 Exportierte CSV-Datei mit Typinformationen in der ersten Zeile

CSV-Import

Beim Import einer CSV-Datei mit

```
Import-CSV c:\temp\dienste.csv | where { $_.Status -eq "Running" }
```

entscheidet die Typinformation darüber, welcher Objekttyp konstruiert wird. Mit Typinformationen wird der entsprechende Typ erstellt, mit dem Zusatz „CSV" (siehe Bildschirmabbildung).

Bild 38.2 Deserialisierte Dienst-Objekte

ACHTUNG: Das Exportieren/Importieren entspricht einer Serialisierung/Deserialisierung von Objekten. Die deserialisierten Objekte haben zwar alle Attribute (also Daten) des Ursprungsobjekts, nicht aber dessen spezifische Methoden.

Beim Import einer Datei ohne Typinformationen am Beginn entstehen Instanzen der Klasse `System.Management.Automation.PSCustomObject`. Die nachstehende Bildschirmabbildung zeigt eine CSV-Datei ohne Typinformation, aber mit Kopfzeile. Durch das Einlesen der Datei mit

```
import-csv X:\3_Einsatzgebiete\Dokumente\CSV\webserver.csv -Delimiter ";"
```

entstehen in der Pipeline Objekte mit den vier Eigenschaften Name, IP, Port und Pfad.

```
webserver.csv - Editor
Datei  Bearbeiten  Format  Ansicht  ?
Name;IP;Port;Pfad
www.dotnetframework.de;192.168.1.52;91;t:\Websites\www.dotnetframework.de
www.Windows-Scripting.de;192.168.1.52;92;t:\Websites\www.windows-scripting.de
www.powershell-doktor.de;192.168.1.52;93;t:\Websites\www.powershell-doktor.de
www.aspnetdev.de;192.168.1.52;94;t:\Websites\www.aspnetdev.de
www.dotnet-lexikon.de;192.168.1.52;95;t:\Websites\www.dotnet-lexikon.de
www.windows-scripting.com;192.168.1.52;96;t:\Websites\www.windows-scripting.com
www.powershell-Schulungen.de;192.168.1.52;98;t:\Websites\www.powershell.de
```

Bild 38.3 CSV-Datei ohne Typinformation und mit Kopfzeile

```
PS C:\Users\hs> import-csv H:\TFS\Demos\PowerShell\3_Einsatzgebiete\Dokumente\CSV\webserver.csv -Delimiter ";"

Name                          IP              Port  Pfad
----                          --              ----  ----
www.dotnetframework.de        192.168.1.52    91    t:\Websites\www.dotnetframework.de
www.Windows-Scripting.de      192.168.1.52    92    t:\Websites\www.windows-scripting.de
www.powershell-doktor.de      192.168.1.52    93    t:\Websites\www.powershell-doktor.de
www.aspnetdev.de              192.168.1.52    94    t:\Websites\www.aspnetdev.de
www.dotnet-lexikon.de         192.168.1.52    95    t:\Websites\www.dotnet-lexikon.de
www.windows-scripting.com     192.168.1.52    96    t:\Websites\www.windows-scripting.com
www.powershell-Schulungen.de  192.168.1.52    98    t:\Websites\www.powershell.de

PS C:\Users\hs> import-csv H:\TFS\Demos\PowerShell\3_Einsatzgebiete\Dokumente\CSV\webserver.csv -Delimiter ";" | gm


   TypeName: System.Management.Automation.PSCustomObject

Name         MemberType   Definition
----         ----------   ----------
Equals       Method       bool Equals(System.Object obj)
GetHashCode  Method       int GetHashCode()
GetType      Method       type GetType()
ToString     Method       string ToString()
IP           NoteProperty string IP=192.168.1.52
Name         NoteProperty string Name=www.dotnetframework.de
Pfad         NoteProperty string Pfad=t:\Websites\www.dotnetframework.de
Port         NoteProperty string Port=91

PS C:\Users\hs>
```

Bild 38.4 Einsatz von Import-CSV

Auch wenn die Datei keine Kopfzeile enthält, kann `Import-CSV` die CSV-Datei einlesen. Man muss allerdings mit dem Parameter -Header Namen für die Spalten vorgeben:

```
import-csv X:\3_Einsatzgebiete\Dokumente\CSV\webserver.txt -Delimiter ";" -Header Name,IP,Port,Pfad
```

```
webserver.txt - Editor
Datei  Bearbeiten  Format  Ansicht  ?
www.dotnetframework.de;192.168.1.52;91;t:\Websites\www.dotnetframework.de
www.Windows-Scripting.de;192.168.1.52;92;t:\Websites\www.windows-scripting.de
www.powershell-doktor.de;192.168.1.52;93;t:\Websites\www.powershell-doktor.de
www.aspnetdev.de;192.168.1.52;94;t:\Websites\www.aspnetdev.de
www.dotnet-lexikon.de;192.168.1.52;95;t:\Websites\www.dotnet-lexikon.de
www.windows-scripting.com;192.168.1.52;96;t:\Websites\www.windows-scripting.com
www.powershell-Schulungen.de;192.168.1.52;98;t:\Websites\www.powershell.de
```

Bild 38.5 CSV-Datei ohne Typinformation und ohne Kopfzeile

ConvertTo-CSV

`ConvertTo-CSV` (seit PowerShell 2.0) erzeugt genau wie `Export-CSV` ein CSV-Dokument (Comma-Separated Values) aus einer Objektmenge. Der Unterschied ist aber, dass `ConvertTo-CSV` die Ausgabe nicht in ein Dokument schreibt, sondern innerhalb der PowerShell als Zeichenkette zur Weiterverarbeitung anbietet.

Beispiel:

```
Get-Service I* | ConvertTo-Csv
```

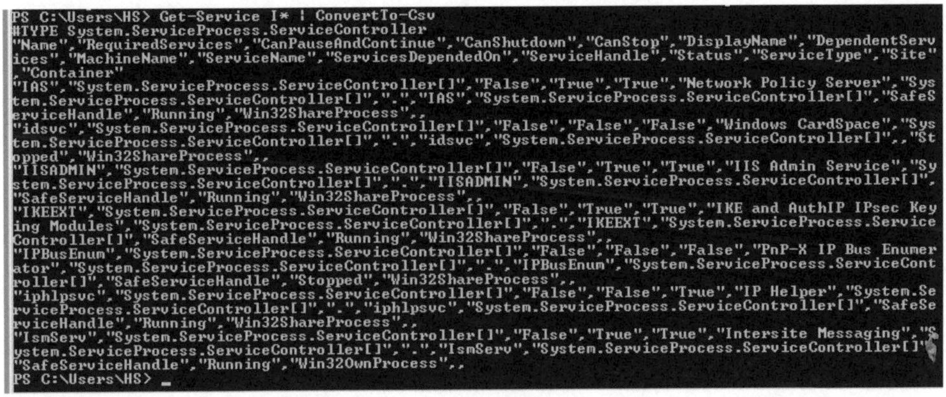

```
PS C:\Users\HS> Get-Service I* | ConvertTo-Csv
#TYPE System.ServiceProcess.ServiceController
"Name","RequiredServices","CanPauseAndContinue","CanShutdown","CanStop","DisplayName","DependentServ
ices","MachineName","ServiceName","ServicesDependedOn","ServiceHandle","Status","ServiceType","Site"
,"Container"
"IAS","System.ServiceProcess.ServiceController[]","False","True","True","Network Policy Server","Sys
tem.ServiceProcess.ServiceController[]",".","IAS","System.ServiceProcess.ServiceController[]","SafeS
erviceHandle","Running","Win32ShareProcess",,
"idsvc","System.ServiceProcess.ServiceController[]","False","False","False","Windows CardSpace","Sys
tem.ServiceProcess.ServiceController[]",".","idsvc","System.ServiceProcess.ServiceController[]",,"St
opped","Win32ShareProcess",,
"IISADMIN","System.ServiceProcess.ServiceController[]","False","True","True","IIS Admin Service","Sy
stem.ServiceProcess.ServiceController[]",".","IISADMIN","System.ServiceProcess.ServiceController[]",
"SafeServiceHandle","Running","Win32ShareProcess",,
"IKEEXT","System.ServiceProcess.ServiceController[]","False","True","True","IKE and AuthIP IPsec Key
ing Modules","System.ServiceProcess.ServiceController[]",".","IKEEXT","System.ServiceProcess.Service
Controller[]","SafeServiceHandle","Running","Win32ShareProcess",,
"IPBusEnum","System.ServiceProcess.ServiceController[]","False","False","False","PnP-X IP Bus Enumer
ator","System.ServiceProcess.ServiceController[]",".","IPBusEnum","System.ServiceProcess.ServiceCont
roller[]","SafeServiceHandle","Stopped","Win32ShareProcess",,
"iphlpsvc","System.ServiceProcess.ServiceController[]","False","False","True","IP Helper","System.Se
rviceProcess.ServiceController[]",".","iphlpsvc","System.ServiceProcess.ServiceController[]","SafeSe
rviceHandle","Running","Win32ShareProcess",,
"IsmServ","System.ServiceProcess.ServiceController[]","False","True","True","Intersite Messaging","S
ystem.ServiceProcess.ServiceController[]",".","IsmServ","System.ServiceProcess.ServiceController[]"
"SafeServiceHandle","Running","Win32OwnProcess",,
PS C:\Users\HS> _
```

Bild 38.6 Ausgabe von ConvertTo-CSV nach dem Befüttern mit Instanzen von System.Service Process.ServiceController

38.3 Analysieren von Textdateien

Über die Möglichkeiten des Einlesens von CSV-Dateien hinaus bietet die PowerShell seit Version 5.0 zwei Möglichkeiten, Textdateien beim Einlesen umzuwandeln (alias Analysieren oder „Parsen“ im Informatikerjargon).

38.3.1 Convert-String

Bei dem Commandlet `Convert-String` bietet seit PowerShell 5.0 der neue Parameter `-Example` die Möglichkeit, eine Umwandlungsvorschrift zu definieren, ohne dass der Nutzer reguläre Ausdrücke beherrschen muss. Die Ausgabe von `Convert-String` ist wieder eine Menge von Zeichenketten.

Listing 38.3 Einsatz von Convert-String
[3_Einsatzgebiete\Dateien\Parsen\WPS5_ConvertString.ps1]

```
$Eingabe = "Schwichtenberg, Holger (Essen)", "Müller, Max (Berlin)", "Mustermann,
Hans (Hamburg)"
$Eingabe | Convert-String -Example "Name, Vorname (Ort)=Vorname Name, Ort"
```

Das obige Listing liefert die Ausgabe:

```
Holger Schwichtenberg, Essen
Max Müller, Berlin
Hans Mustermann, Hamburg
```

Kurioserweise aber scheitert die PowerShell 5.x an der folgenden, vermeintlich einfacheren Aufgabe:

```
$Eingabe = "Schwichtenberg;Holger;45257;Essen", "Müller;Max;12345;Berlin",
"Mustermann;Hans;20123;Hamburg"
$Eingabe | Convert-String -Example "Name;Vorname;PLZ;Ort=Vorname Name, PLZ Ort"
-verbose
```

Die PowerShell überlegt hierbei zunächst mehrere Sekunden und liefert dann überhaupt kein Ergebnis. Dabei ist das verwendete Trennzeichen egal. Das Beispiel läuft nicht.

Es funktioniert, wenn man in der Umwandlungsvorschrift das Wort „PLZ" klein schreibt oder nur einen großen Anfangsbuchstaben verwendet.

```
$Eingabe = "Schwichtenberg;Holger;45257;Essen", "Müller;Max;12345;Berlin",
"Mustermann;Hans;20123;Hamburg"
$Eingabe | Convert-String -Example "Name;Vorname;Plz;Ort=Vorname Name, Plz Ort"
-verbose
```

Dass in der Umwandlungsvorschrift keine Wörter mit mehr als einem Großbuchstaben erscheinen dürfen, ist bis zum Redaktionsschluss dieses Buchs nicht dokumentiert. Abgesehen davon, dass diese Regel keinen Sinn macht, sollte das Commandlet einen Fehler ausgeben, wenn der Benutzer gegen eine solche Regel verstößt.

 HINWEIS: Zur Vermeidung des Problems schreiben Sie die Umwandlungsvorschrift im Parameter -Example am besten komplett in Kleinbuchstaben.

38.3.2 ConvertFrom-String

ConvertFrom-String wandelt eine Zeichenkette in .NET-Objekte um. Das Muster gibt man hier in einem speziellen Vorlagenformat an. Listing 38.4 zeigt, dass es Aufgabe des Nutzers ist, für mindestens zwei Datensätze der Quelldatei die Interpretation der Inhalte anzugeben. Auf dieser Basis kann die PowerShell dann die ganze Adressliste interpretieren.

Listing 38.4 ConvertFrom-String wandelt Adresstexte in Objekte um
[3_Einsatzgebiete\Dateien\Parsen\WPS5_ConvertFromString_Adressen.ps1]

```
$Adressen = @'
#KONTAKT
   ID=1
   VORNAME=Holger
   NAME=Schwichtenberg
   ERSTELLT=1.1.2015
   Website=www.dotnet-doktor.de
   Foto=hs.jpg

#KONTAKT
   ID=2
   VORNAME=Manfred
   NAME=Steyer
   ERSTELLT=1.1.2015
   Website=www.IT-Visions.at
   Foto=ms.jpg

#KONTAKT
   ID=3
   VORNAME=Bernd
   NAME=Marquardt
   ERSTELLT=1.1.2015
   Website=www.it-visions.de
   Foto=bm.jpg

#KONTAKT
   ID=4
   VORNAME=Joachim
   NAME=Fuchs
   ERSTELLT=1.1.2015
   Website=www.it-visions.de
   Foto=jf.jpg

...

'@

$Vorlage = @'
#KONTAKT
   ID={ID*:1}
   VORNAME={Vorname:Holger}
   NAME={Name:Schwichtenberg}
   ERSTELLT={Datum:1.1.2015}
   Website={Website:www.it-visions.at}
   Foto=hs.jpg

#KONTAKT
   ID={id*:2}
   VORNAME={Vorname:Manfred}
   NAME={Name:Steyer}
   ERSTELLT={Datum:1.1.2015}
   Website={Website:www.it-visions.at}
   Foto=ms.jpg

'@
```

```
# Parsen der Adressen mit Vorlage
$Adressen | ConvertFrom-String -TemplateContent $Vorlage | ft
```

Ein zweites Beispiel zeigt die Umwandlung von Messdaten, die aus Datum, Uhrzeit und Messwert bestehen.

Listing 38.5 ConvertFrom-String wandelt Messdaten in Objekte um
[3_Einsatzgebiete\Dateien\Parsen\WPS5_ConvertFromString_Messwerte.ps1]

```
#Beispiel-getriebenes Parsen von Messdaten, die aus Datum, Uhrzeit und Messwert
bestehen.
$Daten= @"
01.08.2015 10:00: 6.23
01.08.2015 11:00: 7.56
01.08.2015 12:00: 8.58
01.08.2015 13:00: 7.01
01.08.2015 14:00: 6.20
01.08.2015 15:00: 5.83
01.08.2015 16:00: 4.20
"@

$Vorlage = @"
{[DateTime]Datum*:01.08.2015 10:10}: {[decimal]Messwert:6.23}
{[DateTime]Datum*:01.08.2015 11:10}: {[decimal]Messwert:6.25}
"@
$Ergebnis | gm -MemberType NoteProperty
$Ergebnis = $Daten | ConvertFrom-String -TemplateContent $Vorlage
"Ergebnis:"
$Ergebnis | ft
```

38.4 INI-Dateien

Zum Einlesen von „alten" INI-Dateien kann man auf Import-INIFile aus dem PowerShell-Pack (Modul PSSystemTools) zurückgreifen. Import-INIFile erzeugt aus der INI-Datei ein PSCustomObject mit den Einträgen der INI-Datei als Attribute (NoteProperty).

Bild 38.7 Zugriff auf INI-Dateien am Beispiel der Application.ini-Datei von Firefox

38.5 XML-Dateien

Die PowerShell bietet eine sehr komfortable Möglichkeit, XML-Dokumente auszuwerten, denn die XML-Elementnamen können wie Attribute eines .NET-Objekts angesprochen werden. Wenn $doc das im nachstehenden Bild gezeigte XML-Dokument enthält, dann liefert $doc.Websites.Website die Menge von XML-Knoten, die <Website> heißen.

```
Websites.xml
 1 <?xml version="1.0" encoding="utf-8"?>
 2 <Websites>
 3   <Website ID="1">
 4     <URL>www.IT-Visions.de</URL>
 5     <Beschreibung>Websites der Firma des Autors</Beschreibung>
 6   </Website>
 7   <Website ID="2">
 8     <URL>www.dotnetframework.de</URL>
 9     <Beschreibung>Community-Site für .NET-Entwickler</Beschreibung>
10   </Website>
11   <Website ID="3">
12     <URL>www.Windows-Scripting.de</URL>
13     <Beschreibung>Community-Site für WSH- und PowerShell-Entwickler</Beschreibung>
14   </Website>
15   <Website ID="4">
16     <URL>www.powershell-doktor.de</URL>
17     <Beschreibung>Community-Site zur Microsoft PowerShell</Beschreibung>
18   </Website>
19 </Websites>
```

Bild 38.8 Beispiel für ein XML-Dokument

Das obige Dokument kann so ausgewertet werden:

Listing 38.6 Auslesen einer XML-Datei [XML_Document.ps1]

```
$doc = [xml] (Get-Content -Path x:\demo\dokumente\websites.xml)
$Sites = $doc.Websites.Website
$Sites | select URL, Beschreibung
```

HINWEIS: Um die besondere XML-Unterstützung der PowerShell nutzen zu können, muss die PowerShell wissen, welche Variablen ein XML-Dokument enthält. Daher ist die Typzuweisung mit [xml] in der ersten Zeile sehr wichtig.

```
PS J:\Demo\Dokumente> $doc = [xml] (Get-Content -Path j:\demo\dokumente\websites.xml)
PS J:\Demo\Dokumente> $doc.Websites.Website | select URL, Beschreibung

URL                           Beschreibung
---                           ------------
www.dotnetframework.de        Community-Site für .NET-Entwickler
www.Windows-Scripting.de      Community-Site für WSH- und PowerShe...
www.aspnetdev.de              Community-Site für ASP.NET-Entwickler
www.komponenten.info          Softwarekomponentenkatalog
www.IT-Visions.de             Websites des Autors

PS J:\Demo\Dokumente>
```

Bild 38.9 Ergebnis der Auswertung des XML-Dokuments

Prüfung von XML-Dokumenten

Den Versuch, ein nicht gültiges XML-Dokument (in dem z. B. ein schließendes Tag fehlt) in den Typ [XML] zu konvertieren, quittiert die PowerShell mit einem Fehler (siehe folgende Bildschirmabbildung).

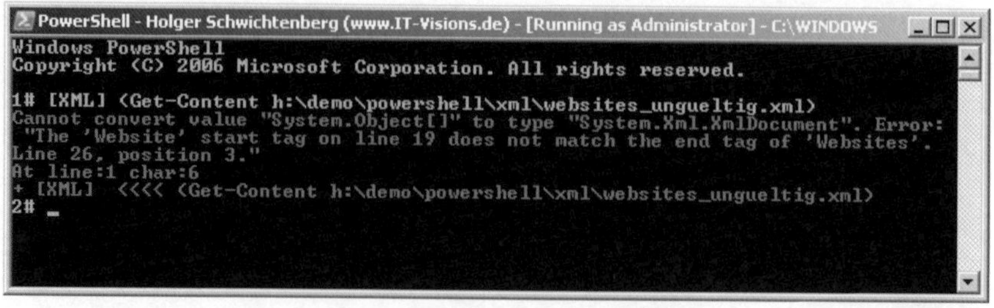

Bild 38.10 Fehlermeldung, wenn ein schließendes Tag fehlt

Mit dem Commandlet Test-Xml (aus den PSCX) kann man vorher prüfen, ob ein Dokument gültig ist. Test-Xml liefert True oder False.

```
Test-Xml x:\demo\powershell\xml\websites_ungueltig.xml
```

Test-Xml prüft im Standard nur die Gültigkeit. Optional ist eine Validierung gegen ein XML-Schema möglich. Hierbei ist nach -SchemaPath der Pfad zu der XML-Schema-Datei (.xsd) anzugeben. Alternativ kann dort auch ein Array mit mehreren Pfaden angegeben werden.

```
Test-Xml x:\demo\powershell\xml\websites.xml -SchemaPath x:\demo\powershell\xml\
websites.xsd
```

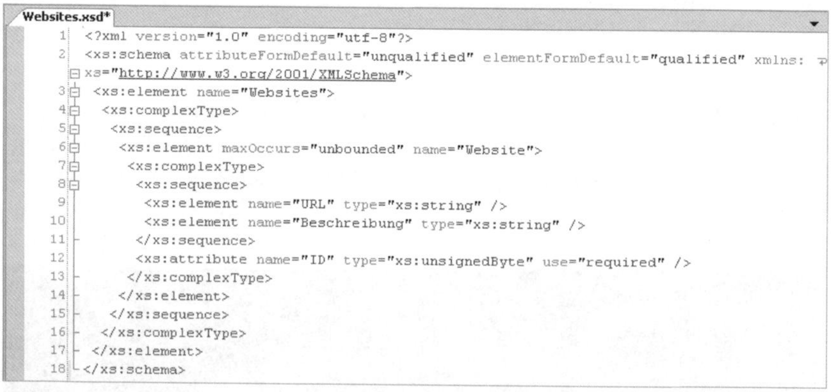

Bild 38.11 XML-Schema für die Websites-Datei

Formatierte Ausgabe

XML-Dokumente müssen nicht formatiert sein, d. h., Einrückungen der XML-Elemente entsprechend der Ebene sind nicht notwendig. In den PSCX gibt es eine Möglichkeit, mit dem Commandlet Format-Xml nicht formatierte XML-Dokumente formatiert auszugeben bzw. die Formatierung der Ausgabe anzupassen.

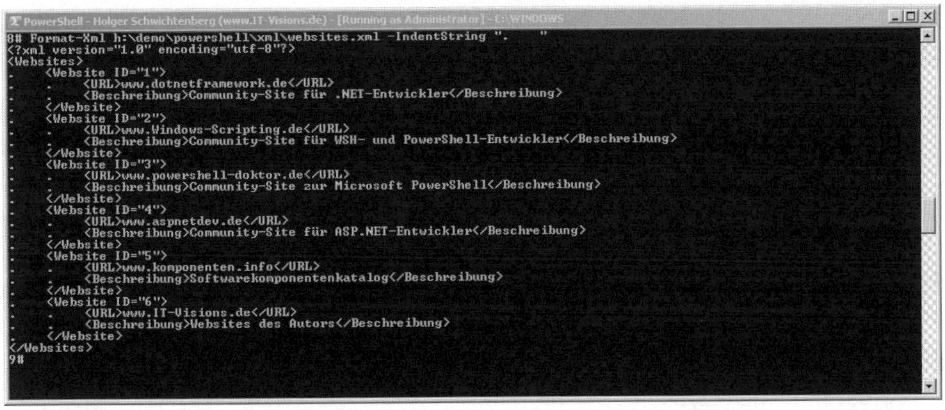

Bild 38.12 Einsatz von Format-XML

Der folgende Befehl liefert eine formatierte Ausgabe eines XML-Dokuments, bei der jede Ebene mit einem Punkt und vier Leerzeichen eingerückt wird (siehe Bild 38.9).

```
Format-Xml x:\demo\powershell\xml\websites.xml -IndentString ".    "
```

XPath-Anweisungen

Zur Suche in XML-Dokumenten mit Hilfe von XPath (XPath ist ein W3C-Standard, siehe [W3C01]) unterstützt die Klasse `XmlDocument` die Methoden `SelectNodes()` und `SelectSingleNode()`. In den PSCX gibt es das Commandlet `Select-Xml`.

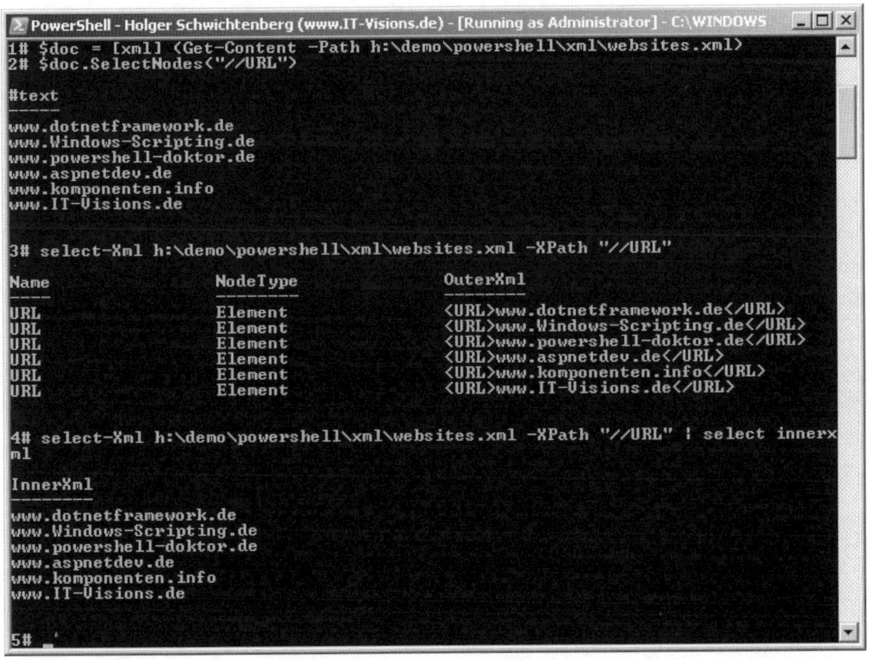

Bild 38.13 Ausgabe von SelectNodes() und Select-XML im Vergleich

ACHTUNG: SelectNodes() und SelectSingleNode() liefern Instanzen der Klassen System.Xml.Xml-Element und System.Xml.XmlAttribute. Select-Xml hingegen liefert Instanzen von MS.Internal.Xml.Cache.XPath DocumentNavigator. Die Ausgabe ist daher sehr verschieden. Um bei beiden Befehlen zur gleichen Ausgabe zu kommen, muss man das Ergebnis von Select-Xml an Select-Object InnerXml senden (siehe Bild 38.13).

Es folgen einige Beispiele.

Tabelle 38.1 Beispiele zur Anwendung von XPath

`$doc.SelectNodes("//URL")`
Oder
`select-Xml x:\demo\powershell\xml\websites.xml -XPath "//URL" | select – innerxml`
Liefert alle <URL>-Elemente.
`$doc.SelectNodes("//Website/@ID")`
Oder
`select-Xml x:\demo\powershell\xml\websites.xml -XPath "//Website/@ID" | select innerxml`
Liefert alle ID-Attribute aller <Website>-Elemente.
`$doc.SelectSingleNode("//Website[@ID=3]/URL")`
Oder
`select-Xml x:\demo\powershell\xml\websites.xml -XPath "//Website[@ID=3]/URL" | select innerxml`
Liefert das <URL>-Element des <Website>-Elements mit dem Attributwert 3 im Attribut ID.

Select-Xml hat den Vorteil, dass dort auch eine einfache Unterstützung für XML-Namensräume geboten wird. Der folgende Befehl liest aus einer Visual-Studio-Projektdatei die Namen aller eingebundenen C#-Quellcodedateien aus. Dabei muss Bezug genommen werden auf den entsprechenden Namensraum des Kommandozeilenwerkzeugs MSBuild, das für die Übersetzung der Projekte zuständig ist.

```
Select-Xml "X:\demo\PowerShell\_Eigene Commandlets\PowerShell_Commandlet_Library\
PowerShell_Commandlet_Library.csproj" -Namespace 'dns=http://schemas.microsoft.com/
developer/msbuild/2003' -XPath "//dns:Compile/@Include"
```

Beispiel:

```xml
<Project DefaultTargets="Build" xmlns="http://schemas.microsoft.com/developer/msbuild/2003">
    ...
    <ItemGroup>
      <Compile Include="Test-Dauer.cs" />
      <Compile Include="Get-Disk3.cs" />
      <Compile Include="Get-Computername.cs" />
      <None Include="Get-Disk2.cs" />
      <None Include="Get-Disk1.cs" />
      <Compile Include="Properties\AssemblyInfo.cs" />
      <Compile Include="PSSnapin.cs">
        <SubType>Component</SubType>
      </Compile>
    </ItemGroup>
    ...
</Project>
```

Bild 38.14 Dieses Fragment aus der Visual-Studio-Projektdatei zeigt die zu selektierenden Elemente und deren Namensraumdeklaration.

XML-Dateien verändern

Das nächste Skript ergänzt einen Eintrag in einer XML-Datei unter Verwendung der Methoden `CreateElement()` und `AppendChild()`. Dieses Beispiel zeigt, dass es aber auch Ecken in der PowerShell gibt, die etwas komplizierter sein können. Weil die Unterelemente eines XML-Knotens als Attribute der .NET-Klasse, welche die PowerShell verarbeitet, dargestellt werden, können – zur Vermeidung von Namenskonflikten – die Attribute der Metaklasse `System.Xml.Node` (bzw. abgeleiteter Klassen) nicht mehr direkt dargestellt werden. Diese Attribute sind nur über ihre Getter und Setter verfügbar. Dies bedeutet, dass man mit dem PowerShell-Skript den Inhalt eines Knotens nicht über `$knoten.InnerText = "xyz"` setzen kann, sondern etwas umständlicher über `$knoten._set_InnerText("xyz")` aufrufen muss.

Listing 38.7 Ergänzen einer XML-Datei [XML_Modify.ps1]

```
"Vorher"
$doc = [xml] (Get-Content -Path x:\demo\buch\websites.xml)
$doc.Websites.Website | select URL,Beschreibung
"Nachher"
$site = $doc.CreateElement("Website")
$url = $doc.CreateElement("URL")
$url.set_Innertext("www.powershell-doktor.de")
$beschreibung = $doc.CreateElement("Beschreibung")
$beschreibung.set_Innertext("Community-Website zur PowerShell")
$site.AppendChild($url)
$site.AppendChild($Beschreibung)
$doc.Websites.AppendChild($site)
$doc.Websites.Website | select URL,Beschreibung
$doc.Save("x:\demo\buch\websites_neu.xml")
"Dokument gespeichert!"
```

XML-Dateien aus Pipeline exportieren

Die PowerShell verwendet ein eigenes XML-Format („CliXml"), mit dem die Objekt-Pipeline in XML-Form (durch `Export-CLiXmL`) persistiert (serialisiert) werden kann, so dass diese später wiederhergestellt werden kann. Der folgende Befehl speichert die Objektliste der laufenden Systemdienste. Das Bild zeigt das Ergebnis.

```
Get-Service | Where-Object {$_.status -eq "running"} | Export-CliXml
j:\demo\dokumente\dienste.xml
```

```xml
- <Objs Version="1.1" xmlns="http://schemas.microsoft.com/powershell/2004/04">
  + <Obj RefId="RefId-0">
  + <Obj RefId="RefId-0">
  + <Obj RefId="RefId-0">
  + <Obj RefId="RefId-0">
  + <Obj RefId="RefId-0">
  - <Obj RefId="RefId-0">
      <TNRef RefId="RefId-0" />
    - <Props>
        <B N="CanPauseAndContinue">false</B>
        <B N="CanShutdown">true</B>
        <B N="CanStop">true</B>
        <S N="DisplayName">Background Intelligent Transfer Service</S>
      - <Obj N="DependentServices" RefId="RefId-1">
          <TNRef RefId="RefId-1" />
          <LST />
        </Obj>
        <S N="MachineName">.</S>
        <S N="ServiceName">BITS</S>
      - <Obj N="ServicesDependedOn" RefId="RefId-2">
          <TNRef RefId="RefId-1" />
        - <LST>
          - <Obj RefId="RefId-3">
              <TNRef RefId="RefId-0" />
            - <Props>
                <B N="CanPauseAndContinue">false</B>
                <B N="CanShutdown">false</B>
                <B N="CanStop">true</B>
                <S N="DisplayName">COM+ Event System</S>
              - <Obj N="DependentServices" RefId="RefId-4">
                  <TNRef RefId="RefId-1" />
                - <LST>
                    <S>System.ServiceProcess.ServiceController</S>
                    <S>System.ServiceProcess.ServiceController</S>
                    <S>System.ServiceProcess.ServiceController</S>
                    <S>System.ServiceProcess.ServiceController</S>
                  </LST>
                </Obj>
```

Bild 38.15 Ausschnitt aus der Serialisierung einer PowerShell-Pipeline

Das Gegenstück zur Wiederherstellung der Pipeline ist `Import-CliXml`.

```
Import-CliXml j:\demo\dokumente\dienste.xml | Get-Member
```

Bild 38.16 Deserialisierte Dienst-Objekte

ACHTUNG: Nach der Deserialisierung der Objekte können alle Attribute der Objekte wieder verwendet werden, nicht aber die Methoden der Objekte!

`ConvertTo-XML` (seit PowerShell 2.0) erzeugt genau wie `Export-CliXml` ein XML-Dokument aus einer Objektmenge. Der Unterschied ist aber, dass `ConvertTo-XML` die XML-Ausgabe nicht in ein Dokument schreibt, sondern innerhalb der PowerShell in drei Formen zur Weiterverarbeitung anbietet: Zeichenkette (`-as string`), Stream (`-as stream`) oder XML-Dokument (`-as document`) in Form einer Instanz von `System.Xml.XmlDocument`.

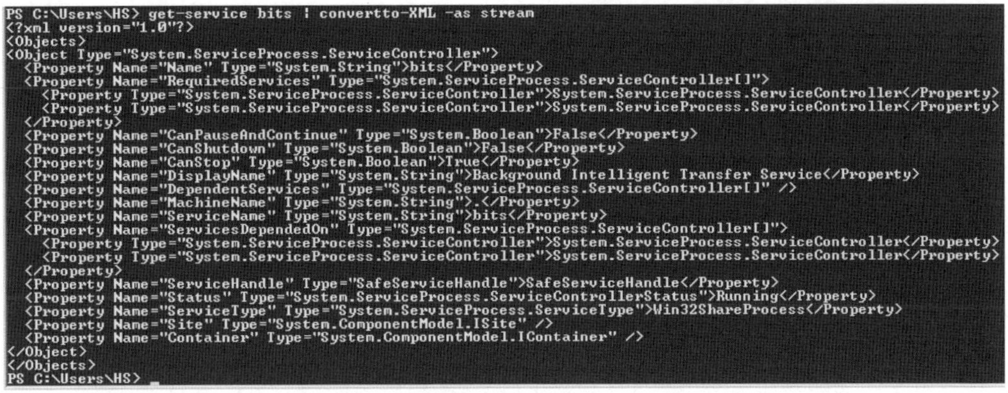

```
PS C:\Users\HS> get-service bits | convertto-XML -as stream
<?xml version="1.0"?>
<Objects>
<Object Type="System.ServiceProcess.ServiceController">
  <Property Name="Name" Type="System.String">bits</Property>
  <Property Name="RequiredServices" Type="System.ServiceProcess.ServiceController[]">
    <Property Type="System.ServiceProcess.ServiceController">System.ServiceProcess.ServiceController</Property>
    <Property Type="System.ServiceProcess.ServiceController">System.ServiceProcess.ServiceController</Property>
  </Property>
  <Property Name="CanPauseAndContinue" Type="System.Boolean">False</Property>
  <Property Name="CanShutdown" Type="System.Boolean">False</Property>
  <Property Name="CanStop" Type="System.Boolean">True</Property>
  <Property Name="DisplayName" Type="System.String">Background Intelligent Transfer Service</Property>
  <Property Name="DependentServices" Type="System.ServiceProcess.ServiceController[]" />
  <Property Name="MachineName" Type="System.String">.</Property>
  <Property Name="ServiceName" Type="System.String">bits</Property>
  <Property Name="ServicesDependedOn" Type="System.ServiceProcess.ServiceController[]">
    <Property Type="System.ServiceProcess.ServiceController">System.ServiceProcess.ServiceController</Property>
    <Property Type="System.ServiceProcess.ServiceController">System.ServiceProcess.ServiceController</Property>
  </Property>
  <Property Name="ServiceHandle" Type="SafeServiceHandle">SafeServiceHandle</Property>
  <Property Name="Status" Type="System.ServiceProcess.ServiceControllerStatus">Running</Property>
  <Property Name="ServiceType" Type="System.ServiceProcess.ServiceType">Win32ShareProcess</Property>
  <Property Name="Site" Type="System.ComponentModel.ISite" />
  <Property Name="Container" Type="System.ComponentModel.IContainer" />
</Object>
</Objects>
PS C:\Users\HS>
```

Bild 38.17 Ausgabe von ConvertTo-Xml bei Anwendung auf einer Instanz von System.Service Process.ServiceController

XML-Dateien transformieren

Für die Anwendung des W3C-Standards XSLT (XML Stylesheet Transformation) steht in den PSCX das Commandlet `Convert-Xml` zur Verfügung. Alternativ kann man die .NET-Klasse `System.Xml.Xsl.XslCompiledTransform` verwenden.

Das folgende Beispiel zeigt, wie man die XML-Datei *Websites.xml* mit Hilfe der im Bild gezeigten XSLT-Datei in eine XHTML-Datei konvertieren kann. Das Ergebnis wird gespeichert als *Websites.html*.

```
Convert-Xml x:\demo\powershell\xml\websites.xml -XsltPath
H:\DEV\ITVisions_PowerShell_CommandletLibrary\CommandletLibrary\Daten\

WebsitesToHTML.xslt | Set-Content x:\demo\powershell\xml\websites.html
```

TIPP: Hilfe beim Entwickeln und Testen von XSLT-Dateien bietet Ihnen Microsofts Entwicklungsumgebung Visual Studio.

```
WebsitesToHTML.xslt
 1   <?xml version="1.0" ?>
 2   <xsl:stylesheet xmlns:xsl="http://www.w3.org/1999/XSL/Transform" version="1.0">
 3   <!-- Transformation -->
 4   <xsl:template match="Websites">
 5     <HTML>
 6       <body>
 7         <h2>Websites von Dr. Holger Schwichtenberg</h2>
 8         <ul>
 9           <xsl:for-each select="/Websites/Website">
10             <li>
11               <xsl:value-of select='Beschreibung'/>
12               <br>
13                 <a>
14                   <xsl:attribute name="href">
15                     <xsl:value-of select="URL"/>
16                   </xsl:attribute>
17                   <xsl:value-of select="URL"/>
18                 </a>
19               </br>
20             </li>
21           </xsl:for-each>
22         </ul>
23         <hr></hr>
24         Konvertiert aus XML
25       </body>
26     </HTML>
27   </xsl:template>
28   </xsl:stylesheet>
```

Bild 38.18 XSLT-Datei

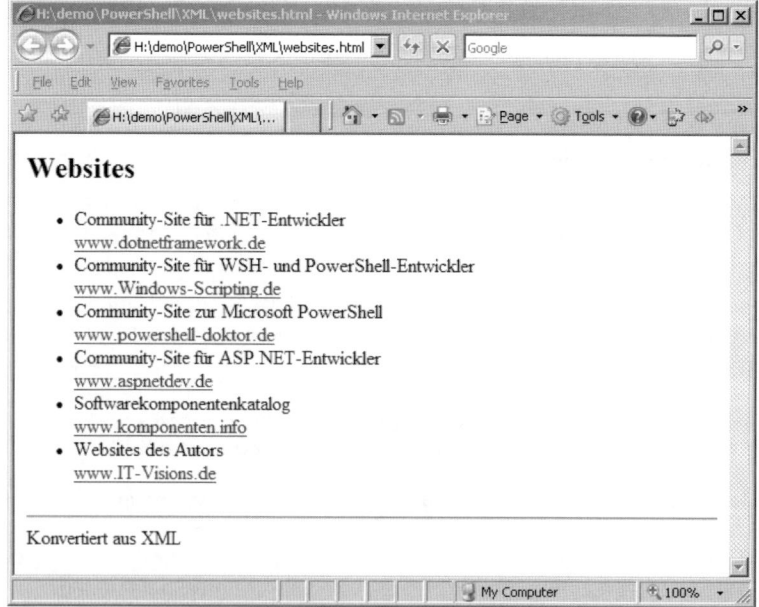

Bild 38.19 Diese HTML-Datei wurde aus der XML-Datei generiert.

38.6 HTML-Dateien

Das Commandlet `Convert-Html` konvertiert die Objekte der Pipeline in eine HTML-Tabelle. Der folgende Befehl speichert die Liste der Windows-Systemdienste als eine HTML-Datei.

```
Get-Service | ConvertTo-Html name,status -title "Diensteliste" -body "Liste der
Dienste" | Set-Content x:\demo\dokumente\dienste.htm
```

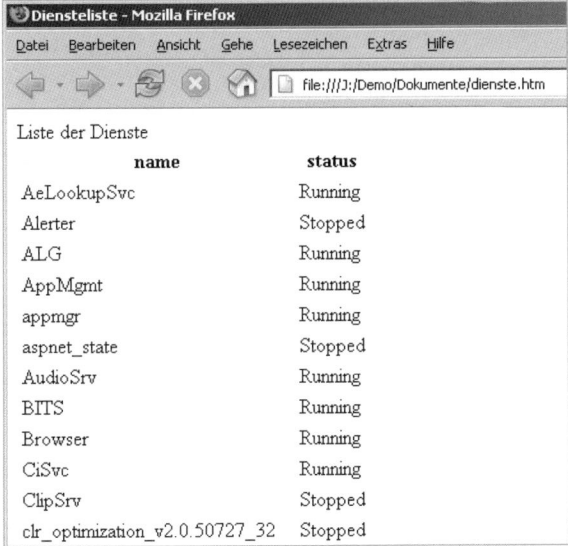

Bild 38.20
Ergebnis der Konvertierung in eine HTML-Tabelle

38.7 Binärdateien

Auch Binärdateien kann man mit `Get-Content` auslesen und mit `Set-Content` bzw. `Add-Content` beschreiben. Als Parameter ist jeweils `-encoding Byte` anzugeben.

Listing 38.8 Lesen und Schreiben einer Binärdatei [BinaryFile_ReadWrite.ps1]

```
# Binärdatei lesen
$a = Get-Content X:\demo\PowerShell\Registry\www.IT-Visions.de_Logo.jpg -encoding byte

# Binärdatei schreiben
$a | Set-Content "x:\demo\Logo.jpg" -encoding byte
```

39 Datenbanken

Die PowerShell besitzt keine Commandlets für den Datenbankzugriff und auch keinen Navigation Provider, obwohl es sich anbieten würde, auch Datenbanken ins Konzept der Navigation Provider einzubeziehen. Zum Datenbankzugriff kann man in der PowerShell auf die .NET-Bibliothek ADO.NET zugreifen. Immerhin unterstützt die PowerShell beim Zugriff auf die einzelnen Tabellen, indem sie die Spaltennamen als Attribute des Tabellenobjekts anbietet (hier findet eine ähnliche automatische Abbildung statt wie bei WMI-Objekten).

Erst seit SQL Server 2008 gibt es einen eigenen Provider für die Arbeit mit dem Server und den Datenbanken.

 HINWEIS: ADO.NET ist die Weiterentwicklung der COM-Komponente ActiveX Data Objects (ADO).

Im Folgenden werden zwei Wege gezeigt:

- Zuerst der direkte Zugriff auf ADO.NET
- Anschließend die Nutzung der Commandlets aus den *www.IT-Visions.de-PowerShell Extensions*, die den Zugriff kapseln

■ 39.1 ADO.NET-Grundlagen

Dieses Kapitel vermittelt einige notwendige Grundlagen zu ADO.NET.

Providerarchitektur

Genauso wie die Vorgängerkonzepte ODBC und OLEDB verwendet ADO.NET auch datenquellenspezifische Treiber, die *ADO.NET Data Provider*, *.NET Data Provider* oder *Managed Provider* genannt werden. Data Provider für OLEDB und ODBC stellen dabei die Abwärtskompatibilität von ADO.NET für Datenquellen her, für die (noch) keine spezifischen ADO.NET-Datenprovider existieren.

Datenprovider von Microsoft

ADO.NET wird mit folgenden Datenprovidern (alias .NET Data Provider oder Managed Data Provider) ausgeliefert:

- System.Data.SqlClient (spezieller Treiber für Microsoft SQL Server ab Version 7.0; dieser Treiber wird auch innerhalb des SQL Server ab Version 2005 für Managed-Code-Anwendungen benutzt und löst System.Data.SqlServer der vorherigen Beta-Versionen ab)
- System.Data.SqlServerCe (spezieller Treiber für Microsoft SQL Server CE)
- System.Data.OracleClient (spezieller Treiber für Oracle-Datenbanken, gilt aber als veraltet. Microsoft empfiehlt, hier den „ODAC"-Treiber von Oracle oder einen Treiber eines Drittanbieters wie DebArt oder DataDirect zu verwenden.)
- System.Data.OLEDB (Brücke zu OLEDB-Providern)
- System.Data.Odbc (Brücke zu ODBC-Treibern)

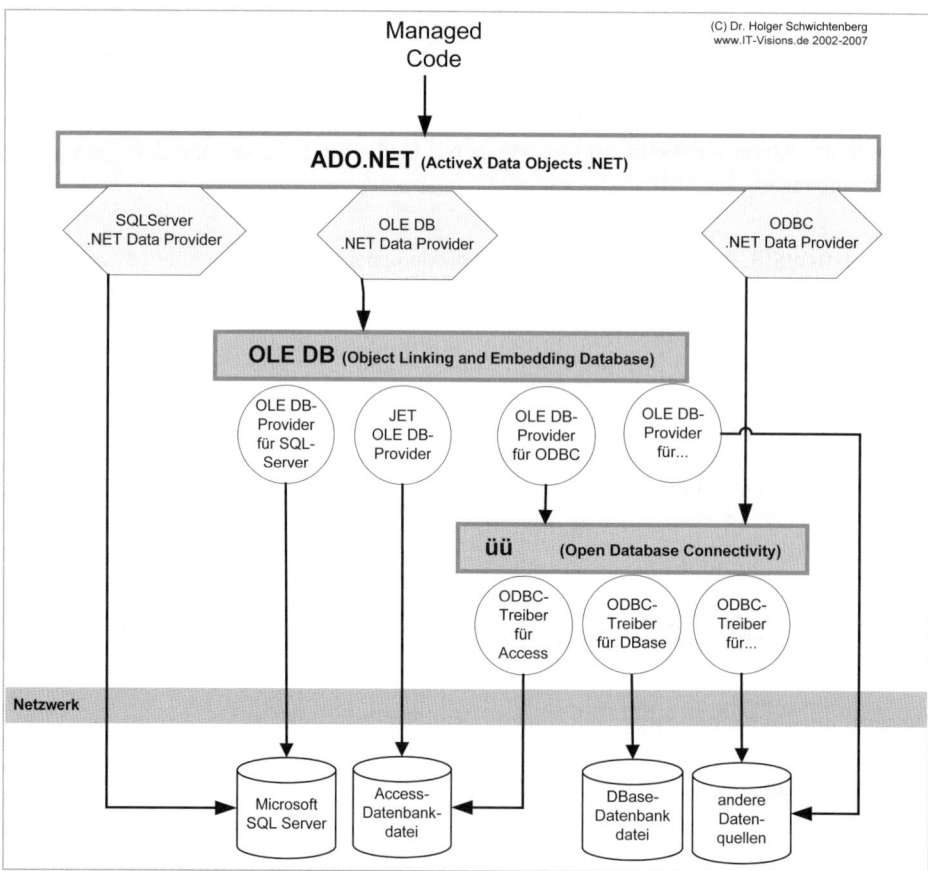

Bild 39.1 ADO.NET-Treiberarchitektur

Datenprovider von anderen Herstellern

Weitere Provider (z. B. für MySQL, DB2, Sybase, Informix und Ingres) werden von anderen Herstellern geliefert, eine Liste finden Sie unter [DOTNET02].

Ermittlung der installierten Datenprovider

Die auf einem System registrierten ADO.NET-Datenprovider können über die statische Methode System.Data.Common.DbProviderFactories.GetFactoryClasses() aufgelistet werden.

Der Zugriff in der PowerShell sieht so aus:

```
[System.Data.Common.DbProviderFactories]::GetFactoryClasses()
```

 HINWEIS: Die installierten Provider sind nicht in der Registrierungsdatenbank, sondern – wie es sich für eine .NET-Anwendung gehört – in der zentralen XML-Konfigurationsdatei des .NET Frameworks (machine.config) abgelegt (Sektion <system.data> <DbProviderFactories>).

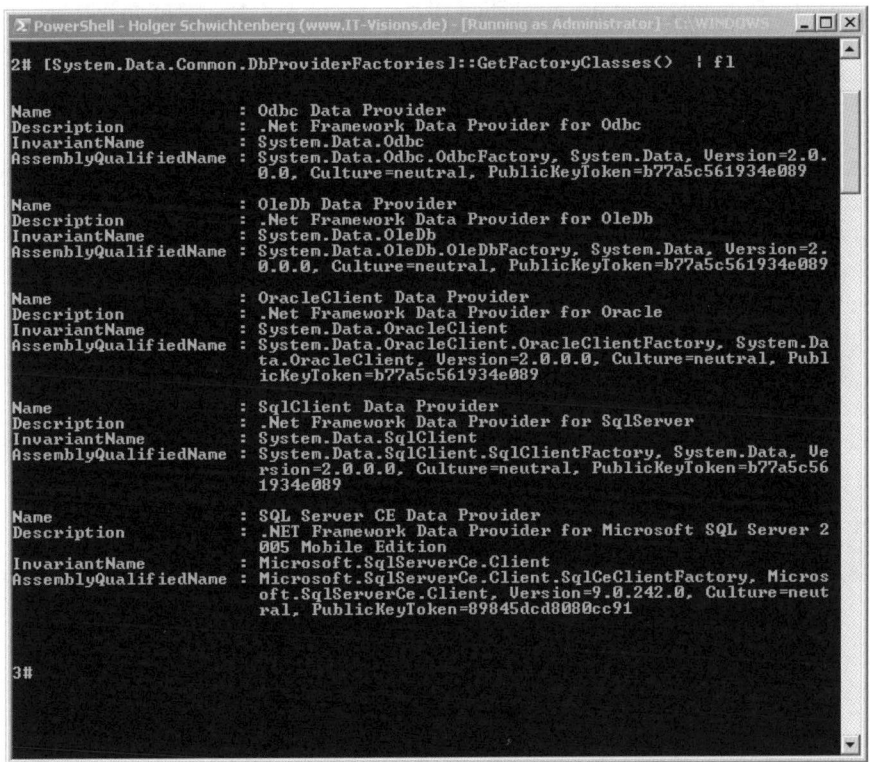

Bild 39.2 Auflisten der installierten ADO.NET-Treiber

Liste der verfügbaren SQL Server

Wenn Sie wissen wollen, welche Instanzen von Microsoft SQL Server in Ihrer Domäne in Betrieb sind, können Sie die .NET-Klasse SqlDataSourceEnumerator verwenden:

[System.Data.Sql.SqlDataSourceEnumerator]::Instance.GetDataSources()

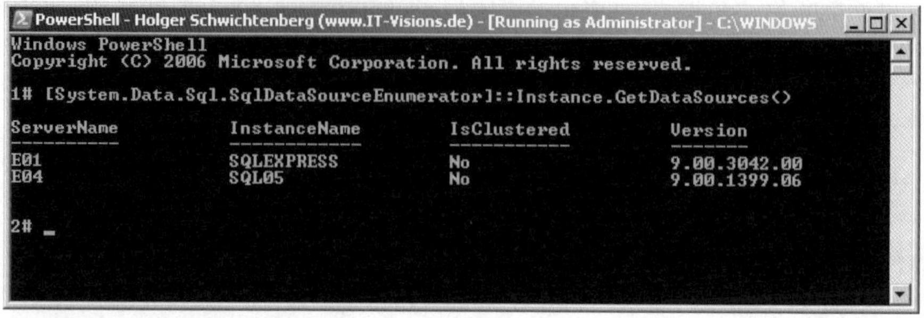

Bild 39.3 Liste der verfügbaren SQL Server

Datenwege

Das nachstehende Bild zeigt die möglichen Datenwege in ADO.NET von einer Datenquelle zu einem Datenverbraucher. Alle Zugriffe auf eine Datenquelle laufen auf jeden Fall über ein Command-Objekt, das datenproviderspezifisch ist. Zum Auslesen von Daten bietet das Modell zwei Wege: Daten können über ein providerspezifisches DataReader-Objekt oder über ein providerunabhängiges DataSet-Objekt zum Datenverbraucher gelangen. Das DataSet-Objekt benötigt zur Beschaffung der Daten ein DataAdapter-Objekt (nicht zu verwechseln mit einem PowerShell-Objektadapter), das wiederum in jedem Datenprovider separat zu implementieren ist.

Seit .NET 2.0 existieren Möglichkeiten, nachträglich noch von einem in das andere Zugriffsmodell zu wechseln. Datenänderungen erfolgen, indem der Datenverbraucher direkt Befehle an ein Command-Objekt sendet.

Seit .NET 2.0 stellt .NET sogenannte Datenquellensteuerelemente bereit, die dem Entwickler die Bindung von Daten an ein Steuerelement erleichtern. Diese Datenquellensteuerelemente sind Teil der Bibliotheken für grafische Benutzeroberflächen (Windows Forms und ASP.NET) und werden in diesem Buch nicht behandelt. Dazu sei auf [SCH02] verwiesen.

 TIPP: Es ist möglich, aber etwas aufwendiger, den Zugriff auf eine Datenquelle so zu programmieren, dass die Art der Datenbank ausgetauscht werden kann.

39.1 ADO.NET-Grundlagen

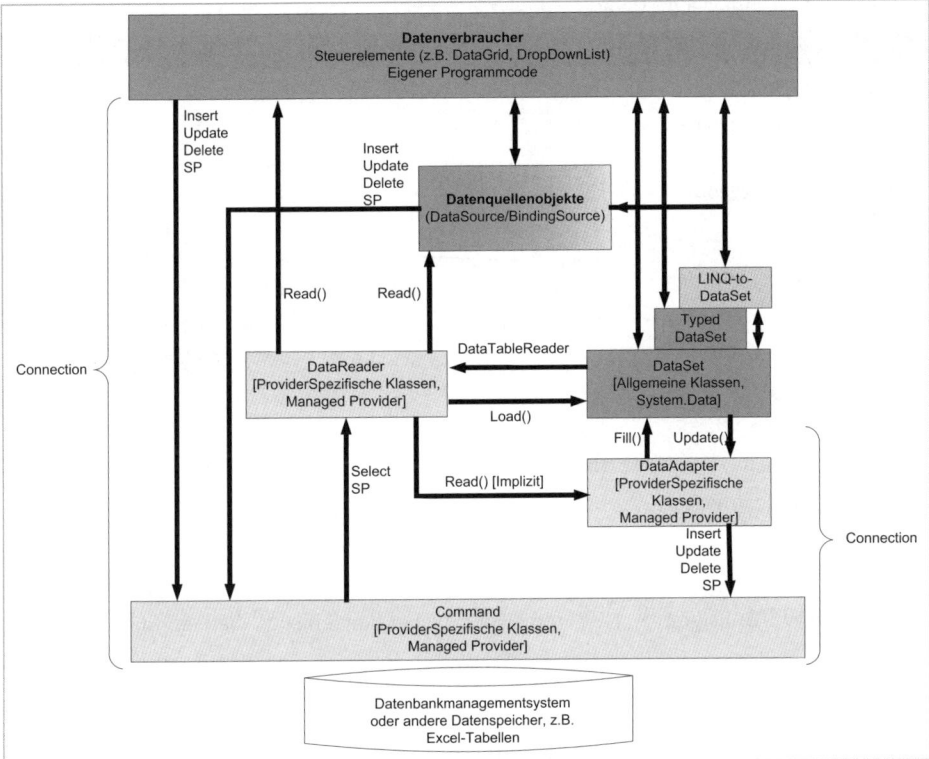

Bild 39.4 Datenwege in ADO.NET

Datareader versus Dataset

Bei der Beschreibung der Datenwege wurde zwischen Datareader und Dataset unterschieden. Die folgende Tabelle und die Grafik vergleichen die beiden Zugriffsverfahren im Detail.

Tabelle 39.1 Datareader vs. Dataset

	Datareader	Dataset
Modell	Server Cursor	Client Cursor
Implementiert in	Jedem Datenprovider	System.Data
Basisklassen	DbDataReader MarshalByRefObject Object	MarshalByValue ComponentObject
Schnittstellen	IDataReader, IDisposable, IDataRecord, IEnumerable	IListSource, IXmlSerializable, ISupportInitialize, ISerializable
Daten lesen	Ja	Ja
Daten vorwärts lesen	Ja	Ja

(Fortsetzung nächste Seite)

Tabelle 39.1 Datareader vs. Dataset *(Fortsetzung)*

	Datareader	Dataset
Daten rückwärts lesen	Nein	Ja
Direktzugriff auf beliebigen Datensatz	Nein	Ja
Direktzugriff auf beliebige Spalte in Datensatz	Ja	Ja
Daten verändern	Nein, nur über separate Command-Objekte	Ja (über Datenadapter)
Befehlserzeugung für Datenänderung	Komplett manuell	Teilweise automatisch (CommandBuilder)
Zwischenspeicher für Daten	Nein	Ja
Änderungshistorie	Nein	Ja
Speicherverbrauch	Niedrig	Hoch
Geeignet für Datentransport zwischen Schichten	Nein	Ja

HINWEIS: Es gibt im .NET Framework (bisher) keinen schreibenden Cursor.

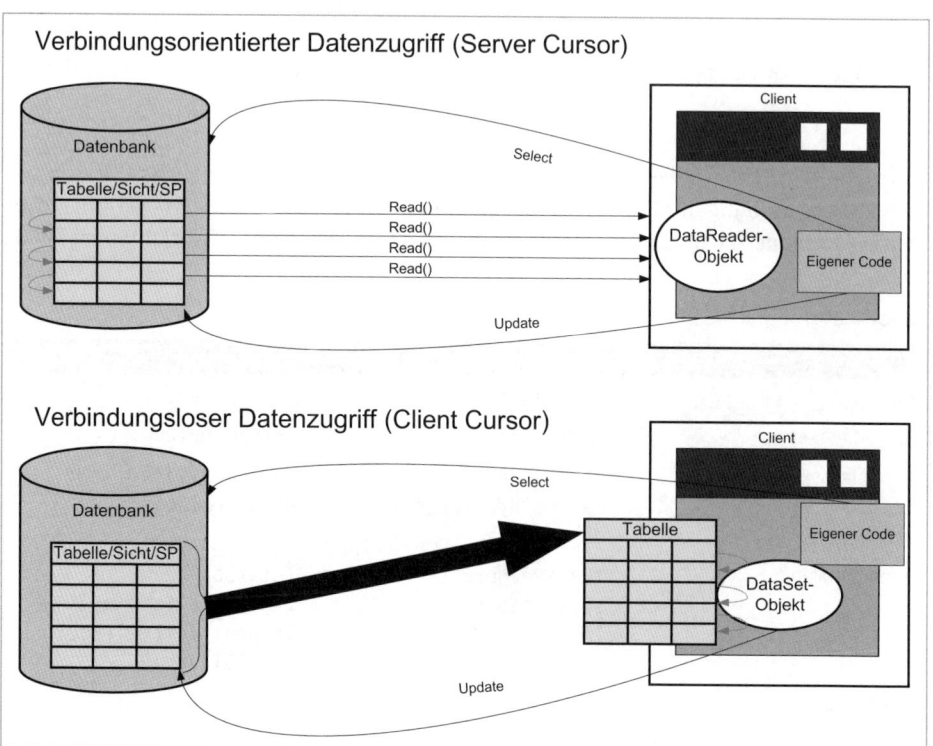

Bild 39.5 Vergleich von Datareader und Dataset

39.2 Beispieldatenbank

Die Beispieldatenbank ist aus dem Leben der Systemadministration gegriffen, denn sie enthält eine Liste von Benutzerkonten, die entweder aus einem Windows-System exportiert wurde oder die dazu dienen kann, eine Reihe von Benutzern per Skript anzulegen.

HINWEIS: Der Inhalt der Datenbank ist eine Liste von (zum Teil schon etwas „angestaubten") Politikern.

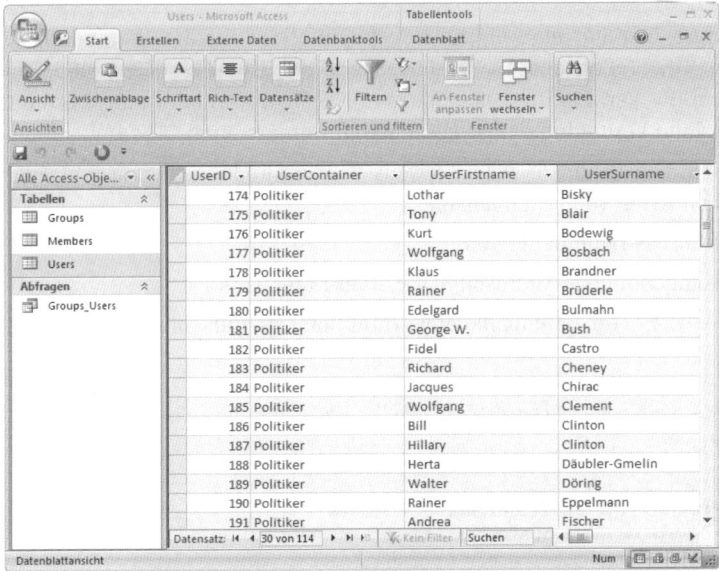

Bild 39.6 Datenbank mit Benutzerkonten

ACHTUNG: Bei der Verwendung von Microsoft Access gibt es generell im Programmcode (nicht nur für PowerShell) die Herausforderung, dass der verwendete Access-Treiber und die Access-Datenbankversion zueinander passen müssen.

Wenn Sie eine 64-Bit-Version von Microsoft Access installiert haben, müssen Sie die 64-Bit-PowerShell und den Treiber Microsoft.ACE.OLEDB.12.0 (http://www.microsoft.com/en-us/download/details.aspx?id=13255) verwenden.

Wenn Sie eine 32-Bit-Version von Microsoft Access installiert haben, müssen Sie die 32-Bit-PowerShell und den Treiber Microsoft.ACE.OLEDB.12.0 (http://www.microsoft.com/en-us/download/details.aspx?id=13255) oder den älteren Treiber Microsoft.Jet.OLEDB.4.0 verwenden. Es gibt leider bisher keine Möglichkeit, aus einer 64-Bit-PowerShell heraus auf ein 32-Bit-Access zuzugreifen. Sie erhalten bei den Versuchen eine Fehlermeldung wie diese „Der ‚Microsoft.Jet. OLEDB.4.0'-Provider ist nicht auf dem lokalen Computer registriert.".

39.3 Datenzugriff mit den Bordmitteln der PowerShell

Zunächst wird die Herstellung einer Verbindung behandelt. Danach folgt der eigentliche Datenzugriff.

Datenbankverbindungen (Connection)

Egal, welche Datenzugriffsform gewählt wird, und egal, welche Aktion ausgeführt werden soll: Für die Kommunikation mit dem Datenbankmanagementsystem ist immer eine Verbindung notwendig.

Jeder Datenprovider hat eine eigene Implementierung für die Verbindungsklasse: `Sql-Connection`, `OracleConnection`, `OleDbConnection` usw. Bei der Instanziierung dieser Objekte kann die Verbindungszeichenfolge übergeben werden. Danach erfolgt der Aufruf von `Open()`. Eine Verbindung muss geschlossen werden durch `Close()`.

Die folgenden drei Beispiele zeigen jeweils den Verbindungsaufbau und -abbau zu drei verschiedenen Arten von Datenbanken:

- Microsoft-Access-Datenbankdatei
- Statische eingebundene Microsoft-SQL-Server-Datenbank
- Microsoft-SQL-Server-Datenbankdatei (funktioniert nur mit Microsoft SQL Server Express)

Listing 39.1 Verbindung zu einer Microsoft-Access-Datenbank aufbauen und schließen [Connection.ps1]

```
# Eingabedaten
$Conn = "Provider=Microsoft.Jet.OLEDB.4.0;Data Source=X:\demo\PowerShell\Datenbanken\users.mdb;"
$SQL = "Select * from users order by UserSurname"

# Datenbank oeffnen
"Oeffne die Datenbank..."
$conn = New-Object System.Data.OleDb.OleDbConnection($Conn)
$conn.open()
"Zustand der Datenbank: " + $conn.State

# Datenbank schließen
$Conn.Close()
"Zustand der Datenbank: " + $conn.State
```

Listing 39.2 Verbindung zu einer statisch verbundenen Microsoft-SQL-Server-Datenbank aufbauen und schließen [Connection.ps1]

```
# Eingabedaten
$Connstring = "Data Source=.\SQLEXPRESS;Initial catalog=Users;Integrated Security=True;"
$SQL = "Select * from users order by UserSurname"

# Datenbank oeffnen
"Oeffne die Datenbank..."
$conn = New-Object System.Data.SqlClient.SqlConnection($Connstring)
```

```
$conn.open()
"Zustand der Datenbank: " + $conn.State

# Datenbank schließen
$Conn.Close()
"Zustand der Datenbank: " + $conn.State
```

Listing 39.3 Verbindung zu einer dynamisch verbundenen Microsoft-SQL-Server-Express-Datenbankdatei aufbauen und schließen [Connection.ps1]

```
# Eingabedaten
$Connstring = "Data Source=.\SQLEXPRESS;AttachDbFileName=X:\demo\PowerShell\
Datenbanken\users.mdf;Integrated Security=True;"
$SQL = "Select * from users order by UserSurname"

# Datenbank oeffnen
"Oeffne die Datenbank..."
$conn = New-Object System.Data.SqlClient.SqlConnection($Connstring)
$conn.open()
"Zustand der Datenbank: " + $conn.State

# Datenbank schließen
$Conn.Close()
"Zustand der Datenbank: " + $conn.State
```

Providerunabhängiger Zugriff

In den bisherigen Beispielen kamen verschiedene Klassen vor, in Abhängigkeit davon, welcher Datenbankprovider (Microsoft Access oder Microsoft SQL Server) verwendet wurde. Dies ist unschön, wenn man auf verschiedene Datenbanken zugreifen muss oder die Datenbank später einmal wechseln möchte. ADO.NET unterstützt auch den providerunabhängigen Datenzugriff.

Beim providerunabhängigen Datenzugriff instanziiert man die Verbindungsklasse nicht direkt, sondern über eine sogenannte Providerfabrik. Die Providerfabrik erhält man von der .NET-Klasse `System.Data.Common.DbProviderFactories` unter Angabe des sogenannten „Provider Invariant Name" als Zeichenkette. Dieser ist:

- für Microsoft Access: „System.Data.OleDb"
- für Microsoft SQL Server: „System.Data.SqlClient"
- für Oracle: „System.Data.OracleClient"

ACHTUNG: Bei dem providerunabhängigen Datenzugriff findet keine Übersetzung von SQL-Befehlen statt. Wenn Sie datenbankmanagementsystemspezifische Befehle nutzen, verlieren Sie die Providerunabhängigkeit.

Listing 39.4 Providerunabhängiger Verbindungsaufbau [/Datenbanken/Connection.ps1]

```
# Eingabedaten
$PROVIDER = "System.Data.SqlClient"
```

```
$CONNSTRING = "Data Source=.\SQLEXPRESS;AttachDbFileName=
   X:\demo\PowerShell\Datenbanken\users.mdf;Integrated Security=True;"
$SQL = "Select * from FL_Fluege"

# Fabrik erzeugen
$provider = [System.Data.Common.DbProviderFactories]::GetFactory($PROVIDER)

# Verbindungsobjekt erstellen und befüllen
$conn = $provider.CreateConnection()
$conn.ConnectionString = $CONNSTRING;

# Verbindung aufbauen
$conn.Open();
"Zustand der Datenbank: " + $conn.State

# Datenbank schließen
$Conn.Close()
"Zustand der Datenbank: " + $conn.State
```

Befehle ausführen

Jeder Datenbankprovider stellt ein providerspezifisches Befehlsobjekt (`SqlCommand`, `OracleCommand`, `OleDbCommand` usw.) zur Verfügung. Darüber hinaus gibt es ein providerneutrales Befehlsobjekt vom Typ `DbCommand`.

Das Befehlsobjekt bietet folgende Funktionen an:

- `ExecuteNonQuery()` zur Ausführung von DML- und DDL-Befehlen, die keine Datenmenge zurückliefern. Sofern die Befehle die Anzahl der betroffenen Zeilen zurückliefern, steht diese Zahl im Rückgabewert der Methode. Sonst ist der Wert -1.
- `ExecuteRow()` liefert die erste Zeile der Ergebnismenge in Form eines `SqlRecord`-Objekts (nur SQL Server).
- `ExecuteScalar()` liefert nur die erste Spalte der ersten Zeile der Ergebnismenge.
- `ExecuteReader()` liefert ein Datareader-Objekt (siehe nächster Abschnitt).

Über Providerfabriken kann mit dem Befehlsobjekt auch providerunabhängig gearbeitet werden, wie das nachstehende Beispiel zeigt. Hierbei ist das Befehlsobjekt von der Providerfabrik über `CreateCommand()` zu erzeugen.

In dem Beispiel wird erst die Anzahl der Benutzer gezählt, dann wird ein neuer Benutzer angelegt, anschließend wieder gezählt. Zum Schluss wird der angelegte Benutzer wieder gelöscht und erneut gezählt.

Listing 39.5 Ausführung von Befehlen mit providerunabhängigen Befehlsobjekten [/Datenbanken/Command.ps1]

```
# Parameters
$PROVIDER = "System.Data.SqlClient"
$CONNSTRING = "Data Source=.\SQLEXPRESS;AttachDbFileName=
   X:\demo\PowerShell\Datenbanken\users.mdf;Integrated Security=True;"
$SQL1 = "Select count(*) from users"
$SQL2 = "insert into users ( UserFirstName, UserSurname) values ('Hans', 'Meier')"
$SQL3 = "delete from users where UserSurname='Meier'"
```

```powershell
# Create factory
$provider = [System.Data.Common.DbProviderFactories]::GetFactory($PROVIDER)

# Create connection object
$conn = $provider.CreateConnection()
$conn.ConnectionString = $CONNSTRING

# Open connection
$conn.Open();
"Database Connection State: " + $conn.State

# create command #1
[System.Data.Common.DbCommand] $cmd1 = $provider.CreateCommand()
$cmd1.CommandText = $SQL1
$cmd1.Connection = $conn
# execute command #1
$e = $counter = $cmd1.ExecuteScalar()
"Count before insert: " + $Counter

# create command #2 (INSERT)
[System.Data.Common.DbCommand] $cmd2 = $provider.CreateCommand()
$cmd2.CommandText = $SQL2
$cmd2.Connection = $conn
# execute command #2
$e = $cmd2.ExecuteNonQuery()
# execute command #1
$counter = $cmd1.ExecuteScalar()
"Count after insert: " + $Counter

# create command #3 (DELETE)
[System.Data.Common.DbCommand] $cmd3 = $provider.CreateCommand()
$cmd3.CommandText = $SQL3
$cmd3.Connection = $conn
# execute command #2
$e = $cmd3.ExecuteNonQuery()

# execute command #1
$counter = $cmd1.ExecuteScalar()
"Count after delete: " + $Counter

# Datenbank schließen
$Conn.Close()
"Database Connection State: " + $conn.State
```

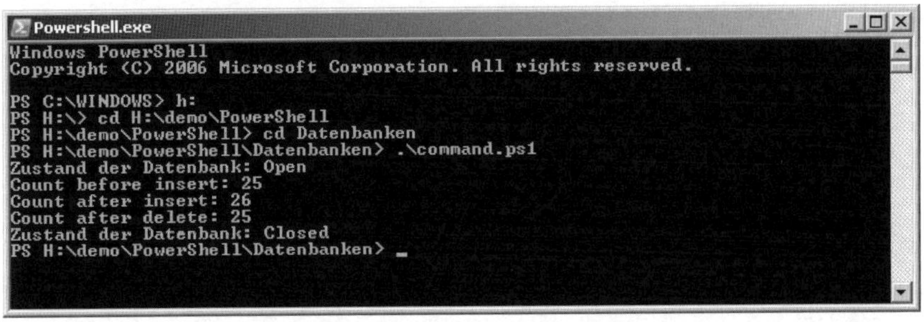

Bild 39.7 Ausführung des Skripts Command.ps1

Datenzugriff mit dem Datareader

Bei einem `DataReader`-Objekt handelt es sich um einen serverseitigen Cursor, der unidirektionalen Lesezugriff (nur vorwärts) auf das Ergebnis einer SELECT-Anwendung (Resultset) erlaubt. Eine Veränderung der Daten ist nicht möglich. Im Gegensatz zum `DataSet` unterstützt der `DataReader` nur eine flache Darstellung der Daten. Die Datenrückgabe erfolgt immer zeilenweise, deshalb muss über die Ergebnismenge iteriert werden. Verglichen mit dem klassischen ADO entspricht ein ADO.NET-`DataReader` einem „read-only/forward-only Recordset" (zu Deutsch: „Vorwärtscursor").

Jeder ADO.NET-Datenprovider enthält seine eigene `DataReader`-Implementierung, so dass es zahlreiche verschiedene `DataReader`-Klassen im .NET Framework gibt (z.B. `SqlDataReader` und `OLEDBDataReader`). Die `DataReader`-Klassen sind abgeleitet von `System.Data.ProviderBase.Db DataReaderBase` und implementieren `System.Data.IDataReader`.

Ein `DataReader` benötigt zur Beschaffung der Daten ein `Command`-Objekt, das ebenso providerspezifisch ist (z.B. `SqlCommand` und `OLEDBCommand`). Für die Verbindung zur Datenbank selbst wird ein providerspezifisches `Connection`-Objekt (z.B. `SqlConnection` oder `OleDbConnection`) benötigt. Die nachstehenden Bilder zeigen den Zusammenhang dieser Objekte am Beispiel der Datenprovider für OLEDB und SQL Server. Bei dem Provider für SQL Server (`SqlClient`) existiert seit .NET 2.0 eine zusätzliche Klasse `SqlRecord`, die einen einzigen Datensatz als Ergebnis eines Befehls repräsentiert.

Der DataReader kann über eine Instanz der Klasse `System.Data.Common.DbDataReader`, die man aus einem providerunabhängigen Befehlsobjekt über `ExecuteReader()` gewinnt, auch providerunabhängig verwendet werden.

Das Beispiel liest alle Benutzer aus der Benutzertabelle aus.

Listing 39.6 Auslesen einer Datenbanktabelle mit einem providerunabhängigen Datareader [/Datenbanken/DataReader.ps1]

```
# Eingabedaten
$PROVIDER = "System.Data.SqlClient"
$CONNSTRING = "Data Source=.\SQLEXPRESS;AttachDbFileName=X:\demo\PowerShell\
Datenbanken\users.mdf;Integrated Security=True;"
$SQL = "Select * from users"

# Fabrik erzeugen
$provider = [System.Data.Common.DbProviderFactories]::GetFactory($PROVIDER)

# Verbindungsobjekt erstellen und befüllen
$conn = $provider.CreateConnection()
$conn.ConnectionString = $CONNSTRING

# Verbindung aufbauen
$conn.Open();
"Zustand der Datenbank: " + $conn.State

# Befehl erzeugen
$cmd = $provider.CreateCommand()
$cmd.CommandText = $SQL
$cmd.Connection = $conn
# Befehl ausführen
```

```
$reader = $cmd.ExecuteReader()

# Schleife über alle Datensätze
while($reader.Read())
{
$reader.Item("UserID").ToString() + ": " + $reader.Item("UserFirstName") + " " +
-$reader.Item("UserSurname")
}

# Datenbank schließen
$Conn.Close()
"Zustand der Datenbank: " + $conn.State
```

Datenzugriff mit dem Datareader auf MySQL

von Peter Monadjemi

Das folgende Beispiel führt eine einfache SQL-Abfrage gegen eine *MySQL*-Datenbank aus. Dieser Datenbanktyp wurde gewählt, um zu demonstrieren, dass das .NET Framework und damit auch die PowerShell in diesem Punkt sehr flexibel und keinesfalls nur auf Microsoft-SQL-Server-Datenbanken festgelegt sind. Voraussetzung ist, dass neben MySQL auch der MySQL-.NET-Provider von Oracle installiert wurde (und dass die Datenbank *LoginsDB* mit den Tabellen *Users* und *Logins* und den entsprechenden Feldern existiert).

```
<#
 .Synopsis
 Zugriff auf eine MySQL-Datenbank
#>

$AssPfad = "C:\Program Files (x86)\MySQL\MySQL Connector Net 6.5.4\Assemblies\v4.0\
MySql.Data.dll"

Add-Type -Path $AssPfad

$CnSt = "Server=localhost;Database=LoginsDB;Uid=root;Pwd="
$Cn = New-Object -TypeName MySql.Data.MySqlClient.MySqlConnection  -ArgumentList $CnSt
$Cn.Open()
$Cmd = $Cn.CreateCommand()
$Cmd.CommandText = "Select * From Users Inner Join Logins On Logins.UserID = Users.
UserID"
$Dr = $Cmd.ExecuteReader()
while ($Dr.Read())
{
   New-Object -TypeName PsObject -Property @{UserName=$Dr.GetString($Dr.
GetOrdinal("UserName"));
   LoginTime=$Dr.GetString($Dr.GetOrdinal("LoginTimeStamp"))}
}

$Cn.Close()
```

Im ersten Schritt wird ein Verbindungsobjekt (in diesem Fall vom Typ *MySqlConnection*) angelegt, mit der Verbindungszeichenfolge, die festlegt, welche Datenbank angesprochen werden soll, initialisiert und die Verbindung geöffnet. Im zweiten Schritt wird aus dem Verbindungsobjekt ein Befehlsobjekt (Typ *MySqlConnectionCommand*) abgeleitet und mit einem SQL-Kommando belegt, das die Datenbank „versteht". Im dritten Schritt wird das

Kommando über die Methode `ExecuteReader()` ausgeführt und der zurückgegebene Data-Reader in einer kleinen *while*-Schleife Datensatz für Datensatz angesprochen. Da die `GetString`-Methode zum Abrufen eines Feldinhalts die sog. *Ordinalnummer* (Ordnungsnummer) des Felds erwartet, wird diese über die `GetOrdinal`-Methode mit dem Feldnamen geholt. Jeder Datensatz wird, auch wenn dies nicht zwingend notwendig ist, zur Weiterverarbeitung in ein Objekt vom Typ *PSObject* konvertiert, dessen Properties die Namen und Werte der abgefragten Felder erhalten.

Soll das Skript stattdessen auf eine Microsoft-SQL-Server- oder Access-Datenbank zugreifen, müssen lediglich die Verbindungszeichenfolge und die Klassen `MySqlConnection` gegen die Klasse `SqlConnection` ausgetauscht werden. Da alle übrigen Variablen ihren Typ erst bei der Ausführung des jeweiligen Befehls erhalten, ist das Anpassen des Skripts gegen einen anderen DBMS-Typ wirklich sehr einfach.

Datenzugriff mit dem Dataset

Ein `DataSet` enthält eine Sammlung von Datentabellen, die durch einzelne `DataTable`-Objekte dargestellt werden. Die `DataTable`-Objekte können aus beliebigen Datenquellen gefüllt werden, ohne dass eine Beziehung zwischen dem Objekt und der Datenquelle existiert; das `DataTable`-Objekt weiß nicht, woher die Daten kommen. Die `DataTable`-Objekte können auch ohne Programmcode zeilenweise mit Daten befüllt werden; eine Datenbank ist nicht notwendig. Ein `DataSet` bietet – im Gegensatz zum `DataReader` – alle Zugriffsarten, also auch das Hinzufügen, Löschen und Ändern von Datensätzen. Ebenfalls lassen sich hierarchische Beziehungen zwischen einzelnen Tabellen darstellen und im `DataSet` speichern. Dadurch ist eine Verarbeitung hierarchischer Datenmengen möglich. Im Untergrund verwendet ein `DataSet` übrigens einen `DatenReader` zum Einlesen der Daten.

Ein Dataset ist ein clientseitiger Datenzwischenspeicher, der die Änderung mitprotokolliert. Das `DataSet` nimmt keine Sperrung von Datensätzen auf der Datenquelle vor, sondern verwendet immer das sogenannte „optimistische Sperren", d. h., Änderungskonflikte treten erst auf, wenn man versucht, die Daten zurückzuschreiben. Das Konzept eines serverseitigen Cursors ist in ADO.NET nur durch die `DataReader`-Klasse realisiert. Einen serverseitigen Cursor mit Schreibfunktion und pessimistischem Sperren gibt es in ADO.NET bisher nicht.

 ACHTUNG: Das Dataset verbraucht sehr viel mehr Speicher als eine selbst definierte Datenstruktur. Das Abholen von Daten mit einem Datareader, das Speichern in einer selbst definierten Datenstruktur und das Speichern von Änderungen mit direkten SQL-Befehlen machen zwar mehr Arbeit bei der Entwicklung, sind aber wesentlich effizienter bei der Ausführung. Dies ist insbesondere bei serverbasierten Anwendungen wichtig.

Objektmodell

Ein `DataSet`-Objekt besteht aus einer Menge von `DataTable`-Objekten (`DataTable-Collection`). Jedes `DataTable`-Objekt besitzt über das Attribut `DataSet` einen Verweis auf das Dataset, zu dem es gehört.

Während die `DataTable`-Objekte in ADO.NET 1.x dem `DataSet`-Objekt noch völlig untergeordnet waren, besitzt die `DataTable`-Klasse in ADO.NET viele der Import- und Exportmöglichkeiten, über die auch die `DataSet`-Klasse verfügt.

Das `DataTable`-Objekt besitzt eine `DataColumnCollection` mit `DataColumn`-Objekten für jede einzelne Spalte in der Tabelle und eine `DataRowCollection` mit `DataRow`-Objekten für jede Zeile. Innerhalb eines `DataRow`-Objekts kann man die Inhalte der Zellen durch das indizierte Attribut `Item` abrufen. `Item` erwartet alternativ den Spaltennamen, den Spaltenindex oder ein `DataColumn`-Objekt.

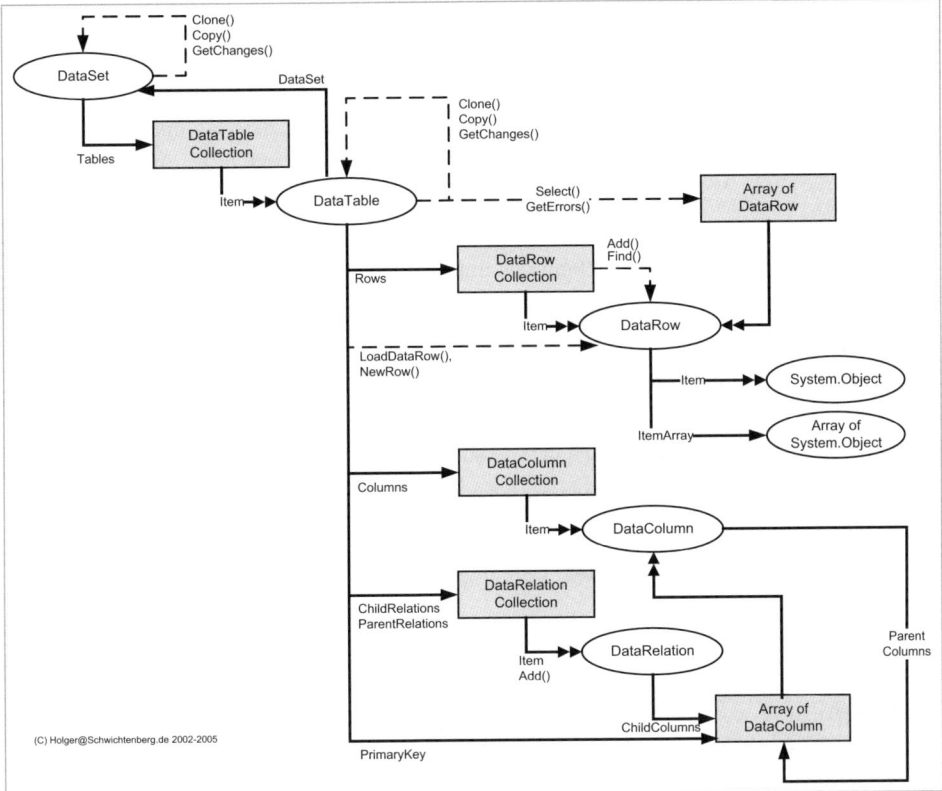

Bild 39.8 Objektmodell der DataSet-Klasse

Datenadapter

Ein Dataset benötigt zum Einlesen von Daten einen Datenadapter. Das Lesen von Daten mit einem `DataSet` läuft in folgenden Schritten ab:

- Aufbau einer Verbindung zu der Datenbank mit einem `Connection`-Objekt. Bei der Instanziierung dieses Objekts kann die Verbindungszeichenfolge übergeben werden.
- Instanziierung der Befehlsklasse und Bindung dieses Objekts an das `Connection`-Objekt über die Eigenschaft `Connection`
- Festlegung eines SQL-Befehls, der Daten liefert (also z. B. `SELECT` oder eine Stored Procedure), im `OLEDBCommand`-Objekt in der Eigenschaft `CommandText`

- Instanziierung des Datenadapters auf Basis des Command-Objekts
- Instanziierung des DataSet-Objekts (ohne Parameter)
- Die Ausführung der Methode Fill() in dem DataSet-Objekt kopiert die kompletten Daten in Form eines DataTable-Objekts in das DataSet. Als zweiter Parameter kann bei Fill() der Aliasname für das DataTable-Objekt innerhalb des DataSet angegeben werden. Ohne diese Angabe erhält das DataTable-Objekt den Namen Table.
- Optional können weitere Tabellen eingelesen und im DataSet miteinander verknüpft werden.
- Danach kann die Verbindung sofort geschlossen werden.

Providerspezifisches Beispiel

Das folgende PowerShell-Skript gibt aus einer Microsoft-Access-Datenbanktabelle alle Datensätze sortiert aus. Zum Einsatz kommt dabei der OLEDB-Provider für ADO.NET, der im .NET Framework ab Version 1.0 enthalten ist. Die Implementierung ist providerspezifisch.

Das Skript besteht aus folgenden Schritten:

- Festlegung der Verbindungszeichenfolge und der auszuführenden SQL-Anweisung
- Instanziierung eines Verbindungsobjekts (OleDbConnection) mit Hilfe der Verbindungszeichenfolge und Öffnen der Verbindung zur Datenbank
- Erstellen eines Befehlsobjekts (OleDbCommand) unter Angabe des Verbindungsobjekts und des SQL-Befehls
- Erstellen eines Datenadapters (OleDbDataAdapter) für den Befehl
- Instanziieren eines leeren Datencontainers (DataSet) zur Aufnahme der Daten
- Befüllen des Datencontainers durch den Datenadapter mit Hilfe der Methode Fill()
- Zugriff auf die erste Tabelle in dem Datencontainer (bitte beachten Sie, dass die Zählung bei 0 beginnt!)
- Ausgabe der Daten durch Pipelining der Tabelle

HINWEIS: Es ist nicht möglich, analog zu XML-Dokumenten mit $Tabelle. Spaltenname auf die Inhalte der Tabelle zuzugreifen, weil gemäß dem ADO.NET-Objektmodell das DataTable-Objekt nicht direkt die Spalten enthält, sondern DataRow-Objekte. Die PowerShell enthält aber den Automatismus, beim Pipelining eines DataTable-Objekts dieses automatisch in Zeilen und Spalten zu zerlegen. Bei den einzelnen DataRow-Objekten funktioniert dann durch die automatische Abbildung der Zugriff auf die Spalten über ihren Namen, z. B.:

```
$Tabelle | % { $_.Spaltenname }
```

Ebenfalls funktioniert:

```
$Tabelle | % { $_.["UserSurname"] }
$Tabelle | % { $_."UserSurname" }
```

Diese beiden Syntaxformen braucht man aber nur, falls der Spaltenname ein Leerzeichen enthalten sollte.

Listing 39.7 Datenbankzugriff mit einem Dataset über einen providerspezifischen Datenadapter auf eine Access-Datenbank [DataSet Access.ps1]

```
# Eingabedaten
$Conn = "Provider=Microsoft.Jet.OLEDB.4.0;Data Source=x:\demo\dokumente\users.mdb;"
$SQL = "Select * from users order by UserSurname"

# Datenbank öffnen
"Oeffne die Datenbank..."
$conn = New-Object System.Data.OleDb.OleDbConnection($Conn)
$conn.open()
"Zustand der Datenbank: " + $conn.State

# SQL-Befehl ausführen
"Befehl ausfuehren: " + $SQL
$cmd = New-Object System.Data.OleDb.OleDbCommand($sql,$conn)
$ada = New-Object System.Data.OleDb.OleDbDataAdapter($cmd)
$ds = New-Object System.Data.DataSet
$ada.Fill($ds, "Benutzer") | out-null

# Verbindung schließen
$conn.close

# Ausgabe
"Anzahl der Tabellen im Dataset: " + $ds.Tables.Count
"Anzahl der Datensätze in Tabelle 1: " + $ds.Tables[0].Rows.Count

"Ausgabe der Daten:"
$ds.Tables[0] | select-Object -first 15 | ft UserFirstName, UserSurname, userid
```

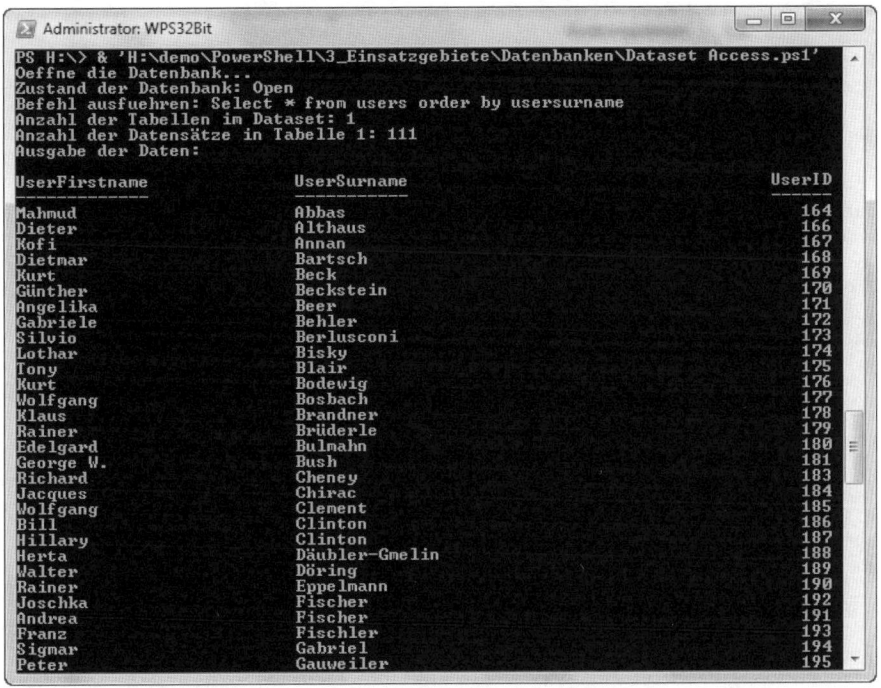

Bild 39.9 Ausgabe des Skripts

Providerneutrales Beispiel

Im zweiten Beispiel wird der Datenadapter von der Providerfabrik erzeugt.

Listing 39.8 Datenbankzugriff mit einem Dataset über einen providerneutralen Datenadapter auf eine Microsoft-SQL-Server-Datenbank [DataSet SQL Server1.ps1]

```
# Parameters
$PROVIDER = "System.Data.SqlClient"
$CONNSTRING = "Data Source=.\SQLEXPRESS;AttachDbFileName=X:\demo\PowerShell\
Datenbanken\users.mdf;Integrated Security=True;"
$SQL = "Select * from users"

# Create Factory
$provider = [System.Data.Common.DbProviderFactories]::GetFactory($PROVIDER)

# Create Connection
$conn = $provider.CreateConnection()
$conn.ConnectionString = $CONNSTRING

# Open Connection
$conn.Open();
"Zustand der Datenbank: " + $conn.State

# Create Command
$cmd = $provider.CreateCommand()
$cmd.CommandText = $SQL
$cmd.Connection = $conn

# Create Adapter
[System.Data.Common.DbDataAdapter] $ada = $provider.CreateDataAdapter()
$ada.SelectCommand = $cmd

# Create Dataset
$ds = New-Object System.Data.DataSet

# Retrieve data
$e = $ada.Fill($ds, "Benutzer")

# Datenbank schließen
$Conn.Close()
"Zustand der Datenbank: " + $conn.State

# Output
"Tabellenanzahl: " + $ds.Tables.Count
"Zeilenanzahl in Tabelle 1: " + $ds.Tables[0].Rows.Count

# Access table
$Tabelle = $ds.Tables[0]

# Print all rows
"Zeilen:"
$Tabelle | Select UserFirstName, UserSurname, userid
```

39.4 Datenzugriff mit den PowerShell-Erweiterungen

Die *www.IT-Visions.de-PowerShell-Erweiterungen* stellen folgende Commandlets zur Verfügung:

- `Test-DBConnection`: zeigt an (True/False), ob ein Verbindungsaufbau möglich ist.
- `Invoke-DBCommand`: führt eine SQL-Anweisung auf der Datenquelle aus. Rückgabewert ist eine Zahl, die angibt, wie viele Zeilen betroffen waren.
- `Get-DBTable`: liefert eine Datenmenge gemäß SQL-Anweisung aus einer Datenquelle in Form einer Menge von `DataRow`-Objekten.

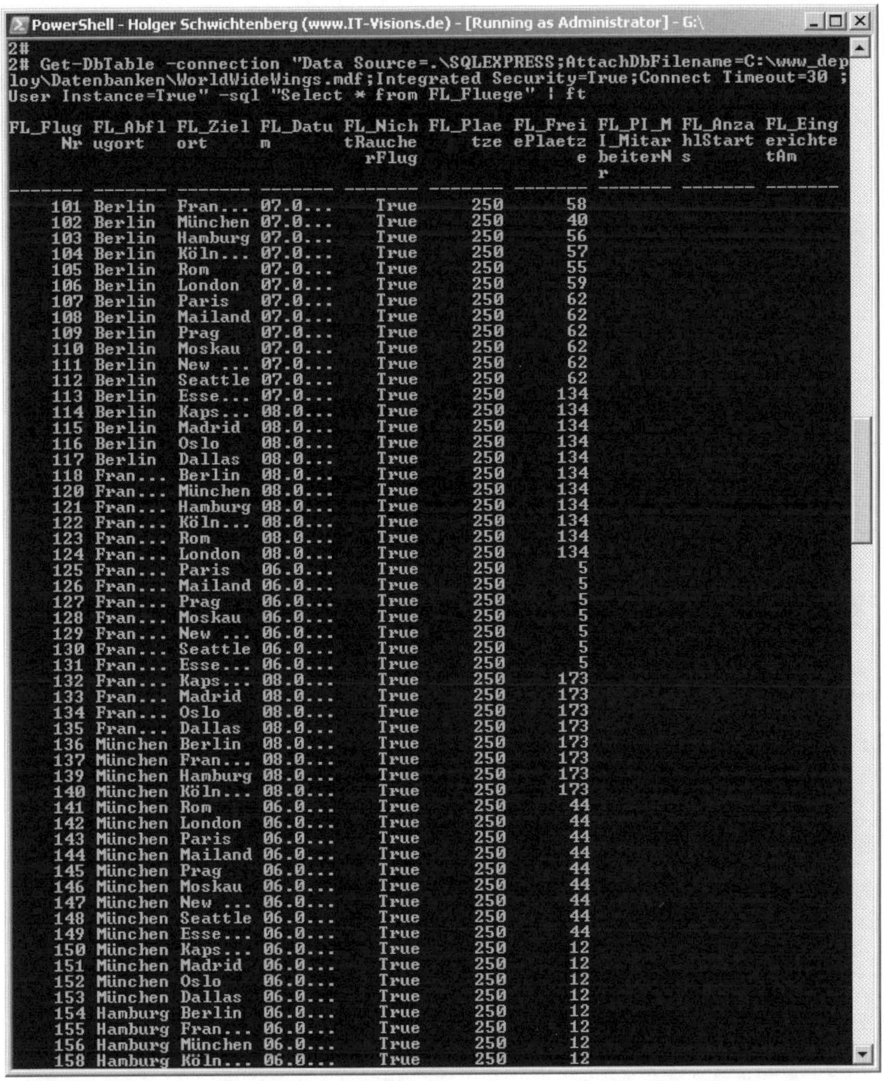

Bild 39.10 Einsatz von Get-DataTable zum Zugriff auf eine Microsoft-SQL-Server-Tabelle, die Flugdaten enthält

- **Get-DBRow**: liefert eine Zeile aus einer Datenquelle in Form eines ADO.NET-DataRow-Objekts. Sofern die angegebene SQL-Anweisung mehr als eine Zeile zurückgibt, wird nur die erste Zeile geliefert.
- **Set-DBTable**: speichert Änderungen in einem `DataTable`-Objekt in der Datenquelle.
- **Set-DBRow**: speichert Änderungen in einem `DataRow`-Objekt in der Datenquelle.

Alle Commandlets basieren auf providerneutraler Programmierung. Sofern Commandlets eine Verbindungszeichenfolge erwarten, erlauben sie auch die Angabe eines Providers (Parameter -Provider). Die Angabe des Providers ist optional, die Standardeinstellung ist „MSSQL". Andere mögliche Werte sind „OLEDB", „ODBC", „ORACLE" und „ACCESS". Bitte beachten Sie, dass diese Kürzel erwartet werden, nicht der vollständige „Provider Invariant Name".

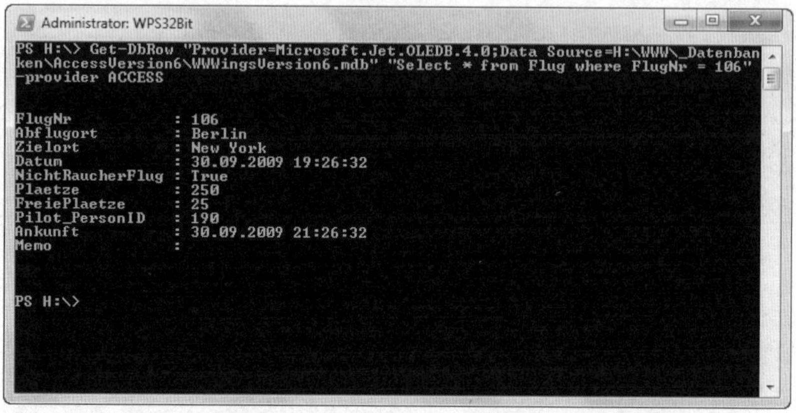

Bild 39.11 Einsatz von Get-DataRow zum Zugriff auf den ersten Datensatz in einer Access-Tabelle

Das folgende Skript zeigt die oben genannten Commandlets in Aktion. Das Skript erledigt alle Aufgaben der vorherigen Skripte – und das wesentlich prägnanter!

Listing 39.9 Datenbankzugriff mit den PowerShell Extensions von *www.IT-Visions.de* [/Datenbank/ITV Database Commandlet Demo.ps1]

```
# Requirements: www.IT-Visions.de Commandlet Extension Library
# http://www.powershell-doktor.de

# Parameters
$SQL = "Select * from users order by UserSurname"
$Conn = "Provider=Microsoft.Jet.OLEDB.4.0;Data
Source=X:\demo\PowerShell\Datenbanken\users.mdb;"
$Provider = "ACCESS"

"----------Test database connections:"
test-dbconnection -connection $Conn    -sql $SQL -provider $Provider

"---------- Execute Commands:"

$SQL1 = "Select count(*) from users"
$SQL2 = "insert into users ( UserFirstName, UserSurname) values ('Hans', 'Meier')"
$SQL3 = "delete from users where UserSurname='Meier'"
```

39.4 Datenzugriff mit den PowerShell-Erweiterungen

```
invoke-ScalarDbCommand -connection $Conn   -sql $SQL1 -provider $Provider
invoke-DbCommand -connection $Conn    -sql $SQL2 -provider $Provider
invoke-ScalarDbCommand -connection $Conn   -sql $SQL1 -provider $Provider
invoke-DbCommand -connection $Conn    -sql $SQL3 -provider $Provider
invoke-ScalarDbCommand -connection $Conn   -sql $SQL1 -provider $Provider

"---------- Get Data "

$table = Get-DbTable -connection $Conn    -sql $SQL -provider  $Provider
$table | ft

"---------- Select Row "
$row = $table | where { $_.usersurname -eq "Müller" }
$Row

"---------- Change Row "
$row.UsercreateDate = [DateTime] "14/10/2009"
$Row

"---------- Update Data "
$table | Set-DbTable -connection $Conn -sql $sql -provider  $Provider -verbose

"---------- Get Row"
$SQL = "Select * from users where usersurname = 'Müller'"
$row = Get-DbRow $Conn $SQL $Provider
$row
```

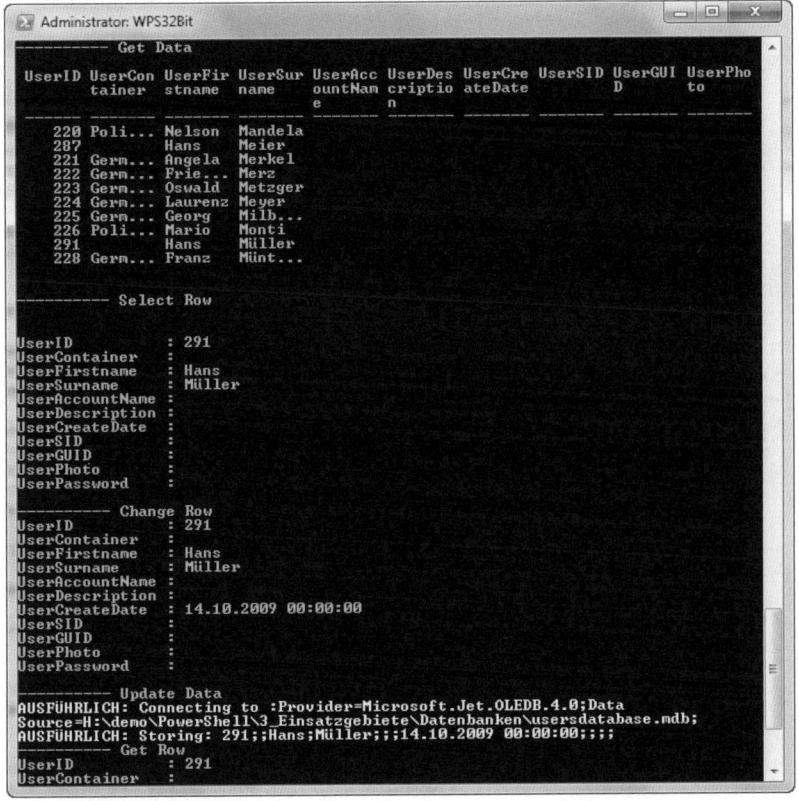

Bild 39.12 Ausgabe des obigen Skripts

39.5 Datenbankzugriff mit SQLPS

Mit Microsoft SQL Server liefert Microsoft seit Version 2008 ein Commandlet Invoke-SqlCmd aus, mit dem man beliebige SQL-Abfragen ausführen kann. Dieses Commandlet steckt im Modul „SQLPS" (ab Microsoft SQL Server Version 2012). Zuvor war dies ein PowerShell-Snap-In mit Namen „SqlServerCmdletSnapin100".

Der folgende Befehl listet mit Hilfe von Invoke-SqlCmd die Datensätze der Tabelle *Employees* der Datenbank *Northwind* auf dem SQL Server *.\SQLEXPRESS12* auf.

```
Invoke-SqlCmd -ServerInstance .\SQLEXPRESS12 -Database Northwind -Query "Select *
From Employees" | Select-Object -Property EmployeeID, LastName, City
```

39.6 Datenbankzugriff mit SQLPSX

Eine Alternative zu den *www.IT-Visions.de-Commandlets* ist das OpenSource-Projekt SQLPSX (*http://sqlpsx.codeplex.com/*). Das folgende Beispiel entspricht dem Beispiel aus Kapitel 34.3.5 für einen Datenbankzugriff auf MySQL, nur dass dieses Mal das Modul MySqlLib aus dem SQLPSX-Modul zum Einsatz kommt. Es wird dadurch etwas kürzer und besser nachvollziehbar.

Listing 39.10 Datenbankzugriff auf MySQL mit SQLPSX

```
<#
.Synopsis
 Zugriff auf eine MySQL-Datenbank per SQLPSX
#>

Import-Module MySqlLib

$Server = "localhost"
$User = "root"
$Pw = ""
$Database = "LoginsDB"
$Cn = New-MySQLConnection -Server $server -User $User -Password $Pw -Database
$Database
$Cursor = Invoke-MySQLQuery -Sql "Select * From Users Inner Join Logins On -Logins.
UserID = Users.UserID" -Connection $Cn
foreach ($Rec in $Cursor)
{
  New-Object -TypeName PsObject -Property @{UserName=$Rec.UserName;
    LoginTime=$Rec.LoginTimeStamp}
}
```

40 Microsoft-SQL-Server-Administration

Die PowerShell-Unterstützung für die Administration des Microsoft SQL Server gibt es seit SQL Server Management Studio Version 2008. In Version 2008 und 2008 R2 gab es zwei Snap-Ins „SqlServerCmdletSnapin100" und „SqlServerProviderSnapin100" und eine spezielle PowerShell-Konsole „Sqlps.exe". Seit SQL Server 2012 gibt es die Module „SQLPS" und „SQLASCOMMANDLETS". Während das Modul „SQLASCOMMANDLETS" elf spezielle Commandlets für Aktivitäten rund um die „Analysis Services" enthält, umfasst das Modul „SQLPS" 30 ebenfalls recht spezielle Commandlets, die allgemeine Aufgaben wie das Sichern und Wiederherstellen einer Datenbank oder die Aktivierung des neuen Hochver-

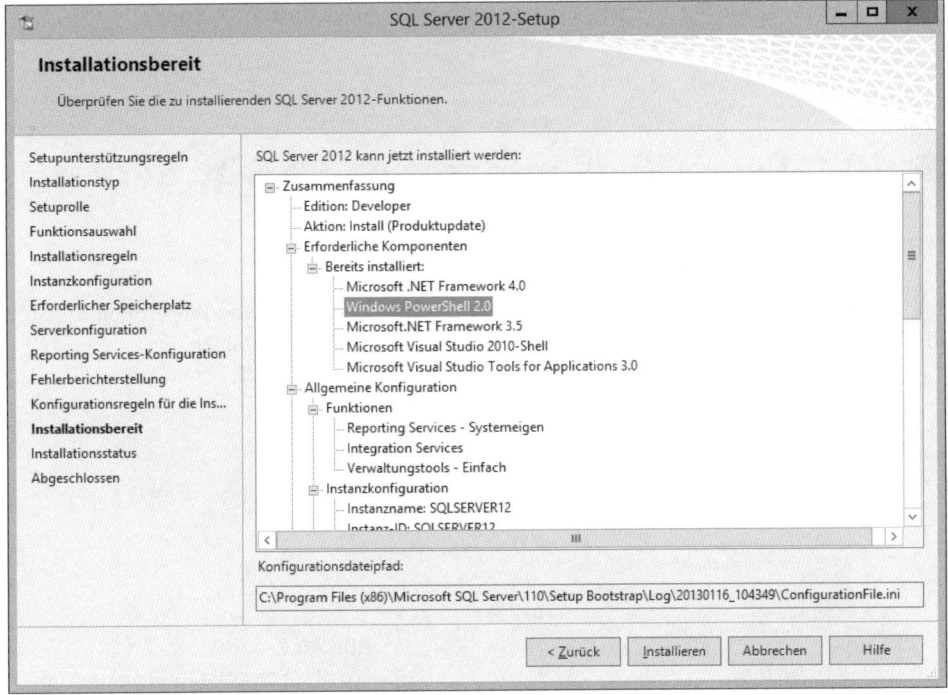

Bild 40.1 Mitinstallation der Windows PowerShell mit Microsoft SQL Server 2012, sofern die PowerShell auf dem Server noch nicht vorhanden ist

fügbarkeitsfeatures („Always on") übernehmen. Im Mittelpunkt des Moduls steht das universelle Commandlet `Invoke-SqlCmd`, mit dem sich beliebige T-SQL-Kommandos oder T-SQL-Skripte an einen SQL Server schicken lassen.

Seit Version 2008 gibt es zudem einen Navigationsprovider, der das Laufwerk „SQLServer:" für den Zugriff auf die SQL-Server-Objekte bereitstellt.

HINWEIS: Die in Microsoft SQL Server 2008 bzw. 2008 R2 mitgelieferte PowerShell war eine spezielle als „Mini-Shell" bezeichnete Version, in der man zwar alle Standard-Commandlets aufrufen, aber keine Erweiterungen installieren kann.

Auch die in den aktuellen Modulen verfügbaren Funktionalitäten sind noch nicht sehr eingeschränkt. Wenn man die PowerShell in der SQL-Server-Administrationspraxis einsetzen will, muss man dann doch häufig direkt mit .NET-Objekten arbeiten, der Klassenbibliothek *Server Management Objects (SMO)*. Alternativ greift man auf die OpenSource-Bibliothek SQLPSX zurück, die auf der Basis der SMO knapp 300 Funktionen und Commandlets zur Verfügung stellt.

HINWEIS: Alle Datenbankbeispiele in diesem Kapitel beziehen sich, sofern es nicht anders angegeben ist, auf die Beispieldatenbank *Northwind*, die von einer Microsoft-SQL-Server-2012-Express-Instanz (".\SQLEXPRESS") verwaltet wird.

■ 40.1 PowerShell-Integration im SQL Server Management Studio

Im SQL Server Management Studio (ab Version 2008) lässt sich eine PowerShell-Konsole direkt von einem beliebigen Ast im Baum der SQL-Server-Objekte starten.

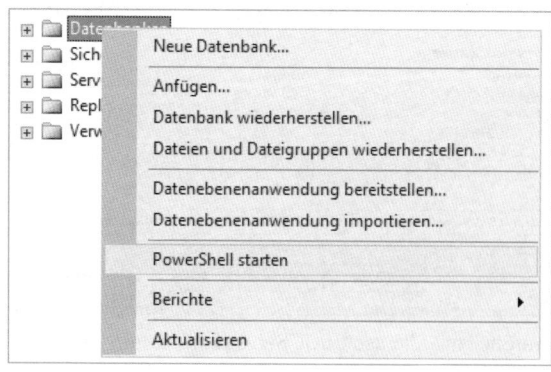

Bild 40.2
Die SQL-Server-PowerShell kann im Rahmen von SQL Server Management Studio gestartet werden.

Wenn man die PowerShell so im SQL Server Management Studio startet, werden die Module „SQLPS" und „SQLASCOMMANDLETS" geladen und das Laufwerk SQLSERVER: bereitgestellt. Je nachdem, von welchem Objekt die PowerShell im *SQL Server Management Studio* gestartet wurde, ist dieser Pfad bereits voreingestellt.

■ 40.2 SQL-Server-Laufwerk „SQLSERVER:"

Das SQL-Server-PowerShell-Modul „SQLPS" stellt einen PowerShell-Navigationsprovider für den Zugriff auf den Microsoft SQL Server bereit. Über das *SQLServer:*-Laufwerk, das beim Laden von SQLPS (siehe vorheriges Unterkapitel) bereitgestellt wird, werden die Objekte einer SQL-Server-Instanz angesprochen. Wenn man die PowerShell nicht aus dem SQL Server Management Studio heraus startet, muss man das Modul SQLPS mit `Import-Module SQLPS` laden, damit man das Laufwerk zur Verfügung hat. Die Warnung, dass Microsoft in diesem Modul für einige Commandlets Verben verwendet hat, die nicht zur offiziellen Liste der erlaubten Verben gehören, ist traurig, aber wahr. Zum Beispiel besitzt das Commandlet `Encode-SqlName` ein solches Verb, das nicht in der offiziellen Liste ist.

Diese Warnung kann man unterbinden mit

```
Import-Module -Name SQLPS -DisableNameChecking
```

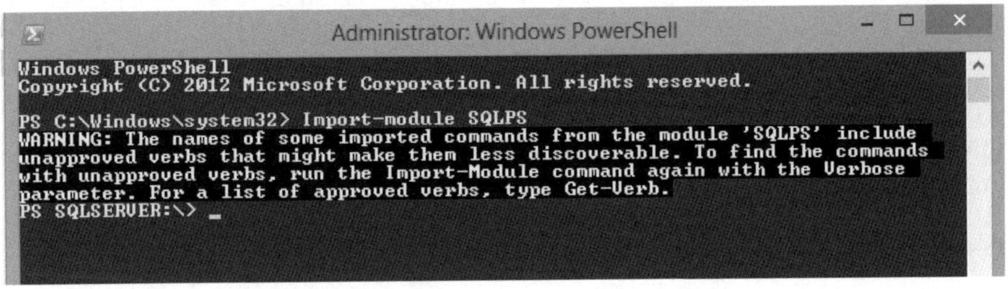

Bild 40.3 Importieren des Moduls SQLPS

HINWEIS: Dieser PowerShell-Navigationsprovider unterstützt aber nicht alle Möglichkeiten eines PowerShell-Laufwerks. Nicht unterstützt werden u.a. das Neuanlegen von Datenbankobjekten, das Kopieren von Objekten und das Abrufen von Properties über `Get-ItemProperty`. Das Löschen von Objekten ist jedoch möglich.

Auch der Zugriff auf in einer Datenbank enthaltene Daten ist mit dem „SQLSERVER:"-Laufwerk leider nicht möglich. Über das `Get-ChildItem`-Commandlet lassen sich nur die Tabellen und Felder einer Datenbank auflisten, nicht aber ihre Inhalte. Für den Zugriff auf die Inhalte wird das `Invoke-SqlCmd`-Commandlet benötigt, mit dem sich beliebige SQL-Kommandos an einen SQL Server schicken lassen.

Ein `Get-ChildItem` bzw. `Dir` macht deutlich, dass auf der obersten Ebene gleich neun Container existieren, über die die einzelnen „Elemente" eines SQL Server angesprochen werden.

```
PS SQLSERVER:\> dir

Name              Root                        Description
----              ----                        -----------
SQL               SQLSERVER:\SQL              SQL Server Database Engine
SQLPolicy         SQLSERVER:\SQLPolicy        SQL Server Policy Management
SQLRegistration   SQLSERVER:\SQLRegistration  SQL Server Registrations
DataCollection    SQLSERVER:\DataCollection   SQL Server Data Collection
XEvent            SQLSERVER:\XEvent           SQL Server Extended Events
Utility           SQLSERVER:\Utility          SQL Server Utility
DAC               SQLSERVER:\DAC              SQL Server Data-Tier Application
                                                Component
SSIS              SQLSERVER:\SSIS             SQL Server Integration Services
SQLAS             SQLSERVER:\SQLAS            SQL Server Analysis Services

PS SQLSERVER:\>
```

Bild 40.4 Wurzelebene einer Microsoft-SQL-Server-Instanz

Der Befehl, der von der obersten Ebene alle Datenbanken einer Instanz auflistet, lautet:

```
dir sql\Server114\sqlexpress\Databases
```

Damit wird auf dem „Server114" die SQL-Server-Instanz „SQLExpress" angesprochen. Statt „SQLExpress" kann hier auch „Default" oder ein beliebiger anderer Name stehen, entsprechend des Instanznamens, den Sie bei der Installation des Datenbankservers vergeben haben.

Leider ist `Get-ChildItem` bei der Verwendung im Laufwerk SQLServer eingeschränkt. So wird zum Beispiel der Parameter `-filter` nicht unterstützt. So ist dieser Befehl nicht möglich:

```
Get-ChildItem sqlserver:\SQL\E60\Default\Databases -filter North*
```

Er führt zum Fehler: „Get-ChildItem : Cannot call method. The provider does not support the use of filters.". Stattdessen muss man in der PowerShell mit `Where-Object` filtern:

```
Get-ChildItem sqlserver:\SQL\E60\Default\Databases | where name -like North*
```

Ein

```
cd sql\Server114\sqlexpress\Databases\Northwind
```

setzt das aktuelle Verzeichnis auf die angegebene Datenbank. Ein weiteres „dir" listet die Inhalte der Datenbank wie Benutzer, gespeicherte Prozeduren, Rollen, Tabellen usw. auf (siehe Bild).

40.2 SQL-Server-Laufwerk „SQLSERVER:"

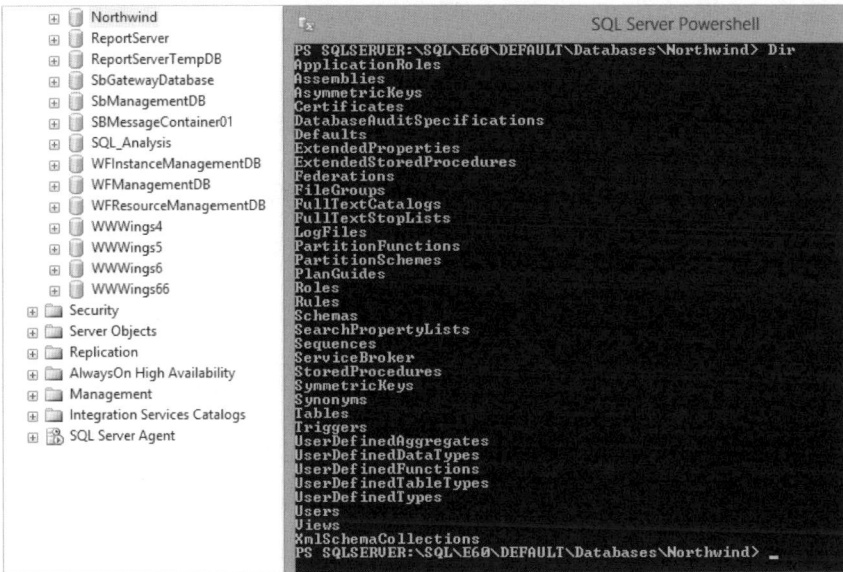

Bild 40.5 Auflisten des Datenbankinhalts mit Dir

Ein

```
dir sql\Server114\sqlexpress\Databases\Northwind\Tables
```

listet alle Tabellen der Datenbank „Northwind" auf dem Computer „Server114" auf, die von der Instanz mit dem Namen „SQLExpress" verwaltet wird.

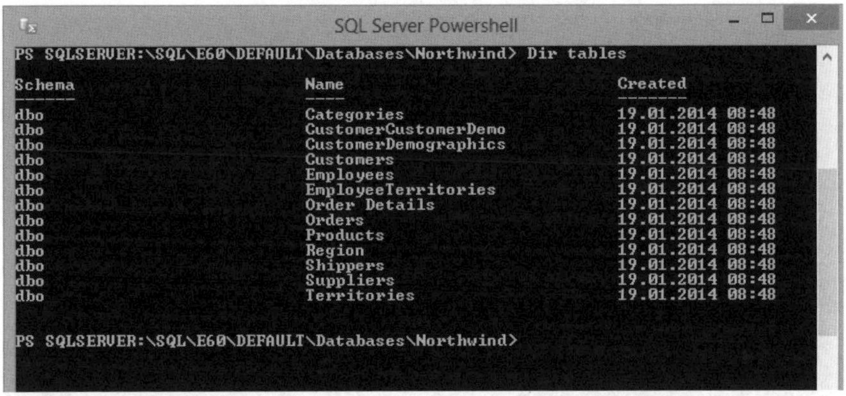

Bild 40.6 Auflistung der Northwind-Tabellen

Auch wenn bei dem Provider von Microsoft leider nicht alle Laufwerksoperationen implementiert wurden, das Löschen einer Datenbank per `Remove-Item`-Commandlet (oder einfach `del`) ist möglich.

Der folgende Befehl entfernt die Datenbank „Northwind":

```
Remove-Item -Path Northwind
```

Auch das Umbenennen einer Datenbank ist per `Rename-Item` einfach durchführbar:

```
Rename-Item -Path Northwind -NewName NorthwindDB
```

ACHTUNG: Das Löschen und Umbenennen einer Datenbank erfolgt ohne Bestätigungsanforderung.

HINWEIS: Eine Möglichkeit, die von dem Navigationsprovider intern verwendeten SQL-Kommandos zu sehen, gibt es leider nicht.

■ 40.3 Die SQLPS-Commandlets

Die folgende Bildschirmabbildung zeigt die zu SQLPS gehörenden Commandlets. Mit Ausnahme des Laufwerks `SQLSERVER:` und der Commandlets `Invoke-SQLCmd` und `Backup-SqlDatabase` werden diese Commandlets in diesem Buch nicht weiter besprochen, weil sie sehr speziell sind und den Rahmen des Buchs sprengen würden.

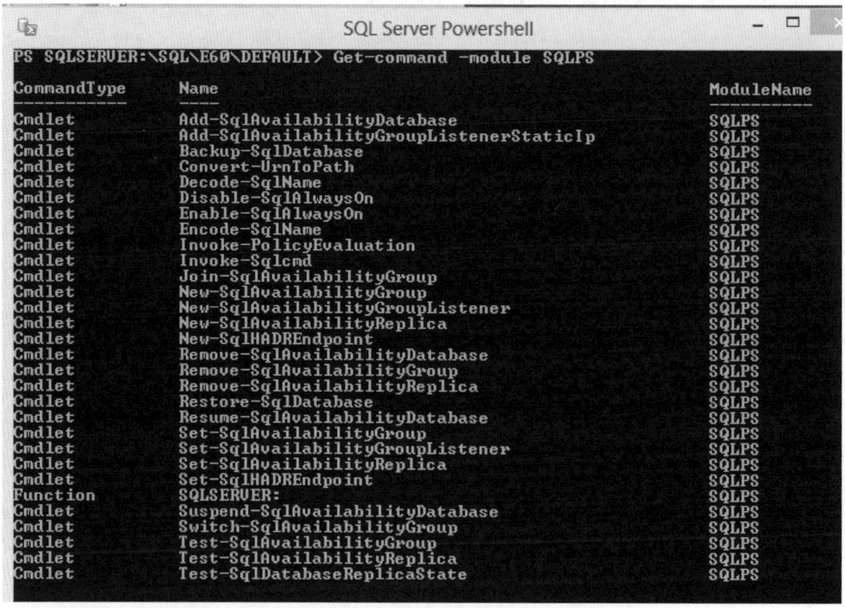

Bild 40.7 Liste der 30 Commandlets im Modul „SQLPS"

Invoke-SqlCmd

Das Ausführen von T-SQL-Skripten ist auf verschiedene Weisen möglich: über eine Sql Command-Klasse (Namensraum `System.Data.SqlClient`) und deren Methode Execute Reader, über die SMO, über das Invoke-SqlCmd-Commandlet aus dem SQLPS-Modul und über einen Aufruf von *Sqlcmd.exe*. Die einfachste Variante ist die Verwendung des Invoke-SqlCmd-Commandlets, dem lediglich der Name der Instanz, der Name der Datenbank und die auszuführenden T-SQL-Befehle übergeben werden.

Das Commandlet `Invoke-SqlCmd` bietet eine ähnliche Funktion wie das Kommandozeilenwerkzeug `sqlcmd.exe`. Es bietet aber nicht alle Funktionen von `sqlcmd.exe`.

Die zentrale Funktion von `Invoke-SqlCmd` ist das Ausführen beliebiger T-SQL-Skripte. Mit dem folgenden Befehl wird die Installation der Northwind-Datenbank im SQL Server ausgeführt.

```
$InstanzName = ".\SQLEXPRESS"
$TSQLScriptPath = "C:\SQL Server Sample Databases\instnwnd.sql"
Invoke-SqlCmd -ServerInstance $InstanzName -InputFile $TSQLScriptPath
```

Das folgende Beispiel legt per T-SQL-Skript und `Invoke-SqlCmd` eine neue Datenbank mit dem Namen „TestDB" in der angegebenen SQL-Server-Instanz mit einer Tabelle an und löscht diese zuvor, sollte sie bereits existieren. Das T-SQL-Skript wird durch einen Here-String im Skript untergebracht. Am Ende werden die Namen der Tabellen der Datenbank ausgegeben.

Listing 40.1 Einsatz von Invoke-SqlCmd

```
<#
 .Synapsis
 T-SQL per SMO und Invoke-SqlCmd ausführen
 #>

Import-Module -Name Sqlps -DisableNameChecking

$TSQL = @"
    Select LastName,City From Employees
"@

$TSQL = @"
USE master;
GO
IF EXISTS(SELECT * from sys.databases WHERE name='TestDB')
BEGIN
    ALTER DATABASE TestDB
    SET SINGLE_USER
    WITH ROLLBACK IMMEDIATE
    DROP DATABASE TestDB;
END

CREATE DATABASE TestDB
GO

USE TestDB
GO
```

```
CREATE TABLE dbo.Logins
   (LoginID int PRIMARY KEY NOT NULL,
   UserID int,
   LoginTime DateTime,
   Comment text NULL)
GO

"@

$SQLServerInstanz = ".\SQLEXPRESS"

Invoke-Sqlcmd -ServerInstance $SQLServerInstanz -Query $TSQL

$Server = New-Object -Typename Microsoft.SqlServer.Management.Smo.Server
-ArgumentList $SQLServerInstanz
$Server.Databases["TestDB"].Tables
```

Backup-SqlDatabase

Mit dem Commandlet `Backup-SqlDatabase` startet man ein Backup einer SQL-Server-Datenbank. Das folgende Beispiel erstellt ein Backup aller Datenbanken von Server114, deren Name mit „North*" beginnt. Dabei wird jedes Backup in einer Backupdatei gesichert, die wie die Datenbank heißt.

Listing 40.2 SQLBackup.ps1

```
Import-Module SQLPS
cd .\SQL\F114\Default\Databases

foreach($database in (Get-ChildItem | where name -like noth*))
{
$dbName = $database.Name
"Backup von $dbname..."
Backup-SqlDatabase -Database $dbName -BackupAction Database -BackupFile "W:\
temp\$dbName.bak" -Initialize
}
```

■ 40.4 Die SQL Server Management Objects (SMO)

von Peter Monadjemi

Die *SQL Server Management Objects* (SMO) sind mehrere .NET-Framework-Assemblies, die eine Vielzahl von Klassen für den Zugriff auf Microsoft-SQL-Server-Instanzen und ihre Inhalte zur Verfügung stellen. Vereinfacht formuliert lassen sich mit ihrer Hilfe die Funktionen des SQL Server Management Studio im Rahmen einer Anwendung oder eines (PowerShell-)Skripts verwenden. Sie sind die offiziell von Microsoft zur Verfügung gestellte Funktionsbibliothek für das Scripting einer SQL-Server-Instanz und natürlich für den Einsatz im Rahmen eines PowerShell-Skripts prädestiniert. Sie lösen die *Distributed Manage-*

ments Objects (DMO) ab, die in früheren SQL-Server-Versionen die Scripting-Schnittstelle gebildet hatten.

Überblick über die SMO

Die SMO werden bei SQL Server 2012 als Teil des *Client Tools SDK* installiert, das bei der Installation ausgewählt werden muss. Sie können als Teil des „Microsoft SQL Server 2012 Feature Pack", aber auch nachträglich einzeln installiert werden. Diese Option kann auch gewählt werden, wenn die SMO für SQL Server 2008 R2 installiert werden soll. Für die Express-Editionen stehen die SMO (natürlich) auch zur Verfügung.

Die einzelnen Bestandteile des „Microsoft SQL Server 2012 Feature Pack" werden unter der Webadresse

http://www.microsoft.com/de-de/download/details.aspx?id=29065

aufgelistet. Für PowerShell-Anwender sind die folgenden Pakete interessant:

- *Microsoft Server 2012 Shared Management Objects*. Die MSI-Datei ist für jene Fälle interessant, dass ein PowerShell-Skript, das die SMO benutzt, auf einem Computer ausgeführt werden soll, auf dem die SMO noch nicht installiert sind. In diesem Fall müsste die MSI-Datei vor dem ersten Start des Skripts (z. B. auch als Teil des Skripts) ausgeführt werden.

- *Microsoft Windows PowerShell Extensions for Microsoft SQL Server 2012*. Die MSI-Datei installiert das PowerShell-Modul SQLPS.

- *Microsoft System CLR Types for Microsoft SQL Server 2012*. Dieses Paket ist Voraussetzung, um das PowerShell-Modul SQLPS installieren zu können.

Mit den SMO lassen sich auch ältere Versionen des SQL Server ansprechen (bis einschließlich SQL Server 2000).

Nach der Installation befinden sich die Assemblies im Verzeichnis *C:\Program Files\ Microsoft SQL Server\110\SDK\Assemblies*.

Der Namensraum aller SMO-Klassen lautet „Microsoft.SqlServer.Management.Smo". Dieser Name muss jedem Typennamen, der auf den TypeName-Parameter von New-Object folgt, vorangestellt werden.

Die SMO in einem PowerShell-Skript laden

Der einfachste Weg, um an die SMO-Assemblies heranzukommen, besteht darin, das *SQLPS*-Modul zu laden, auch wenn die Commandlets des Moduls nicht verwendet werden sollen.

Die SMO können auch direkt über das *Add-Type*-Commandlet geladen werden, wobei aber der vollständige (und dadurch recht lange) Assembly-Name angegeben werden muss:

```
Add-Type -AssemblyName "Microsoft.SqlServer.Smo, Version=11.0.0.0, Culture=neutral,
PublicKeyToken=89845dcd8080cc91"
```

Ein einfacher „Test", um festzustellen, ob die SMO-Assemblies geladen wurden, besteht darin, die Liste der aktuell geladenen Assemblies nach dem Begriff „Smo" zu durchsuchen:

```
[System.AppDomain]::CurrentDomain.GetAssemblies() -match "SMO"
```

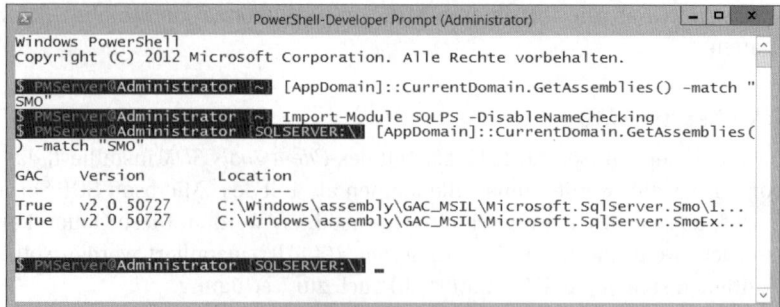

Bild 40.8 Die SMO werden über das SQLPS-Modul geladen.

Eine Übersicht über alle in der Assembly enthaltenen Klassen im relevanten Namensraum *Microsoft.SqlServer.Smo* liefert der folgende Befehl:

```
([System.AppDomain]::CurrentDomain.GetAssemblies() | Where Location -Match 
-"SqlServer.smo").GetTypes() | `

Where-Object { $_.IsClass -and $_.IsPublic -and $_.Namensraum -like –
"Microsoft.SqlServer.Management.Smo" } |
 Select-Object -Property Name,Namensraum | Sort-Object -Property Name
```

Beispiel: Anmelden an einen SQL Server

Ein kleiner „Test" der SMO listet die Namen aller Datenbanken auf einem bestimmten SQL Server auf. Die Befehlsfolge, die alle Datenbanken auflistet, lautet wie folgt:

```
Import-Module SQLPS
$InstanzName = ".\SQLEXPRESS"
$Server = New-Object -TypeName Microsoft.SqlServer.Management.Smo.Server
-ArgumentList $InstanzName
$Server.Databases | Select-Object -ExpandProperty Name
```

Das letzte Beispiel ging von einer Windows-Authentifizierung des aktuell angemeldeten Benutzers beim SQL Server aus. Ist diese nicht möglich, müssen Benutzername und Kennwort separat angegeben werden.

Das folgende Beispiel listet ebenfalls die Namen aller Datenbanken einer SQL-Server-Instanz auf, nur dass dieses Mal die Anmeldung am SQL Server über das *sa*-Konto erfolgt. Dazu muss der SQL Server gegebenenfalls auf gemischte Authentifizierung umgestellt und das *sa*-Benutzerkonto aktiviert werden.

```
Import-Module SQLPS -DisableNameChecking

$InstanzName = ".\SQLEXPRESS"
$Server = New-Object -TypeName Microsoft.SqlServer.Management.Smo.Server
-ArgumentList $InstanzName

$Server.ConnectionContext.Set_LoginSecure($false)
$Cred = Get-Credential -UserName sa -Message "Kennwort für SQL-Server eingeben"
$UserName = $Cred.Username -replace "\\", "\"
```

```
$Pw = $Cred.Password
$Server.ConnectionContext.Set_Login($UserName)
$Server.ConnectionContext.Set_SecurePassword($Pw)
$Server.ConnectionString
$Server.Databases | Select-Object -ExpandProperty Name
```

40.5 SQLPSX

von Peter Monadjemi

SQLPSX ist ein OpenSource-Projekt, das bereits im Juli 2008 von *Chad Miller* (Projektusername „CMille19") gestartet wurde und seitdem bezüglich seiner Download-Zahlen zu den populärsten PowerShell-Erweiterungen beim *CodePlex*-Portal zählt. *SQLPSX* hat ein einfaches Ziel: den Umgang mit den SMO aus der Perspektive eines PowerShell-Anwenders so einfach und komfortabel wie möglich zu gestalten. Darüber hinaus erlaubt es das Anbinden anderer DBMS-Typen, wie *MySQL*, über eigene Module. *SQLPSX* ist der Sammelname für insgesamt neun Module (Tabelle 40.1), die durch das Importieren von *SQLPSX* der Reihe nach geladen werden. Das wichtigste Modul ist `SQLServer`, da es mit seinen insgesamt 76 Funktionen die Kernfunktionalität der SMO zur Verfügung stellt.

Tabelle 40.1 Die einzelnen Module von SQLPSX

Modul	Inhalt
SQLmaint	Bietet mit `Invoke-DBMaint` eine Funktion zur Ausführung eines Wartungsvorgangs.
SQLServer	Umfasst 76 Funktionen, die die SMO-Funktionalität zur Verfügung stellen.
Agent	Umfasst 14 Funktionen für die Ansteuerung des SQL-Server-Agenten, über den geplante Aufgaben, wie z.B. das Sichern einer Datenbank, durchgeführt werden.
Repl	Umfasst 20 Funktionen für die Steuerung einer SQL-Server-Replikation.
SSIS	Umfasst 15 Funktionen für die Verwaltung der SQL-Server-Paketierung im Rahmen der SQL Server Integration Services, mit der z. B. ein Import aus einer externen Datenquelle durchgeführt wird.
Showmbrs	Umfasst vier Funktionen für den Umgang mit lokalen Gruppen und Active-Directory-Gruppen.
SQLParser	Umfasst die Funktionen `Out-SqlScript` und `Test-SqlScript`, durch die ein T-SQL-Skript formatiert ausgegeben und auf seine syntaktische Gültigkeit geprüft wird.
adolib	Umfasst sechs Funktionen für den direkten Zugriff auf eine Datenbank (z.B. über *Invoke*-Query).

Auch wenn sich jede Aktion aus dem Modul `SQLServer`, die mit den Funktionen und Commandlets aus der SQLPSX-Erweiterung möglich ist, auch direkt mit den SMO-Objekten umsetzen ließe, in der Regel ist die Verwendung der SQLPSX-Funktionalität die deutlich einfachere und komfortablere Variante.

HINWEIS: Auf eine wichtige Einschränkung soll gleich zu Beginn hingewiesen werden. Das Modul *SQLISE*, das SQL-Abfragen direkt aus der PowerShell ISE heraus ermöglicht, funktioniert leider nicht in der PowerShell ISE.

Installation und Überblick

SQLPSX steht unter dem OpenSource-Projektportal *CodePlex* und der folgenden Adresse zur Verfügung:

http://sqlpsx.codeplex.com

Der Download besteht aus der Datei *SQLPSX.msi*, die lediglich ausgeführt werden muss, um *SQLPSX* zu installieren. *SQLPSX* ist ein OpenSource-Projekt unter der *Microsoft Public Licence*. Auf der Projektseite stehen daher auch die Quellen zum Download zur Verfügung. Darüber hinaus gibt es dort auch eine kurze Installationsbeschreibung. Sehr löblich ist der Umstand, dass zu jeder Funktion eine relativ ausführliche Hilfe existiert und dass ein Diskussionsforum zur Verfügung steht, in dem man Fragen stellen kann, die vom Autor des Moduls beantwortet werden. Die einzelnen Funktionen werden in einer Online-Hilfe unter *http://www.sqlpsx.com/* beschrieben.

SQLPSX ist (für PowerShell-Verhältnisse) eine umfangreiche Angelegenheit, die im Kern acht Module umfasst und es damit auf 218 Funktionen und Commandlets bringt (bezogen auf die Version 2.3.2.1). Zusätzlich gibt es das Modul *SQLISE*, das sich in die PowerShell ISE einklinkt und das Ausführen von SQL-Abfragen erlaubt, die dazu lediglich in ein Skriptfenster eingegeben werden müssen.

Geladen werden alle Module über ein

```
Import-Module SQLPSX
```

SQLPSX selber ist kein „richtiges" Modul. Die Modulskriptdatei *Sqlpsx.psm1* besitzt lediglich die Aufgabe, die einzelnen Module der Reihe nach zu laden (sollte kein Oracle-Provider installiert sein, was im Allgemeinen der Fall ist, erscheint eine Warnung).

Über ein `Get-Module` erhält man eine Übersicht der geladenen Module.

Die ersten Schritte

Um mit SQLPSX arbeiten zu können, werden entweder alle Module oder einzelne Module importiert. Die für das Kennenlernen der Möglichkeiten interessantesten Module sind SQL-Server und AdoLib, die sich auch einzeln laden lassen:

```
Import-Module -Name SQLServer, AdoLib
```

Der zweite Schritt kann darin bestehen, sich die Versionsnummer einer SQL-Server-Instanz ausgeben zu lassen:

```
Get-SqlVersion -SqlServer .\SQLEXPRESS
```

`Get-SqlVersion` ist eine Funktion aus dem Modul SQLServer. Eine Liste aller `Get`-Funktionen dieses Moduls liefert ein

```
Get-Command -Module SQLServer -Verb Get
```

Die insgesamt 55 Funktionen bieten einen guten Überblick über die Abfragemöglichkeiten, die mit dem Modul einhergehen. Ein

```
Get-SqlEdition -SqlServer .\SQLEXPRESS
```

liefert die Edition des SQL-Servers.

Zugriff auf einen SQL Server und seine Datenbanken

Die häufigsten Aktivitäten, die im Rahmen eines Skripts durchgeführt werden, haben etwas mit dem Zugriff auf einen SQL Server und seine Datenbanken zu tun. Diese Funktionalität ist im Modul *SQLServer* mit seinen 76 Funktionen enthalten.

BEISPIEL: Das folgende Beispiel listet die Eckdaten aller Datenbanken auf der angegebenen SQL-Server-Instanz auf.

```
Import-Module SqlServer

$InstanzName = ".\SQLEXPRESS"

Get-SqlServer -Sqlserver $InstanzName | Select-Object -ExpandProperty
Databases
```

Der folgende Befehl listet alle Tabellen innerhalb einer Datenbank auf:

```
Get-SqlDatabase -Sqlserver $InstanzName -Dbname Northwind | Select-Object
-ExpandProperty Tables
```

Ähnlich sehen Befehle aus, die z. B. gespeicherte Prozeduren oder andere Objekte einer Datenbank auflisten.

Beim nächsten Beispiel, das alle gespeicherten Prozeduren einer Datenbank zurückgibt, kommt endlich der Pipe-Operator zum Einsatz, der sich natürlich auch bei Datenbankabfragen vorteilhaft einsetzen lässt:

```
Get-SqlDatabase -Sqlserver $InstanzName -Dbname Northwind |
Get-SqlStoredProcedure
```

SQL-Abfragen und Änderungen an einer Datenbank durchführen und gespeicherte Prozeduren ausführen

Zum Abschluss des ersten Überblicks über die Möglichkeiten des SQLPSX-Moduls soll natürlich auch gezeigt werden, wie sich SQL-Abfragen, SQL-Kommandos und gespeicherte Prozeduren ausführen lassen. Dafür gibt es mindestens zwei Möglichkeiten: über die Funktionen Invoke-Query und Invoke-Sql im Modul Adolib und über die Get-SqlData-Funktion im Modul SqlServer.

Ausführen einer SQL-Abfrage

BEISPIEL: Das erste Beispiel führt per Invoke-Query-Funktion eine einfache SQL-Abfrage gegen eine Datenbank aus. Da die Funktion nicht auf den SMO, sondern direkt auf den .NET-Basisklassen aufsetzt, wird die Verbindungszeichenfolge als Parameterwert übergeben.

```
Import-Module Adolib
Invoke-Query -Sql "Select * From Employees" `
 -Connection "Data Source=.\SQLEXPRESS;Integrated Security=true;Initial
Catalog=Northwind"
```

Die Rückgabe besteht in diesem Fall aus *DataRow*-Objekten, die über eine Typenerweiterung um die Feldnamen der *Employees*-Tabelle erweitert wurden (dies lässt sich über ein Get-Member feststellen). Damit lassen sich die Felder als Properties ansprechen.

Die folgende Abfrage gibt nur Datensätze der *Employees*-Tabelle aus, deren Feld *City* den Wert „Seattle" besitzt:

```
Invoke-Query -Sql "Select * From Employees" `
 -Connection "Data Source=.\SQLEXPRESS;Integrated Security=true;Initial
Catalog=Northwind"  |  Where-Object City -eq "Seattle"
```

TIPP: Wer etwas mehr über das „Innenleben" einer SQLPSX-Funktion erfahren möchte, kann dies jederzeit tun. Wie bei allen Funktionen lässt sich ihr Inhalt über das Get-Content-Commandlet sehr einfach abrufen:

```
Get-Content -Path Function:Invoke-Query
```

Ausführen eines Update-Kommandos

Natürlich lassen sich auch SQL-Operationen ausführen, die keine Datensätze zurückgeben.

BEISPIEL: Das folgende Beispiel führt eine Update-Operation mit der Tabelle *Products* der *Northwind*-Datenbank aus, die den Wert aller Produkte um einen bestimmten Faktor senkt, deren *Discontinued*-Feld den Wert 1 besitzt.

```
function Update-Products
{
  param([Double]$Factor)
   $CnSt = "Data Source=.\SQLEXPRESS;Initial Catalog=Northwind;Trusted_Connection=Yes"
   $TSQL = "Update Products Set UnitPrice = UnitPrice * $Factor Where Discontinued = 1"
   Invoke-Sql -sql $TSQL -connection $CnSt
}

Update-Products -Factor 0.5
```

Konnte das Update-Kommando ausgeführt werden, wird die Anzahl der von der Aktualisierung betroffenen Datensätze zurückgegeben.

Der Parameter Connection erwartet einen Wert vom Typ SqlConnection, der ein Verbindungsobjekt repräsentiert. Für diesen Parameter darf aber auch eine Zeichenkette übergeben werden, wenn diese eine gültige Verbindungszeichenfolge darstellt (sich aus ihr ein SqlConnection-Objekt ableiten lässt).

Ausführen einer Abfrage mit Parametern

Bei einer parametrisierten Abfrage (Abfrage mit Parametern) werden einzelne Werte der Abfrage variabel gehalten. Auch wenn die SQL-Abfrage bei einem PowerShell-Befehl lediglich PowerShell-Variablen enthalten müsste, ist eine offizielle Parameterabfrage über die Invoke-Query-Funktion des Adolib-Moduls etwas flexibler.

BEISPIEL: Das folgende Beispiel listet alle Datensätze der *Employees*-Tabelle der *Northwind*-Datenbank über eine parametrisierte Abfrage auf.

```
Import-Module -Name AdoLib

$ConString = "Data Source=.\SQLEXPRESS;Trusted_Connection=Yes;Initial Catalog=Northwind"

# Alle Mitarbeiter, die in einer bestimmten Stadt wohnen
$TSQL = "Select LastName, City From Employees Where City Like @City"

$Stadt = "Sea%"
Invoke-Query -Connection $ConString -Sql $TSQL -Parameters @{City=$Stadt}
```

Ausführen eines Insert-Kommandos und Rückgabe des Identitätswerts

Das folgende Beispiel fügt in die Tabelle *Employees* per Insert-Kommando einen neuen Datensatz ein und gibt den von der Datenbank erzeugten Identitätswert für das Feld EmployeeID (Primärschlüssel) zurück. Der „Trick" besteht darin, an das Insert-Kommando ein Select-Kommando mit der Variablen @@Identity anzuhängen und das ganze Kommando über Invoke-Query und nicht Invoke-Sql auszuführen, um den Id-Wert zurückzuerhalten.

```
$TSQL = "Insert Into Employees (FirstName, LastName,City) Values('Peter','Monadjemi',
'Esslingen');Select @@Identity As EmployeeID"
$CnSt = "Data Source=.\SQLEXPRESS;Initial Catalog=Northwind;Trusted_Connection=Yes"
Invoke-Query -sql $TSQL -connection $CnSt
```

Ausführen eines T-SQL-Skripts

Über das Commandlet Invoke-SqlCmd aus dem SQLPS-Modul oder über die Funktion Invoke-Query aus dem AdoLib-Modul des SQLPSX-Moduls lassen sich auch mehrere SQL-Kommandos nacheinander ausführen.

 BEISPIEL: Das folgende Beispiel ist etwas umfangreicher, denn es führt ein T-SQL-Kommando aus, das in der *Northwind*-Datenbank eine Tabelle mit dem Namen „CustomerRatings" und den Feldern „CustomerID" und „Rating" einfügt. In diese Tabelle werden anschließend 100 Datensätze eingefügt.

```
<#
.Synopsis
Tabelle mit Daten anlegen per T-SQL und Invoke-Query
#>

Import-Module AdoLib
Import-Module -Name SqlPs -DisableNameChecking
$VerbosePreference = "Continue"

$TSQL = @"
 DROP TABLE Ratings;
 CREATE TABLE dbo.Ratings
    (CustomerID nchar(5),
    RatingValue real,
    RatingTime nchar(32));
"@

$InstanzName = ".\SQLEXPRESS"

# Invoke-Sqlcmd -ServerInstance $InstanzName -Database Northwind -Query $TSQL

$CnSt = "Data Source=.\SQLEXPRESS;Initial Catalog=Northwind;Trusted_Connection=Yes"
Invoke-Query -Sql $TSQL -Connection $CnSt

$TSQL = @"
   INSERT INTO Ratings VALUES ('$CustomerID',$Rating,'$Time')
"@

$Anzahl = 100
$i = 0

1..$Anzahl | Foreach-Object {

    $Rating = 1..10 | Get-Random
    $CustomerID = "ALFKI", "ANTON","BLAUS","PARIS","WELLI" | Get-Random
    $TSQL = "INSERT INTO Ratings VALUES ('$CustomerID',$Rating,'$Time')"
```

```
        Invoke-Query -sql $TSQL -connection $CnSt
        Write-Progress -Activity "Füge Datensätze ein" -Status "Datensatz Nr.
$i" -PercentComplete (($i/$Anzahl) * 100)
        $Time = Get-Date
        Start-Sleep -Seconds 1
    }

    Write-Verbose "$Anzahl Datensätze eingefügt."
    $VerbosePreference = "SilentlyContinue"
        $i++
```

Die zweite Alternative für das Ausführen einer Datenbankabfrage bietet die `Get-SqlData`-Funktion aus dem `SQLServer`-Modul, der die auszuführenden T-SQL-Befehle als Zeichenkette über den Parameter Qry übergeben werden.

BEISPIEL: Der folgende Befehl führt eine einfache `Select`-Abfrage gegen die *Northwind*-Datenbank aus.

```
Get-Sqldata -sqlserver ".\SQLEXPRESS" -dbname Northwind -qry "Select
LastName, City From Employees"
```

Auch diese Abfrage gibt `DataRow`-Objekte (Namensraum `System.Data`) zurück, die um die Properties „LastName" und „City" erweitert wurden.

Aufruf einer gespeicherten Prozedur

Der Aufruf einer gespeicherten Prozedur fällt nicht in den „Zuständigkeitsbereich" von SMO, dafür sind die .NET-Basisklassen zuständig. Die einfachste Möglichkeit für den Aufruf einer gespeicherten Prozedur bietet die Funktion `Invoke-StoredProcedure` aus dem `AdoLib`-Modul des SQLPSX-Moduls.

Das folgende Beispiel ruft die gespeicherte Prozedur „Sales by Year" in der *Northwind*-Datenbank auf.

```
$CnSt = "Data Source=.\SQLEXPRESS;Initial Catalog=Northwind;Trusted_Connection=Yes"

Invoke-StoredProcedure -Connection $CnSt -StoredProcName "[Sales by Year]"
-Parameters @{Beginning_Date="1.1.1997";Ending_Date="31.12.1998"}
```

SQL-Abfragen direkt in der PowerShell ISE ausführen

Für das komfortable Ausführen von einfachen SQL-Kommandos sollte man nicht jedes Mal *SQL Server Management Studio* oder ein vergleichbares Tool starten müssen (eine empfehlenswerte Alternative für „das mal eben ein wenig SQL testen" ist *Query Express* – Download unter *http://www.albahari.com/queryexpress.aspx*), theoretisch sollte das auch in der PowerShell ISE möglich sein. Diese Möglichkeit bietet das Modul `SQLISE` aus der SQLPSX-Modulsammlung.

Im ersten Schritt wird das Modul in der PowerShell ISE importiert:

```
Import-Module SQLISE
```

Danach steht im (gegebenenfalls neu angelegten) *Add-Ons*-Menü der Eintrag „SQLIse" zur Verfügung, der ein Untermenü mit über einem Dutzend Einträgen öffnet. Einer dieser Einträge ist „Execute", über den der aktuelle Inhalt des Fensters als SQL-Kommando an die aktuell ausgewählte Datenbank geschickt wird. Die Datenbank wird über das *SQLIse*-Menü ausgewählt.

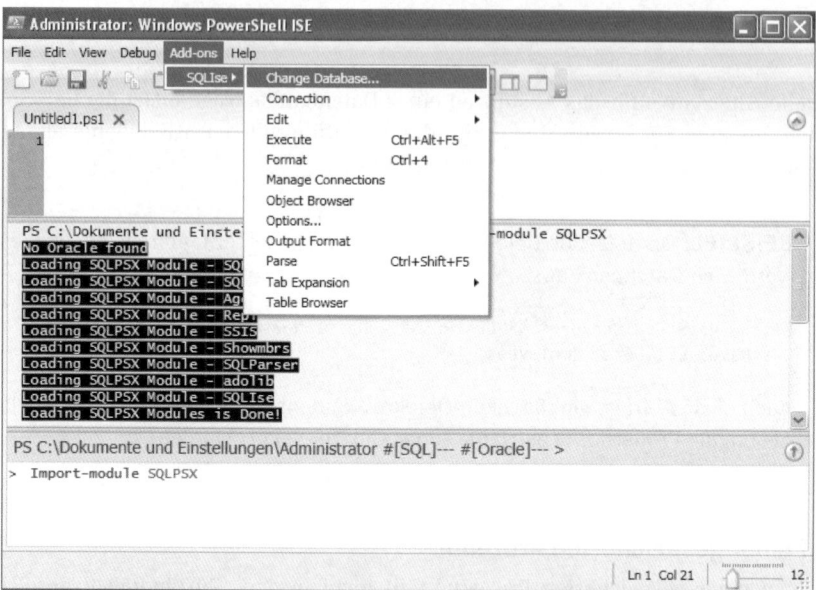

Bild 40.9 Nach dem Laden des SQLISE-Moduls wird eine Datenbank ausgewählt.

Nach Eingabe eines SQL-Kommandos wird es über **Strg + Alt + F5** ausgeführt. Das Ergebnis sehen Sie im Ausgabebereich.

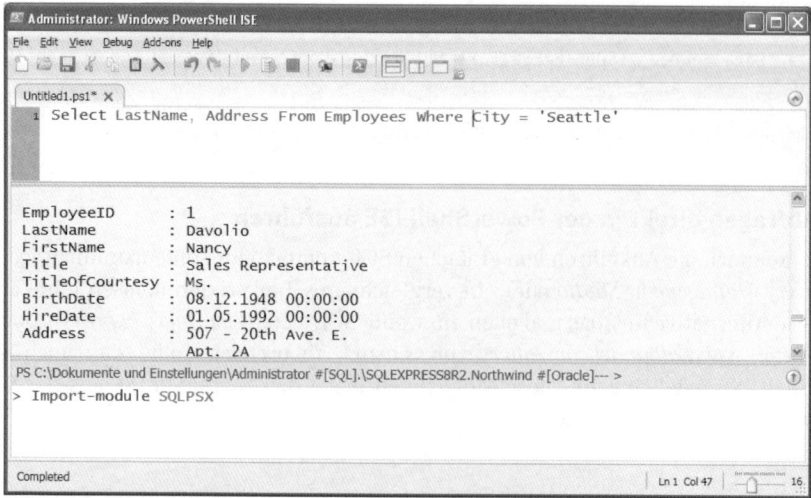

Bild 40.10 Eine SQL-Abfrage wird in der PowerShell ISE 2.0 ausgeführt.

40.6 Microsoft-SQL-Server-Administration mit der PowerShell in der Praxis

von Peter Monadjemi

In diesem Unterkapitel werden eine Reihe von Aktivitäten vorgestellt, die in die Kategorie „Datenbankverwaltung" fallen. Dazu gehört z. B. die regelmäßige Sicherung einer Datenbankdatei. Die Aktivitäten werden entweder per *Invoke-SqlCmd*-Commandlet, über die *SMO* oder die Funktionen des *SQLPSX*-Moduls umgesetzt.

Umgang mit Agenten

Über einen SQL-Server-Agent wird eine geplante Aufgabe (Job) angelegt, die zu einem festgelegten Zeitpunkt und/oder in regelmäßigen Intervallen eine bestimmte Aufgabe erledigt. Im *SQL Server Management Studio* werden die Wartungspläne eines SQL Servers auf der Grundlage von Agenten durchgeführt. SQL-Server-Agenten gibt es nicht bei der Express Edition vom SQL Server – hier fehlt der entsprechende Eintrag im *SQL Server Management Studio* und der SQL-Server-Agentendienst lässt sich nicht starten.

Das Modul Agent aus dem SQLPSX-Modul bietet 14 Funktionen für das Abfragen von Details, die mit Agenten-Jobs zu tun haben, und zum Starten eines Jobs. Das Anlegen eines Agenten-Jobs ist nur über die SMO möglich und stellt einen etwas umfangreicheren Vorgang dar, so dass das *SQL Server Management Studio* dafür im Allgemeinen die bessere Wahl ist, zumal hier alle Einstellmöglichkeiten übersichtlich angeboten werden.

BEISPIEL: Der folgende Befehl listet die Agenten-Jobs auf, die von dem Jobserver verwaltet werden, der mit der SQL-Server-Instanz „.\SQLServer12" verknüpft ist.

```
Import-Module -Name Agent

$InstanzName = ".\SQLServer12"
$JobServer = Get-AgentJobServer -Sqlserver $InstanzName
Get-AgentJob -jobserver $JobServer | Select-Object -Property Name, JobID,
NextRunDate
```

BEISPIEL: Das folgende Beispiel legt einen neuen Agenten-Job mit dem Namen „NwJob" an, der über das T-SQL-Kommando „DBCC CHECKDB" eine Konsistenzprüfung der Northwind-Datenbank auf dem SQL Server „.\SQLServer12" durchführt.

```
Import-Module SqlPs

try
{
  $InstanzName = ".\SQLServer12"
  $JobName = "NwJob"
  $Server = New-Object -TypeName Microsoft.SqlServer.Management.Smo.Server
-ArgumentList $InstanzName
  $JobServer = $Server.JobServer
```

```
    $Job = New-Object -TypeName Microsoft.SqlServer.Management.Smo.Agent.Job
-ArgumentList $JobServer, $JobName
      $Job.Create()
    $Job.ApplyToTargetServer($Server.Name)
    $JobStep = New-Object -TypeName Microsoft.SqlServer.Management.Smo.Agent.
JobStep -ArgumentList $Job, "Schritt1"
    $JobStep.Subsystem = [Microsoft.SqlServer.Management.Smo.Agent.
AgentSubSystem]::TransactSql
    $JobStep.Command = "DBCC CHECKDB('Northwind') WITH NO_INFOMSGS";
    $JobStep.OnFailAction = [Microsoft.SqlServer.Management.Smo.Agent.
StepCompletionAction]::QuitWithFailure
    $JobStep.Create()
    Write-Host -ForegroundColor White -BackgroundColor Red -Object "Job
$JobName wurde angelegt..."
}
catch
{ "Fehler beim Anlegen des Jobs ($_)" }
```

Die angelegten Jobs werden sowohl im *SQL Server Management Studio* (im Zweig „SQL Server-Agent\Aufträge") aufgelistet als auch über das SQL-Server-Laufwerk im Verzeichnis „\SQL\<Servername>\<SQL Server Instanz\Jobserver\jobs"). Dort wird auch angezeigt, ob der Job bereits ausgeführt wurde.

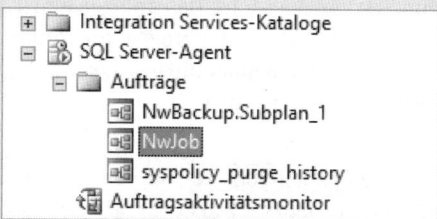

Bild 40.11
Der neue Job wird im SQL Server Management Studio angezeigt.

Gestartet wird ein Job über seine Start()-Methode.

 BEISPIEL: Das folgende Beispiel startet den Job „NwJob" mit Hilfe der SMO.

```
<#
 .Synopsis
 Starten eines SQL Server-Job
 .Notes
 Steht unter der Express Edition nicht zur Verfügung
#>

Import-Module SqlPs –DisableNameChecking

$InstanzName = ".\SQLServer12"
$JobName = "NwJob"
$Server = New-Object -TypeName Microsoft.SqlServer.Management.Smo.Server
-ArgumentList $InstanzName
$JobServer = $Server.JobServer
$Job = $JobServer.Jobs[$JobName]
try
{
```

```
    $Job.Start()
    # Ein wenig warten
    Start-Sleep -Seconds 5
    $Job.Refresh()
      Write-Host -ForegroundColor White -BackgroundColor Red -Object "Job
    $JobName wurde um $($Job.LastRunDate) gestartet..."
    }
    catch
    { "Fehler beim Starten des Jobs ($_)" }
```

Mit Hilfe der Funktionen aus dem Agent-Modul im SQLPSX-Modul geht das Starten etwas einfacher:

```
    $JobServer = Get-AgentJobServer -SqlServer .\SQLServer12
    $J = Get-AgentJob -Jobserver $JobServer -name NwJob
    $J.Start()
```

Datenbankdateien sichern

Auch wenn selbstverständlich jeder Datenbankadministrator das Sichern einer Datenbank über einen Wartungsplan erledigen lässt und es für das Sichern von Datenbanken und anderen SQL-Server-Inhalten im großen Stil komfortable GUI-Tools gibt, das Backup einer einzelnen SQL-Server-Datenbank ist auch mit der Funktion Invoke-SqlBackup aus dem *SqlServer*-Modul des *SQLPSX*-Moduls sehr einfach möglich.

 BEISPIEL: Das folgende Beispiel sichert die *Northwind*-Datenbank in ein Verzeichnis, das vorhanden sein muss.

```
    Import-Module SqlServer

    $InstanzName = ".\SQLEXPRESS"
    Invoke-SqlBackup -Sqlserver $InstanzName -Dbname Northwind -Filepath
    "C:\NwBackup\Northwind.bak" -action Database -description "Nw-Backup" -force
```

Datenbankdateien anhängen und entfernen

Für das Anhängen (engl. „attach") einer Datenbankdatei (diese trägt in der Regel die Erweiterung *.mdf*) an einen SQL Server gibt es mehrere Möglichkeiten. Die von Microsoft empfohlene Variante besteht in dem T-SQL-Kommando „Create Database" mit dem Anfang „For Attach".

 BEISPIEL: Das folgende Beispiel hängt die *.mdf*-Datei für die *Northwind*-Datenbank an einen SQL Server. Das T-SQL-Kommando wird über das Invoke-SqlCmd-Commandlet ausgeführt.

```
    $MdfPath = "C:\Databases\Northwnd.mdf"
    $MdfLogPath = "C:\Databases\Northwnd_log.ldf"
```

```
$DBName = "NorthwindNeu"

$TSQL = @"
    CREATE DATABASE $DBName
    ON (FILENAME = '$MdfPath'),
    (FILENAME = '$MdfLogPath')
    FOR ATTACH;
"@

$InstanzName = ".\SQLEXPRESS"
Invoke-Sqlcmd -ServerInstance $InstanzName -Query $TSQL
```

Das „Abhängen" (engl. „detach") einer Datenbank von einem SQL Server beschränkt sich auf den Aufruf der Detach-Methode des SMO-Server-Objekts.

```
Import-Module -Name SqlPs –DisableNameChecking

$InstanzName = ".\SQLEXPRESS"

$Server = New-Object -TypeName Microsoft.SqlServer.Management.Smo.Server
-ArgumentList $InstanzName

$DBName = "NorthwindNeu"
try
{
 $Server.DetachDatabase( $DBName, $false)
}
catch
{
 "Datenbank $DBName kann nicht gelöst werden"
}
```

SQL-Server-Datenbanken kopieren

Das Kopieren einer Datenbank ist etwas umfangreicher, da mehrere Teilschritte abgearbeitet werden. Das Kopieren wird über die Methode `TransferData()` des SMO-Objekts `Transfer` durchgeführt, das mit der zu kopierenden Datenbank initialisiert wird.

BEISPIEL: Das folgende Beispiel kopiert die *Northwind*-Datenbank auf eine Datenbank mit dem Namen „Northwind2" innerhalb desselben SQL Server. Es verwendet dazu die SMO.

```
<#
 .Synopsis
 Kopieren einer Datenbank
#>

Import-Module -Name SqlPs -DisableNameChecking

$InstanzName = ".\SQLEXPRESS"
$DBName = "Northwind"
```

```powershell
$Server = New-Object -TypeName Microsoft.SqlServer.Management.Smo.Server `
-ArgumentList $InstanzName

$DB = $Server.Databases[$DBName]

$DBCopyName = "Northwind2"
$DBCopy = New-Object -TypeName Microsoft.SqlServer.Management.SMO.Database `
-ArgumentList $Server, $DBCopyName
try
{
 $DBCopy.Create()
 Write-Verbose "Kopie-Datenbank wurde angelegt..."
}
catch
{
 Write-Host -ForegroundColor White -BackgroundColor Red "Fehler beim
Erstellen der Datenbank ($_)"
 break
}
$DBTransfer = New-Object -TypeName Microsoft.SqlServer.Management.SMO.
Transfer -ArgumentList $DB
$DBTransfer.CopyAllTables = $true
$DBTransfer.Options.WithDependencies = $true
$DBTransfer.Options.ContinueScriptingOnError = $true
$DBTransfer.DestinationDatabase = $DBCopyName
$DBTransfer.DestinationServer = $Server.Name
$DBTransfer.DestinationLoginSecure = $true
$DBTransfer.CopySchema = $true
Write-Verbose "Erzeuge T-SQL-Skript für das Kopieren der Datenbank..."

$DBTransfer.ScriptTransfer()

Write-Verbose "Kopiere die Datenbank..."
try
{
 $DBTransfer.TransferData()
 Write-Host -ForegroundColor White -BackgroundColor Green "Datenbank wurde
kopiert..."
}
catch
{
 Write-Host -ForegroundColor White -BackgroundColor Red "Fehler beim
Kopieren der Datenbank ($_)"
}

$Server.Databases | Select-Object -ExpandProperty Name
```

41 ODBC-Datenquellen

von Peter Monadjemi

ODBC ist der Name einer Spezifikation, durch die unterschiedliche Datenbankentypen über einen einheitlichen Satz an Funktionen angesprochen werden können. Diese Funktionen werden von Anwendungen verwendet, um auf eine Datenbank zugreifen zu können. Seit Windows 2000 ist *ODBC* in Gestalt der *Microsoft Data Access Components* (MDAC) ein fester Bestandteil des Betriebssystems. Auch wenn die von Microsoft Anfang der 1990er-Jahre initiierte *Open Database Connectivity* (ODBC) bereits in die Jahre gekommen ist, werden über *ODBC* auch heute noch in Unternehmen und großen Organisationen z. B. DB2- oder Informix-Datenbanken oder Excel-Arbeitsmappen angesprochen. Auch Access-, FoxPro- und uralte dBase-Datenbanken können per *ODBC* genauso angesprochen werden wie eine Microsoft-SQL-Server-Datenbank. Damit eine Anwendung eine Datenbank über *ODBC* ansprechen kann, muss ein „Data Source Name" (DSN) vorhanden sein. Dieser fasst alle Einstellungen wie den Namen des ODBC-Treibers oder den Benutzernamen zusammen. Das Verwalten der DSN-Einträge war unter Windows in der Vergangenheit nur über das Verwaltungsprogramm *ODBC-Datenquellen verwaltung* möglich. Bei Windows Server 2012 ist dies nun auch per PowerShell möglich. Dazu stehen im PowerShell-Modul WDAC („Windows Data Access Components") insgesamt zwölf Funktionen zur Verfügung. Damit lassen sich u. a. DSNs für ODBC-Datenquellen anlegen, modifizieren und wieder entfernen. Außerdem lässt sich ein spezieller ODBC-Leistungsindikator ansprechen. Tabelle 41.1 stellt die wichtigsten Funktionen zusammen.

Tabelle 41.1 Die wichtigsten Funktionen aus dem WDAC-Modul

Funktion	Bedeutung
Get-ODBCDriver	Gibt alle installierten ODBC-Treiber zurück.
Add-ODBCDSN	Fügt einen neuen DSN hinzu.
Get-ODBCDSN	Gibt alle vorhandenen DSNs zurück.
Enable-ODBCPerfCounter	Aktiviert den Leistungsindikator, der den Zugriff auf eine ODBC-Datenquelle überwacht. Sein Zustand wird über Get-OdbcPerfCounter abgerufen.
Remove-ODBCDsn	Entfernt einen DSN.
Set-ODBCDsn	Ändert einzelne Einstellungen eines DSN über die Parameter SetPropertyValue und RemovePropertyValue.
Set-ODBCDriver	Ändert einzelne Einstellungen eines ODBC-Treibers über die Parameter SetPropertyValue und RemovePropertyValue.

41.1 ODBC-Treiber und -Datenquellen auflisten

Eine ODBC-Datenquelle (DSN) ist nichts anderes als eine Zusammenfassung von Einstellungen im Textformat, die für den Zugriff auf die betreffende Datenbank verwendet und in der Registry von Windows oder in einer Datei abgelegt werden. Der wichtigste Bestandteil der Datenquelle ist der Name des ODBC-Treibers. Dieser lautet für den Microsoft SQL Server 2012 z. B. „SQL Server Native Client 11.0". Eine Liste aller aktuell installierten 32-Bit- und 64-Bit-Treiber liefert die Funktion Get-OBDCDriver aus dem WDAC-Modul:

```
Get-OdbcDriver | Select-Object -Property Name, Platform
```

Die Property Platform gibt an, ob der Treiber in einer 32- oder 64-Bit-Version oder in beiden Versionen vorliegt.

Eine Liste aller vorhandenen DSNs erhält man über die Funktion Get-OdbcDsn.

 BEISPIEL: Der folgende Befehl listet alle Benutzer-DSNs (diese stehen nur dem aktuellen Benutzer zur Verfügung) auf.

```
Get-OdbcDsn -DsnType User
```

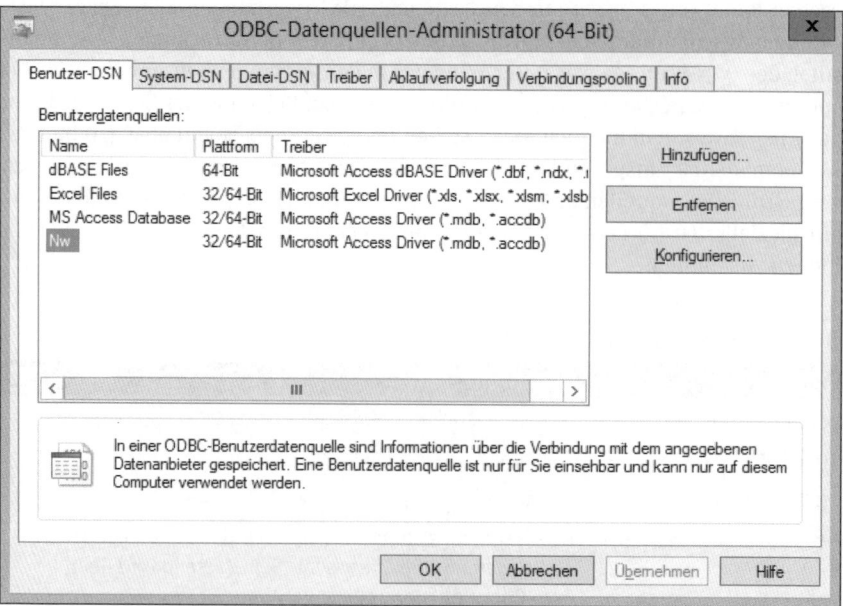

Bild 41.1 Die ODBC-Datenquellenverwaltung zeigt alle vorhandenen Datenquellen an und erlaubt das Anlegen neuer Datenquellen.

HINWEIS: Seit Windows 8 und Windows Server 2012 wurde der ODBC-Datenquellen-Dialog etwas verbessert. Treiber, die nur für eine der beiden Plattformen 32- oder 64-Bit verfügbar sind, können nicht konfiguriert werden, wenn das Verwaltungsprogramm für eine Plattform angezeigt wird, auf der sie nicht verfügbar sind – die Buttons *Entfernen* und *Konfigurieren* sind in diesem Fall nicht aktiv.

41.2 Anlegen einer ODBC-Datenquelle

Eine ODBC-Datenquelle (DSN) kann auf drei verschiedene Weisen angesprochen werden:

1. Als Systemeintrag, der entweder für den aktuellen Benutzer oder für alle Benutzer zur Verfügung steht (System- und Benutzer-DSN).
2. Als Textdatei (Datei-DSN), in der alle Einstellungen für den Zugriff auf die Datenbank enthalten sind.
3. Als dritte Alternative können die Einstellungen direkt in die Verbindungszeichenfolge eingebaut werden. Die üblichste Variante ist ein System-DSN.

BEISPIEL: Der folgende Befehl legt einen Benutzer-DSN mit dem Namen „Nw" an, über den Access-Datenbanken angesprochen werden.

```
Add-OdbcDsn -Name Nw -DriverName "Microsoft Access Driver (*.mdb)" -DsnType User
```

Soll der DSN eine bestimmte Datenquelle ansprechen, muss die DBQ-Property den Pfad der Datenbankdatei erhalten, was über den Parameter SetPropertyValue geschieht, dem alle Einstellungen als Name-Wert-Paar-Array (und nicht als Hashtable) übergeben werden.

Der folgende Befehl legt einen DSN für eine Access-Datenbank an, deren Pfad in der Variablen $MdbPfad enthalten ist.

```
Add-OdbcDsn -Name Nw -DriverName "Microsoft Access Driver (*.mdb, *.accdb)" -DsnType User -SetPropertyValue @("DBQ=$MdbPfad")
```

Der DSN-Name wird in die Verbindungsfolge eingebaut, die für den Zugriff auf die Datenbank zuständig ist.

Die folgende Verbindungszeichenfolge spricht mit Hilfe des DSN „Nw" eine Access-Datenbank an.

```
$CnSt = "DSN=Nw"
```

Umfasst der DSN nicht den Pfad der Datenbankdatei, muss dieser in die Verbindungszeichenfolge aufgenommen werden.

Die folgende Verbindungszeichenfolge spricht eine Access-Datenbank an, deren Pfad in der Variablen $MdbPfad enthalten ist.

```
$CnSt = "Driver={Microsoft Access Driver (*.mdb)};Dbq=$MdbPfad"
```

Wie dieser DSN für den Zugriff auf eine Access-Datenbank genutzt wird, wird am Ende des Kapitels am Beispiel eines PowerShell-Skripts gezeigt.

■ 41.3 Zugriff auf eine ODBC-Datenquelle

Zum Abschluss soll natürlich auch gezeigt werden, wie sich eine Datenbank per ODBC ansprechen lässt. Das .NET Framework bietet dafür im Namensraum System.Data.Odbc eine Reihe von Klassen, die sich im Rahmen eines PowerShell-Skripts relativ einfach ansprechen lassen. Für den Zugriff auf die Datenbank per ODBC wird das WDAC-Modul nicht benötigt. Sollte die ODBC-Datenquelle nicht existieren, können die Verbindungsinformationen auch direkt in die Verbindungszeichenfolge eingesetzt werden.

BEISPIEL: Die folgende Funktion ist etwas umfangreicher. Sie greift über eine zuvor angelegte DSN auf eine Access-Datenbank zu, deren Pfad in der Variablen $MdbPfad enthalten ist, und gibt den Inhalt des ersten Felds einer Tabelle aus, die über einen SQL-Befehl angesprochen wird. Für den Datenzugriff werden die Klassen im Namensraum System.Data.Odbc verwendet.

Der DSN-Eintrag wird entweder mit dem Verwaltungsprogramm „ODBC-Datenquellen (64-Bit)" (bzw. „ODBC-Datenquellen (32-Bit)") angelegt oder mit der WDAC-Funktion Add-OdbcDsn. Der auskommentierte Befehl zeigt eine Verbindungszeichenfolge, die ohne DSN auskommt, indem die Angaben zur Datenquelle direkt in die Verbindungszeichenfolge eingebaut werden.

```
function Test-DB
{
  param([String]$Sql)
  $CnSt = "DSN=Nw;Dbq=$MdbPfad"
  # Alternativ geht es auch ohne DSN
  # $CnSt = "Driver={Microsoft Access Driver (*.mdb)};Dbq=$MdbPfad"
  $Cn = New-Object -TypeName System.Data.Odbc.OdbcConnection -ArgumentList $CnSt
  try
  {
    $Cn.Open()
    Write-Verbose "Datenbankverbindung steht."
    $Cmd = $Cn.CreateCommand()
    $Cmd.CommandText = $Sql
    $Dr = $Cmd.ExecuteReader()
    while ($Dr.Read())
    {
```

```
      $Dr.GetString($Dr.GetOrdinal("LastName"))
    }

  }
  catch
  {
    Write-Warning "Fehler beim Zugriff auf die Datenbank  ($_)"
  }
  finally
  {
    if ($Cn -ne $Null)
    {
      $Cn.Close()
      Write-Verbose "Datenbankverbindung wurde geschlossen."
    }
  }
}

Test-DB -Sql "Select * From Employees"
```

42 Registrierungsdatenbank (Registry)

Für die Windows-Registrierungsdatenbank (Registry) steht in der PowerShell ein PowerShell Provider zur Verfügung. Dies bedeutet, dass die Navigations-Commandlets (`Set-Location`, `Get-ChildItem`, `New-Item`, `Get-ItemProperty` etc.) in der Registrierungsdatenbank zur Verfügung stehen.

■ 42.1 Schlüssel auslesen

Die Unterschlüssel eines Registrierungsdatenbankschlüssels listet man auf mit:

```
Get-ChildItem hklm:\software (Alias: dir hklm:\software)
```

Man kann auch mit CD den aktuellen Pfad in die Registrierungsdatenbank verlegen:

```
Set-Location hklm:\software (Alias: cd hklm:\software)
```

und dann einfach mit `Get-ChildItem` auflisten.

Zugriff auf einen einzelnen Schlüssel der Registrierungsdatenbank erhält man mit:

```
Get-Item www.it-visions.de
```

bzw. mit absolutem Pfad:

```
Get-Item hklm:\software\www.it-visions.de
```

Das Ergebnis sind .NET-Objekte des Typs `Microsoft.Win32.RegistryKey`. `Get-Item` liefert immer eine einzelne Instanz dieser Klasse. `Get-ChildItem` liefert keine, eine oder mehrere Instanzen.

In die Registrierungsdatenbank wechselt man mit dem Befehl:

```
cd hklm:\software\www.it-visions.de
```

42.2 Schlüssel anlegen und löschen

Einen Schlüssel in der Registrierungsdatenbank erzeugt man mit:

```
New-Item -path hklm:\software -name "www.IT-visions.de"
```

oder

```
md -path hklm:\software\www.IT-visions.de
```

 HINWEIS: New-Item steht auch als md zur Verfügung. md ist jedoch kein Alias, sondern eine eingebaute Funktion.

Man kann ganze Schlüssel kopieren mit Copy-Item:

```
Copy-Item hklm:\software\www.it-visions.de hklm:\software\www.IT-Visions.de_Backup
```

Einen Schlüssel aus der Registrierungsdatenbank zusammen mit allen enthaltenen Werten löscht man mit:

```
Remove-Item "hklm:\software\www.it-visions.de" -Recurse
```

42.3 Laufwerke definieren

Durch das Definieren eines neuen PowerShell-Laufwerks kann man eine Abkürzung zum schnellen Zugang zu Schlüsseln definieren:

```
New-PSDrive -Name ITV -PSProvider Registry -Root
  hklm:\software\www.it-visions.de
```

Danach kann man anstelle von

```
Get-Item hklm:\software\www.it-visions.de
```

auch schreiben:

```
Get-Item itv:
```

Zwei solcher Abkürzungen sind bereits vordefiniert (siehe Tabelle 42.1).

Tabelle 42.1 Definierte Abkürzungen für Registrierungsdatenbankhauptschlüssel

HKLM	HKEY_LOCAL_MACHINE
HKCU	HKEY_CURRENT_USER

42.4 Werte anlegen und löschen

Einen Zeichenkettenwert zu einem Schlüssel legt man an mit:

```
New-Itemproperty -path "hklm:\software\www.it-visions.de" -name "Inhaber" -value
"Dr. Holger Schwichtenberg" -type string440
```

Einen Zahlenwert zu einem Schlüssel legt man an mit:

```
New-Itemproperty -path "hklm:\software\www.it-visions.de" -name "Gruendungsjahr" -
-value 1996 -type DWord
```

Eine Mehrfachzeichenkette zu dem Schlüssel legt man an mit:

```
$Websites = "www.IT-Visions.de", "www.IT-Visionen.de", "hs.IT-Visions.de"
New-Itemproperty -path "www.IT-visions.de" -name "Websites" -value $Websites -type
 -multistring
```

Einen Binärwert zu dem Schlüssel legt man an mit:

```
$Werte = Get-Content
   X:\demo\PowerShell\Registry\www.IT-Visions.de_Logo.jpg -encoding byte
New-Itemproperty -path "www.IT-visions.de" -name "Logo" -value $Werte
   -type binary
```

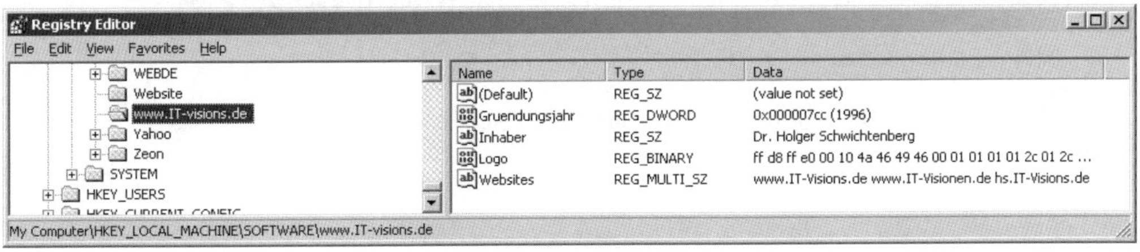

Bild 42.1 Ergebnis der Registrierungsdatenbankoperationen

Die folgende Tabelle zeigt alle möglichen Datentypen und deren Verwendung in der PowerShell.

Tabelle 42.2 Datentypen in der Registrierungsdatenbank

Registry-Datentyp	Bedeutung	Typbezeichner	Verarbeitung in der PowerShell
REG_BINARY	Array von Byte	Binary	Byte[]
REG_DWORD	Zahl	DWord	Int
REG_EXPAND_SZ	Zeichenkette mit Platzhaltern	Multistring	String[]
REG_MULTI_SZ	Mehrere Zeichenketten	ExpandString	String
REG_SZ	Einfache Zeichenkette	String	String

Einen bestehenden Wert ändert man mit Set-ItemProperty:

```
# Wert verändern
$Websites = "www.IT-Visions.de", "www.IT-Visionen.de", "hs.IT-Visions.de",
    "IT-Visions.de"
Set-Itemproperty -path "www.IT-visions.de" -name "Websites" -value $Websites
    -type multistring
```

Einen Wert aus einem Registrierungsdatenbankschlüssel löscht man mit Remove-ItemProperty:

```
Remove-ItemProperty -path "hklm:\software\www.it-visions.de" -name "Inhaber"
```

42.5 Werte auslesen

Die vorhandenen Werte in einem Registrierungsdatenbankschlüssel listet man auf mit:

```
Get-ItemProperty -Path "hklm:\software\www.it-visions.de"
```

Den Inhalt eines einzelnen Eintrags bekommt man durch:

```
(Get-Item "hklm:\software\www.it-visions.de").GetValue("Inhaber")
```

oder

```
(Get-ItemProperty "hklm:/software/firmenname").Inhaber
```

42.6 Praxisbeispiel: Windows-Explorer-Einstellungen

Das folgende Listing zeigt die Änderungen einiger Einstellungen im Windows Explorer.

Listing 42.1 [3_Einsatzgebiete\Registry\Registry_ExplorerEinstellungen.ps1]

```
#### Explorer Settings
$key = 'HKCU:\Software\Microsoft\Windows\CurrentVersion\Explorer\Advanced'
Set-ItemProperty $key Hidden 1 # versteckte Dateien zeigen
Set-ItemProperty $key ShowSuperHidden 1 # versteckte Dateien zeigen
Set-ItemProperty $key HideFileExt 0 # Dateinamenserweiterungen zeigen

# Beenden aller Explorer-Instanzen
Stop-Process -processname explorer
# Neustart des Explorers
explorer c:\
```

42.7 Praxisbeispiel: Massenanlegen von Registry-Schlüsseln

Das folgende Skript speichert Daten aus einer CSV-Datei in die Registry. Das Skript verwendet als Eingabedatei eine Liste von Websites. Die Daten aus der Eingabedatei werden im Schlüssel *Local Machine/Software/Website* abgelegt.

Das Skript verwendet zur Erledigung der Aufgaben neben `Get-Content` die Navigations-Provider-Commandlets `New-Item` (alias md) und `New-Itemproperty`. Falls der Schlüssel *Local Machine/Software/Website* bereits angelegt ist, wird er vorab mit allen seinen Untereinträgen gelöscht (`Remove-Item`).

```
webserver.txt - Editor
Datei  Bearbeiten  Format  Ansicht  ?
www.dotnetframework.de;192.168.1.52;91;t:\Websites\www.dotnetframework.de
www.Windows-Scripting.de;192.168.1.52;92;t:\Websites\www.windows-scripting.de
www.powershell-doktor.de;192.168.1.52;93;t:\Websites\www.powershell-doktor.de
www.aspnetdev.de;192.168.1.52;94;t:\Websites\www.aspnetdev.de
www.dotnet-lexikon.de;192.168.1.52;95;t:\Websites\www.dotnet-lexikon.de
www.windows-scripting.com;192.168.1.52;96;t:\Websites\www.windows-scripting.com
www.powershell-Schulungen.de;192.168.1.52;98;t:\Websites\www.powershell.de
```

Bild 42.2 Eingabedaten für das Skript

Listing 42.2 Werte aus einer CSV-Datei in der Registrierungsdatenbank speichern [3_Einsatzgebiete/Registry/Registry_CreateWebsitesKeys.ps1]

```powershell
###########################################
# Registry-Schlüssel anlegen aus CSV-Daten OHNE Überschriftenspalte, mit Get-Content
# (C) Dr. Holger Schwichtenberg, www.IT-Visions.de
###########################################

$Eingabedatei = "W:\Skripte\Kapitel20_PowerShell\webserver.txt"
$Pfad = "hklm:/software/Websites"

# Gibt es den Schlüssel schon? Dann löschen!
if (Test-Path $Pfad) { Remove-Item $Pfad -recurse -force }

# Schlüssel anlegen
if (!(Test-Path $Pfad )) { md $Pfad  }

# Eingabedatei laden
$Websiteliste = Get-Content $Eingabedatei

# In einer Schleife die Einträge in der Registry anlegen
foreach($Website in $WebsiteListe)
{
$WebsiteDaten = $Website.Split(";")
md ($Pfad + "\" + $WebsiteDaten[0])
New-Itemproperty -path ($Pfad + "\" + $WebsiteDaten[0]) -name "IP" -value
$WebsiteDaten[1] -type String
New-Itemproperty -path ($Pfad + "\" + $WebsiteDaten[0]) -name "Port" -value
$WebsiteDaten[2] -type dword
```

```
New-Itemproperty -path ($Pfad + "\" + $WebsiteDaten[0]) -name "Pfad" -value
$WebsiteDaten[3] -type String
$WebsiteDaten[0] + " angelegt!"
}
```

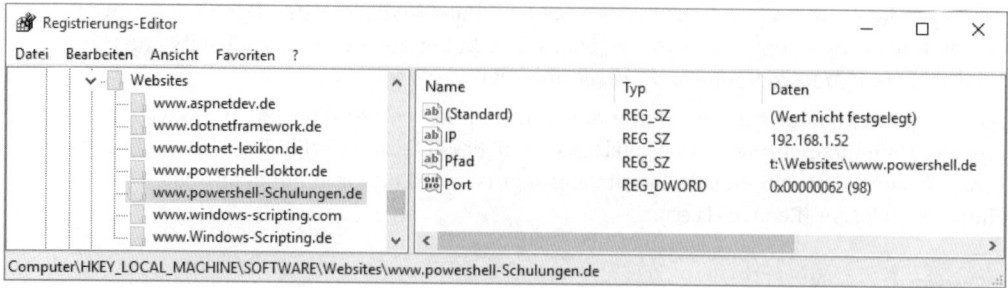

Bild 42.3 Ergebnis der Ausführung des obigen Skripts

43 Computer- und Betriebssystemverwaltung

In den ersten Versionen der PowerShell wurde die Computer- und Betriebssystemverwaltung nicht gut durch PowerShell-Commandlets unterstützt. Mittlerweile gibt es zahlreiche Commandlets, auch wenn einige Aufgaben immer noch den Rückgriff auf COM-Komponenten und WMI-Provider erfordern.

■ 43.1 Computerinformationen

Für Informationen über den Computer gibt es erst seit PowerShell 5.1 ein eigenes Commandlet: `Get-ComputerInfo`. Es benötigt einige Zeit zum Zusammentragen der Informationen und zeigt in dieser Zeit einen Kasten mit einem Text oder ohne Fortschrittsbalken an. Das Ergebnis ist nach einigen Sekunden ein Objekt des Typs `Microsoft.PowerShell.Commands.ComputerInfo` mit Informationen aus den Bereichen: BIOS, Prozessoren, Speicher, Netzwerkadapter, Windows-Version und Variante, Power-Status u. v. m.

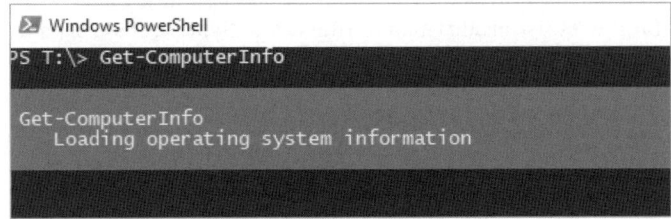

Bild 43.1
Warten auf die Ergebnisse bei Get-ComputerInfo

```
BiosTargetOperatingSystem       : 0
BiosVersion                     : DELL - 1072009
CsAdminPasswordStatus           : Unknown
CsAutomaticManagedPagefile      : True
CsAutomaticResetBootOption      : True
CsAutomaticResetCapability      : True
CsBootOptionOnLimit             : 0
CsBootOptionOnWatchDog          : 0
CsBootROMSupported              : True
CsBootStatus                    : {0, 0, 0, 0...}
CsBootupState                   : Normal boot
CsCaption                       : E66
CsChassisBootupState            : Safe
CsChassisSKUNumber              : To be filled by O.E.M.
CsCurrentTimeZone               : 120
CsDaylightInEffect              : True
CsDescription                   : AT/AT COMPATIBLE
CsDNSHostName                   : E66
CsDomain                        : IT-Visions.local
CsDomainRole                    : MemberWorkstation
CsEnableDaylightSavingsTime     : True
CsFrontPanelResetStatus         : Unknown
CsHypervisorPresent             : True
CsInfraredSupported             : False
CsInitialLoadInfo               :
CsInstallDate                   :
CsKeyboardPasswordStatus        : Unknown
CsLastLoadInfo                  :
CsManufacturer                  : Dell Inc.
CsModel                         : XPS 15 9530
CsName                          : E66
CsNetworkAdapters               : {Wi-Fi, Ethernet 2, Ethernet,
                                  Bluetooth Network Connection...}
CsNetworkServerModeEnabled      : True
CsNumberOfLogicalProcessors     : 8
CsNumberOfProcessors            : 1
CsProcessors                    : {Intel(R) Core(TM) i7-4712HQ CPU
                                  @ 2.30GHz}
```

Bild 43.2 Ausgabe von Get-ComputerInfo

Wichtige Informationen über den Computer und das installierte Betriebssystem erhält man auch mit den WMI-Klassen Win32_Computersystem und Win32_OperatingSystem.

```
Get-CimInstance Win32_computersystem
Get-CimInstance Win32_operatingSystem
```

Ob man gerade in einem 32-Bit- oder 64-Bit-Betriebssystem arbeitet bzw. in einem 64-Bit-Betriebssystem in einem 32-Bit-Prozess ist, erfährt man von der Klasse System.Environment:

[System.Environment]::Is64BitOperatingSystem

[System.Environment]::Is64BitProcess

```
PS T:\> [System.Environment]::Is64BitOperatingSystem
True
PS T:\> [System.Environment]::Is64BitProcess
False
PS T:\> _
```

Bild 43.3 Die x86-PowerShell liefert auf 64-Bit-Windows 10 true bei Is64BitOperatingSystem und false bei Is64BitProcess

43.2 Versionsnummer des Betriebssystems

Die Versionsnummer des Betriebssystems erhält man über das Attribut Version in der WMI-Klasse Win32_OperatingSystem oder über die .NET-Klasse System.Environment:

```
Get-CimInstance Win32_OperatingSystem | select Version
[System.Environment]::OSVersion
```

Möchte man keine Versionsnummer, sondern den tatsächlichen Produktnamen, hilft das Commandlet Get-OSVersion aus dem Modul „PSSystemTools" aus dem PowerShellPack. Get-OSVersion übersetzt wie nachfolgend dargestellt.

Listing 43.1 Ausschnitt aus der Implementierung von Get-OSVersion

```
Switch -regex ($os.Version)
    {
        "5.1.2600" { "Windows XP" }
        "5.1.3790" { "Windows Server 2003" }
        "6.0.6001" {
            if ($os.ProductType -eq 1) {
                "Windows Vista"
            } else {
                "Windows Server 2008"
            }
        }
        "6.1."   { "Windows 7" }
        DEFAULT { Throw "Version not listed" }
    }
```

Noch etwas genauer ist Get-WindowsEdition (ebenfalls aus „PSSystemTools"). Hier erhalten Sie auch eine Information über die eingesetzte Variante (Home, Professional, Enterprise, Ultimate etc.).

43.3 Zeitdauer seit dem letzten Start des Betriebssystems

Das Commandlets Get-Uptime liefert die Zeitdauer seit dem letzten Start des Betriebssystems. Das Commandlet ist in den PSCX enthalten (liefert dort ein Objekt des Typs Pscx.Commands.LastBootUpTimeInfo mit den Eigenschaften LastBootUpTime vom Typ System.DateTime und Uptime vom Typ System.Timespan) sowie in PowerShell Core 6.0 (liefert dort direkt und nur ein System.Timespan-Objekt).

43.4 BIOS- und Startinformationen

Informationen über das BIOS gewinnt man über die WMI-Klasse Win32_Bios:

```
Get-CimInstance win32_bios
```

Die Startkonfiguration steht in Win32_BootConfiguration:

```
Get-CimInstance Win32_BootConfiguration
```

Das Windows-Systemverzeichnis steht in System.Environment:

```
"Systemverzeichnis: "+ [System.Environment]::SystemDirectory
```

Es gibt auch Daten über die gewählten Wiederherstellungsoptionen des Windows-Betriebssystems:

```
Get-CimInstance Win32_OSRecoveryConfiguration
```

43.5 Windows-Produktaktivierung

Den Status der Windows-Produktaktivierung findet man hier:

```
Get-CimInstance Win32_WindowsProductActivation
```

Die Seriennummer des Betriebssystems erhält man mit:

```
Get-CimInstance Win32_OperatingSystem | select serialnumber
```

43.6 Umgebungsvariablen

Die Umgebungsvariablen erhält man über das PowerShell-Laufwerk env: oder die eingebaute Variable $env oder die .NET-Klasse System.Environment.

 HINWEIS: Nur mit der .NET-Klasse System.Environment kann man Umgebungsvariablen setzen, die über die aktuelle PowerShell-Sitzung hinauswirken auf Benutzer- oder Computerebene.

43.6.1 Laufwerk env:

Eine Liste aller Umgebungsvariablen erhält man via:

```
dir env:
```

```
Windows PowerShell                                                              –   □   ×
PS T:\> dir env:

Name                              Value
----                              -----
ALLUSERSPROFILE                   C:\ProgramData
APPDATA                           C:\Users\hs\AppData\Roaming
CommonProgramFiles                C:\Program Files\Common Files
CommonProgramFiles(x86)           C:\Program Files (x86)\Common Files
CommonProgramW6432                C:\Program Files\Common Files
COMPUTERNAME                      E60
ComSpec                           C:\WINDOWS\system32\cmd.exe
FPS_BROWSER_APP_PROFILE_STRING    Internet Explorer
FPS_BROWSER_USER_PROFILE_ST...    Default
FSHARPINSTALLDIR                  C:\Program Files (x86)\Microsoft SDKs\F#\4.1\Framework\v4.0\
HOMEDRIVE                         C:
HOMEPATH                          \Users\hs
LOCALAPPDATA                      C:\Users\hs\AppData\Local
LOGONSERVER                       \\E30
NUMBER_OF_PROCESSORS              8
OneDrive                          C:\Users\hs\OneDrive
OS                                Windows_NT
Path                              C:\Program Files\Docker\Docker\Resources\bin;C:\WINDOWS\system32;C:\WINDOW...
PATHEXT                           .COM;.EXE;.BAT;.CMD;.VBS;.VBE;.JS;.JSE;.WSF;.WSH;.MSC;.CPL
PROCESSOR_ARCHITECTURE            AMD64
PROCESSOR_IDENTIFIER              Intel64 Family 6 Model 58 Stepping 9, GenuineIntel
PROCESSOR_LEVEL                   6
PROCESSOR_REVISION                3a09
ProgramData                       C:\ProgramData
ProgramFiles                      C:\Program Files
ProgramFiles(x86)                 C:\Program Files (x86)
ProgramW6432                      C:\Program Files
PSModulePath                      C:\Users\hs\Documents\WindowsPowerShell\Modules;C:\Program Files\WindowsPowerShell\Mo...
PUBLIC                            C:\Users\Public
SESSIONNAME                       Console
SystemDrive                       C:
SystemRoot                        C:\WINDOWS
TEMP                              C:\Users\hs\AppData\Local\Temp
TFSPowerToolDir                   C:\Program Files (x86)\Microsoft Team Foundation Server 2015 Power Tools\
TMP                               C:\Users\hs\AppData\Local\Temp
USERDNSDOMAIN                     IT-VISIONS.LOCAL
USERDOMAIN                        ITV
USERDOMAIN_ROAMINGPROFILE         ITV
USERNAME                          HS
USERPROFILE                       C:\Users\hs
windir                            C:\WINDOWS

PS T:\>
```

Bild 43.4 Auflisten der Umgebungsvariablen

Die Information über eine einzelne Umgebungsvariable erhält man, indem man den Namen der Umgebungsvariablen an das Laufwerk „env:" anfügt, z. B.:

```
dir env:/Path
```

Möchte man nur den **Inhalt** einer Umgebungsvariablen wissen, liest man die value-Eigenschaft aus:

```
(dir env:/Path).value
```

oder:

```
(Get-Item env:/Path).value
```

Oder man verwendet `Get-Content`:

```
Get-Content env:/Path
```

Den Wert, den `Get-Content` zurückliefert, kann man in eine Variable speichern, um diese weiterzuverwenden, z. B. zum Aufspalten der Path-Zeichenkette mit Hilfe der `Split()`-Methode aus der .NET-Klasse `System.String`:

```
$Pfade = Get-Content env:/Path
$Pfade.Split(";") | Sort-Object
```

Wenn Sie wissen wollen, wie viele Dateien es in den Suchpfaden von Windows gibt, wäre folgender Befehl einzugeben:

```
(Get-Content env:/Path).Split(";") | Get-ChildItem | Measure-Object
```

43.6.2 Variable $env

Noch eine Möglichkeit ist die Verwendung der Syntax `$env:Umgebungsvariable`, z. B.

```
$env:Path
```

Dies liefert direkt den Inhalt der Umgebungsvariablen „Path".

Die Pfade kann man so einzeln ausgeben:

```
$env:PATH -split ";" | Sort-Object
```

Eine Umgebungsvariable auf Prozessebene kann man einfach ändern durch Zuweisung, z. B. Ergänzen eines Pfades in der Umgebungsvariablen „Path" (dabei ist das führende Semikolon nicht zu vergessen!):

```
$env:PATH += ";c:\programme\openSSH"
```

Auch neue Umgebungsvariablen auf Prozessebene kann man einfach erstellen, indem man Zuweisungen an eine bisher noch nicht existierende Variable macht:

```
$env:Homepage = "www.powershell-doktor.de"
```

Zum Löschen einer Umgebungsvariablen weist man einfach eine leere Zeichenkette zu:

```
$env:Homepage = ""
```

43.6.3 .NET-Klasse System.Environment

Umgebungsvariablen kann man auch direkt per .NET-Klasse `System.Environment` setzen und auslesen und löschen.

Listing 43.2 [3_Einsatzgebiete\Umgebungsvariablen\umgebungsvariablen.ps1]

```
[System.Environment]::SetEnvironmentVariable("Homepage","www.powershell-doktor.de")
[System.Environment]::GetEnvironmentVariable("Homepage")
[System.Environment]::SetEnvironmentVariable("Homepage",$null)
```

Auch diese Befehle wirken nur auf Prozessebene. Zum Auslesen und Ändern von Umgebungsvariablen auf Benutzer- und Computerebene muss man als Parameter "user" oder "machine" ergänzen.

Listing 43.3 [3_Einsatzgebiete\Umgebungsvariablen\umgebungsvariablen.ps1]

```
# Umgebungsvariable auf Benutzerebene
[System.Environment]::SetEnvironmentVariable("Homepage","www.powershell-doktor.de",
"user")
[System.Environment]::GetEnvironmentVariable("Homepage","user")
[System.Environment]::SetEnvironmentVariable("Homepage",$null,"user")

# Umgebungsvariable auf Computerebene
[System.Environment]::SetEnvironmentVariable("Homepage","www.powershell-doktor.de",
"machine")
[System.Environment]::GetEnvironmentVariable("Homepage","machine")
[System.Environment]::SetEnvironmentVariable("Homepage",$null,"machine")
```

Praxisbeispiel: Erweitern der „Path"-Umgebungsvariablen auf Computerebene

```
$path = [System.Environment]::GetEnvironmentVariable("Path","machine")
$path += ";c:\programme\openSSH"
$path = [System.Environment]::SetEnvironmentVariable("Path", $path, "machine")
```

■ 43.7 Schriftarten

Die installierten Schriftarten listet `Get-Font` aus dem Modul „PSSystemTools" (PowerShell-Pack) auf.

■ 43.8 Computername und Domäne

Den aktuellen Computernamen ermittelt man am schnellsten mit der statischen Eigenschaft der .NET-Klassen `System.Environment`:

```
[System.Environment]::MachineName
```

Alternativ nutzen Sie das klassische Kommandozeilenwerkzeug `hostname.exe`. Den aktuellen Computernamen kann man seit PowerShell 5.1 auch ermitteln via `(Get-Computerinfo).CSName`. Dies dauert jedoch relativ lange.

Zum Umbenennen eines Computers bietet PowerShell seit Version 2.0 den Befehl:

```
Rename-Computer -NewComputerName NeuerName
```

Unter Angabe von `-ComputerName` kann man die Aktion auch für ein entferntes System ausführen:

```
Rename-Computer -ComputerName AlterName -NewComputerName NeuerName
```

Zum Hinzufügen des Computers zu einer Domäne (Domänenbeitritt) oder Arbeitsgruppe steht `Add-Computer` zur Verfügung:

```
Add-Computer -DomainName fbi.org
```

Zusätzlich kann man mit `-Server` einen Domänencontroller und mit `-OU` einen Zielcontainer angeben. Alternativ kann man mit `-Workgroup` den Computer zu einer Arbeitsgruppe hinzufügen.

> **TIPP:** Add-Computer besitzt auch einen Parameter -NewName, der es erlaubt, dass man Domänenbeitritt und Umbenennen in einem Schritt vollziehen kann.

Auch das Entfernen eines Computers aus einer Domäne ist in der PowerShell möglich:

```
Remove-Computer
```

■ 43.9 Herunterfahren und Neustarten

Seit PowerShell 2.0 gibt es die Commandlets `Stop-Computer` und `Restart-Computer`.

Bei beiden Commandlets kann man mit `-ComputerName` einen entfernten Computer festlegen und mit `-Credentials` ein Rechte-Objekt für den Wechsel der Identität angeben. Mit `-force` erzwingt man die Aktion, selbst wenn Benutzer angemeldet sind (siehe Bildschirmabbildung).

Das folgende Bild zeigt den Einsatz von `Restart-Computer`.

```
PS C:\Users\hs.FBI> Restart-Computer -ComputerName f172
Restart-Computer : Dieser Befehl kann aufgrund des folgenden Fehlers nicht auf dem Zielcomputer ("F172") ausgeführt wer
den: Das Herunterfahren des Systems kann nicht initiiert werden, da andere Benutzer am Computer angemeldet sind.
Bei Zeile:1 Zeichen:17
+ Restart-Computer <<<<  -ComputerName f172
    + CategoryInfo          : InvalidOperation: (f172:String) [Restart-Computer], InvalidOperationException
    + FullyQualifiedErrorId : InvalidOperationException,Microsoft.PowerShell.Commands.RestartComputerCommand

PS C:\Users\hs.FBI> Restart-Computer -ComputerName f172 -Force
PS C:\Users\hs.FBI>
```

Bild 43.5 Herunterfahren eines entfernten Systems

Bei `Restart-Computer` gibt es seit PowerShell-Version 3.0 noch einen Parameter `-wait`, der dafür sorgt, dass das Skript angehalten wird, bis der Zielcomputer neu gestartet wurde. Das ist wichtig, wenn nach dem Neustart noch Aktionen erfolgen sollen. Mit `-Timeout` kann in Sekunden bestimmt werden, wie lange maximal gewartet wird. Mit dem `-For`-Parameter kann dann auch noch bestimmt werden, welche Dienste auf dem Zielsystem nach dem Neustart verfügbar sein müssen. Optionen sind hier WinRM, WMI und PowerShell.

■ 43.10 Windows Updates installieren

Zur Installation von Windows Updates via Windows Server Update Services (WSUS) gibt es das Windows Update Agent API, eine COM-Komponente *[https://msdn.microsoft.com/en-us/library/windows/desktop/aa387287(v=vs.85).aspx]*. Zentral sind hier die COM-Klassen `Microsoft.Update.Searcher` (für die Suche nach Updates), `Microsoft.Update.Session` und `Microsoft.Update.UpdateColl` (für die Installation von Updates) und `Microsoft.Update.AutoUpdate` (für die Änderung der Einstellungen zu automatischen Updates).

In Windows Server 2016 gibt es zusätzlich einen WMI-Provider für Windows Update im WMI-Namensraum root/Microsoft/Windows/WindowsUpdate. Hier gibt es die WMI-Klassen `MSFT_WUUpdate`, `MSFT_WUSettings` und `MSFT_WUOperationsSession`.

43.10.1 Suche nach Updates

Das folgende Skript sucht alle noch nicht installierten Updates einschließlich optionaler Updates mit der COM-Komponente.

```
Listing 43.4 [3_Einsatzgebiete\WindowsUpdateSuche.ps1]
$Searcher = New-Object -ComObject Microsoft.Update.Searcher
$Criteria = "IsInstalled=0 and Type='Software'"
$SearchResult = $Searcher.Search($Criteria).Updates
$SearchResult.Count

$SearchResult | ft Title, IsDownloaded,IsMandatory,LastDeploymentChangeTime,SupportUrl
```

Auf entfernten Systemen kann man diese Suche per PowerShell Remoting ausführen:

Listing 43.5 [3_Einsatzgebiete\Windows Update\WindowsUpdateSuche.ps1]

```
# Ein entfernter Computer via PowerShell Remoting
Invoke-Command -Computer PC123 -ScriptBlock {
$Searcher = New-Object -ComObject Microsoft.Update.Searcher
$Criteria = "IsInstalled=0 and Type='Software'"
$SearchResult = $Searcher.Search($Criteria).Updates
$SearchResult.Count
$SearchResult | ft Title, IsDownloaded,IsMandatory,LastDeploymentChangeTime,SupportUrl
}
```

Alternativ, wenn ein Zugang per PowerShell Remoting nicht möglich ist, kann man auch das Distributed Component Object Model (DCOM) verwenden.

Listing 43.6 [3_Einsatzgebiete\Windows Update\WindowsUpdateSuche.ps1]

```
# Windows Update-Suche auf einem entfernten Computer via DCOM
function Get-Updates([string]$computer=$env:computername) {
 [void][Reflection.Assembly]::LoadWithPartialName("Microsoft.VisualBasic")
 $session=[microsoft.visualbasic.interaction]::CreateObject("Microsoft.Update.Session",$computer)
 $searcher=$session.CreateUpdateSearcher()
 $searcher.Search("IsInstalled=0")
}
Get-Updates PC123
```

Die Update-Suche kann man über PowerShell Remoting oder DCOM auch auf mehreren Computern ausführen, um sich einen Überblick zu verschaffen, welche Computer länger nicht aktualisiert wurden. Das folgende Listing zeigt dies mit PowerShell Remoting.

Listing 43.7 [3_Einsatzgebiete\Windows Update\WindowsUpdateSuche.ps1]

```
# Windows Update-Suche auf einem oder mehreren Computern via PowerShell Remoting
$Computerliste = "PC123","PC456","PC789"

# Schleife über o.g. Computerliste
foreach($c in $Computerliste)
{
    # PowerShell-Remoting-Aufruf zu dem Rechner
    Invoke-Command -Computer $c -ArgumentList $c -ScriptBlock {
    $computer = $args[0]
    # Abfrage mit COM-Objekt
    $Searcher = New-Object -ComObject Microsoft.Update.Searcher
    $Criteria = "IsInstalled=0 and Type='Software'"
    $SearchResult = $Searcher.Search($Criteria).Updates
    "Computer " + $c + ": " + $SearchResult.Count + " anstehende Updates"
    }
}
```

Das folgende Skript sucht alle noch nicht installierten Updates einschließlich optionaler Updates mit dem WMI-Provider.

Listing 43.8 [3_Einsatzgebiete\WindowsUpdateWMI.ps1]

```
$ci = New-CimInstance -Namespace root/Microsoft/Windows/WindowsUpdate -ClassName
MSFT_WUOperationsSession
$result = $ci | Invoke-CimMethod -MethodName ScanForUpdates -Arguments @
{SearchCriteria="IsInstalled=0 and Type='Software'";OnlineScan=$true}
$result.Updates
```

43.10.2 Installation von Updates

Das folgende Skript installiert alle noch nicht installierten Updates einschließlich optionaler Updates mit der COM-Komponente.

Listing 43.9 [3_Einsatzgebiete\WindowsUpdateInstall.ps1]

```
######################################
# Installation aller anstehenden Windows Updates inkl. optionaler Updates
# (C) Holger Schwichtenberg 2017
######################################

"Suche Updates..."
$updateSession = new-object -com "Microsoft.Update.Session"
$filter="IsInstalled=0 and Type='Software'"
$verfügbareUpdates=$updateSession.CreateupdateSearcher().Search($filter).Updates
if ($verfügbareUpdates.Count -eq "0") { "Keine Gefunden!"; exit }

"Herunterladen von $($verfügbareUpdates.count) Updates..."
$downloader = $updateSession.CreateUpdateDownloader()
$downloader.Updates = $verfügbareUpdates
$Result= $downloader.Download()
$verfügbareUpdates | Format-Table title, isdownloaded

"Vorbereiten der Installation..."
$zuinstallierendeUpdates = New-object -com "Microsoft.Update.UpdateColl"
$verfügbareUpdates | Where-Object {$_.isdownloaded} | foreach-Object
{$zuinstallierendeUpdates.Add($_) | out-null }

"Installieren von $($zuinstallierendeUpdates.count) Updates..."
$zuinstallierendeUpdates | Format-Table title, isdownloaded

$installer = $updateSession.CreateUpdateInstaller()
$installer.Updates = $zuinstallierendeUpdates
$ergebnis = $installer.Install()

"Neustart erforderlich? " + $ergebnis.rebootRequired
```

Die Installation von Updates ist wesentlich prägnanter zu lösen mit dem WMI-Provider auf Windows Server 2016.

Listing 43.10 [3_Einsatzgebiete\Windows Update\WindowsUpdateWMI.ps1]

```
$ci = New-CimInstance -Namespace root/Microsoft/Windows/WindowsUpdate -ClassName
MSFT_WUOperationsSession
Invoke-CimMethod -InputObject $ci -MethodName ApplyApplicableUpdates
```

43.10.3 Änderung der Einstellungen zu automatischen Updates

Das folgende Skript gibt die aktuellen Einstellungen für automatische Updates aus.

Listing 43.11 [3_Einsatzgebiete\Windows Update\WindowsUpdateSettings.ps1]

```
$updateObj = New-Object -ComObject "Microsoft.Update.AutoUpdate"
$updateObj | gm
"ServiceEnabled: " + $updateObj.ServiceEnabled
"Results: "
$updateObj.Results
"FeaturedUpdatesEnabled: " + $updateObj.Settings.FeaturedUpdatesEnabled
"IncludeRecommendedUpdates: " + $updateObj.Settings.IncludeRecommendedUpdates
"Required: " + $updateObj.Settings.Required
"ScheduledInstallationDay: "+ $updateObj.Settings.ScheduledInstallationDay
"ScheduledInstallationTime: " + $updateObj.Settings.ScheduledInstallationTime
```

Das folgende Skript ändert die Einstellungen für Windows Updates auf vollautomatische Installation.

Listing 43.12 [3_Einsatzgebiete\Windows Update\WindowsUpdateSettings.ps1]

```
"Änderung der Windows Update-Einstellungen auf Computer $([System.
Environment]::MachineName):"

$NeuerLevel = 4
# ' 1 =   Never Check for Updates
# ' 2 =   Download/Choose whether to install them
# ' 3 =   Download/Choose whether to download and install them
# ' 4 =   Install automatically

$updateObj = New-Object -ComObject "Microsoft.Update.AutoUpdate"
"Bisheriger NotificationLevel: $($updateObj.Settings.NotificationLevel)"
$updateObj.Settings.NotificationLevel = $NeuerLevel
"Neuer NotificationLevel: $($updateObj.Settings.NotificationLevel)"

try
{
$updateObj.Settings.Save()
"Gespeichert!"
}
catch
{
"FEHLER: " + $error
}
```

43.11 Wiederherstellungspunkte verwalten

Für den Umgang mit Wiederherstellungspunkten bietet PowerShell:

- `Checkpoint-Computer`: Wiederherstellungspunkt erstellen
- `Disable-ComputerRestore`: deaktiviert die Systemwiederherstellung auf einem Laufwerk (dieses Laufwerk wird bei einer Wiederherstellung nicht zurückgesetzt)
- `Enable-ComputerRestore`: aktiviert die Systemwiederherstellung für ein Laufwerk
- `Get-ComputerRestorePoint`: Liste der verfügbaren Wiederherstellungspunkte
- `Restore-Computer`: Zurücksetzen des Computers auf einen der Wiederherstellungspunkte

```
PS C:\Users\hs.FBI> Get-ComputerRestorePoint

CreationTime            Description                SequenceNumber   EventType         RestorePointType
08.08.2009 10:30:59     Language Pack Installation 1                BEGIN_SYSTEM_C... APPLICATION_INSTALL
08.08.2009 10:51:05     Windows Update             2                BEGIN_SYSTEM_C... 18
11.08.2009 04:53:53     Windows Update             3                BEGIN_SYSTEM_C... 18
14.08.2009 04:53:55     Windows Update             4                BEGIN_SYSTEM_C... 18
18.08.2009 04:53:54     Windows Update             5                BEGIN_SYSTEM_C... 18
19.08.2009 11:38:01     Windows Update             6                BEGIN_SYSTEM_C... 18
21.08.2009 04:53:52     Windows Update             7                BEGIN_SYSTEM_C... 18
25.08.2009 04:53:52     Windows Update             8                BEGIN_SYSTEM_C... 18
28.08.2009 04:53:54     Windows Update             9                BEGIN_SYSTEM_C... 18
01.09.2009 04:53:54     Windows Update             10               BEGIN_SYSTEM_C... 18

PS C:\Users\hs.FBI> Checkpoint-Computer -Description "Einwandfreier Betrieb!"
PS C:\Users\hs.FBI> Get-ComputerRestorePoint

CreationTime            Description                SequenceNumber   EventType         RestorePointType
08.08.2009 10:30:59     Language Pack Installation 1                BEGIN_SYSTEM_C... APPLICATION_INSTALL
08.08.2009 10:51:05     Windows Update             2                BEGIN_SYSTEM_C... 18
11.08.2009 04:53:53     Windows Update             3                BEGIN_SYSTEM_C... 18
14.08.2009 04:53:55     Windows Update             4                BEGIN_SYSTEM_C... 18
18.08.2009 04:53:54     Windows Update             5                BEGIN_SYSTEM_C... 18
19.08.2009 11:38:01     Windows Update             6                BEGIN_SYSTEM_C... 18
21.08.2009 04:53:52     Windows Update             7                BEGIN_SYSTEM_C... 18
25.08.2009 04:53:52     Windows Update             8                BEGIN_SYSTEM_C... 18
28.08.2009 04:53:54     Windows Update             9                BEGIN_SYSTEM_C... 18
01.09.2009 04:53:54     Windows Update             10               BEGIN_SYSTEM_C... 18
02.09.2009 09:50:36     Einwandfreier Betrieb!     11               BEGIN_SYSTEM_C... APPLICATION_INSTALL

PS C:\Users\hs.FBI> _
```

Bild 43.6 Erstellen eines Wiederherstellungspunkts und Auflisten der Wiederherstellungspunkte

44 Windows Defender

Seit PowerShell 5.1 liefert das Commandlet `Get-MPComputerStatus` den Status der in Windows integrierten Anti-Malware-Lösung von Microsoft.

HINWEIS: Das Commandlet funktioniert nur bei aktiviertem Windows Defender. Wenn Sie eine andere Lösung installiert haben, dann kommt es zu einer nichtssagenden Fehlermeldung: „Get-MPComputerStatus: Die extrinsische Methode konnte nicht ausgeführt werden."

```
PS C:\Users\hs> Get-MPComputerStatus

AMEngineVersion                : 1.1.13704.0
AMProductVersion               : 4.11.15063.0
AMServiceEnabled               : True
AMServiceVersion               : 4.11.15063.0
AntispywareEnabled             : True
AntispywareSignatureAge        : 53
AntispywareSignatureLastUpdated: 5/12/2017 7:35:43 PM
AntispywareSignatureVersion    : 1.243.296.0
AntivirusEnabled               : True
AntivirusSignatureAge          : 53
AntivirusSignatureLastUpdated  : 5/12/2017 7:35:43 PM
AntivirusSignatureVersion      : 1.243.296.0
BehaviorMonitorEnabled         : True
ComputerID                     : 3F4C3695-2033-4B1F-90B3-37A2ECF0FEDB
ComputerState                  : 0
FullScanAge                    : 4294967295
FullScanEndTime                :
FullScanStartTime              :
IoavProtectionEnabled          : True
LastFullScanSource             : 0
LastQuickScanSource            : 2
NISEnabled                     : True
NISEngineVersion               : 2.1.12706.0
NISSignatureAge                : 53
NISSignatureLastUpdated        : 5/12/2017 11:24:48 PM
NISSignatureVersion            : 116.88.0.0
OnAccessProtectionEnabled      : True
QuickScanAge                   : 48
QuickScanEndTime               : 6/12/2017 12:02:02 PM
QuickScanStartTime             : 5/18/2017 1:17:51 AM
RealTimeProtectionEnabled      : True
RealTimeScanDirection          : 0
PSComputerName                 :

PS C:\Users\hs>
```

Bild 44.1 Ergebnis von Get-MPComputerStatus

45 Hardwareverwaltung

Für den Zugriff auf Hardwareinformationen bietet die PowerShell wenige Commandlets. Hier bleibt aber der Zugriff auf WMI. Alternativ kann man einige Funktionen über die PowerShell-Erweiterungen von *www.IT-Visions.de* erreichen.

45.1 Hardwarebausteine

Informationen über die installierte Hardware erhält man innerhalb der PowerShell über WMI, also über die Verwendung des Commandlets `Get-CimInstance` zusammen mit der entsprechenden WMI-Klasse (siehe Tabelle).

Tabelle 45.1 Abruf von Hardwareinformationen in der PowerShell

Hardware-baustein	PowerShell-Befehl (Standard)	*www.IT-Visions.de* PowerShell Extensions	PSSystemTools im PowerShell-Pack
Prozessoren	Get-CimInstance Win32_Processor	Get-Processor	Get-Processor
Hauptspeicher	Get-CimInstance Win32_MemoryDevice	Get-MemoryDevice	
Grafikkarte	Get-CimInstance Win32_VideoController	Get-VideoController	
Soundkarte	Get-CimInstance Win32_SoundDevice	Get-SoundDevice	
Festplatten	Get-CimInstance Win32_Diskdrive	Get-Disk	
Bandlaufwerke	Get-CimInstance Win32_Tapedrive	Get-Tapedrive	
Optische Laufwerke (CD/DVD)	Get-CimInstance Win32_CDRomdrive	Get-CDRomdrive	

(Fortsetzung nächste Seite)

Tabelle 45.1 Abruf von Hardwareinformationen in der PowerShell *(Fortsetzung)*

Hardware-baustein	PowerShell-Befehl (Standard)	*www.IT-Visions.de* PowerShell Extensions	PSSystemTools im PowerShell-Pack
Netzwerkkarten	`Get-CimInstance Win32_NetworkAdapter`	`Get-Networkadapter`	
USB-Controller	`Get-CimInstance Win32_USBController`	`Get-USBController`	`Get-USB`
Tastatur	`Get-CimInstance Win32_Keyboard`	`Get-Keyboard`	
Maus	`Get-CimInstance Win32_PointingDevice`	`Get-PointingDevice`	

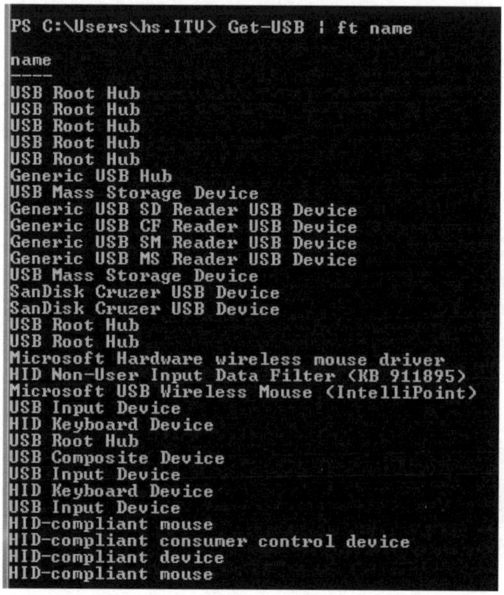

```
PS C:\Users\hs.ITV> Get-USB | ft name

name
----
USB Root Hub
USB Root Hub
USB Root Hub
USB Root Hub
USB Root Hub
Generic USB Hub
USB Mass Storage Device
Generic USB SD Reader USB Device
Generic USB CF Reader USB Device
Generic USB SM Reader USB Device
Generic USB MS Reader USB Device
USB Mass Storage Device
SanDisk Cruzer USB Device
SanDisk Cruzer USB Device
USB Root Hub
USB Root Hub
Microsoft Hardware wireless mouse driver
HID Non-User Input Data Filter (KB 911895)
Microsoft USB Wireless Mouse (IntelliPoint)
USB Input Device
HID Keyboard Device
USB Root Hub
USB Composite Device
USB Input Device
HID Keyboard Device
USB Input Device
HID-compliant mouse
HID-compliant consumer control device
HID-compliant device
HID-compliant mouse
```

Bild 45.1
Anwendung von Get-USB zur Anzeige der USB-Geräte

Prozessor

Die Anzahl der Prozessoren auf einem System erhält man auch über die .NET-Klasse `System.Environment`:

```
"Anzahl der Prozessoren: " + [System.Environment]::ProcessorCount
```

Die Frage, ob man ein 32- oder ein 64-Bit-System vor sich hat, kann man einfach über die Umgebungsvariable `$env:PROCESSOR_ARCHITECTURE` oder die Commandlets `Test-32Bit` und `Test-64Bit` aus dem Modul „PSSystemTools" aus dem PowerShellPack klären. Diese beiden Commandlets liefern `true` oder `false` als Ergebnis.

Details über die Prozessoren liefern `Get-CimInstance Win32_Processor` bzw. `Get-Processor` (aus den *www.IT-Visions.de* PowerShell Extensions oder im Modul `PSSystemTools` im PowerShellPack).

Anzeige

Informationen über die Grafikkarte liefert `Get-CimInstance Win32_VideoController` bzw. `Get-VideoController` (aus den *www.IT-Visions.de* PowerShell Extensions).

Die aktuelle Bildschirmauflösung liefert `Get-DisplaySetting` (aus dem Modul PSSystem-Tools im PowerShellPack). `Get-MultiTouchMaximum` (gleiches Modul) gibt die Anzahl der Finger wieder, die man zur Bedienung einsetzen kann. „0" bedeutet, dass keine Multi-Touch-Funktion verfügbar ist.

Batterien und USV

Batterien in Notebooks und Unterbrechungsfreie Stromversorgungen (USVs) an Servern kann man mit der WMI-Klasse `Win32_Battery` abfragen.

```
Get-CimInstance Win32_Battery -ComputerName SERVER123 | fl name,
EstimatedChargeRemaining, EstimatedRunTime
```

```
PS P:\> Get-WmiObject Win32_Battery -ComputerName E10 | fl name, EstimatedChargeRemaining, EstimatedRunTime

name                     : Smart-UPS 1500 RM FW:667.18.I USB FW:7.3
EstimatedChargeRemaining : 100
EstimatedRunTime         : 41
```

Bild 45.2 Einsatz der WMI-Klasse Win32_Battery zur Abfrage der USV

■ 45.2 Plug-and-Play-Geräte

Neu seit Windows 10 und Windows Server 2012 ist das PowerShell-Modul „PnpDevice". Hier gibt es die Commandlets:

- `Get-PnpDevice`
- `Get-PnpDeviceProperty`
- `Enable-PnpDevice`
- `Disable-PnpDevice`

■ 45.3 Druckerverwaltung (ältere Betriebssysteme)

Auf Betriebssystemen vor Windows 8 und Windows Server 2012 verwaltet man den Drucker mit WMI-Klassen `Win32_Printer`, `Win32_Printjob` und `Win32_TCPIPPrinterPort`.

Der Befehl

```
Get-CimInstance Win32_Printer
```

liefert eine Liste der verfügbaren Drucker.

Mit

```
Get-CimInstance Win32_Printjob
```

zeigt man alle aktuellen Druckaufträge.

Mit dem folgenden Befehl hält man alle Druckaufträge für einen bestimmten Drucker an:

```
Get-CimInstance Win32_Printjob -Filter "Drivername='HP LaserJet'" | -foreach-Object {
$_.pause() }
```

HINWEIS: Zum Ausgeben von Informationen zum Drucker verwendet man in der PowerShell Out-Printer. Dieses Commandlet wurde bereits vorher in diesem Buch besprochen (siehe Kapitel 8 „Ausgaben").

Zum Löschen von Druckaufträgen ruft man die Delete()-Methode auf:

Listing 45.1 Löschen von Druckaufträgen [Drucker/CancelAll.ps1]

```
"Vorher:"
Get-CimInstance Win32_Printjob -Filter "Drivername='Dell MFP Laser 3115cn PCL6'"
"Löschen aller Aufträge":
Get-CimInstance Win32_Printjob -Filter "Drivername='Dell MFP Laser 3115cn PCL6'" |
-Foreach-Object { $_.Delete() }
"Nachher:"
Get-CimInstance Win32_Printjob -Filter "Drivername='Dell MFP Laser 3115cn PCL6'"
```

Mit Hilfe von WMI kann man auch Druckerports verwalten:

Listing 45.2 Anlegen eines TCP-Druckerports [Drucker/CreatePort.ps1]

```
$p = [WmiClass] 'Win32_TCPIPPrinterPort'
#oder: $p = New-Object system.management.managementclass Win32_TCPIPPrinterPort
$Port = $p.CreateInstance()
$Port.Name = "IP_192.168.1.224"
$Port.Protocol = 1
$Port.HostAddress = "192.168.1.224"
$Port.PortNumber = 1234
$Port.SNMPEnabled = $FALSE
$Port.Put()
```

■ 45.4 Druckerverwaltung (seit Windows 8 und Windows Server 2012)

Neu seit Windows 8 und Windows Server 2012 ist das Modul PrintManagement mit Commandlets zum Verwalten von Druckern und Druckaufträgen, was zuvor auch nur über WMI-Klassen möglich war.

Das Commandlet `Get-Printer` liefert eine Liste der installierten Drucker in Form von Instanzen der WMI-Klasse ROOT/StandardCimv2/MSFT_Printer. Gleichbedeutend kann man also schreiben: `Get-CimInstance MSFT_Printer -Namespace ROOT/StandardCimv2`. Oder man greift auf die „alte" WMI-Klasse Win32_Printer zurück (das geht natürlich auch ab Windows 8/Windows Server 2012 noch): `Get-CimInstance Win32_Printer`.

Der Benutzer kann die Ergebnismenge durch Angabe eines Druckernamens einschränken, Platzhalter sind erlaubt, z. B. `Get-Printer *großraumbüro*`.

Mit dem Parameter -ComputerName kann man auch Fernsysteme abfragen. Voraussetzung ist aber, dass dort PowerShell Remoting mit `Enable-PSRemoting` aktiviert wurde, denn sonst liefert `Get-Printer` die Fehlermeldungen „Der Spoolerdienst ist nicht erreichbar. Stellen Sie sicher, dass der Spoolerdienst ausgeführt wird.". Auf dem Fernsystem reicht aber eine PowerShell 2.0 und WMI Version 1, d. h., das Windows Management Framework 3.0 muss dort also nicht installiert sein.

Mit `Get-PrintConfiguration` und `Set-PrintConfiguration` kann man Druckereinstellungen auslesen und verändern. Für einige wichtige Einstellungen gibt es direkte Parameter in `Set-PrintConfiguration` (z. B. PaperSize, Color, DuplexingMode). Der folgende Befehl aktiviert den zweiseitigen Druck:

```
Get-Printer -Name "\\server21\Multifunktionsdrucker Großraumbüro" |
-Set-PrintConfiguration -DuplexingMode TwoSidedLongEdge
```

Andere Einstellungen muss man in Form eines XML-Dokuments übergeben, das Microsoft Print Ticket XML nennt. Dazu findet man eine Spezifikation auf der Redmonder Website für Hardwareentwickler (*http://msdn.microsoft.com/en-us/windows/hardware/gg463385.aspx*).

`Get-PrintJob` liefert die aktuellen Druckaufträge. Dieses Commandlet lässt sich nicht ohne Eingabeparameter aufrufen; der Benutzer muss entweder die ID eines Druckauftrags angeben oder auf einen Drucker einschränken, den man über den Namen oder durch ein Druckerobjekt festlegt. Mit der Verkettung

```
Get-Printer | Get-PrintJob
```

lassen sich dann dennoch alle Druckaufträge aller Drucker auf einem System ausgeben, einfach indem die PowerShell-Pipeline nacheinander alle Druckerobjekte an `Get-PrintJob` sendet.

Druckaufträge sind Instanzen der WMI-Klasse ROOT/StandardCimv2/MSFT_PrintJob. Jeder Druckauftrag hat einen Job-Status (z. B. Spooling, Printing, Error, Pause, Deleting), den man durch Commandlets (Suspend-PrintJob, Resume-PrintJob, Restart-PrintJob, Remove-PrintJob) verändern kann. Alle diese Commandlets empfangen den zu modifizierenden Druckauftrag über die Druckauftrags-ID oder ein Druckauftragsobjekt, das von `Get-PrintJob` kommt. Um alle Druckaufträge von allen Druckern zu löschen, kann man also schreiben:

```
Get-Printer | Get-PrintJob | Remove-PrintJob
```

ACHTUNG: Zu beachten ist, dass Remove-PrintJob zwar die Standardparameter -confirm und -whatif besitzt, aber diese entgegen der Dokumentation keine Wirkung haben. Bei -confirm sollte die PowerShell vor jedem Löschvorgang den Benutzer um Bestätigung ersuchen. Bei -whatif sollte das Commandlet lediglich ausgeben, was es tun würde, aber nicht wirklich etwas tun. In beiden Fällen löscht jedoch Remove-PrintJob die Druckaufträge leider ohne Nachfrage.

46 Softwareverwaltung

Zum Bereich Softwareverwaltung gehören:
- Inventarisierung der installierten Anwendungen
- Installieren von Anwendungen
- Deinstallieren von Anwendungen

Für die Softwareverwaltung bietet die PowerShell keine eigenen Commandlets. Die WMI-Klasse Win32_Product mit Informationen über die installierten MSI-Pakete steht zur Verfügung, sofern der „WMI-Provider für Windows Installer" installiert ist.

Win32_Product gilt aber nur für Anwendungen, die mit Windows Installer installiert wurden. Alle Anwendungen, die man in der Systemsteuerung sieht, bekommt man nur über den Schlüssel *HKLM:\SOFTWARE\Microsoft\Windows\CurrentVersion\Uninstall* der Registrierungsdatenbank.

■ 46.1 Softwareinventarisierung

Die Klasse Win32_Product liefert die installierten MSI-Pakete:

```
Get-CimInstance Win32_Product
```

Natürlich kann man filtern. Der folgende Befehl listet nur die MSI-Pakete, deren Namen mit a beginnen:

```
Get-CimInstance Win32_Product | Where-Object { $_.name -like "a*" }
```

Der zweite Filter sortiert alle MSI-Pakete heraus, deren Hersteller Microsoft ist:

```
Get-CimInstance Win32_Product | Where-Object { $_.vendor -like "microsoft*" }
```

Sie können auch gezielt feststellen, ob eine bestimmte Anwendung installiert ist:

Listing 46.1 Prüfen, ob eine Software installiert ist
[3_Einsatzgebiete/Software/InstallCheck.ps1]

```
function Get-IsInstall($Application, $Computer, $Version)
{
$a = (Get-CimInstance -Class Win32_Product -Filter "Name='$Application' and Version='$Version'" -computername $Computer)
return ($a -ne $null)
}
$e = Get-IsInstall "QuickTime" "SERVERF112" "7.2.0.240"
if ($e) { "Software is installed!" }
else { "Software is not installed!" }
```

In einem Pipeline-Befehl kann man auch eine komplette Inventarisierungslösung schreiben, die nacheinander mehrere Computer gemäß einer Liste in einer Textdatei abgefragt hat und die gefundenen Anwendungen in eine CSV-Datei exportiert.

```
Get-Content "computernamen.txt" |
foreach { Get-CimInstance win32_product -computername $_ } |
where { $_.vendor -like "*Microsoft*" } |
export-csv "Softwareinventar.csv" -notypeinformation
```

Noch etwas verfeinern lässt sich die Inventarisierungslösung, indem man vor dem Zugriff auf den Computer mit einem Ping prüft, ob der Computer überhaupt erreichbar ist, um die lange Timeout-Zeit von WMI zu vermeiden. Da hierzu dann ein Pipelining-Befehl nicht mehr ausreicht und man ein Skript braucht, kann man auch direkt die Lösung besser parametrisieren.

Listing 46.2 Softwareinventarisierung per PowerShell-Skript
[SoftwareInventory_WMI_WithPing.ps1]

```
$Hersteller = "*Microsoft*"
$Eingabedateiname = "computernamen.txt"
$Ausgabedateiname = "Softwareinventar.csv"

# Import der Computernamen
$Computernamen = Get-Content "computernamen.txt"
$Computernamen | foreach {

if (Ping($_))
{
Write-Host "Inventarisiere Software für Computer $_ ..."
# Auslesen der installierten MSI-Pakete auf allen Computern
$Software = foreach { Get-CimInstance win32_product -computername $_ } |
  where { $_.vendor -like $Hersteller }

# Export in CSV
$Software | export-csv "Softwareinventar.csv" -notypeinformation
}
else
{
Write-Error "Computer nicht erreichbar!"
}
}
```

```
# Ping ausführen
function Ping
{
$status = Get-CimInstance Win32_PingStatus -filter "Address='$args[0]'" | select
-StatusCode
return $status.Statuscode -eq 0
}
```

Die Liste der installierten Softwareaktualisierungen (Patches, Hotfixes) erhält man mit:

```
Get-CimInstance Win32_Quickfixengineering
```

Die installierten Audio-/Video-Codecs kann man sich so anzeigen lassen:

```
Get-CimInstance Win32_CodecFile | select group,name
```

Win32_Product gilt aber nur für Anwendungen, die mit Windows Installer installiert wurden. Alle Anwendungen, die man in der Systemsteuerung sieht, bekommt man nur über den Schlüssel *HKLM:\SOFTWARE\Microsoft\Windows\CurrentVersion\Uninstall* der Registrierungsdatenbank heraus.

```
Get-ChildItem HKLM:\SOFTWARE\Microsoft\Windows\CurrentVersion\Uninstall
```

Vereinfachen kann man den Zugang dorthin, indem man ein neues PowerShell-Laufwerk definiert:

```
New-PSDrive -Name Software -PSProvider Registrierungsdatenbank -Root HKLM:\SOFTWARE\
Microsoft\Windows\CurrentVersion\Uninstall
```

Danach kann man einfach schreiben:

```
Get-ChildItem Software:
```

Beim Filtern muss man in jedem Fall beachten, dass die Eigenschaften (z. B. `DisplayName`, `Comments` und `UninstallString`) keine Attribute des Objekts vom Typ `Microsoft.Win32`
`.RegistryKey` sind, sondern Unterelemente dieses Objekts. Daher muss `GetValue()` für den Zugriff auf die Daten verwendet werden.

```
Get-ChildItem Software: | Where-Object -FilterScript { $_.GetValue("DisplayName")
-like "a*"} | ForEach-Object -Process {$_.GetValue("DisplayName") ,
$_.GetValue("Comments"), $_.GetValue("UninstallString") }
```

Programme, die beim Systemstart automatisch gestartet werden, findet man in `Win32_StartupCommand`:

```
Get-CimInstance Win32_StartupCommand
```

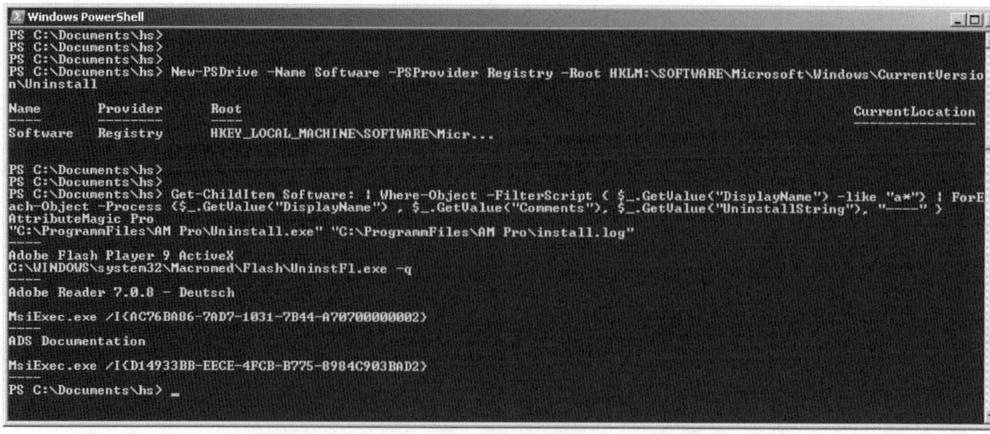

Bild 46.1 Auflisten der installierten Software, die mit „a" beginnt

46.2 Installation von Anwendungen

Eine skriptbasierte Installation ist bei vielen Anwendungen möglich, allerdings ist die Vorgehensweise abhängig von der verwendeten Installationstechnologie. Microsoft liefert in WMI eine Installationsunterstützung für Installationspakete, die auf Windows Installer (alias Microsoft Installer), abgekürzt MSI, basieren.

WMI erlaubt den Aufruf des Microsoft Installer, um ein beliebiges MSI-Paket zu installieren. Die Klasse `Win32_Product` bietet dazu die Methode `Install()` an. Die Methode erwartet einen oder drei Parameter:

- den Pfad zu dem MSI-Paket,
- an das Paket zu übergebende Kommandozeilenparameter,
- die Entscheidung, ob die Anwendung für alle Benutzer (`True`) oder nur den angemeldeten Benutzer (`False`) installiert werden soll.

Zu beachten ist, dass die `Install()`-Methode eine statische Methode der WMI-Klasse `Win32_Product` ist. Eine Ferninstallation ist möglich unter Bezugnahme auf diese Klasse auf einem entfernten System.

Listing 46.3 Installation eines MSI-Pakets [Software_Installation.ps1]

```
$Anwendung = "X:\demo\PS\Setup_for_HelloWorld_VBNET.msi"
"Installiere Anwendung..." + $Anwendung
(Get-CimInstance -ComputerName SERVERF112 -List | Where-Object -FilterScript {$_.Name -eq "Win32_Product"}).Install($Anwendung)
"Fertig!"
```

46.3 Deinstallation von Anwendungen

Die WMI-Klasse `Win32_Product` bietet auch eine `Uninstall()`-Methode ohne Parameter zur Deinstallation von MSI-Paketen. Zu beachten ist, dass zur Identifizierung der zu deinstallierenden Anwendung nicht der Name des Installationspakets, sondern der Anwendungsname (Name oder Caption) oder der GUID (IdentifyingNumber) anzugeben ist. Im Fall von *Setup_for_HelloWorld_VBNET.msi* ist der Name „Hello World VB.NET".

Listing 46.4 Deinstallation eines MSI-Pakets [Software_Installation.ps1]

```
$Name = "Hello World VB.NET"
"Starte Deinstallation..."
$Ergebnis = (Get-CimInstance -Class Win32_Product -Filter "Name='$Name'" `
 -ComputerName SERVERF112).Uninstall().Returnvalue
if ($Ergebnis -ne 0) { Write-Error "Deinstallationsfehler: $Ergebnis"; Exit }
"Deinstallation beendet!"
```

Zu jeder Anwendung ist in der Registrierungsdatenbank ein sogenannter Uninstall-String angegeben, der sagt, was man ausführen muss, um die Anwendung zu deinstallieren. Dies funktioniert auch für nicht MSI-basierte Anwendungen.

Der folgende Befehl listet die Deinstallationsanweisungen für alle Anwendungen auf, deren Name mit „a" beginnt.

Listing 46.5 Installationsdaten aus der Registrierungsdatenbank [SoftwareInventory_Registry.ps1]

```
Get-ChildItem -Path HKLM:\SOFTWARE\Microsoft\Windows\CurrentVersion\Uninstall |
Where-Object -FilterScript { $_.GetValue("DisplayName") -like "a*"} | ForEach-Object `
-Process {$_.GetValue("DisplayName"), $_.GetValue("UninstallString") }
```

46.4 Praxisbeispiel: Installationstest

Das folgende Skript installiert zum Test eine Anwendung und deinstalliert sie dann direkt wieder. Zu Beginn, nach der Installation und am Ende wird jeweils geprüft, ob die Anwendung installiert ist.

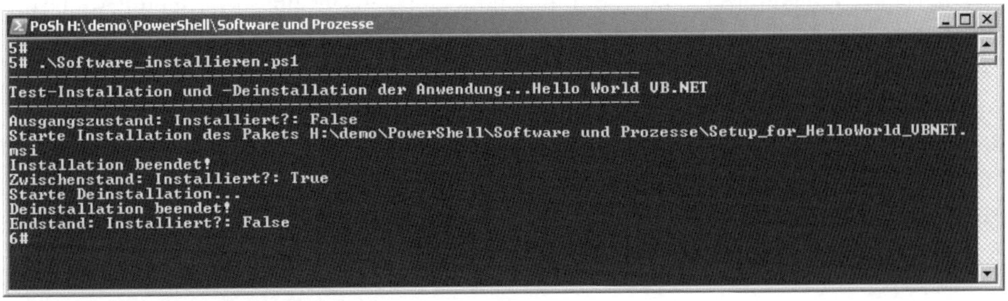

Bild 46.2 Ausgabe des Skripts

Listing 46.6 Testen einer Softwareinstallation [Software_Testinstallation.ps1]

```
function Get-IsInstall($Application, $Computer)
{
$a = (Get-CimInstance -Class Win32_Product -Filter "Name='$Application'" -Computer
$Computer)
return ($a -ne $null)
}

$Name = "Hello World VB.NET"
$Computer = "SERVERF112"
$Paket = "X:\demo\PowerShell\Software und Prozesse\Setup_for_HelloWorld_VBNET.msi"

"----------------------------------------------------------------"
"Testinstallation und -deinstallation der Anwendung..." + $Name
"----------------------------------------------------------------"

"Ausgangszustand: Installiert?: " + (Get-IsInstall $Name $Computer)

"Starte Installation des Pakets " + $Paket
$Ergebnis = ([WMIClass] "Win32_Product").Install($Paket).Returnvalue
if ($Ergebnis -ne 0) { Write-Error "Installationsfehler: $Ergebnis"; Exit }
"Installation beendet!"

"Zwischenstand: Installiert?: " + (Get-IsInstall $Name $Computer)

"Starte Deinstallation..."
$Ergebnis = (Get-CimInstance -Class Win32_Product -Filter "Name='$Name'" -
-ComputerName SERVERF112).Uninstall().Returnvalue
if ($Ergebnis -ne 0) { Write-Error "Deinstallationsfehler: $Ergebnis"; Exit }
"Deinstallation beendet!"

"Endstand: Installiert?: " + (Get-IsInstall $Name $Computer)
```

■ 46.5 Installationen mit PowerShell Package Management („OneGet")

Neben der PowerShell Gallery via PowerShellGet (siehe Buchteil B, Kapitel 32 „PowerShell-Module") kann die PowerShell nicht nur die Online-Repositories für PowerShell-Erweiterungen nutzen, sondern darüber hinaus auch andere Softwarepakete von Online-Software-Repositories wie z. B. *www.Chocolatey.org* automatisiert herunterladen und installieren.

Die Verallgemeinerung von PowerShellGet nennt sich „PackageManagement". OneGet ist der Name des Open-Source-Projekts (siehe *https://github.com/oneget/oneget*) von Microsoft, das das Paketmanagement realisiert. „PackageManagement" ist der Produktname, den Microsoft dafür im Rahmen von Windows und für das zugehörige PowerShell-Modul verwendet.

Bitte beachten Sie aber unbedingt die Veröffentlichungsprozesse des jeweiligen Internetportals und die deutlichen Warnungen, die der Autor dieses Buchs bereits in Buchteil B, Kapitel 32 *„PowerShell-Module“* zum Thema „Herunterladen“ ausgesprochen hat!

46.5.1 Voraussetzungen

Das Modul PackageManagement ist seit PowerShell 5.0 enthalten. Diese Funktionen sind aber auch als Add-On für PowerShell 3.0 und 4.0 mit der Erweiterung „PackageManagement PowerShell Modules“ verfügbar (*https://www.microsoft.com/en-us/download/details.aspx?id=49186*). Auf PowerShell 3.0 und 4.0 muss man diese Erweiterung einmalig manuell installieren, damit man dann anschließend andere Software automatisiert herunterladen und installieren kann.

46.5.2 Paketmanagement-Commandlets

Das Paketmanagement der PowerShell wird u. a. über folgende Commandlets abgebildet:

- Liste der Paketarten, die PowerShell herunterladen und installieren kann:

```
Get-PackageProvider
```

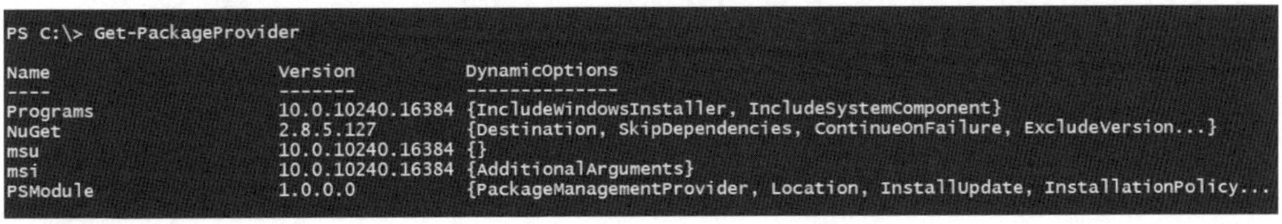

PS C:\> Get-PackageProvider
Name Version DynamicOptions
Programs 10.0.10240.16384 {IncludeWindowsInstaller, IncludeSystemComponent}
NuGet 2.8.5.127 {Destination, SkipDependencies, ContinueOnFailure, ExcludeVersion...}
msu 10.0.10240.16384 {}
msi 10.0.10240.16384 {AdditionalArguments}
PSModule 1.0.0.0 {PackageManagementProvider, Location, InstallUpdate, InstallationPolicy...

Bild 46.3 Liste der Paketarten, die PowerShell herunterladen und installieren kann

- Installieren eines neuen Package Providers (einer neuen Paketart)

```
Get-PackageProvider chocolatey
```

HINWEIS: *www.Chocolatey.org* bietet sowohl die Paketart „PowerShell-Modul“ (Provider PSModule) als auch eine eigene Paketart (Provider chocolatey) an.

PS C:\> Get-PackageProvider chocolatey
The provider 'chocolatey v2.8.5.130' is not installed.chocolate...
Would you like PackageManagement to automatically download and install 'chocolatey' now?
Ja
Nein
Anhalten

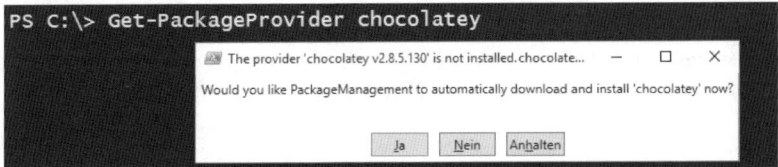

Bild 46.4 Installieren eines Package Providers

- Registrieren einer Softwarequelle für den Provider „chocolatey", hier Chocolatey.org (es kann auch andere Websites geben, die diesen Provider verwenden; daher die Trennung in Package Provider und Package Source):

  ```
  Register-Packagesource -Name chocolatey -Provider chocolatey -Trusted -Location http://chocolatey.org/api/v2/ -Verbose
  ```

- Auflisten aller registrierten Softwarequellen:

  ```
  Get-PackageSource
  ```

- Suche in den Paketquellen nach Software mit einem bestimmten Wort im Namen, z. B. Suche nach Installationspaketen für den Browser Chrome:

  ```
  Find-Package -Name chrome
  ```

- Installieren des Softwarepakets „GoogleChrome":

  ```
  Install-Package googlechrome -Force
  ```

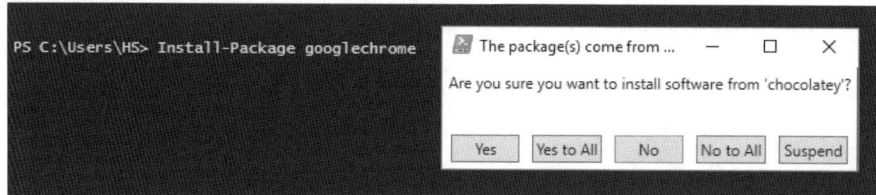

Bild 46.5 Sicherheitsabfrage der PowerShell bei der Installation

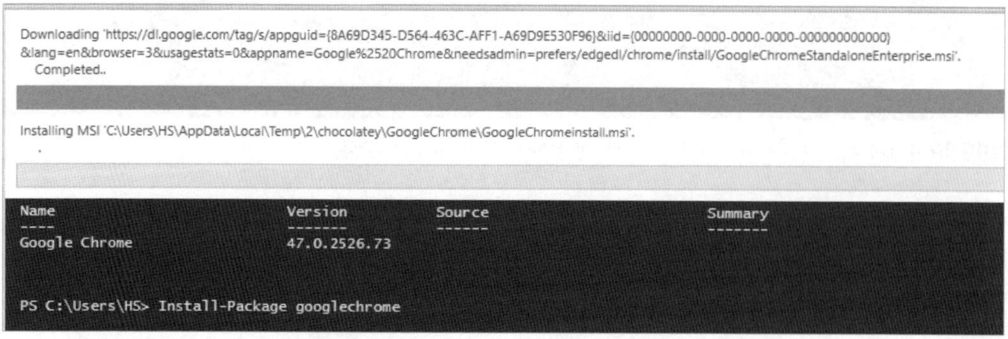

Bild 46.6 Ausführen der Installation

- Installieren des Softwarepakets „GoogleChrome" aus einem bestimmten Repository:

  ```
  Install-Package googlechrome -Source chocolatey
  ```

- Liste der installierten Pakete (wobei hier auch Softwarepakete aufgelistet werden, die nicht zuvor mit `Install-Package` installiert, sondern manuell installiert wurden):

  ```
  Get-Package
  ```

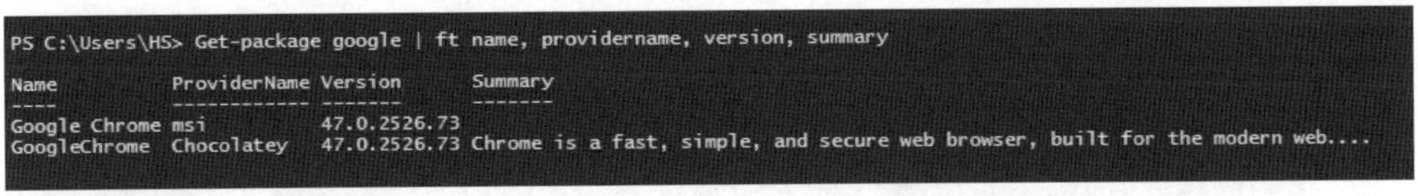

```
PS C:\Users\HS> Get-package google | ft name, providername, version, summary
Name            ProviderName  Version       Summary
----            ------------  -------       -------
Google Chrome   msi           47.0.2526.73
GoogleChrome    Chocolatey    47.0.2526.73  Chrome is a fast, simple, and secure web browser, built for the modern web....
```

Bild 46.7 Gefilterte Paketliste nach der Installation des Chocolatey-Pakets „googlechrome"

- Deinstallieren eines Softwarepakets:

```
Uninstall-Package googlechrome
```

oder

```
Get-Package googlechrome | Uninstall-Package
```

HINWEIS: Pakete, die MSI-Installationen beinhalten (z. B. das Paket googlechrome) verewigen sich zweimal in der Softwarepaketliste von `Get-Package`: Einmal erscheint das Chocolatey-Paket und einmal das MSI-Paket. Daher reicht ein `Uninstall-Package googlechrome` nicht. Damit wird nur das Chocolatey-Paket entfernt. Das MSI-Paket bleibt aber und damit ist auch die Software weiterhin vorhanden. Daher muss man beide Pakete deinstallieren, z. B. durch `Get-Package chrome | Uninstall-Package`.

■ 46.6 Versionsnummer ermitteln

Die Versionsnummer einer ausführbaren Datei ermittelt man über `Get-FileVersionInfo` aus den PSCX (siehe folgende Bildschirmabbildung). Das Commandlet liefert eine Instanz der .NET-Klasse `System.Diagnostics.FileVersionInfo`.

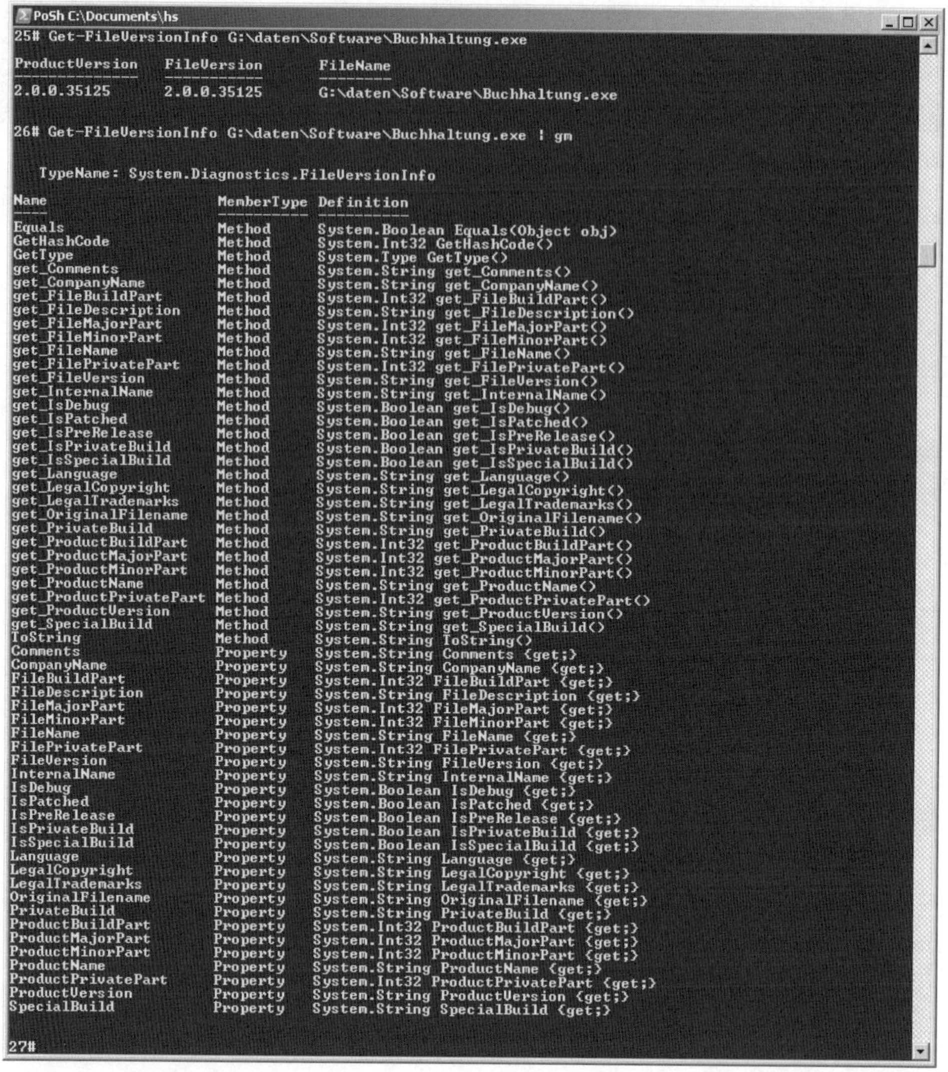

```
PoSh C:\Documents\hs
25# Get-FileVersionInfo G:\daten\Software\Buchhaltung.exe

ProductVersion   FileVersion      FileName
--------------   -----------      --------
2.0.0.35125      2.0.0.35125      G:\daten\Software\Buchhaltung.exe

26# Get-FileVersionInfo G:\daten\Software\Buchhaltung.exe | gm

   TypeName: System.Diagnostics.FileVersionInfo

Name                      MemberType Definition
----                      ---------- ----------
Equals                    Method     System.Boolean Equals(Object obj)
GetHashCode               Method     System.Int32 GetHashCode()
GetType                   Method     System.Type GetType()
get_Comments              Method     System.String get_Comments()
get_CompanyName           Method     System.String get_CompanyName()
get_FileBuildPart         Method     System.Int32 get_FileBuildPart()
get_FileDescription       Method     System.String get_FileDescription()
get_FileMajorPart         Method     System.Int32 get_FileMajorPart()
get_FileMinorPart         Method     System.Int32 get_FileMinorPart()
get_FileName              Method     System.String get_FileName()
get_FilePrivatePart       Method     System.Int32 get_FilePrivatePart()
get_FileVersion           Method     System.String get_FileVersion()
get_InternalName          Method     System.String get_InternalName()
get_IsDebug               Method     System.Boolean get_IsDebug()
get_IsPatched             Method     System.Boolean get_IsPatched()
get_IsPreRelease          Method     System.Boolean get_IsPreRelease()
get_IsPrivateBuild        Method     System.Boolean get_IsPrivateBuild()
get_IsSpecialBuild        Method     System.Boolean get_IsSpecialBuild()
get_Language              Method     System.String get_Language()
get_LegalCopyright        Method     System.String get_LegalCopyright()
get_LegalTrademarks       Method     System.String get_LegalTrademarks()
get_OriginalFilename      Method     System.String get_OriginalFilename()
get_PrivateBuild          Method     System.String get_PrivateBuild()
get_ProductBuildPart      Method     System.Int32 get_ProductBuildPart()
get_ProductMajorPart      Method     System.Int32 get_ProductMajorPart()
get_ProductMinorPart      Method     System.Int32 get_ProductMinorPart()
get_ProductName           Method     System.String get_ProductName()
get_ProductPrivatePart    Method     System.Int32 get_ProductPrivatePart()
get_ProductVersion        Method     System.String get_ProductVersion()
get_SpecialBuild          Method     System.String get_SpecialBuild()
ToString                  Method     System.String ToString()
Comments                  Property   System.String Comments {get;}
CompanyName               Property   System.String CompanyName {get;}
FileBuildPart             Property   System.Int32 FileBuildPart {get;}
FileDescription           Property   System.String FileDescription {get;}
FileMajorPart             Property   System.Int32 FileMajorPart {get;}
FileMinorPart             Property   System.Int32 FileMinorPart {get;}
FileName                  Property   System.String FileName {get;}
FilePrivatePart           Property   System.Int32 FilePrivatePart {get;}
FileVersion               Property   System.String FileVersion {get;}
InternalName              Property   System.String InternalName {get;}
IsDebug                   Property   System.Boolean IsDebug {get;}
IsPatched                 Property   System.Boolean IsPatched {get;}
IsPreRelease              Property   System.Boolean IsPreRelease {get;}
IsPrivateBuild            Property   System.Boolean IsPrivateBuild {get;}
IsSpecialBuild            Property   System.Boolean IsSpecialBuild {get;}
Language                  Property   System.String Language {get;}
LegalCopyright            Property   System.String LegalCopyright {get;}
LegalTrademarks           Property   System.String LegalTrademarks {get;}
OriginalFilename          Property   System.String OriginalFilename {get;}
PrivateBuild              Property   System.String PrivateBuild {get;}
ProductBuildPart          Property   System.Int32 ProductBuildPart {get;}
ProductMajorPart          Property   System.Int32 ProductMajorPart {get;}
ProductMinorPart          Property   System.Int32 ProductMinorPart {get;}
ProductName               Property   System.String ProductName {get;}
ProductPrivatePart        Property   System.Int32 ProductPrivatePart {get;}
ProductVersion            Property   System.String ProductVersion {get;}
SpecialBuild              Property   System.String SpecialBuild {get;}

27#
```

Bild 46.8 Get-FileVersionInfo

46.7 Servermanager

Das PowerShell-Modul „Servermanager“, das seit Windows Server 2008 R2 mitgeliefert wird, ergänzt die PowerShell nur um bescheidende drei Commandlets, die aber nützlich zur Einrichtung des Betriebssystems sind:

- `Get-WindowsFeature`
- `Add-WindowsFeature`
- `Remove-WindowsFeature`

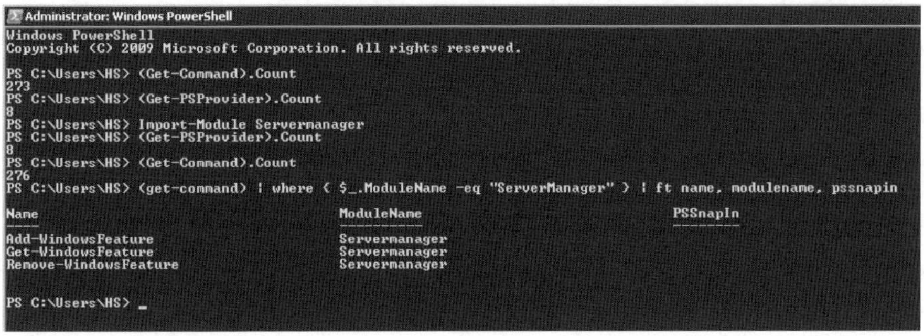

46.7 Servermanager

```
Administrator: Windows PowerShell
Windows PowerShell
Copyright (C) 2009 Microsoft Corporation. All rights reserved.

PS C:\Users\HS> (Get-Command).Count
273
PS C:\Users\HS> (Get-PSProvider).Count
8
PS C:\Users\HS> Import-Module Servermanager
PS C:\Users\HS> (Get-PSProvider).Count
8
PS C:\Users\HS> (Get-Command).Count
276
PS C:\Users\HS> (get-command) | where { $_.ModuleName -eq "ServerManager" } | ft name, modulename, pssnapin

Name                        ModuleName                    PSSnapIn
Add-WindowsFeature          Servermanager
Get-WindowsFeature          Servermanager
Remove-WindowsFeature       Servermanager

PS C:\Users\HS> _
```

Bild 46.9 Importieren des Moduls „ServerManager"

> **HINWEIS:** Wie der Name „ServerManager" schon suggeriert, kann man damit nur Server verwalten. Optionale Windows-Features auf Windows-Clientbetriebssystemen lassen sich damit nicht installieren.

Get-WindowsFeature

`Get-WindowsFeature` liefert eine sehr ausführliche Liste aller installierbaren Betriebssystemoptionen in Windows Server seit Version 2008 R2. Hierbei ist der Begriff „WindowsFeature" in der PowerShell leider nicht gleichzusetzen mit „Feature" aus der Sicht der Server-Manager-Benutzerschnittstelle. „WindowsFeature" umfasst drei Konzepte der Benutzerschnittstelle:

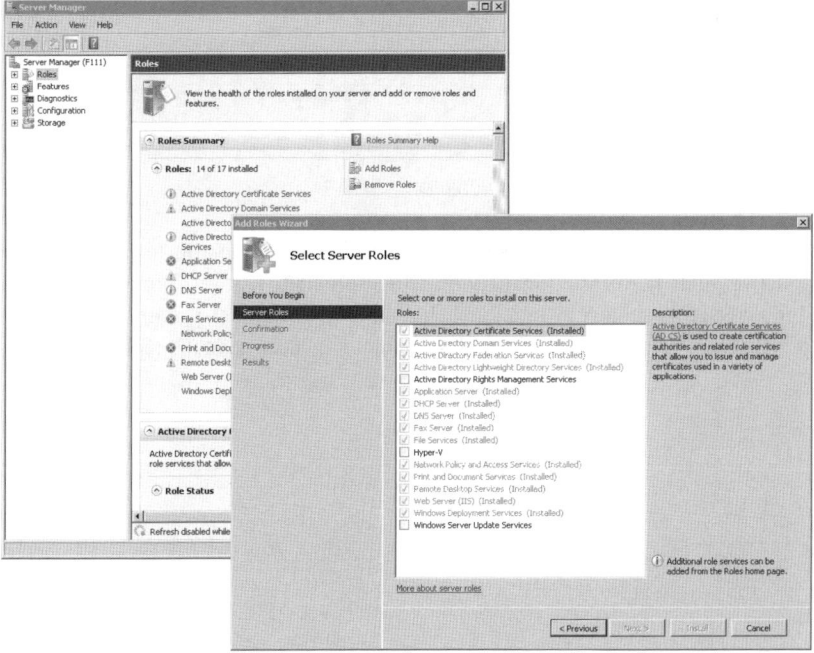

Bild 46.10 Rollen in Windows Server 2008 R2

- Rollen (Roles) sind zentrale Bereiche, z. B. Active Directory Rights Management Services.
- Rollendienste (Role Services) sind Teilbereiche von Rollen, z. B. „Identity Federation Support", innerhalb der Active Directory Rights Management Services.
- Features sind kleinere Funktionen bzw. Hilfsbausteine wie z. B. .NET Framework 3.5.1. Features sind zum Teil hierarchisch aufgebaut. Features können außerdem bei der Installation von Rollen erforderlich sein, z. B. .NET Framework 3.5.1 für die Rolle „Application Server".

`Get-WindowsFeature` zeigt alle installierbaren Rollen/Rollendienste/Features an – in einer hierarchischen Darstellung mit Markierung der installierten Teile.

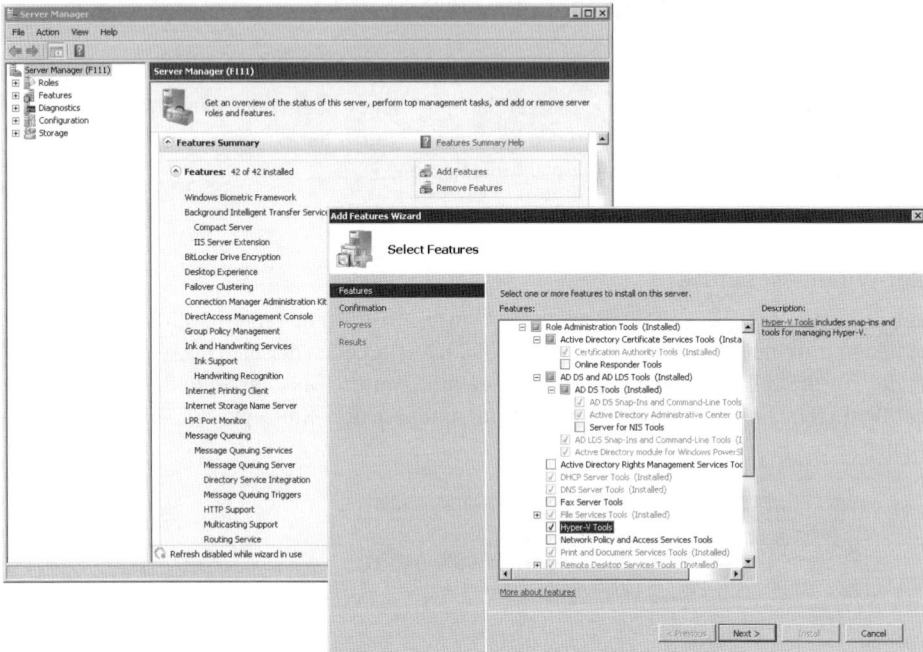

Bild 46.11 Features in Windows Server 2008 R2

Man könnte glauben, `Get-WindowsFeature` würde diese formatierte Darstellung direkt erzeugen (was den PowerShell-Prinzipien widersprechen würde). Dem ist aber nicht so: `Get-WindowsFeature` liefert (wie es sich für ein „ordentliches" Commandlet gehört) nur Objekte des Typs `Microsoft.Windows.ServerManager.Commands.Feature`.

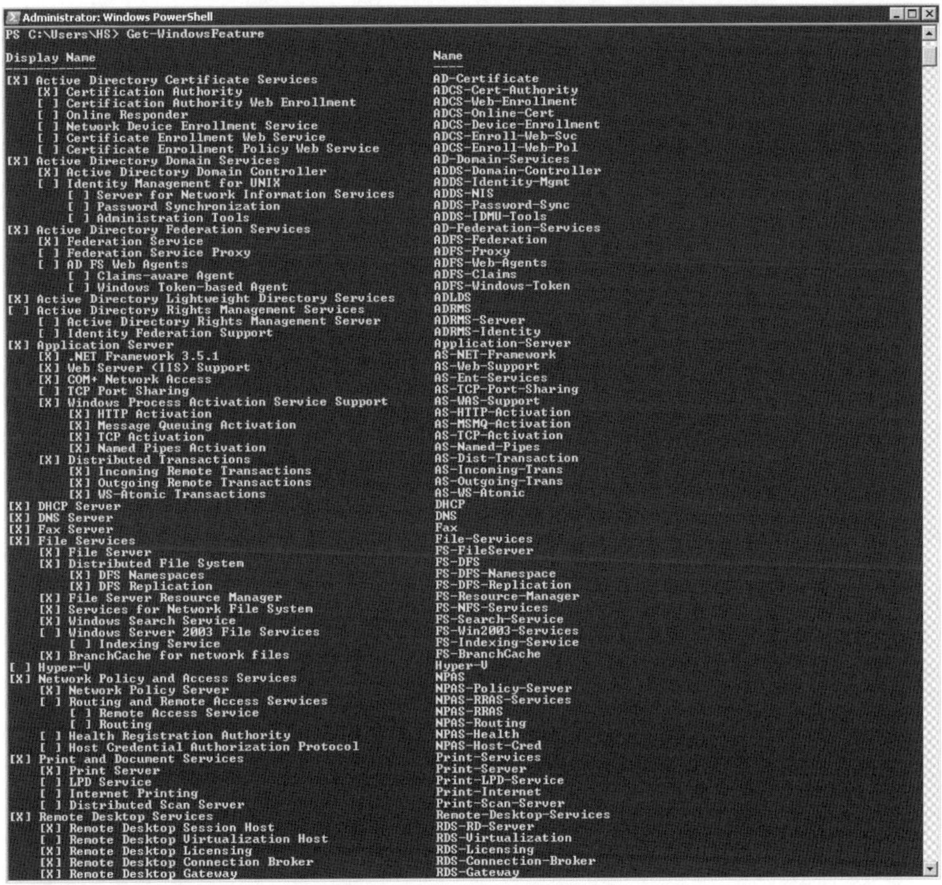

Bild 46.12 Darstellung von Get-WindowsFeature

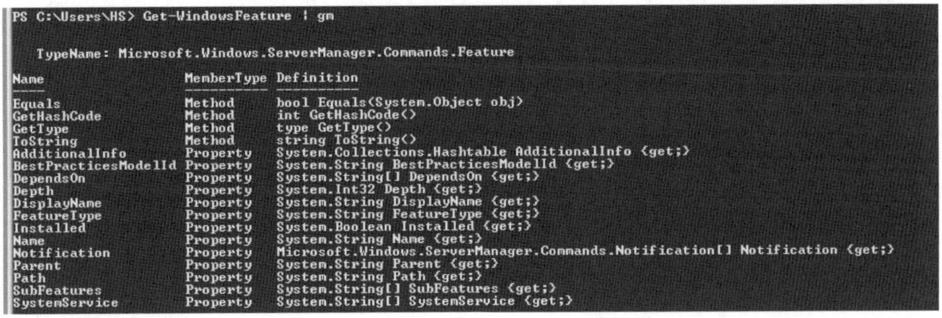

Bild 46.13 Inhalt der Klasse Microsoft.Windows.ServerManager.Commands.Feature

Die Darstellung wird durch die Standardvorlage `Feature.format.ps1xml` erzeugt, die man unter `\Windows\System32\WindowsPowerShell\v1.0\Modules\ServerManager` findet. Weil das Einrücken und die „Häkchen" für andere Fälle interessant sein könnten, sei diese Vorlage hier abgedruckt.

```xml
<View>
    <Name>Feature</Name>
    <ViewSelectedBy>
<TypeName>Microsoft.Windows.ServerManager.Commands.Feature</TypeName>
    </ViewSelectedBy>
    <TableControl>
<TableHeaders>
    <TableColumnHeader>
<Label>Display Name</Label>
<Width>55</Width>
<Alignment>left</Alignment>
    </TableColumnHeader>
    <TableColumnHeader>
<Label>Name</Label>
<Width>23</Width>
<Alignment>left</Alignment>
    </TableColumnHeader>
</TableHeaders>
<TableRowEntries>
    <TableRowEntry>
<TableColumnItems>
    <TableColumnItem>
            <ScriptBlock>
            $indent=""
for ($i=$_.Depth; $i -gt 1; $i--)
{
    $indent += "    "
}

            if ($_.Installed -eq $TRUE)
            {
                $indent += "[X] "
            }
            else
            {
                $indent += "[ ] "
            }

            $indent + $_.DisplayName
        </ScriptBlock>
    </TableColumnItem>
    <TableColumnItem>
    <PropertyName>Name</PropertyName>
    </TableColumnItem>
</TableColumnItems>
    </TableRowEntry>
</TableRowEntries>
    </TableControl>
</View>
```

Ausschnitt aus Feature.format.ps1xml

Wie immer steht es dem PowerShell-Nutzer frei, eine von der Standarddarstellung abweichende Darstellung zu erzwingen, z.B. eine einfache Tabelle.

```
Get-WindowsFeature | ft name, installed
```

HINWEIS: Wenn durch eine Konfiguration ein Neustart des Systems aussteht, können Sie Get-WindowsFeature nicht aufrufen.

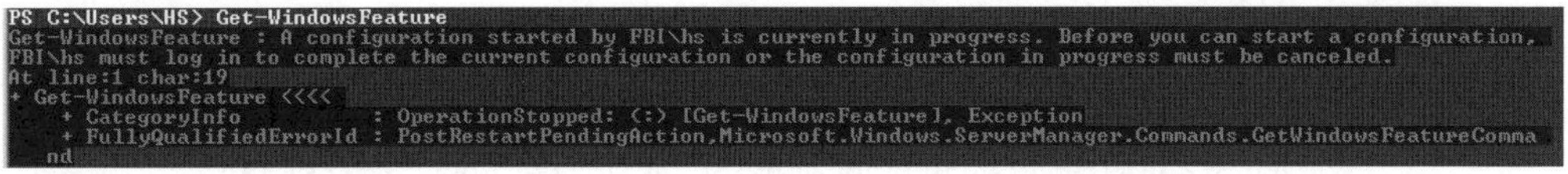

Bild 46.14 Get-WindowsFeature ist wegen eines ausstehenden Neustarts blockiert.

Add-WindowsFeature

Mit Add-WindowsFeature kann man Rollen, Rollendienste und Features hinzufügen. Abhängigkeiten werden dabei automatisch berücksichtigt. Anzugeben ist der „Name" (z. B. AS-NET-Framework), nicht der „DisplayName" (z. B. „.NET Framework 3.5.1"). Es können mehrere Features auf einmal installiert werden.

Der folgende Befehl installiert für die Internet Information Services (IIS) die Features Server Side Includes („Web-Includes") und WebDAV-Publishing („Web-DAV-Publishing").

```
Add-WindowsFeature Web-Includes, Web-DAV-Publishing
```

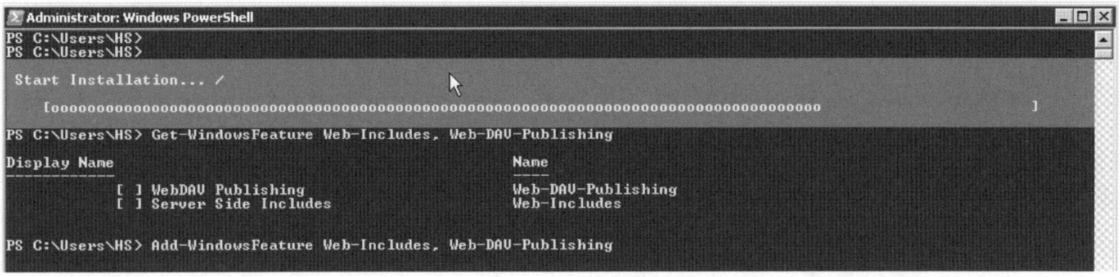

Bild 46.15 Während der Ausführung zeigt die PowerShell-Konsole eine Fortschrittsanzeige.

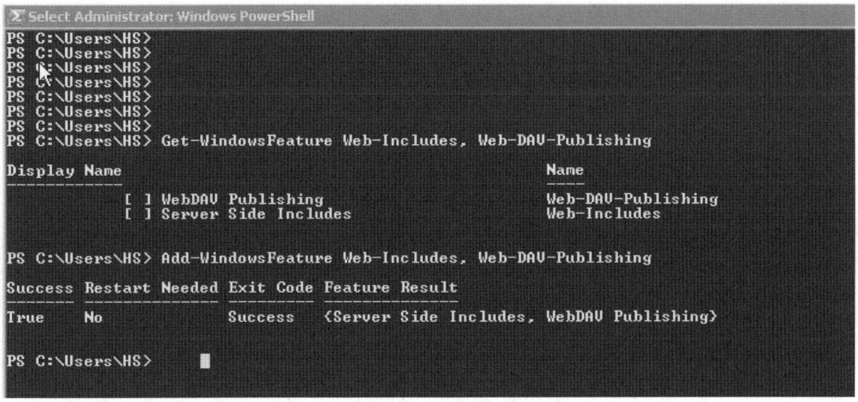

Bild 46.16 Ergebnis nach Abschluss von Add-WindowsFeature

TIPP: Mit dem Parameter -IncludeAllSubFeature kann man alle Unterfeatures zu einem Feature auch installieren lassen.

HINWEIS: Man kann Add-WindowsFeature nicht aufrufen, wenn währenddessen im Server Manager die Assistenten „Add/Remove Role" oder „Add/Remove Feature" gestartet sind. Gleiches gilt, wenn Add-WindowsFeature oder Remove-WindowsFeature schon in einer anderen Instanz der PowerShell laufen.

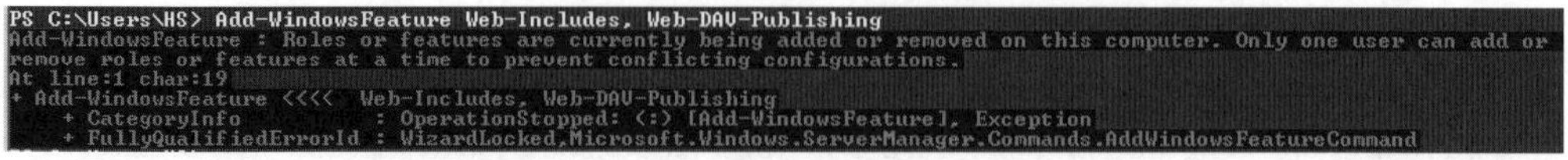

Bild 46.17 Add-WindowsFeature kann nicht arbeiten, weil parallel bereits einer der Server-Manager-Assistenten gestartet ist.

HINWEIS: Man kann durch den Zusatzparameter -concurrent erzwingen, dass das Commandlet auch arbeitet, wenn einer der Assistenten gestartet ist. Dies sollte man aber vermeiden, um Inkonsistenzen zu verhindern!

Remove-WindowsFeature

Mit Remove-WindowsFeature kann man Features deinstallieren, z. B.:

```
Remove-WindowsFeature Web-Includes, Web-DAV-Publishing
```

Auch dabei sieht der PowerShell-Nutzer eine Fortschrittsanzeige.

Umgang mit Neustarts

Add-WindowsFeature und Remove-WindowsFeature können nach Abschluss der Arbeiten einen Neustart erfordern. Das Beispiel zeigt, dass Add-WindowsFeature Fax keinen Neustart erfordert, aber Remove-WindowsFeature Fax! Dies wird durch eine Warnmeldung sowie die zurückgegebene Instanz der Klasse Microsoft.Windows.ServerManager.Commands.FeatureOperationResult angezeigt.

Bild 46.18 Das Entfernen eines Features erfordert einen Neustart.

Man kann einen Computer mit Restart-Computer dann neu starten. Man kann aber auch bei Add-WindowsFeature und Remove-WindowsFeature den Parameter -Restart angeben. Dann findet ein Neustart automatisch statt, sofern er erforderlich ist.

Ausgabe des Befehls Get-WindowsFeature auf einem Beispielsystem

```
Display Name                                          Name
------------                                          ----
[ ] Active Directory Certificate Services             AD-Certificate
    [ ] Certification Authority                       ADCS-Cert-Authority
    [ ] Certification Authority Web Enrollment        ADCS-Web-Enrollment
    [ ] Online Responder                              ADCS-Online-Cert
    [ ] Network Device Enrollment Service             ADCS-Device-Enrollment
    [ ] Certificate Enrollment Web Service            ADCS-Enroll-Web-Svc
    [ ] Certificate Enrollment Policy Web Service     ADCS-Enroll-Web-Pol
[ ] Active Directory Domain Services                  AD-Domain-S--ervices
    [ ] Active Directory Domain Controller            ADDS-Domain-Controller
    [ ] Identity Management for UNIX                  ADDS-Identity-Mgmt
        [ ] Server for Network Information Services   ADDS-NIS
        [ ] Password Synchronization                  ADDS-Password-Sync
        [ ] Administration Tools                      ADDS-IDMU-Tools
[ ] Active Directory Federation Services              AD-Federation-Services
    [ ] Federation Service                            ADFS-Federation
    [ ] Federation Service Proxy                      ADFS-Proxy
    [ ] AD FS Web Agents                              ADFS-Web-Agents
        [ ] Claims-aware Agent                        ADFS-Claims
        [ ] Windows Token-based Agent                 ADFS-Windows-Token
[ ] Active Directory Lightweight Directory Services   ADLDS
[ ] Active Directory Rights Management Services       ADRMS
    [ ] Active Directory Rights Management Server     ADRMS-Server
    [ ] Identity Federation Support                   ADRMS-Identity
[X] Application Server                                Application-Server
    [X] .NET Framework 3.5.1                          AS-NET-Framework
    [X] Web Server (IIS) Support                      AS-Web-Support
    [ ] COM+ Network Access                           AS-Ent-Services
    [X] TCP Port Sharing                              AS-TCP-Port-Sharing
    [X] Windows Process Activation Service Support    AS-WAS-Support
        [X] HTTP Activation                           AS-HTTP-Activation
        [X] Message Queuing Activation                AS-MSMQ-Activation
        [X] TCP Activation                            AS-TCP-Activation
        [X] Named Pipes Activation                    AS-Named-Pipes
    [ ] Distributed Transactions                      AS-Dist-Transaction
        [ ] Incoming Remote Transactions              AS-Incoming-Trans
        [ ] Outgoing Remote Transactions              AS-Outgoing-Trans
        [ ] WS-Atomic Transactions                    AS-WS-Atomic
[ ] DHCP Server                                       DHCP
[ ] DNS Server                                        DNS
[ ] Fax Server                                        Fax
[X] File Services                                     File-Services
    [X] File Server                                   FS-FileServer
    [X] Distributed File System                       FS-DFS
        [X] DFS Namespaces                            FS-DFS-Namespace
        [X] DFS Replication                           FS-DFS-Replication
    [X] File Server Resource Manager                  FS-Resource-Manager
    [ ] Services for Network File System              FS-NFS-Services
    [ ] Windows Search Service                        FS-Search-Service
    [ ] Windows Server 2003 File Services             FS-Win2003-Services
```

```
            [ ] Indexing Service                          FS-Indexing-Service
            [ ] BranchCache for network files             FS-BranchCache
[ ] Hyper-V                                               Hyper-V
[ ] Network Policy and Access Services                    NPAS
        [ ] Network Policy Server                         NPAS-Policy-Server
        [ ] Routing and Remote Access Services            NPAS-RRAS-Services
            [ ] Remote Access Service                     NPAS-RRAS
            [ ] Routing                                   NPAS-Routing
        [ ] Health Registration Authority                 NPAS-Health
        [ ] Host Credential Authorization Protocol        NPAS-Host-Cred
[ ] Print and Document Services                           Print-Services
        [ ] Print Server                                  Print-Server
        [ ] LPD Service                                   Print-LPD-Service
        [ ] Internet Printing                             Print-Internet
        [ ] Distributed Scan Server                       Print-Scan-Server
[ ] Remote Desktop Services                               Remote-Desktop-Services
        [ ] Remote Desktop Session Host                   RDS-RD-Server
        [ ] Remote Desktop Virtualization Host            RDS-Virtualization
        [ ] Remote Desktop Licensing                      RDS-Licensing
        [ ] Remote Desktop Connection Broker              RDS-Connection-Broker
        [ ] Remote Desktop Gateway                        RDS-Gateway
        [ ] Remote Desktop Web Access                     RDS-Web-Access
[X] Web Server (IIS)                                      Web-Server
    [X] Web Server                                        Web-WebServer
        [X] Common HTTP Features                          Web-Common-Http
            [X] Static Content                            Web-Static-Content
            [X] Default Document                          Web-Default-Doc
            [X] Directory Browsing                        Web-Dir-Browsing
            [X] HTTP Errors                               Web-Http-Errors
            [X] HTTP Redirection                          Web-Http-Redirect
            [ ] WebDAV Publishing                         Web-DAV-Publishing
        [X] Application Development                       Web-App-Dev
            [X] ASP.NET                                   Web-Asp-Net
            [X] .NET Extensibility                        Web-Net-Ext
            [X] ASP                                       Web-ASP
            [X] CGI                                       Web-CGI
            [X] ISAPI Extensions                          Web-ISAPI-Ext
            [X] ISAPI Filters                             Web-ISAPI-Filter
            [X] Server Side Includes                      Web-Includes
        [X] Health and Diagnostics                        Web-Health
            [X] HTTP Logging                              Web-Http-Logging
            [X] Logging Tools                             Web-Log-Libraries
            [X] Request Monitor                           Web-Request-Monitor
            [X] Tracing                                   Web-Http-Tracing
            [ ] Custom Logging                            Web-Custom-Logging
            [ ] ODBC Logging                              Web-ODBC-Logging
        [X] Security                                      Web-Security
            [X] Basic Authentication                      Web-Basic-Auth
            [X] Windows Authentication                    Web-Windows-Auth
            [X] Digest Authentication                     Web-Digest-Auth
            [X] Client Certificate Mapping Authentic...   Web-Client-Auth
            [X] IIS Client Certificate Mapping Authe...   Web-Cert-Auth
            [X] URL Authorization                         Web-Url-Auth
            [X] Request Filtering                         Web-Filtering
            [X] IP and Domain Restrictions                Web-IP-Security
        [X] Performance                                   Web-Performance
            [X] Static Content Compression                Web-Stat-Compression
            [X] Dynamic Content Compression               Web-Dyn-Compression
```

```
    [X] Management Tools                              Web-Mgmt-Tools
        [X] IIS Management Console                    Web-Mgmt-Console
        [X] IIS Management Scripts and Tools          Web-Scripting-Tools
        [X] Management Service                        Web-Mgmt-Service
        [X] IIS 6 Management Compatibility            Web-Mgmt-Compat
            [X] IIS 6 Metabase Compatibility          Web-Metabase
            [X] IIS 6 WMI Compatibility               Web-WMI
            [X] IIS 6 Scripting Tools                 Web-Lgcy-Scripting
            [X] IIS 6 Management Console              Web-Lgcy-Mgmt-Console
    [ ] FTP Server                                    Web-Ftp-Server
        [ ] FTP Service                               Web-Ftp-Service
        [ ] FTP Extensibility                         Web-Ftp-Ext
    [ ] IIS Hostable Web Core                         Web-WHC
[ ] Windows Deployment Services                       WDS
    [ ] Deployment Server                             WDS-Deployment
    [ ] Transport Server                              WDS-Transport
[ ] Windows Server Update Services                    OOB-WSUS
[X] .NET Framework 3.5.1 Features                     NET-Framework
    [X] .NET Framework 3.5.1                          NET-Framework-Core
    [X] WCF Activation                                NET-Win-CFAC
        [X] HTTP Activation                           NET-HTTP-Activation
        [X] Non-HTTP Activation                       NET-Non-HTTP-Activ
[ ] Background Intelligent Transfer Service (BITS)    BITS
    [ ] Compact Server                                BITS-Compact-Server
    [ ] IIS Server Extension                          BITS-IIS-Ext
[ ] BitLocker Drive Encryption                        BitLocker
[ ] BranchCache                                       BranchCache
[ ] Connection Manager Administration Kit             CMAK
[ ] Desktop Experience                                Desktop-Experience
[ ] DirectAccess Management Console                   DAMC
[X] Failover Clustering                               Failover-Clustering
[ ] Group Policy Management                           GPMC
[ ] Ink and Handwriting Services                      Ink-Handwriting
    [ ] Ink Support                                   IH-Ink-Support
    [ ] Handwriting Recognition                       IH-Handwriting
[ ] Internet Printing Client                          Internet-Print-Client
[ ] Internet Storage Name Server                      ISNS
[ ] LPR Port Monitor                                  LPR-Port-Monitor
[X] Message Queuing                                   MSMQ
    [X] Message Queuing Services                      MSMQ-Services
        [X] Message Queuing Server                    MSMQ-Server
        [ ] Directory Service Integration             MSMQ-Directory
        [ ] Message Queuing Triggers                  MSMQ-Triggers
        [ ] HTTP Support                              MSMQ-HTTP-Support
        [ ] Multicasting Support                      MSMQ-Multicasting
        [ ] Routing Service                           MSMQ-Routing
    [ ] Message Queuing DCOM Proxy                    MSMQ-DCOM
[X] Multipath I/O                                     Multipath-IO
[ ] Network Load Balancing                            NLB
[ ] Peer Name Resolution Protocol                     PNRP
[ ] Quality Windows Audio Video Experience            qWave
[ ] Remote Assistance                                 Remote-Assistance
[ ] Remote Differential Compression                   RDC
[X] Remote Server Administration Tools                RSAT
    [X] Role Administration Tools                     RSAT-Role-Tools
        [ ] Active Directory Certificate Services Tools  RSAT-ADCS
            [ ] Certification Authority Tools         RSAT-ADCS-Mgmt
            [ ] Online Responder Tools                RSAT-Online-Responder
```

```
              [ ] AD DS and AD LDS Tools                     RSAT-AD-Tools
                  [ ] AD DS Tools                            RSAT-ADDS
                      [ ] AD DS Snap-Ins and Command-Line ... RSAT-ADDS-Tools
                      [ ] Active Directory Administrative ... RSAT-AD-AdminCenter
                      [ ] Server for NIS Tools              RSAT-SNIS
                  [ ] AD LDS Snap-Ins and Command-Line Tools RSAT-ADLDS
                  [ ] Active Directory module for Windows ... RSAT-AD-PowerShell
              [ ] Active Directory Rights Management Servi... RSAT-RMS
              [ ] DHCP Server Tools                          RSAT-DHCP
              [ ] DNS Server Tools                           RSAT-DNS-Server
              [ ] Fax Server Tools                           RSAT-Fax
              [X] File Services Tools                        RSAT-File-Services
                  [X] Distributed File System Tools          RSAT-DFS-Mgmt-Con
                  [X] File Server Resource Manager Tools     RSAT-FSRM-Mgmt
                  [ ] Services for Network File System Tools RSAT-NFS-Admin
              [ ] Hyper-V Tools                              RSAT-Hyper-V
              [ ] Network Policy and Access Services Tools   RSAT-NPAS
              [ ] Print and Document Services Tools          RSAT-Print-Services
              [ ] Remote Desktop Services Tools              RSAT-RDS
                  [ ] Remote Desktop Session Host Tools      RSAT-RDS-RemoteApp
                  [ ] Remote Desktop Gateway Tools           RSAT-RDS-Gateway
                  [ ] Remote Desktop Licensing Tools         RSAT-RDS-Licensing
                  [ ] Remote Desktop Connection Broker Tools RSAT-RDS-Conn-Broker
              [X] Web Server (IIS) Tools                     RSAT-Web-Server
              [ ] Windows Deployment Services Tools          RSAT-WDS
          [X] Feature Administration Tools                   RSAT-Feature-Tools
              [ ] BitLocker Drive Encryption Administratio... RSAT-BitLocker
                  [ ] BitLocker Drive Encryption Tools       RSAT-Bitlocker-DriveEnc
                  [ ] BitLocker Recovery Password Viewer     RSAT-Bitlocker-RecPwd
              [ ] BITS Server Extensions Tools               RSAT-Bits-Server
              [X] Failover Clustering Tools                  RSAT-Clustering
              [ ] Network Load Balancing Tools               RSAT-NLB
              [ ] SMTP Server Tools                          RSAT-SMTP
              [ ] WINS Server Tools                          RSAT-WINS
[ ] RPC over HTTP Proxy                                      RPC-over-HTTP-Proxy
[ ] Simple TCP/IP Services                                   Simple-TCPIP
[ ] SMTP Server                                              SMTP-Server
[ ] SNMP Services                                            SNMP-Services
    [ ] SNMP Service                                         SNMP-Service
    [ ] SNMP WMI Provider                                    SNMP-WMI-Provider
[ ] Storage Manager for SANs                                 Storage-Mgr-SANS
[ ] Subsystem for UNIX-based Applications                    Subsystem-UNIX-Apps
[ ] Telnet Client                                            Telnet-Client
[ ] Telnet Server                                            Telnet-Server
[ ] TFTP Client                                              TFTP-Client
[ ] Windows Biometric Framework                              Biometric-Framework
[ ] Windows Internal Database                                Windows-Internal-DB
[X] Windows PowerShell Integrated Scripting Environm...      PowerShell-ISE
[X] Windows Process Activation Service                       WAS
    [X] Process Model                                        WAS-Process-Model
    [X] .NET Environment                                     WAS-NET-Environment
    [X] Configuration APIs                                   WAS-Config-APIs
[ ] Windows Server Backup Features                           Backup-Features
    [ ] Windows Server Backup                                Backup
    [ ] Command-line Tools                                   Backup-Tools
[ ] Windows Server Migration Tools                           Migration
[ ] Windows System Resource Manager                          WSRM
[ ] Windows TIFF IFilter                                     TIFF-IFilter
```

[ ] WinRM IIS Extension	WinRM-IIS-Ext
[ ] WINS Server	WINS-Server
[ ] Wireless LAN Service	Wireless-Networking
[ ] XPS Viewer	XPS-Viewer

■ 46.8 Softwareeinschränkungen mit dem PowerShell-Modul „AppLocker"

Das AppLocker-Modul dient der Steuerung der Funktion „Application Locker" (AppLocker) (alias: „Application Control Policies") seit Windows 7 (wirksam nur in Ultimate und Enterprise) und seit Windows Server 2008 R2, mit der man den Start von Anwendungen einschränken kann. AppLocker ist der Nachfolger der Software Restriction Policies (SRP).

AppLocker basiert wie SRP auf Regeln, die man in Gruppenrichtlinien hinterlegt (siehe folgende Bildschirmabbildung). Es gibt dort Regeln für ausführbare Dateien (EXE), Bibliotheken (DLL), Windows Installer (MSI) und Skripte (Script). Regeln basieren wie bei SRP auf Kriterien (z. B. Standort, Datei-Hash-Wert, Hersteller). Anders als bei SRP kann es aber Ausnahmen von Regeln geben. Im Gruppenrichtlinieneditor kann man Standardregeln aktivieren, die verhindern, dass man sich selbst aussperrt. Außerdem kann man automatisch Regeln für Inhalte von Ordnern erstellen lassen („Automatically Generated Rules"). Regeln lassen sich als XML-Dateien importieren oder exportieren.

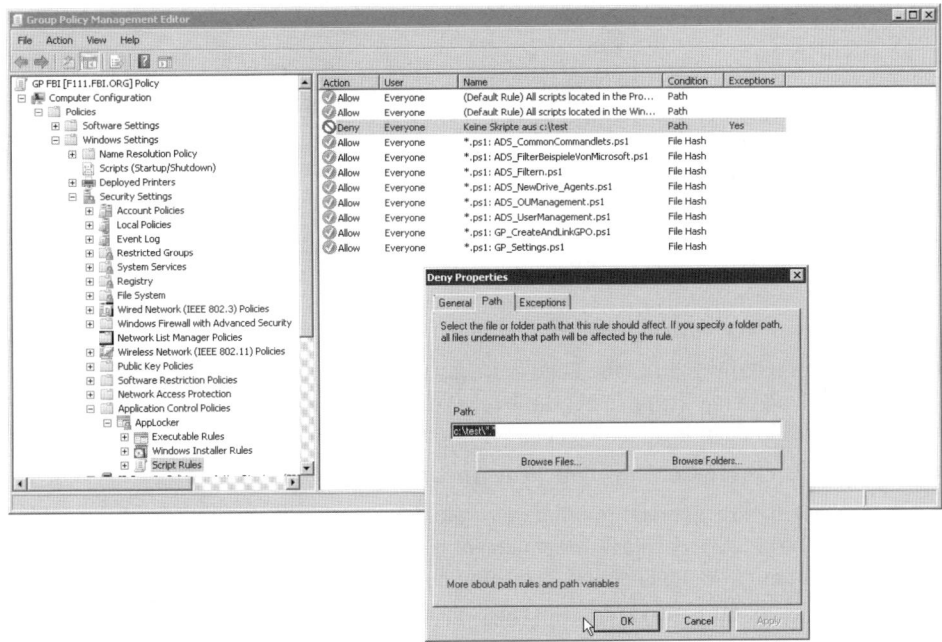

Bild 46.19 Definition einer Einschränkungsregel für Skripte

TIPP: Regeln gelten erst, wenn die Regelart unter „Configure Rule Enforcement" auch aktiviert wurde.

DLL-Regeln sind im Standard nicht sichtbar. Diese muss man erst unter „Configure Rule Enforcement/Advanced" aktivieren.

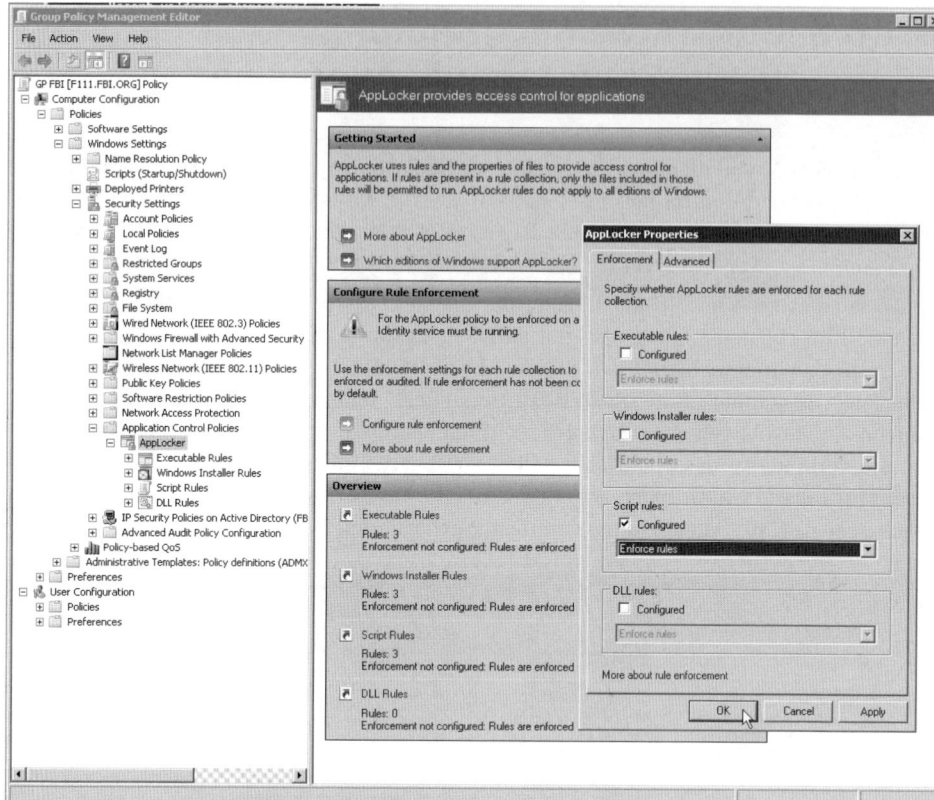

Bild 46.20 Aktivieren der AppLocker-Regeln

Das AppLocker-Modul enthält folgende Commandlets:

- Get-AppLockerPolicy: gibt eine Liste der AppLocker-Regeln aus, wahlweise den lokalen PC (-local) oder eine Gruppenrichtlinie (-domain zusammen mit -ldap). Man kann auch die aktuell wirkenden Regeln ausgeben (-effective).
- New-AppLockerPolicy: erzeugt eine neue AppLocker-Regel.
- Get-AppLockerFileInformation: liefert zu einer Datei ein Objekt des Typs Microsoft.Security.ApplicationId.PolicyManagement.PolicyModel.FileInformation, das dazu dienen kann, mit New-AppLockerPolicy eine neue Regel zu erstellen.
- Set-AppLockerPolicy: legt eine AppLocker-Regel in einer Gruppenrichtlinie fest.
- Test-AppLockerPolicy: prüft, wie sich Regeln auf bestimmte Dateien auswirken.

```
PS IIS:\Sites> import-module applocker -verbose
VERBOSE: Loading module from path 'C:\Windows\system32\WindowsPowerShell\v1.0\Modules\applocker\applocker.psd1'.
VERBOSE: Importing cmdlet 'Set-AppLockerPolicy'.
VERBOSE: Importing cmdlet 'Get-AppLockerPolicy'.
VERBOSE: Importing cmdlet 'Test-AppLockerPolicy'.
VERBOSE: Importing cmdlet 'Get-AppLockerFileInformation'.
VERBOSE: Importing cmdlet 'New-AppLockerPolicy'.
VERBOSE: Exporting cmdlet 'Set-AppLockerPolicy'.
VERBOSE: Exporting cmdlet 'Get-AppLockerPolicy'.
VERBOSE: Exporting cmdlet 'Test-AppLockerPolicy'.
VERBOSE: Exporting cmdlet 'Get-AppLockerFileInformation'.
VERBOSE: Exporting cmdlet 'New-AppLockerPolicy'.
VERBOSE: Importing cmdlet 'Get-AppLockerFileInformation'.
VERBOSE: Importing cmdlet 'Get-AppLockerPolicy'.
VERBOSE: Importing cmdlet 'New-AppLockerPolicy'.
VERBOSE: Importing cmdlet 'Set-AppLockerPolicy'.
VERBOSE: Importing cmdlet 'Test-AppLockerPolicy'.
PS IIS:\Sites> Get-Command -module applocker | ft name, modulename, pssnapin

Name                           ModuleName    PSSnapIn

Get-AppLockerFileInformation   applocker
Get-AppLockerPolicy            applocker
New-AppLockerPolicy            applocker
Set-AppLockerPolicy            applocker
Test-AppLockerPolicy           applocker

PS IIS:\Sites>
```

Bild 46.21 Inhalt des AppLocker-Moduls

Auflisten von Regeln

`Get-AppLockerPolicy` liefert ein einzelnes Objekt vom Typ `AppLockerPolicy` aus dem Namensraum `Microsoft.Security.ApplicationId.PolicyManagement.PolicyModel`. Hier ist das Attribut `RuleCollections` vom Typ `RuleCollection` interessant. Es gibt jeweils ein `RuleCollection`-Objekt für jede der vier Regelarten (EXE, DLL, MSI, Script). In dieser RuleCollection sind dann die Regeln enthalten (`FilePathRule`, `FilePublisherRule`, `FileHashRule`).

Mit `Get-AppLockerPolicy -local` fragt man die lokalen AppLocker-Einstellungen ab.

Mit dem Schalter `-Domain` kann man die AppLocker-Einstellungen aus einem einzelnen Gruppenrichtlinienobjekt abfragen, z. B.:

```
Get-AppLockerPolicy -Domain -LDAP "LDAP:// CN={685A9EAA-2CA5-4552-B553-92A027F9E2B6},
CN=Policies,CN=System,DC=FBI,DC=NET"
```

Die wirkenden AppLocker-Regeln lassen sich wie folgt ermitteln:

```
Get-AppLockerPolicy -Effective
```

Um die einzelnen Regeln auszugeben, muss man zumindest die RuleCollections-Menge mit Foreach-Object aufspalten:

```
foreach { $_.RuleCollections }
```

Oder man schreibt noch ausführlicher:

```
foreach { $_.RuleCollections } | foreach { $_ }
```

Dann hat man Zugriff auf die einzelnen Regel-Objekte.

Das folgende Beispiel listet die einzelnen Regeln in Form einer Tabelle auf, in der man die Regelart und die Regelbedingung (nicht aber die Ausnahmen) sehen kann.

```
Get-AppLockerPolicy -Effective | foreach { $_.RuleCollections.GetEnumerator() } |
-foreach { $_ } | sort name | ft Name, { $_.GetType().Name }, PathConditions,
-HashConditions, PublisherConditions
```

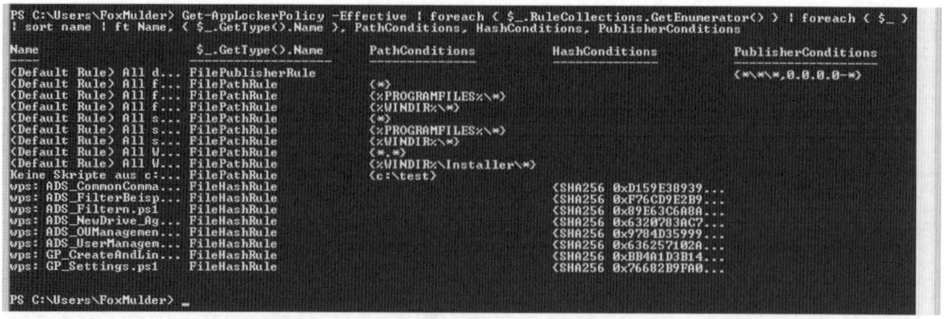

Bild 46.22 Ausgabe der wirksamen Regeln

Die folgende Bildschirmabbildung zeigt, wie sich durch Aktualisierung der Gruppenrichtlinien mit gpupdate /force die Anzahl der wirkenden Regeln verändern kann.

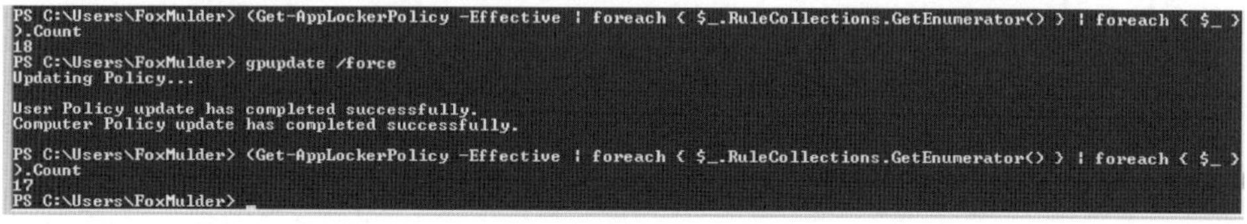

Bild 46.23 Nach dem Löschen einer Regel in einer der wirkenden Gruppenrichtlinien reduziert sich die Anzahl der Regeln von 18 auf 17.

Prüfen der Regelwirkung

Mit Test-AppLockerPolicy kann man prüfen, wie sich Regeln auf bestimmte Dateien auswirken.

Das Beispiel prüft, wie sich die wirksamen Regeln auf einen bestimmten Benutzer für die Skripte in c:\test auswirken.

```
Get-AppLockerPolicy -Effective | Test-AppLockerPolicy -path C:\test\*.ps1 -user FBI\
DanaScully
```

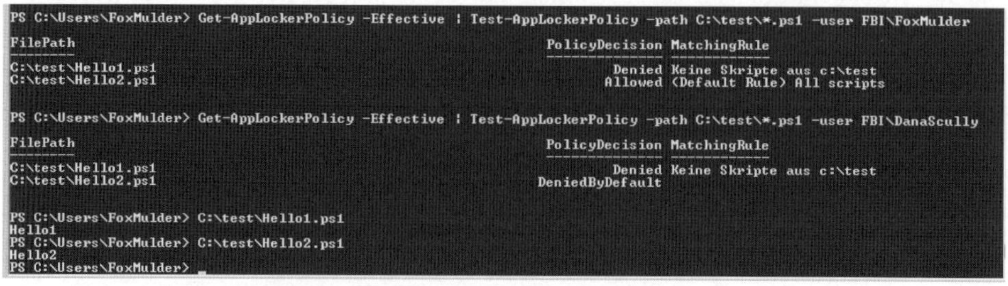

Bild 46.24 Testergebnisse für zwei verschiedene Benutzer

Erstellen neuer Regeln

Das Erstellen von Regeln kann aufwendig sein, wenn viele Anwendungen erlaubt sein sollen. Beim Erstellen von Regeln unterstützt die PowerShell. Mit `Get-AppLockerFileInformation` erhält man Informationen über Dateien in Form von Instanzen der Klasse `Microsoft.Security.ApplicationId.PolicyManagement.PolicyModel.FileInformation`. Diese Objekte enthalten zu der Datei den Path, Hash und Publisher. Aus den Instanzen der Klasse `FileInformation` kann man mit `New-AppLockerPolicy` Regeln generieren lassen. Diese Regeln kann man anschließend mit `Set-AppLockerPolicy` in lokalen Richtlinien oder Gruppenrichtlinien speichern.

Der folgende Befehl erstellt genau eine Hashregel für alle Skripte in dem Ordner c:\wps und seinen Unterordnern. Die Regel wird in einer Gruppenrichtlinie gespeichert. Die bestehenden Regeln der Gruppenrichtlinie bleiben erhalten, was -merge bewirkt.

```
Get-AppLockerFileInformation -Directory c:\Wps\ -recurse -filetype script |
New-AppLockerPolicy -RuleType Hash -User Everyone -optimize |
Set-AppLockerPolicy -merge
 -LDAP:"LDAP://CN={685A9EAA-2CA5-4552-B553-92A027F9E2B6},CN=Policies,CN=System,DC=FBI,
DC=ORG"
```

 TIPP: Dass hier nur eine Regel insgesamt und nicht eine Regel pro Skript entsteht, liegt an dem Parameter -optimize.

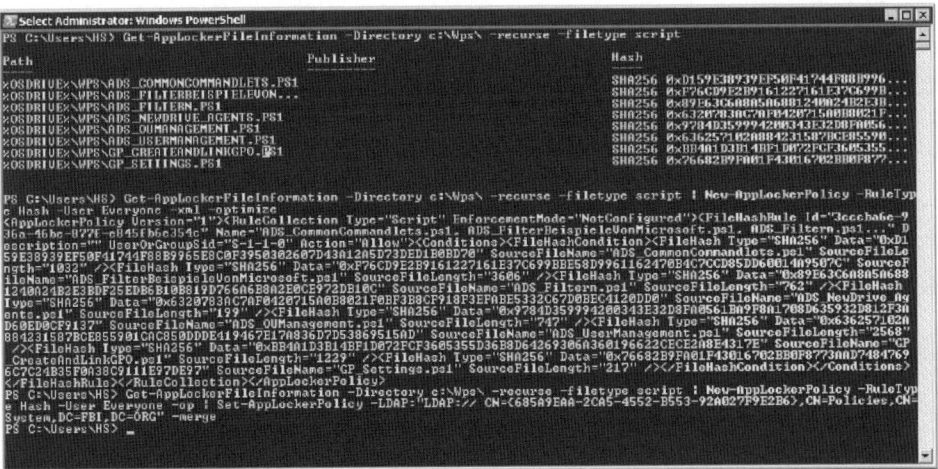

Bild 46.25 Der obige Befehl mit Zwischenschritten: Erst werden nur die Dateiinformationen ausgegeben, dann die erzeugte Regel in XML-Form (Parameter -xml). Zum Schluss wird die Regel in die Gruppenrichtlinie gesetzt (hier ohne -xml!).

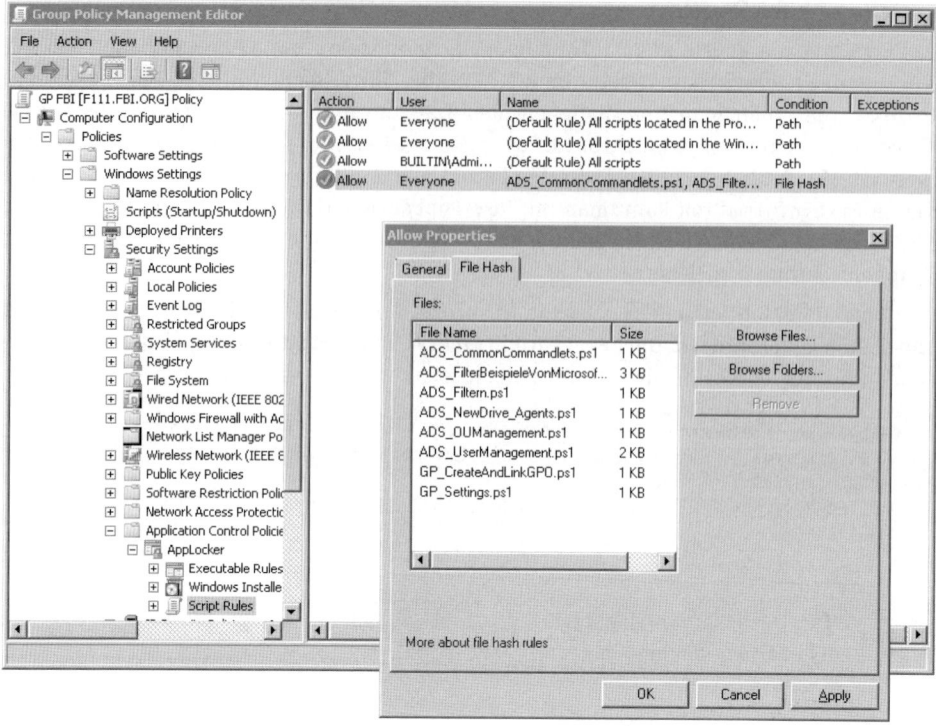

Bild 46.26 Ergebnis der Ausführung des Befehls zur Erzeugung von Regeln für die Skripte in c:\wps

47 Prozessverwaltung

Die Verwaltung der laufenden Prozesse ist im Kern der PowerShell mit den Commandlets Get-Process und Start-Process sowie Stop-Process gut unterstützt. Auch in der PowerShell Core findet man diese Commandlets auf allen Betriebssystemen.

■ 47.1 Prozesse auflisten

Das Commandlet Get-Process (Aliase ps oder gps) wurde schon im Kapitel mit der PowerShell-Einführung sehr häufig verwendet. Es liefert Instanzen der .NET-Klassen System.Diagnostics.Process.

Eine Liste aller Prozesse erhält man mit:

```
Get-Process
```

Informationen zu einem Prozess liefert der folgende Befehl: Get-Process iexplore.

Eine Liste aller Prozesse, die mit einem „i" anfangen, erhält man so: Get-Process i*.

Ein interessanter Pipeline-Befehl ist:

```
Get-Process | Get-Item -ErrorAction SilentlyContinue | Group-Object Directory | Sort-Object Count -Descending
```

Mit ihm erhält man eine Liste aller Verzeichnisse, aus denen aktuelle Prozesse gestartet wurden. Das kann hilfreich sein, wenn man sich wundert, dass man ein Verzeichnis nicht löschen, verschieben oder umbenennen kann.

```
PS P:\> . 'H:\Demo\PowerShell\3_Einsatzgebiete\Prozessverwaltung\DirectoriesWithRunningProcesses.ps1'

Count Name                          Group
   43 C:\Windows\system32           {C:\Windows\system32\AEADISRV.EXE, C:\Windows\system32\conhost.exe, C:\Win
    6 C:\Program Files (x86)...     {C:\Program Files (x86)\Internet Explorer\iexplore.exe, C:\Program Files
    3 C:\WINDOWS\system32\Wi...     {C:\WINDOWS\system32\WindowsPowerShell\v1.0\powershell.exe, C:\WINDOWS\sys
    3 C:\Program Files (x86)...     {C:\Program Files (x86)\TechSmith\SnagIt 8\SnagIt32.exe, C:\Program Files
    2 C:\Program Files (x86)...     {C:\Program Files (x86)\Office2007\Office12\OUTLOOK.EXE, C:\PROGRA~2\OFFI
    2 C:\Program Files (x86)...     {C:\Common Files\LightScribe\LightScribeControlPanel.e
    2 C:\Program Files (x86)...     {C:\Program Files (x86)\Analog Devices\SoundMAX\SoundMAX.exe, C:\Program
    2 C:\Program Files (x86)...     {C:\Program Files (x86)\Microsoft Office\OFFICE11\POWERPNT.EXE, C:\Program
    2 C:\Program Files\Micro...     {C:\Program Files (x86)\CyberLink\Shared files\brs.exe, C:\Program Files
    2 C:\Windows                    {C:\Program Files\Microsoft IntelliPoint\dpupdchk.exe, C:\Program Files\M
    2 C:\Windows                    {C:\Windows\Explorer.EXE, C:\Windows\splwow64.exe}
    1 C:\Program Files\Micro...     {C:\Program Files\Microsoft SQL Server\MSSQL10.SQLEXPRESS\MSSQL\Binn\sqlse
    1 C:\Program Files (x86)...     {C:\Program Files (x86)\Analog Devices\Core\smax4pnp.exe}
    1 C:\Program Files\Micro...     {C:\Program Files\Microsoft SQL Server\90\Shared\sqlbrowser.exe}
    1 C:\Program Files\WinRAR       {C:\Program Files\WinRAR\WinRAR.exe}
    1 C:\Program Files\Micro...     {C:\Program Files\Microsoft SQL Server\90\Shared\sqlwriter.exe}
    1 C:\Program Files (x86)...     {C:\Program Files (x86)\Windows Live\Sync\WindowsLiveSync.exe}
    1 C:\Windows\system32\wbem      {C:\Windows\system32\wbem\wmiprvse.exe}
    1 C:\Windows\WindowsMobile      {C:\Windows\WindowsMobile\wmdc.exe}
    1 C:\Program Files (x86)...     {C:\Program Files (x86)\TechSmith\Camtasia Studio 4\TSCHelp.exe}
    1 C:\Program Files (x86)...     {C:\Program Files (x86)\Microsoft Team Foundation Server 2008 Power Tools\
    1 C:\Program Files (x86)...     {C:\Program Files (x86)\Visagesoft\eXPert PDF\vspdfprsrv.exe}
    1 C:\Program Files (x86)...     {C:\Program Files (x86)\Elaborate Bytes\VirtualCloneDrive\VCDDaemon.exe}
    1 C:\Windows\system32\in...     {C:\Windows\system32\inetsrv\inetinfo.exe}
    1 C:\Program Files\Java\...     {C:\Program Files\Java\jre6\bin\jusched.exe}
    1 C:\Program Files (x86)...     {C:\Program Files (x86)\Java\jre6\bin\jusched.exe}
    1 C:\Program Files (x86)...     {C:\Program Files (x86)\lg_fwupdate\fwupdate.exe}
    1 C:\Users\hs.ITV\Bluebirds     {C:\Users\hs.ITV\Bluebirds\BlueBirds.exe}
    1 C:\Program Files (x86)...     {C:\Program Files (x86)\CyberLink\Power2Go\CLMLSvc.exe}
    1 C:\Program Files (x86)...     {C:\Program Files (x86)\Ilium Software\eWallet\eWallet.exe}
    1 C:\Program Files (x86)...     {C:\Program Files (x86)\CyberLink\PowerDVD\PDVDServ.exe}
```

Bild 47.1 Ausgabe des obigen Befehls

> **TIPP:** Neu seit PowerShell-Version 4.0 ist bei Get-Process der Parameter -IncludeUserName. Dieser sorgt dafür, dass ein Note Property namens User-Name in den Ergebnisobjekten gefüllt ist mit dem Domänen- und Benutzernamen des Benutzerskontos, unter dem der Prozess läuft.
>
> Get-Process -IncludeUserName | ft processname, username

47.2 Prozesse starten

Wenn man ein Commandlet oder eine Kommandozeilenanwendung in der PowerShell aufruft, dann starten diese im Prozess der PowerShell. Wenn man eine Windows-Anwendung (z. B. *Notepad.exe*) aufruft, dann startet diese in einem eigenen Prozess. In jedem Fall läuft der externe Prozess unter dem gleichen Benutzerkonto wie der aufrufende Prozess.

```
Notepad.exe C:\Windows\System32\Windowspowershell\v1.0\types.ps1xml
```

Alternativ dazu kann man neue Prozesse mit Start-Process starten.

```
Start-Process notepad -ArgumentList C:\Windows\System32\Windowspowershell\v1.0\types.ps1xml
```

47.3 Prozesse mit vollen Administratorrechten starten

Durch den Zusatz -verb runas kann man erreichen, dass der neue Prozess mit vollen Administratorrechten gestartet wird, wenn der angemeldete Benutzer ein Administrator ist, aber durch die Benutzerkontensteuerung eingeschränkt wird.

```
# PowerShell als Admin starten
Start-Process powershell.exe -verb Runas
# Computerverwaltung als Admin starten
Start-Process compmgmt.msc -verb Runas
```

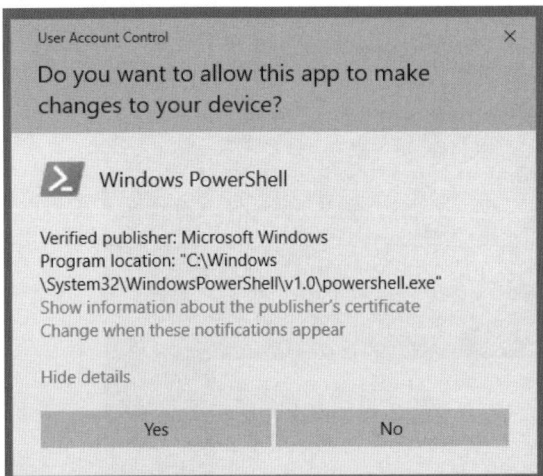

Bild 47.2
Die Windows-Benutzerkontensteuerung fragt nach, wenn die powershell.exe „elevated" gestartet werden soll.

BEISPIEL: Aus einer PowerShell-Konsole, die mit eingeschränkten Rechten läuft, soll ein PowerShell-Skript mit vollen Administratorrechten („elevated") gestartet werden. Nach dem Skript soll die zweite PowerShell-Konsole noch zehn Sekunden zu sehen sein. In dem Befehl werden in der Argumentliste für powershell.exe die einzelnen Befehle – wie in der PowerShell üblich – durch Semikolon getrennt.

```
Start-Process powershell.exe -ArgumentList "clear;H:\ demos\PowerShell\3_Einsatzgebiete\Sicherheitseinstellungen\Test-Admin.ps1;start-sleep 3"
```

■ 47.4 Prozesse unter einem anderen Benutzerkonto starten

Mit Start-Process (Alias: saps) kann man seit PowerShell 2.0 Prozesse unter einer anderen Identität starten (vgl. runas.exe), d. h. mit anderen Rechten als denen des angemeldeten Benutzers. Man kann durch den Parameter -Credential ein Objekt vom Typ PSCredential mit anderen Anmeldedaten übergeben. Ein Objekt vom Typ PSCredential erhält man von Get-Credential.

Zum Starten eines zweiten PowerShell-Fensters unter einem anderen Benutzerkonto (als Administrator) gibt man also ein:

```
Start-Process powershell.exe -credential Get-Credential
```

Dies dokumentieren die nachstehenden zwei Bilder.

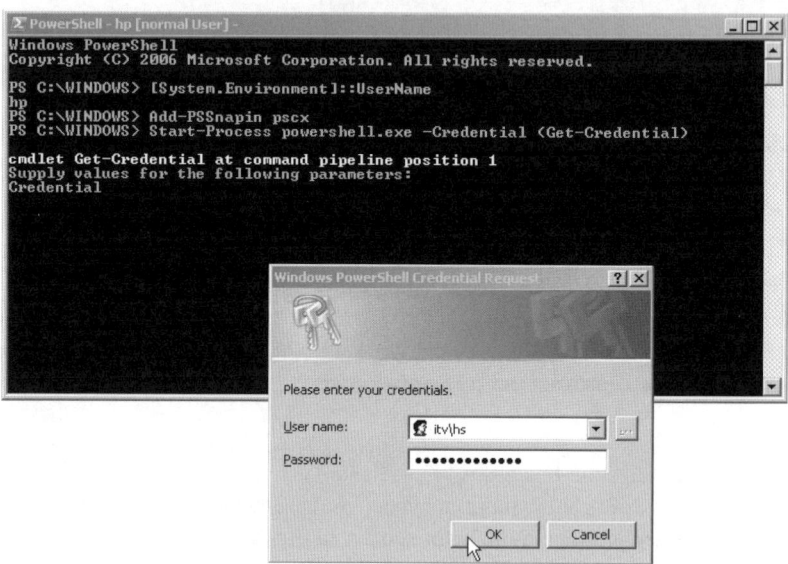

Bild 47.3 Aufruf von Start-Process durch einen normalen Benutzer

HINWEIS: In PowerShell 1.0 konnte man Start-Process über die PowerShell Community Extensions nutzen.

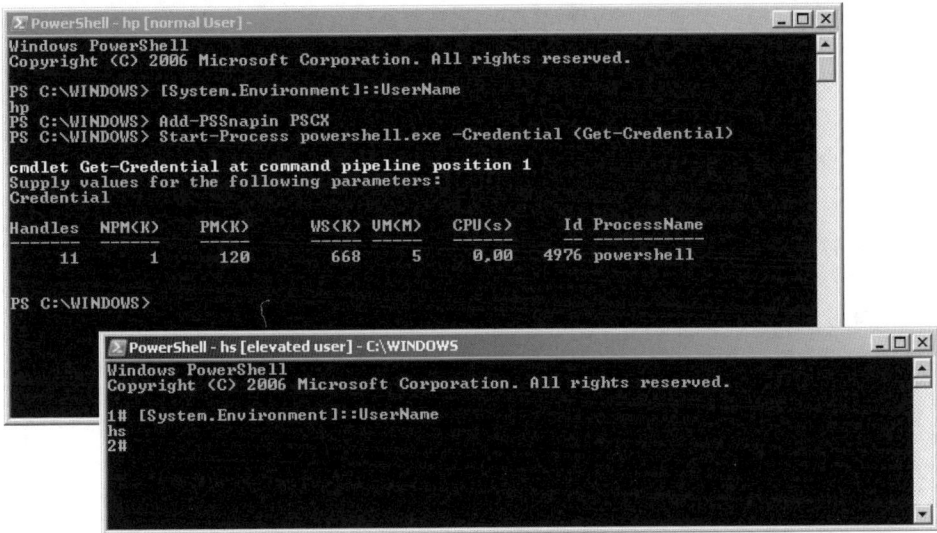

Bild 47.4 Nach Eingabe der Anmeldedaten erhält man ein zweites PowerShell-Fenster für einen Benutzer, der zur Administratoren-Gruppe gehört.

47.5 Prozesse beenden

Einen Prozess beenden kann man wahlweise durch Aufruf der Kill()-Methode:

```
Get-Process | Where-Object { $_.name -eq "iexplore" } | Foreach-Object { $_.Kill() }
```

oder prägnanter durch das Commandlet Stop-Process:

```
Stop-Process -name iexplore
```

Stop-Process erwartet als Parameter normalerweise die Prozessnummer. Wenn man den Prozessnamen angeben will, muss man den Parameter -name verwenden.

Weitere Beispiele:

- Beenden aller Prozesse, deren Name mit „P" anfängt:

```
Get-Process p* | Stop-Process
```

- Beenden aller Prozesse, die mehr als 10 Megabyte RAM verbrauchen:

```
Get-Process | where { $_.WS -gt 10M } | stop-process
```

47.6 Warten auf das Beenden einer Anwendung

Mit den folgenden Befehlen wartet die PowerShell darauf, dass Microsoft Outlook beendet wird.

Listing 47.1 Warten auf das Ende eines Prozesses
[3_Einsatzgebiete/Prozessverwaltung/WaitingForOutlook.ps1]

```
$p = Get-Process  outlook

if ($p)
{
$p.WaitForExit()
"Outlook wurde beendet!"
}
else
{
"Outlook war nicht gestartet!"
}
```

Dies kann man seit PowerShell 2.0 auch mit `Wait-Process` erreichen. Der Prozess wird durch seinen Namen, seine Prozess-ID oder ein Process-Objekt festgelegt.

Beispiele:

```
Wait-Process -id 4040
Wait-Process -name notepad
Wait-Process -name $p
```

48 Systemdienste

Die Arbeit mit den Windows-Systemdiensten (früher oft auch „NT-Dienste" genannt) unterstützt die PowerShell mit den Commandlets:

- Get-Service
- New-Service
- Restart-Service
- Resume-Service
- Set-Service
- Start-Service
- Stop-Service
- Suspend-Service

Darüber hinaus steht die WMI-Klasse Win32_Service zur Verfügung.

HINWEIS: Diese Funktionen gibt es auch in PowerShell Core unter Windows, nicht aber in Linux und MacOS.

48.1 Dienste auflisten

Eine Liste der Systemdienste in Form von Instanzen der .NET-Klasse System.Service Process.ServiceController liefert das Commandlet Get-Service.

Die Liste der laufenden Systemdienste erhält man mit:

```
Get-Service | Where-Object {$_.status -eq "running"}
```

Die Liste der gestoppten Dienste liefert dementsprechend:

```
Get-Service | Where-Object {$_.status -eq "stopped"}
```

Man kann per Skript prüfen, ob ein Dienst installiert ist:

Listing 48.1 Prüfung, ob der IIS installiert ist
[3_Einsatzgebiete/Systemdienste/Is Service installed.ps1]

```
$service = Get-Service -name iisadmin
if ( ! $service ) { "IIS ist nicht installiert auf diesem Computer." }
else
{ "IIS Server hat Status: " + $service.Status }
```

In PowerShell 1.0 war die Fernabfrage mit `Get-Service` nicht möglich. Schon seit PowerShell 2.0 gibt es den Parameter -ComputerName.

```
Get-Service -ComputerName ServerF112| Where-Object {$_.status -eq "running"}
```

In PowerShell 1.0 war lediglich über den Umweg über die Windows Management Instrumentation (WMI) ein Zugang zu anderen Systemen möglich. Dafür steht das Commandlet `Get-CimInstance` zur Verfügung. Der folgende Befehl liest die laufenden Systemdienste von dem Computer mit Namen „ServerF112" aus:

```
Get-CimInstance Win32_Service -computer ServerF112 -filter "State='running'"
```

Zu beachten ist dabei, dass das Ergebnis der Operation nunmehr keine Instanzen von der .NET-Klasse `System.ServiceProcess.ServiceController`, sondern Instanzen der WMI-Klasse `root\cimv2\Win32_Service` sind, die in die .NET-Klasse `System.Management.ManagementObject` verpackt wurden. Das Commandlet `Get-Member` stellt diesen komplexen Typ wie folgt dar: "System.Management.ManagementObject verpackt # root\cimv2\Win32_Service". `Get-CimInstance` hat eine andere Filter-Syntax (hier ist das Gleichheitszeichen anstelle von -eq zu verwenden) und außerdem steht der Zustand eines Dienstes in der WMI-Klasse im Attribut `State` und nicht wie mit der .NET-Klasse in `Status`. Einsteiger kommen hier schnell durcheinander.

Wenn man die abhängigen Dienste eines Dienstes ermitteln will, muss man auf die Eigenschaft `DependentServices` des .NET-Objekts `System.ServiceProcess.ServiceController` zugreifen:

```
Get-service WAS | % { $_.DependentServices }
```

Das Ergebnis zeigt die folgende Bildschirmabbildung. WAS steht für Windows Activation Service und ist der Kerndienst für die Internet Information Services (seit Version 7.0; zuvor war dies der IISAdmin-Dienst).

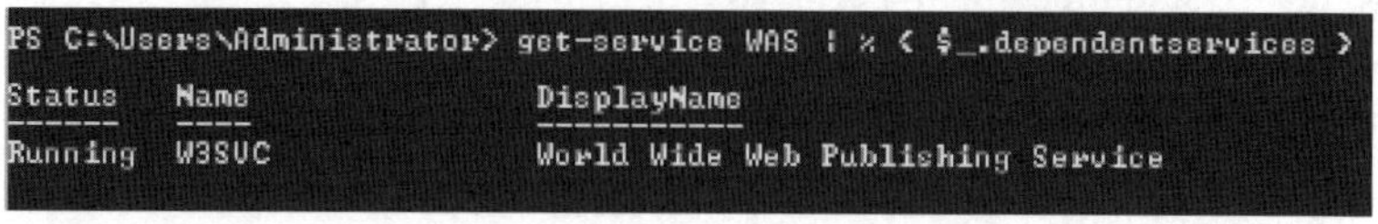

```
PS C:\Users\Administrator> get-service WAS | % { $_.dependentservices }
Status   Name              DisplayName
------   ----              -----------
Running  W3SVC             World Wide Web Publishing Service
```

Bild 48.1 Die von Windows Activation Service (WAS) abhängigen Dienste

Die abhängigen Dienste eines Systemdienstes kann man alternativ auch in WMI durch die Methode `GetRelated( )` in der Klasse `ManagementObject` in der .NET-Klassenbibliothek ermitteln. Der folgende Befehl ermittelt die Dienste, die von dem Dienst „IISAdmin" abhängig sind.

```
(Get-CimInstance win32_service -filter "Name = 'iisadmin'").GetRelated($null,"Win32_
DependentService",$null,$null,$null,"Antecedent",$false,$null) | select name
```

Die gleiche Objektmenge erhält man auch über eine WQL-Abfrage mit Bezug auf den feststehenden Ausdruck `AssocClass`:

```
([wmiSearcher]"Associators of {Win32_Service.Name='iisadmin'} Where AssocClass=Win32_
DependentService Role=Antecedent").get()
```

Bild 48.2 Ermitteln der abhängigen Dienste

■ 48.2 Dienstzustand ändern

Zur Beeinflussung des Dienststatus stehen folgende Commandlets zur Verfügung: `Suspend Service`, `Resume-Service`, `Stop-Service`, `Start-Service` und `Restart-Service`. Dabei ist jeweils der Dienstname als Parameter anzugeben.

Der folgende Befehl startet also den Dienst „IISAdmin":

```
Start-Service IISADMIN
```

Bei Systemdiensten, die abhängige Dienste besitzen, ist außerdem `-force` hinzuzufügen:

```
Start-Service IISADMIN -force
```

Da das Commandlet `Start-Service` (ebenso wie alle anderen Aktions-Commandlets rund um Dienste) nur für den lokalen Computer wirkt, muss man auf die WMI-Klasse `Win32_Service` zurückgreifen, um einen Dienst auf einem entfernten System zu starten. Leider wird bei diesen Commandlets der Schalter `-ComputerName` auch in der Version 2 der PowerShell noch nicht unterstützt.

Der folgende Befehl startet einen Systemdienst auf einem anderen Rechner:

```
Get-CimInstance -computer XY win32_service -filter "name='tlntsvr'" |
   foreach-Object {$_.startservice()}
```

HINWEIS: Das Commandlet Restart-Service führt einen Neustart eines Dienstes (erst stoppen, dann starten) durch. Wenn der Dienst nicht gestartet war, wird er gestartet.

48.3 Diensteigenschaften ändern

Die Eigenschaften von Diensten, z.B. die Startart, beeinflusst man über Set-Service:

```
Set-Service IISADMIN -startuptype "manual"
```

Für weitergehende Änderungen, z.B. Setzen des Dienstkontos, braucht man dann wieder WMI.

Listing 48.2 ChangeServiceConfiguration.ps1

```
# Change Service Configuration

"Before:"
Get-CimInstance Win32_Service -filter "name='WWWAppServer'" | select startname, startmode

$service = Get-CimInstance Win32_Service -filter "name='WWWAppServer'"
$service.change($null,$null,$null,$null,"manual",$null,"fbi\foxmulder", "secret+123")

"After:"
Get-CimInstance Win32_Service -filter "name='WWWAppServer'" | select startname, startmode
```

49 Netzwerk

Dieses Kapitel thematisiert Automatisierungsaufgaben rund um Netzwerkfunktionen. Dazu gehören die Konfiguration der Netzwerkkarten, die Namensauflösung, die Prüfung der Erreichbarkeit, das Abrufen von Informationen per HTTP und das Senden von E-Mails. Mittlerweile gibt es hier zahlreiche Commandlets für die Windows PowerShell. In PowerShell Core gibt es nur wenige Funktionen.

■ 49.1 Netzwerkkonfiguration (ältere Betriebssysteme)

Auf Betriebssystemen vor Windows 8 und Windows Server 2012 verwaltet man die Netzwerkverbindungen mit der WMI-Klasse `Win32_NetworkAdapterConfiguration`.

In der WMI-Klasse `Win32_NetworkAdapterConfiguration` sind die IP-Adressen als ein Array in IpAddress abgespeichert.

```
Get-CimInstance Win32_NetworkAdapterConfiguration -Filter "IPEnabled=true" | Select Description,IPAddress
```

Die WMI-Klasse `Win32_NetworkAdapterConfiguration` ermöglicht auch zahlreiche Einstellungen für die Netzwerkkarten.

Praxisbeispiel: Umschalten zwischen statischer IP-Adresse und DHCP

Das folgende PowerShell-Skript wechselt für eine Netzwerkkarte zwischen DHCP und statischer IP-Adresse.

Listing 49.1 Änderung der Netzwerkkonfiguration
[3_Einsatzgebiete/Netzwerk/Switch_DHCP_StaticIP_(WMI).ps1]

```
# Wechsel zwischen DHCP und statischer IP-Adresse
$config = Get-CimInstance Win32_NetworkadapterConfiguration -Filter "IPEnabled=true" |
where { $_.Description -like "*Controller #2*" }
"DHCP-Status Vorher: " + $Config.dhcpenabled
```

```
Get-CimInstance Win32_Networkadapterconfiguration -Filter "IPEnabled=true" | select
Description,IPAddress
if (!$Config.dhcpenabled)
{
"Aktiviere DHCP..."
$Config.EnableDHCP()
}
else
{
"Aktiviere statische IP-Adresse..."
[array] $ip     = "192.168.1.15"
[array] $subnet = "255.255.255.0"
$Config.EnableStatic($ip, $subnet)
}
$config = Get-CimInstance Win32_NetworkadapterConfiguration -Filter "IPEnabled=true" |
where { $_.Description -like "*Controller #2*" }
"DHCP-Status nachher: " + $Config.dhcpenabled
Get-CimInstance Win32_Networkadapterconfiguration -Filter "IPEnabled=true" | select
Description,IPAddress
```

ACHTUNG: Die WMI-Methode `EnableStatic()` funktioniert nur, wenn die Netzwerkkarte aktiviert ist.

TIPP: Den aktuellen DHCP-Server ermitteln Sie durch das Commandlet `Get-DHCPServer` aus den PSCX.

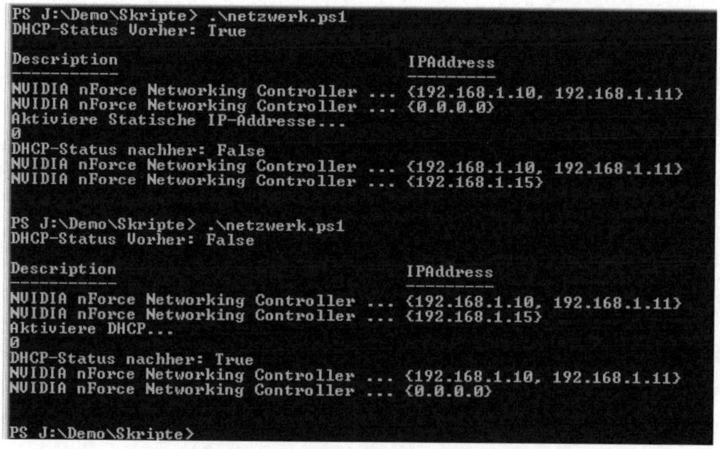

Bild 49.1 Ausgabe des Praxisbeispiels bei zweimaligem Aufruf

49.2 Netzwerkkonfiguration (ab Windows 8 und Windows Server 2012)

Auch die Konfiguration der Netzwerkschnittstellen von Windows erforderte bisher einiges an Wühlereien in WMI-Klassen. Auch dafür gibt es jetzt ab Windows 8 und Windows Server 2012 aus den neuen WMI-Klassen heraus generierte Commandlets, die sich allerdings auf drei verschiedene PowerShell-Module (NetAdapter, NetTCPIP und DnsClient) verteilen, was die Arbeit etwas unübersichtlich macht.

Zudem ist ein Grundverständnis der Begrifflichkeiten auch hier notwendig. Das, was in der Windows-Benutzeroberfläche als „Netzwerkverbindung" bezeichnet wird, ist aus der Sicht des PowerShell-Moduls NetAdapter eben ein solcher NetAdapter. Die Elemente einer Netzwerkverbindung (vgl. Eigenschaftendialog) nennen sich dort NetAdapterBinding. Das Commandlet Get-NetAdapter liefert also eine Liste aller Netzwerkverbindungen. Get-NetAdapterBinding liefert hingegen eine Liste aller Elemente aller Netzwerkverbindungen, die man in der Benutzeroberfläche im Eigenschaftendialog sieht (z. B. „Client für Microsoft-Netzwerke" und „Internetprotokoll Version 4 (TCP/IPv4)").

Typischerweise wird der Benutzer die Elemente filtern wollen, was über die Commandlet-Parameter Name und Displayname möglich ist, wobei Name den Namen der Netzwerkverbindung bezeichnet und Displayname den Namen des Elements. Um IPv6 für die Netzwerkverbindung „Ethernet" zu deaktivieren, würde man also ausführen:

```
Get-NetAdapterBinding -Name Ethernet -DisplayName *tcp/ipv6* | Disable-NetAdapterBinding
```

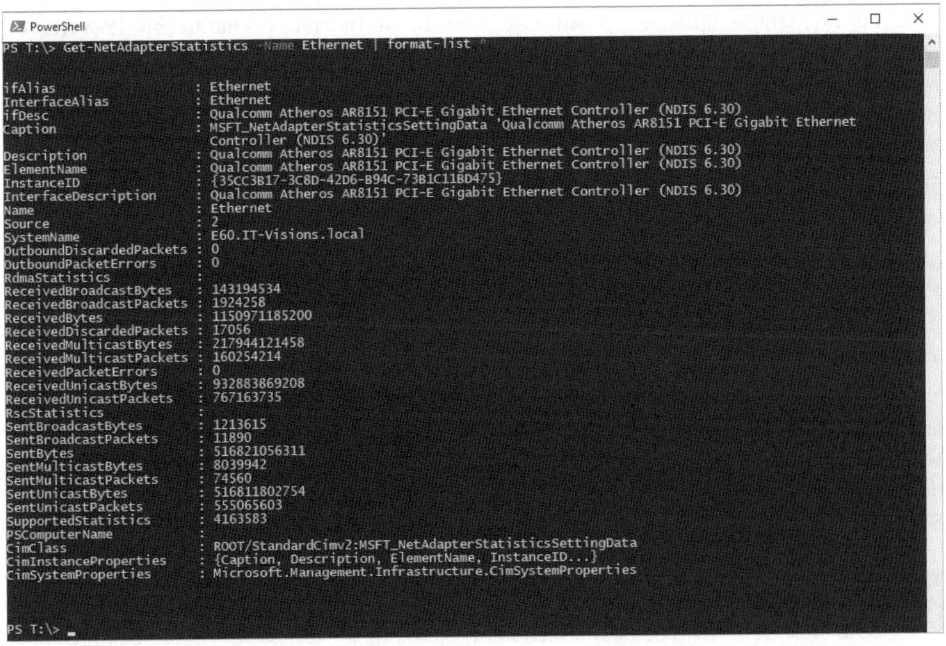

Bild 49.2 Ausgabe der Elemente einer Netzwerkverbindung und Deaktivierung von IPv6

Um die statistischen Daten (Anzahl gesendeter und empfangener Bytes) abzurufen, kann der Benutzer `Get-NetAdapterStatistics -Name Ethernet` verwenden. Der nachfolgende Befehl `Format-List *` sorgt dafür, dass man alle ermittelten Werte in der Ausgabe sieht (siehe Bild 49.3).

```
PS C:\Windows\system32> Get-NetAdapterBinding -Name Ethernet

Name      DisplayName                                         ComponentID   Enabled
----      -----------                                         -----------   -------
Ethernet  Link-Layer Topology Discovery Responder             ms_rspndr     True
Ethernet  Link-Layer Topology Discovery Mapper I/O Driver     ms_lltdio     True
Ethernet  Microsoft LLDP Protocol Driver                      ms_lldp       True
Ethernet  Microsoft Network Adapter Multiplexor Protocol      ms_implat     False
Ethernet  Client for Microsoft Networks                       ms_msclient   True
Ethernet  QoS Packet Scheduler                                ms_pacer      True
Ethernet  File and Printer Sharing for Microsoft Networks     ms_server     True
Ethernet  Internet Protocol Version 6 (TCP/IPv6)              ms_tcpip6     True
Ethernet  Internet Protocol Version 4 (TCP/IPv4)              ms_tcpip      True

PS C:\Windows\system32> Get-NetAdapterBinding -Name Ethernet -DisplayName "tcp/ipv6" | Disable-NetAdapterBinding
PS C:\Windows\system32> Get-NetAdapterBinding -Name Ethernet

Name      DisplayName                                         ComponentID   Enabled
----      -----------                                         -----------   -------
Ethernet  Link-Layer Topology Discovery Responder             ms_rspndr     True
Ethernet  Link-Layer Topology Discovery Mapper I/O Driver     ms_lltdio     True
Ethernet  Microsoft LLDP Protocol Driver                      ms_lldp       True
Ethernet  Microsoft Network Adapter Multiplexor Protocol      ms_implat     False
Ethernet  Client for Microsoft Networks                       ms_msclient   True
Ethernet  QoS Packet Scheduler                                ms_pacer      True
Ethernet  File and Printer Sharing for Microsoft Networks     ms_server     True
Ethernet  Internet Protocol Version 6 (TCP/IPv6)              ms_tcpip6     False
Ethernet  Internet Protocol Version 4 (TCP/IPv4)              ms_tcpip      True
```

Bild 49.3 Beispielausgabe des Commandlets Get-NetAdapterStatistics

Praxisbeispiel: Umschalten zwischen statischer IP-Adresse und DHCP

Für eine typische Netzwerkkonfigurationsaufgabe, wie dem Umschalten einer Netzwerkverbindung zwischen statischer IP-Adresse und DHCP-Betrieb (dynamische IP-Adresse), kommt man mit dem Modul `NetAdapter` leider nicht weiter. Hier braucht man vor allem das Modul `NetTCPIP`. Dort werden die Netzwerkverbindungen als ein „NetIPInterface" angesehen. `Get-NetIPInterface` liefert den aktuellen Konfigurationszustand einer TCP/IP-Netzwerkverbindung.

Über `Set-NetIPInterface` kann der Benutzer mit dem Parameter `-Dhcp` die Verwendung einer dynamischen IP-Adresse ein- oder ausschalten.

Statische IP-Adresse und Gateways weist man hingegen über `New-NetIPAddress` zu. Der Parameter `IPAddress` erwartet genau eine IP-Adresse. Die Subnetzmaske vergibt man dabei über den Parameter `PrefixLength`, wobei 16 für die Subnetzmaske 255.255.0.0 und 24 für 255.255.255.0 steht. IP-Adressen entfernen kann man über `Remove-NetIPAddress`. Das Gateway wird man jedoch nur wieder los mit `Remove-NetRoute`.

Dann fehlt noch die explizite Zuweisung von DNS-Server-IP-Adressen. Das erledigt ein weiteres Modul, `DNSClient`, mit dem Commandlet `Set-DnsClientServerAddress`. Mit dem Parameter `-ServerAddresses` legt man eine oder mehrere Adressen fest. Mit `-ResetServerAddresses` löscht man sie wieder.

ACHTUNG: Hier ist leider einiges inkonsistent und nicht intuitiv zu verstehen: Bei `New-NetIPAddress` kann man immer nur eine IP-Adresse angeben, bei `Set-DnsClientServerAddress` direkt mehrere. Das Löschen erfolgt in einem Fall über ein „Remove"-Commandlet mit gleichem Substantiv, im zweiten Fall über ein „Remove"-Commandlet mit einem anderen Substantiv und im dritten Fall über einen Parameter eines Set-Commandlet. Die Dokumentation der PowerShell-Module (vgl. Kasten „PowerShell-Hilfe") hilft auch nicht weiter, denn da wird jedes Commandlet nur für sich mit einfachen Einzeiler-Beispielen beschrieben und es fehlt ein Dokument, das Commandlets in konkreten Situationen im Zusammenspiel beschreibt.

Die also dann doch leider nicht so triviale Lösung für das Umschalten zwischen dynamischer und statischer IP-Adresse sieht man im folgenden Listing. Zudem ist zu berücksichtigen, dass die Remove-Commandlets nur dann ohne Nachfrage, also auch unbeaufsichtigt, arbeiten, wenn man -confirm :$false als Parameter mit angibt.

Listing 49.2 Umschalten einer Windows-Netzwerkverbindung zwischen statischer und dynamischer IP-Adresse
[3_Einsatzgebiete/Netzwerk/Switch_DHCP_StaticIP_(NetAdapter_NetTcpIP-Module).ps1]

```
$dhcpEingeschaltet = (Get-NetIPInterface -InterfaceAlias ethernet).Dhcp
"Aktueller Status:"
if ($dhcpEingeschaltet) { "DHCP eingeschaltet" } else { "Statische IP-Adressen
aktiv" }
if ($dhcpEingeschaltet -eq "enabled")
{
 "DHCP wird ausgeschaltet..."
 Set-NetIPInterface -InterfaceAlias ethernet -Dhcp Disabled
  "Statische IP-Adressen werden eingeschaltet..."
 New-NetIPAddress -InterfaceAlias ethernet -IPAddress 192.168.1.209 -DefaultGateway
192.168.1.253 -PrefixLength 24 | out-null
 New-NetIPAddress -InterfaceAlias ethernet -IPAddress 192.168.1.210 -PrefixLength 24 |
out-null
 Set-DnsClientServerAddress -InterfaceAlias ethernet -ServerAddresses
192.168.1.10,192.168.1.20
}
else
{
 foreach($a in Get-NetIPAddress -InterfaceAlias ethernet -ea SilentlyContinue) {
 "Entfernt IP-Adresse: " + $a.IPAddress
 Remove-NetIPAddress -Confirm:$false -IPAddress ($a.IPAddress)    }

 #Get-NetIPAddress -InterfaceAlias ethernet -ea SilentlyContinue |
Remove-NetIPAddress -Confirm:$false
 "Entferne Gateway..."
 Remove-NetRoute -InterfaceAlias ethernet -Confirm:$false
 "Entferne DNS-Server-Einträge..."
 Set-DnsClientServerAddress -InterfaceAlias ethernet -ResetServerAddresses
 "DHCP wird eingeschaltet..."
 Set-NetIPInterface -InterfaceAlias ethernet -Dhcp Enabled
}
"Fertig!"
```

Netzwerkadaptereinstellungen ausgeben

So zeigt man die konfigurierte Geschwindigkeit der Netzwerkkarten an:

Listing 49.3 [3_Einsatzgebiete\Netzwerk\netzwerkkarte geschwindigkeit.ps1]

```
$a = @{Expression={$_.Name};Label="Name";width=60}, `
@{Expression={$_.status};Label="Status";width=6}, `
@{Expression={"$($_.speed / 1000000000) GB"
};Label="Speed";width=10},@{Expression={$_.fullduplex};Label="Fullduplex";width=10}

Get-NetAdapter | ft $a
```

Netzwerkadapter umbennen

Der Netzwerkadapter hat nicht immer einen guten Namen, insbesondere nicht in Server, wo es viele Netzwerkadapter gibt.

Das Commandlet `Rename-NetAdapter` erlaubt das Umbenennen eines Netzwerkadapters:

```
Get-NetAdapter -Name "Ethernet" | Rename-NetAdapter -NewName "Ethernet (IP 60)"
```

■ 49.3 DNS-Client-Konfiguration

von Peter Monadjemi

Für die Konfiguration eines DNS-Clients umfasst das Modul *DNSClient*, das seit Windows Server 2012 und Windows 8 zur Verfügung steht, 17 Funktionen und ersetzt damit Befehlszeilentools wie `Netsh` oder `Nslookup`. Unter älteren Windows-Server-Versionen oder unter Windows 7 gibt es zwei Alternativen zu den Funktionen: die DNS-Konfiguration per WMI oder der direkte Aufruf von `Netsh`.

Das DNSClient-Modul im Überblick

Die wichtigsten Funktionen des Moduls sind in Tabelle 49.1 zusammengestellt. Die wichtigste Funktion ist `Set-DnsClientServerAddress`, denn mit ihrer Hilfe werden die DNS-Adressen für einen Netzwerkadapter gesetzt. Wie bei allen Funktionen, die mit Netzwerkadaptern arbeiten, ist auch bei diesen Funktionen der Umstand praktisch, dass ein Netzwerkadapter dank des `InterfaceAlias`-Parameters über einen „Alias" (einen Kurznamen) angesprochen werden kann und nicht der Index (`DeviceID`) oder der vollständige Name angegeben werden muss.

Tabelle 49.1 Die wichtigsten Funktionen aus dem DNSClient-Modul

Funktion	Bedeutung
`Get-DnsClient`	Gibt allgemeine DNS-Client-Einstellungen für die angegebenen Netzwerkadapter zurück.
`Get-DnsClientServerAddress`	Die wichtigste Funktion aus dem DNSClient-Modul. Sie gibt zu den angegebenen Netzwerkadaptern die Adressen der eingetragenen DNS-Server zurück.

Funktion	Bedeutung
`Register-DnsClient`	Aktualisiert alle IP-Adressen des Computers bei den konfigurierten DNS-Servern (entspricht einem `ipconfig /registerdns`). Die Funktion wird für alle Netzwerkadapter durchgeführt.
`Resolve-DnsName`	Führt eine Namensauflösung durch.
`Set-DnsClientServerAddress`	Legt die Adresse der DNS-Server für einen Netzwerkadapter zurück.

DNS-Einstellungen abrufen

Die Funktion `Get-DnsClient` ruft die DNS-Einstellungen für den angegebenen Netzwerkadapter ab.

BEISPIEL: Der folgende Befehl gibt die konfigurierten IPv4-DNS-Adressen für den Netzwerkadapter mit dem Alias „Ethernet" aus.

```
Get-DnsClientServerAddress -InterfaceAlias Ethernet -AddressFamily IPv4 |
Select-Object -ExpandProperty ServerAddresses
```

Der folgende Befehl setzt die DNS-Serveradressen für den ersten und zweiten DNS-Server für den angegebenen Netzwerkadapter auf die per `ServerAddresses`-Parameter angegebenen Adressen.

```
Get-DnsCLient -InterfaceAlias Ethernet | Set-DnsClientServerAddress
-ServerAddresses "192.168.2.100","192.168.2.101"
```

DNS-Konfiguration per WMI

Einfache DNS-Konfigurationseinstellungen lassen sich auch über WMI und die Klasse `Win32_NetworkAdapterConfiguration` erledigen.

BEISPIEL: Das folgende Beispiel setzt die DNS-Server-Adressen für einen Netzwerkadapter per WMI.

```
$AdapterName = "Controller der Familie Realtek PCIe GBE"
$DeviceID = Get-CIMInstance -Class Win32_Networkadapter -Filter
"Name='$AdapterName'" -Property DeviceID | Select-Object -ExpandProperty
DeviceID

$NIC = Get-WmiObject -Class Win32_NetworkadapterConfiguration -Filter
"Index=$DeviceID"

$IPAdressen = "10.0.0.1", "10.0.0.2"
$Ret = $NIC.SetDNSServerSearchOrder($IPAdressen)
if ($Ret.ReturnValue -eq 0)
{
  Write-Host "DNS-Suchreihenfolge wurde gesetzt"
}
else
```

```
        {
            Write-Host "Fehler: Return-Code: $($Ret.ReturnValue)"
        }
```

Der Zwischenschritt bestehend aus dem Abfragen der Device-ID ist nicht unbedingt erforderlich, da sich auch der Name des Netzwerkadapters als Filterwert verwenden lässt bzw. der Netzwerkadapter einfach durch ein angehängtes `Where-Object` festgelegt werden kann. Dieser Schritt ist immer dann praktisch, wenn die Device-ID des Netzwerkadapters für weitere Aufrufe benötigt wird.

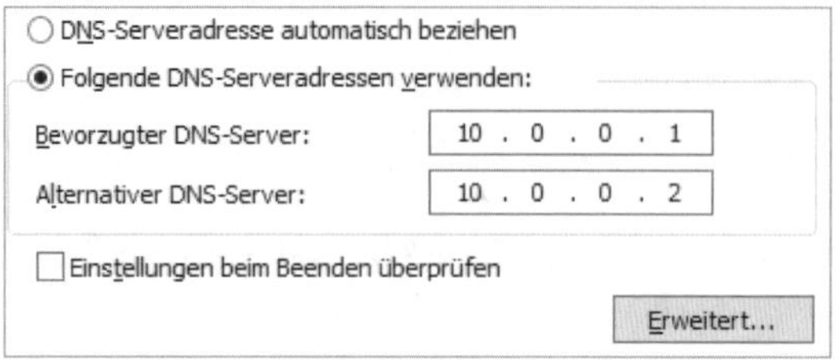

Bild 49.4
Die gesetzten DNS-Server-Einstellungen für einen Netzwerkadapter

Wie bei allen WMI-Aufrufen üblich, spielt der Rückgabecode eine Rolle. Ein Rückgabecode ungleich 0 bedeutet, dass beim Aufruf ein Fehler auftrat. Die Fehlercodes sind Teil der offiziellen Referenz der WMI-Klasse, in diesem Fall `Win32_NetworkAdapterConfiguration`.

Tabelle 49.2 Einige der Fehlercodes von Methoden der Win32_NetworkAdapterConfiguration-Klasse

Rückgabecode	Bedeutung
0	Funktion wurde fehlerfrei ausgeführt.
65	Unbekannter Fehler
70	Ungültige IP-Adresse
71	Ungültige Gateway-Adresse
74	Ungültiger Hostname

Der direkte Aufruf von Netsh

Für einen Aufruf von `Netsh` sollte es auch dann nur noch wenige Gründe geben, wenn das *DNSClient*-Modul nicht zur Verfügung steht. Er ist natürlich möglich und immer dann eine eventuell kürzere Alternative zu einem WMI-Aufruf, wenn lediglich eine Einstellung geändert und/oder ein Aufruf aus einer Stapeldatei per PowerShell ausgeführt werden soll. Auch wenn ein direkter Aufruf von *Netsh.exe* natürlich möglich ist, empfiehlt es sich, die Befehlszeile zusammenzusetzen und per `Invoke-Expression`-Commandlet aufzurufen.

 BEISPIEL: Das folgende Beispiel setzt die DNS-Server-Adressen über den Aufruf von `Netsh` für den angegebenen Netzwerkadapter.

```
$IPAdresse = "192.168.2.1"
$InterfaceName = "Ethernet 2"
$CmdLine = "netsh interface ip set dns '$InterfaceName' static $IPAdresse"
Invoke-Expression -Command $CmdLine
```

```
$CmdLine = "netsh interface ipv4 show dnsservers"
Invoke-Expression -Command $CmdLine | Select-String -SimpleMatch
 -$InterfaceName -Context 3
```

Netsh besitzt den praktischen „Subbefehl" Show, der die Einstellungen aller Netzwerkadapter im Textformat ausgibt, so dass sich der Output z. B. in eine Textdatei umleiten lässt.

```
netsh interface ipv4 show dnsservers
```

Diese Ausgabe lässt sich natürlich per PowerShell-Commandlets ein wenig komfortabler durchführen, so dass sich die Ausgabe in andere Formate wie HTML konvertieren, sortieren und filtern lässt.

BEISPIEL: Der folgende Befehl listet die DNS-Einstellungen aller Netzwerkadapter per WMI auf.

```
$SBDNServerFilter1 = { if ($_.DNSServerSearchOrder[1] -ne $null)
{ $_.DNSServerSearchOrder[1] } else { "---" }}

Get-CIMInstance -ClassName Win32_NetworkAdapterConfiguration | Where-Object
DNSServerSearchOrder -ne $null |
 Select-Object @{Name="Adapter";Expression={$_.Description}},
               DNSHostName,
               @{Name="DNS-Server1";Expression={$_.
DNSServerSearchOrder[0]}},
               @{Name="DNS-Server2";Expression=$SBDNServerFilter1}
```

Ein wenig einfacher geht es natürlich per Get-DnsClientServerAddress-Funktion aus dem *DNSClient*-Modul.

```
$SBDNServerFilter2 = { if ($_.ServerAddresses[1] -ne $null)
{ $_.ServerAddresses[1] } else { "-----" }}

Get-DnsClientServerAddress -AddressFamily IPv4 | Where-Object
ServerAddresses -ne $null |
 Select-Object @{Name="Adapter";Expression={$_.InterfaceAlias}},
               @{Name="DNS-Server1";Expression={$_.ServerAddresses[0]}},
               @{Name="DNS-Server2";Expression=$SBDNServerFilter2}
```

49.4 DNS-Namensauflösung

Zur Unterstützung der Namensauflösung gibt es das Commandlet Resolve-Host in den PSCX. Das Ergebnis ist eine Instanz der .NET-Klasse System.Net.IPHostEntry. Das Ergebnis der folgenden drei Beispiele sehen Sie in der Bildschirmabbildung.

- Resolve-Host D142
- Resolve-Host D142 | fl
- Resolve-Host www.IT-Visions.de

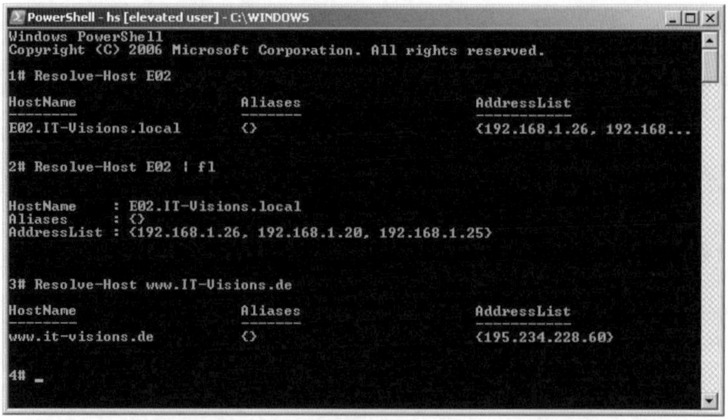

Bild 49.5 Einsatz von Resolve-Host

Ab Windows 8 und Windows Server 2012 bietet das `DnsClient`-Modul über die Konfiguration der DNS-Server-IP-Adressen hinaus (vgl. Abschnitt 49.2 „*Netzwerkkonfiguration*") noch einige sinnvolle Funktionen, z. B. die Namensauflösung mit `Resolve-DnsName`, die Auflistung aller Namen im DNS-Zwischenspeicher mit `Get-DnsClientCache` und das Löschen des Zwischenspeichers mit `Clear-DnsClientCache`.

Über die Funktion `Resolve-DNSName` wird ein Hostname aufgelöst. Damit entspricht die Funktion der Grundfunktionalität des Befehlszeilentools `Nslookup`. Die Rückgabe besteht aus einem *DnsRecord_A*-Objekt (Namensraum `Microsoft.DnsClient.Commands`) mit den Eigenschaften `Address`, `IPAddress`, `Section` und `TTL`. Über den `Server`-Parameter wird ein DNS-Server explizit angegeben. Über den `Type`-Parameter wird festgelegt, welche Sorte von Einträgen abgefragt werden sollen.

BEISPIEL: Der folgende Befehl löst einen Servernamen im lokalen Netzwerk auf.

```
Resolve-DnsName  -Name PMServer -Type A | Format-Table -AutoSize
```

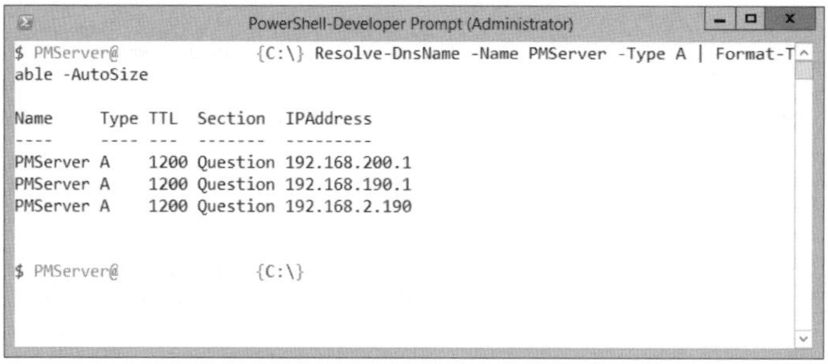

Bild 49.6 Das Ergebnis einer DNS-Namensauflösung

49.5 Erreichbarkeit prüfen (Ping)

Einen „Ping" (Internet Control Message Protocol-/ICMP-Anfrage) zur Prüfung der Erreichbarkeit eines anderen Rechners (vgl. ping.exe) erzeugt man mit Win32_PingStatus oder Test-Connection.

Ping über WMI

Zur Prüfung der Erreichbarkeit eines Computers konnte man die WMI-Klasse Win32_PingStatus einsetzen:

```
Get-CimInstance Win32_PingStatus -filter "Address='www.Windows-Scripting.de'" | select
protocoladdress, statuscode, responsetime
```

Die PowerShell Community Extensions (PSCX) bieten auch ein Commandlet Ping-Host, das eine Datenstruktur des Typs Pscx.Commands.Net.PingHostStatistics liefert:

```
Ping-Host 'www.Windows-Scripting.de'
```

Bild 49.7 Anwendung von Ping-Host

Ping über Test-Connection

Seit PowerShell 2.0 gibt es ein eigenes Commandlet für „Ping". Test-Connection erwartet als Parameter mindestens einen Rechnernamen oder eine IP-Adresse. Beim Rückgabewert gibt es zwei Optionen: Entweder werden Instanzen der WMI-Klasse Win32_PingStatus geliefert oder aber nur ein Boolean-Wert (True oder False), wenn man dies mit -Quiet erzwingt.

```
PS C:\Users\HS> Test-Connection www.powershell-doktor.de

Source        Destination        IPV4Address     IPV6Address                          Bytes   Time(ms)
------        -----------        -----------     -----------                          -----   --------
F111          www.powershe...    62.140.23.67    {}                                   32      27
F111          www.powershe...    62.140.23.67    {}                                   32      27
F111          www.powershe...    62.140.23.67    {}                                   32      26
F111          www.powershe...    62.140.23.67    {}                                   32      27

PS C:\Users\HS> Test-Connection www.powershell-doktor.de -quiet
True
PS C:\Users\HS>
```

Bild 49.8 Einsatz von Test-Connection

Mit `Test-Connection` kann man auch von einem oder mehreren dritten Computern einen Ping ausführen lassen. Der folgende Befehl führt jeweils zwei Pings von den drei Rechnern F171, F172 und F173 zu F111 aus.

```
Test-Connection -Source F171,F172,F173 -ComputerName F111 -count 2
```

```
PS C:\Users\HS> Test-Connection -Source F171,F172,F173 -ComputerName F111 -Count 2

Source    Destination    IPV4Address        IPV6Address
------    -----------    -----------        -----------
F171      F111           192.168.1.111      fe80::d1c4:4892:eac4:91fd%10
F171      F111           192.168.1.111      fe80::d1c4:4892:eac4:91fd%10
F172      F111           192.168.1.111      fe80::d1c4:4892:eac4:91fd%10
F172      F111           192.168.1.111      fe80::d1c4:4892:eac4:91fd%10
F173      F111           192.168.1.111      fe80::d1c4:4892:eac4:91fd%10
F173      F111           192.168.1.111      fe80::d1c4:4892:eac4:91fd%10

PS C:\Users\HS>
```

Bild 49.9 Beispiel für einen entfernten „Multi-Ping"

HINWEIS: Für die Fernausführung eines Pings muss PowerShell-Remoting nicht aktiviert sein.

49.6 Windows Firewall

von Peter Monadjemi

Die Windows Firewall war bereits in der Vergangenheit dank des `NetSh`-Kommandos bzw. einer einfach gestrickten Scripting-Schnittstelle per (PowerShell-)Skripts konfigurierbar. Seit Windows Server 2012 und Windows 8 stehen im Modul `NetSecurity` insgesamt 80 Funktionen und vier Commandlets zur Verfügung, mit denen sich die Einstellungen der Firewall und IPSec-Einstellungen setzen und abfragen lassen. Damit lassen sich z.B. vorhandene Regeln der Firewall sowohl lokal als auch im Netzwerk auflisten, ändern und neu anlegen oder Profile aktivieren und deaktivieren und mit Gruppenrichtlinien in Einklang bringen.

Ein erster Überblick

Tabelle 49.3 stellt zur ersten Orientierung einige der wichtigsten Funktionen aus dem umfangreichen Modul `NetSecurity` zusammen. Der „Einstieg" in ein neues Modul beginnt am besten mit dem Ausprobieren einiger der `Get`-Commandlets. Wer die Windows-Firewall kennt, weiß, dass sie aus einem Satz von Regeln (engl. „rules") besteht, die in Profilen organisiert sind. Es gibt die Profile „Public", „Domain" und „Private". Möchte man z.B. die Firewall deaktivieren, geschieht dies, indem einzelne oder alle Profile deaktiviert werden.

Tabelle 49.3 Die wichtigsten Funktionen aus dem NetSecurity-Modul

Funktion	Bedeutung
Copy-NetFirewallRule	Kopiert eine Regel in einen anderen oder denselben „Policy Store" unter einem anderen Namen (dies ist mit dem Netsh-Kommando nicht möglich).
Disable-NetFirewallRule	Deaktiviert eine einzelne Regel.
Enable-NetFirewallRule	Aktiviert eine einzelne Regel.
Get-NetFirewallAddressFilter	Holt die Filtereinstellungen für eine Regel bezüglich der IP-Adressen.
Get-NetFirewallApplicationFilter	Holt die Filtereinstellungen für eine Regel bezüglich der Anwendungen.
Get-NetFirewallInterfaceFilter	Holt die Filtereinstellungen für eine Regel bezüglich der Netzwerkadapter.
Get-NetFirewallInterfaceTypeFilter	Holt die Filtereinstellungen für eine Regel bezüglich der Netzwerkadaptertypen.
Get-NetFirewallPortFilter	Holt die Filtereinstellungen für eine Regel bezüglich der Ports.
Get-NetFirewallProfile	Holt die Einstellungen zu allen oder einem bestimmten Netzwerkprofil.
Get-NetFirewallRule	Holt alle oder eine bestimmte Firewall-Regel.
New-NetFirewallRule	Legt eine neue Firewall-Regel an.
Remove-NetFirewallRule	Löscht eine Firewall-Regel.
Rename-NetFirewallRule	Gibt einer Firewall-Regel einen neuen Namen.
Set-NetFirewallPortFilter	Ändert den Portfilter für eine bestimmte Firewall-Regel.
Set-NetFirewallProfile	Ändert einzelne Einstellungen bei einem Firewall-Profil.
Set-NetFirewallRule	Ändert einzelne Einstellungen bei einer Firewall-Regel.
Show-NetFirewallRule	Listet alle Firewall-Regeln im Stile des Netsh-Kommandos auf, was eventuell übersichtlicher ist als die Ausgabe per Get-Firewall.

BEISPIEL: Ein

`Get-NetFirewallProfile -All`

listet die Einstellungen zu allen Profilen auf. Die Eigenschaft Enabled gibt an, ob das jeweilige Profil aktiv ist, die Eigenschaft LogAllowed bestimmt, ob erlaubte Zugriffe protokolliert werden.

Das Aktivieren eines Profils übernimmt die Funktion Set-FirewallProfile. Der folgende Befehl deaktiviert das öffentliche Profil:

`Get-NetFirewallProfile -Name Public | Set-NetFirewallProfile -Enabled False`

Der folgende Befehl aktiviert die Protokollierung sowohl für erlaubte wie auch für nicht erlaubte Zugriffe:

`Get-NetFirewallProfile -Name Public | Set-NetFirewallProfile -LogAllowed true -LogBlocked true`

Dass für den Wert der Parameter LogAllowed und LogBlocked „true" und nicht $True übergeben wurde, ist kein Zufall. Der Parameter ist vom Typ GpoBoolean und nicht vom Typ Boolean, so dass $True einfach der „falsche" Datentyp ist (und von der PowerShell nach der Eingabe keine implizite Typenkonvertierung durchgeführt wird).

Bild 49.10
Die Firewall-Einstellungen für ein Profil werden per Get-Net-Firewall abgefragt und per Set-NetFirewall gesetzt.

Firewall-Regeln abfragen, anlegen und ändern

Das Abfragen vorhandener Regeln übernimmt die Get-FirewallRule-Funktion. Regeln können sowohl anhand ihres Namens als auch anhand ihres Anzeigennamens abgefragt werden, wobei sowohl beim Name- als auch beim DisplayName-Parameter Platzhalter erlaubt sind.

BEISPIEL: Der folgende Befehl prüft den Zustand der Firewall-Regel, die auch für PowerShell-Remoting zuständig ist.

```
Get-NetFirewallRule -DisplayName "Windows-Remoteverwaltung (HTTP eingehend)"
```

Da der Anzeigename einer Regel im Allgemeinen recht lang ist, kommen die PowerShell-Platzhalter als praktische Abkürzung ins Spiel:

```
Get-NetFirewallRule -DisplayName "*Remoteverwaltung*" | Select-Object -Property Name, DisplayName, Enabled
```

Der Name der Windows-Remoting-Regel lautet „WINRM-HTTP-In-TCP".

Berücksichtigen der Gruppennamen

Jede Firewall-Regel gehört zu einer Gruppe, z.B. „Remotedienstverwaltung". Möchte man nur Regeln einer bestimmten Gruppe sehen, geschieht dies am einfachsten über die `Group-Display`-Property.

BEISPIEL Der folgende Befehl listet nur die Regeln der Gruppe „Remotedienstverwaltung" auf.

```
Get-NetFirewallRule | Where-Object DisplayGroup -eq "Remotedienstverwaltung"
```

Abfragen der Filter

Möchte man z.B. die Ports oder IP-Adressen sehen, die einer Regel zugeordnet sind, erhält man diese über verschiedene `Get-NetFirewall<Typ>Filter`-Funktionen, wobei `<Typ>` für den Filtertyp steht. Das Filterkriterium für eine Firewall-Regel kann eine IP-Adresse, eine Portnummer, ein Programm- oder Dienstname, ein Netzwerkadaptername oder ein Netzwerkadaptertyp sein. Die Funktion `Get-NetFirewallAddressFilter` gibt z.B. die IP-Adressen des Filters zurück.

Der folgende Befehl listet alle Firewall-Regeln auf, für die ein Adressfilter gesetzt ist:

```
Get-NetFirewallRule | Get-NetFirewallAddressFilter | Where-Object LocalAddress -ne "Any"
```

Der folgende Befehl listet alle Anwendungspfade auf, für die eine Firewall-Regel existiert:

```
Get-NetFirewallRule | Get-NetFirewallApplicationFilter | Where-Object Programm -ne
"Any" | Where-Object Program -ne "System" | Where-Object Program -ne "Any" | Select-
Object -ExpandProperty Program | Sort-Object  -Unique
```

Dank des praktischen `Unique`-Parameters bei `Sort-Object` werden mehrfach vorkommende Namen ausgefiltert.

Der folgende Befehl listet nur die numerischen TCP-Ports einer Firewall-Regel in aufsteigender Reihenfolge auf:

```
Get-NetFirewallRule -DisplayName "*Remoteverwaltung*" | Get-NetFirewallPortFilter |
Where-Object -Property Protocol -eq "TCP" | Where-Object { try { [int]$_.LocalPort
-gt 0 } catch {0} } | Select-Object -Property @{Name="Port";Expression={[Int]$_.
LocalPort}} | Sort-Object -Property Port
```

Der Befehl ist etwas umfangreicher, da die Property LocalPort als Zahl behandelt werden soll, damit eine Sortierung nach der Portnummer möglich ist. Außerdem werden nur jene Einstellungen ausgegeben, bei denen der Wert für LocalPort eine Zahl ist.

Anlegen neuer Regeln

Das Anlegen einer neuen Firewall-Regel übernimmt die New-NetFirewallRule-Funktion. Um sich mit den insgesamt 46 und damit zahlreichen Parametern der Funktion vertraut zu machen, empfiehlt es sich, einen Blick in das Verwaltungstool *Windows Firewall mit erweiterter Sicherheit* zu werfen und im Rahmen der GUI eine „Test-Regel" anzulegen, da die im Registerkartendialogfeld angebotenen Einstellungen 1:1 auf die Parameter von New-NetFirewallRule abgebildet werden.

BEISPIEL: Der folgende Befehl legt für alle Profile eine neue eingehende Regel für den TCP-Port 8088 an.

```
New-NetFirewallRule -Name PSMessengerClient -DisplayName "PSMessenger -
Erlaubt den PowerShell-Messenger" -Profile Any -Protocol TCP -LocalPort 8088
```

Da die Funktion das angelegte Regelobjekt in die Pipeline legt, kann es gleich von der nächsten Funktion weiterverarbeitet werden.

Im Vergleich mit dem „Vorläufer" Netsh unterscheidet sich das Anlegen einer neuen Regel nicht grundsätzlich, es ist aber dank benannter Parameter, der Parametervervollständigung per **Tab**-Taste, der Parameterauswahlliste in der PowerShell ISE und nicht zuletzt der Hilfe deutlich komfortabler.

Ändern von Regeln

Auch das Ändern von Firewall-Regeln ist ein wichtiger Vorgang. So muss bei einem Windows-Computer zuerst die Echoanforderungsregel („Echo Request") aktiviert werden, damit ein „Anpingen" des Computers möglich ist.

Der folgende Befehl listet zunächst alle in Frage kommenden Regeln mit ihrem aktuellen Wert der Enabled-Property auf.

```
Get-NetFirewallRule -DisplayName "*Echoanforderung*" | Select-Object
Name,DisplayName,Enabled
```

BEISPIEL: Die besagte Regel trägt den Namen „FPS-ICMP4-ERQ-In". Sie wird durch den folgenden Befehl aktiv:

```
Set-NetFirewallRule -Name "FPS-ICMP4-ERQ-In" -Enabled True
```

Praktisch gegenüber `Netsh` ist der Umstand, dass die Regel nicht nur über den Anzeigenamen, sondern auch über ihren internen Namen angesprochen werden kann, und dass bei beiden Parametern auch Platzhalter erlaubt sind, so dass sich mit einem Aufruf auch mehrere Regeln ändern lassen.

Der folgende Befehl ändert die Portzuordnung für die Regel „PSMessengerClient".

```
Get-NetFirewallRule -Name "PSMessengerClient" | Set-NetFirewallRule
-LocalPort 8089
```

Der folgende Befehl listet die neue Portzuordnung dieser Regel auf:

```
Get-NetFirewallRule -Name "PSMessengerClient" | Get-NetFirewallPortFilter
```

Regeln löschen

Eine Firewall-Regel wird über die Funktion `Remove-NetFirewallRule` gelöscht.

BEISPIEL: Der folgende Befehl löscht die Regel mit dem Namen „Test".

```
Remove-NetFirewallRule -Name Test
```

Aktivieren des Firewall-Protokolls

Damit die Windows Firewall durchgelassene und abgewiesene Pakete protokolliert, müssen die Einstellungen `LogAllowed` und `LogBlocked` auf „True" gesetzt werden.

BEISPIEL: Der folgende Befehl aktiviert die Protokollierung für alle Profile und setzt auch den Pfad der Log-Datei für alle drei Profile neu.

```
Set-NetFirewallProfile -All -LogAllowed True -LogBlocked True -LogFileName
(Join-Path -Path ($Env:AppData) -ChildPath "PFirewall.log")
```

Der voreingestellte Pfad der Firewall-Protokolldatei ist `C:\Windows\System32\LogFiles\Firewall\pfirewall.log`. Für das Auswerten der Logdatei gibt es keine Commandlets oder Funktionen. Dies lässt sich am besten mit Hilfe regulärer Ausdrücke bewerkstelligen, die z. B. IP-Adressen oder Portnummern herausfischen. Dass dies sehr einfach sein kann, beweist der folgende Befehl, der alle Zeilen der Log-Datei anzeigt, in denen die Portnummer „5985" (PowerShell-Remoting) enthalten ist.

```
$Logpfad = Get-NetFirewallProfile -Name Private | Select-Object -ExpandP
Select-String -Path $LogPfad -Pattern "5985"
```

Je nachdem, ob Firewall-Dienste Schreibberechtigungen auf das `System32`-Verzeichnis besitzen, kann es erforderlich sein, den Pfad für die Log-Datei auf das Benutzerverzeichnis umzulegen.

Firewall-Einstellungen im Netzwerk abfragen

Auf der Basis der CIM-Commandlets ist auch das Abfragen von Firewall-Einstellungen im Netzwerk möglich. Voraussetzung ist, dass auf dem Zielcomputer entweder PowerShell-Remoting aktiviert wurde oder die einzelnen Schritte der WinRM-Konfiguration einzeln durchgeführt wurden. Ansonsten wird es nicht funktionieren.

BEISPIEL: Der folgende Befehl listet im Rahmen einer zuvor angelegten CIM-Session die Firewall-Regeln auf dem Computer „Server1" auf. Die Angaben für Benutzername und Passwort müssen ebenfalls angepasst werden.

```
$ComputerName = "Server1"
$Passwort = "geheim"
$UserName = "Administrator"
$Pw = ConvertTo-SecureString -String $Passwort -AsPlainText -Force
$Cred = New-Object -Typename System.Management.Automation.PsCredential $UserName, $Pw
$CIMSes = New-CimSession -ComputerName $ComputerName Credential $Cred
Get-NetFirewallRule -CimSession $CIMSes
```

Das Netzwerkkartenprofil setzen

Eine lästige Kleinigkeit bei der PowerShell 2.0 war der Umstand, dass die Aktivierung von PowerShell-Remoting über das Commandlet `Enable-PSRemoting` nur dann funktionierte, wenn kein öffentliches Netzwerkprofil vorhanden war. Seit der PowerShell-Version 3.0 existiert dieses kleine Problem nicht mehr. Zum einen ist das `Enable-PSRemoting`-Commandlet dank des `-SkipNetworkProfileCheck`-Parameters, durch den die Netzwerkprofilprüfung ausgelassen wird, etwas großzügiger. Zum anderen ist es dank des neuen `Set-NetConnectionProfile`-Commandlet sehr einfach geworden, das Netzwerkprofil z. B. auf „Privat" zu setzen.

BEISPIEL: Der folgende Befehl setzt das Profil für den Adapter mit dem Namen „Ethernet" auf „Private".

```
Set-NetConnectionProfile -InterfaceAlias "Ethernet" -NetworkCategory Private
```

■ 49.7 Remote Desktop (RDP) einrichten

Um einen Zugang zu einem Computer per RDP (Remote Desktop Protocol) zu ermöglichen, sind ein Registry-Eintrag und das Öffnen der Firewall notwendig. Der zweite Registrierungsdatenbankeintrag aktiviert optional die sichere Authentifizierung.

Listing 49.4 [3_Einsatzgebiete\Netzwerk\RDP aktivieren.ps1]

```
# RDP aktivieren
Set-ItemProperty -Path 'HKLM:\System\CurrentControlSet\Control\Terminal Server'-name
"fDenyTSConnections" -Value 0
# Sichere RDP-Authentifizierung aktivieren
Set-ItemProperty -Path 'HKLM:\System\CurrentControlSet\Control\Terminal
Server\WinStations\RDP-Tcp' -name "UserAuthentication" -Value 1

# Firewall öffnen
Enable-NetFirewallRule -DisplayGroup "Remotedesktop"
```

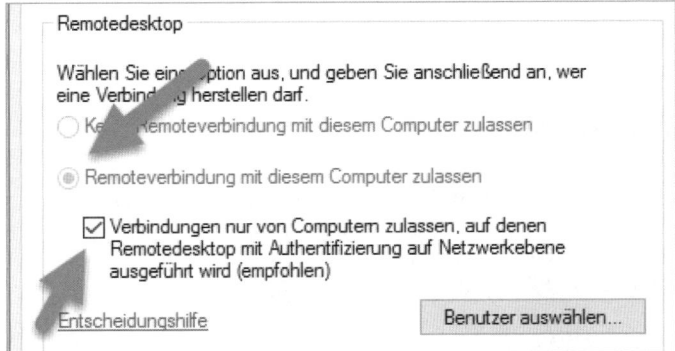

Bild 49.11
RDP ist aktiviert.

■ 49.8 E-Mails senden (SMTP)

Zum Versenden einer E-Mail über SMTP gibt es folgende Möglichkeiten:

- .NET-Klassen im Namensraum System.Net.Mail
- Send-SmtpMail aus den PSCX
- Send-MailMessage (seit PowerShell 2.0)

49.8.1 E-Mail senden mit System.Net.Mail

Zum Versenden einer E-Mail-Nachricht per SMTP können Sie die .NET-Klassen System.Net.Mail.MailMessa ge und System.Net.Mail.SmtpClient verwenden.

Listing 49.5 Beispiel für den Einsatz der .NET-Klassenbibliothek zum Senden einer E-Mail [3_Einsatzgebiete/Netzwerk/Email_FCL.ps1]

```
# Mail ohne Attachment
$client = New-Object System.Net.Mail.SmtpClient

$client.Host = "SERVERF112.FBI.org"
```

```
$client.Send("admin1@SERVERF112.IT-Visions.local","admin2@SERVERF112.FBI.org",
"Test2", "Test TEst")

# Mail mit Anhang
[System.Net.Mail.MailMessage]  $message = New-Object System.Net.Mail.MailMessage(
            "admin1@SERVERF112.FBI.org",
            "admin2@SERVERF112.FBI.org",
            "Aktueller Auftragsbericht.",
            "Siehe anliegender Bericht.")

$data = New-Object System.Net.Mail.Attachment("C:\TEMP\Auftragsbericht.txt")

$client.Send($message)
```

49.8.2 E-Mail senden mit Send-SmtpMail

Send-Smtp Mail ist ein Commandlet aus den PowerShell Community Extensions.

Listing 49.6 Beispiel zum Einsatz von Send-SmtpMail
[3_Einsatzgebiete/Netzwerk/SendMail_PSCX.ps1]

```
# Parameters
$Subject = "PowerShell Skript"
$Body = "Your daily script executed succefully!"
$From = "script@SERVERF112.FBI.org"
$To = "admin@SERVERF112.FBI.org"
$MailHost = "SERVERF112.FBI.org"

# Send Mail
Send-SmtpMail -SmtpHost $MailHost -To $To -From $from -Subject $subject -Body $body
```

 HINWEIS: Wenn eine Authentifizierung notwendig ist, können Sie diese mit dem Parameter -Credential und dem Commandlet Get-Credential anfordern. Dann aber fragt Windows immer durch einen Anmeldedialog nach einem Benutzerkonto und eine interaktionslose Ausführung ist nicht mehr möglich.

49.8.3 E-Mail senden mit Send-MailMessage

Mit Send-MailMessage (seit PowerShell 2.0, auch in PowerShell Core) kann man eine E-Mail über SMTP senden. Die Parameter sind selbsterklärend. Auch hier gibt es den Parameter -Credential.

```
Send-Mailmessage -from "Alien Detection Skript <ADS@FBI.org>" -to "Fox Mulder
<fm@fbi.org>", "Dana Scully <ds@fbi.org> -subject "New Alien detected" -body "Please
see attachment" -Attachment "c:\data\log.txt" -priority High -dno onSuccess,
-onFailure -smtpServer smtp.FBI.org
```

49.9 Auseinandernehmen von E-Mail-Adressen

Manchmal ist es notwendig, den E-Mail-Namen von der Domain zu trennen, also im Fall von „kundenteam@IT-Visions.de" die Zeichenketten „kundenteam" und „IT-Visions.de" einzeln zu gewinnen. Dies ließe sich über einen regulären Ausdruck machen oder einfach über die Klasse `System.Net.Mail.MailAddress`:

```
$email = [System.Net.Mail.MailAddress] "Kundenteam@IT-Visions.de"
$email.User # Ausgabe: Kundenteam
$email.Host # Ausgabe: IT-Visions.de
```

49.10 Abruf von Daten von einem HTTP-Server

Das folgende Skript zeigt, wie man eine HTML-Seite von einem Webserver abruft. Zum Einsatz kommt hier die Klasse `System.Net.WebClient` aus der .NET-Klassenbibliothek. Diese Klasse bietet eine Methode `DownloadString()` an, die den Inhalt der angegebenen URL in einer Zeichenkette liefert. Mit Hilfe des Commandlets `Set-Content` wird die Zeichenkette dann im lokalen Dateisystem abgelegt. Die letzten vier Zeilen sind die Fehlerbehandlung, die dafür sorgt, dass bei Fehlern in dem Skript eine Meldung ausgegeben wird.

Listing 49.7 Herunterladen einer Datei per HTTP
[3_Einsatzgebiete/Netzwerk/HTTP-Download.ps1]

```
# Eingabeparameter
$Url = "http://www.powershell-doktor.de"
$Ziel = "c:\temp\hauptseite.htm"

# Skript
Write-Host "Lade Webseite " $url "..."
$html = (New-Object System.Net.WebClient).DownloadString($Url)
$html | Set-Content -Path $ziel
Write-host "Heruntergeladene Seite wurde gespeichert unter " $Ziel

trap [System.Exception]
  {
     Write-host "Fehler beim Laden der URL: `"$url`"" `n
     exit
  }
```

Das nächste Beispiel zeigt, wie man die Titel der letzten acht Nachrichten aus einem RSS-Feed (Weblog) abruft. Auch hier kommt wieder `DownloadString()` aus der Klasse `System.Net.WebClient` zum Einsatz. Da der Inhalt in XML-Form vorliegt, ist eine Auswertung über die direkte Notation `$blog.RDF.item` möglich.

Listing 49.8 Laden und Filtern eines RSS-Feeds
[3_Einsatzgebiete/Netzwerk/RSS_Download.ps1]

```
Write-Host "Aktuelle Nachrichten im Weblog von Dr. Holger Schwichtenberg:"
$Url = " http://www.heise.de/developer/rss/dotnet-doktor/blog-atom.xml"
$blog = [xml](New-Object System.Net.WebClient).DownloadString($Url)
$blog.RDF.item | select title -first 8
```

```xml
<?xml version="1.0" encoding="utf-8" ?>
- <rdf:RDF xmlns:rdf="http://www.w3.org/1999/02/22-rdf-syntax-ns#"
    xmlns="http://my.netscape.com/rdf/simple/0.9/">
  - <channel>
      <title>iX Blog - Der Dotnet-Doktor</title>
      <link>http://www.heise.de/ix/blog/1/</link>
      <description>Aktuelle Artikel im iX-Blog</description>
    </channel>
  - <item>
      <title>Fachbücher zu ASP.NET 2.0 erschienen</title>
      <link>http://www.heise.de/ix/blog/artikel/77803/from/rss09</link>
      <description>Mein Buch zu ASP.NET 2.0 gibt es jetzt sowohl in einer Variante
        mit Visual Basic 2005 als auch C# 2005.</description>
    </item>
  - <item>
      <title>Release Candidate 1 für Windows Vista und das .NET Framework
        3.0</title>
      <link>http://www.heise.de/ix/blog/artikel/77660/from/rss09</link>
      <description>Microsoft hat einen "Release Candidate" für das neue
        Betriebssystem Vista und für das Microsoft .NET Framework 3.0
        veröffentlicht.</description>
    </item>
  - <item>
      <title>Visual Studio 2005 für .NET 1.1 nutzen mit MSBee</title>
      <link>http://www.heise.de/ix/blog/artikel/77534/from/rss09</link>
      <description>Mit dem kostenlosen Add-On MSBuild Extras – Toolkit for .NET
        1.1 (MSBee) kann man mit Visual Studio 2005 Projekte auch in .NET-1.1-
        Code übersetzen lassen.</description>
    </item>
```

Bild 49.12 Beispiel für ein RSS-Dokument

Invoke-WebRequest

Seit PowerShell 3.0 (und auch in PowerShell Core) gibt es ein Commandlet Invoke-WebRequest, das die Verwendung von DownloadString() kapselt.

```
Invoke-WebRequest "http://www.powershell-doktor.de"
```

Das Ergebnis ist eine Zeichenkette. Als Parameter kann man z. B. einen Proxy-Server, eine Browser-Identifikationszeichenkette (UserAgent) für Websites, die verschiedene Inhalte für verschiedene Browser bieten, ein HTTP-Verb (GET, POST, MERGE etc.) oder eine Zeichenkodierung (Encoding) angeben. Auch das direkte Speichern in einer Datei ist möglich:

```
Invoke-WebRequest "http://www.powershell-doktor.de" -OutFile c:\Temp\default.htm
-UserAgent " Mozilla/5.0 Gecko/20100101 Firefox/25.0" -TimeoutSec 10
-MaximumRedirection 1 -Method GET
```

Sehr spannend ist, dass Invoke-WebRequest die Webseite weder als Zeichenkette noch als DOM-Objekt liefert, sondern eine Instanz des Typs Microsoft.PowerShell.Commands.HtmlWebResponseObject, die bereits einige nützliche Auswertungsfunktionen enthält. Besonders nützlich ist dabei die Eigenschaft Links, die eine Liste aller Hyperlinks auf der Webseite enthält.

Listing 49.9 Einsatzgebiete\Netzwerk\HTTPDownload.ps1

```
$webseite = Invoke-WebRequest "http://www.powershell-doktor.de"
"Webseite enthält " + $webseite.Images.Count + " Bilder"
"Webseite enthält " + $webseite.Inputfields.Count + " Eingabefelder"
"Webseite enthält " + $webseite.Scripts.Count + " JavaScript-Blöcke oder -Dateien"
Write-Host "----- Hyperlinks"
$webseite.Links | where innerhtml -like "b*" | FT innerHTML, href
```

49.11 Praxisbeispiel: Linkprüfer für eine Website

Die von dem Commandlet `Invoke-WebRequest` der gelieferten Objekte des Typs `Microsoft.PowerShell.Commands.HtmlWebResponseObject` eingebaute Extraktion aller Hyperlinks einer Webseite kann man sich zunutze machen, um auf einfache Weise einen Linkprüfer zu bauen. Die Lösung soll hier bewusst zweigeteilt werden:

- Link Exporter: Dieses Skript extrahiert die Hyperlinks aus einer angegebenen Seite und rekursiv aus den Folgeseiten in eine Textdatei.
- Link Checker: Dieses Skript prüft, ob alle extrahierten Hyperlinks erreichbar sind.

Die Zweiteilung hat zwei Vorteile:

1. Der Link-Checker-Prozess kann häufiger aufgerufen werden als der Extraktionsprozess. Der Extraktionsprozess wird nur benötigt, wenn sich Webseiteninhalte geändert haben.
2. Der Link Checker kann auch Unterseiten prüfen, bei denen die übergeordnete Seite aktuell nicht erreichbar ist.

Listing 49.10 Link Exporter [3_Einsatzgebiete\Netzwerk\Website_LinkExporter.ps1]

```
##################################################
# Link Exporter
# (C) Dr. Holger Schwichtenberg 2016-2017
# V1.1
##################################################

#region Einstellungen
$site = "http://dotnet-doktor.de/"
$startpage = $site # oder bestimmte URL, z.B. "http://powershell-doktor.de/
DOTNETDOKTOR/Listen/Fachartikel.aspx"
$Datei_AlleLinks = "c:\temp\links.txt" #"h:\itvde_allelinks.txt"
$Datei_Fehler = "c:\temp\links_fehler.txt" # "h:\itvde_Fehler.txt"
$Script:maxLinks = 1000
$Script:maxLevels = 5
$ErrorActionPreference = "stop"
$checkExternalLinks = $false
$nofollowLinksTo = "IT-Visions.de"
$excludes = $null # z.B. "/intranet/", "/extranet/"
#endregion
```

```
# globale Variablen
$ergebnis = New-Object System.Collections.Generic.List``1[System.String]

Function CrawlLink($htmlfile, $url, $level, $follow)
{
# Abbruchbedingungen
if ($level -gt $Script:maxLinks) { return; }
if ($ergebnis.count -gt $Script:maxLinks) { return; }
if (Is-Excluded($url,$excludes)) { return; }

$url = $url.ToLower();
if ($url.EndsWith("/")) { $url = $url.Substring(0,$url.Length-1) }
# wurde die URL schon besucht?
if ($ergebnis.Contains($url)) {
return;
}
$ergebnis.add($url)
$url | Add-Content $Datei_AlleLinks

# Ausgabe
"{0:0000}/{1:00}:{2}" -f $ergebnis.count,$level,$url

$response = test-weburl $url

if ($response.Error -ne $null) # Fehler
{
"$htmlfile;$url" | Add-Content $Datei_Fehler
Write-Warning "$url`n$($response.Error)"
}

# Links nicht folgen!
if (-not $follow) { return }

#"--> $($links.count) Links"
foreach($link in $response.links)
{
    $l = $link.href.Tolower()

    # Externer Link
    if ((($l.startswith("http:") -or ($l.startswith("https:"))) -and (-not $l.contains($site.tolower())))) {
    if (-not $checkExternalLinks -or ($l -match $nofollowLinksTo)) { continue; } # dann nix tun
    Write-verbose "External Link: $l"
    CrawlLink $url $l ([int]($level+1)) $false # abrufen oder nicht tiefer folgen
    continue
    }

    # Interner Link
    if ($l -notmatch "javascript:") {
    $neueUrl = $site.TrimEnd("/") + "/" + $l.TrimStart("/")
    Write-verbose "Internal Link: $neueUrl"
    CrawlLink $url $neueUrl ([int]($level+1)) $true
    }
}
```

```
}

function Is-Excluded($text,$excludes)
{
foreach($x in $excludes)
{
if ($text -match $x) { return $true }
}
return $false;
}


# Hauptprogramm
clear
"Start $startpage..."
CrawlLink "" $startpage 0 $true

"Fertig!"
```

Listing 49.11 Link Checker [3_Einsatzgebiete\Netzwerk\Website_LinkExporter.ps1]

```
##################################################
# Link Checker anhand einer Datei von Link Exporter
# (C) Dr. Holger Schwichtenberg 2016-2017
# V1.1
##################################################

#region Eingabedaten

#region Eingabedatein
$ErrorActionPreference = "stop"
$ausgabeOK = $true
$AusgabeFehler = $true
$Datei_AlleLinks = "c:\temp\links.txt" #"h:\itvde_allelinks.txt" #"H:\GF\Website\2015 Umstellung ITV.AT auf ITV.DE\itvat_links_sort.txt"
#endregion

#region Einstellungen
$ErrorActionPreference = "stop"
#endregion

# Hauptprogramm
clear
$links = Get-Content $Datei_AlleLinks
$ErrorActionPreference ="stop"
foreach($url in $links)
{
if (-not $ausgabeOK) { Write-Host "." -NoNewline }
try
{
$response = test-weburl $url

$content = $request.Content
if ($response.Error -ne $null) # Fehler
  {
    if ($ausgabeFehler) { Write-Warning ("FEHLER: " + $url) }
  }
  else
```

```
  {
    if ($ausgabeOK ) { Write-host ("OK: " + $url ) } #-and (-not $url.
StartsWith("http://www.it-visions.de/schulungen/"))
  }

}
catch
{
$url
"Fehler: " + $_.Exception
}

}

"fertig!"
```

■ 49.12 Aufrufe von SOAP-Webdiensten

New-WebServiceProxy (seit PowerShell 2.0) ist ein sehr mächtiges Commandlet zum Aufruf von XML-Webservices, die das Simple Object Access Protocol (SOAP)-Format verwenden und eine Metadatenbeschreibung in Web Services Description Language (WSDL) besitzen. New-WebServiceProxy ist in der Lage, einen Webservice-Proxy dynamisch zur Laufzeit zu erzeugen und der PowerShell als Objekt zur Verfügung zu stellen.

Als Beispiel soll hier der öffentliche Webservice *http://www.it-visions.de/Webservices/leser. asmx* verwendet werden, über den sich Leser dieses Buchs für das Leser-Portal und den Newsletter registrieren können. Der Webservice bietet zwei Methoden:

- RegisterReader(Buch, Name, Firma, E-Mail) erlaubt die Registrierung eines Lesers. Rückgabetyp ist eine Zeichenkette.
- GetBooks() liefert eine Liste aller Bücher, zu denen es im Leser-Portal Unterstützung gibt. Rückgabetyp ist eine Instanz der .NET-Klasse System.Data.DataTable.

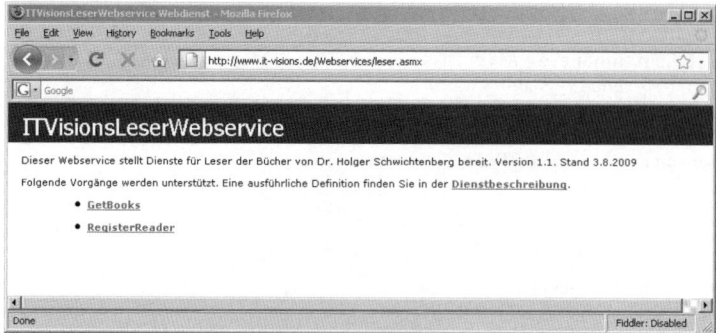

Bild 49.13 HTML-Informationsseite zum Leser-Webservice

Um einen Proxy zu erzeugen, muss man lediglich die URL angeben, unter der man die Dienstbeschreibung in der Web Service Description Language (WSDL) findet.

```
$ws = New-WebServiceProxy -URI http://www.IT-Visions.de/Webservices/leser.asmx?WSDL
```

HINWEIS: Bei einem .NET-basierten Webservice wie diesem dürfte man die Zeichenkette ?WSDL am Ende auch weglassen.

Danach kann man sofort auf die von dem Webservice bereitgestellten Methoden zugreifen, z. B.:

```
$ws.RegisterReader("WPS56","Ihr Name","Ihre Firma","IhreEMailadresse@IhreDomain.de")
```

HINWEIS: Sie können sich gerne tatsächlich auf diesem Weg für das Leser-Portal registrieren. Ihr Kennwort erhalten Sie per E-Mail. Mit Ihrer E-Mail-Adresse und dem Kennwort können Sie sich dann unter *http://www.IT-Visions.de/leser* anmelden. „WPS56" beschreibt in dem obigen Aufruf das vorliegende Buch „Windows PowerShell 5.x/6.x – Praxishandbuch".

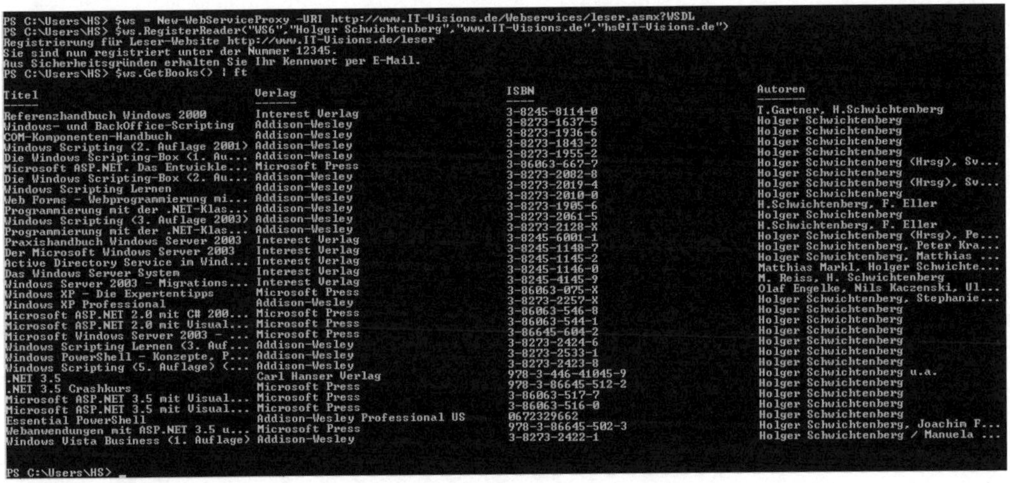

Bild 49.14 Ergebnis des Aufrufs der beiden Webservice-Methoden

Weitere Möglichkeiten des Commandlets `New-WebServiceProxy`: Über den Schalter `-UseDefaultCredential` können Sie Ihre aktuellen Windows-Anmeldedaten an den Webservice weitergeben, wenn dieser eine Authentifizierung verlangt. Über den Schalter `-Credential Get-Credential` können Sie auch eine andere Identität übergeben.

Zertifikatsprüfung

Beim Aufruf eines SSL-gesicherten Webservice beschwert sich die PowerShell, wenn die Zertifikatsprüfung nicht erfolgreich war. Mit dem folgenden Trick kann man zu Testzwecken die Prüfung ausschalten.

Wenn nun das Zertifikat eines SSL-gesicherten Webservice nicht erfolgreich geprüft werden kann (z. B. weil das Zertifikat der Zertifizierungsstelle fehlt), dann verweigert New-WebServiceProxy natürlich die Arbeit: „The underlying connection was closed: Could not establish trust relationship for the SSL/TLS secure channel."

Zu Testzwecken möchte man aber den Webservice vielleicht dennoch aufrufen. Das ist möglich, indem man die Zertifikatsprüfung vor dem Aufruf von New-WebServiceProxy ausschaltet:

```
[System.Net.ServicePointManager]::ServerCertificateValidationCallback = {$true}
```

 ACHTUNG: Bitte diesen Trick nur benutzen, wenn man sicher ist, dass man wirklich mit dem gewünschten Webservice redet, dem man vertraut. Es besteht die Gefahr eines „Man-in-the-middle"-Angriffs!

■ 49.13 Aufruf von REST-Diensten

Für REST-basierte HTTP-Dienste (engl. RESTful Services), die Daten in „einfachem" XML- oder JSON-Format liefern, kann man Invoke-WebRequest oder die .NET-Klasse System.Net.WebClient verwenden. Representational State Transfer (REST) ist eine Gegenbewegung zu SOAP, eine wachsende Anzahl von Unternehmen, die SOAP als zu kompliziert und „geschwätzig" auf der Leitung betrachten.

Das folgende Beispiel zeigt den Abruf der aktuellen Wechselkurse der Europäischen Zentralbank (EZB), die diese unter *https://www.ecb.europa.eu/stats/eurofxref/eurofxref-daily.xml* für jedermann kostenfrei und öffentlich als XML-Dokument bereitstellt.

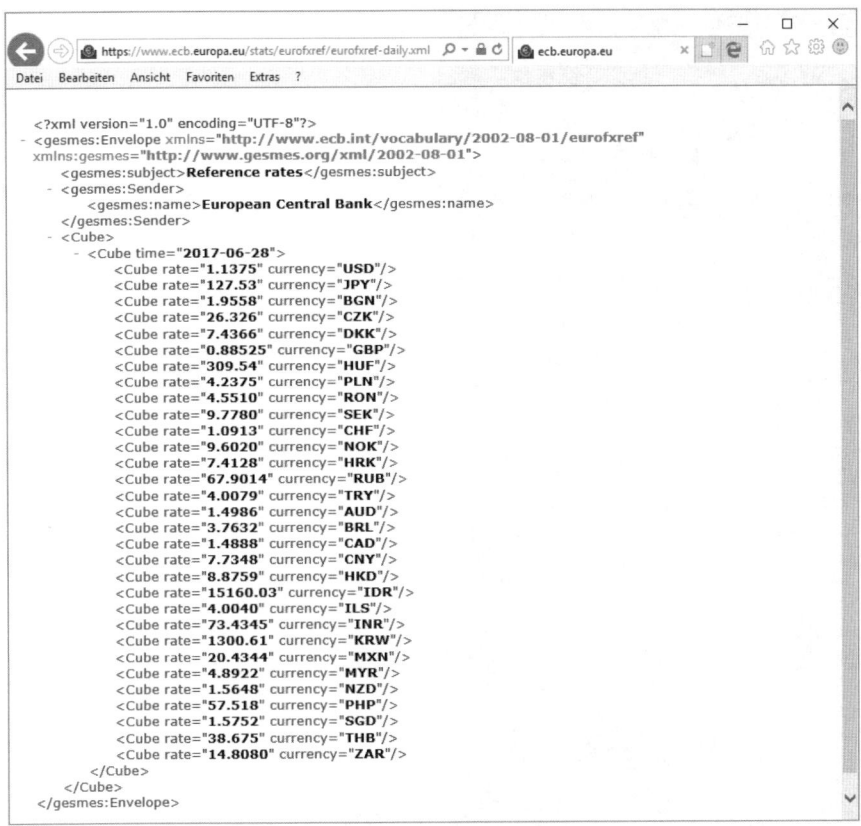

Bild 49.15 Aufbau des von der EZB gelieferten XML-Dokuments

Listing 49.12 Nutzung eines REST-basierten Webdienstes
[3_Einsatzgebiete\Netzwerk\WPS_Webservice.ps1]

```
function Get-Wechselkurse()
{
# Wechselkurse der EZB abrufen
$wr = Invoke-WebRequest "https://www.ecb.europa.eu/stats/eurofxref/eurofxref-daily.xml"
# Inhalt als XML-Dokument behandeln
$xml = [xml] $wr.Content
# Daten ausgeben
return $xml.Envelope.Cube.Cube.Cube
}

"Alle Wechselkurse"
Get-Wechselkurse

"Wechselkurs von EURO zu Dollar"
(Get-Wechselkurse | Where currency -eq "USD").rate
```

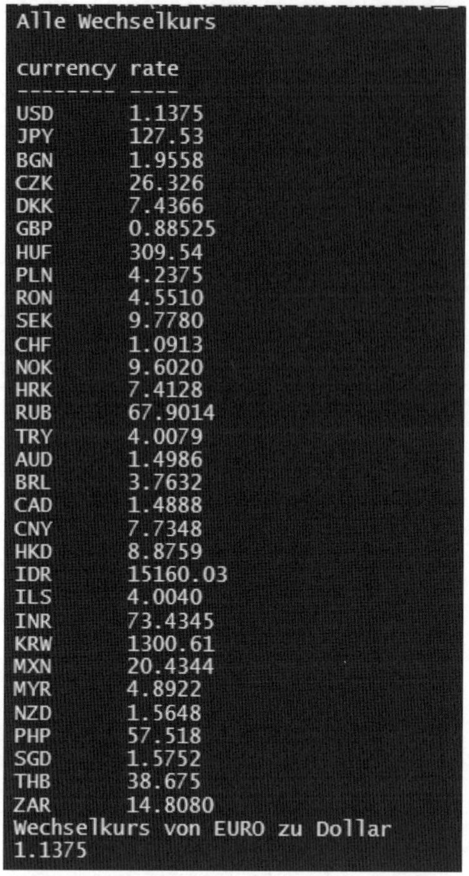

```
Alle Wechselkurs

currency rate
-------- ----
USD      1.1375
JPY      127.53
BGN      1.9558
CZK      26.326
DKK      7.4366
GBP      0.88525
HUF      309.54
PLN      4.2375
RON      4.5510
SEK      9.7780
CHF      1.0913
NOK      9.6020
HRK      7.4128
RUB      67.9014
TRY      4.0079
AUD      1.4986
BRL      3.7632
CAD      1.4888
CNY      7.7348
HKD      8.8759
IDR      15160.03
ILS      4.0040
INR      73.4345
KRW      1300.61
MXN      20.4344
MYR      4.8922
NZD      1.5648
PHP      57.518
SGD      1.5752
THB      38.675
ZAR      14.8080
Wechselkurs von EURO zu Dollar
1.1375
```

Bild 49.16
Ausgabe des obigen Beispiels, korrespondierend mit dem vorher abgebildeten XML-Dokument

■ 49.14 Aufrufe von OData-Diensten

Die PowerShell unterstützt seit Version 5.0 das Open Data Protocol (OData). Mit dem Commandlet `Export-ODataEndpointProxy` können PowerShell-Nutzer Commandlets für den Zugriff auf einen OData-Dienst generieren lassen.

Listing 49.13 [3_Einsatzgebiete\Netzwerk\WPS5_ODataClient.ps1]

```
# URI des OData-Dienstes
$URL = "http://Server119/FlugDatendienst.svc"

# Modul für Zugriff auf OData-Dienst erstellen
Export-ODataEndpointProxy -Uri $URL -OutputModule C:\temp\ODataModul
-AllowUnsecureConnection -force

# erzeugtes Modul importieren
Import-Module C:\temp\ODataModul
```

```
# erzeugte Commandlets auflisten
Get-module
Get-command -Module ODataModul.psd1
# Einige Objekte laden (mit Filter)
Get-Flug -AllowUnsecureConnection -Filter "Abflugort eq 'Rom'" -AllowAdditionalData | ft
# Objekt laden
$flug = Get-Flug -AllowUnsecureConnection -id 127 -AllowAdditionalData
$flug
# Geladenes Objekt ändern
$flug.freiePlaetze -= 2
$flug
# Geändertes Objekt auf Server speichern
$flug | set-flug -AllowUnsecureConnection -id 127
# Neuen Flug anlegen
new-Flug -id 999 -Abflugort Essen -Zielort Berlin -FreiePlaetze 10 -Plaetze 10
-PilotId 1 -Datum (Get-Date) -AllowUnsecureConnection
```

49.15 Hintergrunddatentransfer mit BITS

Das PowerShell-Modul „BITSTransfer" (verfügbar seit Windows 7 und Windows Server 2008 R2) unterstützt mit acht Commandlets das Herunterladen von Dateien im Hintergrund über den Dienst Background Intelligent Transfer Service (BITS), den es seit Windows XP gibt.

ACHTUNG: BITS transferiert Daten über HTTP und HTTPS in Zeiten, in denen es freie Netzwerkleitungskapazitäten gibt. BITS nutzt also nur durch andere Anwendungen nicht belegte Netzwerkbandbreite. Die Übertragung erfolgt wahlweise asynchron, d. h. ohne Blockierung der den Download initiierenden Anwendung. BITS-Downloads werden nach einem Abbruch (auch nach einem Neustart des Systems) wiederaufgenommen.

49.15.1 BITS-Commandlets

Die Commandlets in diesem Modul „BITSTransfer" sind:

- Add-BITSFile
- Complete-BITSTransfer
- Get-BITSTransfer
- Remove-BITSTransfer
- Resume-BITSTransfer
- Set-BITSTransfer

- Start-BITSTransfer
- Suspend-BITSTransfer

49.15.2 Beispiel

Das folgende Skript lädt die zum Redaktionsschluss aktuelle Version der kostenfreien Entwicklungsumgebung „Android Studio" von Google im Hintergrund (Parameter -Asynchronous bei Start-BITSTransfer) herunter (ca. 2 GB). Ohne den Parameter -Asynchronous würde die PowerShell blockiert und eine Fortschrittsanzeige zeigen. Ziel des Downloads ist das Verzeichnis c:\temp, wo nach dem Start des Skripts sofort eine entsprechend große BIT....tmp-Datei entsteht, die dann nach und nach befüllt wird.

Das Commandlet Get-BITSTransfer liefert Informationen über den Zustand und Fortschritt des Downloads. Das Skript zeigt diesen alle fünf Sekunden auf dem Bildschirm an. Wenn der Download vollständig ist, kommt der Job in den Zustand „Transfered". Mit dem Commandlet Complete-BITSTransfer wird die .tmp-Datei umbenannt in den gewünschten Zielnamen und der BITS-Job aus der Liste gelöscht. Die heruntergeladene Datei bleibt erhalten!

TIPP: Sie dürfen also die Ausführung von Complete-BITSTransfer nicht vergessen!

Listing 49.14 Listing: [3_Einsatzgebiete\Netzwerk\BITS.ps1]

```
Import-Module BITSTransfer

# URL für Android Studio version 2.3.3 vom Juni 2017 - URL ggf. anpassen!
$url = "https://dl.google.com/dl/android/studio/install/2.3.3.0/android-studio-bundle-162.4069837-windows.exe"
$name = "AndroidStudio"
$desc = "Freie Software, Größe ca. 2 GB"
$ziel = "C:\temp\setup.exe "
Write-Host "Starte Download von $url nach $ziel..." -ForegroundColor Yellow
$job = Start-BITSTransfer $url $ziel -Asynchronous -DisplayName $name -Description $desc -Priority High

Write-Host "Zustand des Downloads..." -ForegroundColor Yellow
$d = Get-BITSTransfer -id $job.jobid
$d | Format-List *

Write-Host "Eigene Fortschrittsanzeige (alle 5 Sekunden aktualisiert)..." -ForegroundColor Yellow
while ($d.JobState -eq "Transferring" -or $d.JobState -eq "TransientError" -or $d.JobState -eq "Connecting" -or $d.jobstate -eq "Error" -or $d.JobState -eq "Suspended" -and $prozent -ne 100){
    if ($d.jobstate -eq "Error"){
        Resume-BITSTransfer -BITSJob $d
    }
    $prozent = [Math]::Round(($d.BytesTransferred / $d.BytesTotal)*100,2)
```

```
    Write-Host "$($d.JobState): $prozent%"
    Start-Sleep 5
}
Write-Host "Download wird beendet: $ziel!" -ForegroundColor Yellow
 $d | Complete-BITSTransfer
```

```
Starte Download von https://dl.google.com/dl/android/studio/install/2.3.3.0/android-studio-bundle-162.4069837-windows.exe nach C:\temp\setup.exe ...
Zustand des Downloads...

JobId                    : 5ad294b8-3a21-4dd2-bfea-fe4d38b595d5
DisplayName              : AndroidStudio
Description              : Freie Software, Größe ca. 2 GB
TransferType             : Download
JobState                 : Connecting
TransferPolicy           : NoSurcharge
OwnerAccount             : WIN-FOVNL6BL7D8\hs
Priority                 : High
RetryInterval            : 600
RetryTimeout             : 1209600
TransientErrorCount      : 0
ProxyUsage               : SystemDefault
ErrorContext             : None
ErrorCondition           : NoError
InternalErrorCode        : 0
ErrorDescription         :
ErrorContextDescription  :
BytesTotal               : -1
BytesTransferred         : 0
FilesTotal               : 1
FilesTransferred         : 0
CreationTime             : 29.06.2017 15:14:07
ModificationTime         : 29.06.2017 15:14:07
TransferCompletionTime   : 01.01.0001 00:00:00
FileList                 : {https://dl.google.com/dl/android/studio/install/2.3.3.0/android-studio-bundle-162.4069837-windows.exe}
ProxyList                :
ProxyBypassList          :

Eigene Fortschrittsanzeige (alle 5 Sekunden aktualisiert)...
Connecting: 0%
Transferring: 1.04%
Transferring: 2.34%
Transferring: 3.64%
Transferring: 4.94%
```

Bild 49.17 Hintergrunddatentransfer mit obigem Skript

Der Download ist nicht abhängig von dem Weiterlaufen des Skripts. Das Skript zeigt nur die Fortschrittsanzeige. Das Skript kann beendet werden, sogar der Computer kann neu gestartet werden. Der Download läuft nach einem Reboot immer noch.

49.15.3 Abfrage des Fortschritts

Den Fortschritt aller Downloads kann man abfragen mit:

```
Get-BITStransfer | ft JobID, Displayname, Creationtime, { [Math]::Round(($_.
BytesTransferred / $_.BytesTotal)*100,2) }
```

```
PS C:\Windows\system32> Get-uptime

Days               : 0
Hours              : 0
Minutes            : 0
Seconds            : 37
Milliseconds       : 353
Ticks              : 373539682
TotalDays          : 0,000432337594907407
TotalHours         : 0,0103761022777778
TotalMinutes       : 0,622566136666667
TotalSeconds       : 37,3539682
TotalMilliseconds  : 37353,9682


PS C:\Windows\system32> Get-Bitstransfer | ft JobID, Displayname, Creationtime, { [Math]::Round(($_.BytesTransferred / $_.BytesTotal)*100,2) }

JobId                                 DisplayName    CreationTime         [Math]::Round(($_.BytesTransferred / $_.BytesTotal)*100,2)
-----                                 -----------    ------------         ----------------------------------------------------------
5ad294b8-3a21-4dd2-bfea-fe4d38b595d5  AndroidStudio  29.06.2017 15:14:07                                                         51,9
```

Bild 49.18 Der vor dem Neustart des Rechners gestartete BITS-Download läuft nach dem Reboot (vor 37 Sekunden) automatisch weiter.

49.15.4 Anhalten und Löschen von Hintergrund-Downloads

Man kann alle BITS-Downloads mit Get-BITSTransfer | Suspend-BITSTransfer anhalten. Bei der Wiederaufnahme mit Resume-BITSTransfer ist zu beachten, dass auch hier der Parameter -Asynchronous anzugeben ist, wenn man die PowerShell nicht blockieren will.

Man kann alle BITS-Downloads mit Get-BITSTransfer | Remove-BITSTransfer endgültig beenden.

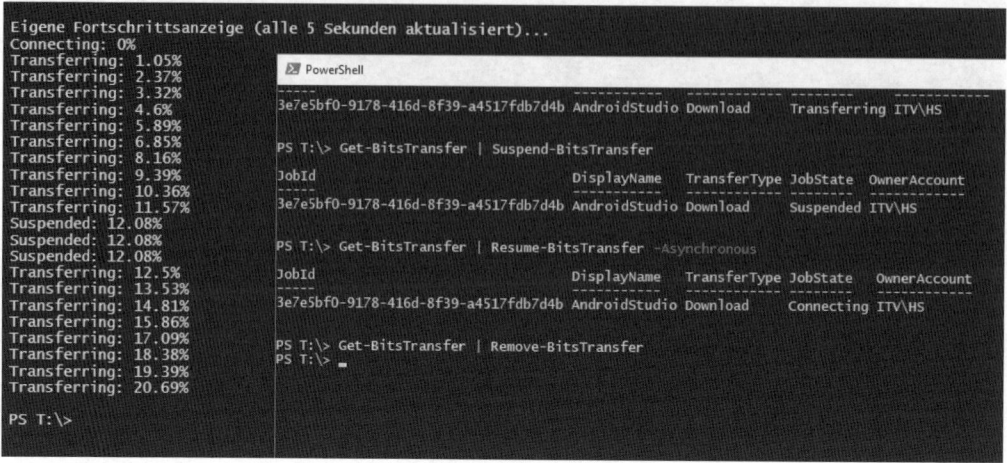

Bild 49.19 Aus einem zweiten PowerShell-Prozess heraus wird der BITS-Download zunächst vorübergehend angehalten, dann endgültig abgebrochen.

50 Ereignisprotokolle (Event Log)

Für die Windows-Ereignisprotokolle gibt es seit PowerShell 2.0 zusätzlich zu dem Get-EventLog aus PowerShell 1.0 auch noch die Commandlets New-EventLog, Remove-EventLog und Write-EventLog sowie Limit-EventLog.

Protokolleinträge auslesen

Informationen über und aus Ereignisprotokollen stellt das Commandlet Get-EventLog bereit.

Eine Liste der auf dem System verfügbaren Ereignisprotokolle liefert:

```
Get-EventLog -list
```

Das Ergebnis sind Instanzen der Klasse System.Diagnostics.EventLog.

Ruft man hingegen das Commandlet Get-EventLog ohne den Parameter -list und stattdessen mit dem Namen eines Ereignisprotokolls auf, liefert das Commandlet alle Einträge in dem Ereignisprotokoll in Form von Objekten des Typs System.Diagnostics.EventLog-Entry.

```
Get-EventLog Application
```

Hier ist eine Einschränkung sinnvoll, weil die Operation sonst sehr lange dauert. Das Commandlet besitzt eine eingebaute Filterfunktion:

```
Get-EventLog Application -newest 30
```

Mit einer kleinen Hilfsroutine ist es möglich, die Protokolleinträge auf die Einträge des heutigen Tages zu begrenzen:

Listing 50.1 Protokolleinträge von heute
[3_Einsatzgebiete/Ereignisprotokolle/EventLog_Misc.ps1]

```
function isToday ([datetime]$date)
{[datetime]::Now.Date -eq $date.Date}

Get-EventLog Application -newest 2048 |where {isToday $_.TimeWritten}
```

Oder alle Einträge der letzten drei Tage abzurufen:

Listing 50.2 Protokolleinträge der letzten drei Tage
[3_Einsatzgebiete/Ereignisprotokolle/EventLog_Misc.ps1]

```
function isWithin([int]$days, [datetime]$Date)
{
    [DateTime]::Now.AddDays($days).Date -le $Date.Date
}

Get-EventLog Application |where {isWithin -3 $_.TimeWritten}
```

Interessant ist es, die Einträge nach Ereignisnummer zu gruppieren, um wiederkehrende Probleme zu identifizieren:

```
Get-EventLog Application | Group-Object eventid | Sort-Object Count
```

Show-EventLog (seit PowerShell 2.0) ist ein außergewöhnliches Commandlet für eine konsolenbasierte Shell, weil es die grafische Benutzerschnittstelle der Windows-Ereignisanzeige öffnet.

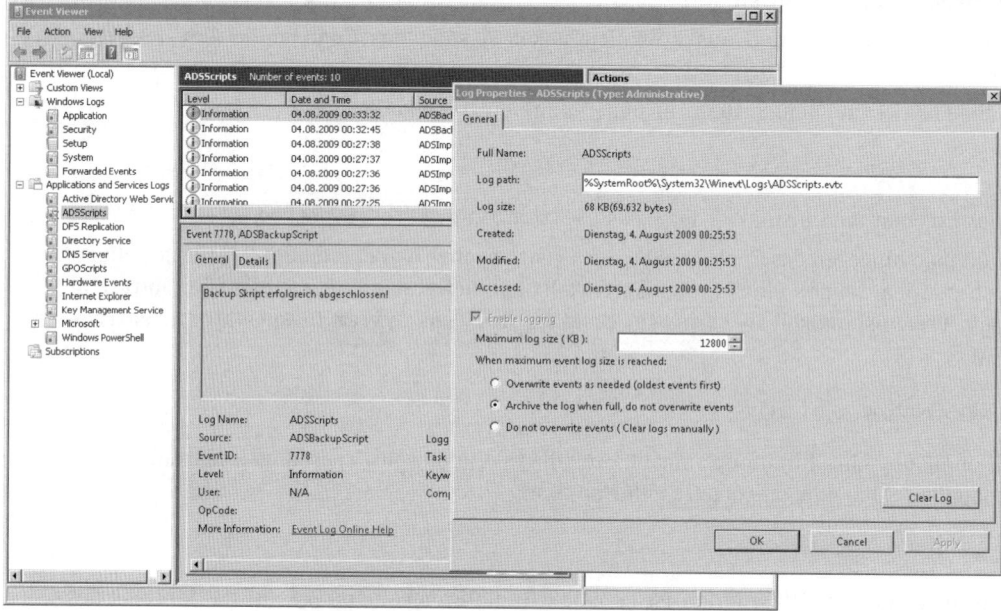

Bild 50.1 Ein neues Ereignisprotokoll mit Einträgen

Ereignisprotokolle erzeugen

Mit New-EventLog kann man ein neues Ereignisprotokoll mit einer Ereignisquelle in Windows anlegen:

```
New-EventLog -LogName "ADSScripts" -Source "ADSImportScript"
```

Um für ein bestehendes Ereignisprotokoll eine neue Quelle zu registrieren, wiederholt man den Befehl mit einer anderen Zeichenkette bei „-source":

```
New-EventLog -LogName "GPOScripts" -Source "GPOBackupScript"
```

Protokolleinträge erzeugen

Mit `Write-EventLog` kann man in das Ereignisprotokoll schreiben:

```
Write-EventLog -LogName ADSScripts -Source ADSBackupScript -EventID 7778 -Message
"Backup Skript erfolgreich abgeschlossen!" -EntryType Information
```

Protokollgröße festlegen

Die Größe des Ereignisprotokolls kann man einschränken:

```
Limit-EventLog -LogName ADSScripts -MaximumSize 256KB -OverFlowAction OverWriteAsNeeded
```

Protokolleinträge löschen

`Clear-EventLog` löscht alle Einträge aus einem Protokoll. Mit `Remove-EventLog` kann man das Ereignisprotokoll zusammen mit allen vorhandenen Einträgen löschen. Beide Commandlets haben im Standard keine Sicherheitsabfrage.

51 Leistungsdaten (Performance Counter)

Zum Zugriff auf Windows-Leistungsindikatoren gibt es zwei Möglichkeiten:
- Zugriff über WMI (seit PowerShell 1.0)
- Commandlets `Get-Counter` (seit PowerShell 2.0)

■ 51.1 Zugriff auf Leistungsindikatoren über WMI

WMI ermöglicht über den *Performance Counters Provider* Zugriff auf zahlreiche Leistungsdaten des Windows-Systems. Die Klassen beginnen mit der Zeichenfolge `Win32_PerfRawData`. Wenn Sie diese Klassen nicht finden, starten Sie den WMI-Dienst einmalig manuell an der Kommandozeile mit `Winmgmt /resyncperf`.

Informationen über die Speichernutzung der laufenden Prozesse liefert:

```
Get-CimInstance Win32_PerfRawData_PerfProc_Process | select Name,Workingset
```

Daten über den verfügbaren Hauptspeicher gibt es hier:

```
Get-CimInstance Win32_PerfRawData_PerfOS_Memory
```

Die Auslastung des Prozessors kann man so auslesen:

```
Get-CimInstance Win32_PerfRawData_PerfOS_Processor
```

 ACHTUNG: `Win32_PerfRawData` ist die abstrakte Basisklasse über alle Leistungsdatenklassen. Den Befehl `Get-CimInstance Win32_PerfRawData` sollten Sie aber nicht ausführen, da Sie sonst sehr, sehr viele Objekte erhalten.

51.2 Get-Counter

Get-Counter dient seit PowerShell 2.0 der Abfrage von Leistungsindikatoren (Performance Counter).

Get-Counter ohne Parameter liefert einige ausgewählte der vielen Leistungsindikatoren.

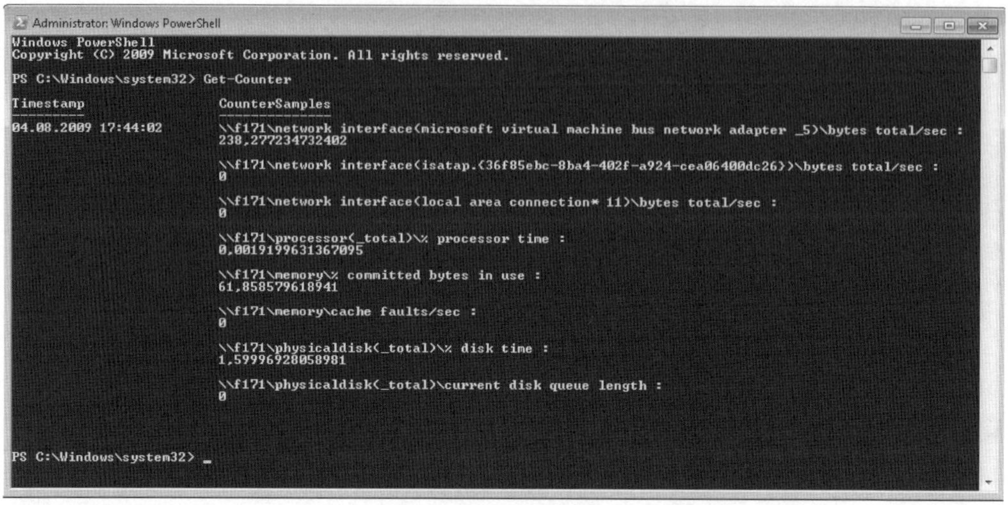

Bild 51.1 Standardausgabe von Get-Counter

Die Leistungsindikatoren sind in Mengen organisiert. Der Aufruf

```
Get-counter -listset *
```

liefert eine Liste der Mengen.

Eine Liste der einzelnen Leistungsindikatoren, die jeweils über einen Pfad adressiert werden, bekommt man über:

```
Get-counter -listset * | foreach { $_.Paths }
```

Unter Angabe des Pfads kann man gezielt einzelne Leistungsindikatoren abfragen:

```
Get-Counter "\processor(_total)\% processor time"
```

Auch Fernzugriffe sind möglich unter Angabe des Rechnernamens im Pfad oder im Parameter -computername:

```
Get-counter "\\F111\processor(_total)\% processor time"
Get-counter "\processor(_total)\% processor time" -computername f111
```

HINWEIS: Wenn man sowohl im Pfad als auch als Parameter einen Computernamen angibt, wird der Parameter ignoriert!

Durch die Angabe von -Continuous erhält man fortwährende Ergebnisse bis zum Abbrechen mit **STRG + C**. Das Intervall ist eine Sekunde. Dies kann man mit -sampleinterval ändern.

```
Get-Counter "\\F111\processor(_total)\% processor time"  -Continuous -sampleinterval 2
```

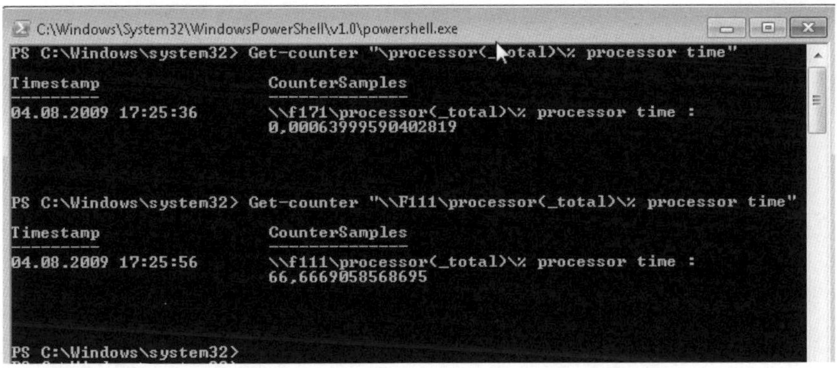

Bild 51.2 Get-Counter mit gezielten Pfaden

 TIPP: Mit Export-Counter kann man Daten von Leistungsindikatoren exportieren als .blg-Datei (binäre Protokolldatei), .csv (Comma Separated Value) oder .tsv (Tabulator Separated Value). Diese Daten kann man später mit Import-Counter wieder importieren.

52 Sicherheitseinstellungen

Ressourcen wie Dateisystemobjekte und Registrierungsdatenbankeinträge werden durch Zugriffsrechtelisten (Access Control Lists – ACLs) geschützt. Die PowerShell bietet zwei eingebaute Commandlets für die Arbeit mit ACLs:

- Get-Acl
- Set-Acl

Diese erledigen die Grundfunktionen des Ladens und Speicherns einer Zugriffsrechteliste abhängig von dem abgegebenen Ressourcenpfad. Derzeit unterstützt werden aber nur das Dateisystem und die Registrierungsdatenbank.

HINWEIS: Neben den oben genannten Commandlets ist auch Wissen aus dem .NET-Namensraum System.Security.AccessControl erforderlich.

52.1 Aktueller Benutzer

Den aktuell angemeldeten Benutzer ermittelt man mit zwei Eigenschaften der Klasse System.Environment: UserDomainName und UserName. Zudem ist oft wichtig, ob der aktuelle Prozess Administratorrechte besitzt, also als „Elevated User" agieren kann. Dafür gibt es kein in PowerShell eingebautes Commandlet und auch keine direkte .NET-Funktion. Die folgende Funktion Test-IsAdmin erledigt dies.

TIPP: Test-IsAdmin wird in einigen Skripten für einen Test zu Skriptbeginn gebraucht; diese Skripte sollen Aktionen ausführen, die nur ein Administrator ausführen darf.

Listing 52.1 Einsatzgebiete\Sicherheitseinstellungen\Test-Admin.ps1

```
function Test-IsAdmin
{
  $wid = [System.Security.Principal.WindowsIdentity]::GetCurrent()
  $wpr = New-Object System.Security.Principal.WindowsPrincipal($wid)
  $adm = [System.Security.Principal.WindowsBuiltInRole]::Administrator
  $wpr.IsInRole($adm)
}

Write-host ("Aktueller Benutzer: "+ [System.Environment]::UserDomainName +"\" +
[System.Environment]::UserName) -NoNewline -ForegroundColor Yellow
if (Test-IsAdmin) { " ist Admin!" }
else { " ist kein Admin!" }
```

■ 52.2 Grundlagen

Zum besseren Verständnis der Nutzung und der Veränderungen von Sicherheitseinstellungen seien an dieser Stelle kurz die Grundlagen der Windows-Sicherheit dargestellt.

Security Identifier (SID)

Jeder Benutzer und jede Benutzergruppe besitzen einen sogenannten *Security Identifier* (kurz: *SID*), der den Benutzer bzw. die Gruppe eindeutig identifiziert. Ein SID ist ein Zahlenarray variabler Länge.

Security Descriptor (SD)

Jedes Objekt (z. B. eine Datei, ein Dateiordner, ein Eintrag im Active Directory, ein Registrierungsschlüssel) besitzt zur Speicherung der Zugriffsrechte einen sogenannten *Security Descriptor* (kurz: *SD*; dt. Sicherheitsbeschreiber). Ein SD besteht aus drei Teilen:

- Aus dem *Security Identifier (SID)* des Besitzers. Ein SID ist ein Zahlenarray variabler Länge.
- Aus einer *Discretionary ACL (DACL)*, welche die Zugriffsrechte beschreibt
- Aus einer *System ACL (SACL)*, welche die Überwachungseinstellungen enthält

Access Control List (ACL)

Eine *Access Control List (ACL)* (sowohl DACL als auch SACL) besteht aus *Access Control Entries (ACE)*. Eine ACE wiederum enthält folgende Informationen:

- **Identity** (alias **Trustee**): der SID des Benutzers bzw. der Benutzergruppe
- **Access Mask**: Die Zugriffsmaske definiert die Rechte. Für jeden Objekttyp (z. B. Dateisystemeintrag, Registrierungsdatenbankeintrag, Active-Directory-Eintrag) gibt es unterschiedliche Rechte. Jedes Recht ist dabei ein Bit bzw. eine Kombination von Bits in diesem Long-Wert. Eine Zugriffsmaske besteht in der Regel aus der Addition mehrerer einzelner Zugriffsrechte.

- **Access Control Type:** Der Typ ist entweder Zulassen (ALLOW) oder Verbieten (DENY).
- **Inheritance Flags:** Über die Inheritance Flags wird die Vererbung der Rechte nach unten im Baum gesteuert. `ObjectInherit` bedeutet, dass die ACE ihre Einstellung an untergeordnete Blatt-Objekte (z. B. Dateien im Dateisystem) vererbt. `ContainerInherit` bedeutet, dass die ACE ihre Einstellung an untergeordnete Container-Objekte (z. B. Ordner im Dateisystem) vererbt. `ObjectInherit` und `ContainerInherit` können miteinander kombiniert werden. Alternativ kann keine Vererbung (NONE) definiert werden.
- **Propagation Flags:** Über die Propagation Flags erfolgt eine weitere Steuerung der Vererbung. `InheritOnly` bedeutet, dass die ACE nur vererbt wird, aber nicht bei dem aktuellen Objekt selbst wirkt. `NoPropagateInherit` bedeutet, dass die ACE vererbt wird, aber nicht von den erbenden Objekten nochmals weitervererbt werden darf.

Die folgende Liste enthält beispielhaft die möglichen Rechte für Einträge im Dateisystem.

HINWEIS: Die folgende Tabelle wird aus der MSDN-Dokumentation unverändert zitiert [MSDN51]. Autor der Tabelle ist Microsoft.

Tabelle 52.1 Zugriffsrechte auf dem Windows-Dateisystem (Quelle: [MSDN51])

Recht	Beschreibung
AppendData	Gibt die Berechtigung an, Daten an das Ende einer Datei anzufügen.
ChangePermissions	Gibt die Berechtigung an, die einer Datei zugeordneten Sicherheits- und Überwachungsregeln zu ändern.
CreateDirectories	Gibt die Berechtigung an, einen Ordner zu erstellen. Für diese Berechtigung ist der Synchronize-Wert erforderlich. Beachten Sie, dass der Synchronize-Wert beim Erstellen einer Datei oder eines Ordners automatisch festgelegt wird, wenn Sie ihn nicht explizit festlegen.
CreateFiles	Gibt die Berechtigung an, eine Datei zu erstellen.
	Für diese Berechtigung ist der Synchronize-Wert erforderlich. Beachten Sie, dass der Synchronize-Wert beim Erstellen einer Datei oder eines Ordners automatisch festgelegt wird, wenn Sie ihn nicht explizit festlegen.
Delete	Gibt die Berechtigung an, einen Ordner oder eine Datei zu löschen.
DeleteSubdirectoriesAndFiles	Gibt die Berechtigung an, einen Ordner und sämtliche in diesem Ordner enthaltenen Dateien zu löschen.
ExecuteFile	Gibt die Berechtigung an, eine Anwendungsdatei auszuführen.
FullControl	Gibt die Berechtigung für einen Vollzugriff auf eine Datei oder einen Ordner an sowie die Berechtigung, die Zugriffs- und Überwachungsregeln zu ändern. Dieser Wert stellt die Berechtigung dar, jede mögliche Aktion für diese Datei durchzuführen. Er ist eine Kombination aller Werte dieser Enumeration.
ListDirectory	Gibt die Berechtigung an, den Inhalt eines Verzeichnisses zu lesen.

(Fortsetzung nächste Seite)

Tabelle 52.1 Zugriffsrechte auf dem Windows-Dateisystem (Quelle: [MSDN51]) *(Fortsetzung)*

Recht	Beschreibung
Modify	Gibt die Berechtigung an, den Inhalt eines Ordners zu lesen, zu schreiben und aufzulisten, Dateien und Ordner zu löschen und Anwendungsdateien auszuführen. Diese Berechtigung schließt die Berechtigungen ReadAndExecute, Write und Delete ein.
Read	Gibt die Berechtigung an, Ordner oder Dateien schreibgeschützt zu öffnen und zu kopieren. Diese Berechtigung schließt die Berechtigungen ReadData, ReadExtendedAttributes, ReadAttributes und ReadPermissions ein.
ReadAndExecute	Gibt die Berechtigung an, Ordner oder Dateien schreibgeschützt zu öffnen und zu kopieren und Anwendungsdateien auszuführen. Diese Berechtigung schließt die Read-Berechtigung und die ExecuteFile-Berechtigung ein.
ReadAttributes	Gibt die Berechtigung an, Dateisystemattribute einer Datei oder eines Ordners zu öffnen und zu kopieren. Dieser Wert gibt z. B. die Berechtigung an, das Erstellungsdatum oder das Änderungsdatum einer Datei zu lesen. Dies schließt nicht die Berechtigung ein, Daten, erweiterte Dateisystemattribute oder Zugriffs- und Überwachungsregeln zu lesen.
ReadData	Gibt die Berechtigung an, eine Datei oder einen Ordner zu öffnen und zu kopieren. Dies schließt nicht die Berechtigung ein, Dateisystemattribute, erweiterte Dateisystemattribute oder Zugriffs- und Überwachungsregeln zu lesen.
ReadExtendedAttributes	Gibt die Berechtigung an, erweiterte Dateisystemattribute einer Datei oder eines Ordners zu öffnen und zu kopieren. Dieser Wert gibt zum Beispiel die Berechtigung an, den Autor oder Inhaltsinformationen anzuzeigen. Dies schließt nicht die Berechtigung ein, Daten, Dateisystemattribute oder Zugriffs- und Überwachungsregeln zu lesen.
ReadPermissions	Gibt die Berechtigung an, Zugriffs- und Überwachungsregeln für eine Datei oder einen Ordner zu öffnen und zu kopieren. Dies schließt nicht die Berechtigung ein, Daten, Dateisystemattribute oder erweiterte Dateisystemattribute zu lesen.
Synchronize	Gibt an, ob die Anwendung warten kann, bis ein Dateihandle mit dem Abschluss eines E/A-Vorgangs synchronisiert ist. Der Synchronize-Wert wird automatisch festgelegt, wenn der Zugriff gewährt wird, und automatisch ausgeschlossen, wenn der Zugriff verweigert wird. Für die Berechtigung, eine Datei oder einen Ordner zu erstellen, ist dieser Wert erforderlich. Beachten Sie, dass dieser Wert beim Erstellen einer Datei automatisch festgelegt wird, wenn Sie ihn nicht explizit festlegen.
TakeOwnership	Gibt die Berechtigung an, den Besitzer eines Ordners oder einer Datei zu ändern. Beachten Sie, dass Besitzer einer Ressource über einen Vollzugriff auf diese Ressource verfügen.
Traverse	Gibt die Berechtigung an, den Inhalt eines Ordners aufzulisten und in diesem Ordner enthaltene Anwendungen auszuführen.

Recht	Beschreibung
Write	Gibt die Berechtigung an, Ordner und Dateien zu erstellen, Dateien und Daten hinzuzufügen und Daten aus Dateien zu entfernen. Diese Berechtigung schließt die Berechtigungen WriteData, AppendData, WriteExtendedAttributes und WriteAttributes ein.
WriteAttributes	Gibt die Berechtigung an, Dateisystemattribute einer Datei oder eines Ordners zu öffnen und zu schreiben. Dies schließt nicht die Berechtigung ein, Daten, erweiterte Attribute oder Zugriffs- und Überwachungsregeln zu schreiben.
WriteData	Gibt die Berechtigung an, eine Datei oder einen Ordner zu öffnen und in die Datei bzw. den Ordner zu schreiben. Dies schließt nicht die Berechtigung ein, Dateisystemattribute, erweiterte Dateisystemattribute oder Zugriffs- und Überwachungsregeln zu öffnen und zu schreiben.
WriteExtendedAttributes	Gibt die Berechtigung an, erweiterte Dateisystemattribute einer Datei oder eines Ordners zu öffnen und zu schreiben. Dies schließt nicht die Berechtigung ein, Daten, Attribute oder Zugriffs- und Überwachungsregeln zu schreiben.

Programmierschnittstellen

Der Namensraum `System.Security.AccessControl` enthält zahlreiche Klassen zur Verwaltung von Berechtigungen (Access Control Lists, ACLs). Dieser Namensraum wird insbesondere von den Klassen `System.IO.File`, `System.IO.Directory`, `Microsoft.Win32.RegistryKey` und `System.Threading.Semaphore` verwendet. Für jede Art von Ressource, deren ACLs verwaltet werden können, bietet der Namensraum `AccessControl` eine Klasse an, die von `System.Security.AccessControl.ObjectSecurity` abgeleitet ist. Beispielsweise dient `System.Security.AccessControl.FileSecurity` dazu, die ACLs einer Datei im Dateisystem zu lesen und zu verarbeiten.

Das folgende Bild zeigt diese Klassen im Vererbungsbaum der .NET-Klassenbibliothek. Die anderen dort genannten Ressourcen (z. B. Active Directory) können derzeit noch nicht über `Get-Acl` abgefragt werden. Hier ist aber eine direkte Ansprache über die .NET-Klassenbibliothek möglich.

Über die gesamte .NET-Klassenbibliothek verteilt findet man Klassen, die eine Methode `GetAccessControl()` besitzen, die ein von der Klasse `ObjectSecurity` abgeleitetes Objekt liefert. Beispiele für solche Klassen sind:

- `System.IO.File`
- `System.IO.Directory`
- `System.IO.FileInfo`
- `System.IO.DirectoryInfo`
- `Microsoft.Win32.RegistryKey`
- `System.Threading.Semaphore`

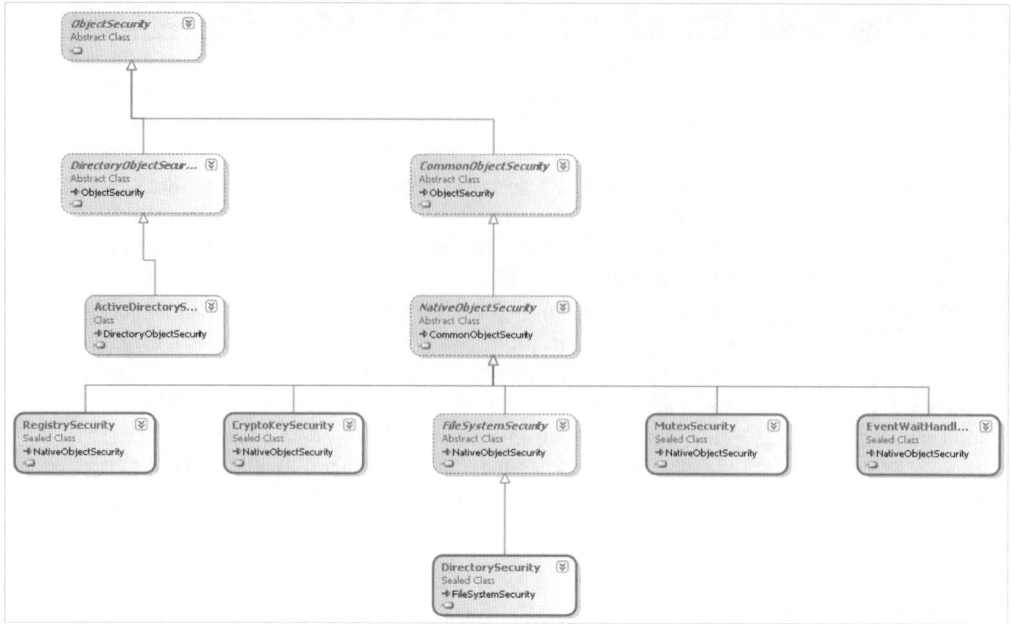

Bild 52.1 Vererbungshierarchie der Klassen zur ACL-Speicherung

Die Basisklasse `ObjectSecurity` vererbt u.a. folgende Mitglieder, so dass diese in allen untergeordneten Klassen zur Verfügung stehen:

- `GetOwner()`: ermittelt den Besitzer des Objekts
- `SetOwner()`: setzt den Besitzer
- `GetAccessRules()`: liefert eine Liste der Rechteeinträge (Access Control Entry – ACE). Der Rückgabewert hat den Typ `AuthorizationRuleCollection`. Die enthaltenen Elemente sind vom Ressourcentyp abhängig (z.B. `FileSystemAccessRule` oder `RegistryAccessRule`).
- `GetAuditRules()`: liefert die Einträge der System-ACL (SACL).
- `IsSddlConversionSupported`: zeigt an, ob die Zugriffsrechteliste in SDDL ausgedrückt werden kann.
- `GetSecurityDescriptorSddlForm()`: liefert die Zugriffsrechteliste als SDDL-Zeichenkette.

Kontenname und SID

Der Namensraum `System.Security.AccessControl` verwendet Klassen aus `System.Security.Principal` zur Darstellung der Berechtigungsträger (Benutzer und Gruppen). `System.Security.Principal` unterstützt die beiden in Windows bekannten Bezeichner für Berechtigungsträger:

- Prinzipalname (z.B. „FBI\FoxMulder") durch die Klasse `System.Security.Principal.NTAccount`

- Security Identifier (z. B. S-1-5-21-565061207-3232948068-1095265983-500) durch die Klasse `System.Security.Principal.SecurityIdentifier`

Jeder Benutzer und jede Benutzergruppe besitzen einen sogenannten Security Identifier (kurz: SID), der den Benutzer bzw. die Gruppe eindeutig identifiziert. Ein SID ist ein Zahlen-Array variabler Länge. In Textform wird der SID mit einem beginnenden „S" dargestellt.

52.3 Zugriffsrechtelisten auslesen

`Get-Acl` liefert abhängig vom Ressourcentyp Instanzen folgender .NET-Klassen:

- `System.Security.AccessControl.DirectorySecurity` (für Verzeichnisse)
- `System.Security.AccessControl.FileSecurity` (für Dateien)
- `System.Security.AccessControl.RegistrySecurity` (für Registrierungsdatenbankschlüssel)

`Get-Acl` erwartet als Parameter den Pfad der Ressource, deren Zugriffsrechteliste ermittelt werden soll, z. B.:

- `Get-Acl hklm:/software/www.IT-visions.de`
- `Get-Acl g:\daten\kunden`
- `Get-Acl g:\daten\kunden\Kundenliste.csv`

Die Standardausgabe erfolgt mit `Format-Table`. Die Ausgabe mit `Format-List` bietet sich an, damit die Ausgabe besser lesbar ist.

Das folgende Bild zeigt die Anwendung von `Get-Acl` auf ein Verzeichnis im Dateisystem. Die folgende Bildschirmabbildung zeigt die gleiche Zugriffsrechteliste im Windows Explorer.

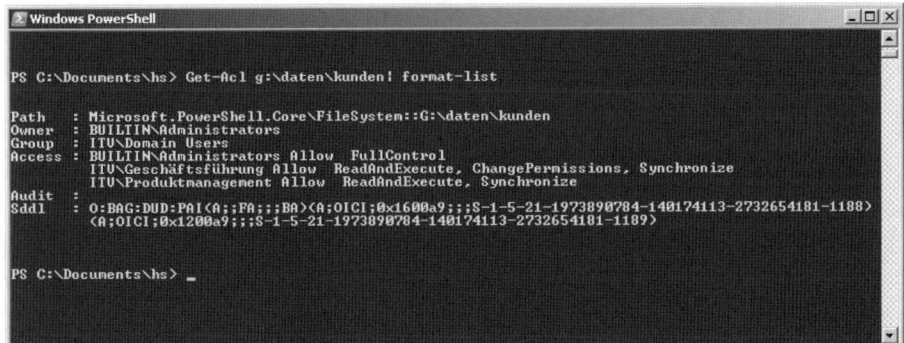

Bild 52.2 Beispiel für das Auslesen einer ACL

HINWEIS: Access ist keine Eigenschaft der .NET-Klasse `ObjectSecurity`, sondern ein PowerShell Code Property, intern wird hier `GetAccessRules()` aufgerufen. Der Rückgabewert ist in beiden Fällen eine `AuthorizationRuleCollection`.

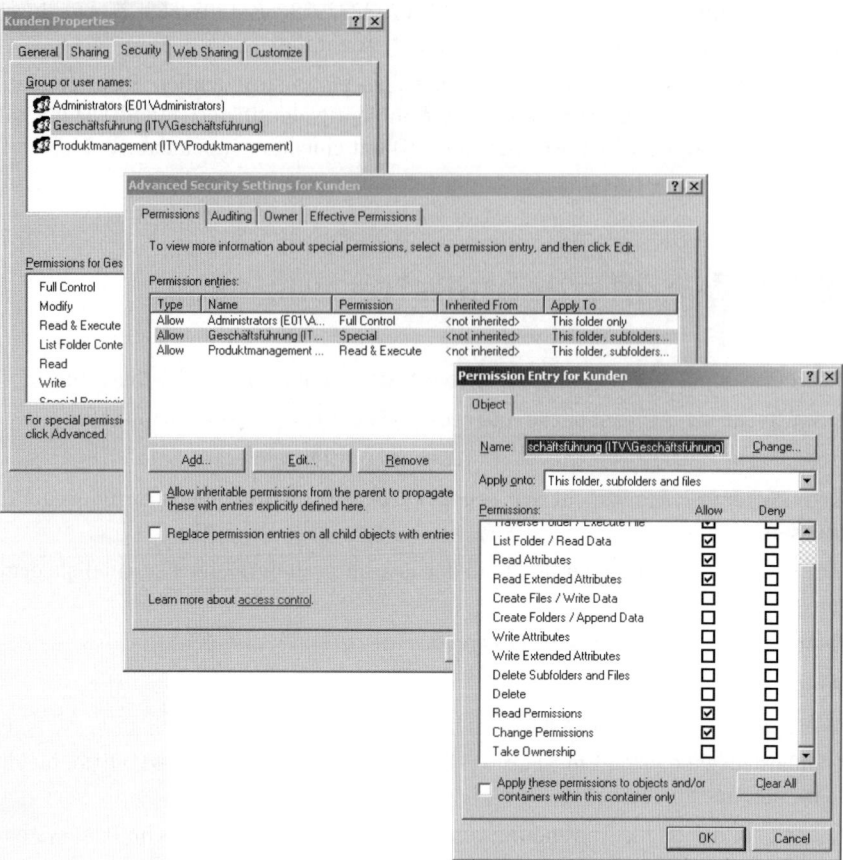

Bild 52.3 Tatsächliche Einstellungen

52.4 Einzelne Rechteeinträge auslesen

Möchte man die einzelnen Rechteeinträge eines Systembausteins genauer betrachten, dann sollte man selbst über die Rechteliste iterieren. Die von Access bzw. GetAccessRules() gelieferte Liste des Typs AuthorizationRuleCollection enthält im Falle des Dateisystems Objekte vom Typ FileSystemAccessRule. Diese Objekte enthalten wiederum folgende Attribute:

- IdentityReference: Subjekt (Benutzer oder Gruppe), das Rechte hat
- FileSystemRights: Rechte
- AccessControlType: Rechteart (erlaubt oder verboten)
- IsInherited: zeigt an, ob die Regel geerbt ist
- InheritanceFlags: zeigt die Art der Vererbung nach unten an

Benutzerkonten können in zwei Formen ausgedrückt werden: im Klartext oder durch Security Identifiers (SIDs). Bei der Verwendung von GetAccessRules() muss man angeben, wie man die Benutzer sehen will: [System.Security.Principal.NTAccount] (Klartext) oder [System.Security.Principal.SecurityIdentifier] (SID). Davor besitzt die Methode noch zwei Parameter, mit denen man steuern kann, welche Regeln man sehen will: die expliziten auf dem Objekt gesetzten Regeln (erster Parameter) und/oder die vererbten Regeln (zweiter Parameter). Die expliziten ACEs erscheinen immer zuerst in der Liste.

Der Zugriff auf das Code Property Access ist gleichbedeutend mit GetAccessRules ($true, $true, [System.Security.Principal.NTAccount]). Möchte man andere Informationen, muss man GetAccessRules( ) explizit nutzen. In dem folgenden Beispiel werden beim zweiten Ausgeben der Liste nur die geerbten Regeln in SID-Form aufgeführt.

Listing 52.2 Details aus ACEs auslesen
[3_Einsatzgebiete/Sicherheitseinstellungen/Filesystem_ACL_Read.ps1]

```
$a = Get-Acl g:\daten\kunden

# Rechte als NT-Konten holen
$aces =$a.access
# entspricht: $aces =$a.GetAccessRules($true, $true, [System.Security.Principal.
NTAccount])

Write-Host "Alle Regeln:" -F yellow
foreach ($ace in $aces)
{
Write-host $ace.IdentityReference.ToString() "hat Zugang" $ACE.FileSystemRights $ACE.
AccessControlType "Vererbt?" $ACE.IsInherited
}

$aces =$a.GetAccessRules($true, $false, [System.Security.Principal.
SecurityIdentifier])

Write-Host  "Nur die expliziten Regeln, in SID-Form:"  -F yellow
foreach ($ace in $aces)
{
Write-host $ace.IdentityReference.ToString() "hat Zugang" $ACE.FileSystemRights $ACE.
AccessControlType "Vererbt?" $ACE.IsInherited
}
```

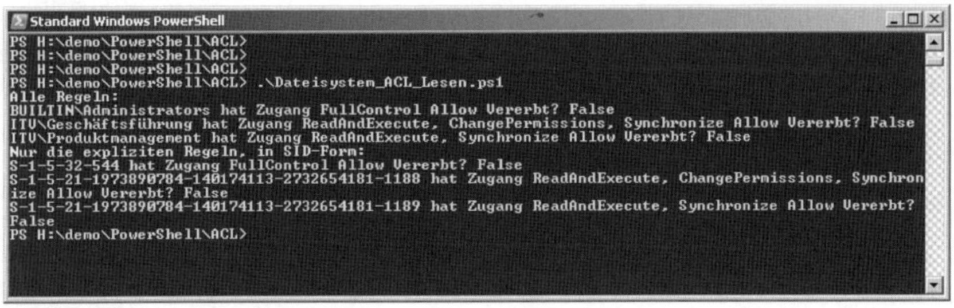

Bild 52.4 Ausgabe des obigen Skripts

52.5 Besitzer auslesen

Den Besitzer eines Systembausteins liest man über das Code Property Owner aus dem von ObjectSecurity abgeleiteten und von der PowerShell erweiterten Objekt aus, das Get-Acl zurückgibt. Alternativ kann man auch GetOwner() verwenden und hat dabei wieder die Wahl der Form. Zwischen den beiden Formen der Benutzerdarstellung kann man auch mit Hilfe der Translate()-Methode konvertieren.

Listing 52.3 Besitzerinformationen auslesen
[3_Einsatzgebiete/Sicherheitseinstellungen/Filesystem_Owner.ps1]

```
"Besitzerinformationen:"
$a = Get-Acl g:\daten\kunden
$a.Owner
$a.GetOwner([System.Security.Principal.NTAccount]).Value
$a.GetOwner([System.Security.Principal.SecurityIdentifier]).Value

# Übersetzen zwischen Kontoname und SID
$konto = $a.GetOwner([System.Security.Principal.NTAccount])
$konto.Translate([system.security.principal.securityidentifier]).value

# Übersetzen zwischen SID und Kontoname
$konto = $a.GetOwner([System.Security.Principal.SecurityIdentifier])
$konto.Translate([system.security.principal.NTAccount]).value
```

52.6 Benutzer und SID

Möchte man für einen beliebigen Benutzer dessen SID ermitteln, kann man auch eine Instanz von System.Security.Principal.NtAccount unter Angabe des Benutzernamens in Textform erzeugen und dann Translate() aufrufen.

Umwandeln zwischen Benutzername und SID

Das folgende Skript zeigt die Umwandlung eines Prinzipalnamens in einen SID und umgekehrt mit Hilfe der Methode Translate() in der Klasse IdentityReference, welche die Basisklasse für NTAccount und SecurityIdentifier ist.

Listing 52.4 SID ermitteln [3_Einsatzgebiete/Sicherheitseinstellungen/SID.ps1]

```
# Umwandlung zwischen Kontoname und SID

# Hole Konto
$Account = New-Object system.security.principal.ntaccount("FBI\foxmulder")
# Übersetze in SID
$SID = $Account.Translate([system.security.principal.securityidentifier]).value
$SID

# Übersetze in Kontonamen
```

```
$Account = New-Object system.security.principal.securityidentifier("S-1-5-32-544")
$Name = $Account.Translate([system.security.principal.ntaccount]).value
$Name
```

Well-Known Security Identifier verwenden

Neben Benutzern und Gruppen kennt Windows auch Pseudo-Gruppen wie „Jeder", „Interaktive Benutzer" und „System". Diese Gruppen werden *Well-Known Security Principals* genannt. Im Active Directory sind die *Well-Known Security Principals* im *ConfigurationNamingContext* im Container cn=Well Known Security Principals abgelegt. Sie finden diese Benutzer jedoch nicht im *DefaultNamingContext*.

> **ACHTUNG:** Verwechseln Sie die *Well-Known Security Principals* nicht mit den *BuiltIn-Konten* (z. B. *Gäste*, *Administratoren*, *Benutzer*). Letztere finden Sie in Active Directory im *DefaultNamingContext* in cn=BuiltIn.

Tabelle 52.2 SIDs der Well-Known Security Principals

Well-Known Security Principal	SID
Anonymous Logon	1;1;0;0;0;0;0;5;7;0;0;0
Authenticated Users	1;1;0;0;0;0;0;5;11;0;0;0
Batch	1;1;0;0;0;0;0;5;3;0;0;0
Creator Group	1;1;0;0;0;0;0;3;1;0;0;0
Creator Owner	1;1;0;0;0;0;0;3;0;0;0;0
Dialup	1;1;0;0;0;0;0;5;1;0;0;0
Enterprise Domain Controllers	1;1;0;0;0;0;0;5;9;0;0;0
Everyone	1;1;0;0;0;0;0;1;0;0;0;0
Interactive	1;1;0;0;0;0;0;5;4;0;0;0
Network	1;1;0;0;0;0;0;5;2;0;0;0
Proxy	1;1;0;0;0;0;0;5;8;0;0;0
Restricted	1;1;0;0;0;0;0;5;12;0;0;0
Self	1;1;0;0;0;0;0;5;10;0;0;0
Service	1;1;0;0;0;0;0;5;6;0;0;0
System	1;1;0;0;0;0;0;5;18;0;0;0
Terminal Server User	1;1;0;0;0;0;0;5;13;0;0;0

.NET stellt eine Auflistung System.Security.Principal.WellKnownSidType bereit, die man zur Instanziierung der Klasse SecurityIdentifier einsetzen kann. Man umgeht damit die sprachspezifischen Unterschiede des Betriebssystems („Guests"/„Gäste").

Listing 52.5 Zugriff auf ein Konto über den SID
[3_Einsatzgebiete/Sicherheitseinstellungen/Accounts_and_SID.ps1]

```
# Bekannte Konten
$SID = [System.Security.Principal.WellKnownSidType]::BuiltinAdministratorsSid
```

```
$Account = New-Object system.security.principal.securityidentifier($SID, $null)
$Name = $Account.Translate([system.security.principal.ntaccount]).value
$Name
```

Einige eingebaute Benutzer und Gruppen beinhalten den SID der Domäne in ihrem eigenen SID. In diesem Fall muss bei der Instanziierung der Klasse `SecurityIdentifier` der Domänen-SID mit angegeben werden. Leider schweigt sich die Dokumentation darüber aus, woher man den Domänen-SID mit .NET-Methoden bekommt. Auch im WWW findet man noch kein Beispiel dafür.

SDDL verwenden

Eine andere Möglichkeit zum Zugriff auf eingebaute Benutzer und Gruppen besteht in der Verwendung der in der Security Descriptor Definition Language (SDDL) definierten Abkürzungen für die eingebauten Benutzer und Gruppen (siehe Tabelle 52.3).

Listing 52.6 Ermitteln eines SID aus einem SDDL-Kürzel
[3_Einsatzgebiete/Sicherheitseinstellungen/SID.ps1]

```
# SDDL-Namen
$Account = New-Object System.Security.Principal.SecurityIdentifier("BA")
$Account.Value
```

Tabelle 52.3 SDDL-Abkürzungen für eingebaute Benutzer und Gruppen

SDDL-Abkürzung	Bedeutung
„AO"	Account operators
„AN"	Anonymous logon
„AU"	Authenticated users
„BA"	Built-in administrators
„BG"	Built-in guests
„BO"	Backup operators
„BU"	Built-in users
„CA"	Certificate server administrators
„CG"	Creator group
„CO"	Creator owner
„DA"	Domain administrators
„DC"	Domain computers
„DD"	Domain controllers
„DG"	Domain guests
„DU"	Domain users
„EA"	Enterprise administrators
„ED"	Enterprise domain controllers
„WD"	Everyone
„PA"	Group Policy administrators
„IU"	Interactively logged-on user

SDDL-Abkürzung	Bedeutung
„LA"	Local administrator
„LG"	Local guest
„LS"	Local service account
„SY"	Local system
„NU"	Network logon user
„NO"	Network configuration operators
„NS"	Network service account
„PO"	Printer operators
„PS"	Personal self
„PU"	Power users
„RS"	RAS servers group
„RD"	Terminal server users
„RE"	Replicator
„RC"	Restricted code
„SA"	Schema administrators
„SO"	Server operators
„SU"	Service logon user

52.7 Hinzufügen eines Rechteeintrags zu einer Zugriffsrechteliste

Das folgende Skript zeigt das Ergänzen eines Rechteeintrags zu einer Rechteliste einer Datei im Dateisystem. Neue Rechteobjekte vom Typ `FileSystemAccessRule` benötigen fünf Angaben:

- Kontoobjekt (NTAccount-Objekte oder SecurityIdentifier-Objekte)
- Zu vergebende Rechte (Werte aus der `FileSystemRights`-Aufzählung)
- Ziele der Vererbung (Werte aus der `InheritanceFlags`-Aufzählung)
- Art der Vererbung (Werte aus der `PropagationFlags`-Aufzählung)
- Art der Regel: Erlauben oder Verbieten (Werte aus der `AccessControlType`-Aufzählung)

Das folgende Skript gewährt einem Benutzer Leserechte auf ein Verzeichnis:

Listing 52.7 ACE anfügen
[3_Einsatzgebiete/Sicherheitseinstellungen/Filesystem_ACL_Write.ps1]

```
# ACL schreiben: Lese- und Schreibrechte fuer einen Benutzer setzen

# Eingabedaten
$DIR = "g:\daten\kunden"
```

```
$BENUTZER = "HS"

# Hole ACL
$ACL = Get-Acl  $DIR

"ACL vorher:"
$acl | format-list

# ACE definieren
$Rights = [System.Security.AccessControl.FileSystemRights] "ReadData,
-ReadExtendedAttributes, ReadAttributes, ReadPermissions"

$Access=[System.Security.AccessControl.AccessControlType]::Allow
$Inherit=[System.Security.AccessControl.InheritanceFlags]::ContainerInherit `
-bor –[System.Security.AccessControl.InheritanceFlags]::ObjectInherit

$Prop=[System.Security.AccessControl.PropagationFlags]::InheritOnly
$AccessRule = New-Object System.Security.AccessControl.FileSystemAccessRule `
($BENUTZER,$Rights,$Inherit,$Prop,$Access)

# ACE an ACL anfügen
$ACL.AddAccessRule($AccessRule)

# ACL speichern
Set-Acl -AclObject $ACL -Path $DIR

# Kontrolle
$ACL = Get-Acl  $DIR
"ACL nachher:"
$acl | format-list
```

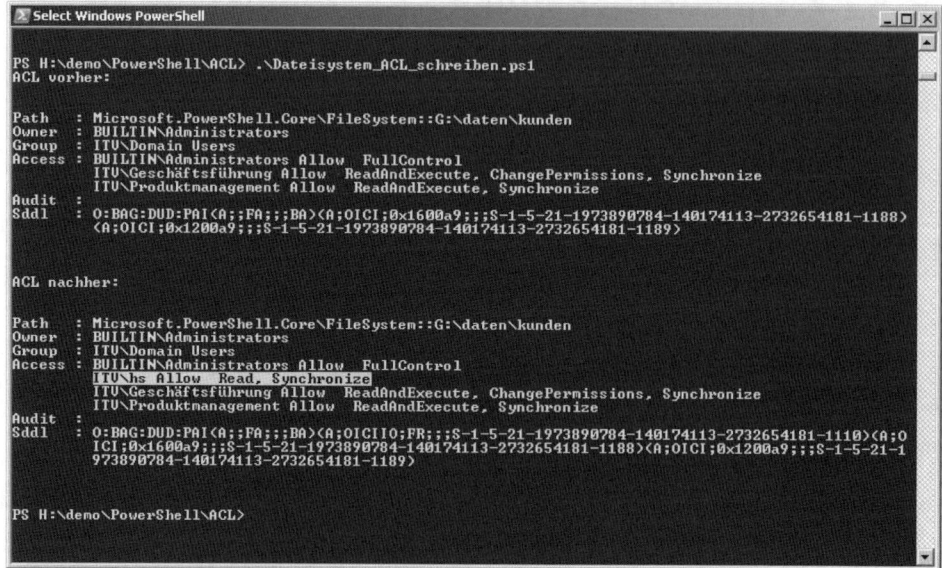

Bild 52.5 Ausführung des Skripts, das einem Benutzer Leserechte gewährt

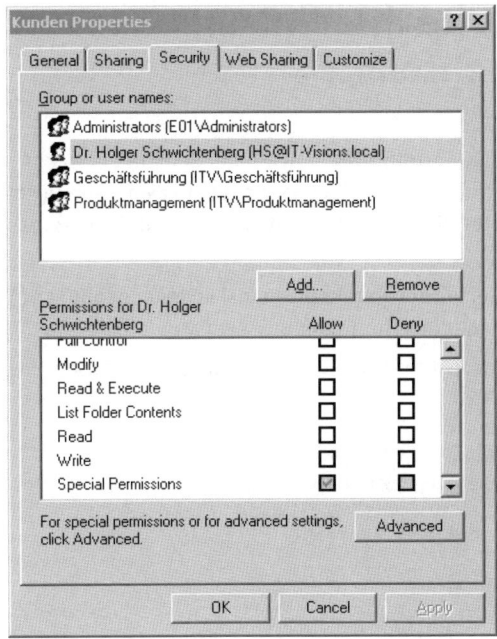

Bild 52.6
Ansicht der Rechte im Windows Explorer

 TIPP: Wenn in einem Parameter mehrere Flags zu setzen sind, sind diese mit einem binären Oder zu verknüpfen (Operator -bor in der PowerShell-Sprache).

```
$Rights= [System.Security.AccessControl.FileSystemRights]::Read `
-bor [System.Security.AccessControl.FileSystemRights]::
ReadExtendedAttributes `
-bor [System.Security.AccessControl.FileSystemRights]::
ReadAttributes `
-bor [System.Security.AccessControl.FileSystemRights]::
ReadPermissions
```

Prägnanter kann man die Aufzählungswerte auch in eine durch Kommata getrennte Zeichenkette schreiben.

```
$Rights = [System.Security.AccessControl.FileSystemRights] "ReadData,
-ReadExtendedAttributes, ReadAttributes, ReadPermissions"
```

52.8 Entfernen eines Rechteeintrags aus einer Zugriffsrechteliste

Zum Entfernen eines Rechteeintrags (Access Control Entry – ACE) aus der Zugriffsrechteliste dient die Methode RemoveAccessRule(), die von NativeObjectSecurity an alle Rechteklassen vererbt wird. Die Methode erwartet als Parameter ein Objekt vom Typ AccessControlEntry.

Möchte man alle Einträge zu einem Benutzer entfernen, kann man PurgeAccessRules() unter Angabe eines Benutzerkontoobjekts (nicht des Kontonamens!) verwenden.

Das folgende Skript löscht aus einer Zugriffsrechteliste alle Rechteeinträge zu einem bestimmten Benutzer.

Listing 52.8 ACL schreiben: alle ACEs eines Benutzers löschen
[3_Einsatzgebiete/Sicherheitseinstellungen/Filesystem_ACL_Delete.ps1]

```
# ACL schreiben: Alle ACEs eines Benutzers loeschen

# Eingabedaten
$DIR = "g:\daten\kunden"
$BENUTZER = "FBI\foxmulder"
$Count = 0

# Kontrollausgabe
$acl = Get-Acl  $DIR
"ACL vorher:"
$acl | format-list

# ACL holen
$acl = Get-Acl g:\daten\kunden

$Account = New-Object system.security.principal.ntaccount("FBI\foxmulder")
$acl.PurgeAccessRules($Account)

# ACL speichern
Set-acl -AclObject $ACL -Path $DIR

# Kontrollausgabe
$acl = Get-Acl  $DIR
"ACL nachher:"
$acl | format-list
```

Das folgende Skript löscht aus einer Zugriffsrechteliste alle Rechteeinträge, in denen das Lese- und Ausführungsrecht ("ReadAndExecute") vergeben wurde.

Listing 52.9 Aus einer Zugriffsrechteliste alle Rechteeinträge löschen, in denen das Lese- und Ausführungsrecht vergeben wurde ("ReadAndExecute")
[3_Einsatzgebiete/Sicherheitseinstellungen/Filesystem_ACL_ReadAllReadAndExecute.ps1]

```
# ACL schreiben: Aus einer Zugriffsrechteliste alle Rechteeinträge löschen, in denen
    das Lese- und Ausführungsrecht ("ReadAndExecute") steht
# Eingabedaten
$DIR = "g:\daten\kunden"
```

```
$BENUTZER = "FBI\foxmulder"
$Count = 0

# Kontrollausgabe
$acl = Get-Acl  $DIR
"ACL vorher:"
$acl | format-list

# Zugriff auf ACEs
$aces =$acl.GetAccessRules($true, $true, [System.Security.Principal.NTAccount])

# Schleife über alle ACEs
foreach ($ace in $aces)
{
Write-host $ace.IdentityReference.ToString() "hat Zugang" $ACE.FileSystemRights -
$ACE.AccessControlType "Vererbt?"   $ACE.IsInherited
# Selektives Löschen
if ($ace.FileSystemRights.ToString() -match "ReadAndExecute")
  {
  "...wird entfernt!"
    $Ergebnis = $acl.RemoveAccessRule($ace)
if ($Ergebnis) { echo "Wurde entfernt!"; $Count++ }
  }
}

# ACL speichern
Set-acl -AclObject $ACL -Path $DIR

echo ($Count.ToString() + " ACEs wurden entfernt!")

# Kontrollausgabe
$acl = Get-Acl  $DIR
"ACL nachher:"
$acl | format-list
```

■ 52.9 Zugriffsrechteliste übertragen

Durch die Kombination von `Get-Acl` und `Set-Acl` kann man auf einfache Weise eine Zugriffsrechteliste von einem Dateisystemobjekt auf ein anderes übertragen.

Listing 52.10 Übertragen einer ACL zwischen zwei Dateien
[3_Einsatzgebiete/Sicherheitseinstellungen/Filesystem_ACL_Transfer.ps1]

```
# Übertragen einer ACL von einer Datei auf eine andere
Get-Acl g:\daten\kunden | Set-Acl g:\daten\lieferanten

# Übertragen einer ACL von einer Datei auf eine Menge von Dateien
$acl = Get-Acl g:\Daten\kunden
Get-ChildItem g:\Daten | foreach-Object { Set-acl $_.Fullname $acl;
"Übertragen auf $_" }
```

52.10 Zugriffsrechteliste über SDDL setzen

Die Security Descriptor Definition Language (SDDL) ist ein Textformat zur Beschreibung von Access Control Lists (ACLs) mit einzelnen ACEs in Windows (eingeführt mit Windows 2000).

Ein Beispiel für eine SDDL-Zeichenkette ist:

```
O:BAG:DUD:PAI(A;;FA;;;BA)(A;OICI;0x1600a9;;
;S-1-5-21-1973890784-140174113-2732654181-1188)(A;OICI;0x1200a9;;
;S-1-5-21-1973890784-140174113-2732654181-1189)
```

Das folgende Skript nutzt SDDL zur Übertragung einer Zugriffsrechteliste von einem Verzeichnis auf ein anderes. Zwischenzeitlich wird die Zugriffsrechteliste im Dateisystem gespeichert, so dass man das Auslesen und Setzen zeitlich entkoppeln könnte.

Listing 52.11 Übertragen einer ACL zwischen zwei Dateien
[3_Einsatzgebiete/Sicherheitseinstellungen/SDDL.ps1]

```
# Übertragen einer ACL via SDDL

$QUELLE = "g:\daten\kunden"
$ZIEL = "g:\daten\lieferanten"

function replace-acl
{
Param (
  $sObject,
  $sSDDL
  )
 $acl = Get-Acl $sObject
 $acl.SetSecurityDescriptorSddlForm($sSDDL)

 Set-Acl -aclObject $acl $sObject
}

# SDDL lesen und in Textdatei speichern
(Get-Acl $QUELLE).SDDL > g:\Daten\acl.txt

# SDDL aus Textdatei lesen
$sddl = Get-Content g:\Daten\acl.txt
replace-acl $ZIEL $sddl

"Folgende Rechte wurden übertragen: " + $sddl
```

52.11 Zertifikate verwalten

Zur Zertifikatsverwaltung kann man den PowerShell-Provider „Certificate" mit dem Laufwerk `cert:` verwenden.

Zertifikate auflisten

Mit `Get-ChildItem` (alias `Dir`) kann man die Zertifikate im Zertifikatsspeicher auflisten.

```
PS T:\> Dir cert:

Location    : CurrentUser
StoreNames  : {TrustedPublisher, ClientAuthIssuer, Root, UserDS...}

Location    : LocalMachine
StoreNames  : {TrustedPublisher, ClientAuthIssuer, Remote Desktop, Root...}


PS T:\> Dir Cert:\CurrentUser\ | ft name

Name
----
TrustedPublisher
ClientAuthIssuer
Root
UserDS
CA
ACRS
AuthRoot
MSIEHistoryJournal
TrustedPeople
ADDRESSBOOK
Local NonRemovable Certificates
My
SmartCardRoot
Trust
Disallowed


PS T:\> Dir Cert:\CurrentUser\My

    PSParentPath: Microsoft.PowerShell.Security\Certificate::CurrentUser\My

Thumbprint                                Subject
----------                                -------
FF434C06DCFA8944BBF6BD6A44EC03087953D5C3  CN=FullOSTransport
FC37F5659DAEE2064F8305AF7F23ADF6BD50FB07  CN=FullOSTransport
E8E37595CCB95366E3A977F8CEA1600268B4B634  CN=HS
E3CAB620E75BEE2D8A27FF1BCA0A643DF87F9DC5  CN=FullOSTransport
D4FDEDA182522AB387932E9CD15A4A95B88F46D9  CN=FullOSTransport
CEFFC89F96D4E2E948CB50C1AA5F9FBD22F36EAF  CN=FullOSTransport
C8A091DCA5BC58A28823A7724C3D1FC69C0EFE38  CN=FullOSTransport
9A3E8CAFBBC70CED132AE93DBB457020381E6293  CN=FullOSTransport
8B18CC1CC4E36B531E3C9BE5F2D3CD08C7F9A89B  CN=Windows Azure Tools
```

Bild 52.7 Navigationen im Zertifikatsspeicher mit dir

Ein einzelnes Zertifikat spricht man über den Thumbprint an:

```
Cert:\CurrentUser\My\E8E37595CCB95366E3A977F8CEA1600268B4B634
```

Alternativ kann man mit dem `Where-Object` nach der Eigenschaft `Subject` filtern:

```
(dir "cert:/currentuser/my/") | where Subject -eq "CN=HS"
```

Leider ist ein Filtern über den Parameter `-Filter` von `Get-ChildItem` (alias `dir`) nicht möglich. Die Fehlermeldung ist eindeutig: „Der Anbieter unterstützt keine Verwendung von Filtern."

Das folgende Skript listet alle persönlichen Zertifikate auf, die zum Signieren von Programm-/Skriptcode geeignet sind. Die ObjectID *1.3.6.1.5.5.7.3.3* steht dabei für den Zweck „Code Signing".

Listing 52.12 [3_Einsatzgebiete\Sicherheitseinstellungen\ZertifikateFuerCodeSigning.ps1]

```
$certliste = dir "cert:/currentuser/my/"

foreach($c in $certliste)
{
$einsatz = $c.EnhancedKeyUsageList
if ($einsatz | where ObjectId -eq "1.3.6.1.5.5.7.3.3") { $c | ft Subject, Thumbprint,
EnhancedKeyUsageList }

}
```

Zertifikate löschen

So löscht man alle Zertifikate des angemeldeten Benutzers, die „HS_CodeSign" heißen:

```
Dir cert:\currentuser\my | where subject -eq cn=HS_CodeSign | remove-item
```

Zertifikate kopieren

Hinsichtlich der Veränderungsoperationen ist der Zertifikatsprovider in der PowerShell leider eingeschränkt. So kann man z.B. keine Zertifikate kopieren mit `Copy-Item`.

Diese Zeilen

```
$cert = (dir "cert:/currentuser/my/") | where Subject -eq "CN=HS_CodeSign"
Copy-Item cert:/currentuser/my/$($cert.Thumbprint) Cert:\LocalMachine/root
```

führen zum Fehler: „Copy-Item: Der Anbietervorgang wurde beendet, da der Anbieter diesen Vorgang nicht unterstützt."

Das folgende Skript zeigt eine Lösung auf Basis der .NET-Klassenbibliothek. Dieses Skript braucht man zum Beispiel im Rahmen des Aufbaus einer Infrastruktur für signierte Skripte (vgl. Abschnitt 6.7 *„Sicherheitsfunktionen für PowerShell-Skripte"*).

Listing 52.13 Listing: [3_Einsatzgebiete\Sicherheitseinstellungen\CopyCertToStore.ps1]

```
# --- Kopieren aller selbst-signierten CodeSign-Zertifikate von CurrentUser\my nach
LocalMachine\root
$SourceStoreScope = 'CurrentUser'
$SourceStorename = 'My'
```

```
$SourceStore = New-Object   -TypeName System.Security.Cryptography.X509Certificates.
X509Store  -ArgumentList $SourceStorename, $SourceStoreScope
$SourceStore.Open([System.Security.Cryptography.X509Certificates.OpenFlags]::ReadOnly)

$certliste = $SourceStore.Certificates | Where-Object  -FilterScript {
    $_.subject -like '*_Codesign'
}

foreach($cert in $certliste)
{

$DestStoreScope = 'LocalMachine'
$DestStoreName = 'root'

$DestStore = New-Object  -TypeName System.Security.Cryptography.X509Certificates.
X509Store  -ArgumentList $DestStoreName, $DestStoreScope
$DestStore.Open([System.Security.Cryptography.X509Certificates.OpenFlags]::ReadWrite)

"Kopiere: " +$cert.Subject + " nach " + $DestStore.Location + "/" + $DestStore.Name
$DestStore.Add($cert)
}
```

Wahlweise kann man das Zertifikat exportieren in eine mit Kennwort gesicherte PFX-Datei:

```
$cert = (dir Cert:\CurrentUser/my) | where subject -eq "CN=HS_CodeSign"
$pwd = ConvertTo-SecureString geheim123 -AsPlainText -force
$cert | Export-PfxCertificate -FilePath "x:\HS_CodeSign.pfx" -Password $pwd
```

53 Optimierungen und Problemlösungen

Seit Windows 7 und Windows Server 2008 R2 gibt es zwei PowerShell-Module, die dabei helfen, das Betriebssystem optimal zu konfigurieren und Probleme zu lösen.

53.1 PowerShell-Modul „Troubleshooting-Pack"

Ein „Troubleshooting Pack" (Problemlösungspaket) ist seit Windows 7 und Windows Server 2008 R2 eine Möglichkeit für den Windows-Benutzer, Problemunterstützung zu erhalten. Man findet die Problemlöser als Benutzer in der Systemsteuerung. Microsoft spricht auch von der Windows Troubleshooting Platform (WTP).

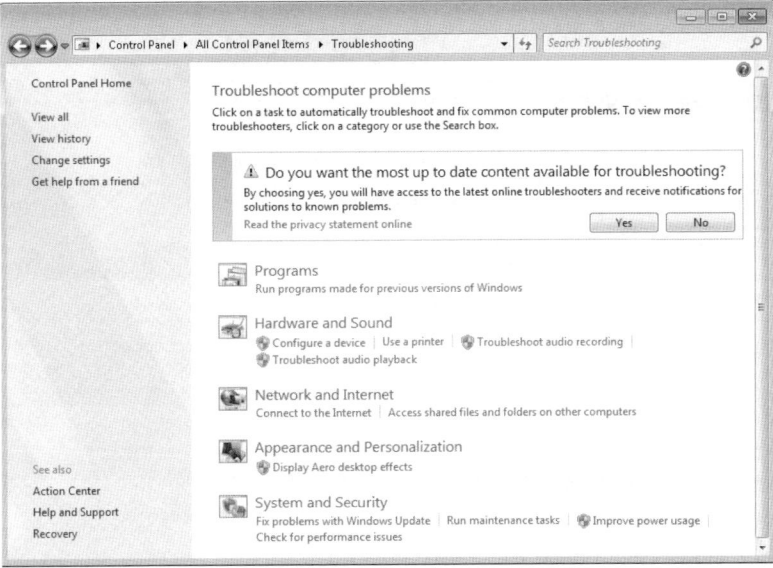

Bild 53.1 Problemlösungsangebote in der Windows 7-Systemsteuerung

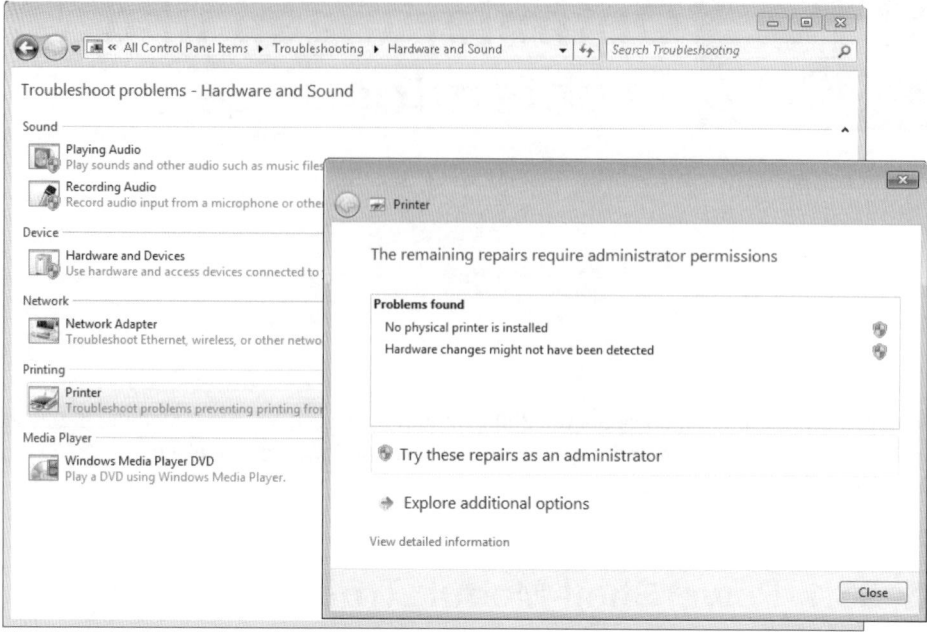

Bild 53.2 Der Problemlöser für den Drucker, der nicht gefunden wurde

Implementiert sind die Problemlöser in Form von DLLs und PowerShell-Skripten (die zum Teil wiederum aus C#-Programmcode bestehen, der ad hoc kompiliert wird). Die Problemlöser liegen unter *C:\Windows\Diagnostics*.

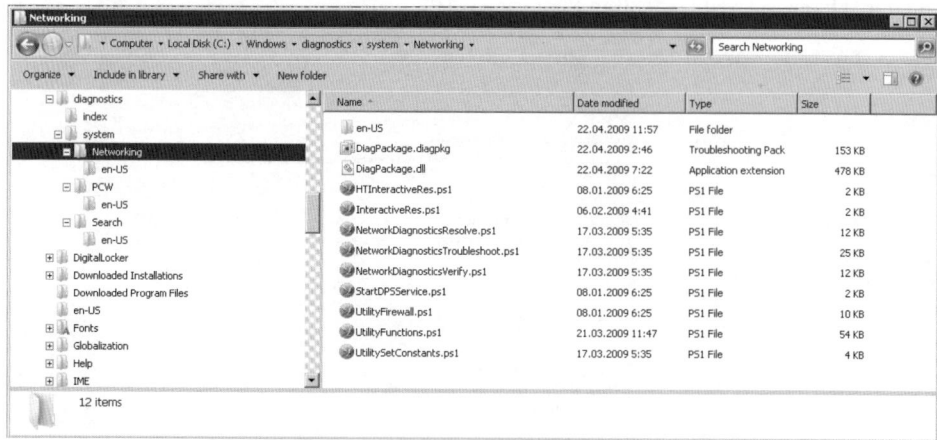

Bild 53.3 Troubleshooting Packs in Windows Server 2008 R2

Das Modul „TroubleshootingPack" enthält nur zwei Commandlets:

- Get-TroubleshootingPack
- Invoke-TroubleshootingPack

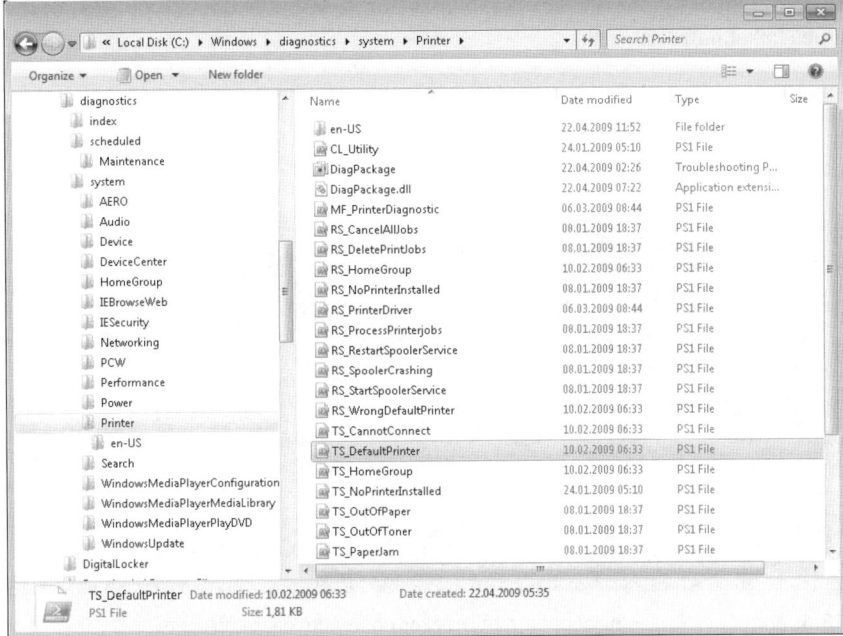

Bild 53.4 Troubleshooting Packs in Windows 7

Mit dem Commandlet `Get-TroubleshootingPack` kann man Informationen über ein durch den Standort im Dateisystem spezifiziertes Problemlösungspaket abrufen, z. B.:

```
Get-TroubleshootingPack C:\Windows\diagnostics\system\printer
```

Rückgabeobjekt ist eine Instanz der Klasse `Microsoft.Windows.Diagnosis.DiagPack`.

```
PS C:\Windows\system32> Get-TroubleshootingPack C:\Windows\diagnostics\system\printer

Id                        Name                         Publisher                          Version
--                        ----                         ---------                          -------
PrinterDiagnostic         Printer                      Microsoft Windows                  1.0

PS C:\Windows\system32> Get-TroubleshootingPack C:\Windows\diagnostics\system\printer | gm

   TypeName: Microsoft.Windows.Diagnosis.DiagPack

Name                 MemberType Definition
----                 ---------- ----------
Cancel               Method     System.Void Cancel()
CopyResults          Method     System.Void CopyResults(string destinationDirectoryPath)
Diagnose             Method     System.Void Diagnose()
Equals               Method     bool Equals(Microsoft.Windows.Diagnosis.DiagPack other), bool Equals(System.Object obj)
GetHashCode          Method     int GetHashCode()
GetType              Method     type GetType()
Resolve              Method     System.Void Resolve(Microsoft.Windows.Diagnosis.DiagResolution resolution)
ToString             Method     string ToString()
Verify               Method     System.Void Verify()
Description          Property   System.String Description {get;}
ExtensionPoint       Property   System.Xml.XmlDocument ExtensionPoint {get;}
FoundRootCauses      Property   Microsoft.Windows.Diagnosis.DiagRootCause[] FoundRootCauses {get;}
Id                   Property   System.String Id {get;}
Interactions         Property   Microsoft.Windows.Diagnosis.DiagInteraction[] Interactions {get;}
Interactive          Property   System.Boolean Interactive {get;}
MinimumVersion       Property   System.String MinimumVersion {get;}
Name                 Property   System.String Name {get;}
Path                 Property   System.String Path {get;}
PrivacyLink          Property   System.String PrivacyLink {get;}
Publisher            Property   System.String Publisher {get;}
RequiresElevation    Property   System.Boolean RequiresElevation {get;}
RootCauses           Property   Microsoft.Windows.Diagnosis.DiagRootCause[] RootCauses {get;}
SupportsAmd64        Property   System.Boolean SupportsAmd64 {get;}
SupportsClient       Property   System.Boolean SupportsClient {get;}
SupportsIA64         Property   System.Boolean SupportsIA64 {get;}
SupportsServer       Property   System.Boolean SupportsServer {get;}
SupportsX86          Property   System.Boolean SupportsX86 {get;}
Version              Property   System.String Version {get;}

PS C:\Windows\system32> _
```

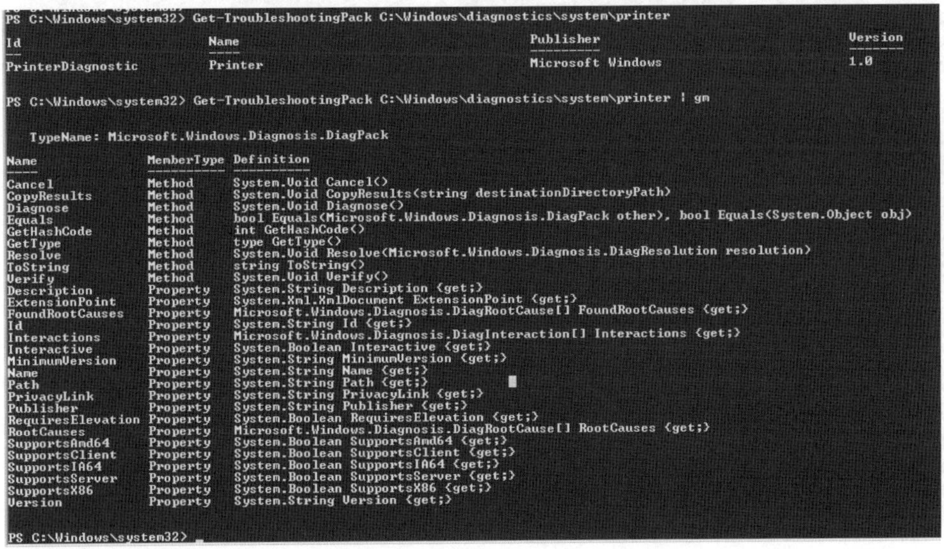

Bild 53.5 Aufruf von Get-TroubleshootingPack

Mit `Invoke-TroubleshootingPack` kann man ein zuvor mit `Get-TroubleshootingPack` geladenes Paket aufrufen, z. B.

```
Get-TroubleshootingPack C:\Windows\diagnostics\system\printer |
-Invoke-TroubleshootingPack
```

Die Interaktion ist dann kommandozeilenbasiert (siehe folgende Bildschirmabbildung).

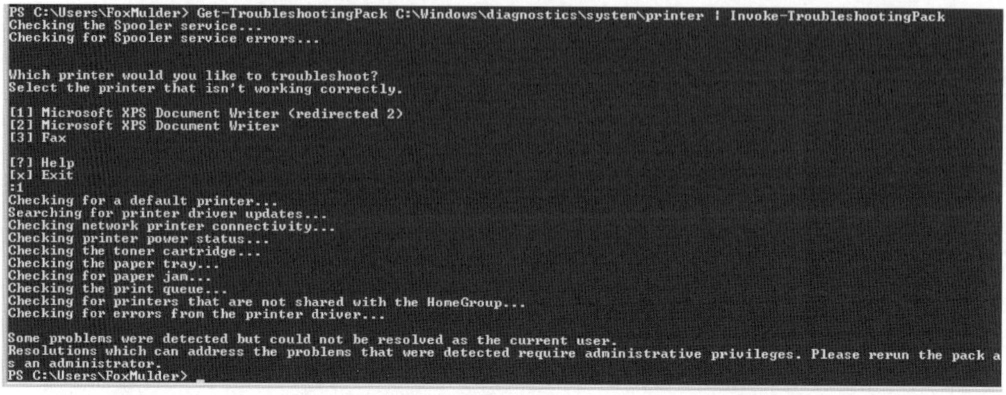

Bild 53.6 Aufruf des Problemlösers für den Drucker ohne Administratorrechte

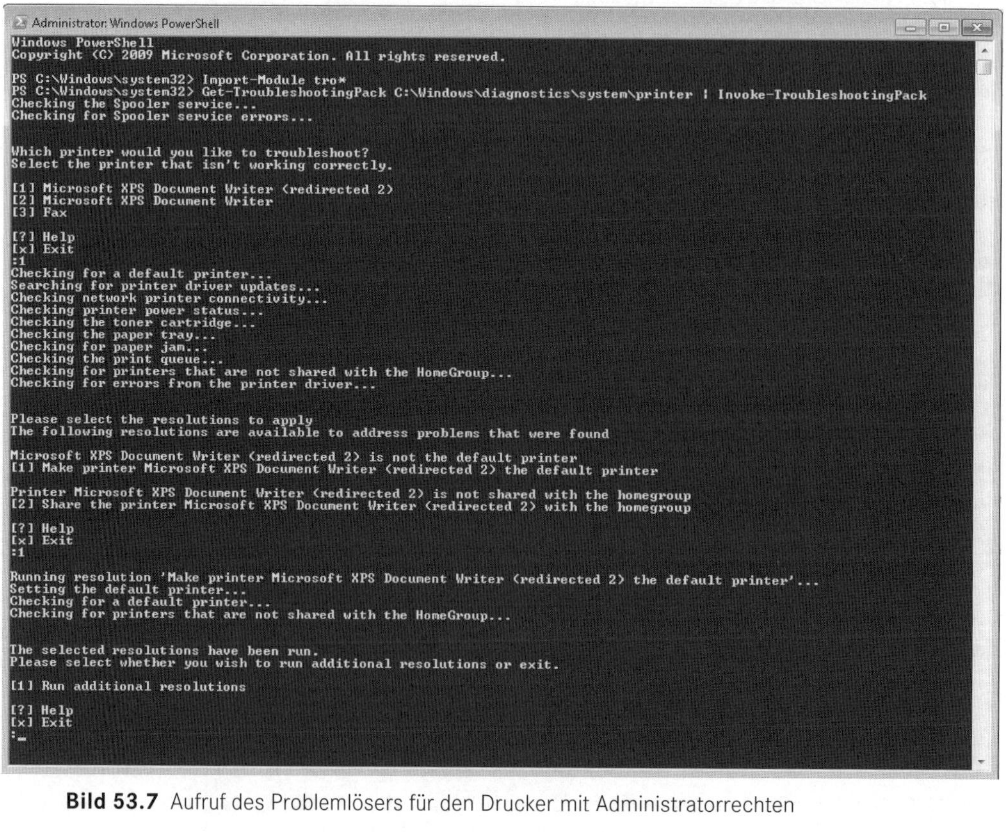

Bild 53.7 Aufruf des Problemlösers für den Drucker mit Administratorrechten

53.2 PowerShell-Modul „Best Practices"

Ein „Best Practices Analyzer-Modell" (kurz: „BPA-Modell") ist seit Windows Server 2008 R2 eine Prüfroutine, ob Windows-Funktionen gemäß den Richtlinien von Microsoft eingesetzt werden.

Das Modul umfasst vier Commandlets:

- Get-BPAModel: Liste der installierten Best-Practices-Modelle
- Invoke-BPAModel: Aufruf eines BPA-Modells
- Get-BPAResult: Anzeige der Prüfergebnisse eines BPA-Modells (es wird immer nur der letzte Prüfvorgang für das angegebene Modell gespeichert)
- Set-BPAResult: dient dem Ausschluss von Ergebnissen aus der Liste der Prüfergebnisse, die Get-BPAResult liefert

Get-BPAModel zeigt auf einem Windows Server 2008 R2 mit nahezu allen installierten Rollen und Funktionen (Ausnahme: HyperV und Active Directory Rights Management Services) die in nachstehender Bildschirmabbildung dokumentierten BPA-Modelle.

Bild 53.8 Anzeige der installierten BPA-Modelle

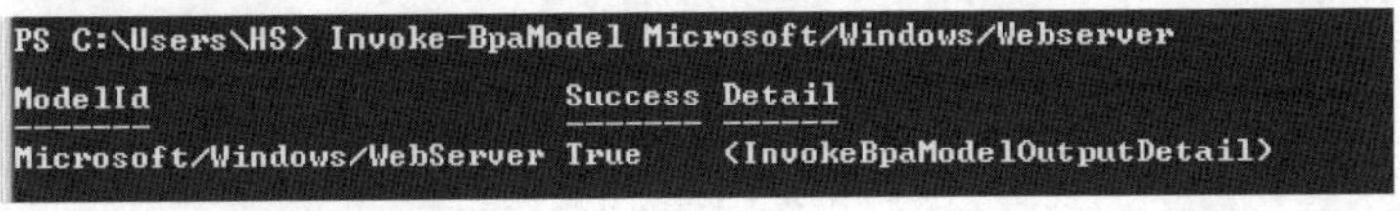

Bild 53.9 Aufruf eines BPA-Modells

Mit Set-BPAResult kann man einzelne Teilergebnisse („Results") ausschließen. Der folgende Befehl schließt alle Ergebnisse mit einem bestimmten Titel aus:

```
Get-BPAResult Microsoft/Windows/Webserver | where { $_.Title -eq "Grant a handler execute/script or write permissions, but not both" } | Set-BPAResult Microsoft/Windows/Webserver -exclude $true
```

Die „Result"-Einträge werden dadurch nicht gelöscht, aber mit „Excluded: True" markiert. Anschließend kann man dann mit

```
Get-BPAResult Microsoft/Windows/Webserver | where { $_.excluded -eq $false }
```

auf die verbliebenen Ergebnisse zugreifen.

Set-BPAResult ist sinnvoll, um bei einer großen Menge von Ergebnissen den Überblick zu behalten, was man schon bearbeitet/erledigt hat bzw. was man ignorieren möchte.

Bild 53.10 Aufruf der Prüfergebnisse mit Get-BPAResult

54 Active Directory

Die PowerShell-Version 1.0 stellte keine Commandlets für den Zugriff auf die Windows-Benutzerdatenbank „SAM", das Active Directory oder andere Verzeichnisdienste bereit. In der Beta-Phase der PowerShell 1.0 gab es einen Active-Directory-Navigationsprovider, der wurde jedoch bis zur RTM-Version entfernt. Ein solcher Provider zur Navigation im Active Directory war dann nur im Rahmen der PowerShell Community Extensions (PSCX) verfügbar. Dort gibt es auch das Commandlet `Get-ADObject` zur Suche im Active Directory via Lightweight Directory Access Protocol (LDAP).

Mit den ersten Versionen der PowerShell war (ohne PSCX) ein Zugriff auf Verzeichnisdienste nur mit klassischen Programmiertechniken möglich. Hier sind die .NET-Klassen aus dem Namensraum `System.DirectoryServices` der .NET-Klassenbibliothek und zum Teil auch die COM-Komponente Active Directory Service Interfaces (ADSI) zu verwenden. Wenige Funktionen stehen auch mit WMI zur Verfügung. Hier boten die Active-Directory-Erweiterungen von *www.IT-Visions.de* eine Verbesserung.

Seit Windows Server 2008 R2 und Windows 7 (mit Fernverwaltungswerkzeugen) gibt es ein PowerShell-Modul für das Active Directory („ADPowerShell"). Die „Remote Server Administration Tools (RSAT)" können hier heruntergeladen werden:

- Remote Server Administration Tools for Windows 7:

    http://www.microsoft.com/en-us/download/details.aspx?id=7887

- Remote Server Administration Tools for Windows 8:

    http://www.microsoft.com/en-us/download/details.aspx?id=28972

- Remote Server Administration Tools for Windows 8.1:

    http://www.microsoft.com/en-us/download/details.aspx?id=39296

- Remote Server Administration Tools for Windows 10:

    https://www.microsoft.com/en-us/download/details.aspx?id=45520

 TIPP: ADPowerShell ist die beste Möglichkeit, die Sie nutzen sollten, wenn Sie eines der von ADPowerShell unterstützten Betriebssysteme verwenden.

HINWEIS: Fallbeispiel „FBI"

Dieses Kapitel verwendet als Fallbeispiel die Domänen „FBI.net" und „FBI.org".

Dieses Beispiel dreht sich komplett um das Active Directory für die Fernsehserie „Akte X" (engl. X-Files). Die Domänen heißen mit dem NETBIOS-Namen „FBI". Die Domänencontroller heißen „XFilesServer11" und „XFilesServer2". Die PCs sind mit „F171" bis „F179" benannt. Als Organisationseinheiten und Benutzer existieren bzw. werden im Rahmen dieses Kapitels angelegt:

Organisationseinheit „Agents" mit Benutzern wie „Fox Mulder", „Dana Scully", „John Doggett" und „Monica Reyes"

Organisationseinheit „Directors" mit Benutzern wie „Walter Skinner" und „Alvin Kersh"

Organisationseinheit „Conspirators" mit „Smoking Man" und „Deep Throat"

Organisationseinheit „Aliens" mit zahlreichen Außerirdischen

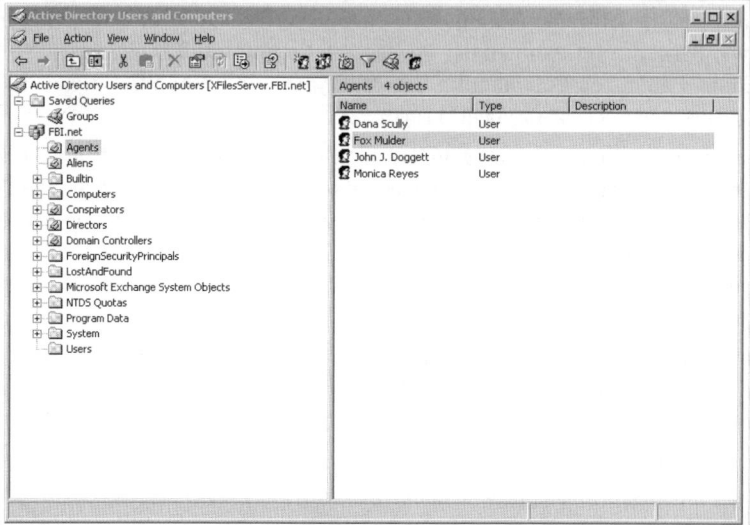

Bild 54.1 Das Active Directory für das „FBI"

54.1 Benutzer- und Gruppenverwaltung mit WMI

Die Möglichkeiten der Benutzerverwaltung mit WMI sind leider beschränkt. ADSI bzw. System.DirectoryServices bieten hier wesentlich mehr.

Der folgende Befehl liefert eine Objektliste der erreichbaren Benutzer und Gruppen:

```
Get-CimInstance Win32_Account
```

Nur die Benutzerkonten erreicht man mit:

```
Get-CimInstance Win32_UserAccount
```

Nur die Gruppen erreicht man mit:

```
Get-CimInstance Win32_Group
```

Natürlich kann man damit gezielt Objekte herausfiltern:

```
# Name und Domäne der Benutzerkonten, deren Kennwort niemals verfällt
Get-CimInstance Win32_useraccount | Where-Object {$_.Kennwortexpires -eq 0 } |
Select-Object Name,Domain
```

Dies kann man alternativ auch so ausdrücken:

```
Get-CimInstance Win32_Useraccount -filter "Kennwortexpires='false'" | Select-Object
Name,Domain
```

Die WMI-Klasse Win32_Desktop enthält Einstellungen der Benutzer. Mit dem folgenden Befehl bringt man in Erfahrung, ob der Benutzer „FBI\FoxMulder" einen Bildschirmschoner auf dem Computer „AgentPC04" aktiviert hat.

```
Get-CimInstance Win32_Desktop -computer AgentPC04 | where { $_.Name -eq
"DBI\FoxMulder" } | select screensaveractive
```

■ 54.2 Einführung in System.DirectoryServices

Die Klassen des .NET-Namensraums System.DirectoryServices sind eine Kapselung des Active Directory Service Interface (ADSI). Leider sind in der .NET-Bibliothek nicht alle Funktionen gekapselt, so dass auch ADSI in der PowerShell eine Rolle spielt.

Die Klassen im Namensraum System.DirectoryServices funktionieren nur, wenn auch die ADSI-COM-Komponente installiert ist.

> **HINWEIS:** Auf die ADSI-COM-Komponente wird in diesem Buch mit dem Begriff „klassisches ADSI" Bezug genommen. ■

Architektur

Die Klassen im .NET-Namensraum System.DirectoryServices bieten nur sehr allgemeine Mechanismen für den Zugriff auf Verzeichnisdienste. Es gibt keine spezifischen Klassen mehr für einzelne Verzeichnisdienste, wie sie in der ADSI-COM-Komponente vorhanden sind. Bestimmte Operationen (z. B. Ändern des Kennworts in einem Benutzerobjekt) müssen daher direkt oder indirekt über die ADSI-COM-Komponente aufgerufen werden.

Die folgende Grafik zeigt die Architektur von ADSI unter .NET. Ein .NET-Programm (Managed Code) hat drei Möglichkeiten, auf einen Verzeichnisdienst zuzugreifen:

1. Verwendung von Objekten im Namensraum `System.DirectoryServices` zur Ausführung von Verzeichnisdienstoperationen
2. Verwendung von Objekten im Namensraum `System.DirectoryServices` für den Aufruf von Operationen in der ADSI-COM-Komponente
3. Direkte Verwendung der ADSI-COM-Komponente via COM-Interoperabilität

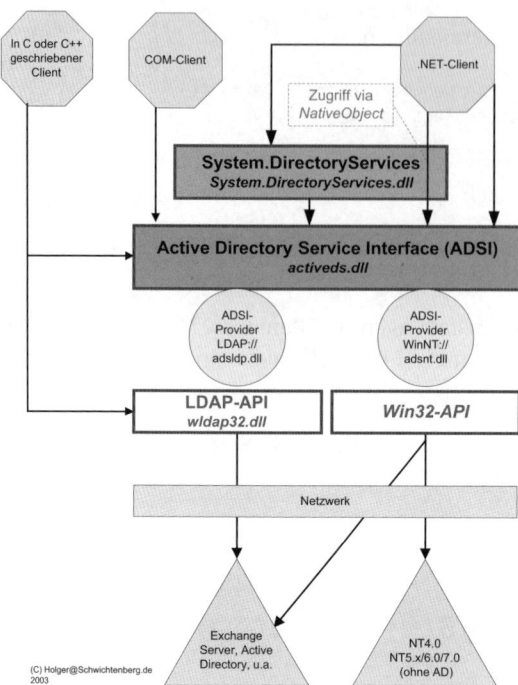

Bild 54.2
Programmierschnittstellen für das Active Directory

Weiterreichen an ADSI

Den Beweis dafür, dass alle Aufrufe in `System.DirectoryServices` in ADSI umgesetzt werden, liefern die Fehlermeldungen der .NET-Klassenbibliothek. Zum Beispiel liefert die Klasse `DirectoryEntry` beim Aufruf von `CommitChanges()` folgende Fehlermeldung, wenn das anzulegende Objekt bereits vorhanden ist:

```
System.Runtime.InteropServices.COMException (0x80071392):
Das Objekt ist bereits vorhanden.
at System.DirectoryServices.Interop.IAds.SetInfo()
at System.DirectoryServices.DirectoryEntry.CommitChanges()
```

Dies bedeutet nichts anderes, als dass der Aufruf `CommitChanges()` in der Klasse `DirectoryEntry` intern weitergereicht wurde an die Methode `SetInfo()` in der Schnittstelle `System.DirectoryServices.Interop.IAds`. Dabei ist `SetInfo()` die aus der klassischen ADSI-COM-Komponente bekannte Methode, um den Eigenschaftenzwischenspeicher (engl. Property Cache) an den Verzeichnisdienst zurückzuliefern und damit alle Änderungen persistent zu machen.

ACHTUNG: Der Namensraum System.DirectoryServices.Interop ist undokumentiert und im Objektkatalog von Visual Studio nicht sichtbar. In diesem Namensraum sind die aus dem klassischen ADSI bekannten Schnittstellen IADs, IADsContainer etc. definiert. Da in .NET eine Instanziierung von Schnittstellen nicht mehr möglich ist, mussten die Schnittstellen zu Klassen zusammengefasst werden.

Objektmodell

Die Klassen im Namensraum System.DirectoryServices lassen sich in zwei Gruppen einteilen:

- Allgemeine Klassen für den Zugriff auf Blätter und Container
- Klassen für die Ausführung von LDAP-Suchanfragen

Allgemeine Klassen

Die beiden zentralen Klassen in diesem Namensraum sind DirectoryEntry und DirectoryEntries.

Klasse „DirectoryEntry"

Die Klasse DirectoryEntry repräsentiert einen beliebigen Verzeichniseintrag, egal ob es sich um ein Blatt oder einen Container handelt. Diese Klasse besitzt ein Attribut Children vom Typ DirectoryEntries. Diese Objektmenge ist nur dann gefüllt, wenn das Objekt ein Container ist, also Unterobjekte besitzt. Die Objektmenge existiert aber auch in einem Blattobjekt; sie ist dann allerdings leer.

Die DirectoryEntry-Klasse besitzt im Attribut Property eine Objektmenge vom Typ PropertyCollection, welche die Menge der Verzeichnisattribute des Verzeichnisobjekts repräsentiert. Die PropertyCollection verfügt über drei untergeordnete Objektmengen:

- PropertyNames zeigt auf ein KeysCollection-Objekt, das Zeichenketten mit den Namen aller Verzeichnisattribute enthält.
- Values zeigt auf eine ValuesCollection, die wiederum einzelne Objektmengen vom Typ PropertyValueCollection enthält. Dies ist notwendig, da jedes Verzeichnisattribut mehrere Werte haben kann. Die ValuesCollection repräsentiert die Menge der Werte aller Verzeichnisattribute, die PropertyValueCollection steht für die einzelnen Werte eines Verzeichnisattributs.
- Das Attribut Item(ATTRIBUTNAME) liefert für einen als Parameter zu übergebenden Attributnamen die zugehörige PropertyValueCollection.

ACHTUNG: Der Zugriff über das Attribut Values kommt in der Regel nicht vor, da man normalerweise die Werte ohne die Namen der Attribute benötigt. Der normale Weg ist entweder die direkte Verwendung von Item( ), wenn der Attributname bekannt ist, oder aber die Iteration über PropertyNames und darauffolgend die Verwendung von Item(), wenn alle Attribute mit ihren Werten aufgelistet werden sollen.

Jedes `DirectoryEntry`-Objekt besitzt ein Attribut mit Namen `NativeObject`, das einen Verweis auf das zugehörige ADSI-COM-Objekt liefert. Damit ist ein schneller Wechsel zur klassischen ADSI-Programmierung möglich.

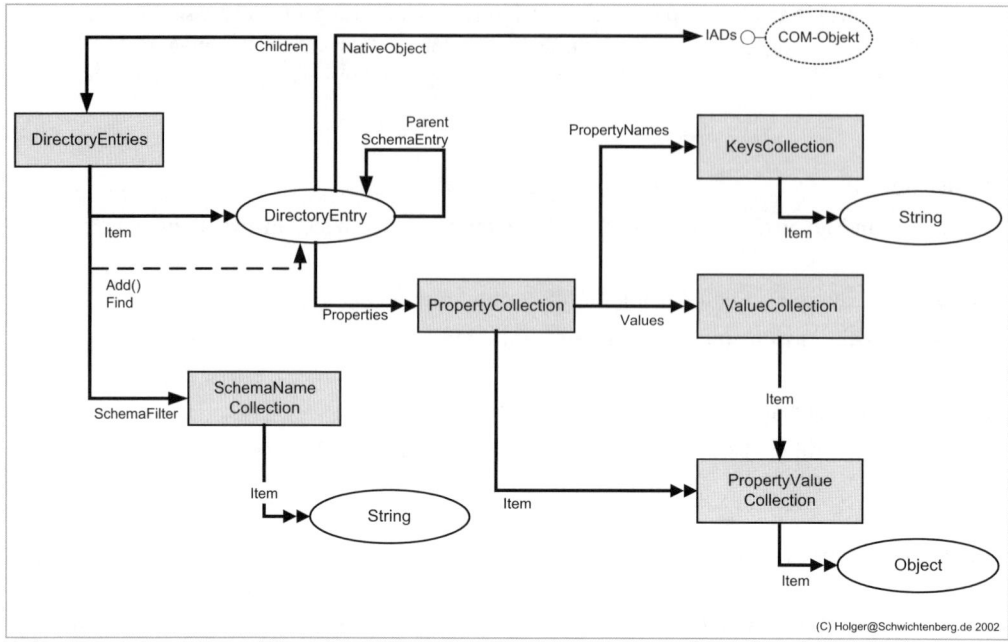

Bild 54.3 Objektmodell der Klassen im Namensraum „System.DirectoryServices" – Teil 1

Klasse „DirectoryEntries"

Die Klasse `DirectoryEntries` unterstützt die Schnittstelle `IEnumerable` und ermöglicht daher die Auflistung ihrer Mitglieder über eine `foreach`-Schleife. Die Menge kann gefiltert werden, indem über die `SchemaNameCollection` eine Menge von Verzeichnisdienstklassen spezifiziert werden, die berücksichtigt werden sollen. Die Methode `Find()` liefert ein `DirectoryEntry`-Objekt. Wenn das anhand des Namens spezifizierte Objekt nicht in diesem Container vorhanden ist, gibt es eine *InvalidOperationException*.

Die Klasse `DirectoryEntries` kann nicht instanziiert werden. Sie erhalten ein `DirectoryEntries`-Objekt immer nur über das Attribut `Children` eines `DirectoryEntry`-Objekts.

Klassen für die Ausführung von Suchanfragen

LDAP-Suchanfragen wurden in ADSI über die ActiveX Data Objects (ADO) bzw. einen OLEDB-Provider ausgeführt. In .NET gibt es nun eigene Klassen für die Ausführung von LDAP-Suchanfragen, die unabhängig von ADO.NET sind und direkt auf die LDAP-Implementierung von Windows zugreifen.

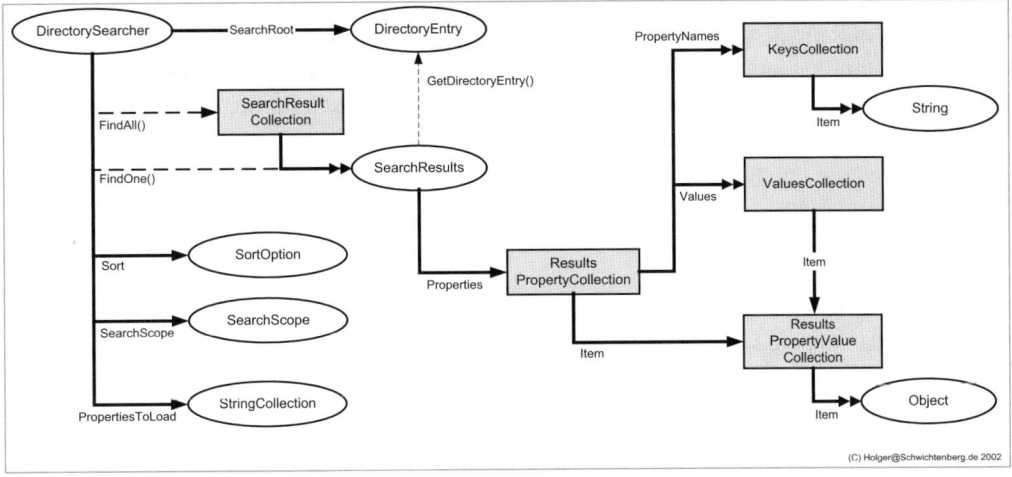

Bild 54.4 Objektmodell der Klassen im Namensraum „System.DirectoryServices" – Teil 2

Vergleich zwischen System.DirectoryServices und ADSI

Die folgende Tabelle zeigt, dass es für viele Schnittstellen aus der ADSI-COM-Komponente keine entsprechende spezifische Klasse in `System.DirectoryServices` mehr gibt.

Tabelle 54.1 System.DirectoryServices vs. ADSI

Verzeichniseintrag im Active Directory	ADSI in COM	ADSI in .NET (System.DirectoryServices)
Blatt	Schnittstelle IADs	Klasse DirectoryEntry
Container/Ast	Schnittstelle IADsContainer	Klasse DirectoryEntries
Klasse „User"	Schnittstelle IADsUser	--- (DirectoryEntry)
Klasse „Computer"	Schnittstelle IADsComputer	--- (DirectoryEntry)
Klasse „Group"	Schnittstelle IADsGroup	--- (DirectoryEntry)
LDAP-Suche	Klassen ADODB.Connection und ADODB.RecordSet	Klassen DirectorySearcher und SearchResultCollection

Bis Release Candidate 1 der PowerShell 1.0 musste man für diese Scripting-Aufgaben direkt die .NET-Klassen aus dem .NET-Namensraum System.DirectoryServices verwenden. Diese Klassen basieren intern auf COM-Schnittstellen des Active Directory Services Interface (ADSI) und in einigen Fällen musste man für das Scripting auf ADSI „durchgreifen".

Seit Release Candidate 2 der PowerShell 1.0 hat Microsoft eine Vereinfachung einführen wollen mit dem eigenen PowerShell-Typ [ADSI]. Die Absicht ist gut, die Umsetzung ist jedoch eine absolute Katastrophe:

1. Der Accelerator [ADSI] instanziiert den Typ System.DirectoryServices.DirectoryEntry, bietet aber nur Attribute und keine Methoden dieser Klasse an. Die Methoden werden über das Extended Type System (ETS) versteckt.
2. Das erzeugte PowerShell-Objekt bietet stattdessen die Methoden der zu Grunde liegenden ADSI-COM-Klasse an.
3. Das Analyse-Commandlet Get-Member zeigt weder die einen noch die anderen Methoden an.
4. Auch bei direkter Instanziierung von System.DirectoryServices.DirectoryEntry gilt das obige Methodenchaos.
5. Die Methoden der Klasse System.DirectoryServices.DirectoryEntry stehen über das Unterobjekt PSBase zur Verfügung.
6. DirectoryEntry-Objekte können in der PowerShell-Pipeline nicht mit den üblichen Commandlets Select-Object, Format-Table etc. weiterverarbeitet werden. Möglich ist nur der objektbasierte Stil.

Das ist eine sehr unlogische Implementierung. Schon im Windows Script Host (WSH) war das Verzeichnisdienst-Scripting nicht einfach, jetzt wird es noch schwieriger zu erlernen. Das folgende Bild dokumentiert noch einmal das konzeptionelle Chaos:

- Ein Verzeichnisdienstobjekt in einem Verzeichnisdienst besitzt eigentlich nur Attribute.
- Verzeichnisdienstoperationen werden durch das jeweilige Protokoll (z. B. LDAP) bereitgestellt. Ein ADSI-COM-Objekt kapselt diese Operationen für jeweils ein Verzeichnisobjekt in Methoden.
- Ein .NET-Objekt des Typs DirectoryEntry kapselt das ADSI-COM-Objekt, bietet dabei aber andere Methoden an (die intern wieder auf ADSI aufsetzen). Das Objekt DirectoryEntry eröffnet über das Unterobjekt NativeObject einen direkten Zugang zu den ADSI-Methoden.
- Das PowerShell-Objekt, das wiederum eine Kapsel um das DirectoryEntry-Objekt darstellt, verwendet nun aber nicht die Methoden von DirectoryEntry, sondern die Methoden des inneren ADSI-Objekts.
- Das PowerShell-Objekt bietet über das Unterobjekt PSBase einen Zugang zu den Methoden des DirectoryEntry-Objekts.

Aruk Kumaravel, Windows PowerShell Development Manager bei Microsoft, gibt in [Kumaravel01] zu, dass es unklug war, Methoden zu verstecken: „In retrospect, maybe we should have exposed these."

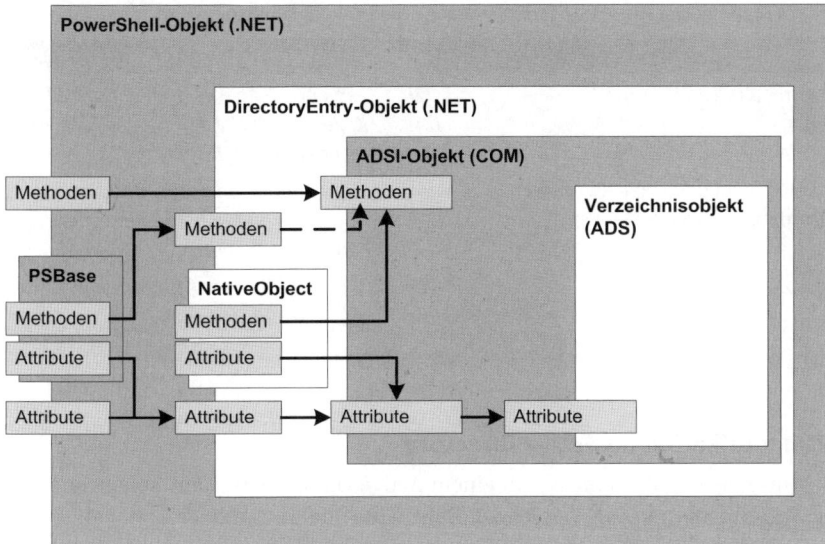

Bild 54.5 Chaos bei den Verzeichnisdienstoperationen

Objektidentifikation in Verzeichnisdiensten (Verzeichnisdienstpfade)

Zum Programmieren mit Verzeichnisdiensten ist es zwingend notwendig, die einzelnen Einträge im Verzeichnisdienst identifizieren zu können.

ADSI bedient sich für Pfadangaben auch unter .NET der sogenannten COM-Moniker (engl. für „Spitzname"), um einzelne Einträge in verschiedenen Verzeichnisdiensten anzusprechen und einen Zeiger auf das Stellvertreterobjekt zu erhalten. Der Moniker hat die Form

```
<Namenraum-ID>:<providerspezifischer Teil>
```

und wird in diesem Zusammenhang Verzeichnispfad (oder ADSI-Pfad) genannt.

 ACHTUNG: Bei der Namensraum-ID werden Groß- und Kleinschreibung berücksichtigt, also muss man „LDAP" statt „ldap" oder „Ldap" verwenden!

Der providerspezifische Teil des Verzeichnisdienstpfads enthält den Distinguished Name (DN) des Verzeichnisobjekts und dazu einen Servernamen (siehe folgende Tabelle).

Tabelle 54.2 Beispiele für ADSI-Pfade in verschiedenen Verzeichnisdiensten

Namensraum	Beispiele für Verzeichnispfade
Active Directory (via LDAP)	*LDAP://server/cn=Agents,dc=FBI,dc=NET* *LDAP://XFilesServer101.FBI.net/cn=Fox Mulder,* *OU=Agents,dc=FBI,dc=NET*
NT 4.0-Domänen und lokale Windows-Benutzerdatenbanken (SAM)	*WinNT://Domaene/Computer/Benutzer* *WinNT://Computername/Gruppenname* *WinNT://domaene/benutzer*
Novell 3.x	*NWCOMPAT://NWServer/Druckername*
Novell 4.x (NDS)	*NDS://Server/O=FBI/OU=Washington/cn=Agents*
Internet Information Services (IIS)	*IIS://ComputerName/w3svc/1*

Objektidentifikation im Active Directory

Für die Adressierung der Einträge in einem Active Directory werden Verzeichnispfade der Form *LDAP://server:port/DN* verwendet. Dabei sind alle Bestandteile optional:

- Ohne Servername wird der sogenannte *Locator Service* verwendet. Beim serverlosen Binden sucht der Active Directory Locator Service mit Hilfe des Domain Name Service (DNS) den besten Domänencontroller für den angegebenen Verzeichniseintrag. Dabei erhalten Domain Controller, zu denen eine schnelle Verbindung besteht, den Vorzug.
- Ohne Portangabe wird der Standard-LDAP-Port 389 verwendet.
- Ohne DN wird der *DefaultNamingContext* in der aktuellen Domäne angesprochen.

> **TIPP:** Beim Active Directory sollten Sie immer den Namen des „nächstgelegenen" Domänencontrollers als Servernamen verwenden. Den Servernamen des Domänencontrollers ermitteln Sie über das Commandlet `Get-DomainController` (enthalten in den PSCX). Das Binden ohne Angabe eines Servers (serverloses Binden) ist möglich, aber aus Leistungsgesichtspunkten nicht empfehlenswert.

Bei der Adressierung über einen Textpfad besteht die Gefahr, dass Verzeichnisobjekte zwischenzeitlich umbenannt wurden. Active Directory ermöglicht daher die Bindung über einen GUID, der für ein Verzeichnisobjekt unveränderlich ist. Der GUID muss natürlich für ein Objekt bekannt sein.

```
LDAP://XFilesServer1/<GUID=228D9A87C30211CF9AA400AA004A5691>
```

Für die Standardcontainer in einem Active Directory gibt es eine besondere Unterstützung. Für diese sogenannten *Well-Known Objects* besteht ein vordefinierter GUID (Well-Known GUID), der in jedem Active Directory gleich ist.

```
LDAP://<WKGUID=a9d1ca15768811d1aded00c04fd8d5cd,dc=fbi,dc=net>
```

Bitte beachten Sie, dass hierbei die Ansprache über `WKGUID =` erfolgt und der dahinter angegebene GUID nicht der wirkliche GUID des Objekts ist. Auch die Standardcontainer erhalten bei der Installation eines Active Directory einen individuellen GUID; der WKGUID ist ein allgemeingültiger Alias.

Tabelle 54.3 Liste der Well-Known Objects

Well-Known Object	GUID
cn=Deleted Objects	18E2EA80684F11D2B9AA00C04F79F805
cn=Infrastructure	2FBAC1870ADE11D297C400C04FD8D5CD
cn=LostAndFound	AB8153B7768811D1ADED00C04FD8D5CD
cn=System	AB1D30F3768811D1ADED00C04FD8D5CD
ou=Domain Controllers	A361B2FFFFD211D1AA4B00C04FD7D83A
cn=Computers	AA312825768811D1ADED00C04FD8D5CD
cn=Users	A9D1CA15768811D1ADED00C04FD8D5CD

Überblick über die Programmiermechanismen

Dieses Kapitel dokumentiert die wichtigsten Mechanismen der Verzeichnisdienstprogrammierung mit `System.DirectoryServices`.

Bindung an einen Verzeichniseintrag

Voraussetzung für den Zugriff auf Objekte des Verzeichnisdienstes ist die Bindung eines ADSI-Objekts an einen Verzeichniseintrag. Während unter dem klassischen ADSI der Bindungsvorgang über die Methode `GetObject()` stattfand, wird dies in `System.DirectoryServices` über einen Parameter bei der Instanziierung der Klasse `DirectoryEntry` erledigt.

```
$o = New-Object system.directoryservices.directoryEntry("LDAP://XFilesServer1")
```

Hierfür gibt es auch eine Kurzform über den integrierten PowerShell-Datentyp `[ADSI]`:

```
$o = [ADSI] "LDAP://XFilesServer1"
```

Nach dieser Operation enthält die Variable `$o` die Instanz der Klasse `DirectoryEntry`. Beim Zugriff auf `$o` erscheint an der Konsole der relative Pfad.

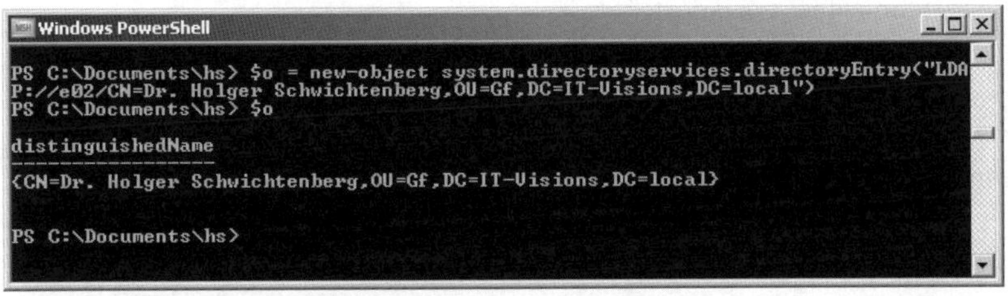

Bild 54.6 Zugriff auf einen Active-Directory-Eintrag

Ohne Angabe eines LDAP-Pfads wird bei der Instanziierung von `DirectoryEntry` eine Verbindung zum Standardnamenskontext (Default Naming Context) des Active Directory aufgebaut, zu dem der Computer gehört.

```
New-Object System.DirectoryServices.DirectoryEntry
```

Impersonifizierung

Im Standard meldet sich die Klasse `DirectoryEntry` unter dem Benutzerkonto beim Active Directory an, das den Befehl bzw. das Skript gestartet hat. Es ist aber möglich, durch Impersonifizierung einen anderen Benutzer für die Kommunikation mit dem Active Directory zu verwenden, wenn der startende Benutzer nicht genug Rechte besitzt.

Die Klasse `DirectoryEntry` verwendet den ADSI-Impersonifizierungsmodus durch Angabe eines Benutzernamens und eines Kennworts bei der Instanziierung der Klasse `DirectoryEntry` als zweiten und dritten Parameter. Bitte bedenken Sie, dass bei diesem Befehl das Kennwort im Klartext verwendet wird.

```
$o = New-Object system.directoryservices.directoryEntry("LDAP://XFilesServer1/CN=Fox Mulder,OU=Agents,DC=FBI,DC=net", "FoxMulder", "I+love+Scully")
```

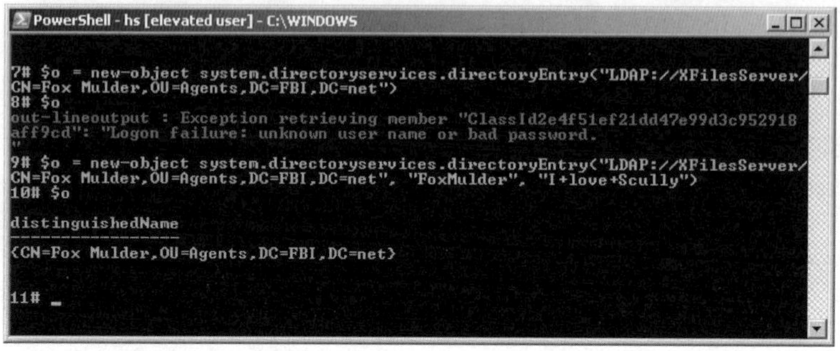

Bild 54.7 Zugriff ohne und mit Impersonifizierung

Prüfung auf Existenz eines Verzeichniseintrags

Das klassische ADSI hatte keine eingebaute Methode, um die Existenz eines Verzeichnisobjekts zu überprüfen. Man war dort auf die (zeitaufwendige) Methode „Versuch und Irrtum" [WPE01] angewiesen. Unter .NET bietet die Klasse `DirectoryEntry` die statische Methode `Exists()` an, mit der sich prüfen lässt, ob ein anhand seines ADSI-Pfads spezifiziertes Verzeichnisobjekt existiert.

```
$janein = [system.directoryservices.directoryEntry]::Exists("LDAP://XFilesServer1/CN=Fox Mulder,OU=Agents,DC=FBI,DC=net")
```

Dies kann man abkürzen mit:

```
$janein = [ADSI]::Exists("LDAP://XFilesServer1/CN=Fox Mulder,OU=Agents,DC=FBI,DC=net")
```

Verzeichnisattribute lesen

Eigentlich ist das Objektmodell von `System.DirectoryServices` sehr kompliziert: In einem `DirectoryEntry`-Objekt sind die einzelnen Werte nur verschachtelt über die Mengen Properties und PropertyValueObjektmenge erreichbar. Die PowerShell kennt aber diesen Mechanismus und macht es dem Benutzer daher einfacher, er kann schreiben:

```
$xy = $obj.Attributname
```

Auch mehrwertige Attribute können so ausgelesen werden.

Im folgenden Beispiel werden Daten über einen Benutzer ausgelesen:

Listing 54.1 Auslesen eines Verzeichnisobjekts [ADS_Einzelobjekte.ps1]

```
$o = New-Object system.directoryservices.directoryEntry("LDAP://XFilesServer1/CN=Fox
Mulder,OU=Agents,DC=FBI,DC=net")
"Name: "+ $o.sn
"Ort: " + $o.l
"Telefon: " + $o.Telephonenumber
"Weitere Rufnummern: " + $o.OtherTelephone
```

ACHTUNG: Der Zugriff auf ein Verzeichnisattribut, das es nicht gibt, führt nicht zum Fehler. Achten Sie also auf die genaue Schreibweise!

HINWEIS: Zum Auslesen des Verzeichnispfads eines Verzeichniseintrags, auf den Sie bereits einen Verweis in der Form einer Variable besitzen, müssen Sie auf `.psbase.path` zugreifen, z.B. `$o.psbase.path`.

ADSI Property Cache

Da ADSI-Objekte nur Stellvertreter für Verzeichniseinträge sind, werden die Attributwerte in einem Eigenschaftenzwischenspeicher verwaltet. Beim ersten Zugriff auf ein Attribut lädt ADSI alle Attributwerte in den Eigenschaftenzwischenspeicher. Schreibzugriffe sind durch Zuweisungen an die Attribute möglich.

Alle Schreibzugriffe müssen mit einem Aufruf der Methode `CommitChanges()` (`SetInfo()` unter klassischem ADSI) abgeschlossen werden. Erst dann wird der Eigenschaftenzwischenspeicher an den zu Grunde liegenden Verzeichnisdienst übergeben. Damit wird auch die Transaktionssicherheit gewährleistet: Entweder werden alle Änderungen ausgeführt oder keine. Auch für das Einlesen der Attribute in den Eigenschaftenzwischenspeicher gibt es eine Methode: `RefreshCache()` (entspricht `GetInfo()` unter klassischem ADSI). Das Programm sollte sie explizit aufrufen, wenn nicht sicher ist, ob die Werte im Eigenschaftenzwischenspeicher noch aktuell sind. Mit `RefreshCache()` können auch Änderungen verworfen werden, wenn zwischen den Änderungen und dem `RefreshCache()` kein `CommitChanges()` steht. Durch Angabe eines Arrays mit Attributnamen bei `RefreshCache(ARRAY_OF_STRING)` können vor einem ersten Attributzugriff gezielt einzelne Werte in den Eigenschaftenzwischenspeicher gelesen werden, um zur Verringerung der Netzwerklast die Übertragung aller Attribute zu vermeiden.

Im Gegensatz zu ADSI bietet `System.DirectoryServices` die Möglichkeit, den Eigenschaftenzwischenspeicher auszuschalten. Dazu ist nach der Instanziierung des `DirectoryEntry`-Objekts folgender Befehl notwendig:

```
$o.PSBase.UsePropertyCache = 0
```

HINWEIS: Die Abschaltung des Eigenschaftenzwischenspeichers funktioniert nicht beim Anlegen von Verzeichnisobjekten von Verzeichnisklassen, die Pflichtattribute haben, da der Verzeichnisdienst den Eintrag erst erzeugt, wenn alle Pflichtattribute übergeben wurden.

Verzeichnisattribute schreiben

Das Beschreiben eines Verzeichnisattributs ist ebenso einfach. Man weist dem betreffenden Verzeichnisattribut entweder einen einfachen Wert oder ein Array von Werten (bei einem mehrwertigen Attribut) zu.

Wichtig ist nur, dass am Ende der Eigenschaftenzwischenspeicher (Property Cache) auch geschrieben wird. Hier gibt es aufgrund des Methodenchaos nun zwei Alternativen:

1. Aufruf der COM-Methode `SetInfo( )`
2. Aufruf der .NET-Methode `CommitChanges()` über das Unterobjekt `PSBase`

Die Methode heißt in der .NET-Welt nicht `SetInfo()`, sondern `CommitChanges()`.

Listing 54.2 Ändern eines Verzeichnisobjekts [ADS_Einzelobjekte.ps1]

```
$o.Telephonenumber = "+49 201 7490700"
$o.OtherTelephone = "+01 111 222222","+01 111 333333","+49 111 44444"
$o.SetInfo()
# oder:
$o.PSBase.CommitChanges()
```

■ 54.3 Basiseigenschaften

Die Metaklasse `DirectoryEntry` besitzt einige wenige Attribute, die Basiseigenschaften eines Verzeichnisdienstobjekts enthalten. Dies sind:

- `Name`: Relative Distinguished Name des Objekts
- `Path`: Distinguished Name des Objekts
- `SchemaClassName`: Name der Verzeichnisdienstklasse im Schema des Verzeichnisdienstes
- `Guid`: Global Unique Identifier (GUID) des Metaobjekts
- `NativeGuid`: der Global Unique Identifier (GUID) für das Verzeichnisdienstobjekt
- `Children`: Liste der untergeordneten Objekte
- `UsePropertyCache`: Flag, das anzeigt, ob der Eigenschaftenzwischenspeicher verwendet werden soll

ACHTUNG: In der aktuellen endgültigen Version der PowerShell kann man diese allgemeinen Attribute leider nicht direkt abrufen, sondern nur über PSBase.

Listing 54.3 Zugriff auf Basiseigenschaften eines Verzeichnisobjekts [3_Einsatzgebiete\VerzeichnisdiensteADS_User_Misc.ps1]

```
$o = New-Object system.directoryservices.directoryEntry("LDAP://
XFilesServer1/
CN=Fox Mulder,OU=Agents,DC=FBI,DC=net", "FoxMulder", "I+love+Scully")
"Klasse: " + $o.PSBase.SchemaClassName
"GUID: " + $o.PSBase.Guid
```

Zugriff auf Containerobjekte

Die Bindung an Containerobjekte und der Zugriff auf deren Verzeichnisattribute erfolgen vollkommen identisch zum Zugriff auf Blattobjekte, also über die Klasse `DirectoryEntry`. Sollen die Unterobjekte des Containers aufgelistet werden, muss jedoch das Unterobjekt `Children` angesprochen werden, das ein `DirectoryEntries`-Objekt liefert. Das `DirectoryEntries`-Objekt enthält eine Instanz der Klasse `DirectoryEntry` für jeden untergeordneten Verzeichniseintrag.

Wieder ist zu beachten, dass das Unterobjekt `Children` nicht direkt, sondern nur über die `PSBase` zur Verfügung steht.

Listing 54.4 Liste der Unterobjekte eines Containers [ADS_Container_List.ps1]

```
$pfad= "LDAP://XFilesServer1/OU=Agents,DC=FBI,DC=net"
$con = New-Object system.directoryservices.directoryEntry($pfad)
$con.PSBase.Children
```

Eigentlich besitzt die DirectoryEntries-Menge keinen numerischen Index. Die PowerShell macht jedoch mit einem Trick den Zugriff auf die Elemente der Liste möglich.

```
"Das zweite Element ist " + @($con.PSBase.Children)[1].distinguishedName
```

Alternativ kann man mit `Find()` auch ein Element in dem Container anhand seines CN suchen:

```
"Suche nach einem Element " + $con.PSBase.Children.find("cn=Dr. Holger
Schwichtenberg").distinguishedName
```

Verzeichnisobjekt anlegen

Ein Verzeichnisobjekt wird über den übergeordneten Container angelegt, weil nur dieser weiß, ob er eine bestimmte Verzeichnisklasse als Unterobjekt überhaupt zu akzeptieren bereit ist. Die Methode `Add()` der .NET-Klasse `DirectoryEntries` erwartet im ersten Parameter den Relative Distinguished Name (RDN) des neuen Objekts und im zweiten Parameter den Namen der Verzeichnisdienstklasse, die als Schablone für das Objekt verwendet werden soll. Nach dem Setzen eventuell vorhandener Pflichtattribute muss noch `CommitChanges()` aufgerufen werden.

Listing 54.5 Anlegen einer Organisationseinheit [ADS_OU_DeleteAndCreate.ps1]

```
"Anlegen einer OU..."
$pfad= "LDAP://XFilesServer1/DC=FBI,DC=net"
$con = New-Object system.directoryservices.directoryEntry($pfad)
$ou = $con.PSBase.Children.Add("ou=Directors","organizationalUnit")
$ou.PSBase.CommitChanges()
$ou.Description = "FBI Directors"
$ou.PSBase.CommitChanges()
"OU wurde angelegt!"
```

Verzeichnisobjekt löschen

Ein Objekt wird entweder durch einen Methodenaufruf auf sich selbst (`DeleteTree()`) oder über die Ausführung von `Remove()` auf einem übergeordneten Containerobjekt gelöscht. Dabei ist als Parameter das `DirectoryEntry`-Objekt, welches das zu löschende Verzeichnisobjekt repräsentiert, anzugeben. Der Aufruf von `CommitChanges()` ist nicht nötig. `DeleteTree()` hat den Vorteil, dass es rekursiv auch alle Unterobjekte löscht.

Listing 54.6 Löschen einer Organisationseinheit [ADS_OU_DeleteAndCreate.ps1]

```
$oupfad= "LDAP://XFilesServer1/ou=Directors,DC=FBI,DC=net"
$ou = New-Object system.directoryservices.directoryEntry($oupfad)
if ([system.directoryservices.directoryEntry]::Exists($oupfad))
{
"OU existiert schon und wird jetzt erst gelöscht!"
$ou.PSBase.DeleteTree()
}
```

■ 54.4 Benutzer- und Gruppenverwaltung im Active Directory

Dieses Kapitel liefert Ihnen einige Beispiele zur Verwendung der Klassen des Namensraums `System.DirectoryServices` zum Zugriff auf das Microsoft Active Directory.

Die Active-Directory-Verzeichnisklasse „user"

Ein Benutzerobjekt im Active Directory (AD-Klasse `"user "`) besitzt zahlreiche Verzeichnisattribute. Ein Pflichtattribut, das alle Benutzerobjekte besitzen, ist `SAMAccountName`, das den sogenannten „NT-kompatiblen Anmeldenamen" enthält.

Die folgende Tabelle zeigt weitere Verzeichnisattribute eines Benutzerobjekts im Active Directory. Es gibt sowohl unglaublich kurze Namen, wie z. B. „l" für Stadt, als auch unglaublich lange Namen wie „physicalDeliveryOfficeName" für das Büro.

Tabelle 54.4 Ausgewählte Attribute der Active-Directory-Klasse „user"

Name	Pflicht	Mehrwertig	Datentyp (Länge)
cn	Ja	Nein	DirectoryString (1-64)
nTSecurityDescriptor	Ja	Nein	ObjectSecurityDescriptor (0-132096)
objectCategory	Ja	Nein	DN
objectClass	Ja	Ja	OID
objectSid	Ja	Nein	OctetString (0-28)
sAMAccountName	Ja	Nein	DirectoryString (0-256)
accountExpires	Nein	Nein	INTEGER8
accountNameHistory	Nein	Ja	DirectoryString
badPwdCount	Nein	Nein	INTEGER
Comment	Nein	Nein	DirectoryString
Company	Nein	Nein	DirectoryString (1-64)
createTimeStamp	Nein	Nein	GeneralizedTime
department	Nein	Nein	DirectoryString (1-64)
description	Nein	Ja	DirectoryString (0-1024)
desktopProfile	Nein	Nein	DirectoryString
displayName	Nein	Nein	DirectoryString (0-256)
displayNamePrintable	Nein	Nein	PrintableString (1-256)
distinguishedName	Nein	Nein	DN
Division	Nein	Nein	DirectoryString (0-256)
employeeID	Nein	Nein	DirectoryString (0-16)
employeeType	Nein	Nein	DirectoryString (1-256)
expirationTime	Nein	Nein	UTCTime
dacsimileTelephoneNumber	Nein	Nein	DirectoryString (1-64)
givenName	Nein	Nein	DirectoryString (1-64)
homeDirectory	Nein	Nein	DirectoryString
HomeDrive	Nein	Nein	DirectoryString
homeMDB	Nein	Nein	DN
Initials	Nein	Nein	DirectoryString (1-6)
internationalISDNNumber	Nein	Ja	NumericString (1-16)
L	Nein	Nein	DirectoryString (1-128)
lastLogoff	Nein	Nein	INTEGER8
LastLogon	Nein	Nein	INTEGER8
logonCount	Nein	Nein	INTEGER
LogonHours	Nein	Nein	OctetString

(Fortsetzung nächste Seite)

Tabelle 54.4 Ausgewählte Attribute der Active-Directory-Klasse „user" *(Fortsetzung)*

Name	Pflicht	Mehrwertig	Datentyp (Länge)
logonWorkstation	Nein	Nein	OctetString
Manager	Nein	Nein	DN
middleName	Nein	Nein	DirectoryString (0 – 64)
Mobile	Nein	Nein	DirectoryString (1 – 64)
Name	Nein	Nein	DirectoryString (1 – 255)
objectGUID	Nein	Nein	OctetString (16 – 16)
objectVersion	Nein	Nein	INTEGER
otherFacsimileTelephoneNumber	Nein	Ja	DirectoryString (1 – 64)
OtherHomePhone	Nein	Ja	DirectoryString (1 – 64)
physicalDeliveryOfficeName	Nein	Nein	DirectoryString (1 – 128)
PostalAddress	Nein	Ja	DirectoryString (1 – 4096)
postalCode	Nein	Nein	DirectoryString (1 – 40)
postOfficeBox	Nein	Ja	DirectoryString (1 – 40)
profilePath	Nein	Nein	DirectoryString
sAMAccountType	Nein	Nein	INTEGER
scriptPath	Nein	Nein	DirectoryString
Street	Nein	Nein	DirectoryString (1 – 1024)
streetAddress	Nein	Nein	DirectoryString (1 – 1024)
TelephoneNumber	Nein	Nein	DirectoryString (1 – 64)
Title	Nein	Nein	DirectoryString (1 – 64)
userWorkstations	Nein	Nein	DirectoryString (0 – 1024)
whenChanged	Nein	Nein	GeneralizedTime
whenCreated	Nein	Nein	GeneralizedTime
wWWHomePage	Nein	Nein	DirectoryString (1 – 2048)

Einige mehrwertige Eingabefelder aus den Dialogen des MMC-Snap-In „Active Directory-Benutzer und -Computer" werden im Active Directory in mehr als einem Attribut gespeichert. Ein gutes Beispiel dafür ist die Liste der Telefonnummern. Die Haupttelefonnummer ist in dem einwertigen Attribut telephoneNumber gespeichert, während die weiteren Telefonnummern in dem mehrwertigen Attribut otherTelephone stehen. Andere Fälle dieser Art sind:

- mobile/otherMobile,
- mail/otherMailbox und
- logonWorkstation/otherLoginWorkstations.

ACHTUNG: Übrigens handelt es sich bei den beiden letztgenannten Attributen nicht um Tippfehler des Buchautors (Login – Logon), sondern um Inkonsistenzen im Active Directory, für die man die Verantwortlichen in Redmond suchen muss.

 TIPP: Eine komplette Liste aller Verzeichnisattribute findet man in der Dokumentation des Active-Directory-Schemas [MSDN59]. Dabei sind im Skript die LDAP-Namen der Eigenschaften zu verwenden, die in der Dokumentation als „LDAP-Display-Name" eingetragen sind (Bild 54.8).

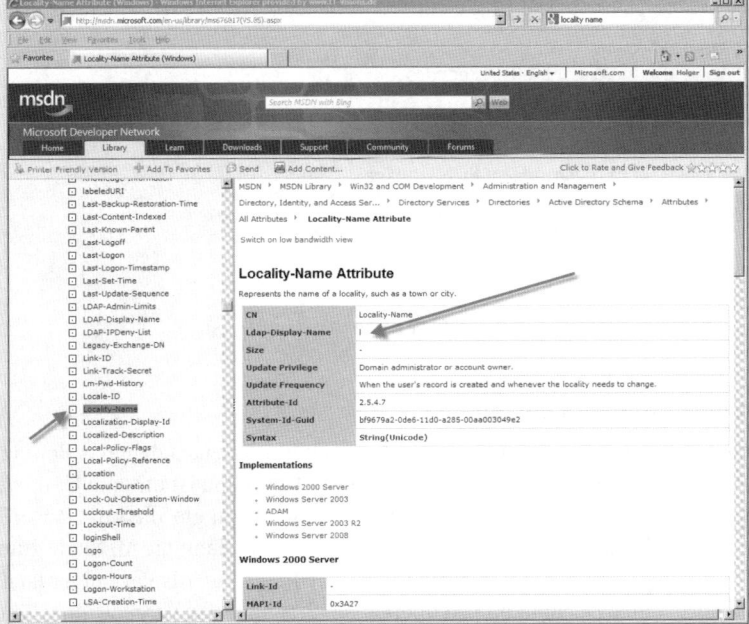

Bild 54.8 Dokumentation des Active-Directory-Schemas

Der LDAP-Eigenschaftsname ist leider zum Teil sehr weit entfernt von den Namen in der MMC-Konsole. Das Dokument „User Object User Interface Mapping" [MSDN60] hilft beim Auffinden der richtigen LDAP-Namen. Eine andere Möglichkeit ist, mit dem Werkzeug „ADSI Edit" aus den „Support Tools" für Windows Server direkt auf das „rohe" Verzeichnis zu blicken und dort die LDAP-Namen herauszusuchen.

Benutzerkonto anlegen

Da das Anlegen eines Objekts vom übergeordneten Container ausgeht, muss im ersten Schritt der Container an `DirectoryEntry` gebunden werden. Die Erzeugung eines neuen Objekts erfolgt mit `Add()`, wobei im ersten Parameter der RDN des neuen Objekts und im zweiten Parameter der AD-Klassenname `user` anzugeben sind.

Das Setzen der Eigenschaft `SAMAccountName` ist Pflicht. Sofern der Eigenschaftenzwischenspeicher nicht ausgeschaltet wurde, muss nach dem Setzen aller Eigenschaften `CommitChanges()` ausgeführt werden, da sonst das Benutzerobjekt nicht angelegt wird.

Im Standard ist ein neues Benutzerkonto im Active Directory deaktiviert. Die einfachste Möglichkeit zur Aktivierung ist der Zugriff auf das Attribut `AccountDisabled` in der COM-Schnittstelle `IADsUser`.

In der folgenden Routine wird ein Benutzerkonto „Walter Skinner" mit dem Anmeldenamen „WalterSkinner" angelegt. Als optionales Attribut werden nur die Stadt (l) und die Beschreibung (`Description`) gesetzt.

Listing 54.7 Anlegen eines User-Objekts im Active Directory [ADS_User_Create.ps1]

```
# ADS-Benutzer anlegen
$pfad= "LDAP://XFilesServer1/OU=Directors,DC=FBI,DC=net"
$name = "Walter Skinner"
$NTname = "WalterSkinner"
$ou = New-Object DirectoryServices.DirectoryEntry($pfad)
$user = $ou.PSBase.Children.Add("CN=" + $name, 'user')
$user.PSBase.CommitChanges()
$user.SAMAccountName = $NTname
$user.l = "Washington"
$user.Description = "FBI Director"
$user.PSBase.CommitChanges()
"Benutzer wurde angelegt: " + $user.PBase.Path
```

Kennwort des Benutzers setzen

Das Kennwort eines Benutzerkontos kann erst gesetzt werden, nachdem das Benutzerkonto im Verzeichnisdienst angelegt wurde. Auch bei dieser Operation ist unter .NET die Impersonifizierung notwendig. Hier kommt dem Nutzer nun einmal zugute, dass die PowerShell die ADSI-Methoden und nicht die COM-Methoden veröffentlicht, denn die Methode zum Setzen des Kennworts (`SetPassword()`) gibt es nicht in der .NET-Ebene. Als Parameter ist das neue Kennwort in Form einer Zeichenkette zu übergeben. Erst nach der Vergabe eines Kennworts sollte man den Benutzer aktivieren.

Listing 54.8 Kennwort für ein AD-Benutzerkonto setzen [ADS_User_Create.ps1]

```
$user.SetKennwort("secret-123")
"Kennwort wurde gesetzt"
$user.Accountdisabled = $false
$user.PSBase.CommitChanges()
```

Benutzerauthentifizierung

Leider gibt es keine eingebaute Methode, die eine Authentifizierung mit Benutzername und Kennwort gegen das Active Directory ermöglicht. Um dies zu realisieren, bleibt nur die Versuch-und-Irrtum-Methode [WPE01]: Man versucht einen Zugriff auf das Active Directory unter Anwendung der Impersonifizierung mit den zu prüfenden Anmeldedaten. Ist ein Zugriff auf das Attribut `NativeGuid` möglich, dann stimmen die Daten. Wenn die Daten nicht stimmen, erhält man eine Fehlermeldung. Dies ist in der nachfolgenden Hilfsroutine `Authenticate-User()` realisiert.

54.4 Benutzer- und Gruppenverwaltung im Active Directory

Listing 54.9 Authentifizierung beim Active Directory [ADS_Authentication.ps1]

```
Function Authenticate-User {

trap [System.Exception] { "Fehler!"; return $false; }
"Versuche, Benutzer " + $args[1] + " mit dem Kennwort " + $args[2] + " zu
authentifizieren bei " + $args[0] + "..."
$o = New-Object system.directoryservices.directoryEntry([string]$args[0],
[String]$args[1], [String]$args[2])

$o.PSBase.NativeGUID
return $true
}

$o = New-Object system.directoryservices.directoryEntry("LDAP://D142")
$o.get_NativeGUID()
$e = Authenticate-User "LDAP://XFilesServer1" "fbi\foxmulder" "I+love+Scully"
$e
if ($e) { "Benutzer konnte authentifiziert werden!" }
else { "Benutzer konnte NICHT authentifiziert werden!" }
```

Benutzerkonto löschen

Um einen Benutzer zu löschen, kann man wieder `DeleteTree()` einsetzen, auch wenn ein Benutzer ein Blattobjekt ist, d. h. keine Unterobjekte besitzt.

Listing 54.10 Löschen eines Benutzers [ADS_User_Create.ps1]

```
$pfad= "LDAP://XFilesServer1/CN=Fox Mulder,OU=Agents,DC=FBI,DC=net"
$benutzer = New-Object system.directoryservices.directoryEntry($pfad)
if ([system.directoryservices.directoryEntry]::Exists($pfad))
{
"Benutzer existiert schon und wird jetzt erst gelöscht!"
$benutzer.PSBase.DeleteTree()
}
```

Benutzerkonto umbenennen

Für das Umbenennen eines Verzeichnisdienstobjekts bietet die Klasse `DirectoryEntry` mit der Methode `Rename()` ein sehr einfaches Verfahren. Unter klassischem ADSI musste dazu die `IADsContainer`-Methode `MoveHere()` verwendet werden.

Im folgenden Beispiel wird das Benutzerkonto „Dana Scully" in „Dana Mulder" umbenannt (auch wenn es bisher weder in der Serie noch in den Filmen zu dieser Hochzeit kam).

Listing 54.11 Umbenennen eines AD-Benutzerkontos [ADS_User_Misc.ps1]

```
# Benutzer umbenennen
$pfad= "LDAP://XFilesServer1/CN=Dana Scully,OU=Directors,DC=FBI,DC=net"
$user = New-Object system.directoryservices.directoryEntry($pfad)
$user.PSBase.Rename("cn=Dana Mulder")
"Benutzer wurde umbenannt!"
```

Benutzerkonto verschieben

Als Äquivalent zur COM-Methode `IADSContainer.MoveHere()` gibt es in der FCL-Klasse `DirectoryEntry` die Methode `MoveTo()`. Sie verschiebt ein Verzeichnisobjekt in einen anderen Container. Der Zielcontainer ist in Form eines zweiten `DirectoryEntry`-Objekts als Parameter zu übergeben.

In der folgenden Routine wird der Benutzer „Fox Mulder" aus der Organisationseinheit „Agents" in den Standardbenutzercontainer „Users" verschoben (diese Degradierung kam in der Serie tatsächlich vor).

Listing 54.12 Verschieben eines AD-Benutzerkontos [ADS_User_Misc.ps1]

```
# Benutzer verschieben
$pfad= "LDAP://XFilesServer1/CN=Walter Fox Mulder,OU=Agents,DC=FBI,DC=net"
$ziel = "LDAP://XFilesServer1/CN=Users,DC=FBI,DC=net "
$user = New-Object system.directoryservices.directoryEntry($pfad)
$user.PSBase.MoveTo($ziel)
"Objekt verschoben!"
```

Gruppenverwaltung

In einem Verzeichnisobjekt des Typs `group` existiert ein Attribut `Member` mit den LDAP-Pfaden zu den Gruppenmitgliedern. Zum Anzeigen der Mitglieder einer Gruppe braucht man daher nur einen Einzeiler. Der folgende Befehl zeigt die Mitglieder der Gruppe aller FBI-Agenten:

```
(New-Object  directoryservices.directoryentry
("LDAP://XFilesServer1/CN=All Agents,DC=FBI,DC=net")).member
```

Dieser Befehl liefert nur die direkten Mitglieder. Wenn eine Gruppe aber eine andere Gruppe enthält, dann gibt es auch indirekte Mitglieder. Die im folgenden Listing implementierte Funktion `Get-Members` liefert rekursiv alle direkten und indirekten Mitglieder einer Gruppe im Active Directory.

Listing 54.13 Auflisten indirekter Gruppenmitglieder [ADS_Group_Create.ps1]

```
"Direct Group Members:"
$gruppe = New-Object directoryservices.directoryentry("LDAP://xfilesserver/CN=All FBI
Employees,DC=FBI,DC=net")
$gruppe.member

function Get-Members ($group){
  if ($group.objectclass[1] -eq 'group') {
   "-- Gruppe $($group.cn)"
    $Group.member | foreach-Object {
      $de = New-Object directoryservices.directoryentry("LDAP://xfilesserver/" + $_)

      if ($de.objectclass[1] -eq 'group') {
        Get-Members $de
      }
      Else {
        $de.distinguishedName
      }
    }
  }
```

```
  }
  Else {
    Throw "$group is not a group."
  }
}
""
"All Members (including non-direct):"
Get-Members(New-Object directoryservices.directoryentry("LDAP://xfilesserver/CN=All
FBI Employees,DC=FBI,DC=net"))
```

```
PS H:\demo\PS\powershellide>
PS H:\demo\PS\powershellide> .\ADS_Gruppen.ps1
Direkte Mitglieder:
CN=All Directors,DC=FBI,DC=net
CN=All Agents,DC=FBI,DC=net

Alle Mitglieder (auch indirekte):
-- Gruppe All FBI Employees
-- Gruppe All Directors
CN=Walter Skinner,OU=Directors,DC=FBI,DC=net
-- Gruppe All Agents
CN=John J. Doggett,OU=Agents,DC=FBI,DC=net
CN=Fox Mulder,OU=Agents,DC=FBI,DC=net
CN=Dana Scully,OU=Agents,DC=FBI,DC=net
CN=Monica Reyes,OU=Agents,DC=FBI,DC=net

PS H:\demo\PS\powershellide>
```

Bild 54.9
Auflisten direkter und indirekter Gruppenmitglieder

Anlegen und Befüllen einer Gruppe

Das Anlegen einer Gruppe erfolgt analog zum Anlegen eines Benutzers.

Beachten Sie beim Anlegen von Gruppen im Vergleich zum Anlegen von Benutzern den anderen Klassennamen (group).

Listing 54.14 Gruppe anlegen [ADS_GruppeAnlegen.ps1]

```
"Anlegen einer Gruppe..."
$pfad= "LDAP://XFilesServer1/DC=FBI,DC=net"
$con = New-Object system.directoryservices.directoryEntry($pfad)
$ou = $con.PSBase.Children.Add("cn=All Directors","group")
$ou.PSBase.CommitChanges()
$ou.samaccountname = "AllDirectors"
$ou.Description = "Group for FBI Directors"
$ou.PSBase.CommitChanges()
"Gruppe wurde angelegt!"
```

Für die Zuordnung von Benutzern zu Gruppen gibt es in der Klasse `DirectoryEntry` keine spezifischen Methoden. Hier ermöglicht das PowerShell-Objekt wieder den Zugang zu den in der COM-Schnittstelle `IADsGroup` definierten Methoden `Add()` und `Remove()`.

Listing 54.15 Hinzufügen von Benutzern in Gruppen [ADS_Group_Members.ps1]

```
# Hinzufuegen eines Gruppenmitglieds
$pfad= "LDAP://XFilesServer1/cn=All Directors,DC=FBI,DC=net"
$gr = New-Object system.directoryservices.directoryEntry($pfad)
$Benutzer = "LDAP://XFilesServer1/CN=Walter Skinner,OU=Directors,DC=FBI,DC=net"
$gr.Add($Benutzer)
"Benutzer " + $Benutzer + " wurde der Gruppe " + $gr + " hinzugefuegt"
```

Listing 54.16 Entfernen von Benutzern aus Gruppen [ADS_Group_Members.ps1]

```
# Entfernen eines Gruppenmitglieds
$pfad= "LDAP://XFilesServer1/cn=All Directors,DC=FBI,DC=net"
$gr = New-Object system.directoryservices.directoryEntry($pfad)
$Benutzer = "LDAP://XFilesServer1/CN=Walter Skinner,OU=Directors,DC=FBI,DC=net"
$gr.Remove($Benutzer)
"Benutzer " + $Benutzer + " wurde aus der Gruppe " + $gr + " entfernt!"
```

Testen der Gruppenmitgliedschaft

Die Prüfung, ob ein Benutzer Mitglied einer Gruppe ist, erfolgt am einfachsten mit dem Commandlet `Test-UserGroupMembership` aus den PowerShell Community Extensions.

```
Test-UserGroupMembership -Identity hs -GroupName Administrators
```

■ 54.5 Verwaltung der Organisationseinheiten

Das Erstellen und Löschen von Organisationseinheiten (Verzeichnisdienstklasse `organizationalUnit`) wurde bereits innerhalb des Überblicks über die Programmiertechniken gezeigt.

Beachten Sie beim Anlegen von Organisationseinheiten im Vergleich zum Anlegen von Benutzern den anderen Klassennamen (`organizationalUnit`) im ersten Parameter und den anderen Attributnamen (OU) im ersten Parameter bei `Add()`.

Listing 54.17 Skript zum Neuanlegen einer OU [ADS_OU_DeleteAndCreate.ps1]

```
# Skript zum Neuanlegen einer OU (Die OU wird geloescht, wenn sie schon existiert!)

$oupfad= "LDAP://XFilesServer1/ou=Directors,DC=FBI,DC=net"
$ou = New-Object system.directoryservices.directoryEntry($oupfad)
if ([system.directoryservices.directoryEntry]::Exists($oupfad))
{
"OU existiert schon und wird jetzt erst gelöscht!"
$ou.PSBase.DeleteTree()
}

"Anlegen einer OU..."
$pfad= "LDAP://XFilesServer1/DC=FBI,DC=net"
$con = New-Object system.directoryservices.directoryEntry($pfad)
$ou = $con.PSBase.Children.Add("ou=Directors","organizationalUnit")
$ou.PSBase.CommitChanges()
$ou.Description = "FBI Directors"
$ou.PSBase.CommitChanges()
"OU wurde angelegt!"
```

54.6 Suche im Active Directory

Im Active Directory können – wie in anderen LDAP-basierten Verzeichnisdiensten auch – Einträge, die bestimmten Kriterien entsprechen, containerübergreifend gesucht werden.

LDAP-Suchanfragen

Für LDAP-Suchanfragen existiert eine spezielle Syntax nach [RFC1960] und [RFC2254]. Dabei sind anzugeben:

- *Wurzel* – ein LDAP-Pfad inkl. *LDAP://*. Der Pfad kann sowohl in Little-Endian- als auch in Big-Endian-Form angegeben werden.

   Beispiel: `LDAP://XFilesServer101/dc=FBI,dc=net`

- *Filter* – eine Bedingung in umgekehrt polnischer Notation (UPN oder Postfix-Notation). Diese Notation zeichnet sich dadurch aus, dass die Operatoren am Anfang stehen. Erlaubte Operationen sind & (und), | (oder) und ! (nicht). Zum Vergleich stehen =, <= und >= zur Verfügung, nicht aber < und >.

   Beispiel: `(&(objectclass=user)(name=h*))`

- *Attribute* – eine Attributliste der gewünschten Verzeichnisattribute, die in die Tabelle aufgenommen werden sollen. Diese Angabe ist nicht optional, der Sternoperator ("*") wie bei SQL ist nicht erlaubt.

   Beispiel: `AdsPath,Name,SamAccountname`

- *Geltungsbereich* – eine der in der folgenden Tabelle genannten Konstanten.

Tabelle 54.5 Suchtiefen bei LDAP-Suchabfragen

Konstante (LDAP-Syntax)	Erläuterung
BASE	Es wird nur auf der Ebene des angegebenen Eintrags gesucht. Die Ergebnismenge umfasst keinen oder einen Datensatz.
ONELEVEL	Es wird in den Einträgen gesucht, die dem angegebenen Eintrag untergeordnet sind.
SUBTREE	Es werden alle darunterliegenden Ebenen durchsucht.

 HINWEIS: Im Active-Directory-MMC-Snap-In „Benutzer und Computer" gibt es ab Windows Server 2003 einen neuen Ast „Gespeicherte Abfragen", mit dem LDAP-Abfragen entworfen und ausgeführt werden können.

Programmierschnittstellen für die Suche

Im klassischen ADSI wurde die Suchfunktionalität durch einen OLEDB-Provider gekapselt. Dieser steht grundsätzlich auch in ADO.NET über den Managed Provider für OLEDB noch zur Verfügung. Allerdings bietet der Namensraum `System.DirectoryServices` eine elegantere Möglichkeit zur Ausführung von LDAP-Suchanfragen.

Während der OLEDB-Provider für ADSI-Anfragen sowohl LDAP-Query-Syntax als auch SQL-Befehle unterstützt, können mit den in der .NET-Klassenbibliothek eingebauten Klassen nur LDAP-Query-Syntaxanfragen gestellt werden.

Ebenso wie mit dem OLEDB-Provider lassen sich auch mit den FCL-Klassen nur LDAP-fähige Verzeichnisdienste abfragen. Die LDAP-Query-Syntax ist ein Standard ([RFC1960] und [RFC2254]) und daher nicht anders als bei der COM-Implementierung.

Ausführung einer Abfrage in der PowerShell

Eine LDAP-Abfrage wird mit .NET-Klassen in folgenden Schritten ausgeführt:

- Instanziierung der Klasse `DirectorySearcher`
- Festlegung des Ausgangspunkts der Anfrage durch Zuweisung eines Zeigers auf ein `DirectoryEntry`-Objekt, das an den Ausgangspunkt gebunden ist, an das Attribut `SearchRoot`
- Setzen des Filterteils der LDAP-Abfrage im Attribut `Filter`
- Festlegung der Attribute durch Füllen der Objektmenge `PropertiesToLoad`
- Festlegung des Geltungsbereichs in dem Attribut `SearchScope`
- Starten der Anfrage durch die Methode `FindAll()`
- `FindAll()` liefert eine Objektmenge vom Typ `SearchResultCollection` zurück.

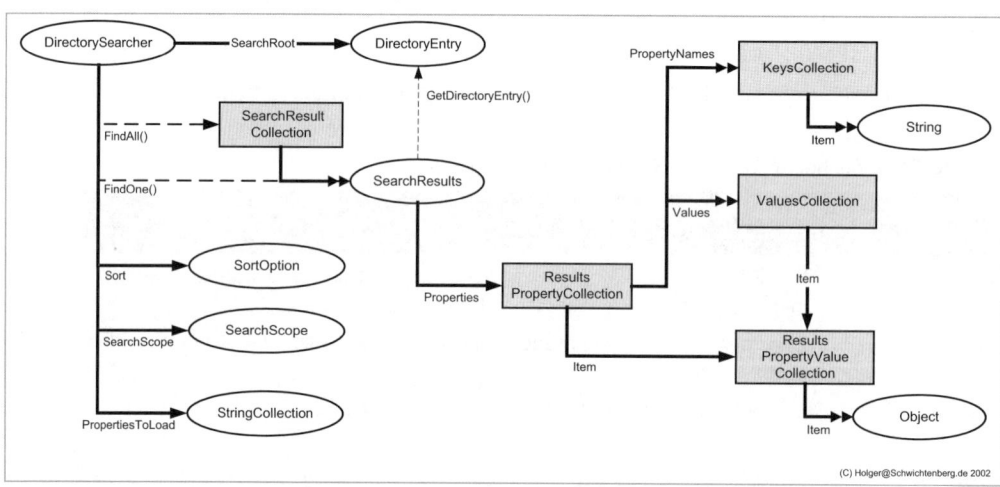

Bild 54.10 Objektmodell für LDAP-Suche

- Die `SearchResultCollection` enthält einzelne `SearchResult`-Objekte.
- Von einem `SearchResult`-Objekt kann man entweder lesend auf die abgefragten Attribute zugreifen oder aber man lässt sich von der Methode `GetDirectoryEntry()` ein `DirectoryEntry`-Objekt für den gefundenen Verzeichniseintrag liefern. Das so ermittelte `DirectoryEntry`-Objekt ermöglicht auch den Schreibzugriff.

Beispiel

- Die `SearchResultCollection` enthält einzelne `SearchResult`-Objekte.
- Von einem `SearchResult`-Objekt kann man entweder lesend auf die abgefragten Attribute zugreifen oder aber man lässt sich von der Methode `GetDirectoryEntry()` ein `DirectoryEntry`-Objekt für den gefundenen Verzeichniseintrag liefern. Das so ermittelte `DirectoryEntry`-Objekt ermöglicht auch den Schreibzugriff.

In dem folgenden Beispiel werden im ganzen Active Directory alle Benutzerkonten gesucht, deren Verzeichnisnamen mit dem Buchstaben „Alien" beginnen.

Listing 54.18 Ausführen einer LDAP-Suche im AD [ADS_Search_NamePattern.ps1]

```
$Wurzel = New-Object system.directoryservices.directoryEntry("LDAP://XFilesServer1/
DC=FBI,DC=net", "FoxMulder", "I+love+Scully")
$Filter = "(&(objectclass=user)(name=alien*))"
$Attribute = "CN","ObjectClass","ObjectCategory","distinguishedName",
"lastLogonTimestamp",
"description","department","displayname"

# Suche zusammenstellen
$Searcher = New-Object DirectoryServices.DirectorySearcher($Wurzel)
$searcher.PageSize = 900
$searcher.Filter = $Filter
$searcher.SearchScope = "subtree"
$Attribute | foreach {[void]$searcher.PropertiesToLoad.Add($_)}
# Suche ausführen
$ergebnis = $searcher.findAll()
"Anzahl der Ergebnisse: " + $ergebnis.Count
$ergebnis
```

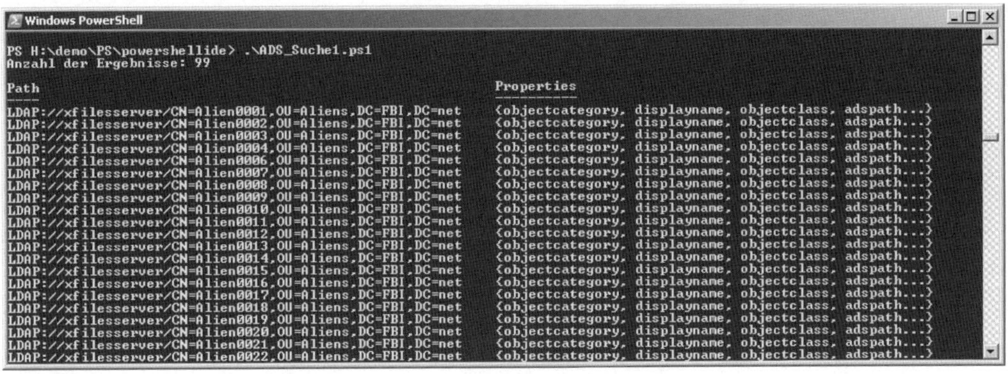

Bild 54.11 Suchergebnisse

Suche nach einem Benutzer mit seinem Anmeldenamen

Wenn für einen Benutzer dessen NT-4.0-kompatibler Anmeldename, aber nicht der Pfad des Verzeichnisdiensteintrags bekannt ist, dann hilft nur die Suche im Active Directory mit einer ADSI-Suchanfrage über das Attribut `SAMAccountName`. Wichtig ist dabei, dass hier nur der Benutzername, nicht auch der NT-4.0-kompatible Domänenname anzugeben ist.

Listing 54.19 Verzeichnisdiensteintrag zu einem Benutzer suchen, dessen SAMAccountName bekannt ist [ADS_Search_SamAccountName.ps1]

```
$Benutzername = "FoxMulder"
"Suche Benutzer " + $benutzername + "..."
$Wurzel = New-Object system.directoryservices.directoryEntry("LDAP://XFilesServer1/
DC=FBI,DC=net", "FoxMulder", "I+love+Scully")
$Filter = "(SAMAccountName=" + $benutzername +")"
$Attribute = "CN","ObjectClass","ObjectCategory","distinguishedName",
"lastLogonTimestamp","description","department","displayname"

# Suche zusammenstellen
$Searcher = New-Object DirectoryServices.DirectorySearcher $Wurzel
$searcher.PageSize = 900
$searcher.Filter = $Filter
$searcher.SearchScope = "subtree"
$Attribute | foreach {[void]$searcher.PropertiesToLoad.Add($_)}
# Suche ausführen
$searcher.findAll()
```

Tipps und Tricks zur Suche

Die folgenden Unterkapitel enthalten Tipps und Tricks zur Suche im Active Directory.

Verwendung indizierter Attribute

Sie sollten möglichst viele indizierte Attribute in Suchanfragen verwenden. Welche Attribute indiziert sind, erfahren Sie in der Dokumentation des Active Directory. Das folgende Bild zeigt, wo Sie die Dokumentation der Active-Directory-Attribute im Active-Directory-Schema in der MSDN-Bibliothek finden. Der Eintrag „Is Indexed: True" zeigt indizierte Attribute an.

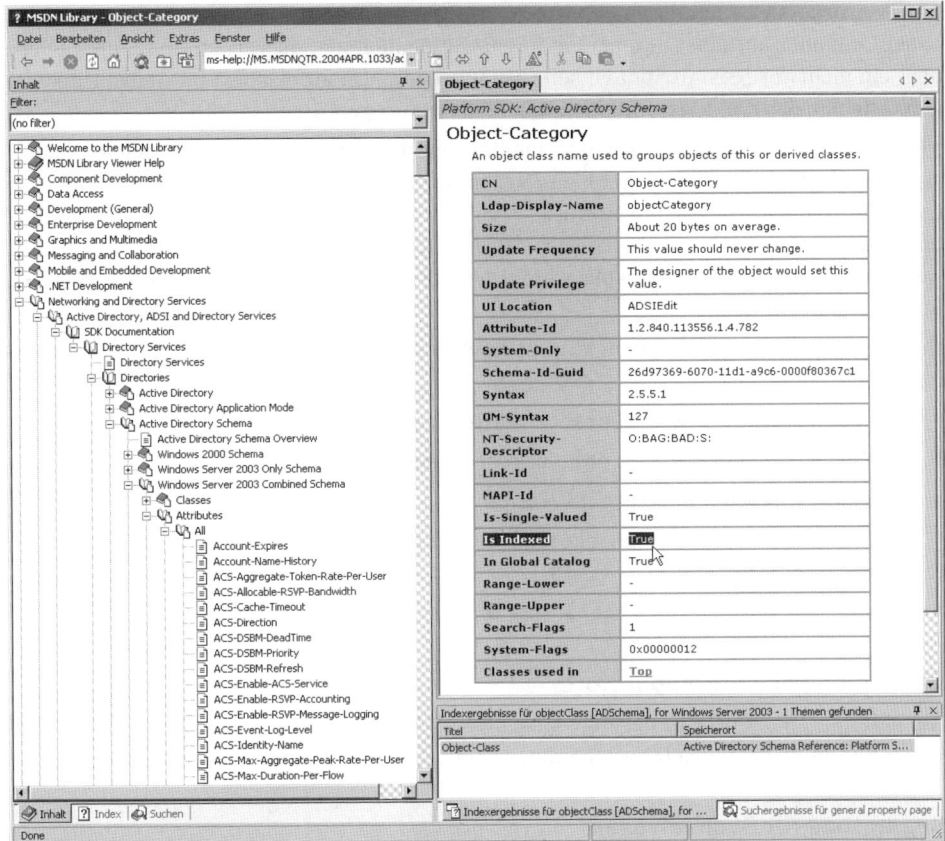

Bild 54.12 Dokumentation der AD-Attribute in der MSDN-Entwicklerbibliothek

Vermeidung mehrwertiger Attribute

Die Anfrage

```
(&(objectClass=user)(name=f*))
```

ist korrekt, aber aus Leistungsgründen nicht optimal. Schneller ist folgende Anfrage:

```
(objectCategory=person)(objectClass=user)(name=f*))
```

Sie werden feststellen, dass die zweite, längere Abfrage wesentlich schneller ausgeführt wird. Dabei ist die Reihenfolge der Attribute in der Bedingung beliebig; das Active Directory optimiert selbst.

Auffällig in dieser modifizierten Anfrage ist, dass neben der objectClass auch ein Bezug auf das Attribut objectCategory in der Anfrage enthalten ist. Der Grund dafür liegt darin, dass objectClass ein mehrwertiges Attribut ist, das die komplette Vererbungshierarchie der Verzeichnisklasse abbildet. Beispielsweise ist dort für ein user-Objekt „top, person, organizationalPerson, user" abgelegt. Bei einem computer-Objekt erkennt man interessanterweise, dass ein Computer eine Spezialisierung eines Benutzers ist, weil `objectClass` für einen Computer enthält: „top, person, organizationalPerson, user, computer". Eine Suche über ein mehrwertiges Attribut ist sehr zeitaufwendig. Leider existiert im Active Directory kein Attribut, das den Klassennamen in einem einwertigen Attribut enthält.

Neben der Klasse existiert aber auch eine Kategorisierung der Verzeichnisobjekte. Kategorien sind `person`, `group`, `computer` und `organizationalUnit`. Person umfasst die Klassen user und contact. Die Kategorie eines Verzeichnisobjekts ist in `objectCategory` abgelegt und `objectCategory` ist ein indiziertes Attribut, das eine sehr schnelle Suche ermöglicht. Aus diesem Grund ist es sinnvoll, sowohl `objectClass` als auch `objectCategory` in die Bedingungen aufzunehmen.

Die folgende Liste zeigt die korrekten Bedingungen für eine schnelle Suche für verschiedene Verzeichnisklassen:

- Kontakte: `(&(objectclass=contact)(objectcategory=person)`
- Benutzer: `(&(objectclass=user)(objectcategory=person)`
- Gruppen: `(&(objectclass=group)(objectcategory=group)`
- Organisationseinheiten: `(&(objectclass=organizationalUnit)(objectcategory=organizationalUnit)`
- Computer: `(&(objectclass=user)(objectcategory=computer)`

Vermeidung des Sternoperators

Als weiteren Tipp zur Optimierung von Active-Directory-Suchanfragen sollten Sie die Verwendung von Platzhaltern (Sternoperator *) am Anfang einer Zeichenkette vermeiden.

Begrenzung für Suchanfragen

Das Active Directory begrenzt in der Standardkonfiguration die Anzahl der Suchergebnisse auf 1000. Diese Einstellung können Sie in den Domänenrichtlinien ändern.

Listing 54.20 Änderung der Domänenrichtlinie für die Suchbegrenzung durch ntdsutil.exe

```
C:\> ntdsutil
ntdsutil: ldap policies
ldap policy: connections
server connections: connect to server SERVERNAME
Connected to SERVERNAME using credentials of locally logged on user
server connections: q
ldap policy: show values

Policy                         Current(New)

…MaxPageSize                   1000…
ldap policy: set maxpagesize to ##### (for example, 50000)
ldap policy: commit changes
ldap policy: q
ntdsutil: q
Disconnecting from SERVERNAME …
```

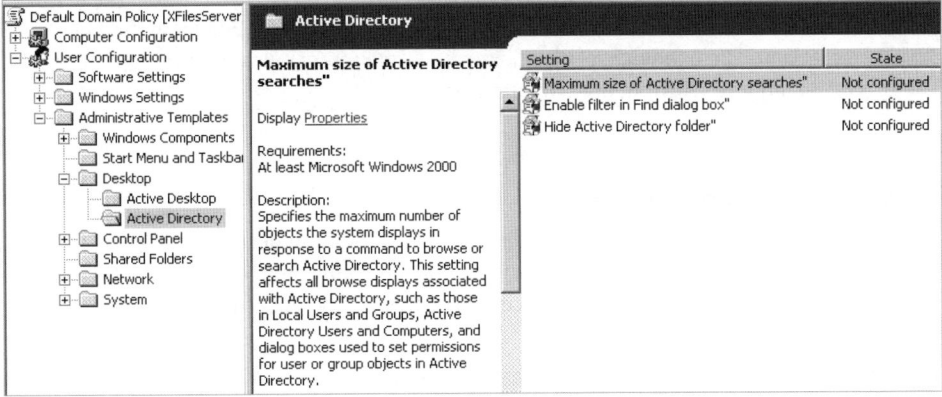

Bild 54.13 Änderung der Domänenrichtlinie für die Suchbegrenzung durch die MMC

Weitere Beispiele für LDAP-Suchanfragen

Die folgende Liste enthält weitere Beispiele für mögliche Filter bei der Suche nach Benutzerkonten:

- Alle Benutzer, deren Name mit s beginnt:

  ```
  (&(objectCategory=person)(objectClass=user)(name=s*))
  ```

- Alle Benutzer, für die es keine Beschreibung gibt:

  ```
  (&(objectCategory=computer)(!description=*))
  ```

- Alle Benutzer, die deaktiviert sind:

  ```
  (&(objectCategory=person)(objectClass=user)-
  (userAccountControl:1.2.840.113556.1.4.803:=2))
  ```

  Die Herausforderung in diesem Fall besteht darin, dass die Deaktivierungsinformation in einem einzelnen Bit in userAccountControl abgelegt ist. Ein Vergleich auf einen bestimmten Wert nur mit dem Gleichheitszeichen würde nicht zum Ziel führen. Notwendig ist ein bitweises UND. Leider wird dies in LDAP kompliziert durch die Angabe „1.2.840.113556.1.4.803" ausgedrückt. Ein bitweises ODER wäre der Wert „1.2.840.113556.1.4.804".

- Alle Benutzer, bei denen „Kennwort läuft nie ab" gesetzt ist:

  ```
  (&(objectCategory=person)(objectClass=user)
  (userAccountControl:1.2.840.113556.1.4.803:=65536))
  ```

- Alle Benutzer, die nach dem 10.11.2004 angelegt wurden:

  ```
  (&(objectCategory=person)(objectClass=user)
  (whenCreated>=20041110000000.0Z))
  ```

ACHTUNG: Eine Abfrage, die nur aus der Bedingung `class=*` besteht, funktioniert nicht. Um alle Verzeichnisobjekte zurückzuliefern, muss der Sternoperator auf ein anderes Attribut angewendet werden.

Verwendung von Get-ADObject

Die PowerShell Community Extensions beinhalten das Commandlet `Get-ADObject`, mit dem man Einträge, die bestimmten Kriterien entsprechen, aus dem Active Directory filtern kann. Ausgabeobjekte sind vom Typ `System.DirectoryServices.DirectoryEntry`.

Tabelle 54.6 Beispiel für den Einsatz von Get-ADObject

`Get-ADObject -Class user`
Liefert alle Benutzerkonten (Instanzen der Verzeichnisdienstklasse „user")
`Get-ADObject -value "*domain*"`
Liefert alle Verzeichnisdienstobjekte, deren Name das Wort „Domain" enthält
`Get-ADObject -Filter "(&(objectCategory=person)(objectClass=user)(userAccountControl:1.2.840.113556.1.4.803:=2))"`
Liefert alle deaktivierten Benutzerkonten
`Get-ADObject -Server D142 -SizeLimit 10`
Liefert die ersten zehn Verzeichniseinträge von Domänencontroller D142
`Get-ADObject -Server D142 -Scope subtree -DistinguishedName "CN=Users,DC=FBI,DC=net"`
Liefert alle Einträge in dem Container „Users" und seinen Untercontainern

■ 54.7 Navigation im Active Directory mit den PowerShell Extensions

Durch Installation der PowerShell Community Extensions (PSCX) [CODEPLEX01] steht das Active Directory als Navigationscontainer (alias PowerShell Provider) bereit. Beim Start der PowerShell erzeugen die PSCX automatisch ein neues Laufwerk für das Active Directory, zu dem der Computer gehört. Das Laufwerk wird benannt wie der NT-4.0-kompatible Domänenname (also z. B. „FBI:" für die Domäne mit dem DNS-Namen „fbi.net").

Der folgende Befehl selektiert aus dem „users"-Container des Active Directory alle Gruppen, die das Wort „Domain" im Namen tragen, und gibt diese Liste nach Namen sortiert aus.

```
dir FBI:/users | where { ($_.name -match "domain") -and ($_.Type -match "group") } |
sort name
```

Um eine neue Organisationseinheit mit Namen „Directors" anzulegen, braucht man nur einen Befehl:

```
New-Item -path FBI://Directors -type organizationalunit
```

54.8 Verwendung der Active-Directory-Erweiterungen von www.IT-Visions.de

Die Commandlet-Bibliothek von *www.IT-Visions.de* stellt einige Commandlets für die Verzeichnisdienstverwaltung bereit, welche die Arbeit wesentlich vereinfachen. Dort enthalten sind folgende Commandlets:

- `Get-DirectoryEntry`: Zugriff auf ein einzelnes Verzeichnisobjekt
- `Get-DirectoryChildren`: Zugriff auf den Inhalt eines Containerobjekts (listet die Unterelemente auf)
- `Add-User`: Anlegen eines Benutzerkontos mit Kennwort
- `Add-DirectoryObject`: Anlegen eines Verzeichnisobjekts, das kein Kennwort benötigt
- `Remove-DirectoryObject`: Löschen eines Verzeichnisobjekts
- `Get-DirectoryValue`: Auslesen eines Werts für ein Verzeichnisattribut
- `Set-DirectoryValue`: Festlegen eines Werts für ein Verzeichnisattribut

HINWEIS: Die Commandlets unterstützen sowohl den Commandlet-basierten Programmierstil:

```
Add-User -RDN $Name -Container ("WinNT://" + $Computer) -Password "geheim"
Set-DirectoryValue -Path ("WinNT://" + $Computer +"/" + $Name) -Name
"Fullname" -Value "Dr. Holger Schwichtenberg"
```

als auch den objektbasierten Stil, da die Commandlets die entsprechenden Objekte in die Pipeline legen:

```
$u = Add-User -Password "geheim" -RDN $Name -Container ("WinNT://" +
$Computer)
$u.Fullname
$u.PSBase.CommitChanges()
```

Das folgende Beispiel zeigt die Anwendung der Commandlets – wahlweise für eine lokale Windows-Benutzerdatenbank (getestet auf einem Windows-Server-2003-Mitgliedsserver) oder ein Active Directory (getestet auf einem Windows-Server-2003-Domänencontroller).

Listing 54.21 Beispiel für verschiedene Verzeichnisdienstoperationen mit dem Win-NT-Provider unter Verwendung der www.IT-Visions.de-Commandlets
[3_Einsatzgebiete\Benutzer\Local-User_IT-Visions_Commandlets.PS1]

```
##########################################
## Testskript für Verzeichnisdienstzugriff mit den
## www.IT-Visions.de PowerShell Commandlets
## Dr. Holger Schwichtenberg 2007 - 2010
##########################################

# Parameter

# WinNT
$Name = "FoxMulder"
$Computer = "F171"
$Container = "WinNT://$Computer"


# LDAP (ADS)
$Name = "cn=FoxMulder"
$Container = "LDAP://XFilesServer1/OU=Agents,DC=FBI,DC=net"

Write-Host "Zugriff auf Container" -ForegroundColor yellow
Get-DirectoryEntry $Container | select name
# Alternative: Get-DirectoryEntry "WinNT://$Computer" | select name

Write-Host "Benutzer anlegen" -ForegroundColor yellow
$u = Add-User -Name $Name -Container $Container -Password "sdd%24343423" -verbose

Write-Host "Attribute setzen - Commandlet-Stil" -ForegroundColor yellow
Set-DirectoryValue -Path $u.psbase.path -Name "Description" -Value "Autor
dieses Buchs"

Write-Host "Attribute setzen - Objektstil" -ForegroundColor yellow
$u.Description = "Autor dieses Buchs"
$u.PSBase.CommitChanges()
# Alternative: Set-DirectoryValue -Path ("WinNT://" + $Computer +"/" + $Name) -Name
"Fullname" -Value "Agent Fox Mulder"

Write-Host "Benutzer auslesen - Objektstil" -ForegroundColor yellow
$u = Get-DirectoryEntry $u.psbase.path
"Name: " + $u.Description

Write-Host "Benutzer auslesen - Commandlet-Stil" -ForegroundColor yellow
Get-DirectoryValue -Path $u.psbase.path  -Name "Description"

Write-Host "Benutzer löschen" -ForegroundColor yellow
Remove-DirectoryEntry $u.psbase.path

Write-Host "Liste aller Containerelement" -ForegroundColor yellow
Get-DirectoryChildren $Container | select name
```

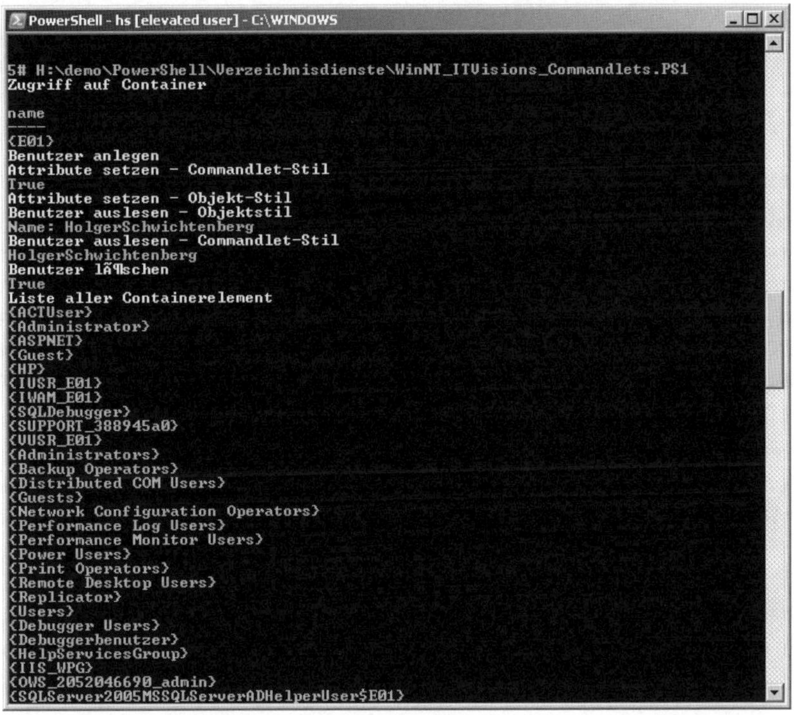

Bild 54.14 Ausschnitt aus der Ausgabe des obigen Skripts

■ 54.9 PowerShell-Modul „Active Directory" (ADPowerShell)

Windows Server enthält seit Version 2008 Release 2 ein Active-Directory-PowerShell-Modul mit 76 Commandlets und einem Navigationsprovider. Das Modul wird bei Microsoft „Active Directory PowerShell" (kurz: ADPowerShell) genannt. Das Modul kann man im Rahmen von RSAT auch auf einem Windows-Client (ab Version Windows 7) installieren.

 HINWEIS: Man kann auch Instanzen von Active Directory Lightweight Directory Services (AD LDS) mit dem Modul verwalten.

 HINWEIS: Das neue GUI-Werkzeug für das Active Directory seit Windows Server 2008 R2, das Active Directory Administrative Center (ADAC), basiert komplett auf dem ADPowerShell-Modul.

TIPP: Zu dem Active-Directory-Modul gibt es ein eigenes Weblog:
http://blogs.msdn.com/adPowerShell/

Architektur und Installation

Das Active-Directory-Modul nutzt für den Zugriff auf einen Domänencontroller nicht das LDAP-Protokoll, sondern Webservices. Voraussetzung ist daher, dass auf dem Domänencontroller die Active Directory Web Services (ADWS) installiert sind. ADWS werden automatisch auf einem Windows-Server-Domänencontroller (seit Windows Server 2008 R2) installiert. ADWS basieren auf der .NET-Kommunikationsinfrastruktur „Windows Communication Foundation (WCF)" und diversen W3C-Standards wie WS-Transfer sowie Microsoft-eigenen Erweiterungen (z. B. WS-Enumeration).

ADWS verwendet TCP-Port 9389 und ist implementiert im Windows-Systemdienst „ADWS" (Microsoft.ActiveDirectory.WebServices.exe). Das Installationsverzeichnis ist C:\Windows\ADWS. Die Konfiguration ist möglich über Microsoft.ActiveDirectory.WebServices.exe.config.

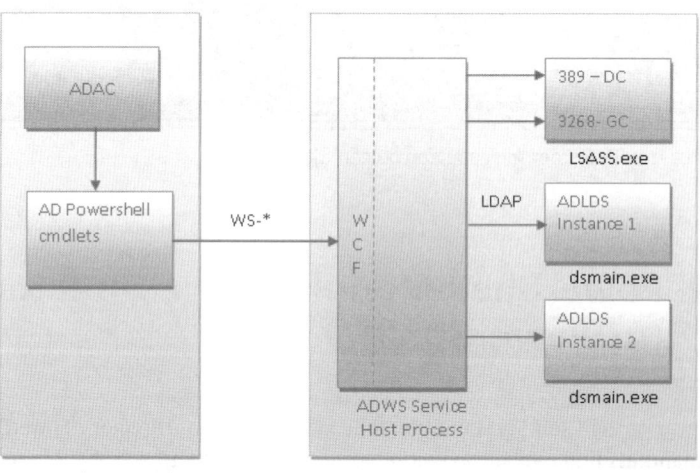

Bild 54.15 Das Schaubild zeigt den Weg vom Active Directory Administrative Center (ADAC) über die PowerShell und WCF bis zum Dienst lsass.exe (für Active Directory Domain Services) bzw. dsmain.exe (für Lightweight Directory Services). (Quelle: *http://blogs.msdn.com/adPowerShell/-archive/2009/04/06/active-directory-web-services-overview.aspx*)

Beim Auftreten des Fehlers „Unable to find a default server with Active Directory Web Services running" prüfen Sie, ob der ADWS-Dienst läuft und erreichbar ist.

ADWS sind für Windows Server 2008 (mit oder ohne SP2) sowie Windows Server 2003 (auch R2, mit SP2) als Zusatzkomponenten verfügbar. Dazu muss man dort den „Active Directory Management Gateway Service" (ADMGS) installieren. ADMGS basiert auf .NET Framework 3.5 mit SP1, das vorher installiert sein muss [MS04].

54.9 PowerShell-Modul „Active Directory" (ADPowerShell)

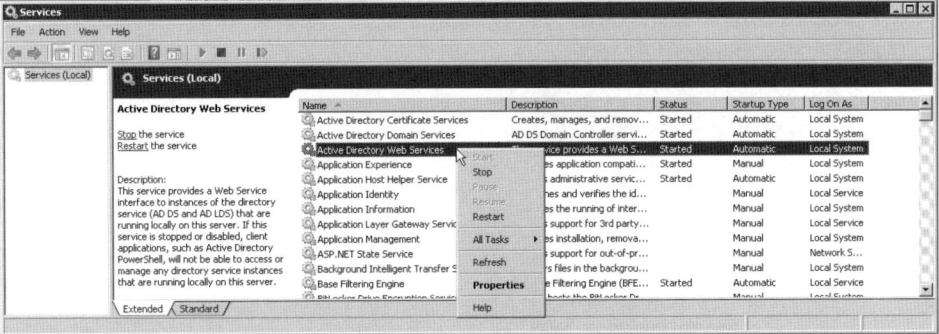

Bild 54.16 Der Systemdienst „Active Directory Web Services" (Microsoft.ActiveDirectory.WebServices.exe), der ADWS realisiert

 HINWEIS: ADMGS entspricht hinsichtlich der Funktionalität ADWS unter Windows Server seit Version 2008 R2. Warum hier zwei Namen notwendig waren, bleibt schleierhaft.

Auf einem Windows Server (ab Version 2008 R2), der nicht Domänencontroller ist, kann man das ADPowerShell-Modul einzeln (z. B. mit Hilfe des PowerShell-Moduls Servermanager) installieren (RSAT steht hier für „Remote Server Administration Tools"):

```
import-module servermanager
Add-WindowsFeature -Name "RSAT-AD-PowerShell" -IncludeAllSubFeature
```

Unter Windows Client (seit Version 7) kann man das AD-Modul ebenfalls nutzen (zum Zugriff auf entsprechend ausgestattete Domänencontroller). Hier muss man die Microsoft Remote Server Administration Tools (RSAT) für Windows Client installieren und danach unter den optionalen Features das „Active Directory Module for Windows PowerShell" aktivieren (siehe folgende Bildschirmabbildung).

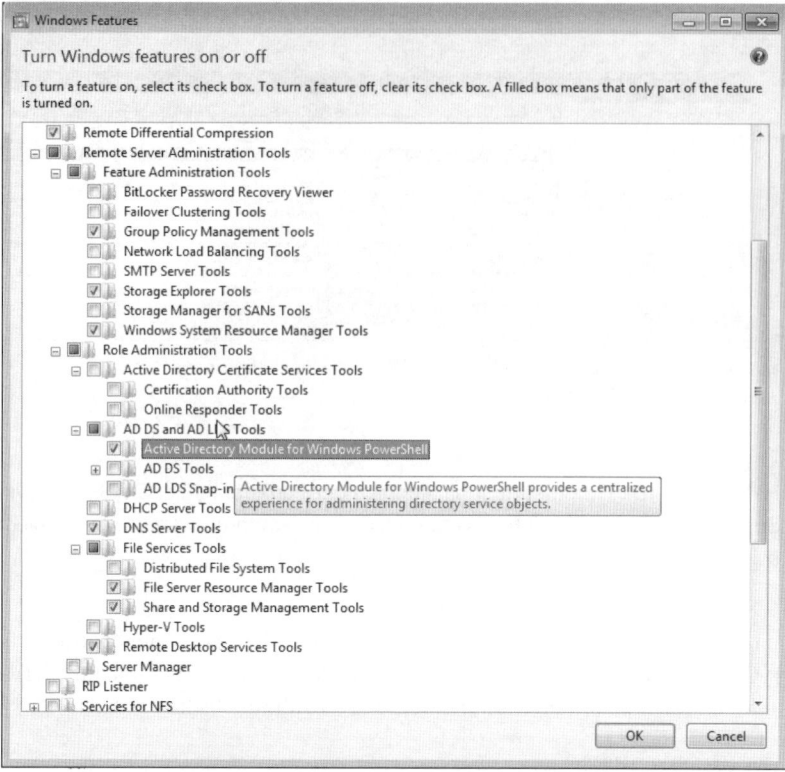

Bild 54.17 Aktivieren von ADPowerShell

Aktivieren des Active-Directory-Moduls

Das Active-Directory-Modul ist im Standard nicht aktiv, wenn man die Windows PowerShell auf Windows Server startet. Es gibt zwei Möglichkeiten:

- Start des Eintrags „Active Directory-Module für Windows PowerShell" unter „Administrative Tools" im Startmenü. Dies startet eine PowerShell-Konsole mit aktiviertem Active-Directory-Modul.

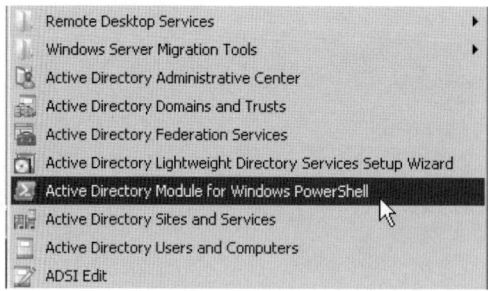

Bild 54.18
Active-Directory-Werkzeuge in Windows Server 2008 R2 und 2012 bzw. 2012 R2

- Eingabe von „Import-Module ActiveDirectory" in einer normalen PowerShell-Konsole

Wie die folgende Bildschirmabbildung zeigt, erhöht sich die Anzahl der Commandlets/Funktionen um 76 und die Anzahl der Navigationsprovider um eins.

```
Administrator: Windows PowerShell
Windows PowerShell
Copyright (C) 2009 Microsoft Corporation. All rights reserved.

PS C:\Users\HS> (Get-Command).Count
273
PS C:\Users\HS> (Get-PSDrive).Count
11
PS C:\Users\HS> Import-Module activedirectory
PS C:\Users\HS> (Get-Command).Count
349
PS C:\Users\HS> (Get-PSDrive).Count
12
PS C:\Users\HS> _
```

Bild 54.19
Veränderungen nach dem Import des Moduls

Active-Directory-Navigationsprovider

Der PowerShell-Navigationsprovider für das Active Directory trägt den Namen „ActiveDirectory". Auf einem Windows-Server oder einem Windows-Client-System mit aktiviertem ADPowerShell-Modul wird durch die Aktivierung des Active-Directory-Moduls automatisch ein Laufwerk „AD:" eingerichtet, das zur Wurzel des Active Directory, dem Element „rootDSE", führt. Unter diesem existieren der DefaultNamingContext, der ConfigurationNamingContext und der SchemaNamingContext.

```
PS C:\Users\HS> Dir ad:

Name              ObjectClass       DistinguishedName
----              -----------       -----------------
FBI               domainDNS         DC=FBI,DC=org
Configuration     configuration     CN=Configuration,DC=FBI,DC=org
Schema            dMD               CN=Schema,CN=Configuration,DC=FBI,DC=org
DomainDnsZones    domainDNS         DC=DomainDnsZones,DC=FBI,DC=org
ForestDnsZones    domainDNS         DC=ForestDnsZones,DC=FBI,DC=org
```

Bild 54.20 Ausführung von Dir ad

TIPP: Zu beachten ist, dass zur Navigation im Active Directory der Provider nicht den Namen, sondern den DN (Distinguished Name) verwendet. Falsch ist also:

Dir ad:\FBI

(auch wenn die Anzeige von DIR ad: dies suggeriert), sondern richtig ist:

Dir ad:\"DC=FBI,DC=net"

(mit den Anführungszeichen!).

```
PS C:\Users\HS> Dir ad:\"DC=FBI,DC=org"

Name                  ObjectClass              DistinguishedName
----                  -----------              -----------------
Agents                organizationalUnit       OU=Agents,DC=FBI,DC=org
Aliens                organizationalUnit       OU=Aliens,DC=FBI,DC=org
Builtin               builtinDomain            CN=Builtin,DC=FBI,DC=org
Computers             container                CN=Computers,DC=FBI,DC=org
Directors             organizationalUnit       OU=Directors,DC=FBI,DC=org
Domain Controllers    organizationalUnit       OU=Domain Controllers,DC=FBI,DC=org
ForeignSecurityPr...  container                CN=ForeignSecurityPrincipals,DC=FBI,DC=org
Infrastructure        infrastructureUpdate     CN=Infrastructure,DC=FBI,DC=org
Lone Gunmen           organizationalUnit       OU=Lone Gunmen,DC=FBI,DC=org
LostAndFound          lostAndFound             CN=LostAndFound,DC=FBI,DC=org
Managed Service A...  container                CN=Managed Service Accounts,DC=FBI,DC=org
NTDS Quotas           msDS-QuotaContainer      CN=NTDS Quotas,DC=FBI,DC=org
Program Data          container                CN=Program Data,DC=FBI,DC=org
Syndicate             organizationalUnit       OU=Syndicate,DC=FBI,DC=org
System                container                CN=System,DC=FBI,DC=org
The Lone Gunmen       organizationalUnit       OU=The Lone Gunmen,DC=FBI,DC=org
Users                 container                CN=Users,DC=FBI,DC=org
```

Bild 54.21 Auflisten des DefaultNamingContext im Active Directory „FBI.org"

```
PS C:\Users\HS> Dir ad:\"OU=Agents,DC=FBI,DC=org"

Name           ObjectClass    DistinguishedName
----           -----------    -----------------
All Agents     group          CN=All Agents,OU=Agents,DC=FBI,DC=org
Dana Scully    user           CN=Dana Scully,OU=Agents,DC=FBI,DC=org
Fox Mulder     user           CN=Fox Mulder,OU=Agents,DC=FBI,DC=org
John Doggett   user           CN=John Doggett,OU=Agents,DC=FBI,DC=org
Monica Reyes   user           CN=Monica Reyes,OU=Agents,DC=FBI,DC=org
```

Bild 54.22 Auflisten der Organisationseinheit „Agents" im Active Directory „FBI.org"

Man kann mit dem PowerShell-Commandlet `Set-Location` (alias CD) den aktuellen Pfad ins Active Directory setzen

```
cd ad:"ou=Agents,DC=FBI,DC=net"
```

oder einen neuen Laufwerksnamen definieren:

```
New-PSDrive -Name Agents -PSProvider ActiveDirectory -Root
AD:"ou=Agents,DC=FBI,DC=net"
Dir Agents:
```

Mit `Get-Item` kann man gezielt auf einzelne Active-Directory-Einträge zugreifen. Allerdings stellt man schnell fest, dass man auf diesem Wege nur die Basisinformationen für einen Eintrag, nicht aber die spezifischen Attribute erreichen kann.

```
PS C:\Users\HS> $fm = Get-Item ad:\"CN=Fox Mulder,OU=Agents,DC=FBI,DC=org"
PS C:\Users\HS> $fm | fl

Name              : Fox Mulder
ObjectClass       : user
DistinguishedName : CN=Fox Mulder,OU=Agents,DC=FBI,DC=org
ObjectGuid        : b0719f9f-721b-418d-ae85-b039a1a93e6f

PS C:\Users\HS>
```

Bild 54.23 Einsatz von Get-Item

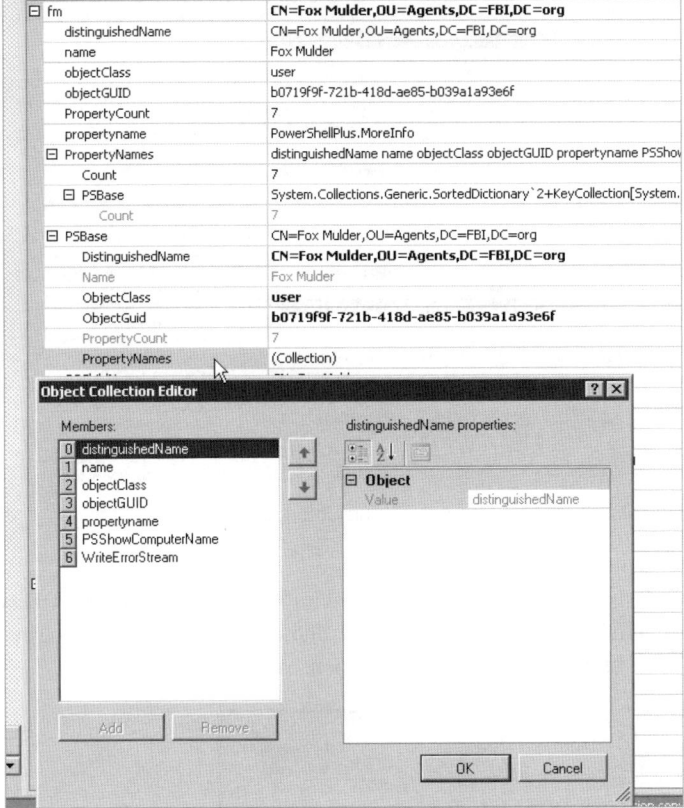

Bild 54.24 PowerShellPlus offenbart, dass es keine spezifischen Objektinformationen über den Navigationsprovider gibt.

Objektmodell

Die Commandlets des ADPowerShell-Moduls bieten mehr Möglichkeiten als der Provider. Die Commandlets verwenden ein eigenes Objektmodell zur Abbildung der ADS-Strukturen. Die Vererbungshierarchie der Datenklassen im Active-Directory-Modul entspricht nicht der Vererbungshierarchie im Active-Directory-Schema. Im AD-Schema ist z. B. „Computer" eine Spezialisierung von „User". Im ADPowerShell-Objektmodell sind ADUser und ADComputer auf gleicher Ebene Unterklassen von ADAccount.

```
ADEntity
  ADRootDSE
  ADObject
    ADFineGrainedPasswordPolicy
    ADOptionalFeature
    ADOrganizationalUnit
    ADPartition
      ADDomain
    ADPrincipal
      ADAccount
        ADComputer
        ADServiceAccount
        ADUser
      ADGroup
    ADDefaultDomainPasswordPolicy
    ADForest
    ADDirectoryServer
      ADDomainController
```

Bild 54.25
Das Vererbungsmodell der Datenklassen im Active-Directory-Modul (Quelle: Hilfe zum Modul „ADPower-Shell")

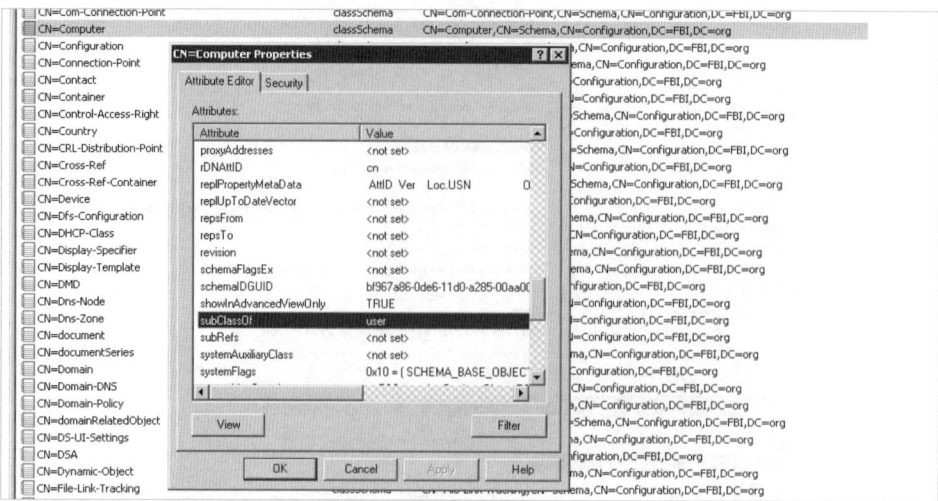

Bild 54.26 Im ADS-Schema ist „Computer" eine Unterklasse von „User" (hier angezeigt im Werkzeug ADSI Edit).

Die PowerShell-Klassen repräsentieren Klassen im Active Directory, z. B. ADUser entspricht User. Einige Eigenschaften eines Objekts werden aus dem Active Directory automatisch geladen, andere müssen explizit geladen werden.

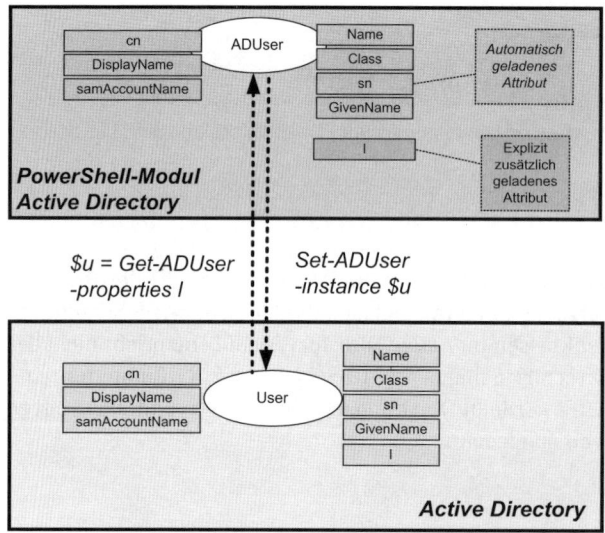

Bild 54.27 Abbildung der PowerShell-Klassen auf Active-Directory-Klassen

Die Datenklassen besitzen drei Arten von Attributen:

- Direkt aus dem Active Directory stammende Attribute (z. B. `ObjectClass`, `City`, `GivenName`)
- Die Attribute haben zum Teil von den LDAP-Namen abweichende **Alias-Bezeichnungen** (z. B. „City" statt „l"). Diese Alias-Namen unterstützen aber nicht alle Attribute. So kennt `Get-ADUser` den Alias „City", während das allgemeine `Get-ADObject` ihn nicht kennt.

- Zusammengesetzte Attribute, die mehrere Daten aus dem Active Directory zusammenfassen. Ein Beispiel dafür ist `ProtectedFromAccidentalDeletion`. Dieser Boolean-Wert (Ja-/Nein-Wert) ergibt sich aus `nTSecurityDescriptor`, `sdRightsEffective`, `instanceType` und `isDeleted`.

Tabelle 54.7 Abbildung von LDAP-Namen auf Namen im AD-Modul

Name des Attributs im AD-Modul	LDAP-Name
Name	Name
ObjectClass	objectClass
ObjectGUID	objectGUID
CN	Cn
DistinguishedName	distinguishedName
DisplayName	displayName
Description	Description
Title	Title
Surname	Sn
GivenName	givenName
City	L
StreetAddress	Street
Country	C
Office	physicalDeliveryOfficeName
Fax	facsimileTelephoneNumber
EmailAddress	Mail
SamAccountName	sAMAccountName
HomeDrive	homeDrive
HomeDirectory	homeDirectory
ProfilePath	profilePath
ProtectedFromAccidentalDeletion	nTSecurityDescriptor, sdRightsEffective, instanceType, isDeleted

Überblick über die Commandlets

Die beim Active-Directory-PowerShell-Modul mitgelieferten Commandlets lassen sich in drei Gruppen unterteilen:

- Allgemeine Verwaltungs-Commandlets
- Kontenverwaltung (Organisationseinheiten, Benutzer, Gruppen, Computer) mit den Untergruppen:
  - Lebenszyklusverwaltung
  - Kontoeigenschaftenverwaltung
  - Dienstkontenverwaltung

- Gruppenmitgliedschaftsverwaltung
- Kennwortrichtlinienverwaltung
- Topologieverwaltung:
  - Verwaltung der Domänen und Wälder
  - Verwaltung der Domänencontroller
  - Verwaltung der optionalen Features
  - Verwaltung der Replikationsrichtlinien

In dem folgenden Schaubild sind zusätzlich die allgemeinen PowerShell-Commandlets für die Providerverwaltung erwähnt.

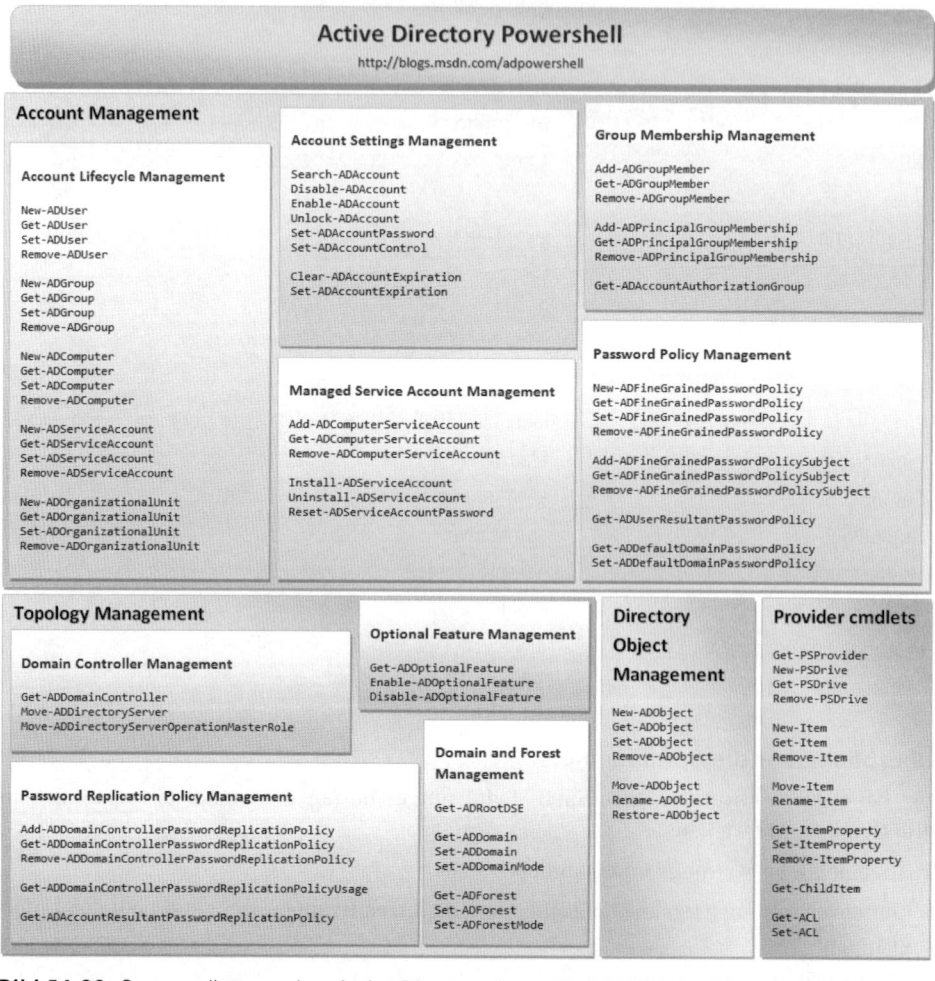

Bild 54.28 Commandlets aus dem Active-Directory-PowerShell-Modul (Quelle: *http://blogs.msdn.com/adPowerShell/archive/2009/03/05/active-directory-PowerShell-overview.aspx*)

Tabelle 54.8 Wichtige Active Directory-Commandlets im Active-Directory-PowerShell-Modul

Commandlet (mit Aliasen)	Bedeutung
Get-ADObject	Abruf beliebiger Objekte aus dem AD
Get-ADUser, Get-ADGroup, Get-ADOrganizationalUnit, Get-ADDomain, Get-ADComputer, ...	Abruf von spezifischen AD-Elementen
Set-ADObject, Set-ADUser, Set-ADGroup Set-ADComputer, ...	Setzen von Eigenschaften eines Objekts
New-ADUser, New-ADGroup, New-ADOrganizationalUnit, ...	Anlegen eines neuen AD-Objekts
Remove-ADObject	Löschen eines AD-Objekts
Rename-ADObject	Umbenennen eines AD-Objekts
Move-ADObject	Verschieben eines AD-Objekts
Set-ADAccountPassword	Festlegen eines Kennworts
Get-ADGroupMember	Liste der Gruppenmitglieder
Add-ADGroupMember	Mitglied einer Gruppe hinzufügen
Remove-ADGroupMember	Mitglied aus einer Gruppe entfernen

Allgemeine Parameter

Bei den Active-Directory-Commandlets sind einige Dinge zu beachten, die zum Teil von den in anderen PowerShell-Modulen realisierten Vorgehensweisen abweichen:

- Im Standard von den Commandlets werden **nicht alle Eigenschaften des Active Directory** geladen, sondern nur wenige und die explizit angeforderten. Oft ist aber die Angabe „*" (für alle) erlaubt.
- Einige Commandlets (z. B. zum Löschen von Objekten) fragen im Standard immer nach einer Bestätigung für die Aktion. Diese Nachfrage muss man ausschalten mit –confirm:$false. Den Parameter -force gibt es nicht.
- Bei rekursiven Aktionen muss man -Recursive statt wie sonst üblich -Recurse angeben.
- Ebenfalls abweichend von den üblichen Standards geben die New-Commandlets das erstellte Objekt nicht automatisch zurück. Sie geben es nur zurück, wenn man -PassThru angibt.
- Mit dem Parameter -Server benennt man den anzusprechenden Domaincontroller.
- Mit dem Parameter -Partition benennt man den anzusprechenden Namenskontext (z. B. CN=Schema,CN=Configuration, DC=FBI, DC=Org).
- Im Parameter -Credentials übergibt man optional ein WPS-Berechtigungsobjekt, wenn die Authentifizierung abweichend vom aktuellen Benutzer sein soll. (Das Berechtigungsobjekt kann man mit Get-Credential holen.)
- Das jeweils anzusprechende Objekt legt man durch den -Identity-Parameter fest. Hier sind verschiedene Angaben erlaubt:
  - Distinguished Name (DN)
  - GUID

- ADEntity-Objekt
- SamAccountName (nur erlaubt bei Kontenobjekten)
- SID (nur erlaubt bei Kontenobjekten)

Die folgenden Codefragmente zeigen die verschiedenen Identitätsangaben am Beispiel des Löschens eines Benutzers mit dem Commandlet Remove-ADObject:

- `Remove-ADObject -Identity "cn=Walter S. Skinner,ou=Directors,DC=FBI,DC=net" -Confirm:$false`
- `Remove-ADUser -Identity "WalterSkinner" -Confirm:$false`
- `Remove-ADUser -Identity S-1-5-21-3934977428-1652703760-2451573622- Confirm:$false`
- `$u = Get-ADUser -Identity "WalterSkinner"`
- `Remove-ADUser -Identity $u -Confirm:$false`

Allgemeine Verwaltungs-Commandlets (*-ADObject)

Das Active-Directory-Modul stellt folgende allgemeine Commandlets bereit, mit denen sich Active-Directory-Objekte unabhängig von der Verzeichnisdienstklasse verwalten lassen:

- `Get-ADObject`: holt ein AD-Objekt
- `Set-ADObject`: setzt Werte in einem AD-Objekt
- `New-ADObject`: erzeugt ein neues AD-Objekt (unter Angabe des Klassennamens)
- `Remove-ADObject`: löscht ein AD-Objekt
- `Rename-ADObject`: Umbenennen eines AD-Objekts
- `Move-ADObject`: Verschieben eines AD-Objekts
- `Restore-ADObject`: Wiederherstellen eines gelöschten AD-Objekts

Das folgende Listing zeigt ein Skript, das eine Organisationseinheit löscht, an einem anderen Ort unter anderem Namen wieder anlegt, dann verschiebt und umbenennt.

Listing 54.22 Beispielskript für den Einsatz der allgemeinen AD-Commandlets [WPS2_ADS_CommonCommandlets.ps1]

```
"Delete and Recreate an OU....."

$ou = Get-ADObject "ou=Agents,DC=FBI,DC=net"
$ou | fl

Set-adobject "ou=Agents,DC=FBI,DC=net" -protectedFromAccidentalDeletion $false
Remove-ADObject "ou=Agents,DC=FBI,DC=net" -confirm:$false -recursive

New-ADObject -type "OrganizationalUnit" -ProtectedFromAccidentalDeletion $false -name
"Alien-Agents" -Path "ou=Aliens,DC=FBI,DC=net"

"Move an OU..."

Move-ADObject -Identity "ou=Alien-Agents,ou=Aliens,DC=FBI,DC=net" -targetpath
"DC=FBI,DC=net"

Rename-ADObject "ou=Alien-Agents,DC=FBI,DC=net" -newname "Agents"
```

```
# Option #1
Set-ADObject "ou=Agents,DC=FBI,DC=net" -description "FBI Agents"
# Option #2
Set-ADObject "ou=Agents,DC=FBI,DC=net" -replace @{ManagedBy="cn=Walter Skinner,
ou=Directors,DC=FBI,DC=net"}
# Option #3
$newou = Get-ADObject "ou=Agents,DC=FBI,DC=net"
$newou.ManagedBy = "cn=Walter Skinner,ou=Directors,DC=FBI,DC=net"
Set-ADObject -instance $newou

"Ergebnis:"
$ou = Get-ADObject  "ou=Agents,DC=FBI,DC=net"
$ou | fl
```

Interessant im obigen Listing sind vor allem die drei Wege, auf denen `Set-ADObject` arbeitet:

- Option 1: Es gibt einige wenige AD-Attribute bzw. Attribute der AD-Modul-Klassen, die Parameter des Commandlets `Set-ADObject` sind (z. B. `Description` und `ProtectedFrom AccidentalDeletion`). Diese können direkt gesetzt werden.
- Option 2: Andere Attribute können entweder unter Angabe im „Replace"-Parameter gesetzt werden (hier z. B. „Managedby").
- Option 3: Oder diese Attribute können in objektorientierter Vorgehensweise in das Objekt geschrieben werden. `Set-ADObject` sorgt dann für die Übermittlung der Änderungen an das AD.

 ACHTUNG: Das Commandlet `Remove-ADObject` bietet leider nicht den sonst üblichen Parameter `-Force`, mit dem man schreibgeschützte AD-Einträge („ProtectedFromAccidentalDeletion") einfach löschen kann. Daher muss man vorher `-ProtectedFromAccidentalDeletion = $false` setzen, da sonst Remove-ADObject mit einem Fehler abbrechen könnte! Außerdem muss man `-confirm:$false` setzen, da sonst das Commandlet eine Nachfrage an den Benutzer stellt.

Filtern und Suchen

Mit `Get-ADObject` kann man Objekte suchen. Dabei bietet ADPowerShell wahlweise die LDAP-Filtersyntax (mit Präfix-Notation) oder eine vereinfachte Infix-Notation an, die an die PowerShell-Ausdruckssyntax angelehnt ist.

Mit `-searchbase` legt man den Ausgangspunkt der Suche fest, z. B.:

```
-searchbase "ou=agents,DC=FBI,DC=net"
```

Mit `-searchscope` legt man die Tiefe der Suche fest. Erlaubt sind: `Base`, `OneLevel` und `SubTree`, z. B.:

```
-SearchScope SubTree
```

Der folgende Befehl liefert aus dem aktuellen Active-Directory-Pfad die ersten fünf Einträge, deren Name mit „F" beginnt.

```
Get-ADObject -Filter 'Name -like "f*"' -SearchScope SubTree -resultSetsize 5
```

Der folgende Befehl liefert alle Einträge, was durch $null bei resultSetsize anzugeben ist (im Standard würden sonst nur die ersten 1000 ausgegeben!).

```
Get-ADObject -Filter 'Name -like "f*"' -SearchScope SubTree -resultSetsize $null
```

Der folgende Befehl listet alle Einträge auf, in denen der Vorname mit „F" und der Nachname mit „M" beginnt.

```
Get-ADObject -Filter 'givenname -like "f*" -and sn -like "m*"' -SearchScope SubTree -resultSetsize $null
```

ACHTUNG: Man muss die LDAP-Attributnamen (z. B. „sn") verwenden, nicht die Attributnamen der PowerShell (wie „surname").

Anstelle der moduleigenen Filtersyntax kann man auch die LDAP-Suchsprache verwenden. Das folgende Beispiel sucht korrekt in allen Benutzerkonten, die mit „F" beginnen.

```
Get-ADObject -LDAPFilter '(&(objectCategory=person)(objectClass=user)(name=f*))' -SearchScope SubTree -resultSetsize $null
```

TIPP: Die gleichzeitige Verwendung von objectCategory und objectClass in der Suchanfrage steigert die Leistung.

Die Tabelle zeigt die PowerShell-Filter und die äquivalenten LDAP-Filter.

Tabelle 54.9 Vergleich der Filtersprachen (Quelle: [MSBlog01])

PowerShell-Operator	LDAP-Operator	Beschreibung
-eq	=	Gleich
-ne	! x = y	Ungleich
-like	=	Mustergleichheit
-notlike	! x = y	Musterungleichheit
-le	<=	Kleiner gleich
-lt	! x >= y	Kleiner
-ge	>=	Größer gleich
-gt	! x <= y	Größer
-and	&	Und
-or	|	Oder

PowerShell-Operator	LDAP-Operator	Beschreibung
-not	!	Nicht
-bor	:1.2.840.113556.1.4.804:=	Bitweise Oder
-band	:1.2.840.113556.1.4.803:=	Bitweise Und

Die PowerShell-Suchsyntax kann viel einfacher als die LDAP-Syntax sein, wie ein abschließendes Beispiel zeigt. Aufgabe ist es, alle Benutzer zu finden, die sich in den letzten fünf Tagen angemeldet haben.

```
$date = (Get-date) - (New-Timespan -days 5)
Get-ADUser -Filter { lastLogon -gt $date }
```

Mit der LDAP-Syntax wäre dies (die Zeitangabe erfolgt in Einheiten zu 100 Nanosekunden seit dem 1.1.1601):

```
Get-ADUser -LDAPFilter "(&(lastLogon>=128812906535515110) (objectClass=user)
(!(objectClass=computer)))"
```

Verwaltung von Organisationseinheiten

Zur Verwaltung von Organisationseinheiten stehen folgende spezielle Commandlets zur Verfügung:

- Get-ADOrganizationalUnit
- New-ADOrganizationalUnit
- Remove-ADOrganizationalUnit
- Set-ADOrganizationalUnit

Die Neufassung des Skripts aus dem Unterkapitel „Allgemeine Verwaltungs-Commandlets" unter Einsatz dieser Commandlets zeigt das folgende Listing. Die größten Unterschiede sind:

- Bei New-ADOrganizationalUnit muss man im Gegensatz zu New-ADObject keinen Klassennamen („Type") angeben.
- Mit Set-ADOrganizationalUnit kann man das Attribut ManagedBy direkt setzen.

Listing 54.23 Beispielskript für den Einsatz der "OU"-Commandlets
[WPS2_ADS_OUManagement.ps1]

```
"Delete and Recreate an OU....."

$ou = Get-ADObject "ou=Directors,DC=FBI,DC=net"
$ou | fl

set-adobject "ou=Directors,DC=FBI,DC=net" -protectedFromAccidentalDeletion $false
Remove-ADOrganizationalUnit "ou=Directors,DC=FBI,DC=net" -confirm:$false -recursive

"Create OU"
New-ADOrganizationalUnit -ProtectedFromAccidentalDeletion $false -name "Directors"
-Path "DC=FBI,DC=net"
```

```
"Move an OU..."
Move-ADObject -Identity "ou=Directors,DC=FBI,DC=net" -targetpath
"ou=Aliens,DC=FBI,DC=net"
Move-ADObject -Identity "ou=Directors,ou=Aliens, DC=FBI,DC=net" -targetpath
"DC=FBI,DC=net"

Rename-ADObject "ou=Directors,DC=FBI,DC=net" -newname "FBI-Directors"

Set-ADOrganizationalUnit "ou=FBI-Directors,DC=FBI,DC=net" -ManagedBy "cn=Fox
Mulder,ou=Agents,DC=FBI,DC=net"

"Ergebnis:"
$ou = Get-ADObject "ou=FBI-Directors,DC=FBI,DC=net"
$ou | fl
```

HINWEIS: Zu beachten ist, dass `Remove-ADOrganizationalUnit` auch ein `-confirm :$false` erfordert, da es sonst eine Benutzernachfrage gibt. Der Parameter `-recursive` ist notwendig, damit eventuell vorhandene Objekte in der Organisationseinheit auch gelöscht werden.

Verwaltung von Benutzerkonten

Zur Verwaltung von Benutzerkonten stehen im PowerShell-AD-Modul die folgenden Commandlets zur Verfügung:

- `Get-ADUser`: Benutzerkontenliste oder Daten eines Benutzerkontos
- `New-ADUser`: Benutzerkonto anlegen
- `Remove-ADUser`: Benutzerkonto löschen
- `Set-ADUser`: Eigenschaften eines Benutzers festlegen

Zugriff auf einzelne Benutzer oder Mengen von Benutzern ermöglicht `Get-ADUser`.

Der folgende Befehl holt den Benutzer „FoxMulder“:

```
Get-ADUser FoxMulder
```

Allerdings liefert `Get-ADUser` im Standard nur eine sehr kleine Teilmenge aller Attribute eines Benutzers (z. B. `GivenName`, `Surname`, `SamAcccountname`).

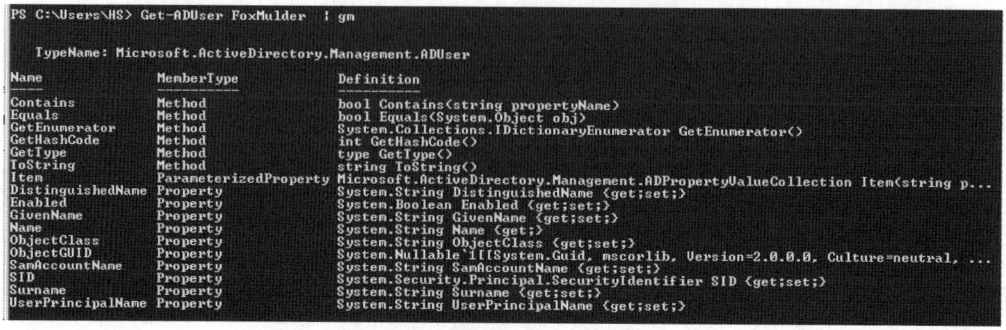

```
PS C:\Users\HS> Get-ADUser FoxMulder  | gm

   TypeName: Microsoft.ActiveDirectory.Management.ADUser

Name              MemberType            Definition
----              ----------            ----------
Contains          Method                bool Contains(string propertyName)
Equals            Method                bool Equals(System.Object obj)
GetEnumerator     Method                System.Collections.IDictionaryEnumerator GetEnumerator()
GetHashCode       Method                int GetHashCode()
GetType           Method                type GetType()
ToString          Method                string ToString()
Item              ParameterizedProperty Microsoft.ActiveDirectory.Management.ADPropertyValueCollection Item(string p...
DistinguishedName Property              System.String DistinguishedName {get;set;}
Enabled           Property              System.Boolean Enabled {get;set;}
GivenName         Property              System.String GivenName {get;set;}
Name              Property              System.String Name {get;}
ObjectClass       Property              System.String ObjectClass {get;set;}
ObjectGUID        Property              System.Nullable`1[[System.Guid, mscorlib, Version=2.0.0.0, Culture=neutral, ...
SamAccountName    Property              System.String SamAccountName {get;set;}
SID               Property              System.Security.Principal.SecurityIdentifier SID {get;set;}
Surname           Property              System.String Surname {get;set;}
UserPrincipalName Property              System.String UserPrincipalName {get;set;}
```

Bild 54.29 Standardattribute bei Get-ADUser

Möchte man mehr Attribute nutzen, muss man diese explizit angeben:

```
Get-ADUser FoxMulder -properties City, Company, Office
```

```
PS C:\Users\HS> Get-ADUser FoxMulder -properties City, Company, Office | gm

   TypeName: Microsoft.ActiveDirectory.Management.ADUser

Name              MemberType            Definition
----              ----------            ----------
Contains          Method                bool Contains(string propertyName)
Equals            Method                bool Equals(System.Object obj)
GetEnumerator     Method                System.Collections.IDictionaryEnumerator GetEnumerator()
GetHashCode       Method                int GetHashCode()
GetType           Method                type GetType()
ToString          Method                string ToString()
Item              ParameterizedProperty Microsoft.ActiveDirectory.Management.ADPropertyValueCollection Item(string p...
City              Property              System.String City {get;set;}
Company           Property              System.String Company {get;set;}
DistinguishedName Property              System.String DistinguishedName {get;set;}
Enabled           Property              System.Boolean Enabled {get;set;}
GivenName         Property              System.String GivenName {get;set;}
Name              Property              System.String Name {get;}
ObjectClass       Property              System.String ObjectClass {get;set;}
ObjectGUID        Property              System.Nullable`1[[System.Guid, mscorlib, Version=2.0.0.0, Culture=neutral, ...
Office            Property              System.String Office {get;set;}
SamAccountName    Property              System.String SamAccountName {get;set;}
SID               Property              System.Security.Principal.SecurityIdentifier SID {get;set;}
Surname           Property              System.String Surname {get;set;}
UserPrincipalName Property              System.String UserPrincipalName {get;set;}
```

Bild 54.30 Zusätzliche Attribute bei Get-ADUser

Alle Attribute bekommt man mit:

```
Get-ADUser FoxMulder -properties *
```

Man kann mit `Get-ADUser` auch Filter anwenden (vgl. Abschnitt *„Filtern und Suchen"*). Der folgende Befehl liefert alle Benutzer in der Organisationseinheit „Agents", deren Anmeldename mit „F" beginnt:

```
Get-ADUser -searchbase "ou=agents,DC=FBI,DC=net" -Filter 'samaccountname -like "F*"'
```

Der folgende Befehl liefert alle Benutzer in der Organisationseinheit „Agents":

```
$oupath = "ou=Agents,DC=FBI,DC=net"
Get-ADUser -Searchbase $oupath -Filter "*"
```

Testen, ob es ein Benutzerkonto gibt

Leider haben die Commandlets des Active-Directory-Moduls die unangenehme Implementierung, dass sie auch bei Angabe von `-ErrorAction SilentlyContinue` Fehler ausgeben, wenn die abzurufenden Objekte nicht existieren.

```
$path = "CN=Unsinn,DC=FBI,DC=net"
$o = Get-ADUser $path -ErrorAction SilentlyContinue

if ($o -eq $null) { "Objekt existiert nicht!" }
else { "Objekt existiert!" }
```

Dieses Skript führt zum Laufzeitfehler: „Cannot find an object with identity: 'CN=Unsinn,DC=FBI,DC=net' under: 'DC=FBI,DC=org'".

Es hilft nur ein vorheriges Setzen der `$ErrorActionPreference`:

```
$ErrorActionPreference = "SilentlyContinue"
$path = "CN=Unsinn,DC=FBI,DC=net"
```

```
$o = Get-ADUser $path -ErrorAction SilentlyContinue

if ($o -eq $null) { "Objekt existiert nicht!" }
else { "Objekt existiert!" }
```

Alternativ muss man das Commandlet in Try...Catch einbetten:

```
$o = $(try {Get-ADUser $path } catch {$null})

if ($o -eq $null) { "Objekt existiert nicht!" }
else { "Objekt existiert!" }
```

Eigenschaften eines Benutzerkontos ändern

Das folgende Skript zeigt, wie man mit Set-ADUser für einen Benutzer die Beschreibung ändert und die Fotodatei setzt.

Listing 54.24 [3_Einsatzgebiete\Verzeichnisdienste\WPSModule\WPS2_SetzeADFoto.ps1]

```
# Eingabedateien
$benutzer = "FoxMulder"
$fotodatei = "t:\foto.jpg"

# Eingabedatentest
$user = $(try {Get-ADUser $benutzer} catch {$null})

if ($user -eq $null) { Write-Error "Benutzer nicht vorhanden!"; exit }
if (-not (Test-Path $fotodatei)) { Write-Error "Fotodatei nicht vorhanden!"; exit }

# Aktion
"Lese Fotodatei ein..."
$fotodaten = [byte[]](Get-Content $fotodatei -Encoding byte )
"Setze Foto $fotodatei für Benutzer $benutzer..."
Set-ADUser -identity $benutzer -Replace @{thumbnailPhoto=$fotodaten;
Description="Benutzer mit Foto"}

# Kontrolle
"Kontrollausgabe:"
Get-ADUser -identity $benutzer -Properties thumbnailPhoto,Description | fl
thumbnailPhoto, Description
```

Benutzerkonto anlegen

Zum Anlegen von Benutzerkonten kommt New-ADUser zum Einsatz. Dabei kann man zahlreiche Kontoeigenschaften direkt setzen. Auf eine detaillierte Besprechung der Parameter wird hier aus Platzgründen verzichtet, da diese größtenteils selbst erklärend sind.

Listing 54.25 Anlegen des Agenten "Fox Mulder" unter Angabe des Kennworts im Skripttext [WPS2_ADS_UserManagement.ps1]

```
$fm = New-ADUser -path $oupath -Name "Fox Mulder" -SamAccountName "FoxMulder" -
-DisplayName "Fox Mulder" -Title "Agent" -Enabled $true -ChangePasswordAtLogon $false
-AccountPassword (ConvertTo-SecureString "I+love+Scully" -AsPlainText -force)
-PassThru -PasswordNeverExpires:$true -Description "FBI Agent" -HomePage "www.xfiles.
com" -Company "FBI"
```

54.9 PowerShell-Modul „Active Directory" (ADPowerShell)

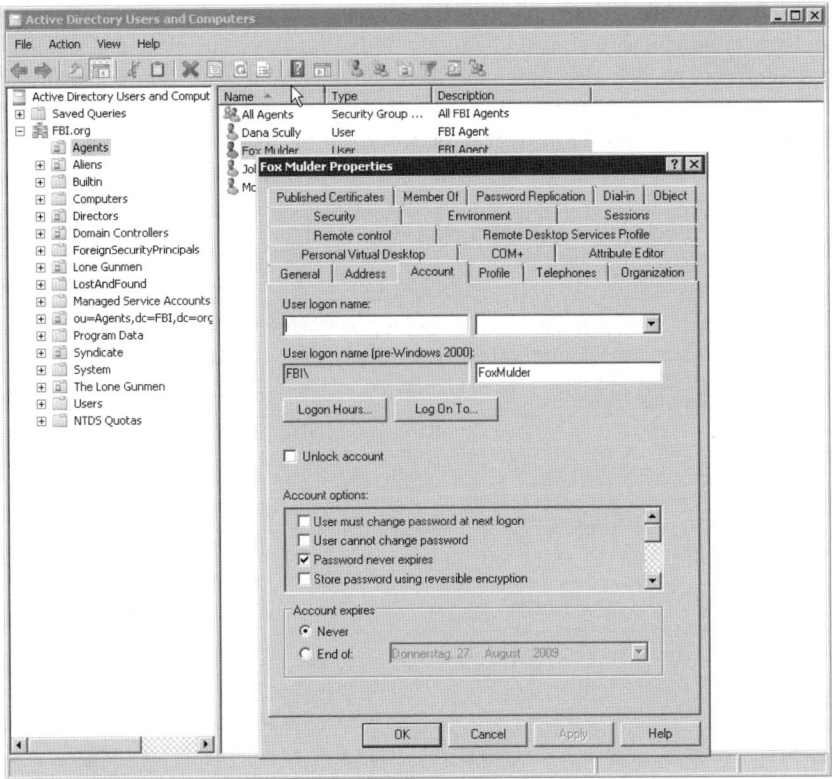

Bild 54.31 Ergebnis der Ausführung des oben genannten Befehls

Praxisbeispiel: Massenanlegen von Benutzerkonten

Das folgende Skript erwartet als Eingabedatei eine CSV-Datei (mit Semikolon als Trennzeichen) mit Namen, Titel und Organisationseinheit sowie Ortsangabe und einem Gruppennamen.

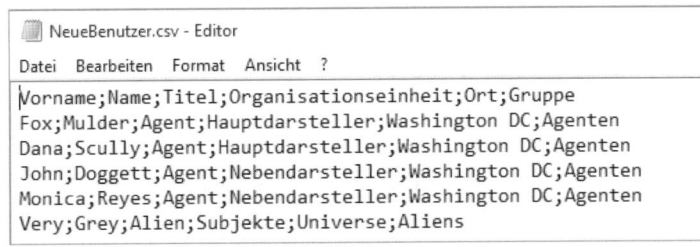

Bild 54.32 Eingabedatei „NeueBenutzer.csv"

Die CSV-Datei wird mit `Import-CSV` eingelesen. Zu beachten ist, dass das Trennzeichen Semikolon (;) explizit angegeben werden muss, weil die PowerShell im Standard ein Komma (,) als Trennzeichen erwartet. In unseren Breitengraden ist aber das Semikolon üblich, zumal auch Microsoft Excel, das CSV-Dateien bearbeiten kann, das Semikolon erwartet.

Für jede Zeile prüft das Skript zunächst, ob es die Organisationseinheit gibt, und legt diese ggf. an. Dann erzeugt das Skript den Benutzer und weist dabei ein zufällig gewähltes zehnstelliges Kennwort zu, das zusammen mit dem Benutzernamen auf dem Bildschirm ausgeben wird. Am Schluss fügt das Skript den neuen Benutzer der angegebenen Gruppe hinzu, wobei auch die Gruppe noch angelegt wird, wenn sie nicht existiert. Das Hinzufügen des Benutzers zu mehreren Gruppen ist in dem Skript noch nicht vorgesehen.

Listing 54.26 Massenanlegen von Benutzern aus einer CSV-Datei [WPS2_ADS_UserCreateFromFile.ps1]

```
# Massenanlegen von Benutzern aus einer CSV-Datei
# (C) Holger Schwichtenberg, www.IT-Visions.de, 2012-2013
# --------------------------------------------------------
import-module activedirectory
$ErrorActionPreference = "stop"
clear
cd ad:

#$ErrorActionPreference = "continue"
$Eingabedatei = "w:\Skripte\powershell\neueBenutzer.csv"
$wurzelou = "ou=Xfiles,dc=FBI,dc=local"

# ------------ Kennwort generieren
# --------------------------------------------------------
Function New-Password([int] $Anzahl)
{
$kennwort = ""
$zufallszahlgenerator = New-Object System.Random
for($i=0;$i -lt $Anzahl;$i++) { $kennwort = $kennwort +[char]$zufallszahlgenerator.next(33,127) }
return $kennwort
}

# ------------ OU löschen und wieder anlegen
# --------------------------------------------------------
Function ReNew-OU([string] $oupfad)
{
if ((Test-Path "AD:\$oupfad" -WarningAction silentlycontinue))
{
 "OU wird gelöscht: " + $oupfad
 Set-ADObject $oupfad -ProtectedFromAccidentalDeletion $false
 Remove-ADObject $oupfad -confirm:$false -Recursive
 }
#"OU wird angelegt: " + $oupfad
$parent = split-path $oupfad
$ouname = (split-path $oupfad -Leaf).Replace("ou=","")
$ou = New-ADOrganizationalUnit   -name $ouname -path $parent -PassThru
"OU angelegt: " + $ou.distinguishedname
}

# ------------ Gruppe erzeugen, wenn nicht vorhanden
# --------------------------------------------------------
Function NewIfNotExists-Group($wurzelpfad, $name){
$pfad = join-path  $wurzelpfad "cn=$name"
if (-not (Test-Path "AD:/$pfad"))
    {
    $g = New-ADGroup -path $wurzelpfad -Name $name   -SamAccountName  $name
-GroupScope Global -GroupCategory Security -Description  $name -PassThru
```

```powershell
       "Gruppe angelegt: " + $g.DistinguishedName
    }
}

# ------------ Benutzer einer Gruppe hinzufügen, Gruppe ggf. anlegen
# ------------------------------------------------------
function Add-ADGroupMemberEx($wurzelpfad, $gruppename, $mitglied)
{
NewIfNotExists-Group $wurzelpfad $gruppename
# --- Mitglieder in die Gruppe aufnehmen..."
Add-ADGroupMember -Identity $gruppename -Members $mitglied
"Benutzer $mitglied in $gruppename aufgenommen"
}


# ********************* Hauptroutine

"Erstellen der Wurzel-OU"
ReNew-OU $wurzelou

"Einlesen der Benutzerliste..."
$benutzerliste = Import-Csv $Eingabedatei -Delimiter ";"

"Anlegen der Benutzer..."
$i = 0

# Hauptschleife für alle Einträge in der CSV-Datei
foreach($benutzer in $benutzerliste)
{
$i++
Write-host "Benutzer $i" -ForegroundColor Yellow
$unteroupath = join-path $wurzelou "ou=$($benutzer.Organisationseinheit)"

if (-not (Test-Path "AD:\$unteroupath" -WarningAction silentlycontinue))
{
ReNew-OU $unteroupath
}
else
{
"OU $($benutzer.Organisationseinheit) ist vorhanden!"
}

# Eigenschaften des Benutzers
$verzeichnisname = $benutzer.Vorname + "_" + $benutzer.Name
$Anzeigename = $benutzer.Vorname + " " + $benutzer.Name
$SamAccountName = $benutzer.Vorname.Substring(0,1) + $benutzer.Name
$kennwort = New-Password 13
$title = $benutzer.Titel


# Benutzer anlegen
$benutzerObj = New-ADUser -path $unteroupath –Name $verzeichnisname –SamAccountName
$SamAccountName  -GivenName ($benutzer.Vorname) -Surname ($benutzer.Name) –
DisplayName $Anzeigename –Title $title –Enabled $true –ChangePasswordAtLogon $true
-AccountPassword (ConvertTo-SecureString $Kennwort -AsPlainText -force) -PassThru

$benutzerObj.City = $benutzer.Ort
Set-ADuser -instance $benutzerObj
```

```
if ($benutzerObj -ne $null){
    "Benutzer #" +$i + ":" + $Anzeigename + " angelegt: SID=" + $benutzerObj.Sid + " 
Kennwort=" + $kennwort

    # Gruppe hinzufügen, ggf. Gruppe anlegen
    Add-ADGroupMemberEx  $wurzelou $benutzer.Gruppe $SamAccountName
    }
}

Write-host "Skript ist fertig!" -ForegroundColor Green
```

Praxisbeispiel: Setzen der Anmeldearbeitsstationen (Logon Workstations)

Das folgende Skript setzt die Logon Workstations („Log on To") für alle Mitarbeiter in einer OU („Mitarbeiter") auf alle Computer, die sich in der OU „PC_Mitarbeiter" befinden.

Listing 54.27 [3_Einsatzgebiete\Verzeichnisdienste\WPSModule\ WPS2_ADS_LogonWorkstations.ps1]

```
$ErrorActionPreference = 'stop'
$oupathBenutzer = 'ou=Mitarbeiter,DC=FBI,DC=net'
$oupathPCs = 'ou=PCs,DC=FBI,DC=net'

# Mitarbeiter ermitteln
$mliste = Get-ADUser -SearchBase $oupathBenutzer -Filter * -SearchScope OneLevel
# Computer ermitteln
$pcliste = Get-ADComputer -SearchBase $oupathPCs -Filter * -SearchScope OneLevel

'=== Erstellen der PC-Liste'

$pclisteCSV = ''
foreach($pc in $pcliste)
{
# Hinweis: Ein Komma am Ende stört in diesem Fall nicht!
$pclisteCSV = $pc.name + ',' + $pclisteCSV
}

'=== Anwenden der PC-Liste auf alle Benutzer'

foreach($m in $mliste)
{
    'Setze PC-Liste für ' + $m.name
    Set-ADUser -Identity $m.DistinguishedName -LogonWorkstations $pclisteCSV
}
```

Verwaltung von Benutzergruppen

Zur Gruppenverwaltung gibt es acht Commandlets, davon beziehen sich vier auf die Gruppen und vier auf die Gruppenmitgliedschaften:

- Get-ADGroup: Benutzergruppen auflisten
- New-ADGroup: Anlegen einer Benutzergruppe
- Set-ADGroup: Eigenschaften einer Benutzergruppe setzen

- Remove-ADGroup: eine Benutzergruppe entfernen
- Get-ADGroupMember: Auflisten der Mitglieder einer Benutzergruppe
- Get-ADPrincipalGroupMembership: Auflisten der direkten Mitglieder einer Benutzergruppe
- Add-ADGroupMember: Hinzufügen eines Gruppenmitglieds
- Remove-ADGroupMember: Entfernen eines Gruppenmitglieds

Das folgende Listing erzeugt die Gruppe „All Agents" mit vier Agenten. Danach wird eine Agentin „entlassen" und daher aus der Gruppe entfernt.

Listing 54.28 Verwaltung von Benutzergruppen [WPS2_ADS_UserManagement.ps1]

```
"--- Gruppe anlegen..."
New-ADGroup -path $oupath -Name "All Agents" -SamAccountName "AllAgents" -GroupScope
Global -GroupCategory Security -Description "All FBI Agents" -PassThru
"--- Mitglieder in die Gruppe aufnehmen..."
Add-ADGroupMember -Identity AllAgents -Members FoxMulder
Add-ADGroupMember -Identity AllAgents -Members DanaScully
Add-ADGroupMember -Identity AllAgents -Members JohnDoggett
Add-ADGroupMember -Identity AllAgents -Members MonicaReyes
"--- Gruppenmitglieder:"
Get-ADGroupMember -Identity AllAgents
"--- Mitglied entfernen…"
Remove-ADGroupMember -Identity AllAgents -Members MonicaReyes -Confirm:$false
"--- Gruppenmitglieder:"
Get-ADGroupMember -Identity AllAgents
```

Mit

```
Get-ADPrincipalGroupMembership -Identity FoxMulder
```

listet man alle Gruppen auf, in denen Fox Mulder direkt Mitglied ist.

Authentifizierung

Wenn man sich mit dem Active Directory mit einem anderen Benutzerkonto verbinden möchte oder muss, ist eine Authentifizierung notwendig.

Listing 54.29 Abruf des Wurzelobjekts eines Active-Directory-Baums mit einem anderen Benutzerkonto

```
$benutzer = "FoxMulder"
$kennwort = ConvertTo-SecureString "I+love+Scully" -AsPlainText -Force
$cred = New-Object System.Management.Automation.PSCredential($benutzer, $kennwort)
Get-ADRootDSE -Credential $cred
```

■ 54.10 PowerShell-Modul „ADDSDeployment"

Seit Windows Server 2012 ist nun auch die Installation eines Active Directory (bisher über dcpromo.exe erfolgt) über PowerShell-Commandlets möglich. dcpromo.exe verweist beim Start auf den Servermanager.

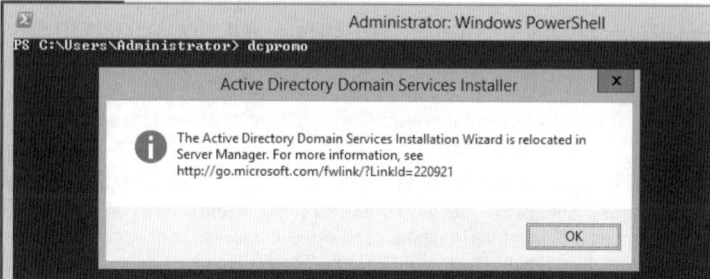

Bild 54.33 DCPromo weist Sie auf die neue Installationsart über den Servermanager hin.

Zunächst einmal sind per Servermanager die Rollen „Active Directory Domain Services" und „DNS" zu installieren. Dies kann man auch mit dem PowerShell-Modul „ServerManager" (vgl. auch Kapitel 46 „Softwareverwaltung") erledigen:

```
Add-WindowsFeature DNS
Add-WindowsFeature Ad-Domain-Services
```

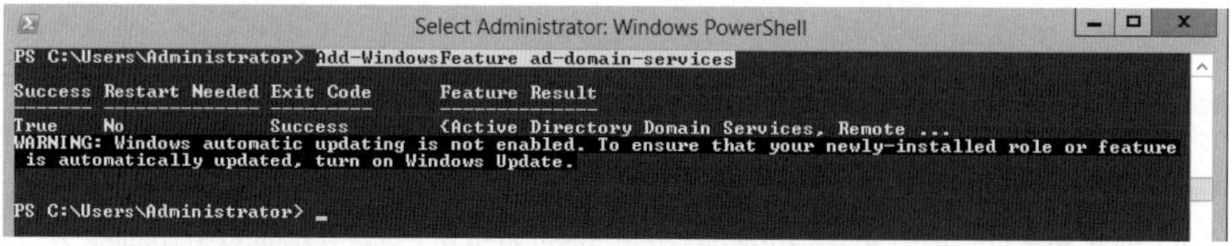

Bild 54.34 Active Directory Domain Services per PowerShell installieren

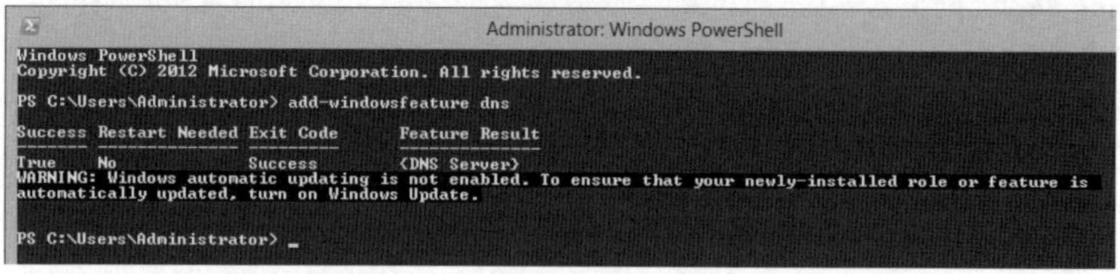

Bild 54.35 Domain Name Server per PowerShell installieren

TIPP: Man kann auch beides in einem Befehl installieren:

```
Add-WindowsFeature DNS, Ad-Domain-Services
```

54.10 PowerShell-Modul „ADDSDeployment"

Danach kann man im Servermanager die Domänenkonfiguration über einen Assistenten starten. Dieser Assistent erzeugt aber nun nach dem Vorbild der Microsoft-Exchange-Verwaltungskonsole ein PowerShell-Skript für alle zusammengeklickten Aktionen (siehe Bild 54.36).

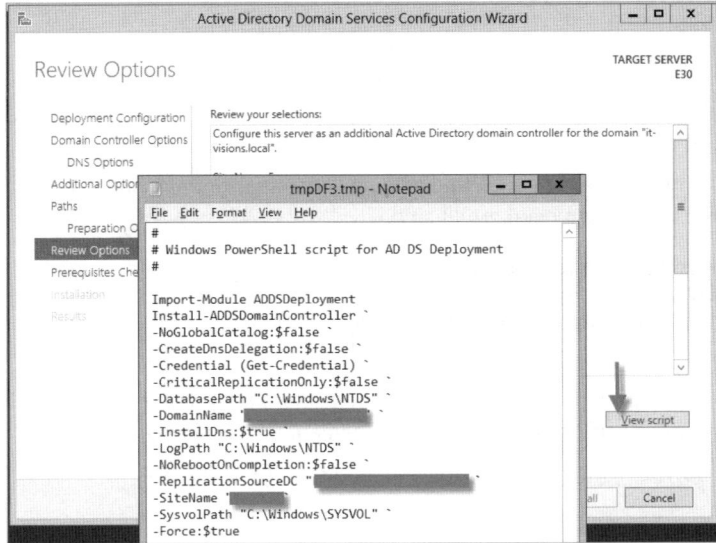

Bild 54.36 Ausgabe eines PowerShell-Skripts am Ende des ADS-Konfigurationsassistenten

Die folgenden Listings zeigen zwei Skripte für typische Szenarien:

- Installation eines neuen Active Directory (AD Forest)
- Hinzufügen eines Domain Controller zu einer bestehenden Domäne

Listing 54.30 Installation eines neuen Active Directory (AD Forest)

```
Import-Module ADDSDeployment
Install-ADDSForest `
-DatabasePath "C:\Windows\NTDS" `
-DomainMode "Win2012" `
-DomainName "MeineDomain.net" `
-ForestMode "Win2012" `
-InstallDNS:$false `
-LogPath "C:\Windows\NTDS" `
-RebootOnCompletion:$false `
-SafeModeAdministratorPassword (Read-Host -AsSecureString -Prompt "Enter Password") `
-SYSVOLPath "C:\Windows\SYSVOL"
```

Listing 54.31 Hinzufügen eines Domain Controller zu einer bestehenden Domäne

```
Import-Module ADDSDeployment
Install-ADDSDomainController `
-NoGlobalCatalog:$false `
-CreateDnsDelegation:$false `
-Credential (Get-Credential) `
```

```
-CriticalReplicationOnly:$false `
-DatabasePath "C:\Windows\NTDS" `
-DomainName "FBI.net" `
-InstallDns:$true `
-LogPath "C:\Windows\NTDS" `
-NoRebootOnCompletion:$false `
-ReplicationSourceDC "F111.FBI.net" `
-SiteName "Essen" `
-SysvolPath "C:\Windows\SYSVOL" `
-Force:$true
```

TIPP: Mit mehreren Test-Commandlets kann man vor der Installation prüfen, ob die Voraussetzungen erfüllt sind:

```
Test-ADDSForestInstallation
Test-ADDSDomainInstallation
Test-ADDSDomainControllerInstallation
Test-ADDSReadOnlyDomainControllerAccountCreation
```

Weitere Informationen zu den Optionen bei der Installation eines Active Directory mit dem PowerShell-Modul ADDSDeployment finden Sie hier:

http://technet.microsoft.com/de-de/library/hh472162.aspx

■ 54.11 Informationen über die Active-Directory-Struktur

Informationen über die Active-Directory-Struktur (z. B. Liste der Domänencontroller) gewinnt man über die .NET-Klassenbibliothek oder das ADPowerShell-Modul.

Informationen über die Domäne durch die .NET-Klassenbibliothek

Zusätzlich zu dem Namensraum `System.DirectoryServices`, der allgemeine Klassen zur Verzeichnisdienstprogrammierung enthält, gibt es in .NET seit Version 2.0 den Unternamensraum `System.DirectoryServices.ActiveDirectory` (alias Active Directory Management Objects – ADMO). Dieser Namensraum implementiert einige Active-Directory-spezifische Funktionen, die nicht auf andere Verzeichnisdienste anwendbar sind.

Insbesondere bietet dieser Namensraum Klassen zur Verwaltung der Gesamtstruktur eines Active Directory, beispielsweise `Forest`, `Domain`, `ActiveDirectoryPartition`, `DomainController`, `GlobalCatalog` und `ActiveDirectorySubnet`. Auch einige spezielle Klassen für den Active Directory Application Mode (ADAM), eine funktionsreduzierte Version des Active Directory zum Einsatz als Datenspeicher für eigene Anwendungen, werden mit Klassen wie `ADAMInstanceCollection` und `ADAMInstance` unterstützt.

Beispiel 1: Informationen über die Domäne und den Domänenwald

Das Beispiel liefert Informationen über die Domäne, zu welcher der aktuelle Computer gehört, und über die Gesamtstruktur (Forest), zu der diese Domäne gehört.

Listing 54.32 Informationen über die Domäne und den Forest [ADS_Domain_Info.ps1]

```
# Aktuelle Domain ermitteln
$d = [System.DirectoryServices.ActiveDirectory.Domain]::GetCurrentDomain();

# Informationen über aktuelle Domäne
"Name: " + $d.Name
"Domain Mode: " + $d.DomainMode
"Inhaber der InfrastructureRole: " + $d.InfrastructureRoleOwner.Name
"Inhaber der PdcRole: " + $d.PdcRoleOwner.Name

# Informationen über Forest der aktuellen Domäne
$f = $d.Forest;
"Name der Gesamtstruktur: " + $f.Name
"Modus der Gesamtstruktur: " + $f.ForestMode
```

Beispiel 2: Liste der Domänencontroller und ihrer Rollen

Im zweiten Beispiel werden alle Domänencontroller (und deren Rollen) aus einer speziellen Domäne aufgelistet.

Listing 54.33 Informationen über die Domänencontroller und ihre Rollen [ADS_Domaincontroller_Info.ps1]

```
# Aktuelle Domain ermitteln
$d = [System.DirectoryServices.ActiveDirectory.Domain]::GetCurrentDomain()
$DCs = $d.DomainControllers
# Schleife über alle Domänencontroller
foreach ($DC in $DCs)
{
   "Name: " + $DC.Name
   "IP: " + $DC.IPAddress.ToString()
   "Zeit: " + $DC.CurrentTime.ToString()
   "Rollen:"
   # Schleife über alle Rollen des DC
   foreach ($R in $DC.Roles)
   {
     "- " + $R.ToString()
   }
}
```

Informationen über die Domäne durch das Modul ADPowerShell

Folgende Commandlets im PowerShell-AD-Modul liefern Daten über die Domäne:

- Get-ADDomain: liefert Daten über die Domäne.
- Get-ADDomainController: liefert Daten über die Domänencontroller.
- Get-ADForest: liefert Informationen über die AD-Gesamtstruktur.
- Get-ADOptionalFeature: liefert eine Liste der optionalen Features des Active Directory.
- Get-ADRootDSE: liefert die Wurzel des Active Directory.

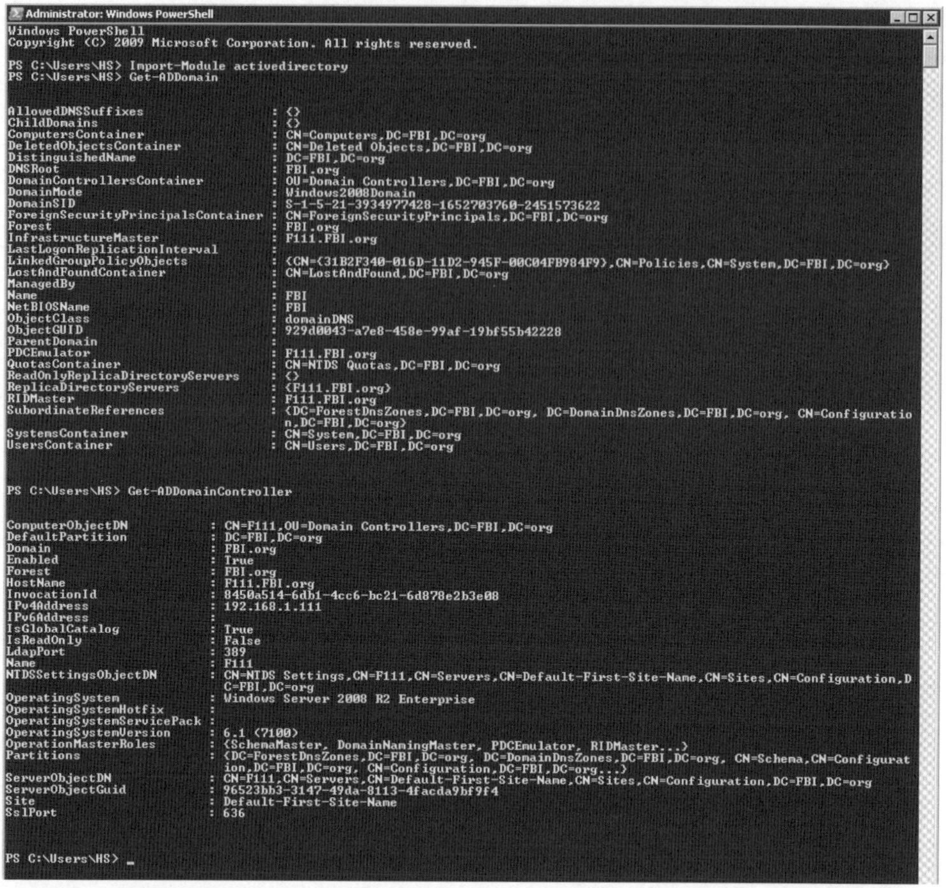

```
Administrator: Windows PowerShell
Windows PowerShell
Copyright (C) 2009 Microsoft Corporation. All rights reserved.

PS C:\Users\HS> Import-Module activedirectory
PS C:\Users\HS> Get-ADDomain


AllowedDNSSuffixes                 : {}
ChildDomains                       : {}
ComputersContainer                 : CN=Computers,DC=FBI,DC=org
DeletedObjectsContainer            : CN=Deleted Objects,DC=FBI,DC=org
DistinguishedName                  : DC=FBI,DC=org
DNSRoot                            : FBI.org
DomainControllersContainer         : OU=Domain Controllers,DC=FBI,DC=org
DomainMode                         : Windows2008Domain
DomainSID                          : S-1-5-21-3934977428-1652703760-2451573622
ForeignSecurityPrincipalsContainer : CN=ForeignSecurityPrincipals,DC=FBI,DC=org
Forest                             : FBI.org
InfrastructureMaster               : F111.FBI.org
LastLogonReplicationInterval       :
LinkedGroupPolicyObjects           : {CN={31B2F340-016D-11D2-945F-00C04FB984F9},CN=Policies,CN=System,DC=FBI,DC=org}
LostAndFoundContainer              : CN=LostAndFound,DC=FBI,DC=org
ManagedBy                          :
Name                               : FBI
NetBIOSName                        : FBI
ObjectClass                        : domainDNS
ObjectGUID                         : 929d0043-a7e8-458e-99af-19bf55b42228
ParentDomain                       :
PDCEmulator                        : F111.FBI.org
QuotasContainer                    : CN=NTDS Quotas,DC=FBI,DC=org
ReadOnlyReplicaDirectoryServers    : {}
ReplicaDirectoryServers            : {F111.FBI.org}
RIDMaster                          : F111.FBI.org
SubordinateReferences              : {DC=ForestDnsZones,DC=FBI,DC=org, DC=DomainDnsZones,DC=FBI,DC=org, CN=Configuratio
                                     n,DC=FBI,DC=org}
SystemsContainer                   : CN=System,DC=FBI,DC=org
UsersContainer                     : CN=Users,DC=FBI,DC=org



PS C:\Users\HS> Get-ADDomainController


ComputerObjectDN           : CN=F111,OU=Domain Controllers,DC=FBI,DC=org
DefaultPartition           : DC=FBI,DC=org
Domain                     : FBI.org
Enabled                    : True
Forest                     : FBI.org
HostName                   : F111.FBI.org
InvocationId               : 8450a514-6db1-4cc6-bc21-6d878e2b3e08
IPv4Address                : 192.168.1.111
IPv6Address                :
IsGlobalCatalog            : True
IsReadOnly                 : False
LdapPort                   : 389
Name                       : F111
NTDSSettingsObjectDN       : CN=NTDS Settings,CN=F111,CN=Servers,CN=Default-First-Site-Name,CN=Sites,CN=Configuration,D
                             C=FBI,DC=org
OperatingSystem            : Windows Server 2008 R2 Enterprise
OperatingSystemHotfix      :
OperatingSystemServicePack :
OperatingSystemVersion     : 6.1 (7100)
OperationMasterRoles       : {SchemaMaster, DomainNamingMaster, PDCEmulator, RIDMaster...}
Partitions                 : {DC=ForestDnsZones,DC=FBI,DC=org, DC=DomainDnsZones,DC=FBI,DC=org, CN=Schema,CN=Configurat
                             ion,DC=FBI,DC=org, CN=Configuration,DC=FBI,DC=org...}
ServerObjectDN             : CN=F111,CN=Servers,CN=Default-First-Site-Name,CN=Sites,CN=Configuration,DC=FBI,DC=org
ServerObjectGuid           : 96523bb3-3147-49da-8113-4facda9bf9f4
Site                       : Default-First-Site-Name
SslPort                    : 636


PS C:\Users\HS> _
```

Bild 54.37 Ausgabe von Get-ADDomain und Get-ADDomainController in der Beispieldomäne FBI.org

55 Gruppenrichtlinien

Das PowerShell-Modul „Group Policy" (seit Windows Server 2008 R2 und optional mit RSAT auch im Client seit Windows 7) bietet Commandlets, die den Funktionen der Gruppenrichtlinienverwaltungskonsole (GPMC) bzw. der zugehörigen COM-Komponente „GPM" entsprechen.

```
PS C:\Users\HS> (get-command) | where { $_.ModuleName -eq "GroupPolicy" } | ft name, modulename, pssnapin

Name                          ModuleName      PSSnapIn
----                          ----------      --------
Backup-GPO                    grouppolicy
Copy-GPO                      grouppolicy
Get-GPInheritance             grouppolicy
Get-GPO                       grouppolicy
Get-GPOReport                 grouppolicy
Get-GPPermissions             grouppolicy
Get-GPPrefRegistryValue       grouppolicy
Get-GPRegistryValue           grouppolicy
Get-GPResultantSetOfPolicy    grouppolicy
Get-GPStarterGPO              grouppolicy
Import-GPO                    grouppolicy
New-GPLink                    grouppolicy
New-GPO                       grouppolicy
New-GPStarterGPO              grouppolicy
Remove-GPLink                 grouppolicy
Remove-GPO                    grouppolicy
Remove-GPPrefRegistryValue    grouppolicy
Remove-GPRegistryValue        grouppolicy
Rename-GPO                    grouppolicy
Restore-GPO                   grouppolicy
Set-GPInheritance             grouppolicy
Set-GPLink                    grouppolicy
Set-GPPermissions             grouppolicy
Set-GPPrefRegistryValue       grouppolicy
Set-GPRegistryValue           grouppolicy
```

Bild 55.1 Übersicht über die Commandlets im Group-Policy-Modul

HINWEIS: Anders als bei der „GPM"-COM-Komponente kann man mit den PowerShell-Commandlets auch Einstellungen innerhalb der Gruppenrichtlinien skriptbasiert erstellen.

55.1 Verwaltung der Gruppenrichtlinien

Folgende Commandlets dienen der Verwaltung der Gruppenrichtlinien:

- `Get-GPO`: listet alle Gruppenrichtlinien (Parameter `-all`) bzw. erlaubt Zugriff auf eine bestimmte Gruppenrichtlinie über die Angabe von `-Name` oder `-Guid`. Leider erlaubt `-Name` keine Platzhalter; suchen muss man also mit dem Commandlet `Where-Object`.
- `New-GPO`: erzeugt eine neue, leere Gruppenrichtlinie.
- `Remove-GPO`: entfernt eine Gruppenrichtlinie sowohl aus dem Active Directory als auch aus dem System Volume Folder (SysVol). Anders als bei der GPM-COM-Komponente werden dadurch auch alle Verknüpfungen entfernt.
- `Rename-GPO`: Umbenennen einer Gruppenrichtlinie
- `Copy-GPO`: Kopieren einer Gruppenrichtlinie (auch zwischen Domänen in einer AD-Gesamtstruktur). Beim Kopieren zwischen Domänen kann man Einstellungen abändern lassen.
- `New-GPStarterGPO`: Erstellen einer neuen, auf andere Domänen transferierbaren Gruppenrichtlinienvorlage („Starter GPO", vgl. Gruppenrichtlinienmanagementkonsole ab Version 2.0)
- `Get-GPStarterGPO`: Auflisten der Gruppenrichtlinienvorlagen

Die Datenobjekte sind vom Typ `Microsoft.GroupPolicy.GPO` (siehe Bildschirmabbildung).

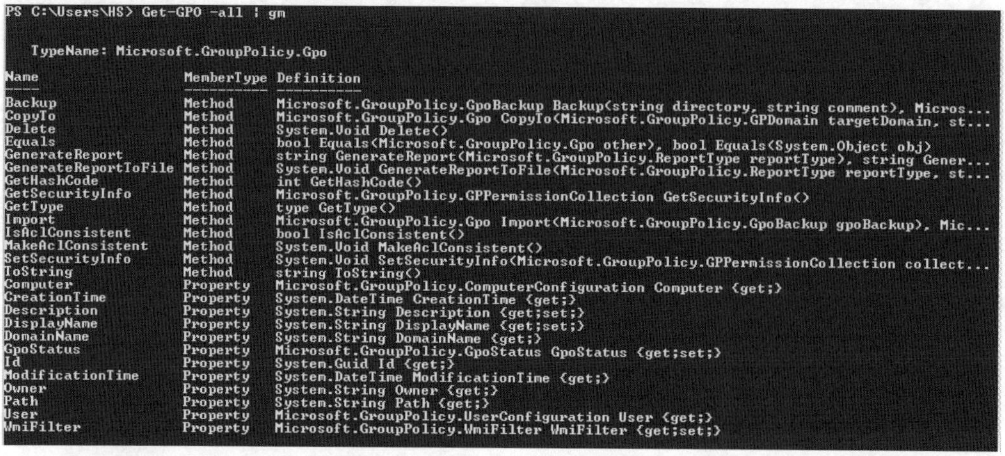

Bild 55.2 Datenobjekte, die Get-GPO liefert

Beispiele

Die folgenden Beispiele zeigen die Anwendung von `Get-GPO`.

Listing 55.1 Gruppenrichtlinien auflisten/suchen [WPS_GPOAnzeigen.ps1]

```
Import-Module grouppolicy

"Alle Gruppenrichtlinien auflisten"
Get-GPO -all
```

```
"Eine Gruppenrichtlinie anzeigen"
Get-GPO -name "developer policy"

"Alle Gruppenrichtlinien mit D* auflisten"
Get-GPO -all | where { $_.displayname -ilike "d*" }
```

Zur Datensicherung und Wiederherstellung von Gruppenrichtlinien gibt es Backup-GPO, Restore-GPO und Import-GPO.

Backup-GPO erstellt eine Sicherung von einer oder mehreren Gruppenrichtlinien. Die Angabe einer Gruppenrichtlinie erfolgt durch -Name oder -GUID. Der Parameter -All liefert alle Gruppenrichtlinien. Man kann auch GPO-Objekte sichern, die in der Pipeline sind, z. B.:

```
# Datensicherung für alle bestehenden FBI-Gruppenrichtlinien
Get-GPO -all | where { $_.displayname -like "*FBI*" } | Backup-GPO -Path -
"c:\wps\GPO_backups"
```

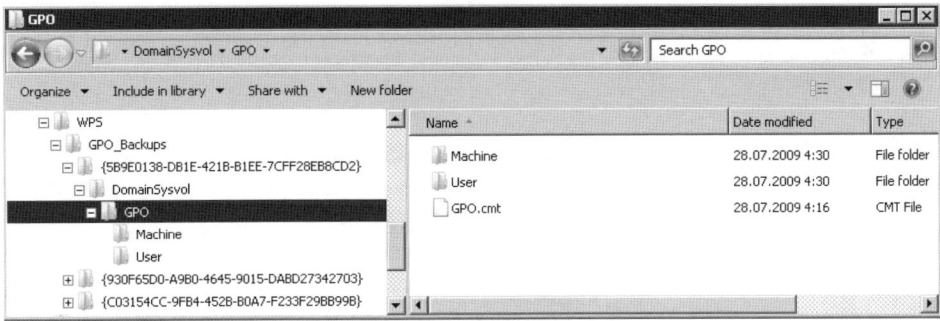

Bild 55.3 Ergebnis der Sicherung von drei Gruppenrichtlinien im Dateisystem

Die Wiederherstellung mit Restore-GPO erfolgt anhand des Namens, der GUID oder durch -all für alle gesicherten Gruppenrichtlinien.

```
Restore-GPO "GP FBI" -Path "c:\wps\GPO_backups"
Restore-GPO -all -Path "c:\wps\GPO_backups"
```

Import-GPO erlaubt durch -TargetName die Wiederherstellung unter einem anderen Namen.

55.2 Verknüpfung der Gruppenrichtlinien

Zur Verknüpfung der Gruppenrichtlinien mit Containern im Active Directory stehen zur Verfügung:

- New-GPLink: verknüpft eine Gruppenrichtlinie mit einem Container (Site, Domäne oder Organisationseinheit).
- Remove-GPLink: entfernt eine Verknüpfung zwischen Gruppenrichtlinie und Container, behält aber die Gruppenrichtlinie selbst.
- Set-GPLink: setzt die Eigenschaften Enabled, Enforced und Order für eine Verknüpfung.

Beispiel

Das folgende Skript legt drei leere Gruppenrichtlinien an und verlinkt diese mit zwei Organisationseinheiten. (Vorher wurden die Gruppenrichtlinien gelöscht, falls sie schon existierten.)

Listing 55.2 Beispiel zum Anlegen und Verlinken von Gruppenrichtlinien
[WPS2_GP_CreateAndLink-GPO.ps1]

```
Import-Module grouppolicy

Remove-GPO "GP for FBI Agents"
Remove-GPO "GP FBI"
Remove-GPO "GP for FBI Directors"

New-GPO -name "GP FBI" -Comment "Standard Policy for all FBI Employees"
New-GPO -name "GP for FBI Directors" -Comment "Standard Policy for all FBI Directors"
New-GPO -name "GP for FBI Agents" -Comment "Standard Policy for all FBI Agents"

New-GPLink -name "GP FBI" -target "dc=org" -Linkenabled Yes
New-GPLink -name "GP for FBI Agents" -target "ou=agents,DC=FBI,DC=net" -Linkenabled Yes
New-GPLink -name "GP for FBI Directors" -target "ou=directors,DC=FBI,DC=net"
—-Linkenabled Yes
```

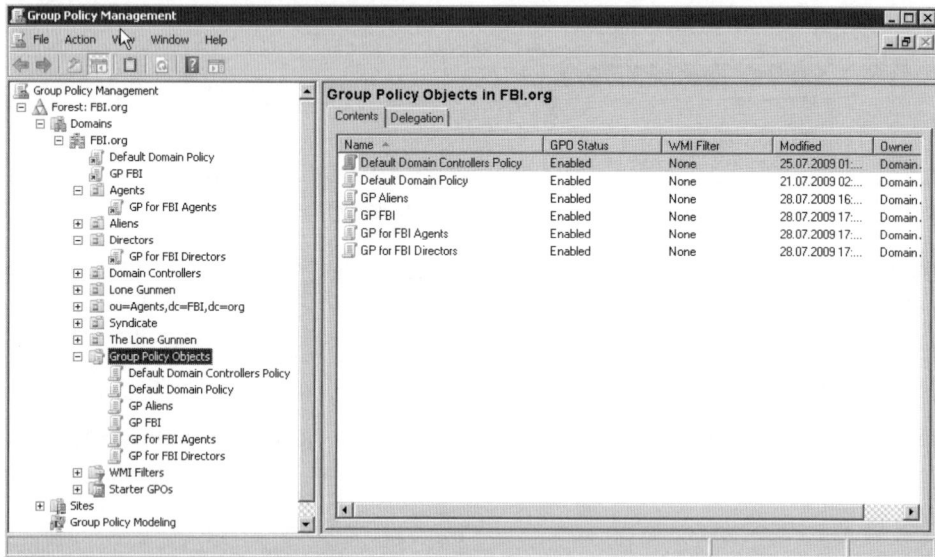

Bild 55.4 Zustand der Gruppenrichtlinien nach Ausführung des obigen Skripts

55.3 Gruppenrichtlinienberichte

`Get-GPOReport` erstellt einen Bericht über eine Gruppenrichtlinie inklusive ihrer Einstellungen und aller Verknüpfungen. Das Ausgabeformat ist wahlweise HTML oder XML.

```
Get-GPOReport "GP FBI"  -Reporttype html >c:\wps\go_report.htm
```

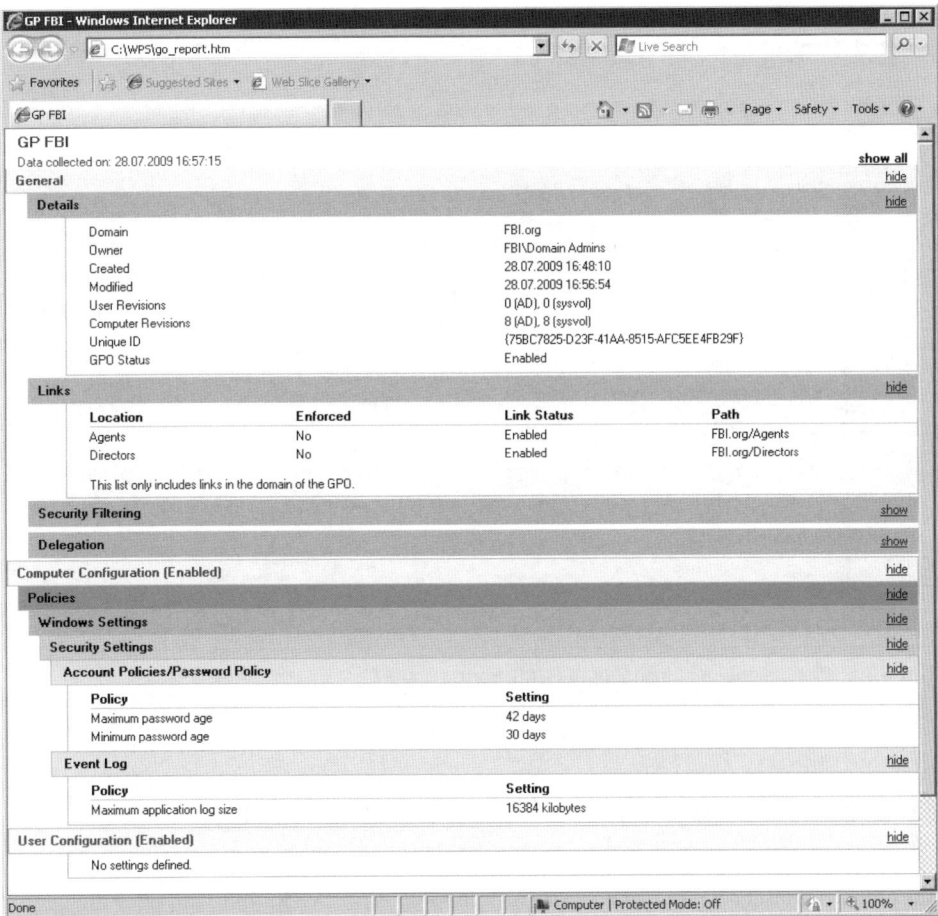

Bild 55.5 Gruppenrichtlinienbericht in HTML-Form

Ein Richtlinienergebnisbericht (engl. Resultant Set Of Policy) zeigt an, welche Gruppenrichtlinien auf einen Computer oder einen konkreten Benutzer eines Computers bei der Anmeldung an diesem Computer wirken.

Diesen Bericht erstellt das Commandlet `Get-GPResultantSetOfPolicy` in HTML- oder XML-Form.

Der folgende Befehl erstellt den Bericht für den Benutzer „Fox Mulder" auf dem Computer „F171":

```
Get-GPResultantSetOfPolicy -user "FoxMulder" -computer "F171" -ReportType HTML -path
c:\wps\rsop.htm
```

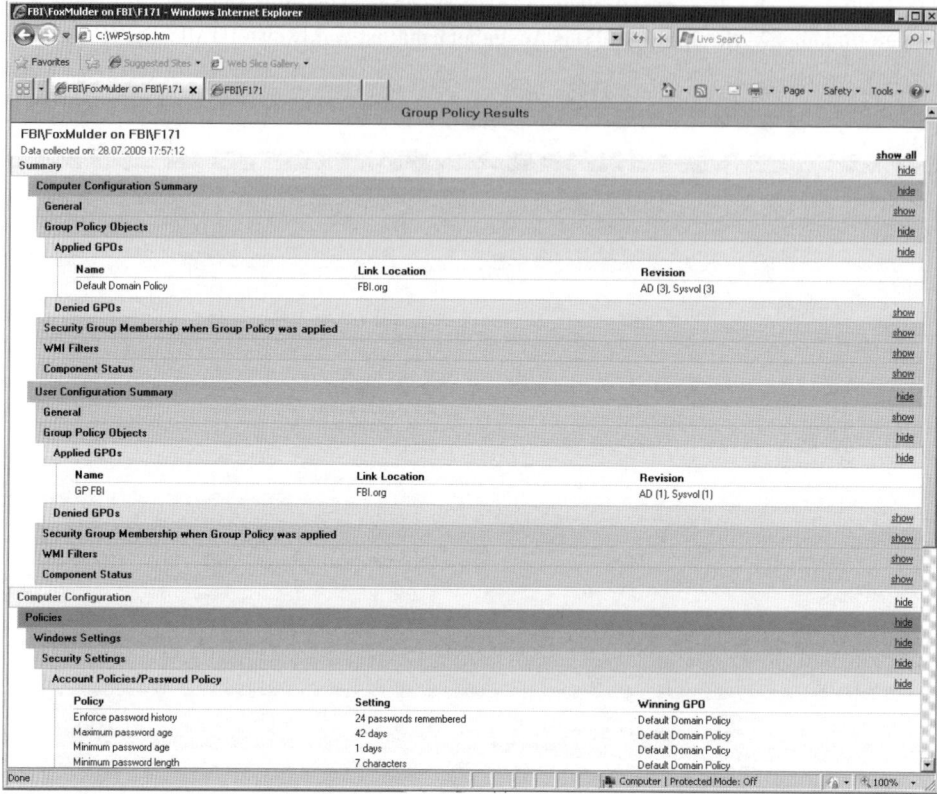

Bild 55.6 Richtlinienergebnisbericht in HTML-Form

■ 55.4 Gruppenrichtlinienvererbung

Auf einen Container wirken Gruppenrichtlinien, die direkt verknüpft sind oder die geerbt werden. Mit `Get-GPInheritance` kann eine Liste aller wirkenden Gruppenrichtlinien für einen Container ermittelt werden.

```
Get-GPInheritance -target "ou=agents,DC=FBI,DC=net"
```

Die Bildschirmabbildung zeigt, dass „GP for FBI Agents" direkt verknüpft ist, während „GP FBI" und „Default Domain Policy" geerbt werden.

```
PS C:\Users\HS> Get-GPInheritance -target "ou=agents,dc=fbi,dc=org"

Name                   : agents
ContainerType          : OU
Path                   : ou=agents,dc=fbi,dc=org
GpoInheritanceBlocked  : No
GpoLinks               : {GP for FBI Agents}
InheritedGpoLinks      : {GP for FBI Agents, Default Domain Policy, GP FBI}
```

Bild 55.7 Ergebnis der Ausführung von Get-GPInheritance

TIPP: Mit `Set-GPInheritance` kann man steuern, ob ein Container Gruppenrichtlinien von übergeordneten Containern erben soll.

Der folgende Befehl verhindert, dass die „Aliens" die Richtlinien „GP FBI" und „Default Domain Policy" erben:

```
Set-GPInheritance -target "ou=aliens,DC=FBI,DC=net" -isblocked yes
```

```
PS C:\Users\HS> Get-GPInheritance -target "ou=aliens,dc=fbi,dc=org"

Name                   : aliens
ContainerType          : OU
Path                   : ou=aliens,dc=fbi,dc=org
GpoInheritanceBlocked  : No
GpoLinks               : {GP for Aliens}
InheritedGpoLinks      : {GP for Aliens, Default Domain Policy, GP FBI}


PS C:\Users\HS> Set-GPInheritance -target "ou=aliens,dc=fbi,dc=org" -isblocked yes

Name                   : aliens
ContainerType          : OU
Path                   : ou=aliens,dc=fbi,dc=org
GpoInheritanceBlocked  : Yes
GpoLinks               : {GP for Aliens}
InheritedGpoLinks      : {GP for Aliens}


PS C:\Users\HS> Get-GPInheritance -target "ou=aliens,dc=fbi,dc=org"

Name                   : aliens
ContainerType          : OU
Path                   : ou=aliens,dc=fbi,dc=org
GpoInheritanceBlocked  : Yes
GpoLinks               : {GP for Aliens}
InheritedGpoLinks      : {GP for Aliens}


PS C:\Users\HS> _
```

Bild 55.8 Veränderte Vererbung durch Einsatz von Set-GP-Inheritance

55.5 Weitere Möglichkeiten

Mit den folgenden Commandlets kann man Einstellungen in den Gruppenrichtlinien vornehmen, lesen oder löschen:

- `Set-GPRegistryValue`
- `Set-GPPrefRegistryValue`
- `Get-GPPrefRegistryValue`

- Get-GPRegistryValue
- Remove-GPPrefRegistryValue
- Remove-GPRegistryValue

Außerdem gibt es noch Commandlets zur Verwaltung der Zugriffsrechte auf Gruppenrichtlinien:

- Set-GPPermissions
- Get-GPPermissions

Eine Besprechung ist hier aufgrund der verlegerischen Seitenrestriktionen leider nicht möglich!

56 Lokale Benutzer und Gruppen

Nicht in allen Szenarien werden Benutzer und Gruppen im Active Directory verwaltet. Immer wieder werden auch lokale Benutzer und Gruppen benötigt. Bis zur PowerShell 5.1 gab es dafür jedoch in der PowerShell keine eingebauten Commandlets. Die hier vorgestellten Commandlets laufen in Windows PowerShell ab Version 5.1 und PowerShell Core ab Version 6.0 (nur unter Windows).

■ 56.1 Modul „Microsoft.PowerShell.LocalAccounts"

Dieses Modul wird erstmals seit PowerShell 5.1 mitgeliefert und bietet die in der nachstehenden Abbildung gezeigten Commandlets zum Auslesen, Anlegen, Ändern und Löschen von lokalen Benutzerkonten und lokalen Benutzergruppen sowie zu der Zuordnung von Benutzern zu Gruppen.

```
PS T:\> Get-command -module *localaccounts*

CommandType     Name                        Version     Source
-----------     ----                        -------     ------
Cmdlet          Add-LocalGroupMember        1.0.0.0     Microsoft.PowerShell.LocalAccounts
Cmdlet          Disable-LocalUser           1.0.0.0     Microsoft.PowerShell.LocalAccounts
Cmdlet          Enable-LocalUser            1.0.0.0     Microsoft.PowerShell.LocalAccounts
Cmdlet          Get-LocalGroup              1.0.0.0     Microsoft.PowerShell.LocalAccounts
Cmdlet          Get-LocalGroupMember        1.0.0.0     Microsoft.PowerShell.LocalAccounts
Cmdlet          Get-LocalUser               1.0.0.0     Microsoft.PowerShell.LocalAccounts
Cmdlet          New-LocalGroup              1.0.0.0     Microsoft.PowerShell.LocalAccounts
Cmdlet          New-LocalUser               1.0.0.0     Microsoft.PowerShell.LocalAccounts
Cmdlet          Remove-LocalGroup           1.0.0.0     Microsoft.PowerShell.LocalAccounts
Cmdlet          Remove-LocalGroupMember     1.0.0.0     Microsoft.PowerShell.LocalAccounts
Cmdlet          Remove-LocalUser            1.0.0.0     Microsoft.PowerShell.LocalAccounts
Cmdlet          Rename-LocalGroup           1.0.0.0     Microsoft.PowerShell.LocalAccounts
Cmdlet          Rename-LocalUser            1.0.0.0     Microsoft.PowerShell.LocalAccounts
Cmdlet          Set-LocalGroup              1.0.0.0     Microsoft.PowerShell.LocalAccounts
Cmdlet          Set-LocalUser               1.0.0.0     Microsoft.PowerShell.LocalAccounts
```

Bild 56.1 Commandlets im Modul „LocalAccounts"

Das nachfolgende PowerShell-Skript führt folgende Aktionen für ein in der Variablendeklarationssektion benanntes Benutzerkonto aus:

- Löschen des Benutzerkontos, wenn es existiert (Get-LocalUser, Remove-LocalUser)
- Anlegen des Benutzerkontos mit nie ablaufendem Kennwort (New-LocalUser)

- Hinzufügen des Benutzerkontos zur Gruppe der Administratoren (Add-LocalGroupMember)
- Ausgabe der Liste der Mitglieder der Gruppe der Administratoren (Get-LocalGroupMember)

Listing 56.1 [3_Einsatzgebiete\Benutzer\WPS51_LocalUser_Create.ps1]

```
######################################
# PowerShell Script
# (C) Dr. Holger Schwichtenberg 2017
# http://www.powershell-doktor.de
# Requires: PowerShell 5.1 or higher
######################################

### PowerShell-Script
### Create local User Acount using PowerShell Modul (5.1 or higher)

# Input Parameters
$Name = "Dr. Holger Schwichtenberg"
$Accountname = "HolgerSchwichtenberg"
$Description = "Autor dieses Buchs / www.powershell-doktor.de"
$Password = "secret+123"
$group = "Administrators" # German: Administratoren !!!

"(Re)Creating Account $Accountname for User $Name "

# Remove user, if exists
if ( (Get-Localuser $Accountname -ErrorAction SilentlyContinue) -ne $null)
{
"Deleting User: " + $Accountname
Remove-LocalUser $Accountname
}

$secureString = ConvertTo-SecureString $Password -AsPlainText -Force
$u = New-LocalUser -Name $Accountname -FullName $name -Description $Description
-Password $secureString -PasswordNeverExpires -UserMayNotChangePassword

"Account created: $Accountname"

$u | Add-LocalGroupMember -Group $group

"Account added to group: $group"

"Members of group: $group :"
Get-LocalGroupMember $group
```

56.2 Lokale Benutzerverwaltung in älteren PowerShell-Versionen

Das Gleiche wie im vorherigen Unterkapitel auf einem älteren System ohne PowerShell 5.1 zu erreichen, macht deutlich mehr Arbeit, denn hier muss man auf die .NET-Klassen im Namensraum System.DirectoryService zurückgreifen, die ein Wrapper um das uralte Active Directory Service Interface (ADSI) sind.

Folgende Punkte sind zu beachten:

- Benutzer und Gruppen sind über einen ADSI-Pfad anzusprechen, der mit WinNT:// beginnt. Dabei ist diese Groß- und Kleinschreibmischung exakt einzuhalten.
- [ADSI] ist ein seit PowerShell 1.0 eingebauter „Accelerator". Er liefert aber kein ADSI-COM-Objekt, wie der Name vermuten ließe, sondern ein .NET-Objekt (DirectoryEntry), das ein Wrapper um das ADSI-Objekt ist.
- Das DirectoryEntry-Objekt stellt Operationen wie Exists(), Put(), SetPassword() und SetInfo() bereit. Container-Objekte bieten zusätzlich Create() und Delete(). Gruppenmitglieder fügt man mit Add() an.
- Die Kontoeigenschaften setzt man durch binäre Exklusiv-oder-Verknüpfung -bxor von Werten der userflags-Eigenschaft.
- Das Auslesen der bestehenden Gruppenmitglieder ist mit ADSI und DirectoryEntry kompliziert. Daher wird diese Aufgabe in nachstehendem Skript per WMI gelöst.

Listing 56.2 [3_Einsatzgebiete\Benutzer\LocalUser_Create_Attributes_Group.ps1]

```
#######################################
# PowerShell Script
# (C) Dr. Holger Schwichtenberg 2010-2017
# http://www.powershell-doktor.de
#######################################

### PowerShell-Script
### Create local User Acount and add to Administrators group
### Account

# Constants
$ADS_UF_SCRIPT = 0x0001
$ADS_UF_ACCOUNTDISABLE = 0x0002
$ADS_UF_HOMEDIR_REQUIRED = 0x0008
$ADS_UF_LOCKOUT = 0x0010
$ADS_UF_PASSWD_NOTREQD = 0x0020
$ADS_UF_PASSWD_CANT_CHANGE = 0x0040
$ADS_UF_ENCRYPTED_TEXT_PASSWORD_ALLOWED = 0x0080
$ADS_UF_DONT_EXPIRE_PASSWD = 0x10000
$ADS_UF_SMARTCARD_REQUIRED = 0x40000
$ADS_UF_PASSWORD_EXPIRED = 0x800000

# Parameters
$Computer = [System.Environment]::MachineName
$Name = "Dr. Holger Schwichtenberg"
$Accountname = "HolgerSchwichtenberg"
```

```powershell
$Description = "Autor dieses Buchs / www.powershell-doktor.de"
$Password = "secret+123"
$group = "Administrators"
$grouppath = "WinNT://$Computer/$group" # German: Administratoren !!!

# Start
"(Re)Creating Account $Accountname for User $Name "

# Delete Account if it already exists
if ( [ADSI]::Exists("WinNT://$Computer/$AccountName"))
{
"Account exists! Deleting $AccountName... "
([ADSI] "WinNT://$Computer/$AccountName").PSBase.Parent.Delete("user",$AccountName)
}

# Access to Container
$Container = [ADSI] "WinNT://$Computer"

# ---- Create User
$objUser = $Container.Create("user", $Accountname)
$objUser.Put("Fullname", $Name)
$objUser.Put("Description", $Description)

# Set Password
$objUser.SetPassword($Password)

$objUser.userflags = ($objUser.userflags[0] -bxor $ADS_UF_PASSWD_CANT_CHANGE)
$objUser.userflags = ($objUser.userflags[0] -bxor $ADS_UF_DONT_EXPIRE_PASSWD)

# Save Changes
$objUser.SetInfo()
"Account created: $Accountname"

# ---- Add to group
$gr = [ADSI] $grouppath
$gr.Name
$gr.Add("WinNT://$Computer/$AccountName")

"Account added to group: $group"

"Members of group: $group :"
$group = Get-CimInstance -ClassName Win32_Group  -Filter "Name = 'Administrators'"
Get-CimAssociatedInstance -InputObject $group -ResultClassName Win32_UserAccount
|select -ExpandProperty Caption
Get-CimAssociatedInstance -InputObject $group -ResultClassName Win32_Group |select
-ExpandProperty Caption
```

57 Microsoft Exchange Server

Microsoft Exchange Server bietet eine sehr gute PowerShell-Unterstützung. Exchange Server 2007 war einst das erste Microsoft-Server-Produkt mit einer PowerShell-Unterstützung. Nach dem Start der auf PowerShell basierenden Exchange Management Shell erhält man mit dem Befehl

```
Get-ExCommand
```

eine Liste der Exchange-Server-spezifischen Commandlets.

57.1 Daten abrufen

Eine Liste aller Postfächer erhält man durch:

```
Get-Mailbox
```

Die Liste der Datenbanken liefert:

```
Get-Mailboxdatabase
```

Und die Speichergruppen bekommt man mit:

```
Get-Storagegroup
```

Die Funktionsfähigkeit eines Exchange Servers kann man testen mit:

```
Test-ServiceHealth
```

57.2 Postfächer verwalten

Eine Speichergruppe legt man an mit:

```
New-Storagegroup "Autorenspeichergruppe" -server "SERVER123"
```

Eine Datenbank für Postfächer erstellt man mit:

```
New-Mailboxdatabase "Autorenpostfachdatenbank" -storagegroup "Autorenspeichergruppe"
```

Zum Erstellen eines Postfachs kann man folgenden Befehl verwenden:

```
New-Mailbox -alias "HSchwichtenberg" -name HolgerSchwichtenberg -userprincipalname
buero@IT-Visions.de -database "SERVER123\First Storage Group\Mailbox Database" -org
users
```

Wenn der Benutzer im Active Directory schon existiert, ist der Befehl kürzer:

```
Enable-Mailbox buero@IT-Visions.de -database "SERVER123\First Storage Group\Mailbox
Database"
```

Nach dem Anlegen kann man mit `Get-Mailbox` bzw. `Set-Mailbox` auf die Eigenschaften des Postfachs zugreifen. Das nachträgliche Ergänzen einer E-Mail-Adresse funktioniert durch Neusetzen der Eigenschaft `EMailAddresses` unter Berücksichtigung der bisherigen Adressen:

```
Set-Mailbox BUERO@IT-Visions.de -EmailAddresses ((Get-Mailbox buero@it-visions.de).
EmailAddresses + "HSchwichtenberg@IT-Visions.de ")
```

Das Postfach kann man zu einer Verteilerliste hinzufügen:

```
Add-DistributionGroupMember Autoren -Member "buero@it-visions.de"
```

Das Postfach lässt sich in eine andere Datenbank verlagern:

```
Move-Mailbox buero@it-visions.de -targetdatabase "Autorenpostfachdatenbank"
```

Oder man begrenzt den Speicherplatz:

```
Get-Mailbox buero@it-visions.de | Set-Mailbox -UseDatabaseQuotaDefaults:$false
--ProhibitSendReceiveQuota 100MB -ProhibitSendQuota 90MB -IssueWarningQuota 80MB
```

Begrenzen kann man auch die Größe für eingehende E-Mails für eine Verteilerliste:

```
Set-DistributionGroup Autoren -MaxReceiveSize 5000KB
```

Auch zum Deaktivieren eines Postfachs gibt es ein Commandlet:

```
Disable-Mailbox buero@it-visions.de
```

57.3 Öffentliche Ordner verwalten

Eine Datenbank für öffentliche Ordner erstellt man mit:

```
New-PublicFolderDatabase "Autorenordnerdatenbank" -storagegroup "Autorenspeichergruppe "
```

Einen öffentlichen Ordner legt man an mit:

```
New-PublicFolder "\Dokumente" -Path \pubfolders -Server "SERVER123"
```

Rechte auf einen Ordner vergibt man mit:

```
Add-PublicFolderPermission "\ManuScripte" -User hs -AccessRights "CreateItems"
```

Die Speicherplatzgrenzen für einen öffentlichen Ordner setzt man mit:

```
Set-PublicFolder "\Dokumente" -PostStorageQuota 20MB -MaxItemSize 2MB
```

Weitere PowerShell-Skripte zur Exchange-Verwaltung finden Sie unter [TNET02].

58 Internet Information Server (IIS)

Das Modul „WebAdministration" (seit Windows Server 2008 R2 sowie Windows Client seit Version 7 mit Installieren der Fernverwaltungswerkzeuge) dient der Verwaltung des in Windows Client und Windows Server integrierten Webservers „Internet Information Services" (IIS). Mit dem Modul lässt sich aber nur der IIS 7.x/8.x verwalten, der ab Windows Vista bzw. Windows Server 2008 in Windows enthalten ist. Auch der in Windows Server 2008 R2 enthaltene IIS 7.5 sowie der IIS 8.x von Windows 8.x und Windows Server 2012/2012 R2 sowie IIS 10.0 (Windows 10 und Windows Server 2016) lassen sich damit verwalten.

 HINWEIS: Seit Windows 10 und Windows Server 2016 gibt es neben dem „WebAdministration"-Modul noch ein weiteres Modul „IISAdministration", in dem Microsoft einige Änderungen vorgenommen hat. So legt man dort eine Website mit New-IISSite statt New-Website an. Sie finden ein Beispiel zu dem neuen Modul im Kapitel 60 „Windows Nano Server".

■ 58.1 Überblick

Das Modul „WebAdministration" enthält einen gleichnamigen PowerShell-Navigationsprovider sowie zahlreiche Commandlets:

- Add-WebConfiguration
- Add-WebConfigurationLock
- Add-WebConfigurationProperty
- Backup-WebConfiguration
- Clear-WebConfiguration
- Clear-WebRequestTracingSettings
- ConvertTo-WebApplication
- Disable-WebGlobalModule

- Disable-WebRequestTracing
- Enable-WebGlobalModule
- Enable-WebRequestTracing
- Get-WebAppDomain
- Get-WebApplication
- Get-WebAppPoolState
- Get-WebBinding
- Get-WebConfigFile
- Get-WebConfiguration
- Get-WebConfigurationBackup
- Get-WebConfigurationLocation
- Get-WebConfigurationLock
- Get-WebConfigurationProperty
- Get-WebFilePath
- Get-WebGlobalModule
- Get-WebHandler
- Get-WebItemState
- Get-WebManagedModule
- Get-WebRequest
- Get-Website
- Get-WebsiteState
- Get-WebURL
- Get-WebVirtualDirectory
- New-WebApplication
- New-WebAppPool
- New-WebBinding
- New-WebFtpSite
- New-WebGlobalModule
- New-WebHandler
- New-WebManagedModule
- New-Website
- New-WebVirtualDirectory
- Remove-WebApplication
- Remove-WebAppPool
- Remove-WebBinding
- Remove-WebConfigurationBackup
- Remove-WebConfigurationLocation

- Remove-WebConfigurationLock
- Remove-WebConfigurationProperty
- Remove-WebGlobalModule
- Remove-WebHandler
- Remove-WebManagedModule
- Remove-Website
- Remove-WebVirtualDirectory
- Rename-WebConfigurationLocation
- Restart-WebAppPool
- Restart-WebItem
- Restore-WebConfiguration
- Select-WebConfiguration
- Set-WebBinding
- Set-WebConfiguration
- Set-WebConfigurationProperty
- Set-WebGlobalModule
- Set-WebHandler
- Set-WebManagedModule
- Start-WebAppPool
- Start-WebCommitDelay
- Start-WebItem
- Start-Website
- Stop-WebAppPool
- Stop-WebCommitDelay
- Stop-WebItem
- Stop-Website

58.2 Navigationsprovider

Das Modul „WebAdministration" legt beim Import für den Navigationsprovider „WebAdministration" ein „Laufwerk" „IIS:" an. Unterhalb des Wurzelordners gibt es die Unterordner: „AppPools", „Sites" und „SslBinding". Sites enthält die HTTP-Websites (siehe folgende Bildschirmabbildung).

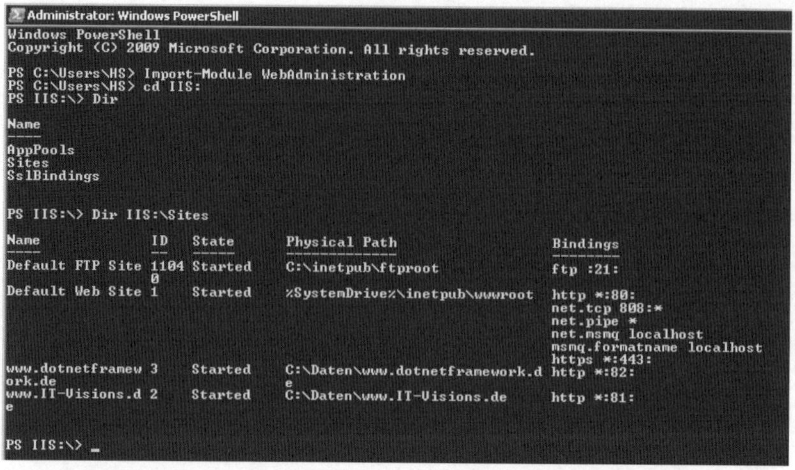

Bild 58.1 Auflisten der vorhandenen Websites

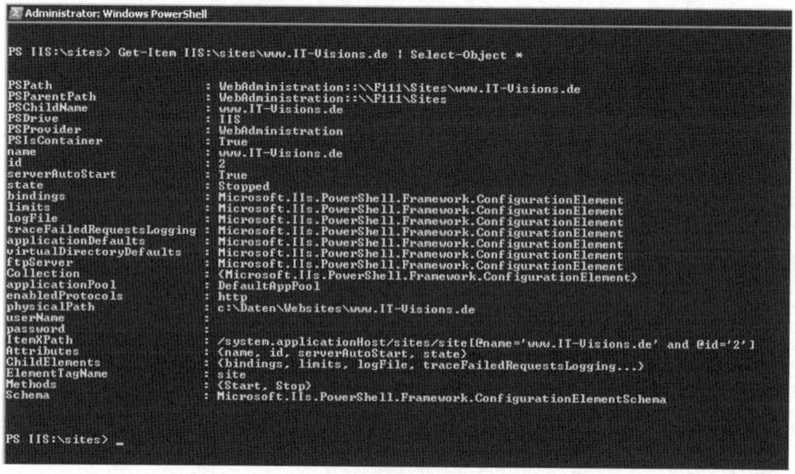

Bild 58.2 Mit Get-Item | Select-Object * sieht man Details über eine Website.

Alternativ kann man zum Auflisten der Inhalte die Commandlets `Get-Website`, `Get-WebvirtualDirectory` und `Get-WebApplication` verwenden.

Um dies zu umgehen, muss man `Where-Object` benutzen:

```
$ws = Get-Website | where { $_.name -eq "www.IT-Visions.de" }
```

Grundsätzlich kann man auch `Get-Item` verwenden:

```
$ws2 = Get-Item "iiS:\sites\ www.IT-Visions.de".
```

Der Unterschied ist nur, dass im ersten Fall die PowerShell den Pipeline-Inhalt als Instanzen „Microsoft.IIs.PowerShell.Framework.ConfigurationElement#site" identifiziert und im zweiten Fall die PowerShell dort lediglich „System.Object" erkennt, obwohl die Attribute, die `Get-Member` anzeigt, in beiden Fällen gleich sind.

```
Administrator: Windows PowerShell
PS IIS:\sites> Get-help get-website -ex

NAME
    Get-Website

SYNOPSIS
    Gets an IIS Web site.

    -------------- EXAMPLE 1: Get information about the Default Web Site --------------

    C:\PS>Get-Website -Name "Default Web Site"

    Returns the configuration information for the Default Web Site.

    Name             ID   State     Physical Path                  Bindings
    Default Web Site 1    Started   %SystemDrive%\inetpub\wwwroot  http *:80:
                                                                   net.tcp 808:*


PS IIS:\sites> $ws = get-Website -name "www.IT-Visions.de"
PS IIS:\sites> $ws
Name                ID   State     Physical Path                  Bindings
Default Web Site    1    Started   %SystemDrive%\inetpub\wwwroot  http *:80:
                                                                  net.tcp 808:*
                                                                  net.pipe *
                                                                  net.msmq localhost
                                                                  msmq.formatname localhost
                                                                  https *:443:
Default FTP Site    1104 Started   C:\inetpub\ftproot             ftp :21:
                    0
*                   8    Stopped                                  http *:80:
www.dotnetframew    10   Started   c:\Daten\Websites\www.dotnetfr http 192.168.1.14:81:
ork.de                                                 amework.de
www.Windows-Scri    9    Started   c:\Daten\Websites\www.windows- http 192.168.1.14:82:
pting.de                                               scripting.de
www.powershell-d    4    Stopped   c:\Daten\Websites\www.powershe http 192.168.1.14:83:
oktor.de                                               ll-doktor.de
www.aspnetdev.de    5    Started   c:\Daten\Websites\www.aspnetde http 192.168.1.14:84:
                                                       v.de
www.dotnet-lexik    6    Started   c:\Daten\Websites\www.dotnet-l http 192.168.1.14:85:
on.de                                                  exikon.de
www.windows-scri    7    Started   c:\Daten\Websites\www.windows- http 192.168.1.14:86:
pting.com                                              scripting.com
www.IT-Visions.d    2    Stopped   c:\Daten\Websites\www.IT-Visio http 192.168.1.14:87:
e                                                      ns.de

PS IIS:\sites> _
```

Bild 58.3 Get-Websites ignoriert den Parameter „-name".

■ 58.3 Anlegen von Websites

Zum Anlegen eines virtuellen Webservers („Website") verwendet man New-Website, z. B.:

```
New-Website -Name "www.PowerShell-Doktor.de" -PhysicalPath "c:\Daten\www.PowerShell-
doktor.de" -Port 83
```

 HINWEIS: Das angegebene Verzeichnis im Dateisystem muss vorher existieren!

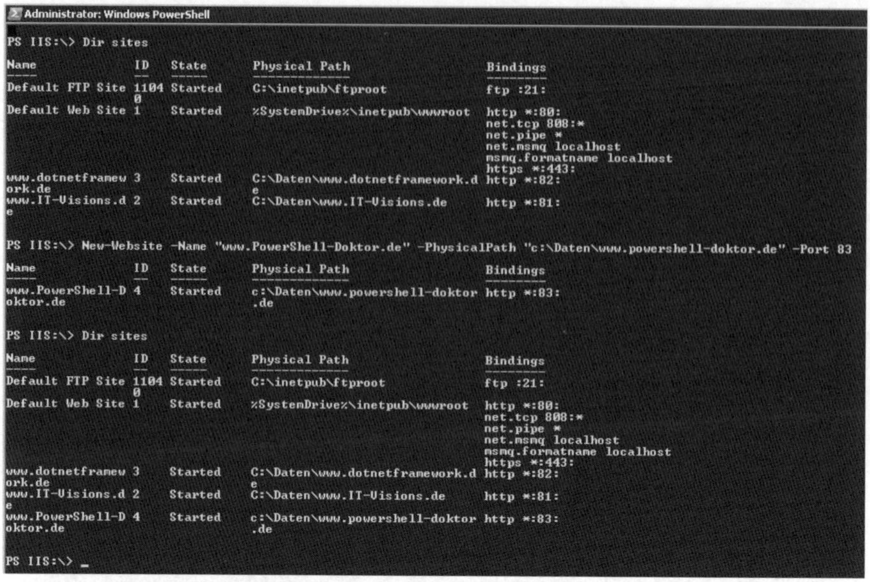

Bild 58.4 Vor und nach dem Anlegen einer Website

58.4 Praxisbeispiel: Massenanlegen von Websites

Es sei folgende Textdatei gegeben, aus der virtuelle Webserver („Websites") erzeugt werden sollen. Die CSV-Datei ist dieses Mal so aufgebaut, dass es keine Kopfzeile gibt.

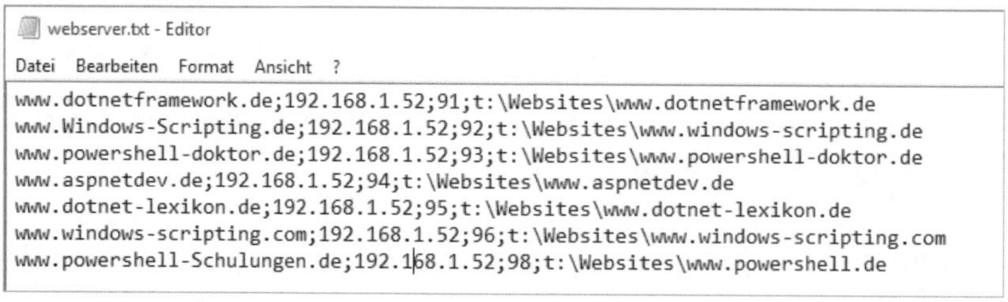

Bild 58.5 Datei webserver.txt

Ohne das WebAdministration-Modul müsste man das folgende Skript starten, das WMI verwendet.

Listing 58.1 Massenanlegen von Websites mit PowerShell ohne das WebAdministration-Modul [3_Einsatzgebiete\IIS\IIS_CreateSites.ps1]

```
# ======================
# IIS Script: Websites anlegen ohne das WebAdministration-Modul
```

```powershell
# (C) Dr. Holger Schwichtenberg
# ======================

# === Get WMI Object with DCOM encryption
Function Get-WMIObjectEx($Namespace, $Path)
{
#Write-Host $Namespace $Path
$connection = New-Object System.Management.ConnectionOptions
$connection.Authentication = [System.Management.AuthenticationLevel]::PacketPrivacy
$scope = New-Object System.Management.ManagementScope($Namespace, $connection)
$path = New-Object System.Management.ManagementPath($Path)
$GetOptions = New-Object System.Management.ObjectGetOptions
$WMI = New-Object System.Management.ManagementObject($scope,$path,$GetOptions)
return $WMI
}

# === Get WMI class with DCOM encryption
Function Get-WMIClassEx($Namespace, $Path)
{
Write-Host $Namespace $Path
$connection = New-Object System.Management.ConnectionOptions
$connection.Authentication = [System.Management.AuthenticationLevel]::PacketPrivacy
$scope = New-Object System.Management.ManagementScope($Namespace, $connection)
$path = New-Object System.Management.ManagementPath($Path)
$GetOptions = New-Object System.Management.ObjectGetOptions
return New-Object System.Management.ManagementClass($scope,$path,$GetOptions)
}

# === Create Site
function New-IISVirtWeb ([string]$Computer, [string]$Name, [string]$IP, [string]$Port, [string]$Hostname, [string]$RootDir)
{
$Namespace = "\\" + $Computer + "\root\MicrosoftIISv2"
$Path1 = $Namespace + ":ServerBinding"
$Path2 = $Namespace + ":IIsWebService='W3SVC'"


# Create Binding
$class = Get-WMIClassEx $Namespace $Path1
$binding = $class.CreateInstance()
$binding.IP = $IP
$binding.Port = $Port
$binding.Hostname = $Hostname
[array] $bindings = $binding

# Create Site
$Webservice = Get-WMIObjectEx $Namespace  $Path2
$Website = $Webservice.CreateNewSite($Name, $bindings, $RootDir)

Write-Host "Webserver" $Name "angelegt auf Computer" $Computer "!"
}


# --- Parameters
$InputFile = "X:\demo\WPS\B_IIS\webserver.txt"
$Computer = "F171"

# Read textfile and create a new webserver for each line
```

```
Get-Content $InputFile | Foreach-Object {
$a = $_.Split(";")
# Create directory if it does not exist!
mkdir  $a[3] -erroraction silentlycontinue
# Create Website
New-IISVirtWeb $Computer  $a[0]   $a[1] $a[2] "" $a[3]
}
```

Mit dem WebAdministration-Modul ist diese Aufgabe wesentlich kürzer zu erledigen. Das folgende Skript kopiert auch eine HTML-Datei (default.htm) in alle neu angelegten Websites, damit zum Test dort auch etwas zu sehen ist, und startet die neu angelegte Website am Schluss.

Listing 58.2 Massenanlegen von Websites mit PowerShell mit dem WebAdministration-Modul [WPS2_IIS-CreateWebsites_From_CSV.ps1]

```
# Massenanlegen von Websites gemäß Vorgaben in einer CSV-Datei
# (C) Holger Schwichtenberg, www.IT-Visions.de, 2012-2016

clear
$ErrorActionPreference = "Stop"

# --- Parameters
$InputFile = " w:\Skripte\powershell\webserver.txt"
$eingabeppPoolName = "NewWebsites"
$ContentSource = "w:\Skripte\powershell \default.htm"

# Modul einlesen
"Lade Modul..."
Import-Module webadministration

"Delete all existing sites"
Get-Website "DEMO_www.*" | Remove-Website

if (-not (test-path IIS:\AppPools\$eingabeppPoolName)) {
    "Create App Pool"
    New-WebAppPool -Name $eingabeppPoolName }
else
    { "App Pool exists!" }

# --- Read textfile and create a new website for each line
Get-Content $InputFile | Foreach-Object {
$eingabe = $_ -split ";"
# Create directory if it does not exist!
mkdir  $eingabe[3] -erroraction silentlycontinue
# Copy default page
Copy-Item $ContentSource $eingabe[3]
$eingabe[1] = "*" # all IPs!
# Create Website
$sitename = "DEMO_" + $eingabe[0]
"Creating... $sitename"
New-Website -Name $sitename -IPAddress  $eingabe[1] -port $eingabe[2] -PhysicalPath $eingabe[3] -force -ApplicationPool $eingabeppPoolName | out-null
# Website starten
"Starting... $sitename"
start-website -name $sitename
Get-WebsiteState -Name $sitename
}
```

58.5 Ändern von Website-Eigenschaften

Zum Ändern der Eigenschaften einer Website greift man auf die Website mit Get-Item (oder Get-Website) zu. Dann kann man auf die Attribute schreibend zugreifen. Nach dem Beschreiben sorgt man mit Set-Item für die Speicherung der Änderungen.

ACHTUNG: Anders als der Dateisystemprovider der PowerShell speichert der WebAdministration-Provider erst nach einem expliziten Speichervorgang!

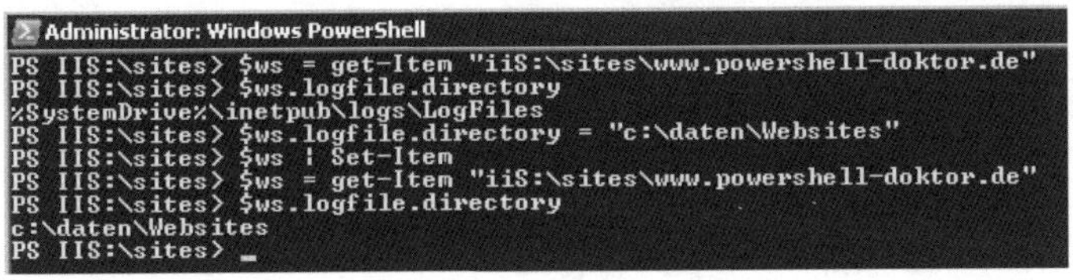

```
Administrator: Windows PowerShell
PS IIS:\sites> $ws = get-Item "iiS:\sites\www.powershell-doktor.de"
PS IIS:\sites> $ws.logfile.directory
%SystemDrive%\inetpub\logs\LogFiles
PS IIS:\sites> $ws.logfile.directory = "c:\daten\Websites"
PS IIS:\sites> $ws | Set-Item
PS IIS:\sites> $ws = get-Item "iiS:\sites\www.powershell-doktor.de"
PS IIS:\sites> $ws.logfile.directory
c:\daten\Websites
PS IIS:\sites>
```

Bild 58.6
Verändern des Standorts für die Protokolldaten

HINWEIS: Ohne den Neuabruf der Daten mit Get-Item nach dem Set-Item hätte man in dem obigen Beispiel keinen Beweis, dass die Änderung wirklich gespeichert wurde.

58.6 Anwendungspool anlegen

Sofern man keinen Anwendungspool angibt, landet die neue Website im Standardpool. Alternativ kann man vorher mit New-WebAppPool einen Pool anlegen und bei New-Website den Namen des Pools im Parameter -ApplicationPool angeben:

```
$pool = New-WebAppPool -name "PowerShell-Doktor Pool"
$site = New-Website -Name "www.PowerShell-Doktor.de" -PhysicalPath –
"c:\Daten\www.PowerShell-doktor.de" -Port 83 -ApplicationPool $pool.name
```

Außerdem kann man die Identität des Anwendungspools setzen:

```
Set-ItemProperty "iis:\apppools\PowerShell-Doktor Pool" -name processModel -value @
{userName="PSDoktor Pool User";password="Very!Secret!09";identitytype=3}
```

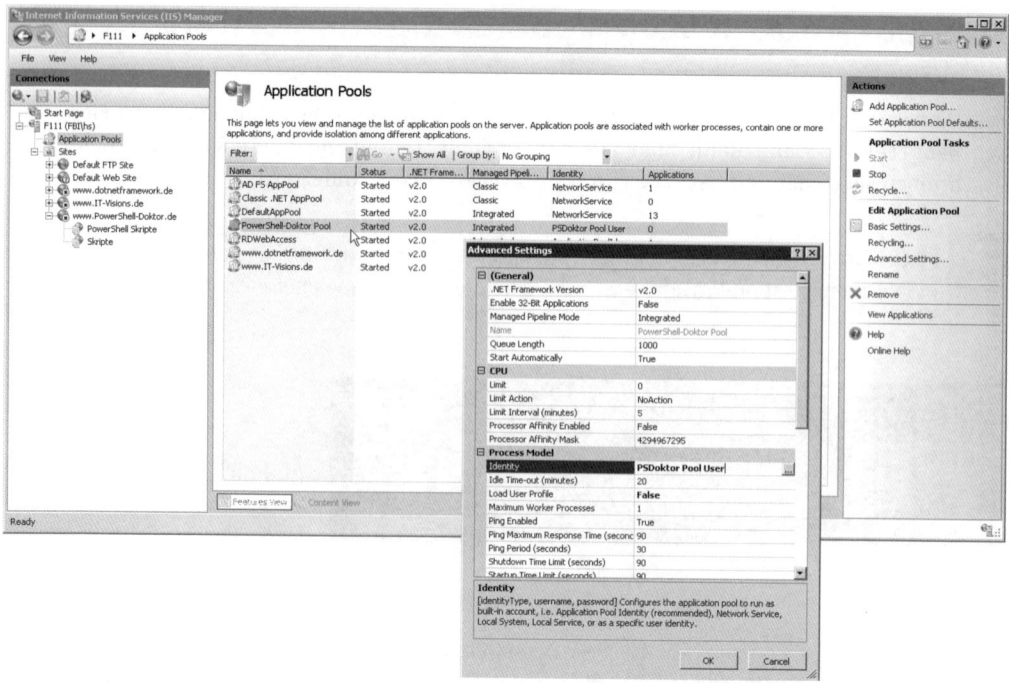

Bild 58.7 Nach dem Anlegen des Anwendungspools und dem Zuweisen der Identität

 ACHTUNG: Die PowerShell-Commandlets prüfen nicht, ob die angegebene Identität existiert.

58.7 Virtuelle Verzeichnisse und IIS-Anwendungen

Das Anlegen eines virtuellen Verzeichnisses ist ebenfalls sehr einfach:

```
New-WebVirtualDirectory -Site "www.PowerShell-doktor.de" -PhysicalPath –
"c:\Daten\WPSSkripte" -Name "Skripte"
```

Aus einem virtuellen Verzeichnis kann man eine IIS-Anwendung erzeugen:

```
ConvertTo-WebApplication -PSPath "IIS:\sites\www.IT-Visions.de\Skripte"
```

Oder man kann direkt eine IIS-Anwendung anlegen:

```
New-WebApplication -Site "www.PowerShell-doktor.de" -Name "PowerShell Skripte"
–PhysicalPath "C:\Daten\Skripte"
```

58.8 Website-Zustand ändern

Mit `Get-WebitemState` kann man abfragen, ob eine Website läuft oder gestoppt ist:

```
Get-WebitemState "IIS:\sites\www.PowerShell-doktor.de"
```

Mit `Start-Website` und `Stop-Website` kann man den Status einer IIS-Website ändern (siehe Beispiel in der Bildschirmabbildung).

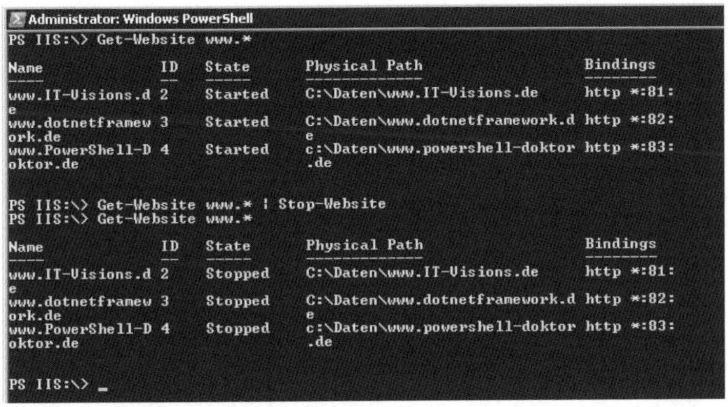

Bild 58.8 Anhalten einer Website, deren Name mit „www." beginnt

58.9 Anwendungspools starten und stoppen

Mit `Get-WebitemState` kann man auch den Status von Anwendungspools abfragen:

```
Get-WebitemState "IIS:\Apppools\PowerShell-Doktor Pool"
```

Hier erfolgt die Statusänderung mit `Start-Webitem` und `Stop-Webitem`, z. B.:

```
Stop-Webitem "IIS:\Apppools\PowerShell-Doktor Pool"
Start-Webitem "IIS:\Apppools\PowerShell-Doktor Pool"
```

Will man einen laufenden Pool einfach neu starten, kann man auch `Restart-Webitem` verwenden:

```
Restart-Webitem "IIS:\Apppools\PowerShell-Doktor Pool"
```

 HINWEIS: Die Commandlets mit „Webitem" im Namen lassen sich auch auf Websites anwenden.

58.10 Löschen von Websites

Zum Löschen von Einträgen im IIS gibt es diverse Commandlets, z.B. Remove-Website, Remove-WebApplication, Remove-WebVirtualDirectory und Remove-WebAppPool.

 ACHTUNG: Die Commandlets arbeiten im Standard ohne Nachfrage. Der Befehl „Remove-WebSite www*" löscht alle

59 Virtuelle Systeme mit Hyper-V

von Peter Monadjemi

Hyper-V ist der Name der Virtualisierungstechnik von Microsoft, die die Ausführung mehrerer „Gast"-Betriebssysteme – alias „Virtuelles System" oder „Virtuelle Maschine" (VM) – unter einem „Host-Betriebssystem" ermöglicht. Das Host-Betriebssystem ist Windows Server (ab 2008) oder Windows Client (ab Version 8), die auszuführenden Client-Betriebssysteme können beliebige Betriebssysteme für x86- bzw. x64-Prozessoren sein. Neben Windows kommt z. B. auch Linux in Frage.

Der Kern der Hyper-V-Software ist der *Hypervisor*, der als Schicht unmittelbar oberhalb der Hardware des Computers sowohl das Host-Betriebssystem (auch Elternpartition genannt) als auch die verschiedenen virtuellen Maschinen (Kindpartitionen) ausführt. Neben Windows kommen für virtuelle Maschinen offiziell auch verschiedene Linux-Varianten wie *Red Hat Enterprise Linux* und *Suse Linux Enterprise Server* in Frage. Eine virtuelle Maschine besitzt, wie ihr physikalisches Pendant, einen Prozessor mit einer Typenbezeichnung, der auf Wunsch auch mehrere Kerne besitzen kann, ein BIOS und Arbeitsspeicher, dessen Größe beim Einrichten der virtuellen Maschine festgelegt wird. Der Zugriff auf das Netzwerk erfolgt bei Hyper-V über einen virtuellen Netzwerkadapter (Switch). Die physikalische Festplatte wird durch eine virtuelle Festplatte ersetzt (bei Hyper-V 2012 eine Datei im VHDX-Format, die eine maximale Kapazität von 64 TByte erlaubt). Eine ISO-Datei (eine Image-Datei einer kompletten CD/DVD inklusive Dateisystem nach ISO-Norm), über die z. B. ein Betriebssystem installiert wird, wird als virtuelles DVD-Laufwerk angesprochen. Auch andere Hardwaregeräte wie ein Lautsprecher oder ein USB-Laufwerk stehen im Rahmen einer virtuellen Maschine zur Verfügung. Die virtuellen Maschinen können sowohl in ein lokales Netzwerk als auch in eine Domäne eingebunden werden.

Hyper-V wurde erstmals mit Windows Server 2008 eingeführt und existiert sowohl als Serverrolle als auch als eigenständiges Produkt. Ein *Windows Server 2012 Hyper-V* ist ein Windows Server 2012 ohne eine grafische Benutzeroberfläche, aber mit PowerShell (als Alternative zu *Cmd.exe*) und dem Hyper-V-Modul mit seinen Commandlets. Hyper-V ist der direkte Konkurrent zur Virtualisierungslösung *vSphere* von *VMWare*, dem derzeitigen Marktführer in diesem Bereich. Auch seit *Windows 8 Professional* ist Hyper-V unter dem Namen „Client Hyper-V" dabei. Es löst den Virtual PC von Windows 7 ab. *Client Hyper-V* ist ein Hyper-V-Server ohne einige der fortgeschrittenen Merkmale wie Live-Migration oder die Möglichkeit, Fibre-Channel-Speichersysteme direkt einbinden zu können.

Mit Windows Server 2012 wurden bei Hyper-V wichtige Verbesserungen eingeführt, die sowohl mehr Komfort für Administratoren als auch mehr Möglichkeiten mit sich bringen. Die wichtigste Neuerung ist die Möglichkeit einer unterbrechungsfreien Live-Migration von virtuellen Maschinen auf einen anderen Hyper-V-Server während des laufenden Betriebs. Anders als beim Vorgänger ist dazu kein ausfallsicherer Cluster mehr erforderlich. Weitere wichtige Neuerungen sind der Umstand, dass virtuelle Maschinen auf einer Freigabe eingerichtet werden können, und die Unterstützung für Fibre-Channel-Speichermedien.

■ 59.1 Das Hyper-V-Modul von Microsoft

Vor der Einführung von Windows 8/Windows Server 2012 gab es für die Hyper-V-Administration im Wesentlichen drei Alternativen:

1. Der direkte Aufruf von WMI-Funktionen des Hyper-V-WMI-Providers (diese Variante wurde im Zusammenhang mit VBScript und dem Windows Scripting Host genutzt)
2. Die PowerShell Management Library for Hyper-V von *James O'Neill* und *Mike Kolitz*, die als OpenSource-Projekt im *Codeplex*-Portal zur Verfügung steht (*http://pshyperv.code plex.com*). Es basiert auf der Funktionalität eines Hyper-V-Servers 2008.
3. Die Verwendung von *System Center Virtual Machine Manager 2008 R2* (SCVMM). Hier steht ein umfangreicher Satz von PowerShell-Commandlets zur Verfügung, auf denen auch die SVMM-Verwaltungskonsole aufsetzt.

Seit Windows Server 2012 und Windows 8 gibt es (endlich) eine weitere Alternative, die allen Administratoren zur Verfügung steht: das Hyper-V-Modul mit seinen insgesamt 164 Commandlets. Dieses Modul wird über die Hyper-V-Server-Rolle installiert. Bei Windows-Clients ohne Hyper-V steht es zur Verfügung, wenn die *Remote Server Administration Tools for Windows (RSAT)* installiert wurden.

Um einen besseren Überblick über das umfangreiche Modul zu geben, stellt Tabelle 59.1 die wichtigsten Commandlets zusammen, die für den Umgang mit virtuellen Maschinen (VM) zuständig sind. Damit ergibt sich eine Übersicht über jene Aktivitäten, die mit einer oder mehreren VMs durchgeführt werden können. Ein „Backup-VM"-Commandlet gibt es nicht. Die Komplettsicherung eines Hyper-V-Servers wird in der Praxis entweder im Rahmen einer Replikation einzelner VMs auf einen anderen Hyper-V-Server oder über die Windows-Server-Sicherung durchgeführt. Tabelle 59.2 stellt weitere Commandlets aus dem Hyper-V-Modul zusammen, die in der Praxis häufig zum Einsatz kommen.

Tabelle 59.1 Die Commandlets für den Umgang mit virtuellen Maschinen

Commandlet	Was macht es?
Checkpoint-VM	Speichert den aktuellen Zustand der VM als „Snapshot" ab.
Compare-VM	Prüft die Konfigurationsdatei einer VM auf die „Rahmenbedingungen" des aktuellen Hyper-V-Servers und gibt ein Objekt zurück, das mögliche „Inkompatibilitäten" umfasst. Dieses Objekt kann beim *Import-VM-* oder *MoveVM*-Commandlet angegeben werden.

Commandlet	Was macht es?
Export-VM	Speichert die VM in einem angegebenen Verzeichnis ab, aus dem sie später wieder, eventuell auf einem anderen Server, importiert werden kann.
Get-VM	Holt ein Objekt, das die angegebene VM repräsentiert.
Import-VM	Importiert eine exportierte VM.
Measure-VM	Führt eine Leistungsmessung mit VMs durch. Die Leistungsmessung muss zuvor über das `Enable-VMResourceMetering`-Commandlet aktiviert worden sein.
Move-VM	Verschiebt eine VM auf einen anderen Hyper-V-Server.
New-VM	Legt eine neue VM mit einigen Voreinstellungen bezüglich seiner Eckdaten wie Speichergröße und Anzahl der CPUs an.
Remove-VM	Entfernt eine VM aus einem VM-Host und löscht alle Dateien der VM.
Rename-VM	Gibt einer VM einen anderen Namen.
Repair-VM	Ändert die Einstellungen einer VM auf der Grundlage eines zuvor angefertigten Kompatibilitätsreports.
Restart-VM	Startet eine VM neu.
Resume-VM	Setzt die Ausführung einer angehaltenen VM fort.
Save-VM	Schaltet eine VM aus und speichert ihren aktuellen Zustand, so dass die Ausführung bei einem erneuten Start an diesem Punkt fortgesetzt wird.
Set-VM	Ändert die Einstellungen wie Anzahl der Prozessoren, den Verzeichnispfad des Snapshots, den Namen der VM oder ihren Startmodus.
Start-VM	Startet eine VM.
Stop-VM	Beendet eine VM (entspricht dem Ausschalten im Hyper-V-Manager).
Suspend-VM	Hält eine VM vorübergehend an.

Tabelle 59.2 Weitere wichtige Commandlets aus dem Hyper-V-Modul

Commandlet	Bedeutung
Add-VMHardDiskDrive	Fügt zu einer virtuellen Maschine eine Festplatte hinzu.
Add-VMSwitch	Fügt zu einer virtuellen Maschine einen virtuellen (Netzwerk-) Switch hinzu.
Connect-VMNetworkAdapter	Verbindet einen Netzwerkadapter mit einem virtuellen Switch.
Convert-VHD	Konvertiert eine virtuelle Maschine, z. B. in das neue VHDX-Format.
Get-VMHost	Holt den Host des Hypervisor als VMHost-Objekt (`Microsoft.HyperV.PowerShell`).
New-VMSwitch	Legt einen neuen Netzwerkswitch an, der auf einem vorhandenen Netzwerkadapter basiert.
Resize-VHD	Ändert die Größe einer virtuellen Festplatte.
Test-VHD	Testet eine virtuelle Festplattendatei auf ihre Brauchbarkeit für den Einsatz unter einer VM.

59.2 Die ersten Schritte mit dem Hyper-V-Modul

Die ersten Schritte zum Kennenlernen des Hyper-V-Moduls bestehen aus dem Abfragen vorhandener Hyper-V-Maschinen auf einem Server (die eventuell bereits im Rahmen der Hyper-V-Managementkonsole angelegt wurden).

> **HINWEIS:** Alle Beispiele in diesem Kapitel, sofern nicht anders angegeben, gehen davon aus, dass sie auf dem lokalen Hyper-V-Server ausgeführt werden. Über den Parameter `ComputerName` kann jedes Commandlet aus dem Hyper-V-Modul auf dem angegebenen Hyper-V-Server ausgeführt werden.

Abfragen aller virtuellen Maschinen

Das Commandlet `Get-VM` listet alle virtuellen Maschinen auf dem lokalen bzw. per `ComputerName`-Parameter angegebenen Hyper-V-Server auf.

> **BEISPIEL:** Der folgende Befehl gibt einige ausgewählte Eckdaten der VMs auf dem angegebenen Hyper-V-Server aus.
>
> ```
> Get-VM | Select-Object -Property Name, Status, State, UpTime,
> -VMIntergrationService | Format-Table
> ```
>
> Wie in anderen Bereichen profitieren Administratoren auch bei der Hyper-V-Administration von der Leichtigkeit, mit der sich bei der PowerShell beliebige Abfragen zusammenstellen lassen. Der folgende Befehl sortiert die virtuellen Maschinen mehrerer Server nach der Dauer, die sie bereits in Betrieb sind.
>
> ```
> Get-VM -ComputerName Server1, Server2 | Where-Object Uptime -gt 1000 |
> Sort-Object -Property Uptime -Descending
> ```
>
> Sehr praktisch ist dabei der Umstand, dass die Property *Uptime*, die für einen TimeSpan-Wert (also eine Zeitspanne) steht, mit der Zahl 0 verglichen werden kann.

> **TIPP:** Sehr praktisch ist in diesem Zusammenhang das `Out-GridView`-Commandlet, das seit der PowerShell-Version 3.0 auch eine Auswahlmöglichkeit bietet. Möchte man z. B. mehrere VMs für eine bestimmte Aktion, etwa eine Live-Migration, auswählen, ist das dank des Commandlets einfach und komfortabel möglich.
>
> Der folgende Befehl zeigt alle VMs eines Hyper-V-Servers in einem Fenster. Nach der Auswahl eines oder mehrerer Einträge werden die ausgewählten Objekte in die Pipeline gelegt.

```
$HVServerName = "Server1"
Get-VM -ComputerName $HVSereverName | Out-GridView -Title "Wähle VM für
Live-Migration" -OutputMode Multiple
```

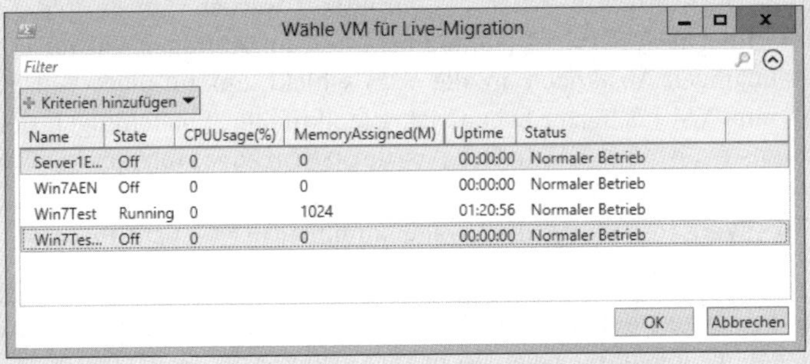

Bild 59.1 Die ausgewählten VMs werden in die Pipeline gelegt.

Abfragen von Details zu einer virtuellen Maschine

Ist man an technischen Details zu einer virtuellen Maschine interessiert, werden diese von Commandlets wie `Get-VMBIOS`, `Get-VMMemory` oder `Get-VMProcessor` geliefert.

BEISPIEL: Der folgende Befehl gibt die wichtigsten Eckdaten einer zuvor per New-VM-Commandlet angelegten virtuellen Maschine aus, die über die Parameter NewVhdPath und NewVhdSizeBytes bereits mit einer (neuen) virtuellen Festplatte ausgestattet wurde.

```
$VMName = "VMNTest"
$VM = New-VM -Name $VMName -MemoryStartupBytes 1GB -NewVHDPath -
"C:\VHDS\VMTest.vhdx" -NewVHDSizeBytes 40GB
Get-VMMemory -VMName $VMName
Get-VMNetworkAdapter -VMName $VMName
Get-VMHardDiskDrive -VMName $VMName
```

Änderungen an einer virtuellen Maschine durchführen

Änderungen an den Einstellungen einer virtuellen Maschine nimmt das `Set-VM`-Commandlet vor.

BEISPIEL: Der folgende Befehl setzt den Pfad für Snapshots auf einen neuen Pfad.

```
$VM = Get-VM -Name VMTest
Set-VM -VM $VM -SnapshotFileLocation "C:\VMSnapshots"
```

Konfiguration der Integrationsdienste

Die Hyper-V-Integrationsdienste („Integration Services", kurz IS) stellen einen Satz von insgesamt fünf Diensten und einem optimierten Hypervisor-Treiber dar, durch die die Performance und die Verwaltbarkeit einer VM verbessert werden. Ein Beispiel für einen der Dienste ist der „Heartbeat-Service" (Taktdienst), der auf Anfragen antwortet, die der Hypervisor in regelmäßigen Abständen an alle VMs schickt, um auf diese Weise feststellen zu können, ob eine VM noch „am Leben" ist. Die aktuellen Einstellungen der einzelnen Integrationsdienste für eine VM liefert das Get-VMIntegrationService-Commandlet. Ob die Integrationsdienste auf einer VM installiert sind, verrät die Eigenschaft IntegrationServicesVersion, welche die Versionsnummer der Dienste angibt.

BEISPIEL: Der folgende Befehl gibt alle VMs auf dem aktuellen Hyper-V-Server aus, auf denen die Integrationsdienste installiert sind.

```
Get-VM -Name * | Where-Object IntegrationServicesVersion -ne $null
```

Die Versionsnummer der Integrationsdienste auf dem Hyper-V-Server ist in der Registry in einem Eintrag des Schlüssels *HKLM:\SOFTWARE\Microsoft\Windows NT\CurrentVersion\Virtualization\GuestInstaller\Version* hinterlegt.

BEISPIEL: Der folgende Befehl fragt die Versionsnummer der Integrationsdienste auf dem aktuellen Hyper-V-Server ab.

```
Get-ItemProperty -Path "HKLM:\SOFTWARE\Microsoft\Windows NT\CurrentVersion\
Virtualization\GuestInstaller\Version" |
Select-Object -ExpandProperty Microsoft-Hyper-V-Guest-Installer
```

Über die Commandlets Enable-VMIntegrationService und Disable-VMIntegrationService werden die Integrationsdienste auf einer VM aktiviert bzw. deaktiviert.

Die Integrationsdienste werden im Fenster der VM über das *Aktion*-Menü und den Eintrag „Installationsdatenträger für Integrationsdienste einlegen" installiert. Die Auswahl führt dazu, dass die ISO-Datei *Vmguest.iso* als DVD-Laufwerk eingebunden und die Integrationsdienste installiert werden.

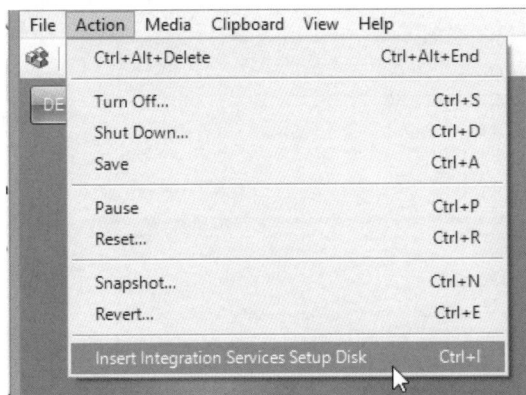

Bild 59.2
Installation der Hyper-V-Integrationsdienste in einer VM

Das Installieren der Integrationsdienste per PowerShell ist etwas aufwendiger, denn dafür gibt es leider kein Commandlet. Für die Installation muss die ISO-Datei *Vmguest.iso* (im Verzeichnis *C:\Windows\System32* des Hyper-V-Servers) mit einem DVD-Laufwerk der VM verbunden und die Datei *Setup.exe* im Verzeichnis *Support\x86* des Laufwerks auf der VM gestartet werden.

Die Hyper-V-Manager-Konsole zur besseren Orientierung

Wer sich dem komplexen Thema Virtualisierung auf der Grundlage von Hyper-V nähert, benötigt zuerst einen Überblick über die Möglichkeiten, die Administratoren zur Verfügung stehen. Bei 178 Commandlets (Windows Server 2016) läuft man am Anfang Gefahr, den sprichwörtlichen Wald vor lauter Bäumen nicht mehr zu sehen. Eine gute Gelegenheit, einen Überblick zu erhalten, bietet die *Hyper-V-Manager-Konsole*, die z. B. über den Servermanager gestartet wird. Sie bietet zwar keine PowerShell-Schnittstelle, dafür macht sie sehr übersichtlich deutlich, welche Optionen z. B. beim Anlegen einer virtuellen Maschine oder eines virtuellen Laufwerks zur Verfügung stehen. Diese Optionen stehen auch über die PowerShell-Commandlets aus dem Hyper-V-Modul und ihre Parameter zur Verfügung. Über das *Aktion*-Menü oder das Kontextmenü, das sich nach dem Anklicken einer virtuellen Maschine mit der rechten Maustaste öffnet, werden die Aktionen angeboten, die mit der virtuellen Maschine durchgeführt werden können. Ein Doppelklick auf einen Eintrag öffnet die virtuelle Maschine in einem eigenen Fenster.

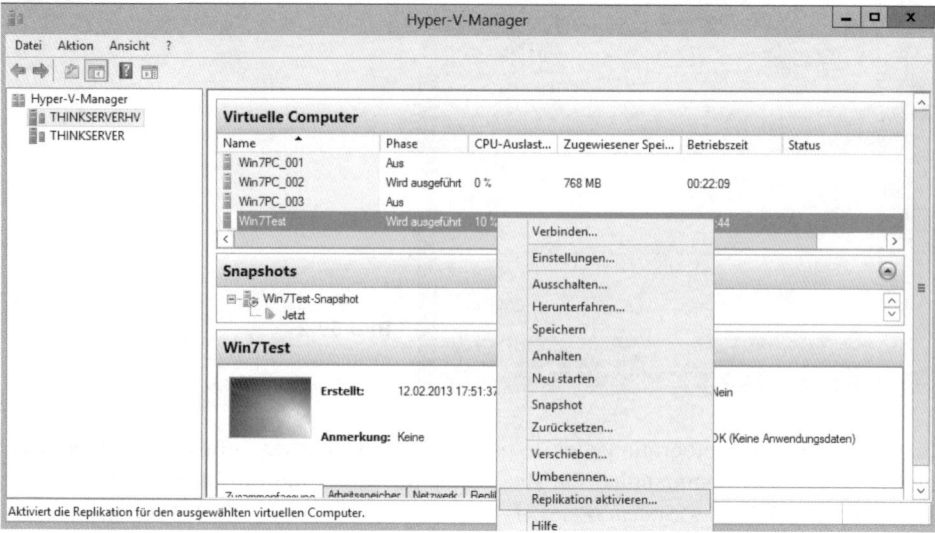

Bild 59.3 Die Hyper-V-Managerkonsole

59.3 Virtuelle Maschinen anlegen

Das Anlegen einer neuen virtuellen Maschine ist grundsätzlich sehr einfach. Im einfachsten Fall wird das *New-VM*-Commandlet lediglich mit dem Namen der neuen virtuellen Maschine aufgerufen. Weitere Angaben sind nicht erforderlich. Soll die virtuelle Maschine mit einer vorhandenen Festplatte oder einer ISO-Datei in Gestalt eines DVD-Laufwerks verknüpft werden, über die nach dem Start das Betriebssystem installiert wird, wird es etwas aufwendiger, so dass die vertraute Hyper-V-Manager-Konsole eventuell als die etwas attraktivere Alternative erscheinen mag. Aber auch hier gilt, dass sobald ein halbes Dutzend virtueller Maschinen und mehr „in einem Rutsch" angelegt und konfiguriert werden sollen, ein PowerShell-Skript beinahe alternativlos ist, da sich nur auf diese Weise der Ablauf parametrisieren, beliebig oft wiederholen und protokollieren lässt. Sobald ein PowerShell-Skript die Aufgabe erledigt, lassen sich Abläufe in wenigen Minuten erledigen, die „zu Fuß" viele Stunden in Anspruch nehmen würden.

Anlegen einer neuen virtuellen Maschine

Das Anlegen einer neuen virtuellen Maschine beschränkt sich im einfachsten Fall auf den Aufruf des `New-VM`-Commandlets mit dem Namen der neuen virtuellen Maschine. Für technische Details wie die Größe des Arbeitsspeichers oder die Art des Netzwerkadapters werden Default-Werte eingesetzt. Es ist bemerkenswert, dass der Name einer VM mehrfach vorkommen kann, da die VMs intern anhand ihrer ID unterschieden werden.

59.3 Virtuelle Maschinen anlegen

BEISPIEL: Der folgende Befehl legt eine VM mit dem Namen „VMTest" an.

```
New-VM -Name VMTest
```

Das Ergebnis ist eine Konfigurationsdatei (Erweiterung *.Xml*) im „Virtual Machine"-Verzeichnis des Hyper-V-Servers, die alle Konfigurationseinstellungen enthält. Diese Datei repräsentiert die virtuelle Maschine auf dem Server (der Dateiname entspricht der ID der virtuellen Maschine) und kann z. B. dazu benutzt werden, die virtuelle Maschine auf einem anderen Hyper-V-Server über das Import-VM-Commandlet zu importieren.

HINWEIS: Anders als bei anderen Virtualisierungslösungen (u. a. Virtual PC) besteht eine virtuelle Hyper-V-Maschine nicht nur aus einer Vhd(x)-Datei (virtuelle Festplatte) und einer Konfigurationsdatei. Dazu gehören u. a. die Snapshots (sofern vorhanden) und der aktuelle Zustand, der in einem Unterverzeichnis, dessen Name der ID der VM entspricht, abgelegt wird.

BEISPIEL: Im folgenden Beispiel legt ein kleines Skript mehrere VMs auf einmal an. Ihre Namen werden beim Aufruf des Skripts über den VMName-Parameter übergeben.

```
<#
 .Synopsis
 Anlegen einer oder mehrere VMs
#>

[CommandletBinding()]

param([String[]]$VMName, [String]$ComputerName)

Import-Module -Name Hyper-V

$VMListe = @()
foreach($VM in $VMName)
{
  $VMliste += New-VM -Name $VM -ComputerName $ComputerName -Verbose
}

"$($VMListe.Count) virtuelle Maschinen wurden angelegt."
```

Virtuelle Computer						
Name ▲	Phase	CPU-Auslast...	Zugewiesener Spei...	Betriebszeit	Status	
VMTest01	Aus					
VMTest02	Aus					
VMTest03	Aus					

Bild 59.4 Die neu angelegten VMS werden in der Hyper-V-Manager-Konsole angezeigt.

Löschen „verwaister" Verzeichnisse

Im Laufe der Zeit kann es passieren, dass Verzeichnisse für nicht mehr existierende virtuelle Maschinen übrig bleiben, die gelöscht werden sollten. Da es im Explorer anhand der langen Verzeichnisnamen nicht ganz einfach ist zu erkennen, für welche Unterverzeichnisse keine XML-Konfigurationsdatei mit dem gleichen Namen existiert, wird das Löschen einem kleinen PowerShell-Skript übertragen.

BEISPIEL: Das folgende kleine Skript löscht alle Unterverzeichnisse im Verzeichnis der virtuellen Maschinen, für die es im selben Verzeichnis keine gleichnamige XML-Datei gibt. Vor dem Start des Skripts muss der Pfad der virtuellen Maschinen, der über die Variable $VMPath festgelegt wird, angepasst werden. Die Pfade der gelöschten Verzeichnisse werden in die Datei *C:\VMLoeschProtokoll.txt* geschrieben.

Aus Sicherheitsgründen wird der Whatif-Parameter gesetzt, so dass das Skript in der aktuellen Fassung keine Verzeichnisse löscht. Die Benutzung geschieht auf eigenes Risiko.

```
<#
 .Synopsis
 Löschen nicht benötigter Hyper-V-Verzeichnisse
#>

$SB = {
    $VMPath = "C:\VMS\Virtual Machines"
    $XMLDateien = Get-ChildItem -Path $VMPath\*.xml | Select-Object
-Property
@{Name="Name";Expression={[IO.Path]::GetFileNameWithoutExtension($_.Name)}} |
    Select-Object -ExpandProperty Name
    # Jetzt alle Verzeichnisse durchgehen, für die es keine XML-Dateien gibt
    Get-ChildItem -Path $VMPath -Directory | Where-Object { $XMLDateien
-NotContains $_.Name } | Tee-Object -FilePath C:\VMLoeschProtokoll.txt |
Remove-Item -Recurse -Force -WhatIf
}

Invoke-Command -ScriptBlock $SB
```

Auch wenn das Skript lokal ausgeführt wird, wird es über das Invoke-Command-Commandlet und einen ScriptBlock ausgeführt, da dadurch lediglich der Name des Computers hinzugefügt werden muss, wenn es auf einem anderen Computer ausführen soll.

Anlegen von virtuellen Maschinen mit einer VHDX-Datei

Liegt eine fertige VHDX-Datei als virtuelle Festplatte bereits vor, gibt es beim Anlegen einer neuen virtuellen Maschine zwei Möglichkeiten: Die virtuelle Maschine legt eine neue virtuelle Festplatte vom Typ „Differenzierend" (Differencing-Parameter beim New-VHD-Commandlet) an, die auf der vorhandenen Festplatte aufsetzt. Oder die vorhandene Festplatte wird für jede VM in ein eigenes Verzeichnis kopiert und der VM hinzugefügt. Im Folgenden wird die zweite Variante umgesetzt.

BEISPIEL: Das folgende Skript legt eine festgelegte Anzahl an VMs (voreingestellt sind drei) in einem neuen Verzeichnis an und weist der VM eine bereits existierende VHDX-Datei zu, die zuvor in dieses Verzeichnis kopiert wurde. Das Skript ist so konzipiert, dass es das Kopieren der VHDX-Datei per Remoting auf dem Hyper-V-Server ausführt. Beim Anlegen der VM wird dieser Server angegeben. Wichtig: Vor der Ausführung des Skripts müssen noch verschiedene Einstellungen, wie der Basisname der VMs, das Verzeichnis mit der VHDX-Datei und der Name des Hyper-V-Servers, angepasst werden.

```
<#
 .Synopsis
 Anlegen von VMs mit einer existierenden VHDX-Datei
#>

Set-StrictMode -Version 2.0

Import-Module -Name Hyper-V

$AnzahlVM = 3
$VMBasisName = "Win7PC"
$SwitchName = "Standard"
$VHDPath = "C:\VHDS\Win7Test_VHD.vhdx"
$VMNr = 0
$ServerName = "Server1"

$VhdCopySB = {
            param([String]$VHDPath, [String]$VMName)
            $VMPath = "C:\VHDS\$VMName"
            if (!(Test-Path -Path $VMPath)) { MkDir -Path $VMPath }
            Copy-Item -Path $VHDPath -Destination (Join-Path -Path $VMPath -ChildPath "$VMName.vhdx")
            }
1..$AnzahlVM | Foreach-Object {
        $VMNr++
        $VMName = "$VMBasisName`_{0:000}" -f $_
        $VMVHDPath = "C:\VHDS\$VMName\$VMName.vhdx"
        # VHDX-Datei auf dem Remote-Computer kopieren
        Invoke-Command -ScriptBlock $VhdCopySB -ComputerName $ServerName `
-ArgumentList $VHDPath,$VMName
        Write-Progress -Activity "VMs werden angelegt" -Status "VM $VMName wird angelegt." -PercentComplete (($VMNr/$AnzahlVM)*100)
        $VM = New-VM -Name $VMName -MemoryStartupBytes 768MB -SwitchName $SwitchName `
            -VHDPath $VMVHDPath -ComputerName $ServerName
        Set-VM -VM $VM -ProcessorCount 2
}
```

Einrichten einer virtuellen Maschine mit einer vorbereiteten ISO-Datei

Soll eine virtuelle Maschine (VM) mit einer ISO-Datei eingerichtet werden, die als DVD-Laufwerk eingebunden wird, so dass auf diese Weise anschließend ein Betriebssystem installiert werden kann, sind ein paar zusätzliche Schritte erforderlich.

BEISPIEL: Die folgende Befehlsfolge richtet eine neue VM ein, verknüpft sie mit einer Windows-7-Installations-DVD in Gestalt einer ISO-Datei und startet die VM anschließend mit `Start-VM`, so dass dadurch die Installation von Windows 7 in Gang gesetzt wird. Damit die Installation nach dem Start der VM möglich ist, muss die neu angelegte Festplatte eingerichtet werden. Was vor Windows Server 2012 noch eine relativ knifflige Angelegenheit gewesen wäre, da für das `DiskPart`-Kommando eine Befehlszeile nicht nur hätte zusammengebaut, sondern auch getestet werden müssen, geht dank der Commandlets in dem neuen Storage-Modul sehr einfach. Diese werden im Rahmen einer CIM-Session auf dem Hyper-V-Server ausgeführt.

Damit die Befehlsfolge funktioniert, müssen außerdem wieder einmal die verschiedenen Angaben wie der Name des Servers und der Pfad der ISO-Datei angepasst werden. Auf dem Hyper-V-Server müssen ferner die Verzeichnisse *C:\VHDS* und *C:\VMS* existieren. Außerdem wird davon ausgegangen, dass ein Netzwerkswitch mit dem Namen „Standard" bereits angelegt wurde.

```
<#
.Synopsis
Anlegen einer kompletten VM mit einem ISO-DVD-Laufwerk
#>

Import-Module -Name Hyper-V

<#
Diese Eckdaten müssen vor dem Start angepasst werden, vor allem der
SwitchName ist kritisch
#>

# Name des Hyper-V-Servers
$ServerName = "PMServer"
# Name der neuen VM
$VMName = "Win7"
# Name des Switches
$SwitchName = "D-Link DGE-528T-Gigabit-Ethernet-Adapter - Virtual Switch"
# Pfad der virtuellen Festplattendatei
$VhdPath = "C:\VHDS\$VMName`_VHD.vhdx"
# Gewünschte Größe der virtuellen Festplatte
$VHDSize = 40GB
# Pfad der ISO-Datei für die Installation von Windows 7
$Win7ISOPath = "E:\ISOS\de_windows_7_ultimate_with_sp1_x64_dvd_u_677306.iso"
# Neue VM mit Eckdaten anlegen - wichtig sind der Name des Switch und der
Name des Computers des Hyper-V-Servers
$VM = New-VM -Name $VMName -MemoryStartupBytes 1GB -SwitchName $SwitchName
-ComputerName $ServerName

# Neue virtuelle Festplatte anlegen
New-VHD -Path $VhdPath -SizeBytes $VHDSize -Dynamic -ComputerName
$ServerName | Out-Null
# Zur VM ein Laufwerk hinzufügen
Add-VMHardDiskDrive -ComputerName $ServerName -ControllerNumber 0
--ControllerType IDE -VM $VM -Path $VhdPath | Out-Null
```

```
# Laufwerk mit der zuvor angelegten Festplatte verbinden
Mount-VHD -Path $VhdPath -ComputerName $ServerName
# Neue CIM-Session für Remote-Zugriff auf die VM
$CIMSession = New-CimSession -ComputerName $ServerName
# Das einzige Laufwerk der VM holen -FriendlyName ist voreingestellt
$D = Get-Disk -CimSession $CIMSession -FriendlyName "Microsoft Virtual
Disk"
# Das Laufwerk initialisieren
Initialize-Disk -Number $D.Number -CimSession $CIMSession
-PartitionStyle MBR
# Eine neue Partition auf dem Laufwerk anlegen - Laufwerksbuchstabe wird
festgelegt - Alternative: z.B. -DriveLetter V-Parameter
$NewPart = New-Partition -DiskNumber $D.Number -UseMaximumSize -CimSession
$CIMSession -AssignDriveLetter
# Das Laufwerk formatieren - Vorsicht: Ohne Angabe einer CIMSession wird
das lokale Volume formatiert
Format-Volume -Partition $NewPart -FileSystem NTFS -NewFileSystemLabel
"Win7Main" -CimSession $CIMSession -Force
# Virtuelle Festplatte kann wieder vom Laufwerk entfernt werden
Dismount-VHD -Path $VhdPath -ComputerName $ServerName
# CIM-Session wird beendet
Remove-CimSession -CimSession $CIMSession
# ISO-Pfad mit virtuellem Laufwerk verbinden
Set-VMDVdDrive -VMName $VM.VMName -Path $Win7ISOPath -ComputerName
$ServerName
# Jetzt kann es endlich losgehen
Start-VM -VM $VM
```

Bild 59.5 Die frisch angelegte VM wurde gestartet.

Entfernen von virtuellen Maschinen

Das Entfernen virtueller Maschinen übernimmt das Remove-VM-Commandlet. Dabei werden auch alle Konfigurationsdateien gelöscht, die im Zusammenhang mit der VM angelegt wurden (die VHD-Dateien bleiben natürlich erhalten).

BEISPIEL: Das folgende Beispiel entfernt eine im Betrieb befindliche VM. Durch das Verketten der beteiligten Commandlets per Pipe-Operator wird die Befehlskette kurz und zudem gut „lesbar".

```
Get-VM -Name Win7TestVM | Stop-VM -Force -PassThru | Remove-VM -Force
```

Der PassThru-Parameter bei Stop-VM sorgt dafür, dass für die beendete VM ein Objekt an das Remove-VM-Commandlet weitergereicht wird.

■ 59.4 Umgang mit virtuellen Festplatten

Die virtuellen Festplatten einer virtuellen Maschine liegen als Dateien mit der Erweiterung *.vhdx* vor. Das VHDX-Format wurde mit Hyper-V-Server 2012 eingeführt und löst das VHD-Format ab. Virtuelle Festplatten im VHD-Format können aber auch bei Hyper-V-Server 2012 verwendet werden. Über das Convert-VHD-Commandlet wird eine VHD-Datei in eine VHDX-Datei oder umgekehrt konvertiert.

Das Hyper-V-Modul umfasst insgesamt zehn Commandlets für den Umgang mit virtuellen Laufwerken.

Tabelle 59.3 Die Commandlets für den Umgang mit virtuellen Laufwerken

Commandlet	Was macht es?
Convert-VHD	Konvertiert eine VHD-Datei in eine VHDX-Datei und umgekehrt.
Dismount-VHD	Hebt die Bindung eines virtuellen Laufwerks wieder auf.
Get-VHD	Holt das Objekt (Typ VirtualHardDisk im Namensraum Microsoft.Vhd.PowerShell), das ein virtuelles Laufwerk repräsentiert.
Merge-VHD	Fasst mehrere virtuelle Laufwerke, die „Kindlaufwerke" eines Differenzlaufwerks sind, zu einem virtuellen Laufwerk zusammen.
Mount-VHD	Verbindet ein virtuelles Laufwerk, so dass es als Laufwerk angesprochen werden kann.
New-VHD	Legt ein neues virtuelles Laufwerk an.
Optimize-VHD	Optimiert die Belegung eines dynamischen bzw. differenzierenden Laufwerks, indem Speicherblöcke so zusammengelegt werden, dass sich eine Reduzierung der Größe ergibt.
Resize-VHD	Ändert die Größe eines virtuellen Laufwerks.
Set-VHD	Ändert einzelne Einstellungen eines virtuellen Laufwerks wie z. B. die Zuordnung zu einem Eltern-Laufwerk.
Test-VHD	Testet die Einsetzbarkeit eines virtuellen Laufwerks.

Virtuelle Festplatten auflisten

Eine Liste aller virtuellen Festplatten liefert das `Get-VHD`-Commandlet.

> **BEISPIEL:** Die folgende Befehlsfolge listet alle virtuellen Festplatten aller VMs mit einigen Eckdaten auf.
>
> ```
> $Filter = "*"
> foreach($VM in Get-VM -Name $Filter -ComputerName $HVServerName) {
>   # Ausgeben der Eckdaten der VHD
>   Get-VHD -ComputerName $HVServerName -VMId $VM.VMId | Select-Object
> -Property @{Name="VM";Expression={$VM.Name}},VhdFormat, VhdType, Size,
> Path | Format-Table -Property VM,VhdFormat,VhdType,@{Label="Size(GB)";
> Expression={$_.Size/1GB};Format="n2"} -AutoSize
> }
> ```

Virtuelle Festplatten neu anlegen

Das Anlegen einer neuen virtuellen Festplatte könnte einfacher nicht sein. Der Aufruf des New-VHD-Commandlets mit der Angabe des Pfads der VHDX- oder VHD-Datei und eine Größenangabe in Bytes genügen. Tabelle 59.4 enthält die wichtigsten Parameter des Commandlets.

> **HINWEIS:** Der folgende Befehl legt eine neue virtuelle Festplatte mit 40 GByte Größe an.
>
> ```
> New-VHD –Path C:\VHDS\Extra.vhdx –SizeBytes 40GB
> ```

Tabelle 59.4 Die wichtigsten Parameter des New-VHD-Commandlets

Parameter	Bedeutung
SizeBytes	Größe der Festplatte in Bytes
Dynamic	Legt fest, dass ein dynamisches Laufwerk angelegt wird (Switch-Parameter). Dynamische Laufwerke wachsen mit zunehmender Belegung. Die VHDX-Datei ist daher am Anfang nur wenige Mbyte groß.
Fixed	Legt fest, dass für das Laufwerk eine Datei fester Größe angelegt wird (Switch-Parameter). Dieser Laufwerkstyp bietet einen schnelleren Zugriff als ein dynamisches Laufwerk, dafür belegt die Datei von Anfang an die angegebene Größe, was z. B. bei einem Backup eine Rolle spielt.
Differencing	Legt fest, dass ein Differenz-Laufwerk angelegt wird (Switch-Parameter).

Virtuelle Festplatten hinzufügen

Das Hinzufügen einer virtuellen Festplatte zu einer VM übernimmt das `Add-VMHardDiskDrive`-Commandlet.

BEISPIEL: Der folgende Befehl fügt zu einer VM eine VHDX-Datei hinzu. Der Name der VM und der Pfad der VHDX-Datei werden über Variablen festgelegt.

```
# Laufwerk einer anderen VM zuordnen
$VMName = "VMName"
$VhdPath = "C:\VHDS\VHDNeu.vhdx"
$VM = Get-VM -Name $VMName
$VM | Add-VMHardDiskDrive -Path $VHdPath
```

Virtuelle Festplatten einrichten

Damit ein über das Add-VMHardDisk-Commandlet hinzugefügtes virtuelles Laufwerk eingesetzt werden kann, muss eine Partition eingerichtet und formatiert werden. Dies ist mit den Funktionen aus dem Storage-Modul von Windows Server zum Glück relativ einfach.

 BEISPIEL: Das folgende Skript fügt zu einer VM eine neue virtuelle Festplatte hinzu und richtet auf dieser eine Partition ein. Vor der Ausführung des Skripts müssen die Variablen, über die der Name des Hyper-V-Servers, des Laufwerks und der virtuellen Maschine festgelegt werden, angepasst werden. Am Ende des Skripts wird die VM mit dem neuen Laufwerk an Bord gestartet.

```
<#
.Synopsis
 Hinzufügen eines Laufwerks zu einer VM mit Einrichten der Partition
#>

Import-Module -Name Hyper-V

$HVServerName = "Server16"
$DriveName = "ExtraDrive"
$VMName = "Win7PC_001"

# Anlegen einer neuen VHDX-Datei
New-VHD -ComputerName $HVServerName -Dynamic -Path C:\VHDS\$DriveName.vhdx
-SizeBytes 40GB -Verbose | Out-Null

# VM holen
$VM = Get-VM -Name $VMName -ComputerName $HVServerName

# CIM-Session für Storage-Commandlets anlegen
$CIMSession = New-CIMSession -ComputerName $HVServerName

# VHDX-Datei als Laufwerk bereitstellen
$VHD = Mount-VHD -ComputerName $HVServerName -Path C:\VHDS\$DriveName.vhdx
-Passthru

# Laufwerk holen
$Disk = Get-Disk -CimSession $CIMSession -Number $VHD.DiskNumber

# Laufwerk initialisieren
$Disk | Initialize-Disk -PartitionStyle GPT -CimSession $CIMSession
-ErrorAction SilentlyContinue
```

```
# Neue Partition anlegen
$NewPart = New-Partition -DiskPath $Disk.Path -AssignDriveLetter
—-UseMaximumSize -CimSession $CIMSession


# Partition formatieren
$NewPart | Format-Volume -FileSystem NTFS -CimSession $CIMSession
—-NewFileSystemLabel "ExtraDrive" -Confirm:$False


# Laufwerk wieder "freigeben"
Dismount-VHD -ComputerName $HVServerName -Path C:\VHDS\$DriveName.vhdx
-Passthru


# Laufwerk zur VM anfügen
$VM | Add-VMHardDiskDrive -ComputerName $HVServerName -Path C:\
VHDS\$DriveName.vhdx

# VM mit neuem Laufwerk starten
$VM | Start-VM
```

Virtuelle Festplatten konvertieren

Das Konvertieren einer VHD- in eine VHDX-Datei und umgekehrt erledigt das `Convert-VHD`-Commandlet, das dazu am besten als Job gestartet wird, da die Konvertierung naturgemäß etwas länger dauert.

BEISPIEL: Der folgende Befehl konvertiert eine VHD- in eine VHDX-Datei.

```
Convert-VHD -Path .\Win7Test_VHD.vhd -VHDType Dynamic -DestinationPath .\
Win7Test_VHD.vhdx —AsJob
```

■ 59.5 Konfiguration virtueller Maschinen

In diesem Abschnitt werden allgemeine Konfigurationsaktivitäten beim Einrichten einer virtuellen Maschine beschrieben.

Einrichten einer Netzwerkverbindung

Das Einrichten einer Netzwerkverbindung ist bei Hyper-V etwas anders gelöst als bei anderen Virtualisierungslösungen wie *VMWare Workstation* oder *VirtualBox*. Voraussetzung ist ein (virtueller) Netzwerkswitch, der mit einer vorhandenen Netzwerkkarte verbunden wird.

BEISPIEL: Der folgende Befehl legt einen Switch mit dem Namen „Standard" an, der den Netzwerkadapter mit dem Namen „Ethernet 1" verwendet.

```
$NetAdapter = "Ethernet 2"
New-VMSwitch -Name Standard -NetAdapterName $NetAdapter
```

Umgang mit Snapshots

Ein Snapshot ist eine Momentaufnahme einer virtuellen Maschine. Mit einem Snapshot wird eine VM auf einen früheren Stand gebracht. Snapshots können daher auch als einfach zu erstellende Backups verwendet werden. Ein Snapshot einer VM kann sowohl offline als auch „online" erfolgen. Ein Snapshot führt dazu, dass in dem angegebenen Verzeichnis eine Reihe von Dateien angelegt werden (u. a. eine differenzierende VHD-Datei, die die virtuelle Festplatte enthält – zu erkennen an der Erweiterung *.avhd*). Beschrieben wird ein Snapshot durch eine XML-Konfigurationsdatei, die den Zustand der VM beschreibt. Ein Snapshot wird über das Checkpoint-VM-Commandlet erstellt, dem die VM und der Name des Snapshots übergeben werden.

Tabelle 59.5 Commandlets für den Umgang mit Snapshots

Commandlet	Was macht es?
Export-VMSnapshot	Exportiert einen Snapshot.
Get-VMSnapshot	Holt die Snapshots für eine virtuelle Maschine.
Remove-VMSnapshot	Entfernt einen Snapshot einer virtuellen Maschine.
Rename-VMSnapshot	Gibt einem Snapshot einen neuen Namen.
Restore-VMSnapshot	Stellt einen Snapshot für eine virtuelle Maschine wieder her.

BEISPIEL: Das folgende Beispiel legt für eine virtuelle Maschine einen Snapshot an. Zu Beginn werden alle für die VM bereits vorhandenen Snapshots über das Remove-VMSnapshot-Commandlet gelöscht (was natürlich nicht erforderlich wäre), am Ende wird der neu angelegte Snapshot über das Get-VMSnapshot-Commandlet aufgelistet. Vor der Ausführung des Skripts müssen der Name des Hyper-V-Servers und der Name der VM über die entsprechenden Variablen gesetzt werden.

```
<#
 .Synopsis
 Snapshot einer VM anlegen
#>

Import-Module Hyper-V

$HVServerName = "ThinkServer"
$VMName = "Win7Test"
$VM = Get-VM -ComputerName $HVServerName -Name $VMName
```

```
# Alle vorhandenen Snapshots entfernen
$VM | Remove-VMSnapshot

# Speicherort für Snapshots neu anlegen
Set-VM -VMName $VM.Name  -SnapshotFileLocation "C:\VMSnapshots"
—-ComputerName $HVServerName

# Snapshot anlegen
$SnapshotName = "$($VM.Name)-Snapshot"
Checkpoint-VM -VM $VM -SnapshotName $SnapshotName

# Snapshots auflisten
Get-VMSnapshot -VM $VM
```

Einen Snapshot wiederherstellen

Die wichtigste Daseinsberechtigung eines Snapshots ist natürlich, dass sich mit seiner Hilfe der Zustand einer VM wiederherstellen lässt. Das erledigt das `Restore-VMSnapshot`-Commandlet für eine ausführende VM.

BEISPIEL: Der folgende Befehl stellt für die angegebene VM den Snapshot mit dem angegebenen Namen wieder her. Die Angabe `-Confirm:$False` sorgt dafür, dass das Wiederherstellen nicht bestätigt werden muss.

```
$VMName = "Win7Test"
$SnapshotName = "$VMName-Snapshot"
$HVServerName = "Server1"
Restore-VMSnapshot -VMName $VMName -Name $SnapshotName -ComputerName
–$HVServerName -Confirm:$False
```

Virtuelle Maschinen exportieren und importieren

Das Exportieren und Importieren einer VM geschieht mit den Commandlets `Export-VM` und `Import-VM`. Über den Export kann eine VM über einen anschließenden Import auf einen anderen Hyper-V-Server übertragen werden. Das ist eine einfache Alternative zu einer Migration, die zuerst konfiguriert werden muss.

BEISPIEL: Das folgende Skript exportiert die angegebene, nicht ausführende VM auf dem angegebenen Hyper-V-Server in das angegebene Verzeichnis (der Export einer VM kann sehr lange dauern).

```
Import-Module Hyper-V

$HVServerName = "ThinkServer"
$VMName = "Win7Test"

$VM = Get-VM -ComputerName $HVServerName -Name $VMName

Export-VM -Path C:\HyperVExport -ComputerName $HVServerName -Name $VMName
```

Beim Import einer VM über das `Import-VM`-Commandlet muss lediglich der Pfad der XML-Konfigurationsdatei der zu importierenden VM angegeben werden. Über den Parameter `GenerateNewId` erhält die importierte VM eine neue ID. Da der neue Hyper-V-Host in einer anderen physikalischen Umgebung ausführen kann, gibt es die Möglichkeit, dass über den `CompatibilityReport`-Parameter ein zuvor über das `Compare-VM`-Commandlet angelegter Kompatibilitätsreport berücksichtigt wird.

BEISPIEL: Der folgende Befehl importiert eine zuvor exportierte VM auf der Grundlage ihrer Konfigurationsdatei.

```
$ServerName = "Server1"
$VMConfigPath = "C:\Virtual Machines\EEDCC326-861B-4CAA-91E1-04AF691455D8.xml"
Import-VM -ComputerName $ServerName-Path $VMConfigPath -GenerateNewId -Copy
```

Anlegen eines Kompatibilitätsreports

Ein „Kompatibilitätsreport" einer VM enthält Angaben zur „Verträglichkeit" einer VM in Bezug auf die Ausführung unter einem Hyper-V-Host. Eine solche Inkompatibilität kann ein falscher VHD-Pfad sein, der auf dem neuen Host nicht existiert. Der Kompatibilitätsreport wird beim Importieren einer VM über das `Import-VM`-Commandlet angegeben und daher vor dem Importieren mit dem `Compare-VM`-Commandlet angelegt. Im einfachsten Fall wird das Commandlet mit dem `Path`-Parameter aufgerufen, der den Pfad der XML-Konfigurationsdatei der virtuellen Maschine angibt. Wichtig: Die VM darf nicht bereits mit einem Hyper-V-Server verbunden sein, ansonsten resultiert ein Fehler. Der Kompatibilitätsreport besteht aus einem Objekt (Typ `VMCompatibilityReport`), dessen `Incompatibilities`-Property alle Inkompatibilitäten zusammenfasst. Die Aufgabe besteht darin, die Inkompatibilitäten, eventuell durch Editieren der XML-Konfigurationsdatei, zu beheben.

BEISPIEL: Der folgende Befehl legt auf der Grundlage der Konfigurationsdatei einer VM einen Kompatibilitätsreport für eine nicht verbundene VM an.

```
Compare-VM -Path .\7F7460BE-22C6-40E3-B7EA-8D12C427DD3F.xml | Select-Object -ExpandProperty Incompatibilities
```

Nicht benötigte ISO-Dateien auflisten

Um einen Überblick über alle aktuell als DVD-Laufwerke im Einsatz befindlichen ISO-Dateien zu erhalten, muss man lediglich jene ISO-Dateien auflisten, die aktuell keiner virtuellen Maschine zugeordnet sind.

BEISPIEL: Die folgende Befehlsfolge listet alle ISO-Dateien auf, die aktuell keiner virtuellen Maschine zugeordnet sind.

```
<#
 .Synopsis
 Auflisten nicht verbundener ISO-Dateien
#>

$HVServerName = "Server1"
$SB = {
  param([String]$HVServerName)
  $ISOOrdner = "C:\ISOS"
  $VMOrdner = "C:\VMS"
  $ISOFiles = Get-ChildItem -Path $ISOOrdner -Recurse -Include *.Iso
  $VMISOFiles = Get-VM -ComputerName $HVServerName | Get-VMDvdDrive | -
Select-Object -Property Path | Where-Object Path -like "*.iso" |
Select-Object -ExpandProperty Path

  foreach($ISO in $ISOFiles)
  {
    if ($VMISOFiles -notcontains $ISO)
    {
      $ISO
    }
  }
}

Invoke-Command -ComputerName $HVServerName -ScriptBlock $SB -ArgumentList
$HVServerName
```

59.6 Dateien kopieren in virtuelle Systeme

Seit Windows Server 2012 R2 und Windows 10 ist es möglich, Dateien in eine VM zu kopieren, ohne dass es dazu in der VM eine Dateisystemfreigabe gibt.

Dies leistet das Commandlet `Copy-VMFile` im PowerShell-Modul „HyperV". Hierbei ist „Server123" der Name des Hyper-V-Hosts. t:\skripte\setup.ps1 ist ein Pfad auf dem Hyper-V-Host und c:\temp\setup.ps1 ist ein Pfad auf dem Gastbetriebssystem.

```
$vm = get-vm -name D143_W2016 -ComputerName Server123
Copy-VMFile -vm $vm -SourcePath t:\skripte\setup.ps1 -DestinationPath c:\temp\setup1.
ps1 -CreateFullPath -Filesource Host
```

Voraussetzung ist, dass bei den Integrationsdiensten der virtuellen Machine die „Gastdienste" aktiviert sind. Dies startet in der VM dann den Dienst „Hyper-V Guest Service Interface" (vmicguestinterface). Diese Aktivierung kann auch im laufenden Betrieb und per PowerShell erfolgen, wobei hier leider der Integrationsdienstname von der Sprachversion des Betriebssystems abhängig ist.

Englisch:

```
Enable-VMIntegrationService -name "guest service interface" -ComputerName Server123
-vmname D143_W2016
```

Deutsch:

```
Enable-VMIntegrationService -name "Gastdienstschnittstelle" -ComputerName Server123
-vmname D143_W2016
```

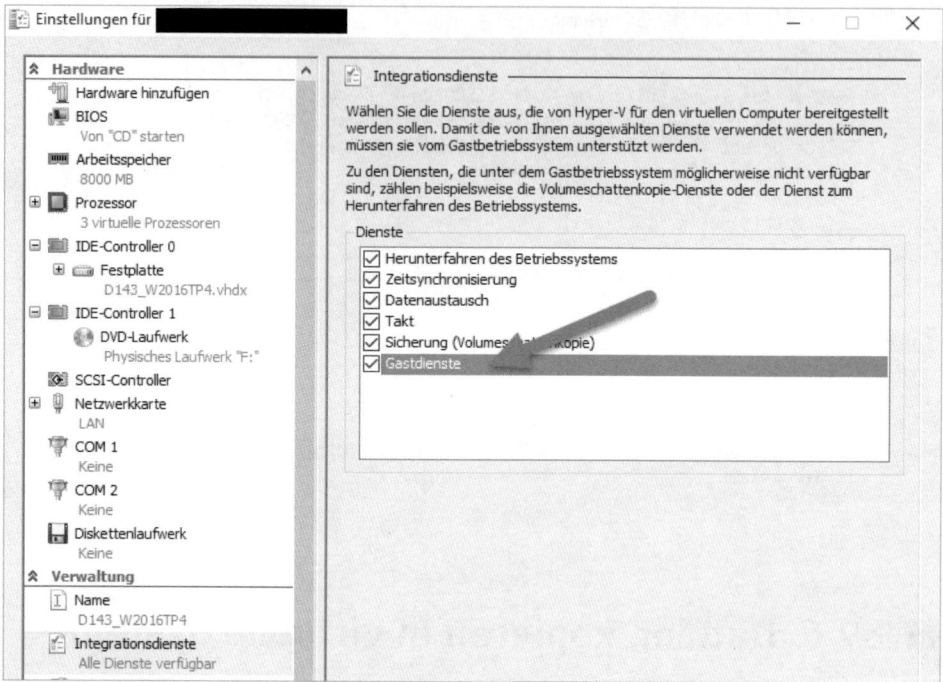

Bild 59.6 Aktivieren der Gastdienste für eine virtuelle Maschine in Hyper-V

Einen Kopierbefehl für die umgekehrte Richtung gibt es aber noch nicht; aktuell ist bei -FileSource nur der Wert Host gültig.

Für einen Kopiervorgang vom Gast zum Host muss man also immer noch auf dem virtuellen System eine Freigabe anlegen.

59.7 PowerShell Management Library for Hyper-V (für ältere Betriebssysteme)

Wer Betriebssysteme vor Windows Server 2012 und Windows 8 einsetzt, für den ist die „PowerShell Management Library for Hyper-V" von *James O'Neill* und *Mike Kolitz* eventuell eine Hilfe, da sie mit ihren Funktionen das Automatisieren von Aktivitäten im Rahmen einer Hyper-V-Administration ähnlich komfortabel gestaltet wie das Hyper-V-Modul von Microsoft. Die Download-Adresse ist:

http://pshyperv.codeplex.com

Die PowerShell Management Library for Hyper-V basiert auf WMI und Hyper-V Server 2008. Auch wenn sie unter Windows Server 2012 (allerdings mit kleinen Einschränkungen) eingesetzt werden kann, sollte man davon absehen, da die Hyper-V-Commandlets die deutlich bessere Alternative darstellen. Wer bereits Skripte mit der PowerShell Management Library for Hyper-V im Einsatz hat, sollte diese mit geringem Aufwand auf die Microsoft Hyper-V-Commandlets umstellen können. Für viele Funktionen gibt es namensgleiche Commandlets, wenngleich für einige der Funktionen aus der PowerShell Management Library for Hyper-V (noch) kein Pendant im Microsoft Hyper-V-Modul existiert. Ein weiterer Grund, der gegen den Einsatz des Hyper-V-Moduls ab Windows Server 2012 spricht, ist, dass es offenbar nicht mehr weiterentwickelt wird (die Veröffentlichung der neuesten Version datiert von Anfang 2011).

TIPP: Wer es trotzdem probieren möchte: Damit dieses Modul ab Windows Server 2012 fehlerfrei geladen wird, müssen in der Datei *Menu.ps1* im Modulverzeichnis zwei kleine Änderungen durchgeführt werden, die im Codeplex-Forum z. B. unter *http://pshyperv.codeplex.com/discussions/400194* beschrieben werden.

Die Installation dieses Moduls ist für ein PowerShell-Modul etwas ungewöhnlich. Sie besteht aus dem Auspacken der ZIP-Datei (das „Zulassen" in den Eigenschaften der ZIP-Datei nicht vergessen) in ein leeres Verzeichnis und dem Ausführen der Cmd-Datei mit Administratorberechtigungen (etwaige Fehlermeldungen bitte ignorieren). Anschließend startet eine weitere PowerShell-Konsole, in der das Hyper-V-Modul mit seinen insgesamt 122 Funktionen enthalten ist.

HINWEIS: Dieser Hinweis wurde zu Beginn des Kapitels bereits gegeben, soll hier aber noch mal wiederholt werden: Das Modul Hyper-V als Teil von Windows Server 2012 von Microsoft und das OpenSource-Modul „PowerShell Management Library for Hyper-V", das oft auch kurz einfach „Hyper-V" genannt wird, können aufgrund ihrer Namensähnlichkeit leicht verwechselt werden.

Leider gibt es zu der PowerShell Management Library for Hyper-V keine eigene Dokumentation in Gestalt einer Einführung, aber zu jeder Funktion existieren ein paar Beispiele im

Rahmen der Hilfe. Diese steht auf der *Codeplex*-Seite noch einmal in Gestalt einer PDF-Datei zur Verfügung. Da die PowerShell Management Library for Hyper-V auf dem Stand von Hyper-V-Server 2008 basiert, werden natürlich einige der mit der aktuellen Version eingeführten Merkmale, wie Live-Migration ohne das Vorhandensein eines Clusters, nicht unterstützt. Das Exportieren und Importieren von VMs wird unterstützt, der Umgang mit Snapshots ebenso und auch das Verschieben einer VM innerhalb eines Cluster-Verbunds ist möglich. Zusätzlich gibt es ein paar interessante Funktionen, die im Hyper-V-Modul von Microsoft nicht enthalten sind. Dazu gehört vor allem die Funktion `Get-VMBuildScript`, die aus einer laufenden VM PowerShell-Befehle ableitet, mit denen sich die VM neu anlegen lässt. Diese Funktion ist vor allem zum Kennenlernen der Hyper-V-Funktionen gut geeignet. Einen interessanten Ansatz bieten Funktionen wie `Show-HyperVMenu` und `Show-VMMenu`, die im Stile einer Windows-Server-Core-Administration ein textbasierendes Menü für die Konfiguration eines Hyper-V-Servers oder einer VM anzeigen und dem Administrator damit eine Menge Arbeit ersparen, da die einzelnen Funktionalitäten aus einem Menü ausgewählt werden können. Dies ist ein Ansatz, den Microsoft im Rahmen der PowerShell leider vernachlässigt hat. Nett ist auch die Funktion `Get-VMThumbnail`, die ein Bildschirmfoto einer laufenden VM anfertigt und dieses im PNG-Format speichert.

Der wichtigste Unterschied zwischen der PowerShell Management Library for Hyper-V und dem offiziellen Hyper-V-Modul von Microsoft ist, dass Ersteres auf WMI unter Verwendung des DCOM-Protokolls basiert und daher die Regeln für die WMI-Verwaltung in der Firewall aktiviert sein müssen. Das Microsoft-Hyper-V-Modul basiert auf WS-Management, so dass es „out of the box" funktioniert.

Ein paar Beispiele

Die folgenden Beispiele sollen den Umgang mit den Funktionen der Hyper-V-Bibliothek veranschaulichen und gehen nicht in die Tiefe, da davon ausgegangen wird, dass die PowerShell Management Library for Hyper-V nur noch in Ausnahmefällen eingesetzt wird.

BEISPIEL: Der folgende Befehl legt eine neue VM ohne Konfigurationseinstellungen mit Hilfe der `New-VM`-Funktion auf dem angegebenen Server an.

```
$HVServerName = "Server1"
New-VM -Name TestVM -Server $HServerName
```

BEISPIEL: Das folgende Skript legt ebenfalls eine neue VM an. Dieses Mal werden ihr aber eine bereits vorhandene VHD-Datei (VHDX-Dateien werden offenbar nicht erkannt), ein DVD-Laufwerk, ein Netzwerkadapter, der auf einem bereits vorhandenen Switch basiert, und 1 GByte Arbeitsspeicher hinzugefügt. Nach dem Anlegen wird die VM gestartet. Vor der Ausführung des Skripts müssen die einzelnen Variablen mit passenden Werten belegt werden.

```
$HVServerName = "ThinkServer"
$VMName = "Win7Test"
$VhdPath = "C:\VHDS\Win7Test_VHD.vhd"
$VM = New-VM -Name $VMName -Server $HVServerName
```

59.7 PowerShell Management Library for Hyper-V (für ältere Betriebssysteme)

```
$VM | Add-VMDisk -Path $VhdPath -ControllerID 0 -Server $HVServerName |
-Out-Null
$VM | Add-VMDrive -ControllerID 1 -OpticalDrive -LUN 0 -Server
$HVServerName |
Out-Null

$VM | Add-VMNic -Server $HVServerName -VirtualSwitch Standard | Out-Null
$VM | Set-VMMemory -Memory 1GB -Dynamic -Server $HVServerName | Out-Null
Write-Verbose "VM wurde angelegt." -Verbose
Get-VMState -VM $VM -Server $HVServerName
Start-VM -VM $VM -Server $HVServerName
```

Tabelle 59.6 Einige interessante Funktionen aus dem Hyper-V-Modul

Funktion	Bedeutung
Add-VMDisk	Fügt ein virtuelles Festplattenlaufwerk hinzu und hängt es als Laufwerk an.
Add-VMDrive	Fügt ein DVD-Laufwerk hinzu und verknüpft es optional mit einer ISO-Datei.
Add-VMNIC	Fügt einen Netzwerkadapter hinzu und verknüpft diesen mit einem Switch.
Get-VMBuildScript	Liefert ein PowerShell-Skript in Bezug auf eine laufende VM, mit der sich die VM neu erstellen lässt.
Get-VMSummary	Liefert eine Zusammenfassung der Eckdaten aller laufenden VMs.
Get-VMThumbnail	Liefert eine PNG-Bitmap einer laufenden VM.
New-VM	Legt eine neue VM an. Als Parameter werden nur Name und Server festgelegt.
Ping-VM	Testet die Erreichbarkeit einer VM.
Set-VMMemory	Setzt die Speichergröße einer VM.
Start-VM	Startet eine VM.

TIPP: Möchte man die Hilfe zu einer Funktion der PowerShell Management Library for Hyper-V abrufen, für die es ein gleichnamiges Commandlet im Hyper-V-Modul gibt, zeigt `Get-Help` lediglich die Namensvetter an. Um die Hilfe gezielt abzurufen, muss der Funktionsname durch den Modulnamen qualifiziert werden (z. B. `Get-Help hyperv\get-vm -Examples`).

60 Windows Nano Server

Im Rahmen von Windows Server 2016 bietet Microsoft eine „Nano"-Variante (Codename: Tuva), die sehr klein und funktional sehr fokussiert ist. Es gibt weniger laufende Prozesse und offene Ports als bei einem klassischen Windows Server. Ein Neustart dauert daher meist weniger als fünf Sekunden.

Windows Nano Server 2016 kann auf einem physikalischen System, als virtuelle Maschine in Hyper-V oder als Betriebssystembasis-Image in Containern in Docker betrieben werden.

 HINWEIS: Zum Redaktionsschluss dieses Buchs gibt es Hinweise (vgl. *[http://www.zdnet.com/article/microsofts-nano-server-what-to-expect-this-fall/]*, dass Microsoft in Zukunft den Nano Server nur noch für Docker anbieten will.

■ 60.1 Das Konzept von Nano Server

Das Ansinnen von Microsoft, den allmächtigen, aber voluminösen Windows Server zu verschlanken, ist nicht neu. Seit einigen Jahren muss der Installateur nach dem eigentlichen Setup die benötigten Server-Dienste in Form von Rollen nachinstallieren. Seit dem Jahr 2008 gibt es den Windows Server Core, den Microsoft als „Server ohne GUI" anpreist, dabei besitzt dieser Server aber weiterhin nicht nur einen Anmeldebildschirm, sondern auch Fenster. Einem Core-Server fehlen jedoch normalerweise Startmenü, Desktop, Systemsteuerung und alle anderen grafischen Verwaltungs- und Begleitprogramme. Der Unterschied bei Installationszeit, Boot-Zeit, Festplattenbedarf und Update-Häufigkeit ist freilich bei Server Core nicht wesentlich geringer als bei einem vollständigen Server.

Genau an diesen Punkten greift das Unternehmen nun mit dem neuen Nano Server an. Der Nano Server dampft die Windows-Funktionalität signifikant ein: Er besitzt gar keine grafische Benutzeroberfläche mehr, sondern lokal nur noch eine rein textbasierte Oberfläche mit eng begrenzter Funktionalität, die sich „Recovery Console" nennt.

Bei der ersten Anmeldung kann man in der Recovery Console das Kennwort des Administrators setzen. Danach gibt es nur noch einen eng umgrenzten Satz von Einstellungen (siehe

Abbildung). Eine interaktive Eingabe von beliebigen Befehlen ist nicht vorgesehen. Die Steuerung erfolgt komplett über die Tastatur; die Maus ist nicht nutzbar.

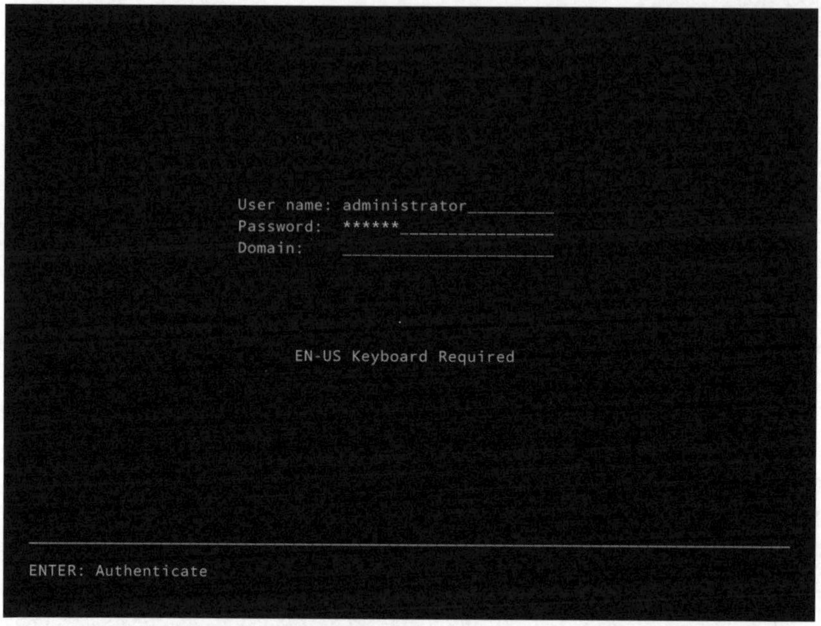

Bild 60.1 Anmeldebildschirm des Nano Servers

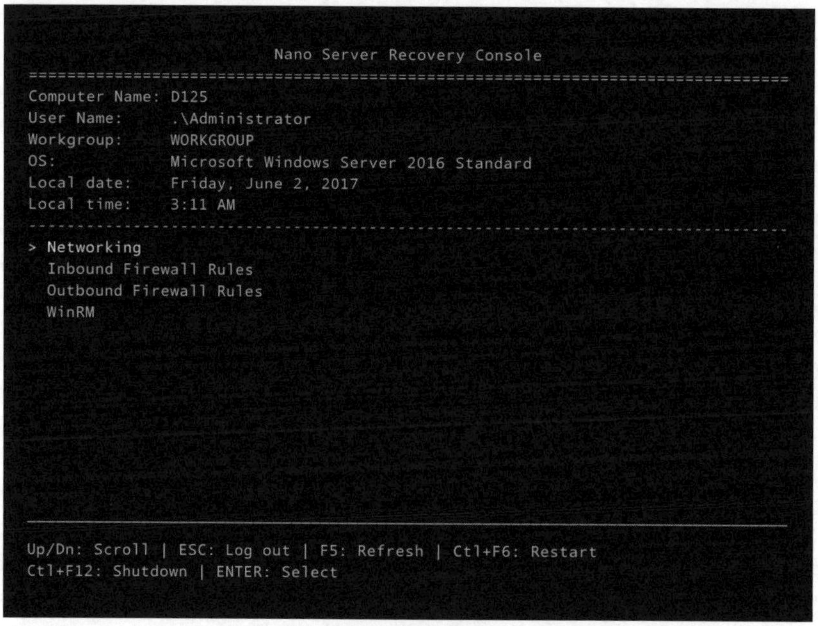

Bild 60.2 Textbasierte Recovery Console im Windows Nano Server 2016

Die verfügbaren Einstellungen drehen sich um die Netzwerkkarten und die Firewall sowie das Windows Remote Management (WinRM). Alle Einstellungen in der Recovery Console haben den Fokus auf die Herstellung einer Fernverbindung mit dem Nano Server per PowerShell Remoting, Windows Management Instrumentation (WMI), Microsoft Management Console (MMC) und anderer (RPC-basierter) Windows-Werkzeuge, wie dem Server Manager und dem Registry Editor. Eine Verwaltung via Remote Desktop Protocol (RDP) ist ebenso wenig möglich wie das Nutzen einiger MMC-Funktionen, etwa des Asts „Task Scheduler" in der Computerverwaltung. Im Server Manager steht stets „Windows PowerShell not installed", obwohl diese ja Kernbestandteil von Nano Server ist.

Im Standard ist der Port 5985 für Windows Remote Management (WinRM), der PowerShell Remoting verwendet, geöffnet. Andere Ports für Ping oder SMB File Sharing (445/5445) müssen erst in der Firewall geöffnet werden.

Die Reduktion sieht man auch bei den Systemdiensten: Auf Nano Server laufen nur noch 33 Dienste statt 46 wie auf einem Server Core bzw. 79 auf einem vollständigen Windows Server. Der Neustart eines Nano Servers in einer virtuellen Maschine dauert nur drei Sekunden. Microsoft sieht die VHD-Größe um 93 % reduziert, die Anzahl der Hotfixes um 92 % und die Anzahl der notwendigen Reboots um 80 % [*https://blogs.technet.microsoft.com/ windowsserver/2015/04/08/microsoft-announces-nano-server-for-modern-apps-and-cloud/*]. Auch die Anzahl der geöffneten Ports und damit die Angriffsfläche gegen den Nano Server ist geringer.

Für das Hosting von Fileservern, virtuellen Systemen, Webanwendungen und Webservices sowie containerbasierten Anwendungen ist der Nano Server ein interessantes Konzept, das das Potenzial hat, sich durch die Reduktion auf das Wesentliche viele Freunde bei den Administratoren zu machen, insbesondere auch beim Betrieb in Docker-Containern.

Auch hinsichtlich Windows Server Core hat Microsoft Veränderungen in Windows Server 2016 vorgenommen: Der Begriff „Core" kommt im Setup nicht mehr vor. Im Installationsprogramm findet man die Auswahl zwischen „Windows Server 2016 Standard" und „Windows Server 2016 Standard (with Desktop Experience)". Die erste Option ist der bisherige Core-Server, die zweite der klassische Windows Server mit komplettem GUI. Nach der Installation stellt man fest, dass der Core-Server den grafischen Anmeldedialog sowie den **STRG+Alt+Entf**-Dialog durch eine rein textbasierte Oberfläche ersetzt hat. Der Core Server kann aber durchaus noch GUIs darstellen.

■ 60.2 Einschränkungen von Nano Server

Ein Nano Server hat gegenüber dem großen Bruder nur eine eingeschränkte Menge an Windows APIs und auch nur ein .NET Core statt eines .NET Frameworks installiert. Dies bedeutet, dass viele bekannte Windows-Programme nicht auf Nano Server laufen können, sofern sie nicht explizit für Nano Server reimplementiert wurden. Dazu gehören auch Programme von Microsoft. Mittlerweile gibt es einen Teil der Sysinternal Tools von Mark Russinovich schon für Nano Server [*https://technet.microsoft.com/en-us/sysinternals/ bb842062*].

Ein Nano Server kann keine 32-Bit-Anwendungen, sondern nur 64-Bit-Anwendungen betreiben. Von den Windows APIs steht entsprechend lediglich eine Teilmenge zur Verfügung. Eine Liste der auf Nano Server verfügbaren APIs findet man unter [https://msdn.microsoft.com/en-us/library/mt588480(v=vs.85).aspx]. Von der .NET-Klassenbibliothek stehen nur die wenigen in .NET Core 1.0 enthaltenen Klassen zur Verfügung.

Microsoft stellt mit NanoServerApiScan.exe ein Kommandozeilenwerkzeug bereit [https://blogs.technet.microsoft.com/nanoserver/2016/04/27/nanoserverapiscan-exe-updated-for-tp5], das ausführbare Windows-Dateien (DLL, EXE) daraufhin untersucht, ob sie auf Nano Server lauffähig sind. Ob .NET-Anwendungen auf .NET Core lauffähig sind, zeigt der .NET API Portability Analyzer [https://visualstudiogallery.msdn.microsoft.com/1177943e-cfb7-4822-a8a6-e56c7905292b].

Ein Nano Server bietet bislang nur eine sehr kleine Auswahl von Windows-Rollen an. Dies sind insbesondere:

- Hosting von Webanwendungen und Webservices in den Internet Information Services (IIS)
- Hosting von virtuellen Maschinen in Hyper-V
- Hosting von Windows Containern mit Docker
- SMB File Server
- Domain Name Server (DNS)

Ein Nano Server unterliegt weiterhin folgenden Einschränkungen (Quelle: [https://docs.microsoft.com/de-de/windows-server/get-started/getting-started-with-nano-server]):

- Nur 64-Bit-Anwendungen, -Tools und -Agents werden unterstützt.
- Man kann Nano Server nicht als Active Directory-Domänencontroller verwenden.
- Es gibt auf Nano Server die PowerShell nur in der abgespeckten Variante PowerShell Core 5.1.
- Gruppenrichtlinien werden nicht unterstützt. Man kann zur Einstellungskonfiguration die PowerShell Core oder DSC (Desired State Configuration) verwenden.
- Nano Server kann nicht zur Verwendung eines Proxyservers für den Internetzugriff konfiguriert werden.
- NIC-Teamvorgänge (insbesondere Lastenausgleich und Failover oder LBFO) werden nicht unterstützt. Stattdessen wird Switch Embedded Teaming (SET) unterstützt.
- System Center Configuration Manager und System Center Data Protection Manager werden nicht unterstützt.
- Best-Practices-Analyzer-(BPA-)Commandlets und BPA-Integration mit dem Server-Manager werden nicht unterstützt.
- Nano-Server unterstützen keine virtuellen Hostbusadapter (HBA).
- Nano Server muss nicht mit einem Product Key aktiviert werden. Wenn Nano Server als Hyper-V-Host fungiert, wird keine automatische Aktivierung virtueller Computer (AVMA) unterstützt. Virtuelle Computer, die auf einem Nano Server-Host ausgeführt werden, können mithilfe des Schlüsselverwaltungsdienstes (Key Management Service, KMS) mit einem generischen Volumenlizenzschlüssel oder mit der Aktivierung über Active Directory aktiviert werden.

- Nano Server wird nur im aktuellen CBB-Modell (Current Branch for Business) unterstützt. Es gibt zurzeit keine LTSB-Version (Long-Term Servicing Branch) für Nano Server.

60.3 Varianten des Nano Servers

Den Nano Server gibt es wie die größeren Brüder auch in unterschiedlichen Funktionsumfängen, genannt „Standard" und „Data Center". Bei Nano Server beherrscht die Data Center-Variante zusätzlich „Shielded VM". Dies sind virtuelle Systeme, die sich nur auf bestimmten Hyper-V-Hosts betreiben lassen und damit einen zusätzlichen Schutz bei der Zweckentfremdung einer VHD-Datei bieten.

60.4 Installation eines Nano Servers

Auch wenn es mittlerweile ein GUI zur Installation des Nano Servers gibt (Nano Server Image Builder, *http://aka.ms/NanoServerImageBuilder*), ist der Standardinstallationsweg doch die PowerShell.

Die Windows Server 2016-ISO-Datei stellt im Ordner /NanoServer/NanoServerImage Generator ein PowerShell-Modul bereit. Mit dem dort realisierten Commandlet `New-NanoServerImage` erstellt man eine VHD-, VHDX- oder WMI-Datei, die eine Nano Server-Installation mit den gewünschten Features bietet.

Voraussetzung ist also, dass man das ISO-Image von Windows Server 2016 besitzt. Das nachstehende Skript geht davon aus, dass dieses ISO-Image mit Laufwerk e: verbunden ist. Das Skript kopiert zunächst das Verzeichnis /NanoServer (361 MB) an einen anderen Ort der Festplatte, was notwendig ist, da der Nano Server-Installationsvorgang hier temporäre Dateien und Protokolldaten ablegen will. In diesem Verzeichnis befindet sich das PowerShell-Modul „NanoServerImageGenerator" mit drei Commandlets `New-NanoServerImage`, `Edit-NanoServerImage` und `Get-NanoServerPackage`. Das Modul wird importiert und dann wird `New-NanoServerImage` dazu genutzt, Nano Server in einer VHD zu installieren. Das anzugebende Kennwort ist das Kennwort für das Administrator-Konto. Wenn es nicht im Skript hinterlegt ist, wird `New-NanoServerImage` danach interaktiv fragen. Die Angabe von Paketen ist optional. Im nachstehenden Skript werden die Rollen „DNS" und „IIS" sowie der Windows Defender installiert.

HINWEIS: Für einige Pakete gibt es auch Abkürzungen, da man für diese direkt Parameter bei `New-NanoServerImage` angeben kann, z. B. Hyper-V `-Compute` für Hyper-V und `-Containers` für Windows-Container sowie `-Defender` für die Installation von Windows Defender

Listing 60.1 Einsatzgebiete\Nano Server\Nano Server Setup in VHD.ps1

```
# Installation eines Nano Servers in einer VHD
# vgl. https://docs.microsoft.com/de-de/windows-server/get-started/nano-server-
quick-start
$ErrorActionPreference = "stop"

#region Eingabeparameter
$ISOPath  = "e:"
$ziel = "w:"
$tempDir = "$ziel\NanoServer-temp2"
$VHDPath = "$ziel\vm\nanoServer.vhd"
$Computername = "D126"
if (Test-Path $tempDir) { rd $tempDir -Recurse -Force }
#endregion

#region Kopieren des Verzeichnisses NanoServer aus dem ISO-Image
copy-item "$ISOPath\NanoServer" $tempDir -Recurse
cd $tempDir
Import-Module .\NanoServerImageGenerator -Verbose
#endregion

#region Erstellen der VHD
$passwort = ConvertTo-SecureString "geheim" -AsPlainText -Force
#$packages = "Microsoft-NanoServer-IIS-Package" #,"Microsoft-NanoServer-DNS-Package"
New-NanoServerImage -Edition Standard -DeploymentType Guest -MediaPath "$ISOPath\"
-BasePath .\Base -TargetPath $VHDPath -ComputerName $Computername
-AdministratorPassword $passwort -Defender -Package $packages
#endregion
```

HINWEIS: Auch Hardwaretreiber für Netzwerkkarten und Storage (Parameter -DriverPath) sowie statische IP-Adressen (Parameter -IPV4Address, -IPV4DNS, -IPV4Gateway, -IPV4Subnetmask) und einen Domänenbeitritt (-Domainname) kann man bei New-NanoServerImage vorab festlegen. Beliebige Dateien (z.B. Webanwendungsdateien) kann der Administrator hier ebenfalls bereits injizieren und auch ein Startskript für den ersten Bootvorgang mitgeben.

Im Rahmen der Installation erscheint auf dem ausführenden Windows-System für kurze Zeit ein neues Laufwerk. Nach erfolgter Installation antwortet das Commandlet mit „Done. The log is at: W:\NanoServer\Base\Logs\2017-06-02_11-24-42-01".

Nun kann man eine virtuelle Maschine für die erstellte VHD-Datei anlegen und diese startet. Der Nano Server-Anmeldebildschirm ist spartanisch; ebenso die nach der Anmeldung präsentierte Benutzeroberfläche „Recovery Console". Dort kann man unter Networking/Ethernet die aktuelle IP-Adresse nachsehen.

60.5 Docker-Image

Auch ein 975 MB großes Docker-Image stellt Microsoft für Nano Server bereit. Dieses kann man unter Windows 10 und Windows Server 2016 betreiben. Hintergründe zu den folgenden Befehlen finden Sie im Kapitel 61 „*Docker*".

Listing 60.2 [3_Einsatzgebiete\Nano Server\Nano Server Docker.ps1]

```
# Herunterladen von https://hub.docker.com/r/microsoft/nanoserver/
Pull-ContainerImage -Repository microsoft/nanoserver -tag latest
# Container von diesem Image starten
docker run --name Nano --network Brücke -it microsoft/nanoserver
```

60.6 Fernverwaltung mit PowerShell

Für die Fernverwaltung eines Nano Servers via PowerShell baut der Administrator entweder

- eine interaktive Sitzung mit dem PowerShell Integrated Scripting Environment (ISE) im Menü File/New Remote PowerShell Tab oder
- eine interaktive Sitzung mit dem Commandlet `Enter-PSSession` auf
- oder er sendet entweder einzelne Befehle oder ganze Skripte mit `Invoke-Command` zum entfernten System.

In letzteren beiden Fällen kann dies wahlweise per PowerShell Remoting (über IP-Adresse und Rechnernamen) oder – wenn der Nano Server in einer virtuellen Maschine läuft – per PowerShell Direct via Name oder ID der virtuellen Maschine erfolgen.

In allen Fällen ist ggf. ein vom angemeldeten Benutzer abweichendes Benutzerkonto im Parameter `-Credential` anzugeben.

Damit kann man nun eine Fernverbindung per PowerShell Remoting oder PowerShell Direct aufbauen (siehe Listing). Die Verbindung via PowerShell Remoting erfordert mehr Konfigurationsaufwand, wenn der Nano Server nicht Mitglieder der Domäne ist, wovon das Skript ausgeht.

Listing 60.3 Aufbau einer interaktiven PowerShell Remoting-Sitzung zu einem System, das nicht Teil der Domäne ist. [3_Einsatzgebiete\Nano Server\Nano Server Verbindung.ps1]

```
# ----------- Eingabedaten
$pc = "192.168.1.197"
$benutzer = "$pc\administrator"
$kennwort = "geheim"
$kennwortSecure = ConvertTo-SecureString -String $kennwort -AsPlainText -Force
$cred = New-Object -TypeName System.Management.Automation.PSCredential -ArgumentList
$benutzer, $kennwortSecure

 # -----------Verbindungsaufbau via PowerShell Remoting
```

```
"WinRM-Einstellungen ändern, um Aufbau zum Nicht-Domänen-Rechner zu erlauben..."
cd WSMan:\localhost\Client
Set-Item AllowUnencrypted true
set-item trustedhosts "$pc" -force -Concatenate
Restart-Service winrm
"WinRM-Einstellungen geändert!"

"Sitzung via PowerShell Remoting konfigurieren..."
$s = New-PSSession  -Credential $cred  -ComputerName $pc
"Sitzung zum Nano Server $pc aufbauen..."
Enter-PSSession $s
```

Listing 60.4 Aufbau einer interaktiven Sitzung via PowerShell Direct
[3_Einsatzgebiete\Nano Server\Nano Server Verbindung.ps1]

```
# -----------Alternative: Verbindungsaufbau via PowerShell Direct

"Sitzung via PowerShell Direct aufbauen..."
$VMName = "D125_NanoServer"
Enter-PSSession -VMName $VMName -Credential $cred
```

Die PowerShell zeigt die Fernverbindung durch Voranstellen von Rechnername, IP-Adresse bzw. VM-Name in eckigen Klammern vor dem Prompt an.

Die folgende Abbildung zeigt den erfolgreichen Aufbau einer interaktiven Sitzung zum Nano Server in der ISE. Im Fall eines „Remote PowerShell Tab" sieht man die gleiche Bezeichnung auch im Titel der Registerkarte. Die im Nano Server verfügbaren PowerShell-Commandlets listet man dann mit `Get-Command` auf. Auch viele klassische Windows-Kommandozeilenbefehle wie `netsh` und `ping` sind verfügbar. Aus einer interaktiven Sitzung innerhalb der ISE heraus kann man mit dem Befehl `psedit` eine Datei auf dem entfernten System bearbeiten.

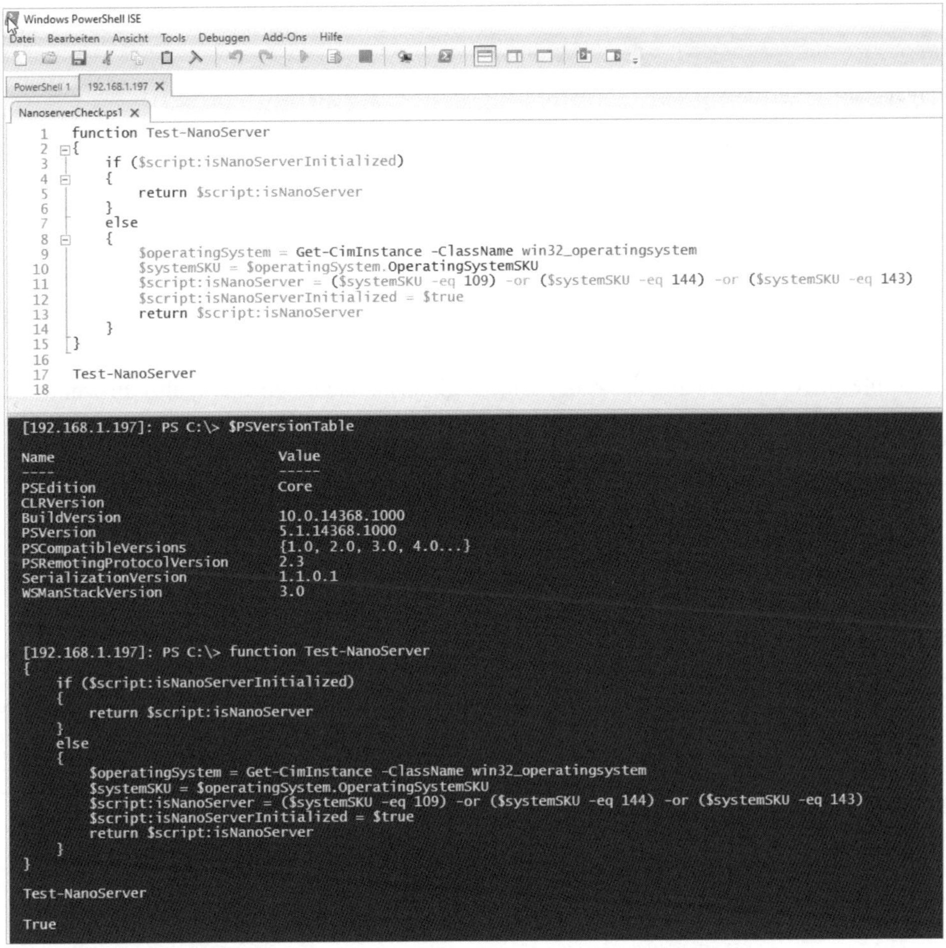

Bild 60.3 Remote PowerShell Tab zu einem Nano Server in der PowerShell ISE

Listing 60.5 Prüfung, ob das vorliegende Windows ein Nano Server ist
[3_Einsatzgebiete\Nano Server\NanoserverCheck.ps1]

```
function Test-NanoServer
{
    if ($script:isNanoServerInitialized)
    {
        return $script:isNanoServer
    }
    else
    {
        $operatingSystem = Get-CimInstance -ClassName win32_operatingsystem
        $systemSKU = $operatingSystem.OperatingSystemSKU
        $script:isNanoServer = ($systemSKU -eq 109) -or ($systemSKU -eq 144) -or ($systemSKU -eq 143)
        $script:isNanoServerInitialized = $true
        return $script:isNanoServer
```

```
    }
}
Test-NanoServer
```

60.7 Windows Update auf einem Nano Server

Auch für die Aktualisierung des Nano Servers gibt es keine Möglichkeit, dies über ein GUI zu steuern. Da Nano Server auch nicht die COM-Klassen des Windows Update Agent API anbietet, ist die Aktualisierung nur über WMI möglich. Details zu den folgenden Befehlen finden Sie im Abschnitt 43.10 *„Windows Update installieren"*.

Listing 60.6 [3_Einsatzgebiete\Nano Server\Nano Server Windows Update.ps1]
```
$ci = New-CimInstance -Namespace root/Microsoft/Windows/WindowsUpdate -ClassName
MSFT_WUOperationsSession
$result = $ci | Invoke-CimMethod -MethodName ScanForUpdates -Arguments @
{SearchCriteria="IsInstalled=0 and Type='Software'";OnlineScan=$true}
if ($result.count -eq 0) { "Keine Updates verfügbar!"; exit}
"Installiere nun $($result.count) Updates..."
Invoke-CimMethod -InputObject $ci -MethodName ApplyApplicableUpdates
```

60.8 Nachträgliche Paketinstallation

Der Administrator kann eine Nano Server-Installation auch im laufenden Betrieb erweitern. Softwareinstallationen per Microsoft Installer (MSI) sind auf Nano Server nicht möglich. Für Paketinstallationen nutzt man daher nicht wie bisher den Server Manager bzw. dessen PowerShell-Commandlet, sondern das in PowerShell 5.0 eingeführte Softwarepaketmanagement „OneGet" und den passenden Nano Package Provider [*https://github.com/OneGet/NanoServerPackage*]. Dies muss er auf einem Nano Server jedoch erst aktivieren, mit der Befehlsfolge:

```
Install-PackageProvider NanoServerPackage
Set-ExecutionPolicy RemoteSigned -Scope Process
Import-PackageProvider NanoServerPackage
```

Hierzu ist ein Internet-Zugang zu *www.powershellgallery.com* und *www.oneget.org* erforderlich.

> **ACHTUNG:** Die Fehlermeldung „The module 'NanoServerPackage' cannot be installed because the catalog signature in 'NanoServerPackage.cat' does not match the hash generated from the module." bedeutet, dass Ihnen Updates für Nano Server fehlen!

Danach findet der Administrator mit Find-NanoServerPackage Installationspakete in Microsofts Online-Repository auf dem Server *https://az880830.vo.msecnd.net.*

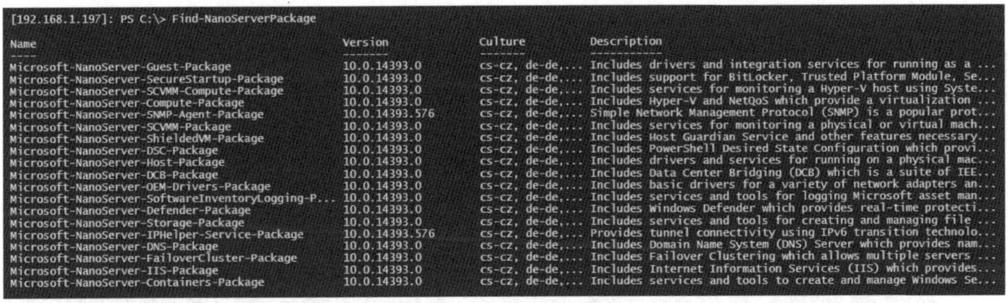

```
[192.168.1.197]: PS C:\> Find-NanoServerPackage

Name                                              Version           Culture           Description
----                                              -------           -------           -----------
Microsoft-NanoServer-Guest-Package                10.0.14393.0      cs-cz, de-de,... Includes drivers and integration services for running as a ...
Microsoft-NanoServer-SecureStartup-Package        10.0.14393.0      cs-cz, de-de,... Includes support for BitLocker, Trusted Platform Module, Se...
Microsoft-NanoServer-SCVMM-Compute-Package        10.0.14393.0      cs-cz, de-de,... Includes services for monitoring a Hyper-V host using Syste...
Microsoft-NanoServer-Compute-Package              10.0.14393.0      cs-cz, de-de,... Includes Hyper-V and NetQoS which provide a virtualization ...
Microsoft-NanoServer-SNMP-Agent-Package           10.0.14393.576    cs-cz, de-de,... Simple Network Management Protocol (SNMP) is a popular prot...
Microsoft-NanoServer-SCVMM-Package                10.0.14393.0      cs-cz, de-de,... Includes services for monitoring a physical or virtual mach...
Microsoft-NanoServer-ShieldedVM-Package           10.0.14393.0      cs-cz, de-de,... Includes Host Guardian Service and other features necessary...
Microsoft-NanoServer-DSC-Package                  10.0.14393.0      cs-cz, de-de,... Includes PowerShell Desired State Configuration which provi...
Microsoft-NanoServer-Host-Package                 10.0.14393.0      cs-cz, de-de,... Includes drivers and services for running on a physical mac...
Microsoft-NanoServer-DCB-Package                  10.0.14393.0      cs-cz, de-de,... Includes Data Center Bridging (DCB) which is a suite of IEE...
Microsoft-NanoServer-OEM-Drivers-Package          10.0.14393.0      cs-cz, de-de,... Includes basic drivers for a variety of network adapters an...
Microsoft-NanoServer-SoftwareInventoryLogging-P... 10.0.14393.0     cs-cz, de-de,... Includes services and tools for logging Microsoft asset man...
Microsoft-NanoServer-Defender-Package             10.0.14393.0      cs-cz, de-de,... Includes Windows Defender which provides real-time protecti...
Microsoft-NanoServer-Storage-Package              10.0.14393.0      cs-cz, de-de,... Includes services and tools for creating and managing file ...
Microsoft-NanoServer-IPHelper-Service-Package     10.0.14393.576    cs-cz, de-de,... Provides tunnel connectivity using IPv6 transition technolo...
Microsoft-NanoServer-DNS-Package                  10.0.14393.0      cs-cz, de-de,... Includes Domain Name System (DNS) Server which provides nam...
Microsoft-NanoServer-FailoverCluster-Package      10.0.14393.0      cs-cz, de-de,... Includes Failover Clustering which allows multiple servers ...
Microsoft-NanoServer-IIS-Package                  10.0.14393.0      cs-cz, de-de,... Includes Internet Information Services (IIS) which provides...
Microsoft-NanoServer-Containers-Package           10.0.14393.0      cs-cz, de-de,... Includes services and tools to create and manage Windows Se...
```

Bild 60.4 Suche nach verfügbaren Paketen

Mit `Save-NanoServerPackage` lädt man ein Paket herunter, ohne es zu installieren. Die Installation erfolgt mit `Install-NanoServerPackage`. Für die Installation von Hyper-V auf Nano Server ist der nicht ganz naheliegende Name „Microsoft-NanoServer-Compute-Package" zu verwenden:

```
Install-NanoServerPackage Microsoft-NanoServer-Compute-Package
```

Im Fall der Hyper-V-Installation fordert Nano Server dann zum Neustart auf.

Der Befehl

```
Get-Package -ProviderName NanoServerPackage
```

liefert eine Liste der installierten Pakete.

Neben den Nano Server-Paketen unterstützt Nano Server auch weitere Paketmanager: Windows Server App-(WSA-)Pakete, Nuget-Pakete, PowerShellGet-Pakete und Container Images. Ein Blogeintrag verweist auf die verstreuten Dokumentationen zu den einzelnen Paketmanagern [*https://blogs.technet.microsoft.com/nanoserver/2016/04/27/packagemanagement-support-on-nano-server/*].

60.9 Abgespeckter IIS unter Nano Server

Microsofts Webserver „Internet Informationen Services" (IIS) musste umfangreichen Anpassungen unterzogen werden, um ihn auf Nano Server lauffähig zu machen. Der „IIS Nano" basiert auf den IIS 10.0 in Windows 10 und Windows Server 2016 und unterstützt weder klassische Active Server Pages (ASP) noch ASP.NET Webforms oder ASP.NET MVC auf Basis des .NET „Full" Framework 1.0 bis 4.7, sondern nur das neue ASP.NET Core auf Basis von .NET Core (siehe Verzeichnis C:\Windows\System32\DotNetCore). Neben ASP.NET Core-Webanwendungen können auch PHP (ab Version 7), node.js und Python, Django im IIS Nano installiert werden. Als Datenbank steht bisher nur MySQL auf Nano Server zur Verfügung [https://blogs.technet.microsoft.com/nanoserver/2016/06/13/mysql-on-nano-server/].

Zur Installation des IIS Nano auf einem Nano Server führt man aus:

```
Install-NanoServerPackage   Microsoft-NanoServer-IIS-Package
```

```
[192.168.1.197]: PS C:\> Get-Package -ProviderName NanoServerPackage | ft name, version

Name                                                              Version
----                                                              -------
Microsoft-NanoServer-Guest-Package                                10.0.14393.0
Microsoft-Windows-Foundation-Package                              10.0.14393.0
Microsoft-Windows-ServerStandardNano-LanguagePack-Package         10.0.14393.0
Microsoft-NanoServer-IIS-Package                                  10.0.14393.0
```

Bild 60.5 Liste der installierten Pakete nach der Installation des IIS Nano

Auch bei der Verwaltung der IIS gibt es gravierende Änderungen: Die MMC-basierte IIS Management Console ist nicht einsetzbar, da diese mit dem IIS Management Service (wmsvc) kommuniziert, den es in IIS Nano nicht gibt. Derzeit kann man Websites nur über die PowerShell konfigurieren, hier aber auch nicht über das bisher verwendete „WebAdministration"-Modul, sondern über das in Windows 10 und Windows Server 2016 neu eingeführte Modul „IISAdministration". So legt man dort eine Website mit `New-IISSite` statt `New-Website` an.

Beispiel

Das folgende Skript ist zum Ablauf in einem Nano Server gedacht: Es installiert den IIS Nano und richtet eine Website auf Port 88 ein inklusive der dafür notwendigen neuen Firewall-Regel.

Listing 60.7 X:\3_Einsatzgebiete\Nano Server\Nano Server IIS.ps1

```
###############################
# Installation IIS Nano und einrichten einer Website
# (C) Dr. Holger Schwichtenberg 2017
###############################

# IIS Nano installieren
Install-NanoServerPackage   Microsoft-NanoServer-IIS-Package
Get-Package -ProviderName NanoServerPackage | ft name, version
```

```
# Anlegen einer Website im Nano Server
import-module IISAdministration
#zur Kontrolle: get-command *iis*

# Ordner mit Datei anlegen
md c:\Website
"<html><h1>Hallo aus dem Nano-Server!</h1></html>" | Set-Content C:\Website\index.html
# Website einrichten
New-IISSite -Name "TestSite" -PhysicalPath C:\Website -BindingInformation ":88:"
# Firewall-Port öffnen
New-NetFirewallRule -Name Port88 -DisplayName "Website auf Port 88" -Profile Any
-Protocol TCP -LocalPort 88
```

■ 60.10 Nano-Serververwaltung aus der Cloud heraus

Ein weiterer Weg zur Fernverwaltung eines Nano Servers sind Microsofts neue Azure-basierte Server Management Tools (SMT). SMT stellt eine in Microsofts Cloud gehostete Webanwendung dar, die über einen Gateway-Dienst mit den lokal im Unternehmen vorhandenen (oder in Azure gehosteten) Servern kommuniziert. Das Installationspaket für den Gateway-Dienst erhält der Administrator im Azure-Verwaltungsportal als individuellen Download (GatewayService.MSI). In diesem sind schon alle benötigten Konfigurationseinstellungen zur Kommunikation mit der Cloud verpackt. Da das Gateway die Kommunikation zu Azure per HTTP aufbaut, sind keine Ports für eingehende Kommunikation in der Firewall zu öffnen. Wenn die zu verwaltenden Rechner nicht Teil einer Windows-Domäne sind, muss der Administrator auf dem Gateway Server die Kommunikation mit den anderen Rechnern durch diesen PowerShell-Befehl noch erlauben:

```
Set-item WSMAN:\localhost\client\TrustedHosts *.
```

In jedem Fall muss man im Azure-Verwaltungsportal Benutzernamen und Kennwort eines berechtigten Administrators für die einzelnen Server hinterlegen – so viel Vertrauen zu dem US-Konzern ist sicherlich nicht jedermanns Sache. Selbst wenn man das Vertrauen aufbringt, ist zu bedenken, dass ein Angreifer, der den Zugang zum Azure-Verwaltungsportal knackt, dann auch direkt alle dort eingebundenen lokalen Server übernehmen kann.

Per SMT-Oberfläche kann ein Administrator aktuell aber noch nicht alle Verwaltungsfunktionen ausführen. Unterstützt werden das Installieren von Rollen und Features sowie Windows Updates, das Auslesen von Hardwareinformation und des Ereignisprotokolls, Einstellungen für Netzwerkkarten, das Starten und Beenden von Prozessen und Systemdiensten, die (De-)Aktivierung von Gerätetreibern sowie die Bearbeitung der Registry und die Mitglieder der lokalen Administratorgruppe.

Für alle andere Aufgaben bietet SMT eine PowerShell-Konsole im Browser. Hierin steckt die eigentliche Macht der SMT, denn bisher mussten Administratoren für die webbasierte Fernverwaltung via PowerShell aufwendig PowerShell Web Access (PWA) installieren und dafür eine Schneise in die Firewall schlagen.

61 Docker-Container

Microsoft hat mittlerweile nicht nur in Windows 10 und Windows Server 2016, sondern auch in Visual Studio eine Unterstützung für Docker-Container eingebaut. Dieses Kapitel behandelt die Installation der Docker-Unterstützung, die Erstellung von Docker-Containern mit Visual Studio und die Verwaltung von Docker-Containern mit PowerShell-Commandlets und dem klassischen Kommandozeilenbefehl docker.exe.

Bild 61.1
Docker-Logo [Quelle: Installationsprogramm für „Docker für Windows"]

 HINWEIS: Vorweg sei nicht unerwähnt, dass zum Redaktionsschluss dieser Buchauflage einige Werkzeuge für Docker auf Windows noch in den Kinderschuhen stecken, was man an Versionsnummern wie „0.1" erkennt, aber auch an dem Fehlen automatischer Installationen und der zum Teil sehr spärlichen Dokumentation. Zurzeit sind die PowerShell-Commandlets für Docker noch im Versionsstand 0.1. Zudem sind damit noch nicht alle Docker-Funktionen nutzbar. Daher werden in diesem Kapitel neben den PowerShell-Commandlets auch die klassischen Kommandozeilenbefehle von docker.exe erwähnt.

61.1 Docker-Varianten für Windows

Es gibt vier Arten von Docker-Containern für Windows:
- Windows Server Container ab Windows Server 2016
- Hyper-V-basierte Windows Container in Windows 10 und ab Windows Server 2016
- Linux-basierte Container in Windows 10 und ab Windows Server 2016 mit „Docker für Windows" von der Docker Inc.
- Linux-basierte Container in Windows 7/8 und Windows Server 2008 R2/2012/2012 R2 mit „Docker Toolbox"

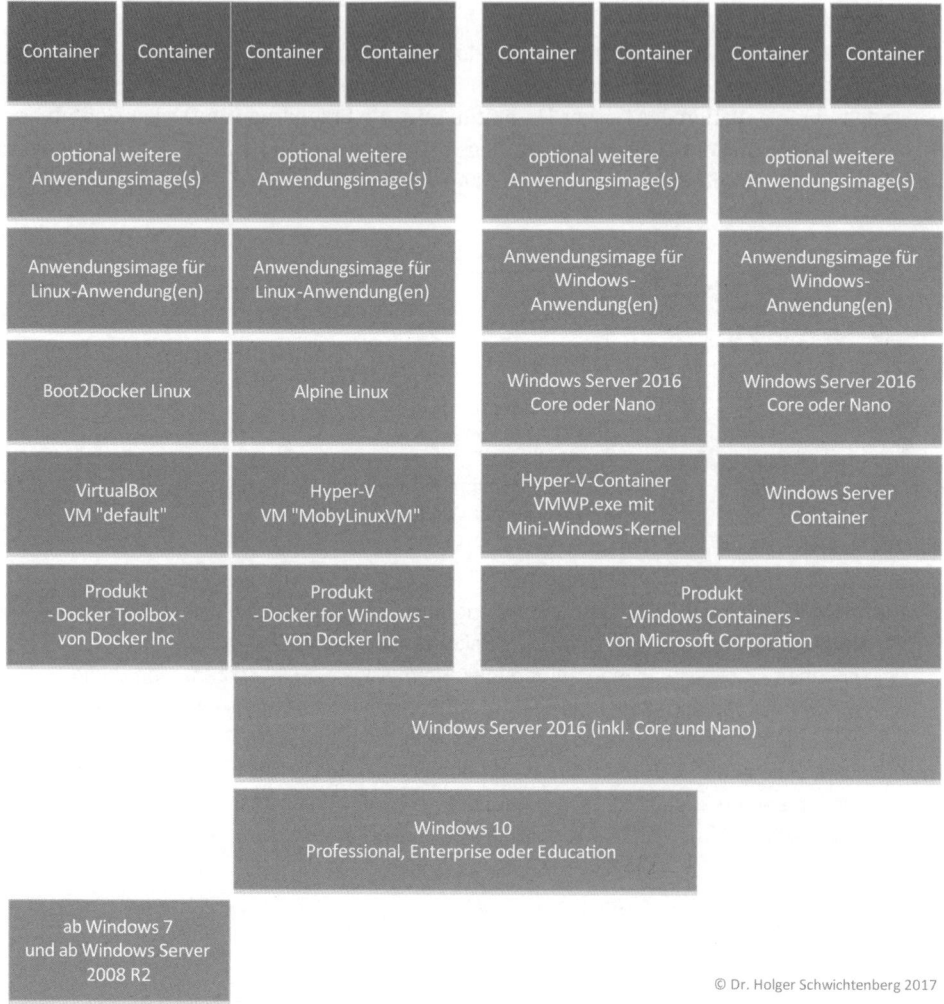

Bild 61.2 Container-Varianten für Windows

„Windows Server Container" sind weniger isoliert als Hyper-V-Container, sie teilen sich den Windows-Betriebssystemkernel mit dem Host, und die Container-Prozesse sind daher auf dem Host sichtbar. Sie sind also etwas leichtgewichtiger als Hyper-V-Container, ermöglichen aber nicht, auf einem Nano Server ein Windows Server Core-Image zu betreiben (siehe Tabelle). Für „Windows Server Container" müssen die Versionsnummern des Hosts und des Betriebssystem-Basisimages in den ersten drei Teilen (Major, Minor, Build) übereinstimmen [*https://docs.microsoft.com/en-us/virtualization/windowscontainers/deploy-containers/system-requirements*].

Tabelle 61.1 Unterstützte Betriebssystem-Basisimages in verschiedenen Konstellationen (Quelle: Microsoft, Stand zum Redaktionsschluss dieser Buchauflage [*https://docs.microsoft.com/en-us/virtualization/windowscontainers/deploy-containers/system-requirements*]).

Betriebssystem des Docker-Hosts	Mögliche Windows-Betriebssystem-Basisimages bei Einsatz von Windows Server-Containern	Mögliche Windows-Betriebssystem-Basisimages bei Einsatz von Hyper-V-Container
Windows Server 2016 mit Desktop	Windows Server Core und Windows Nano Server	Windows Server Core und Windows Nano Server
Windows Server 2016 Core	Windows Server Core und Windows Nano Server	Windows Server Core und Windows Nano Server
Nano Server	nur Nano Server	Windows Server Core und Windows Nano Server
Windows 10	Nicht verfügbar	Windows Server Core und Windows Nano Server

■ 61.2 Docker-Installation auf Windows 10

Dieses Kapitel beschreibt die Installation der Unterstützung für Hyper-V-basierte Windows Container in Windows 10.

Vor dem ersten Schritt muss Docker auf Windows 10 installiert werden, da Windows 10 in der Grundinstallation keine Container-Unterstützung mitbringt. Für die Docker-Installation ist Windows 10 in der Version 1607 (alias Anniversary Update) vom August 2016 in den Varianten Professional, Enterprise oder Education die Mindestvoraussetzung.

Leider ist die Docker-Host-Installation auf Windows 10 mit mehreren Schritten verbunden. Listing 1 zeigt dafür ein unter Administratorrechten auszuführendes Installationsskript, das nach der Windows-Feature-Installation und dem dann notwendigen Betriebssystemneustart in Schritt 1 ein weiteres Mal aufzurufen ist, um die Docker-Werkzeuge zu laden. In Schritt 2 installiert das Skript in C:\Program Files\Docker die Kommandozeilenbefehle docker.exe (Docker Client) und dockerd.exe (Docker Server). Letzterer wird als Windows-Systemdienst mit Namen „Docker" eingerichtet. In Schritt 3 folgen der Download und die Installation der PowerShell-Commandlets für Docker, die auf der „.NET (C#) Client Library für das Docker Remote API" [*https://github.com/Microsoft/Docker.DotNet*] basieren und sich mit Version 0.1 noch in einem früheren Entwicklungsstadium befinden. Die aktuellen Download-URLs sollte man unter [*https://docs.microsoft.com/de-de/virtualization/windows containers/quick-start/quick-start-windows-10*] und [*https://github.com/Microsoft/Docker-PowerShell/releases*] nachsehen und oben im Skript eintragen. Leider hat Microsoft das PowerShell-Modul für Docker bislang noch nicht in der PowerShell-Gallery veröffentlicht [*https://www.powershellgallery.com*], was eine vereinfachte Installation mit `Install-Module` ermöglicht hätte.

Zum Test der Installation kann man prüfen, ob der Docker-Dienst läuft (in der PowerShell: `Get-Service Docker`), die Version des Docker-Kommandozeilentools (docker-compose --version) abfragen und die Verfügbarkeit der zurzeit 38 PowerShell-Commandlets mit `Get-Command -Module Docker` testen. Microsoft stellt unter *https://aka.ms/Debug-ContainerHost.ps1* ein Diagnose-Skript bereit, das Installations- und Konfigurationsfehler aufdecken kann.

Listing 61.1 PowerShell-Skript zur Installation von Windows Container auf Windows 10

```powershell
# Installation Windows Container auf Windows 10
# (C) Dr. Holger Schwichtenberg, www.IT-Visions.de 2016
# inklusive Anleitung von https://docs.microsoft.com/de-de/virtualization/
windowscontainers/quick-start/quick-start-windows-10

[string] $AktuelleDockerSetupUrl = "https://get.docker.com/builds/Windows/x86_64/
docker-17.03.0-ce.zip"
[string] $AktuelleDockerPowerShellUrl = "https://github.com/Microsoft/Docker-
PowerShell/releases/download/v0.1.0/Docker.0.1.0.zip"

function Test-IsAdmin {
([Security.Principal.WindowsPrincipal] [Security.Principal.WindowsIdentity]::
GetCurrent()).IsInRole([Security.Principal.WindowsBuiltInRole] "Administrator")
}

if (-not (Test-IsAdmin)) { Write-Error "Skript erfordert Admin-Rechte!"; return }

# -------------- Schritt 1
"Installation Windows Container auf Windows 10 - Schritt 1 (Windows-Features)"

[bool] $restart = $false
if ( (Get-WindowsOptionalFeature –Online -FeatureName containers).State -ne "Enabled")
{
Enable-WindowsOptionalFeature -Online -FeatureName containers -All
$restart = $true
}

if ( (Get-WindowsOptionalFeature –Online -FeatureName Microsoft-Hyper-V).State -ne
"Enabled")
{
Enable-WindowsOptionalFeature -Online -FeatureName Microsoft-Hyper-V -All
$restart = $true
}

if ($restart -eq $true) { Restart-Computer -Force; return; }

# -------------- Schritt 2
"Installation Windows Container auf Windows 10 - Schritt 2 (Docker-Werkzeuge)"
```

```
# Registry-Einstellung für Docker
Set-ItemProperty -Path 'HKLM:SOFTWARE\Microsoft\Windows NT\CurrentVersion\
Virtualization\Containers' -Name VSmbDisableOplocks -Type DWord -Value 0 -Force

# Docker-Werkzeuge herunterladen. Achtung: Versionsnummer kann sich ändern!
$tempname = "c:\temp\docker-setup.zip"
Invoke-WebRequest $AktuelleDockerSetupUrl -OutFile $tempname -UseBasicParsing
Expand-Archive -Path $tempname -dest $env:ProgramFiles

# Umgebungsvariablen setzen im RAM
$env:path += ";$env:ProgramFiles\Docker"
# Umgebungsvariablen setzen persistent
$existingMachinePath = [Environment]::GetEnvironmentVariable("Path",
[System.EnvironmentVariableTarget]::Machine)
[Environment]::SetEnvironmentVariable("Path", $existingMachinePath +
";$env:ProgramFiles\Docker", [EnvironmentVariableTarget]::Machine)

# Docker als Dienst starten
dockerd --register-service
Start-Service Docker
Get-Service Docker
docker --version

# -------------- Schritt 3
"Installation Windows Container auf Windows 10 - Schritt 3 (PowerShell-Modul)"

# PowerShell-Modul herunterladen. Achtung: Versionsnummer kann sich ändern!
$tempname = "c:\temp\docker-powershell-setup.zip"
Invoke-WebRequest $AktuelleDockerPowerShellUrl -OutFile $tempname -UseBasicParsing
Expand-Archive -Path $tempname -dest "$Home\Documents\WindowsPowerShell\Modules\Docker"
Get-Command -Module Docker
```

61.3 Docker-Installation auf Windows Server 2016

Auf Windows Server 2016 bietet Microsoft neben den „Hyper-V Containern" auch noch „Windows Server Container", die kein Hyper-V benötigen.

Die Aktivierung der Container-Features in Windows Server 2016 ist etwas einfacher als bei Windows 10. Beim Server basiert die Installation auf dem OneGet-Paketmanagement-Konzept [http://oneget.org], das das Unternehmen in PowerShell 5.0 eingeführt und auch für PowerShell 3.0 und 4.0 zurückportiert hat [https://blogs.msdn.microsoft.com/powershell/2015/10/09/package-management-preview-for-powershell-4-3-is-now-available/]. OneGet ist dabei kein konkreter Paketmanager, sondern eine Art „Manager für Paketmanager". Der konkrete Paketmanager wird implementiert durch einen OneGet-Provider.

Dazu muss der Nutzer eine PowerShell mit Administratorrechten starten. Als Erstes ist ein PowerShell-Modul aus der PowerShell Gallery [https://www.powershellgallery.com/] zu installieren, das den Docker-Provider für OneGet [https://github.com/OneGet/MicrosoftDockerProvider] bereitstellt:

```
Install-Module -Name DockerMsftProvider -Force
```

Wenn eine Warnung erscheint, dass dafür der Nuget-Provider aktualisiert werden muss, ist dies zu bestätigen. Das PowerShell-Modul für Docker installiert sich unter C:\Program Files\WindowsPowerShell\Modules und sollte beim Aufruf des Befehls `Get-Module -listavailable` zu sehen sein. Danach sind dann noch die eigentlichen Docker-Features mit den konkreten Docker-Werkzeugen mit Hilfe dieses OneGet-Providers zu installieren:

```
Install-Package -Name docker -ProviderName DockerMsftProvider -Force
```

Der Download erfolgt von *https://dockermsft.blob.core.windows.net/dockercontainer* und installiert die klassischen Docker-Werkzeuge. Die Paketinstallation aktiviert auch das optionale Windows Server-Feature „containers" und richtet dockerd.exe als Windows-Systemdienst ein. Danach ist ein Neustart erforderlich. Um die PowerShell-Commandlets zu verwenden, muss man nun aber noch Schritt 3 aus Listing 1 auf dem Windows Server ausführen.

■ 61.4 Installation von „Docker for Windows"

„Docker for Windows" (InstallDocker.msi) ist in folgenden Fällen zu installieren:
- Man möchte zusätzlich zu Windows-basierten Containern auch Linux-basierte Container in Windows 10 oder Windows Server ab 2016 hosten
- Man möchte ausschließlich Linux-basierte Container in Windows 10 oder Windows Server ab 2016 hosten.
- Man möchte Windows- und/oder Linux-basierte Container mit Visual Studio erstellen.

„Docker for Windows" läuft ab Windows 10 November 2015 Update (alias „Threshold 2") auf Windows Server 2016. In beiden Fällen muss die Hyper-V-Unterstützung im Betriebssystem installiert sein.

„Docker for Windows" verewigt sich mit einem Docker-Symbol in der Windows-Taskleiste, der virtuellen Hyper-V-Maschine MobyLinuxVM (`"C:\Users\Public\Documents\Hyper-V\Virtual hard disks\MobyLinuxVM.vhdx"`) und dem Systemdienst „Docker for Windows Service" (`"C:\Program Files\Docker\Docker\com.docker.service"`). Aufgrund einer guten Abstimmung zwischen Docker und Microsoft kann man für Microsofts Windows Container und die Linux-basierten Container bei „Docker for Windows" die gleichen Werkzeuge, also docker.exe und die PowerShell-Commandlets für Docker, verwenden.

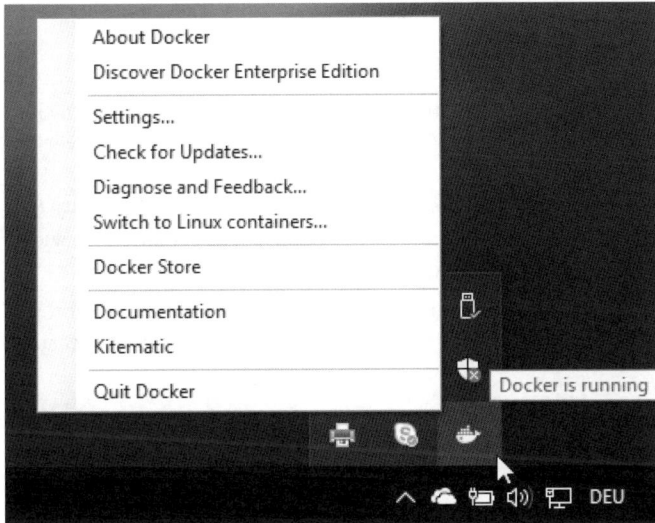

Bild 61.3
„Docker for Windows" in der Windows-Taskleiste

„Docker for Windows" geht davon aus, dass man tatsächlich mit Linux-Containern arbeiten will. Für die Arbeit mit Windows-basierten Containern muss man daher mit dem Kontextmenüpunkt „Switch to Windows Containers" in dem Taskleistensymbol umschalten. Alternativ geht das an der Kommandozeile mit

```
C:\Program Files\Docker\Docker\DockerCli.exe -SwitchDaemon
```

Die obige Bildschirmabbildung zeigt schon den Zustand nach der Umschaltung auf Windows-Container. Nun wird „Switch to Linux containers" im Kontextmenü angeboten.

Ob man gerade mit Linux- oder Windows-Containern arbeitet, sieht man auch beim Aufruf von docker version im Eintrag "Server:OS/Arch" (siehe Abbildung).

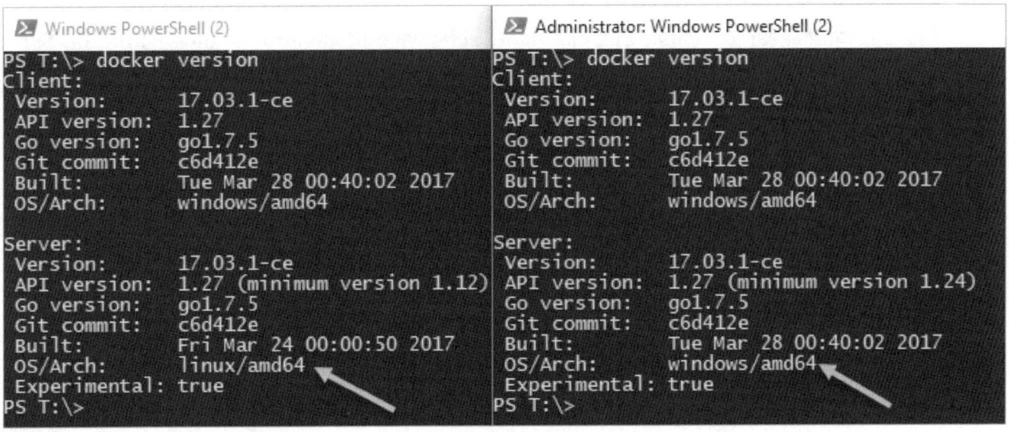

Bild 61.4 Ausgabe von docker version bei aktivierten Linux-Containern (links) und Windows-Containern (rechts)

61.5 Docker-Registries

Docker-Images werden von einer Docker-Registry bereitgestellt. Die wichtigste Docker-Registry ist Docker Hub [*https://hub.docker.com/*]. Eine Liste aller auf Docker Hub verfügbaren Images von Microsoft findet man unter *https://hub.docker.com/u/microsoft/*. Hier sieht man neben den Betriebssystem-Basisimages Windows Nano Server und Windows Server Core auch Images mit installierten Anwendungen wie Internet Information Services, MySQL, Apache, .NET Framework, .NET Core, node.js und Ruby on Rails.

Alternativ zu Docker Hub kann man auch die Azure Container Registry (ACR) von Microsoft [*http://azurecr.io*] verwenden oder eine eigene Registry betreiben [*https://docs.docker.com/registry/deploying/*].

61.6 Docker-Images laden

Hier soll zum Test ein von Microsoft in Docker Hub eingestelltes Docker-Image mit Namen microsoft/dotnet-samples [*https://hub.docker.com/r/microsoft/dotnet-samples/*] geladen werden. Dieses Image verwendet als Basisbetriebssystem-Image Windows Nano Server.

Der PowerShell-Befehl dafür lautet:

```
Pull-ContainerImage -Repository microsoft/dotnet-samples -Tag dotnetapp-nanoserver
```

Alternativ an der klassischen Eingabeaufforderung auf Basis von docker.exe:

```
docker pull microsoft/dotnet-samples:dotnetapp-nanoserver
```

Die Befehle sind jeweils „elevated", d. h., mit vollen Administratorrechten auszuführen.

Das Tag „dotnetapp-nanoserver" ist dabei sehr wichtig, denn ohne dies würde im Standard das „Latest"-Tag verwendet, das auf ein Linux-basiertes Image verweist, was zur Fehlermeldung „`Image operating system linux cannot be used on this platform`" führen würde.

Je nach Geschwindigkeit der Internetverbindung kann der Download einige Zeit dauern, denn hier saugt sich der Rechner rund zwei GB aus dem Netz, die in *C:\ProgramData\docker\windowsfilter* landen. Der Befehl `Get-Containerimage` bzw. `docker images` zeigt nun eine Liste mit einem installierten Image.

61.7 Container starten

Zum Start eines Containers auf Basis des geladenen Docker-Images ruft man nun auf:

```
Invoke-ContainerImage -ID microsoft/dotnet-samples:dotnetapp-nanoserver
-RemoveAutomatically
```

oder:

```
Run-ContainerImage -ID microsoft/dotnet-samples:dotnetapp-nanoserver
-RemoveAutomatically
```

oder:

```
docker run --rm microsoft/dotnet-samples:dotnetapp-nanoserver
```

An der Konsole sieht man dann eine Begrüßung des sogenannten „dotnet-bots" in Form einer ASCII-Grafik.

Bild 61.5 Start eines Beispiel-Containers mit einer einfachen Konsolenanwendung

Die Zusätze -RemoveAutomatically bzw. -rm sorgen dafür, dass der Container nach der Ausführung wieder entfernt wird. Ohne dies würde man mit Get-Container bzw. docker ps -a einen Container im Zustand „Exited" sehen. Zu beachten ist, dass es aufgrund eines Bugs leider zu keiner Ausgabe in der PowerShell ISE kommt. Man muss bei Invoke-ContainerImage also die normale PowerShell-Konsole verwenden.

Während Invoke-ContainerImage und Run-ContainerImage nach einem Image immer nur auf dem lokalen System suchen, startet docker run das Herunterladen aus dem Docker Hub-Repository, falls das Image lokal nicht vorhanden ist.

Spannend an den PowerShell-Commandlets ist, dass man auf Basis des objektorientierten Pipelinings auch mehrere Container von verschiedenen Images in einem Befehl erzeugen kann, z. B.:

```
Get-ContainerImage | Where-Object RepoTags -like "*dotnetapp*" | Invoke-ContainerImage
```

Zwischen den Containerarten Windows Server Container und Hyper-V Container unterscheidet man in den Start-Befehlen für einen Container mit den Angaben -isolation hyperv bzw. -isolation Process (in PowerShell) sowie --isolation=hyperv bzw. --isolation=process (bei docker.exe). Zu beachten ist, dass ohne diese Angabe der Standard auf einem Windows Server 2016 „Process" (also Windows Server Container) ist, während ja Windows 10 nur „Hyper-V" kennt und dies daher dort der Standard ist. Es kommt also bei der Ausführung gleicher Befehle auf beiden Betriebssystemen zu einer Verhaltensänderung.

■ 61.8 Container-Identifikation

Ein Container besitzt immer zwei Identifikationsnummern: eine hexadezimale ID und einen Namen, der aus einer Zeichenkette besteht, die der Regel [a-zA-Z0-9][a-zA-Z0-9_.-] folgen muss. Wenn man einen Container anlegt, kann man mit dem Parameter -Name bzw. --name einen Namen vergeben. Sonst erzeugen die Docker-Werkzeuge einen Fantasienamen, der aus einem Adjektiv und dem Namen einer Persönlichkeit der Wissenschafts- und IT-Szene besteht (vgl. [*https://github.com/docker/docker/blob/master/pkg/namesgenerator/names-generator.go*]), z. B. *eager_goldstine*. Zur Identifikation eines Containers kann man immer wahlweise den Namen, die ID oder auch nur einen beliebigen ersten, aber eindeutigen Teil der ID angeben. Den Namen darf man auch bei den PowerShell-Commandlets angeben, auch wenn der Parameter dort -ID heißt. Laut Dokumentation [*https://github.com/Microsoft/Docker-PowerShell/tree/master/src/Docker.PowerShell/Help*] soll der Parameter -ImageIdOrName heißen, was aber nicht der Implementierung entspricht. Bei Namen und ID ist die Groß- und Kleinschreibung immer relevant.

61.9 Container mit Visual Studio

Als Entwicklungsumgebung wird hier das zum Redaktionsschluss aktuelle Visual Studio 2017 genutzt, das die Docker-Werkzeuge bereits enthält. Alternativ kann man ein Add-On für Visual Studio 2015 nutzen, das aber in der Preview-Phase stecken geblieben ist [*https:// marketplace.visualstudio.com/items?itemName=MicrosoftCloudExplorer.VisualStudioToolsfor Docker-Preview*].

Für die Docker-Werkzeuge in Visual Studio reichen die installierten Werkzeuge leider noch nicht; hier muss der Entwickler auch noch „Docker for Windows" (InstallDocker.msi) [*https://docs.docker.com/docker-for-windows/install/*] installieren, selbst wenn die Verwendung von Linux-Containern nicht beabsichtigt ist.

61.9.1 Containerprojekt erstellen

In Visual Studio 2017 kann der Entwickler ein beliebiges Web- oder Konsolen-Projekt Docker-fähig machen. Dazu wählt man in einem bestehenden Projekt „Add/Docker Support". In diesem Kapitel wird dies für das ASP.NET-Projekt „World Wide Wings" (*www.worldwide-wings.de*) durchgespielt, das die klassische Variante dieses Webframeworks auf Basis von .NET Framework 4.x verwendet. Dadurch entsteht in dem Webprojekt eine Datei mit Namen „Dockerfile" und in der Projektmappe ein neuer Ast „docker-compose" (siehe Abbildung). docker-compose umfasst fünf YAML („YAML Ain't Markup Language"), die das Deployment und Debugging festlegen. Die YAML-Dateien nutzen „Docker Compose File" Version 2.0 [*https://docs.docker.com/compose/compose-file/compose-file-v2/*], auch wenn es schon eine Version 3.0 gibt [*https://docs.docker.com/compose/compose-file/*].

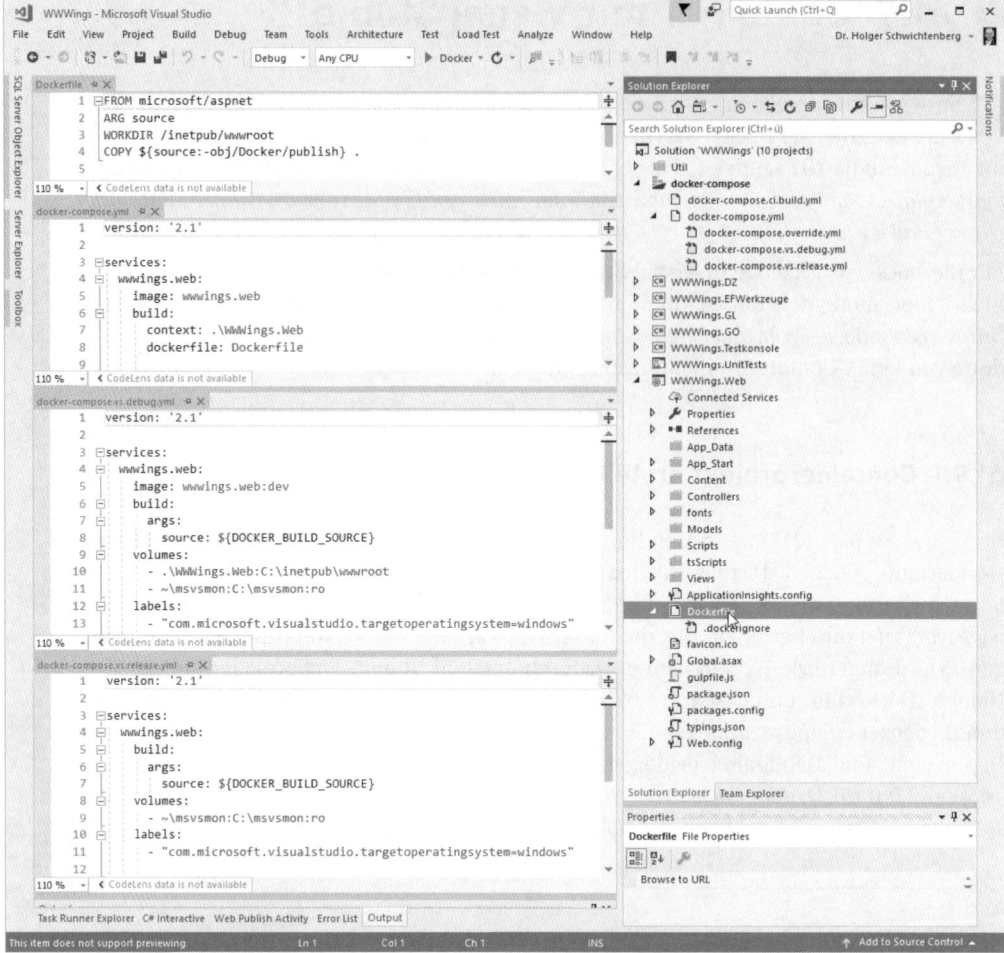

Bild 61.6 Hier wurde die Docker-Unterstützung für ein bestehendes ASP.NET 4.x-Webprojekt in Visual Studio 2017 aktiviert.

61.9.2 Debugging eines Containers

Beim Übersetzen verhält sich die IDE unterschiedlich abhängig von dem gewählten Visual Studio-Übersetzungsmodus: Im Debug-Modus übersetzt die IDE mit Build/Build Solution nur die Anwendung, das Docker-Image entsteht erst, wenn der Entwickler den Debugger startet mit Debug/Start Debugging, dem grünen Pfeil in der Symbolleiste (der mit „Docker" beschriftet ist) oder der Taste **F5**. Im Release-Modus entsteht das Docker-Image schon beim Build-Vorgang.

Beim Erstellen des Images lädt Visual Studio das im Docker File definierte Basisimage von Docker Hub, wenn dies nicht lokal vorhanden ist. Im vorliegenden Fall mit klassischem ASP.NET ist dies „microsoft/aspnet:latest" [*https://hub.docker.com/r/microsoft/aspnet/*] mit

Windows Server 2016 Core (neben Windows Nano Server das zweite von Microsoft bereitgestellte Basisbetriebssystem-Image), Internet Information Services 10.0 und .NET Framework 4.6.2, was in Summe rund 10 GB sind. Die erste Imageerstellung kann also einige Zeit dauern. Alternativ kann man dieses Image vorab laden (`Pull-ContainerImage -Repository microsoft/aspnet -Tag latest`).

Beim Debugging eines Webprojekts startet Visual Studio auch den Standard-Webbrowser und ermittelt daher die IP-Adresse, die der Container erhalten hat. Einstellungen dazu findet man in den „Properties" des Astes „docker-compose". Bei Haltepunkten oder Laufzeitfehlern zeigt Visual Studio wie üblich die betreffende Programmcodezeile mit Variablenansicht und Einzelschrittmodus.

Dass der Container eine eigene IP-Adresse erhält, liegt an der Einstellung „nat" in der Datei docker-compose.override.yml. Mit dem Befehl `docker network ls` sieht man, dass es hier ein eigenes Docker-Netzwerk mit Network Address Translation gibt. Eine Gesamtliste der Konfigurationseinstellungen eines Containers sieht man mit `docker inspect xy`, speziell die IP-Adresse erhält man mit `docker inspect --format="{{.NetworkSettings.Networks.nat.IPAddress}}" xy`, wobei xy die Identifikationsnummer oder der Name des Containers ist, die man von Get-Container erfährt. `docker inspect` kann man übrigens auch auf einem Imagenamen anwenden, um weitere Informationen über das Image zu erhalten.

61.9.3 Verwendung des erstellten Containers

Per `Get-ContainerImage` sieht man nach der Container-Erstellung das Basisimage `microsoft/aspnet:latest` und das Image für die Webanwendung: `wwwings.web:dev` im Debug-Modus und `wwwings.web:latest` im Release-Modus. Beide Images lassen sich natürlich auch von der Kommandozeile außerhalb von Visual Studio starten, z. B.

```
Run-ContainerImage -ID wwwings.web:latest -Name Webserver -Detach
```

bzw.

```
docker run --name Webserver --detach wwwings.web:latest
```

■ 61.10 Befehle in einem Container ausführen

In diesem Kapitel wird der im letzten Kapitel erstellte Windows-basierte Container „wwwings.web" verwendet.

Die IP-Adresse eines Containers lässt sich auch erfragen, indem man `ipconfig` in dem Container ausführt. Die Übergabe eines Parameters wie `"/all"` für den im Container auszuführenden Befehl ist in der aktuellen Version der PowerShell-Commandlets für Docker sehr umständlich:

```
Start-ContainerProcess -ID Webserver -Command @("ipconfig", "/all")
```

Mit docker.exe geht es einfacher:

```
docker exec Webserver ipconfig /all
```

Alternativ dazu kann man auch eine Konsolenverbindung mit dem Docker-Container eröffnen. Mit den PowerShell-Commandlets geht dies sowohl über das spezielle Commandlet `Start-ContainerProcess` als auch das allgemeine `Enter-PSSession`, wobei Letzteres nur eine Container ID erwartet und keinen Container-Namen erlaubt – daher die Übersetzung von Namen in ID mit dem Ausdruck `(Get-Container Webserver).ID`:

```
Start-ContainerProcess -ID Webserver -Command powershell.exe -Terminal
```

oder

```
Enter-PSSession -ContainerId (Get-Container Webserver).ID
```

Alternativ über docker.exe:

```
docker exec -it Webserver powershell.exe
```

Der Parameter `-Terminal` bzw. `-it` ist notwendig, damit man mit der im Gast gestarteten PowerShell interagieren kann. Während `Enter-PSSession` auch in der PowerShell ISE funktioniert, funktionieren die anderen beiden Befehle dort aktuell nicht.

Auch bei `Run-ContainerImage` bzw. docker run kann man bereits einen Befehl angeben, der direkt beim Start des Containers ausgeführt werden soll:

```
Run-ContainerImage -ID wwwings.web:latest -Terminal -Name Webserver -Command
powershell.exe
```

bzw.

```
docker run --name Webserver -it wwwings.web:latest powershell.exe
```

Das Nachstellen eines in dem Container auszuführenden Befehls hilft aber nichts bei Images, die selbst einen expliziten Entry Point definiert haben, denn hier hängt Docker den nachgestellten Befehl nur an die Entry Point-Anweisung als Parameter an. So ist es für das oben verwendete `wwwings.web:latest` notwendig, den Entry Point bei docker run umzudefinieren:

```
docker run -it --entrypoint=powershell wwwings.web:latest
```

Mit der PowerShell geht das nur über die explizite Befüllung eines Config-Objekts:

```
$config = [Docker.DotNet.Models.Config]::new()
$ep = [System.Collections.Generic.list[string]]::new()
$ep.Add("powershell.exe")
$config.Entrypoint = $ep
Run-ContainerImage -ID wwwings.web:latest -Configuration $config -Terminal -Name Webserver
```

61.11 Ressourcenbeschränkungen für Container

Der Befehl docker run erlaubt auch Ressourcenbeschränkungen, zum Beispiel bedeutet docker run -it -m 500M --cpu-quota 50000 wwwings.web:latest, dass der Arbeitsspeicher auf 500 MB und die CPU-Nutzung auf 50 % (die Angabe 100000 entspricht dabei 100 %) beschränkt sind. Mit der PowerShell muss man wieder etwas umständlicher vorher ein HostConfig-Objekt erzeugen. Immerhin ist dort die CPU-Angabe einfacher in Prozent zu erledigen:

```
$hostConfig = [Docker.DotNet.Models.HostConfig]::new()
$hostconfig.CPUPercent = 50
$hostconfig.Memory = 500MB
Run-ContainerImage -id wwwings.web:latest -Detach -HostConfiguration $hostConfig -Name Webserver
```

61.12 Dateien zwischen Container und Host kopieren

Häufig ist es auch notwendig, Dateien zwischen Host und Container auszutauschen. Dies erledigt man mit Copy-ContainerFile bzw. docker cp:

```
Copy-ContainerFile -Path c:\web\index.htm -Destination c:\inetpub\wwwroot\ -ID Webserver -ToContainer
```

oder:

```
docker cp c:\web\index.htm Webserver:c:\inetpub\wwwroot\
```

61.13 Dockerfile

Das Kopieren von Dateien und den Start von Anwendungen kann man auch direkt in ein Dockerfile einbauen. Das folgende Listing eines Dockerfiles kopiert ein PowerShell-Skript in das Image, führt das Skript aus, das in dem Image eine Datei index.html anlegt. Der Editor Visual Studio unterstützt bei der Eingabe von Befehlen in Dockerfile, macht aber anders als der kleine Bruder Visual Studio Code mit der Erweiterung „vscode-docker" [https://github.com/Microsoft/vscode-docker] keine Vorschläge für Imagenamen nach FROM.

Listing 61.2 Dockerfile, das einen Webserver erstellt, der eine statische Seite anzeigt

```
# Autor
MAINTAINER Holger Schwichtenberg "buero@IT-Visions.de"
# Basisimage festlegen (IIS auf Windows Server 2016 Core)
FROM microsoft/iis
# Bisherigen Inhalt löschen
RUN del C:\inetpub\wwwroot\*.* /F /Q
# Grafikdateien kopieren
COPY Logo.jpg C:/inetpub/wwwroot/Logo.jpg
# PowerShell-Skript kopieren und ausführen
RUN MD c:\temp
COPY create_index_html.ps1 C:/temp/script.ps1
RUN powershell.exe -executionpolicy bypass c:\temp\script.ps1
# Aufräumen
RUN del C:/temp/script.ps1
```

■ 61.14 Docker-Netzwerke

Wenn der Container nicht per Network Address Translation angesprochen werden, sondern eine IP-Adresse im Subnetz des Hosts erhalten soll, ist dafür zunächst ein Docker-Netzwerk anzulegen, was aktuell nicht über PowerShell-Commandlets, sondern nur über Docker.exe möglich ist:

```
docker network create -d transparent Brücke
```

Dieses neue Netzwerk mit dem Namen „Brücke" sollte nun in der Liste der Docker-Netzwerke erscheinen, die man mit `Get-Containernet` (oder: `docker network ls`) ausgibt. Danach kann man beim Start des Containers auf das Docker-Netzwerk Bezug nehmen:

```
$hostConfig = [Docker.DotNet.Models.HostConfig]::new()
$hostConfig.NetworkMode = "Brücke"
Run-ContainerImage -ID wwwings.web:latest -Detach -HostConfiguration $hostConfig -Name Webserver
```

Deutlich prägnanter ist dies in der klassischen Variante:

```
docker run -detach --network Brücke --name Webserver wwwings.web:latest
```

Die Parameter mit Namen „detach" bedeuten dabei jeweils, dass der Container ohne Ausgaben an der Standardausgabe im Hintergrund laufen soll.

61.15 Container anlegen, ohne sie zu starten

Es ist möglich, einen Container anzulegen, ohne ihn direkt zu starten (hier wieder unter Bezug auf das im vorherigen Kapitel definierte HostConfig-Objekt):

```
New-Container wwwings.web:latest -HostConfiguration $hostConfig -Name Webserver
```

bzw.

```
docker container create --name Webserver --network Brücke wwwings.web:latest
```

61.16 Container starten und stoppen

Der Container ist dann im Zustand „Created", läuft aber nicht. Später kann man ihn dann starten mit

```
Start-Container -ID Webserver
```

oder

```
docker start Webserver
```

Zum Anhalten eines laufenden Containers verwendet man

```
Stop-Container -ID Webserver
```

bzw.

```
docker stop Webserver
```

61.17 Container beenden und löschen

Mit der PowerShell ist es elegant, alle laufenden Container eines Images zu beenden bzw. zu löschen:

```
Get-Container | Where-Object { $_.Image -eq "wwwings.web:latest" -and $_.status -Like "Up*" } | Stop-Container
Get-Container | Where-Object { $_.Image -eq "wwwings.web:latest" } | Remove-Container
```

61.18 Images löschen

Auch alle Images wird man schnell los, wobei man nur Images löschen kann, für die es keinen Container mehr gibt und die auch nicht Basis für andere Images sind:

```
Get-ContainerImage | Remove-ContainerImage
```

 HINWEIS: Daher kann man in Visual Studio auch nicht ein Image neu erzeugen, wenn es noch Container für die bisherige Version gibt ("unable to delete - image is being used by running container").

61.19 Images aus Containern erstellen

Der Nutzer kann aus einem Container, den er nach Belieben konfiguriert hat, ein neues Docker-Image erstellen. Dazu dient der Befehl `docker commit`, bei dem der Name eines Containers und der neue Name für das Image anzugeben sind, z.B.

```
docker commit Webserver WebserverImage:v1.0
```

Alternativ per PowerShell-Commandlets:

```
Get-Container Webserver | ConvertTo-ContainerImage -Repository WebserverImage -Tag v1.0
```

Dabei ist zu beachten, dass der Container gestoppt sein muss mit `docker stop Webserver` bzw. `Stop-Container Webserver`, da Windows das Erstellen von Images aus laufenden Containern nicht unterstützt. Außerdem darf der Imagename keine Großbuchstaben enthalten. Das neue Image ist dann per `Get-ContainerImage` sichtbar. Per `docker history Webserver Image` kann man sich ansehen, worauf das neue Image basiert und wie viel Speicherplatz das Delta zu dem vorherigen Image verbraucht. Wenn man kein Tag angibt, vergibt Docker automatisch das Tag „Latest".

61.20 .NET Core-Container

Wer in Visual Studio 2017 ein neues .NET Core-Projekt anlegt, sieht direkt die Option, das Projekt in Docker zu hosten (siehe Bild 61.7). Egal, ob man dies schon beim Anlegen auswählt oder später hinzufügt mit „Add/Docker Support", man erlebt in beiden Fällen, dass Visual Studio keinen Windows-basierten Container anlegt, sondern einen Linux-Container (siehe Bild 61.8) mit dem Basisimage „microsoft/aspnetcore:1.1" *[https://hub.docker.com/r/microsoft/aspnetcore/]*, das trotz des ähnlichen Namens wie „microsoft/aspnet" ein Linux-Image ist.

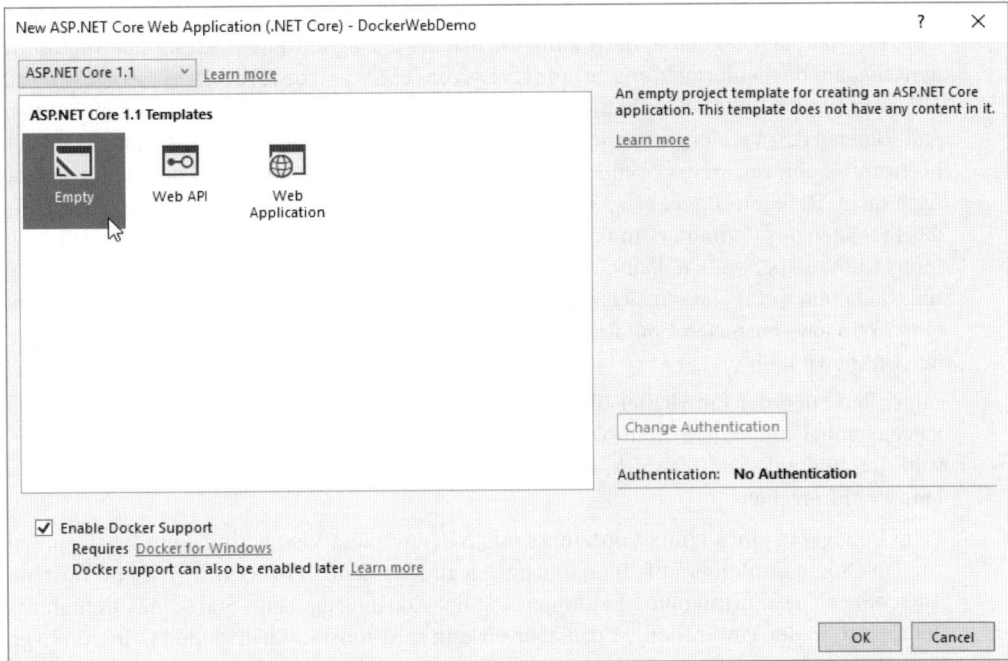

Bild 61.7 Beim Anlegen eines .NET Core-Projekts bietet Visual Studio 2017 die Docker-Unterstützung direkt an.

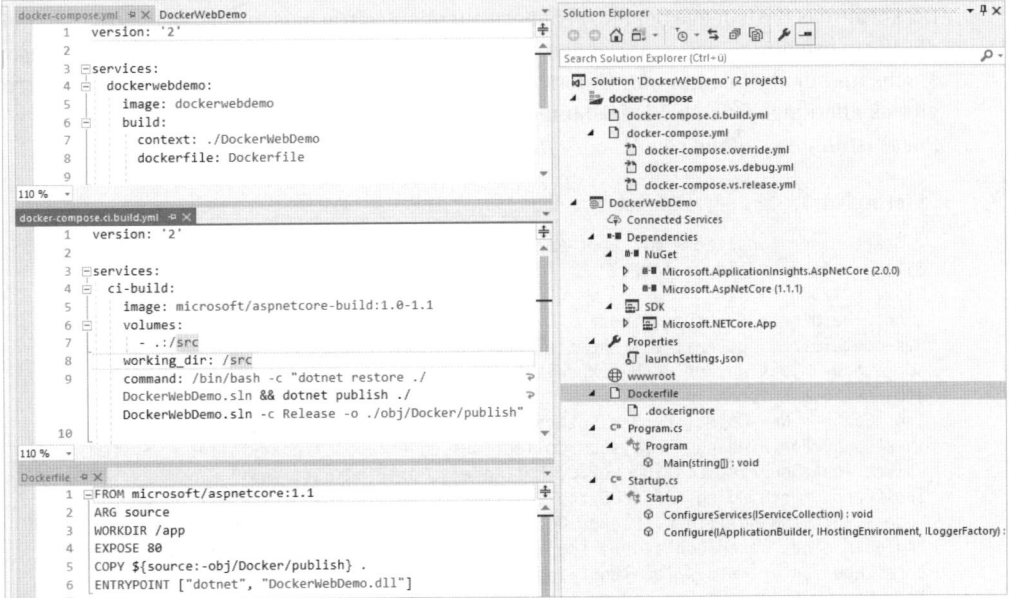

Bild 61.8 Docker-Dateien in einem ASP.NET Core-Projekt mit Unterstützung für Linux-Container

Wer versucht, das Docker-Image nun zu übersetzen, läuft (zumindest in der aktuellen Version, die sich aber täglich ändern kann angesichts der agilen Entwicklung bei Microsoft) zunächst auf die Fehlermeldung „`client version 1.22 is too old. Minimum supported API version is 1.24`". Hier kann man Visual Studio zufriedenstellen, indem man in allen .yml-Dateien den Versionsnummerneintrag zu Dateibeginn (siehe Bild 61.8) von 2.0 auf 2.1 hochzählt. Sehr viel weiter kommt man im Übersetzungsvorgang aber auch damit immer noch nicht. Es heißt: „`Operating system Linux cannot be used on this platform`". Für das Erzeugen des Containers muss man in dem Docker-Symbol in der Taskleiste „Switch zu Linux Containers" wählen. Laufende Windows-Container werden dadurch nicht beeinträchtigt; sie laufen weiter, lassen sich aber nun vorerst nicht mehr administrieren. Der Versuch, einen Windows-basierten Container nun herunterzuladen, führt zum nichtssagenden Fehler „Unknown Blob".

Außerdem muss der Entwickler für den Betrieb von Linux-Containern in dem Docker-Taskleistensymbol unter dem Kontextmenüeintrag „Settings/Shared Drives" das Systemlaufwerk (c:) und ggf. das Laufwerk, auf dem sich der Programmcode befindet, für die Moby-Linux-VM freigeben.

Beim Debugging eines Linux-Containers mit .NET Core legt Visual Studio ein Portmapping von Port 80 im Container auf einen dynamisch zugewiesenen Port (z.B. 32768) im Host an. Auch ein solches Portmapping kann man von der Konsole aus beim Start eines Containers definieren. In der PowerShell ist das aber bislang sehr umständlich, siehe Listing und vgl. [*https://github.com/Microsoft/Docker-PowerShell/issues/174*]. Hier ist docker.exe wieder im Vorteil: `docker run --detach -p 12345:80 --name Webserver12345 dockerwebdemo:latest`

Wenn man nun .NET Core in einem Windows-Container hosten möchte, dann muss man im Dockerfile das Basisimage bei FROM ändern auf microsoft/aspnetcore:1.1.2-nanoserver und die Versionseinträge der .yml-Dateien auf 2.1 setzen. Die Containererstellung im Release-Modus funktioniert dann zwar, Unterstützung für das Debugging von Windows-Containern gibt es allerdings erst ab Visual Studio 2015 Update 3, das derzeit noch in der Preview-Phase ist [*https://github.com/Microsoft/DockerTools/issues/8*].

Listing 61.3 Start eines Containers mit Port-Mapping

```
# Start eines Containers mit Port-Mapping
$image = "dockerwebdemo:latest"
$port = 12340
$containername = "Webserver$port"
Get-container | out-null # sicherstellen, dass Docker.DotNet.dll geladen!
$pb = New-Object Docker.DotNet.Models.PortBinding
$pb.HostPort = $port
$hostConfig = New-Object Docker.DotNet.Models.HostConfig
$hostConfig.PortBindings = [System.Collections.Generic.Dictionary[string, System.Collections.Generic.iList[Docker.DotNet.Models.PortBinding]]::new()
$hostConfig.PortBindings.Add("80/tcp",[System.Collections.Generic.List[Docker.DotNet.Models.PortBinding]]::new([Docker.DotNet.Models.PortBinding[]]@($pb)))
"Anlegen eines neuen Containers $containername auf Basis von Image $image, Webserver erreichbar unter http://localhost:$port..."
$c = New-Container dockerwebdemo:latest -HostConfiguration $hostConfig -Name $containername
"Start des Containers $containername..."
$c | Start-Container
```

61.21 Images verbreiten

Images verbreiten kann man entweder in Form von .tar-Dateien oder über eine Docker Container Registry, also zum Beispiel von einem Entwicklungssystem mit Windows 10 auf ein Produktivsystem mit Windows Server 2016 überführen.

61.21.1 Images verbreiten mit Archiv-Dateien

Zum Erstellen einer .tar-Datei verwendet man auf dem Host, wo sich das Image aktuell befindet, den Befehl:

```
Save-ContainerImage -ID wwwings.web:latest -DestinationFilePath t:\image.tar
```

bzw.

```
docker save wwwings.web:latest > w:\image.tar
```

Mit `Load-ContainerImage` kann man dann diese Datei auf dem Zielhost einlesen. Die dort enthaltenen Images stehen nun in der Liste der Images (`Get-Containerimage`) für die Erstellung von Containern zur Verfügung.

```
Load-ContainerImage \\192.168.1.60\w$\image.tar
```

bzw.

```
docker load --input w:\image2.tar
```

Dieses Verfahren hat aber den Nachteil, dass das .tar-Archiv sehr groß werden kann, weil hier nicht nur das angegebene Image, sondern alle benötigten Eltern-Images inklusive des kompletten Betriebssystembasis-Image verpackt werden. Wenn Eltern- und Basisimages schon in einem Docker Repository wie Docker Hub liegen, ist die Verbreitung über das Repository wesentlich schonender, was Platz und Netzwerkübertragung angeht.

61.21.2 Images verbreiten via Repository

Docker Hub [*https://hub.docker.com*] bietet jedem Nutzer kostenfrei ein einziges privates und eine unbegrenzte Menge an öffentlichen Repositories. Für die Veröffentlichung in Docker Hub muss das Image ein Tag besitzen, das so aufgebaut ist: Kontoname/RepositoryName:Version. Vor der Veröffentlichung muss man also dem Image ein passendes Tag vergeben und auch „latest" definieren, z.B.

```
Tag-ContainerImage -ID wwwings.web:latest -Tag v1.0 -Repository itvisions/wwwings.web
Tag-ContainerImage -ID wwwings.web:latest -Tag latest -Repository itvisions/wwwings.web
```

bzw.

```
docker tag wwwings.web:latest itvisions/wwwings.web:v1.0
docker tag wwwings.web:latest itvisions/wwwings.web:latest
```

Danach besitzt das Image aber nun drei Tags: das von Visual Studio erzeugte Standardtag (wwwings.web:latest) sowie die beiden neu vergebenen Tags itvisions/wwwings.web:v1.0 und wwwings.web:latest. Man sucht vergeblich einen Befehl wie „Remove-ImageTag", sondern muss dafür einen Löschbefehl für das Image

```
Remove-ContainerImage -ID wwwings.web:latest
```

oder

```
docker rmi wwwings.web:latest
```

absetzen. Diese Semantik ist sehr ungewöhnlich, denn der Befehl entfernt das Tag, wenn es mehrere Tags gibt. Es entfernt aber das ganze Image, wenn es das letzte Tag für das Image war.

Wenn man ein Image mit mehreren Tags löschen will, kann man sich wieder das PowerShell-Pipelining zunutze machen. `Get-ContainerImage` liefert ein Objekt vom Typ `Docker.DotNet.Models.ImagesListResponse` mit der Eigenschaft `RepoTags`, die eine Liste von Zeichenketten enthält. Der folgende Befehl iteriert über diese Liste und gibt jedes Tag einzeln an `Remove-ContainerImage` weiter:

```
Get-ContainerImage wwwings.web:latest | Foreach-Object repotags | Remove-ContainerImage
```

Nach der erfolgreichen Tag-Vergabe erfolgt dann das Hochladen des Images mit dem PowerShell-Code im folgenden Listing.

Listing 61.4 Hochladen eines Docker-Images zu Docker Hub

```
$DockerAuth = [Docker.DotNet.Models.AuthConfig]::new()
$DockerAuth.Username = 'ihrname'
$DockerAuth.Password = 'ihrkenntwort'
Push-ContainerImage -ID itvisions/wwwings.web:v1.0 -Authorization $DockerAuth
```

Bei der Verwendung der klassischen Docker-Befehle verbindet man den lokalen Docker Host per

```
docker login -u ihrname -p ihrkennwort
```

mit Docker Hub. Danach führt Docker alle folgenden Befehle in diesem Benutzerkontext aus. Das Hochladen erledigt:

```
docker push itvisions/wwwings.web:v1.0
```

Anschließend kann dieses Image dann per `Pull-ContainerImage itvisions/wwwings.web:v1.0` geladen werden von allen Benutzern, die Zugang zu dem Repository haben.

61.22 Azure Container Service (ACS)

Eine weitere Option ist das Hosten von Containern in die Cloud, z.B. in Microsofts Azure Container Service (ACS) [*https://azure.microsoft.com/de-de/services/container-service/*]. Dieses Thema wird hier aus Platzgründen nicht besprochen.

62 Grafische Benutzeroberflächen (GUI)

Die Microsoft Shell besitzt keine eingebauten Commandlets zur Anzeige grafischer Benutzerschnittstellen. Es ist aber möglich, die System.Windows.Forms-Bibliothek (kurz: Windows Forms oder WinForms) von .NET zu nutzen.

Auch die neuere Windows Presentation Foundation (WPF) kann man verwenden. In dem PowerShellPack aus dem Windows 7 Resource Kit gibt es ein PowerShell-Modul, das in rund 700 Commandlets die Funktionen von WPF kapselt. Lesen Sie dazu das Unterkapitel „WPF PowerShell Kit (WPK)".

HINWEIS: Für die ausführliche Erläuterung der Windows Forms- und WPF-Bibliotheken (einige Hundert Klassen!) ist in diesem Buch kein Raum. Zwei Beispiele sollen den Ansatz erläutern.

Die PowerShell sollte aber grundsätzlich nicht als Programmiersprache für grafische Benutzeroberflächen missbraucht werden. Für GUI-Entwicklungen sind Programmiersprachen wie C++, C# und Visual Basic .NET besser geeignet. In Ausnahmefällen kann man ein PowerShell-Skript gleichwohl mit einzelnen GUI-Elementen anreichern.

■ 62.1 Einfache Nachfragedialoge

Einfache Dialogfenster mit einer einfachen Nachfrage, bei denen der Benutzer keine Texte eingeben, sondern lediglich mit dem Klick auf eine Schaltfläche (z. B. Ja, Nein, Abbrechen) reagieren soll, erzeugt man mit der .NET-Klasse System.Windows.Forms.MessageBox.

Die statische Methode Show() dieser Klasse bietet mehrere Parameter, wobei alle bis auf den ersten optional sind:

- Im ersten Parameter steht der Text, der im Dialogfenster anzuzeigen ist.
- Im zweiten Parameter (optional) steht die Überschrift. Wenn diese fehlt, wird ein Fenster ohne Fenstertitel angezeigt.

- Im dritten Parameter (optional) wird über den Aufzählungstyp `System.Windows.Forms.MessageBoxButtons` festgelegt, welche Schaltflächen es gibt. Standard ist, dass nur „OK" angezeigt wird. Mögliche Werte dieses Aufzählungstyp sind `OK`, `OKCancel`, `YesNo` und `YesNoCancel`.

- Im vierten Parameter kann man optional eine Grafik mit dem Aufzählungstyp `System.Windows.Forms.MessageBoxIcon` festlegen. Mögliche Werte sind `Asterisk`, `Error`, `Exclamation`, `Hand`, `Information`, `None`, `Question`, `Stop` und `Warning`.

- Im fünften und ebenfalls optionalen Parameter legt man per Aufzählungstyp `System.Windows.Forms.MessageBoxDefaultButton` fest, welche Schaltfläche im Standard aktiv sein soll. Hier sind mögliche Werte `Button1`, `Button2` und `Button3`.

Das folgende Skript zeigt einige Beispiele.

Listing 62.1 [3_Einsatzgebiete\GUI\MessageBox.ps1]

```
Add-Type -assemblyname system.windows.forms

# Nachricht ohne Auswahl und ohne Überschrift
[System.Windows.Forms.MessageBox]::Show("Das Skript ist beendet!")

# Nachricht ohne Auswahl mit Überschrift
[System.Windows.Forms.MessageBox]::Show("Das Skript ist beendet!","Vorgangsname",
[System.Windows.Forms.MessageBoxButtons]::OK)

# Frage mit OK und Abbrechen
$a = [System.Windows.Forms.MessageBox]::Show("Skript starten?","Vorgangsname",
[System.Windows.Forms.MessageBoxButtons]::OKCancel)
"Sie haben geantwortet: $a"

# Frage mit Ja, Nein und Abbrechen. Fragezeichen als Bild und Standardauswahl auf Ja
[System.Windows.Forms.MessageBox]::Show("War der Vorgang erfolgreich?","Vorgangsname",
[System.Windows.Forms.MessageBoxButtons]::YesNoCancel, [System.Windows.Forms.
MessageBoxIcon]::Question, [System.Windows.Forms.MessageBoxDefaultButton]::Button1)
"Sie haben geantwortet: $a"
```

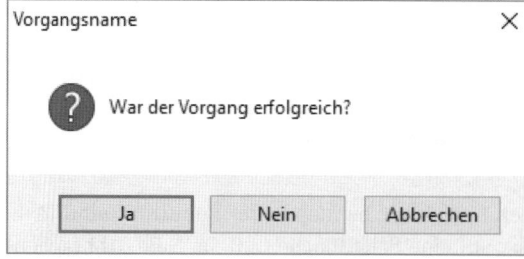

Bild 62.1
Nachfrage mit Ja, Nein und Abbrechen, Fragezeichen als Bild und Standardauswahl auf Ja

62.2 Einfache Eingabe mit Inputbox

Für ein ganz einfaches einzeiliges Texteingabefeld verwendet man die Methode InputBox() aus der .NET-Klasse Microsoft.VisualBasic.Interaction aus der Assembly Microsoft.VisualBasic. Diese Klasse ist trotz ihres Namens nicht nur in Visual Basic, sondern jeder .NET-Sprache, also auch der PowerShell verwendbar.

- Der erste Parameter ist der einzige Pflichtparameter und legt den Text fest, den der Benutzer oberhalb des Texteingabefeldes sehen soll.
- Der zweite Parameter (optional) ist die Überschrift.
- Der dritte Parameter (optional) füllt das Texteingabefeld vorab mit einem Text aus.

Listing 62.2 Add-Type -assemblyname Microsoft.VisualBasic
[3_Einsatzgebiete\GUI\InputBox.ps1]

```
# ohne Überschrift
$eingabe = [Microsoft.VisualBasic.Interaction]::InputBox("Bitte geben Sie Ihren Namen ein!")
"Hallo $Eingabe!"

# mit Überschrift
$eingabe = [Microsoft.VisualBasic.Interaction]::InputBox("Bitte geben Sie Ihren Namen ein!", "Namenseingabe")
"Hallo $Eingabe!"

# mit Überschrift und Standardvorgabe
$eingabe = [Microsoft.VisualBasic.Interaction]::InputBox("Bitte geben Sie Ihren Benutzernamen ein!", "Namenseingabe", [System.Environment]::userName)
"Hallo $Eingabe!"
```

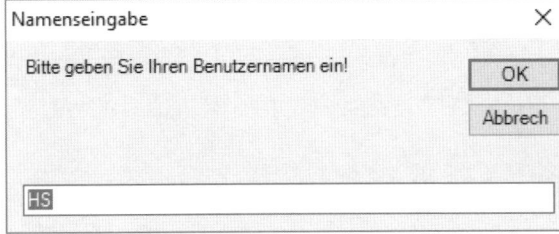

Bild 62.2
Texteingabefeld mit Überschrift und Standardvorgabe

62.3 Komplexere Eingabemasken

Das folgende Skript erzeugt eine Eingabemaske für drei Werte mit Windows Forms. Zur Vereinfachung gelten folgende Einschränkungen:

- Die Eingabefelder werden automatisch angeordnet und nicht absolut positioniert („Flussgestaltung", vgl. HTML).
- Das Formular kann nur über das Kreuz in der Fensterzeile geschlossen werden. Es gibt keine zusätzliche Schaltfläche (weil es kompliziert ist, in einem Formular mit der PowerShell Programmcode zu hinterlegen).

Bild 62.3
Ein mit Windows Forms in der PowerShell erzeugtes Eingabefenster

Das folgende PowerShell-Skript zeigt das Beispiel, in dem ein Formular (Form), ein Flussgestaltungsbereich (FlowLayoutPanel), drei Beschriftungsfelder (Label) und drei Eingabefelder (Textbox) zum Einsatz kommen. Wichtig ist, dass der Bereich das Formular ausfüllt ([System.Windows.Forms.DockStyle]::Fill) und man die Steuerelemente korrekt hintereinander verschachtelt (Controls.Add()).

Listing 62.3 Eingabefenster anzeigen und auswerten [3_Einsatzgebiete\GUI\GUI_Form.ps1]

```
#######################################
# PowerShell Script: Display a Windows Forms GUI
# (C) Dr. Holger Schwichtenberg
# http://www.powershell-doktor.de
#######################################

# Load Windows Forms Library
[System.Reflection.Assembly]::LoadWithPartialName("System.windows.forms")

# Create Window
$form = new-object "System.Windows.Forms.Form"
$form.Size = new-object System.Drawing.Size @(400,200)
$form.topmost = $true
$form.text = "Registration Form"

# Create Flow Panel
$panel = new-object "System.Windows.Forms.flowlayoutpanel"
$panel.Dock = [System.Windows.Forms.DockStyle]::Fill
$form.Controls.Add($panel)

# Create Controls
```

```
$L1 = new-object "System.Windows.Forms.Label"
$L2 = new-object "System.Windows.Forms.Label"
$L3 = new-object "System.Windows.Forms.Label"
$T1 = new-object "System.Windows.Forms.Textbox"
$T2 = new-object "System.Windows.Forms.Textbox"
$T3 = new-object "System.Windows.Forms.Textbox"
$B1 = new-object "System.Windows.Forms.Button"

# Set labels
$L1.Text = "Name:"
$L2.Text = "E-Mail:"
$L3.Text = "Website:"
$B1.Text = "Register!"

# Set size
$T1.Width = 180
$T2.Width = 180
$T3.Width = 180

# Add controls to Panel
$panel.Controls.Add($L1)
$panel.Controls.Add($T1)
$panel.Controls.Add($L2)
$panel.Controls.Add($T2)
$panel.Controls.Add($L3)
$panel.Controls.Add($T3)
$panel.Controls.Add($B1)

# Event Binding
$B1.add_Click(
{
$Form.DialogResult = [System.Windows.Forms.DialogResult]::OK;
$Form.close()}
)

# Show window
$result = $form.showdialog()

# Display result
if ($result -eq [System.Windows.Forms.DialogResult]::OK)
{
"You have entered: " + $T1.Text + ";" + $T2.Text + ";" + $T3.Text
}
else
{
"You have canceled the dialogue!"
}
```

62.4 Universelle Objektdarstellung

Wenn man ein Objekt mit vielen Eigenschaften darstellen möchte, ist die obige Vorgehensweise der einzelnen Erzeugung von Windows-Forms-Elementen sehr aufwendig. Einfacher geht es mit dem in Windows Forms definierten Steuerelement `PropertyGrid`, an das man jedes beliebige .NET-Objekt binden kann und das erfolgte Änderungen auch an das Objekt weitergibt.

Bild 62.4 Anzeige und Änderung eines Process-Objekts mit einem Windows Forms Property Grid

Listing 62.4 Anzeige und Änderung eines Process-Objekts mit einem Windows Forms PropertyGrid [GUI_Propertygrid.ps1]

```
# Windows Forms laden
[System.Reflection.Assembly]::LoadWithPartialName("System.windows.forms")

# Fenster erzeugen
$form = New-Object "System.Windows.Forms.Form"
$form.Size = New-Object System.Drawing.Size @(700,800)
```

```
$form.topmost = $true

# PropertyGrid erzeugen
$PG = New-Object "System.Windows.Forms.PropertyGrid"
$PG.Dock = [System.Windows.Forms.DockStyle]::Fill
$form.Controls.Add($PG)

# Inhalt an PropertyGrid zuweisen
$i = Get-Process  outlook
$PG.selectedobject = $i

# Fenster anzeigen
$form.showdialog()
```

62.5 WPF PowerShell Kit (WPK)

Die Verwendung der Windows Presentation Foundation (WPF) war in PowerShell 1.0 nicht möglich, weil das Thread-Modell der PowerShell (MTA – Multi-Threaded Apartments) und von WPF (STA) nicht zueinander passten. In PowerShell ist MTA der Standard, aber die PowerShell lässt sich mit einem Schalter in den STA-Modus (Single-Threaded Apartments) versetzen:

```
powershell.exe -sta
```

Die ISE hat das Problem nicht, denn da die ISE selbst in WPF geschrieben ist, d. h. sie verwendet im Standard „STA".

Man kann die WPF-Bibliothek (`System.Windows`) direkt verwenden. Sehr viel eleganter ist die Verwendung aber mit dem WPF PowerShell Kit (WPK) aus dem Windows 7 Resource Kit PowerShellPack. Dieses Modul enthält 716 Commandlets.

 HINWEIS: Leider hat Microsoft dieses WPK seit Windows 7 nicht weiterentwickelt.

Das WPK-Modul aktiviert man mit `Import-Module WPK`. Dieser Import kann aufgrund seiner Größe einige Sekunden dauern.

Hello World mit WPF

Einführende Beispiele geben immer den Text „Hello World" auf dem Bildschirm aus. So soll es auch hier sein. Die Lösung ist mit einem einzigen Commandlet realisierbar.

```
New-Label "Hello World" -Show
```

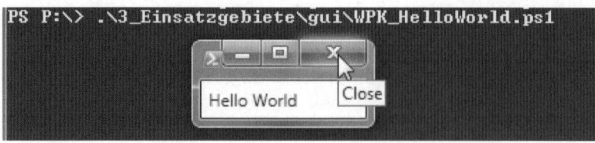

Bild 62.5
Hello-World-Bildschirm mit WPK

Es gibt zwar einen Parameter -AsJob, aber auch hierbei wird die PowerShell am Weiterarbeiten gehindert. (Es erscheint keine neue Befehlsaufforderung.)

Für das Bezeichnungsfeld stehen zahlreiche Formatierungen zur Verfügung, z. B.

```
New-Label "Hello World" -Show -FontSize 30 -Foreground red -Background yellow
--FontStyle Italic -FontWeight Bold
```

Unzureichende Dokumentation

Eine gravierende Schwäche des WPK ist, dass keine hinreichende Dokumentation mitgeliefert wird. Die nachfolgende Bildschirmabbildung zeigt die Dokumentation zu New-Label, die leider repräsentativ für die ganze Bibliothek ist.

Letztlich kann man WPK nur dann nutzen, wenn man auf die Entwicklerdokumentation im Microsoft Developer Network (MSDN) zum Namensraum System.Windows (*http://msdn. microsoft.com/en-us/library/system.windows.aspx*) zurückgreift. Aber auch hier ist das natürlich mühsam, denn New-Label gibt es hier nicht.

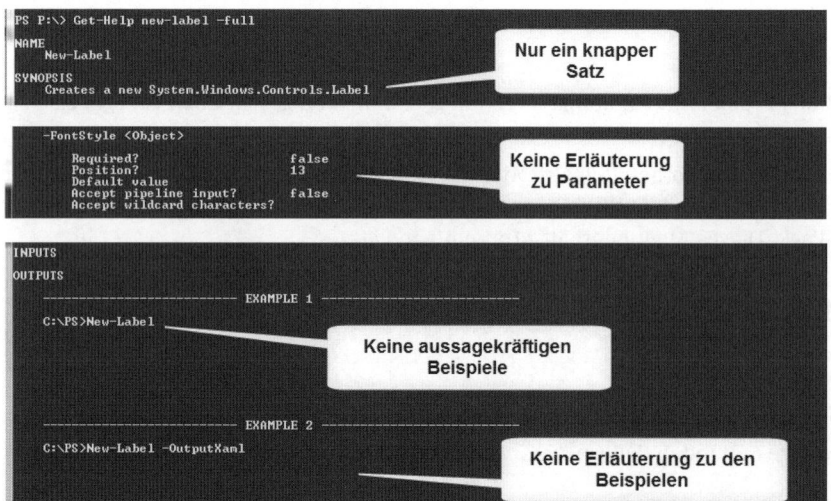

Bild 62.6 Ausschnitte aus der unzureichenden Dokumentation des WPK am Beispiel von New-Label

Um die MSDN-Dokumentation nutzen zu können, muss man insbesondere Folgendes verstehen:

- Die Commandlets der Form „New-XY" beziehen sich auf eine Steuerelementklasse, die man im Namensraum System.Windows.Controls findet. New-Label erzeugt also die Klasse System.Windows.Controls.Label. Den Namen der Klasse inklusive Namensraum erhält man auch mit New-XY | Get-Member.

- Die Attribute (Properties) der WPF-Klasse sind Parameter des Commandlets. In der Detailansicht der einzelnen Properties erhält man auch eine Liste der möglichen Werte.
- Ebenso sind die Ereignisse als Parameter verfügbar, aber mit vorangestelltem „On_", also „On_Click" statt „Click".

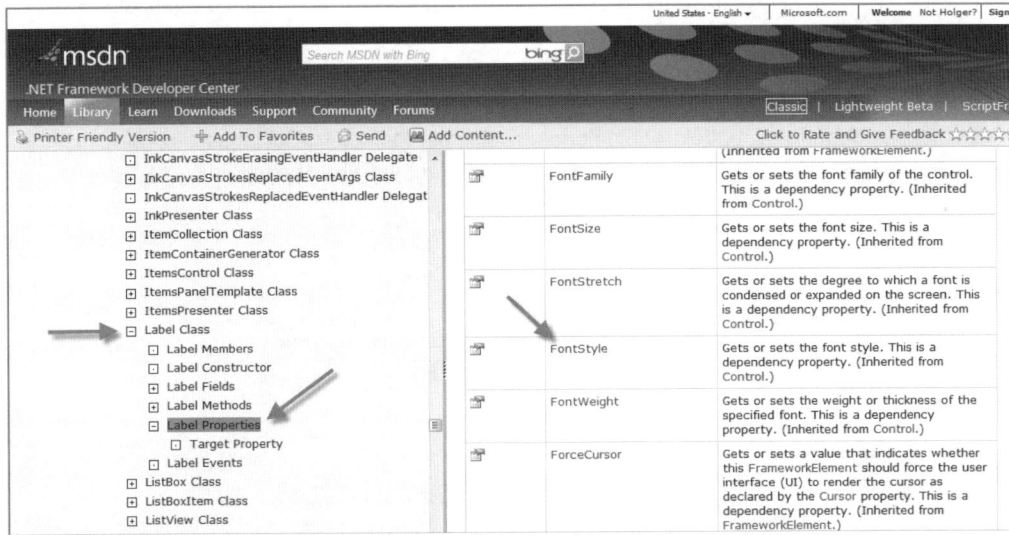

Bild 62.7 MSDN-Dokumentation zur Eigenschaft „FontStyle"

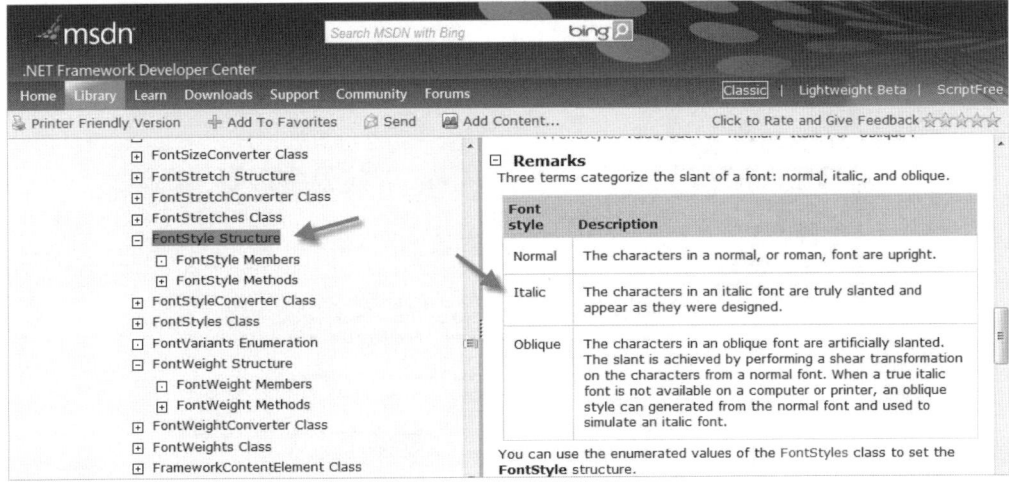

Bild 62.8 MSDN-Dokumentation zu den möglichen Werten für FontStyle

TIPP: Alternativ kann man sich auch durch Ausprobieren durcharbeiten. Nutzen Sie die Tabulator-Vervollständigungsfunktion der PowerShell-Konsole oder die IntelliSense-Unterstützung eines Editors wie PowerShellPlus, um die vorhandenen Attribute zu erforschen. Geben Sie dann einfach irgendeinen Wert an, z. B. —FontStyle xy. Die PowerShell wird Ihnen eine Fehlermeldung zeigen, die etwas weiterhilft: *Cannot convert value „xy" to type „System.Windows.FontStyle"*.

Durch diese Fehlermeldung wissen Sie genau, wonach Sie suchen müssen. Wenn Sie „System.Windows.FontStyle" bei Google eingeben, steht der richtige Treffer meist direkt oben. Kurioserweise hat Microsofts Suchmaschine Bing die MSDN-Entwicklerdokumentation nicht so gut indiziert (siehe Bild 62.9).

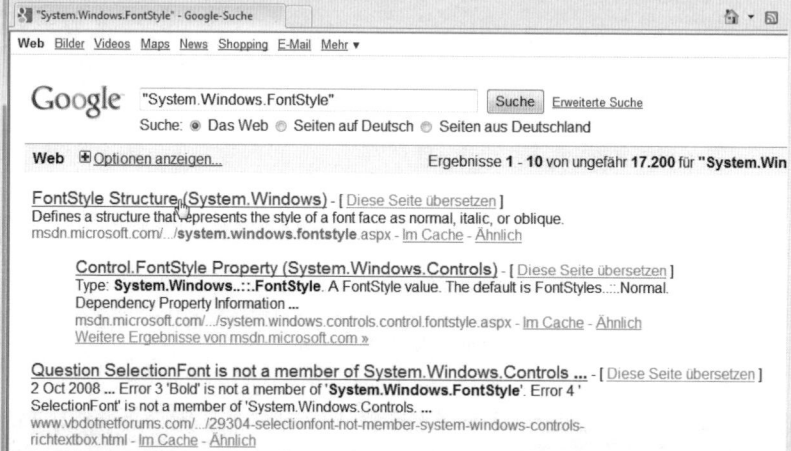
Bild 62.9 Die ersten beiden Google-Treffer führen zur Dokumentation in Englisch und Deutsch.

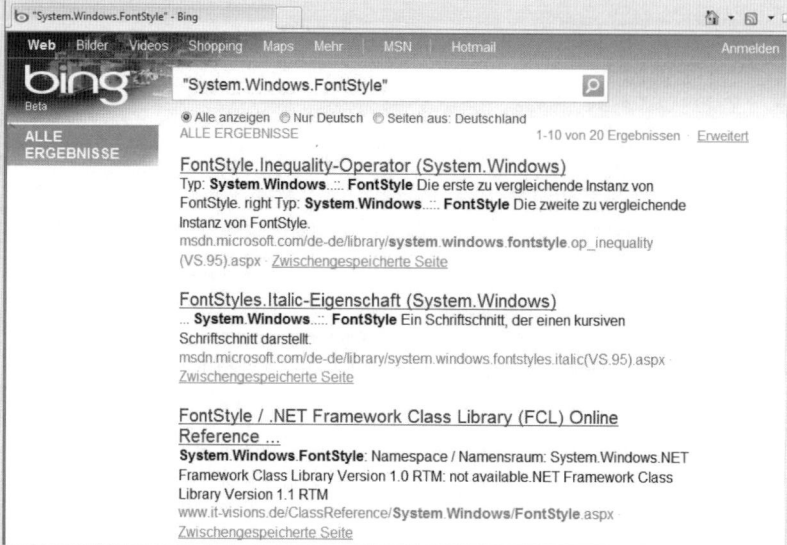
Bild 62.10 Bing kommt zwar in die Nähe der Lösung, findet aber nicht genau die richtige Seite.

Schaltflächen und Ereignisse

Eine Schaltfläche erstellt man mit `New-Button`. Wirklich Sinn macht eine Schaltfläche aber nur, wenn man auf das Klicken auch reagieren kann. Alle WPF-Steuerelemente stellen zahlreiche Ereignisse bereit. Zu einem Ereignis kann man eine Ereignisbehandlung hinterlegen, indem man den zugehörigen Parameter des WPK-Commandlets belegt. Diese Parameter beginnen alle mit „On_".

Mit `Get-Help new-button -parameter "on_*" | ft name` erhält man eine Liste der Commandlets-Ereignisse des Button-Steuerelements. Erschrecken Sie nicht: Es sind 95 Ereignisse! Vom Namen her ist „On_Click" das richtige Ereignis. In dem Parameter gibt man dann einen Skriptblock an.

 ACHTUNG: Wichtig ist, dass der Skriptblock in der Zeile beginnt, in der auch der Parameter steht. Erst nach der geschweiften Klammer darf ein Zeilenumbruch erfolgen.

```
Falsch
New-Button "Klick mich" -Show -On_Click
{ Aktion
}
Richtig
New-Button "Klick mich" -Show -On_Click {
Aktion
}
```

Es folgt ein Beispiel.

Listing 62.5 Beispiel für die Ereignisbehandlung im WPK

```
Set-Variable -name count -Value 10 -Scope global

New-Button "Klick mich"  -Show -On_Click {
$this.Content = "Countdown: $Count" ;
$Count--;
if ($Count -lt 0) {
 [System.Windows.MessageBox]::Show("Ende!", "WPK-Beispiel:CountDown");
 $Window.Close();
};
}
```

Bild 62.11
Nach dem Start des Beispiels

Bild 62.12
Nach dem ersten Klick

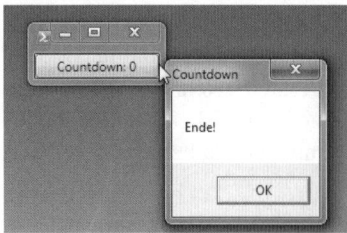

Bild 62.13
Nach dem elften Klick

Zu beachten sind folgende Punkte:

- Die Ereignis-Skriptblöcke sehen nur Variablen aus dem umgebenden Skript, die mit Set-Variable den Gültigkeitsbereich „Global" bekommen haben. Eine alternative Syntax wäre: $global:Variable = Wert.
- Ebenso sieht das aufrufende Skript die in den Ereignisbehandlungsroutinen definierten Variablen nur, wenn diese global definiert sind.
- In der Ereignisbehandlung adressiert $this das das Ereignis auslösende Steuerelement, also hier die Schaltfläche.
- In der Ereignisbehandlung adressiert $window das aktuelle Fenster. Über die Methode Close() kann man es schließen. Eine Alternative wäre: Close-Control $Window.

Panel-Elemente zum Anordnen von Steuerelementen

Bisher bestand das Fenster immer nur aus einem Steuerelement. Das führt natürlich nicht sehr weit. Um mehrere Steuerelemente zu nutzen, muss man diese in einem sogenannten Panel verwenden. WPF kennt mehrere verschiedene Panels, die eine unterschiedliche Anordnung der Elemente durchführen.

Tabelle 62.1 Panel-Elemente in WPF

Name	Erläuterung
Canvas	Positionierung mit relativen Koordinaten. Das Panel-Element legt keine Gestaltung fest; die enthaltenen Elemente müssen selbst die Position bestimmen (vgl. absolute Positionierung in CSS).
Grid	Gitternetz-Layout (Tabelle mit Zeilen und Spalten). Die Steuerelemente bestimmen die Position im Gitter durch die Attribute Row und Column. In einer Gitterzelle ist die absolute Positionierung möglich, so dass im Fall der Reduktion auf eine Zelle (Standardeinstellung) das Grid dem Canvas sehr ähnlich ist.
UniformGrid	Gitternetz-Layout mit gleich großen Zellen
WrapPanel	Aneinanderreihung von links nach rechts bzw. unten nach oben mit automatischem Umbruch (vgl. HTML-Standardlayout)
DockPanel	Horizontale oder vertikale Aneinanderreihung mit automatischem Umbruch nach jedem Element
StackPanel	Horizontale oder vertikale Aneinanderreihung
VirtualizingStackPanel	Ein Stackpanel, bei dem nur die wirklich sichtbaren Elemente auch verarbeitet werden (nur relevant bei Datenbindung)
TabPanel	Registerkarten in einem TabControl-Steuerelement

62.5 WPF PowerShell Kit (WPK)

Zielsetzung soll es sein, das nachstehend abgebildete Anmeldefenster zu entwickeln. Das Fenster besteht aus zwei Label-Steuerelementen (New-Label), einem Texteingabe-Steuerelement (New-TextBox), einem Password-Steuerelement (New-PasswordBox) und einer Schaltfläche (New-Button). Als Panel kommt ein Grid (New-Grid) zum Einsatz. Das Ganze ist eingebettet in ein Fenster (New-Window). Der Farbübergang zwischen Hellgrün und Grün (möglicherweise in dem schwarzweiß gedruckten Buch schlecht zu erkennen) ist ein `LinearGradientBrush`.

HINWEIS: Fenster wurden in den bisherigen Beispielen implizit erzeugt. Die explizite Erzeugung ermöglicht Einfluss auf Größe und Überschrift.

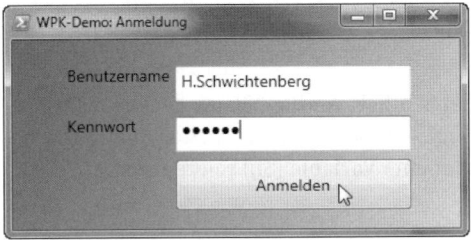

Bild 62.14
Ein Anmeldefenster mit Hilfe von WPK

Die Verschachtelung der Elemente (Window enthält Grid, Grid enthält andere Steuerelemente) erfolgt durch geschweifte Klammern. Zu beachten ist dabei, dass eine Verschachtelung nur dann gebildet wird, wenn die geschweifte Klammer in der gleichen Zeile steht wie das Commandlet, das das übergeordnete Steuerelement erzeugt. Erst innerhalb der Klammer darf ein Zeilenumbruch erfolgen.

Falsch:	`New-Windows -Title „xy"`
	`{ New-Grid …`
	`}`

Richtig:	`New-Windows -Title „xy" {`
	`New-Grid …`
	`}`

Gleiches gilt für die Ereignisbehandlungsroutine, die für das `Click`-Ereignis um Button-Steuerelemente (`On_Click`) definiert wird.

Es folgt der PowerShell-Skriptcode für das Beispiel.

Listing 62.6 Implementierung des Anmeldefensters (im Schachtelungsstil)

```
Import-Module WPK

# Farbübergang für Hintergrund definieren
$global:b = New-LinearGradientBrush -GradientStops {
New-GradientStop -color Green -Offset 0
New-GradientStop -color lightGreen -Offset 1
}
```

```
# Fenster mit Unterelementen definieren
New-Window -Title "WPK-Demo: Anmeldung" -background $b -Width 400 -Height 200 `
--WindowStartupLocation centerscreen -show {
  New-Grid -Rows 3  -Width 300 -Height 130 -Columns 'Auto','1*'  {
    New-Label "Benutzername" -FontSize 14
    New-TextBox -Name UserName -Column 1 -FontSize 14 -Height 30 -`
    On_Loaded { Set-Variable C_UserName $this -Scope Global }
    New-Label "Kennwort" -Row 1 -FontSize 14
    New-PasswordBox -Name Password -Column 1 -FontSize 14 -Height `
    30 -Row 1 -On_Loaded { $global:C_Password = $this }
    New-Button -Name Login -FontSize 14 -Content "Anmelden" -`
    Column 1 -Row 2 -On_Click{
      $Window.Close(); } # Ende Event
  } # Ende Grid
} # Ende Window

"Eingegeben wurden folgende Anmeldedaten: {0} / {1}" -f $C_UserName.Text, `
$C_Password.Password
```

Die Schachtelung von Elementen kann unübersichtlich werden. Beim `LinearGradient-Brush` ist das Schachtelungsprinzip schon zu Gunsten des Verweisprinzips durchbrochen: Der Pinsel ist erst definiert und dann später über eine Variable ($b) referenziert.

Man könnte das Skript auch so schreiben:

Listing 62.7 Implementierung des Anmeldefensters (im Verweisstil)

```
Import-Module WPK

# Farbübergang für Hintergrund definieren
$global:b = New-LinearGradientBrush -GradientStops  {
New-GradientStop -color Green -Offset 0
New-GradientStop -color lightGreen -Offset 1
}

$global:l1 = New-Label "Benutzername" -FontSize 14
$global:tb = New-TextBox -Name UserName -Column 1 -FontSize 14 -Height 30 -On_Loaded `
{ $global:C_UserName = $this }
$global:l2 = New-Label "Kennwort" -Row 1 -FontSize 14
$global:pw = New-PasswordBox -Name Password -Column 1 -FontSize 14 -Height 30 -Row 1 `
-On_Loaded { $global:C_Password = $this }
$global:bt = New-Button -Name Login -FontSize 14 -Content "Anmelden" -Column 1 -Row 2 `
-On_Click { $Window.Close() }

$global:g = New-Grid -Rows 3  -Width 300 -Height 130 -Columns 'Auto','1*' `
{ $l1, $tb, $l2, $pw, $bt }
$global:w = New-Window -Title "WPK-Demo: Anmeldung" -background $b -Width 400 `
-Height 200 -WindowStartupLocation centerscreen -show { $g }

"Eingegeben wurden folgende Anmeldedaten: {0} / {1}" -f `
$C_UserName.Text, $C_Password.Password
```

Weitere Möglichkeiten

WPF ist eine derart komplexe Bibliothek, dass dieses Buch hier nur einen kleinen Ausschnitt wiedergeben kann. Zu erwähnen sind noch folgende Möglichkeiten:

- Weitere Eingabesteuerelemente wie `New-CheckBox`, `New-ComboBox`, `New-ListBox`, `New-Menu`, `New-RichTextBox`, `New-ScrollBar`, `New-TreeView`, `New-Slider`, `New-RadioButton`
- Weitere Textanzeigesteuerelemente wie `New-TextBlock`, `New-StatusBar`, `New-ProgressBar`
- Anzeige von Videos (`New-MediaElement`)
- Zeichnen mit Elementen wie `New-Line`, `New-Ellipse`, `New-Rectangle` und `New-Image`
- Transformationen von Elementen wie Kippen (z. B. Parameter `RenderTransform`)
- Animationen von Elementen (z. B. `New-Int64Animation` und `New-Storyboard`)
- Komposition von Elementen (z. B. ein Kontrollkästchen in einer Schaltfläche)
- Nahtlose Vergrößerung von Elementen (`New-ViewBox`)
- Datenbindung (z. B. `-ItemsSource`, `Get-PowerShellDataSource`, `ConvertTo-DataTemplate`)
- Definition von Oberflächen in XML-Form durch die XML Application Markup Language (XAML)

62.6 Direkte Verwendung von WPF

In der PowerShell ist auch die direkte Verwendung der Windows Presentation Foundation (WPF) möglich. Im nächsten Listing sieht man einen bereits zuvor gezeigten Anmeldedialog in der XML Application Markup Language (XAML)-Syntax von WPF.

Listing 62.8 Das Anmeldefenster in XAML-Form

```xml
<?xml version="1.0" encoding="utf-16"?>
<Window Title="WPK-Demo: Anmeldung" WindowStartupLocation="CenterScreen" Width="400" Height="200"
xmlns="http://schemas.microsoft.com/winfx/2006/xaml/presentation"
xmlns:x="http://schemas.microsoft.com/winfx/2006/xaml" >
  <Window.Background>
    <LinearGradientBrush>
      <LinearGradientBrush.GradientStops>
        <GradientStop Color="#FF008000" Offset="0" />
        <GradientStop Color="#FF90EE90" Offset="1" />
      </LinearGradientBrush.GradientStops>
    </LinearGradientBrush>
  </Window.Background>
  <Grid Width="300" Height="130">
    <Grid.ColumnDefinitions>
      <ColumnDefinition Width="Auto" />
      <ColumnDefinition Width="*" />
    </Grid.ColumnDefinitions>
    <Grid.RowDefinitions>
      <RowDefinition Height="*" />
      <RowDefinition Height="*" />
      <RowDefinition Height="*" />
    </Grid.RowDefinitions>
```

```xml
    <Label FontSize="14">Benutzername</Label>
    <TextBox FontSize="14" Name="UserName" Height="30" Grid.Column="1" >
    </TextBox>
    <Label FontSize="14" Grid.Row="1">Kennwort</Label>
    <PasswordBox FontSize="14" Name="Password" Height="30" Grid.Column="1" Grid.Row="1">
    </PasswordBox>
    <Button FontSize="14" Name="Login" Grid.Column="1" Grid.Row="2">
      Anmelden</Button>
  </Grid>
</Window>
```

Das nächste Listing zeigt

- das Laden der XAML-Datei mit `Get-Content`
- das Übersetzen der Datei in ein WPF-Fenster mit `Parse()` in der .NET-Klasse `Windows.Markup.XamlReader`
- die Suche nach dem Button-Steuerelement mit Namen „Login"
- das Binden einer Ereignisbehandlungsroutine für das Click()-Ereignis. In der Ereignisbehandlungsroutine werden die Werte der Steuerelemente UserName und Password in Variablen gesichert, die auf Skriptebene Gültigkeit besitzen, da sie sonst nur in der Ereignisbehandlungsroutine gelten würden
- das Öffnen des Dialogs mit `ShowDialog()`

Listing 62.9 Das Anmeldefenster in XAML-Form

```powershell
$ErrorActionPreference = "stop"

#region Fenster laden
Add-Type –assemblyName PresentationFramework
Add-Type –assemblyName PresentationCore
Add-Type –assemblyName WindowsBase
$xaml = get-content "X:\3_Einsatzgebiete\GUI\Anmeldefenster.xaml"
$win = [Windows.Markup.XamlReader]::Parse($XAML)
#end region

#region Zeiger auf Controls
$login = $win.FindName("Login")
#endregion

#region EventHandler realisieren
$login.Add_Click({
Write-host "LOGIN!"
$script:username=$win.FindName("UserName").Text
$script:Password=$win.FindName("Password").Password
$win.DialogResult = $true #löst $win.Close() aus!
})
#endregion

#region Fenster zeigen
$Win.ShowDialog()
#endregion

"Ergebnis"
$script:username
$script:Password
```

Teil D:
Profiwissen – Erweitern der PowerShell

In diesem Buchteil werden die Möglichkeiten zur Erweiterung der PowerShell behandelt. Die PowerShell lässt sich wie folgt erweitern:

1. Entwicklung eigener Commandlets per PowerShell-Skript (funktionsbasierte Commandlets) inklusive der Erweiterung bestehender Commandlets per Skriptcode
2. Entwicklung eigener Commandlets per C# (alternativ auch Visual Basic oder eine andere .NET-Sprache)
3. Entwicklung eigener PowerShell-Provider per C# (alternativ auch Visual Basic oder eine andere .NET-Sprache)
4. Außerdem ist es möglich, die PowerShell in Anwendungen als Scripting-Umgebung zu integrieren (PowerShell-Hosting). Dies ist nur mit einer „richtigen" .NET-Sprache möglich.

 ACHTUNG: Der dritte Punkt in der Liste ist derart aufwendig, dass er nicht in diesem Buch behandelt werden kann.

Es ist besonders darauf hinzuweisen,
- dass hier Punkte behandelt werden, die über das hinausgehen, was die meisten Systemadministratoren mit der PowerShell unternehmen werden.
- dass einige dieser Möglichkeiten Kenntnisse in der Programmiersprache C# und der Entwicklungsumgebung Visual Studio erfordern. Diese Kenntnisse können in diesem Buch allein schon aus Platzgründen nicht vermittelt werden. Hier sei zum Beispiel auf [SCH02] verwiesen.

63 Entwicklung von Commandlets in der PowerShell-Skriptsprache

Schon im Laufe des Buchs wurden an verschiedenen Stellen PowerShell-Funktionen erstellt (z. B. `Get-DirSize` im Kapitel 17 „*Dynamische Objekte*"), die wie Commandlets heißen und sich genau wie Commandlets aufrufen lassen. Diese Funktionen waren aber keine echten Commandlets. Echte Commandlets bieten noch einige weitere Möglichkeiten:

- Sie können Prüfbedingungen (Validierung) für die übergebenen Parameter festlegen.
- Sie können festlegen, wie Inhalte der Pipeline auf die Parameter abgebildet werden, wenn sie in einer Pipeline verwendet werden.
- Sie können asynchron arbeiten, d. h., sie beginnen mit der Verarbeitung schon, wenn das erste Objekt angeliefert wird.
- Man kann mit `Get-Help` Hilfetexte abrufen.

PowerShell-Funktionen können aber auch echte Commandlets werden. Der Schritt zwischen einer PowerShell-Funktion und einem skriptbasierten Commandlet (auch „funktionsbasierte Commandlets", „Fortgeschrittene Funktionen" engl. „Advanced Function" genannt) ist nicht sehr groß.

HINWEIS: Für dieses Kapitel werden noch keine C#-Kenntnisse benötigt. Der Programmcode wird in der PowerShell-Skriptsprache erstellt.

63.1 Aufbau eines skriptbasierten Commandlets

Ein skriptbasiertes Commandlet (alias „Advanced Function") besteht aus folgenden Teilen:

- Mindestens eine in der PowerShell-Sprache geschriebene Funktion, deren Name wie ein Commandlet aus Verb und Substantiv aufgebaut ist
- Eine Liste von Parametern
- Ein Unterblock mit dem Namen `begin`, der einmalig zu Beginn der Verarbeitung des Commandlets ausgeführt wird

- Ein Unterblock process, der für jedes Objekt in der Pipeline ausgeführt wird.

    ACHTUNG: Der Block process wird auch **bei leerer Pipeline genau einmal** aufgerufen.
- Ein Unterblock end, der einmalig zum Ende der Verarbeitung ausgeführt wird

Beispiel: Test-Pipeline

Das folgende skriptbasierte Commandlet ist zunächst nur ein Test, um die Wirkungsweise eines solchen Commandlets zu demonstrieren. In jeder der drei Phasen macht das Commandlet Test-Pipeline eine Ausgabe. In process wird für jedes Objekt in der Pipeline der Typ ausgegeben. Das Commandlet besitzt einen Parameter. Der Skriptcode besteht neben der Definition der Methode mit den drei Verarbeitungsschritten aus zwei „freien" Befehlen, die bei der Installation ausgeführt werden: einer Alias-Definition und einer Meldung für die erfolgreiche Installation.

Listing 63.1 Definition eines skriptbasierten Commandlets
[4_Profiwissen\Skriptbasierte Commandlets\Test-Pipeline.ps1]

```
# -----------------------------------------------------------------
# Author:       Dr. Holger Schwichtenberg
# Description:  Demo for a function based Commandlet (Simple Function)
# Usage:        This file contains a function-based Commandlet.
#               In order to use
#               it, you must include the file into your powershell host (dot sourcing):
#               PS>. X:\4_Profiwissen\Skriptbasierte Commandlets\Test-Pipeline.ps1

# Website:      http://www.PowerShell-Doktor.de
# -----------------------------------------------------------------

# Function
function Test-Pipeline {
    param([string]$Parameter)

    begin {

if ($Parameter)
      { "Commandlet starts with Parameter " + $Parameter + "..." }
    else
      { "Commandlet starts without Parameter..." }
}
    process {
if ($_)
 {
 "Commandlet receives a pipeline objekt of type " + $_.GetType() + " and value " + $_
 }
else
 { "The Pipeline is empty!" }
 }
}
    end {
  "Commandlet ends..."
     }
}

# Define alias for function
Set-Alias Test Test-Pipeline
```

```
# Confirm installation
"Function-based Commandlet Test-Pipeline (alias: Test) successfully installed!"
```

HINWEIS: Das obige Commandlet `Test-Pipeline` dient der Veranschaulichung des Grundprinzips skriptbasierter Commandlets, bietet aber in der Praxis nur einen geringen Wert. Im Folgenden finden Sie skriptbasierte Commandlets zur Verzeichnisdienststeuerung und ein Commandlet für einen kaufmännischen Geschäftsprozess.

63.2 Verwendung per Dot Sourcing

Der folgende Programmcode muss in einer PowerShell-Skriptdatei abgespeichert werden. Dann muss diese PowerShell-Datei mit einer speziellen Operation in den PowerShell-Host oder ein PowerShell-Skript eingebunden werden. Die Operation besteht aus dem Operator „." und dem vollständigen Pfad zur Skriptdatei (das Verfahren heißt im Englischen „Dot Sourcing", übersetzt „Punktquelle"), z. B.:

```
. X:\4_Profiwissen\Skriptbasierte Commandlets\Test-Pipeline.ps1
```

HINWEIS: Den obigen Befehl legt man üblicherweise in einer der Profilskriptdateien ab (vgl. Kapitel 35 *„Tipps und Tricks zur PowerShell"*), damit der Befehl immer beim Start der PowerShell schon ausgeführt wird.

Danach kann das skriptbasierte Commandlet wie ein normales Commandlet mit oder ohne Parameter und mit oder ohne Pipeline-Inhalt in dem PowerShell-Host aufgerufen bzw. in einem PowerShell-Skript verwendet werden, z. B.:

```
Test-Pipeline  "Hello Welt!"
Test
Get-Process a* | Test-Pipeline
```

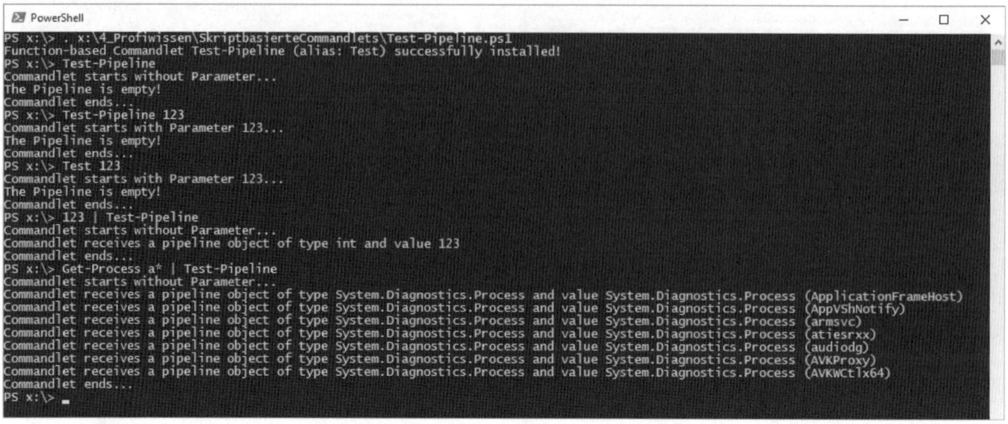

Bild 63.1 Beispiel zur Installation und Ausführung des funktionsbasierten Commandlets Test-Pipeline

> **ACHTUNG:** Wichtig ist, dass das Skript nach jeder Änderung an seinem Quelltext neu in den PowerShell-Host eingebunden werden muss, da die Skriptimplementierung in dem PowerShell-Prozess zwischengespeichert wird.

Statt per „Dot Sourcing" kann man ein skriptbasiertes Commandlet auch als PowerShell-Modul veröffentlichen. Für ein skriptbasiertes Commandlet kommen zwei Arten von Modulen infrage:

- Skriptbasiertes Modul, das nur aus einer .psm1-Datei besteht
- Manifest-Modul, das aus einer .psd1-Datei und weiteren Dateien besteht

Dies wird im Kapitel 65 „PowerShell-Module erstellen" behandelt.

■ 63.3 Parameterfestlegung

Bei funktionsbasierten Commandlets kann man Parameter auf die gleiche Weise definieren und übergeben wie bei normalen Funktionen, also wahlweise im Funktionskopf, z. B.

```
function Add-LDAPObject([string]$Container, [string]$Class, [string]$RDN) {
    …
}
```

oder mit param(…) im Funktionsrumpf:

```
function Add-LDAPObject {
    param([string]$Container, [string]$Class, [string]$RDN)
    …
}
```

HINWEIS: Die zweite Form bietet mehr Möglichkeiten, wie im Folgenden noch aufgezeigt werden wird.

Beispiel: Commandlets für den Verzeichnisdienstzugriff

Das Beispiel umfasst Commandlets zur Automatisierung von LDAP-basierten Verzeichnisdiensten wie dem Active Directory. Diese Commandlets kapseln die Möglichkeiten des FCL-Namensraums `System.DirectoryServices`.

HINWEIS: Dieses Beispiel wurde für die PowerShell 1.0 erstellt. Inzwischen gibt es für die PowerShell derartige Commandlets seit Windows 7 und Windows Server 2008 R2. Für ältere Betriebssysteme sind die Commandlets aber weiterhin eine wichtige Ergänzung.

Für den Administrator ist die Active-Directory-Automatisierung mit den hier vorgestellten Commandlets einfacher als mit den FCL-Klassen. Sinnvoll ist z. B.:

```
Get-LDAPObject "LDAP://XFilesServer1/CN=Fox Mulder,OU=Agents,DC=FBI,DC=net" | -
Select-Object sn, l, mail, telephonenumber
```

genauso wie:

```
"LDAP://XFilesServer1/CN=Fox Mulder,OU=Agents,DC=FBI,DC=net" | Get-LDAPObject | -
Select-Object sn, l, mail, telephonenumber
```

zum Zugriff auf ein Einzelobjekt und

```
Get-LDAPChildren "LDAP://XFilesServer1/OU=Agents,DC=FBI,DC=net"
```

zum Auflisten eines Containers.

Am besten sollte man die beiden Commandlets auch kombinieren können:

```
Get-LDAPObject "LDAP://XFilesServer1/OU=Agents,DC=FBI,DC=net" | Get-LDAPChildren
```

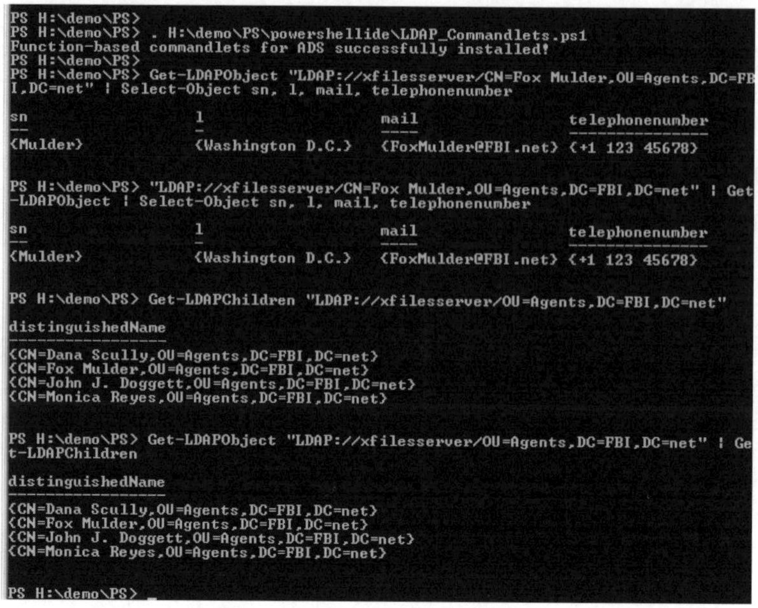

Bild 63.2 Die Commandlets Get-LDAPObject und Get-LDAPChildren im Einsatz

Auch das Anlegen und Löschen von Objekten wäre so viel schöner:

```
"OU anlegen..."
Add-LDAPObject "LDAP://XFilesServer1/OU=Agents,DC=FBI,DC=net" -class
-"organizationalUnit" -rdn "ou=formerAgents"

"Benutzer anlegen..."
Add-LDAPObject "LDAP://XFilesServer1/ou=formerAgents,OU=Agents,DC=FBI,DC=net" "user"
"cn=AlexKrycek"
"Auflisten..."
Get-LDAPChildren "LDAP://XFilesServer1/ou=formerAgents,OU=Agents,DC=FBI,DC=net"
"Alle Objekte im Container löschen..."
Get-LDAPChildren "LDAP://XFilesServer1/ou=formerAgents,OU=Agents,DC=FBI,DC=net" |
-Remove-LDAPObject | select name
"Container selbst löschen..."
Remove-LDAPObject "LDAP://XFilesServer1/ou=formerAgents,OU=Agents,DC=FBI,DC=net" |
-select name
```

Das folgende Skript zeigt die Realisierung von vier skriptbasierten Commandlets zur Steuerung des Active Directory oder anderer LDAP-basierter Verzeichnisdienste aus der PowerShell heraus:

- `Get-LDAPObject`: Zugriff auf ein einzelnes Verzeichnisobjekt
- `Get-LDAPChildren`: Zugriff auf den Inhalt eines Containerobjekts (listet die Unterelemente auf)
- `Add-LDAPObject`: Anlegen eines Verzeichnisobjekts
- `Remove-LDAPObject`: Löschen eines Verzeichnisobjekts

Das Commandlet `Get-LDAPObject` akzeptiert als Eingabe ein Array mit LDAP-Pfaden als Zeichenketten als Parameter oder in der Pipeline.

Beide folgenden Befehle sind also gültige Anweisungen:

- `Get-LDAPObject "LDAP://XFilesServer1/OU=Agents,DC=FBI,DC=net"`
- `"LDAP://XFilesServer1/OU=Agents,DC=FBI,DC=net"| Get-LDAPObject`

`Get-LDAPChildren` und `Remove-LDAPObject` akzeptieren als Eingabe:

- ein Array mit LDAP-Pfaden als Zeichenketten als Parameter oder in der Pipeline und/oder
- eine Menge von `DirectoryEntry`-Objekten in der Pipeline.

Alle vier folgenden Befehle sind also gültige und gleichbedeutende Anweisungen:

- `Get-LDAPChildren "LDAP://XFilesServer1/OU=Agents,DC=FBI,DC=net"`
- `"LDAP://XFilesServer1/OU=Agents,DC=FBI,DC=net" | Get-LDAPChildren`
- `Get-LDAPObject "LDAP://XFilesServer1/OU=Agents,DC=FBI,DC=net" | Get-LDAPChildren`
- `"LDAP://XFilesServer1/OU=Agents,DC=FBI,DC=net"| Get-LDAPObject | Get-LDAPChildren`

Bei `Add-LDAPObject` können als Eingabe nur drei Zeichenkettenparameter verwendet werden.

> **HINWEIS:** Bitte beachten Sie, dass die skriptbasierten Commandlets erst mit dem .-Befehl („Dot Sourcing") unter Angabe des kompletten Dateisystempfads eingebunden werden müssen:
>
> `. X:\4_Profiwissen\Skriptbasierte Commandlets\LDAP_Commandlets.ps1`

Listing 63.2 Commandlets für den Zugriff auf das Active Directory und andere LDAP-Server [X4_Profiwissen\SkriptbasierteCommandlets\LDAP_Commandlets.ps1]

```
# ---------------------------------------------------------------------
# Author:    Dr. Holger Schwichtenberg
# Desc:      PowerShell Commandlets for handling LDAP-Objects
# Usage:     This file contains a function-based Commandlet. In
#            order to use it, you must dot source the file into
#            your shell e.g.:
#            PH> . X:\4_Profiwissen\SkriptbasierteCommandlets\LDAP_Commandlets.ps1
# ---------------------------------------------------------------------

# Get single LDAP object
function Get-LDAPObject {
    param([string[]]$LDAPPath)

    begin {
    }
    process {
 if ($_)
 {
   if ($_ -is [string])
```

```powershell
      {
        new-object system.directoryservices.directoryEntry($_)
      }
      else
      { throw "Pipeline input must be [string]." }
    }
  }
    }
    end {
        if ($LDAPPath) {
           foreach ($Path in $LDAPPath) {
              new-object system.directoryservices.directoryEntry($Path)
           }
        }
    }
}
# Hilfsroutine
function getContainer([string] $path)
{
$con = new-object system.directoryservices.directoryEntry($path)
$con.PSBase.Children
}

# Get content of an LDAP container
function Get-LDAPChildren {
    param([string[]]$LDAPPath)

    begin {     }

    process {
    if ($_)
 {
   if ($_ -is [string])
   {
        getContainer($_)
   }
      elseif ($_ -is [System.DirectoryServices.DirectoryEntry])
   {
     getContainer($_.PSBase.Path)
   }
   else
   { throw "Pipeline input must be [string] or [System.DirectoryServices.DirectoryEntry]." }
    }
 }
    }
    end {
        if ($LDAPPath) {
           foreach ($Path in $LDAPPath) {
              getContainer($Path)
           }
        }
    }
}
# Remove an object from an LDAP container
function Remove-LDAPObject {
    param([string[]]$LDAPPath)
```

```
      begin {
function remove([string] $path)
{
if ([system.directoryservices.directoryEntry]::Exists($path))
        {
  $obj = new-object system.directoryservices.directoryEntry($path)
       $obj.PSBase.DeleteTree()
  $obj
        }
else
 {
  throw "Object does not exists!"
  }
}
      }
      process {
       if ($_)
 {
    if ($_ -is [string])
    {
         remove($_)
    }
        elseif ($_ -is [System.DirectoryServices.DirectoryEntry])
    {
      remove($_.PSBase.Path)
    }
    else
    { throw "Pipeline input must be [string] or [System.DirectoryServices.Directory
Entry]."
     }
 }
      }
      end {
         if ($LDAPPath) {
            foreach ($Path in $LDAPPath) {
              remove($Path)
             }
          }
      }
}

# Add a new object to a LDAP container
function Add-LDAPObject {
    param([string]$Container, [string]$Class, [string]$RDN)

    begin { }

    process { }

    end {
    if ($Container -and $Class -and $RDN) {

  Write-Warning "Adding Object $RDN of type $Class to $Container"
  if ([system.directoryservices.directoryEntry]::Exists($Container))
        {
  $obj = new-object system.directoryservices.directoryEntry($Container)
  $newobj = $obj.PSBase.Children.Add([string]$RDN,[string]$Class)
```

```
            $newobj.PSBase.CommitChanges()
        }
    else
    {
        throw "Container does not exists!"
    }
  }
    }
}

# Define aliases for commandlet functions
Set-Alias LDP Get-LDAPObject
Set-Alias LDC Get-LDAPObject
Set-Alias RLDP RemoveLDAPObject
Set-Alias ALDP Add-LDAPObject

# Confirm installation
"Function-based commandlets for LDAP successfully installed!"
```

■ 63.4 Fortgeschrittene Funktion (Advanced Function)

Die bisherigen skriptbasierten Commandlets haben immer noch nicht alle Möglichkeiten der PowerShell ausgenutzt. Eine echte „Advanced Function" entsteht erst durch den Zusatz [CmdletBinding ()] nach der geschweiften Klammer und kann vor der Parameterfestlegung deklariert werden. Hierdurch werden die allgemeinen Parameter (wie z. B. -verbose und -erroraction) für das Commandlet aktiv.

Eine Advanced Function hat zudem Parameter mit besonderen Auszeichnungen. So kann der Ersteller festlegen,

- ob ein Parameter eine Pflichtangabe ist: [Parameter (Mandatory =$true)] oder seit PowerShell-Version 3.0 auch einfach [Parameter(Mandatory)],
- dass ein Parameter seinen Wert aus der Pipeline erhalten darf, wobei das ganze Objekt gebunden wird [Parameter(ValueFromPipeline =$true)],
- dass ein Parameter seinen Wert aus der Pipeline erhalten darf, wobei ein einzelnes Attribut des Objekts gebunden wird

  [Parameter(ValueFromPipelineByPropertyName =$true)]
- eine Position für einen Parameter: [Parameter(Position =0)]
- einen Hilfetext:

  [Parameter(HelpMessage ="Eine Hexadezimalzahl mit 1 bis 5 Stellen")]
- die Anzahl der erlaubten Parameter: [ValidateCount (2,5)]
- ob leere Werte erlaubt sind:

  [AllowNull ()],[AllowEmptyString ()], [AllowEmptyCollection ()], [ValidateNotNull ()]

- die Länge einer Zeichenkette: [ValidateLength (1,5)]
- den Aufbau einer Zeichenkette, beschrieben durch einen regulären Ausdruck: [ValidatePattern ("[0-9A-F]*")]
- einen Ausdruck, der wahr sein muss: [ValidateScript ({$_.StartsWith("A")})]
- dass ein Parameter ein Wert aus einem Wertebereich sein muss: [ValidateRange (0,100)]
- dass ein Parameter ein Wert einer vordefinierten Liste sein muss: [ValidateSet("A","B","C")]

Beispiel: Test-PipelineAdvanced

Nun soll das zuvor verwendete skriptbasierte Commandlet Test-Pipeline als eine echte Advanced Function realisiert werden – mit [CmdletBinding()] und eigenem Parameter mit Validierung.

Listing 63.3 [4_Profiwissen\SkriptbasierteCommandlets\Test-Pipeline.ps1]

```
# -------------------------------------------------------------------
# Author:        Dr. Holger Schwichtenberg
# Description:   Demo for a function based Commandlet (Advanced Function)
# Usage:         This file contains a function-based Commandlet.  In order to use
#                it, you must include the file into your shell:
#                PS> . c:\bin\Test-Pipeline.ps1
# Website:       http://www.Windows-Scripting.com/PowerShell
# LastEdit:      30.06.2017
# -------------------------------------------------------------------

function Test-PipelineAdvanced {
    [CmdletBinding()]
    param(
        [Parameter(Position=0,Mandatory=$true,
ValueFromPipeline=$true,HelpMessage="Eine Hexadezimalzahl mit 1 bis 5 Stellen")]
        [AllowNull()]
        [ValidateLength(1,5)]
        [ValidatePattern("[0-9A-F]*")]
        [string[]]
        $Parameter)

    begin {

        if ($Parameter -eq $null)
           { "Commandlet starts without Parameter..." }
        else
            { "Commandlet starts with Parameter " + $Parameter + "..." }
        }

    process {
       if ($_)
       {
        "Commandlet receives a pipeline object of type " + $_.GetType()
       }
        else
         {"The Pipeline is empty!"
```

```
            }
        }
        end {
            "Commandlet ends..."
        }
}

# Define alias for function
Set-Alias Test Test-PipelineAdvanced

# Confirm installation
"Function-based Commandlet Test-PipelineAdvanced (alias: Test) successfully installed!"
```

Das Commandlet kann man nach dem Einbinden per Dot Soucing nun testen z. B. mit:

```
"Test 1:"
Test 1
"Test 2:"
Test 2
"Test 3:"
3 | Test
"Test 4:"
"4444" | Test
"Test 5 (ungültiger Parameter: zu lang!)"
test ABCDEF # Fehler!
```

63.5 Mehrere Parameter und Parametersätze

Die folgende Implementierung der Test-Pipeline hat vier Parameter (a, b, x, y), die in zwei Parametersätzen (AB und XY) organisiert sind, wobei AB der Standard sein soll.

Listing 63.4 [4_Profiwissen\SkriptbasierteCommandlets\WPS2_AdvancedFunctions_ParameterSet.ps1]

```
function Test-Pipeline {
    # Parameter
    [CmdletBinding(DefaultParametersetName="AB")]
        param(
            [Parameter(ParameterSetname="AB",Position=0,Mandatory=$true,
    ValueFromPipeline=$true,
    ValueFromPipelineByPropertyName=$true)]
            [int]
            $a,
            [Parameter(ParameterSetname="AB",Position=1,Mandatory=$true,
    ValueFromPipeline=$true,
    ValueFromPipelineByPropertyName=$true)]
            [int]
            $b,
```

```
        [Parameter(ParameterSetname="XY",Position=0,Mandatory=$true,
    ValueFromPipeline=$true,
    ValueFromPipelineByPropertyName=$true)]
        [int]
        $x,
        [Parameter(ParameterSetname="XY",Position=1,Mandatory=$true,
    ValueFromPipeline=$true,
    ValueFromPipelineByPropertyName=$true)]
        [int]
        $y
    )

        begin {
    Write-Verbose "Begin: _=$_ / ParameterSetName=$($PsCmdlet.ParameterSetName)
a=$a / b=$b / x=$x / y=$y"
        }

        process {
    Write-Verbose "process: _=$_ / ParameterSetName=$($PsCmdlet.ParameterSetName)
a=$a / b=$b / x=$x / y=$y"

    switch ($PsCmdlet.ParameterSetName)
    {
    "AB"   { return "Rückgabewert: ParameterSetName=AB a=$a / b=$b" }
    "XY"   { return "Rückgabewert: ParameterSetName=XY x=$x / y=$y" }
    }
        }


        end {
    Write-Verbose "end: _=$_ / ParameterSetName=$($PsCmdlet.ParameterSetName)
a=$a / b=$b / x=$x / y=$y"
        }
}
```

Die folgende Abbildung zeigt den Test des Commandlets. Dabei sieht man, dass die PowerShell prüft, ob die Parameter zum gleichen Parametersatz gehören. Wenn keine benannten Parameter verwendet werden, dann wird der Standardparametersatz „AB" verwendet. Wenn nur ein Parameter benannt ist, nimmt die PowerShell an, dass der andere Parameter zum gleichen Parametersatz gehört.

```
PS x:\> Test-Pipeline -x 1 -y 2
AUSFÜHRLICH: Begin:   _= / ParameterSetName=XY a=0 / b=0 / x=1 / y=2
AUSFÜHRLICH: process: _= / ParameterSetName=XY a=0 / b=0 / x=1 / y=2
Rückgabewert: ParameterSetName=XY x=1 / y=2
AUSFÜHRLICH: end:     _= / ParameterSetName=XY a=0 / b=0 / x=1 / y=2

PS x:\> Test-Pipeline -a 3 -b 4
AUSFÜHRLICH: Begin:   _= / ParameterSetName=AB a=3 / b=4 / x=0 / y=0
AUSFÜHRLICH: process: _= / ParameterSetName=AB a=3 / b=4 / x=0 / y=0
Rückgabewert: ParameterSetName=AB a=3 / b=4
AUSFÜHRLICH: end:     _= / ParameterSetName=AB a=3 / b=4 / x=0 / y=0

PS x:\> Test-Pipeline -x 5 -b 6 # verbotene Mischung: Der Parametersatz kann mit den angegebenen benannten Parametern nicht aufgelöst werden.
Test-Pipeline : Der Parametersatz kann mit den angegebenen benannten Parametern nicht aufgelöst werden.
In Zeile:1 Zeichen:1
+ Test-Pipeline -x 5 -b 6 # verbotene Mischung: Der Parametersatz kann ...
+ ~~~~~~~~~~~~~~~~~~~~~~~~~~~~~~~~~~~~~~~~~~~~~~~~~~~~~~~~~~~~~~~~~~~~~
    + CategoryInfo          : InvalidArgument: (:) [Test-Pipeline], ParameterBindingException
    + FullyQualifiedErrorId : AmbiguousParameterSet,Test-Pipeline

PS x:\> Test-Pipeline -a 3 -b 4 -x 1 -y 2 # Fehler: Der Parametersatz kann mit den angegebenen benannten Parametern nicht aufgelöst werden.
Test-Pipeline : Der Parametersatz kann mit den angegebenen benannten Parametern nicht aufgelöst werden.
In Zeile:1 Zeichen:1
+ Test-Pipeline -a 3 -b 4 -x 1 -y 2 # Fehler: Der Parametersatz kann mi ...
+ ~~~~~~~~~~~~~~~~~~~~~~~~~~~~~~~~~~~~~~~~~~~~~~~~~~~~~~~~~~~~~~~~~~~~~
    + CategoryInfo          : InvalidArgument: (:) [Test-Pipeline], ParameterBindingException
    + FullyQualifiedErrorId : AmbiguousParameterSet,Test-Pipeline

PS x:\> Test-Pipeline 7 8 # OK, DefaultParameterset ist AB!
AUSFÜHRLICH: Begin:   _= / ParameterSetName=AB a=7 / b=8 / x=0 / y=0
AUSFÜHRLICH: process: _= / ParameterSetName=AB a=7 / b=8 / x=0 / y=0
Rückgabewert: ParameterSetName=AB a=7 / b=8
AUSFÜHRLICH: end:     _= / ParameterSetName=AB a=7 / b=8 / x=0 / y=0

PS x:\> Test-Pipeline 9 -x 10 # OK. Der unbenannte Parameter wird y!
AUSFÜHRLICH: Begin:   _= / ParameterSetName=XY a=0 / b=0 / x=10 / y=9
AUSFÜHRLICH: process: _= / ParameterSetName=XY a=0 / b=0 / x=10 / y=9
Rückgabewert: ParameterSetName=XY x=10 / y=9
AUSFÜHRLICH: end:     _= / ParameterSetName=XY a=0 / b=0 / x=10 / y=9

PS x:\>
```

Bild 63.3 Test des Commandlets mit zwei Parametersets

Möglich ist auch der Aufruf des Commandlets mit einem Objekt, das Eigenschaften mit Namen a und b oder x und y besitzt. So ein Objekt kann man mit der Klasse PSCustomObject konstruieren:

```
$obj = New-Object PSCustomobject
$obj | Add-Member -NotePropertyName x -NotePropertyValue 9
$obj | Add-Member -NotePropertyName y -NotePropertyValue 10
$obj | Test-Pipeline
```

■ 63.6 Unterstützung für Sicherheitsabfragen (-whatif und -confirm)

Der Zusatz [CmdletBinding()] sorgt zwar schon dafür, dass ein skriptbasiertes Commandlet die Parameter -confirm und -whatif bei der Eingabeunterstützung anzeigt, aber leider nicht dafür, dass das Commandlet darauf auch reagiert. Dafür muss das Commandlet noch einen Zusatz haben:

```
[CmdletBinding(SupportsShouldProcess=$true)]
```

und im Ablauf an der Stelle, wo tatsächlich eine folgenschwere Aktion ausgeführt werden soll, dann prüfen:

```
if ($PSCmdlet.ShouldProcess("Text"))
```

Es folgt ein Beispiel.

Listing 63.5 [4_Profiwissen\SkriptbasierteCommandlets\WPS2_AdvancedFunctions_ShouldProcess.ps1]

```
function Test-Pipeline {
    [CmdletBinding(
    SupportsShouldProcess=$true,
    ConfirmImpact="Low")] #Alternativen: None, Low, Medium, High
    # Parameter
       param(
       [Parameter(Position=0,Mandatory=$true,
    ValueFromPipeline=$true,
    ValueFromPipelineByPropertyName=$true)]
       [string]
       $eingabe)

       begin {
    Write-Verbose "Begin: _=$_ / Eingabe=$Eingabe"
       }

       process {
    Write-Verbose "process: _=$_ / Eingabe=$Eingabe"

    if ($PSCmdlet.ShouldProcess("Eingabe = $eingabe"))
       {
       return "Verarbeiteter Wert: _=$_ / Eingabe=$Eingabe"
       }
       else
       {
       return "NICHT verarbeiteter Wert: _=$_ / Eingabe=$Eingabe"
       }
       }

       end {
    Write-Verbose "end: _=$_ / Eingabe=$Eingabe"
       }
}
```

```
PS T:\> . X:\4_Profiwissen\SkriptbasierteCommandlets\WPS2_AdvancedFunctions_ShouldProcess.ps1
PS T:\> Test-Pipeline -eingabe 0
AUSFÜHRLICH: begin: _= / Eingabe=0
AUSFÜHRLICH: process: _= / Eingabe=0
Verarbeiteter Wert: _= / Eingabe=0
AUSFÜHRLICH: end: _= / Eingabe=0
PS T:\> Test-Pipeline -eingabe 1 -whatif
AUSFÜHRLICH: begin: _= / Eingabe=1
AUSFÜHRLICH: process: _= / Eingabe=1
WhatIf: Ausführen des Vorgangs "Test-Pipeline" für das Ziel "Eingabe = 1".
NICHT verarbeiteter Wert: _= / Eingabe=1
AUSFÜHRLICH: end: _= / Eingabe=1
PS T:\> Test-Pipeline -eingabe 2 -confirm
AUSFÜHRLICH: begin: _= / Eingabe=2
AUSFÜHRLICH: process: _= / Eingabe=2

Bestätigung
Möchten Sie diese Aktion wirklich ausführen?
Ausführen des Vorgangs "Test-Pipeline" für das Ziel "Eingabe = 2".
[J] Ja  [A] Ja, alle  [N] Nein  [K] Nein, keine  [H] Anhalten  [?] Hilfe (Standard ist "J"):
```

Bild 63.4 Einsatzbeispiele für das obige Commandlet

HINWEIS: Auch ohne -confirm fragt die PowerShell nach, wenn der bei Confirm Impact gesetzte Wert gleich oder höher ist als der in $ConfirmPreference eingestellte Wert.

■ 63.7 Kaufmännisches Beispiel: Test-CustomerID

In dem folgenden Beispiel wird ein Commandlet `Test-CustomerID` in Form einer erweiterten Funktion definiert. Es ist ein Beispiel für ein Commandlet für einen kaufmännischen Geschäftsprozess (auch dafür wird die PowerShell immer häufiger eingesetzt!).

Alle Prüfungen erfolgen durch die Beschreibungen der Parameter. Erlaubte Eingaben sind zwei Buchstaben gefolgt von ein bis drei Zahlen.

Listing 63.6 Beispiel „Test-CustomerID" als erweiterte Funktion

```
<#
    .SYNOPSIS
    Validates if a given string is a valid customer ID

    .DESCRIPTION
        The commandlets implements logic for checking if the customer ID exists.
This commandlet is a demo only.

    .PARAMETER CustomerID
    A Customer ID has two letters and one to three digits.

    .OUTPUTS
    [boolean]
    Return values are: $true or $false
    .EXAMPLE
    PS> Test-CustomerID AB123
        Checks if a Customer with ID AB123 exists.
    .EXAMPLE
    PS> "AB123","AB123" | Test-CustomerID
    Checks if all customer IDs in the pipeline exist
    .LINK
    http://www.dotnet-doktor.de
    .NOTES
    NAME:      Test-CustomerID
    AUTHOR:    Holger Schwichtenberg
    LASTEDIT:  30.07.2017
    Website:   www.PowerShell-Doktor.de
#>
    # Parameter
      [CmdletBinding()]
    [OutputType([bool])]
       param(
       [Parameter(Position=0,Mandatory=$true, ValueFromPipelineByPropertyName=$true,
ValueFromPipeline=$true,HelpMessage="A Customer ID has two letters and one to three digits.")]
```

```
        [AllowNull()]
        [ValidateLength(3,5)]
        [ValidatePattern("[A-Z][A-Z][0-9]{1,3}")]
        [ValidateScript({$_.StartsWith("A")})]
    [alias("ID")]
        [string]
        $CustomerID)

        begin {

            if ($CustomerID -eq $null)
            {                   Write-Verbose "Commandlet starts without Parameter..." }
            else
            {                   Write-Verbose "Commandlet starts with Parameter
$CustomerID ..." }

        $script:Kundennummernliste = Get-Content $($PSScriptRoot + "/Kundennummern.txt")
        #$script:Kundennummernliste
        }

        process {
            Write-Verbose "Customer ID = $CustomerID"
            if ($_)
            {
                    Write-Verbose ("Commandlet receives a pipeline object of type " +
$_.GetType())
            }
            else
            {
                    Write-Verbose "The Pipeline is empty!"
            }

        $ElementGefunden = $script:Kundennummernliste | where { $_ -eq $CustomerID }

            return ($ElementGefunden -eq $CustomerID)

        }

        end {
                Write-Verbose "Commandlet ends..."

        }
}
```

Listing 63.7 Beispiele zum Aufruf „Test-CustomerID"

```
# Define alias for function
Set-Alias CID Test-CustomerID

# Confirm installation
"Function-based Commandlet Test-Pipeline (alias: Test) successfully installed!"

# Run Tests
"--- Test 1: (correct)"
CID "AB1"
"--- Test 2: (correct)"
CID "AB123"
```

```
"--- Test 3: (correct)"
"AB123" | CID
"--- Test 4: (wrong)"
"CD124" | CID
"--- Test 5: (wrong)"
"AB12456" | CID
```

Wie die nachstehende Bildschirmabbildung zeigt, schlagen die Tests 4 und 5 fehl, weil die PowerShell Verletzungen der für den Parameter `CustomerID` hinterlegten Regeln erkennt.

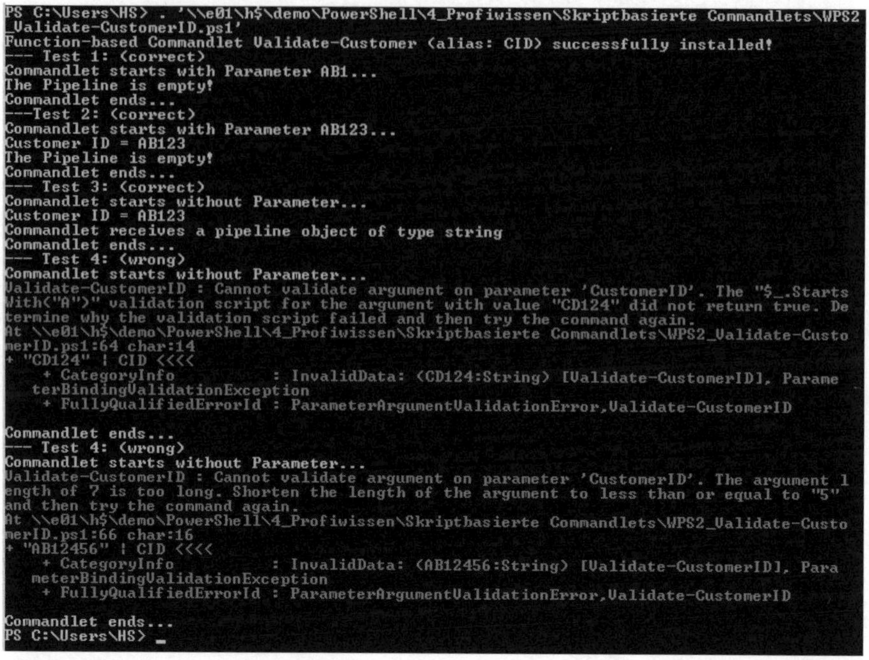

Bild 63.5 Ausgabe des obigen Skripts

Das Commandlet nutzt auch die PowerShell-Funktions-Hilfesyntax (.SYNOPSIS, .DESCRIPTION, .PARAMETER, .OUTPUTS, .EXAMPLE, .LINK, .NOTES), sodass `Get-Help Test-CustomerID -Full` die hinterlegten Texte liefert!

ACHTUNG: Wenn man in dem Hilfeblock Namen nach einem Punkt verwendet, die es in der Hilfesyntax nicht gibt (man sich z. B. vertippt mit .NOTE statt .NOTES), führt dies dazu, dass es gar **keine Hilfe** zu dem Commandlet gibt. Es gibt leider auch **keine Fehlermeldung**.

```
PS x:\> Get-Help Test-CustomerID -Detailed

NAME
    Test-CustomerID

ÜBERSICHT
    Validates if a given string is a valid customer ID

SYNTAX
    Test-CustomerID [-CustomerID] <String> [<CommonParameters>]

BESCHREIBUNG
    The commandlets implements logic for checking if the customer ID exists. This commandlet is a demo only.

PARAMETER
    -CustomerID <String>
        A Customer ID has two letters and one to three digits.

    <CommonParameters>
        Dieses Cmdlet unterstützt folgende allgemeine Parameter: "Verbose", "Debug",
        "ErrorAction", "ErrorVariable", "WarningAction", "WarningVariable",
        "OutBuffer", "PipelineVariable" und "OutVariable". Weitere Informationen finden Sie unter
        "about_CommonParameters" (http://go.microsoft.com/fwlink/?LinkID=113216).

    -------------------------- BEISPIEL 1 --------------------------

    PS>Test-CustomerID AB123

    Checks if a Customer with ID AB123 exists.




    -------------------------- BEISPIEL 2 --------------------------

    PS>"AB123","AB123" | Test-CustomerID

    Checks if all customer IDs in the pipeline exist



HINWEISE
    Zum Aufrufen der Beispiele geben Sie Folgendes ein: "get-help Test-CustomerID -examples".
    Weitere Informationen erhalten Sie mit folgendem Befehl: "get-help Test-CustomerID -detailed".
    Technische Informationen erhalten Sie mit folgendem Befehl: "get-help Test-CustomerID -full".
    Geben Sie zum Abrufen der Onlinehilfe Folgendes ein: "get-help Test-CustomerID -online".
```

Bild 63.6 Ausgabe der Hilfetexte zu dem skriptbasierten Commandlet

■ 63.8 Erweitern bestehender Commandlets durch Proxy-Commandlets

Proxy-Commandlets sind die Möglichkeit, bestehende Commandlets in ein neues Commandlet mit erweiterten Funktionen zu verpacken und dabei auf elegante Weise die bestehenden Funktionen des vorhandenen Commandlets alle zu nutzen. Proxy-Commandlets sind die Grundlagentechnik für implizites Remoting (vgl. Abschnitt 10.12 „*Implizites Remoting*").

Als Beispiel soll hier das Commandlet Get-Service mit neuem Namen Get-Service2 den Zusatzparameter -Status erhalten, mit dem ein Filtern nach dem Dienststatus direkt im Commandlet möglich ist, also Aufrufe wie:

```
Write-host "Laufende Dienste, die mit a beginnen" -ForegroundColor Yellow
Get-service2 a* -status running

Write-host "Gestoppte Dienste, die mit a beginnen" -ForegroundColor Yellow
Get-service2 a* -status stopped
```

63.8.1 Schritt 1: Generierung des Grundgerüstes

Die PowerShell hilft bei der Generierung eines Grundgerüstes für ein Proxy-Commandlet. Es gibt zwar für diese Aufgabe kein Commandlet, aber eine Methode `Create()` in der Klasse `ProxyCommand`. Das erste Listing zeigt die Anwendung von `Create()`, das zweite Listing den entstandenen Programmcode am Beispiel `Get-Service`.

Listing 63.8 [4_Profiwissen\Commandlets erweitern\ProxyCommandlets.ps1]

```powershell
# Erstellen eines Proxy-Commandlets
# (C) Holger Schwichtenberg 2017

# Eingabedateien
$cmdletname = "Get-Service"
$ausgabedatei = "c:\TFS\Demos\PowerShell\4_Profiwissen\Commandlets erweitern\Get-ServiceEx.ps1"

# Proxy erstellen
$cmdlet = Get-Command $cmdletname
$cmdletmetadaten = New-Object System.Management.Automation.CommandMetadata($cmdlet)
$proxy = [System.Management.Automation.ProxyCommand]::Create($cmdletmetadaten)
$proxy | Set-Content $ausgabedatei
"Proxy-Commandlet für $cmdletnane erstellt: $ausgabedatei"
```

Listing 63.9 Entstandener Programmcode

```powershell
[CmdletBinding(DefaultParameterSetName='Default', HelpUri='https://go.microsoft.com/fwlink/?LinkID=113332', RemotingCapability='SupportedByCommand')]
param(
    [Parameter(ParameterSetName='Default', Position=0, ValueFromPipeline=$true, ValueFromPipelineByPropertyName=$true)]
    [Alias('ServiceName')]
    [string[]]
    ${Name},

    [Parameter(ValueFromPipelineByPropertyName=$true)]
    [Alias('Cn')]
    [ValidateNotNullOrEmpty()]
    [string[]]
    ${ComputerName},

    [Alias('DS')]
    [switch]
    ${DependentServices},

    [Alias('SDO','ServicesDependedOn')]
    [switch]
    ${RequiredServices},

    [Parameter(ParameterSetName='DisplayName', Mandatory=$true)]
    [string[]]
    ${DisplayName},

    [ValidateNotNullOrEmpty()]
    [string[]]
    ${Include},
```

```
    [ValidateNotNullOrEmpty()]
    [string[]]
    ${Exclude},

    [Parameter(ParameterSetName='InputObject', ValueFromPipeline=$true)]
    [ValidateNotNullOrEmpty()]
    [System.ServiceProcess.ServiceController[]]
    ${InputObject})

begin
{
    try {
        $outBuffer = $null
        if ($PSBoundParameters.TryGetValue('OutBuffer', [ref]$outBuffer))
        {
            $PSBoundParameters['OutBuffer'] = 1
        }
        $wrappedCmd = $ExecutionContext.InvokeCommand.GetCommand('Microsoft.
PowerShell.Management\Get-Service', [System.Management.Automation.CommandTypes]::Cmdlet)
        $scriptCmd = {& $wrappedCmd @PSBoundParameters }
        $steppablePipeline = $scriptCmd.GetSteppablePipeline($myInvocation.
CommandOrigin)
        $steppablePipeline.Begin($PSCmdlet)
    } catch {
        throw
    }
}

process
{
    try {
        $steppablePipeline.Process($_)
    } catch {
        throw
    }
}

end
{
    try {
        $steppablePipeline.End()
    } catch {
        throw
    }
}
<#
.ForwardHelpTargetName Microsoft.PowerShell.Management\Get-Service
.ForwardHelpCategory Cmdlet

#>
```

63.8.2 Schritt 2: Erweitern des Grundgerüstes

Im folgenden Listing sind alle Erweiterungen des obigen Grundgerüstes fett hervorgehoben:

- Zu Beginn des Listings wurde die Funktionsdeklaration ergänzt.
- Im Parameterteil wurde der Parameter Status ergänzt.
- Im Begin-Block wurde die Berücksichtigung des Parameters Status ergänzt.

Listing 63.10 [4_Profiwissen\Commandlets erweitern\Get-Service2.ps1]

```
function Get-Service2
{
[CmdletBinding(DefaultParameterSetName='Default', HelpUri='https://go.microsoft.com/
fwlink/?LinkID=113332', RemotingCapability='SupportedByCommand')]
param(
    [Parameter(ParameterSetName='Default', Position=0, ValueFromPipeline=$true,
ValueFromPipelineByPropertyName=$true)]
    [Alias('ServiceName')]
    [string[]]
    ${Name},

    [Parameter(ValueFromPipelineByPropertyName=$true)]
    [Alias('Cn')]
    [ValidateNotNullOrEmpty()]
    [string[]]
    ${ComputerName},

    [Alias('DS')]
    [switch]
    ${DependentServices},

    [Alias('SDO','ServicesDependedOn')]
    [switch]
    ${RequiredServices},

    [Parameter(ParameterSetName='DisplayName', Mandatory=$true)]
    [string[]]
    ${DisplayName},

    [ValidateNotNullOrEmpty()]
    [string[]]
    ${Include},

    [ValidateNotNullOrEmpty()]
    [string[]]
    ${Exclude},

    [Parameter(ParameterSetName='InputObject', ValueFromPipeline=$true)]
    [ValidateNotNullOrEmpty()]
    [System.ServiceProcess.ServiceController[]]
    ${InputObject},

    [Parameter(ValueFromPipelineByPropertyName=$false)]
    [String]
    $Status)
```

```powershell
begin
{
    try {
        $outBuffer = $null
        if ($PSBoundParameters.TryGetValue('OutBuffer', [ref]$outBuffer))
        {
            $PSBoundParameters['OutBuffer'] = 1
        }
        $PSBoundParameters.Remove("Status") | out-null
        $wrappedCmd = $ExecutionContext.InvokeCommand.GetCommand('Microsoft.PowerShell.Management\Get-Service', [System.Management.Automation.CommandTypes]::Cmdlet)
        $befehl = "& $wrappedCmd @PSBoundParameters "
        if ($Status) { $befehl = $befehl + ' | where { $_.status -eq "' + $status + '" }' }
        $scriptcmd = [Scriptblock]::Create($befehl)
        $steppablePipeline = $scriptCmd.GetSteppablePipeline($myInvocation.CommandOrigin)
        $steppablePipeline.Begin($PSCmdlet)
    } catch {
        throw
    }
}

process
{
    try {
      $steppablePipeline.Process($_)

       return $p
    } catch {
        throw
    }
}

end
{
    try {
        $steppablePipeline.End()
    } catch {
        throw
    }
}
<#

.ForwardHelpTargetName Microsoft.PowerShell.Management\Get-Service
.ForwardHelpCategory Cmdlet

#>

}
```

63.8.3 Schritt 3: Einsatz des Proxy-Commandlets

Das Proxy-Commandlet `Get-Service2` kann nun wie jedes andere skriptbasierte Commandlet per DOT SOURCING eingebunden und verwendet werden. Es besitzt alle Parameter und Fähigkeiten des Basis-Commandlets `Get-Service` und zusätzlich den Parameter -Status.

Listing 63.11 [4_Profiwissen\Commandlets erweitern\ Nutzung von Get-Service2.ps1]

```
Write-host "Lade erweitertes Commandlet..." -ForegroundColor Yellow
. $PSScriptRoot\get-service2.ps1
"geladen!"

Write-host "Laufende Dienste, die mit a beginnen" -ForegroundColor Yellow
Get-service2 a* -status running

Write-host "Gestoppte Dienste, die mit a beginnen" -ForegroundColor Yellow
Get-service2 a* -status stopped

Write-host "Alle Dienste, die mit a beginnen" -ForegroundColor Yellow
Get-service2 a*
```

```
Lade erweitertes Commandlet...
geladen!
Laufende Dienste, die mit a beginnen

Status    Name              DisplayName
------    ----              -----------
Running   AdobeARMservice   Adobe Acrobat Update Service
Running   AMD External Ev...AMD External Events Utility
Running   AntiVirusKit Cl...G DATA Security Client
Running   AppHostSvc        Anwendungshost-Hilfsdienst
Running   Appinfo           Anwendungsinformationen
Running   AudioEndpointBu...Windows-Audio-Endpunkterstellung
Running   Audiosrv          Windows-Audio
Running   AVKProxy          G DATA ANTIVIRUS Proxy
Running   AVKWCtl           G DATA Dateisystem Wächter
Gestoppte Dienste, die mit a beginnen
Stopped   AJRouter          AllJoyn-Routerdienst
Stopped   ALG               Gatewaydienst auf Anwendungsebene
Stopped   AppIDSvc          Anwendungsidentität
Stopped   AppMgmt           Anwendungsverwaltung
Stopped   AppReadiness      App-Vorbereitung
Stopped   AppVClient        Microsoft App-V Client
Stopped   AppXSvc           AppX-Bereitstellungsdienst (AppXSVC)
Stopped   aspnet_state      ASP.NET State Service
Stopped   AxInstSV          ActiveX-Installer (AxInstSV)
Alle Dienste, die mit a beginnen
Running   AdobeARMservice   Adobe Acrobat Update Service
Stopped   AJRouter          AllJoyn-Routerdienst
Stopped   ALG               Gatewaydienst auf Anwendungsebene
Running   AMD External Ev...AMD External Events Utility
Running   AntiVirusKit Cl...G DATA Security Client
Running   AppHostSvc        Anwendungshost-Hilfsdienst
Stopped   AppIDSvc          Anwendungsidentität
Running   Appinfo           Anwendungsinformationen
Stopped   AppMgmt           Anwendungsverwaltung
Stopped   AppReadiness      App-Vorbereitung
Stopped   AppVClient        Microsoft App-V Client
Stopped   AppXSvc           AppX-Bereitstellungsdienst (AppXSVC)
Stopped   aspnet_state      ASP.NET State Service
Running   AudioEndpointBu...Windows-Audio-Endpunkterstellung
Running   Audiosrv          Windows-Audio
Running   AVKProxy          G DATA ANTIVIRUS Proxy
Running   AVKWCtl           G DATA Dateisystem Wächter
Stopped   AxInstSV          ActiveX-Installer (AxInstSV)
```

Bild 63.7 Ausgabe des obigen Listings

63.9 Dokumentation

Advanced Functions erlauben eine eigene Dokumentationssyntax. Die Dokumentation steht in einem <# #>-Block zu Beginn des Funktionsrumpfs. Die Dokumentation kennt verschiedene Sektionen (.Synopsis, .Description, .Parameter, .Notes, .Example). Get-Help wertet diese Sektionen aus, wenn ein Nutzer Hilfe zu dem funktionsbasierten Commandlet aufruft.

Beispiel: Test-CustomerID mit Dokumentation

Das folgende Listing zeigt `Test-CustomerID` mit zusätzlicher Dokumentation.

Listing 63.12 Test-CustomerID mit Dokumentation

```
# ------------------------------------------------------------------
# Author:       Dr. Holger Schwichtenberg
# Description: Demo for a function based Commandlet
# Usage:       This file contains an advanced function. In order
#              to use it, you must include the file into your shell:
#              PS> . c:\bin\Validate-Customer.ps1
# Date:        09/25/2006
# Website:     http://www.Windows-Scripting.com/PowerShell
# ------------------------------------------------------------------


# Function

function Test-CustomerID {
<#
    .Synopsis
    Validates if a given string is a valid customer ID

    .Description
The commandlets implements logic for checking if the customer ID exists.

    Return values are: $true or $false

.Parameter CustomerID
A Customer ID has two letters and one to three digits.

    .Notes
    This commandlet is a demo only.

    .Example
    C:PS> Get-CustomerID AB123

#>
[CmdletBinding()]
param(
[Parameter(Position=0,Mandatory=$true, ValueFromPipeline=$true,HelpMessage="A Customer ID has two letters and one to three digits.")]
[AllowNull()]
[ValidateLength(3,5)]
[ValidatePattern("[A-Z][A-Z][0-9]{1,3}")]
[ValidateScript({$_.StartsWith("A")})]
```

```
[string[]]
$CustomerID)

begin {

if ($CustomerID -eq $null)
{Write-Verbose "Commandlet starts without Parameter..." }
else
{Write-Verbose "Commandlet starts with Parameter $CustomerID ..." }
}

process {
Write-Verbose "Customer ID = $CustomerID"
if ($_)
{
Write-Verbose ("Commandlet receives a pipeline object of type " + $_.GetType())
}
else
{
Write-Verbose "The Pipeline is empty!"
}
# Add Logic here (e.g. check database)
return $true
}

end {
"Commandlet ends..."

}
}
```

Den Vorteil der Commandlet-Dokumentation belegen die beiden nachfolgenden Bildschirmabbildungen.

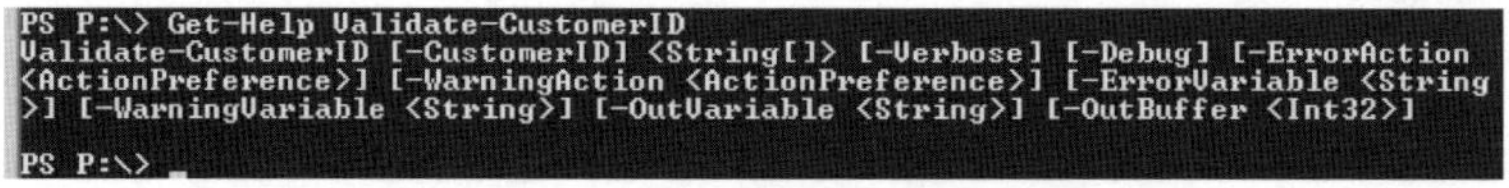

```
PS P:\> Get-Help Validate-CustomerID
Validate-CustomerID [-CustomerID] <String[]> [-Verbose] [-Debug] [-ErrorAction
<ActionPreference>] [-WarningAction <ActionPreference>] [-ErrorVariable <String
>] [-WarningVariable <String>] [-OutVariable <String>] [-OutBuffer <Int32>]

PS P:\>
```

Bild 63.8 Anzeige von Get-Help für Validate-Customer ohne Dokumentation

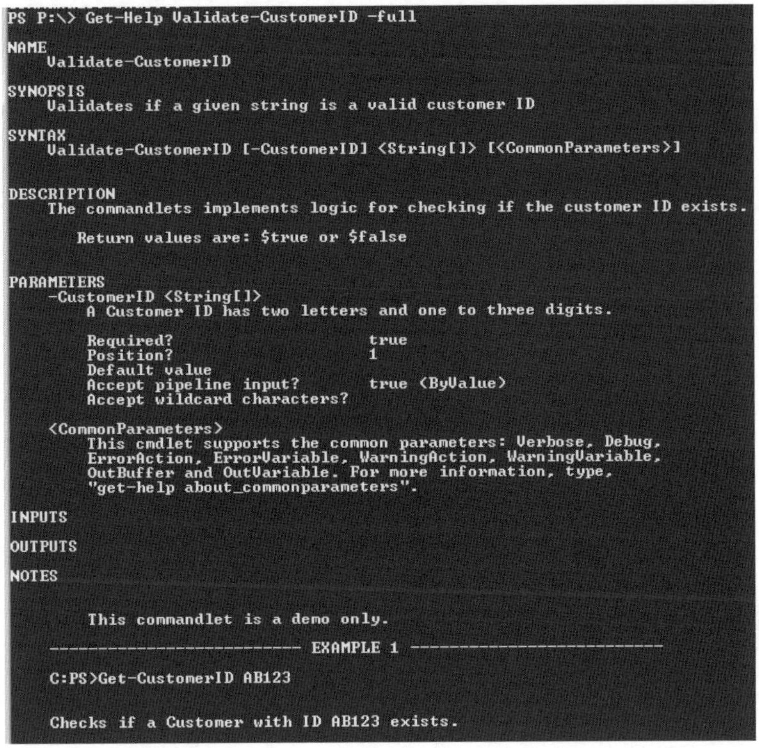

```
PS P:\> Get-Help Validate-CustomerID -full

NAME
    Validate-CustomerID

SYNOPSIS
    Validates if a given string is a valid customer ID

SYNTAX
    Validate-CustomerID [-CustomerID] <String[]> [<CommonParameters>]

DESCRIPTION
    The commandlets implements logic for checking if the customer ID exists.

    Return values are: $true or $false


PARAMETERS
    -CustomerID <String[]>
        A Customer ID has two letters and one to three digits.

        Required?                    true
        Position?                    1
        Default value
        Accept pipeline input?       true (ByValue)
        Accept wildcard characters?

    <CommonParameters>
        This cmdlet supports the common parameters: Verbose, Debug,
        ErrorAction, ErrorVariable, WarningAction, WarningVariable,
        OutBuffer and OutVariable. For more information, type,
        "get-help about_commonparameters".

INPUTS

OUTPUTS

NOTES


        This commandlet is a demo only.
    ----------------------- EXAMPLE 1 -----------------------

    C:PS>Get-CustomerID AB123

    Checks if a Customer with ID AB123 exists.
```

Bild 63.9 Anzeige von Get-Help für Validate-Customer mit Dokumentation

64 Entwicklung eigener Commandlets mit C#

Statt der auf PowerShell-Skriptfunktionen basierten Commandlets kann man Commandlets auch in einer beliebigen .NET-Programmiersprache (z. B. C# oder Visual Basic .NET) erstellen und in kompilierter Form als eine DLL im PowerShell-Modul verbreiten (**Binäres** Commandlet" im Kontrast zu den im vorherigen Kapiteln besprochenen skriptbasierten Commandlets).

Grundsätzlich können Commandlets auch mit Visual Basic .NET, C++/CLI oder anderen .NET-Sprachen erstellt werden. Leider ist in diesem Buch kein Raum, die Beispiele in mehr als einer .NET-Programmiersprache abzudrucken. Der Autor hat sich für C# entschieden, weil dies die in der .NET-Welt am häufigsten eingesetzte Programmiersprache ist.

HINWEIS: .NET-basierte (binäre) Commandlets sind in der Erstellung aufwendiger als die auf PowerShell-Skripten basierenden Commandlets, bieten aber mehr Optionen und den Vorteil, dass sie mit den komfortablen Möglichkeiten der Entwicklungsumgebung Visual Studio erstellt und in kompilierter Form verbreitet werden können, sodass der Empfänger nicht den Quellcode des Commandlets sieht (wobei erwähnt werden muss, dass es gute Decompiler für .NET-Assemblies gibt. Aber die Hürde ist bei binären Commandlets etwas höher als bei skriptbasierten Commandlets, wo jeder sofort den Programmcode sehen kann).

HINWEIS: Dieses Unterkapitel verlangt Grundkenntnisse in den Programmiersprachen C# oder Visual Basic .NET. Leider kann dieses Buch diese Grundkenntnisse nicht vermitteln, denn Grundlagenbücher zu Visual Basic .NET oder C# sind zwischen 500 und 1000 Seiten dick. Unmöglich kann dieser Stoff mit in dieses Buch aufgenommen werden. Dieses Kapitel dürfen Sie also nur als Ergänzung zu den dicken Grundlagenbüchern sehen, die üblicherweise nicht das Erstellen von PowerShell-Commandlets behandeln.

64.1 Technische Voraussetzungen

Zum Erstellen eines .NET-basierten Commandlets sollten Sie eine Variante von Visual Studio (Version 2008 oder höher) verwenden. Es reicht dabei, wenn Sie eine der kostenfreien Varianten „Visual Studio Express" oder „Visual Studio Community Edition" nutzen. Grundsätzlich ist eine Erstellung von Commandlets auch mit einem einfachen Texteditor und den im .NET Framework mitgelieferten Kommandozeilencompilern möglich. Dies ist jedoch deutlich mühsamer als die Verwendung von Visual Studio.

ACHTUNG: Mit Visual Web Developer Express (VWD) können Sie keine Commandlets, sondern nur Webanwendungen erstellen.

HINWEIS: Aufgrund der vielen Übersetzungsfehler in der deutschen Version von Visual Studio verwendet der Autor nur die englische Version der Entwicklungsumgebung und alle Angaben zu Menüpunkten beziehen sich auf die englische Version.

Microsoft bietet Vorlagen für Visual Studio zur Erstellung von Commandlets *(http://psvs2008.codeplex.com)*. Diese sind zwar auf dem Stand des Jahres 2008 stehen geblieben, lassen sich aber in neueren Visual Studio-Versionen auch installieren. Allerdings lassen sich diese Vorlagen nicht in den kostenfreien Express-Versionen installieren; dort kann man als Hilfe eins der Projekte aus diesem Buch öffnen und modifizieren.

Die Visual Studio-Elementvorlagen ersparen ebenfalls Arbeit und sollten nach der Installation von Visual Studio zusätzlich aktiviert werden. Es gibt zwei Vorlagen:

- *Windows PowerShell (CS).vsi* enthält die Vorlage für die Erstellung von Commandlets in C#.
- *Windows PowerShell (VB).vsi* enthält die Vorlage für die Erstellung von Commandlets in Visual Basic .NET.

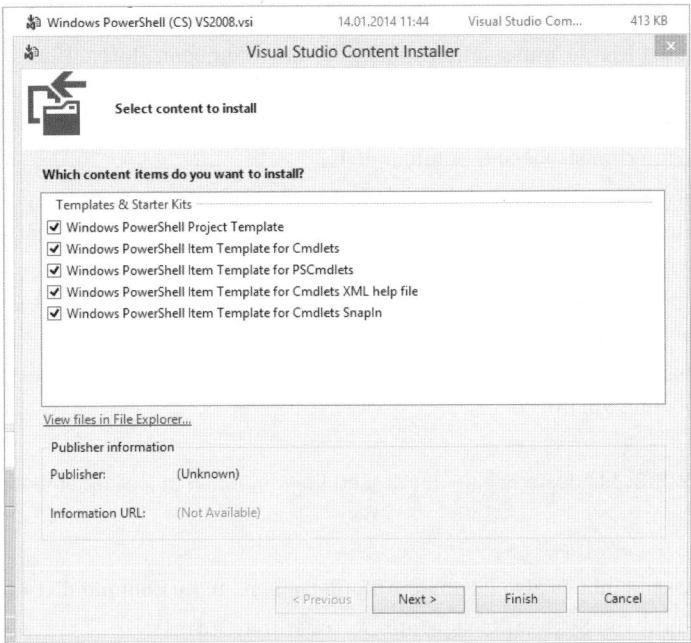

Bild 64.1 Installation der Visual Studio-Vorlagen zur Erstellung von Commandlets

64.2 Grundkonzept der .NET-basierten Commandlets

.NET-basierte Commandlets werden in Form von Commandlet-Klassen im Rahmen eines sogenannten binären PowerShell-Moduls erstellt.

Commandlet-Klassen

Jedes .NET-basierte Commandlet ist eine öffentliche .NET-Klasse (deklariert als public), die von einer bestimmten Basisklasse (Cmdlet oder PSCmdlet, beide im Namensraum System.Management.Automation) erbt und in einer DLL kompiliert wird. Die Commandlet-Klasse muss neben der Basisklasse auch noch eine Annotation [Cmdlet] besitzen, in welcher der Verbname und der Substantivname des Commandlets definiert werden. Der Name der .NET-Klasse ist für die Sichtbarkeit und die Anzeige in der PowerShell nicht maßgeblich.

> **HINWEIS:** Die Basisklasse PSCmdlet bietet für das Commandlet mehr Möglichkeiten als Cmdlet, z. B. den Zugriff auf die in der PowerShell deklarierten Variablen. Commandlets, die von Cmdlet abgeleitet sind, haben aber den Vorteil, dass sie auch außerhalb der PowerShell genutzt werden können. Commandlet-Klassen, die von PSCmdlet erben, funktionieren hingegen nur in der PowerShell.

Methoden

Die Commandlet-Klasse muss mindestens eine der Methoden durch Überschreiben der gleichnamigen Methode der Basisklasse implementieren und mit Code ausstatten:

- `BeginProcessing()`: wird genau einmal zu Beginn der Verarbeitung aufgerufen (vgl. „begin" bei funktionsbasierten Commandlets).
- `ProcessRecord()`: wird einmal für jedes Objekt in der Pipeline aufgerufen. Bei leerer Pipeline wird `ProcessRecord` jedoch auch genau einmal aufgerufen (vgl. „process" bei funktionsbasierten Commandlets).
- `EndProcessing( )`: wird genau einmal am Ende der Verarbeitung aufgerufen (vgl. „end" bei funktionsbasierten Commandlets).
- `StopProcessing()`: wird nur dann einmal aufgerufen, wenn der Anwender den Abbruch der Verarbeitung anfordert.

HINWEIS: Mindestens eine der drei ersten Methoden muss implementiert sein.

Zusammenfassend gibt es also folgende Anforderungen an die Commandlet-Klasse:

- Die Klasse erbt von `System.Management.Automation.Cmdlet`.
- Die Klasse ist öffentlich.
- Das Verb-Substantiv-Paar, auf welches das Commandlet reagiert, gibt der PowerShell die Klasse über eine Annotation `[Cmdlet ("Verb","Substantiv")]` bekannt.
- Die Klasse implementiert mindestens eine der Methoden `BeginProcessing()`, `ProcessRecord()` oder `EndProcessing()`.

Ausgabe des Commandlets

Ein Commandlet kann in jeder der Methoden die Ausgabepipeline mit einzelnen Objekten befüllen. Hierzu kommt die aus der Basisklasse geerbte Methode `WriteObject( )` zum Einsatz.

Commandlets erzeugen die Ausgabe in `ProcessRecord()`, wenn die einzelnen Eingabeobjekte unabhängig voneinander sind. Ein Beispiel dafür ist ein Filter-Commandlet wie `Where-Object`, in dem jedes einzelne Objekt für sich geprüft wird und die Reihenfolge der Ausgabeobjekte der Reihenfolge der Eingabeobjekte entspricht. Dagegen erzeugen Commandlets die Ausgabe in `EndProcessing()`, wenn die Ausgabe von allen (!) Eingabeobjekten abhängig ist, z.B. `Sort-Object`, wo das letzte Eingabeobjekt das erste Ausgabeobjekt sein kann.

ACHTUNG: Die Ausgabeobjekte des Commandlets dürfen nicht mit dem C#-Sprachkonstrukt `return` an den PowerShell Pipeline Processor übergeben werden.

Snap-In-Klasse

Mehrere Commandlets können zu einer DLL zusammengefasst werden. Neben den Commandlet-Klassen muss es in der DLL auch noch eine Snap-In-Klasse (Basisklasse: `PSSnapIn` oder `CustomPSSnapIn`) geben.

Während die meisten .NET-basierten Anwendungen und .NET-Softwarekomponenten nicht mehr mit Einträgen in der Registrierungsdatenbank arbeiten und daher durch einfaches Kopieren verbreitet werden können (das sogenannte „XCopy-Deployment"), erfordert ein PowerShell-Snap-In Einträge in der Registrierungsdatenbank. Nach dem Kompilieren muss die DLL also erst in der PowerShell installiert werden. Dazu kann man ein MSI-Paket oder das Kommandozeilenwerkzeug *installutil.exe* verwenden. Nach der Installation ist ein weiterer Schritt notwendig, nämlich die Aktivierung des Snap-In in der PowerShell-Konsole mit `Add-PsSnapin`.

> **HINWEIS:** PowerShell Snap-Ins gelten als veraltert. Sie sollten aus einer Commandlet-DLL stattdessen ein binäres PowerShell-Modul erstellen, siehe Kapitel 65 „*PowerShell-Module erstellen*".

64.3 Schrittweise Erstellung eines minimalen Commandlets

Die Erstellung des ersten einfachen Commandlets wird relativ ausführlich beschrieben. Aus Platzgründen wird dann bei den weiteren Commandlets auf die schrittweisen Erläuterungen verzichtet.

Anlegen eines Visual-Studio-Projekts

Wenn Sie eine Variante von Visual Studio (ab Version 2010) installiert und zusätzlich die PowerShell-Vorlagen eingefügt haben, erscheint beim Anlegen eines neuen Projekts die Option „Windows PowerShell" (siehe folgendes Bild).

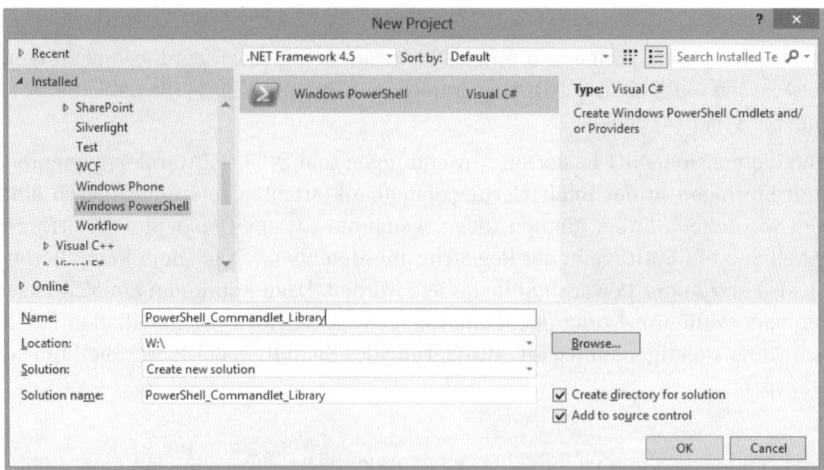

Bild 64.2 Anlegen eines neuen PowerShell-Projekts

Danach erscheint ein Visual-Studio-DLL-Projekt, das bereits folgende wichtige Voreinstellungen enthält:

- Eine Referenz zu der Assembly *System.Management.Automation.dll*
- Eine Datei *PSSnapin.cs*, welche die Snap-In-Klasse realisiert

Das folgende Listing zeigt einen Ausschnitt aus dem Standardinhalt der Datei *PSSnapin.cs*. Sie können die Namen anpassen.

```
using System;
using System.Collections.Generic;
using System.Text;
using System.Management.Automation;
using System.ComponentModel;

namespace PowerShell_Commandlet_Library
{
 [RunInstaller(true)]
 public class PowerShell_Commandlet_LibrarySnapIn : PSSnapIn
Automatisch generierte Snap-In-Klasse
```

 HINWEIS: Wenn Sie die Projektvorlagen nicht verwenden wollen, können Sie, um zum gleichen Ziel zu kommen, auch selbst eine einfache Klassenbibliothek („Class Library"-Projekt) in Visual Studio anlegen, die Referenz auf die oben genannte Assembly einfügen und den Programmcode für die Snap-In-Klasse in Ihr Projekt aufnehmen.

Anlegen des Commandlets

Noch nicht in dem erstellten Projekt enthalten ist eine Vorlage für ein Commandlet. Wählen Sie dazu *Add/New Item* und dann *PowerShell Cmdlet*. Geben Sie „Get-Computername" als Namen an.

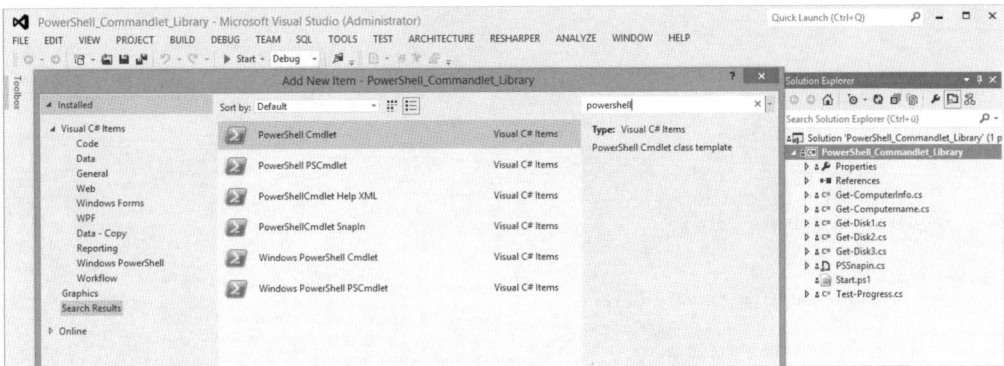

Bild 64.3 Anlegen eines Commandlets

Visual Studio erzeugt dann eine Datei *Get-Computername.cs* mit dem nachstehend dargestellten Inhalt.

Listing 64.1 Standardinhalt der Elementvorlage für Commandlet-Klassen

```
using System;
using System.Text;
using System.Management.Automation;
using System.Management.Automation.Provider;
namespace PowerShell_Commandlet_Library
{
 #region Get_ComputernameCommand

 /// <summary>
 /// This class implements the Get_Computername cmdlet
 /// </summary>
 [Cmdlet(VerbsCommon.Get, "",
    DefaultParameterSetName = "")]
 public class Get_Computername : PSCmdlet
 {
  #region Parameters

  //     [Parameter(
  //         Position = 0,
  //         ParameterSetName = "ID",
  //         ValueFromPipeline = true,
  //         ValueFromPipelineByPropertyName = true)]
  //     [ValidateNotNullOrEmpty]
  //     public string[] ID
  //     {
  //         get { return _ID; }
  //         set { _ID = value; }
  //     }

  #endregion Parameters

  #region Cmdlet Overrides
  protected override void BeginProcessing()
  {
```

```
    }

    protected override void ProcessRecord()
    {

    }

    #endregion Overrides
    #region Private Data


        #endregion Private Data

 } //Get_ComputernameComand

 #endregion
}
```

Implementierung des Commandlets

Das folgende Listing zeigt eine einfache Implementierung von `Get-Computername` in der Programmiersprache C#. Aufgabe des Commandlets ist es, den Namen des Computers zu ermitteln und diesen als eine Zeichenkette an die PowerShell zu übergeben. Diese Information findet man in der .NET-Klasse `System.Environment.MachineName`. Das Commandlet liefert als Rückgabe eine Instanz der Klasse `System.String` (also eine Zeichenkette).

Neben den notwendigen Pflichtangaben für eine Commandlet-Klasse enthält das Listing nur eine einzige Zeile, in welcher der Computername mit `WriteObject()` in die Ausgabepipeline gelegt wird.

 HINWEIS: In diesem Beispiel macht es keinen Unterschied, ob die Ausgabe in `ProcessRecord()` oder `EndProcessing()` erzeugt wird. Sogar `BeginProcessing()` wäre möglich.

Listing 64.2 Implementierung des Commandlets Get-Computername

```csharp
using System;
using System.Text;
using System.Management.Automation;

namespace de.ITVisions.PowerShell
{

 /// <summary>
 /// Commandlet-Klasse für das Commandlet Get-Computername
 /// </summary>
 [Cmdlet(VerbsCommon.Get, "Computername")]
 public class GetComputernameCommand : PSCmdlet
 {

   protected override void BeginProcessing()
   {
   }
```

```
protected override void ProcessRecord()
{
}

protected override void EndProcessing()
{
  this.WriteObject (System.Environment.MachineName);
}

protected override void StopProcessing()
{
}
}
}
```

 HINWEIS: Sie können den Inhalt der Datei *Get-Computername.cs* entweder komplett löschen und an dieser Stelle das nachstehende Listing eintragen oder aber die bestehende Datei anpassen. Im Prinzip sind nur die fett markierten Zeilen zu übertragen. (Sollten Sie übrigens keine fett markierten Zeilen im Buch sehen, hat wahrscheinlich der Setzer eine Formatierung nicht beachtet.) Die leeren Methoden könnten Sie weglassen.

Kompilieren des Commandlets

Nach dem Kompilieren der DLL mit der Funktion *Build Solution* sollte Visual Studio „1 succeeded" melden (siehe folgende Bildschirmabbildung).

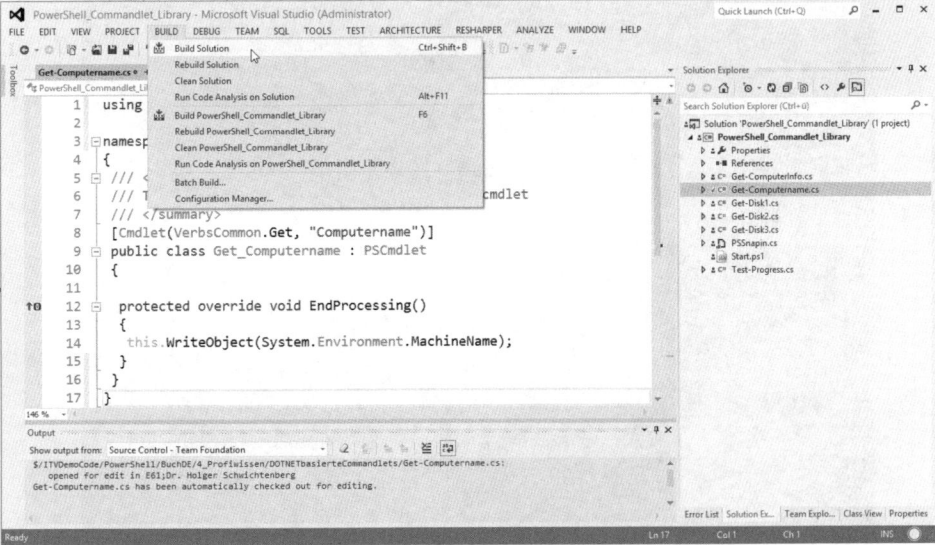

Bild 64.4 Kompilieren des Commandlet-Projekts in Visual Studio

Installation des Commandlets als Snap-In

Bereits in Teil A *„PowerShell-Basiswissen"* wurde die Installation von PowerShell-Erweiterungen angesprochen. Um Platz in diesem Buch für andere Themen zu sparen, soll das Thema hier nur kurz wiederholt werden.

Folgende Schritte sind sowohl auf dem Entwicklungssystem als auch später auf allen Zielsystemen notwendig:

- Registrieren der DLL (alias Assembly), welche die Commandlets enthält

```
installutil.exe G:\PowerShell_Commandlet_Library\bin\release\
PowerShell_Commandlet_Library.dll
```

- Hinzufügen des Snap-In zur PowerShell-Konsole

```
Add-PSSnapin PowerShell_Commandlet_Library
```

Zum permanenten Laden der Erweiterung beim Start der Konsole hat man zwei Möglichkeiten:

- Aufnahme der entsprechenden `Add-PSSnapIn`-Anweisungen in Ihre systemweite oder benutzerspezifische Profildatei (*Profile.ps1*, siehe auch Abschnitt *„Profileinstellungen für die PowerShell-Konsole"*)

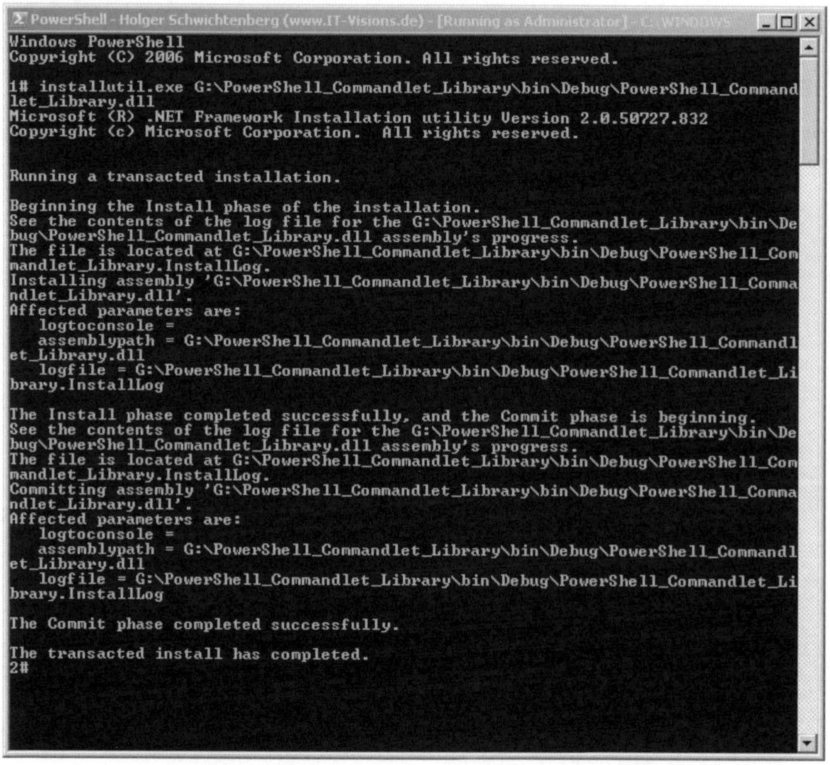

Bild 64.5 Ausgabe von InstallUtil.exe

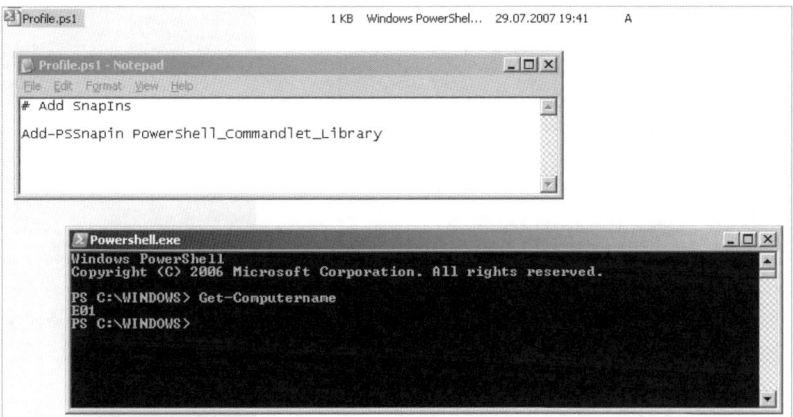

Bild 64.6 Laden eines Snap-In in der Profildatei

- Exportieren einer Konsolenkonfigurationsdatei mit `Export-Console`. Sie müssen allerdings vorher erst das Snap-In in der aktuellen Konsole hinzufügen und dann diese aktuelle Konsole exportieren. Dabei entsteht eine XML-Datei mit der Dateinamenserweiterung *.psc1*. Diese *.psc1*-Datei muss dann beim Starten der PowerShell über den Kommandozeilenparameter `PSConsoleFile` angegeben werden.

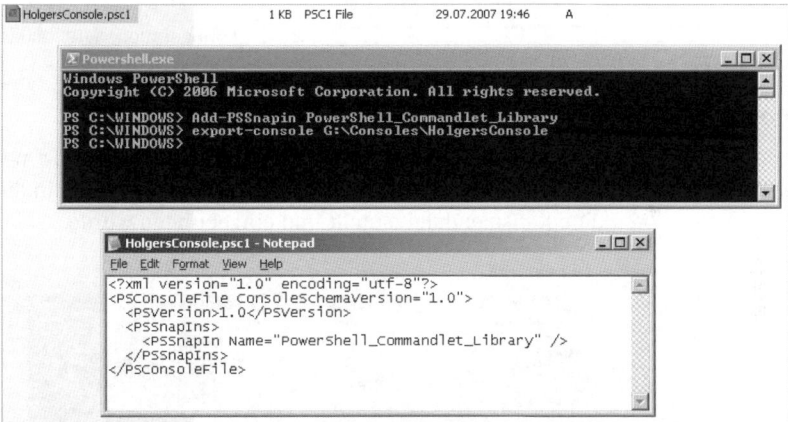

Bild 64.7 Exportieren einer Konsolenkonfigurationsdatei

Am besten legt man sich eine Verknüpfung im Dateisystem an mit folgendem Ziel:

```
%SystemRoot%\system32\WindowsPowerShell\v1.0\powershell.exe -PSConsoleFile –
"G:\Consoles\HolgersConsole.psc1"
```

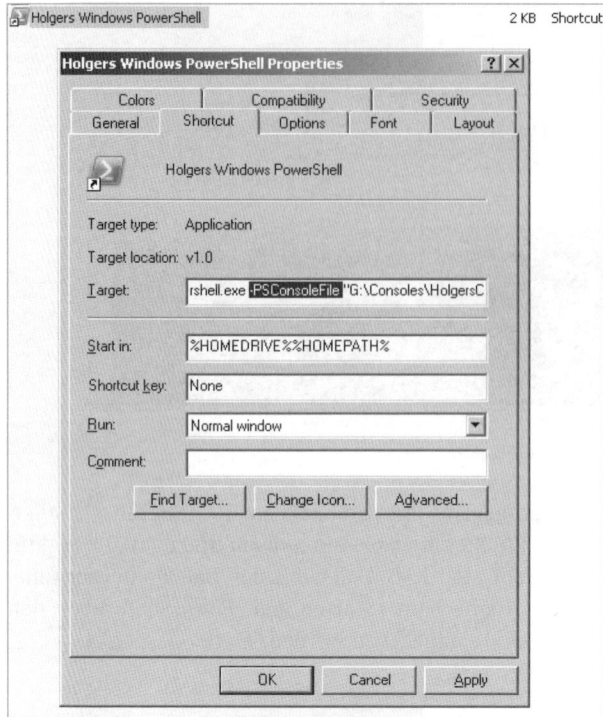

Bild 64.8
Anlegen einer Verknüpfung zur PowerShell-Konsole, die automatisch eine bestimmte Konsolenkonfigurationsdatei mitlädt

Verwendung des Commandlets

Die nachfolgende Bildschirmabbildung zeigt, dass das neue Commandlet sofort nach dem Start der PowerShell zur Verfügung steht, wenn die Add-PSSnapIn-Anweisung in die Profildatei aufgenommen oder eine Konsolendatei erstellt und eingebunden wurde.

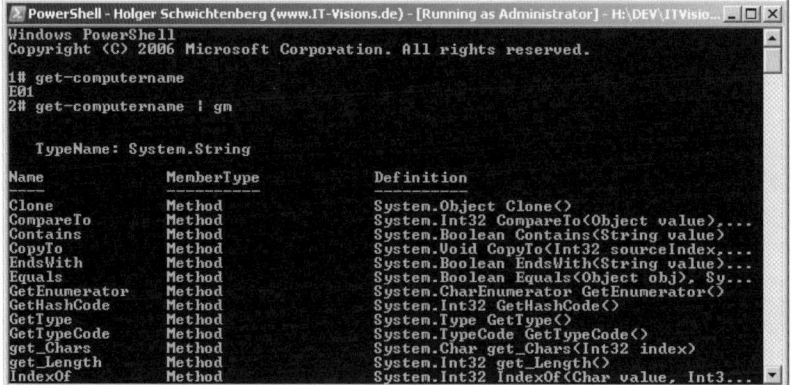

Bild 64.9 Einsatz von Get-Computername

Weiterentwicklung der Commandlet-Erweiterungen

Im Folgenden werden Sie weitere Commandlet-Implementierungen kennenlernen, die Sie in eigenen Commandlet-Bibliotheken oder in derselben Commandlet-Bibliothek speichern können. Wenn Sie dieselbe Command-Bibliothek verwenden, müssen Sie einige Schritte nicht wiederholen. Sie müssen immer nur ein neues Commandlet anlegen, dieses implementieren und kompilieren. Die Installation und das Laden der Commandlet-Bibliothek entfallen, solange Sie nicht die Pfade im Dateisystem ändern.

ACHTUNG: Wenn Sie die Commandlet-Bibliothek erneut kompilieren, darf die Bibliothek in keinem Konsolenfenster geladen sein. Falls die Commandlet-Bibliothek geladen ist, scheitert der Übersetzungsvorgang mit dem Fehler:

„Error2Unable to copy file „obj\Debug\PowerShell_Commandlet_Library.dll" to „bin\ Debug\PowerShell_Commandlet_Library.dll". The process cannot access the file ‚bin\ Debug\PowerShell_Commandlet_Library.dll' because it is being used by another process.PowerShell_Commandlet_Library"

64.4 Erstellung eines Commandlets mit einem Rückgabeobjekt

Commandlets geben in der Regel nicht einzelne elementare Typen wie Zeichenketten, sondern komplexere Objekte zurück. Ein Commandlet kann Instanzen jeder beliebigen .NET-Klasse in die Pipeline legen. Es gibt keine besonderen Voraussetzungen. Die Klasse der Ausgabeobjekte (alias Rückgabeobjekte) muss weder öffentlich noch serialisierbar sein.

Beispiel

In dem folgenden Beispiel wird eine Datenstruktur mit Namen `ComputerInfo` durch das Commandlet `Get-ComputerInfo` geliefert. Die Datenstruktur ist in Form der selbst definierten Klasse `ComputerInfo` realisiert und wird mit Informationen aus verschiedenen Klassen der .NET-Klassenbibliothek (`System.Environment`, `System.Globalization.CultureInfo` und `System.Net.NetworkInformation.NetworkInterface`) „gefüttert".

Listing 64.3 Implementierung des Commandlets Get-ComputerInfo

```
using System;
using System.Text;
using System.Management.Automation;

namespace de.ITVisions.PowerShell
{
  internal class ComputerInfo
  {
    public string ComputerName;
```

```csharp
  public int ProcessorCount;
  public string Domain;
  public string Culture;
  public bool Connected;
}
/// <summary>
/// Commandlet-Klasse
/// </summary>

[Cmdlet(VerbsCommon.Get, "ComputerInfo")]

public class GetComputerInfoCommand : PSCmdlet
{

 protected override void BeginProcessing()
 {
 }

 protected override void ProcessRecord()
 {
 }

 protected override void EndProcessing()
 {
  ComputerInfo i = new ComputerInfo();
  i.ComputerName = Environment.MachineName;
  i.ProcessorCount = Environment.ProcessorCount;
  i.Domain = Environment.UserDomainName;
  i.Culture = System.Globalization.CultureInfo.CurrentUICulture.ToString();
  i.Connected = System.Net.NetworkInformation.NetworkInterface.
                 GetIsNetworkAvailable();
  this.WriteObject(i);
 }

 protected override void StopProcessing()
 {
 }

}
}
```

HINWEIS: Bitte beachten Sie, dass zu diesem Beispiel nicht noch einmal alle Schritte zum Anlegen eines Projekts, Kompilieren und Installieren besprochen werden können. Sie können `Get-ComputerInfo` und alle weiteren Commandlets in das bestehende Projekt als zusätzliche C#-Quellcodedatei einfügen.

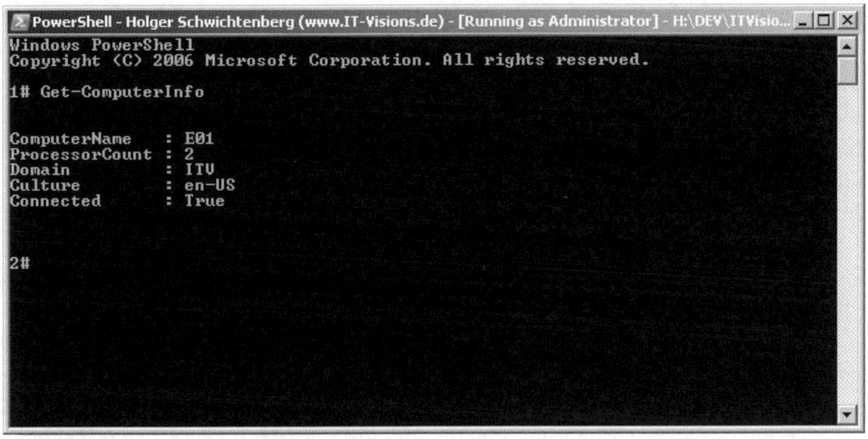

Bild 64.10 Einsatz von Get-ComputerInfo

64.5 Erstellung eines Commandlets mit mehreren Rückgabeobjekten

Ein einzelnes Commandlet darf beliebig viele Objekte in die Ausgabepipeline legen. Das folgende Listing implementiert `Get-Disk`, ein Commandlet, das Informationen über die verfügbaren Laufwerke liefert. Diese Information gewinnt das Commandlet aus der Windows Management Instrumentation (WMI) in Form von Instanzen der WMI-Klasse `Win32_LogicalDisk`.

> **ACHTUNG:** Bitte verwechseln Sie nicht `System.Management.Automation` und `System.Management`. Der Namensraum `System.Management.Automation` gehört zur PowerShell und enthält Klassen für die PowerShell, z. B. die Basisklasse `PSCmdlet`. Der Namensraum `System.Management` gehört zum .NET Framework und enthält Klassen für den Zugriff auf WMI, z. B. `ManagementClass`, `ManagementObject`, `ManagementObjectCollection`, `ManagementObjectSearcher`. Hier muss sich Microsoft eine Namensgebung vorwerfen lassen, die Einsteigern das Leben nur erschwert. Nach einer Zeit des Arbeitens mit .NET hat man aber solche Ungereimtheiten verinnerlicht.

Aufspalten einer Menge

Die Instanzen der WMI-Klassen werden mit Hilfe einer WMI-Query-Language-(WQL-)Abfrage ermittelt und – genau wie die Einzelobjekte in den bisherigen Beispielen – durch `WriteObject()` in die Ausgabepipeline gelegt.

Bei `WriteObject()` sieht man in dem Beispiel eine Besonderheit: Neben der zurückzugebenden Menge ist noch als zweiter Wert ein `true` für den Parameter `EnumerateCollection` angegeben. Dies bedeutet, dass nicht die Menge der WMI-Objekte als solches in die Pipeline gelegt werden soll, sondern jedes einzelne in der Menge enthaltene Objekt.

Die beiden folgenden Bildschirmabbildungen zeigen, dass auf den ersten Blick kein Unterschied besteht, aber bei weiterer Verwendung diese Option einen großen Unterschied macht. Die Eingabe `Get-Disk` liefert – sowohl für den Fall, dass `true` gesetzt wurde, als auch im Fall, dass `false` gesetzt würde – das gleiche Ergebnis, weil am Ende der Pipeline die Standardausgabe der PowerShell Objektmengen in ihre Einzelteile zerbricht. Wenn man allerdings vorher in der Pipeline die Objekte verarbeiten möchte, z. B. filtern mit `Where-Object`, dann funktioniert die Pipeline ohne das „true" nicht wie gewünscht. Die Bildschirmabbildung zeigt, dass alle Laufwerke ungefiltert durch `Where-Object` gehen, auch wenn sie mehr als den in der Bedingung angegebenen Speicher von einem GB haben. Dies erklärt sich bei der Betrachtung des Pipeline-Inhalts mit `Get-Member`: Wenn EnumerateCollection auf `true` gesetzt ist, dann liegen Instanzen der Klasse `System.Management.ManagementObject #root\cimv2\Win32_LogicalDisk` in der Pipeline. Wenn `false` oder kein Wert angegeben ist, dann liegt eine Instanz von `System.Management.ManagementObjectCollection` in der Pipeline. Die Klasse `System.Management.ManagementObjectCollection` besitzt aber kein Attribut `FreeSpace` und die meisten Commandlets (so auch `Where-Object`) spalten Mengen nicht selbstständig auf. In diesem Fall müsste der Nutzer erst die Menge mit `Foreach-Object` spalten und das wäre unschön und entspricht nicht der Philosophie der PowerShell.

Bild 64.11 Verwendung von Get-Disk bei richtiger Implementierung

64.5 Erstellung eines Commandlets mit mehreren Rückgabeobjekten

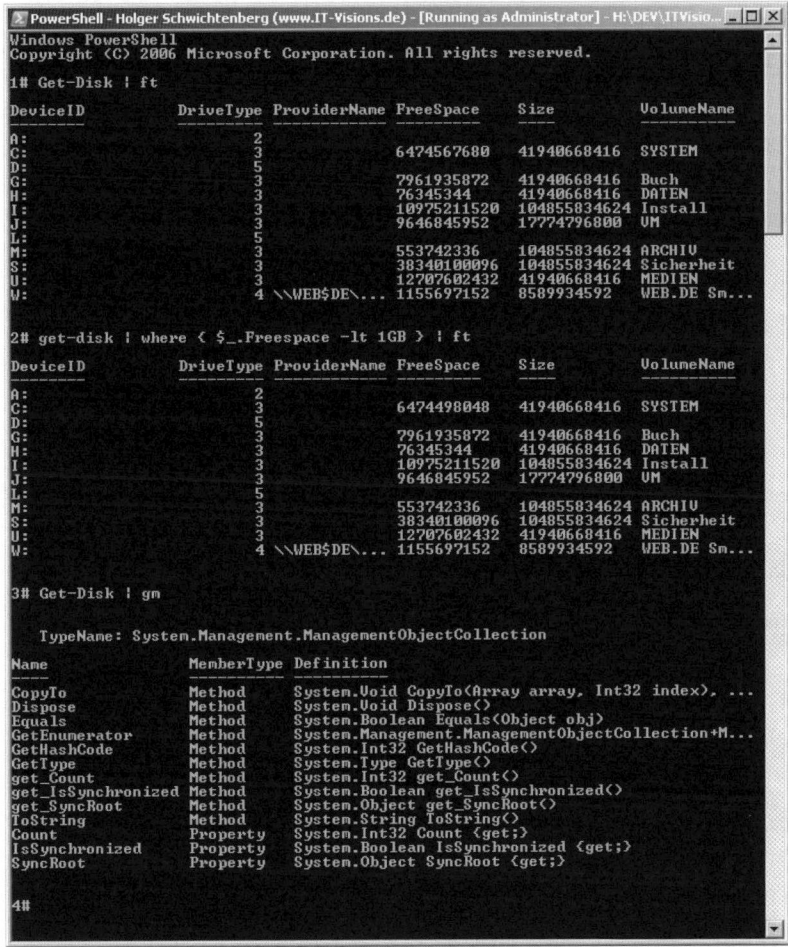

Bild 64.12 Verwendung von Get-Disk bei falscher Implementierung

 HINWEIS: Alternativ zum Befehl this.WriteObject (DiskMenge, true) könnte man auch die Objektmenge selbst mit einer foreach-Schleife innerhalb des Commandlets aufspalten:

```
foreach (ManagementObject Disk in DiskMenge)
{
this.WriteObject(Disk);
}
```

Dies führt zum exakt gleichen Ergebnis aus der Sicht des Nutzers des Commandlets. Der Entwickler hätte hiermit also nur mehr unnötige Arbeit. An dieser Stelle ist diese Option nur wiedergegeben, um das Verständnis für die Funktionsweise von WriteObject() zu fördern.

Listing 64.4 Implementierung des Commandlets Get-Disk

```csharp
using System;
using System.Text;
using System.Management.Automation;
using System.Management.Automation.Provider;
using System.Management;

namespace de.ITVisions.PowerShell
{

 [Cmdlet(VerbsCommon.Get, "Disk")]
 public class GetDiskCommand : PSCmdlet
 {

  protected override void BeginProcessing()
  {
  }

  protected override void ProcessRecord()
  {
   string ABFRAGE = "Select * from Win32_LogicalDisk";
   string Computer = ".";

   System.Management.ManagementObjectCollection DiskMenge;
   ManagementScope ms = new ManagementScope("\\\\" + Computer +
                                            "\\root\\cimv2");
   ObjectQuery oq = new ObjectQuery(ABFRAGE);
   System.Management.ManagementObjectSearcher suche =
       new System.Management.ManagementObjectSearcher(ms, oq);
   DiskMenge = suche.Get();

   // Objekte einzeln zurückgeben
   this.WriteObject(DiskMenge, true);

   // Alternative
   //foreach (ManagementObject Disk in DiskMenge)
   //{
   // this.WriteObject(Disk);
   //}
  }

  protected override void StopProcessing()
  {
  }

 }
}
```

64.6 Erstellen eines Commandlets mit Parametern

Alle bisherigen Commandlets besitzen überhaupt keine Parameter. Am Beispiel von `Get-Disk` soll die Parametrisierung gezeigt werden. Dies ist einfach realisierbar, da WMI den Fernzugriff auf andere Computer über das Protokoll Distributed Component Object Model (DCOM) unterstützt. An der WQL-Abfrage muss nichts verändert werden, es muss nur dafür gesorgt werden, dass der Computername nicht statisch im Programmcode gesetzt wird (bisher war das ein Punkt „.“ für den lokalen Computer), sondern von der PowerShell-Konsole als Parameter empfangen wird.

Dazu definiert man `Computer` nicht mehr als lokale Variable in `ProcessRecord()`, sondern als ein Attribut der Commandlet-Klassen. Damit dieses Attribut von der PowerShell mit Parametern befüllt werden kann, muss die Annotation `[Parameter ]` hinzugefügt werden. Außerdem muss das Attribut öffentlich (`public`) sein.

```
[Parameter()]
public string Computer = ".";
```

Die obige Implementierung ist ausreichend, erzwingt aber immer einen benannten Parameter der Form:

```
Get-Disk -Computer D142
```

Soll der Anwender den Parameternamen auch weglassen können, muss der Entwickler des Commandlets eine Positionsangabe ergänzen, die wichtig ist, um bei mehreren unbenannten Parametern die Positionszuordnung zu machen.

```
[Parameter(Position = 0)]
public string Computer = ".";
```

Die folgende Bildschirmabbildung zeigt, dass nun `Get-Disk` bei sowohl benannten als auch unbenannten Parametern funktioniert und auf andere Systeme zugreifen kann.

HINWEIS: Die Standardvorgabe (= `"."`, wobei ein Punkt in WMI für den lokalen Computer steht) sorgt dafür, dass beim Weglassen eines Werts für diesen Parameter der Zugriff auf das lokale System erfolgt.

Alternativ kann der Parameter durch den Zusatz `Mandatory = true` in der Annotation als Pflichtattribut deklariert werden. Dann fordert die PowerShell bei ihrem Benutzer einen Wert an, falls er den Parameter weglässt.

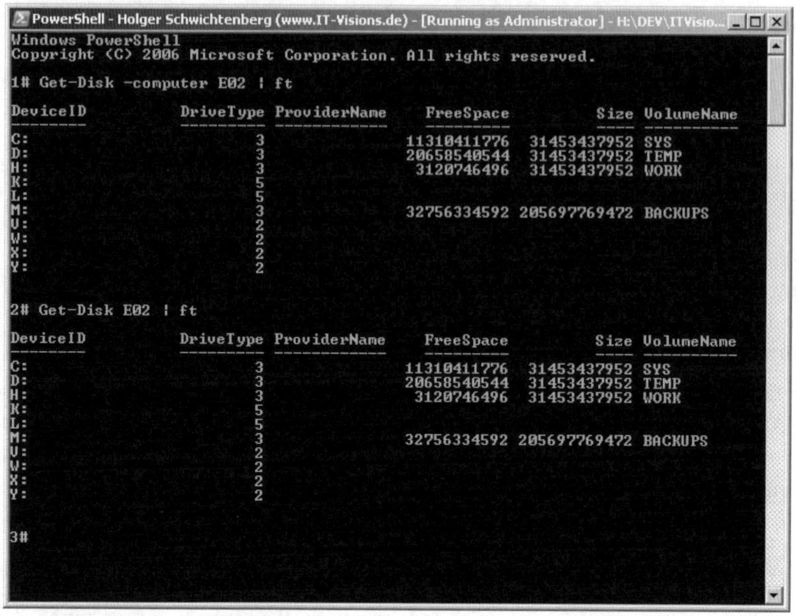

Bild 64.13 Get-Disk mit Parameter

Listing 64.5 Variante der Implementierung von Get-Disk mit einem Parameter

```
using System;
using System.Text;
using System.Management.Automation;
using System.Management.Automation.Provider;
using System.Management;

namespace de.ITVisions.PowerShell
{
 [Cmdlet(VerbsCommon.Get, "Disk")]
 public class GetDiskCommand : PSCmdlet
 {

  [Parameter(Position = 0)]
  public string Computer = ".";

  protected override void BeginProcessing()
  {
  }

  protected override void ProcessRecord()
  {
   string ABFRAGE = "Select * from Win32_LogicalDisk";

   System.Management.ManagementObjectCollection DiskMenge;
   ManagementScope ms = new ManagementScope("\\\\" + Computer +
                                            "\\root\\cimv2");
   ObjectQuery oq = new ObjectQuery(ABFRAGE);
   System.Management.ManagementObjectSearcher suche =
       new System.Management.ManagementObjectSearcher(ms, oq);
```

```
    DiskMenge = suche.Get();

    // Objekte einzeln zurückgeben
    this.WriteObject(DiskMenge, true);

    // Alternative
    //foreach (ManagementObject Disk in DiskMenge)
    //{
    // this.WriteObject(Disk);
    //}
  }
  protected override void StopProcessing()
  {
  }
 }
}
```

■ 64.7 Verarbeiten von Pipeline-Eingaben

Viele eingebaute Commandlets können Werte aus der Pipeline beziehen. Für das selbst definierte Commandlet `Get-Disk` würde man sich wünschen, den Namen eines Computers und auch die Namen mehrerer Computer über die Pipeline zu übergeben, z. B.:

```
"D142" | Get-Disk
"PC171", "PC172", "PC173" | Get-Disk
```

Die Unterstützung für Parameter bedeutet nicht automatisch auch, dass ein Commandlet Eingaben von der Pipeline akzeptiert, wie die Fehlermeldungen in folgender Bildschirmabbildung zeigen.

Die Unterstützung für Eingabeobjekte aus der PowerShell-Pipeline ist jedoch sehr einfach herstellbar, indem man die Annotation `[Parameter]` um `ValueFromPipeline = true` ergänzt:

```
[Parameter(Position = 0, ValueFromPipeline = true)]
public string Computer = ".";
```

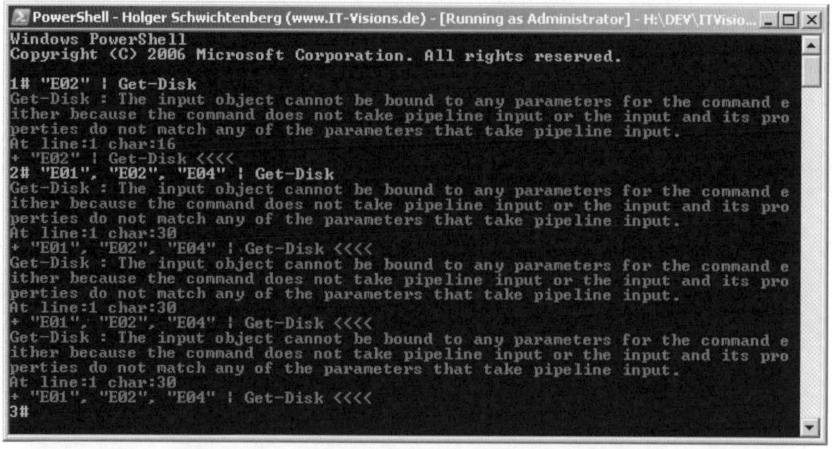

Bild 64.14 Get-Disk akzeptiert keine Pipeline-Inhalte – weder einzelne Zeichenketten noch Mengen.

Bild 64.15 Get-Disk akzeptiert nun Pipeline-Inhalte.

Listing 64.6 Variante der Implementierung von Get-Disk mit Akzeptanz von Pipeline-Inhalten

```
using System;
using System.Text;
using System.Management.Automation;
using System.Management.Automation.Provider;
using System.Management;

namespace de.ITVisions.PowerShell
{


 [Cmdlet(VerbsCommon.Get, "Disk")]
 public class GetDiskCommand : PSCmdlet
 {
  [Parameter(Position = 0, ValueFromPipeline = true)]
  public string Computer = ".";

  protected override void BeginProcessing()
  {
  }

  protected override void ProcessRecord()
  {
   string ABFRAGE = "Select * from Win32_LogicalDisk";

   System.Management.ManagementObjectCollection DiskMenge;
   ManagementScope ms = new ManagementScope("\\\\" + Computer +
                                       "\\root\\cimv2");
   ObjectQuery oq = new ObjectQuery(ABFRAGE);
   System.Management.ManagementObjectSearcher suche =
      new System.Management.ManagementObjectSearcher(ms, oq);
   DiskMenge = suche.Get();

   // Objekte einzeln zurückgeben
   this.WriteObject(DiskMenge, true);

   // Alternative
   //foreach (ManagementObject Disk in DiskMenge)
   //{
   // this.WriteObject(Disk);
   //}
  }

  protected override void StopProcessing()
  {
  }

 }
}
```

HINWEIS: Alternativ zur Angabe ValueFromPipeline = true kann man durch ValueFromPipelineByPropertyName = true festlegen, dass nicht ein ganzes Objekt aus der Eingabepipeline auf ein Attribut der Commandlet-Klasse abgebildet wird, sondern nur ein einzelnes gleichnamiges Attribut des Eingabeobjekts.

■ 64.8 Verkettung von Commandlets

Ihre ganze Macht können Commandlets im Zusammenspiel mit anderen Commandlets entfalten. Es gibt drei Kopplungsformen:

- Kopplung auf Basis elementarer Datentypen (insbesondere String)
- Kopplung auf Basis von typisierten Objekten
- Generische Kopplung

Kopplung auf Basis elementarer Datentypen

Die Kopplung auf Basis elementarer Datentypen (insbesondere String) ist die einfachste Verbindungsform, die aber die Möglichkeiten der PowerShell nicht ausschöpft. Viele Commandlets nehmen Eingaben als Zeichenkette entgegen und auch viele klassische Kommandozeilenwerkzeuge können damit arbeiten.

Die Akzeptanz von Pipeline-Inhalten funktioniert natürlich nur, wenn die Pipeline auch sinnvolle Daten enthält. Der Befehl `Get-Process | Get-Disk` würde zwar von der PowerShell ausgeführt werden, es würde aber so viele Fehler geben, wie es Prozesse gibt, denn `Get-Disk` würde Computer suchen, die „System.Diagnostics.Process (xy)" heißen, wobei xy der Prozessname ist.

In diesem Fall macht es keinen Sinn, die beiden Commandlets zu koppeln. Da es grundsätzlich aber sein könnte, dass ein Commandlet sinnvolle Textdaten für ein anderes Commandlet enthält, stellt sich die Frage, woher der Text „System.Diagnostics.Process (xy)" kommt. Hinter den Kulissen passiert Folgendes: `Get-Process` legt Instanzen von `System.Diagnostics.Process` in die Pipeline und übergibt diese nacheinander an `Get-Disk`. `Get-Disk` erwartet aber eine Zeichenkette und die PowerShell konvertiert nun mit Hilfe der Methode `ToString()` die Prozessobjekte in Zeichenketten. Im Fall von `System.Diagnostics.Process` werden der Klassenname und der Prozessname ausgegeben. Dies kann man leicht mit `gps | foreach { $_.tostring() }` ermitteln (siehe folgende Bildschirmabbildung).

Jedes .NET-Objekt besitzt eine Methode `ToString()`, denn `ToString()` ist in der „Mutter aller .NET-Klassen" `System.Object` implementiert und wird an alle .NET-Klassen und somit auch deren Instanzen weitergegeben. Ob `ToString()` eine sinnvolle Ausgabe liefert, hängt von der jeweiligen Klasse ab. Bei der Klasse `System.ServiceProcess.ServiceController`, deren Instanzen von `Get-Service` geliefert werden, ist die Konvertierung hingegen nicht so gut, denn die Zeichenkette enthält nur den Klassennamen, so dass die einzelnen Instanzen gar nicht unterschieden werden können.

 HINWEIS: Die Konvertierung in den Klassennamen ist das Standardverhalten, das von `System.Object` geerbt wird, und dieses Standardverhalten ist leider auch üblich, da sich die Entwickler der meisten .NET-Klassen bei Microsoft nicht die „Mühe" gemacht haben, eine sinnvolle Zeichenkettenrepräsentanz zu definieren.

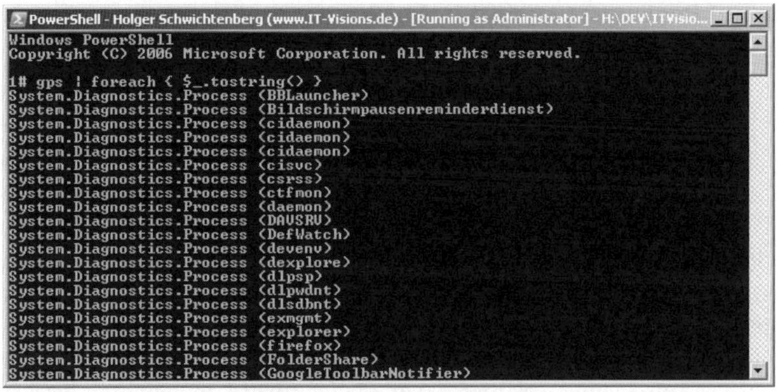

64.8 Verkettung von Commandlets

Bild 64.16 Anwendung von ToString() auf Instanzen der Klasse System.Diagnostics.Process

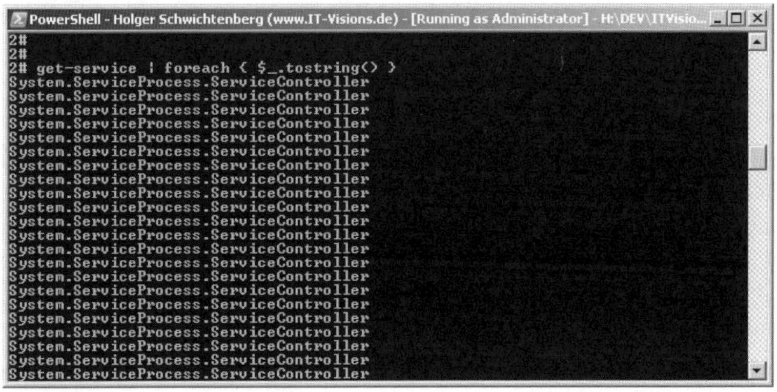

Bild 64.17 Anwendung von ToString() auf Instanzen der Klasse System.ServiceProcess. ServiceController

 TIPP: Die PowerShell Extensions von *www.IT-Visions.de* enthalten das Commandlet `Get-PipelineInfo`, mit dem man sowohl den Klassennamen als auch die Zeichenkettenrepräsentation aller Objekte in der Pipeline auf einen Blick sehen kann.

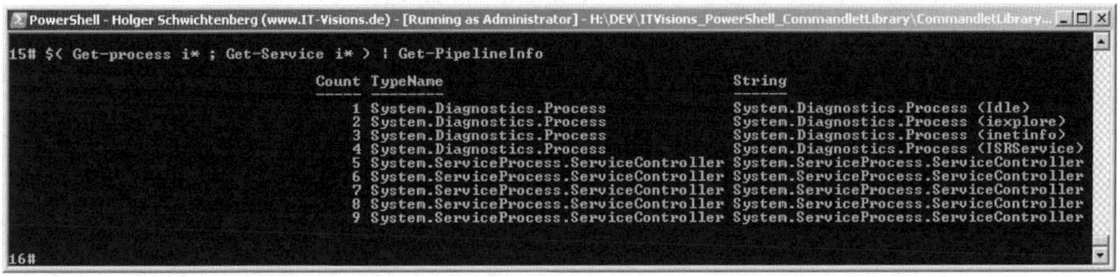

Bild 64.18 Anwendung von GetPipelineInfo

Kopplung auf Basis von typisierten Objekten

Typisierte Kopplung bedeutet, dass ein Objekt eines bestimmten Typs von einem Commandlet in die Pipeline gelegt und von einem anderen ausgewertet werden kann. (Beispiel: `Get-Process` erzeugt `Process`-Objekte, die `Stop-Process` verarbeiten kann.)

Für die typisierte Kopplungsform müssen beide Commandlets die betreffende Klasse kennen, d. h., die Klasse liegt entweder in der .NET-Klassenbibliothek vor oder die selbst definierte Klasse liegt zusammen mit beiden Commandlets in einem Snap-In. Das sendende Commandlet muss nicht deklarieren, welche Objekttypen es in die Pipeline legt. Genau genommen kann das sendende Commandlet das auch gar nicht deklarieren, denn einen solchen Mechanismus gibt es nicht in der PowerShell (was übrigens die Implementierung von komfortablen Entwicklungsumgebungen für die PowerShell erschwert bzw. das vorherige schrittweise Durchlaufen erfordert – vgl. Einzelschritt-Debugging im PowerShell Plus Editor). Das empfangene Commandlet muss einen Parameter dieses Typs deklarieren, der von der Pipeline empfangen werden darf. Diesen Parameter soll man laut den Commandlet-Konventionen [MSDN57] von Microsoft `InputObject` nennen. Ein anderer Name ist aber technisch möglich.

Beispiel

Als Beispiel finden Sie im folgenden Listing die Implementierung von `Get-DirectoryEntry` und `Remove-DirectoryEntry`. `Get-DirectoryEntry` besitzt ein Attribut `Path`, dem per Parameter oder Pipeline eine Zeichenkette mit der Pfadangabe für einen Verzeichniseintrag übergeben werden kann. `Get-DirectoryEntry` liefert als Rückgabe das zugehörige Verzeichnisobjekt.

Die Commandlet-Klasse `RemoveDirectoryEntryCommand` besitzt zwei Attribute:

- Wenn ein Verzeichnisobjekt über die Pipeline geliefert wird, landet es in dem Attribut `InputObject` und der Verzeichniseintrag wird durch Aufruf von `Remove()` bei Einzelobjekten bzw. `DeleteTree()` bei Containern gelöscht.
- Wenn kein Verzeichnisattribut geliefert wird, wird nachgesehen, ob es einen Inhalt im Attribut `Path` (entweder über Parameter oder aus einer Zeichenkette in der Pipeline) gibt. Wenn es einen Pfad gibt, wird das zugehörige Verzeichnisobjekt instanziiert, um dann den Eintrag zu löschen.

 HINWEIS: `InputObject` hat durch die Reihenfolge der Bedingung im Programmcode Priorität, d. h., wenn es von der Pipeline schon ein Verzeichnisobjekt gibt, wird ein möglicher zusätzlicher Parameter ignoriert.

Bei der Ausführung von

```
Get-DirectoryEntry "WinNT://XFilesServer/FoxMulder" | Remove-DirectoryEntry
"WinNT://XFilesServer/DanaScully"
```

würde also nur das Konto „FoxMulder" gelöscht. „DanaScully" bliebe unangetastet.

Listing 64.7 Implementierung von Get-DirectoryObject

```csharp
[Cmdlet(VerbsCommon.Get, "DirectoryEntry")]
public class GetDirectoryEntryCommand : PSCmdlet
{
 [Parameter(Position = 0, ValueFromPipeline = true)]
 public string Path = "WinNT://localhost";
 protected override void ProcessRecord()
 {
  System.DirectoryServices.DirectoryEntry d =
     new System.DirectoryServices.DirectoryEntry(Path);

  this.WriteObject(d, false);
 }
}
```

Listing 64.8 Implementierung von Remove-DirectoryObject

```csharp
[Cmdlet(VerbsCommon.Remove, "DirectoryEntry")]
public class RemoveDirectoryEntryCommand : PSCmdlet
{
 [Parameter(ValueFromPipeline = true)]
 public System.DirectoryServices.DirectoryEntry InputObject = null;

 [Parameter(Position = 0, ValueFromPipeline = true)]
 public string Path = "";
 protected override void ProcessRecord()
 {
  System.DirectoryServices.DirectoryEntry d = null;
  if (InputObject != null)
  {
   d = InputObject;
  }
  else
  {
   if (Path != "")    d = new
   System.DirectoryServices.DirectoryEntry(Path);
  }
  if (d != null)
  {
   try
   {
    (d.Parent.Children as
       System.DirectoryServices.DirectoryEntries).Remove(d);
   }
   catch (Exception)
   {
    try
    {
        d.DeleteTree();
   this.WriteObject(true);
    }
    catch (Exception ex)
    {
     throw ex;
    }
   }
```

```
  }
  else
  {
    this.WriteObject(false);
  }
}
```

Generische Kopplung

Bei der generischen Kopplung kann jedes beliebige Objekt weitergegeben werden. In der Regel wird durch Parametrisierung des empfangenen Commandlets definiert, was es in den Objekten in der Pipeline suchen soll. Beispiele für die zweite Kategorie sind `Where-Object` und `Select-Object`.

Wenn Sie eine generische Kopplung implementieren wollen, müssen Sie einen Parameter anlegen, der als Typ `System.Object` hat und der seinen Inhalt von der Pipeline beziehen kann:

```
Parameter(ValueFromPipeline = true)]
public System.Object InputObject;
```

Die Arbeit mit diesem Objekt erfordert einen Mechanismus namens Reflection. Dies sind höhere Weihen der .NET-Programmierung, für die an dieser Stelle auf [SCH01] und [SCH02] verwiesen sei.

64.9 Fehlersuche in Commandlets

Mit dem in Visual Studio integrierten Debugger können Sie PowerShell-Commandlets „debuggen", d. h. schrittweise ablaufen lassen und währenddessen die Zustände aller Variablen verfolgen und verändern.

Dazu sind folgende Schritte notwendig:

- Festlegung der *powershell.exe* als Startanwendung *C:\WINDOWS\system32\windowspowershell\v1.0\powershell.exe* (in den Projekteigenschaften – siehe Bild 64.19)
- Laden des Snap-In durch *Profile.ps1* oder durch Festlegung des Kommandozeilenarguments `-PSConsoleFile` (in den Projekteigenschaften – siehe Bild 64.20) oder durch `-noexit` und `-command` Angabe einer Skriptdatei, die `Add-PSSnapIn` aufruft.

64.9 Fehlersuche in Commandlets

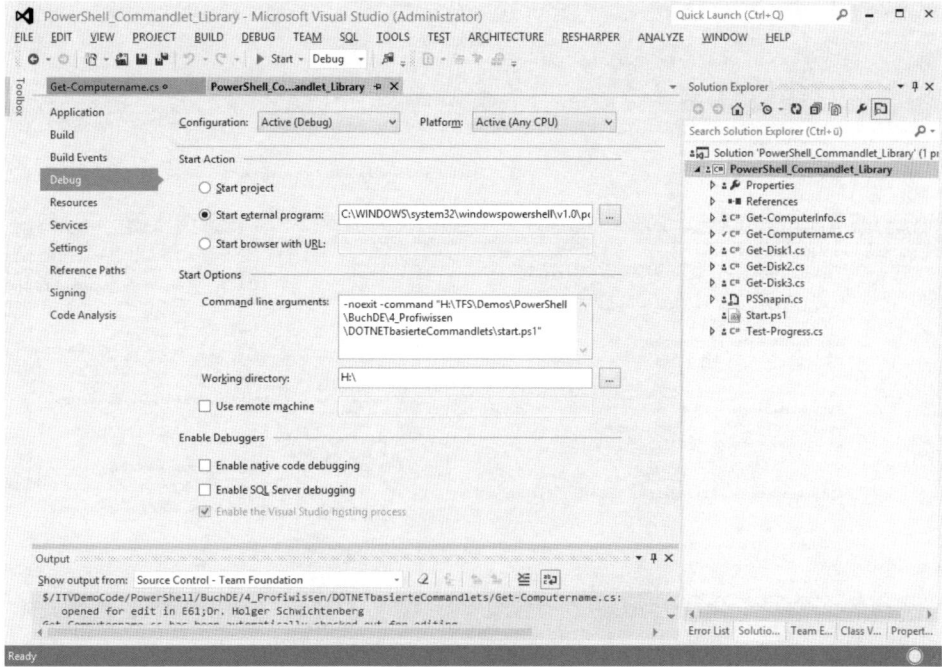

Bild 64.19 Konfiguration für das Commandlet-Debugging

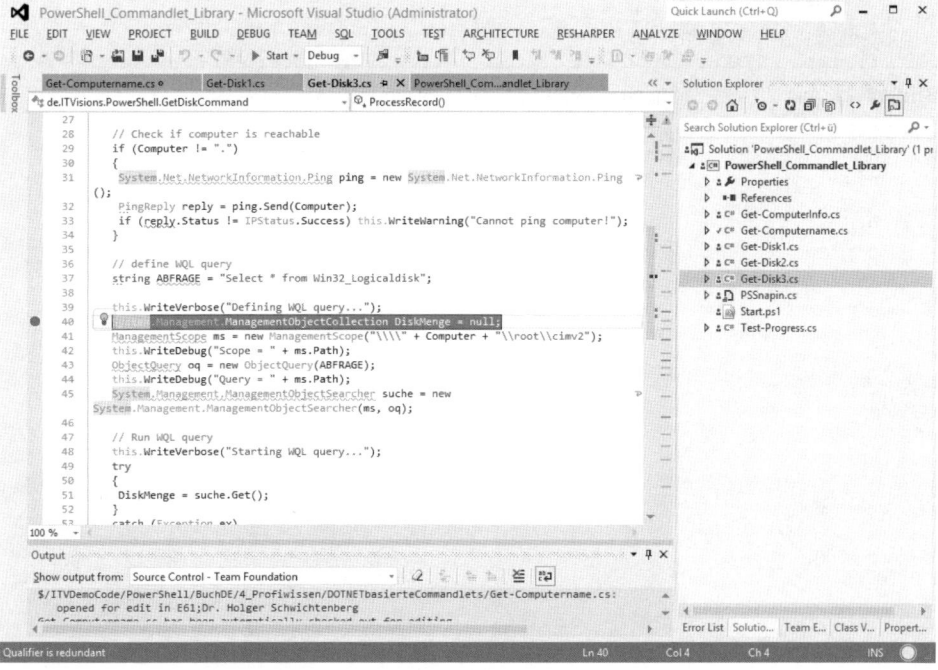

Bild 64.20 Start des Debuggings mit einem Haltepunkt

64 Entwicklung eigener Commandlets mit C#

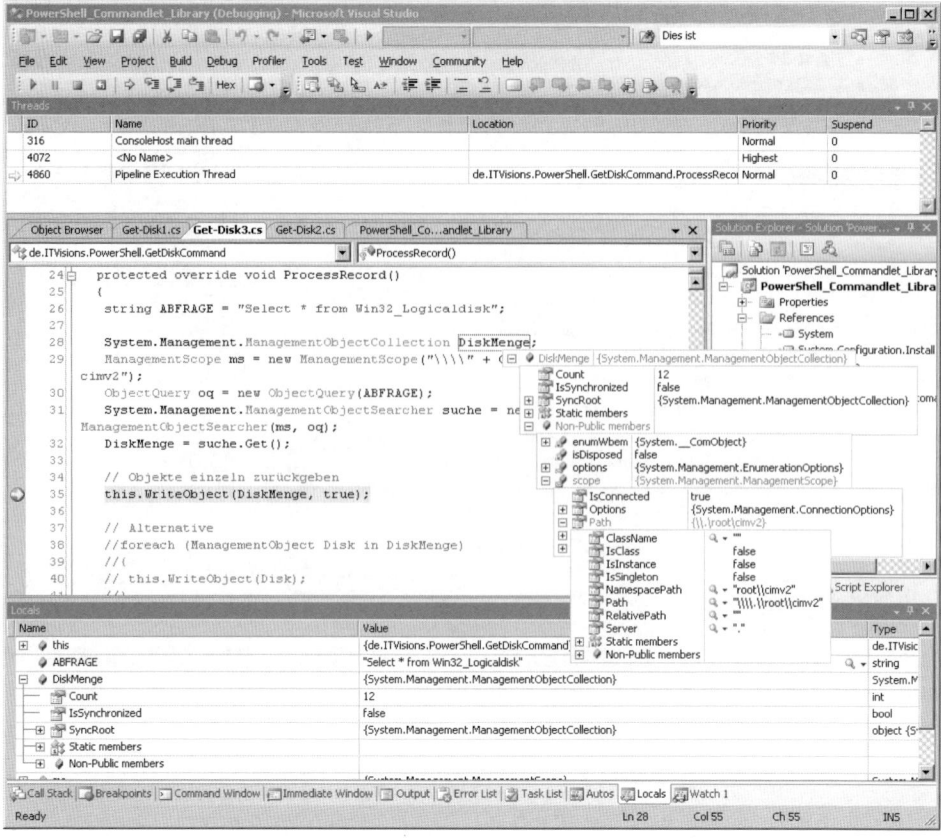

Bild 64.21 Ansicht von Variablen während des Debuggings

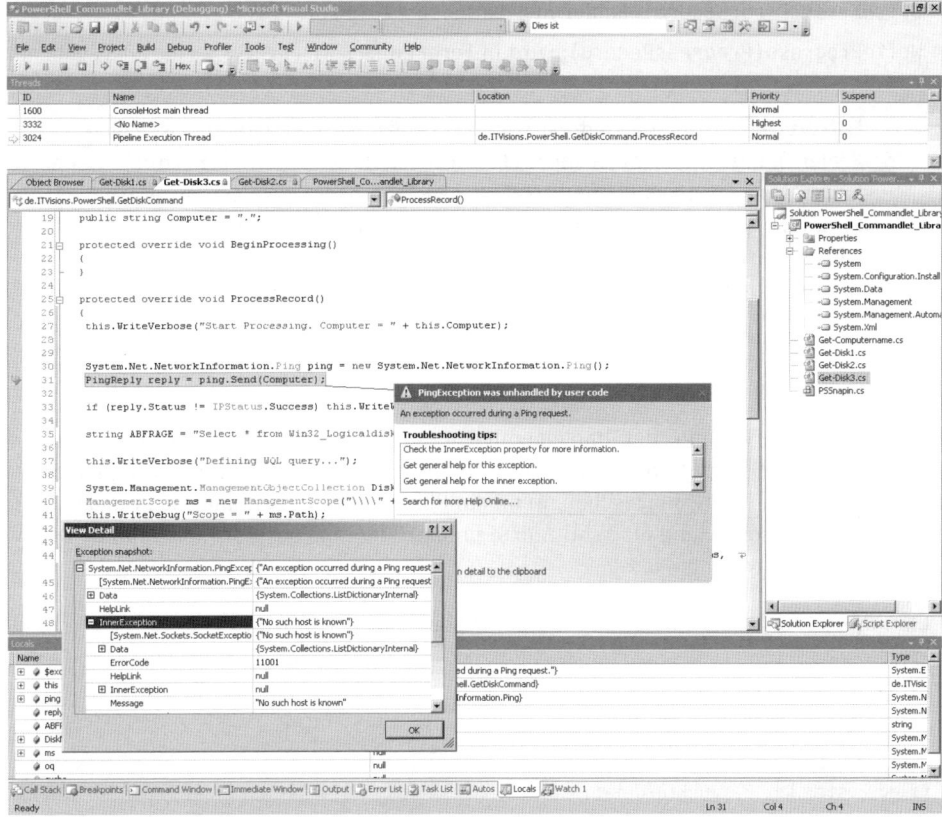

Bild 64.22 Im Fehlerfall zeigt der Debugger die Details zum Fehler direkt an der betreffenden Programmcodezeile an.

64.10 Statusinformationen

Ein Commandlet sollte niemand direkt ins Konsolenfenster mit `Console.WriteLine()` schreiben. Microsoft hat vorgesehen, dass es abseits der Übergabe von Objekten durch die Pipeline noch andere Wege gibt, wie sich ein Commandlet der Außenwelt mitteilen kann. Ob und wie diese Mitteilungen angezeigt werden, hängt von der PowerShell-Konsole ab. Der Endbenutzer kann das Verhalten durch die Parameter -verbose und -debug sowie die Umgebungsvariablen `$VerbosePreference` und `$DebugPreference` beeinflussen.

- `WriteVerbose(String)`: Texte werden ausgegeben, wenn das Commandlet mit dem Parameter -Verbose oder -Debug gestartet wird.
- `WriteDebug(String)`: Texte werden ausgegeben, wenn das Commandlet mit dem Parameter -Debug gestartet wird.
- `WriteWarning(String)`: Texte werden immer ausgegeben.

- `WriteError(ErrorRecord)`: Fehlerinformationen werden ausgegeben.
- `WriteProgress(ProgressRecord)`: wird in Form einer Fortschrittsanzeige ausgegeben.

HINWEIS: Der Unterschied zwischen `WriteError()` und dem Auslösen eines Fehlers mit dem C#-Sprachkonstrukt throw ist, dass nach `WriteError()` zwar ein Fehler ausgegeben wird, aber das Commandlet arbeitet weiter (Non-Terminating Error). Bei einem mit throw (oder `this.ThrowTerminatingError()`) ausgelösten Fehler (und allen vom .NET Framework ausgelösten Fehlern, die nicht abgefangen wurden) bricht das Commandlet sofort ab (Terminating Error).

Beispiel

In der folgenden Variante der Implementierung von Get-Disk sind Aufrufe von Write Verbose(), WriteDebug(), WriteWarning(), WriteError() eingebaut. In der Implementierung wird eine Warnung ausgegeben, wenn ein Ping an einem Computer nicht möglich ist. Dennoch wird anschließend ein WMI-Aufruf probiert (da Ping gesperrt sein könnte, DCOM aber möglich ist).

Listing 64.9 Implementierung von Get-Disk mit Statusinformationen

```csharp
using System;
using System.Text;
using System.Management.Automation;
using System.Management.Automation.Provider;
using System.Management;
using System.Net.NetworkInformation;

namespace de.ITVisions.PowerShell
{
 [Cmdlet(VerbsCommon.Get, "Disk")]
 public class GetDiskCommand : PSCmdlet
 {
 //   [Parameter()]
 //[Parameter(Position = 0, ValueFromPipeline = true)]

 [Parameter(Position = 0, ValueFromPipeline = true)]
 public string Computer = ".";

 protected override void BeginProcessing()
 {
 }

 protected override void ProcessRecord()
 {
  this.WriteVerbose("Start Processing. Computer = " + this.Computer);

  // Check if computer is reachable
  if (Computer != ".")
  {
   System.Net.NetworkInformation.Ping ping = new
      System.Net.NetworkInformation.Ping();
   PingReply reply = ping.Send(Computer);
```

```csharp
    if (reply.Status != IPStatus.Success) this.
        WriteWarning("Cannot ping computer!");
    }

    // define WQL query

    string ABFRAGE = "Select * from Win32_LogicalDisk";

    this.WriteVerbose("Defining WQL query...");
    System.Management.ManagementObjectCollection DiskMenge = null;
    ManagementScope ms = new ManagementScope("\\\\" + Computer +
                                             "\\root\\cimv2");
    this.WriteDebug("Scope = " + ms.Path);
    ObjectQuery oq = new ObjectQuery(ABFRAGE);
    this.WriteDebug("Query = " + ms.Path);
    System.Management.ManagementObjectSearcher suche =
        new System.Management.ManagementObjectSearcher(ms, oq);
    // Run WQL query

    this.WriteVerbose("Starting WQL query...");
    try
    {
     DiskMenge = suche.Get();
    }
    catch (Exception ex)
    {
     ErrorRecord er = new ErrorRecord(ex, "WQL Query Error",
        ErrorCategory.ResourceUnavailable, Computer);
     this.WriteError(er);
    }


    if (DiskMenge != null)
    {
     this.WriteDebug("Count = " + DiskMenge.Count);
     // Put objects to pipeline
     this.WriteObject(DiskMenge, true);
    }

    // Alternative
    //foreach (ManagementObject Disk in DiskMenge)
    //{
    // this.WriteObject(Disk);
    //}

    this.WriteVerbose("Finished Processing. Computer = " + this.Computer);
    }

    protected override void StopProcessing()
    {
    }

  }
}
```

Die folgenden Bildschirmabbildungen zeigen die Auswirkungen der Statusinformationen.

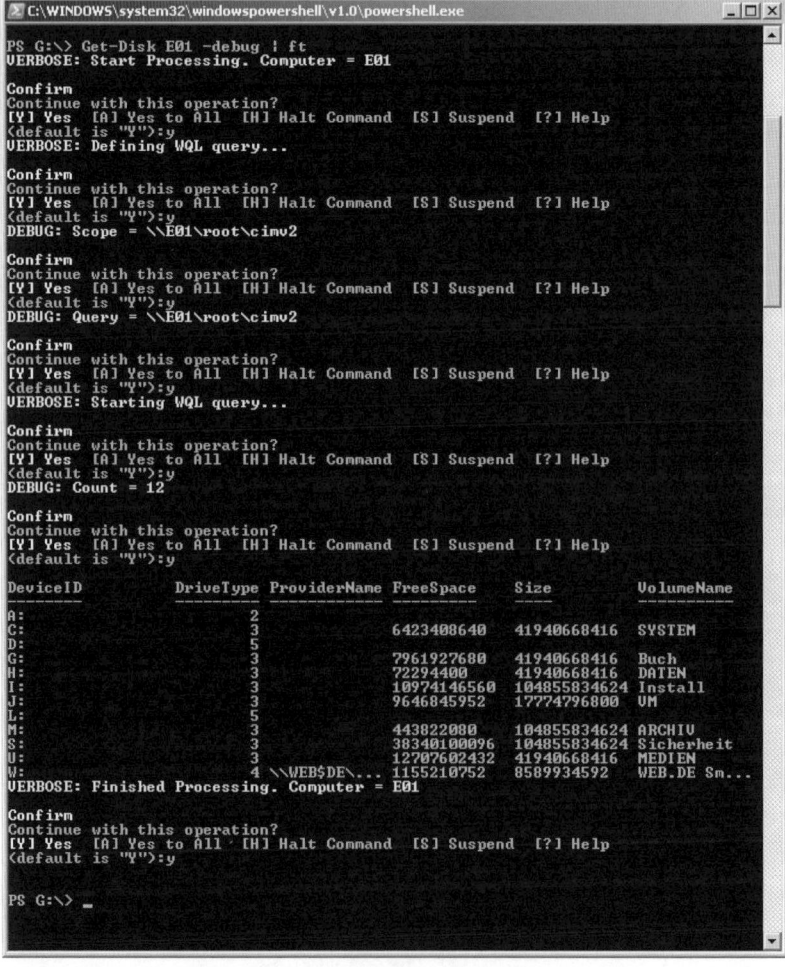

Bild 64.23 Start von Get-Disk mit der Option –verbose

Bild 64.24 Start von Get-Disk mit der Option –debug

- Durch Angabe des Parameters -verbose werden alle Texte, die mit `WriteVerbose()` übergeben wurden, in gelber Farbe ausgegeben.
- Durch Angabe des Parameters -debug werden alle Texte, die mit `WriteVerbose()` und `WriteDebug()` übergeben wurden, in gelber Farbe ausgegeben. Außerdem erfolgt nach jeder Ausgabe die Nachfrage, ob die Ausführung fortgesetzt werden soll.
- An `WriteWarning()` übergebene Texte werden immer ausgegeben.
- Das an `WriteError()` übergebene Fehlerobjekt wird in roter Farbe ausgegeben. Danach wird die Abarbeitung fortgesetzt (Non-Terminating Error).

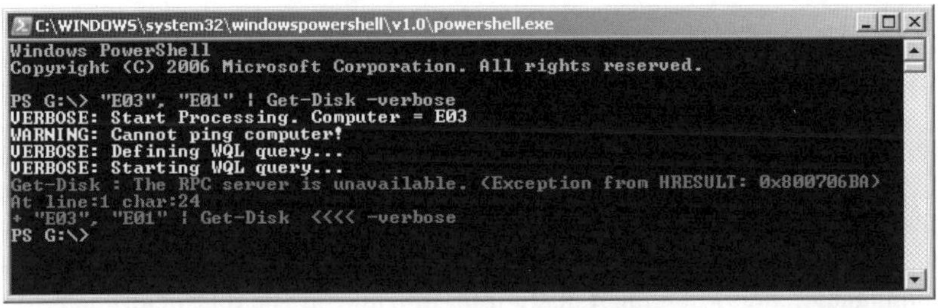

Bild 64.25 Wenn die Möglichkeit, dass ein Computer nicht erreichbar ist, nicht abgefangen wird, bricht das Commandlet ab. Alle folgenden Objekte in der Pipeline werden nicht mehr beachtet.

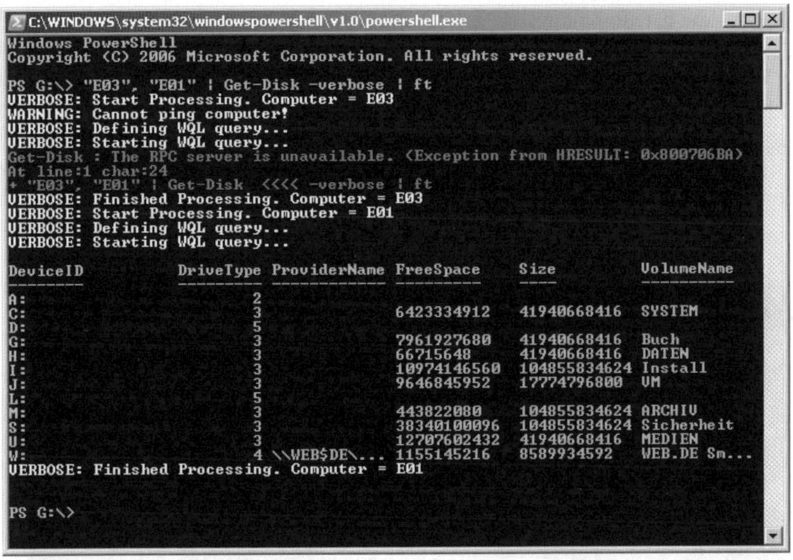

Bild 64.26 Wenn ein Fehler abgefangen und mit WriteError() ausgegeben wird, arbeitet das Commandlet weiter.

64.11 Unterstützung für Sicherheitsabfragen (-whatif und -confirm)

Viele Commandlets, die Änderungen am System ausführen, unterstützen die Sicherheitsabfrage mit -Confirm und -WhatIf. Diese Sicherheitsabfrage kann man auch eigenen Commandlets hinzufügen. Dazu sind zwei Dinge zu tun:

- In der Annotation vor der Commandlet-Klasse ist der Parameter SupportsShouldProcess = true anzugeben.

```
[Cmdlet(VerbsCommon.Remove, "DirectoryEntry", SupportsShouldProcess = true)]
public class Remove_DirectoryEntry : PSCmdlet
```

- Im Programmcode ist vor der eigentlichen Aktion, die das System verändert, ShouldProcess() aufzurufen. Dabei kann man wahlweise einen, zwei oder drei Parameter angeben, welche die Aktion beschreiben. ShouldProcess() erzeugt in Abhängigkeit von dem angegebenen Parameter die Ausgabe. Wenn ShouldProcess() den Wert false liefert, sollte das Commandlet die Aktion nicht ausführen. Im Fall von -whatif liefert ShouldProcess immer false. Bei -confirm kommt false, wenn der Benutzer die Aktion nicht explizit bestätigt hat.

Das folgende Beispiel zeigt ShouldProcess() mit einem Parameter und der zugehörigen Ausgabe von -WhatIf und -Confirm.

Listing 64.10 Bedingte Aktionsausführung mit einem Parameter bei ShouldProcess(), der den Pfad des zu löschenden Objekts enthält

```
if (ShouldProcess(d.Path))
{
// Aktion
}
```

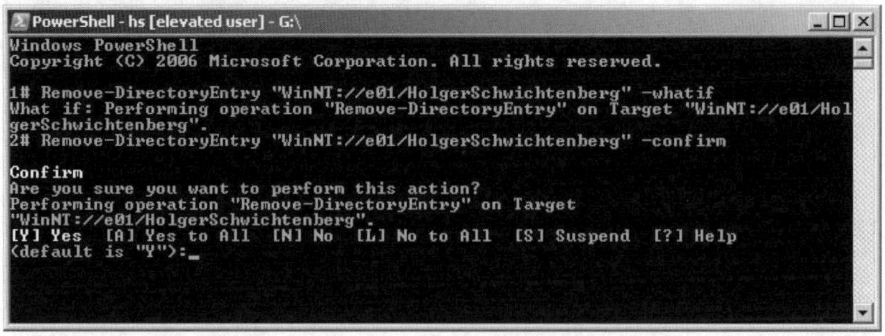

Bild 64.27 Auswirkungen der obigen Verwendung von ShouldProcess() auf -whatif und -confirm

Listing 64.11 Bedingte Aktionsausführung mit drei Parametern bei ShouldProcess()

```
if (ShouldProcess("Remove: " + d.Path, "Do you want to delete this
   entry permanently?", "Please confirm:"))
{
```

```
// Aktion
}
```

Bild 64.28 Auswirkungen der obigen Verwendung von ShouldProcess() auf -whatif und -confirm

Beispiel

Das folgende Listing zeigt ein komplettes Beispiel zur Anwendung von ShouldProcess().

Listing 64.12 Einsatz von ShouldProcess() beim Commandlet Remove-DirectoryEntry

```
[Cmdlet(VerbsCommon.Remove, "DirectoryEntry", SupportsShouldProcess = true)]
public class Remove_DirectoryEntry : PSCmdlet
{
 [Parameter(ValueFromPipeline = true)]
 public System.DirectoryServices.DirectoryEntry DirectoryObject = null;

 [Parameter(Position = 0, ValueFromPipeline = true)]
 public string Path = "";
 protected override void ProcessRecord()
 {

  System.DirectoryServices.DirectoryEntry d = null;

  if (DirectoryObject != null)
  { // Input was a Directory Object
   d = DirectoryObject;
  }
  else

  { // Input was a Directory Path

   if (Path != "") d = new System.DirectoryServices.DirectoryEntry(Path);
  }

  if (d != null)
  {

   if (ShouldProcess("Remove: " + d.Path,
         "Do you want to delete this entry permanently?", "Please confirm:"))
   {
    try
    {
     (d.Parent.Children as
```

```
        System.DirectoryServices.DirectoryEntries).Remove(d);
      }
      catch (Exception)
      {
       try
       {
        d.DeleteTree();
        this.WriteObject(true);
       }
       catch (Exception ex)
       {
        throw ex;
       }
      }
     }
    }
    else
    {
     this.WriteObject(false);
    }
   }
```

■ 64.12 Festlegung der Hilfeinformationen

Hilfeinformationen für die Commandlets, die durch `Get-Help` ausgelesen werden können, sind in XML-Dateien gespeichert. Das verwendete XML-Format heißt Microsoft Assistance Markup Language (MAML).

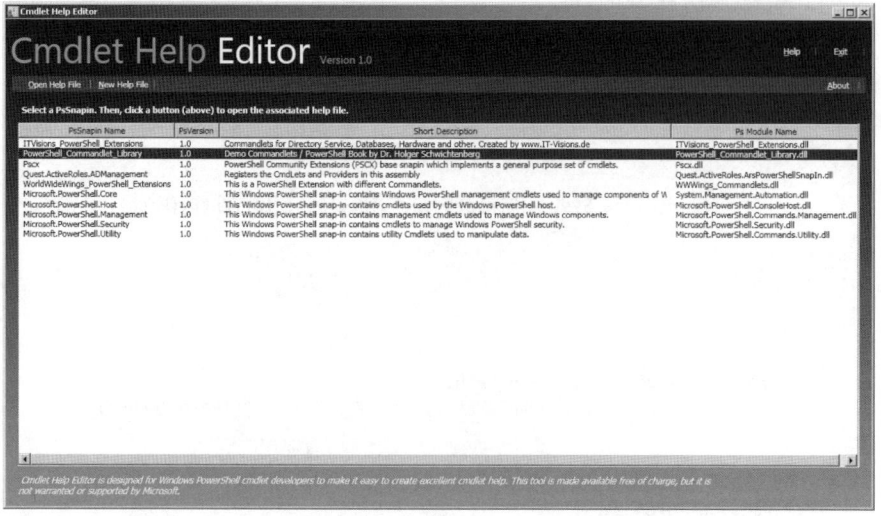

Bild 64.29 Auswahl der Commandlet-Bibliothek, für die eine Hilfedatei erstellt werden soll

Zur Erstellung solcher MAML-Dateien existiert eine Anwendung (Cmdlet Help Editor, siehe [FAY01]), die ein Microsoft-Mitarbeiter entwickelt hat, die aber keine offizielle Microsoft-Anwendung ist und nicht vom Microsoft-Support betreut wird.

 HINWEIS: Eine Hilfedatei zu einer Snap-In-Assembly muss den Namen der Snap-In-Assembly mit angehängtem *-help.xml* haben, also:
PowerShell_Commandlet_Library.dll-Help.xml

![Cmdlet Help Editor Screenshot]

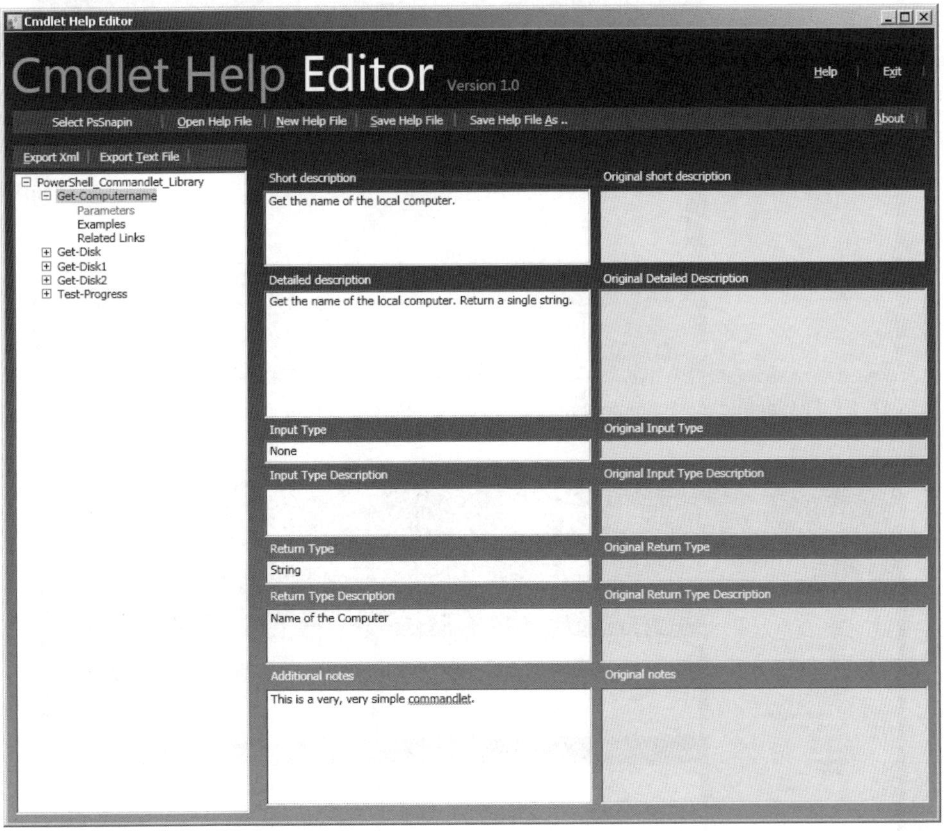

Bild 64.30 Festlegung der Hilfeinformationen für das Commandlet Get-Computername

 HINWEIS: Die Hilfedatei muss in dem gleichen Verzeichnis gespeichert werden wie die DLL und den Namen der DLL mit dem Zusatz „-Help.xml" tragen, z. B. *PowerShell_Commandlet_ Library.dll-Help.xml*.

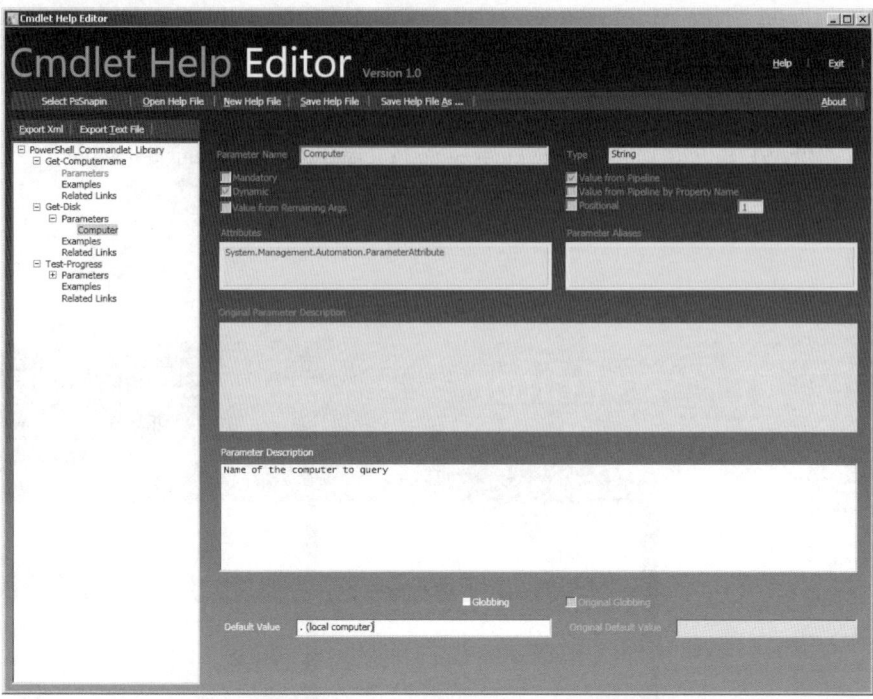

Bild 64.31 Festlegung der Hilfeinformationen für einen Parameter für das Commandlet Get-Disk

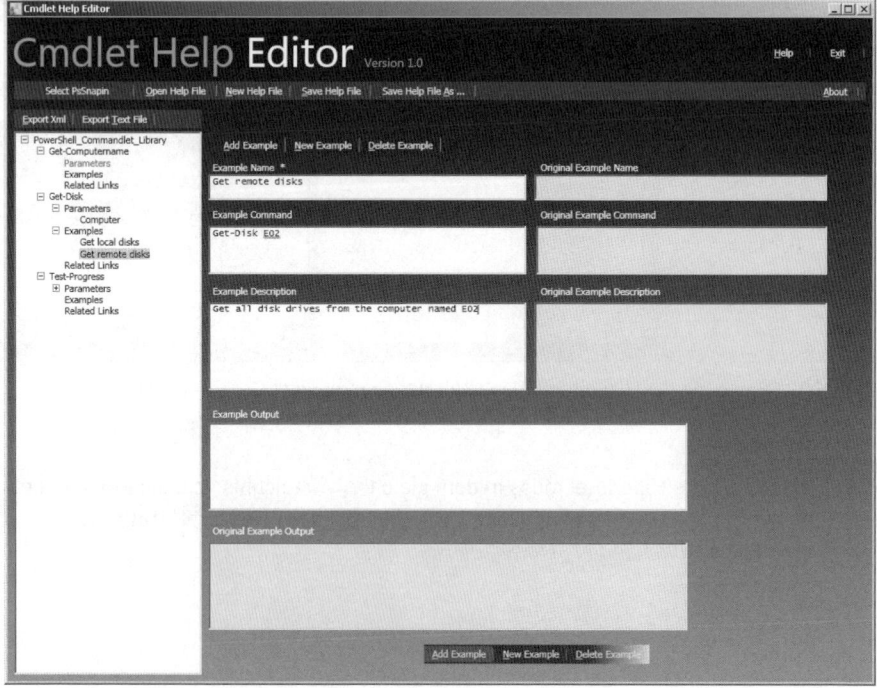

Bild 64.32 Definition eines Anwendungsbeispiels für das Commandlet Get-Disk

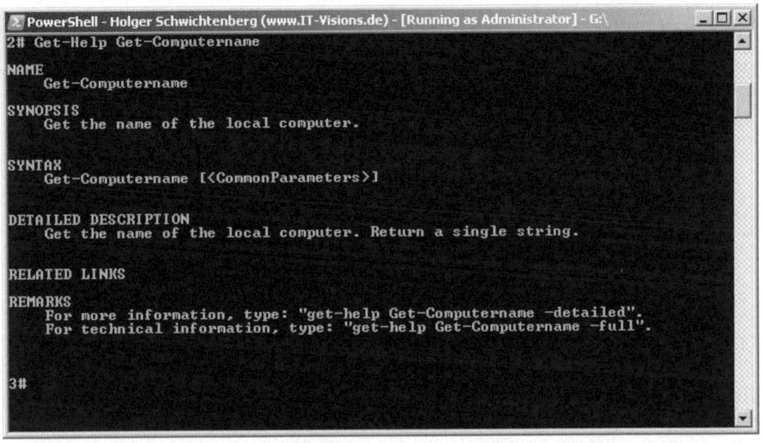

Bild 64.33 Ausgabe der Hilfeinformationen für das Commandlet Get-Computername

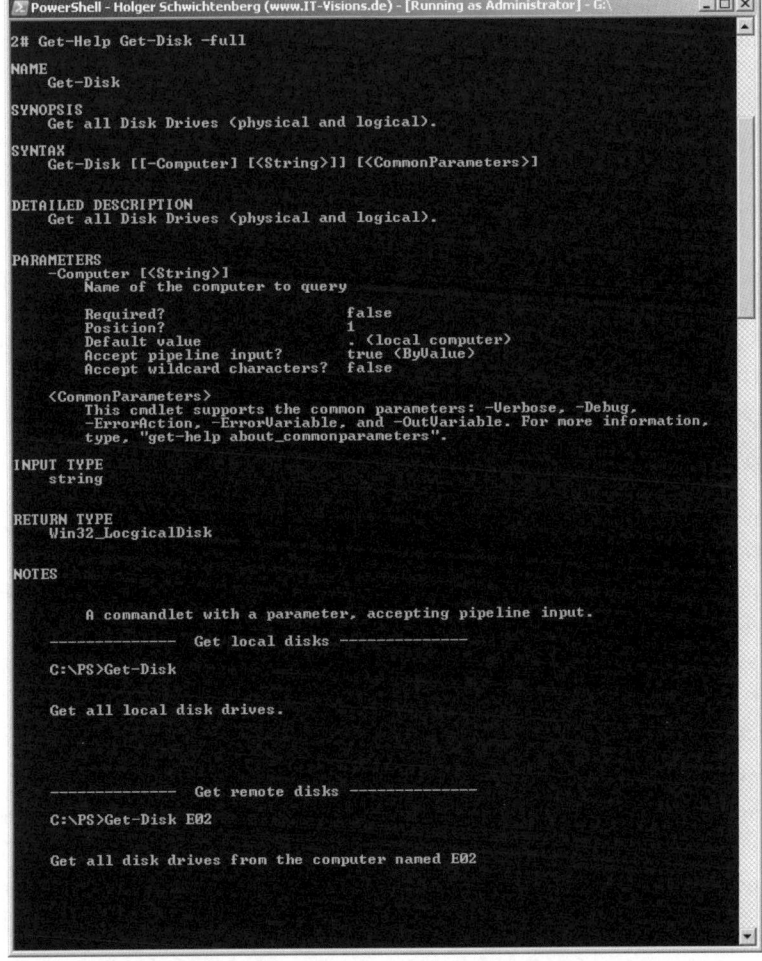

Bild 64.34 Ausgabe der Hilfeinformationen für das Commandlet Get-Disk

TIPP: Weitere Information über das MAML-Format der PowerShell-Hilfe finden Sie unter [MSDN52].

■ 64.13 Erstellung von Commandlets für den Zugriff auf eine Geschäftsanwendung

Alle bisherigen Beispiele zur Erstellung eigener Commandlets in diesem Buch beziehen sich auf die Windows-Infrastruktur, also das Auslesen und Verändern von Systeminformationen. In Zukunft werden auch Geschäftsprozessanwendungen kommandozeilenbasierte Schnittstellen auf Basis der PowerShell bereitstellen, um bestehende Geschäftslogiken für iterative Systemadministration und Scripting bereitzustellen.

Für eine Besprechung dieses Themas stehen leider in diesem Buchprojekt nicht ausreichend Seiten zur Verfügung. Sie finden im .NET-Musterprojekt World Wide Wings *(http://www.world-wide-wings.de)* ein mehrschichtiges .NET-Fallbeispiel, das auch eine Unterstützung für die PowerShell bietet.

„World Wide Wings" (kurz WWWings oder WWW) ist eine fiktive Fluggesellschaft, die als Fallbeispiel für eine mehrschichtige, komponentenbasierte .NET-Anwendung dient. Dieses Fallbeispiel wird vom Autor dieses Buchs in einigen .NET-Büchern sowie seinen .NET-Schulungen verwendet.

Die Fluggesellschaft World Wide Wings ist eine Charter-Fluggesellschaft. Sie bietet nationale, europäische und interkontinentale Flüge an. Die verschiedenen Desktop-, Konsolen- und webbasierten WWWings-Anwendungen verwalten Flüge, Passagiere, Flugbuchungen und Mitarbeiter der Fluggesellschaft.

In dem Beispiel sind u. a. folgende Commandlets für den Zugriff auf die Geschäftslogik realisiert:

- Get-Flugziel: liefert eine Liste der Abflughäfen, von denen die Gesellschaft losfliegt, oder bei Angabe eines Flughafens die Ziele, welche die Gesellschaft von dort ansteuert. Die Rückgabe ist immer eine Menge von Zeichenketten.
- Get-Flug: liefert Informationen über einen Flug anhand der Flugnummer, alle Flüge auf einer Route anhand zweier Flughäfen oder die Flugziele.
- Get-Passagier: liefert Informationen über einen Passagier inklusive einer Liste seiner Buchungen.
- New-Buchung: erstellt eine neue Buchung für einen Passagier.
- Remove-Buchung: löscht eine Buchung für einen Passagier.

Alle Commandlets haben direkt Auswirkungen auf die Geschäftsprozessdatenbank von World Wide Wings, die sich in einem Microsoft SQL Server 2005 befindet.

Die folgende Bildschirmabbildung zeigt den Einsatz dieses Commandlets, insbesondere auch die Kopplung der Commandlets durch typisierte Objekte. So nimmt z. B. das Commandlet New-Buchung wahlweise für den Flug eine Flugnummer oder ein Flug-Objekt und für den Passagier eine Passagiernummer oder ein Passagier-Objekt entgegen.

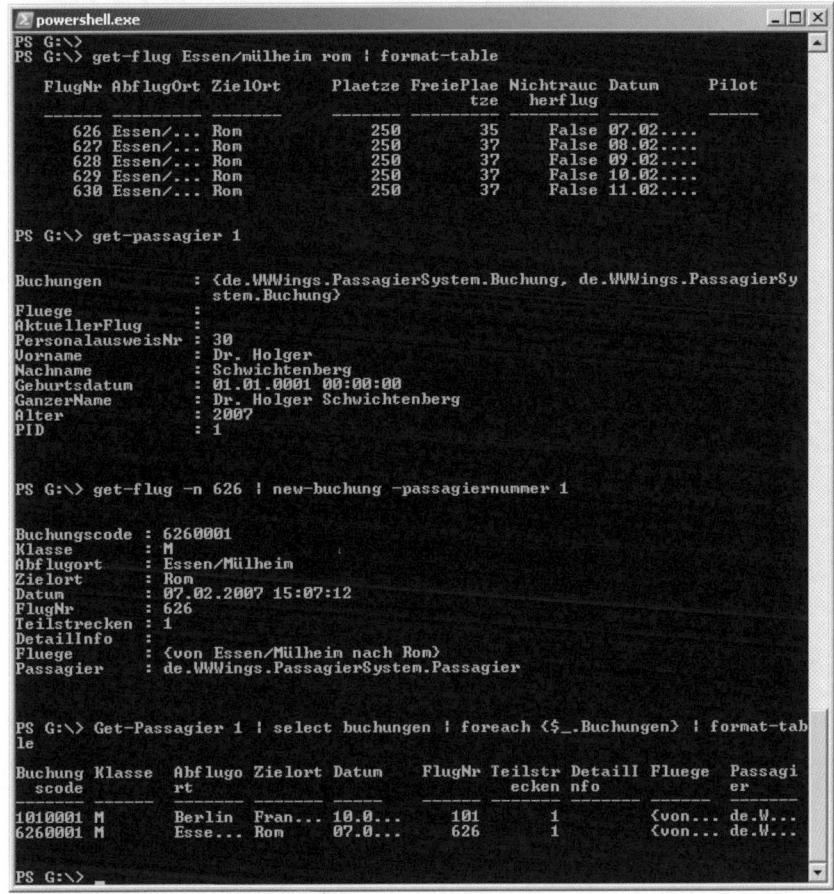

Bild 64.35 Einsatz der World Wide Wings-Commandlets

64.14 Konventionen für Commandlets

Bei den Verbnamen sollte man möglichst auf die bestehenden Verbnamen zurückgreifen, die Microsoft in sechs Gruppen vordefiniert hat (siehe Tabelle).

Tabelle 64.1 Vordefinierte Verben für Commandlets

VerbsCommon	Add Copy Join Move Remove Select Split	Clear Get Lock New Rename Set Unlock
VerbsCommunications	Connect Read Send	Disconnect Receive Write
VerbsData	Backup Compare ConvertFrom Dismount Import Limit Mount Restore	Checkpoint Convert ConvertTo Export Initialize Merge Out Update
VerbsDiagnostic	Debug Ping Test	Measure Resolve Trace
VerbsLifeCycle	Disable Install Resume Stop Uninstall	Enable Restart Start Suspend
VerbsSecurity	Block Revoke	Grant Unblock

Außerdem gibt es folgende Grundsätze für die Erstellung von Commandlets:

- Ein Commandlet sollte Objekte zurückliefern und keine Zeichenketten.
- Ein Commandlet sollte auch „in der Mitte" in einer Pipeline eingesetzt werden können, d. h., es sollte Objekte entgegennehmen und wieder Objekte erzeugen.
- Ein Commandlet sollte niemals direkt Ausgaben mit .NET-Framework-Funktionen wie `Console.WriteLine()` etc. erzeugen.
- Ein Commandlet sollte Objekte zurückliefern und keine Zeichenketten.
- Ein Commandlet sollte die Ausgabeobjekte immer einzeln in die Pipeline legen.
- Nach der Übergabe von Objekten an die Pipeline sollte das Commandlet die Objekte nicht mehr verwenden, da diese bereits von dem nachfolgenden Commandlet bearbeitet werden könnten.
- Ein Commandlet sollte sich nicht auf eine bestimmte Ausführungsreihenfolge von Commandlets in einem PowerShell-Befehl verlassen.

- Wenngleich der Name der Commandlet-Klasse nicht maßgeblich ist, schlägt Microsoft vor, die Klasse nach der Konvention „VerbSubstantivCommand" zu nennen, also für das Commandlet `Add-DirectoryObject` sollte die Klasse `AddDirectoryObjectCommand` heißen.
- Bei der Namensgebung für Parameter sollte PascalCasing (am Anfang und für jedes neue Wort ein Großbuchstabe) verwendet werden.
- Die folgenden Zeichen dürfen in Commandlet-Namen nicht verwendet werden: # , () {} [] & - /\ $; : „ '<> | ? @ `
- Für Ja-/Nein-Parameter (alias „Schalter") soll die Klasse `SwitchParameter` anstelle von Boolean zum Einsatz kommen, damit man solche Schalter einfach durch `-Schalter` anstelle von `-Schalter true` setzen kann.
- Ein Commandlet sollte immer `-verbose` und `-debug` unterstützen.
- Ein Commandlet, das Veränderungen am System vornimmt, sollte `-whatif` und `-confirm` unterstützen.

TIPP: Weitere Empfehlungen finden Sie in den „Cmdlet Development Guidelines" [MSDN57].

64.15 Weitere Möglichkeiten

Folgende Möglichkeiten bei der Erstellung von binären Commandlets können in diesem Buch aus Platzgründen nicht weiter thematisiert werden.

- Ein Commandlet kann Objekte, die es aus der Pipeline empfängt, um neue Attribute und Methoden anreichern. Anders als im Kern von .NET geht das nicht nur mit Methoden. Die PowerShell hat dazu ihr eigenes Extended Type System (ETS).
- Commandlets mit vielen Parametern können Parametergruppen (Parameter Sets) zur Festlegung unterschiedlicher Parametermengen definieren.
- Der Entwickler kann Bedingungen für Parameter deklarieren, die die PowerShell automatisch überprüft, z. B. `[ValidateLength (1,5)]`, `[ValidatePattern ("[0-9A-F]*")]` und `[ValidateNotNull ()]`. Dies wurde in diesem Buch für skriptbasierte Commandlets erläutert und lässt sich so auf binäre Commandlets übertragen.
- Die Standardformatierung für die von den Commandlets gelieferten Objekte kann man in der Typbeschreibungsdatei der PowerShell (*Produktname.Format.ps1xml*) festlegen.
- Ein Commandlet kann auch auf die laufende PowerShell-Konsole zugreifen, z. B. die belegten Variablen mit `this.GetVariableValue()`.
- Ein Commandlet kann in Parametern Platzhalter (Wildcards) unterstützen.

TIPP: Weitere Informationen zu diesen Punkten finden Sie im PowerShell SDK [MSDN53].

65 PowerShell-Module erstellen

Die Grundlagen und die Anwendung von PowerShell-Modulen finden Sie bereits in Teil B „PowerShell-Aufbauwissen". Dieses Kapitel behandelt nun das Erstellen von PowerShell-Modulen aus skriptbasierten Commandlets und binären Commandlets.

Bei der Erstellung von Modulen sind drei Fälle zu unterscheiden:

- Skriptmodul
- Binärmodul
- Manifestmodul

```
PS C:\Users\hs.ITV> Get-Module -ListAvailable | ft name, ModuleType, Description, Version

Name                                    ModuleType  Description                             Version
----                                    ----------  -----------                             -------
DesktopSearch                           Script                                              0.0
DotNet                                  Script                                              0.0
FileSystem                              Manifest    Windows PowerShell module ...           1.0
IsePack                                 Manifest    A Collection of Tools for ...           1.0
LDAPCommandlets                         Script                                              0.0
PowerShellPack                          Manifest    Windows 7 Resource Kit Pow...           1.0
PSCodeGen                               Manifest    Scripts to help with manag...           1.0
PSImageTools                            Manifest    A powershell module to wor...           1.0
PSRSS                                   Manifest    Powershell functions to ge...           1.1
PSSystemTools                           Manifest    A module to get and modify...           1.0
PSUserTools                             Manifest    A Windows PowerShell Modul...           1.0
TaskScheduler                           Manifest    A set of scripts to work w...           1.0
WPK                                     Manifest    The WPF Powershell Kit is ...           1.0
WWWings_Commandlets                     Binary                                              0.0
WWWings_ProviderAndCommand...           Manifest    Modul für World Wide Wings...           1.0
ActiveDirectory                         Manifest    Active Directory Module                 1.0.0.0
AppLocker                               Manifest    Powershell AppLocker Module             1.0.0.0
BitsTransfer                            Manifest                                            1.0.0.0
GroupPolicy                             Manifest                                            1.0.0.0
PSDiagnostics                           Manifest                                            1.0.0.0
TroubleshootingPack                     Manifest    Microsoft Windows Troubles...           1.0.0.0
WebAdministration                       Manifest                                            1.0.0.0
```

Bild 65.1 Den Modultyp kann man bei Get-Module erkennen.

■ 65.1 Erstellen eines Skriptmoduls

Ein Skriptmodul besteht aus einer PowerShell-Skriptdatei mit der Dateinamenserweiterung .psm1. Die Skriptdatei muss so heißen wie das Modul, also lautet z. B. für das Modul LDAP-Commandlets der Dateiname LDAPCommandlets.psm1. An den Aufbau der .psm1-Datei gibt es keine Anforderung. Jede Skriptdatei, die Funktionen definiert, ist möglich. Die definierten Funktionen werden alle als funktionsbasierte Commandlets exportiert. So gesehen ist also für ein Skriptmodul nicht mehr zu tun, als eine .ps1-Datei in .psm1 umzubenennen und die Datei in ein Verzeichnis mit gleichem Namen unterhalb eines der PowerShell-Modulverzeichnisse abzulegen.

ACHTUNG: Anders als beim „Dot Sourcing" einer Skriptdatei werden aber „freie" Befehle in der .psm1-Datei nicht ausgeführt.

Bei einem Skriptmodul kann man ebenso wie beim „Dot Sourcing" nicht auswählen, welche Funktionen exportiert (d. h. zum Aufruf veröffentlicht) werden. Es werden alle enthaltenen Funktionen veröffentlicht.

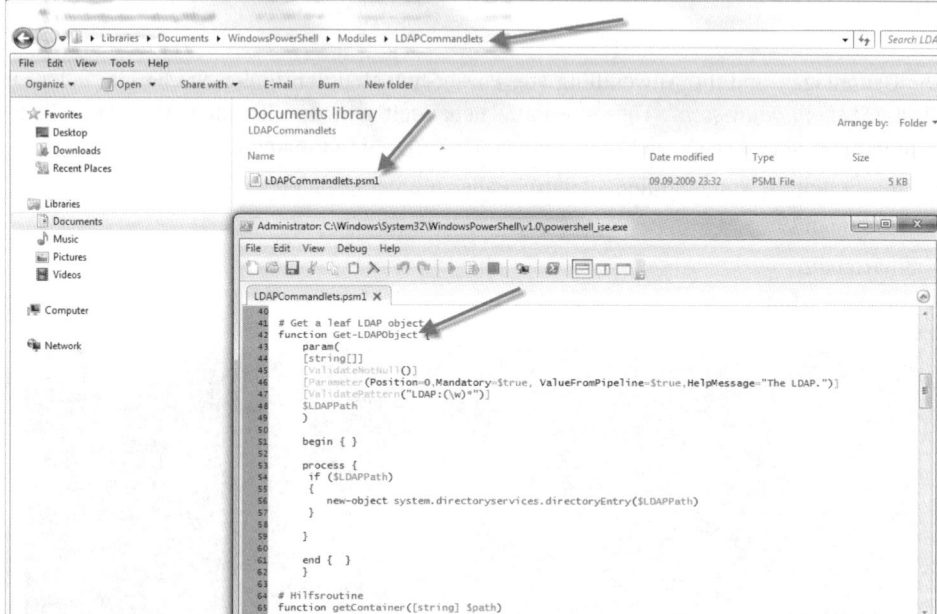

Bild 65.2 Ein PowerShell-Skript-Modul, das die Funktion Get-LDAPObject exportiert, von außen und innen

HINWEIS: Modulverzeichnisse sind im Standard c:\Windows\System32\Windows PowerShell\v1.0\Modules und c:\Program Files\WindowsPowerShell\ Modules sowie c:\users\xy\Documents\WindowsPowerShell\Modules für jeden einzelnen Benutzer. Die Umgebungsvariable PSModulePath liefert den Pfad zu den Benutzermodulen. Man kann diesen Pfad ändern oder auch weitere Pfade hinzufügen, z. B. $env:psmodulepath = $env:psmodulepath + ";h:\WPSModules" (siehe auch Teil B „*PowerShell-Aufbauwissen*").

65.2 Praxisbeispiel: Umwandlung einer Skriptdatei in ein Modul

Das folgende Skript erstellt aus einem skriptbasierten Commandlet in einer .ps1-Datei ein skriptbasiertes Modul mit .psm1-Datei und installiert dieses Modul dann in das Modulverzeichnis des angemeldeten Benutzers.

Listing 65.1 [4_Profiwissen\SkriptbasierteCommandlets\Deploy_Test-CustomerID.ps1]

```
# Erstelle aus einem skriptbasierten Commandlet ein skriptbasiertes Modul
$Quelle = x:\4_Profiwissen\SkriptbasierteCommandlets\Test-CustomerID.ps1
$moduledir = "x:\4_Profiwissen\Module\CustomerModule"

Write-Host "Lege Verzeichnis $moduledir an..." -ForegroundColor Yellow
if (Test-Path $moduledir) { rd $moduledir -Force -Recurse }
md $moduledir

Write-Host "Kopiere Skriptdatei..." -ForegroundColor Yellow
Copy-Item x:\4_Profiwissen\SkriptbasierteCommandlets\Test-CustomerID.ps1 "$moduledir\
CustomerModule.psm1"
Copy-Item "x:\4_Profiwissen\SkriptbasierteCommandlets\*.txt" $moduledir
"Dieses Modul wurde erstellt aus der Datei $Quelle." | Add-Content "$moduledir\
readme.txt" -Force
Write-Host "Kopiere Modul in das Benutzermodulverzeichnis..." -ForegroundColor Yellow
Copy-Item $modulebase $Home\Documents\WindowsPowerShell\Modules -Force

Write-Host "Lade Modul..." -ForegroundColor Yellow
Get-module Customer* | ft name

Write-Host "Teste Modul..." -ForegroundColor Yellow
Get-command Test-CustomerID
Test-CustomerID AB123
Test-CustomerID AB890
```

65.3 Erstellen eines Moduls mit Binärdateien

Analog zum Skriptmodul ist ein Binärmodul ein Modul mit einer DLL, deren Name dem Modulnamen entspricht. Das Binärmodul kann weitere abhängige DLLs im gleichen Verzeichnis haben. Es werden aber nur die in der Haupt-DLL enthaltenen Commandlets und Provider exportiert.

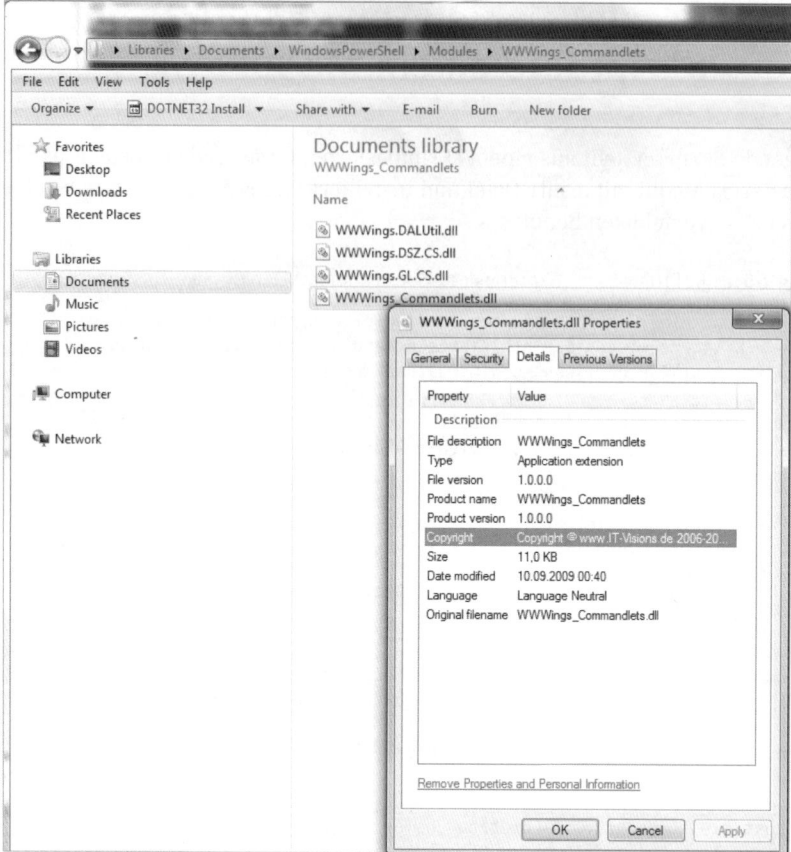

Bild 65.3 Ein Binärmodul

65.4 Erstellen eines Moduls mit Manifest

Ein Modul mit Manifest ist die flexibelste Form eines PowerShell-Moduls, weil hier zahlreiche Skript- und/oder Binärdateien in einem Modul zusammengefasst werden können. Ein Modul-Manifest ist eine Textdatei mit Meta-Informationen. Die wesentliche Information im Modul-Manifest sind die Dateien, die zu dem Modul gehören.

Das Manifest ist eine Textdatei mit der Dateinamenserweiterung (.psd1). Inhalt der Datei sind Name-Wert-Paare (in Form einer Hash-Tabelle) sowie optional Kommentare, die mit „#" beginnen. Beispiele für Name-Wert-Paare sind:

- ModuleVersion = '1.0'
- Author = 'Dr. Holger Schwichtenberg'
- NestedModules = „Access_Provider.dll", „WWWings_Commandlets.dll", „Start.ps1", „StartProvider.ps1", „StartCommandlets.ps1"

Die folgende Tabelle zeigt alle möglichen Namen. Die einzige Pflichtangabe ist ModuleVersion. Alle anderen Angaben sind optional.

Tabelle 65.1 Elemente eines Modul-Manifests

Schlüssel	Datentyp	Beschreibung
ModuleVersion	Zeichenkette im Format von System.Version, z. B. 1.2.3.4	Version des Moduls
GUID	Zeichenkette in Form einer GUID, z. B. 0093ae2d-89e4-494c-81a6-35881fafb6f2	Global Unique Identifier für das Modul
Author	Zeichenkette	Name des Modulautors
CompanyName	Zeichenkette	Firma des Modulautors
Copyright	Zeichenkette	Hinweis auf Rechteinhaber
Description	Zeichenkette	Beliebiger Beschreibungstext
PowerShellVersion	Zeichenkette im Format von System.Version, z. B. 2.0	Notwendige Version der PowerShell. Diese muss mindestens 2.0 sein, denn vorher gab es noch keine Module.
CLRVersion	Zeichenkette im Format von System.Version, z. B. 4.0	Notwendige Version der Common Language Runtime, z. B. 2.0 oder 4.0. Zu beachten ist, dass die CLR-Version für .NET 2.0, 3.0 und 3.5 jeweils 2.0 ist, da sich die CLR in .NET 3.0 und 3.5 nicht verändert hat.
DotNetFramework-Version	Zeichenkette im Format von System.Version, z. B. 3.5	Notwendige Version des .NET Frameworks, z. B. 3.0, 3.5 oder 4.0
RequiredModules	Eine Liste von Zeichenketten in der Form @("ModulName", "ModulName")	Liste von abhängigen Modulen, die bereits importiert sein müssen. Zu beachten ist, dass diese Anweisung nicht dazu führt, dass diese Module auch tatsächlich importiert werden.
RequiredAssemblies	Eine Liste von Zeichenketten in der Form @("AssemblyName", "AssemblyName")	Liste von .NET-Assemblies, die geladen werden sollen. Die Assemblies können sich im Global Assembly Cache (GAC), dem zentralen Komponentenverzeichnis von .NET oder aber im Modulverzeichnis befinden. Der Assembly-Name darf mit oder ohne „.dll" am Ende angegeben werden.
ScriptsToProcess	Eine Liste von Zeichenketten in der Form @("Skriptname.ps1", "Skriptname.ps1")	Liste von PowerShell-Skripten, die ausgeführt werden sollen, bevor der Import durchgeführt wird

(Fortsetzung nächste Seite)

Tabelle 65.1 Elemente eines Modul-Manifests *(Fortsetzung)*

Schlüssel	Datentyp	Beschreibung
TypesToProcess	Eine Liste von Zeichenketten in der Form @(„Typ.ps1xml", „Typ.ps1xml")	Liste von PowerShell-Typdateien (.ps1xml), die mit Hilfe von Update-TypeData ausgeführt werden sollen
FormatsToProcess	Eine Liste von Zeichenketten in der Form @(„Typ.ps1xml", „Typ.ps1xml")	Liste von PowerShell-Typdateien (.ps1xml), die mit Hilfe von Update-FormatData ausgeführt werden sollen
NestedModules	Eine Liste von Zeichenketten in der Form @(„Datei.dll", „Skript.ps1")	Liste von Skript- und Binärdateien (.ps1, .psm1, .psd1, .dll), die zum Modul gehören. Die Skriptdateien werden global verfügbar gemacht („Dot Sourcing") und die in den DLLs enthaltenen Commandlets und Provider werden aktiviert.
ModuleToProcess	String	Name des untergeordneten Moduls, das das Hauptmodul werden soll. Wenn hier nichts angegeben ist, wird das Manifest selbst zum Hauptmodul.
ExportedFunctions	Eine Liste von Zeichenketten in der Form @(„Funktionsname", „Funktionsname")	Liste von Funktionen, die das Modul exportieren soll. Das Exportieren ist die Voraussetzung dafür, dass eine Funktion in der PowerShell interaktiv oder in Skripten genutzt werden kann. Nicht exportierte Funktionen können nur innerhalb des Moduls selbst verwendet werden. Meist exportiert man alle Funktionen, was man durch die Angabe „*" festlegt. Eine leere Zeichenkette „" bedeutet, dass keine Funktionen exportiert werden sollen. In anderen Fällen ist die Liste der zu exportierenden Commandlets explizit anzugeben.
ExportedVariables	Eine Liste von Zeichenketten in der Form @(„Variablenname", „Variablenname")	Liste von Variablen, die das Modul exportieren soll. Das Exportieren ist die Voraussetzung dafür, dass Variablen in der PowerShell interaktiv oder in Skripten genutzt werden können. Nicht exportierte Variablen können nur innerhalb des Moduls selbst verwendet werden. Meist exportiert man alle Variablen, was man durch die Angabe „*„" festlegt.
		Eine leere Zeichenkette „" bedeutet, dass keine Variable exportiert werden soll. In anderen Fällen ist die Liste der zu exportierenden Variablen explizit anzugeben.

Schlüssel	Datentyp	Beschreibung
ExportedAliases	Eine Liste von Zeichenketten in der Form @(„Aliasname", „Aliasname")	Liste von Aliasen, die das Modul exportieren soll. Das Exportieren ist die Voraussetzung dafür, dass Aliase in der PowerShell interaktiv oder in Skripten genutzt werden können. Nicht exportierte Aliase können nur innerhalb des Moduls selbst verwendet werden. Meist exportiert man alle Aliase, was man durch die Angabe „*" festlegt. Eine leere Zeichenkette „" bedeutet, dass kein Alias exportiert werden soll. In anderen Fällen ist die Liste der zu exportierenden Aliasen explizit anzugeben.
FileList	Eine Liste von Zeichenketten in der Form @(„Datei.dll", „Skript.ps1", „Text.txt")	Eine Liste aller Dateien, die zu dem Modul gehören
PrivateData	Object	Daten, die an das Hauptmodul übergeben werden sollen

Versionsanforderungen

Die Anforderungen an Versionen, die im Manifest hinterlegt sind, werden tatsächlich beim Importieren des Moduls geprüft. Wenn zum Beispiel dort gefordert ist, dass .NET Framework 4.0 installiert ist, dies aber nicht erfüllt ist, führt `Import-Module` zum Fehler: „The module 'C:\Users\hs.ITV\Documents\WindowsPowerShell\Modules\WWWings_Provider AndCommandlets\WWWings_ProviderAndCommandlets.psd1' requires the following version of the .NET Framework: 4.0. The required version is not installed."

Dachmodule

Ein Modul kann als „Dachmodul" für andere unabhängige Module fungieren mit der Zielsetzung, eine Reihe von Modulen entweder einzeln oder zusammen importieren zu können. Dies macht das PowerShellPack vor. Das Modul „PowerShellPack" ist ein Skriptmodul, das nur aus `Import-Module`-Befehlen für andere Module besteht.

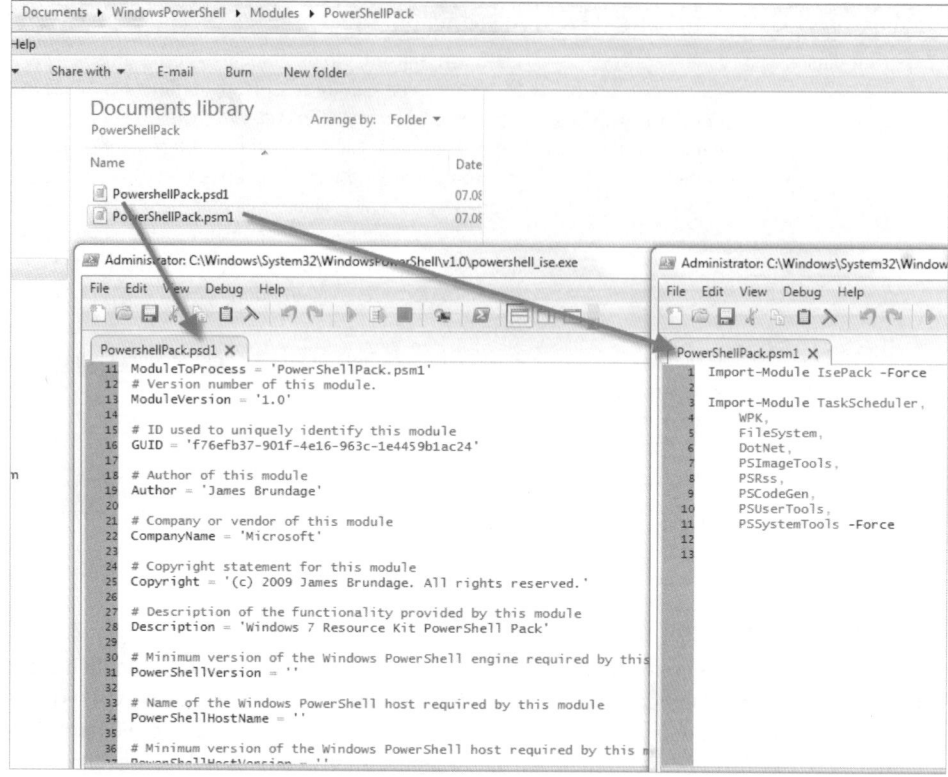

Bild 65.4 Aufbau des Moduls „PowerShellPack"

Es macht aber einen kleinen Unterschied, ob man `Import-Module PowerShellPack` oder einen Import eines Einzelmoduls durchführt: Die einzelnen Commandlets verweisen entweder auf das Einzelmodul oder das Dachmodul (siehe folgende Bildschirmabbildung).

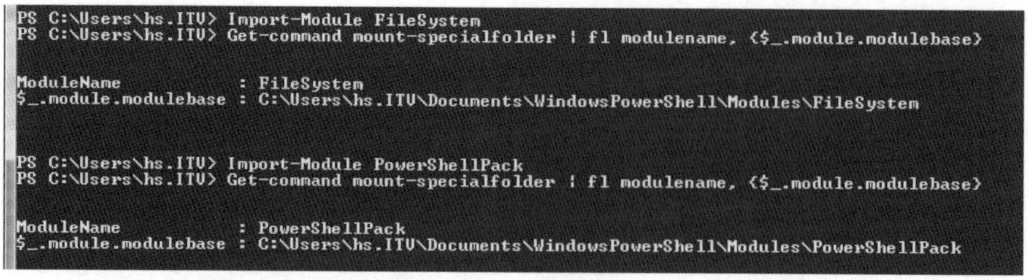

Bild 65.5 Auswirkungen des Imports eines Dachmoduls versus Import eines Einzelmoduls

Beispiel

Es soll ein Manifest für ein Modul mit den nachfolgend dargestellten Bestandteilen erstellt werden. Dabei haben die Dateien folgende Bedeutung:

- „ModulInit.ps1" ist ein Skript, das vor dem Importieren ausgeführt werden soll (es zeigt einen Hinweistext).
- „Access_Provider.dll" ist ein PowerShell-Provider.

65.4 Erstellen eines Moduls mit Manifest

- „WWW_Commandlets.dll" implementiert zahlreiche Commandlets.
- „WWWings.DALUtil.dll", „WWWings.DSZ.CS.dll" und „WWWings.GL.CS.dll" sind Bibliotheken, die „WWW_Commandlets.dll" benötigt. Sie implementieren keine eigenen Commandlets.
- „WWingsVersion6.mdb" ist eine Beispieldatenbank für „Access_Provider.dll".
- „StartCommandlets.ps1" und „StartProvider.ps1" enthalten Skripte, die „Access_Provider.dll" und „WWW_Commandlets.dll" testen.

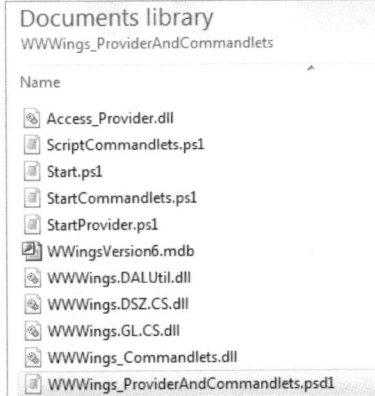

Bild 65.6
Inhalt des Modulverzeichnisses

Das folgende Listing zeigt die zugehörige Manifestdatei.

Listing 65.2 Beispiel für ein Modul-Manifest

```
#
# Module manifest
# Autor: Dr. Holger Schwichtenberg
# 18/01/2010
#

@{

# Script module or binary module file associated with this manifest
ModuleToProcess = 'WWWings_Commandlets.dll'

# Script files (.ps1) that are run in the caller's environment prior to importing this
module
ScriptsToProcess = @("ModulInit.ps1" )

# Modules to import as nested modules of the module specified in ModuleToProcess
NestedModules     = @("Access_Provider.dll", "WWWings_Commandlets.
dll", -"ScriptCommandlets.ps1", "StartProvider.ps1", "StartCommandlets.ps1")

# Version number of this module.
ModuleVersion = '1.0'

# ID used to uniquely identify this module
GUID = '0093ae2d-89e4-494c-81a6-35881fafb6f2'

# Author of this module
```

```
Author = 'Dr. Holger Schwichtenberg'

# Company or vendor of this module
CompanyName = 'www.IT-Visions.de'

# Copyright statement for this module
Copyright = '(c) 2009 www.IT-Visions.de. All rights reserved.'

# Description of the functionality provided by this module
Description = 'Modul für World Wide Wings PowerShell-Erweiterungen.'

# Minimum version of the Windows PowerShell engine required by this module
PowerShellVersion = '2.0'

# Name of the Windows PowerShell host required by this module
PowerShellHostName = ''

# Minimum version of the Windows PowerShell host required by this module
PowerShellHostVersion = ''

# Minimum version of the .NET Framework required by this module
DotNetFrameworkVersion = '3.5'

# Minimum version of the common language runtime (CLR) required by this module
CLRVersion = '2.0'

# Processor architecture (None, X86, Amd64, IA64) required by this module
ProcessorArchitecture = ''

# Modules that must be imported into the global environment prior to importing this module
RequiredModules = @()

# Assemblies that must be loaded prior to importing this module
RequiredAssemblies = @("System.Windows.Forms.dll", "WWWings_Commandlets.dll")

# Type files (.ps1xml) to be loaded when importing this module
TypesToProcess = @()

# Format files (.ps1xml) to be loaded when importing this module
FormatsToProcess = @()

# Functions to export from this module
FunctionsToExport = '*'

# Cmdlets to export from this module
CmdletsToExport = 'Get-Flug'

# Variables to export from this module
VariablesToExport = '*'

# Aliases to export from this module
AliasesToExport = '*'

# List of all files packaged with this module
FileList = @("Access_Provider.dll", "ModulInit.ps1","WWW_Commandlets.dll",
-"StartCommandlets.ps1", "StartProvider.ps1", "WWingsVersion6.mdb", "WWWings.
DALUtil.dll", "WWWings.DSZ.CS.dll","WWWings.GL.CS.dll" )
```

```
# Private data to pass to the module specified in ModuleToProcess
PrivateData = ''

}
```

 TIPP: Das Commandlet New-ModuleManifest hilft beim Erstellen eines Manifests. Das Commandlet fragt die wichtigsten Name-Werte-Paare für das Manifest interaktiv ab. Alternativ kann man die Werte auch als Parameter des Commandlets angeben.

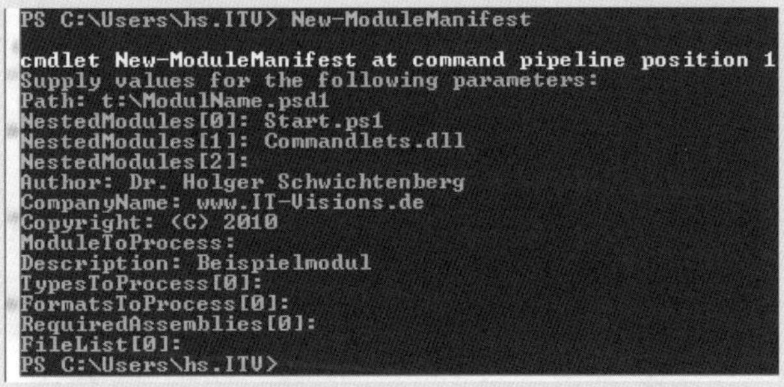

Bild 65.7 Interaktive Nutzung von New-ModuleManifest

65.5 Erstellung eines Manifest-Moduls mit Visual Studio

In Visual Studio mit installierten „PowerShell Tools for Visual Studio" [*https://marketplace.visualstudio.com/items?itemName=AdamRDriscoll.PowerShellToolsforVisualStudio2015*] kann man als Projektvorlage „PowerShell Module Project" wählen. Dadurch entsteht ein Visual Studio PowerShell-Projekt (.psproj-Datei) mit einer .psd1-Manifestdatei, einer .psm1-Datei und einer .ps1-Datei für einen Pester-basierten Unit Test. In den Projekteigenschaften gibt es eine Eingabemaske für Daten der Manifestdatei.

65 PowerShell-Module erstellen

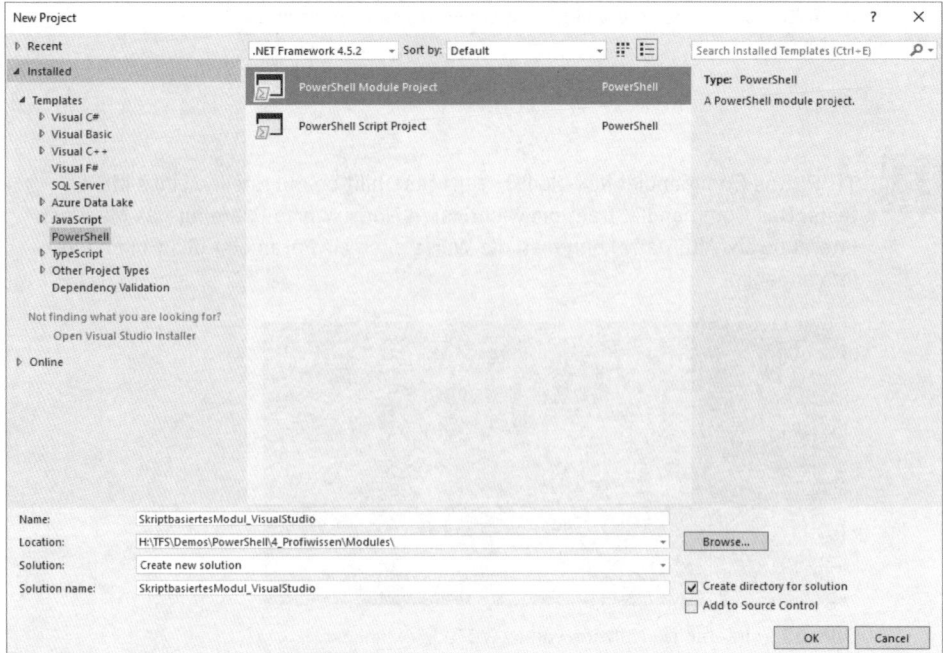

Bild 65.8 Anlegen eines Modul-Projekts in Visual Studio

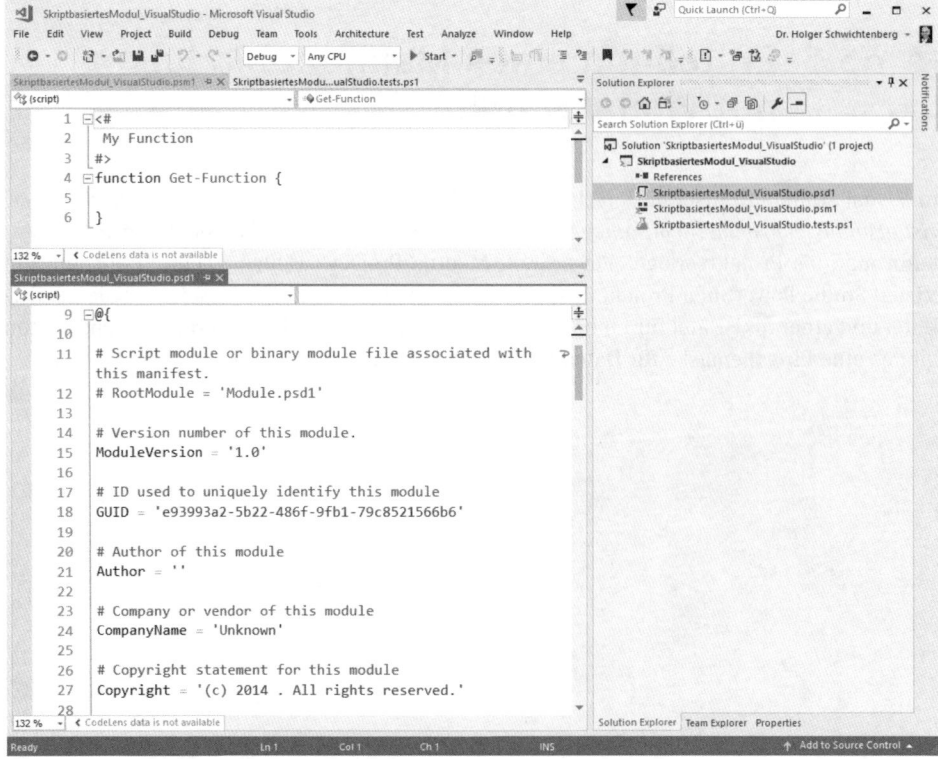

Bild 65.9 Das erstellte Modulprojekt

66 Hosting der PowerShell

Die PowerShell besteht logisch aus drei Schichten: den PowerShell-Grundfunktionen wie dem Pipelining und dem Providerkonzept, den PowerShell-Commandlets sowie -Providern und dem PowerShell-Host, der den Windows-Prozess und gegebenenfalls eine grafische Benutzeroberfläche bereitstellt. Microsoft liefert mit PowerShell zwei verschiedene Hosts aus: die PowerShell-Konsole (powershell.exe) und das Integrated Scripting Environment (powershell_ise.exe). Microsoft erlaubt es lizenzkostenfrei (!), die PowerShell-Grundfunktionen und die von Microsoft gelieferten Commandlets und Provider in eigene Anwendungen zu integrieren.

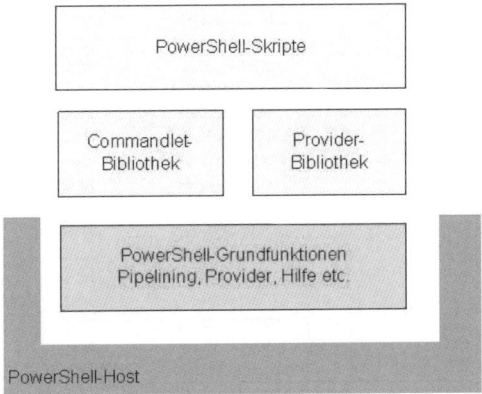

Bild 66.1
Schichtenmodell der Windows PowerShell

Neben der bereits in PowerShell 1.0 enthaltenen Hosting-Möglichkeit, die relativ komplex war, bietet die PowerShell seit Version 2.0 eine zusätzliche vereinfachte Hosting-Schnittstelle.

 HINWEIS: Jede beliebige .NET-Anwendung kann die PowerShell hosten, also sowohl Windows-Forms- und WPF-Anwendungen, Webanwendungen und Konsolenanwendungen als auch Dienste ohne Benutzerschnittstelle.

66.1 Voraussetzungen für das Hosting

Für das Hosting der PowerShell benötigt man die Assembly *System.Management.Automation.dll*. Unter Windows XP, Vista und Windows Server 2003/2008 findet man diese Assembly unter *C:\Windows\System32\WindowsPowerShell\v1.0*. In Windows 7/8.x/10 und Windows Server 2008 R2/2012/2012 R2/2016 muss man in den Global Assembly Cache sehen unter *C:\Windows\assembly\GAC_MSIL\System.Management.Automation\1.0.0.0__31bf3856ad364e35*.

 ACHTUNG: Leider hat Microsoft die Versionsnummer der Assembly nicht hochgezählt. Auch in PowerShell 5.1 steht daher im Global Assembly Cache noch „1.0". Man kann die DLLs aber anhand der Dateiversionsnummer unterscheiden: 6.0.6000 steht für PowerShell 1.0 und 6.1.7600 für PowerShell 2.0, 3.0, 4.0 und 5.0/5.1.

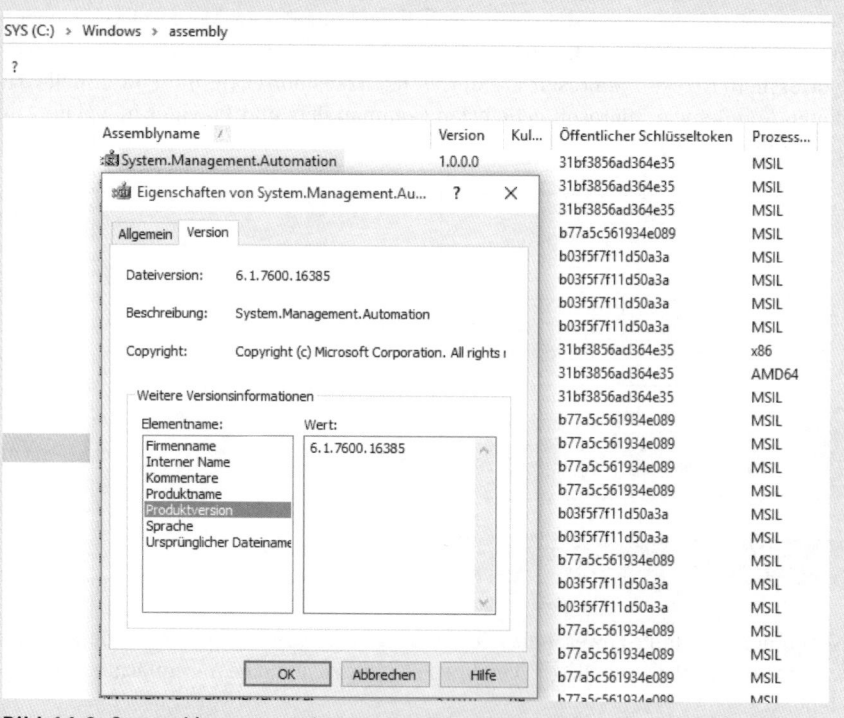

Bild 66.2 System.Management.Automation.dll in Windows 10

66.2 Hosting mit PSHost

Für die „ältere" Form des Hostings sind drei Klassen zu implementieren:

- Eine Klasse, die von `PSHost` erbt. Hier sind einige wenige Attribute und Methoden zu implementieren mit Basisinformationen über den Host wie z.B. Name, Versionsnummer und aktuelle Sprache.
- Eine Klasse, die von `PSHostUserInterface` erbt. Diese Klasse realisiert die Entgegennahme von Eingaben (Prompt) sowie Ausgaben (Write).
- Eine Klasse, die von `PSHostRawUserInterface` erbt. Hierin sind Funktionen wie Farben und Fenstergröße abzulegen.

Alle drei Basisklassen findet man im Namensraum `System.Management.Automation.Host`. Eine detaillierte Diskussion jeder einzelnen zu implementierenden Eigenschaft muss hier aus Platzgründen entfallen. Vielmehr soll anhand eines Beispiels eine praktische Einführung gegeben werden.

Beispiel

Die folgende Bildschirmabbildung zeigt eine Windows-Forms-Anwendung mit einer Eingabezeile und einem größeren Ausgabebereich. Die Eingabezeile erlaubt beliebige PowerShell-Commandlets und auch andere Arten von Befehlen wie Berechnungen.

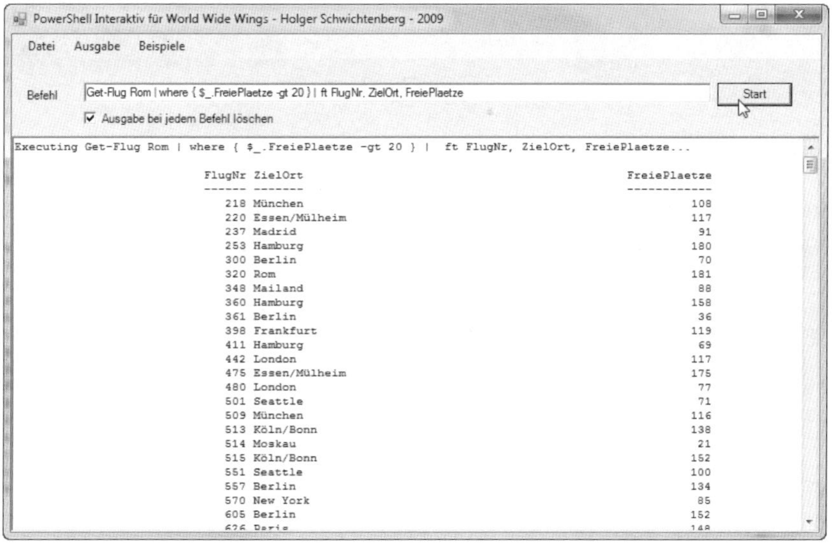

Bild 66.3 Hosting der PowerShell in einer Windows-Forms-Anwendung

Das folgende Bild zeigt die Architektur des Beispiels. Neben jeweils einer Klasse zur Implementierung der drei oben genannten Klassen gibt es zwei weitere Klassen; die Klasse „Program", die den PSHost und einen sogenannten Runspace erzeugt sowie die grafische Benutzeroberfläche startet. Der Runspace verweist dabei auf Host und der Runspace ist zu öffnen.

```
pshost = new WWWingsHost(this, w);
runspace = RunspaceFactory.CreateRunspace(pshost);
runspace.Open();
```

Die in `WWWingsHostWindow` implementierte Benutzeroberfläche weiß im Sinne guter Schichtentrennung gar nicht, dass die eingegebenen Befehle von der PowerShell ausgeführt werden. Nach einem Klick auf die Start-Schaltfläche (Name „C_Start") erzeugt die Benutzeroberfläche ein Ereignis vom Typ `CommandEntered()`, wobei die in der Textbox C_Eingabe erfasste Zeichenkette als Parameter übergeben wird. Konsument des Ereignisses ist die Klasse `Program`.

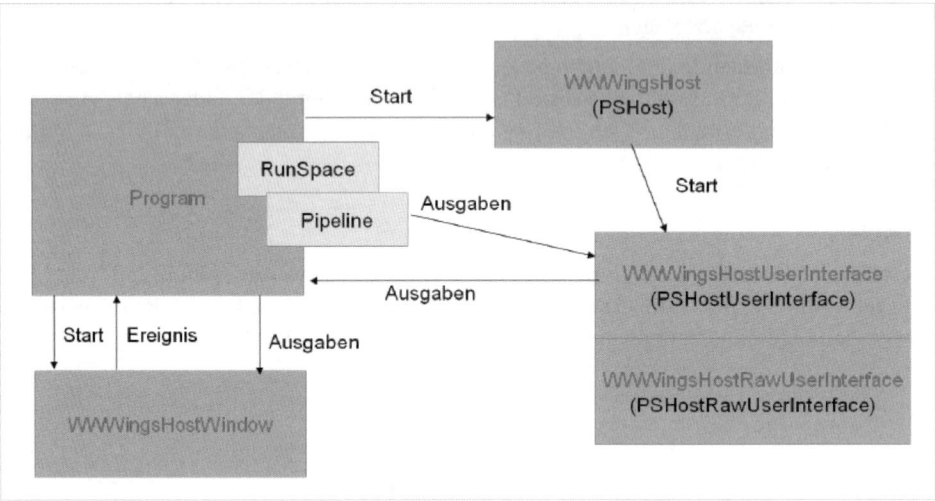

Bild 66.4 Architektur des Beispiels

`Program` erzeugt in der Methode `Execute()` eine neue Pipeline durch die Methode `Create Pipeline()` in dem `Runspace`-Objekt. Die eingegebene Zeichenkette wird dann durch `AddScript()` an die Pipeline übergeben:

```
currentPipeline.Commands.AddScript(cmd);
```

Durch das Hinzufügen von `Out-Default` an der Pipeline wird die Standardausgabe für viele Commandlets aktiviert.

```
currentPipeline.Commands.Add("Out-Default");
```

Die Ausführung der Pipeline startet man mit

```
currentPipeline.Invoke();
```

Diese Methode liefert kein direktes Ergebnis. Vielmehr sendet die Pipeline die Ausgaben an den Runspace, der Runspace an den Host und der Host nutzt zur Ausgabe das `PSHostUserInterface`, das sich wiederum zum Teil des `PSHostRawUserInterface` bedient. Das `PSHostUserInterface` sendet an das Programm die Ausgabe und das Programm sendet diese an die Benutzerschnittstelle.

Listing 66.1 Methode Execute() in der Klasse Program

```
void Execute(string cmd, object input)
        {
                // Just ignore empty command lines...
                if (String.IsNullOrEmpty(cmd))
                   return;

                // Create the pipeline object and make it available
                // to the ctrl-C handle through the currentPipeline
                   instance
                // variable

                lock (instanceLock)
                {
                    currentPipeline = myRunSpace.CreatePipeline();
                }

                // Create a pipeline for this execution - place the
                   result in the currentPipeline
                // instance variable so it is available to be stopped.
                try
                {
                    currentPipeline.Commands.AddScript(cmd);

                    // Now add the default outputter to the end of the
                       pipe and indicate
                    // that it should handle both output and errors
                       from the previous
                    // commands. This will result in the output being
                       written using the PSHost
                    // and PSHostUserInterface classes instead of
                       returning objects to the hosting
                    // application.

                    currentPipeline.Commands.Add("out-default");
                    currentPipeline.Commands[0].MergeMyResults(PipelineResultTypes.Error,
PipelineResultTypes.Output);

                    // If there was any input specified, pass it in,
                       otherwise just
                    // execute the pipeline...

                    if (input != null)
                    {
                        currentPipeline.Invoke(new object[] { input });
                    }
                    else
                    {
                        currentPipeline.Invoke();
                    }
                }
                finally
                {
                   // Dispose of the pipeline line and set it to null,
                      locked because currentPipeline
                   // may be accessed by the ctrl-C handler...
                   lock (instanceLock)
```

```
            {
                currentPipeline.Dispose();
                currentPipeline = null;
            }
        }
    }
```

66.3 Vereinfachtes Hosting seit PowerShell 2.0

Die PowerShell bietet seit Version 2.0 alternativ eine stark vereinfachte Möglichkeit zur Ausführung von PowerShell-Befehlen, bei der keine einzige der PowerShell-Basisklassen implementiert werden muss. Man erzeugt einfach eine Instanz der PowerShell (mit Hilfe der Klasse `System.Management.Automation.PowerShell`), übergibt den auszuführenden Befehl (oder die Befehlskette) und erhält eine Menge von Objekten zurück mit dem Inhalt der Pipeline nach Ende der Ausführung in Form von Instanzen der Klasse `PSObject`. Leider gibt es auch einen Haken: Um die Ausgabe muss man sich nun selbst kümmern. Dies bedeutet, dass weder die Standardausgabe mit `Out-Default` noch die Format-Commandlets funktionieren.

Das folgende Listing zeigt die Anwendung von `Get-Process` und die anschließende Ausgabe von drei Attributen der Klasse in einer Tabelle.

Listing 66.2 Vereinfachtes Hosting der PowerShell

```
public static void Run1()
{
  PowerShell ps = PowerShell.Create();

  // Einzelbefehl
  ps.AddCommand("Get-Process");

  // Kopfzeile
  Console.WriteLine("Prozess                  ID        Speicher");
  Console.WriteLine("-----------------------------------------");

  // Ausführung
  Collection<PSObject> ErgebnisMenge = ps.Invoke();

  // Ergebnismenge darstellen
  foreach (PSObject Ergebnis in ErgebnisMenge)
  {
   Console.WriteLine(
        "{0,-24}{1,-10}{2}",
        Ergebnis.Members["ProcessName"].Value,
        Ergebnis.Members["Id"].Value,
        Ergebnis.Members["WorkingSet64"].Value);
  }
}
```

file:///H:/WWW/Konsole/ConsoleUI_CS/bin/Debug/ConsoleUI_CS.EXE

Prozess	ID	Speicher
AEADISRV	1608	167936
audiodg	7388	16547840
BlueBirds	4020	1134592
brs	4140	491520
CLMLSvc	3236	1404928
cmd	3604	3158016
conhost	4228	6942720
conhost	5888	7933952
conhost	6392	7921664
conhost	6900	6864896
conhost	6904	569344
conhost	7484	6885376

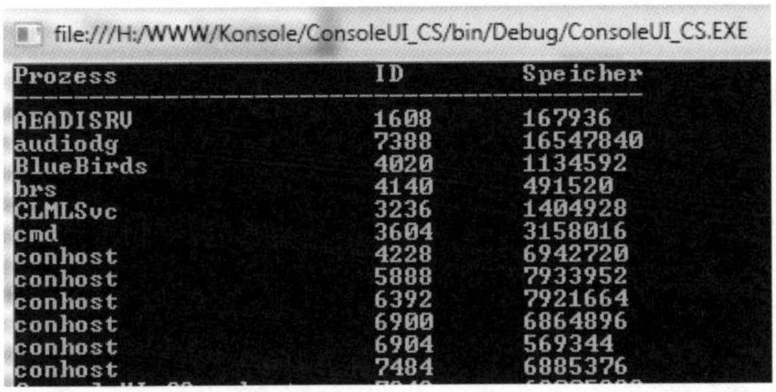

Bild 66.5
Ausgabe des obigen Beispiels

HINWEIS: Mit `AddCommand()` kann man nur einzelne Befehle der PowerShell übergeben. Mehrere Befehle, die durch eine Pipeline verkettet sind, muss man mit `AddScript()` übergeben:

```
ps.AddScript("Get-Process | where { $_.workingset64 -gt 100000000} ");
```

Das folgende Listing zeigt ein Beispiel für eine generische Ausgabe einer Menge von Instanzen der Klasse `PSObject`. Dabei kommt uns zugute, dass `PSObject` bereits Metainformationen über den Objektinhalt enthält. Über die Menge „Properties" kann man den Namen der Attribute und deren Wert auslesen. `Print()` druckt aus Platzgründen jeweils nur die ersten fünf Attribute und verkürzt diese jeweils auf 15 Zeichen.

Listing 66.3 Funktionen für die generische Ausgabe für Mengen von PSObject-Objekten

```
const byte Spalten = 5;
  const byte ZeichenProSpalte = 15;
  /// <summary>
  /// Generische Ausgaben für Mengen von PSObject-Objekten
  /// </summary>
  /// <param name="Menge">Auszugebende Menge</param>
  public static void Print(Collection<PSObject> Menge)
  {
   bool HeaderPrinted = false;

   foreach (PSObject result in Menge)
   {

    if (!HeaderPrinted)
    {
     HeaderPrinted = true;
     byte hcount = 0;
     foreach (PSMemberInfo p in result.Properties)
     {
      hcount++;
      if (hcount > Spalten) break;
      Print(p.Name);
     }
     Console.WriteLine();
     Console.WriteLine("-----------------------------------------------------------
-------------");
    }
```

```csharp
  byte count = 0;
  foreach (PSMemberInfo p in result.Properties)
  {
   count++;
   if (count > Spalten) break;
   string value = "";
   try
   {
    value = p.Value.ToString();
   }
   catch (Exception)
   {
   }
   Print(value);
  }

  Console.WriteLine("");
 }
}

/// <summary>
/// Ausgabe einer auf 15 Zeichen begrenzten Zeichenkette
/// </summary>
/// <param name="s">Zeichenkette</param>
public static void Print(string s)
{
 if (s.Length > ZeichenProSpalte) s = s.Substring(0, ZeichenProSpalte-3) + "...";
 Console.Write(string.Format("{0," + ZeichenProSpalte +"}", s));
}
```

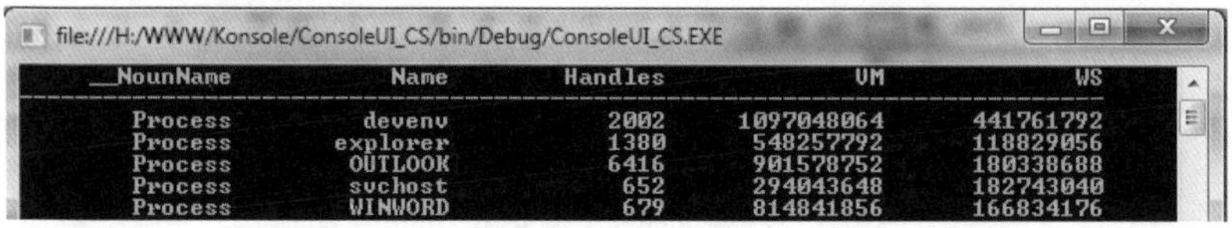

Bild 66.6 Generische Ausgabe der ersten fünf Attribute

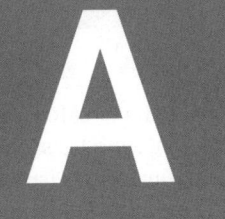

Anhang A: Crashkurs „Objektorientierung"

Systemadministratoren sind oft mit dem Konzept der Objektorientierung (OO) bzw. der objektorientierten Programmierung (OOP), das aus der Welt der Softwareentwicklung stammt, nicht vertraut. Dieser Exkurs bietet eine kompakte Einführung in die Basiskonzepte der Objektorientierung. Wenn Sie damit bereits vertraut sind, überspringen Sie diesen Exkurs.

Was ist ein Objekt?

In der Softwareentwicklung hat sich ein Konzept durchgesetzt, das sich **Objektorientierung** nennt. Dabei programmiert man mit sogenannten Objekten. Dieser Objektbegriff ist hier ähnlich zu sehen wie der Objektbegriff in der menschlichen Sprache:

- Ein Objekt hat Eigenschaften wie beispielsweise einen Namen, eine Farbe und eine Größe.
- Man kann mit einem Objekt Dinge tun, zum Beispiel es bewegen oder seine Farbe verändern.
- Objekte können Signale aussenden, beispielsweise Töne erzeugen.

Ein Objekt kann drei verschiedene Arten von Bestandteilen haben. Diesen Bestandteilen hat man folgende Fachbegriffe gegeben:

- Attribute (auch: Eigenschaften, Felder), engl.: Attributes/Properties/Fields
- Methoden, engl.: Methods
- Ereignisse, engl.: Events

Man sagt, ein Objekt **hat** (oder **besitzt**) Attribute, Methoden und Ereignisse, wobei ein Objekt jeweils **beliebig viele** Attribute, Methoden oder Ereignisse besitzen kann. Es ist nicht zwingend notwendig, dass ein Objekt alle drei Arten besitzen muss. Zusammenfassend werden diese drei Konzepte als „Mitglieder" eines Objekts bezeichnet, damit man nicht immer „Attribute, Methoden und Ereignisse" aufzählen muss.

Attribute sind die Daten des Objekts; sie können gelesen oder gesetzt werden. Methoden können aufgerufen werden und dabei Parameter übergeben bekommen. Sie können entweder einen, keinen oder mehrere Werte zurückliefern. Ereignisse löst das Objekt selbst aus. Auf Ereignisse kann man reagieren, indem man Programmcode hinterlegt, der für den Fall der Auslösung des Ereignisses abgearbeitet werden soll. Diesen Programmcode nennt man eine Ereignisbehandlungsroutine.

Objekte in der realen Welt sind z. B. ein Haus, ein Baum, ein Tisch, ein Auto oder ein Mensch (an dieser Stelle soll der Begriff „Objekt" als Oberbegriff zu sehen und daher die Versachlichung des Menschen gestattet sein). Bei der objektorientierten Programmierung ist es üblich, Programm-Objekte zu bilden, die realen Objekten entsprechen: ein Haus-Objekt für ein Haus, ein Baum-Objekt für einen Baum etc. Es ist aber natürlich auch möglich, Programm-Objekte zu bilden, die es in der Realität nicht gibt.

.NET und PowerShell arbeitet durchweg mit Objektorientierung und Objekten. Objekte bei .NET und der PowerShell sind zum Beispiel eine Datei (engl. File), ein Benutzer (engl. User), eine Domäne (engl. Domain) oder eine Netzwerkkarte (engl. Network Adapter). Dies sind Objekte, die in der Realwelt „Betriebssystem" vorkommen. Daneben gibt es bei der .NET und PowerShell auch Objekte wie `System.Environment`, das verschiedene Funktionen zusammenfasst, die in der Realwelt so nicht zusammengefasst existieren.

HINWEIS: Ein Konstruktor ist Programmcode in einem Objekt, der beim Erzeugen eines Objekts („Instanziieren") aufgerufen wird. Ein Konstruktor enthält Initialisierungscode. Ein Destruktor ist das Gegenteil: Er wird durch die Vernichtung des Objekts aufgerufen, um „aufzuräumen".

Was ist eine Klasse?

Es gibt Objekte (z. B. Datei, Benutzer), von denen nicht nur ein, sondern mehrere oder sogar beliebig viele Exemplare existieren können. Mit dem Begriff **Klasse** fasst man alle gleichartigen (gleich aufgebauten) Objekte zusammen. Ein Beispiel: In der Klasse „Datei" gibt es die Objekte „abc.doc", „xyz.txt" und „rst.xls". Ein Objekt bezeichnet man auch als **Instanz** einer Klasse. Eine Klasse definiert, welche Mitglieder (Attribute, Methoden und Ereignisse) jede Instanz oder jedes Exemplar der Klasse haben soll. Und eine Klasse enthält auch den Programmcode, der ausgeführt werden soll, wenn eine Methode aufgerufen wird. Dieser Programmcode ist in allen Instanzen einer Klasse gleich (und wird daher auch nur einmal im Speicher abgelegt). Eine Klasse ist eine Schablone zur Erzeugung von Objekten. Synonym zur Klasse wird oft auch der Begriff **Objekttyp** verwendet.

HINWEIS: Ein **Typ** ist in einer Programmiersprache eine Vorschrift, die eine Variable erfüllen muss. Es gibt Programmiersprachen, die zwischen elementaren Datentypen (z. B. Ganzzahlen, gebrochene Zahlen, Datumsangaben) und Objekttypen (alias Klassen) unterscheiden. In .NET und den zugehörigen Programmiersprachen gibt es diese Unterscheidung nicht, d. h., jeder Typ ist ein Objekttyp/ eine Klasse, auch für elementare Datentypen.

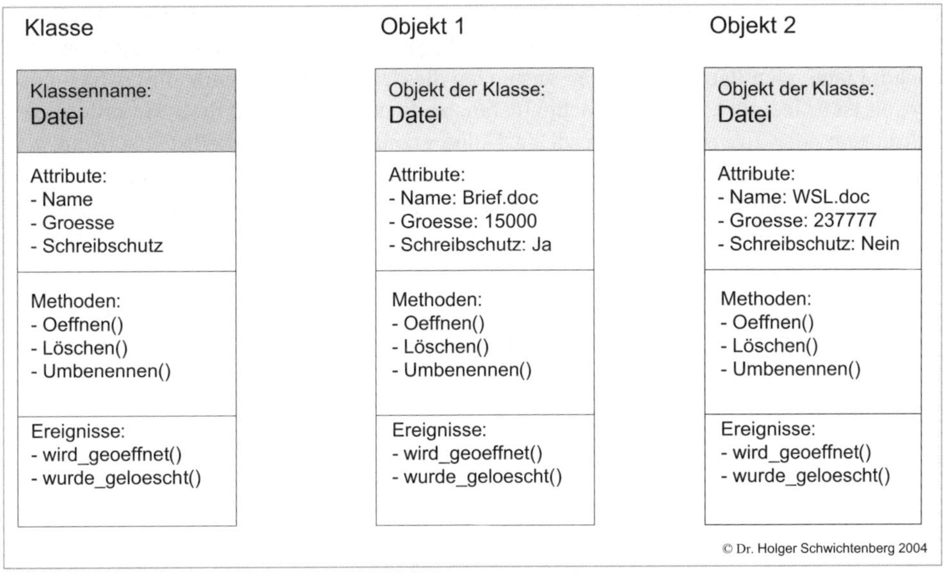

Klasse
Objekt 1
Objekt 2
Klassenname:
Datei
Attribute:
- Name
- Groesse
- Schreibschutz
Methoden:
- Oeffnen()
- Löschen()
- Umbenennen()
Ereignisse:
- wird_geoeffnet()
- wurde_geloescht()
Objekt der Klasse:
Datei
Attribute:
- Name: Brief.doc
- Groesse: 15000
- Schreibschutz: Ja
Methoden:
- Oeffnen()
- Löschen()
- Umbenennen()
Ereignisse:
- wird_geoeffnet()
- wurde_geloescht()
Objekt der Klasse:
Datei
Attribute:
- Name: WSL.doc
- Groesse: 237777
- Schreibschutz: Nein
Methoden:
- Oeffnen()
- Löschen()
- Umbenennen()
Ereignisse:
- wird_geoeffnet()
- wurde_geloescht()
© Dr. Holger Schwichtenberg 2004

Bild A.1 Klasse vs. Objekt

HINWEIS: Es ist eine Konvention, dass man nach dem Namen einer Methode und eines Ereignisses ein rundes Klammernpaar schreibt, unabhängig davon, ob hier Parameter erwartet werden. Zudem sind Umlaute in Namen zu vermeiden.

In der objektorientierten Programmierung geht man so vor, dass man zunächst eine Klasse definiert und danach Instanzen einer Klasse erzeugt, die man dann zur Programmierung verwendet. Den Vorgang, aus einer Klasse eine Instanz zu bilden, nennt man **Instanziierung** (teilweise in der Literatur auch mit einem i geschrieben: **Instanzierung**). Man sagt, eine Klasse wird **instanziiert**. Die Klasse ist eine Schablone für Objekte, die aus rohem Computerspeicher ein Objekt einer bestimmten Form erzeugt.

Beispiele für Instanzen sind:

- Der Opel mit dem Kennzeichen „E-GO123" ist eine Instanz der Klasse `Auto`.
- Der Benutzer mit dem Namen „HS" ist eine Instanz der Klasse `Benutzer`.

Rohmaterial
Unbenutzter Speicher
Klasse als Schablone
Instanziierung
Objekt
Fertige Instanz

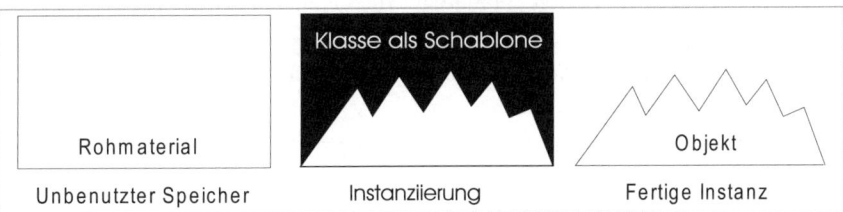

Bild A.2 Ein Objekt entsteht aus dem rohen Speicher durch die Anwendung einer Klasse als Schablone.

Bei der PowerShell arbeiten Sie mit Klassen, die Microsoft (oder andere Hersteller) definiert haben. Das Windows-Betriebssystem und das Microsoft .NET Framework erzeugen automatisch im laufenden Betrieb unzählige Instanzen dieser Klassen. Ihre Aufgabe als Skriptentwickler ist es lediglich, die gewünschte Instanz zu finden und gemäß Ihren Anforderungen auszulesen oder zu verändern. In vielen Fällen erzeugen Sie auch selbst Instanzen, z. B. wenn Sie eine neue Datei oder einen neuen Benutzer anlegen. Mit der Definition eigener Klassen haben Sie zunächst nichts zu tun: Dies erfordert eine höherwertige Programmiersprache wie C# oder Visual Basic und kommt nur im Teil D *„Profiwissen - Erweitern der PowerShell"* vor.

Die von Microsoft und anderen Herstellern definierten Klassen haben englische Namen (oder Kunstnamen), die oftmals aus mehreren Wörtern bestehen und zum Teil abgekürzt sind. Beispiele für Klassennamen sind:

- Process
- DriveInfo
- FileInfo
- Service
- ManagementObject (manchmal werden die Begriffe Class oder Object als Teil des Namens einer Klasse verwendet, was verwirrend sein kann)

Damit Sie Klassennamen im Text sofort erkennen, sind diese (ebenso wie Befehle, Variablen etc.) in diesem Buch in einer anderen Schriftart dargestellt.

HINWEIS: In der objektorientierten Programmierung gibt es einen Unterschied zwischen einer *Schnittstelle* (engl. *Interface*) und einer Klasse/einem Objekt. Da dieser Unterschied jedoch im Rahmen der in diesem Buch vorgestellten Beispiele kaum Bedeutung hat, wird im Folgenden auf die nähere Erläuterung und Verwendung des Begriffs Schnittstelle verzichtet.

Kapselung

Als Kapselung bezeichnet man in der objektorientierten Welt die Fähigkeiten einer Klasse, darüber zu entscheiden, wer die Mitglieder der Klasse sehen und nutzen darf. Hier werden nicht, wie man es aus dem Betriebssystem kennt, Zugriffsrechte auf Ebene von Benutzern oder Gruppen vergeben, sondern es wird recht pauschal definiert, wie andere Klassen damit umgehen dürfen. Die beiden Standardzugriffsmöglichkeiten sind:

- Privat (Private): Nur die Klasse selbst darf dieses Mitglied nutzen. Es handelt sich um interne Daten oder interne Routinen, die die Außenwelt nichts angehen oder die diese nicht sinnvoll nutzen kann.
- Öffentlich (Public): Auch andere Klassen dürfen dieses Mitglied nutzen.

ACHTUNG: Darüber hinaus gibt es die Zugriffseinstellung „geschützt" (Protected), die man aber nur kennen muss, wenn man selbst Klassen definiert. Private und Public kann man auch auf Klassen anwenden.

Objektbeziehungen

In der Realität sind Objekte miteinander verbunden: Ein Baum hat Äste und Zweige, ein Auto hat einen Motor und Räder etc. Auch bei Betriebssystem-Objekten gibt es solche Zusammenhänge: Eine Domäne enthält Benutzer und Computer, ein Computer besteht aus einem Prozessor und mehreren Festplatten usw. Diese Zusammenhänge müssen durch Programmier-Objekte abgebildet werden.

Die Lösung zur Abbildung dieser Zusammenhänge ist einfach: Ein Mitglied eines Objekts kann selbst wieder ein Objekt sein. Zum Beispiel kann ein Attribut ein Objekt beinhalten oder eine Methode ein Objekt als Ergebnis liefern.

Daraus ergibt sich eine Objekthierarchie, die man in Form eines Objektbaums darstellen kann. Wir zeigen an einigen Stellen diese Objektbäume, weil sie gut geeignet sind, um die Zusammenhänge zwischen den Objekten zu verstehen.

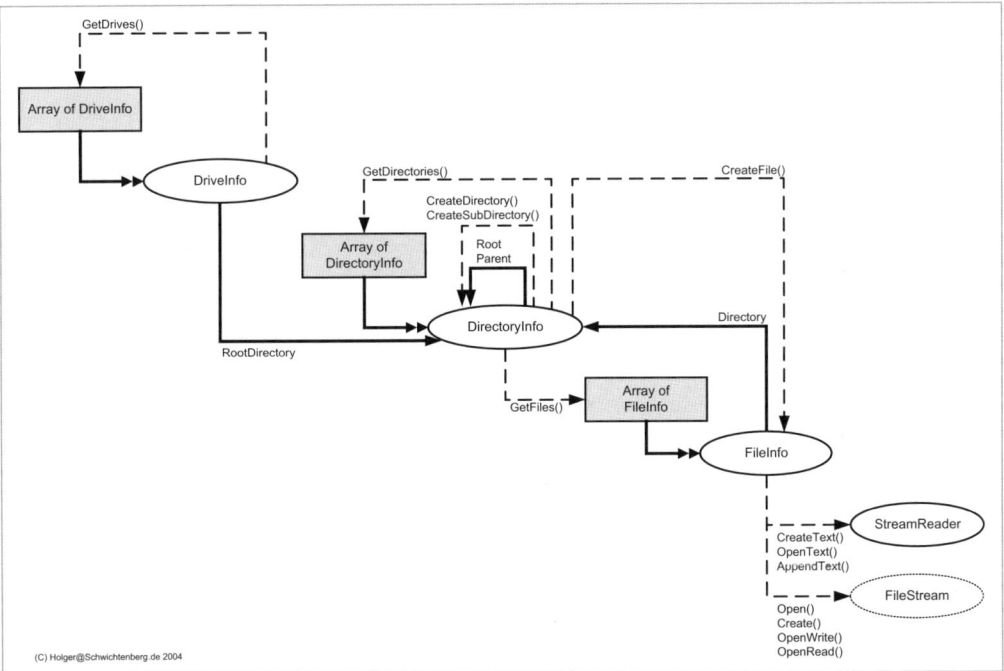

Bild A.3 Objektbaum für die Klassen, die ein Dateisystem repräsentieren

Die möglichen Zusammenhänge zwischen den Objekten sind in der Definition einer Klasse hinterlegt. In der Regel steht dort geschrieben, welche Arten von Objekten miteinander verbunden sind. Es ist aber auch möglich, dass in einer Klasse definiert ist, dass ein Mitglied ein beliebiges Objekt enthalten kann.

Bei den Mitgliedern einer Klasse muss man zwischen Mitgliedern unterscheiden, die einfache Daten – wie eine Zahl oder eine Zeichenkette – liefern, und Mitgliedern, die ein Objekt liefern. Mitglieder, die selbst wieder Objekte sind, haben nämlich wieder Mitglieder, so dass eine lange Befehlskette entstehen kann.

```
Objekt1.UnterObjekt2.UnterObjekt3.UnterObjekt4.Methode_von_Unterobjekt4()
```

HINWEIS: Die zur Darstellung eines Objektbaums verwendete Notation lässt sich in fünf einfachen Regeln erklären:
1. Einzelne Objekte sind durch Ovale dargestellt. In dem Oval steht der Name der Klasse.
2. Objektmengen (also Listen von mehreren Objekten) sind durch Rechtecke dargestellt. In dem Rechteck steht der Name der Klasse.
3. Durchgezogene Linien sind Attribute, die auf andere Objekte verweisen.
4. Gestrichelte Linien sind Methoden, die ein Objekt als Ergebnis liefern.
5. Eine einfache Pfeilspitze bedeutet, dass auf genau ein einzelnes Objekt verwiesen wird (1:1-Beziehung). Eine doppelte Pfeilspitze bedeutet, dass eine Objektmenge beliebig viele Objekte dieses Typs enthalten kann (1:n-Beziehung).

Vererbung

Vererbung in der Welt der Objektorientierung bedeutet, dass eine Klasse die Mitglieder (Attribute, Methoden, Ereignisse) einer anderen Klasse übernimmt. Ziel ist die Wiederverwendung: Wenn Klassen sich sehr ähnlich sind, dann soll man nicht alles das, was schon einmal in einer Klasse definiert wurde, erneut definieren müssen. Vererbung ermöglicht es, Attribute, Methoden und Ereignisse, die mehreren Klassen gemein sind, an einer zentralen Stelle zu definieren.

An der Vererbung (in der Welt der PowerShell) sind immer zwei Klassen beteiligt: die vererbende Klasse und die erbende Klasse. Die vererbende Klasse wird auch Oberklasse, Basisklasse, Superklasse oder Elternklasse genannt. Die erbende Klasse wird Unterklasse, abgeleitete Klasse, Subklasse oder Kinderklasse genannt. Unterklassen können wiederum Oberklassen für andere Klassen sein. Daraus ergibt sich eine baumartige *Vererbungshierarchie* (auch Klassenhierarchie genannt). Die visuelle Darstellung heißt Vererbungsdiagramm oder Klassendiagramm.

HINWEIS: Es gibt Programmierumgebungen, in denen eine Klasse mehrere Elternklassen besitzen kann. Dies bezeichnet man als Mehrfachvererbung. Mehrfachvererbung wird in .NET und in der PowerShell nicht unterstützt. Hier gibt es nur Einfachvererbung.

Das folgende Bild zeigt ein konkretes Vererbungsbeispiel aus dem Microsoft .NET Framework. Die Klasse `DirectoryInfo` repräsentiert ein Verzeichnis (Ordner) im Dateisystem. Die Klasse `FileInfo` repräsentiert eine einzelne Datei. Beide Elemente im Dateisystem haben zahlreiche gemeinsame Eigenschaften, z.B. Name, Pfad (`FullName`), Erzeugungsdatum (`CreationTime`) und letzter Zugriffszeitpunkt (`LastAccessTime`). Ebenso gibt es gemeinsame Aktionen, die man durch Methoden ausdrücken kann, z. B. Löschen (`Delete()`) und Aktualisieren (`Refresh()`). Diese Gemeinsamkeiten sind nicht in den Klassen `FileInfo` oder `DirectoryInfo` definiert, sondern in der gemeinsamen Basisklasse `FileSystemInfo`, von der beide Klassen erben. Die Klasse `FileSystemInfo` hat noch die Besonderheit, dass es keinen Sinn macht, von ihr selbst Instanzen zu erzeugen. Daher hat sie den Zusatz

„abstract". Eine abstrakte Klasse ist eine Klasse, von der man keine Instanzen erzeugen kann. Die Klassen `FileInfo` oder `DirectoryInfo` haben den Zusatz `sealed`, was bedeutet, dass man von diesen Klassen nicht mehr erben darf.

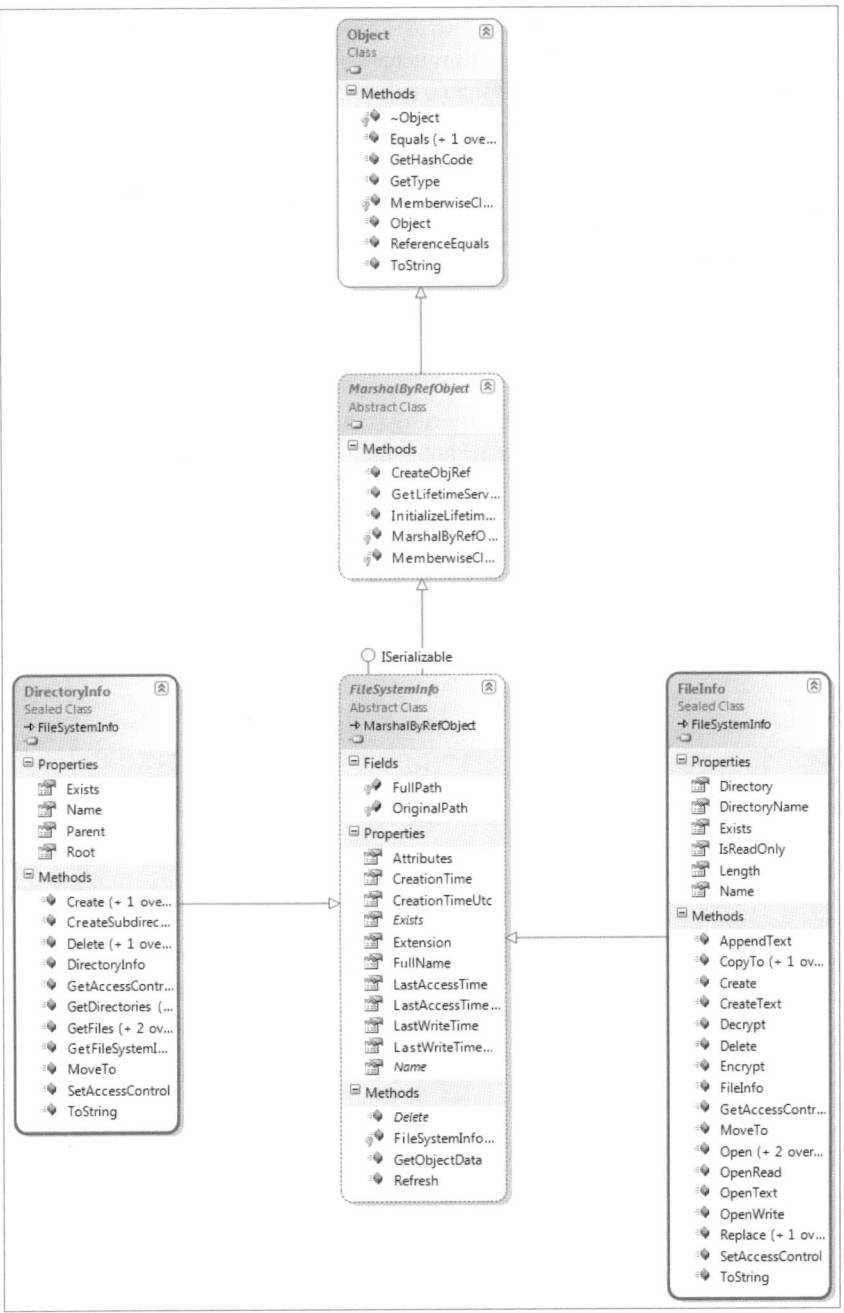

Bild A.4 Vererbungshierarchie für die Klassen FileInfo und DirectoryInfo im .NET Framework, erstellt mit der Klassendiagrammfunktion in Visual Studio

Die Klasse `FileSystemInfo` hat wiederum eine Basisklasse namens `MarshalByRefObject`. Die hier implementierten Mitglieder haben nur Bedeutung für die .NET-Infrastruktur und bleiben daher hier außerhalb der Betrachtung. Wichtiger ist dann aber wieder die Basisklasse `Object`, die über `MarshalByRefObject` steht. Die Klasse `Object` ist die ultimative Basisklasse aller .NET-Klassen. Jede .NET-Klasse muss von ihr erben. Sie stellt einige wenige Mitglieder bereit, die jedes .NET-Objekt braucht. Das wichtigste Mitglied ist die Methode `ToString()`, die es ermöglicht, dass man zu jedem Objekt eine Zeichenkette ausgeben kann, die Informationen über das Objekt liefert (oft allerdings nur den Klassennamen).

HINWEIS: In der Grafik sind alle Mitglieder der Klasse dargestellt, auch wenn diese nicht „Public" sind. In der PowerShell können Sie ohne Weiteres nur die öffentlichen Mitglieder nutzen. Diese erkennt man daran, dass sie kein kleines Schlüsselsymbol neben dem Namen haben.

Weitere Konzepte

Es gibt weitere Konzepte der Objektorientierung (z. B. Schnittstellen und Polymorphismus), die jedoch nicht so wichtig für die PowerShell sind.

Anhang B: Crashkurs .NET

Die Windows PowerShell basiert (seit der ersten Version) auf dem Microsoft .NET Framework. Man kann wesentlich erfolgreicher mit der PowerShell arbeiten, wenn man Grundlagen des .NET Frameworks beherrscht.

Das Microsoft .NET Framework ist eine Laufzeitumgebung für Anwendungen, die mit einer sogenannten .NET-fähigen Programmiersprache (z. B. C#, Visual Basic ab Version 7.0, F#) entwickelt wurden.

Die aktuelle .NET-Version zum Erscheinen dieses Buchs ist Version 4.7. Neben .NET Framework gibt es seit dem Jahr 2016 eine funktionsreduzierte, modulare und plattformunabhängige Variante des .NET Frameworks, die sich „.NET Core" nennt. .NET Core ist die Basis für die PowerShell Core. PowerShell Core 5.1 in Windows 2016 Nano Server basiert auf .NET Core 1.0.

PowerShell Core 6 basiert auf .NET Core 2.0, wobei .NET Core 2.0 zum Redaktionsschluss dieses Buches genau wie PowerShell Core 6 noch im Preview-Status ist.

> **HINWEIS:** In Windows Vista und Windows Server 2008 R2 ist das .NET Framework in den Versionen 2.0 und 3.0 im Standardinstallationsumfang des Betriebssystems enthalten. In Windows 7 und Windows Server 2008 R2 inbegriffen ist .NET 3.5 Service Pack 1. Windows 8 und Windows Server 2012 enthalten .NET 4.5. Windows 8.1 und Windows Server 2012 R2 enthalten .NET 4.5.1. Windows 10 enthält .NET Framework 4.6. .NET Framework 4.7 gibt es seit dem 6. 4. 2017 als Update.
>
> Die PowerShell 5.0 erfordert als Basis mindestens .NET Framework 4.5 oder höher. Da die Version 4.5 von Microsoft seit 16. 1. 2016 nicht mehr unterstützt wird, sollten Sie aber mindestens Version 4.5.2 installieren! Die PowerShell 5.1 verlangt mindestens .NET Framework 4.5.2!

Das Microsoft .NET Framework ist ein extrem komplexes Gebilde. Zum Versionsstand 4.7 besteht es aus rund 13 500 öffentlichen Klassen (nicht zu verwechseln mit den rund 12 000 WMI-Klassen), es gibt mehr als 40 Programmiersprachen und weit mehr als 1000 Werkzeuge und Erweiterungen von Drittanbietern. Die Dokumentation umfasst schätzungsweise mehr als 600 000 Seiten und eine seriöse Schulung dauert mindestens drei Monate. Jeglicher Versuch, hier auf drei Seiten .NET komplett erklären zu wollen, ist zum Scheitern verurteilt. Dieses Buch kann nur einige Begriffe in den Raum werfen, die Erinnerungen an Ihnen bereits bekannte Konzepte aus Java oder anderen objektorientierten Hochsprachen wecken.

 TIPP: Eine Einführung in .NET auf rund 1000 Seiten finden Sie vom gleichen Autor in [SCH07].

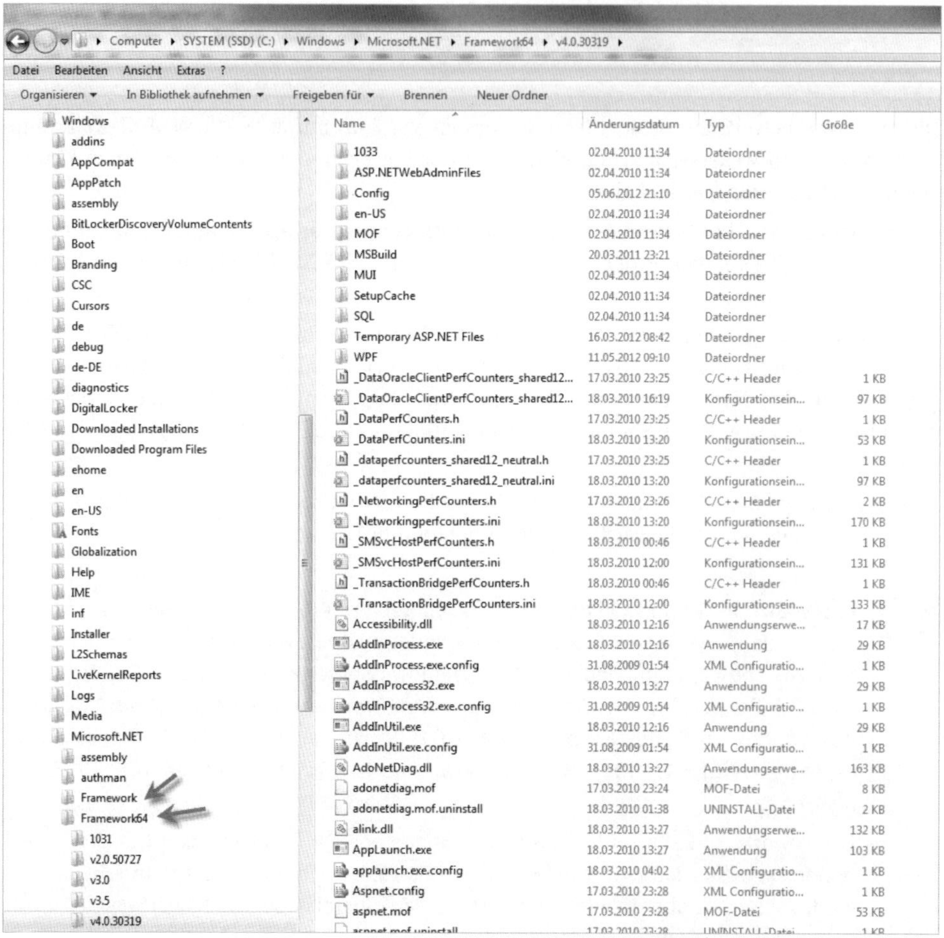

Bild B.1 Ein Blick in den .NET-Framework-Installationsordner (Hinweis: Auch .NET 4.5, 4.5.x, 4.6.x und 4.7 installieren sich im Ordner .NET 4.0.30319, weil sie jeweils „In-Place-Updates" von .NET 4.0 sind!)

B.1 Was ist das .NET Framework?

Das .NET Framework ist eine plattformunabhängige und programmiersprachenunabhängige Softwareentwicklungsplattform mit Unterstützung für die Programmierparadigmen:

- Objektorientierung (OO)
- Komponentenorientierung (COP)
- Serviceorientierung (SOA)

Plattformunabhängig bedeutet, dass .NET-Anwendungen ohne Neukompilierung auf jedem Prozessor und jedem Betriebssystem laufen können. .NET-Anwendungen liegen normalerweise nicht in Maschinencode, sondern in einem neutralen Zwischencode (Common Intermediate Language – CIL) vor. CIL wird erst zur Laufzeit durch den Just-In-Time-Compiler der .NET-Laufzeitumgebung (Common Language Runtime – CLR) in plattformspezifischen Maschinencode umgewandelt.

Programmiersprachenunabhängig bedeutet, dass .NET-Anwendungen in einer Vielzahl verschiedener Programmiersprachen geschrieben werden können. Die Sprachcompiler müssen sich dazu lediglich an Regelwerke halten, die Common Type System (CTS) und Common Language Specification (CLS) heißen. Innerhalb einer Anwendung können verschiedene Programmiersprachen gemischt werden.

Wichtige Bibliotheken

Kategorie	Bestandteile von .NET Framework 4.6					Erweiterungen von nuget.org	
Oberflächen	Windows Forms (System.Windows.Forms)	Zeichnen (System.Drawing)	Windows Presentation Foundation (System.Windows)	ASP.NET-Web Forms (System.Web)	ASP.NET MVC (System.Web.MVC)	ASP.NET Web Pages (System.Web.WebPages)	
Kommunikation & Sicherheit	Netzwerk-Protokolle (System.Net)	HTTP-Websockets (System.Web.Websockets)	Sicherheit (System.Security)	Authentifizierung & Autorisierung (System.IdentityModel)	HTTP Client Library (System.Net.Http)	Newtonsoft JSON (Newtonsoft.Json)	
Webservices	ASP.NET Webservices (System.Web.Services)	Windows Communication Foundation (System.ServiceModel)	Windows Workflow Foundation (System.Activities)	ASP.NET Web API (System.Web.Http)	ASP.NET SignalR (Microsoft.AspNet.Signal)	WCF Data Services (Microsoft.Data.Services)	
Datenzugriff	Relationale Datenbanken -ADO.NET- (System.Data)	XML (System.Xml)	Ressourcen (System.Resources)	Konfiguration (System.Configuration)	ORM mit Entity Framework (System.Data.Entity) 4.0	ORM mit Entity Framework-Erweiterungen Ab 4.1 (System.Data.Entity)	
Sonstige nicht-visuelle Bibliotheken	Systemdienste (System.Service Process)	System-management (System.Management)	Prozess-verwaltung (System.Diagnostics)	Dateisystem und Ports (System.IO)	Erweiterbarkeit -MEF- (System.ComponentModel.Composition) 1.0	Erweiterbarkeit -MEF- (System.Composition) 2.0	
Basisbibliotheken	Klassische Parallelisierung (System.Threading)	Task Parallel Library (System.Threading.Tasks)	Caching (System.Runtime.Caching)	Objektmengen (System.Collections)	Filtern, Sortieren, Gruppieren (System.LINQ)	Immutable Collections (System.Collections.Immutable)	
	Elementare Datentypen (System)	Serialisierung (System.Runtime.Serialization)	Rechnen (System.Numerics)	Textformate und Textparsing (System.Text)	Metadaten (System.Reflection)	Dynamisches Programmieren (System.Dynamic)	

Bild B.2 Wichtige Klassenbibliotheken des .NET Frameworks

Softwareentwicklungsplattform bedeutet, dass .NET zur Entwicklung von Software eingesetzt wird. Mit .NET kann man fast alle Arten von Software (Konsolenanwendungen, grafische Desktop-Anwendungen, Webanwendungen, Dienste) entwickeln. Ausgenommen sind Betriebssystemtreiber.

Objektorientierung (OO) bedeutet, dass das .NET Framework konsequent die Konzepte *Klasse*, *Objekt*, *Schnittstellen* und *Vererbung* einsetzt. Objekte sind Instanzen von Klassen. Klassen erben von maximal einer Klasse (Einfachvererbung). Mehrfachvererbung wird nicht unterstützt. Klassen haben Schnittstellen, die sie an ihre Instanzen weitergeben. Eine Klasse bzw. Schnittstelle besteht aus Attributen (Daten), Methoden (Operation) und Ereignissen.

Komponentenorientierung bedeutet, dass das .NET Framework die Zerlegung von Software in wiederverwendbare Bausteine unterstützt. Diese Bausteine heißen Assemblies und sind von außen betrachtet Bibliotheken *(.dll)* oder startbare Anwendungen *(.exe)*.

Serviceorientierung bedeutet, dass das .NET Framework die Entwicklung verteilter Systeme (Verteilung von Programmcode auf mehrere Rechnersysteme) mit lose gekoppelten Diensten unterstützt.

Das .NET Framework ist der Nachfolger des Component Object Model (COM), wobei es mit diesem nicht mehr viel gemein hat. Das .NET Framework ist in weiten Teilen unter der Bezeichnung Common Language Infrastructure (CLI) bei der ECMA und der ISO standardisiert.

B.2 Was ist .NET Core?

.NET Core ist eine modulare, kompaktere, optimierte und plattformunabhängige Neuentwicklung des .NET Frameworks. Die erste Version ist am 26. 7. 2017 erschienen. PowerShell Core basiert auf .NET Core-Version 2.0, die sich zum Redaktionsschluss dieses Buchs noch in der Entwicklung befindet.

.NET Core ist ...

- verfügbar für Linux, MacOS und Windows
- eine Mischung aus Neuimplementierung und Redesign/Refactoring von .NET Framework 4.x
- leichtgewichtiger/schneller
- nur teilweise kompatibel zum bisherigen .NET Framework
- plattformunabhängig
- sehr modular aufgebaut
- komplett Open Source *https://github.com/dotnet/corefx*
- ein Parallelprodukt zu .NET Framework 4.x

.NET Standard

Ursprünglich hatte Microsoft vor, bei .NET Core sehr bewusst deutlich von der Klassenbibliothek des klassischen .NET Frameworks abzuweichen im Zuge einer „Entrümpelung". Microsoft hat sich dann aber Mitte 2016 entschlossen, die Basisklassenbibliotheken von .NET Framework und .NET Core anzugleichen, um den Austausch von Programmcode und eine Migration zu erleichtern. Die Menge der gemeinsamen Klassen wird durch die Spezifikation „.NET Standard" beschrieben. .NET Core 1.0 und .NET Framework ab Version 4.5 implementieren .NET Standard 1.0. .NET Core 2.0 und .NET Framework ab Version 4.6.1 implementieren den .NET Standard Version 2.0.

HINWEIS: Zum .NET Standard gehören aber wirklich nur Basisklassen wie elementare Datentypen (Byte, Int16, Int32, Int64, Boolean, DateTime usw.), Objektmengen, Language Integrated Query (LINQ), mathematische Funktionen, Zugriff auf XML, Netzwerkfunktionen (TCP, HTTP, SMTP), Dateisystemzugriffe, Komprimierung, Multithreading (Threads, Tasks) und Reflection. Nicht im .NET Standard sind grafische Bibliotheken für Desktop- und Webanwendungen wie Windows Forms, Windows Presentation Foundation (WPF) und ASP.NET.

B.3 Eigenschaften von .NET

Einige weitere Eigenschaften des .NET Frameworks und .NET Core sollen hier erwähnt werden:

- Die Ausführungsgeschwindigkeit von .NET-Anwendungen ist trotz der Zwischensprache hoch. Sie ist langsamer als in C++ geschriebene Anwendungen, aber weit schneller als Anwendungen, die mit Visual Basic 6.0 oder einer Skriptsprache wie VBScript geschrieben wurden.
- Mehrere Versionen von .NET und mehrere Versionen einer in .NET geschriebenen Software können auf einem System (problemlos) koexistieren (Side-by-Side Executing).
- Die Laufzeitumgebung entlastet den Programmierer, indem sie Routineaufgaben automatisch erledigt (z. B. automatische Speicherverwaltung und -bereinigung, Verifikation des Codes) bzw. mächtige Grundfunktionen bereitstellt (z. B. Multithreading, Fehlerbehandlung).
- Die .NET-Klassenbibliothek stellt viele Funktionen bereit und ist konsistenter aufgebaut als die bisherigen C++- und COM-basierten Bibliotheken.
- .NET setzt XML-Dateien zur Konfiguration von Anwendungen ein. Der Einsatz der Registrierungsdatenbank ist verpönt.
- Viele .NET-Anwendungen können durch einfaches Kopieren der Programmdateien auf einem System betrieben („installiert") werden. Man spricht vom sogenannten *XCopy-Deployment*.

- Jede .NET-Assembly enthält zahlreiche Metadaten über die enthaltenen Klassen. Diese Metadaten können durch einen Mechanismus mit Namen *Reflection* ausgewertet werden.
- .NET-Anwendungen werden durch die Laufzeitumgebung in ihrem Wirken beschränkt (Sandkastenprinzip, vgl. Java). In vielen Fällen müssen zunächst explizite Sicherheitsfreigaben erfolgen.
- Schnittstellenverträge sind in .NET weniger streng, so dass Ergänzungen an Komponenten möglich sind und die Komponenten dadurch inkompatibel zu Software werden, die ältere Versionen einer Komponente verwendet.
- Das .NET Framework ist interoperabel zu anderen Plattformen: COM, C/C++ (Win32API), XML- und JSON-Webservices (Drittanbieter: Java, CORBA).

HINWEIS: .NET für Linux und MacOS

Mit dem OpenSource-Produkt **Novell Mono** [MON01] steht schon länger eine kompatible Portierung des .NET Frameworks für andere Betriebssysteme zur Verfügung, so dass viele Anwendungen ohne Neukompilierung portiert werden können. Das Produkt Xamarin (mittlerweile aufgekauft von Microsoft) für die App-Entwicklung auf Android, iOS und Windows sowie MacOS basiert auf Mono.

Mit .NET Core bietet auch Microsoft mittlerweile eine Implementierung eines abgespeckten .NET Frameworks für Linux und MacOS an. Hiermit lassen sich aber nach aktuellem Stand nur Serveranwendungen und Konsolenanwendungen (wie PowerShell Core) entwickeln.

B.4 .NET-Klassen

Die PowerShell basiert auf .NET-Klassen. Ein Nutzer der PowerShell benötigt ein Grundwissen über den Aufbau von .NET-Klassen, wenn er die PowerShell optimal nutzen möchte.

B.5 Namensgebung von .NET-Klassen (Namensräume)

Klassen werden in .NET nicht mehr durch GUIDs, sondern durch Zeichenketten eindeutig benannt. Diese Zeichenketten sind hierarchische Namen (siehe folgende Bildschirmabbildung). Ein absoluter Klassenname besteht aus dem relativen Namen der Klasse und dem Namensraum (engl. Namespace). Ein Wurzelnamensraum (der Namensraum, der vorne steht im absoluten Klassennamen) kann auch Unternamensräume enthalten, so dass eine Namensraumhierarchie entsteht.

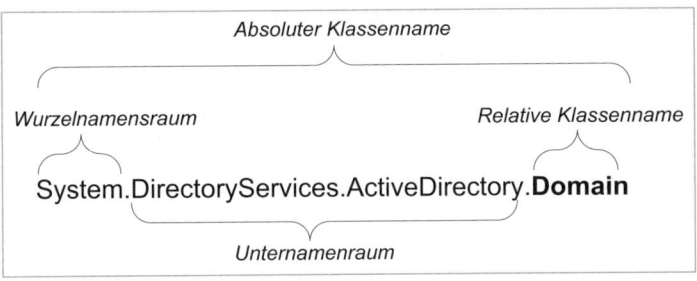

Bild B.3
Beispiel für eine
.NET-Klasse mit
Namensraumhierarchie

Der relative Name muss nur innerhalb eines Namensraums eindeutig sein. Über alle Namensräume hinweg kann der Klassenname mehrfach vorkommen, denn der Namensraum ermöglicht im Zweifel die Unterscheidung. Dies ist vergleichbar mit Dateien und Ordnern in einem Dateisystem.

Im .NET Framework können beliebig viele Namensraumhierarchien parallel existieren, denn es gibt nicht nur einen, sondern mehrere Wurzelnamensräume. Die .NET-Klassenbibliothek besitzt zwei Wurzelnamensräume: `System` und `Microsoft`. Die speziellen Klassen für die PowerShell befinden sich unterhalb von `System.Management.Automation`.

Im normalen Programmcode (C#, VB.NET etc.) wird eine Klasse über den absoluten Klassennamen oder – wenn der Namensraum vorher eingebunden wurde – über den relativen Klassennamen angesprochen. In der PowerShell muss immer der absolute Klassenname verwendet werden, da es keine Abkürzungsmöglichkeit gibt.

Da es keine zentrale Stelle gibt, welche die Bezeichner für Namensräume vergibt, besteht grundsätzlich die Gefahr, dass es zu doppelten Typnamen kommt. Im Rahmen des CLI-Standards wurde deshalb folgende Notation festgelegt:

```
Firmenname.Technologiename
```

Beispiele für Namensräume sind:

```
Microsoft.Office
PowerSoft.PowerBuilder
Corel.CorelDraw
AddisonWesley.Scripting
```

Es ist auch üblich, den Internetdomänennamen in umgekehrter Reihenfolge zu verwenden, also z. B. `com.Microsoft.Office` oder `de.Hanser.Scripting`.

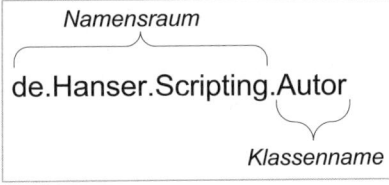

Bild B.4
Vergabe eines Namensraums

Auch für die Namensgebung von Typen gibt es Regeln, die im CLI-Standard manifestiert sind. Für die Groß-/Kleinschreibung gilt grundsätzlich *PascalCasing*, d. h., ein Bezeichner beginnt grundsätzlich mit einem Großbuchstaben und jedes weitere Wort innerhalb des

Bezeichners beginnt ebenfalls wieder mit einem Großbuchstaben. Ausnahmen gibt es lediglich für Abkürzungen, die nur aus zwei Buchstaben bestehen. Diese dürfen komplett in Großbuchstaben geschrieben sein (z. B. `UI` und `IO`). Alle anderen Abkürzungen werden entgegen ihrer normalen Schreibweise in Groß-/Kleinschreibung geschrieben (z. B. `Xml`, `Xsd` und `W3c`).

Es gibt weitergehende Regeln, die aber weit über den Rahmen dieses Buchs hinausführen würden.

■ B.6 Namensräume und Softwarekomponenten

Ein Namensraum ist eine Gruppierung von Klassen, die in Assemblies (Softwarekomponenten) implementiert sind. Der Namensraum ist unabhängig von dem Namen der Assembly. Ein Namensraum kann in beliebig vielen Assemblies implementiert werden, ebenso wie jede Assembly Typen zu beliebig vielen verschiedenen Namensräumen beisteuern kann. Im nachstehenden Bild sind die vertikalen dreidimensionalen Kästen die Assemblies und die horizontalen flachen Kästen die Namensräume. Man sieht, dass `System.IO` in *System.dll* und *mscorlib.dll* implementiert ist, es also keine *System.IO.dll* gibt.

Die Gruppierung, also die Auswahl der Typen, die zu einem Namensraum gehören, sollte nach logischen oder funktionellen Prinzipien erfolgen. Im Gegensatz dazu sollte die Zusammenfassung von Typen zu einer Assembly gemäß den Bedürfnissen zur Verbreitung der Klassen (engl. Deployment) erfolgen.

 ACHTUNG: Ein Durchlaufen aller Namensräume auf einem System ist nicht ohne weiteres möglich, weil es kein globales Verzeichnis aller Namensräume gibt. Dies würde eine Registrierung von Komponenten voraussetzen und daher dem Gedanken des *XCopy-Deployment* widersprechen. Möglich wäre aber die Suche nach *.dll-/.exe*-Dateien im Dateisystem und eine Einzelprüfung dieser DLLs darauf, ob sie Typen enthalten.

Um die Klassen aus einem .NET-Namensraum nutzen zu können, muss die Assembly, die diesen Teil des Namensraums implementiert, in der Anwendung, welche die Klasse nutzen möchte, eingebunden (referenziert) werden. Man erstellt Referenzen auf Assemblies, nicht auf Namensräume. Die PowerShell referenziert automatisch alle wichtigen Assemblies der .NET-Klassenbibliothek. Möchte man zusätzliche Assemblies (z. B. auch von Drittanbietern) nutzen, so muss man diese einbinden.

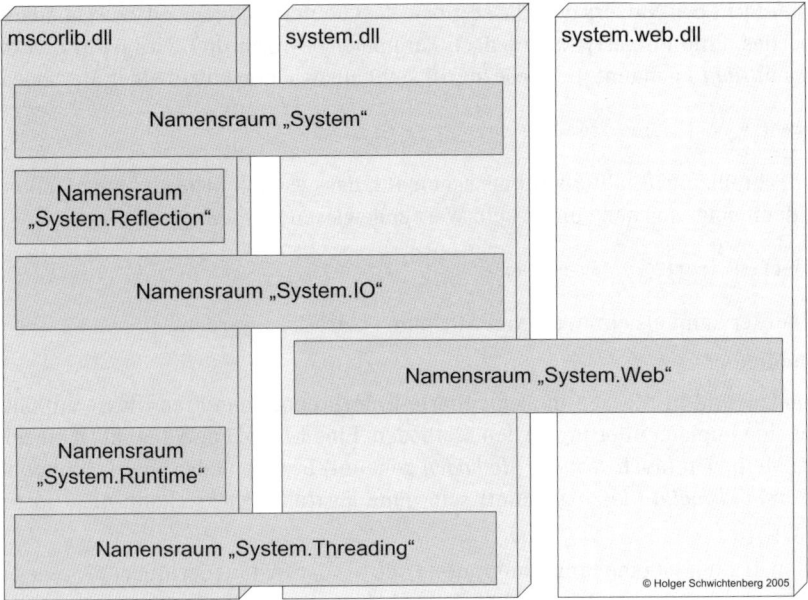

Bild B.5 Der Namensraum ist unabhängig vom Namen der Assembly.

B.7 Bestandteile einer .NET-Klasse

Eine .NET-Klasse ist ein Typ im Sinne der objektorientierten Programmierung und besteht daher aus der Vereinigung von Daten und Operationen. Eine .NET-Klasse besteht aus fünf Arten von Mitgliedern: Attribute, Methoden, Ereignisse, Konstruktoren und maximal ein Destruktor.

- **Attribute**

    Attribute sind Datenmitglieder einer Klasse. Es gibt in .NET zwei Unterarten von Attributen: Felder (engl. Fields) und Eigenschaften (engl. Properties).

    Fields sind Attribute, bei denen der Nutzer des Objekts direkt einen bestimmten Speicherplatz innerhalb des Objekts beschreibt. Er kann alle dem Datentyp des Felds entsprechenden Werte in das Feld schreiben, ohne dass eine weitere Prüfung erfolgt.

    Im Gegensatz dazu wird bei einer Property bei jedem Schreib- und Lesezugriff Programmcode ausgeführt, bei dem z. B. Prüfungen durchgeführt werden können. So kann der Gültigkeitsbereich auf beliebige Werte beschränkt werden. Zu einer Property gehört eine *Getter*-Methode (`Get`) und/oder eine *Setter*-Methode (`Set`). Wie und ob überhaupt die übergebenen Werte verarbeitet werden, ist in diesen Methoden zu implementieren. In der Regel gehört zu einem Property ein privates, also nur innerhalb des Objekts zugängliches Feld.

Aus der Sicht des Nutzers der Klasse gibt es fast keinen Unterschied zwischen Fields und Properties. Eine Property kann jedoch Parameter besitzen und wird dann *Indexer (indiziertes Attribut)* genannt. Der Lesezugriff sieht aus wie der Aufruf einer Methode:

```
element = collection.item(0)
```

Beim Schreibzugriff fällt allerdings schon auf, dass es sich nicht um eine Methode handelt, denn einer solchen könnte kein Wert zugewiesen werden:

```
collection.item(2) = "Guten Tag"
```

Ein Indexer kann als ein Array von Attributen betrachtet werden.

- **Methoden**

  Methoden sind in Klassen implementierte Unterprogramme. Eine Klasse enthält in der Regel eine Implementierung zu den Methoden. Eine Klasse kann aber auch einzelne *abstrakte* Methoden (auch *virtuelle Methoden* genannt) besitzen oder aber komplett abstrakt (auch *rein virtuelle Klasse* genannt) sein. Eine abstrakte Klasse kann nicht instanziiert werden.

  Ein Konstruktor ist eine Programmroutine, die bei der Instanziierung der Klasse aufgerufen wird. Konstruktoren können Parameter haben, die bei der Instanziierung anzugeben sind.

  Auch ein Destruktor gehört zu den Programmroutinen. Jede Klasse kann einen Destruktor mit dem Namen `Finalize()` besitzen, der aufgerufen wird, bevor die automatische Speicherverwaltung die Instanz im Speicher freigibt.

- **Ereignisse**

  Nutzer eines Objekts können ihr Interesse an von der Klasse definierten Ereignissen bekunden, indem sie dem Objekt einen Zeiger auf ein Unterprogramm übergeben, welches das Objekt beim Eintritt bestimmter Bedingungen aufruft.

Mitglieder einer Klasse können den einzelnen Instanzen (Instanzmitglieder) und der Klasse selbst (Klassenmitglieder oder statische Mitglieder genannt) zugeordnet sein. Eine Klasse wird als statische Klasse bezeichnet, wenn sie nur statische Mitglieder besitzt. Statische Klassen und statische Mitglieder erfordern eine Sonderbehandlung in der PowerShell, die an gegebener Stelle erläutert werden wird.

■ B.8 Vererbung

.NET unterstützt (Einfach-)Vererbung zwischen Klassen, d. h., eine Klasse kann Mitglieder von maximal einer anderen Klasse übernehmen. Als Nutzer der PowerShell haben Sie zunächst wenig mit Vererbung zu tun, in der Dokumentation werden Sie aber auf Hinweise auf Vererbung stoßen.

■ B.9 Schnittstellen

.NET erlaubt die explizite Definition von Schnittstellen zur Entkopplung der Beschreibung der Mitglieder einer Klasse von der Implementierung dieser Mitglieder. Schnittstellen sind für den Nutzer der PowerShell nicht relevant. Wichtig ist nur, dass Sie wissen, dass man Schnittstellen nicht mit dem PowerShell-Commandlet `New-Object` instanziieren kann. Schnittstellen erkennt man an dem vorangestellten großen „I", z. B. `IDataAdapter`.

Anhang C: Literatur

Diese Liste enthält Bücher, Zeitschriftenartikel und Websites, auf die im Text verwiesen wird.

[CODEPLEX01]	PowerShell Community Extensions http://www.codeplex.com/PowerShellCX/
[CODEPLEX02]	PowerShell SharePoint Provider http://www.codeplex.com/PSSharePoint
[DOTNET01]	.NET Framework Community Website http://www.dotnetframework.de
[DOTNET02]	.NET-Werkzeugliste http://www.dotnetframework.de/tools.aspx
[FAY01]	PowerShell Help Editor http://www.wassimfayed.com/PowerShell/CmdletHelpEditor.zip
[Kumaravel01]	Arul Kumaravel: AD access change/break in RC2 http://groups.google.de/group/microsoft.public.windows.powershell/-browse_thread/thread/7cf4b1bb774dfb90/17ad75cae89a341 d?lnk=st&q=%22Folks%2C+I+know+that+many+of%22&rnum=6&hl=de#17ad75cae 89a341d
[MON01]	Mono http://www.mono-project.com
[MS01]	Windows PowerShell Graphical Help File http://www.microsoft.com/downloads/details.aspx?familyid=3b3f7ce4-43ea-4a21-90cc-966a7fc6c6e8&displaylang=en
[MS02]	Benutzerdokumentation zur PowerShell http://www.microsoft.com/downloads/details.aspx?familyid=B4720B00-9A66-430F-BD56-EC48BFCA154F&displaylang=en
[MS03]	PowerShell 5.1 Download (Windows Management Framework) https://www.microsoft.com/en-us/download/details.aspx?id=54616
[MS04]	Active Directory Management Gateway Service (Active Directory Web Service for Windows Server 2003 and Windows Server 2008) http://www.microsoft.com/downloads/details.aspx?FamilyID=008940c6-0296-4597-be3e-1d24c1cf0dda&displaylang=en
[MS24045]	WMI Administrative Tools https://www.microsoft.com/en-us/download/details.aspx?id=24045

[MS2969]	Windows PowerShell ISE Add-On Tools http://social.technet.microsoft.com/wiki/contents/articles/2969.windows-powershell-ise-add-on-tools.aspx
[MS45885]	Module Browser for Windows PowerShell ISE https://www.microsoft.com/en-us/download/details.aspx?id=45885
[MS49186]	PackageManagement PowerShell Modules https://www.microsoft.com/en-us/download/details.aspx?id=49186
[MSBlog01]	Active Directory PowerShell – Advanced Filter http://blogs.msdn.com/adpowershell/archive/2009/04/14/active-directory-powershell-advanced-filter-part-ii.aspx
[MSDN51]	.NET Framework-Klassenbibliothek FileSystemRights-Enumeration http://msdn2.microsoft.com/de-de/library/system.security.accesscontrol.filesystemrights(VS.80).aspx
[MSDN52]	How to Write Cmdlet Help http://msdn2.microsoft.com/en-us/library/aa965353.aspx
[MSDN53]	PowerShell Software Development Kit (SDK) http://msdn2.microsoft.com/en-us/library/aa139691.aspx
[MSDN54]	Windows PowerShell Extended Type System (ETS) http://msdn2.microsoft.com/en-us/library/ms714419.aspx
[MSDN55]	WMI Schema Class Reference http://msdn2.microsoft.com/en-us/library/Aa394554.aspx
[MSDN56]	Dokumentation zum .NET-Namensraum System.Management http://msdn2.microsoft.com/en-us/library/system.management.aspx
[MSDN57]	Cmdlet Development Guidelines http://msdn2.microsoft.com/en-us/library/ms714657.aspx
[MSDN58]	.NET Framework Regular Expressions http://msdn2.microsoft.com/en-us/library/hs600312(VS.80).aspx
[MSDN59]	Active Directory-Schema http://msdn.microsoft.com/library/en-us/adschema/adschema/active_-directory_schema.asp
[MSDN60]	User Object User Interface Mapping http://msdn.microsoft.com/library/default.asp?url=/library/en-us/ad/ad/user_object_user_interface_mapping.asp
[MSSec01]	Malicious Software Encyclopedia: Worm:MSH/Cibyz.A http://www.microsoft.com/security/encyclopedia/details.aspx?name=Worm:MSH/Cibyz.A
[PBLOG01]	Windows Management Framework (WMF) 5.0 Roadmap http://blogs.msdn.com/b/powershell/archive/2015/08/06/windows-management-framework-wmf-5-0-roadmap.aspx
[RFC1960]	A String Representation of LDAP Search Filters http://www.ietf.org/rfc/rfc1960.txt
[RFC2254]	The String Representation of LDAP Search Filters http://www.rfc-editor.org/rfc/rfc2254.txt
[SCH01]	H. Schwichtenberg, F. Eller: Programmierung mit der .NET-Klassenbibliothek, Addison-Wesley, 2003 http://www.it-visions.de/books/fc2.aspx
[SCH02]	H. Schwichtenberg: .NET 3.5 Crashkurs, Microsoft Press, 2008 http://www.it-visions.de/buecher/n35

[SCH07]	H. Schwichtenberg: .NET 4.0 Crashkurs, Microsoft Press, 2011 *http://www.it-visions.de/buecher/n4c*
[STA93]	Stallings, W.: SNMP, SNMPv2 und CMIP. The Practical Guide to Network-Management Standards. Bonn: Addison-Wesley Longman, 1993.
[TNET01]	Dokumentation der Exchange Management Shell *http://technet.microsoft.com/en-us/library/bb124413.aspx*
[TNET02]	Exchange-Server-Skripte für die PowerShell *http://www.microsoft.com/technet/scriptcenter/scripts/message/exch2007/default.mspx?mfr=true*
[TNET03]	Converting VBScript Commands to Windows PowerShell Commands *http://www.microsoft.com/technet/scriptcenter/topics/winpsh/convert/default.mspx*
[W3C01]	XML Path Language (XPath) Version 1.0 W3C Recommendation 16 November 1999 *http://www.w3.org/TR/xpath*
[WPE01]	Versuch und Irrtum (Englisch: trial and error) *http://de.wikipedia.org/wiki/Versuch_und_Irrtum*

Anhang D: Weitere Informationen im Internet

Diese Liste enthält Websites, auf denen Sie weitere Informationen über die PowerShell erhalten können.

Websites zur PowerShell

PowerShell-Community-Website des Buchautors:
http://www.powershell-doktor.de

Startseite zur PowerShell von Microsoft:
https://msdn.microsoft.com/en-us/powershell

PowerShell Script Center von Microsoft:
https://technet.microsoft.com/de-de/scriptcenter/dd742419.aspx

PowerShell Gallery von Microsoft:
https://www.powershellgallery.com

Github-Repository zur PowerShell Core:
https://github.com/powershell

Community-Website von Dr. Tobias Weltner:
http://www.powertheshell.com

PowerShell-Website, die von der Firma Sapien gesponsert wird:
http://powershell.org

Weblogs zur PowerShell

Weblog des Autors:
http://www.dotnet-doktor.de

Offizielles Weblog des PowerShell-Teams:
http://blogs.msdn.com/PowerShell

James Truher (Microsoft):
http://jtruher.spaces.live.com/blog

Lee Holmes:
http://www.leeholmes.com/blog

Keith Hill:
http://keithhill.spaces.live.com

Richard Siddaway:
https://richardspowershellblog.wordpress.com

Scripting Guy:
http://blogs.technet.com/b/heyscriptingguy

Linkliste zur PowerShell
https://github.com/janikvonrotz/awesome-powershell

Anhang E: Abkürzungsverzeichnis

Die Verwendung von Abkürzungen ist in der Informationstechnik sehr gebräuchlich und auch dieses Buch kommt nicht daran vorbei. Die nachstehende Tabelle hilft Ihnen, die in diesem Buch und an anderer Stelle in Zusammenhang mit PowerShell und .NET verwendeten Abkürzungen schnell nachzuschlagen. Erläuterung zu den Begriffen finden Sie unter *www.dotnet-lexikon.de*.

.NET	.NET Framework
.NET 1.0	.NET Framework 1.0
.NET 1.1	.NET Framework 1.1
.NET 2.0	.NET Framework 2.0
.NET 3.0	.NET Framework 3.0
.NET 3.5	.NET Framework 3.5
.NET 4.0	.NET Framework 4.0
.NET 4.5	.NET Framework 4.5
.NET 4.6	.NET Framework 4.6
.NET 4.7	.NET Framework 4.7
.NET 64	.NET Framework 64-Bit
.NET CF	.NET Compact Framework
.NET Core	.NET Core Framework
.NET MF	.NET Micro Framework
.NET SDK	.NET Software Development Kit
AAD	Azure Active Directory
ABI	Application Binary Interface
ACE	Access Control Entry
ACE	Access Database Engine
ACL	Access Control List
ACL	Asynchronous Communication Layer
ACR	Azure Container Registry
ACS	Azure Container Service

ACT	Application Center Test
AD	Active Directory
AD LDS	Active Directory Lightweight Directory Services
ADAC	Active Directory Administrative Center
ADAM	Active Directory Application Mode
ADB	Active Directory Browser
ADC	Assembly Download Cache
ADDS	Active Directory Domain Services
ADFS	Active Directory Federation Service
ADMGS	Active Directory Management Gateway Service
ADMO	Active Directory Management Objects
ADO	ActiveX Data Objects
ADO.NET	Active Data Objects .NET
ADOCE	ActiveX Data Objects for Windows CE
ADODB	ActiveX Data Objects Database
ADOMD	ActiveX Data Objects Multi Dimensional
ADOMD.NET	Active Data Object Multi Dimension .NET
ADOX	ActiveX Data Objects Extensions
ADPH	AppDomain Protocol Handlers
ADS	Active Directory Service
ADSI	Active Directory Service Interface
ADT	Auxiliary Display Technology
ADTG	Advanced Data Tablegram
ADWS	Active Directory Web Services
AJAX	Asynchronous JavaScript and XML
AKM	Active Knowledge Module
Alfki	Alfreds Futterkiste
ALM	Application Lifecycle Management
ALP	Application Level Programming
AMD	Asynchronous Module Definition
AMO	Analysis Services Management Objects
AMP	Accelerated Massive Parallelism
Angular CLI	Angular Command Line Interface
ANSI	American National Standards Institute
AOT	Ahead-of-Time Compilation
API	Application Programming Interface
APIPA	Automatic Private IP Addressing
APK	Android Package
APM	Asynchronous Programming Model

AppDomain	Application Domain
APPID	Application Identifier
APTCA	Allow Partially Trusted Callers
AQS	Advanced Query Syntax
ASCII	American Standard Code for Information Interchange
ASE	Admin Script Editor
ASHX	ASP.NET Handler
ASMX	ASP.NET-Webservice
ASP	Active Server Pages
ASP.NET	ASP.NET Webforms
ASP.NET	Active Server Pages .NET
ASP.NET MVC	ASP.NET Model View Controler
ASP+	Active Server Pages Plus
ASPNG	Active Server Pages Next Generation
AssemblyRef	Assembly Reference
ASSL	Analysis Services Scripting Language
ATEC	Microsoft Authorised Technical Education Center
ATL	Active Template Library
ATS	Azure Table Storage
AUO	Active User Objects
AWT	Abstract Windowing Toolkit
AX	ActiveX
BASIC	Beginners All-Purpose Symbolic Instruction Code
BCL	Base Class Library
BIDS	Business Intelligence Development Studio
BIOS	Basic Input Output System
BITS	Background Intelligent Transfer Service
BL	Business Logic
Blend	Microsoft Expression Blend
BLOB	Binary Large Object
BML	Business Markup Language
BOA	Business Orientated Architecture
BOF	Begin Of File
BotR	Book of the Runtime
BOTR	Band on the Runtime
BSS	Benutzerschnittstellensteuerung
BSTR	Basic String
BUILD	Microsoft BUILD-Konferenz
BYOT	Bring your own Transaction

C#	CSharp
C# 2.0	CSharp 2.0
C# 3.0	CSharp 3.0
C# 4.0	CSharp 4.0
C# 5.0	CSharp 5.0
C# 6.0	CSharp 6.0
C# 7.0	CSharp 7.0
C++	CPlusPlus
C++/CX	C++ Component Extensions
CAB	Composite UI Application Block
CAML	Collaborative Application Markup Language
CAO	Client Activated Object
CAO	Client-Activated Object
CAPICOM	CryptoAPI Component
CAS	Code Access Security
CATID	Category Identifier
CBD	Component Based Development
CBF	Code Behind Forms
CBR	Call by Reference
CBSE	Component Based Software Enginering
CBV	Call by Value
CCM	Change and Configuration Management
CCM	CORBA Component Model
CCM	Component Category Manager
CCW	COM Callable Wrapper
CDATA	Character Data Sektion
CDN	Content Delivery Network
CDO	Collaboration Data Objects
CDXML	Commandlet Definition XML
CER	Common Engineering Report
CER	Constrained Execution Region
CF	Compact Framework
CGI	Common Gateway Interface
CHM	Compressed HTML
CHTML	Compact HTML
CIA	Confidentiality, Integrity/Identity, Authentication/Authorization/Auditing
CIFS	Common Internet File System
CIL	Common Intermediate Language
CIM	Common Information Model

CIS	COM Internet Services
CLB	Component Load Balancing
CLFS	Common Log File System
CLI	Common Language Infrastructure
CLI	Command Line Interface
CLIP	Community Leader/Influencer Program
CLOB	Character Large Object
CLR	Common Language Runtime
CLS	Common Language Specification
CLSID	Class Identifier
Cmdlet	Commandlet
CMIP	Common Management Information Protocol
CMMI	Capability Maturity Model Integration
CN	Common Name
CNG	Crypto Next Generation
COD	Click-Once-Deployment
CodeDOM	Code Document Object Model
COM	Component Object Model
COM-API	COM Application Programming Interface
ConcRT	Concurrency Runtime
COP	Component Oriented Programmierung
COR	Common Object Runtime
COR	Component Object Runtime
CORBA	Common Object Request Broker Architecture
CoreCLR	.NET Core Common Language Runtime
CoreFX	.NET Core Foundational Libraries
CoreFX	.NET Core Libraries
CPPEE	C++ Express Edition
CPS	Microsoft Cloud Platform System
CQL	CIM Query Language
CQRS	Command Query Responsibility Segregation
CR/LF	Carriage Return Line Feed
CRM	Compensating Resource Manager
CRT	C Run-Time Libraries
CRUD	Create Read Update Delete
CRUDS	Create Read Update Delete Search
CSDL	Common Schema Definition Language
CSDL	Conceptual Schema Definition Language
CSEE	C# Express Edition

CSF	Connected Services Framework
CSLC	Component Based Software Life Cycle
CSS	Cascading Style Sheet
CSV	Comma Separated Value
CTE	Common Table Expression
CTEC	Microsoft Certified Technical Education Center
ctor	Konstruktor
CTP	Community Technoloy Preview
CTS	Common Type System
CUI	Console User Interface
CVS	Concurrent Versions System
D3+C	D3+C
DACL	Discretionary Access Control List
DAL	Data Access Layer
DAO	Data Access Object
DAP	Directory Access Protocol
DAPI	Data Protection API
DAV	Distributed Authoring and Versioning
DAX	Data Analysis Expressions
DB	Datenbank
DBC	Design by Contract
DBMS	Datenbank-Managementsystem
DC	Domain Controller
DCD	Application Connection Designer
DCE	Distributed Computing Environment
DCO	Domino Collaboration Objects
DCOM	Distributed Component Object Model
DD	Deployment Designer
DDCC	Developer Division Compatibility Council
DDD	Dynamic Data Controls
DDI	Device Driver Interface
DDS	ASP.NET Dynamic Data Website
dFPUG	Deutschsprachige Foxpro User Group
DFS	Distributed File System
DGML	Directed Graph Markup Language
DHCP	Dynamic Host Configuration Protocol
DHTML	Dynamic Hypertext Markup Language
DHTML Widget	Dynamic Hypertext Markup Language Widget
DIME	Direct Internet Message Encapsulation

DISPID	Dispatch Identifier
DLL	Dynamic Link Library
DLR	Dynamic Language Runtime
DML	Data Manipulation Language
DMO	Distributed Management Objects
DMTF	Desktop Management Task Force
DN	Distinguished Name
DNA	Distributed interNet Application Architecture
DNS	Domain Name Service
DNU	.NET Development Utility
DNVM	.NET Version Manager
DNX	.NET Execution Environment
DOM	Document Object Model
DOS	Disc Operating System
DOTNET	.NET
DPM	Data Protection Manager
DPS	Data Protection Server
DSC	Desired State Configuration
DSDT	Distributed System Design Tools
DSH	DOTNET Scripting Host
DSI	Dynamic Systems Initiative
DSL	Domain Specific Language
DSML	Directory Services Markup Language
DSN	Data Source Name
DSO	Decision Support Objects
DTC	Distributed Transaction Coordinator
DTC	Design Time Control
DTD	Document Type Definition
DTOP	Data Transfer Object
DTS	Data Transformation Service
DVCS	Distributed Version Control
DWM	Desktop Window Manager
DZS	Datenzugriffsschicht
EAD	Enterprise Application Development
EAP	Event-based Asynchronous Pattern
ECM	Enterprise Content Management Framework
ECMA	European Computer Manufacturers Association
EDB	Embedded Database
EDM	Entity Data Model

EDRA	Enterprise Development Reference Architecture
EF	ADO.NET Entity Framework
EJB	Enterprise Java Beans
ELT	Extract, Load, Transform
EMS	Exchange Management Shell
EnC	Edit-And-Continue
EOF	End Of File
EOS	End of Stream
ERM	Entity Relationship-Modell
ES	ECMAScript
ESATE	Exchange Script Agent Test Environment
ESB	Enterprise Service Bus
ESE	Extensible Storage Engine
ESM	ECMAScript Module
ESQL	Entity SQL
ESQL	Embedded SQL
ETS	Extended Type System
EWQL	Extended WQL
EXE	Executable
F#	FSharp
Fakes	Microsoft Fakes Isolation Framework
FCL	.NET Framework Class Library
FCL	Framework Class Library
FMTID	Format Identifier
FPS	Failover Partner Server
FPSE	Frontpage Server Extensions
FPSE	Front Page Server Extensions
FQDN	Fully Qualified Distinguished Name
FSL	.NET Framework Standard Library
FSMO	Flexible Single Master Operation
FSO	File System Object
FTP	File Transfer Protocol
FURPS	FURPS
FVE	Full Volume Encryption
FX	Framework
GAC	Global Assembly Cache
GAL	Global Address List
GAT	Guidance Automation Toolkit
GAX	Guidance Automation Extentions

GC	Global Catalogue	
GC	Garbage Collector	
GC	Global Catalog Server	
GDI	Graphics Device Interface	
GDI+	Graphics Device Interface+	
GIF	Graphics Interchange Format	
GL	Geschäftslogik	
GLL	Go Live License	
GPL	General Purpose Language	
GPMC	Group Policy Management Console	
GPO	Group Policy Object	
GUI	Graphical User Interface	
GUID	Global Unique Identifier	
GXA	Global XML Webservice Architecture	
HAT	Help Authoring Tool	
HSM	Hardware Security Module	
HTA	HTML-Applikation	
HTC	HTML Component	
HTML	Hypertext Markup Language	
HTTP	Hypertext Transfer Protocol	
HTTPS	HTTP over SSL	
HWC	Hostable Web Core	
IaaS	Infrastructure as a Service	
ICMP	Internet Control Message Protocol	
ICT	Initial Configuration Tasks	
ID	Identifier	
IDC	Internet Database Connector	
IDE	Integrated Development Environment	
IDL	Interface Definition Language	
IE	Internet Explorer	
IID	Interface Identifier	
IIFE	Immediately Invoked Function Expression	
IIOP	Internet Inter-ORB Protocol	
IIS	Internet Information Server	
IIS Express	Internet Information Server Express	
IL	Intermediation Language	
ILX	Extended Intermediate Language	
IMDB	In-Memory-Database	
IMDB	In-Memory Database	

INETA	International .NET Association
IO	Input Output
IoC	Inversion of Control
IP	Internet Protocol
IPC	Interprocess Communication
IPID	Interface Pointer Identifier
IPM	Interpersonal Message
IPMI	Intelligent Platform Management Interface
IPX	Internet Packet eXchange
IR	Phoenix intermediate representation
IS	Information Store
ISAPI	Internet Services Application Programming Interface
ISB	Internet Service Bus
ISE	PowerShell Integrated Scripting Environment
ISO	International Standardization Organization
ISTG	Intersite Topology Generator
J#	JSharp
Jacl	Java-Tcl
Java EE	Java Enterprise Edition
JAXB	Java Architecture for XML Binding
JAX-WS	Java API for XML-Web Services
JCL	Java Class Library
JCP	Java Community Process
JDBC	Java Database Connectivity
JET	Microsoft Joint Engine Technology Database Engine
JITA	Just-in-Time Activation
JLCA	Java Language Conversion Assistant
JLS	Java Language Specification
JNDI	Java Naming and Directory Interface
JNI	Java Native Interface
JPA-QL	Java Persistence Query Language
JPEG	Joint Photographic Experts Group
JRMP	Java Remote Method Protocol
JS	JavaScript
JSEE	J# Express Edition
JSF	Java Server Faces
JSON	JavaScript Object Notation
JSP	Java Server Pages
JSR	Java Specification Request

JSTL	Java Server Pages Tag Library
JUMP	Java User Migration Path to Microsoft .NET
JVM	Java Virtual Machine
KTM	Kernel Transaction Manager
L2E	LINQ-to-Entities
LCID	Locale ID
LCS	Live Communications Server
LDAP	Lightweight Directory Access Protocol
LDD	Logical Datacenter Designer
LDDM	Longhorn Display Driver Model
LIBID	Library Identifier
LINQ	Language Integrated Query
LMT	Microsoft local test manager
LocalDB	SQL Express LocalDB
LOH	Large Object Heap
LPC	Local Procedure Call
LRPC	Lightweight Remote Procedure Call
LSB	Local Service Bus
LTM	Lightweight Transaction Manager
LTS	LINQ-to-SQL
LUA	Limited User Accounts
MAF	Managed Add-In Framework
MAML	Microsoft Assistance Markup Language
Managed API	Managed Application Programming Interface
MAPI	Messaging Application Programming Interface
MARS	Multiple Active Results Sets
MAT	Microsoft Application Translator
MBF	Microsoft Business Framework
MBR	Marshal by Reference
MBV	Marshal by Value
MCAD	Microsoft Certified Application Developer
MCDBA	Microsoft Certified Database Administrator
MCDST	Microsoft Certified Desktop Support Technicians
MCF	MOM Connector Framework
MCMS	Microsoft Content Management Server
MCP	Microsoft Certified Professional
MCPP	Microsoft Communications Protocol Program
MCPP	Managed C++
MCSA	Microsoft Certified Systems Administrator

MCSD	Microsoft Certified Solution Developer
MCSE	Microsoft Certified Systems Engineer
MDA	Model Driven Architecture
MDAC	Microsoft Data Access Components
MDAIPP	OLE DB Provider for Internet Publishing
MDBG	Managed Debugger
MDE	Microsoft Document Explorer
MDE	Microsoft Development Environment
MDI	Microsoft Document Imaging
MDIL	Machine Dependent Intermediate Language
MDL	Microsoft Design Language
MDX	Multidimensional Expression
MEF	Managed Extensibility Framework
MEP	Message Exchange Pattern
MEX	Web Services Metadata Exchange
MFA	Multi File Assembly
MFC	Microsoft Foundation Classes
MGB	Microsoft Global Briefing
MI	Windows Management Infrastructure
MI API	Management Infrastructure API
MIDL	Microsoft Interface Definition Language
MIME	Multipurpose Internet Mail Extension
MINFU	Microsoft Nomenclature Foul-Up
MIT	Mobile Internet Toolkit
MMC	Microsoft Management Console
MO	Managed Object
MOC	Microsoft Official Curriculum
MODI	Microsoft Office Document Imaging
MOF	Managed Object Format
MOF	Microsoft Operational Framework
MOM	Microsoft Operations Manager
MonoDroid	Mono For Android
MOSS	Microsoft Office SharePoint Server
MPGO	Managed Profile Guided Optimization
MPLS	Microsoft Partner for Learning Solutions
MS	Microsoft
MSA	Microsoft Account
MSBee	MS Build Everett Environment
MSBuild	Microsoft Build

MSBuild	Microsoft .NET Build Engine
MSCL	Microsoft Shell Command Language
MSCOM	Microsoft Component Object Model
MSDAORA	Microsoft OleDb Provider for Oracle
MSDE	Microsoft Database Engine
MSDN	Microsoft Developer Network
MSDN Library	Microsoft Developer Network Library
MSDNAA	Microsoft Developer Network for Academic Alliance
MSDTC	Microsoft Distributed Transaction Coordinator
MSE	Microsoft Script Editor
MSF	Microsoft Solutions Framework
MSH	Microsoft Shell
MSI	Microsoft Installer
MSIL	Microsoft Intermediate Language
MSJVM	Microsoft Java Virtual Machine
MSL	Microsoft Support Lifecycle
MSL	Mapping Specification Language
MSMQ	Microsoft Message Queuing
MS-PSRP	Windows PowerShell Remoting Protocol
MSR	Microsoft Reports
MSRPC	Microsoft Remote Procedure Call
MSRS	Remote Scripting
MSSQL	Microsoft SQL Server
MSVS	Microsoft Virtual Server
MSXML	Microsoft XML
MTA	Multi-Threaded-Apartment
MTOM	Message Transmission Optimization Mechanism
MTS	Microsoft Transaction Server
MVC	Model View Controler Framework
MVC	Model-View-Controler
MVP	Most Valuable Professional
MVVM	Model View ViewModell
NA	Neutral Apartment
NAP	Network Access Protection
NDF	Network Diagnostic Framework
NDK	Android Native Development Kit
NDR	Network Data Representation
NDS	Novell Directory Service
NetBIOS	Network Basic Input Output System

NETCORE	.NET Core
NG	Angular
ngen	Native Image Generation
NGPP	Next Generation Print Pat
NGWS	Next Generation Windows Service
NLB	Network Load Balancing
NNTP	Network News Transfer Protocol
No-args ctor	Parameterloser Konstruktor
node	node.js
NT	Needs Thirtytwo
NT	Nice Try
NT	New Technology
NT4	Windows NT Version 4.0
NTD	No-Touch-Deployment
NTFS	New Technology File System
NTLM	NT LAN-Manager
NuGet	NuGet Library Package Manager
nupkg	Nuget-Paket
NX	Execution Protection
OAS	OpenAPI Specification
OASIS	OASIS
OBA	Office Business Application
OBFX	Object Persistance Framework
ObjC	Objective-C
OCL	Open CLI Library
OCM	Optional Component Manager
OCS	Object Construction String
OCS	Office Communications Server
OCSP	Online Certificate Status Revocation Protocol
ODATA	Open Data Protocol
ODBC	Open Database Connectivity
OLAP	On-Line Analytical Processing
OLE	Object Linking and Embedding
OLE DB	Object Linking and Embedding Database
OleTx	OLE Transactions
OM	Operations Management
OMG	Object Management Group
OMI	Open Management Infrastructure
OMT	Object Modelling Technique

OO	Objektorientierung
OO4O	Oracle Objects for OLE
OOAD	Objektorientierte Analyse und Design
OOM	Objekt-Objekt-Mapping
OOP	Objektorientiertes Programmieren
OOXML	Open XML
OPC	Open Packaging Convention
OpCodes	Operation Codes
OpenXPS	Open XML Paper Specification
ORDBMB	Objekt-relationale Datenbank
ORM	Objekt-relationales Mapping
ORPC	Object Remote Procedure Call
OSA	open scripting architecture
OSI	Open Systems Interconnection
OTB	Object Test Bench
OU	Organizational Unit
OWASP	Open Web Application Security Project
OWF	One-Way-Format
P/Invoke	Platform Invoke
PAAS	Platform As A Service
PAB	Personal Addressbook
Page FX	ASP.NET Page Framework
PAL	Platform Abstraction Layer
PASWA	Proposed Infoset Addendum to SOAP Messages with Attachments
PBI	Product Backlog Item
PBR	Pass by reference
PBV	Pass by value
PC	Personal Computer
PCL	Portable Class Library
PDB	Program Database
PDC	Primary Domain Control
PDC	Professional Developers Conference
PE	Portable Executable
PE32+	Portable Executable+
PERL	Practical Extraction and Reporting Language
PGP	Pretty Good Privacy
PHP	Personal Home Page Tools
PIA	Primary Interop Assembly
PICS	Platform For Internet Content Selection

PIM	platform-independent model
PL/SQL	Procedural Language/Structured Query Language
PNET	DotGnu Portable .NET
PNRP	Peer Name Resolution Protocol
POCO	Plain Old CLR Object
POGO	Profile Guided Optimizations
POJO	Plain Old Java Object
POOM	Pocket Outlook Object Model
POX	Plain Old XML
PPC	Pocket PC
PPH	Process Protocol Handler
PPL	Parallel Patterns Library
PPM	Power Policy Manager
PPR	Partial Page Rendering
ProgID	Programmatic Identifier
PS	PowerShell
PS Core	PowerShell Core
PSCX	PowerShell Community Extensions
PSDirect	PowerShell Direct
PSL	Powershell Language
PSM	platform-specific models
PSWA	Windows PowerShell Web Access
PWA	Progressive Web App
QFE	Quick Fix Engineering
RA	Regulärer Ausdruck
RAD	Rapid Application Development
Rails	Ruby on Rails
RAS	Remote Access Service
Razor	ASP.NET Razor View Engine
RBS	Role Based Security
RCW	Runtime Callable Wrapper
RDC	Remote Differential Compression
RDF	Resource Description Framework
RDL	Report Definition Language
RDN	Relative Distinguished Name
RDO	Remote Data Objects
RDS	Remote Data Service
RE	Windows Recovery Environment
ReactiveX	Reactive Extensions

ReFS	Resilient File System	
REST	Representational State Transfer	
RFC	Request for Comment	
RGB	Rot-Grün-Blau-Farbschema	
RIA	Rich Internet Application	
RIA Services	WCF Rich Internet Application Services	
RID	Relative Identifier Master	
RID	Runtime Identifier	
RMI	Remote Method Invocation	
RODC	Read-only Domain Controller	
ROT	Running Objects Table	
RPC	Remote Procedure Call	
RRAS	Routing and Remote Access Service	
RS	Redstone	
RSMT	Remote Server Management Tools	
RSS	Really Simple Syndication	
RWD	Responsive Web Design	
Rx.NET	Reactive Extensions for .NET	
RxJS	Reactive Extensions for JavaScript	
RZS	Ressourcenzugriffssteuerung	
SaaS	Software as a Service	
SACL	System Access Control List	
SAM	Security Account Manager	
SAM	Software Asset Management	
SAO	Server-Activated Object	
SARS	Single Active Results Sets	
SAX	Simple API for XML	
SCA	Service Component Architecture	
SCC API	Microsoft Source Code Control API	
SCE	Security Configuration Editor	
SCE	Microsoft System Center Essentials	
SCM	Service Control Manager	
SD	Security Descriptor	
SDA	Schema Discovery API	
SDDL	Security Descriptor Definition Language	
SDE	Smart Device Extensions	
SDK	Software Development Kit	
SDL	Security Development Lifecycle	
SDL	Threat Modeling	

SDLC	Software Development Life Cycle
SDM	System Definition Model
SDO	Service Data Objects
SEH	Structured Exception Handling
SFA	Single File Assembly
SID	Security Identifier
SIM	Windows System Image Manager
SIMD	Single Instruction, Multiple Data
SL	Microsoft Silverlight
SLPS	Software Licensing and Protection Services
SMB	Server Message Block
SMC	Simple Managed C
SML	System Modeling Language
SMO	SQL Management Objects
SMO	SQL Server Management Objects
SMS	Systems Management Server
SMTP	Simple Mail Transfer Protocol
SNA	Strongly Named Assembly
SNMP	Simple Network Management Protocol
SOA	Service Oriented Architecture
SOAP	Simple Object Access Protocol
SOH	Small Object Heap
SOS	Son of Strike
SP	Service Pack
SPA	Single Page Application
SPC	Software Publisher Certificate
SPM	Shared Property Manager
SPX	Sequenced Packet eXchange
SQL	Structured Query Language
SQLCLR	SQL Server Common Language Runtime
SQLOS	SQL Operating System
SSAS	SQL Server Analysis Services
SSCE	Microsoft SQL Server Compact Edition
SSCLI	Shared Source Common Language Infrastructure
SSDL	Store Schema Definition Language
SSDT	SQL Server Developer Tools
SSH	Secure Shell
SSH	System Script Host
SSI	Server Side Includes

SSIS	SQL Server Integration Services
SSL	Secure Socket Layer
SSP	Security Support Provider
SSRS	SQL Server Reporting Services
STA	Single-Threaded-Apartment
STL	C++ Standard (Template) Library
STLCLR	Standard Template Library CLR
STS	Security Token Service
SVM	Secure Virtual Machine
SWC	Services without Components
SWT	Standard Widget Toolkit
SxS	Side-By-Side Execution
SyncFX	Microsoft Synchronization Framework
T4	Text Template Transformation Toolkit
TAP	Technology Adoption Program
TAP	Task-based asynchronous Pattern
TCL	Tool Command Language
Tcl/Tk	Tool Command Language Toolkit
TCP	Transmission Control Protocol
TDL	Template Description Language
TDL	Template Definition Language
TDS	Tabular DataStream
TechEd	Microsoft TechEd
TEE	Microsoft TechEd Europe
TFCS	Team Foundation Core Services
TFOM	Team Foundation Object Model
TFPS	Team Foundation Power Tools
TFS	Team Foundation Server
TFVC	Team Foundation Version Control
TLA	Three Letter Acronym
TLD	Tag Library Descriptor
TLS	Thread Local Storage
TMSL	Tabular Model Scripting Language
TNA	Thread-Neutral-Apartment
TOM	Text Object Model
TPL	Task Parallel Library
TPM	Trusted Platform Module
TSQL	Transact SQL
TSUserEx	ADSI Extension for Terminal Services User Configuration

TxF	Transactional File System
TxR	Transactional Registry
TypeLib	Typbibliothek
UAC	User Account Control
UAP	User Account Protection
UCE	Unified Composition Engine
UCMA	Unified Communications Managed API
UCS	Universal Character Set
UDA	Universal Data Access
UDDI	Universal Description, Discovery and Integration
UDL	Universal Data Link
UDM	Unified Dimensional Model
UDP	User Datagram Protocol
UIKit	User Interface Kit
UMI	Universal Management Interface
UML	Unified Modeling Language
UNC	Universal Naming Convention
UPM	Unified Provider Model
UPN	Umgekehrte polnische Notation
UPN	User Principal Name
URI	Uniform Resource Identifier
URL	Uniform Resource Locator
URN	Uniform Resource Name
URT	Universal Component Runtime
UserID	User Identifier
UTC	Universal Coordinated Time
UTF	UCS Transformation Format
UUID	Universal Unique Identifier
UWA	Universal Windows App
UWP	Universal Windows Platform
UWP App	Universal Windows Platform App
VB	Visual Basic
VB 10.0	Visual Basic 2010
VB 11.0	Visual Basic 2012
VB 7.0	Visual Basic .NET 2002
VB 7.1	Visual Basic .NET 2003
VB 8.0	Visual Basic 2005
VB 9.0	Visual Basic 9.0
VB.COM	Visual Basic .COM

VB.NET	Visual Basic .NET
VB6	Visual Basic Version 6.0
VB7	Visual Basic Version 7.0
VBA	Visual Basic for Applications
VBCCE	Visual Basic Control Creation Edition
VBEE	Visual Basic Express Edition
VBS	Visual Basic Script
VBX	Visual Basic Control
VCPP	Visual C++
VES	Virtual Execution System
VFP	Visual FoxPro
VI	Visual Interdev
VISTA	Visual Studio Analyser
VOS	Virtual Object System
VS	Visual Studio
VS SDK	Visual Studio Software Development Kit
VS.NET	Visual Studio .NET
VS.NET 2002	Visual Studio .NET 2002
VS.NET 2003	Visual Studio .NET 2003
VS2005	Visual Studio 2005
VS2008	Visual Studio 2008
VS2010	Visual Studio 2010
VS2012	Visual Studio 2012
VS2013	Visual Studio 2013
VS2015	Visual Studio 2015
VS2017	Visual Studio 2017
VS6	Visual Studio 6.0
VS8	Visual Studio .NET 8.0
VSA	Visual Studio for Applications
VSCC	Visual Studio .NET Combined Help Collection
VSCE	Visual Studio Community Edition
VSCode	Visual Studio Code
VSHIK	Visual Studio Help Integration Kit
VSIP	Visual Studio Industry Partner
VSIX	Visual Studio Integration Extension
VSO	Visual Studio Online
VSS	Visual SourceSafe
VSTA	Visual Studio Tools for Applications
VSTO	Visual Studio Tools for Office

VSTS	Visual Studio Team System
VSTS	Visual Studio Team Services
VSX	Visual Studio Extensibility
VTBL	Virtual Table
VTS	Version Tolerant Serialization
VWD	Visual Web Developer
VWDSE	Visual Web Developer Express Edition
W08	Windows Server 2008
W08R2	Windows Server 2008 Release 2
W3C	World Wide Web Consortium
W3SVC	Webservice W3SVC
WABS	Windows Azure Biztalk Services
WAMS	Windows Azure Mobile Services
WAP	Web Application Project
WAP	Windows API Platform
WAS	Windows Application Server
WAS	Windows Activation Service
WAWS	Windows Azure Websites
WBA	Web-Browser Applications
WBEM	Web Based Enterprise Management
WBT	Windows Based Terminal
WCAG	Web Content Accessibility Guidelines
WCF	Windows Communication Foundation
WCF DA	WCF Data Service
WCMS	Web Content Management System
WCS	Windows CardSpace
WCSF	Web Client Software Factory
WDAC	Windows Data Access Components
WDF	Windows Driver Framework
WDF	Windows Driver Foundation
WDI	Windows Diagnostics Infrastructure
WDM	Win32 Driver Model
WDP	Web Deployment-Projekt
Web Deploy	IIS Web Deployment Tool
WebAdmin	ASP.NET Web Site Administration Tool
WebGL	Web Graphics Library
Web-RPC	Web Remote Procedure Call
WER	Windows Error Reporting
WF	Windows Workflow Foundation

WFC	Windows Foundation Classes
WFP	Windows Filtering Platform
WFP	Windows Feedback Platform
WGF	Windows Graphics Foundation
WIA	Windows Image Acquisition
WID	Windows Internal Database
WIF	Windows Identity Foundation
WILL	Windows Interface Language
WIM	Windows Imaging Format
WIMA	Windows IIS MSDE ASP.NET
Win32-API	Windows 32 Application Programming Interface
WinDNA	Windows DNA
Windows VI	Windows Vista
WinForms	Windows Forms
WinFS	Windows File System
WinFX	Windows Framework
WinHEC	Windows Hardware Engineering Conference
WinHTTP	Windows HTTP Services
WinINet	Windows Internet
WinJS	Windows Library for JavaScript
WinMD	Windows Metadata
WinPE	Windows Preinstallation Environment
WinPRT	Windows Phone Runtime
WinRM	Windows Remote Management
WinRS	Windows Remote Shell
WinRT	Windows Runtime
WINS	Windows Internet Naming Service
WinSAT	Windows System Assessment Tool
Winsock	Windows Sockets
WinSPR	Windows System Performance Rating
WinWS	Windows Workflow Engine
WIP	Windows Insider Program
WiX	Windows Installer XML
WKGUID	Well-Known Globally Unique Identifier
WLK	Windows Logo Kit
WMCX	Windows Media Center Extender Technology
WMF	Windows Management Framework
WMI	Windows Management Instrumentation Version 2
WMI	Windows Management Instrumentation

WMIC	WMI Command Line Utility
WML	Wireless Markup Language
WMS	Windows Monitoring Service
WNDP	Windows Network Developer Platform
WNS	Windows Push Notification Service
WOA	Windows on ARM
WORA	Write Once Run Anywhere
WordML	WordProcessingML
WOW64	Windows on Windows64
WPA	Windows Produkt-Aktivierung
WPF	Windows Presentation Foundation
WPF/E	Windows Presentation Foundation Everywhere
WPO	Web Page Optimization
WPS	Windows PowerShell
WPS	Windows Powered Smartphone
WQL	WMI Query Language
WRC	Windows Runtime Component
WRL	Windows Runtime Library
WRP	Windows Resource Protection
WS	Windows Scripting
WSA	Web Services Architecture
WSC	Windows Script Component
WSDAPI	Web Services for Devices API
WSDK	Web Service Development Kit
WSDL	Web Services Description Language
WSE	Web Services Enhancements
WSF	Windows Scripting File
WSH	Windows Script Host
WS-I	Web Services Interoperability Organisation
WS-Man	Web Services Management Protocol
WSML	Web Services Meta Language
WSPP	Work Group Server Protocol Program
WSS	Windows SharePoint Services
WSS	Windows Server System
WTL	Windows Template Library
WVG	Windows Vector Graphics
WWA	Windows Web Application
WWW	World Wide Web
WYSIWYG	What You See Is What You Get

X#	XSharp
XAML	eXtensible Application Markup Language
XAP	Silverlight Application Package
XBAP	XAML Browser Application
XBox XDK	XBox Development Kit
XDL	XML Diff Language
XDR	XML-Data Reduced
XDT	XML-Document-Transform
XHTML	Extensible Hypertext Markup Language
XML	Extensible Markup Language
XML DOM	Extensible Markup Language Document Object Model
XMP	Extended Management Packs
XOML	eXtensible Object Markup Language
XOP	XML-binary Optimized Packaging
XPATH	XML Path Language
XPCOM	Cross Platform Component Object Model
XPS	XML Paper Specification
XQuery	XML Query Language
XSD	XML Schema Definition Language
XSD.exe	XML Schemas DataTypes Support Utility
XSL	Extensible Stylesheet Language
XSLT	XML Stylesheet Language Transformations
XSS	Cross-Site Scripting

Stichwortverzeichnis

Symbole

$_ 83, 93, 145, 410
& 60, 176
> 223
>> 223
-and 109
-as 142
-Bit 11
-cmatch 159
-cnotmatch 159
-expression 606
-force 45
-imatch 159
-inotmatch 159
-ItemsSource 1035
-Join 158
-match 159
-notmatch 159
-or 109
-Parameter 67
-Split 158
-Verbose 46
.cat 629
.dll 41, 133, 347, 620, 1117f.
.exe 133, 294
.NET 3, 35, 82, 98, 145, 167, 338, 420, 1021, 1067, 1094, 1108, 1141
- Bibliothek 335
- Klasse 335, 1146
- Runtime Host 33
.NET API Portability Analyzer 986
.NET Core 3, 23, 35, 335, 1004, 1014, 1141, 1144
.NET Data Provider 681f.
.NET Framework 33, 237, 465, 547, 772, 1141, 1143, 1147
- 4.0 11
.NET Standard 335, 1145
.pfx 443
.pkg 24
.ps1 18, 56, 123, 1118
.psd1 513, 554, 1042, 1118, 1123
.psm1 1042, 1113 ff., 1118, 1123
.psproj 293
.yml 1016
32-Bit 11, 277, 687, 740
64-Bit 277, 687, 740
[Type] 343

A

Ablaufverfolgung 3, 428 f.
About 135
Absent 530
AbsoluteTimerInstruction 374
abstract 1139
Accelerator 140
Accent Grave
- Gravis 47
Access Control Entry 840
Access Control List 840, 851
Access Control Type 841
Access Mask 840
AccessControl 839, 844
AccessMask 644
Account Manager 569, 590
AccountDisabled 886
AceFlags 841
ACL 843, 856
ACS 1019
Active Directory 3, 229, 360, 519, 569 f., 586, 876, 882, 886, 901, 925 f., 1043
- PowerShell 901
- Struktur 926
- Suche 891
Active Directory Application Mode 926
Active Directory Domain Services 924
Active Directory Service Interface
    siehe ADSI
Active-Scripting 129
ActiveScriptEventConsumer 375
ActiveX Data Objects 681, 692, 872
ADAccount 907
ADComputer 907
Add() 346
Add-ADGroupMember 911, 923
Add-Computer 746
Add-Content 663, 679
Add-DirectoryEntry 585
Add-DistributionGroupMember 942
Add-Feature 659
Add-JobTrigger 459
Add-LDAPObject 899, 1044 f.
Add-LocalGroupMember 938
Add-Member 107, 407, 410, 1052
Add-ODBCDSN 727
Add-PSSnapin 1071, 1076
Add-Type 348 f., 411, 419, 631, 711
Add-VirtualHardDisk 589
Add-VMDisk 981
Add-VMDrive 981
Add-VMHardDiskDrive 959, 971
Add-VMNIC 981
Add-VMSwitch 959
Add-WBSystemState 656
Add-WindowsFeature 656, 770, 775 ff., 924
AddCommand() 1131
AddScript() 1128, 1131
ADDSDeployment 924 ff.
Administration
- delegiert 593
- webbasiert 298, 598
Administrator 261
Administratorrechte 238, 258, 261, 273 ff., 399, 558, 649, 789, 839, 1001, 1004

ADO.NET 681, 689, 872, 891
ADODB.Connection 873
ADPowerShell 901, 907
ADRMS 570
ADSI 869, 873 f., 877, 879, 939
- .NET 867, 869, 873
- Bindung 875 f.
- COM 873, 879
- Container 881
- Pfad 875
AdsPath 891
ADUser 907
Advanced Function 1039, 1048
ADWS 902
AgentPC 869
Akte X 868
Aktivierung 591
Aktivität 472, 476
Alias 37, 50, 227, 611
Aliaseigenschaft 101, 106
AliasInfo 51
AllNodes 527
AllowClobber 558
AllowEmptyCollection 1048
AllowEmptyString 1048
AllowNull 1048
AllSigned 130
Alvin Kersh 868
Änderungshistorie 686
Animation 1035
Ankerelement 161
Anwendungspool 953, 955
Anzeigesprache 512
Apache 1004
AppDomain 349, 711
AppendChild(). 675
Apple Software Package 24
AppLockerPolicy 782 f.
appSettings 301
Architektur 33
Args 127, 145
args 247
Array 167, 171, 173, 1150
ArrayList 170 f.
AsJob 448, 469
ASP.NET 360, 1007
Assembly 347, 547, 553, 560, 621, 1076, 1105
- verbreiten 1148
AssocClass 795
ASSOCIATORS OF 376
Assoziation 368
- WMI 364, 368
Asynchronous 828
Attribut 1133, 1138, 1149
- indiziert 1150
Audio 342

Aufgabe
- geplant 455
Aufzählung 351
Ausdruck 58
- regulär 159
Ausdruckauflösung 152
Ausdrucksmodus 58
Ausführungsrichtlinie 129
Ausgabe
- mehrspaltig 208
- unterdrücken 221
Ausgabeobjekt 1079
Auslagerungsdatei 591
Authentifizierung 420, 886, 923
AuthorizationRuleCollection 845 f.
AutoUpdate 747
Azure Cloud Shell 304
Azure Container Registry 1004
Azure Container Service *siehe* ACS

B

Background Intelligent Transfer Service *siehe* BITS
BackgroundColor 146, 283, 303
Backspace 154
Backup 655, 657, 710
Backup-GPO 931
Backup-SqlDatabase 708, 710
Base 891, 913
bash 327
Basisauthentifizierung 235
Basisimage 1014, 1016
Basisklasse 685
Batterie 757
Bedingung 182
Beep 154
Beep() 344
Befehl
- extern 37, 59
Befehls-Add-On 70
Befehlsgeschichte 599
Befehlsmodus 58
Befehlsobjekt 690
Begin 633
BeginProcessing() 1070, 1074
Benutzer 359, 896, 1134, 1137
- Active Directory 882
- anlegen 885
- lokal 937
- löschen 887
- umbenennen 887
- verschieben 888
Benutzer-DSN 729
Benutzerabmeldung 604
Benutzeranmeldung 604
Benutzerdaten lesen 916

Benutzergruppe 922
Benutzerkennwort 886
Benutzerkontensteuerung *siehe* UAC
Benutzerkonto 916, 1154
Benutzername 420
Benutzerschnittstelle 358
Berechnung 116
Best Practice 570, 865
Betriebssystembasis-Image 983
Bezeichner 1147
Beziehung 1137
Bibliothek 1144
Big Endian 891
Bild 584
Bildschirmschoner 413, 869
Bindung
- ADSI 875
- serverlos 876
- WMI 383
Bing 1030
Binärdatei 679
Binärmodul 1113
BIOS 359
BitLocker
- Überblick 659
Bitmap 631 f.
BITS 39, 827, 830
Blatt 873
BMC 358
Boot-Konfiguration 359
break 177, 179, 188, 192
bxor 620, 939
Bypass 130
ByPropertyName 85 ff.
Byte 148
ByValue 85, 87
BZIP2 641

C

C# 135, 411, 413, 1039, 1067 f., 1074, 1141
C++ 1145 f.
C++/CLI 1067
CAB 74
Canvas 1032
Carriage Return 154
cat 327
CATID 377
CD 347
Certificate
- Zertifikat 857
ChangeAccess 649
Checkpoint-Computer 751
Checkpoint-VM 958, 974
Children 872

ChildSession 252
CHKDSK 360
Chkdsk() 401
Chocolatey 768 f.
Chrome 519, 768
CIL 33, 1143
CIM 6, 358, 361
– Repository 369
CIM Explorer 312
CIM Query Language *siehe* CQL
CimClass 382 f., 385, 394
CimClassProperties 394
CimInstance 382 f., 385, 394 f.
CimInstanceProperties 394
CimProperty 394
Cisco 358
City 908 f.
class 199
ClassCreationEvent 498
ClassDeletionEvent 498
ClassModificationEvent 498
Clear-BitLockerAutoUnlock-Funktion 660
Clear-Content 664
Clear-DnsClientCache 806
Clear-EventLog 236, 833
Clear-History 600
Clear-Host 191, 599
Clear-Item 611
Clear-RecycleBin 630
Clear-Variable 144
ClearCase 134
Click 1033
Clipboard *siehe* Zwischenablage
CliXml 675
Close() 1032
CLR 17, 33, 1117, 1143
cmd.exe 82
Cmdlet 1102
Cmdlet Help Editor 1105
CmdletBinding 1048, 1052
cn 883
Codeausschnitt 278, 296
Codeeigenschaft 101, 106
Color 759
COM 35, 353, 630, 1146
– Kategorie 377
– Klasse 355
– Komponente 359
– Moniker 875
– Sicherheit 373
Comma-Separated Values 667
Command Line Event Consumer 375
Command Mode 58
Commandlet 3, 37, 49, 59, 63, 83, 233

– binär 1067
– erstellen 1037, 1039, 1067
– Klasse 1069
– Konvention 1092, 1109
– Provider 228
– Proxy 1057
– Verkettung 1090
CommandNotFoundException 197
CommitChanges() 342, 870, 879 f., 886
Common Information Model *siehe* CIM
Common Intermediate Language *siehe* CIL
Common Language Runtime *siehe* CLR
Common Language Specification 1143
Common Management Information Protocol 358
Common Parameter 43
Common Type System 1143
compare 120
Compare-Object 119 f.
Compare-VM 958, 976
Complete-BITSTransfer 828
Complete-Transaction 433 f., 436
Component Object Model *siehe* COM
Compress-Archive 640
Computer 367, 896, 1137
Computergruppe 301
ComputerInfo 739
ComputerName 127, 759
Computername 746
Computerrichtlinie 430
Computerverwaltung 739, 789
configuration 520
ConfigurationData 527
ConfigurationID 537
ConfigurationNamingContext 905
Confirm 44, 46
confirm 45, 760, 801, 913, 916, 1052, 1054, 1102
ConfirmPreference 46, 1054
Connect-VMNetworkAdapter 959
Connection 688
Console.WriteLine() 1097, 1110
ConsolePaneBackgroundColor 283
Container 881, 931, 987, 997
Container-Klasse 873
Continue 177, 179, 192, 194
continue 45, 188
Convert-Html 679
Convert-String 667

Convert-VHD 959, 970, 973
Convert-Xml 677
ConvertFrom-CSV 328
ConvertFrom-String 668
ConvertFrom-StringData 510
ConvertTo-ContainerImage 1014
ConvertTo-CSV 667
ConvertTo-DataTemplate 1035
ConvertTo-SecureString 422, 923
ConvertTo-WebApplication 954
ConvertTo-XML 677
copy 623
Copy-ContainerFile 1011
Copy-GPO 930
Copy-Item 192, 252, 611, 623, 626 f., 734, 858
Copy-NetFirewallRule 809
Copy-ToZip 641
Copy-VMFile 977
Copy/Paste 269
CORBA 1146
Count 89, 169, 188
Country 909
CPU 121
CQL 376, 391
Create() 402, 1058
CreateCommand() 690
CreateElement() 675
CreateInstance() 758
CreateObject() 356
CreationTime 631, 1138
Creators Update 26, 64
Credential 923
Credentials 911
CSV 56, 417, 664 ff., 737, 919, 950
CSV-Datei 121
CultureInfo 1079
Cursor 685 f.
CustomerID 1056
CVS 134

D

Dana Scully 868
Data Source Name *siehe* DSN
DataReader 684 ff., 690, 692 ff.
DataRow 106 f.
DataSet 684 f., 692, 694 ff.
DataTable 694 f.
Datei 203, 360, 1134
– Eigenschaft 619, 630
– kopieren 623
– löschen 39
– Rechte 360
– verschieben 623
Dateiname 37
Dateinamenerweiterung 121, 123

Dateisystem 3, 625, 843, 1137, 1148
Dateisystemfreigabe 519, 643
Dateisystemkatalog 629
Dateisystemstruktur 624
Dateiversionsverlauf 654
Datenabfrage 377
Datenbank 369, 586, 681
Datenbankmanagementsystem 688
Datenbankverbindung 688
Datenbankzeile 106
Datenbankzugriff 681
Datenbereich 509
Datenbindung 1035
Datendatei 509
Datenmenge 227
Datenquelle 727f.
Datenquellensteuerelement 684
Datentyp 138, 145, 171, 877, 1090, 1149
- .NET 83
- PowerShell 138
- WMI 363
Datenzugriff 689
DateTime 92, 95, 97, 344
Datum 166
Day 92
DB2 683, 727
dBase 727
DbCommand 690
DbDataReader 692
DBG 431
DbProviderFactories 683
DCOM 235, 356, 369, 385, 748, 1085, 1098
- Konfiguration 359
dcpromo 924
DDL 376
Debug 44, 46
debug 1097
Debug-Modus 431
Debugging 3, 296, 431, 479
DebugPreference 46, 1097
Decimal 148
Deep Throat 868
Default Domain Policy 935
DefaultNamingContext 905
Deinstallation 765
Delete() 1138
Deleting 759
Delimiter 664
Deployment 1148
Description 883, 909
DESCRIPTION 1056
Description 1063
Deserialisierung 244
Desired State Configuration *siehe* DSC

Desktop 359
Desktop Management Task Force *siehe* DMTF
Desktop-Anwendungen 1144
Destruktor 1134, 1150
Deutsche Telekom 441
Dezimalzahl 148
DHCP 797f., 800
Diagnose *siehe* Fehlersuche
Dialogfenster 420, 1021
diff 120
Digest 235
Directory 843
Directory Management Objects 926
DirectoryEntry 106f., 141, 338f., 871ff., 877ff., 882, 885, 888
DirectoryInfo 98, 110, 407, 619, 843, 1138f.
DirectorySearcher 141, 892
DirectorySecurity 845
DirectoryString 883
Disable-ComputerRestore 751
Disable-JobTrigger 459
Disable-Mailbox 942
Disable-NetFirewallRule 809
Disable-PnpDevice 757
Disable-PSRemoting 241
Disable-PSSessionConfiguration 251, 253
Disable-VMIntegrationService 962
Disk Quotas 360
Dismount-VHD 970
DisplayName 909
Distinguished Name 875, 880, 883, 905, 909
Distributed COM *siehe* DCOM
Distributed Component Object Model *siehe* DCOM
Distributed File System 360
Distributed Managements Objects *siehe* DMO
DML 376
DMO 711
DMTF 235, 358
DNS 263, 805, 924, 986f.
DNS-Client 802
DNS-Konfigurationseinstellungen
- per WMI abfragen 803
DNS-Server 360, 800, 804
DnsClient 799, 806
DNSClient 800, 802
do 177
Docker 983, 986, 989, 997, 999, 1001f., 1016
Docker Compose File 1007
Docker Hub 1004

Docker-Image 1004
docker.exe 997
Dockerfile 1011, 1016
DockPanel 1032
Dokument 663
Dokumentation
- .NET 77
- Active Directory 885
Dollarzeichen 116, 152
Domain 809
Domain Controller 925
Domäne 746, 876, 927, 1134, 1137
- Beitritt 263, 746
- hinzufügen 746
DOS 3
Dot Sourcing 56, 128f., 440, 547, 1041f., 1045
DotNetTypes.Format.ps1xml 203, 211
Double 148
DownloadString() 340, 817
DriveInfo 344
Driver 730
DriveType 350
Druckauftrag 758
- löschen 758
Drucker 203, 222, 359, 759
- verwalten 757f.
Druckerport 758
Druckerverwaltung 757f., 797
DSC 317, 515, 521
- Linux 317
DSC Pull Server 532, 537
DSN 727, 729f.
DuplexingMode 759
DVD 347, 976, 980

E

E-Mail 816, 823
- Adresse 817
- EmailEvent 379
- senden 815
echo 58
Edit-NanoServerImage 987
Eigenschaft 101
Eigenschaftenzwischenspeicher 870
Eigenschaftssatz 101, 103
Eingabe 417
Eingabeaufforderung 601f.
Eingabedialog 419
Eingabemaske 1024
Eingabeobjekt 1087
Eingabesteuerelement 1035
Eingabeunterstützung 277, 296
Einzelschrittmodus 426

Elevated 131 f., 789, 839, 1004
Else 183
Emacs 271
EmailAddress 909
EmailEvent 379
Enable-BitLocker 661
Enable-ComputerRestore 751
Enable-JobTrigger 459
Enable-NetFirewallRule 809, 815
Enable-ODBCPerfCounter 727
Enable-PnpDevice 757
Enable-PSRemoting 239, 277, 759, 814
Enable-PSSessionConfiguration 251, 253
Enable-VMIntegrationService 962
Encoding 664
End 633
EndProcessing() 1070, 1074
endregion 285
Enter-PSSession 241 f., 251, 256, 330, 431, 989
Enum 351
EnumerateCollection 1082
Enumerationsklasse 350
env 326, 744
Environment 517
Ereignis 362, 1133, 1150
- PowerShell 497, 506
- WMI 374, 497
Ereignisabfrage 378
Ereigniskonsument 374 f.
- permanent 374
- temporär 374
Ereignisprotokoll 121, 359 f., 370, 376, 429, 519, 831
- Überwachung 379, 499
Ereignisprovider 374
Ereignissystem 497
Error 145, 197, 759
ErrorAction 44 ff., 194, 196, 626
ErrorActionPreference 46, 146, 196, 917
ErrorBackgroundColor 22
ErrorRecord 192, 196, 198
ErrorVariable 45, 196
Ethernet 799
ETS 83, 101, 106, 393, 874
Event *siehe* Ereignis
EventConsumer 362
EventViewerConsumer 375
EXAMPLE 1056
Example 1063
Exception 192, 197 f., 1093, 1099
Exchange Management Shell 587, 941
Exchange Server 77, 360, 370, 941

ExecuteNonQuery() 690
ExecuteReader() 690, 692
ExecuteRow() 690
ExecuteScalar() 690
ExecutionPolicy 19, 21
EXIF 631
Exists() 878
exit 177
Exit-PSSession 243, 251
Expand-Archive 640
explorer.exe 655
Export-Alias 56
Export-CliXml 417, 675
Export-Console 549, 1077
Export-Counter 837
Export-CSV 110, 417, 667
Export-ModuleMember 554
Export-PfxCertificate 859
Export-VM 959, 975
Export-VMSnapshot 974
Express 704
Expression 206
Expression Mode 58
Extended Reflection 83
Extended Type System *siehe* ETS
Extensible Application Markup Language *siehe* XAML
Extrinsic Event 374

F

facsimileTelephoneNumber 909
Failover Cluster 570
false 40, 45, 140, 145
Fax 909
FBI 868, 888
Feature 772
FeatureOperationResult 776
Fehler 45
Fehlerbehandlung 191, 1145
Fehlerklasse 177, 198
Fehlermeldung 40
Fehlersuche 425, 1094
Fehlertext 177
Fernaufruf 236
Fernausführung
- Hintergrundauftrag 451
Fernausführung 127, 235
Fernverwaltung 235
Fernzugriff 235
Festplatte
- virtuell 970
Festplattenverschlüsselung 659
Fibre-Channel 958
Field 102
File 843, 1136
File History 654

FileInfo 98, 110, 407, 619 f., 843, 1138 f.
FileInformation 785
FileSecurity 843, 845
FileSystem 584, 611
FileSystemAccessRule 846
FileSystemInfo 1138
FileSystemObject 1136
FileSystemRights 351
FileSystemWatcher 505
FileVersionInfo 769
filter 617
Find() 872
Find-Module 559 f.
Find-Package 768
Firefox 519
Firewall 591
Firewall-Regel 812
First 91
For 178, 180
Force 43, 618, 913
force 45
ForEach 94, 115, 121 f., 177, 180, 872, 1083
foreach 477
Foreach-Object 93 f., 103, 115 f., 120, 169, 181, 187, 427, 476, 663, 1082
Foregroundcolor 68
Forest 927
Form Feed 154
Format 206
Format-List 81, 204, 845
Format-Table 92, 103, 121, 204, 206, 212 f., 845
Format-Wide 203 f., 208 f.
Format-Xml 672 f.
Formatkennzeichner 216
Fortschrittsanzeige 224
Fox Mulder 868
FoxPro 727
Framework Class Library 335
Freigabe 652
FullAccess 649
FullName 1138
function 37, 177, 185, 191, 227
Funktion 37, 184 f., 227
- eingebaut 191
- fortgeschritten 1048

G

GAC 347 f.
Ganzzahl 148
Gast 957
Gateway 800
GeneralizedTime 883

Geplante Aufgabe 455
Gesamtstruktur 927
Geschäftsanwendung 1108
Get-Acl 839, 843, 845, 855
Get-ADComputer 911
Get-ADDomain 927
Get-ADDomainController 927
Get-ADForest 927
Get-ADGroup 911, 922
Get-ADGroupMember 911, 923
Get-ADObject 41, 867, 898, 911 ff.
Get-ADOptionalFeature 927
Get-ADOrganizationalUnit 911, 915
Get-ADPrincipalGroupMembership 923
Get-ADRootDSE 927
Get-ADUser 911, 916 f.
Get-Alias 51
Get-AppLockerFileInformation 782
Get-AppLockerPolicy 782 f.
Get-AuthenticodeSignature 444
Get-BitLockerVolume 660 f.
Get-BITSTransfer 828 f.
Get-BPAModel 865
Get-BPAResult 865
Get-CDRomDrive 585, 755
Get-ChildItem 38 ff., 42, 81 f., 110, 114 f., 121 f., 227, 617, 640, 733, 763
– BitLocker 661
Get-CimAssociatedInstance 384
Get-CimClass 357, 384, 391
Get-CimInstance 357, 379, 384 f., 387 f., 402, 756, 759
Get-Clipboard 422 f., 563, 580
Get-Command 49, 63 ff., 565
Get-ComputerInfo 739, 1079
Get-Computerinfo 746
Get-Computername 1072
Get-ComputerRestorePoint 751
Get-Container 1013 f.
Get-Containerimage 1004
Get-ContainerImage 1006, 1014, 1018
Get-Content 611, 626, 663, 679, 737, 762, 1036
Get-Counter 236, 835 f.
Get-Credential 69, 259, 420, 594, 790, 816
Get-Culture 157
Get-DataRow 586, 700
Get-DataTable 586, 699
Get-Date 95, 166 f.
Get-DHCPServer 27, 798
Get-DirectoryChildren 585
Get-DirectoryEntry 152, 585, 1092
Get-DirSize 1039

Get-Disk 612, 614, 755, 1081 f., 1085, 1087, 1089 f., 1098
Get-DisplaySetting 757
Get-DnsClient 802 f.
Get-DnsClient-Funktion
– Beispiel 803
Get-DnsClientCache 806
Get-DnsClientServerAddress 802 f.
Get-DomainController 27 f., 876
Get-DSCConfiguration 531
Get-DVDDrive 589
Get-Event 501
Get-EventLog 16, 121, 236, 831 f.
Get-ExCommand 941
Get-ExecutionPolicy 19
Get-ExportedType 621
Get-Filecatalog 77
Get-FileHash 632 f.
Get-FileVersionInfo 620, 769
Get-FirewallRule-Funktion 810
Get-FloppyDrive 589
Get-Flug 1108
Get-Flugziele 1108
Get-Font 745
Get-FreeDiskSpace 614, 616
Get-GPInheritance 934
Get-GPO 930 f.
Get-GPOReport 933
Get-GPPermissions 936
Get-GPPrefRegistryValue 935
Get-GPRegistryValue 936
Get-GPResultantSetOfPolicy 933
Get-GPStarterGPO 930
Get-Help 65 ff., 72 f., 76, 135, 1039, 1056, 1064, 1104
Get-History 599
Get-Host 600
Get-HotFix 236
Get-Item 630, 733, 948, 953
Get-ItemProperty 631, 733
Get-Job 447, 449
Get-JobTrigger 460
Get-Keyboard 756
Get-LDAPChildren 899, 1044
Get-LDAPObject 899, 1044 f.
Get-LocalGroupMember 938
Get-LocalUser 937
Get-Location 50, 611
Get-LogicalDiskInventory 612
Get-LoremIpsum 624
Get-Mailbox 941 f.
Get-Mailboxdatabase 941
Get-Member 96, 99, 101 f., 111, 120, 344, 350, 394, 874, 1082
Get-Members 888
Get-MemoryDevice 585, 755
Get-Methode 102

Get-Module 207, 553, 563, 1113
Get-MountPoint 27
Get-MPComputerStatus 753
Get-MultiTouchMaximum 757
Get-NanoServerPackage 987
Get-NetAdapter 799
Get-NetAdapterBinding 799
Get-NetFirewallAddressFilter 809
Get-NetFirewallAddressFilter-Funktion 811
Get-NetFirewallApplicationFilter 809
Get-NetFirewallInterfaceFilter 809
Get-NetFirewallInterfaceTypeFilter 809
Get-NetFirewallPortFilter 809
Get-NetFirewallProfile 809 f.
Get-NetFirewallRule 809, 811 f.
Get-NetIPInterface 800
Get-NetworkAdapter 585, 756
Get-ODBCDriver 727
Get-ODBCDSN 727
Get-OSVersion 741
Get-Package 768 f.
Get-PackageProvider 767
Get-PackageSource 768
Get-Passagier 1108
Get-PipelineInfo 96 f., 110, 1091
Get-PnpDevice 757
Get-PnpDeviceProperty 757
Get-PointingDevice 756
Get-PowerShellDataSource 1035
Get-Printer 759
Get-PrintJob 759
Get-Process 38 f., 41 f., 50, 56, 81, 86, 93, 95, 99, 101, 110 f., 116, 121, 213, 222, 236, 327, 427, 787, 1090, 1092
Get-Processor 585, 755 f.
Get-PSBreakpoint 432
Get-PSDrive 612
Get-PSProvider 229
Get-PSRepository 561
Get-PSSession 251
Get-PSSessionConfiguration 251, 253, 596
Get-PSSnapIn 550
Get-PswaAuthorizationRule 301
Get-Random 149
Get-ReparsePoint 639
Get-Service 68 f., 86, 89, 95, 110, 127, 222, 236, 793 f., 1057 f.
Get-SHA1 633
Get-ShortPath 622
Get-SmbShare 644, 649
Get-SmbShareAccess 650
Get-SoundDevice 755

Get-SqlData 716
Get-Storagegroup 941
Get-Tapedrive 755
Get-TargetResource 545
Get-TerminalSession 27
Get-TraceSource 428
Get-Transaction 433, 436
Get-Unique 113
Get-Uptime 741
Get-USB 756
Get-USBController 585, 756
Get-Variable 138, 141, 146
Get-VHD 970
Get-VideoController 585, 755
Get-VirtualHardDisk 589
Get-VM 959 f., 970
Get-VMBIOS-VM 961
Get-VMBuildScript 980 f.
Get-VMHost 589, 959
Get-VMMemory 961
Get-VMProcessor 961
Get-VMSnapshot 974
Get-VMSummary 981
Get-VMThumbnail 980 f.
Get-WBBackupSet 657
Get-WBPolicy 656
Get-WBSummary 656
Get-WebApplication 948
Get-WebitemState 955
Get-Website 948, 953
Get-WebvirtualDirectory 948
Get-WindowsEdition 741
Get-WindowsFeature 770, 772 ff.
Get-WinEvent 236
Get-WmiObject 34, 236, 347, 357, 384 f., 387 f., 390, 616, 755, 761, 794 f., 797, 835, 869
Get-xDscOperation 539
GetAccessRules() 845 ff.
GetDrives() 342
GetFactoryClasses() 683
GetLongDateString() 95
GetLongTimeString() 95
GetNames() 351
GetObject() 356
GetRelated() 794
GetShortDateString() 95
GetShortTimeString() 95
GetTempName() 354
Getter 102, 1149
GetType() 96, 145, 220
Gigabyte 148
Git 134
Gitternetz 1032
GivenName 908 f.
Gleichheitszeichen 173
global 143, 1032

Global Assembly Cache *siehe* GAC
Global Unique Identifier 880, 1146
GlobalSign 441
gm 120
Google 1030
GPMC 929
Grafikkarte 359, 386
Grant-SmbShareAccess 650
Gravis 47 f., 90, 136, 154
Grid 1032 f.
GridView 209
Group 114, 517, 873
GROUP BY 376, 498
Group-Object 114, 120 f., 832
Gruppe 896, 911, 919 f.
– Active Directory 882
– anlegen 889
– auflisten 888
– lokal 937
– Mitglied aufnehmen 889
Gruppenmitglieder 911
Gruppenmitgliedschaft 890
Gruppenrichtlinie 430, 570, 604, 929 ff., 934
– Vererbung 934
Gruppierung 114
GUID 616
Gültigkeitsbereich 139, 143
GZIP 641

H

Haltepunkt 280, 431
Hardlink 637
Hardware 359, 585
Hardwareverwaltung 755
Hash-Tabelle 171 f., 339, 402
Hashtable 171, 173, 339, 527, 545
Hashwert 629
HAVING 376, 498
Heimatordner 145
Help-Info 74
HelpMessage 1048
Herausgeber 442, 445
Here-String 150
Herunterfahren 746
Hexadezimalzahl 148
hidden 201
Hilfe 63
Hilfetext 72
Hintergrundauftrag 447
Hintergrunddatentransfer 827
Hintergrundübertragungsdienst 39
History 599
HKCU 227
HKEY_CURRENT_USER 734

HKEY_LOCAL_MACHINE 734
HKLM 227
Home 145
home 327
HomeDirectory 909
HomeDrive 909
Host 146, 283, 303, 600, 957
Hosting 1125
hostname.exe 746
Hotfix 359
HTML 679, 952, 1024
HtmlWebResponseObject 818
HTTP 235, 532
HTTPS 235
Hyper-V 261, 569, 589, 957, 977, 983, 986 f.
– Überblick 957
Hyper-V-Container *siehe* Docker
Hyper-V-Integrationsdienste 962
Hyper-V-Modul
– Überblick 958
Hypervisor 957

I

IADs 870 f., 873
IADsComputer 873
IADsContainer 871, 873
IADsGroup 873
IADsUser 873, 886
idempotent 515 f.
Identity 840
IdentityReference 848
Identität 953
IDL 370
IEnumerable 872
if 177, 182
IIS 229, 298, 876, 986 f.
– 8.0 945
– Internet Information Server 945
– Nano 994
IIS Management Service 994
IIS-Anwendung 954
IISAdmin 794
IISAdministration 945, 994
ILSpy 350
Impersonifizierung 420, 878
– WMI 373
Implizites Remoting 255
Import-Alias 56
Import-CliXml 417, 600, 676
Import-Counter 837
Import-Csv 121, 619
Import-CSV 417, 666, 919
Import-GPO 931
Import-INIFile 670

Import-Module 479, 554, 560, 565, 1119 f.
Import-PSSession 256
Import-VM 959, 975 f.
IncludeUserName 788
Index 168
Indexer 1150
Informix 683, 727
Ingres 683
Inheritance Flags 841
INI-Datei 670
inlinescript 474
Innertext 675
Input 145
InputBox 348 f., 419
Inputbox 1023
InputBox() 419, 1023
InputObject 86, 350, 1092, 1094
inquire 45, 194
Install-ADDSDomainController 925
Install-ADDSForest 925
Install-Module 305, 557, 559, 561
Install-PswaWebApplication 300
Install-WindowsFeature 300, 533
Installation 764
Installationsordner 11, 106, 145
Installationstechnologie 764
installutil.exe 1071, 1076
InstanceCreationEvent 498 f., 501
InstanceDeletionEvent 362, 374, 498
InstanceModificationEvent 374, 498
Instanz 339, 1134
Instanziierung 1135
Instanzmitglied 1150
int 139
Int32 139
Int64 148
INTEGER 883
Integrated Scripting Environment siehe ISE
IntelliSense 29, 38, 293
Interface 1136
Interface Definition Language 370
InternalHost 600
InternalHostUserInterface 418
International .NET Association XXX
Internet Control Message Protocol 807
Internet Information Server 360, 945
Internet Information Services 359 f., 532, 540, 794, 876, 945
Interpretermodus 271
IntervallTimerInstruction 374

Intrinsic Event 374
InvalidOperationException 872
Invoke-BPAModel 865
Invoke-CimMethod 384, 402
Invoke-Command 241, 243, 245, 247 ff., 251, 258, 261, 330, 431, 448, 989
Invoke-ContainerImage 1005 f.
Invoke-DbCommand 699
Invoke-DBMaint 713
Invoke-Expression 176
Invoke-History 599
Invoke-Query 716
Invoke-SqlBackup 723
Invoke-SqlCmd 702, 704, 708 ff., 721, 723
Invoke-SqlCommand 586
Invoke-WebRequest 818 f., 824
Invoke-WmiMethod 384, 401
InvokeMethod() 383
IP
– Adresse 119, 141, 263, 377, 519, 797, 800
– Konfiguration 377
– Routing 360
IPAddress 141, 800
ipconfig 59, 88
IPHostEntry 805
IRQ 359
Is64BitOperatingSystem 740
Is64BitProcess 740
ISA 376
IsCoreCLR 324
ISE 224, 276, 281, 325, 989, 1125
– Debugging 280
– Integrated Scripting Environment 276
ISE Steroids 304
IsePack 584
IsLinux 324
ISO 957, 964, 967, 976
IsOSX 324
IsWindows 324
Item() 871

J

Java 1146
JEA 593
Jeffrey Snover 125
Job-Trigger 459
– zeitgesteuerte Jobs 459
John Doggett 868
Join() 158
Join-String 158
JPEG 631
JScript .NET 411

JSON 824
Junction 638
Junction Point 637 f.
Just-In-Time-Compiler 1143

K

Kennwort 420 f., 869, 886
Kerberos 235, 373
Kill() 94
Kilobyte 148
Klammer 41
– rund 161
Klammeraffe 58
Klasse 138, 342, 363, 367, 407, 1134, 1136 f., 1149
– .NET 199, 335, 1069, 1146, 1148
– CIM 361
– COM 336, 353
– Commandlet 1070, 1089, 1111
– PowerShell 199 f.
– statisch 344
– WMI 359 f.
Klassendiagramm 1138 f.
Klassenhierarchie 1138
Klassenmitglied 342, 1150
Klassenname 338
Known Host 331
Kommandomodus 271
Kommandozeilenbefehl 59
Kommentar 136
Komponentenorientierung 1143 f.
Komposition 1035
Komprimierung 640 ff.
Konstruktor 1134, 1150
Konstruktorfunktion 337 ff., 353
Kontakt 896
Konvention 1109
Kopieren/Einfügen 269
Kosinus 344
Kreuzzuweisung 175

L

Label 206
LastAccessTime 1138
LastExitCode 145
Laufwerk 227 f., 234, 612, 734
– virtuell 970
LDAP 867, 874, 876, 891
– Suchanfrage 871, 891
– Suche 897
LDAP-Query 892
Leaf 881
Least Privilege 593
Leistung 835
Leistungsindikator 835 f.

Length 89, 407
Limit-EventLog 236, 831, 833
LinearGradientBrush 1033
Linie 1138
LINK 1056
Linux 3f., 10, 14, 23, 230, 317f., 320, 326, 330, 353, 998, 1002, 1146
- Container 1014, 1016
- Dateisystem 327, 329
Literal 216
Little Endian 891
Lizenzierung 591
Load-ContainerImage 1017
LoadFrom() 347
LoadWithPartialName() 347
Log File Event Consumer 376
Logarithmus 344
Logoff 604
Logon 604
Lokalisierung 366, 512
Loopback 238
ls 327

M

Machine.config 683
MachineName 237, 1074
MacOS 3f., 10, 14, 23, 230, 317f., 320, 326, 353, 1146
- Dateisystem 329
MailAddress 817
MailMessage 815
makecert.exe 442
MAML 73, 1104
man 327
Manage-Bde 659
Managed Code 870
Managed Object 358
Managed Object Format 370
Managed Provider 681, 891
Management Infrastructure API 382 f.
ManagementBaseObject 382
ManagementClass 106 f., 141, 382 f., 385, 388, 393, 1081
ManagementEventWatcher 499
ManagementObject 107, 141, 382 f., 385, 388, 393, 395 f., 401, 794, 1081 f.
ManagementObjectCollection 393, 1081 f.
ManagementObjectSearcher 141, 388, 1081
ManagementScope 499
Mandatory 1048, 1085
Manifest 554

Manifestmodul 1113
Maschinencode 1143
Match 107
MaximumDriveCount 234
MaximumErrorCount 145
maxSessionsAllowedPerUser 301
md 626, 632, 737
measure 116
Measure-Command 427
Measure-Object 116, 120 f.
Measure-VM 959
Megabyte 148
Mehrsprachigkeit 512
Mercurial 134
Merge-VHD 970
Message 192
MessageBox 420, 1021
MessageBoxButtons 1022
MessageBoxDefaultButton 1022
MessageBoxIcon 1022
Metamodell 368
Metaobjekt 880
Method siehe Methode
Methode 101, 1133, 1138, 1150
- Getter 1149
- Setter 1149
Microsoft Access 11, 696
- Treiber 687
Microsoft Certified Solution Developer XXIX
Microsoft Developer Network 77, 335
Microsoft Developer Network siehe MSDN
Microsoft Excel 919
Microsoft Exchange 925
Microsoft Exchange Server 519, 587, 941
Microsoft Office 360
Microsoft Outlook 792
Microsoft Print Ticket XML 759
Microsoft SQL Server 682, 702
Microsoft System Center 379
Microsoft Word 356
Microsoft.ACE.OLEDB 687
Microsoft.GroupPolicy 930
Microsoft.Jet.OLEDB 687
Microsoft.Management.Infrastructure.CimClass 394
Microsoft.Management.Infrastructure.CimClassProperties 394
Microsoft.Management.Infrastructure.CimInstance 394
Microsoft.Management.Infrastructure.CimInstanceProperties 394

Microsoft.Management.Infrastructure.CimProperty 394
Microsoft.Update 747
Microsoft.Vhd.PowerShell 970
Microsoft.VisualBasic 419, 1023
Microsoft.VisualBasic.Interaction 356, 419, 1023
Microsoft.Win32 763
Microsoft.Win32.RegistryKey 733
Minute 92
Mitglied 1133
- .NET 1149
- statisch 1150
- WMI 398
MMC 373
Modul 553, 562
Module Browser 558
Modulo 173
MOF 370, 525, 527
Monad 5
Monica Reyes 868
Moniker 875
Mono 1146
Month 92
more 191, 214
Most Valuable Professional XXIX
Mount-SpecialFolder 613
Mount-VHD 970
move 623
Move-ADObject 911 f.
Move-Item 611, 623, 632
Move-Mailbox 942
Move-VM 959
MSCL 33
mscorlib.dll 1148
MSDN 173, 335, 1028
MSDN Library 77, 335
MSFT_Printer 759
MSFT_PrintJob 759
MSFT_SmbShare 649
MSFT_SmbShareAccessControlEntry 650
MSFT_WUOperationsSession 747, 749, 992
MSFT_WUSettings 747
MSFT_WUUpdate 747
MSI 541, 761, 764 f., 1071
MTA 1027
Multithreading 1145
MySQL 683, 693, 702, 713, 1004
MySqlConnection 694
MySqlLib 702

N

Nachkommastelle 148, 344
Name 86, 909

Namensauflösung 805
Namensraum 363, 365, 367f., 843, 926, 1146
- .NET 1146, 1148
- ADSI 875
- WMI 365, 368
Namensraumhierarchie 1147
Namespace-ID 875
NamespaceCreationEvent 498
NamespaceDeletionEvent 498
NamespaceModificationEvent 498
Nano Server 10, 315, 983, 986
- IIS 994
- Installation 987
- Paketinstallation 987, 992
NanoWbem 357
NativeObject 872, 874
Navigation 227
Navigation Provider 228
Navigationsbefehl 231
Navigationsmodell 611
Navigationsparadigma 227
Navigationsprovider 867
NetAdapter 799f.
NetSecurity 809
NetSecurity-Modul
- Überblick 808
Netsh 802, 804, 812f.
- Per PowerShell aufrufen 804
netstat 59
NetTCPIP 799f.
Network Load Balancing 360
NetworkInterface 1079
Netzlaufwerk 359
Netzlaufwerksverbindung 360
Netzwerkadapter 957
Netzwerkcenter 240
Netzwerkkarte 359, 377, 797, 1134
- Geschwindigkeit 801
Netzwerkkartenprofil 814
Netzwerkkonfiguration 591, 797
Netzwerkmanagement 357
Netzwerkprofil
- per PowerShell setzen 814
Netzwerkverbindung 360, 519, 799f.
Neustart 263, 746, 776
New Line 154
new() 337, 339, 353
New-ADGroup 911, 922
New-ADObject 912
New-ADOrganizationalUnit 911, 915
New-ADUser 911, 916, 918
New-AppLockerPolicy 782, 785
New-Buchung 1108f.
New-Button 67, 1031, 1033

New-CheckBox 1035
New-CimInstance 384, 402
New-CimSession 387
New-CimSessionOption 387
New-ComboBox 1035
New-Container 1013
New-DSCChecksum 538
New-Elippse 1035
New-Event 506
New-EventLog 236, 831f.
New-FileCatalog 629
New-GPLink 931
New-GPO 930
New-GPStarterGPO 930
New-Grid 1033
New-Guid 337
New-Hardlink 638
New-HardwareProfile 589
New-IISSite 945, 994
New-Image 1035
New-Int64Animation 1035
New-Item 228, 611, 635, 664, 733f., 737
New-ItemProperty 735, 737
New-JobTrigger 460, 462
New-Junction 638, 640
New-Label 1028, 1033
New-Line 1035
New-ListBox 1035
New-LocalUser 18
New-Mailbox 942
New-Mailboxdatabase 942
New-MediaElement 1035
New-Menu 1035
New-Module 553
New-NanoServerImage 987f.
New-NetFirewallRule 809, 812
New-NetIPAddress 800
New-Object 336ff., 344, 347, 353, 1052, 1151
New-PasswordBox 1033
New-ProgressBar 1035
New-PSDrive 234, 734, 763, 906
New-PSSession 239, 241, 251, 254f., 259, 261, 330, 597
New-PSSessionConfigurationFile 593
New-RadioButton 1035
New-Rectangle 1035
New-RichTextBox 1035
New-ScheduledJobOption 463
New-ScrollBar 1035
New-SelfSignedCertificate 442
New-Service 793
New-Shortcut 636
New-Slider 1035
New-SmbShare 45, 649

New-StatusBar 1035
New-Storagegroup 942
New-Storyboard 1035
New-TextBlock 1035
New-TextBox 1033
New-TimeSpan 167
New-TreeView 1035
New-UrlShortcut 637
New-VHD 966, 970f.
New-ViewBox 1035
New-VirtualDVDDrive 589
New-VirtualNetworkAdapter 589
New-VM 589, 959, 964, 981
New-VMSwitch 959
New-WebApplication 954
New-WebAppPool 953
New-WebServiceProxy 822ff.
New-Website 945, 949, 994
New-WebVirtualDirectory 954
New-Window 1033
New-Zip 641
NoAccess 649
Node 675
node.js 1004
NoElement 114
Non-Terminating Error 192, 1098, 1101
NoProfile 440
Northwind 704, 724
Notation 1138
- umgekehrt polnische 891
NoteProperty 407, 670
NOTES 1056
Notes 1063
Notizeigenschaft 101, 104, 111
Novell 876
Now 343
Nslookup 802, 806
NT Event Log Event Consumer 376
NTAccount 844, 847
NtAccount 848
NTFS 370
NTLM 235
NTSecurityDescriptor 883
NuGet Package Manager 295
null 117, 127, 182, 185, 221

O

Object 1140
Object Linking and Embedding Database 692
ObjectCategory 883, 895, 914
ObjectClass 883, 895, 908f., 914
ObjectGUID 884, 909
ObjectSecurity 843

ObjectSecurityDescriptor 883
ObjectSid 883
ObjectVersion 884
Object[] 188
Objekt 668, 1110, 1133f., 1136f.
- .NET 1026
- dynamisch 407, 1039
- WMI 360
Objekt-Pipeline 619
Objektadapter 107, 392f., 684
Objektassoziation
- WMI 368
Objektbaum 1137
Objektidentifikation
- ADSI 875f.
Objektmenge 619
Objektorientierung 82
Objekttyp 1134
OData 532
ODBC 681f., 727, 730
Office 909
OFS 145
ogv 203
OK 1022
OKCancel 1022
OLEDB 681f., 692, 872
- Provider 696, 872, 891
OleDbCommand 690, 696
OleDbConnection 688, 692, 696
OleDbDataAdapter 696
OMI 357, 386
OneGet 766
ONELEVEL 891
OneLevel 913
On_Click 1033
OO 1133, 1143f.
OOP 1133
Open Database Connectivity
- Einstellung 360
Open Management Infrastructure
- OMI 386
Open Source 5
Open() 688
OpenSSH 330
OpenView 379
Operator 109, 158, 168, 172
Optimize-VHD 970
Oracle 682, 693
OracleCommand 690
OracleConnection 688
Ordner 39, 60, 231, 617, 622f., 625
- Dateisystem 360
Ordnerstatistik 618
Organisationseinheit 896, 919f.
- anlegen 890

OSS
- Open Source 5
Out-Default 203, 211, 1128, 1130
Out-File 203, 222
Out-GridView 69, 203f., 209f.
Out-Host 203, 213f.
Out-Null 203f., 221
Out-Printer 203, 222, 758
Out-Speech 203, 224, 559
Out-SqlScript 713
OutBuffer 45
Outlook 113, 569, 590
OUTPUTS 1056
OutVariable 44, 118
ov *siehe* OutVariable

P

PackageManagement 555f.
Page File 591
Paketinstallation
- Nano Server 992
Panel 1032
PaperSize 759
Papierkorb 630
parallel 476
PARAMETER 1056
Parameter 38f., 87, 189, 1048, 1063, 1085, 1094
- Abkürzung 42f.
- Skript 127
Parameterliste 127
ParentSession 252
parsen 667
Partition 911
PascalCasing 1147
PASH 317
PassThru 118, 911
Pause 759
PE 621
PercentComplete 223
Perforce 134
Performance Counter Provider 835
Performance Monitor 359, 370
PERL 135
Persistenz 478
Pester 1123
Petabyte 148
Pfad 367
- ADSI 875
- Verzeichnisdienst 875
- WMI 363, 365, 367
Pfadangabe 231
Pfadname
- Linux 327
Pfeilspitze 1138

Pflichtparameter 16
PHP 135
PhysicalDeliveryOfficeName 884, 909
PIN 660
Ping 59, 360, 807, 1098
Ping-Host 27f., 807
Ping-VM 981
Pipe 82
Pipeline 3, 33, 81, 83, 97, 116, 221, 397
- Ausgabe 1079
- Eingabe 1087
Pipeline Processor 84, 1070
PipelineVariable 44, 119, 213
Pipelining 81, 173, 227
Plattform Invoke 413
Plattformunabhängigkeit 1143
Platzhalter 41, 216
Plug-and-Play 757
Polymorphismus 1140
Portable-Executable-Format *siehe* PE
PoshConsole 308
Position 1048, 1085
Postfach 942
Postfix-Notation 891
Power Management 370
PowerGUI 276
PowerShell 3, 50, 81
- Extension 585
- Hosting 3
- Konsole 267
- Laufwerk 227, 234, 734
- Remoting 314
- Sicherheit 129
- Skriptsprache 135
- Version 1.0 5
- Version 2.0 5
- Version 3.0 5
- Version 4.0 5
- Version 5.0 5
- Version 5.1 5
- Web Admin 598
PowerShell Analyzer 292
PowerShell Community Extensions *siehe* PSCX
PowerShell Core XXIII, 3ff., 23, 35, 317
- Funktionsumfang 318
- installieren 23
- Konsole 324
- Module 559
- Version 5.1 10, 315, 317, 986
- Version 6.x 4, 23, 317
- WMI 357
PowerShell Direct 261, 263, 989

PowerShell Gallery 517, 556
PowerShell Management Library for Hyper-V 958, 979
PowerShell Remoting *siehe* Remoting
PowerShell Script Analyzer 286, 296 f.
PowerShell Web Access *siehe* PSWA
PowerShell-Remoting 298
powershell.exe 23, 49, 567, 602, 1027
PowerShellGet 555 f.
PowerShellPlus 276, 305, 1092
PowerStudio 293
PrimalScript 310
Principal 844
Print Ticket XML 759
Printer 203
Printing 759
PrintManagement 758
Private 809
Privileg 374
Process 86, 111, 119, 517, 633, 1092
ProcessRecord() 1070, 1074, 1085
Professional Developer Conference 5
profile 437
profile.ps1 348, 1041, 1094
ProfilePath 909
Profilskript 274, 437, 440
Programmcodeanalyse 286
Programmgruppe 359
Programmiersprache 182
Programmiersprachenunabhängigkeit 1143
Prompt 601
PromptForChoice() 418
Propagation Flags 841
Property 102, 213, 1133, 1149
Property Cache 879
PropertyCollection 871
PropertyDataCollection 383, 393 f.
PropertyGrid 1026
PropertyNames 871
PropertyValueCollection 871, 878
ProtectedFromAccidentalDeletion 909, 913
Protokolldatei 376
Protokollierung 429
Provider 230
- ADO.NET 681
- Dateisystem 611
- PowerShell 228
- Verzeichnisdienst 867
- WMI 360
Proxy 823

Proxy-Commandlet 255, 1057
ProxyCommand 1058
Prozedur 185
Prozess 38 f., 121, 359, 369
- auflisten 222, 787
- beenden 791
ps 327
PSBase 874, 880 f.
PSCmdlet 1069
PSCodeGen 584
PSComputerName 249
PSConfig 569
PSCredential 420 f., 790, 923
PSCustomObject 111, 409, 665, 670, 1052
PSCX 28, 203, 422, 557, 559 f., 569, 580, 635, 641 f., 867
psd1 511
PSDiagnostics 570
PSDriveInfo 612
PSDSCRunAsCredential 520
psedit 278, 285
PSEdition 315
PSHome 145
PSHost 145, 1127
PSHostRawUserInterface 1127 f.
PSHostUserInterface 1127 f.
PSImageTools 584
psISE 283
PSItem 82, 410
PSModuleAutoLoadingPreference 145, 565
PSModulePath 554, 1114
PSObject 106, 1130 f.
PSReadline 270 f., 324 f.
PSRemotingJob 448
PSRSS 584
PSScheduledJob 455
PSScriptRoot 129
PSSession 250
PSSnapIn 1072
PSSystemTools 584, 612, 756 f.
psUnsupportedConsoleApplications 281 f.
PSUserTools 584
PSVariable 138
psversiontable 315
PSWA 298, 300
Public 809, 1085
Public Network 240
Pull-ContainerImage 1004
Punktnotation 92, 340, 398
Push-ContainerImage 1018
Put() 398 f.
pv *siehe* PipelineVariable
Python 135

Q

Quantifizierer 161
Quantor 161
QueryDialect 391
Quest 569, 586

R

RawUI 283
RDP 263, 814
Read-Host 417, 422, 471 f.
ReadAccess 649
Receive-Job 447, 449 f., 469
Rechenleistung 121
Recovery Console 983 f.
recurse 40, 617, 911
recursive 911, 916
Redirection *siehe* Umleitung
Redstone 5, 26, 64
REFERENCES OF 376
Referenzkopie 173 f.
Refresh() 1138
RefreshCache() 879
RefreshFrequencyMins 537
Regel 782, 812
region 285
Register-CimIndicationEvent 384, 505
Register-DnsClient 803
Register-Event 503
Register-ObjectEvent 653
Register-Packagesource 560, 768
Register-PSSessionConfiguration 251, 254, 593
Register-ScheduledJob 461 f.
Register-WmiEvent 500, 505
Registrierungsdatenbank 3, 227, 233 f., 360, 530, 733
- Schlüssel 733
Registry 368, 370, 517, 733
RegistryKey 763, 843
RegistrySecurity 845
RegistryValueChangeEvent 374, 498
Regulärer Ausdruck 140, 159, 629
Relative Distinguished Name 880 f.
Remote Desktop Protocol *siehe* RDP
Remote Desktop Service 570
Remote Procedure Call *siehe* RPC
Remote Server Administration Tools 570, 867, 903
Remoting 127, 235, 263, 330, 759, 989
- Implizit 255, 1057
- Port 261

Remove-ADGroup 923
Remove-ADGroupMember 911, 923
Remove-ADObject 911 ff.
Remove-ADOrganizationalUnit 915
Remove-ADUser 45, 916
Remove-Buchung 1108
Remove-CimInstance 384, 404
Remove-Computer 746
Remove-Container 1013
Remove-ContainerImage 1014, 1018
Remove-DirectoryEntry 585, 1092
Remove-Event 503
Remove-EventLog 236, 831
Remove-GPLink 931
Remove-GPO 930
Remove-GPPrefRegistryValue 936
Remove-GPRegistryValue 936
Remove-Item 39, 43, 45, 611, 623, 734, 737
Remove-ItemProperty 736
Remove-Job 447, 450
Remove-JobTrigger 460
Remove-LDAPObject 899, 1044
Remove-LocalUser 937
Remove-Module 554, 568
Remove-NetFirewallRule 809, 813
Remove-NetFirewallRule-Funktion 813
Remove-NetIPAddress 800
Remove-NetRoute 800
Remove-ODBCDsn 727
Remove-PrintJob 759 f.
Remove-PSBreakpoint 432
Remove-PSSession 251 f.
Remove-PswaAuthorizationRule 301
Remove-SmbShare 43, 45, 649
Remove-Variable 144
Remove-VM 959, 969 f.
Remove-VMSnapshot 974
Remove-WebApplication 956
Remove-WebAppPool 956
Remove-Website 956
Remove-WebVirtualDirectory 956
Remove-WindowsFeature 770, 776
Remove-WmiObject 384, 403
Remove_DirectoryEntry 1102
Rename-ADObject 911 f.
Rename-Computer 746
Rename-Drive 616
Rename-GPO 930
Rename-Item 623
Rename-NetAdapter 802
Rename-NetFirewallRule 809
Rename-VM 959
Rename-VMSnapshot 974

Repair-VM 959
Replace 157
Replikation 359
Repository 369
requires 132
Resize-VHD 959, 970
Resolve-Assembly 348
Resolve-DnsName 803, 806
Resolve-Host 805
Resolve-Path 232
ResponseHeaders 340
Ressource 517
REST 824
Restart-Computer 236, 746 f., 777
Restart-PrintJob 759
Restart-Service 46, 258, 261, 793, 795 f.
Restart-VM 959
Restore-ADObject 912
Restore-Computer 751
Restore-DscConfiguration 529
Restore-GPO 931
Restore-VMSnapshot 974 f.
Restricted 130
Restricted Runspace 593
Resume-PrintJob 759
Resume-Service 793, 795
Resume-VM 959
return 177, 233, 1070
Revoke-SmbShareAccess 650
Richtlinienergebnisbericht 933
Robocopy 626 ff.
Rolle 772, 986
Rollendienst 772
rootcimv2 367
RPC 236
RSAT 958
RSS 584, 817 f.
Ruby on Rails 1004
RuleCollection 783
Run-ContainerImage 1005 f., 1009 ff.
RunNow 461
Runspace 292, 593
RuntimeException 197
Rückgabeobjekt 1079

S

sa 712
SAM 876
SAMAccountName 883, 886, 891, 909
SAPI.SPVoice 224, 355
Sapien 310, 312 f., 590 f.

Save-ContainerImage 1017
Save-Help 74
Save-Module 557
Save-VM 959
Schablone 1134 f.
Schalter 40, 1111
Schattenkopie 655
Scheduled Task 455
ScheduledJob 461
Schema 880, 907
– Active Directory 885
– WMI 368
Schemaabfrage 377
SchemaNameCollection 872
SchemaNamingContext 905
Schleife 180
Schlüssel 227
Schlüsselattribut
– WMI 362
Schnittstelle 200, 685, 1136, 1140
– .NET 1151
Schriftart 745
Schtasks.exe 456
Scope *siehe* Gültigkeitsbereich
script 143
Script 531
Script Analyzer 286
Scripting.FileSystemObject 354
ScriptMethod 407
ScriptPaneBackgroundColor 283
SDDL 596, 644, 856
sealed 1139
Searcher 747
SearchScope 913
Secure Shell *siehe* SSH
Secure String 659 f.
Security Descriptor 840
Security Descriptor Definition Language 253
Security Identifier 840, 845, 847 f.
Security Service Provider 373
Select
– PowerShell 111
SELECT 376, 498
– WQL 376 f., 379
Select-Object 16, 81 f., 91, 103, 107, 111, 115, 120 f., 213, 396, 674, 1094
Select-String 59, 88, 629, 664
Select-Xml 673 f.
SelectNodes() 673 f.
SelectSingleNode() 673 f.
Semaphore 843
Semikolon 121, 789
Send-MailMessage 815 f.
Send-SmtpMail 815 f.
sequence 473

Serialisierung 98, 244
Seriennummer 742
Server 911
Server Management Objects *siehe* SMO
Server Manager 924
ServerCertificateValidationCallback 824
ServerRemoteHost 303
ServerURL 537
Service 517
ServiceController 244, 793
Serviceorientierung *siehe* SOA
Session 356, 747
sessionState 301
Set-Acl 839, 852, 855
Set-ADAccountPassword 911
Set-ADGroup 922
Set-ADObject 912 f.
Set-ADOrganizationalUnit 915
Set-ADUser 916, 918
Set-Alias 55
Set-AppLockerPolicy 782
Set-AuthenticodeSignature 443
Set-BPAResult 865
Set-CimInstance 384, 400
Set-Clipboard 422 f.
Set-Content 611, 663, 679, 817
Set-DataRow 700
Set-DataTable 586, 700
Set-Date 167
Set-DistributionGroup 942
Set-DnsClientServerAddress 800, 802 f.
Set-ExecutionPolicy 19, 21, 123, 129 f., 444
Set-FileTime 620
Set-FirewallProfile 810
Set-GPInheritance 935
Set-GPLink 931
Set-GPPermissions 936
Set-GPPrefRegistryValue 935
Set-GPRegistryValue 935
Set-Item 258, 611
Set-ItemProperty 620, 736, 815
Set-JobTrigger 460
Set-Location 50, 227, 611, 733
Set-Mailbox 942
Set-Methode 102
Set-NetFirewallPortFilter 809
Set-NetFirewallProfile 809
Set-NetFirewallRule 809, 812
Set-NetIPInterface 800
Set-ODBCDriver 727
Set-ODBCDsn 727
Set-PrintConfiguration 759
Set-PSBreakpoint 431 f.

Set-PSDebug 141, 425 f.
Set-PSReadlineOption 22, 271, 325
Set-PSSessionConfiguration 251
Set-ScheduledJob 461
Set-Service 793, 796
Set-StrictMode 141
Set-TargetResource 544
Set-TraceSource 429
Set-Variable 138, 146, 1031 f.
Set-VHD 970
Set-VM 959, 961
Set-VMMemory 981
Set-VolumeLabel 616
Set-WmiInstance 384, 400
Set-WSManQuickConfig 240
SetInfo() 870, 879 f.
Setter 102, 1149
SHA256 629
Shell 3, 81
Shell.Application 630, 642
Shielded VM 987
ShouldProcess() 1102 f.
Show() 1021
Show-Command 69 f., 279
Show-EventLog 236, 832
Show-HyperVMenu 980
Show-NetFirewallRule 809
Show-Service 236
Show-VMMenu 980
ShowDialog() 1036
Shutdown 604
Sicherheit
 - COM 372
 - Dateisystem 360, 370
 - PowerShell 129
 - WMI 372
Sicherheitsabfrage 1052, 1102
Sicherheitsbeschreibung 840
Sicherheitseinstellung 839
Sicherheitsmodell 3
Sicherheitsrichtlinie 131
SID 840
Side-by-Side Executing 1145
Signatur
 - digital 441
Signieren 442
SilentlyContinue 45, 194, 626, 917
Simple Network Management 358 f., 370
Simple Object Access Protocol *siehe* SOAP
Sitzung 250 ff.
Sitzungskonfiguration 253, 593, 597
Skip 91
SkipNetworkProfileCheck 241, 814

Skript 123, 125
 - PowerShell 123
Skriptausführungsrechte 19
Skriptausführungsrichtlinie 20
Skriptblock 143, 243, 1031
Skriptdatei 123
Skripteigenschaft 101, 105
Skriptmodul 1113
Skriptsprache 1037, 1039
SMB 986
SMO 704, 710 f., 721 f., 724
Smoking Man 868
SMTP 815 f.
SmtpClient 815
SNA Server 370
Snap-In 547, 553, 567, 1071 f., 1094, 1105
Snapshot
 - Hyper-V 974
Snippet 278
SOA 1143 f.
SOAP 235, 369, 822
Software 359, 591
 - deinstallieren 765
 - installieren 541, 543, 764
 - inventarisieren 761
 - verwalten 761
Software Restriction Policy 781
Softwareentwickler 335
Softwareentwicklungsplattform 1144
Softwarekomponente 347
Softwarepaket 768
Softwarequelle 768
Sort-Object 81 ff., 107, 112, 114 f., 120 ff., 188, 1070
Sortieren 112
Speech 203
SpeechSynthesizer 224
Speicher 89
Speicherbereinigung 1145
Speicherverbrauch 686
Speicherverwaltung 1145
Spitzname 1136
Spoolerdienst 759
Spooling 759
Sprachausgabe 203, 224, 355
Sprache 512
Sprachkürzel 512
SQL 376, 730
SQL Server 703
 - Agent 721
 - Laufwerk 705
SQL Server Management Studio 705, 721
SQLASCOMMANDLETS 703

Sqlcmd.exe 709
SqlCommand 690, 709
SqlConnection 339, 688, 692, 694
SqlDataSourceEnumerator 684
SQLPS 229, 702, 704, 708
SQLPSX 702, 704, 713f., 721
SqlServerCe 682
SqlServerCmdletSnapin100 703
SSH 330
sshs 330
SSHTransport 330
SSL 300, 824
STA 1027
StackPanel 1032
StackTrace 145
Stammzertifizierungsstelle 442, 445
Standarddrucker 222
Standardkonsole 267
Start-BITSTransfer 828
Start-Container 1013
Start-ContainerProcess 1009f.
Start-DscConfiguration 523
Start-Job 447ff.
Start-Process 120, 455, 787f., 790
Start-PSSession 451
Start-Service 245, 793, 795
Start-Sleep 132
Start-Transaction 433ff.
Start-Transcript 471
Start-VM 959, 968, 981
Start-WBBackup 656
Start-WBFileRecovery 657
Start-WBHyperVRecovery 657
Start-WBSystemStateRecovery 657
Start-WBVolumeRecovery 657
Start-Webitem 955
Start-Website 955
Startmenü 359
Startup 604
static 200
Status 223, 759
Stop 45, 194
Stop-Computer 236, 746
Stop-Container 1013
Stop-Job 447, 450
Stop-Process 94, 120, 471, 787, 791, 1092
Stop-Service 39, 793, 795
Stop-VM 959
Stop-WBJob 656
Stop-Webitem 955
Stop-Website 955
StopProcessing() 1070
Stored Procedure 695
Streaming 84
StreetAddress 909
String 150, 157

Subnetzmaske 800
SUBTREE 891
SubTree 913
Subversion 134
Suche
- Active Directory 891
- Assembly 621
- LDAP 872
- Verzeichniseintrag 881
- XML 673
SupportsShouldProcess 1102
Surname 909
Suse 10
Suspend 44
Suspend-PrintJob 759
Suspend-Service 793, 795
Suspend-VM 959
Switch 40, 177, 182, 957
SwitchParameter 1111
Sybase 683
Symbolic Link 637, 639
SymLink 639f.
SYNOPSIS 1056
Synopsis 1063
Syntaxfarbhervorhebung 296
System 1147f.
System ACL 844
System Center Virtual Machine Manager 588
System Management Server 370
System-DSN 729
System.ApplicationException 197
System.Boolean 231
System.Collections.Hashtable 171
System.Console 345, 599
System.Data 337
System.Data.Odbc 682, 730
System.Data.OleDb 682, 689
System.Data.OLEDB 682
System.Data.OracleClient 682, 689
System.Data.SqlClient 682, 689, 709
System.Data.SqlClient.SqlConnection 339
System.Data.SqlServerCe 682
System.DateTime 166, 339f., 343
System.Diagnostics.EventLog 831
System.Diagnostics.Process 83, 94, 98, 211, 787, 1090
System.DirectoryServices 337, 867ff., 871, 873f., 877, 882, 885, 891, 926, 939
System.DirectoryServices.ActiveDirectory 926
System.Directoryservices.DirectoryEntry 339, 341

System.dll 1148
System.Enum 351
System.Environment 242, 740ff., 745, 839, 1074f., 1079
System.Globalization.CultureInfo 601
System.Int32 139, 148
System.IO.Compression 642
System.IO.Directory 843
System.IO.DirectoryInfo 407, 617f.
System.IO.DriveInfo 342, 345, 347, 350, 612, 614
System.IO.DriveType 350
System.IO.File 843
System.IO.FileInfo 407, 617f., 630
System.Management 337, 1081
System.Management.Automation 77, 1069, 1072, 1081, 1130
System.Management.Automation.Cmdlet 1070
System.Management.Automation.PathInfo 232f.
System.Management.Automation.PSCustomObject 665
System.Management.Automation.PSDriveInfo 612
System.Management.ManagementObject 167
System.Math 344
System.Media.SoundPlayer 342
System.Net.Mail 815, 817
System.Net.WebClient 340, 817, 824
System.Object 96, 98, 409, 948, 1090, 1094
System.Random 150, 339
System.Reflection 347
System.Security 844
System.Security.AccessControl 843
System.ServiceProcess.ServiceController 98, 793f., 1090
System.String 150, 155, 328, 1074
System.TimeSpan 166
System.Type 96, 145, 220
System.ValueType 173
System.Windows 1027
System.Windows.FontStyle 1030
System.Windows.Forms 347, 631, 1021
System.Xml.Node 675
System32 115, 121f.
Systemattribut
- WMI 363
Systemdienst 85, 359, 793
- auflisten 377
- überwachen 379

Systemende 604
SystemEvent 498
Systemklassen
– WMI 361
Systemmanagement 357
SystemParametersInfo 413
Systemstart 604
Systemwiederherstellung 751
Sysvol 604

T

T-SQL 709
Tab Completion 270
Tabellenformatierung 206
TabPanel 1032
Tabulator 154
Tabulatorvervollständigung 269
Tag-ContainerImage 1017
TAR 641
TaskScheduler 584
TCP/IP 800
Team Foundation Server *siehe* TFS
Tee-Object 117f.
Telnet 242
Terminal Services 360
Terminating Error 192, 1098
Terrabyte 148
Test-32Bit 756
Test-64Bit 756
Test-AppLockerPolicy 782, 784
Test-Assembly 620
Test-Connection 28, 87f., 807f.
Test-CustomerID 1054
Test-DbConnection 699
Test-DscConfiguration 523
Test-FileCatalog 76, 629
Test-IsAdmin 839
Test-ModuleManifest 555
Test-Path 231
Test-PswaAuthorizationRule 301
Test-ServiceHealth 941
Test-SqlScript 713
Test-TargetResource 544
Test-UserGroupMembership 890
Test-VHD 959, 970
Test-Xml 672
Textanzeige 1035
Textdatei 121, 663
Texteingabefeld 419, 1023
TextInfo 157
TFS 134
Thawte 441
this 410, 1032
Thread 476
Thread-Modell 1027
ThrottleLimit 249

throw 177, 197
ThrowTerminatingError() 1098
Thumbprint 857
TIFF 631
TimeSpan 427
Tivoli 379
TLS 824
ToLower() 157
Ton 344
ToString() 96, 98, 346, 1090, 1140
TotalProcessorTime 220
ToTitleCase() 157
ToUpper() 157
TPM 659
Trace-Command 606
Tracing *siehe* Ablaufverfolgung
Transaktion 433
Transformation 1035
Translate() 848
trap 177, 191 f., 197 f.
Treiber 591
– ODBC 728
Trigger 459
Troubleshooting Pack 571, 861
true 140, 145, 756
Trusted Host 258
Trusted Platform Module *siehe* TPM
Trustee 840
Try-Catch-Finally 191, 198
Try...Catch 918
Tuva 983
Typ 139, 335, 1134, 1148
– Namensgebung 1148
Typadapter 139 f., 169
Typbezeichner 139
Type Cast *siehe* Typkonvertierung
types.ps1xml 56 f., 106 f.
Typisierung 138
Typkennzeichner *siehe* Typbezeichner
Typkonvertierung 112, 142
Typname *siehe* Typbezeichner

U

UAC 20, 126, 131, 273, 789
Überladung 190
Ubuntu 10, 23
Umgebungsvariable 359
– Linux 326
Umlaut 664
Umleitung 223
Undefined 130
Undo-Transaction 433, 435 f.
UniformGrid 1032
Uninstall-Package 769

Universal Coordinated Time 364, 400
Unix 3, 81 f., 135, 611, 637
Unlock-BitLocker 661 f.
Unregister-PSSessionConfiguration 251, 255, 596
Unrestricted 130
Unterbrechungsfreie Stromversorgung *siehe* USV
Unternamensraum 1146
Unterordner 98, 617
Unterroutine 184
Unterschlüssel 227
until 177
Update 359, 591
– Einstellungen 750
– installieren 749
– suchen 747
Update-Help 74
UpdateColl 747
UsePropertyCache 879
User 517, 873, 882, 895
User Account Control *siehe* Benutzerkontensteuerung
user32.dll 413
UserDomainName 839
UserName 839
UseTestCertificate 300
UseTransaction 434
using 474
USV 757
UTF8 664

V

Validate-CustomerID 1054
ValidateCount 1048
ValidateLength 147, 1049, 1111
ValidateNotNull 1048, 1111
ValidatePattern 147, 1049, 1111
ValidateRange 147, 1049
ValidateScript 147, 1049
ValidateSet 147
ValueFromPipeline 1048, 1087, 1089, 1094
ValueFromPipelineByPropertyName 1048, 1089
ValuesCollection 871
ValueType 173
Variable 96, 118, 137, 145, 216, 227
– Auflösung 151
– eingebaut 145, 324
– vordefiniert 145, 324
– Workflow 475
Variablenauflösung 151 f., 216
Variablenkennzeichner 118, 137

Variablentypisierung 138
VB 411, 413
Verbindungszeichenfolge 339, 688, 695
Verbose 44, 46, 523, 1097
VerbosePreference 46, 146, 1097
VerbsCommon 1110
VerbsCommunications 1110
VerbsData 1110
VerbsDiagnostic 1110
VerbsLifeCycle 1110
VerbsSecurity 1110
Vererbung 368, 1138, 1150
Vererbungsdiagramm 1138
Vererbungshierarchie 381, 907, 1138
– WMI 368
Vergleich 119
Vergleichsoperator 107
Verifikation 1145
VeriSign 441
Verknüpfung 636
Verzeichnisattribut 878
Verzeichnisdienst 106, 370, 585, 880, 892
Verzeichnisdienstklasse 880
Verzeichnisobjekt 877, 882
Verzweigung 117
VHD 969 f., 980, 987
VHDX 966, 970, 980
Video 1035
View 211
VirtualHardDisk 970
Virtualisierung 957
VirtualizingStackPanel 1032
Virtuelle Maschine *siehe* VM
Virtuelles System 957
Virus 131
Visual Basic 411, 1141
Visual Basic .NET 1067f.
Visual Basic 6.0 1145
Visual Studio 293, 295, 479, 1007, 1014, 1016, 1037, 1067f., 1094
– Container 1007
Visual Studio Code 295, 325, 1011
Visual Studio Team Services *siehe* VSTS
Visual Web Developer Express 1068
VM 589, 957, 964
VMBus 261
VMGUID 261
VMName 261
void 221
Volume Shadow Copy Service *siehe* VSS
VolumeLabel 341
VSCode
– Visual Studio Code 295

VSCode-PowerShell 295, 325
VSS 654
VSTS 134

W

Wait 523
Wait-Job 447, 450
Wait-Process 792
WaitForAll 545
WaitForAny 545
WaitForSome 545
Walter Skinner 868
WarningAction 44 f., 194
WarningVariable 45
Warnung 45
WAS 794
WBEM 6, 358
WDAC 727
Web Administration 571
Web Based Enterprise Management 358
Web Service Description Language 823
WebAdministration 945, 947, 994
Webanwendung 1144
Webdienst 822
Weblog 817, 1157
Webserver 229, 950
Webservices 822, 824
Web Services Description Language *siehe* WSDL
Website 819, 950, 956
Well-Known GUID 876
Well-Known Object 876
Well-Known Security Principal 849
WellKnownSidType 849
Werkzeug 267
Wertemenge 167
Wertkopie 173 f.
whatif 44 ff., 146, 623, 760, 1052, 1102
WhatIfPreference 46
WHERE 376
Where-Object 50 f., 81 ff., 94 f., 107, 109, 116, 120 f., 222, 793, 1070, 1082, 1094
while 177
Whistler 366
whoami.exe 274
Width 206
Wiederherstellungspunkt 751
Win32 361
Win32 OpenSSH 330
Win32-API 413
Win32_Account 869

Win32_ACE 646
Win32_Battery 757
Win32_Bios 742
Win32_BootConfiguration 742
Win32_CDRomDrive 397
Win32_CDRomdrive 755
Win32_CodecFile 763
Win32_ComponentCategory 377
Win32_ComputerShutdownEvent 374, 498
Win32_Computersystem 740
Win32_Currenttime 167
Win32_Desktop 869
Win32_Diskdrive 755
Win32_Group 869
Win32_Keyboard 756
Win32_LocalTime 167
Win32_LogicalDisk 367f., 377, 401, 612, 614f., 1081
Win32_MappedLogicalDisk 616
Win32_MemoryDevice 755
Win32_NetworkAdapter 756
Win32_NetworkAdapterConfiguration 377, 797, 803f.
Win32_NTLogEvent 377, 379, 499
Win32_OperatingSystem 740f.
Win32_OSRecoveryConfiguration 742
Win32_PerfRawData 835
Win32_PerfRawData_PerfOS_Processor 835
Win32_PerfRawData_PerfProc_Process 835
Win32_PingStatus 807
Win32_PointingDevice 756
Win32_PowerManagementEvent 498
Win32_Printer 757, 759, 797
Win32_Printjob 757f.
Win32_Process 499
Win32_Processor 755f.
Win32_ProcessStartTrace 498
Win32_Product 761, 764f.
Win32_Quickfixengineering 763
Win32_SecurityDescriptor 646
Win32_Service 377, 379, 499, 793
Win32_Share 644f.
Win32_SoundDevice 755
Win32_SystemConfigurationChangeEvent 374, 498
Win32_Tapedrive 755
Win32_TCPIPPrinterPort 757f., 797
Win32_Trustee 646
Win32_USBController 756
Win32_UserAccount 119, 367, 869

Win32_VideoController 386, 397, 755, 757
Win32_Volume 616
Win32_WindowsProductActivation 742
window 1032
Windows 10 5, 10, 261, 267, 270, 576
– Anniversary Update 5
– Rolle 772, 986
Windows 2000 366
Windows 7 570
Windows 8 391, 945
Windows 8.1 573
Windows 9x 369
Windows Activation Service *siehe* WAS
Windows as a Service 5
Windows Communication Foundation 360
Windows Container *siehe* Docker
Windows Data Access Components *siehe* WDAC
Windows Defender 753, 987
Windows Driver Model 370
Windows Explorer 655, 736
Windows Firewall 591, 808, 813
– per PowerShell konfigurieren 808
Windows Forms 294, 1021, 1024, 1026
Windows Installer 370, 781
Windows Management Framework 11, 358, 759
Windows Management Instrumentation 33
Windows ME 369
Windows Nano Server 10, 983, 999, 1004
Windows PowerShell XXIII, 3 f.
Windows PowerShell Community Extensions 580
Windows Pre Installation Environment *siehe* WinPE
Windows Presentation Foundation *siehe* WPF
Windows Remote Management *siehe* WinRM
Windows Script Host 34, 129
Windows Server 2003 4, 366, 369, 891
Windows Server 2012 391, 571, 924, 945
Windows Server 2012 R2 304, 573
Windows Server 2016 5, 10, 261, 267, 270, 576
Windows Server-Container *siehe* Docker

Windows Server Core 276, 999, 1004
Windows Troubleshooting Platform 861
Windows Update 747, 750
– Agent API 992
– Nano Server 992
Windows Vista 1141
Windows XP 33, 366, 375
Windows-Authentifizierung 712
Windows-Firewall
– im Netzwerk abfragen 814
WinMgmt.exe 369 f.
WinPE 659
WinRM 235, 237, 239 f., 369, 448, 747
WITHIN 376, 498
WKGUID 876
WMI 3, 6, 33, 167, 235, 357, 360, 368, 388, 1081, 1085, 1098
– Class Explorer 381
– Command Shell 33
– Data Query 377
– Ereignis 374
– Event Query 376, 378
– Klasse 381
– Namespace 365
– Object Browser 380 f.
– Query Language 376, 390
– Repository 369, 374, 392
– Schema 368, 377
– Schema-Query 377
– Steuerung 369
WMI API 382
WMI Object Browser 380
WMI Query Language *siehe* WQL
WMIClass 357, 388
WMISEARCHER 357, 388, 390
Word 113
Workflow 465, 471 ff., 479
– Designer 480
– Einschränkungen 470
– Persistenz 478
– verschachtelt 475
WorkflowInfo 480
WorkingSet 106
WorkingSet64 83
World Wide Wings 1108
Wörterbuch 113
WPF 276, 294, 349, 469, 1021, 1027
WPF PowerShell Kit 584, 1027
WPK 584, 1027
WQL 376, 391, 497, 1081
WrapPanel 1032
Write-BZip2 641
Write-Clipboard 423

Write-Error 215
Write-EventLog 236, 831, 833
Write-GZip 27, 641
Write-Host 68, 203, 215, 303, 472
Write-Output 58
Write-Progress 223 f., 406
Write-Tar 641
Write-Warn 215
Write-Zip 641
WriteDebug() 1098
WriteError() 1098, 1101
WriteObject() 1070, 1075, 1082 f.
WriteVerbose() 1098, 1101
WriteWarning() 1098, 1101
WS-Management 235 f., 239, 259, 369, 382, 385, 387
WScript.Shell 636
WSDL 822
WSH 874
WSMan 229, 260
Wurzelnamensraum 1146
www.IT-Visions.de 569, 585, 598, 612, 699

X

X-Files 868
x64 957
x86 957
XAML 469, 479, 1035
XamlReader 1036
XCopy-Deployment 1145, 1148
xDscDiagnostics 539
xDscWebService 534
XFilesServer 868
XML 73, 417, 549, 652, 671 f., 675, 677, 824, 1104
XML Application Markup Language *siehe* XAML
XML-Schema 672
XML-Webservice 1146
XmlAttribute 674
XmlDocument 677
XmlElement 674
XPathDocumentNavigator 674
XslCompiledTransform 677

Y

YAML 1007
Year 92
YesNo 1022
YesNoCancel 1022

Z

Zahl 148
Zahlenliteral 148
Zeichenkette 150 f., 158, 216, 1091, 1110
– ersetzen 157
– Operation 156
– trennen 158
– verbinden 158
Zeichensatz 664
Zeilenumbruch 47, 90
– Pipeline 90
Zeitmessung 427
Zeitplandienst 359
Zertifikat 300, 442, 857
– selbst signiert 442
Zertifikatsdatei 443
Zertifikatsspeicher 3, 227, 857
Zertifikatsverwaltung 441 f., 445
ZIP 640 f.
ZipFile 642
Zufallszahl 149 f.
Zugriff verweigert 400
Zugriffsrechteliste 839, 845
Zuweisungsoperator 173
Zwischenablage 422
Zwischencode 1143
Zwischenschritt 116
Zwischenspeicher 686

Dr. Holger Schwichtenberg

Wollen Sie mehr wissen?
Stehen Sie vor wichtigen Technologieentscheidungen?
Brauchen Sie Unterstützung für Windows, Linux,
.NET Framework, PowerShell oder Web-Techniken?

- Beratung bei Einführung und Migration
- Individuelle Vor-Ort-Schulungen
- Vorträge
- Praxis-Workshops
- Coaching
- Support (Vor-Ort · Telefon · E-Mail · Webkonferenz)
- Entwicklung von Prototypen und kompletten Lösungen

Kontakt:
Dr. Holger Schwichtenberg
Telefon 0201/649590-0
buero@IT-Visions.de

Bücher und Dienstleistungen: **http://www.IT-Visions.de**
Community Site: **http://www.dotnetframework.de**